LES

1001 JARDINS

QU'IL FAUT AVOIR VUS DANS SA VIE

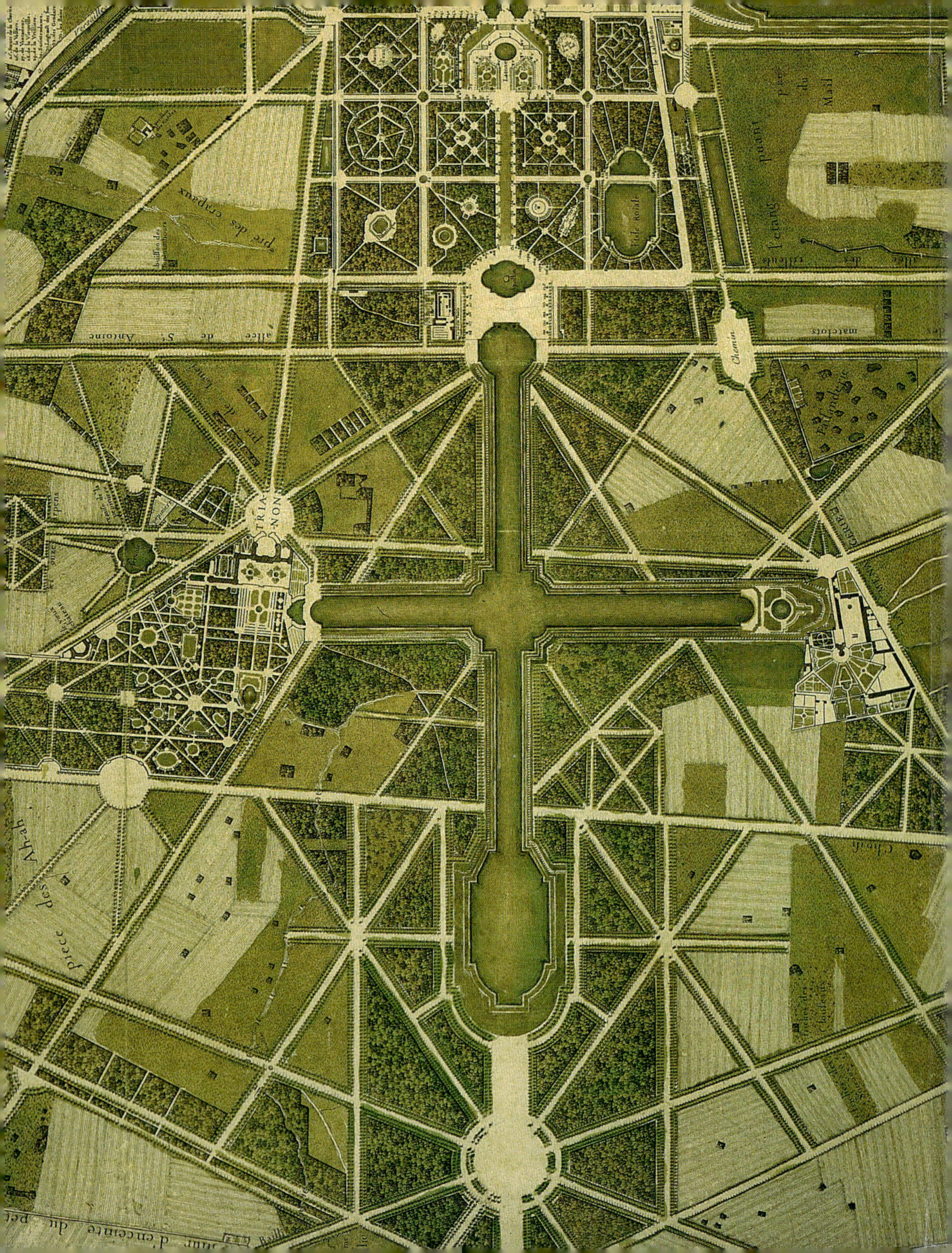
pré des crapaux
allée de S.t Antoine
l'etang puant
Pièce du Mail
matelots
Chemin
TRIA
NON
Pièce des Ahah

LES 1001 JARDINS QU'IL FAUT AVOIR VUS DANS SA VIE

PRÉFACE DE MICHEL BARIDON

OUVRAGE RÉALISÉ SOUS LA DIRECTION DE RAE SPENCER-JONES

Flammarion

Titre original : *1001 gardens you must see before you die*

Directrice du projet : Ruth Patrick
Directeur éditorial : Tristan de Lancey
Responsable éditoriale : Jane Laing
Assistants éditoriaux : Marianne Canty, Paul Docherty, Jenny Evans, Marcus Hardy, Carol King, Frank Ritter, Richard Rosenfeld
Iconographe : Joanne Forrest-Smith
Directeur artistique : Richard Dewing
Designers: Ian Hunt, James Lawrence, Rod Teasdale

Direction de l'édition française : Ghislaine Bavoillot
Traduit de l'anglais par Amandine de Chastaing, Jacques Guiod et Anne Marcy-Benitez
Collaboration à l'adaptation française : Marianne Lavillonnière
Suivi éditorial : Marie-Laure Miranda
Adaptation de la maquette : David Fourré

ISBN : 978-2-0812-0801-8
Dépôt légal : mars 2008
Imprimé en Chine

Sommaire

Préface par Michel Baridon

Les mille et un jardins qu'il faut avoir vus dans sa vie… ce titre en évoque un autre, mondialement célèbre, mais il en renouvelle complètement le sens. C'est, en effet, toujours la nuit que Shéhérazade invente les mille et une histoires qui charment son cruel mari, alors que les jardins dont on nous parle ici invitent, bien au contraire, à sortir en plein air et à se griser de lumière, de parfums, de couleurs et du chant des oiseaux.

Mais, dira-t-on, un titre ne fait pas un livre. Pourquoi tant de jardins ? Et sur toute la planète ? Quel millionnaire ou quel futur centenaire se fixerait un tel programme ?

La réponse est aisée : certes, très peu d'entre nous peuvent prétendre les voir tous. Mais pourquoi l'amateur de jardins serait-il privé d'imagination ? Aurait-il perdu le pouvoir d'animer tout un jardin à la vue d'une seule photographie ? Ce livre nous offre de très bonnes vues de tous ceux qu'il rassemble ; il y ajoute des présentations très documentées et des indications précieuses de style, de période, de climat. Le feuilleter, c'est voir et comprendre les jardins du monde. Tel le tapis que le prince Houssain avait ramené de Bisnagar, il vole, il nous porte vers les mille et une merveilles que nous allons découvrir.

Puisque les distances ne sont rien pour lui, soyons hardis. Osons les antipodes. À Sydney, au pied des gratte-ciel, en plein centre-ville, les *Royal Botanic Gardens* (Jardins botaniques royaux) cachent un pin Wollemi, survivant de l'ancienne flore locale, parmi des plantes exubérantes venues de toute l'Océanie. À deux pas de là, rupture de ton : *Government House*, ses pelouses et ses *mixed borders* (plates-bandes mixtes) semblent arrivées tout droit d'Oxford, comme dans un kit.

Voici qui donne envie de se tourner vers les pays de vieille civilisation, la Chine par exemple. C'est, dit-on, la « mère de tous les jardins ». À Suzhou, la Venise de la basse vallée du Yangzi Jiang, les jardins de lettrés rendent le temps visible. Dans le jardin *Liu Yuan*, une pierre dressée comme un hippocampe et trouée comme une guenille a été tirée du fond du lac Tai pour illustrer une maxime du Tao : le roc est plus dur que l'eau, mais au fil des siècles, c'est elle qui l'use et le transperce.

Cette forte image du temps se retrouve dans les pierres levées des jardins japonais. Elle est parfois adoucie par une verdure opulente, comme au *Daichi-ji* où les fleurs des azalées taillées jettent leur tache rose sur un fond vert sombre de feuillus et de résineux. Mais dans les jardins dits « secs », le minéral règne en maître, et le célèbre *Ryoan-ji* impose l'image du temps infini par l'étendue étale de ses graviers blancs.

Envolons-nous maintenant vers l'autre extrémité de l'Asie où les jardins moghols et les jardins persans sont des paradis construits de main d'homme, frais, colorés, somptueux. La contemplation de *Bagh-e Eram* ou de *Shalamar Bagh* est celle d'une éternité de bonheur. Nous sentons ici l'emprise de la géométrie arabe, elle-même fille des anciens Grecs, et cela nous rapproche de l'Europe où il y a tant à voir... Mais avant d'y aller, offrons-nous un bref survol des Amériques et de l'Afrique.

Du centre de cette dernière, nous ne savons rien ou presque. En revanche, ses deux extrémités présentent un curieux contraste. Au nord, la tradition arabo-musulmane triomphe de Marrakech au Caire. Au sud, la colonisation anglo-hollandaise a créé des jardins botaniques étonnants par leur richesse et par leur site comme le *Kirstenbosch*.

Dans les Amériques, il en va tout autrement. Au centre se trouvent les vestiges bariolés des très anciens hortillonnages aztèques, les *Chinampas*. Au sud, Burle Marx a créé des jardins amples et flamboyants (celui de *Luis Cezar Fernandez* est à voir absolument) en alliant la végétation tropicale et l'héritage intellectuel européen. Au nord, cet héritage a longtemps régné sans partage. Tous les paysagistes des États-Unis sont venus en Europe sans pour autant oublier la beauté de la flore et des paysages de leur pays, l'admirable *Middleton Place* en fait la preuve. Même si, dès le début du XXe siècle, d'autres échanges se sont noués avec l'Extrême-Orient, l'Europe reste très présente outre-Atlantique.

La voici enfin cette Europe, qui occupe à elle seule deux tiers de ce volume. Dès qu'elle apparaît, notre tapis volant ne se contente plus de parcourir l'espace, il remonte le temps. Voici d'abord les jardins romains, nés de la géométrie grecque et des songes d'exotisme venus d'Orient. Jets d'eau, portiques, parterres réguliers, buis taillés, paysages peints sur les murs, tout cela se devine encore dans les ruines de la *Villa d'Hadrien*. Les architectes de la Renaissance s'en inspireront pour créer des merveilles. Comment choisir entre la *villa d'Este* et la *villa Lante*, entre *Chenonceau* et *Villandry*? À l'âge baroque, les parterres et les allées s'étirent jusqu'à l'infini, les eaux fusent toujours plus haut. La gloire des jardins aussi: *Vaux-le-Vicomte*, *Versailles*, *Chantilly*, la *villa Aldobrandini* sont mondialement célèbres. Au siècle suivant, voici que tout change. Venu d'Angleterre, le jardin paysager offre une image vivante de la nature. Les bassins font place aux étangs, les perspectives aux allées sinueuses, les triomphes du géomètre aux émois de l'homme sensible. Qui a vu *Stourhead* ou *Studley Royal* (le Jardin royal de Studley) ne les oubliera pas. Ces jardins parlent au cœur.

Ainsi commence le grand duo entre vision paysagère et construction géométrique des jardins. Nous lui devons nos grands jardins publics et les créations les plus audacieuses de notre époque, le *parc de la Villette* et sa géode, image de la conquête spatiale, the *Eden Project* (le Projet Éden) qui recrée sous ses deux dômes colossaux les climats et les paysages des différentes régions du monde.

Ce sont là de grandes perspectives sur les jardins de demain. En rêvant à ce qu'ils seront, nous pouvons rouler notre tapis volant et refermer notre livre. Il a bien raison de se réclamer des *Mille et Une Nuits* : pour les amateurs de jardins, c'est une vraie caverne d'Ali Baba.

Introduction par Rae Spencer-Jones

Les hommes jardinent depuis des milliers d'années et ont attribué à leurs jardins une multitude de fonctions au fil des siècles. C'était un lieu où les Égyptiens de l'Antiquité trouvaient ombre et eau – répit nécessaire sous l'implacable soleil d'Afrique du Nord (voir Karnak, p. 867). Pour les Romains, à l'esprit pratique, l'objet principal du jardin était alimentaire et médicinal (voir Pompéi, p. 695). Les jardins médiévaux européens étaient eux réalisés à l'abri d'imposantes murailles, défense contre le vaste paysage sauvage qui s'étendait au-delà, tandis que le jardin monastique était aussi essentiel au sanctuaire spirituel que le monastère lui-même.

Au XVIIe siècle, on créa comme symboles de pouvoir politique de complexes et majestueux jardins tels que ceux de Versailles (voir p. 570). Le mouvement paysager anglais du XVIIIe et du XIXe siècle vit le jour en réaction à la structure rigide des jardins du XVIIe siècle, et offrit aux propriétaires la possibilité d'utiliser le paysage comme moyen d'expression à travers l'architecture, la littérature et la philosophie. Au fil des siècles, de nombreux riches Européens et Américains financèrent des expéditions horticoles dont les découvertes peuplent encore aujourd'hui les collections de nombreux jardins et arboretums tels que l'arboretum Arnold au Massachusetts (voir p. 64).

Dans de nombreuses cultures contemporaines, le jardin est l'une des composantes essentielles du style de vie, que ce soit un jardin en terrasse sur un toit anglais, un jardin public espagnol, une galerie de plein air qui accueille des œuvres d'art et sculptures ou encore un espace vierge où l'on crée un paysage novateur, fait de plantations ou d'éléments architecturaux. Divers jardins privés modernes – expression unique de leur créateur – sont devenus des symboles de leur époque grâce à leur agencement ou à leur intérêt horticole. On peut par exemple citer le jardin d'Helen Dillon en Irlande (voir p. 448) ou celui de l'horticulteur hollandais Piet Oudolf (voir p. 534). Plus récemment, les jardins et parcs, paysagers ou non, se sont substitués aux habitats naturels en déclin à cause du développement urbain et de pratiques agricoles intensives. Les jardins botaniques, tels que ceux de Kew, en Angleterre (voir p. 386), jouent désormais un rôle nécessaire dans la préservation et la conservation de plantes rares ou en voie de disparition ; d'autres, tels que le jardin botanique de Kirstenbosch en Afrique du Sud (voir p. 872), célèbrent la diversité même de la flore indigène.

Les mille et un jardins qu'il faut avoir vus dans sa vie rendent hommage à cette variété mondiale des jardins. C'est un voyage aux quatre coins de la planète qui souligne l'influence des jardins et parcs historiques sur ceux d'aujourd'hui, mais conteste aussi la définition conventionnelle du « jardin » en incluant le paysage ordonné des tombes du cimetière militaire de Kranji à Singapour (voir p. 837), des sites étranges et merveilleux tels que le jardin d'Antoni Gaudí, les jardins de Ca L'Artigas, en Espagne (voir p. 702) ou le surréaliste Las Pozas au Mexique (voir p. 842), l'Écocathédrale de Louis Guillaume Le Roy, artiste et philosophe hollandais, œuvre qui ne sera achevée que dans mille ans (voir p.520), et même le paysage naturel du Namaqualand, en Afrique du Sud (voir p. 869), dont les annuelles offrent au printemps un spectacle époustouflant.

Les chapitres de cet ouvrage ont été organisés géographiquement, d'ouest en est et du nord au sud, en commençant par l'Amérique du Nord et en terminant par l'Australie, la Nouvelle-Zélande et les îles. Cette méthode de regroupement n'est pas purement continentale mais associe les jardins de façon à refléter les traditions paysagistes et l'histoire de chaque zone. Les pays, régions et États sont organisés de la même manière. On a tracé les latitudes sur la mappemonde de gauche à droite et la position de chaque pays à l'intérieur d'un chapitre a été déterminée en fonction de son point le plus septentrional. Ainsi tous les jardins de la même région sont présentés ensemble, ce qui permet au lecteur de se repérer clairement dans l'ouvrage. Tous les renseignements géographiques proviennent de l'Atlas du *Times* (11e édition, 2003) par souci d'uniformité.

Les îles auxquelles est consacré un chapitre ne constituent pas une zone géographique reconnue, mais le jardinage tend à y être influencé par les styles coloniaux qui se sont manifestés à divers moments historiques. Regrouper ces îles de la sorte a aussi permis d'éliminer tout problème politique ou géographique, par exemple le fait de savoir si l'on doit unir les îles Canaries à l'Europe pour des raisons politiques ou à l'Afrique à cause de leur climat.

Nous avons généralement indiqué le nom des jardins en français. À la fin de l'ouvrage est présenté un carnet d'adresses, plus développé pour les parties françaises.

La fiche technique qui précède chaque article donne des renseignements pratiques en un coup d'œil rapide. Ils comprennent le créateur, le propriétaire, le style, la superficie ainsi que la situation et le climat du jardin. Il s'est parfois avéré impossible de désigner le créateur et difficile de mesurer la superficie. Dans ce dernier cas, nous avons simplement cherché à donner au lecteur une idée des proportions du site. Les renseignements climatiques sont fondés sur le système de classification de Köppen.

Collaborateurs

James Alexander-Sinclair (JA-S), paysagiste qui jouit d'une longue expérience, a principalement réalisé des jardins privés au Royaume-Uni. Il a présenté des programmes télévisés à la BBC et sur Channel 4, et rédigé des articles pour diverses publications.

Sharon Amos (SA), journaliste indépendante et rédactrice, vit dans le Kent où son petit jardin déborde de campanules, de roses trémières, de digitales et de géraniums rustiques, et abrite une plante cruelle *(Araujia)* qu'elle a ensemencée elle-même.

Lisa Amphlett (LA) a récemment abandonné son poste de rédactrice dans un magazine londonien pour devenir mère à temps plein (et toujours aussi occupée). Entre les couches et les biberons, elle trouve le temps de visiter les jardins australiens et d'écrire à leur sujet.

Helena Attlee (HA) est l'auteur d'*Italian Gardens : A History*, publié chez Frances Lincoln en 2006. Elle est professeur au Birkbeck College de Londres et guide des voyages organisés en Italie.

Christopher Bailes (CBa) a étudié à Kew, site où il a cultivé des orchidées entre 1980 et 1988 (ainsi qu'à la Eric Young Orchid Foundation) et a été le rédacteur en chef de *The Orchid Review* entre 1986 et 1990. En 1988, il a été nommé conservateur du Rosemoor Garden et a dirigé Hyde Hall entre 1996 et 2000.

Vanessa Berridge (VB) a travaillé pour divers magazines durant presque trente ans. Rédactrice en chef de *Country Homes & Interiors* pendant cinq ans. Désormais journaliste free-lance, elle écrit régulièrement pour *Homes & Gardens*, *The Garden*, *Saga Magazine* et *The Lady*.

Matthew Biggs (MB) journaliste, a parcouru le monde à la recherche des plus beaux jardins. Il a présenté l'émission *Garden Club* sur Channel 4, intervient dans *Gardeners' Question Time*, un programme radio de la BBC, et est l'auteur de divers ouvrages.

Caroline Boisset (CB), qui a reçu son diplôme en horticulture à l'université de Bath. Un an plus tard, elle a rejoint Wye College pour y faire une maîtrise d'écologie, de paysagisme et d'entretien horticole, puis est devenue reactrice adjointe de *The Garden*, la publication de la Société royale d'horticulture britannique. Aujourd'hui journaliste indépendante dans le domaine de l'horticulture, elle est l'auteur de divers ouvrages et articles. Elle a reçu la médaille d'or de la Société royale d'horticulture en 1995 pour une exposition de citrouilles et courges.

Anneli Bojstad (AB), historienne d'art née en Suède, vit et travaille depuis 1989 à Madrid. Conservatrice d'une exposition très saluée, « Jardins de l'âme » au jardin botanique de Madrid en 2002, elle a aussi écrit *La Gran Aventura de los Indianos* (publié chez Antonio Machado en 2004). Ses articles consacrés au jardinage et à la décoration d'intérieur ont été publiés dans des magazines aussi divers qu'*Elle*, *Vogue*, ou *Casa & Campo*.

Jan Borsky (JBo), architecte paysagiste, a suivi des études universitaires d'horticulture en République tchèque, avant de les poursuivre en Autriche. Il a participé à divers projets en République tchèque, en Autriche, en Allemagne et en Afrique du Sud. Il travaille aujourd'hui à l'Institut de recherche Silva Tarouca pour le jardinage paysager et d'ornement à Pruhonice, en République tchèque.

Melanie Brown (MBr) Depuis qu'elle a terminé ses études universitaires, Melanie a travaillé pour l'organisme International Development Charity Afghanaid. Elle y a développé une passion pour l'Afghanistan, pays qu'elle a pu visiter. Au cours de ses voyages, sa passion des jardins et de l'histoire l'a amenée à visiter certains des plus impressionnants des jardins moghols.

Jim Buckland (JB) est le directeur des jardins de West Dean, dans le Sussex, au Royaume-Uni. Il est licencié des Jardins botaniques royaux de Kew, a géré des jardins publics et privés en Australie et au Royaume Uni, donne souvent des conférences et écrit régulièrement pour des magazines de jardinage.

Rob Cassy (RCa) a collaboré à *Arena*, *Garden Design*, *Garden Inspirations*, *Gardens Illustrated*, *Hortus*, *Living Etc* et *The Independent*. Il écrit aussi souvent pour *The Times*. Parmi ses ouvrages, on compte *101 Ideas Gardens*, *Garden UK*, *A Shortcut to Perfect Planting*, et *Everything You Need to Know About Gardening but Were Afraid to Ask*.

Philip Cave (PCa), architecte paysagiste, a dirigé des projets commerciaux ou à usage privé dans le monde entier. Il est l'auteur de *Creating Japanese Gardens* (Aurum Press/ CharlesTuttle), qu'il a publié en 1993 après avoir étudié l'art des jardins japonais à Kyoto. Son entreprise (www.philipcave.com), basée à Londres, a été primée à diverses reprises.

Roy Cheek (RChe) possède une vaste expérience des jardins, pépinières et parcs de Grande-Bretagne, soit comme jardinier ou comme directeur. Il a aussi été maître de conférences et conservateur durant vingt ans au Cannington College, dans le Somerset, où il créa de nouveaux cours et une collection variée de jardins qui abritaient 10 000 sortes de plantes. Il organise aujourd'hui des visites de jardins dans le monde entier, donne des conférences et écrit pour *The Garden*, revue de la Société royale d'horticulture.

Ruth Chivers (RChi), paysagiste et journaliste britannique, vit en Californie. Auteur d'ouvrages, elle est aussi rédactrice consultante pour le magazine *Garden Design* et écrit pour diverses publications de jardinage britanniques. Passionnée de jardins, elle profite de ses voyages pour en découvrir de nouveaux et donne des conférences horticoles, y compris sur l'agencement et l'histoire des jardins.

John Coke (JC) a fondé en 1983 Green Farm Plants, une petite pépinière spécialisée où il cultive un mélange éclectique de vivaces, buissons et plantes tendres. Son déménagement à Bury Court en 1997 et le jardin d'exposition que Piet Oudolf réalisa dans son ancienne cour de ferme l'ont poussé à se spécialiser plus avant dans les vivaces et graminées rustiques de style naturaliste.

Martyn Cox (MC) collabore à de nombreux magazines et appartient à la rédaction de *Gardenlife*, *BBC Gardeners' World Magazine*, *Amateur Gardening* et *Horticulture Week*. Spécialiste d'horticulture commerciale et d'agrément, il appartient aussi au comité de l'association des journalistes de jardinage. Son jardin, dans l'Est londonien, déborde de vivaces ainsi que de fruits et légumes insolites.

Pat Crocker (PC), herboriste culinaire, est l'auteur d'ouvrages de jardinage, de quatre livres de cuisine, et de guides de plantes aromatiques. Elle est aussi conférencière. Passionnée de jardins, de plantes aromatiques et de cuisine, elle adore son travail. www.riversongherbals.com

Will de Pury (WdP), historien d'art, est aussi un antiquaire qui s'intéresse particulièrement aux grands domaines de l'ancienne Union soviétique.

Caroline Donald (CD) est rédactrice et éditrice, notamment pour le *Sunday Times* et le magazine *Homes and Gardens*. Elle possède dans le Somerset un jardin de cottage qui frise le désordre mais procure des légumes frais à sa propriétaire.

Ambra Edwards (AE) est célèbre en Grande-Bretagne comme journaliste, chroniqueuse et historienne des jardins. Elle a écrit récemment au sujet des jardins célèbres qui constituent le patrimoine du National Trust, organisme britannique chargé de la préservation des monuments historiques.

Susan Elderkin (SE) vit à Londres et a participé au lancement du magazine *Gardens Illustrated*. Désormais journaliste indépendante, elle publie critiques et articles de voyage. Elle appartient à la liste des meilleurs jeunes romanciers de la décennie, publiée par Granta en 2003.

Kristof Fatsar (KF) est diplômé en architecture paysagiste (1994) et en conservation des monuments historiques (1996). Il a achevé son doctorat en 2001. Il est actuellement maître de conférences en histoire des jardins et dirige le programme d'études pour la préservation des jardins historiques à l'université Corvinus de Budapest où son sujet de recherche principal est l'histoire des jardins hongrois.

Clare Foster (CF), responsable de la partie jardinage du magazine *House & Garden*, est aussi journaliste indépendante et auteur. Elle a auparavant collaboré pendant dix ans au magazine *Gardens Illustrated*, dont elle a été un moment la rédactrice en chef. Elle a publié divers ouvrages, dont *Compost* (Cassell), et rédige actuellement un livre sur les jardins ouvriers. Elle vit avec son mari, leurs deux jeunes enfants et un chien dans un petit cottage de l'Oxfordshire où elle crée progressivement son jardin lorsqu'elle en trouve le temps.

Antoinette Galbraith (AG) est une journaliste indépendante qui vit à Édimbourg et jardine dans le sud-est de l'Écosse. Elle écrit notamment au sujet des jardins écossais et collabore régulièrement aux magazines *Scottish Field*, *Scotsman*, *Scotland on Sunday*, *The English Garden*, *Period Living* et à de nombreuses autres publications.

Lei Gao (LG) est doctorante dans le département de paysagisme de l'université de Sheffield. Elle étudie depuis plus de dix ans l'architecture et l'histoire des jardins en Chine et au Royaume-Uni, et prépare actuellement une thèse sur les attitudes envers les jardins historiques en Chine au XXe siècle.

Sally Gregson (SG), horticultrice de formation, est la propriétaire de Mill Cottage Plants, pépinière spécialisée dans les hortensias. Elle écrit régulièrement pour le magazine *The Country Gardener*. C'est aussi une conférencière reconnue sur des sujets variés, dont les jardins du Japon.

Jerry Harpur (JHa) photographie les jardins du monde entier depuis les années 1980. Il a pour cela été récompensé de plusieurs prix des deux côtés de l'Atlantique, dont un de la Garden Writers Guild de Londres qui récompense l'œuvre de toute une vie. Docteur honoris causa de l'université d'Essex, il a publié en 2005 *Gardens in Perspective*.

Marcus Harpur (MH) a débuté sa carrière dans le domaine de l'édition avant de rejoindre son père, Jerry, afin de créer la banque d'images Harper Garden Library au début des années 1990. Ses photos sont parues dans de nombreux ouvrages et magazines tels que *Homes and Gardens*, *Ideal Home*, *The English Garden* et *Country Life*. Il vit dans le Nord de l'Essex avec sa femme et leurs trois enfants.

Allyson Hayward (AH), historienne des jardins, vit à Wellesley dans le Massachusetts. Elle a reçu la médaille d'or de la Société horticole du Massachusetts pour sa défense de l'histoire des jardins de Nouvelle-Angleterre. Elle préside l'Association des jardins et fermes de la Nouvelle-Angleterre. Elle donne de nombreuses conférences, et son livre sur la vie et les jardins de Norah Lindsay (1873-1948), une paysagiste anglaise, a été publié en 2007.

Jan Hendrych (JH), architecte paysagiste, appartient à l'Institut d'architecture paysagiste de l'université de Harvard. Il participe à des projets de réhabilitation de parcs et jardins historiques aux États-Unis, en Italie et en République tchèque. Il donne actuellement des cours à l'université technique tchèque, à la faculté d'architecture de Prague, et effectue des recherches à l'Institut Silva Tarouca de paysagisme et de jardinage d'ornement à Pruhonice, en République tchèque.

Jenny Hendy (JHe), formée en botanique, a travaillé pour l'une des publications britanniques les plus importantes dans le domaine du jardinage. Désormais journaliste indépendante, elle écrit pour des magazines et journaux et a publié dix-sept ouvrages. Elle dirige une compagnie de paysagisme florissante, intervient à la BBC et donne de nombreuses conférences.

Judith Hitching (JHi) vit dans les Cotswolds et passe la majorité de son temps au jardin. Elle écrit pour des magazines et est l'auteur de *A Guide to Garden Visits*, publié chez Michael Joseph. Elle a écrit au sujet de plus de 500 jardins et s'intéresse à l'histoire paysagiste, aux vieilles demeures, aux livres et à la musique.

Caroline Holmes (CH) est une historienne des jardins dont les centres d'intérêt vont de l'Antiquité romaine à l'époque contemporaine. Auteur de six ouvrages, elle écrit pour une vaste gamme de magazines, donne des conférences en Europe, aux États-Unis et au Japon, et a été primée pour son travail à la radio et à la télévision.

Heidi Howcroft (HH), née et élevée en Grande-Bretagne, a travaillé comme architecte paysagiste aux quatre coins de l'Allemagne. Elle est l'auteur d'un certain nombre d'ouvrages de paysagisme, dont les plus récents sont une version revue et corrigée de son best-seller, *Das Pflasterbuch für den Garten* et *Geheime Gärten in Deutschland*. Elle écrit pour *EDEN* et vit entre le Somerset anglais et Munich en Allemagne.

John Hoyland (JHo) jardine dans le Sud-Ouest, en France, ainsi que dans le Hertfordshire en Angleterre où il dirige Pioneer Nurseries, une petite pépinière spécialisée dans les plantes rares et insolites. Il collabore régulièrement à la rubrique jardinage de journaux britanniques ainsi qu'à des magazines spécialisés.

Erica Hunningher (EH), journaliste et rédactrice indépendante, donne aussi des conférences et guide des voyages organisés. Ses articles sont parus dans *The Times*, *Gardeners' World Magazine*, *The English Garden* et *Hortus*. Elle a dirigé la publication de nombreux ouvrages classiques de jardinage par certains des auteurs les plus célèbres en ce domaine, dont David Austin, Beth Chatto, Penelope Hobhouse et Christopher Lloyd.

Leigh Hunt (LH) a été formé aux jardins botaniques royaux de Kew en Angleterre. Il est désormais conseiller horticole à la Société royale d'horticulture britannique où il intervient sur tous les aspects de la culture des plantes. Lorsqu'il en a le temps toutefois, rien ne lui plaît autant que de fureter dans le jardin des autres pour s'en inspirer et admirer des plantes bien soignées.

Anne Jennings (AJ) est paysagiste, consultante et auteur. Elle dirige le département d'horticulture du musée de l'Histoire des jardins à Londres. Elle a publié *Knot Gardens and Parterres* (Barn Elms 1998) et rédigé une série de six ouvrages sur l'histoire des jardins, publiée par English Heritage en 2004/2005.

Alice Joyce (AJo) Paysagiste primée, conférencière et auteur d'une série de guides intitulés *Gardenwalks*, elle a travaillé comme sculptrice à Chicago avant de se tourner vers l'écriture. Elle vit désormais à San Francisco où elle rédige la chronique « Promenades de jardins » pour le *Chronicle*. Ses articles et photos paraissent dans de nombreux magazines et journaux.

Noel Kingsbury (NK) écrit au sujet des plantes et des jardins depuis les années 1990, lorsqu'il dirigeait une pépinière. Il est connu pour promouvoir un paysagisme naturaliste qui se fonde sur l'écologie, particulièrement pour les espaces publics. Il s'attache aussi à relier jardins et paysagisme à des questions culturelles et politiques d'ordre plus général.

Marianne Lavillonnière (ML) est ingénieur agronome , journaliste, photographe et jardinière depuis l'enfance. Depuis le début des années 2000, elle parcourt la France et l'Europe à la découverte de jardins anciens, nouveaux, méconnus ou plus connus… quand elle n'est pas dans son propre jardin en train d'imaginer de nouveaux massifs ou d'introduire un légume ancien un peu bizarre.

Rosemary Legrand (RL) est une conférencière expérimentée enregistrée à la Société royale d'horticulture britannique qui intervient régulièrement au cours de croisières culturelles. Son père, feu George Hyde, était pépiniériste et a croisé des azalées et rhododendrons primés, dont on peut apercevoir des exemples dans les jardins de la Société royale d'horticulture à Wisley, Exbury et Kingston Lacy. Rosemary vit dans le Dorset où elle a créé un jardin d'un peu moins d'un demi hectare.

Paula McWaters (PMcW) a rédigé de nombreux articles de jardinage pour des magazines grand public ou spécialisés. Ancienne rédactrice de la partie jardinage de *Good Housekeeping*, assistante de rédaction de *Country Living* et rédactrice en chef de Gardenlife, elle s'intéresse aux petits jardins et aux visites de jardins. Elle a dirigé deux projets de jardin récompensés de la médaille d'or à l'exposition florale de Chelsea.

Alasdair Moore (AM) est horticulteur, auteur et guide de voyages organisés internationaux. Durant plus de la moitié de sa carrière, il a été l'adjoint du jardinier en chef de la célèbre abbaye de Tresco dans les îles de Scilly. Son premier ouvrage, *La Mortola*, a été publié en 2004. Il organise régulièrement des visites guidées en Afrique du Sud, au Japon et sur la Côte d'Azur.

Toby Musgrave (TM) est horticulteur, paysagiste et historien des jardins. Il a écrit six ouvrages, collaboré à de nombreux magazines et journaux, donne des conférences et réalise des jardins dans le monde entier. www.TobyMusgrave.com

Carol Newman (CN), expatriée toute sa vie et désormais retraitée aux États-Unis, est l'une des premières à avoir suivi les cours de conservation du paysage, des parcs et des jardins de l'Architectural Association. Elle écrit pour le magazine *The World of Interiors* et cultive son propre jardin (inspiré par Russell Page) lorsqu'elle ne rend pas visite à son petit-fils à Saint-Pétersbourg.

Michèle Osborne (MO), née en France, a fait des études de linguistique à la Sorbonne mais sa passion de l'architecture paysagiste l'a amenée à créer sa propre compagnie dans ce domaine. Elle a collaboré avec certains des architectes et promoteurs les plus importants pour créer en Grande-Bretagne et ailleurs des espaces extérieurs primés. Son œuvre est apparue dans de nombreux ouvrages et magazines. Elle est l'auteur de *Gardens in the Sky* et de *Lighting Gardens*.

Jane Owen (JO) rédige la chronique jardinage de *The Times* et présente le DVD de l'exposition florale de Chelsea qu'organise la Société royale d'horticulture. Journaliste, rédactrice, paysagiste et conférencière (à la British Library, au Victoria and Albert Museum, etc), elle est membre du Comité des femmes de l'année. Ses ouvrages comprennent *Gardens Through Time* (BBC) et *Eccentric Gardens* (Pavilion), et elle a coprésenté à la BBC une série qui a fait date, *Gardens Through Time* (les jardins à travers l'histoire).

Jill Raggett (JR) enseigne dans le domaine des jardins et du paysagisme au Writtle College, en Angleterre, et est professeur adjoint de la faculté d'agriculture du Nova Scotia College, au Canada. Elle a énormément voyagé afin d'étudier les jardins historiques et contemporains. Les origines et l'expression du style paysagiste japonais en Grande-Bretagne constituent l'un de ses principaux sujets de recherche.

Christine Reid (CR) est un auteur australien dont les centres d'intérêt variés comprennent l'histoire sociale et culturelle des jardins ainsi que les paysages aménagés historiques et contemporains. Vivant à Melbourne, c'est la rédactrice de la partie jardins du magazine *Australian Country Style*. Elle collabore aussi régulièrement à de nombreuses publications australiennes et britanniques, dont, récemment, *Oxford Companion to the Garden*, *Gardens Illustrated* et *Hortus*.

Juliet Roberts (JRo) est rédactrice en chef de *Gardens Illustrated*. Elle a travaillé pour le British Film Institute au sein de divers magazines de cinéma. Jardinière de talent, Juliet aime particulièrement cultiver les légumes et bénéficie d'un jardin ouvrier depuis de nombreuses années. Son premier livre, *Organic Kitchen Gardening*, a été publié par Conran Octopus en 2005.

Richard Rosenfeld (RR) est l'auteur de onze livres de jardinage, d'articles pour le *Times*, le *Sunday Times*, l'*Independent* et le *Guardian*, etc. Il vit entre New York et le Sussex et a réalisé des jardins en Italie et en Espagne.

Vivian Russell (VR), photographe et auteur, a publié *Monet's Garden*, primé, ainsi que *Monet's Landscapes*, *Monet's Water Lilies*, *Dream Gardens*, *Gardens of the Riviera*, *Edith Wharton's Italian Gardens*, *Dog Show* et *Gnomes*. Elle a réalisé les photos de deux ouvrages récents sur les jardins de Levens Hall et de Hampton Court Palace. Elle collabore au supplément Jardins du *Daily Telegraph* et prépare un ouvrage sur les jardins écossais.

Barbara Segall (BS), horticultrice, et journaliste free-lance, parcourt le monde à la découverte de jardins. Pour le guide *The Gardens of Spain and Portugal* (March 1999, Mitchell Beazley), elle a longuement visité l'Espagne et le Portugal, et notamment 140 parcs et jardins. Plus récemment, elle s'est rendue en Afrique du Sud et aux États-Unis pour y découvrir jardins et expositions florales, et elle prépare actuellement sa propre liste de jardins à ne pas manquer. Ses articles sont parus dans diverses publications grand public ou de jardinage, telles que *The Kitchen*

Garden, *Country Life*, *Country Living*, *Gardens Illustrated*, *The English Garden*, *Herbs*, *Ideal Homes* et *Homes and Gardens*. Son dernier ouvrage paru s'intitule *Pots and Plants* (Mitchell Beazley 2006).

Myfanwy Slade (MS), biologiste et spécialiste de l'environnement, travaille actuellement comme photographe et journaliste indépendante. Elle vit avec son mari et leur jeune fils à Reading où elle restaure leur jardin victorien, longtemps négligé et envahi par la végétation, pour lui redonner son ancienne splendeur.

Naomi Slade (NS) est journaliste indépendante, rédactrice, écologiste et biologiste. Elle collabore régulièrement à des magazines tels que *Gardeners' World*. Elle s'intéresse au jardinage communautaire et urbain, à la faune et à la flore, et particulièrement aux arbres indigènes, aux visites de jardins et aux artisans botaniques. Elle a remporté trois médailles d'argent à l'exposition florale de Chelsea, a réalisé un jardin comme outil pédagogique pour le ministère de l'Education, et a établi des liens entre le film *Wallace et Gromit* et le jardinage dans les écoles.

Rae Spencer-Jones (RS-J) a suivi des études d'horticulture avant de rejoindre la rédaction du magazine *Gardens Illustrated*. Désormais journaliste horticole indépendante et auteur, elle écrit sur toutes sortes de sujets touchant à l'horticulture pour une vaste gamme de publications spécialisées dont la rubrique jardinage du *DailyTelegraph* et du Times, ainsi que les magazines *Gardener's World* et *Gardeners Illustrated*. on livre *Wild Flowers of Britain and Ireland* a été publié par Kyle Cathie en 2005.

Edwinna von Baeyer (EvB), historienne du paysagisme, vit à Ottawa. Elle a publié de nombreux articles ainsi que trois ouvrages sur l'histoire du paysagisme canadien. Lorsqu'elle n'est pas devant sa télévision pour regarder des matchs de football anglais, elle est dans son jardin où elle affronte le climat canadien.

Isabelle van Groeningen (IvG), historienne des jardins réputée, est aussi paysagiste, consultante, conférencière et parfois auteur. En 1983, elle a quitté les Pays-Bas pour l'Angleterre afin d'étudier l'horticulture aux jardins botaniques royaux de Kew avant d'obtenir un doctorat à l'université de York. Elle s'intéresse particulièrement aux plantes herbacées et à leur agencement au sein de bordures traditionnelles ou de plantations plus naturalistes souvent pratiquées en Europe continentale. La compagnie Land Art Ltd qu'elle a fondée en 1992 avec Gabriella Pape s'occupe de projets très variés, historiques ou contemporains, publics ou privés, en Grande-Bretagne ou ailleurs en Europe. Spécialiste de la création de nouveaux agencements horticoles au sein de sites historiques, elle a participé au remaniement du jardin secret de Jellicoe à Cliveden et a remporté le concours de jardins contemporains organisé par l'organisme English Heritage en 1999 en recréant les bordures de plantes herbacées d'Eltham Palace.

Cleve West (CWe) De jardins primés au cours de compétitions en paradis privés, Cleve West a établi une réputation de créateur de jardins novateurs et contemporains. Membre de la société des paysagistes et juge de la Société royale d'horticulture britannique, il collabore régulièrement à des revues de jardinage et rédige une chronique hebdomadaire pour l'*Independent Magazine*.

Kim Wilkie (KW) est un paysagiste qui s'efforce de comprendre le caractère particulier à chaque site et laisse ses souvenirs et son imagination lui dicter ses créations. Il a établi sa firme, Kim Wilkie Associates, à Londres en 1989. Il enseigne de façon sporadique à Berkeley, écrit avec optimisme au sujet de la relation entre le terrain et l'espace, et appartient à divers comités traitant de la politique paysagiste britannique. Ses projets les plus récents comprennent le nouveau jardin du Victoria and Albert Museum ainsi que le Richmond Floodscape Project, aménagé en zone inondable.

Angharad Williams (AW), qui bénéficie d'une expérience professionnelle de plus de dix ans dans le domaine de l'écriture, a fondé avec son frère la compagnie Proof in Translation. Ce duo est passionné de rédaction (publicitaire), de correction des épreuves et de traduction. Angharad, qui a suivi des études de hollandais, français et italien à l'University College London, en Angleterre, et à l'université de Leiden, aux Pays-Bas, est aussi passionnée de jardins, d'histoire de l'art et de ski alpin.

Gwilym Williams (GW), qui travaille dans le domaine du patrimoine depuis près de vingt ans, a réalisé des fouilles dans les jardins de Kew et à l'Hôpital royal de Chelsea. Inspiré par son intérêt des jardins et de l'archéologie horticole, il a récemment achevé les fouilles d'un jardin seigneurial du XVIIe siècle dans l'Oxfordshire dont il publiera les résultats en 2007. Il a fondé la compagnie Proof in Translation avec sa sœur.

Matthew Wilson (MW) est le conservateur du site de Harlow Carr qu'il dirige et qui appartient à la Société royale d'horticulture britannique, dans le North Yorkshire en Angleterre. Il collabore régulièrement à des publications régionales et nationales dont le *Daily Telegraph* ainsi qu'aux magazines *BBC Gardeners' World*, *The Garden*, *Gardens Illustrated*, et *The English Garden*. Il a aussi participé à des programmes de radio et de télévision, régionaux ou nationaux, tels que *Gardeners' World*, *Gardening with the Experts*, *Britain's Best Back Gardens* sur ITV ainsi que *Countryfile* et *Turf Wars* à la BBC.

Ted Wilson (TW), professeur titulaire en histoire à l'université métropolitaine de Manchester, est spécialiste d'histoire économique et monétaire ainsi que de la Première Guerre mondiale. Particulièrement intéressé par les jardins et leur histoire, il aime les visiter et les photographier à ses moments perdus.

Chris Woods (CW) travaille dans le domaine de l'horticulture depuis trente ans, comme directeur de jardin et paysagiste. Il a débuté sa carrière aux jardins botaniques royaux de Kew où il était apprenti horticulteur. Il a ensuite travaillé dans trois autres jardins britanniques : Portmeirion au pays de Galles, Bateman dans le Sussex, et Cliveden dans le Buckinghamshire. En 2006, il a été nommé directeur du jardin botanique VanDusen à Vancouver, au Canada. Il est aussi membre du comité directeur de la zone protégée de Fairmount Park et membre fondateur du comité consultatif commercial du Projet en faveur de la flore d'Amérique du Nord.

Jan Woudstra (JW), paysagiste et historien a travaillé dans le secteur privé tout en poursuivant une carrière universitaire. Il a enseigné à l'Architectural Association de Londres et est actuellement professeur à l'université de Sheffield, dans le département de paysagisme. C'est l'ancien rédacteur en chef de *Garden History*.

Sam Youd (SY) jardine depuis l'âge de huit ans. Il a commencé sa carrière comme apprenti au sein de la division des parcs de Liverpool en 1962. Il est ensuite devenu formateur puis conseiller technique. Il dirige les jardins de Tatton Park dans le Cheshire depuis 1983. Spécialiste des jardins chinois et japonais, il a été honoré par la Société royale d'horticulture en 2003.

Chris Young (CY), auteur spécialiste des jardins et du paysagisme, vit dans le Lincolnshire en Angleterre. Formé comme architecte paysagiste à l'université du Gloucestershire, il a toujours été passionné par l'écriture et aprouvé le désir de transmettre sa passion des jardins aux autres. Il s'intéresse particulièrement à l'agencement des jardins, notamment à la façon dont les paysagistes façonnent notre espace privé et public.

Index des jardins

AMÉRIQUE DU NORD

Des célèbres jardins de ville – Central Park à New York ou le jardin botanique de Boston – aux jardins créés par des personnages de la mythologie américaine tels que Thomas Jefferson et George Washington en Virginie ou Edith Wharton dans le Massachusetts, des jardins du désert de Phœnix au jardin très contemporain du musée Getty de Los Angeles et au jardin de Métis au Canada, l'Amérique du Nord offre la plus grande variété de styles de jardin et un répertoire de plantes pour tous les climats.

Jardins Minter

Canada

CRÉATEURS : Brian et Faye Minter
PROPRIÉTAIRES : Brian et Faye Minter
STYLE : jardins fleuris et jardins thématiques (XXe siècle)
SUPERFICIE : 12,9 ha
CLIMAT : tempéré
SITUATION : Rosedale, Colombie-Britannique

La Colombie-Britannique, province la plus occidentale du Canada, est une vaste étendue sauvage faite de rivières, lacs, chutes d'eau, plages, sources chaudes minérales, prairies alpestres et pics enneigés. Il y a des siècles, la vallée Fraser, à l'est, a été le témoin d'un gigantesque éboulement qui a transformé des prairies fertiles en paysages âpres et époustouflants. Avec le mont Cheam pour décor, Brian et Faye Minter ont imaginé un jardin de niveau international, qui abrite géraniums sauvages, ancolies, roses et *Dicentra* à l'endroit même où les roches ont fini leur course. Vingt-cinq ans seulement après avoir découvert ce lieu pour la première fois, leurs onze jardins thématiques (avec labyrinthe, topiaire, jardin de parfums, deux volières, un ruisseau et un jardin chinois) reflètent le passage des saisons avec l'exubérance habituelle de la côte nord-ouest américaine.

Des milliers de bulbes printaniers – tulipes, jonquilles, jacinthes, anémones, lis, renoncules et *Allium* – forment de splendides parterres et, en été, les rhododendrons, dont les massifs dominent sur un coteau exposé au nord des terrasses plantées de fougères et délimitées de murets de pierres, offrent un spectacle à couper le souffle. Les cornouillers et les magnolias, groupés entre les massifs, rehaussent cet effet. On doit encore citer des plantes annuelles aux couleurs éclatantes, des vivaces de jardin anglais, une topiaire en forme de faisan de 4 m de haut avec une « queue » florale de 15 m, des pierres levées à la chinoise et les tons dorés et rouille des pensées et choux frisés en fleurs qui font l'intérêt de ces jardins trois saisons durant. PC

Jardin Abkhazi

Canada

CRÉATEURS : prince et princesse d'Abkhazi, John Wade
PROPRIÉTAIRE : The Land Conservancy of British Columbia
STYLE : californien et asiatique (XXe siècle)
SUPERFICIE : 0,6 ha
CLIMAT : tempéré
SITUATION : Victoria, Colombie-Britannique

Les histoires d'amour sont source d'inspiration, et celle qui suit a donné naissance à un magnifique jardin. Nicholas d'Abkhazi, un prince géorgien exilé, épousa en 1946 Marjorie (Peggy) Pemberton-Carter ; c'est ainsi que naquit un jardin qu'ils décrivaient comme « leur enfant » et auquel ils consacrèrent plus de quarante ans. Sous la direction de John Wade, protégé de Richard Neutra, l'architecte moderniste de Los Angeles, ils conçurent une demeure et un jardin dynamiques ayant vue sur le détroit de Juan de Fuca et sur le massif des montagnes Olympic.

Depuis la rue, le jardin est caché derrière une haie de charmes. Il se déploie autour d'affleurements rocheux et d'érables palmés arrivés à maturité. Le bois de rhododendrons, planté à l'origine de spécimens de cinquante ans, est désormais une jungle de hauts troncs sculpturaux et de massifs majestueux qu'animent des flots de bulbes, de minuscules plantes alpestres et des plantes des sous-bois, dont des anémones, trilles, arisaémas, lis, cyclamens, primevères, fougères et hostas.

La pelouse sud de forme géométrique, baignée de lumière, abrite en son centre un cercle de pierres et un cadran solaire bordés de lilas. En suivant les sentiers flanqués de diverses herbacées qui la longent, on atteint la demeure puis un belvédère. L'un des plus remarquables de ces sentiers, bordé de douce bruyère, suit le contour du domaine jusqu'à un immense affleurement rocheux, spectacle que la princesse d'Abkhazi comparait à juste titre au Yangzi Jiang. AH

Jardin du docteur Sun Yat-Sen

Canada

CRÉATEUR : Wang Zu-Xin
PROPRIÉTAIRE : ville de Vancouver
STYLE : jardin classique chinois (XXe siècle)
SUPERFICIE : 0,1 ha
CLIMAT : tempéré
SITUATION : Vancouver, Colombie-Britannique

Vancouver, qui jouit de vues sur le Pacifique et de la proximité de massifs montagneux, abrite plus de cent quatre-vingt-dix parcs. Dans cette cité multiculturelle, un jardin exceptionnel est caché derrière des murs protecteurs : le jardin du docteur Sun Yat-Sen, un hommage au « père de la Chine moderne », connu sous le nom de Kuo Fu. Yat-Sen, architecte de la révolution qui renversa la dynastie mandchoue, consacra sa vie au développement économique de son pays.

Au XVIe siècle, Wen Zhengming décrivait ainsi la fonction des jardins classiques de la dynastie Ming : « Au milieu de toute cette banalité, un lieu libre de toute circulation est particulièrement apprécié ; ainsi, au cœur d'une ville peuvent exister montagne et forêt. » Conçus par des poètes taoïstes, ces jardins chinois avaient pour fonction d'apaiser leur esprit et de les aider à se concentrer sur l'harmonie et l'équilibre – le yin et le yang. Dépouillés et très structurés, de tels jardins favorisaient la contemplation de la nature dont les forces s'opposent dans un parfait équilibre : lumière-obscurité, masse-vide, dureté-douceur et ligne droite-ondulation.

L'inscription au-dessus de l'entrée indique que c'est là un « jardin de tranquillité ». Le *qi*, ou énergie vitale, que l'on retrouve dans ses éléments – rochers, eau et plantes – a un effet apaisant. Des sentiers sinueux, un *yun wei ting* (amoncellement de rocailles en forme de montagne), des pavillons de style Suzhou et un double couloir mettent en valeur un paysage méticuleusement conçu où les plantes sont utilisées avec parcimonie et possèdent une fonction mystique ou symbolique. PC

Jardins Butchart

Canada

CRÉATEURS : Jennie Butchart, Ian Ross
PROPRIÉTAIRES : famille Butchart
STYLE : jardins thématiques (XXe siècle)
SUPERFICIE : 22,3 ha
CLIMAT : tempéré
SITUATION : île de Vancouver, Colombie-Britannique

Au début du XXe siècle, Robert Pim Butchart, magnat du ciment, s'installa à Tod Inlet, un terrain riche en calcaire sur l'île de Vancouver. Peu de temps après, sa femme, Jennie, conçut et réalisa un jardin au fond d'une carrière abandonnée près de leur maison. Pendant que celui-ci prenait forme, Robert commença à collectionner les oiseaux et construisit des nichoirs ornés à travers le jardin. Dès 1908, les Butchart avaient créé un jardin japonais en bord de mer. Un jardin italien et une roseraie suivirent. Aujourd'hui, les descendants de Robert et Jennie s'occupent toujours des quatre jardins principaux qui jouissent de vues spectaculaires et d'agencements ravissants, visités par plus d'un million de personnes par an. Grâce à la douceur du climat, on y trouve presque toujours des fleurs, avec notamment au printemps des tulipes (cent mille bulbes en tout), des rhododendrons, des azalées et des giroflées. Les ancolies, les delphiniums et les pavots bleus *(Meconopsis betonicifolia)* partagent la vedette en été avec les bégonias tubéreux et les œillets du poète *(Dianthus barbatus)*. PC

> Grâce à la douceur du climat, on y trouve presque toujours des fleurs…

Jardin de Thomas Hobbs

Canada

CRÉATEUR : Thomas Hobbs
PROPRIÉTAIRE : Thomas Hobbs
STYLE : méditerranéen (XXe siècle)
SUPERFICIE : 0,2 ha
CLIMAT : tempéré
SITUATION : Vancouver, Colombie-Britannique

Merveilleux, magnifique, extraordinaire : voilà ce qui vient à l'esprit lorsque l'on visite le jardin de Thomas Hobbs, perché sur une colline qui domine la baie des Anglais de Vancouver.

Hobbs explique qu'il est « obsédé par les plantes » depuis sa naissance et qu'il a commencé à faire pousser des graines dès l'âge de cinq ans. Cette demeure et ce jardin de style méditerranéen, acquis en 1987, incarnent sa vision du paysagisme. Fleuriste, collectionneur de plantes et propriétaire d'une pépinière, Thomas Hobbs est aussi l'auteur d'ouvrages incitant les jardiniers à se montrer créatifs. Il a appliqué ce principe à son propre jardin, où il prend plaisir à inventer des « accidents de parcours » qui coupent le souffle. Le jardin de devant, clos, contient des plantes s'accordant au coloris pêche du crépi de la maison. La palette du jardinier comprend des tons rouille, pêche, saumon et corail, accentués par des fleurs mauves et des feuillages argentés et sombres.

La terrasse d'ardoise et de carreaux, ornée d'une fontaine, d'un bassin et d'une multitude de pots variés, exhale un parfum méditerranéen. Thomas Hobbs cultive des daturas, des cannas et des palmiers rustiques, mis en valeur par une petite pelouse et une haie d'euphorbes couleur chartreuse. Ce premier jardin mène à un autre, ombragé, sur le côté, planté de cerisiers, de *Petasites japonicus* aux grandes feuilles, et de fleurs de cire *(Kirengeshoma palmata)*. Derrière la maison, le jardin offre une vue sur la mer, la montagne et la ville par-dessus la cime des arbres. EvB

Darts Hill

Canada

CRÉATEURS : Edwin et Francisca Darts
PROPRIÉTAIRE : ville de Surrey
STYLE : collection de plantes indigènes (XXe siècle)
SUPERFICIE : 3 ha
CLIMAT : tempéré
SITUATION : Surrey, Colombie-Britannique

Offert à la ville de Surrey par Francisca Darts, à la mort de son mari Edwin, ce paradis horticole est inégalé dans la région. Le jardin a été planté par les Darts sur un coteau exposé au sud à la pointe occidentale de la vallée de Hazelmere, au sud de Surrey, non loin de la frontière américaine.

Le couple commença à travailler cette parcelle dont on avait abattu les arbres à la fin des années 1880 sans l'avoir jamais parfaitement défrichée. En 1947, les Darts y bâtirent leur maison. Un verger constitua leur premier projet horticole d'envergure dont cependant presque aucune trace ne demeure.

Une impressionnante collection de rhododendrons et magnolias comprend des *M. macrophylla*, *M. acuminata*, et *M. tripetala*. La promenade des rhododendrons, en direction d'un petit étang, suit un sentier bordé de spécimens bleus qui fleurissent en avril, suivis par les fleurs bleu lilas d'un haut *Paulownia tomentosa*. On ne doit pas oublier de citer *Calocedrus decurrens*, *Corylus avellana* 'Contorta' et *Hamamelis mollis*, d'autres arbres d'ornement du jardin. Près de la maison se trouve un magnifique *Picea orientalis* dont les plus hautes branches sont entremêlées aux vrilles d'une glycine du Japon, pour un spectacle époustouflant au printemps. Mais l'arbre le plus célèbre de la collection est un noyer hybride (*Juglans cinerea* x *J. ailanthifolia var. cordiformis*) que l'on a déclaré patrimoine de la ville de Surrey.

Aujourd'hui, la Darts Hill Garden Conservancy Trust Society (un groupe de bénévoles dont fait partie Francisca Darts) aide la ville à entretenir le jardin. AH

Parc et jardins Tilford

Canada

CRÉATEUR : projet associatif
PROPRIÉTAIRES : divers, dont la ville de North Vancouver
STYLE : jardins thématiques (XXe siècle)
SUPERFICIE : 1,2 ha
CLIMAT : tempéré
SITUATION : Vancouver, Colombie-Britannique

Huit spectaculaires jardins thématiques furent créés ici dans le cadre d'un projet associatif pour le bénéfice des habitants de Vancouver.

Le jardin asiatique abrite des érables du Japon, des pins et bambous, ainsi que des bonsaïs. Quelques pas plus loin, le jardin indigène est doté d'un sentier naturel qui mène à un bosquet de cèdres, sapins du Canada et rares azalées autochtones. Le sol de ce paisible paradis est parsemé de plantes indigènes. Le bassin aux rochers, à la végétation luxuriante et où l'on entend le chant de la cascade, abrite une gigantesque gunnère, des *Lysichiton americanus*, des graminées ornementales et des hémérocalles.

Les passionnés de fleurs découvriront dans le jardin Blanc des feuillages verts, argentés et blancs, ainsi qu'une volière emplie de pinsons. Les amateurs de couleurs apprécieront les plantes annuelles du jardin fleuri. La roseraie abrite plus de vingt-cinq variétés de roses, depuis des fleurs miniatures jusqu'aux exubérantes floribundas. À quelques pas de là se trouve le jardin d'herbes aromatiques empli du parfum robuste d'herbes culinaires et médicinales. Dans la volière de la Colonnade se trouvent des perroquets, cacatoès, mainates et autres oiseaux tropicaux, et enfin, au cœur du jardin, des rhododendrons, des douglas, de hauts magnolias et des cornouillers en fleurs montent la garde. Grâce à sa diversité, ce jardin s'avère attrayant à toute époque de l'année. AH

Jardin de l'université de Vancouver

Canada

CRÉATEURS : artistes paysagistes Justice and Webb
PROPRIÉTAIRE : université de la Colombie-Britannique
STYLE : jardins fleuris, serres, parcelles dédiées à la recherche (XXe siècle)
SUPERFICIE : 44,5 ha
CLIMAT : tempéré
SITUATION : Vancouver, Colombie-Britannique

Fondé en 1916 par John Davidson, le premier botaniste officiel de la Colombie-Britannique, c'est le plus ancien des jardins botaniques universitaires toujours en activité mais aussi l'un des instituts de recherche les plus importants d'Amérique du Nord. Ses collections variées, ses parterres saisonniers et la beauté de ses plantes attirent les visiteurs qui désirent simplement jouir de ses nombreux plaisirs.

Dans le jardin asiatique, les magnolias (parmi les plus anciens spécimens à fleurs), proviennent du Tibet, du Japon, de Chine, de Corée, de Mandchourie et d'autres régions d'Asie. On n'en trouve probablement pas en pareille quantité ailleurs sur le continent nord-américain. Le jardin alpestre offre un rare aperçu d'un milieu rocheux et abrite des plantes qui proviennent des Andes, des côtes marocaines, des îles Canaries et de l'Asie Mineure. Le potager et le verger – particulièrement appréciés des enfants – accueillent des espèces établies ou expérimentales de légumes, baies et arbres fruitiers de la côte ouest canadienne. Le jardin indigène possède une harmonie toute naturelle tandis que le jardin de simples, au plan géométrique, abrite des plantes médicinales. Parmi d'autres jardins de taille plus réduite, on compte le jardin des tonnelles, le jardin d'hiver, le jardin des vivaces et le jardin contemporain. Le jardin commémoratif Nitobe (voir p. 25) est un authentique jardin japonais de thé et jardin promenade. PC

Jardin Nitobe

Canada

CRÉATEUR : Mori Kannosuke
PROPRIÉTAIRE : université de la Colombie-Britannique
STYLE : jardin de thé et jardin promenade japonais
SUPERFICIE : 1 ha
CLIMAT : tempéré
SITUATION : Vancouver, Colombie-Britannique

« Me voilà au Japon », a déclaré le prince héritier Tsugu, aujourd'hui sa majesté impériale Akihito, cent vingt-cinquième empereur du Japon, alors qu'il visitait le jardin Nitobe de l'université de la Colombie-Britannique en 1992. Ce jardin traditionnel est considéré comme l'un des jardins japonais les plus authentiques d'Amérique du Nord, et compte parmi les cinq plus beaux de ce type en dehors du Japon.

Perché sur les falaises qui dominent le détroit de Géorgie, ce ravissant jardin fut réalisé dans un bois vierge par des paysagistes et jardiniers nippons en hommage à Inazô Nitobe, lettré qui mourut quelques années avant la Seconde Guerre mondiale. Nitobe avait consacré son existence à la paix, et lutté inlassablement pour établir « une passerelle au-dessus du Pacifique ».

Dès son arrivée, le visiteur découvre une conception idéalisée et une représentation symbolique de la nature, imprégnée de signification et de culture. Les ponts et lanternes en pierre, les bancs, la porte du jardin de thé, les rochers et la pagode sont ornés de symboles qui représentent la vie, la religion et les croyances du Japon, ou incarnent ces mêmes symboles.

Le jardin est un espace tranquille qui abrite des chutes d'eau, des bois, des îles et des mers, atteignant un parfait équilibre entre les contraires, entre le yin et le yang. Ce jardin où la taille traditionnelle japonaise est appliquée à des arbres et buissons indigènes au Canada, mais où sont aussi présents des érables, cerisiers, azalées et iris originaires du Japon, constitue bien un pont au-dessus du Pacifique.

On visite ce lieu de contemplation serein et subtil pour admirer les cerisiers en fleur au printemps, les iris en été et les couleurs éclatantes des érables à l'automne. On n'y découvre pas seulement une autre culture, mais, par le cœur et par l'esprit, une tout autre sorte d'art paysager. PC

Jardin botanique Van Dusen

Canada

CRÉATEURS : William Livingstone, Roy Forster
PROPRIÉTAIRE : ville de Vancouver
STYLE : jardin fleuri dans un parc paysager (XXe siècle)
SUPERFICIE : 22,2 ha
CLIMAT : tempéré
SITUATION : Vancouver, Colombie-Britannique

Le climat doux de la côte Pacifique, les sept mille cinq cents espèces provenant de quatre continents, des rocailles et lacs merveilleusement réalisés et la proximité du centre-ville de Vancouver font du jardin botanique Van Dusen l'un des lieux préférés des photographes, passionnés de jardinage et touristes.

Le jardin, qui se déploie autour de majestueux arbres à feuilles persistantes essaimés sur l'ancien parcours de golf de Shaughnessy, abrite la collection de houx la plus importante du Canada, ainsi que de remarquables bambous, magnolias, rhododendrons et azalées. En pénétrant dans la cour centrale, on peut se diriger tout droit vers le traditionnel jardin d'herbes aromatiques ou parcourir à droite le jardin Blanc. En route vers la rocaille, on découvre des conifères nains, un bassin et ses plantes aquatiques, des bulbes miniatures et des vivaces. Un escalier mène à la roseraie de style Renaissance où des roses à floraison continue sont mises en valeur par le buis et la santoline. Dans le jardin de vivaces, les plantations sont agencées en plates-bandes, à la mode de la fin du XIXe siècle, ou en massifs, de façon plus contemporaine. On accède ensuite par un pont de pierre au jardin de bruyère avec ses pins sylvestres et ses bouleaux, paré de couleurs presque toute l'année. On peut aussi citer le jardin de parfums et le labyrinthe élisabéthain, dont trois exemples seulement existent en Amérique du Nord.

Pelouses ondoyantes, lacs paisibles et rocailles spectaculaires, le jardin botanique Van Dusen est un parc paysager pittoresque d'où l'on peut apercevoir les montagnes et l'animation de Vancouver. PC

Jardins Edwards

Canada

CRÉATEUR : Rupert E. Edwards
PROPRIÉTAIRE : ville de Toronto
STYLE : espace vert paysager
SUPERFICIE : 14,1 ha
CLIMAT : continental humide
SITUATION : Toronto, Ontario

La plus grande ville du deuxième pays au monde par la taille applique une philosophie écologiste à ses espaces publics. Toronto, centre artistique et financier multiculturel, désire être reconnue comme « une ville entourée d'un parc ». Les jardins Edwards, qui contribuent aux 240 ha d'espaces verts qui traversent le centre de Toronto le long de la vallée du Don, participent de façon importante à ce rêve avec leurs plantations, leurs panoramas sur la vallée, leurs vastes rocailles, leur jardin pédagogique et leurs massifs fleuris. Ce rêve naquit en 1944 lorsque Rupert E. Edwards, un homme d'affaires, acheta un domaine où il créa un paysage pittoresque, planté de façon irrégulière, qui rappelait le siècle précédent. Il espérait que cela deviendrait un jardin public, souhait qui fut exaucé lorsque la ville, qui s'étendait, acquit la propriété en 1956.

Ce jardin est célèbre pour ses rhododendrons mais abrite aussi des vivaces saisonnières et des roses sur ses hauteurs, tandis que l'on trouve dans le lit de rivière érodé, plus bas, des fleurs des prés, un arboretum et l'une des plus grandes rocailles du Canada. Le style sauvage et naturel du jardin lui permet de se fondre aisément dans le parc qui le borde, où les sentiers suivent les méandres du Wilket Creek et où les ponts relient des vallons naturels emplis d'arbres, de buissons et de faune indigènes.

L'entrée nord des jardins Edwards est adjacente au siège rénové du jardin botanique de Toronto, autre centre d'enseignement et d'information horticole doté d'une excellente bibliothèque. PC

Jardins de Parkwood

Canada

CRÉATEURS : Harries and Hall, H. B. and L. A. Dunington-Grubb Landscape Architects, John Lyle
PROPRIÉTAIRE : État canadien
STYLE : Arts and Crafts anglais (XXe siècle)
SUPERFICIE : 4,8 ha
CLIMAT : continental humide
SITUATION : Oshawa, Ontario

Samuel McLaughlin, l'un des plus éminents industriels et philanthropes canadiens, conçut Parkwood comme un grand domaine privé au début du XXe siècle, où il accorda autant d'importance à l'architecture et au paysagisme qu'à la décoration intérieure. Aujourd'hui site historique national, cette propriété reflète toujours les intérêts particuliers et le style de ce fondateur d'une grande compagnie automobile.

Durant les premières décennies du XXe siècle, on adopta pour les jardins le style Arts and Crafts anglais en mettant l'accent sur des parterres à la française tout autour de la demeure, accompagnés de parties moins aménagées, dont une vaste pelouse, plus loin. Les visiteurs, depuis l'entrée, étaient attirés par des panoramas encadrés par des haies de cèdres. De fait, les premiers paysagistes de Parkwood relièrent chaque pièce principale de la maison à une partie adjacente du jardin, et établirent une zone boisée au-delà.

De spectaculaires « pièces » extérieures, dont le jardin à l'italienne, le jardin au Cadran solaire, le pavillon d'été et un jardin en creux, furent créés par une deuxième équipe. Enfin, John Lyle, qui conçut le jardin à la française au milieu des années 1930, apporta une ultime touche de raffinement. On découvre des palmiers, orchidées et plantes tropicales dans les trois serres qui ont subsisté et abritent aussi le jardin japonais et le salon de thé. Les jardins historiques de Parkwood reflètent à la fois la splendeur de l'entre-deux-guerres et le style personnel de l'homme qui imagina ce lieu. PC

Parc Queen Victoria

Canada

CRÉATEUR : Niagara Parks Commission
PROPRIÉTAIRE : Niagara Parks Commission
STYLE : parc public à la française
et de style naturel (XIXe siècle)
SUPERFICIE : 81 ha
CLIMAT : continental humide
SITUATION : chutes du Niagara, Ontario

Avec en fond sonore le rugissement de 2 727 600 litres d'eau par minute dévalant 54 m, les visiteurs peuvent déambuler le long du côté canadien des chutes du Niagara sans jamais quitter le parc Queen Victoria. Majestueux jardin royal, c'est le poste d'observation idéal depuis lequel on peut admirer les illuminations nocturnes des chutes et les feux d'artifice organisés chaque vendredi d'été.

Baptisé en l'honneur de la reine Victoria, le parc est un cadre extraordinaire qui abrite une végétation luxuriante parsemée d'espèces exotiques. Il vit le jour en 1887 lorsqu'un décret nationalisa 62 ha à des fins de préservation. C'étaient les azalées et les rhododendrons qui avaient la vedette au départ, mais l'on trouve désormais aussi, parmi les narcisses (un demi-million), les magnolias et les tulipes, des plantes indigènes, telles que l'*Agastache nepetoides*, ou hysope géante jaune, *A. scrophulariifolia*, de couleur pourpre, ou encore des capillaires du Canada (fougères).

Outre la grande rocaille, le jardin de roses thé hybrides et les majestueuses pelouses, les visiteurs peuvent admirer en été de vastes étendues plantées de milliers de plantes annuelles. Puis, lors des fraîches journées d'automne, juste avant l'arrivée de l'hiver, les fuchsias et lantanas de haute tige, les lis et coléus laissent la place aux chrysanthèmes et aux choux frisés en fleurs. Lorsque la température baisse encore, la brume des chutes se transforme en glace et recouvre les branches nues des arbres et buissons pour faire naître un spectacle magique et scintillant. PC

Jardins botaniques de Niagara Parks

Canada

CRÉATEUR : Niagara Parks Commission
PROPRIÉTAIRE : Niagara Parks Commission
STYLE : jardins thématiques (XXe siècle)
SUPERFICIE : 40,5 ha
CLIMAT : continental humide
SITUATION : chutes du Niagara, Ontario

Fondés en 1936 comme école pour apprentis jardiniers, les jardins botaniques de Niagara Parks sont liés à un enseignement horticole qui s'intéresse à la relation des plantes et de l'écosystème né de l'érosion des gorges du Niagara. C'est un lieu où l'on étudie, jardine et apprend à entretenir de tels paysages.

La passion de l'art, de la science et du mystère qu'est l'horticulture est évidente dans l'agencement du jardin d'herbes aromatiques, de la roseraie, du potager et de la rocaille, sans oublier le magnifique arboretum. Le jardin abrite aussi l'une des plus belles collections canadiennes d'arbres et buissons ornementaux, une serre et la plus grande volière de papillons d'Amérique du Nord.

En 1884, on découvrit et catalogua dans la région neuf cent quinze plantes naturalisées, mais aucun arbre. La Niagara Parks Commission en établit deux cent soixante-neuf spécimens et poursuit depuis un programme de plantation régulier.

Le couloir du Niagara fait partie du « Canada carolinien », partie de la forêt orientale à feuilles caduques qui abrite des espèces méridionales telles que le tulipier de Virginie *(liriodendron tulipifera)*, le sassafras, le sycomore et le noyer noir d'Amérique *(Juglans nigra)*. Grâce aux températures modérées et aux effets tempérés des grands lacs, la biodiversité est remarquable. Les roches sédimentaires que sont le calcaire, le grès et le schiste argileux ont donné naissance à des spectacles époustouflants. PC

The Music Garden de Toronto

Canada

CRÉATEUR : Julie Moir Messervy
PROPRIÉTAIRE : ville de Toronto
STYLE : jardin d'interprétation (XXe siècle)
SUPERFICIE : 0,8 ha
CLIMAT : continental humide
SITUATION : Toronto, Ontario

À la fin des années 1990, le violoncelliste Yo-Yo Ma collabora avec divers artistes à la création d'*Inspired by Bach*, une série de six films. Le premier d'entre eux était *The Music Garden*, où, en compagnie de la paysagiste Julie Moir Messervy, le musicien interprétait le thème de la nature, inspiration de la *Première Suite* de Bach. Un réel projet de jardin musical naquit du film et commença à prendre forme sur un site offert par la ville de Toronto. Mariage d'une vision parfaite, d'une collaboration artistique multidisciplinaire et d'une conception audacieuse où chaque section du jardin représente l'un des six mouvements de la *Suite pour violoncelle n° 1* de Bach, le Jardin musical de Toronto jouit désormais d'une réputation internationale.

On y suit une promenade tout en courbes, qui, telle une rivière ondoyante, représente le Prélude, jusqu'à un bosquet qui abrite des sentiers vagabonds, symbole de l'Allemande (mouvement en 4/4). On est ensuite emporté le long d'une allée tourbillonnante vers la prairie fleurie qu'est la Sarabande. Ici, un rocher sert de scène aux poètes et artistes. Un parterre fleuri à la française symbolise le Menuet, section du jardin où un pavillon musical accueille de petits ensembles musicaux ou des compagnies de danse. La Gigue, une danse anglaise enjouée, est représentée par un escalier d'herbe géant. Ce jardin est astucieux, engageant et amusant – et l'on regrette alors que si peu de jardins s'inspirent d'œuvres d'art. PC

Jardins botaniques royaux

Canada

CRÉATEUR : Carl Borgstrom
PROPRIÉTAIRES : ville de Hamilton, association caritative
STYLE : jardins de démonstration (XXe siècle)
SUPERFICIE : 1 093,5 ha
CLIMAT : continental humide
SITUATION : Hamilton/Burlington, Ontario

Les Jardins botaniques royaux du Canada sont sauvages, cultivés, complexes, sereins et, par-dessus tout, vastes. Un dixième environ de cette immense superficie est cultivé, le reste étant constitué de zones naturelles gérées. On y a entrepris le projet de restauration de marais d'eau douce le plus important d'Amérique du Nord. C'est un musée vivant qui permet d'explorer la relation qui existe entre le monde des plantes, l'homme et le reste de la nature.

Ces jardins abritent cinq zones distinctes. Dans la roseraie Hendrie Park, on trouve non seulement des roses mais aussi des plantes médicinales et aromatiques, des lis, des grimpantes, des espaliers et des espèces des sous-bois. La rocaille abrite des parterres de bulbes de printemps, des annuelles d'été, des cerisiers, azalées et autres arbres et arbustes insolites. L'arboretum, lui, comprend divers arbres, buissons, conifères, haies, cornouillers, aubépines et pommiers sauvages indigènes.

On découvre, dans le jardin de lilas Katie Osborne, la plus grande collection au monde de cet arbuste, tandis qu'iris, vivaces, pivoines, hémérocalles et graminées d'ornement parsèment la partie baptisée « Laking Area ». S'ajoutent à cela un jardin du patrimoine et divers parterres floraux, dont un jardin méditerranéen.

Pour ceux qui en auraient l'énergie, quatre réserves naturelles, toutes très variées et reliées par 30 km de sentiers, abritent des marais, des bois, des prairies, des parcelles agricoles et les gorges du Niagara. PC

Parc régional du Bois de Belle-Rivière

Canada

CRÉATEUR : Ronald Leduc
PROPRIÉTAIRE : ville de Montréal
STYLE : parc paysager moderne (XXe siècle)
SUPERFICIE : 176 ha
CLIMAT : continental humide
SITUATION : Montréal, Québec

Les jardins du Parc régional du Bois de Belle-Rivière ont été achevés par Ronald Leduc, horticulteur québécois qui anime une émission de jardinage hebdomadaire. Les cent espèces d'arbres et cent trente-deux espèces ornithologiques qu'ils abritent sont leur attrait principal. Le bois est un paradis ombragé pour les promeneurs l'été, et son feuillage offre un spectacle extraordinaire lorsqu'il s'embrase à l'automne.

Dix-sept kilomètres de chemins serpentent à travers les pelouses, les jardins et la forêt. Les cinq itinéraires fléchés, de 1 à 6 km de long, sont tous d'un niveau facile. Les sentiers qui parcourent un bois de style arboretum sont bordés de sapins du Canada, de cèdres de Virginie, d'une érablière à sucre avec des catalpas du Japon, des fusains d'Europe et des marronniers de l'Ohio. D'autres allées traversent un jardin d'ornement, un labyrinthe et un jardin d'eau.

L'été, les pelouses constituent un emplacement de choix pour les pique-niques, et l'on peut se rafraîchir dans la rivière voisine. L'hiver, les skieurs de fond suivent les sentiers et peuvent même louer l'un des chalets du parc pour y passer la nuit. La neige scintillante attire aussi les amateurs de raquettes, de luge et de traîneau à chiens.

Au printemps, la sève coule des érables et de nombreux Montréalais visitent les cabanes à sucre du parc pour y découvrir la fabrication du sirop d'érable. Le personnel du parc propose aussi des activités éducatives comme l'interprétation de la nature. EvB

Jardins de Métis

Canada

CRÉATEUR : Elsie Reford
PROPRIÉTAIRE : Les Amis des Jardins de Métis
STYLE : jardin à l'anglaise, style naturel (XXe siècle)
SUPERFICIE : 16,1 ha
CLIMAT : continental humide
SITUATION : Grand-Métis, Québec

À quatre heures de la ville de Québec, sur la péninsule de Gaspésie, une ancienne résidence d'été s'est transformée en centre d'art paysager de renommée internationale. Elsie Reford fonda les jardins de Métis, aussi baptisés jardins Reford, dans les années 1920. La demeure est discrète mais le panorama, remarquable, s'ouvre sur un sentier flanqué de pins mungo taillés et permet de découvrir les eaux du Métis et du Saint-Laurent à travers un « trou de serrure » créé dans la végétation. Ce processus, qui laisse peu de place aux panoramas extérieurs, est utilisé dans tout le jardin. Ainsi, l'on n'aperçoit l'eau que rarement grâce à quelques ouvertures aménagées dans des rangées profondes et protectrices de buissons et d'arbres.

On découvre dans ces jardins les nombreuses modes de l'époque de leur création, mais le paysage naturel y a aussi été respecté, avec ses cours d'eau qui relient divers espaces aménagés et discrets. Les amateurs de plantes sino-himalayennes seront particulièrement ravis, notamment face aux massifs de pavots bleus *(Meconopsis betonicifolia)*.

Le jardin accueille désormais un Festival international de jardins, inspiré par celui de Chaumont-sur-Loire (voir p. 592). Il se distingue par l'intégration totale des installations au sein du jardin et des bois qui l'entourent, ce qui ne fait que rehausser le charme du jardin originel. L'architecture paysagiste d'avant-garde et l'esthétique des années 1920 se marient dans les jardins de Métis pour provoquer inspiration et émoi. MW

Jardin botanique de Montréal

Canada

CRÉATEUR : Henry Teuscher
PROPRIÉTAIRE : Muséums Nature Montréal
STYLE : jardin botanique (XXe siècle)
SUPERFICIE : 75 ha
CLIMAT : continental humide
SITUATION : Montréal, Québec

Montréal, l'une des zones métropolitaines francophones les plus importantes au monde, est admirée pour sa culture, son architecture et son histoire, et le jardin botanique qu'elle abrite en son centre participe indubitablement à son ambiance. D'envergure internationale, doté d'une collection de vingt-deux mille espèces et cultivars, le jardin est l'héritage splendide de Frère Marie-Victorin. Il compte désormais parmi les plus grands de son genre au monde et a célébré son soixante-quinzième anniversaire en 2006.

Étangs, buissons, hautes herbes et même un Livre fleuri sont situés au cœur de ce site, entourés par un arboretum de sept mille spécimens qui s'étend sur la moitié du parc. La maison de l'Arbre, lieu magique, permet de découvrir l'écosystème forestier, tandis que le jardin des Premières-Nations accueille sur 3 ha des bornes interactives, expositions et événements. Inspiré des cultures amérindiennes et inuites, ce jardin contemporain représente diverses traditions indigènes, de la collecte d'aliments et de plantes médicinales à la fabrication de canoës et de boîtes récipients en bois.

Parmi les autres jardins thématiques extraordinaires du lieu, on peut citer l'insectarium où l'on trouve environ cent soixante mille spécimens, vivants ou épinglés, le jardin et le pavillon japonais, le jardin aquatique, le ruisseau fleuri, le jardin de Chine (avec la plus grande collection de bonsaïs d'Amérique du Nord), le jardin alpin et la roseraie. Avec ses dix serres d'exposition, des démonstrations, ateliers et activités tout au long de l'année, c'est sans doute l'un des plus beaux jardins botaniques que l'on puisse voir. PC

Le jardin, l'un des plus grands de son genre au monde, a célébré son 75e anniversaire…

Parc du Bois-de-Coulonge

Canada

CRÉATEUR : Henry Atkinson
PROPRIÉTAIRE : ville de Québec
STYLE : parc paysager
SUPERFICIE : 24 ha
CLIMAT : continental humide
SITUATION : Québec, Québec

Situé à quelques pâtés de maisons du centre de Québec, le parc du Bois-de-Coulonge montre ce que l'on peut accomplir dans un espace vert public lorsque les ressources appropriées lui sont consacrées. Le visiteur s'approche du parc par une zone boisée, sans se douter de ce qui l'attend au-delà. Des sentiers sinueux ont été dégagés parmi des arbres touffus et mènent les visiteurs vers d'inoubliables panoramas où de vastes pelouses descendent en douceur vers le Saint-Laurent qui miroite entre ses hautes berges.

Compte tenu de l'enneigement, près de six mois par an, de cette partie du Canada, la diversité des plantations est stupéfiante. Les parterres qui entourent le bâtiment administratif principal dont le style rappelle un petit château français débordent de luxuriantes plantes subtropicales. On se croirait à Saint-Tropez plutôt que dans le Nord-Est américain. Plus loin près du fleuve, de vastes parterres ronds sont emplis de vivaces à fleurs et de graminées ornementales complétées de plantes et d'annuelles semi-rustiques. L'effet est ravissant, particulièrement sur fond de hauts arbres et d'une prairie d'un vert émeraude. Près du château, des haies de buis taillées à la française sont moins plaisantes.

On quitte le parc en suivant un autre sentier boisé qui traverse de charmantes plantations de vivaces aimant l'ombre, de fougères et d'arbustes, convaincu que c'est là un espace vert de qualité. Si seulement plus de parcs pouvaient s'avérer aussi intéressants. MW

Maison et jardins Chénier-Sauvé

Canada

CRÉATEUR : Thérèse Romer
PROPRIÉTAIRE : Fondation Maison et Jardins Chénier-Sauvé
STYLE : éclectique (XXe siècle)
SUPERFICIE : 0,6 ha
CLIMAT : continental humide
SITUATION : Saint-Eustache, Québec

Thérèse Romer, célèbre journaliste horticole québécoise, écologiste et protectrice du patrimoine, crée depuis 1972, autour de sa demeure historique, des mariages exubérants de plantes. Elle a aussi préservé et multiplié des vivaces et rosiers du domaine datant du milieu du XIXe siècle. Le résultat est spectaculaire, avec de vastes parterres qui s'enfoncent jusque dans les bois adjacents.

Le jardin, bien que petit, est digne d'intérêt. La masse colorée des clématites violettes, hortensias bleus, roses rouges et orpins jaunes et roses reflète l'amour des fleurs de la créatrice. Les lis sont omniprésents, depuis les *Lilium canadense* indigènes jusqu'aux hémérocalles et lis martagons. On trouve aussi dans ces jardins à la fin du printemps de vastes parterres de pivoines roses qui bordent la grande pelouse et la terrasse du haut ombragée par des catalpas qui protègent des *Ligularia* et des heuchères roses.

Tandis que le jardin descend vers le fleuve, de grandes plantations de fleurs des prés mènent à un petit bois tapissé d'*Asarum canadense*, de muguet et d'onagre. Thérèse Romer a aussi réalisé un jardin marécageux, près de la rivière, qui déborde de fleurs cardinales, de calthas, de butomacées ainsi que d'un intéressant mélange de graminées ornementales qu'elle a ensemencées à partir de graines ramassées sur les berges du fleuve. EvB

Les Quatre-Vents

Canada

CRÉATEURS : famille Cabot
PROPRIÉTAIRES : Francis et Anne Cabot
STYLE : divers (XXe siècle)
SUPERFICIE : 3,2 ha
CLIMAT : continental humide
SITUATION : La Malbaie, Québec

Les Cabot possèdent depuis plus de cent ans la seigneurie du Cap à l'Aigle, près de La Malbaie, sur la rive nord du Saint-Laurent, mais l'histoire des jardins de Quatre-Vents est plus récente. Les parents de Francis Cabot ont construit la maison originelle à la fin des années 1920, et sa mère et son oncle, un architecte, ont conçu le jardin, composé d'un certain nombre de « pièces », de terrasses, de parterres alpestres surélevés et d'une vaste pelouse, le Tapis vert, qui prenait naissance près de la maison et s'étendait en direction des Laurentines au loin. Lorsque Francis et son épouse, Anne, ont pris possession de la maison – reconstruite après un incendie – dans les années 1960, ils ont commencé à rénover les jardins.

Des arbres et buissons ont été transportés depuis des champs attenants afin de protéger le jardin des vents qui lui donnent son nom, des haies d'espèces indigènes plantées pour dessiner un cadre, des terrasses replantées et des murets reconstruits. Le talent des Cabot a constitué à identifier les panoramas les plus majestueux et à les mettre en valeur à l'aide de plantations, tâche difficile face à une campagne aussi belle.

Une fois la restauration achevée, les Cabot ont agrandi le jardin, et ce sont ces ajouts qui en font un lieu extraordinaire. Lorsqu'on traverse le ravin à l'aide d'un pont de corde qui oscille de façon alarmante, on découvre un espace entièrement différent, dominé par le pigeonnier. L'arche qui le surplombe encadre une autre vue sur la campagne au-delà, le tout étant encore rehaussé par le miroitement de l'eau du canal. De là rayonnent des allées et sentiers qui conduisent à d'autres espaces horticoles, dont le splendide jardin japonais.

Les jardins de Quatre-Vents démontrent que l'on peut marier un jardin à son environnement et créer des conditions de croissance viables. Il compte parmi les plus beaux d'Amérique du Nord. PC

Jardins historiques d'Annapolis Royal

Canada

CRÉATEUR : projet associatif
PROPRIÉTAIRE : Annapolis Royal Historic Gardens Society
STYLE : jardins thématiques (XXe siècle)
SUPERFICIE : 6,8 ha
CLIMAT : continental à étés frais
SITUATION : Annapolis Royal, Nouvelle-Écosse

Port Royal, fondé en 1605 au cœur de la luxuriante vallée d'Annapolis en Nouvelle-Écosse, fut la deuxième colonie européenne d'Amérique du Nord après San Agustin en Floride. Rebaptisée Annapolis Royal quand elle fut conquise par les Anglais en 1710, la ville est un lieu historique national et les nombreux jardins d'ornement reflètent quatre siècles d'histoire.

Dans les jardins historiques d'Annapolis Royal, dès le parterre de broderie constitué de haies de lavande et fondé sur un jardin anglais de 1638, on découvre l'histoire horticole canadienne. La maison acadienne illustre les constructions à poteaux et poutres des colons français du XVIIe siècle. Elle est accompagnée d'un potager et verger typiques, divisés en carrés et abritant pommiers et poiriers. Le XVIIIe siècle est représenté par le jardin du Gouverneur, où quatre plates-bandes symétriques sont plantées d'herbes aromatiques et de fleurs encadrées de hautes haies d'ifs. Dans le jardin victorien, les parterres en forme de feuille de trèfle, emplis d'annuelles éclatantes ainsi que de plantes exotiques ou rares, illustrent l'exubérance du XIXe siècle. Dans le jardin des nouveautés, où fruits et légumes sont plantés en rangs serrés, on découvre des techniques modernes et des expériences dans le domaine de la culture mixte, des arbres fruitiers nains et en espaliers, ainsi que de l'introduction de nouvelles espèces insolites.

La roseraie (deux cent trente cultivars différents), et le labyrinthe de roses abritent plus de deux mille rosiers. Ne manquez pas la collection de graminées, celle de magnolias, en augmentation, les plantations d'arbres à bois tendre qui accueillent de spectaculaires spécimens de *Pinus strobus*, les plus de cent variétés d'hémérocalles, la rocaille et les parterres de vivaces colorés. Non seulement les jardins historiques d'Annapolis Royal nous permettent de retrouver le fil de l'histoire horticole canadienne, mais ils l'entremêlent à une riche tapisserie botanique. PC

Réserve Bloedel

États-Unis

CRÉATEURS : Prentice Bloedel, Thomas Church, Richard Haag, Fujitaro Kubota
PROPRIÉTAIRE : The Arbor Fund
STYLE : moderne (XXe siècle)
SUPERFICIE : 60,7 ha
CLIMAT : océanique
SITUATION : île de Bainbridge, État de Washington

Prentice Bloedel, dont le père dirigeait une entreprise de bois, et sa femme Virginia ont acheté une maison au nord de l'île de Bainbridge en 1951, et au cours des décennies suivantes ont ajouté de spectaculaires parcelles sauvages à leur domaine qui domine le détroit de Puget. Ce cadre est considéré comme l'un des plus beaux paysages d'Amérique du Nord, et en 1988, la réserve Bloedel a été ouverte au public.

Les Bloedel désiraient « capturer l'essence du jardin japonais – caractère naturel, subtilité, révérence, tranquillité – et en offrir l'expression occidentale ». Bloedel ressentait « l'existence d'un ordre divin [...] l'homme ne se distingue pas du reste de la nature ». Il désirait que le naturel et l'artificiel se marient de façon parfaitement homogène. Des sentiers serpentent à travers des prairies, marécages et bois, et le jardin allie des zones forestières naturelles à d'autres, soigneusement entretenues, qui reflètent divers types de paysagisme. La demeure, ancienne résidence familiale, est accompagnée d'un patio conçu par Thomas Church et jouit de vues époustouflantes sur le détroit de Puget.

La maîtrise du paysagiste Fujitaro Kubota est en évidence dans le jardin japonais tandis que le jardin aux Reflets, où des haies d'ifs entourent un miroir d'eau rectangulaire où se reflète le ciel, abrite des éléments modernistes aux proportions sublimes. D'une subtilité infinie, l'ensemble constitue un jardin rare et vaste agrémenté de touches intelligentes. AJo

Jardin botanique Elisabeth Carey Miller

États-Unis

CRÉATEUR : Elisabeth Carey Miller
PROPRIÉTAIRES : Pendleton and Elisabeth Carey Miller Charitable Foundation
STYLE : jardin boisé
SUPERFICIE : 2 ha
CLIMAT : océanique
SITUATION : Seattle, État de Washington

Le jardin botanique Elisabeth Carey Miller est situé sur la pente abrupte d'un promontoire qui domine le détroit de Puget et jouit d'une vue spectaculaire sur la péninsule Olympic. Elisabeth et Pendleton Miller emménagèrent dans ce domaine, au nord de Seattle, en 1948. Elisabeth était une passionnée du jardinage souvent primée.

Le jardin est particulièrement célèbre pour son excellente collection d'arbres et d'arbustes ainsi que pour ses bois plantés de nombreuses vivaces herbacées. Grâce à sa situation au-dessus du détroit, le jardin bénéficie de divers microclimats qui permettent des expériences horticoles que l'on ne voit habituellement pas dans la région. La partie aménagée du jardin, de taille relativement réduite (1,2 ha), comprend plus de quatre mille espèces. Elisabeth était une collectionneuse passionnée de fougères : des espèces indigènes poussent en abondance dans le jardin, dont *Woodwardia fimbriata*, et des *Polypodium scouleri*. On est aussi surpris d'y apercevoir une woodwardie de Virginie *(Woodwardia virginica)* qui survit rarement aussi loin à l'ouest.

On doit réserver à l'avance pour une visite guidée. Le printemps est la meilleure époque, mais aussi la plus recherchée, même si le jardin est splendide tout au long de l'été et célèbre pour ses couleurs automnales spectaculaires. Attention : la pente raide peut s'avérer difficile à négocier pour certains visiteurs. AH

Jardin botanique de rhododendrons

États-Unis

CRÉATEUR : American Rhododendron Society
PROPRIÉTAIRE : Rhododendron Species Foundation
STYLE : collection de rhododendrons (XXe siècle)
SUPERFICIE : 8,9 ha
CLIMAT : océanique
SITUATION : Federal Way, État de Washington

Le cahier des charges de la Fondation pour les espèces de rhododendrons explique parfaitement sa mission : c'est « une organisation à but non lucratif qui se consacre à la préservation, la recherche, l'acquisition, l'évaluation, la culture, l'exposition au public et à la distribution d'espèces de rhododendrons ». Fondée par l'American Rhododendron Society en 1964, afin de répondre aux objectifs précédemment cités, la Fondation a créé ce jardin botanique. Celui-ci a vécu une première période difficile en 1974, lorsque la compagnie Weyerhaeuser, qui manufacturait du papier et des produits dérivés du bois, prêta généreusement le terrain à la Fondation, aménagea le site, la voie d'accès et les sentiers, installa un système d'irrigation et ajouta aux parterres d'importantes quantités de sciure. Cependant, lorsque celle-ci commença à se décomposer, les massifs s'imprégnèrent d'eau et de nombreuses plantes moururent. Le jardin ouvrit ses portes au public en 1980. Dès 1984, il avait été replanté par groupe taxinomique plutôt que par origine géographique. Le jardin boisé abrite aujourd'hui des collections de fougères, primevères, iris, bruyères, érables, magnolias, conifères et autres plantes insolites. Il abrite l'une des collections de rhododendrons les plus importantes au monde. Six mois durant – leur splendeur étant à son apogée en mars et mai –, ces plus de dix mille rhododendrons se parent de fleurs. Le spectacle est fascinant grâce à sa diversité. On peut aussi découvrir à quoi ressemblent les plantes mères des hybrides et comprendre ainsi l'évolution de la culture des rhododendrons. TM

Jardin Chase

États-Unis

CRÉATEURS : Ione Chase, Emmott Chase, Rex Zumwalt

PROPRIÉTAIRE : The Garden Conservancy

STYLE : naturel (XXe siècle)

SUPERFICIE : 1,8 ha

CLIMAT : océanique

SITUATION : Orting, État de Washington

Ione et Emmott Chase grandirent dans la campagne vallonnée qui s'étend au pied de la chaîne des Cascades dans l'État de Washington. En 1962, après vingt ans de mariage, ils commencèrent à jardiner sur un terrain en pente couronné par un promontoire qui dominait la vallée de la Puyallup. Plus de quarante ans plus tard, une étonnante étendue de prairies alpestres est parsemée de parterres aux formes arrondies ainsi que d'innombrables arbres et arbustes.

Tandis que Ione dessinait dans la neige les futurs sentiers sinueux du jardin, Emmott élaguait certains des hauts arbres, principalement des douglas, pour préserver de spectaculaires vues sur le mont Rainier, un volcan. Le couple fit aussi appel à Rex Zumwalt, un architecte paysagiste, pour le jardin de l'entrée, de style japonais, pourvu de gravier ratissé, de paisibles bassins et d'un lit de rivière sec.

Le printemps est ici une période magique, avec d'innombrables petites plantes en fleurs qui évoquent les couleurs et la pâte d'un tableau impressionniste. Sous le couvert des arbres à feuilles persistantes, le sol forestier offre une panoplie tout aussi irrésistible de fleurs sauvages, dont des trilles grandiflores indigènes, des érythrones, des *Achlys triphylla* et des sceaux-de-Salomon. À côté de la maison, Ione a réussi à cultiver une allée de lewisias *(Lewisia cotyledon)*. Cette espèce – indigène des monts Siskiyou – repose habituellement sous la neige l'hiver, mais Ione a découvert qu'elle se portait à merveille sous l'avant-toit, protégée des pluies torrentielles. Elle offre un spectacle ravissant. AJo

Jardins Ohme

États-Unis

CRÉATEURS : Herman et Ruth Ohme

PROPRIÉTAIRE : État de Washington

STYLE : alpin (XXe siècle)

SUPERFICIE : 3,6 ha

CLIMAT : d'altitude

SITUATION : Wenatchee, État de Washington

Ces jardins sont le symbole de l'assiduité de Herman et Ruth Ohme. Après s'être mariés en 1929 au cours de la Grande Dépression, ils acquirent un terrain pour y planter un verger. À la fin de chaque journée, le couple admirait depuis un promontoire la vue époustouflante sur la chaîne des Cascades et la vallée Wenatchee. C'était un emplacement parfait pour une maison, mais il était impossible d'obtenir un prêt bancaire. Le couple débuta ainsi son paradis alpin.

Ruth a déclaré un jour : « Nous voulions simplement aménager un jardin d'agrément », mais ce ne fut pas tâche aisée car il fallut passer de longues heures sur les pentes montagneuses dans une voiture remplie de plantes, et retirer les futures dalles de pierre du lit de la rivière. Muni d'un marteau de forgeron, Herman tailla dans des affleurements rocheux des pierres pour ses allées, ses bordures, ses bancs et ses tables. Mules et leviers furent indispensables pour emporter ces tonnes de roches, et des sentiers furent créés afin de relier bassins et chutes d'eau ; de nobles conifères présidaient sur les pelouses.

Immensément populaire, le jardin captive les visiteurs depuis son inauguration en 1939. Les touristes adoraient l'atmosphère américaine rustique qui se dégageait des meubles en rondins et des abris de cèdre, sans parler des vues sensationnelles. L'un des fils Ohme, Gordon, en prit la direction au début des années 1950 et doubla la superficie du jardin. Aujourd'hui, le jardin n'est plus une affaire de famille mais il demeure un lieu à la beauté naturelle, né de la sueur et de la personnalité du couple fondateur. AJo

Arboretum et jardin japonais du Washington Park

Seattle, États-Unis

CRÉATEURS : Juki Iida, les frères Olmsted
PROPRIÉTAIRE : ville de Seattle
STYLE : arboretum du XXe siècle, jardin japonais de style Momoyama du XVIe siècle
SUPERFICIE : 93,2 ha
CLIMAT : océanique
SITUATION : Seattle, État de Washington

Au début du XXe siècle, la municipalité de Seattle, qui bénéficiait des retombées économiques de la ruée vers l'or, songea à embellir la ville et ses espaces publics. Les frères Olmsted, architectes paysagistes, plaidèrent pour la préservation de vastes parcelles du magnifique paysage qui l'entourait, et les instances municipales leur demandèrent un schéma directeur en 1902. En 1934, les frères Olmsted furent chargés de concevoir l'arboretum de Washington Park. Vingt-trois ans plus tard, grâce à un don anonyme, Juki Iida fut engagée pour créer un authentique jardin japonais.

D'impressionnantes collections de magnolias, rhododendrons et érables du Japon ont la vedette au milieu d'un réseau de sentiers qui traverse zones forestières et cultivées où le feuillage s'enflamme à l'automne. L'hiver offre des silhouettes sculpturales, des écorces aux allures de reptiles et des baies de couleurs vives, tandis qu'au printemps, c'est un spectacle d'arbres, buissons et fleurs sauvages qui attend le visiteur. Juki Iida arriva du Japon en 1960 afin de superviser la création du jardin japonais. Elle disposa notamment des roches massives, éléments symboliques, à travers 1,4 ha du jardin promenade. Ce tranquille paysage, qui se découpe à travers une tonnelle, révèle peu à peu une série de lanternes de pierre, pins noirs, charmilles de glycines et camélias. AJo

Taliesin

États-Unis

CRÉATEUR : Frank Lloyd Wright
PROPRIÉTAIRE : Frank Lloyd Wright Foundation
STYLE : moderne, Arts and Crafts (XXe siècle)
SUPERFICIE : 243 ha
CLIMAT : continental humide
SITUATION : Spring Green, Wisconsin

Frank Lloyd Wright passa une grande partie de son enfance en compagnie de membres de sa famille originaires du pays de Galles. Il baptisa sa maison Taliesin, « sommet rayonnant » en gallois. Aujourd'hui, cette demeure appartient à la Frank Lloyd Wright Fondation.

Les bâtiments, jardins, allées, étangs, éclairages et meubles ont tous été dessinés par l'architecte. Les édifices sont bas, et la transition se fait très naturellement entre cours, jardins, corps de ferme et, au-delà, prairies, vergers, champs et bois. L'eau cascade sur de hautes saillies de pierre, et des marches profondes taillées à flanc de coteau relient terrasses et bâtiments. Tout ici est dépourvu de prétention.

Wright débuta la construction de Taliesin en 1911, après avoir quitté sa femme et ses six enfants en 1909. Il y commença une nouvelle vie avec Mamah Borthwick Cheney, une ancienne cliente, et Taliesin se transforma en œuvre de toute une vie jusqu'à la mort de Wright en 1959. L'histoire de Taliesin est liée à celle de Wright. En 1914, durant son absence, un domestique mit le feu à la maison et provoqua la mort de Mamah et de ses deux enfants. Un autre incendie dû à une installation électrique défectueuse se produisit en 1924. Au cours de la seconde reconstruction, en 1928, Wright épousa sa troisième femme, Olgivanna Hinzenberg, qui l'accompagna durant le dernier tiers de sa vie, très productif. Taliesin continua à évoluer comme demeure et atelier, puis comme école d'architecture lorsque Wright reprit les bâtiments où ses tantes dirigeaient un pensionnat expérimental. RChi

Jardins Wallace

États-Unis

CRÉATEUR : Wally Marx

PROPRIÉTAIRE : Wally Marx

STYLE : jardin à la française et prairie restaurée (XXe siècle)

SUPERFICIE : 44 ha

CLIMAT : continental humide

SITUATION : Medina, Minnesota

Inspiré par ses lectures sur les jardins anglais et par des visites de jardins classiques tels que Hidcote Manor (voir p. 305), Wally Marx a créé ce bijou de dizaines d'hectares sur un terrain à l'ouest de Minneapolis.

Les bois sombres près de la maison laissent apercevoir des chambres de verdure lumineuses disposées le long d'un axe central de 84 m, orienté est-ouest, et reliées par de petites marches et des sentiers de gravier. Un jardin discret, tout de noir et blanc, mène à la roseraie victorienne où des parterres géométriques abritent plus de quarante variétés. On pénètre dans la section suivante, derrière une haie de genévriers des Rocheuses *(Juniperus scopulorum)*, en passant sous une arche blanche envahie de fleurs d'un rose éclatant. C'est le jardin de Monet, un crescendo floral complété d'arches vertes en acier qui se parent des couleurs grisantes des roses rouges et blanches, de chèvrefeuilles cramoisis et de glycines mauves, comme dans la grande allée de Giverny (voir p. 556). « Le grand peintre impressionniste avait fondé son clos normand sur les principes géométriques des jardins anglais… », explique Marx.

L'atmosphère du jardin aux treillis, une oasis de verdure, s'avère plus paisible. Un sentier de traverse conduit à un potager très productif au sud. Un ruban d'herbe long de 91 m court entre les haies de buis et d'épine-vinette qui bordent les « pièces » du jardin, invitant à explorer un temple doré. Au nord se trouve une vaste pelouse. Tout cela est peut-être typiquement anglais, mais à cette échelle et sous des cieux si vastes, cela paraît absolument américain. EH

Jardins Dow

États-Unis

CRÉATEURS : Herbert H. et Albert Dow

PROPRIÉTAIRE : Herbert Dow II

STYLE : varié (XIXe et XXe siècles)

SUPERFICIE : 45,3 ha

CLIMAT : continental humide

SITUATION : Midland, Michigan

Le 18 mai 1897, la compagnie chimique de Herbert H. Dow (aujourd'hui l'une des plus importantes au monde) commença à produire et vendre de l'eau de Javel. Celui-ci fit fortune et consacra une partie de son argent à la réalisation de son merveilleux jardin de Midland.

Créé en 1899, il lui permettait d'explorer son intérêt pour le paysagisme. Dow débuta par 3,2 ha plats et sablonneux où il mit en pratique sa vision de l'art paysager selon laquelle « la beauté d'un jardin ne doit jamais se révéler tout entière dès le premier coup d'œil » (aujourd'hui l'un des principes de base en ce domaine). Il créa des talus et des étangs, et emplit l'espace d'un passionnant mélange de plantes, toutes soigneusement sélectionnées en fonction de leur capacité de résistance au froid.

À sa mort, en 1930, son fils cadet, Alden, hérita du projet. Architecte ayant étudié avec Frank Lloyd Wright, Alden édifia sur les lieux une extraordinaire demeure et un atelier. « Je pense que ce jardin illustre l'aspect le plus intéressant de la personnalité de mon père », écrivit-il. Il continua à l'agrandir, clairement influencé par les styles chinois, japonais et Art déco. Le petit-fils d'Herbert Dow, Herbert Dow II, développa lui aussi le jardin. Aujourd'hui, ce vaste domaine abrite plus de mille sept cents espèces d'arbres, d'arbustes, de vivaces et d'annuelles. Le bois Whiting, au nord de la bibliothèque Grace A. Dow, en constitue le dernier ajout. Il est consacré à l'étude et à la préservation des plantes indigènes et des types de forêt autochtones du centre du Michigan. TM

Jardins botaniques de Brooklyn

États-Unis

CRÉATEURS : divers, dont Takeo Shiota
PROPRIÉTAIRE : ville de New York
GARDEN STYLE : jardin botanique (XXe siècle)
SUPERFICIE : 21 ha
CLIMAT : continental humide
SITUATION : Brooklyn, New York

Créés en 1910, à la place d'une ancienne décharge, ces jardins abritent plus de douze mille espèces. Des habitats indigènes, où l'on découvre certains aspects de l'architecture paysagiste, y ont été reconstitués.

C'est le jardin Osborne, à l'aspect ordonné avec sa pergola et sa paisible pelouse, que découvre tout d'abord le visiteur qui peut ensuite déambuler dans la roseraie Cranford. On trouve dans cette dernière plus de mille types de roses, en parterres, autour du bassin ou encore grimpant le long de treillis délicats. Suit la reconstitution authentique d'un jardin japonais pourvu d'un bassin, d'un pavillon et de bosquets de bambous. En suivant des sentiers sinueux, on peut admirer des champs de jonquilles, s'enivrer dans le jardin de parfums, ou se revigorer dans le jardin de simples. L'été, devant la serre aux palmiers, le long bassin disparaît sous des nénuphars multicolores. Le jardin de la flore indigène, révèle des trésors oubliés.

Le jardin d'hiver Steinhardt, ouvert en 1988, provoque un sentiment d'émerveillement avec ses plantes du désert, de la forêt vierge ou encore des climats tempérés, mais c'est bien l'esplanade de la cerisaie qui constitue le clou du jardin. Une grande pelouse y est bordée d'une double rangée de cerisiers qui constitue un fantastique spectacle mais aussi un espace intime en dépit de sa taille. C'est là le cœur du jardin où les visiteurs s'assoient et où les enfants jouent. Les masses vaporeuses de fleurs roses que l'on aperçoit au printemps depuis la terrasse restent gravées à jamais dans la mémoire. MO

Central Park

New York, États-Unis

CRÉATEURS : Frederick Law Olmsted, Calvert Vaux
PROPRIÉTAIRE : ville de New York
STYLE : jardin public (XIXe siècle)
SUPERFICIE : 341 ha
CLIMAT : continental humide
SITUATION : New York

Central Park, l'un des jardins publics les plus célèbres au monde, recouvre 6 % de l'île de Manhattan et fut le premier parc paysager public des États-Unis. Il lança la carrière du plus célèbre architecte paysagiste du pays. Même si l'on associe toujours Frederick Law Olmsted au parc, le projet retenu à l'issue d'une compétition en 1857 était aussi l'œuvre de Calvert Vaux, paysagiste né en Angleterre et désormais oublié.

De 1857 à 1869, vingt mille hommes transformèrent ce site marécageux et rocailleux : ils transportèrent des tonnes de terre, éliminèrent des affleurements rocheux en utilisant plus de poudre que lors de la bataille de Gettysburg (1863), la plus importante de la guerre de Sécession, et plantèrent plus de deux cent soixante-dix mille arbres et arbustes. Le résultat de ces travaux est un parc paysager de style anglais, un paradis vert au cœur de la ville avec de vastes étendues de pelouse dégagées, des massifs et des allées bordées d'arbres. Perspicaces, les architectes tinrent aussi compte de la circulation en créant des routes en contrebas et tout un réseau de ponts.

Le parc ouvrit ses portes au public en 1859, les riches arrivant en voiture, les autres à pied, et demeure depuis très apprécié des New-Yorkais. Parmi les ajouts essentiels apportés depuis, on peut citer le zoo, des terrains de jeu et une piscine. Un programme de rénovation important débuta dans les années 1980, dont le financement privé était assuré par le Central Park Conservancy et qui consistait à restaurer certains éléments du plan original, dont Sheep Meadow, Bethesda Terrace et Belvedere Castle. TM

Jardin de la Frick Collection

New York, États-Unis

CRÉATEUR : Russell Page
PROPR. : Frick Collection & Frick Art Reference Library
STYLE : à la française (XXe siècle)
SUPERFICIE : 0,2 ha
CLIMAT : continental humide
SITUATION : New York

En arrivant à la Frick Collection, on s'imagine aisément être l'invité d'une majestueuse résidence particulière. Les pelouses impeccablement entretenues et les trois superbes magnolias sont mis en valeur par l'élégante façade en pierre calcaire, l'ensemble étant clairement visible derrière une imposante grille en fer forgé. Cet hôtel particulier était la résidence new-yorkaise de Henry Clay Frick, magnat de l'acier et du coke, collectionneur tout au long de sa vie. Il désirait que le conseil d'administration continue à agrandir sa collection et que celle-ci soit accessible au public. Le musée, inauguré en 1935, comble les amateurs d'art et de jardins. La cour a été transformée en patio dans les années 1930, et son toit de verre à voûtes en berceau, son élégante fontaine centrale, ses colonnes et colonnades sont un plaisir pour les yeux.

En 1977, Russell Page réalisa le jardin de façon que l'on puisse l'apercevoir depuis la 70e Rue ainsi que depuis un nouveau pavillon édifié à la même époque. De fait, Page jugeait qu'au cœur de chaque jardin réussi se trouve une idée simple, unique et essentielle. L'influence des jardins islamiques est aussi évidente. Un fin rectangle de pierre délimite le bassin central à jet d'eau unique dont la surface est presque au même niveau que la pelouse qui le borde. Encadrant cette composition, des haies taillées basses séparent les sentiers des parterres étroits emplis de roses, d'azalées, d'hortensias et de lis. Les arbres d'ornement, le lierre, la glycine et les murs des bâtiments confèrent au jardin sa verticalité. C'est une oasis paisible à l'élégance discrète. RChi

Jardins de la George Eastman House

États-Unis

CRÉATEUR : Alling Stephen DeForest
PROPRIÉTAIRE : George Eastman House Board of Trustees
STYLE : Arts and Crafts (XXe siècle)
SUPERFICIE : 5 ha
CLIMAT : continental humide
SITUATION : Rochester, État de New York

George Eastman, fondateur d'Eastman Kodak, fit construire ce domaine et vécut dans cette magnifique demeure classique de 1905 jusqu'à sa mort en 1932. Derrière sa façade décorative, celle-ci était pourvue de tout le confort moderne tandis que le jardin offrait à Eastman les avantages de la campagne au cœur de la ville. Les plans de l'architecte paysagiste DeForest, qui ne concernaient qu'une partie relativement réduite de ce domaine à la taille impressionnante, comprenaient des terres cultivées, des étables, écuries et pâturages, ainsi que d'élégants jardins de fleurs, de vastes pelouses et divers jardins d'hiver.

En 1949, devenu musée de la Photographie, le domaine devint accessible au public. Dès le milieu des années 1980, on réunit les fonds nécessaires à la restauration des jardins. On utilisa les plans originaux, les listes de plantes, les photos, la correspondance et les factures de DeForest afin de reconstruire la majorité des jardins et du domaine tels qu'ils étaient à l'époque d'Eastman.

On y découvre aujourd'hui une collection historique faite d'arbres, d'arbustes d'ornement, de plantes grimpantes ainsi que quatre jardins plantés de vivaces, de bulbes, d'annuelles et de plantes rampantes. L'ensemble est fidèle au plan originel, notamment, parmi les divers éléments architecturaux, une treille, une pergola, un bassin ovale encastré où poussent les nénuphars, des fontaines vénitiennes du XVIIe siècle et un pavillon. Le domaine démontre l'importance de la documentation photographique dans la préservation historique des jardins. RChi

Jacob Javits Plaza

New York, États-Unis

CRÉATEUR : Martha Schwartz
PROPRIÉTAIRE : ville de New York
STYLE : postmoderne (XXe siècle)
SUPERFICIE : 0,4 ha
CLIMAT : continental humide
SITUATION : New York

Les volutes que dessinent ici les bancs publics allongés, d'un vert vif, constituent un spectacle saisissant dès l'entrée de ce lieu. Le jardin occupe le toit d'un garage souterrain, et lorsqu'en 1992 l'on entreprit de réparer ce toit, Martha Schwartz imagina de donner une nouvelle vie à cet espace.

Du point de vue de l'architecte paysagiste, l'objectif était sans équivoque : transformer un environnement peu accueillant en espace ouvert et animé au cœur de la ville. Schwartz était en partie influencée par Frederick Law Olmsted, créateur de Central Park, et l'on devine l'humour qui sous-tend les légères modifications apportées ici à chaque élément. Les visiteurs peuvent se dorer au soleil ou se reposer à l'ombre. Schwartz a créé des refuges circulaires intimes qui encouragent la sociabilité, mais aussi des courbes ouvertes sur l'extérieur pour ceux qui désirent déjeuner seuls. On s'aperçoit rapidement que les sièges forment des motifs et formes qui font malicieusement référence aux parterres historiques français. Les topiaires qui accompagnaient traditionnellement de tels jardins bénéficient elles aussi d'une interprétation très contemporaine avec des hémisphères de graminées ébouriffées hautes de 1,80 m qui se transforment en brumisateur par temps chaud. On remarquera aussi les couleurs vives des éléments architecturaux du jardin – poubelles de rue, fontaines publiques et sièges – à l'ombre de hauts bâtiments gris. Il est rare que l'on repousse à New York – ou ailleurs – les limites de l'architecture paysagiste comme le fait Martha Schwartz. C'est bien dommage. RChi

Boscobel

États-Unis

CRÉATEUR : States Morris Dyckman
PROPRIÉTAIRE : Boscobel Restoration, Inc.
STYLE : divers (XIXe siècle)
SUPERFICIE : 1 ha
CLIMAT : continental humide
SITUATION : Garrison, État de New York

Prenez un train le long de la vallée de l'Hudson, au nord de New York, et vous serez étonné de la rapidité avec laquelle on laisse la ville derrière soi pour pénétrer dans le paysage sauvage du nord de l'État de New York. Sur la rive est, face à l'Académie militaire de West Point, se trouve Boscobel. Cette demeure classique du début du XIXe siècle fut bâtie par States Morris Dyckman. Aujourd'hui, elle abrite une superbe collection d'arts décoratifs de la période fédérale. La maison n'a cependant pas toujours été située à son emplacement actuel. Dyckman l'avait édifiée à Montrose, près de là. Dans les années 1950, elle fut mise en vente pour être démolie. La mission de sauvetage menée par Benjamin West Frazier permit de préserver ce qui en restait. Une donation de 50 000 dollars rendit possible la reconstruction et la restauration de la demeure à Garrison, et finança aussi celle du jardin.

Devant la maison s'étend une grande pelouse qui mène à un belvédère. D'un côté on trouve Necessary House et l'entrée des bois que parcourt un réseau de sentiers, de l'autre une roseraie qui abrite une fontaine et plus de cent cinquante variétés de roses. De là, une allée de briques mène au verger de pommiers et au jardin de plantes aromatiques en forme de D. Encadrés par une rustique pergola de bois et par des arbres fruitiers en espalier à l'ombre desquels sont placés des bancs, des sentiers de gravier courent entre des plates-bandes surélevées où poussent plantes aromatiques, légumes et arbres fruitiers. À l'arrière du jardin se dresse la ravissante orangerie, toute de briques et de bois. TM

Jardin japonais de John P. Humes

États-Unis

CRÉATEUR : Douglas DeFaya
PROPRIÉTAIRE : John P. Humes Foundation
STYLE : japonais (XXe siècle)
SUPERFICIE : 1,6 ha
CLIMATE : continental humide
SITUATION : Mill Neck, État de New York

Aménagé sur un terrain en pente raide, ce jardin promenade japonais évoque l'atmosphère d'un *yamazoto*, ou hameau montagnard isolé. Se rattachant à une tradition vieille de plusieurs siècles, c'est un lieu de contemplation.

Humes débuta les travaux en 1960, au retour d'une visite au Japon au cours de laquelle il avait découvert les jardins de Kyoto. Le jardin dépérit lorsque son propriétaire fut nommé ambassadeur en Autriche mais reprit vie à son retour. À la mort de Humes, une fondation fut établie afin de préserver ce jardin qui ouvrit ses portes au public en 1985.

Le lieu encourage la méditation et par là même le cheminement spirituel. Son sentier, ou *roji*, dessine des courbes et l'allure du visiteur varie en fonction de la taille des dalles de pierre, les petites la ralentissant et les plus grandes incitant ce dernier à s'arrêter pour contempler une vue particulière. Le sentier grimpe tout d'abord un coteau en zigzag jusqu'au sommet où l'on a placé divers éléments symboliques. En redescendant, il est constitué de petites pierres qui représentent un ruisseau qui coule jusqu'à des chutes d'eau symboliques et à un bassin (« l'océan ») où nagent carpes koï et tortues. De fait, l'eau apparaît sous diverses formes, depuis de délicates fontaines jusqu'aux chutes d'eau sur les rochers. Le jardin est aussi composé de centaines de verts différents, depuis de vastes étendues sombres et luisantes jusqu'aux fines aiguilles des pins taillés. Ce jardin force le visiteur à changer de rythme – ce qui n'est certainement pas une mauvaise chose dans un monde toujours pressé. RChi

Ce jardin promenade est un lieu de contemplation où le symbolisme joue un rôle essentiel.

Jardin Innisfree

États-Unis

CRÉATEURS : Walter et Marion Beck, Lester Collins
PROPRIÉTAIRE : Innisfree Foundation
STYLE : paysage chinois (XXe siècle)
SUPERFICIE : 60,7 ha
CLIMAT : continental humide
SITUATION : Millbrook, État de New York

On pénètre dans un autre univers lorsqu'on visite Innisfree. Ses propriétaires, Walter et Marion Beck, entreprirent leurs travaux en 1929 après avoir découvert au cours d'un séjour à Londres les rouleaux de Wang Wei, poète et peintre chinois du VIIIe siècle. Inspirés par la philosophie et l'esthétique des jardins chinois, les Beck transformèrent chaque section en jardin clos. D'ailleurs, Innisfree est en réalité un immense jardin clos, troué en son centre par le lac Tyrell.

Le sentier qui relie les divers jardins permet de progresser scène après scène dans ce qui, d'une série de paysages d'influence chinoise, se transforme en une entité à l'atmosphère particulièrement américaine. Walter travailla en trois dimensions, plaça des rochers et regroupa des objets de façon à former des compositions équilibrées quel que soit le point de vue depuis lequel on les observait. Il enveloppa les pierres avant de les déplacer afin de préserver les lichens dont elles étaient recouvertes. Marion fit preuve de tout autant d'attention lorsqu'elle planta dans des espaces soigneusement agencés des plantes principalement indigènes, sélectionnées et placées afin de parvenir à l'équilibre du yin et du yang. L'eau a ensuite été amenée dans tout le jardin, sous différentes formes.

Les Beck espéraient qu'Innisfree encouragerait une approche indigène du jardinage et de l'art paysager. Lester Collins, qui découvrit le jardin alors qu'il était encore étudiant, en prit la direction et continua à le développer après la mort de Walter en 1954. Le site ouvrit ses portes au public en 1960, conformément au souhait de ses créateurs. RChi

Réserve de Longhouse

États-Unis

CRÉATEURS : Jack Lenor Larsen, Charles Forberg
PROPRIÉTAIRE : Longhouse Reserve Ltd.
STYLE : contemporain (fin du XXe siècle)
SUPERFICIE : 6,5 ha
CLIMAT : continental humide
SITUATION : Long Island, New York

Le long de la péninsule sud de Long Island, à la pointe est, un imposant cèdre du Japon (*Cryptomeria japonica* 'Yoshino') marque l'entrée de LongHouse Reserve, aussi baptisée jardin de Jack Lenor Larsen. Créateur de textiles, ce dernier fit construire ici sa maison – inspirée d'un tombeau Shinto du VIIe siècle – au début des années 1990. L'objectif était d'allier l'esthétique et la nature, de mettre en valeur l'art et de rendre le jardin accessible au public.

Les fermes avaient laissé la place aux résidences secondaires de la classe aisée et Larsen possédait un terrain où s'entremêlaient plantes rampantes et taillis, qu'il défricha. De longs accotements droits qui délimitaient autrefois les champs divisaient la parcelle en quartiers presque égaux. Larsen y planta des milliers de sapinettes du Canada *(Tsuga canadensis)* pour établir des haies.

Selon lui, le jardinage ressemble au tissage en cela que ces deux domaines exigent un équilibre de textures et de couleurs. Les visiteurs de Longhouse en découvrent vite toute une gamme, mise en valeur par une collection artistique passionnante, dont des œuvres de Dale Chihuly et de Yoko Ono. *Play It By Trust* de Yoko Ono est un jeu d'échecs spectral et entièrement blanc dans une simple « pièce » verte. *Red Garden* (jardin Rouge), œuvre de Larsen, livre une étude particulièrement réussie de la perspective dans les jardins. Des troncs de cèdre peints en cramoisi sont parsemés au milieu d'azalées recouvertes de fleurs d'un rouge vif le long d'un sentier herbeux, avec comme point de mire une vasque de grès de Toshiko Takaizu. RChi

Jardin du Mémorial britannique

New York, États-Unis

CRÉATEURS : Isobel et Julian Bannerman
PROPRIÉTAIRE : ville de New York
STYLE : traditionnel et contemporain (XXIe siècle)
SUPERFICIE : 0,3 ha
CLIMAT : continental humide
SITUATION : New York

À trois pâtés de maisons à peine de Ground Zero, ce nouveau jardin situé à Hanover Square commémore les soixante-sept victimes britanniques des attaques du World Trade Center en 2001, et célèbre les liens historiques entre les États-Unis et le Royaume-Uni. Les plantations ont débuté au printemps 2006.

En 1714, Hanover Square avait été baptisé en l'honneur de l'accession au trône de l'électeur de Hanovre (George Ier). Lorsque les États-Unis devinrent indépendants, cette place disparut des cartes pour former une partie de Pearl Street. Mais le nom continua à être utilisé de façon informelle et réapparut officiellement sur les plans en 1830.

Isabel et Julian Bannerman ont créé un jardin fleuri anglais classique mais de style contemporain. Les topiaires et haies sont constituées d'ifs et buis originaires d'Angleterre, et les allées sinueuses sont faites d'une pierre sombre et réfléchissante qui provient de Caithness en Écosse. On a gravé les noms des comtés du Royaume-Uni sur des pierres de couleur pâle qui forment comme un ruban sur ce fond noir. Un ruisselet qui court sur de l'ardoise galloise traverse le jardin où l'on découvre des bancs en pierre de Portland, des bittes d'amarrage en fer de Londres et des parterres débordant de fleurs.

La sculpture commémorative du jardin, Unity, est une œuvre monolithique de granit noir créée par Anish Kapoor. Son centre évidé parfaitement poli reflète la lumière et symbolise une flamme éternelle. RChi

Jardin botanique de New York

États-Unis

CRÉATEURS : Beatrix Farrand, Penelope Hobhouse
PROPRIÉTAIRE : New York Botanical Garden
STYLE : botanique (XIXe siècle)
SUPERFICIE : 101,2 ha
CLIMAT : continental humide
SITUATION : Bronx, New York

Le jardin botanique de New York est non seulement un éminent institut de recherche mais aussi le jardin personnel des habitants de la ville. Chacun peut y trouver son compte tout au long de l'année. Il abrite les seuls 16 ha de forêt indigène qui demeurent encore dans la ville, un jardin d'aventures pour enfants et la roseraie de Beatrix Farrand. Au fond du jardin, l'herbier est l'un des plus grands au monde et certaines de ses plantes datent de l'expédition de 1805 de Lewis et Clark dans l'Ouest américain.

Le jardin est la création de deux botanistes, Nathaniel Lord Britton et sa femme, Elizabeth. Inspirés par les jardins botaniques royaux de Kew (voir p. 386), ils firent, de retour aux États-Unis, appel à de riches New-Yorkais et le jardin fut inauguré en 1891.

Construit en 1902, c'est le plus grand du pays et il vient de bénéficier de rénovations de grande envergure. Il abrite onze habitats naturels contrôlés par ordinateur, depuis la forêt tropicale jusqu'au désert. À l'extérieur, on trouve des plates-bandes adaptées au climat chaud ou frais, ainsi qu'un jardin traditionnel de plantes aromatiques, paisible et intime, conçu par Penelope Hobhouse. Un peu plus loin, là où les sentiers dessinent des méandres à la lisière de l'ancienne forêt indigène et où nul ne contrôle réellement la nature, le jardin ressemble plus à un parc. RChi

À DROITE Le jardin botanique de New York est inspiré des jardins botaniques royaux de Kew en Angleterre.

Jardin de sculptures Abby Aldrich Rockefeller du musée d'Art moderne

New York, États-Unis

CRÉATEUR : Philip Johnson
PROPRIÉTAIRE : Museum of Modern Art
STYLE : moderniste (XXe siècle)
SUPERFICIE : 4,5 ha
CLIMAT : continental
SITUATION : New York

Dès sa réalisation en 1953, ce jardin de sculptures, immédiatement adoré du public, est devenu l'une des références principales de l'architecture paysagiste urbaine. Situé à 1,2 m en contrebas des terrasses qui l'encadrent aux deux extrémités, son plan minimaliste comprend deux étroites rigoles traversées par des dalles de marbre qui accentuent leur longueur. Divers carrés de plantes basses ponctuent aussi l'espace, d'où émergent des bosquets de bouleaux argentés et de hêtres. Des sculptures sont placées entre ces arbres.

Le jardin actuel en a remplacé un autre, réalisé en 1939, premier espace vert jamais conçu pour exposer des sculptures à l'intérieur d'un musée. Les changements que l'on avait apportés à l'ancien jardin favorisaient la séparation des œuvres à l'aide de divers types d'écrans. Ce fut finalement Philip Johnson qui remporta au début des années 1950 le projet d'un jardin entièrement nouveau, baptisé en l'honneur d'Abby Aldrich Rockefeller qui avait acquis le terrain.

Selon les mots de Johnson, c'est « en réalité une sorte de pièce extérieure », concept qui nous est familier aujourd'hui mais s'avérait très novateur à l'époque. La façon dont le jardin fait simplement écho à l'apparence rectiligne du musée et de la ville lui confère sa puissance absolue. Cet espace parfait, pavé de dalles de marbre gris pâle, évoque aussi merveilleusement une piazza italienne. MO

Dès sa réalisation en 1953, ce jardin est devenu l'une des références de l'architecture paysagiste urbaine (…)

Domaine d'Old Westbury

États-Unis

CRÉATEURS : George A. Crawley, Jacques Greber
PROPRIÉTAIRE : Old Westbury Gardens
STYLE : Arts and Crafts (XXe siècle)
SUPERFICIE : 64,8 ha
CLIMAT : continental humide
SITUATION : Long Island, État de New York

Au cours des premières années du XXe siècle, la classe aisée s'éloigna en masse de New York pour rejoindre Long Island où furent aménagés des centaines de domaines, dont seuls quelques rares exemples demeurent aujourd'hui. Parmi ceux-là, Old Westbury est un joyau. John S. Phipps avait fait dessiner la maison par un architecte londonien, George A. Crawley, pour sa femme Margarita, anglaise d'origine.

Il fallut trois ans et entre 15 et 20 millions de dollars pour que les artisans engagés en Angleterre achèvent cette imitation du XVIIe siècle anglais, une « petite maison de campagne peu onéreuse » selon les mots de Phipps à son architecte. Ce domaine de style européen est doté d'une réelle élégance. À l'intérieur, des meubles anciens sont mis en valeur par des tableaux de Gainsborough, Reynolds et Constable. À l'extérieur, le domaine et les jardins abritent une gamme éclectique de styles – anglais, français et hollandais – tous merveilleusement orchestrés.

Le jardin clos est l'un des bijoux de Westbury. D'élégants murs de briques aux pierres d'angle calcaires flanquent des grilles en fer forgé ouvragées qui permettent de pénétrer dans un spectaculaire jardin de presque 1 ha. Des sentiers recouverts de graviers sont bordés de longues plates-bandes à l'anglaise et de masses de roses qui grimpent sur des fils. À travers la pergola qui croule sous la glycine se dessine un panorama comprenant un bassin empli de nénuphars et de lotus ainsi qu'une fontaine de style classique. Au-delà se trouvent la roseraie, aux motifs complexes, puis les grandes allées de tilleuls *(Tilia x europea)*, les haies d'ifs et les topiaires taillées avec précision. Des buis soigneusement entretenus et importés en 1928, alors qu'ils étaient déjà vieux de cent vingt-cinq ans, ondulent autour d'une pelouse rectangulaire. Les visiteurs pourront aussi admirer des sculptures à travers le domaine et, surplombant le lac, le temple de l'Amour. RChi

Kykuit

États-Unis

CRÉATEUR : William Welles Bosworth
PROPRIÉTAIRE : National Trust for Historic Preservation
STYLE : à la française (début du XXe siècle)
SUPERFICIE : 35,2 ha
CLIMAT : continental humide
SITUATION : Sleepy Hollow, État de New York

Quatre générations de Rockefeller ont joui de ce domaine majestueux baptisé Kykuit, soit « poste de guet » en hollandais, choix approprié car la demeure et les jardins paraissent planer au sommet d'une colline qui domine la vallée de l'Hudson. En 1906, alors que les travaux de construction avaient déjà commencé, John D. Rockefeller chargea l'architecte paysagiste William Welles Bosworth de concevoir les jardins. Il avait étudié un certain temps à Paris et supervisa plus tard les projets franco-américains de restauration de Versailles et Fontainebleau.

On retrouve partout à Kykuit des preuves de cette formation initiale. Grâce aux principes architecturaux classiques de la perspective et des axes, le regard s'éloigne des bâtiments pour se poser sur un point de mire tel qu'une sculpture ou un panorama. Sur la terrasse ouest, Bosworth a préservé la vue spectaculaire sur l'Hudson, inspiré par les grands jardins italiens qui partagent cette même topographie.

Des éléments à la verticalité marquée, tels que haies d'arbres verts, massifs d'arbustes, murs de pierre et escaliers, divisent l'espace. Près de la maison, les jardins sont à la française, très géométriques, détaillés à la perfection. En s'éloignant de cette partie centrale, le domaine ressemble de plus en plus à un parc à l'anglaise qui se fond dans la campagne environnante.

Dans les années 1960, Nelson Rockefeller commença à disposer dans les jardins certaines œuvres de sculpture moderne. Même s'il fit don de la plus grande partie de sa collection à de grands musées, on trouve encore ici des pièces importantes. RChi

Musée Noguchi

États-Unis

CRÉATEUR : Isamu Noguchi
PROPR. : Isamu Noguchi Foundation and Garden Museum
STYLE : japonais contemporain (XXe siècle)
SUPERFICIE : 6,5 ha
CLIMAT : continental humide
SITUATION : Long Island, État de New York

Ce qui frappe le plus lorsqu'on approche du musée Noguchi, ou jardin de sculptures Noguchi, c'est combien le bâtiment évoque peu un musée ou une galerie d'art. C'était bien l'intention d'Isamu Noguchi, sculpteur du XXe siècle, qui désirait que ses œuvres soient exposées en concordance avec leur style et avec sa conception des liens entre l'art et son environnement. Le musée et le jardin de sculpture clos qu'il encercle abritent des centaines d'œuvres.

Noguchi commença à imaginer des jardins au cours d'une visite au Japon en 1951. Le nouveau siège de l'Unesco à Paris fut sa première commande importante, puis il réalisa des jardins pour de nombreuses compagnies et organismes renommés. De mère américaine et de père japonais, Noguchi reconnaît l'influence des deux cultures. Pour lui, l'art paysager est «la sculpture des espaces » ; il a remis à jour les principes du jardin japonais traditionnel en créant des espaces dédiés à la contemplation, avec des fontaines qui laissent échapper des filets d'eau, des formes abstraites, le jeu de la lumière sur les formes solides, les motifs que créent les ombres et une large gamme de textures.

Tout cela est présent dans ce jardin, mais ce sont la sélection, le fini et la disposition des matériaux naturels utilisés qui marquent. Comme l'a déclaré Noguchi : « L'art de la pierre dans un jardin japonais est celui de l'emplacement. Son idéal ne s'éloigne pas de celui de la nature. Mais je suis aussi un sculpteur occidental. Je laisse mon empreinte et ne la cache pas. » RChi

Les Cloîtres

New York, États-Unis

CRÉATEUR : John D. Rockefeller Jr. (donateur des édifices)
PROPRIÉTAIRE : Metropolitan Museum of Art
STYLE : jardin avec édifices médiévaux (XXe siècle)
SUPERFICIE : 1,62 ha
CLIMAT : continental humide
SITUATION : New York

Les Cloîtres (*The Cloisters* en anglais) occupent l'un des sites les plus spectaculaires de New York, un coin rocheux de Manhattan qui surplombe l'Hudson. John D. Rockefeller Jr., qui rendit possible l'existence de cette annexe du Metropolitan Museum of Art, acheta aussi les falaises de la rive opposée afin que rien ne vienne gâcher la vue fantastique.

Rockefeller avait acquis une collection d'éléments architecturaux médiévaux datant du XIIe au XVe siècle, principalement français, dont certains constituent aujourd'hui ces Cloîtres. Une série de bâtiments furent édifiés à partir d'éléments de cinq cloîtres pour accueillir la collection d'art et d'architecture médiévale européenne du musée. À l'emplacement où ces bâtiments se rejoignent, trois jardins ont été créés, flanqués d'arcades. Ces jardins clos, tous différents, sont toujours réalisés selon le modèle du jardin monastique médiéval, à l'apparence et aux fins utilitaires particulières.

Le cloître de Cuxa abrite une pelouse traversée de sentiers qui s'entrecroisent et de plates-bandes fleuries. Le parfum des herbes aromatiques s'élève du cloître de Bonnefont, nous rappelant que les religieux jardinaient toujours dans un but utilitaire, qu'il soit culinaire, médicinal ou autre. Enfin, on retrouve dans le cloître de Trie les espèces qui décorent les tapisseries à l'intérieur du musée. Un puits de lumière protège une quatrième cour où une simple fontaine de pierre est placée sur des galets polis. L'eau coule des fontaines à travers tout cet ensemble architectural et les bribes de musique médiévale qui s'en échappent participent à l'ambiance. RChi

Jardin de sculptures Donald M. Kendall

États-Unis

CRÉATEURS : Edward D. Stone Jr., Russell Page, François Goffinet
PROPRIÉTAIRE : PepsiCo, Inc.
STYLE : parc paysager contemporain (XXe siècle)
SUPERFICIE : 48,6 ha
CLIMAT : continental humide
SITUATION : siège de PepsiCo, Purchase, État de New York

Donald M. Kendall, ancien P-DG de PepsiCo, a eu l'idée de ce jardin, aussi baptisé parc de sculptures PepsiCo, situé au siège mondial de la compagnie. Il en commanda la réalisation et collectionna lui-même les sculptures. La liste d'artistes représentés ressemble au gotha des sculpteurs du XXe siècle, depuis Auguste Rodin jusqu'à Henry Moore et Joan Miró. La collection s'agrandissant, Kendall chargea en 1980 le paysagiste Russell Page de redonner forme au parc et de placer les œuvres de façon à obtenir le plus bel effet.

Il est évident que Page préférait la simplicité à un style recherché. Il étudia pendant une année, au fil des saisons, le jeu de l'ombre et de la lumière, des volumes et du vide, ainsi que les plantes et les sculptures. Page créa aussi le Sentier doré et aménagea des points de vue en plantant de majestueuses pelouses flanquées de bois. Trois cours contemporaines et fraîches dotées de bassins encastrés accueillent des jardins à la française entre les sept bâtiments rectangulaires. Des arbres au tronc tressé se marient aux larges allées pavées pour créer une entrée d'un classicisme simple.

Près des deux bassins à nénuphars où « flottent » des îlots de gazon, une plaque de bronze insérée dans le ciment indique : « Je suis fatigué, il pleut et je ne suis pas un nénuphar. » On trouva cette note sur le bureau de Page alors qu'il avait achevé son travail ici à la fin de 1985. Il mourut peu après. RChi

Jardins de Wave Hill

États-Unis

CRÉATEURS : Marco Polo Stufano, John Nally, George W. Perkins
PROPRIÉTAIRE : ville de New York
STYLE : parc paysager (XXe siècle)
SUPERFICIE : 11,3 ha
CLIMAT : continental humide
SITUATION : Bronx, New York

La vue splendide dont on jouit sur les falaises abruptes (150 m) de l'Hudson depuis Wave Hill n'est que l'un de ses nombreux attraits. George W. Perkins acheta ce domaine en 1903 et l'aménagea de façon à mettre en valeur ses magnifiques panoramas. Le terrain fut nivelé, des serres, une piscine et des terrasses construites. Parmi les plantations, on trouvait des arbres et arbustes rares en harmonie avec leur environnement. Après que Wave Hill fut légué à la ville de New York en 1960, les jardins furent laissés à l'abandon. En 1967, l'arrivée de Marco Polo Stufano, qui venait du jardin botanique de New York, mit fin à ce déclin. Il transforma un domaine délaissé en expérience horticole pleine de vie.

Les fleurs sont au cœur de Wave Hill. Une parcelle circulaire surélevée accueille chaque semaine au milieu de plates-bandes luxuriantes des plantes différentes en provenance des serres. Wave Hill abrite aussi un jardin de plantes aromatiques, un jardin d'eau, un jardin de plantes sèches et de fleurs sauvages, une maison alpine, un jardin d'hiver et une pergola. Theodore Roosevelt, Mark Twain et Arturo Toscanini ont tous vécu ici. Charles Darwin et Thomas Huxley comptent parmi les visiteurs illustres pour qui le panorama sur le fleuve était l'une des merveilles du monde. RChi

À DROITE Le foisonnement de la végétation est l'un des charmes de Wave Hill.

Jardin Manitoga

États-Unis

CRÉATEUR : Russel Wright
PROPRIÉTAIRE : The Russel Wright Design Center
STYLE : américain moderne (XXe siècle)
SUPERFICIE : 0,3 ha
CLIMAT : continental humide
SITUATION : Garrison, État de New York

Manitoga, qui surplombe l'Hudson, est l'un des plus importants jardins américains du milieu du XXe siècle. La petite maison, enchâssée dans une falaise de granit, domine une carrière abandonnée où se déverse une cascade. On ne pourrait imaginer site naturel plus pittoresque, mais tout ici n'est qu'artifices. C'est Russel Wright, l'un des grands designers modernistes américains, qui conçut le jardin et la maison. Plus connu pour ses meubles ou sa vaisselle, c'était aussi un décorateur de théâtre, un sculpteur et un passionné du paysage de la côte Est américaine. Il acheta en 1942 une carrière abandonnée, et au cours des trente années suivantes défricha et aménagea le terrain pour y créer plus de 6 km de sentiers d'où l'on peut admirer le paysage paisible à certains moments particuliers de la journée et de l'année. Chaque rocher de granit a longuement été étudié et déplacé, souvent difficilement, et chaque ruisseau et bassin amélioré. Des arbres et arbustes indigènes, particulièrement des lauriers-roses des montagnes, ont été amenés ainsi que des fougères, mousses et fleurs des champs.

Persuadé que « le paysagisme de qualité appartient à tous », Wright fit de son domaine un parc éducatif où il organisait des manifestations culturelles et des visites. On y trouve désormais une colonie de vacances où les enfants découvrent la philosophie de Wright. Cette demeure et ce jardin novateurs incarnent l'idéalisme américain du milieu du XXe siècle. CN

Jardin italien de Vanderbilt

États-Unis

CRÉATEURS : André Parmentier et autres
PROPRIÉTAIRE : National Parks Service
STYLE : à l'italienne (XIXe et XXe siècles)
SUPERFICIE : 1,2 ha
CLIMAT : continental humide
SITUATION : Hyde Park, État de New York

La somptueuse demeure Vanderbilt jouit de nombreuses vues sur l'Hudson. Lorsque Frederick William Vanderbilt, petit-fils du « commodore » Cornelius, acheta ce domaine en 1895, un magnifique parc s'y trouvait déjà. La maison originelle fut remplacée par un bâtiment néoclassique, et Vanderbilt, diplômé d'horticulture, donna libre cours à sa passion. Il préserva le paysagisme naturaliste d'André Parmentier, mais marqua les jardins clos de son empreinte.

Vanderbilt participa à la plantation de ses jardins jusqu'à sa mort en 1938, à la suite de quoi le domaine fut déclaré site historique national. Les jardins furent délaissés par manque de moyens mais ont été restaurés au cours des vingt dernières années, et des bénévoles ont étendu leurs plantations.

Il était habituel pour les invités des Vanderbilt de visiter le domaine. Imaginez leur surprise en découvrant des jardins enclos de briques patinées au milieu des bois, et les terrasses aux coloris divers aménagées à flanc de coteau. Au sommet, des annuelles emplissent des plates-bandes aux contours complexes. Une rangée de cerisiers et de colonnes en briques conduit à un jardin de vivaces. À l'une des extrémités, la vue s'ouvre sur un bassin sombre et sur un belvédère de style classique qui abrite une statue sensuelle baptisée Kate aux pieds nus. Le sentier mène au-delà vers une roseraie où poussent plus de mille pieds. À l'époque des Vanderbilt, la visite s'achevait ici, suivie d'un thé japonais servi sous la loggia rose pâle. RChi

Harkness Memorial State Park

États-Unis

CRÉATEURS : Beatrix Farrand, Marian Coffin
PROPRIÉTAIRE : Connecticut State Parks and Forests
STYLE : Arts and Crafts (XXe siècle)
SUPERFICIE : 54,2 ha
CLIMAT : continental humide
SITUATION : Waterford, Connecticut

Connu aussi sous le nom de Eolia, ce parc est un parfait refuge estival. Perché sur un promontoire, il est rafraîchi par la brise marine du détroit de Long Island. Edward S. Harkness et son épouse Mary ont baptisé leur demeure de pierre calcaire Eolia en l'honneur du dieu grec des Vents (Éole). Après avoir acquis cette propriété, ils apportèrent quelques changements à la demeure et aux jardins environnants qu'avait réalisés la firme bostonienne Brett and Hall. Entre 1918 et 1929, la paysagiste Beatrix Farrand fut engagée afin de remanier certaines parties des jardins à la française. Elle replanta le jardin d'ouest, aux influences italiennes, en adoucissant ses lignes et sa pergola de pierre calcaire. Elle planta de grands parterres de plantes herbacées selon des combinaisons de couleurs graduées, dans le style de Gertrude Jekyll qu'elle admirait énormément. Beatrix Farrand conçut aussi la rocaille et le sentier de pierre, le jardin d'entrée et le jardin de l'est, d'inspiration orientale. Au cours des dernières années, les jardins d'Eolia ont été restaurés et les plantations reflètent désormais l'œuvre de Marian Coffin, architecte paysagiste chargée en 1949 de réaménager le jardin oriental.

Eolia est empreint de l'esprit d'un lieu et reflète une époque durant laquelle une élite créait de grands domaines. Avec l'aide de ses architectes et artisans, cette élite nous a laissé un patrimoine remarquable. Légué au Connecticut en 1950, Harkness est un parc ouvert à tous depuis 1952. RChi

Jardins de la résidence Hollister

Washington, États-Unis

CRÉATEURS : George Schoellkopf, Gerald Incandela
PROPRIÉTAIRE : The Garden Conservancy
STYLE : Arts and Crafts (XXe siècle)
SUPERFICIE : 0,8 ha
CLIMAT : continental humide
SITUATION : Washington, Connecticut

Hollister ne possède pas de jardin moderne – pas d'acier brossé ni même de plantes indigènes ici – mais c'est une réinterprétation américaine brillante du génie de Sissinghurst. George Schoellkopf réunit le talent de Vita Sackville-West et de Harold Nicholson – l'art paysager créateur de la première et l'utilisation architecturale du paysage du second.

La maison se dresse au bord d'une route boisée et paisible, sur un coteau au-dessus d'un ruisseau endigué. Les « pièces » du jardin correspondent par la taille à celles de la maison et aux diverses fenêtres, comme à l'Alhambra en Espagne (voir p. 720). C'est intime, et, à cause du dénivelé, cela semble petit jusqu'à ce qu'on découvre, surpris, le nombre apparemment infini de jardins. De hautes haies, des massifs plus hauts encore, et les bâtiments de ferme que l'on aperçoit ici et là dessinent des lignes verticales qui se détachent sur le feuillage de la forêt plus loin. L'étendue d'eau sur la ligne d'horizon, de grandes dalles de pierre et une vaste pelouse aux proportions parfaites constituent les lignes horizontales.

George est un jardinier qui possède un talent extraordinaire pour la couleur et la forme, et la façon dont il a utilisé des bégonias rouges pour unifier une partie du jardin, relève du génie. Le style décoratif des années 1840, plein de vigueur et d'improvisation, est mis en évidence tout comme les courbes ondoyantes. Ne manquez pas les plantes rares que sont les lis 'Schellenbaum' et un *Cercis canadensis* panaché. CN

Jardins Blithewold

États-Unis

CRÉATEURS : John De Wolf, Bessie Van Wickle
PROPR. : Blithewold Mansion, Gardens and Arboretum
STYLE : naturaliste (XXe siècle)
SUPERFICIE : 13,4 ha
CLIMAT : continental humide
SITUATION : Bristol, Rhode Island

Augustus et Bessie Van Wickle firent bâtir Blithewold en 1896. Ils sélectionnèrent ce site pour la vue qu'on y avait du port et du mouillage de leur yacht. Aujourd'hui, on peut se délecter des jardins grâce au legs et testament de leur fille Marjorie qui indiquait que les fonds disponibles devaient être dépensés pour le jardin en priorité, pour la maison ensuite.

C'est un domaine charmant, dont le parc de style naturaliste a été aménagé par le paysagiste John De Wolf, et entretenu par Bessie puis finalement par Marjorie. De nombreux spécimens d'arbres y ont été plantés, et de larges bosquets d'arbustes et massifs de fleurs aménagés. Des sentiers de gravier parcourent la propriété de leurs méandres à partir desquels on peut aussi admirer les bateaux de la baie de Narragansett.

Blithewold est lié à l'Arboretum Arnold depuis 1926, lorsque le personnel de l'arboretum se rendit sur place pour voir l'acajou de Chine *(Cedrela sinensis)* fleurir peut-être pour la première fois aux États-Unis. En 1911, De Wolf répondit aux demandes des Van Wickle qui souhaitaient des arbres exotiques avec plus de plantes indigènes. Il planta un séquoia géant *(Sequoiadendron giganteum)* lorsque ce dernier devint trop grand pour son lieu de résidence d'origine, Prospect Park, à Brooklyn, que De Wolf supervisa pendant une période. C'est le plus ancien et le plus grand du domaine, et il marque l'entrée du jardin clos. Les halliers constituent l'un des autres charmes de Blithewold, une forêt enchantée dont les arbres protègent au printemps un tapis de rhododendrons, sceaux-de-Salomon, fougères et jonquilles. PC

The Mount

États-Unis

CRÉATEURS : Edith Wharton, Beatrix Farrand
PROPRIÉTAIRE : Edith Wharton Restoration, Inc.
STYLE : à la française (XXe siècle)
SUPERFICIE : jardin 1,2 ha, domaine 19 ha
CLIMAT : continental humide
SITUATION : Lennox, Massachusetts

Edith Wharton a fait construire The Mount (aussi baptisé le jardin d'Edith Wharton) en 1902. C'est le seul endroit où ses théories sur l'architecture et le paysagisme ont été mises en pratique, et c'est l'un des rares monuments historiques américains créés par une femme. On retrouve partout l'influence des découvertes que fit Wharton au cours de ses voyages européens. Beatrix Farrand, sa nièce, a conçu l'allée de 1 km de long qui dessine une grande courbe avant de s'approcher de la demeure et depuis laquelle on aperçoit les dépendances du domaine, ce qui est contraire à la tradition paysagiste anglaise.

Selon Edith Wharton, il était important que les jardins, conçus comme le prolongement de la demeure, soient attrayants « indépendamment des saisons ». Mais The Mount possède aussi une élégance et un charme qui rappellent la Renaissance italienne. Lorsque, depuis l'arrière de la maison, on traverse une spacieuse terrasse et l'on descend un large escalier vers un sentier qui croise l'allée des tilleuls, on parvient à un jardin fleuri, où un ravissant patio italien arbore des tons verts et blancs. Le reste de ce jardin fleuri explose de couleurs avec ses rouges, cramoisis, violets et roses, une vraie « masse de fleurs » qui s'élance depuis les quatre immenses parterres de 4 m de large qui entourent le bassin. Les restaurations ont récemment redonné vie à ce domaine au bord de l'abandon. RChi

À DROITE L'architecture paysagiste du jardin The Mount s'est en partie inspirée des jardins européens.

Arboretum Arnold

États-Unis

CRÉATEURS : Charles Sprague Sargent et autres
PROPRIÉTAIRE : ville de Boston
STYLE : arboretum (XIXe siècle)
SUPERFICIE : 107,3 ha
CLIMAT : continental humide
SITUATION : Boston, Massachusetts

Fondé en 1872, c'est le plus ancien arboretum public des États-Unis, baptisé en l'honneur de son bienfaiteur, un armateur baleinier de New Bedford qui légua une partie de son domaine au président et membres associés de Harvard College. Aujourd'hui il accueille une vaste collection de plantes ligneuses, originaires d'Asie et d'Amérique du Nord.

Conçu par son premier directeur, Charles Sprague Sargent, et par Frederick Law Olmsted, l'arboretum abrite des bois, des prairies, des formations rocheuses, des ruisseaux, collines et vallées. Olmsted était profondément convaincu que la beauté du paysage nourrit l'homme moralement et spirituellement tandis que Sargent, savant et professeur à Harvard, s'intéressait aux arbres. Le jardin, qui combine ces deux approches, est un magnifique espace ouvert au public. C'est aussi un institut de recherche et d'enseignement, chargé de la collection de plantes, de l'herbier et de la bibliothèque. L'arboretum joue aussi un rôle important dans le « collier d'émeraudes » d'Olmsted, une série de parcs qu'il réalisa autour de Boston.

L'université de Harvard jouit d'un bail à long terme sur l'arboretum qui appartient à la ville de Boston et qui abrite des spécimens asiatiques historiques. Les collections plus récentes proviennent du Japon, de Corée, de Chine et de Taïwan. Aujourd'hui, les serres accueillent plus de quatorze mille plantes, dont *Fagus*, *Forsythia*, *Lonicera*, *Magnolia*, *Malus*, *Quercus*, *Rhododendron* et *Syringa*. Le feuillage des cent trente différentes sortes d'érables est particulièrement splendide à l'automne. JRo

Jardin dans les bois de Framingham

États-Unis

CRÉATEUR : Will C. Curtis
PROPRIÉTAIRE : New England Wild Flower Society
STYLE : naturaliste et botanique (XXe siècle)
SUPERFICIE : 18,2 ha
CLIMAT : continental humide
SITUATION : Framingham, Massachusetts

Will C. Curtis, architecte paysagiste et passionné de nature, après avoir fondé ce jardin botanique, *Garden in the Woods*, en confia le soin à la New England Wild Flower Society. C'est une combinaison unique de conservatoire de fleurs sauvages et de jardins dont la mission, très précise, était de préserver les plantes sauvages et de mettre en valeur la flore de la côte Est américaine.

Curtis, qui rêvait de créer un jardin consacré aux plantes indigènes d'Amérique du Nord, acquit le site en 1931. Celui-ci abritait toute une gamme d'habitats avec ses collines et ses vallons ombragés, son étang et ses zones marécageuses, et de l'eau en abondance grâce à ses sources et à son ruisseau. On a ainsi établi de façon experte divers types de végétation, notamment des jardins boisés. Les visiteurs ne devraient cependant pas manquer d'admirer la prairie, les pins et le jardin des espèces rares et en voie de disparition de la Nouvelle-Angleterre. On s'attend moins à découvrir ici un jardin du désert, mais en drainant le terrain, on a pu y faire prospérer diverses espèces désertiques des hauts plateaux de l'Ouest américain.

Le jardin abrite désormais plus de mille six cents plantes différentes, dont plus de deux cents espèces rares et en voie de disparition. Même si elles sont principalement autochtones, on découvre ici et là quelques plantes exotiques et cultivars, dont plusieurs ont été créés ici. Comme on peut s'y attendre, le printemps constitue la meilleure saison pour les fleurs, mais le jardin demeure fleuri tout au long de l'été. Il est remarquable – et satisfaisant – de constater que, grâce à une bonne culture et en choisissant des emplacements privilégiés, des jardins de style naturaliste peuvent être créés presque entièrement à partir d'espèces indigènes. L'accès est aisé à travers tout le jardin et les plantes bien étiquetées. Sur place, une petite pépinière spécialisée offre une vaste gamme de choix. CBa

Jardin du musée Isabella Gardner

États-Unis

CRÉATRICE : Isabella Stewart Gardner
PROPRIÉTAIRE : ville de Boston
STYLE : patio italien (XVe siècle)
SUPERFICIE : environ 20 x 12 m
CLIMAT : continental humide
SITUATION : Boston, Massachusetts

Lorsque Isabella Stewart Gardner inaugura son musée en 1903, il abritait l'une des plus belles collections d'art du pays. Comme le stipulait le testament de cette dernière, cette collection n'a pas changé depuis son décès en 1924, exception faite du vol d'importants tableaux en 1990.

Riche mécène, Isabella conçut son musée comme un palais vénitien de la Renaissance auquel elle incorpora des éléments architecturaux acquis en Europe. C'était aussi une passionnée de fleurs. Les galeries et colonnes ouvragées qui courent sur quatre étages s'ouvrent sur un patio empli de trésors horticoles. Cette oasis paisible qui fait écho à un jardin italien minutieusement agencé est recouverte d'un toit de verre qui protège une gamme toujours changeante de plantes méditerranéennes. Toutes les quatre à six semaines, on en apporte de nouvelles depuis la serre, derrière le musée, où elles sont cultivées. Au début de l'année, ce sont des azalées blanches et des cyclamens, en mars, des cinéraires, des gouets et des orangers. Le 14 avril, en l'honneur de l'anniversaire d'Isabella, les balcons sont décorés de capucines.

L'architecte paysagiste Patrick Chassé est devenu le premier conservateur du jardin en 2005. Après des recherches dans les archives photographiques, il a apporté de subtils changements à ce patio emblématique afin d'assurer sa fidélité à la vision d'Isabella. Le musée possède deux autres jardins : le jardin Monks (baptisé en l'honneur de la nièce préférée d'Isabella, Olga Monks) et le jardin méridional (situé entre le musée et le bâtiment voisin). JRo

Cimetière de Mount Auburn

États-Unis

CRÉATEURS : General Henry Dearborn, Dr. Jacob Bigelow
PROPRIÉTAIRE : Mount Auburn Cemetery
STYLE : cimetière paysager (XIXe siècle)
SUPERFICIE : 70,8 ha
CLIMAT : continental humide
SITUATION : Cambridge, Massachusetts

Le cimetière de Mount Auburn, fondé en 1831, est l'un des monuments historiques de Cambridge dans le Massachusetts. Il contient une collection impressionnante de plus de cinq mille arbres, dont sept cents espèces et variétés. On y trouve des milliers de massifs d'arbustes et de plantes herbacées parsemés à travers le paysage vallonné, les bois, les clairières et près des étangs. Malgré la présence constante de la mort, c'est un endroit où la beauté règne en toute saison, mais probablement plus encore à l'automne lorsqu'il se pare des couleurs de la Nouvelle-Angleterre.

Le paysage reflète divers styles, depuis les plantations victoriennes jusqu'aux jardins contemporains, et depuis les jardins d'ornement à la française jusqu'aux bois naturels. Les espèces proviennent du monde entier, mais celles qui sont adaptées à un climat septentrional tempéré sont particulièrement mises en valeur. Le tout est complété par divers éléments architecturaux du XIXe siècle, dont des chapelles, des portails et des tours.

Le plan original est inspiré du cimetière du Père-Lachaise à Paris (voir p. 582), et certaines caractéristiques des jardins anglais ont été incorporées à un paysage naturel pour créer un « cimetière champêtre ». Ce premier parc aménagé de grande envergure à accueillir le public aux États-Unis a été désigné monument historique.

Comme au Père-Lachaise, ici reposent des milliers de personnes anonymes ou célèbres, dont Oliver Wendell Holmes (1809-1894), auteur bostonien. BS

Le plan original est inspiré du cimetière du Père-Lachaise à Paris…

Jardin de Naumkeag

États-Unis

CRÉATEURS : Nathan Barrett, Fletcher Steele, Mabel Choate
PROPRIÉTAIRE : The Trustees of Reservations
STYLE : jardin thématique (XIXe et XXe siècles)
SUPERFICIE : jardin 3,2 ha, bois 16,2 ha
CLIMAT : continental humide
SITUATION : Stockbridge, Massachusetts

Selon la légende, les pique-niques familiaux à l'ombre d'un vieux chêne étaient si agréables que Joseph Choate, avocat et diplomate, décida d'acheter le terrain où se trouvait l'arbre. Dessinée par Standford White en 1885, la maison fut baptisée Naumkeag, nom amérindien de Salem, la ville natale de Choate.

Nathan Barrett aménagea des terrasses sur ce site pentu en 1889, créant un jardin à deux niveaux avec une allée de topiaires près de la demeure et des terrasses gazonnées au-dessous d'où l'on jouissait d'une vue sur le massif des Berkshire. Ce sont toutefois les changements qu'apporta Mabel, la fille de Joseph, qui font désormais la célébrité de Naumkeag. Elle débuta ses travaux trois ans avant d'hériter du jardin en 1929. Après avoir assisté dans la région à une conférence de Fletcher Steel, un architecte paysagiste, elle l'engagea. Ils collaborèrent au cours des trente années suivantes, créèrent un modelé tout en courbes sur la pelouse méridionale, le bassin noir, revêtu de verre, dans le jardin d'après-midi, et un jardin chinois qui accueillit la collection d'ornements asiatiques de Mabel. La série de parterres qui dessinent des vagues dans la roseraie constitua leur dernière collaboration.

Naumkeag est aussi célèbre pour son escalier bleu. Construit en 1938 et unanimement salué, c'est en réalité un petit ruisseau qui court entre deux rives étroites en haut de l'escalier puis cascade le long des coteaux et franchit une série de bassins sur chacune des quatre terrasses. Des rampes blanches tubulaires font écho aux bassins semi-circulaires, et des garde-fous cambrés soulignent l'ampleur des terrasses. RChi

The Fells

États-Unis

CRÉATEUR : Clarence Hay

PROPRIÉTAIRE : Department of Conservation and Recreation

STYLE : « colonial revival » américain (XXe siècle)

SUPERFICIE : 66,4 ha

CLIMAT : continental humide

SITUATION : Newbury, New Hampshire

On n'aperçoit ni la maison ni les jardins lorsqu'on se gare sur le parking en terre battue. Après avoir parcouru quelques mètres le long d'une allée en pente au milieu d'un bois, on s'aperçoit qu'on est sur une colline qui domine la rive est du lac Sunapee, l'un des plus beaux du New Hampshire.

The Fells constitue l'exemple parfait d'une résidence secondaire américaine du début du XXe siècle. Le domaine, qui comptait aussi une ferme, accueillit pendant l'été trois générations de Hay – John M. Hay, secrétaire d'État qui fut aussi le secrétaire particulier d'Abraham Lincoln, Clarence Hay, archéologue réputé qui établit les jardins avec sa femme, Alice Appleton Hay, et John Hay, auteur et passionné de nature qui choisit ce nom, The Fells, qui, en Écosse, désigne les pâturages rocailleux des hauts plateaux.

Le domaine est composé d'une demeure principale au style colonial discret, et de remarquables jardins. Les bénévoles de la région ont accompli un travail de restauration extraordinaire : ces jardins, autrefois sur le déclin, sont désormais exactement comme à l'époque de Clarence Hay, ornés de charmilles et treillis, d'arbres et arbustes à fleurs ainsi que de statues classiques. Un parterre de vivaces, long de 31 m, attire papillons et abeilles près de la maison. Enfin, depuis la terrasse de rosiers imaginée par Alice Hay et dotée d'une fontaine, on découvre le lac au loin. Parfois, on peut apercevoir à travers les arbres de vieux gréements qui parcourent le lac.

La rocaille de Clarence Hay est l'un des éléments historiques les plus ravissants du lieu. Elle s'élance le long d'un coteau flanqué d'un ruisselet qui termine sa course dans un bassin à nénuphars entouré d'azalées et d'iris du Japon, et comprend plus de six cents espèces de plantes alpestres et indigènes. En déambulant dans le jardin le long de nombreux sentiers, on ne manquera pas d'admirer les massifs de rhododendrons et le jardin clos. AH

Jardin de Celia Thaxter

États-Unis

CRÉATEUR : Celia Laighton Thaxter
PROPRIÉTAIRE : Shoals Marine Laboratory
STYLE : jardin à l'anglaise (XIXe siècle)
SUPERFICIE : 0,09 ha
CLIMAT : continental humide
SITUATION : Appledore, Maine

Celia Laighton Thaxter naquit à Portsmouth, dans le New Hampshire, en 1835. Lorsqu'elle avait quatre ans, sa famille emménagea à White Island, où son père devint gardien de phare. Huit ans plus tard, il ouvrit un hôtel sur Appledore, la plus grande des îles, à 15 km de la côte sauvage du Maine. Ce lieu de villégiature, l'un des premiers sur cette côte, devint à la fin du XIXe siècle le point de rencontre des personnalités littéraires et artistiques de la région.

Celia déménagea après avoir épousé Levi Thaxter, un associé de son père. Elle revint dix ans plus tard pour prendre soin de sa mère malade et participer au fonctionnement de l'hôtel, époque à laquelle elle devint aussi célèbre comme auteur de prose et de poésie. Son livre le plus connu, *Un jardin insulaire*, fut publié en 1896, l'année de sa mort. C'est le récit très personnel de la création d'un jardin, truffé d'observations sur les plantes, les insectes, et les difficultés du jardinage, et illustré de merveilleuses aquarelles par Childe Hassam. Le jardin inspira aussi toute une génération d'artistes américains qui essayèrent de cultiver des fleurs anciennes.

Après la mort de Celia, un incendie ravagea sa maisonnette et l'hôtel en 1914, et le jardin fut presque oublié. On y construisit pendant la Seconde Guerre mondiale des baraques militaires, qui abritèrent ensuite le laboratoire marin Shoals. C'est pendant que l'on restaurait ces vieux bâtiments que l'on recréa le jardin en s'inspirant fidèlement du livre de Celia. RChi

Jardin de Garland Farm

États-Unis

CRÉATEUR : Beatrix Farrand
PROPRIÉTAIRE : The Beatrix Farrand Society
STYLE : naturaliste (XXe siècle)
SUPERFICIE : 2 ha
CLIMAT : continental humide
SITUATION : Bar Harbor, Maine

Nièce d'Edith Wharton, Beatrix Farrand était la seule femme parmi les membres fondateurs de la Société américaine des architectes paysagistes. Elle conçut les jardins de Dumbarton Oaks à Washington, fut engagée par des personnalités de la classe aisée dont John D. Rockefeller et Mme Henry Cabot Lodge, et aménagea les campus de Princeton et de Yale. Résidente de Bar Harbor dans le Maine, elle s'installa à Reef Point où elle établit une bibliothèque horticole et une remarquable collection de plantes. À la fin de sa vie, elle emménagea à Garland Farm, demeure du régisseur de Reef Point, où celui-ci et sa femme prirent soin d'elle jusqu'à sa mort en 1959.

Afin de créer son dernier jardin, Beatrix apporta avec elle certaines de ses plantes et éléments architecturaux favoris, dont des barrières et ornements. Ses plantes asiatiques préférées sont réunies dans le jardin japonais, mêlées aux plantes rampantes indigènes. La terrasse est divisée en parterres rectangulaires où poussent la bruyère et la lavande. Les vivaces et les annuelles abondent dans les autres plates-bandes, tandis que la clématite et les roses partent à l'assaut des clôtures. On découvre aussi à Garland Farm de rares cerisiers hybrides et d'autres arbres et arbustes qui ne poussent généralement pas dans cette partie du Maine. Une petite serre a survécu, construite à l'origine pour abriter des annuelles ainsi que des pots de romarin et de verveine pendant l'hiver. AH

Jardin de rhododendrons de Crystal Springs

États-Unis

CRÉATEURS : Ruth Hansen, Wallace K. Huntington
PROPRIÉTAIRES : Portland Parks and Recreation, Portland Chapter of the American Rhododendron Society
STYLE : collection de rhododendrons (XXe siècle)
SUPERFICIE : 2,8 ha
CLIMAT : océanique
SITUATION : Portland, Oregon

C'est en 1950 que, pour la première fois, fut suggérée, au sein de la branche de Portland de la Société américaine des rhododendrons, la création d'un jardin consacré à ces plantes. Sam Jackson, propriétaire de l'*Oregon Journal*, fit don d'un terrain sur Terwilliger Boulevard. Escarpé, celui-ci n'était pas adapté et l'on choisit alors l'emplacement actuel. Baptisé Shakespeare Island par les étudiants de Reed College à cause des pièces de théâtre que l'on y jouait autrefois, il était envahi par les buissons. Le terrain fut défriché et planté. Le jardin fut officiellement baptisé le jardin de rhododendrons de Crystal Springs en référence au lac alimenté par une source qui constitue l'un de ses éléments marquants.

La partie la plus ancienne, l'« île », est l'œuvre de Ruth Hansen tandis que la plus récente, la « péninsule » (à partir de 1977), est de Wallace K. Huntington. L'un des objectifs du jardin était de dresser un inventaire des rhododendrons. Cela s'avéra malheureusement impossible et c'est désormais un jardin d'agrément qui abrite plus de deux mille cinq cents espèces rares et hybrides de rhododendrons et d'azalées. Le spectacle est remarquable au printemps et au début de l'été. Un certain nombre d'éricacées et d'arbres prolongent la saison, l'automne s'avérant grâce à eux singulièrement splendide. Le lac et les sentiers qui serpentent dans les jardins, le long de trois cascades et traversant deux ponts, complètent le tableau. Cette beauté paisible se trouve à quelques minutes du centre de Portland. TM

Jardin japonais de Portland

États-Unis

CRÉATEUR : Takuma Tono
PROPRIÉTAIRE : Japanese Garden Society of Oregon
STYLE : jardin japonais traditionnel (XXe siècle)
SUPERFICIE : 2,2 ha
CLIMAT : océanique
SITUATION : Portland, Oregon

« Un jardin japonais n'est pas seulement un lieu où l'on cultive des arbres et arbustes à fleurs, mais il doit aussi procurer détente, méditation et plaisir sentimental… C'est un jardin qui s'adresse à tous les sens et pas seulement à l'esprit. » Ce sont les mots pleins de sagesse du professeur Takuma Tono, créateur du jardin japonais de Portland, reconnu comme l'un des plus authentiques de ce genre en dehors du Japon.

Sa construction débuta en 1963 et il fut inauguré en 1967. Bien qu'il ne soit que très récent comparé aux jardins du Japon, il offre déjà un sentiment d'intemporalité. Tono a été aidé en cela par le climat de Portland et par les efforts incessants des nombreux bénévoles qui ont participé au projet.

Le plan du jardin est influencé par les trois philosophies associées au paysagisme japonais, le shintoïsme, le bouddhisme et le taoïsme, toutes en évidence dans les cinq parties, qui, malgré leur ambiance différente, se marient de façon homogène. Ce sont le jardin promenade et l'étang (Chisen-kaiyushiki), le jardin naturel (Shukeiyen), le jardin de sable et de pierre (Karesansui/Zen-niwa), le jardin plat (Hiraniwa) et le jardin de thé (Roji-niwa). Chacune de ces zones possède une atmosphère, un style et une apparence qui lui sont propres. C'est l'absence de discordance qui rend l'ensemble si astucieux. Le paysagiste a magistralement orchestré la surprise et l'attente ; on se demande ce qui va suivre, on découvre en permanence de nouveaux panoramas et de nouveaux jardins, à la fois intimes et bénéficiant de vues dégagées sur ce paysage importé du Japon. TM

C'est un jardin qui s'adresse à tous les sens et pas seulement à l'esprit.

Jardin chinois classique de Portland

États-Unis

CRÉATEURS : divers jardiniers chinois
PROPRIÉTAIRE : ville de Portland
STYLE : traditionnel chinois (XXe siècle)
SUPERFICIE : 0,4 ha
CLIMAT : océanique
SITUATION : Portland, Oregon

C'est un extraordinaire jardin chinois classique au cœur d'une ville américaine moderne. Inspiré d'un jardin de la dynastie Ming à Suzhou en Chine, ce paysage soigneusement agencé constitué de plantes, eau et pierres occupe tout un pâté de maisons. Le jardin a été conçu par des artisans et architectes chinois qui désiraient montrer l'importance symbolique et esthétique du paysage naturel ainsi que la place qu'y occupe l'homme.

On trouve ici des centaines de plantes chinoises ainsi que des spécimens d'arbres, des arbustes et vivaces rares et insolites, et des collections d'osmanthes, de rhododendrons et de bambous. Le jardin abrite aussi une splendide collection de camélias et une autre tout aussi ravissante de cymbidiums.

L'eau et la pierre en sont les éléments clés. Les magnifiques rochers de Tai Hu, en pierre calcaire, symbolisent un paysage de montagne mais paraissent abstraits. Sur des socles taillés dans le granit reposent des colonnes, ponts et allées tandis que des galets ronds et polis, mêlés à des fragments de tuiles et de céramique, dessinent des motifs sur ces allées et dans les cours. Les bassins et ruisseaux font contrepoids au caractère solide de la pierre à travers tout le jardin.

On trouve aussi la cour de la Tranquillité, le hall Céleste au parfum pénétrant et la tour des Reflets cosmiques. Le jardin chinois classique de Portland apporte ainsi une sensibilité mystique à un paysage urbain par ailleurs terne. CW

Pépinière de Northwest Garden

États-Unis

CRÉATEURS : Ernie et Marietta O'Byrne
PROPRIÉTAIRES : Ernie et Marietta O'Byrne
STYLE : pépinière pour passionnés (XXe siècle)
SUPERFICIE : 0,4 ha
CLIMAT : océanique
SITUATION : Eugene, Oregon

Située dans un environnement ravissant, entourée de prairies et de bois, la pépinière de Northwest Garden n'est pas qu'une source de plantes rares et insolites mais aussi un jardin à part entière. Les visiteurs peuvent y découvrir la collection de vivaces d'un connaisseur mise en valeur dans une variété de jardins de démonstration de styles divers. La simplicité qui règne donne l'impression que le tout s'est développé de façon organique autour des divers bâtiments du site. Parce que les parterres et plates-bandes sont souvent de taille réduite, le jardin semble plus grand qu'il ne l'est, et, grâce à l'abondance des plantes, il s'avère toujours intéressant et plein de vie.

Il possède de nombreux points forts, dont le jardin des bois qui abrite des plantes qui apprécient l'ombre, prend vie de la fin de l'hiver jusqu'au début de l'été, et possède une végétation luxuriante : hellébores, podophylles, cyclamens, épimèdes, corydales, primevères, arisaémas et fougères. Les plantes alpestres de la rocaille ne sont jamais plus belles qu'au printemps, tandis que le jardin de plates-bandes, dont le feuillage comme les fleurs participent aux thèmes chromatiques, atteint son apogée à l'été. Ensuite, et jusqu'au milieu de l'automne, c'est le tour des graminées, des cannas et des tritomas du jardin des conifères aux couleurs chaleureuses. Finalement, le jardin xérophyte abrite d'innombrables plantes qui prospèrent sans arrosage régulier. Après cette visite, dirigez-vous tout droit vers la pépinière. CBa

Parc de la fontaine Ira Keller

États-Unis

CRÉATEUR : Angela Danadjieva
PROPRIÉTAIRE : ville de Portland
STYLE : espace public aménagé en terrasses, moderne (XXe siècle)
SUPERFICIE : 0,4 ha
CLIMAT : océanique
SITUATION : Portland, Oregon

Les rochers escarpés et les chutes d'eau majestueuses du massif des Cascade Mountains ont inspiré Lawrence Halprin, architecte paysagiste de San Francisco né à Brooklyn, lorsqu'il a imaginé la fontaine Ira Keller, l'élément central d'une place de Portland. Le lieu faisait partie d'un plan de transformation urbaine et complétait un trio de parcs qui devaient redonner vie à un quartier du centre-ville.

En 1966, Halprin avait apporté fraîcheur et beauté au centre-ville en créant Lovejoy Fountain Park, puis le parc de Pettygrove. Il confia la conception d'un jeu d'eau interactif, lien final entra ces espaces verts, à Angela Danadjieva, une Bulgare formée à Paris. Il était important pour elle que le public puisse accéder à l'eau pour profiter du plaisir qu'elle procure. Inaugurée en 1971, cette fontaine aux lignes abstraites est devenue un lieu de rencontre.

La fontaine d'Ira, comme on l'a surnommée, offre une expérience unique aux passants. La géométrie vigoureuse des surfaces se marie à la texture des pavés ronds, tandis que des murs verticaux et angulaires sont équilibrés par des plans horizontaux qui se chevauchent pour former des recoins isolés, des terrasses accueillantes et des bassins où barboter. Époustouflant d'un point de vue visuel, ce flot de 50 000 litres d'eau par minute emplit une série de bassins qui culminent en une cascade d'une beauté extraordinaire. Cette structure moderne témoigne de l'inventivité et de l'énergie de l'architecture paysagiste américaine contemporaine. AJo

Jardin botanique de Chicago

États-Unis

CRÉATEURS : John O. Simonds, John Brookes, Wolfgang Oehme, James van Sweden
PROPRIÉTAIRE : Forest Preserve District of Cook County
STYLE : botanique, d'ornement, naturaliste (xxᵉ siècle)
SUPERFICIE : 155,9 ha
CLIMAT : continental
SITUATION : Glencoe, Illinois

Chicago a adopté la devise *Urbs in Horto* (« la ville dans un jardin ») en 1837, et la société horticole de la ville défend les jardins et le paysagisme depuis 1890. Ce n'est toutefois qu'en 1972 que ce jardin, aussi baptisé Glencoe, fut inauguré après que John O. Simonds eut transformé un terrain infesté de moustiques en un parc paysager. D'importants terrassements permirent de créer des monticules dont la disposition fit naître un labyrinthe de cuvettes et bassins. Respectueux de l'esthétique chinoise, le cœur du jardin est une vaste île au centre d'une lagune, et le site est parcouru d'un réseau de sentiers qui relient bois, jardins à la française et trois habitats naturels.

Un jardin de promenade japonais, ou jardin des Trois-Îles, créé en 1982 à l'aide de végétation principalement verte, et une maison de thé bâtie sur l'eau comptent parmi les éléments dominants du lieu. Le jardin clos anglais, lui, illustre six traditions différentes du jardinage. Les plantes indigènes prédominent toutefois dans l'ensemble du jardin, et les panoramas sont inspirés des paysages des Grandes Plaines du Midwest américain. En 2002, les jardins du Grand-Bassin ont accueilli des champs entiers de vivaces.

Le jardin botanique de Chicago offre une expérience variée qui va de l'intime au panoramique, du style formel au naturalisme, et des vues très dégagées aux trésors mystérieusement cachés. C'est un marathon horticole, et, avec vingt-six jardins éparpillés sur un immense terrain, la visite prend au moins une journée. RChi

Millennium Park de Chicago

Chicago, États-Unis

CRÉATEURS : Gustafson Guthrie Nichols Ltd., Piet Oudolf, Robert Israel
PROPRIÉTAIRE : ville de Chicago
STYLE : contemporain (XXIe siècle)
SUPERFICIE : jardin 1 ha, parc 9,9 ha
CLIMAT : continental
SITUATION : Chicago, Illinois

Le Millennium Park de Chicago occupe un site autrefois considéré inutilisable, une zone désolée faite de voies de chemin de fer et de parkings. Malgré son nom, ce parc n'a ouvert qu'en 2004 ; il attire désormais des millions de visiteurs.

Le jardin Lurie, dans le coin sud-est du parc, résulte de la collaboration des architectes paysagistes de la firme Gustafson Guthrie Nichols Ltd., de Piet Oudolf, passionné de plantes, et de Robert Israel, concepteur et décorateur de théâtre. Kathryn Gustafson s'est inspirée de l'histoire naturelle et culturelle de Chicago. Cette ville audacieuse dotée d'une vaste gamme de hauts édifices, souvent dessinés par d'éminents architectes, s'est développée sur un terrain plat et marécageux. Ainsi, sur deux côtés, de hautes haies emplissent des structures d'acier rectangulaires afin de masquer le jardin qui se transforme ainsi en un lieu mystérieux et dont les plantations de vivaces délicates sont protégées. Un ruisseau peu profond court le long d'une allée boisée, ces deux éléments divisant l'espace selon deux diagonales, entre zones ensoleillées et ombragées. Dès 2001, il fallut cultiver les milliers de plantes herbacées qu'exigeait le style paysagiste caractéristique d'Oudolf. Des cultivars, hybrides et plantes non indigènes supplémentaires, tous capables de résister au froid, furent ensuite sélectionnés. Une tapisserie colorée en résulta, qui se transforme désormais au fil des saisons et démontre aux visiteurs combien les plantes indigènes peuvent s'avérer attrayantes. RChi

Parc du Mémorial Lincoln

États-Unis

CRÉATEUR : Jens Jensen
PROPRIÉTAIRE : Lincoln Memorial Garden
STYLE : bois et prairie (XXe siècle)
SUPERFICIE : 44,5 ha
CLIMAT : continental
SITUATION : Springfield, Illinois

Au début des années 1930, la municipalité de Springfield, dans l'Illinois, poussée par Harriet Knudson, une riche habitante, céda une parcelle sur les rives du lac pour qu'on y réalise un jardin communautaire. Harriet choisit ensuite l'un des architectes paysagistes les plus éminents du pays, Jens Jensen, qu'elle paya de sa poche.

Le plan que proposa ce dernier pour un jardin qui recouvrait alors 26 ha consistait à recréer un paysage du Midwest qu'Abraham Lincoln aurait pu reconnaître. Il dessina un réseau de sentiers bordés de divers agencements de plantes indigènes, et mis en valeur par huit bancs de pierre circulaires destinés à encourager les rencontres.

Aujourd'hui, le jardin comprend 45 ha, dont le jardin d'origine, une plantation de noyers et l'Ostmeier Prairie Center, une parcelle de 12 ha. C'est un mélange de prairie américaine, de bois, de marécages et de ruisseaux chantants, sans oublier un lac et une plantation de vieux cyprès.

Le fait que chaque visite offre une expérience différente est l'une des plus grandes réussites du projet. On peut observer dans ce jardin le changement des saisons depuis la luxuriance des arbres et fleurs des prés au début du printemps jusqu'aux fleurs de la prairie au milieu de l'été, aux couleurs éclatantes des feuilles d'automne et à la neige, l'hiver, lorsque le paysage est parsemé des éclats de baies rouges. Les cerfs, échassiers et fauvettes participent aux effets sonores.

On retrouve diverses caractéristiques de Jensen dans le jardin, y compris l'alternance de zones ensoleillées et ombragées le long de sentiers sinueux qui conduisent le visiteur au plus profond du jardin, vers la parcelle de prairie sauvage, lumineuse et exubérante. Mieux vaut visiter tôt le matin, lorsque la rosée recouvre encore les graminées et les toiles d'araignée, cependant que l'on entend l'appel des oiseaux. AH

Jardins de Stan Hywet

États-Unis

CRÉATEURS : Warren Manning, Ellen Biddle Shipman
PROPRIÉTAIRE : Stan Hywet Halls & Gardens, Inc.
STYLE : Arts & Crafts (XXe siècle)
SUPERFICIE : 28,7 ha
CLIMAT : continental
SITUATION : Akron, Ohio

Ce domaine est baptisé Stan Hywet, qui signifie « carrière de pierre » en vieil anglais, en l'honneur de l'ancienne grésière qu'on y découvrit. La demeure principale, achevée en 1915, fait preuve d'une influence anglaise marquée, née du voyage que Franklin A. Seiberling, fondateur de Goodyear, réalisa en Grande-Bretagne avec son architecte, Charles S. Schneider.

Seiberling engagea par la suite l'architecte paysagiste Warren Manning qui plaça la maison de telle sorte qu'elle jouisse des cinq vues les plus importantes sur la vallée. On remarque aussi immédiatement la présence des bouleaux qui, avec leurs troncs irréguliers, constituent un choix inhabituel mais charmant pour l'allée de 167 m transformée en tunnel magique par les branches qui la surplombent. On découvre à son extrémité deux maisons de thé, ou pavillons, un endroit merveilleux depuis lequel on peut contempler le paysage et le jardin de la lagune, situé dans l'ancienne carrière.

En 1929, Manning recommanda que l'on charge Ellen Biddle Shipman de réaliser un jardin clos. Baptisé le jardin anglais, il abrite en son centre un bassin et une fontaine entourés de plates-bandes à l'anglaise. Malheureusement, l'ombre des arbres a envahi l'espace au fil du temps et, comme de nombreux domaines, Stan Hywet Hall fut délaissé un temps. Toutefois, dès la fin des années 1980, les jardins et le parc furent restaurés à l'identique à l'aide de dessins et photos des archives de Manning. Les Seiberling acquirent aussi des terrains dans la vallée en contrebas, préservant ainsi la vue pour l'éternité. RChi

L'allée de bouleaux inclinés forme un long tunnel très spectaculaire.

Jardin des Topiaires

États-Unis

CRÉATEURS : James et Elaine Mason
PROPR. : Columbus Recreation and Parks Department
STYLE : parc de topiaires (XXe siècle)
SUPERFICIE : jardin 0,4 ha, parc 3,6 ha
CLIMAT : continental
SITUATION : Old Deaf School Park, Columbus, Ohio

Si vous désirez voir *Un dimanche après-midi à la Grande Jatte* de Seurat, interprété en topiaires, nul besoin de chercher plus loin.

Ce parc fut créé après qu'Elaine Mason eut demandé à son mari d'installer quelques topiaires dans leur jardin. Il avait toutefois des projets plus importants après avoir imaginé de créer « un paysage [à partir] d'un tableau d'un paysage ». Il présenta cette idée à la ville de Columbus qui lui donna l'autorisation de poursuivre. James dessina, créa et installa les armatures de métal sur lesquelles poussent les ifs que l'on a taillés de façon qu'ils prennent les formes des personnages du tableau en train de se délasser sur les bords de la Seine. On compte ainsi cinquante-quatre personnages, huit voiliers, trois chiens, un singe, un chat et un étang qui représente le fleuve. La plus grande des topiaires fait plus de 4 m de haut.

C'est Elaine qui se chargea au départ d'attacher les branches aux armatures et de les tailler, mais depuis quelques années, la ville a pris la relève. Un bateau topiaire vogue en permanence sur l'étang. L'été, les longues ombres que projettent ces sculptures végétales font écho à celles de l'œuvre légendaire de Seurat. L'hiver cependant, lorsque les topiaires sont recouvertes de neige, le « tableau » est naturellement transformé. BS

Un bateau topiaire vogue en permanence sur l'étang.

Jardin de Bartram

États-Unis

CRÉATEUR : John Bartram
PROPRIÉTAIRE : The Fairmount Park Commission
STYLE : parc paysager et jardin botanique (XVIIIe siècle)
SUPERFICIE : 18,2 ha
CLIMAT : continental humide
SITUATION : Philadelphie, Pennsylvanie

Né au XVIIIe siècle dans une famille quaker, John Bartram fut le premier botaniste et « chasseur » de plantes né sur le sol américain. En 1728, il acheta une ferme de 41 ha où il établit le plus vieux jardin botanique d'Amérique, et où il cultiva bon nombre des plantes qu'il avait découvertes et collectées au cours de ses expéditions. Bartram parcourut le Delaware, le Maryland et la Virginie, explora les Appalaches, la Caroline du Nord et du Sud, le New Jersey et la Floride où il subit une attaque de paludisme.

Bon nombre des plus de deux cents plantes indigènes dont John et son fils William introduisirent la culture étaient très recherchées par les jardiniers d'Angleterre. Il fut nommé botaniste du roi George III en 1765, pour un salaire de 50 livres par an. Sa maison, toujours debout, est ouverte au public. Elle est flanquée d'un jardin botanique, de prairies, d'un parc paysager et de terrains marécageux. Le jardin est divisé en trois parties : le potager du haut abrite dans ses plates-bandes surélevées des herbes aromatiques et des légumes, le jardin de fleurs communes est empli de bulbes et d'herbacées, tandis que le jardin de fleurs est consacré aux nouvelles plantes que John collecta au cours de ses voyages et reçut de ses amis.

Le *Franklinia alatamaha* que John découvrit près de la rivière Altamaha en Géorgie en 1765 constitue l'un des clous du jardin. Baptisé en l'honneur de Benjamin Franklin, grand ami de John, il avait disparu à l'état sauvage dès 1803. Grâce aux Bartram, qui le propagèrent et le distribuèrent, l'extinction lui a été épargnée. TM

Jardins Hershey

États-Unis

CRÉATEURS : divers, dont Jane Taylor
PROPRIétaire : The M. S. Hershey Foundation
STYLE : jardins thématiques (XXe siècle)
SUPERFICIE : 9,3 ha
CLIMAT : continental humide
SITUATION : Hershey, Pennsylvanie

Lorsque l'on visite les jardins Hershey, on doit débuter par la roseraie que plantèrent les jardiniers de Milton Hershey en 1937. Les charmilles, le jardin en contrebas et les plates-bandes abritent deux cent soixante-quinze variétés différentes autour d'un bassin en demi-lune. Après cela, on peut se rendre dans la chênaie, dans le jardin des enfants, puis dans le jardin japonais, ou se diriger directement vers le belvédère.

De là, le sentier mène à un simple mémorial où flottent les cinq drapeaux des forces armées américaines. De chaque côté se déroule le spectacle des saisons, plate-bande après plate-bande. Au printemps, ce sont trente mille tulipes de cent variétés différentes qui fleurissent, tandis que l'été, les plantes indigènes américaines telles que l'échinacée, la rudbeckie et l'eupatoire sont à l'honneur dans le jardin des vivaces. Le jardin de plantes aromatiques est traditionnel tout comme la roseraie de Mme Hershey qui abrite les roses anciennes que celle-ci cultivait en 1907. À l'extrémité la plus éloignée, la rocaille accueille des arbres à feuilles persistantes et des arbustes, particulièrement des érables du Japon.

Puis viennent les graminées d'ornement, le paisible jardin japonais et le jardin le plus récent, consacré aux enfants. Conçu par Jane Taylor, pionnière en ce domaine, il abrite trente zones thématiques, dont un alphabet floral, l'allée du chocolat qui mène à la fontaine des baisers et les tropiques du chocolat. La volière aux papillons est petite mais toutes les espèces sont clairement identifiées. On trouve aussi sur ce site un centre éducatif. CH

Fallingwater

États-Unis

CRÉATEUR : Frank Lloyd Wright
PROPRIÉTAIRE : Western Pennsylvania Conservancy
STYLE : moderne (XXe siècle)
SUPERFICIE : 2,02 ha
CLIMAT : continental humide
SITUATION : Mill Run/Ohiopyle, Pennsylvanie

La maison et le paysage de Fallingwater sont désormais légendaires. L'eau qui jaillit en cascade fait partie intégrante d'un édifice qui ne fait qu'un avec les bois montagnards qui l'entourent. Un torrent caractéristique des Appalaches de l'ouest de la Pennsylvanie, Bear Run, domine le site et cascade à travers le paysage. En 1935, l'architecte Frank Lloyd Wright dessina Fallingwater, probablement la plus célèbre de ses créations, pour Edgar J. Kaufmann, riche propriétaire d'un grand magasin de Pittsburgh. Au lieu de construire une maison avec vue, Lloyd Wright mit à profit le dynamisme naturel des chutes d'eau et donna à la maison une apparence méridionale en la plaçant à cheval sur le torrent. Elle fut construite de grès extrait sur le site.

Les visiteurs peuvent entendre l'eau qui jaillit et entrevoir la maison alors qu'ils s'avancent au milieu des bois. L'homme n'est pas intervenu ici, en référence à un temps où il vivait en symbiose avec la nature.

La maison est aussi un jardin grâce à une série de terrasses auxquelles on accède depuis les pièces à vivre. On a ainsi l'impression d'une transition parfaite entre l'intérieur et l'extérieur. Plusieurs sculptures et des pots forment un contraste avec les arbres acclimatés. La maison possède une annexe à laquelle on accède par une allée couverte et bordée d'arbres qui mène à une cour avec bassin. Plus fascinant encore, ce sentier enjambe le torrent et permet de pleinement apprécier l'aspect sauvage du site. Inutile de préciser que Fallingwater possède une librairie qui fait rêver. CH

Chanticleer

États-Unis

CRÉATEUR : Adolph Rosengarten
PROPRIÉTAIRE : The Chanticleer Foundation
STYLE : botanique (XXe siècle)
SUPERFICIE : 14,2 ha
CLIMAT : continental humide
SITUATION : Wayne, Pennsylvanie

Sur ce site, la maison, construite par Adolph Rosengarten à partir de 1912, est entourée par 3 ha de jardins. Des pots éclectiques confèrent intimité et individualité aux terrasses qui entourent la demeure, tandis que d'autres plantes poussent dans des pots décoratifs disposés sur le dallage ou dans les plates-bandes qui flanquent les allées. Des cannas et yuccas encadrent un siège en fer forgé très orné qui semble appartenir à un décor de théâtre, et un ruisseau termine sa course sur la terrasse bordée de pots de papyrus à côté de la piscine.

Ces jardins sont un vrai plaisir à explorer. Les pelouses sont ici parsemées de bulbes et de fleurs des prés, encadrées d'arbres, et les bois, aux arbres à feuilles caduques ou persistantes, abritent des plantations originales d'hostas, de fougères et de berces. Les vivaces qui entourent le lac débordent de santé tout comme les étendues d'hémérocalles, et le coteau qui protège le lac arbore un style horticole mixte avec ses graminées, sa sauge d'Afghanistan et ses lavandes. Les escaliers sont bordés de massifs d'asclépiades, de rudbeckies et d'autres plantes. Plus près de la maison, le jardin encaissé pourvu d'un bassin central et d'une tonnelle, abrite un magnifique gainier du Canada *(Cercis canadensis)*. On ne manquera pas de remarquer les ingénieux cadres, de fabrication artisanale, où poussent les légumes. CH

À DROITE L'étang de Chanticleer compte parmi les éléments originaux de ce jardin de style éclectique qui date de 1912.

Jardins Longwood

États-Unis

CRÉATEUR : Pierre S. Du Pont
PROPRIÉTAIRE : Longwood Gardens, Inc.
STYLE : jardins fleuris (xxe siècle)
SUPERFICIE : 425 ha
CLIMAT : continental humide
SITUATION : Kenneth Square, Pennsylvanie

Les jardins Longwood, aussi baptisés jardins du Pont, comptent parmi les plus grands jardins fleuris au monde. Créés à partir de 1907 par Pierre S. Du Pont, industriel, écologiste, philanthrope, fermier, inventeur, ingénieur et imprésario, ils reflètent sa vitalité et constituent une véritable prouesse. Ce n'était au départ qu'un jardin d'ornement, mais on y trouve désormais une gamme apparemment interminable de jardins, bois, lacs, sentiers et prairies. Il y a vingt jardins extérieurs, dont une tonnelle de roses, un théâtre, une cascade tropicale, un jardin de pivoines et un autre de glycines. Le jardin de topiaires, où l'on distingue des lapins, oiseaux, meubles et autres formes décoratives variées, remonte aux années 1930. S'ajoutent à cela vingt jardins à l'intérieur de 2 ha de serres chauffées qui accueillent onze mille types de plantes. Quelle que soit la saison pour laquelle on visite Longwood, on y trouve toujours des fleurs dans les serres, que ce soit des cornouillers, des hamamélis, des bulbes, des magnolias ou des azalées. On peut aussi y découvrir des potagers de démonstration, des parcelles pour les enfants ou des regroupements horticoles thématiques.

Les fontaines sont également extraordinaires. Pierre Du Pont s'est inspiré de la villa Gamberaia près de Florence pour son jardin d'eau italien, mais il a aussi ajouté six cents jets d'eau. Au fil des ans, diverses générations de Du Pont ont accompagné le développement de Longwood, mais c'est incontestablement Pierre qui a joué le rôle le plus important. BS

Centre James Rose

États-Unis

CRÉATEUR : James Rose
PROPRIÉTAIRE : Centre James Rose
STYLE : contemporain (XXe siècle)
SUPERFICIE : 0,02 ha
CLIMAT : continental humide
SITUATION : Ridgewood, New Jersey

James Rose était l'un des chefs de file de l'architecture paysagiste moderniste aux États-Unis. C'était aussi l'un des personnages les plus pittoresques dans ce domaine ; refusant de suivre les cours, il quitta le lycée sans diplôme en poche. Bien qu'il ait été accepté par Cornell et Harvard pour y suivre des cours d'architecture, il fut renvoyé après avoir refusé de réaliser des paysages à la manière des Beaux-Arts.

Rose imagina sa propre maison alors qu'il était en garnison au Japon dans les années 1940, et l'influence de ce pays est évidente. Ces trois différents bâtiments constituaient selon lui un « minuscule village » – le plus important pour sa mère, une annexe pour sa sœur et un studio pour lui-même. C'est une fusion totale de l'intérieur et de l'extérieur, où la maison et les jardins sont parfaitement entremêlés. L'ensemble est pourvu de terrasses, de balcons et d'« atriums » au niveau des branches, avec des passerelles de bois. Au premier étage, on a l'impression de se trouver dans une grande cabane dans un arbre. Un jet d'eau chante au milieu d'un bassin dans la cour principale mais celle-ci est dépourvue des parterres traditionnels ; c'est une maison en bois dans les bois.

Rose était un conférencier important dans de nombreuses écoles d'architecture paysagiste. Aujourd'hui, sa demeure abrite un centre de recherche et d'étude dans ce domaine. Selon Rose, ce lieu inhabituel n'était « ni jardin, ni architecture, mais les deux à la fois ; ni à l'intérieur, ni à l'extérieur, mais les deux ». RChi

Jardins Van Vleck

États-Unis

CRÉATEUR : Joseph Van Vleck Jr.
PROPRIÉTAIRE : The Montclair Foundation
STYLE : jardin thématique (XXe siècle)
SUPERFICIE : 2,5 ha
CLIMAT : continental humide
SITUATION : Montclair, New Jersey

C'est l'ancien domaine privé de la famille Van Vleck, créé à partir de la fin du XIXe siècle. Le jardin comprend de nombreuses éricacées, dont de splendides rhododendrons et azalées.

Les jardins entourent une demeure de style italien, érigée en 1916 par Joseph Van Vleck junior en 1916. On y découvre une série de petites chambres de verdure emplies de centaines d'arbustes à fleurs et de plantes persistantes à larges feuilles. La propriété est parsemée de dalles de pierre lumineuses et de sentiers ombragés qui serpentent parmi les collections.

Howard Van Vleck, dernier membre de la famille à avoir résidé ici, s'intéressait particulièrement aux aspects scientifiques de l'horticulture. Profitant de sa vaste collection de rhododendrons, il réalisa des expériences d'hybridation pour tenter de créer une variété aux fleurs jaune clair. Ses réussites les plus remarquables sont *Rhododendron* 'Howard Van Vleck', *R.* 'Elizabeth Van Vleck', et *R.* 'Goldsworth Yellow'.

Une glycine de Chine *(Wisteria sinensis)*, le clou du jardin, fleurit en mai et attire d'innombrables visiteurs avides de découvrir ce merveilleux spectacle. Plantée en 1939 sous la forme de deux pieds différents, elle couvre toute la longueur du patio, s'enroule autour des deux colonnes majestueuses qui flanquent un portique à l'arrière, et grimpe jusqu'au balcon, enveloppant toute la façade arrière de la maison de sa splendeur vigoureuse. AH

Jardins Greenwood

États-Unis

CRÉATEUR : William Whetten Renwick
PROPRIÉTAIRE : organisme privé de préservation à but non lucratif
STYLE : à l'italienne, Arts and Crafts (XXe siècle)
SUPERFICIE : 210,5 ha
CLIMAT : continental humide
SITUATION : Short Hills, New Jersey

Ce jardin novateur possède de merveilleux jeux d'eau et des terrasses marquetées de carreaux colorés et décoratifs. Établi en 1906, ce domaine privé appartenait à Joseph P. Day et à sa femme, Pauline Martindale Pope. Lorsque leur demeure fut détruite dans un incendie en 1911, ils chargèrent l'architecte William Whetten Renwick de dessiner une nouvelle maison et des jardins. Baptisé Pleasant Days (« Jours heureux »), le domaine abritait une demeure de style italien, deux maisons d'été en pierre, des cascades, des grottes, des tonnelles, des bassins et une terrasse recouverte de carreaux de style Arts and Crafts. En 1949, les nouveaux propriétaires reconstruisirent la maison dans un style néocolonial et rebaptisèrent le domaine The Greenwood (le Bois vert).

Le jardin est inspiré de ceux d'Italie et décoré de centaines de sculptures. À proximité de la maison, le jardin est organisé à la française. Lui succèdent des espaces de transition, menant aux plantations plus libres. De hauts arbres majestueux dessinent une voûte au-dessus des jardins, entourés de buis et de pots originaux emplis de plantes. Étonnamment, lorsqu'on se trouve au milieu du domaine, dans le comté à la plus forte densité démographique du pays, on ne devine aucune activité humaine. Ce jardin que les enfants adorent fait actuellement l'objet de restaurations considérables accompagnées de fascinantes fouilles archéologiques. AH

Festival des jardins de Cornerstone

États-Unis

CRÉATEURS : divers
PROPRIÉTAIRE : Chris Hougie
STYLE : jardin fleuri, jardin de sculptures (XXIe siècle)
SUPERFICIE : 5,6 ha
CLIMAT : méditerranéen
SITUATION : Sonoma, Californie

Fondé par Chris Hougie qui, au cours de sa lune de miel en France, avait eu l'occasion d'assister au Festival de Chaumont-sur-Loire (voir p. 592), le Festival des jardins de Cornerstone a été inauguré en 2004. Chris Hougie s'est aperçu qu'un tel événement « où les architectes paysagistes de grande envergure marient art et jardin de façon fantaisiste » n'existait pas aux États-Unis. Il a donc acquis une parcelle de terrain et créé un festival.

L'objectif de Cornerstone, selon Hougie, « est d'établir un espace pour la collectivité où une vision créatrice et unique de l'art paysager puisse s'épanouir. Les créateurs ont la liberté de tout concevoir, depuis un jardin traditionnel jusqu'à une installation conceptuelle. » Cornerstone abrite vingt de ces installations, imaginées par certains des architectes paysagistes et créateurs de jardins les plus respectés au monde. Certains de ces jardins ne vivent que le temps d'une saison, d'autres plus longtemps, ce qui confère à Cornerstone un sentiment de permanence tout en offrant toujours de nouvelles possibilités aux jardiniers.

Le site présente certains défis liés à son exposition au vent, à un ensoleillement important, un budget limité et un espace réduit (167 m^{2}). Les résultats parlent cependant d'eux-mêmes. Les jardins offrent une vaste gamme de solutions et la possibilité de voir ce que des créateurs véritablement novateurs peuvent réaliser avec talent, ingéniosité et enthousiasme. TM

Jardin botanique Huntington

États-Unis

CRÉATEUR : Henry E. Huntington
PROPRIÉTAIRE : The Huntington Library
STYLE : jardin botanique thématique du XXe siècle
SUPERFICIE : 60,7 ha
CLIMAT : méditerranéen
SITUATION : San Marino, Californie

Huntington abrite non seulement une éblouissante collection d'art et une bibliothèque de renommée mondiale, mais aussi un fabuleux jardin botanique. En 1903, Henry E. Huntington acheta le ranch San Marino, de 243 ha, où étaient plantés des agrumes, et commença à établir le jardin avec l'aide de William Hertrich. À sa mort, en 1927, le jardin, divisé en douze parties, couvrait plus de 450 ha. La roseraie, plantée en 1908, illustre l'histoire de l'évolution des roses.

Aujourd'hui, on trouve un jardin du désert de 4 ha qui abrite plus de quatre mille espèces, un jardin australien et un jardin de la jungle et des arbres à fleurs, rares, dont un *Tabebuia* qui fleurit au printemps.

Dans le jardin japonais à l'extraordinaire et paisible beauté, les genévriers se reflètent dans les étangs tout comme un pont dont la forme évoque un croissant de lune. On peut dormir, manger ou prendre le thé dans la maison japonaise encerclée d'érables, d'azalées, de camélias et de glycine. Au-delà, on aperçoit le jardin de gravier ainsi que la cour zen et la cour aux bonsaïs. De plus, un jardin classique chinois de 4,8 ha est en cours de réalisation. Une fois terminé, ce sera le plus grand en dehors de Chine. L'élément central, un lac de 0,4 ha, est entouré de jardins saisonniers qui accueillent des plantes traditionnelles, cinq pavillons et une maison de thé. RL

À DROITE Le jardin botanique Huntington fait partie du ranch San Marino, et a été acquis par Henry E. Huntington en 1903.

Jardins souterrains Forestiere

États-Unis

CRÉATEUR : Baldasare Forestiere
PROPRIÉTAIRE : Underground Nature Conservancy
STYLE : jardin souterrain (XXe siècle)
SUPERFICIE : 4 ha
CLIMAT : méditerranéen
SITUATION : Fresno, Californie

Dans les pays à climat chaud, avant l'invention de l'air conditionné, l'un des moyens de se protéger de la chaleur était de se réfugier sous terre. Cela fonctionne pour les hommes mais c'est inhabituel pour les jardins et plantes. Les jardins souterrains Forestiere sont en cela certainement insolites, voire spectaculaires.

Après avoir franchi le portail, dans une rue américaine banale, on pénètre dans l'univers que créa Baldasare Forestiere, immigré sicilien qui avait appris à creuser des tunnels à New York. Après avoir rejoint la Californie, il acheta une parcelle où il comptait planter des agrumes, mais son projet fut contrecarré lorsqu'il découvrit que sous la mince couche de terre se cachait le substrat rocheux. Le soleil californien lui monta probablement à la tête car il changea de tactique et devint obsédé par les excavations. Plus de quarante ans durant, il creusa plus de cinquante « pièces » reliées entre elles, jusqu'à 7 m sous terre.

Ce n'est cependant pas un labyrinthe sombre et humide. Parmi la centaine de patios et cours créés, un grand nombre sont à ciel ouvert et contrastent avec les tunnels ténébreux qui laissent soudain place à la lumière vive et au ciel bleu californien. Sous terre se trouve donc un jardin vaste et chaotique, dont les zones ensoleillées accueillent un mélange attrayant d'arbres fruitiers (dont des agrumes), des vignes grimpantes et des plantes fleuries. TM

Jardin de la mission San Juan Capistrano

États-Unis

CRÉATEUR : inconnu
PROPRIÉTAIRE : Mission de San Juan Capistrano
STYLE : à la française (XXe siècle)
SUPERFICIE : 4 ha
CLIMAT : méditerranéen
SITUATION : San Juan Capistrano, Californie

En 1769, Charles III d'Espagne chargea le père Junipero Serra d'établir une chaîne de missions en Californie. À l'époque, divers pays désiraient imposer leur présence en *Alta California*. Afin d'établir sa prédominance, Charles décida de créer des colonies permanentes sur des terres qu'il déclarerait territoire espagnol. Ces missions en constituèrent le point de départ. Construites à une journée de marche les unes des autres, elles couvraient 1 046 km le long du *Camino Real*. Situées près de la côte, c'étaient de mini-monastères dotés d'une église, d'un clocher et d'une cour similaire à un cloître. Elles étaient habitées par des moines pour qui l'évangélisation des indigènes n'était qu'une priorité mineure.

La mission de San Juan Capistrano, baptisée en l'honneur d'un saint italien, fondée en 1776, fut la septième à être édifiée. Un merveilleux sentiment de tranquillité la caractérise. La cour adjacente à l'église fut réaménagée en 1920, année où l'on créa le jardin sacré. Avec un agencement qui rappelle un peu un *chahar bagh* islamique, qui signifie littéralement « quatre jardins », elle est organisée autour d'un bassin, déborde de couleurs vives et de parfums, et ses parterres sont divisés par des allées. C'est indubitablement le « bijou des missions ». TM

Forest Lawn

États-Unis

CRÉATEUR : Dr Hubert Eaton
PROPR. : Forest Lawn Memorial-Parks and Mortuaries
STYLE : cimetière (XXe siècle)
SUPERFICIE : 121 ha
CLIMAT : méditerranéen
SITUATION : Glendale, Californie

Forest Lawn est aux États-Unis ce que le cimetière du Père-Lachaise est à la France, mais à une échelle bien plus importante. Ce lieu où reposent les grands offre aussi une beauté obsédante aux vivants qui le visitent. Tandis que les cimetières européens ont tendance à se concentrer sur la mort, celui de Glendale célèbre la vie. Aussi étrange que cela puisse paraître, Forest Lawn est un endroit réellement joyeux.

Plus d'un million de visiteurs franchissent chaque année ses portes en fer forgé. Plus de soixante mille personnes se sont mariées dans ses chapelles, notamment Ronald Reagan et Jane Wyman. Des édifices de style architecturaux très variés sont nichés au milieu du paysage boisé, et des statues originales ou des copies de centaines d'œuvres universellement connues participent à l'effet global. On y trouve même un musée qui abrite une vaste collection permanente et accueille aussi des expositions temporaires. Établi en 1906 comme organisme à but non lucratif par un groupe d'hommes d'affaires de San Francisco, Forest Lawn trouva son identité lorsque Hubert Eaton en prit la direction en 1917. Il imaginait « un grand parc dépourvu de monuments difformes et autres signes de mort, mais empli d'arbres imposants, de vastes pelouses et de fontaines chantantes ». Il transforma son rêve en réalité.

De nombreuses célébrités sont enterrées ici, dont certaines vedettes de Hollywood qui reposent parfois dans des jardins clos interdits au public. Cela en décevra peut-être quelques-uns mais les amateurs de jardins achèveront leur visite comblés. RCa

Jardin du Sunset

États-Unis

CRÉATEUR : Thomas Church
PROPRIÉTAIRE : Sunset Publishing Corporation
STYLE : moderne, abstrait (XXe siècle)
SUPERFICIE : 0,6 ha
CLIMAT : méditerranéen
SITUATION : Menlo Park, Californie

Le magazine *Sunset* a été fondé en 1898, aux débuts de la Southern Pacific Railroad Company, afin de promouvoir les voyages dans l'Ouest américain. Son projet éditorial comprend désormais le journalisme culinaire et horticole ainsi qu'une vaste gamme de sujets de société. En 1951, l'entreprise a établi ses bureaux dans cet immense édifice californien.

Conçu par l'architecte paysagiste Thomas Church, le jardin est grand et calme – il ressemble à un jardin californien typique, mais dix fois plus grand, et son échelle correspond à celle du bâtiment qui accueille les bureaux. La pelouse, immense, est en agrostide, un type d'herbe que l'on n'utiliserait plus aujourd'hui, car elle nécessite beaucoup d'eau.

Le jardin dégage un sentiment rétro, nous ramenant à l'architecture paysagiste californienne des années 1950. L'intérieur et l'extérieur se marient de façon presque parfaitement homogène. Depuis le hall d'entrée aux parois de verre, on découvre une vue panoramique du sentier qui épouse les courbes de la pelouse de 0,4 ha, à l'aspect de velours. Un magnifique chêne, surnommé *The Old Man*, se dresse au début de l'allée, ses lourdes branches soutenues par des poteaux métalliques.

Diverses parties du jardin représentent les principales zones climatiques de l'Ouest américain. On y trouve des plantes du désert de l'Arizona et du sud aride de la Californie, ainsi que d'autres de la côte nord-ouest, plus fraîche et plus humide. Une promenade le long du sentier sinueux s'avère toujours plaisante et délassante. RChi

Jardins de Filoli

États-Unis

CRÉATEURS : Bruce Porter, Isobella Worn, Lurline B. Roth
PROPRIÉTAIRE : National Trust for Historic Preservation
STYLE : à la française (XXe siècle)
SUPERFICIE : 6,5 ha
CLIMAT : méditerranéen
SITUATION : Woodside, Californie

Les jardins de Filoli, réalisés entre 1915 et 1920, se trouvent à l'arrière d'une demeure de style géorgien. Fondés par William Boxwers Bourn et conçus par Bruce Porter, ils s'inspirent de ceux d'Europe. Dans cette série de jardins savamment agencés, avec pelouses, terrasses, bassins et parterres aménagés à l'intérieur de discrets compartiments, on trouve un jardin encaissé, un imposant jardin avec piscine, un vaste jardin clos, une roseraie à la française et un parterre de broderie. On découvre des haies et topiaires soigneusement entretenues, et de nombreux arbres et arbustes poussent en espalier, taillés de façon traditionnelle. Des touches d'humour sont présentes à travers des spécimens aux formes novatrices ou surréalistes. Le parterre de broderie, plus conventionnel, abrite des haies basses vertes, violettes et argentées.

Grâce au climat californien, il y a des couleurs toute l'année dans ce jardin qui abrite une variété de massifs floraux. Les parterres saisonniers sont eux aussi plantés de façon chromatique. Parmi les plantations permanentes, on compte des camélias, des rhododendrons, des magnolias et une vaste gamme de roses et de vivaces. On trouve aussi des fleurs à couper, des plantes tropicales et des orchidées.

Filoli est l'un des plus beaux jardins historiques américains. Appartenant désormais au National Trust for Historic Preservation, il est magnifiquement entretenu. CBa

À DROITE Filoli, l'un des plus beaux jardins historiques américains, abrite aussi une demeure de style géorgien.

Jardin de Hearst Castle

États-Unis

CRÉATEUR : Julia Morgan
PROPRIÉTAIRE : État de Californie
STYLE : espagnol (XXe siècle), méditerranéen
SUPERFICIE : 51,4 ha
CLIMAT : méditerranéen
SITUATION : San Simeon, Californie

William Randolph Hearst a hérité en 1919 de ce site, aussi baptisé Hearst Mansion et San Simeon. Jusque-là, c'était un ranch de 16 200 ha au logement rudimentaire. Hearst y faisait du camping au cours de séjours familiaux et appelait la propriété *La Cuesta Encantada*, la colline enchantée. Il décida qu'il y exposerait sa vaste collection d'art, de meubles anciens et de sculptures originaires d'Europe tout en réalisant des jardins dignes des fantastiques bâtiments et de leurs intérieurs opulents.

Hearst chargea l'architecte Julia Morgan de concevoir les édifices et les jardins. Leur collaboration dura jusqu'à ce que sa santé déclinante oblige le magnat à déménager en 1947, date à laquelle le domaine comprenait cent soixante-cinq pièces et 51,4 ha de jardins.

Grâce aux chênes *(Quercus agrifolia)*, le jardin se fond dans le paysage environnant. L'imposante demeure principale, la Casa Grande, ressemble à une cathédrale espagnole, et l'on a planté des cyprès italiens *(Cupressus sempervirens)* et des palmiers du Mexique *(Washingtonia robusta)* afin de l'harmoniser avec les autres bâtiments, d'échelle plus modeste. Des cours de toutes dimensions, des terrasses plantées de jardins, des escaliers, bassins et fontaines relient aussi les édifices. Du jasmin parfumé et des roses adoucissent l'aspect des murs de soutènement, tandis que les lantanas et géraniums rampants ont été plantés de façon naturelle. Les influences européennes sont principalement italiennes (d'où les vastes terrasses), mauresques et espagnoles (notamment pour les bassins et le carrelage). Des fragments de sculptures anciennes et des statues classiques participent aussi à ce style européen.

Ce jardin possède une atmosphère unique au monde, et l'on y ressent la présence des célébrités qui parcoururent autrefois ses terrasses et se reposèrent dans ses cours, de Winston Churchill (en 1929) à Cary Grant. RChi

Jardin de la Villa Getty

États-Unis

CRÉATEURS : Denis Kurutz, Matt Randolph, Amy Korn
PROPRIÉTAIRE : J. Paul Getty Trust
STYLE : romain, antique (XXe siècle)
SUPERFICIE : 26 ha
CLIMAT : méditerranéen
SITUATION : Pacific Palisades, Californie

À la Villa Getty, on a transformé un canyon californien en univers méditerranéen antique, rues pavées y compris, qui se détache sur un coteau pittoresque où poussent cyprès, cèdres et oliviers. John Paul Getty acquit ce site en 1945. Le premier musée auquel il donna son nom fut inauguré dans sa demeure en 1954. La villa, dont l'architecture est inspirée de la villa des Papyrus, une demeure romaine du Ier siècle détruite par le Vésuve, devint le musée Getty en 1974. Elle joua ce rôle jusqu'à l'ouverture du Centre Getty en 1997. Extraordinaire centre d'enseignement, elle abrite aujourd'hui encore des antiquités grecques, romaines et étrusques, et démontre combien les jardins étaient partie intégrante de la vie romaine.

Le péristyle extérieur constitue la cour la plus majestueuse de ce complexe, ornée de répliques de statues découvertes à la villa des Papyrus qui occupent la même position que les originaux. On doit apprécier cet espace comme l'auraient fait les Romains – en s'allongeant sous des loggias parfumées, en savourant l'effet rafraîchissant du bassin et en admirant la fresque en trompe l'œil longue de 304 m.

Le péristyle intérieur, plus petit, est un espace vert et calme autour d'un bassin et d'une fontaine centrale. À l'extérieur du domaine de la villa, le jardin d'herbes aromatiques accueille des plantes à usage culinaire et médicinal. Le jardin oriental est un espace paisible conçu autour d'un bassin à nénuphars circulaire. Ces jardins nous permettent de comprendre combien les Romains – ainsi que les Grecs et les Étrusques – ont contribué au patrimoine horticole. RChi

Jardin botanique de Quarryhill

États-Unis

CRÉATEUR : Jane Davenport Jansen
PROPRIÉTAIRE : Quarryhill Botanical Garden
STYLE : jardin botanique du XXe siècle
SUPERFICIE : 8,1 ha
CLIMAT : méditerranéen
SITUATION : Glen Ellen, Californie

Si la flore des zones tempérées d'Asie vous attire, Quarryhill est l'endroit idéal. Situé au milieu des vignobles de la vallée de Sonoma, avec en toile de fond la chaîne des Mayacamas, protégé par les pins *(Pinus attenuata)* et les arbousiers, ce jardin botanique a été créé en 1987 par Jane Davenport Jansen, aujourd'hui décédée. La Chine ouvrait alors ses portes aux visiteurs et leur permettait de découvrir une flore extraordinaire inaccessible depuis la révolution culturelle. L'objectif de ce jardin était d'accueillir certaines des plus belles plantes au monde, dont des rhododendrons, des érables, des magnolias, ainsi que des cornouillers asiatiques, roses et des *Stewartia*.

Des expéditions horticoles annuelles en Chine, au Japon, à Taïwan, au Népal et en Inde ont permis l'introduction de mille six cents espèces de trois cents genres, toutes méticuleusement enregistrées dans la base de données consacrée aux plantes asiatiques cultivées. On dit que Quarryhill possède l'une des plus grandes collections d'Amérique du Nord de plantes asiatiques de climat tempéré récoltées à l'état sauvage et dotées d'une description scientifique.

Le jardin a été planté sur les affleurements escarpés d'une ancienne carrière et dans ses cavités. On a créé des lacs et autres plans d'eau là où les pluies hivernales s'étaient accumulées ainsi qu'autour du ruisseau qui coule à travers ce domaine en hiver. On a planté environ dix mille pieds en vingt ans, tous cultivés dans la pépinière. Le résultat est extraordinaire. CB

Musée J. Paul Getty

États-Unis

CRÉATEURS : Robert Irwin, Emet L. Wemple, Laurie Olin
PROPRIÉTAIRE : J. Paul Getty Trust
STYLE : moderne, XXe siècle
SUPERFICIE : 45 ha
CLIMAT : méditerranéen
SITUATION : Los Angeles, Californie

Le musée J. Paul Getty ouvrit ses portes au public en 1997 après des travaux dont le coût se monta à un stupéfiant milliard de dollars. Il se déploie sur les coteaux près de Santa Monica et jouit de nombreuses vues sur les toits de Los Angeles, sur la chaîne de San Gabriel au loin, et sur l'océan Pacifique. Son Jardin Central est désormais un incontournable. Le choix de Robert Irwin en tant qu'architecte-paysagiste fut sujet à controverse. Pourtant, la visite du jardin est une véritable expérience sensorielle.

Robert Irwin commença la création du jardin en 1992. On découvre ici des sentiers bordés d'arbres et un ravin naturel où un torrent se jette dans un bassin. Des bougainvillées grimpent sur de grandes formes qui rappellent des arbres au sommet évasé, faites de barres nervurées. Le bassin central évoque la scène d'un amphithéâtre dont les terrasses accueillent une profusion de plantes (plus de cinq cents), tandis qu'en son centre on découvre un labyrinthe d'azalées qui paraît flotter sur l'eau. De nombreuses autres zones sont propices à la contemplation, avec d'immenses rochers en guise de sièges, des fontaines rafraîchissantes et un jardin de cactus sur le promontoire sud. La devise d'Irwin, « Toujours changeant, jamais deux fois la même chose », est gravée sur le sol de la petite place du Jardin Central. RChi

À DROITE Les couleurs chatoyantes du jardin contrastent avec la blancheur de l'architecture du musée, due à Richard Meier.

Lotusland

États-Unis

CRÉATEURS : Ganna Walska et autres
PROPRIÉTAIRE : Ganna Walska Lotusland Foundation
STYLE : jardin de pépiniériste (XXe siècle)
SUPERFICIE : 14,9 ha
CLIMAT : méditerranéen
SITUATION : Santa Barbara, Californie

Ganna Walska possédait une personnalité impressionnante et se serait trouvée parfaitement à l'aise parmi les stars de Hollywood.

Demeure d'un pépiniériste de la fin du XIXe siècle à l'origine, Lotusland fut progressivement développé au cours de la première moitié du XXe siècle. Ce n'est toutefois que lorsque Mme Walska l'acquit en 1941 qu'il trouva sa véritable identité. Chanteuse d'opéra polonaise célébrée dans les cercles européens et américains, elle fut attirée par la Californie, son climat et ses habitants libres-penseurs. Elle acheta ce domaine, Cuesta Linda, pour en faire un lieu de retraite pour moines tibétains qu'elle rebaptisa Tibet Land. Heureusement, les moines ne vinrent jamais et Mme Walska se tourna vers le jardinage plutôt que vers Dieu. Au fil des ans, son énergie, ses ressources et son talent artistique, aidés par des architectes paysagistes de l'époque, furent mis au service de la création d'un univers fantastique abritant d'extraordinaires et spectaculaires associations de plantes. Alliées aux aménagements paysagers exotiques, elles font naître une beauté surréaliste. Les arbres ploient sous les broméliacées, les palmiers dominent les cactus, et les sentiers sont bordés d'immenses losanges de verre vert. Un étang en forme de haricot, d'un bleu méditerranéen, est bordé de coquilles d'ormeaux.

Jusqu'à sa mort, Mme Walska était l'esprit créateur de ce vortex horticole. Son esprit règne encore sur le jardin en ce début du XXIe siècle. JB

Heureusement, les moines ne vinrent jamais et Mme Walska se tourna vers le jardinage plutôt que vers Dieu.

Jardin du musée d'Oakland

États-Unis

CRÉATEURS : Dan Kiley, Geraldine Knight Scott
PROPRIÉTAIRE : ville d'Oakland
STYLE : abstrait, moderne et architectural (XXe siècle)
SUPERFICIE : 2,8 ha
CLIMAT : méditerranéen
SITUATION : Oakland, Californie

Une oasis verte nichée au cœur de n'importe quel centre-ville constitue toujours une découverte excitante. Au musée d'Oakland, l'architecture et le paysage se marient magnifiquement. Dès le départ, les architectes annoncèrent à la municipalité que c'est d'un espace vert et ouvert dont elle avait réellement besoin plutôt que d'un autre bâtiment – et fort heureusement, elle les écouta.

Conçu en 1969, le musée d'Oakland est un jardin en terrasse doté de plusieurs niveaux. Depuis la rue, il est caché par de hauts murs austères. Cependant, le feuillage déborde à divers endroits, les branches et les fleurs dépassent à d'autres et laissent deviner ce qui existe à l'intérieur. La pelouse d'entrée est parsemée de spécimens d'arbres, dont des cèdres. Le paysagiste Dan Kiley et son équipe sont tellement bien parvenus à relever les défis que présentait le site qu'on en oublie aisément que ce jardin est situé sur un toit.

Il fallut trouver les plantes appropriées pour remplir les structures et les espaces créés par les architectes. Elles furent groupées selon leurs conditions de culture. Certains espaces essentiels du jardin, tels les entrées et les croisements de sentiers, sont mis en valeur grâce à des plantes particulièrement intéressantes. Parmi les grimpantes présentes, citons le chèvrefeuille, la glycine, les bougainvillées et les roses, tandis que les arbres des plates-bandes surélevées comprennent des oliviers, citronniers, pins et poiriers du Japon *(Pyrus pyrifolia)*. Il y a aussi un bassin où nagent des poissons et une sélection très intéressante de plantes aquatiques. RChi

Jardin botanique de San Francisco

San Francisco, États-Unis

CRÉATEURS : Robert Tetlow, Thomas Church, Ron Lutsko
PROP. : San Francisco Recreation and Park Department
STYLE : moderne, à l'anglaise (XXe siècle)
SUPERFICIE : 22,3 ha
CLIMAT : océanique
SITUATION : San Francisco, Californie

Même si le plan d'origine du parc du Golden Gate prévoyait dans les années 1870 la présence d'un arboretum (un lieu où les arbres, arbustes et plantes herbacées sont cultivés à des fins de recherche et d'enseignement), celui-ci ne fut réalisé que lorsqu'une riche veuve, Helene Strybing, fit un legs à la ville soixante ans plus tard. Ce jardin s'appelle désormais jardin botanique de San Francisco. C'est un bijou horticole à l'intérieur d'une ceinture verte de 40,5 ha qui bénéficie d'un climat aux hivers doux et humides et aux étés secs et brumeux. Le jardin abrite plus de sept mille cinq cents variétés de plantes.

Divers spécimens datent ici de l'exposition Panamá-Pacifique de 1915. Aujourd'hui, le jardin est divisé par zones climatiques et géographiques du monde entier, depuis les écosystèmes des forêts à brouillard jusqu'aux zones arides dont les plantes se parent de couleurs vives. La riche flore californienne est mise en valeur dans le vaste jardin qui lui est consacré et fait écho aux coteaux de la région, avec en prime une prairie de plantes et graminées indigènes parsemée de rochers et de bosquets. Depuis les lilas de Californie qui fleurissent au printemps et les groseilliers aux fleurs roses jusqu'aux robustes iris bleus, aux eschscholzias orange vif, aux penstemons bleus et aux graminées d'été, les couleurs sont variées. Les paisibles jardins de style japonais contrastent avec la section australienne, nouvellement réaménagée, où les grappes de fleurs rouges, vertes ou jaunes des pieds-de-kangourou se balancent sous l'effet de la brise. RChi

Jardin Ruth Bancroft

États-Unis

CRÉATEURS : Lester Hawkins, Ruth Bancroft
PROPRIÉTAIRE : Ruth Bancroft Garden, Inc.
STYLE : moderne (XIXe siècle)
SUPERFICIE : 1 ha
CLIMAT : méditerranéen
SITUATION : Walnut Creek, Californie

Selon la légende, c'est un simple *Aeonium* 'Glenn Davidson' qui a éveillé l'intérêt de Ruth Bancroft pour les succulentes. En visitant son jardin aujourd'hui, même les plus sceptiques sont convaincus qu'un jardin xérophyte peut être fabuleux et ne se limite pas à un camaïeu de beiges et de marrons.

Le jardin ne laisse pas deviner au simple passant tout ce qu'il abrite. Ruth et son mari, Philip, acquirent dans les années 1940 la demeure et le jardin de ce qui était alors un ranch avec vergers et plantations de noyer. Au départ, seule la partie adjacente à la maison abritait un jardin plus traditionnel. À partir des années 1950, la collection de cactus et de succulentes de Ruth, en constante expansion, emplit rapidement les serres et abris de jardin. Dès les années 1970, alors que l'espace venait à manquer, l'hectare de verger arriva à la fin de sa productivité. Lester Hawkins, architecte paysagiste local, conçut alors un réseau de sentiers sinueux autour de leurs talus dont les formes organiques s'avéraient idéales pour la culture, et une structure architecturale apporta une ombre bienvenue dans cette vallée où brille un soleil implacable.

L'ensemble constitue un jardin architectural spectaculaire aux formes et habitudes de croissance très variées. Des fleurs aux couleurs vives se détachent sur le feuillage épais. Les aloès, haworthies et gastérias d'Afrique sont bien représentés, leurs fleurs apportant des touches de rouge, corail, orange et jaune à la fin de l'hiver et au début du printemps. Même si de nombreuses plantes sont dormantes l'été, les yuccas et les agaves fleurissent plus tard. Des arbres et arbustes d'autres régions sèches, dont l'Australie et le Mexique, forment une canopée tandis que pins, cercidiums et *Prosopis* donnent forme au paysage, tout comme des chênes indigènes *(Quercus lobata)* vieux de trois cents ans. RChi

Jardin de la famille Leichtag

États-Unis

CRÉATEUR : Topher Delaney
PROPRIÉTAIRE : Rady Children's Hospital and Health Center
STYLE : moderne (XXe siècle)
SUPERFICIE : 0,2 ha
CLIMAT : méditerranéen
SITUATION : San Diego, Californie

Au cœur d'un ensemble architectural dans une banlieue de San Diego, des globes géants colorés éparpillés au milieu des palmiers élancés marquent l'entrée du jardin thérapeutique de la famille Leichtag où Topher Delaney a conçu un espace plein de joie.

L'idée était de réaliser un jardin qui offre distraction et détente. On aperçoit tout d'abord le mur des Constellations, tout en courbes, qui protège le jardin de la route et est parsemé de cercles de verre qui scintillent la nuit et révèlent les douze signes du zodiaque. Près de là, un brontosaure de 6 m de haut, à l'aspect remarquablement amical, monte la garde. Les éoliennes ont toujours constitué un élément important du paysage aux États-Unis – pratiques et utiles, elles sont aussi intéressantes à observer – et les lames de celle du jardin couvrent toute la gamme des couleurs mais se fondent en un blanc éblouissant lorsque le vent souffle. Tout autour, on découvre les couleurs du ciel, de la terre, de l'océan et des plantes, depuis les murs courbes jusqu'aux motifs tourbillonnants du pavage.

Dans le mur de métal, on a découpé toutes sortes de formes animales qui projettent des ombres intéressantes. Des créatures de céramique de tous types nagent, volent et ondulent. C'est cependant la magnifique fontaine en forme d'hippocampe, recouverte de mosaïque, qui recrache de l'eau dans un bassin peu profond et surélevé qui constitue le point d'attraction principal. Les visiteurs adorent aussi les sièges aménagés dans les murets qui entourent les plates-bandes surélevées, tandis que d'autres formes, couvertes elles aussi de mosaïques, servent de tables et de bancs. Où que l'on porte le regard, l'art et la nature s'allient pour faire de ce jardin un lieu de renouveau où l'on peut oublier un instant les soucis quotidiens. RChi

Jardin botanique de Denver

États-Unis

CRÉATEURS : Saco R. DeBoer, Garrett Eckbo
PROPRIÉTAIRE : Denver Botanic Gardens, Inc.
STYLE : botanique moderne (xxe siècle)
SUPERFICIE : 9,3 ha
CLIMAT : montagnard
SITUATION : Denver, Colorado

C'est l'un des plus beaux jardins botaniques américains mais aussi l'un des premiers à avoir promu des pratiques environnementales responsables, comme la conservation des ressources en eau et la désinsectisation biologique. Établi en 1959, il s'étend au-delà de la ville grâce à ses trois antennes (Chatfield, Mount Goliath Alpine Trail et Centennial Gardens).

Sur le site principal, trente-deux mille plantes originaires de nombreux pays permettent de soutenir l'intérêt du public toute l'année. Neuf hectares abritent ici quarante-cinq jardins, dont l'un des plus remarquables est la forêt tropicale qui occupe une serre datant de 1960, célèbre pour sa voûte imposante. Parmi les sites de « plein air », on doit citer le jardin des plaines américaines, le jardin japonais et sa maison de thé, les jardins d'eau et enfin la rocaille alpine.

On a déplacé des tonnes de rochers pour créer pentes et talus et réaliser l'un des plus beaux jardins alpins d'Amérique du Nord. Ici, Panayoti Kelaidis, conservatrice, a planté avec talent près d'un quart de la collection. Les plantes vont des spécimens minuscules qui poussent en tapis aux bulbes, plantes grasses et arbustes du monde entier. Un mélange contrasté de graminées indigènes et de fleurs des prés transforme une parcelle réduite en jardin des plaines. Les plantations du jardin japonais ont été adaptées afin de pouvoir résister aux températures régionales et à l'altitude élevée. Vous remarquerez l'utilisation de grands nénuphars rouges, roses et blancs dans le jardin d'eau, qui rappelle Giverny (voir p. 556). Que demander de plus ? RChi

Jardin botanique du Missouri

États-Unis

CRÉATEUR : Dr. George Engelmann
PROPRIÉTAIRE : Missouri Botanical Garden
STYLE : jardin botanique (XIXe siècle)
SUPERFICIE : 20,8 ha
CLIMAT : continental humide
SITUATION : Saint Louis, Missouri

Le jardin botanique du Missouri, aussi baptisé Shaw's Garden, est l'un des plus beaux et des plus anciens d'Amérique. Sa mission est de « découvrir les plantes et leur environnement et de partager ces découvertes afin de conserver et d'enrichir la vie ». Créé sur un terrain qu'occupait encore la prairie américaine, loin des limites de la ville, c'était un don du philanthrope Henry Shaw, entrepreneur anglais, à la ville de Saint Louis. Ouvert au public en 1859, le jardin n'a depuis fait que croître. Aujourd'hui, il fait partie de la liste des monuments historiques et accueille l'un des programmes de recherche botanique les plus importants au monde.

La partie la plus ancienne du jardin a été restaurée afin de refléter ce qu'était un jardin du XIXe siècle. On notera aussi Linnean House : construite en 1882, c'est la plus ancienne serre américaine toujours en activité. Elle forme un contraste marqué avec le Climatron, une serre en forme de géode qui recouvre 0,2 ha et est emplie de mille deux cents espèces tropicales dans un cadre d'apparence naturelle. L'un des trésors de l'endroit, le jardin japonais, est le plus grand jardin promenade nippon du monde occidental, l'un des plus authentiques de ce genre aux États-Unis. Appelé Seiwa-en – « jardin de paix et d'harmonie pure et claire » –, il fut conçu par le professeur Koichi Kawana, aujourd'hui décédé. On terminera par une promenade le long du lac de 1,6 ha, agrémenté de ruisseaux et de chutes d'eau. TM

Le jardin botanique du Missouri accueille l'un des programmes de recherche botanique les plus importants au monde.

Jardins de Yew Dell

États-Unis

CRÉATEUR : Theodore Klein
PROP. : communauté privée, comité directeur de bénévoles
STYLE : arboretum, jardin alpestre, jardin clos anglais, jardin sinueux
SUPERFICIE : 13,4 ha
CLIMAT : continental
SITUATION : Crestwood, Kentucky

Theodore Klein, artisan autodidacte et pépiniériste, commença à développer les jardins de Yew Dell à partir de 1941 avec sa femme Martha. Ravissant domaine privé, les jardins comprenaient une pépinière prospère et une collection importante de plantes insolites. Les jardins représentent une vaste gamme de styles, dont des topiaires, un jardin clos anglais traditionnel et le « jardin sinueux », emblématique du lieu avec plus de mille spécimens rares d'arbres et arbustes, dont certains furent commercialisés par Klein pour la première fois. Ce paradis jouit aussi de la présence de milliers de plantes rares ou nouvellement introduites au milieu d'éléments architecturaux qui comprennent un petit château en pierre et la demeure des Klein, dans le style des Cotswolds anglais.

L'arboretum abrite une extraordinaire collection, dont des cultivars de hêtres *(Fagus sylvatica)* qui comptent parmi les plus beaux des États-Unis selon J. C. Raulton, légendaire pépiniériste. Dans le jardin secret, l'abondance règne, depuis les conifères nains jusqu'aux pivoines, aux plus de soixante-dix variétés d'hellébores, à la centaine de fougères robustes ou encore aux nombreuses espèces et cultivars de gingembre. L'extraordinaire jardin sinueux abrite une impressionnante collection d'arbres à feuilles persistantes, dont des *Abies*, épicéas et *Tsuga*. Le jardin clos est protégé de murs de pierre sur trois côtés et abrite en son centre un petit bassin circulaire.

L'ambiance du jardin est toujours changeante grâce à des plantes telles que *Hakonechloa macra* 'All Gold', *Verbascum* 'Caribbean Crush' ou encore *H. quercifolia* 'Little Honey', un hortensia nain aux feuilles jaunes nouvellement introduit. Les travaux de recherche et d'expérimentation qui se déroulent dans ces jardins comprennent la culture, le croisement et l'évaluation de diverses espèces, dont la tiarelle, l'hellébore, la baptisie, le fothergilla, la viorne, le cornouiller et le carex. AH

Jardin de Monticello

États-Unis

CRÉATEUR : Thomas Jefferson
PROPRIÉTAIRE : Fondation Thomas Jefferson
STYLE : parc paysager à l'anglaise (XIXe siècle)
SUPERFICIE : 16,2 ha
CLIMAT : tempéré
SITUATION : Charlottesville, Virginie

Homme politique d'envergure, Thomas Jefferson, troisième président des États-Unis et célèbre érudit, était aussi un jardinier de talent. Il hérita de cet important domaine champêtre dont il agrandit la demeure et développa le jardin jusqu'à sa mort en 1826. Au cours du siècle suivant, le jardin de Monticello disparut et ce n'est qu'en 1939 que le Garden Club de Virginie entama un programme de restauration qui lui redonna vie deux ans plus tard. Les travaux de recherche bénéficièrent grandement des annotations méticuleuses de Jefferson sur toutes ses activités de jardinage.

Les parties principales sont composées de la pelouse ouest, ovale, et des parterres qui lui sont associés, plantés en 1808 le long d'une promenade. Jefferson avait aussi aménagé vingt parterres ovales éparpillés autour de la maison et plantés d'environ cent cinq espèces herbacées.

En 1979, des fouilles qui devaient durer deux ans marquèrent le début de la restauration du potager ; une terrasse longue de 305 m fut ainsi recréée avec une grande fidélité.

Aujourd'hui, on y trouve des légumes anciens, dont bon nombre ont été ensemencés. Le verger sud, adjacent, restauré en 1981, appartenait au jardin fruitier, plus grand, où Jefferson cultivait quelque cent soixante-dix variétés. Au-delà du jardin proprement dit se trouve le bosquet où Jefferson avait planté ses arbres préférés, et dont on a aujourd'hui éliminé les pousses les plus basses afin de pouvoir les admirer dans toute leur splendeur. TM

Gunston Hall

États-Unis

CRÉATEUR : George Mason
PROPRIÉTAIRE : Commonwealth of Virginia
STYLE : divers (XVIIIe, XIXe et XXe siècles)
SUPERFICIE : 223 ha
CLIMAT : tempéré
SITUATION : Mason Neck, Virginie

« Que tous les hommes sont nés également libres et indépendants, et qu'ils ont certains droits inhérents... » Signalons aux amateurs d'histoire que Gunston Hall était la demeure de George Mason, l'un des moins célèbres des pères américains. Il écrivit à l'origine ces mots pour la déclaration des droits de Virginie et inspira son ami Thomas Jefferson qui inclut cette phrase légendaire dans la Déclaration d'indépendance. Cela demeure une partie clé de la Constitution américaine à ce jour.

Gunston Hall est plus petit que Mount Vernon, le domaine de Washington, et beaucoup plus accessible que Monticello, celui de Jefferson. Construite entre 1755 et 1759, cette demeure fut dessinée par William Buckland, un Anglais, et l'un des architectes les plus éminents de la période coloniale. Les jardins à la française qui l'entourent ont été conçus par Mason, et n'abritent que des plantes d'époque, dont un buis qui atteint désormais 4 m de haut. Depuis les jardins, on peut suivre un sentier qui traverse une réserve de cerfs très ombragée puis longe le Potomac.

Le jardin a été conçu comme le prolongement de la maison, des portiques et pavillons reliant les divers espaces. Il a été réalisé au sommet d'un plateau artificiel qui offre de jolis panoramas sur les bois environnants, le fleuve et le littoral du Maryland. La présence de races rares d'animaux domestiques, datant de l'époque de Mason, participe à l'atmosphère historique, tout comme les dépendances, reconstruites dans le style de celles que l'on trouvait dans une plantation du XVIIIe siècle. AH

Mount Vernon

États-Unis

CRÉATEUR : George Washington
PROPRIÉTAIRE : The Mount Vernon Ladies Association
STYLE : parc paysager et jardin botanique (XVIIIe siècle)
SUPERFICIE : jardin 20,2 ha, domaine 202 ha
CLIMAT : tempéré
SITUATION : Mount Vernon, Virginie

Après avoir hérité des 861 ha du domaine de Mount Vernon, George Washington passa les quarante-cinq années suivantes à l'améliorer et à l'agrandir, jusqu'à ce qu'il atteigne près de 3 250 ha à sa mort en 1799. Les jardins sont délimités par des sauts-de-loup sur trois côtés et par le Potomac sur le quatrième. On a fait usage d'arbres, particulièrement des *Gleditsia triacanthos*, pour encadrer les panoramas, et planté devant la maison un vaste gazon flanqué d'un jardin à fleurs et d'un potager agencés symétriquement. Sur le côté extérieur de la cour d'entrée se trouvent la maison du jardinier et la résidence du secrétaire particulier, qui abritent chacune un houx américain d'origine *(Ilex opaca)*. Plus d'une douzaine d'arbres que l'on sait plantés par Washington ont survécu, dont deux tulipiers de Virginie *(Liriodendron tulipifera)*.

Le potager et le jardin à fleurs, longs de 38 m, sont parallèles à la façade. Des pêchers, cerisiers, pommiers et poiriers poussaient en espaliers le long des murs, et l'orangerie, dans le jardin à fleurs, faisait la fierté de Washington – il collectionnait des plantes du monde entier. Ailleurs, on aperçoit des *Fritillaria imperialis*, des pois vivaces, des pieds-d'alouette, des tulipes et du phlox. Les haies de buis datent de 1795.

On n'oubliera pas de visiter le petit jardin botanique, ni les tombes des esclaves ou le tombeau familial, sur la pente qui descend vers le quai. Washington était fasciné par les détails pratiques – sentiers de gravier, construction et assolement – et, en sus du jardin, le visiteur contemporain découvrira ici un homme du XVIIIe siècle, énergique et innovant. CH

Jardins de Colonial Williamsburg

États-Unis

CRÉATEURS : divers
PROPRIÉTAIRE : The Colonial Williamsburg Foundation
STYLE : potager, à l'italienne (XVIIIe siècle)
SUPERFICIE : 70,8 ha
CLIMAT : tempéré
SITUATION : Williamsburg, Virginie

Le jardin le plus imposant de Colonial Williamsburg est celui du palais du Gouverneur, achevé en 1722. Sa majesté convenait à l'ancienne capitale de Virginie, fondée ici en 1698, et les vingt-quatre jardins qui le composent montrent ce qu'étaient les jardins familiaux du XVIIIe siècle. En 1926, Colonial Williamsburg était en ruine mais fut restauré et recréé grâce au révérend William Godwin et à John D. Rockefeller.

Une avenue de catalpas mène aux grilles du palais. Durant les restaurations, les fouilles ont révélé les fondations et emplacements des portes qui marquaient les limites des promenades. Ce fut aussi confirmé par la découverte d'un document conservé à Oxford qui montrait l'emplacement des parterres ovales. Une fois à l'intérieur, pénétrez dans le jardin de la salle de bal, descendez jusqu'à l'étang et explorez la réplique miniature du labyrinthe de Hampton Court Palace ainsi que le terrain de boules sur gazon. Le potager et le verger ont aussi été restaurés. Les élégants pavillons, abritaient autrefois des toilettes ou « cabinets d'aisance » dont les « déchets » étaient utilisés dans les jardins.

Ne manquez pas le minuscule jardin d'herbes aromatiques de John Blair, le chèvrefeuille aux fleurs rouges du jardin de Greasy, le jardin des esclaves et la cour et la piscine moderne du jardin de Lila Acheson Wallace, derrière la galerie des arts décoratifs. CH

Explorez la réplique miniature du labyrinthe de Hampton Court.

Jardin Enid A. Haupt

Washington, États-Unis

CRÉATEUR : Jean Paul Carlihan

PROPRIÉTAIRE : Smithsonian Institution

STYLE : mixte (XXe siècle)

SUPERFICIE : 1,8 ha

CLIMAT : continental humide

SITUATION : Smithsonian Castle, Washington, D.C.

Enid A. Haupt était une philanthrope importante à qui l'on demanda, lorsque l'on imagina de rénover la cour du Smithsonian dans les années 1980, si elle pouvait parrainer une partie du jardin. Après avoir examiné les plans, elle décida de financer le projet dans son intégralité, et le jardin Enid A. Haupt fut inauguré en 1987.

Celui-ci est composé de trois parties : le jardin de la Porte lunaire, le jardin de la Fontaine et un parterre. Le premier est inspiré du Temple du Ciel de Pékin. Son agencement très géométrique, axé sur les points cardinaux, est fait d'eau et de granit ; grâce aux reflets, l'espace paraît plus grand qu'il ne l'est en réalité. Le jardin de la Fontaine est lui inspiré de la cour des Lions de l'Alhambra, le palais maure de Grenade. Le parterre est un jardin à la française dont les motifs complexes se transforment au fil des saisons.

Devant l'envergure de ce paysage – sentiers de briques, talus, bassins, fontaines, arbres et arbustes, plates-bandes et plantes suspendues –, on oublie facilement que l'on se trouve sur les toits de plusieurs musées et galeries. Avec pour toile de fond le Smithsonian et Independence Avenue, le jardin constitue un refuge agréable, après l'animation du musée et de la ville. On peut dire que c'est une exposition vivante, comme une galerie supplémentaire du Smithsonian. RChi

Jardins de Dumbarton Oaks

Washington, États-Unis

CRÉATEURS : Beatrix Farrand, Ruth Pavey, Alden Hopkins

PROPRIÉTAIRE : université de Harvard

STYLE : Arts and Crafts, naturaliste (XXe siècle)

SUPERFICIE : 4 ha

CLIMAT : continental humide

SITUATION : Washington, D.C.

Beatrix Farrand, la nièce d'Edith Wharton, avait accompagné sa tante dans ses voyages en Europe où elle reçut la meilleure des éducations classiques dont on peut admirer ici le résultat. Des sentiers sinueux mènent à diverses parties de la maison et du jardin. Lorsqu'on quitte le jardin d'hiver, on peut admirer des terrasses formées de gazon, de briques, de graviers en mosaïque et de plantations. Une fois celles-ci traversées, on découvre des bassins et des massifs, ou, si l'on choisit de suivre les méandres des allées de briques, on parvient aux vergers et aux arbres qui bordent l'allée des amoureux jusqu'à l'endroit où un ruisseau parsemé de rochers se coule dans un parc paysager.

Les terrasses abritent le jardin Vert et le jardin du Zodiaque, et la roseraie s'ouvre sur la terrasse de la fontaine qui jouit d'un panorama sur le jardin et au-delà. Au printemps, la floraison des cerisiers est magique, tout comme celle de *Forsythia* 'Hill' et de la glycine blanche. À l'automne, les plates-bandes d'herbacées, entremêlées aux ifs taillés, explosent de jaune et de rouge, et un bel érable plane *(Acer platanoides)* vire au jaune avant que ses feuilles ne tombent.

Beatrix Farrand débuta son œuvre en 1922 et la poursuivit durant vingt-deux ans avant que Ruth Pavey ne prenne la relève. Dumberton fut offert en 1941 à l'université de Harvard. CH

À DROITE Dumbarton Oaks, créé au tout début du XXe siècle, est aujourd'hui le jardin public le plus intime des États-Unis.

Jardin de la Réserve fédérale américaine

États-Unis

CRÉATEURS : Wolfgang Oehme, James van Sweden
PROPRIÉTAIRE : The Federal Reserve System
STYLE : contemporain (XXe siècle)
SUPERFICIE : 0,8 ha
CLIMAT : continental humide
SITUATION : Washington, D.C.

Même si le jardin de la Réserve fédérale a été proclamé « nouveau jardin américain », il a fallu séduire les critiques pour qui les plantations rappelaient plus des mauvaises herbes qu'un nouveau type d'architecture paysagiste. Le jardin ne paraissait pas digne d'un site gouvernemental voisin de la Maison-Blanche.

Le dur hiver de 1977 avait décimé l'ancien jardin de cet espace triangulaire. David Lilly convainquit le comité directeur et la Commission nationale des beaux-arts que le nouveau plan devait s'éloigner de la tradition, et demanda que l'on incorpore des espaces à échelle humaine où l'on puisse s'asseoir et échapper un moment aux pressions de la ville. Jardinier amateur, Lilly souhaitait un lieu où l'on puisse découvrir les plantes et les admirer. Ce jardin fut la première commande importante pour Wolfgang Oehme et James Van Sweden, architectes paysagistes de Washington.

Le plan de la ville, plein d'angles droits et de diagonales, a influencé celui du jardin. Talus et jardinières façonnent le terrain, encadrent les vues des monuments de Washington et enserrent les espaces destinés au repos. La pelouse met en valeur les massifs en face de l'entrée principale, et de grandes étendues d'herbacées (dont une grande partie sont indigènes) s'allient à des graminées d'ornement.

Dans le but de faire taire les critiques, une application généreuse de fertilisants a permis la poussée rapide et luxuriante des jeunes massifs. De toute évidence, cela a fonctionné. RChi

Jardin de William Paca

États-Unis

CRÉATEUR : William Paca
PROPRIÉTAIRE : Historic Annapolis Foundation
STYLE : jardin d'agrément (XVIIIe siècle)
SUPERFICIE : 0,81 ha
CLIMAT : continental humide
SITUATION : Annapolis, Maryland

William Paca était un jeune avocat lorsqu'en 1776 il fut l'un des quatre signataires de la Déclaration d'indépendance originaires du Maryland dont il devait devenir gouverneur de 1782 à 1785. Sa maison date de 1763-1765, tout comme son jardin, une oasis au cœur d'un centre-ville historique. C'est le seul jardin réalisé par Paca à cette époque qui ait été restauré.

Lui redonner vie s'avéra difficile dans les années 1970 car il ne restait plus aucun vestige du jardin d'origine. Pire encore, lorsque les travaux débutèrent, on découvrit qu'il ne restait plus aucun document. On dut donc se fonder sur les découvertes de fouilles archéologiques. L'un des objectifs de la restauration était d'utiliser des plantes en usage à l'époque de Paca.

Le jardin est caractérisé par des marches de pierre et par une série de terrasses reliées par un sentier central. On recevait les invités sur celle du haut d'où l'on bénéficie d'une vue sur tout le jardin. Celle du milieu est ornée de topiaires et de deux grands parterres géométriques emplis de roses d'époque et de plantes de saison. La partie la plus en contrebas du jardin abrite une prairie à l'anglaise traversée de sentiers sinueux et de massifs de plantes indigènes. Un bassin en forme de poisson traversé par un petit pont blanc en est l'élément principal, accompagné d'un pavillon d'été à deux étages, blanc lui aussi. TM

À DROITE Le jardin du bas de William Paca, avec son bassin en forme de poisson, son pont pittoresque et son pavillon d'été.

Jardin de topiaires Ladew

États-Unis

CRÉATEUR : Harvey Ladew
PROPRIÉTAIRE : Ladew Topiary Gardens Foundation
STYLE : jardin thématique, topiaires (XXe siècle)
SUPERFICIE : 8,9 ha
CLIMAT : continental humide
SITUATION : Monkton, Maryland

Harvey Ladew, linguiste érudit, adorait voyager et chasser dans le monde entier. Il acheta en 1929 Pleasant Valley Farm, qui méritait entièrement son nom (ferme de la Vallée plaisante), et de 1937 jusqu'à sa mort en 1967, il se passionna pour les jardins originaux. L'élément le plus frappant de celui-ci est une meute en topiaire, avec renard, chiens de chasse, cheval et cavalier qui charge sur la pelouse.

Ce jardin est composé de différents espaces, séparés d'étendues de pelouse, d'un petit bois, d'un jardin de baies, d'une terrasse et de portiques. On y trouve aussi un gazon pour croquet, un jardin Rose, une roseraie et la grande cuvette qui abrite en son centre un bassin. Dans le jardin d'Éden, plein d'esprit, l'idée selon laquelle c'est Ève qui a tenté Adam est contredite. On doit aussi mentionner les jardins de nénuphars et de plantes d'un jaune splendide, tout juste restaurés, le temple de Vénus et la façade de l'ancienne billetterie du théâtre de Tivoli transformée en salon de thé. Le jardin de sculpture abrite une version topiaire du haut-de-forme et du V de la victoire de Winston Churchill, ainsi qu'un cœur transpercé d'une flèche, une ménagerie et une volière. Le jardin d'iris abrite quelque soixante-cinq variétés, et l'on ne devrait pas manquer d'admirer le pont japonais, le bouddha, la pagode en topiaire et la ferraille chinoise rouge vif dans le bassin inférieur. Au cours de sa vie trépidante, Ladew a joué du piano avec Cole Porter, mangé des escargots au lit avec Colette et monté à cheval avec Clark Gable. Ses jardins de topiaires nous épatent tout autant. CH

Domaine de Mount Cuba

États-Unis

CRÉATEURS : Pamela Cunningham Copeland, Marian Coffin, Seth Kelsey
PROPRIÉTAIRE : Mount Cuba Center, Inc
STYLE : parc boisé et paysager (XXe siècle)
SUPERFICIE : 255 ha
CLIMAT : continental humide
SITUATION : Greenville, Delaware

C'est au cours de longues marches dans les bois du Connecticut que Pamela Cunningham Copeland s'éprit des fleurs sauvages de la région. Ce premier amour joua un rôle essentiel lorsqu'elle acheta en 1935 avec son mari, Lammot Du Pont Copeland, le terrain vallonné qui allait devenir Mount Cuba. Par chance ou par sagesse, elle acquit aussi une parcelle dans les Appalaches, précisément dans le Piedmont, zone montagneuse américaine qui s'étend de l'Hudson jusqu'à 1 600 km au sud, dans l'Alabama. Bordé à l'ouest par les Blue Ridge et les Appalaches, et à l'est par la ligne de séparation entre le plateau et la plaine côtière, il possède une écologie diverse et insolite.

Le Piedmont abrite plus de trois mille espèces, dont beaucoup font d'excellentes plantes de jardin et ont permis à Pamela (aidée de l'architecte paysagiste Seth Kelsey) de créer un jardin de fleurs sauvages. Le résultat est un jardin naturaliste qui met à profit la topographie boisée. Une série de sentiers serpentent à travers clairières et bosquets, tous emplis d'espèces indigènes. Le spectacle se transforme constamment au fil de vues dégagées puis plus secrètes, et permet d'entrevoir de temps à autre le jardin d'eau.

Les Copeland désiraient que le public puisse accéder à leur domaine, et instaurèrent pour cela un organisme à but non lucratif qui gère le jardin et est consacré à la recherche, à l'enseignement et à l'exposition de plantes indigènes au Piedmont. Ce sont cependant les plantations héritées des Copeland qui demeurent les plus importantes et offrent le plus beau spectacle de fleurs sauvages que l'on puisse admirer au sein d'un jardin dans l'Est américain. Le printemps y est particulièrement merveilleux. TM

le plus beau spectacle de fleurs sauvages au sein d'un jardin.

Jardin de Winterthur

États-Unis

CRÉATEURS : divers
PROPRIÉTAIRE : Winterthur Museum & Country Estate
STYLE : parc boisé et naturaliste (XXe siècle)
SUPERFICIE : jardin 24 ha, domaine 397,4 ha
CLIMAT : continental humide
SITUATION : Wilmington, Delaware

Henry Francis Du Pont, passionné de jardinage dès son enfance, devint un perfectionniste dans ce domaine. Il semble qu'une équipe de vingt jardiniers ait été de service lorsqu'il y avait des invités au domaine, prête à disposer des azalées en fleurs là où la couleur manquait dans ce jardin « naturel ». On planta vingt-cinq mille bulbes de jonquilles en une saison. Lors de la réalisation du jardin, Du Pont disposait des branches au sol pour se guider même s'il désirait que le résultat final paraisse naturel. Du Pont hérita de Winterthur en 1928, développa les jardins et emplit la demeure d'arts décoratifs américains. Horticulteur plutôt que paysagiste, il ne toucha quasiment pas aux collines et prairies du domaine. Il créa une végétation de sous-bois sous la canopée en étudiant les groupements chromatiques avec attention, regroupa divers cultivars d'azalées et patienta des années afin qu'ils se croisent. Le bois d'azalées, de 3 ha, paraît naturel avec ses fleurs blanches, roses, lavande, saumon et rouges, mais de fait, c'est un mélange d'espèces indigènes et exotiques plantées dans des zones de croisements libres.

Près de la maison, Marian Coffin, paysagiste et amie de longue date, collabora avec Du Pont à la conception du bassin, du jardin au Cadran solaire et du jardin de pivoines. Des marches et terrasses à l'italienne forment une zone de transition entre la demeure et le paysage. Les plantes, que Du Pont choisit pour leurs formes et leurs textures, sont adaptées aux chauds étés du Delaware. Il s'assura aussi que Winterthur reste fleuri tout au long de l'année. RChi

Jardins Nemours

États-Unis

CRÉATEUR : Alfred I. Du Pont

PROPRIÉTAIRE : The Alfred I. Du Pont Testamentary Trust

STYLE : à la française, bois (XXᵉ siècle)

SUPERFICIE : 121,5 ha

CLIMAT : continental humide

SITUATION : Wilmington, Delaware

Alfred I. Du Pont a fait construire ici en 1909-1910 un château de cent deux pièces. Il a été conçu conjointement avec le jardin dont l'axe central, long de 3 km, créé par étapes durant vingt-cinq ans, lui procure un certain caractère théâtral.

Nemours se révèle le long de cet axe, le sentiment de progression étant renforcé par des allées de hauts arbres, dont des marronniers à fleurs roses *(Aesculus hippocastanum)*. Devant eux s'étendent des gazons et des terrasses reliées par de larges marches de pierre. Le panorama se reflète dans le bassin de 0,4 ha sauf lorsqu'il est animé des cent cinquante-sept jets d'eau.

Au milieu de l'allée centrale, Du Pont a créé une impressionnante colonnade en mémoire de ses ancêtres qui comptaient parmi les premiers émigrés américains. On y trouve des murs de marbre, des bassins, des sculptures de chérubins, monstres mythologiques et bustes classiques, le tout complété par des jeux d'eau. Deux élégants escaliers extérieurs, tout en courbes, mènent à un jardin en contrebas, plus paisible, qui abrite des parterres de buis, des têtes sculptées et des jets d'eau plus placides.

Après avoir longé un petit bassin et un coteau recouvert de gazon, l'axe central prend fin au temple de Vénus orné d'une statue du XVIIIᵉ siècle de Diane chasseresse. Plus près du château, de complexes parterres de buis sont emplis de plantes annuelles aux couleurs éclatantes que l'on peut admirer depuis des sentiers de gravier blanc. Parmi les légendaires jardins des Du Pont, ceux de Nemours se caractérisent par leur caractère baroque. RChi

Gibraltar

États-Unis

CRÉATEUR : Marian Coffin

PROPRIÉTAIRE : Preservation Delaware, Inc.

STYLE : à la française (XXᵉ siècle)

SUPERFICIE : 2,4 ha

CLIMAT : continental humide

SITUATION : Wilmington, Delaware

Gibraltar (aussi baptisé jardins Marian Coffin) doit son nom au haut promontoire rocheux qu'il occupe. En 1909, Hugh et Isabella Sharp achetèrent ce domaine et entreprirent de rénover profondément la maison vieille de cinquante-cinq ans. Le jardin à la française, délicat à réaliser sur ce site, fut le plus important des changements apportés.

Hugh était défenseur de l'environnement et horticulteur. Membre de la famille Du Pont, Isabella était elle aussi une passionnée des plantes. Le couple engagea en 1919 Marian Coffin, qui comptait alors parmi les plus éminents architectes paysagistes. Celle-ci conçut une série de jardin, chacune dotée de sa propre atmosphère pour contribuer ainsi différemment à l'ensemble. Des grilles en fer forgé, des rambardes et balustrades, ainsi qu'une série de statues, urnes et fontaines furent intégrées au jardin.

Un escalier de marbre relie les trois terrasses principales. La terrasse dallée de pierres offre une vue époustouflante du jardin, des massifs de plantes exotiques derrière les grilles en fer forgé et des arbustes à feuilles persistantes de la terrasse du milieu, qui mettent en valeur les urnes en pierre calcaire et les statues de plomb. Sur la terrasse inférieure, qui abrite un bassin, les glycines blanches et les lilas emplissent l'air de leur parfum au printemps, suivis par les agapanthes africaines l'été. Des grilles en fer forgé marquent l'entrée d'un autre jardin clos où une impressionnante allée d'insolites cyprès chauves *(Taxodium distichum)* mène à un pavillon de style italien orné d'une élégante fontaine. RChi

Jardin botanique de Phoenix

États-Unis

CRÉATEURS : divers
PROPRIÉTAIRE : Desert Botanical Garden
STYLE : collection de plantes désertiques (XXe siècle)
SUPERFICIE : 59 ha désert, 20 ha jardin
CLIMAT : aride
SITUATION : Phoenix, Arizona

Ce jardin botanique du désert, qui se détache sur les buttes rouges de Papago Park, dans le nord du désert de Sonora, abrite l'une des plus grandes collections extérieures de plantes grasses. La mission de ce jardin, établi en 1939, est de préserver les plantes des régions arides du monde entier, d'éduquer le public et de promouvoir la recherche. On y découvre cinq habitats naturels et leur flore.

Divers jardins de démonstration permettent de découvrir comment l'on peut jardiner avec des conditions aussi difficiles. Si cela vous semble horriblement ennuyeux, sachez que les plantes sont plus que distrayantes avec leurs formes étranges et saugrenues et leurs noms merveilleusement descriptifs tels que coussins-de-belle-mère ou barbes-de-vieillard. Hauts et velus, les *Fouquieria columnaris* se défont de leurs feuilles l'été afin de préserver leur eau. Les délicates fleurs rouges de l'arbre aux houpettes *(Calliandra californica)* attirent les colibris.

Les Indiens Papagos, qui ont vécu des milliers d'années dans le désert de Sonora et ses environs, occupaient autrefois ce site et divers parcours expliquent leur mode de vie dans le désert. Au fil des siècles, leurs connaissances sont devenues très étendues dans le domaine des espèces de milieu aride. Des centaines d'entre elles sont comestibles ou médicinales, et d'autres encore peuvent être utilisées d'innombrables manières, pour la construction par exemple.

Les spectaculaires montagnes au loin mettent parfaitement en valeur les formes fantastiques des cactus. C'est un paysage riche et coloré que l'on découvre depuis un réseau de sentiers sinueux avant de se délasser dans les patios ombragés sous les tonnelles. On peut aussi s'y délecter d'un rafraîchissant jus de figues de Barbarie. RChi

Taliesin West

États-Unis

CRÉATEUR : Frank Lloyd Wright
PROPRIÉTAIRE : The Frank Lloyd Wright Foundation
STYLE : paysage désertique (XXe siècle)
SUPERFICIE : 242,8 ha
CLIMAT : aride
SITUATION : Scottsdale, Arizona

Les travaux de construction de Taliesin West (ou Fondation Frank Lloyd Wright) débutèrent en 1937 alors que Frank Lloyd Wright, l'un des architectes les plus importants du XXe siècle, avait soixante-dix ans. La dernière partie de sa vie fut incroyablement productive et il collabora avec les étudiants de son école d'architecture jusqu'à sa mort en 1959. Tout comme son homonyme du Wisconsin, Taliesin, logement et atelier de l'architecte, était aussi un campus.

L'approche audacieuse et originale que l'on découvre dans cette demeure du désert incarne les théories de Wright sur l'architecture organique. La maison s'enfonce dans une large roche plate qui domine 243 ha du désert de Sonora. De massifs murs pentus, dont les matériaux sont originaires du site, émergent du rude paysage. Les lignes de la maison sont anguleuses et une terrasse triangulaire s'avance dans le désert, tandis que le toit est recouvert de mètres carrés d'une toile blanche qui renvoie la chaleur.

Près de l'entrée se trouve une cour ornée de sculptures colorées. Les jardins s'enroulent autour des bâtiments et l'on passe d'une zone lumineuse à l'autre, les espaces étant reliés par des escaliers et terrasses. L'atelier de Wright fait face à un jardin doté d'un bassin anguleux, tandis que la pièce principale de la maison est à l'extérieur, protégée par un toit en pente. Les plantations font écho à l'architecture.

Taliesin West est aussi dépouillé et brut que son créateur le désirait. Siège de la Fondation Frank Lloyd Wright, il demeure une communauté d'architectes et d'étudiants. RChi

Jardins botaniques de Tucson

États-Unis

CRÉATEURS : Rutger Porter, Bernice Porter
PROPRIÉTAIRE : Tucson Botanical Gardens Board
STYLE : botanique (XXe siècle)
SUPERFICIE : 2,2 ha
CLIMAT : aride
SITUATION : Tucson, Arizona

Comme tous les jardins publics qui ont vu le jour en tant qu'oasis privée, le jardin botanique de Tucson a conservé un charme réel. Autrefois jardin familial au milieu d'un paysage dégagé, il est aujourd'hui entouré par la ville.

Rutger et Bernice Porter y vécurent depuis le début des années 1930 jusqu'à la mort de Rutger en 1968. Il était pépiniériste, mais ni lui ni son épouse n'étant originaires de la région, le jardin était au début un sujet d'expérimentation. L'entrée, le patio et les jardins historiques qui entourent la demeure, aujourd'hui centre pour visiteurs, laissent deviner comment les Porter ont créé cette oasis très variée sur un terrain autrefois envahi par les créosotiers et les caroubiers sauvages. C'est le côté pratique qui a tout d'abord primé : protéger les espaces à vivre du soleil estival brûlant, puis ajouter couleur et détails intéressants à chaque saison. On a marié au départ plantes méditerranéennes et indigènes, puis, au fil du temps, ajouté d'autres assez robustes pour supporter le difficile climat de Tucson.

Les Porter ont créé seize jardins, tous dotés d'un style différent, dont cinq patios protégés par des charmilles traditionnelles, un attrayant jardin xérophyte qui ne nécessite que peu d'eau, et un espace aux couleurs éclatantes, débordant du charme des jardins mexico-américains de Tucson. Environ 40 000 litres d'eau de pluie sont stockés sur place afin d'irriguer le jardin si nécessaire. Parmi les plantes insolites de ce dernier, citons une variété à crête du saguaro géant *(Carnegiea gigantea)*. C'est l'un des endroits où les oiseaux préfèrent nicher, car leurs nids sont séparés les uns des autres par des parois à l'intérieur de ce cactus dont la structure rappelle un gratte-ciel.

Le domaine devint le jardin botanique de Tucson en 1974 grâce à un legs de Bernice Porter. Elle désirait qu'il soit un lieu de beauté, d'inspiration et d'enseignement, ce qui est le cas aujourd'hui. RChi

Parc Tohono Chul

États-Unis

CRÉATEURS : Richard Wilson, Jean Wilson

PROPRIÉTAIRE : Tucson Botanical Gardens Board

STYLE : réserve désertique (XXe siècle)

SUPERFICIE : 19,8 ha

CLIMAT : aride

SITUATION : Tucson, Arizona

Oasis au nord de la ville de Tucson, en rapide expansion, Parc Tohono Chul est un musée vivant et dynamique de la faune, la flore, l'art et la culture du désert de Sonora. Bien que la plus grande partie du site abrite encore un paysage naturel fait de saguaros *(Carnegiea gigantea)* et de *Cylindropuntia spinosior*, Tohono permet de découvrir les liens qui existent entre plantes et habitants de la région.

Réserve formée au départ par Richard et Jean Wilson qui désiraient protéger du développement urbain une petite partie du désert, le parc abrite désormais une grande diversité de jardins et de paysages. On trouve une extraordinaire gamme de couleurs dans le jardin pour colibris, où les fleurs tubulaires de la *Salvia*, d'*Anisacanthus thurberi* et de *Chilopsis linearis* attirent ces oiseaux-mouches. Le jardin colonial espagnol, à côté de la demeure construite en 1937, reflète l'influence des premiers colons européens. Ici on peut s'asseoir à l'ombre des *Olneya tesota*, arbres dont les fleurs ressemblent à des pois de senteur.

On découvre dans le jardin ethno-botanique des plantes utilisées par les Indiens Tohono O'odham ou Papagos. C'est cependant la forêt de *Cylindropuntia spinosior* sauteurs que tout le monde vient admirer. Les ramifications de ce cactus se séparent facilement et leur permettent de « sauter » pour attaquer les passants. Éclairés par le soleil couchant, les cactus possèdent une présence étrange et éthérée. Les moqueurs à bec courbe et les troglodytes des cactus qui y font leur nid se sentent parfaitement à l'aise dans ce difficile environnement. CW

Jardin de Peckerwood

Texas, États-Unis

CRÉATEURS : John Fairey, Carl Schoenfeld

PROPRIÉTAIRE : John Fairey

STYLE : indigène et naturaliste (XXe siècle)

SUPERFICIE : 7,7 ha

CLIMAT : subtropical

SITUATION : Hempstead, Texas

« Un jardin est un parcours sans début ni fin... » Ainsi parlait John Gaston Fairley, professeur d'architecture et peintre renommé ainsi que propriétaire et créateur de Peckerwood, au sujet d'un remarquable jardin réalisé au cours des trente dernières années. À une heure de Houston, Peckerwood est un refuge horticole au milieu des collines cultivées du sud-est du Texas. Lieu unique au monde, il abrite des espèces indigènes rares des États du Sud américain et du Mexique, qui ne sont généralement pas cultivées.

Un paisible ruisseau divise la propriété avec d'un côté un arboretum en expansion constante où l'on trouve une grande variété d'arbres, dont des érables, des houx, des liquidambars, des styrax, des ifs et des chênes. Parmi ces derniers, on compte des *Quercus rysophylla*, dont les feuilles merveilleusement veinées atteignent 25 cm de long, et des *Quercus sartorii*, espèce que Fairley introduisit à son retour de la biosphère El Cielo.

Près de la maison et du musée modernes en métal galvanisé se trouve un jardin clos qui déborde de plantes xérophytes comme les agaves, les yuccas et les dasylirions, mises en valeur par le rose tendre et le blanc du lis zéphyr. Un rafraîchissant bassin rectangulaire flanque ce jardin sec et coule sous un mur couleur terre cuite orné d'un bambou multicolore en céramique créé par l'artiste Marcia Donahue. La maison de Fairley abrite un musée d'Art folklorique mexicain, ajout fantastique à un merveilleux jardin. La pépinière adjacente vend une gamme extraordinaire de plantes insolites. CW

Jardin de fleurs sauvages de lady Bird Johnson

États-Unis

CRÉATEURS : divers
PROPRIÉTAIRE : Lady Bird Johnson Wildflower Center
STYLE : indigène et naturaliste (XXe siècle)
SUPERFICIE : 113 ha
CLIMAT : subtropical
SITUATION : Austin, Texas

Ce jardin de fleurs sauvages a été créé en 1982 par lady Bird Johnson, épouse de l'ancien président américain, et par Helen Hayes, actrice aujourd'hui décédée. Toutes deux désiraient préserver les plantes indigènes américaines et les paysages naturels. Le centre, dont la mission est de respecter la beauté naturelle et le patrimoine biologique de chaque région, est l'un des jardins les plus importants des États-Unis dans les domaines de la conservation, de la recherche et de l'enseignement.

Le domaine abrite divers sentiers et jardins de démonstration. Celui consacré à la savane explose de couleurs au printemps, avec notement le *Lupinus texensis*, emblème du centre. Le sentier boisé est bordé de nombreuses espèces communes des collines du Texas, dont des chênes et ormes.

L'architecture des bâtiments reflète fidèlement l'aspect sauvage du jardin – les divers matériaux dont ils sont constitués sont recyclés, indigènes ou naturels. Cela se traduit par des économies d'énergie et un impact environnemental minime. Si on les observe avec attention, on remarque toutefois trois styles, notamment l'élégance des missions espagnoles, l'architecture simple et ordonnée des colons allemands et les bâtiments en tôle ondulée des ranchs du XXe siècle.

Le jardin est à son apogée au printemps, lorsque les lupins sont en fleur ; c'est aussi la meilleure période pour le visiter car il fait horriblement chaud dans cette partie du Texas en été. CW

Domaine de Biltmore

États-Unis

CRÉATEUR : Frederick Law Olmsted

PROPRIÉTAIRE : William Amherst Vanderbilt Cecil

STYLE : à la française, bois (XIXe siècle)

SUPERFICIE : 3 238 ha environ

CLIMAT : tempéré

SITUATION : Asheville, Caroline du Nord

Biltmore House, construite par George Washington Vanderbilt II entre 1896 et 1902, appartient toujours à ses descendants. Imitant un château français de la Renaissance, cette demeure de deux cent cinquante pièces est la plus grande résidence privée des États-Unis. Vanderbilt engagea le père fondateur de l'architecture paysagiste américaine, Frederick Law Olmsted, pour concevoir le domaine qui comprend encore aujourd'hui des jardins d'agrément parfaitement entretenus, un vaste arboretum, une serre et le premier bois américain qui ait été géré. Olmsted, qui collaborait avec l'architecte Richard Morris Hunt, créa un jardin à l'italienne, un jardin clos anglais, une roseraie et un jardin d'azalées abritant plus de mille pieds.

Les jardins à la française qui entourent le château sont spectaculaires, tandis que le jardin à l'italienne, enclos par des haies et des murs de pierre, offre une délicieuse symétrie de l'espace et de l'eau. Le jardin clos, qui devait à l'origine accueillir un potager, est désormais empli d'annuelles et de vivaces colorées, sans oublier les dizaines de milliers de bulbes qu'on y plante chaque année. Biltmore abrite l'une des plus grandes collections américaines d'azalées indigènes et hybrides dans un jardin qui explose de couleurs au printemps. Si vous aimez les roses, dirigez-vous tout droit vers la roseraie de presque 0,5 ha où vous trouverez deux cent cinquante-six variétés et plus de mille sept cents pieds. Et ne manquez ni le château, ni la ferme, ni le chai. CW

Jardin botanique d'Atlanta

États-Unis

CRÉATEURS : divers
PROPRIÉTAIRE : Atlanta Botanical Garden, Inc.
STYLE : botanique et bois (XXe siècle)
SUPERFICIE : 12,2 ha
CLIMAT : subtropical
SITUATION : Atlanta, Géorgie

Atlanta, dont les rues sont bordées de cornouillers et d'azalées, est réputé pour ses arbres. Son jardin botanique, très animé, se détache de façon spectaculaire sur les silhouettes des gratte-ciel. Fondé en 1976 et constamment amélioré, offrant un répit très agréable par rapport aux extrêmes climatiques d'Atlanta, le site principal abrite 6 ha de jardins, depuis celui des enfants, aux couleurs voyantes et aux énormes reproductions d'animaux, jusqu'au centre pour orchidées Fuqua, qui accueille des espèces tropicales, désertiques et en voie d'extinction. Le jardin de conservation est l'un des préférés du public qui y découvre des plantes indigènes des marécages et appréciant les milieux acides autour d'un étang à nénuphars avec rosolis et plantes carnivores.

Les amateurs de traditions peuvent déambuler sous la pergola qui croule sous les plantes grimpantes et admirer les roses qui prospèrent sous ce climat. Des sentiers étroits conduisent au jardin japonais, enclos de murs blancs et respirant la tranquillité. Ne manquez pas de parcourir le jardin de sous-bois, à son apogée au printemps, qui comprend de nombreuses plantes et arbres indigènes. S'ajoutent à cela 6 ha de forêt mature, Storza Woods, à 5 km de là.

Comme de juste, toutes les plantes sont étiquetées. Le jardin propose une vaste gamme de programmes pour tous âges, dont des visites au clair de lune, un festival des cornouillers, du jardinage asiatique et des expositions qui célèbrent les plantes aromatiques, les rhododendrons, les hémérocalles, les roses et les étangs. CH

Jardins Callaway

États-Unis

CRÉATEURS : Cason Callaway, Virginia Callaway
PROPRIÉTAIRE : Ida Cason Callaway Foundation
STYLE : domaine naturaliste, jardins à la française (XXe siècle)
SUPERFICIE : 5 265 ha
CLIMAT : tempéré
SITUATION : Pine Mountain, Géorgie

Cason Jewell Callaway et Virginia Hollis Hand Callaway, fondateurs de ces jardins, construisirent leur résidence secondaire en 1930 sur 1 013 ha le long du rivage d'un lac artificiel de 6 ha. Cela fut possible grâce à la fortune familiale, amassée par le père de Cason, Fuller Earle Callaway, à la fin des années 1890, dans le domaine des filatures de coton, de la banque, de l'immobilier et de l'assurance. Au fil du temps, d'autres membres de la famille édifièrent leur demeure sur des parcelles adjacentes jusqu'à ce que la propriété atteigne plus de 5 000 ha pour former le site désormais baptisé Callaway Gardens.

La meilleure façon de l'admirer consiste à suivre les sentiers qui relient les divers jardins thématiques. L'un des plus populaires d'entre eux, la cuvette aux azalées des frères Callaway, est un jardin de 16 ha où au printemps plus de trois mille quatre cents azalées hybrides explosent de couleurs. D'autres plantations, dont deux mille arbres et arbustes, couvrent de leur cime un grand pavillon et un belvédère. Ce jardin entrelacé de sentiers abrite aussi un ruisseau et un pont pittoresque.

Avant sa mort, Cason J. Callaway lança la réalisation d'un potager de 3 ha où l'on découvre fruits, plantes aromatiques et fleurs. On ne doit pas non plus manquer de visiter le centre horticole John A. Sibley, site de 2 ha pourvu de serres et de jardins débordant de plantes indigènes et exotiques, d'une rocaille, d'un jardin de sculptures, d'une grotte aux fougères et d'une chute d'eau intérieure de 7 m. On peut aussi explorer les contreforts des Appalaches. AH

Jardins de Middleton Place

États-Unis

CRÉATEURS : Henry Middleton, John Julius Pringle Smith
PROPRIÉTAIRE : The Middleton Place Foundation
STYLE : parc paysager à la française (XVIIIe et XIXe siècles)
SUPERFICIE : 26,3 ha
CLIMAT : subtropical
SITUATION : Charleston, Caroline du Sud

Au-dessus de la rivière Ashley, un chêne vieux de plus de mille ans était utilisé comme borne de sentier par les Amérindiens. En 1741, Henry Middleton prit la tête de la plantation de riz établie ici et lança la construction d'une demeure de style jacobéen avec l'aide d'un paysagiste anglais. Il fallut dix ans pour achever les jardins, conçus selon un plan triangulaire dont l'axe central passait par la maison. Celle-ci fut incendiée par les troupes du Nord au cours de la guerre de Sécession. Celle qui l'a remplacée, plus petite, n'est plus du tout proportionnée au domaine mais l'axe est toujours visible et les vues magnifiques.

La pelouse bordée de plates-bandes descend en douce pente vers deux lacs en forme de papillon près de la rivière et se termine par des terrasses. En suivant la courbe de la rivière à l'ouest, on peut explorer une série de jardins aménagés dont la roseraie, le bassin aux azalées et l'avenue des camélias. C'est en 1786 qu'André Michaux, chasseur de plantes et pépiniériste, apporta ici les quatre premiers *Camellia japonica* jamais introduits aux États-Unis, dont l'un survit encore à ce jour.

Les jardins ont souffert au cours de la guerre de Sécession mais vers 1870, William Middleton planta certains des premiers pieds d'*Azalea indica* aux États-Unis. John Julius Pingle Smith et sa femme héritèrent de la propriété en 1925 et restaurèrent les jardins. Middleton Place est désormais reconnu comme le jardin américain le plus ancien. À l'ouest, on peut visiter les dépendances de l'ancienne plantation et se restaurer dans un café de grande qualité. CH

Jardins du manoir Cà d'Zan

États-Unis

CRÉATEURS : John et Mable Ringling
PROPRIÉTAIRE : État de Floride
STYLE : version américaine du jardin à l'italienne (XXe siècle)
SUPERFICIE : 26,7 ha
CLIMAT : subtropical
SITUATION : Sarasota, Floride

Cà d'Zan, qui signifie « Maison de Jean » en dialecte vénitien, est une fantastique demeure gothique vénitienne dans la baie de Sarasota. Construit en 1926 comme résidence d'hiver de John et Mable Ringling, célèbres pour leur cirque, ce magnifique palazzo de trente pièces se dresse majestueusement au bout d'une longue allée de palmiers et de banians *(Ficus benghalensis)*.

À l'intérieur, divers objets rappellent l'histoire du cirque. Cette demeure appartient au luxueux domaine Ringling qui compte aussi le musée d'art éponyme.

Le domaine est vaste, avec sentiers, bancs et jardins. La cour du musée du Cirque est flanquée sur trois côtés d'arcades qui abritent des palmiers en pots et des jardinières qui débordent de délices tropicaux. Les statues de dieux et déesses grecs et romains renforcent encore l'impression d'un jardin à l'italienne.

Depuis la loggia, lorsqu'on contemple le jardin, on découvre un vaste axe central terminé par une statue imposante et bordé de majestueux palmiers, tandis qu'une ravissante exèdre conduit le visiteur vers le sentier. L'attention portée aux détails laisse deviner le style de vie luxueux des Ringling. L'élément le plus splendide des jardins est probablement la roseraie, achevée en 1913 et récemment restaurée afin d'inclure des centaines d'hybrides et de roses anciennes. Le jardin secret, près de là, enchante par les couleurs délicates de ses plantes et arbustes à fleurs. Amenez vos enfants et complétez une leçon sur les traditions italiennes par une touche de cirque. AH

Jardins de Disney World

États-Unis

CRÉATEURS : divers, dont Walt Disney
PROPRIÉTAIRE : The Walt Disney Company
STYLE : parc à thème (XXe et XXIe siècles)
SUPERFICIE : 1 620 ha
CLIMAT : subtropical
SITUATION : Lake Buena Vista, Floride

Il est rare que l'on songe au jardinage lorsqu'on évoque Walt Disney World Resort, ou Disney World, mais ce parc n'est pas seulement consacré aux enfants. Ses jardins sont inspirés de ceux d'Europe et, dès le départ, Walt Disney désirait faire du paysagisme une partie intégrante de son parc originel, Disneyland en Californie. Il se rendit plusieurs fois en Europe dans les années 1940 et 1950, rapportant de ses voyages des carnets emplis de notes techniques, et dans chaque parc à thème construit au cours des cinquante années suivantes, la floriculture et l'horticulture ont toujours occupé une place importante.

Disney World est l'un des plus grands jardins au monde. Plus de trois cent cinquante jardiniers s'occupent des trois millions de plantes de ses parterres et prennent soin de ses cent soixante-quinze mille arbres, quatre millions d'arbustes, treize mille rosiers et huit cents paniers suspendus. On peut y voir plus de deux cents topiaires, depuis les haies taillées traditionnelles jusqu'aux formes complexes qui représentent des personnages des dessins animés de Disney. Les plantes sont originaires de cinquante pays, et tous les continents sont représentés, sauf l'Antarctique.

Une visite guidée des « coulisses » permet d'explorer les installations horticoles et arboricoles du parc. On peut y voir des topiaires à diverses étapes de réalisation et interroger les jardiniers. Une courte visite guidée des jardins expérimentaux et des serres est aussi offerte. Allez ensuite examiner comment ces plantes sont utilisées dans les attractions principales : le désert de la voie ferrée de Big Thunder Mountain, l'atmosphère tropicale du parc aquatique de Typhoon Lagoon, le chemin de hallage de la Sassagoula entre Dixie Landings et Port Orleans, l'allée de roses, la jungle et la savane du parc Animal Kingdom, et le jardin de parterres en face de la gare à l'entrée de Magic Kingdom, sans oublier le jardin de cottage anglais du pavillon du Royaume-Uni. AH

Jardins d'Edison et de Ford

États-Unis

CRÉATEURS : Thomas et Mina Edison
PROPRIÉTAIRE : ville de Fort Myers
STYLE : botanique tropical (XXe siècle)
SUPERFICIE : 5,7 ha
CLIMAT : subtropical
SITUATION : Fort Myers, Floride

Thomas Edison a découvert Fort Myers en 1885 en recherchant le matériau avec lequel faire des filaments d'ampoule. Non seulement il trouva les parfaits filaments de bambou sur les rives de la Caloosahatchee, mais il acquit aussi une résidence d'hiver où il bâtit un laboratoire afin de pouvoir bénéficier de vacances studieuses. Il acheta finalement sa demeure, baptisée Seminole Lodge, à côté de celle de son meilleur ami, Henry Ford.

Aujourd'hui, ces deux propriétés forment l'un des plus extraordinaires jardins tropicaux américains, qui abrite plus de mille variétés de plantes du monde entier. Un banian *(Ficus benghalensis)* de 26 m en est l'attraction principale, et sa circonférence en fait l'un des plus gros du pays. Offert à Edison par Harvey Firestone et planté en 1925, ce spécimen qui n'avait à l'époque qu'un tronc et mesurait 1 m de haut en possède désormais plusieurs et couvre près de 0,5 ha. Il se pare de fleurs discrètes que nul n'aperçoit et se charge chaque année de petits fruits d'un orange sombre, non comestibles. L'arbre dont il est issu, en Inde, couvrait, dit-on, presque 6 ha.

L'objectif premier d'Edison, en réalisant ce jardin, était d'obtenir des produits et dérivés horticoles pour ses expériences scientifiques. Sa femme, Mina, l'améliora ensuite en plantant des rosiers, orchidées et broméliacées. Le domaine comprend désormais neuf bâtiments inscrits au patrimoine historique, des jardins botaniques, dont 6 ha de jardins tropicaux, cinq cents plantes, fleurs et arbres uniques, neuf arbres « remarquables » et des serres consacrées aux orchidées et à la multiplication. AH

Jardin botanique tropical Fairchild

États-Unis

CRÉATEUR : William Lyman Phillips

PROPRIÉTAIRE : Fairchild Tropical Botanic Garden

STYLE : botanique tropical (XXe siècle)

SUPERFICIE : 33,6 ha

CLIMAT : subtropical

SITUATION : Coral Gables, Miami, Floride

Le jardin botanique tropical Fairchild constitue l'exemple suprême d'un jardin botanique moderne. Il allie l'horticulture et d'importantes collections de plantes à la recherche, à la conservation et à l'enseignement. Comme on pourrait s'y attendre avec la présence des grands lacs de Floride près de là, l'eau joue un rôle essentiel dans ce jardin situé à la limite de la baie de Biscayne.

Le jardin a été établi en 1938 par David Fairchild, botaniste et collectionneur de plantes, et par le colonel Robert H. Montgomery. Les palmiers (passion de Montgomery) et les plantes tropicales y jouèrent immédiatement un rôle essentiel. Plus de quatre cents espèces de palmiers y poussent désormais, auxquelles s'ajoute depuis peu une collection de plus de trois mille sept cents cycas d'importance mondiale.

Le jardin Fairchild constitue une introduction fascinante au monde des plantes tropicales. On y découvre non seulement d'importantes collections, sur le plan scientifique comme celui de la préservation, mais aussi de nombreuses expositions et démonstrations, notamment à l'intérieur d'une vaste serre tropicale où poussent orchidées, aracées et broméliacées. Une collection d'espèces tropicales a été plantée à l'extérieur, au sein de la forêt vierge Richard H. Simons, grâce à un système d'irrigation aérien, et l'arboretum McLamore abrite lui plus de sept cents arbres tropicaux à fleurs. On doit aussi mentionner une pergola de 173 m de long où grimpent de nombreuses plantes tropicales.

La conservation est l'un des aspects importants des jardins botaniques modernes, et la partie sud-est de celui-ci accueille une collection de plantes indigènes du sud de la Floride dans un cadre naturel qui attire les oiseaux et autres animaux. Des espèces en voie de disparition originaires de la Floride et de Porto Rico se trouvent dans un jardin adjacent au musée. CBa

Jardins botaniques Marie Selby

États-Unis

CRÉATRICE : Marie Selby
PROPRIÉTAIRE : William and Marie Selby Foundation
STYLE : botanique tropical (XXe siècle)
SUPERFICIE : 5,3 ha
CLIMAT : subtropical
SITUATION : Sarasota, Floride

Le jardin botanique Marie Selby est l'un des plus importants au monde. On y découve plus de vingt mille plantes venant de deux cent quatorze familles, dont six mille orchidées. L'accent y est mis sur trois familles du monde tropical et subtropical, les orchidées, les broméliacées et les gesnériacées.

Les jardins occupent le domaine de l'ancienne demeure de Marie et William Selby, magnat du pétrole. Au début des années 1920, les Selby firent construire une demeure de style espagnol parmi les lauriers et les banians. C'est Marie qui se chargea de concevoir les jardins. Ceux-ci comprennent vingt types d'habitat naturel, dont de longues allées de chênes, des étendues de cycas et d'immenses bambouseraies. On trouve aussi ici une mangrove (habitat qui disparaît de plus en plus) au bord de la baie de Sarasota, qui abrite près de deux mille trois cents plantes transportées depuis leur habitat naturel et qui représentent cent soixante-cinq familles et mille deux cents espèces.

Pour les passionnés d'études botaniques qui ne peuvent se contenter d'admirer les plantes, l'herbier du jardin contient environ quatre-vingt-dix mille collections spécialisées de flore tropicale, particulièrement celle de l'équateur et des Andes. On y trouve aussi près de vingt-six mille fleurs préservées dans du liquide, la deuxième collection de ce genre au monde par son importance. Si l'on mentionne aussi les centres d'identification des broméliacées et orchidées, il est clair que le jardin botanique Marie Selby constitue une extraordinaire réussite. CW

L'herbier du jardin contient environ quatre-vingt-dix mille collections spécialisées.

Jardins du musée Vizcaya

États-Unis

CRÉATEUR : Diego Suarez
PROPRIÉTAIRE : comté de Miami-Dade
STYLE : botanique, à l'italienne (XXe siècle)
SUPERFICIE : 73 ha
CLIMAT : subtropical
SITUATION : Miami, Floride

En 1912, l'industriel James Deering acquit des terres sur la baie de Biscayne, près de Miami, et fit bâtir sur la partie marécageuse, près de la mer. Les pilotis et les solides fondations ont protégé la maison, tout comme la grande péniche en pierre qui sert de brise-lames. Une terrasse s'enroule autour de la demeure avec un lieu de mouillage pour yacht d'un côté et un élégant pavillon français de l'autre. Deering, qui bénéficiait d'une fortune familiale acquise dans les machines agricoles, voyagea en Europe, et particulièrement en Italie où il fit la rencontre de Diego Suarez, paysagiste colombien. Il engagea ce dernier en 1914 et, dès 1921, ces jardins d'inspiration Renaissance étaient achevés, quatre ans avant la mort de l'industriel. Ils furent restaurés et ouverts au public en 1952.

Les magnifiques portes de chaque côté de l'avant-cour proviennent du Palazzo Bevilacqua-Lamassa à Vérone. Faites de marbre rose et de pierre d'Istrie, elles sont surmontées par des hippocampes, l'un des symboles de Vizcaya. Les jardins ont été conçus en éventail autour d'un axe central, et de façon à être équilibrés par les éléments architecturaux et aquatiques rehaussés de haies taillées, d'arbres et de graminées sculptées. Ne manquez pas sur la terrasse sud les grenouilles et lézards joueurs, en plomb, disposés par Charles Cary Rumsey tout autour du bassin en forme de sarcophage. Le panorama, spectaculaire, s'étend au-delà de cette terrasse jusqu'aux escaliers où dévale l'eau et aux grottes dont les décorations de coquillages sont superbes, avant de rejoindre le casino (en réalité une loggia et non un établissement de jeux). Contemplez les jardins depuis les balustrades de Samuel Yellin que soutiennent de hautes colonnes surmontées de bustes en marbre de Carrare datant du XVIIIe siècle et d'urnes du XVIIe de Messine. On ne manquera pas non plus de visiter le théâtre, le jardin secret, le pont au paon et la somptueuse demeure. CH

Des jardins à la géométrie impeccable des grands châteaux de France à ceux des cottages britanniques, des villas italiennes aux jardins mauresques d'Espagne et aux grands parcs de Russie ou de Suède, l'Europe est riche de traditions dans l'art des jardins depuis le XVIIe siècle jusqu'aux créations les plus contemporaines des designers célèbres.

EUROPE

Khutor Ghorka

Russie

CRÉATEURS : religieux au XIXe siècle
PROPRIÉTAIRE : réserve-musée des îles Solovetsky
STYLE : jardin de collines et vallons protégés (XIXe siècle)
SUPERFICIE : 14 ha
CLIMAT : subarctique
SITUATION : îles Solovestky, oblast d'Arkhangelsk

Au bord du cercle polaire, au milieu des îles Solovetsky dans la mer Blanche russe, se trouve l'un des monastères les plus beaux et les plus sacrés de Russie, établi au XVe siècle. Ces îles devinrent par la suite synonymes de souffrance car elles constituèrent le premier archipel du goulag décrit par Soljenitsyne. En 1990, le monastère fut à nouveau consacré et les moines y retournèrent. L'archipel, remarquable paysage culturel, est désormais inscrit au Patrimoine mondial de l'humanité. Façonné par l'homme, le paysage a à son tour déterminé le caractère de ses habitants. L'isolement total des îles leur confère une aura de pureté. Elles sont inaccessibles par la mer durant la moitié de l'année.

En 1822, l'archimandrite Makarii construisit près de deux lacs un petit ermitage, niché entre trois collines et accompagné d'un jardin de 14 ha. Le jardin, baptisé Khutor Ghorka, qui signifie « ferme de la Colline », procurait aux moines fruits et légumes. Lieu de solitude, de prière et de culture, le jardin est enveloppé d'une extraordinaire tranquillité. Depuis l'ermitage, on peut apercevoir les murs de pierre blanche et les dômes dorés du monastère que l'on peut rejoindre par un réseau de canaux du XVIe siècle. Le jardin est en train d'être restauré par son propriétaire avec l'aide du prince de Galles et d'Artyom Parshin, un botaniste moscovite. KW

Oranienbaum

Russie

CRÉATEURS : Giovanni Mario Fontana, Gottfried Shadel, Antonio Rinaldi
PROPRIÉTAIRE : État russe
STYLE : parc paysager (XVIIIe et XIXe siècles)
SUPERFICIE : 170 ha
CLIMAT : continental (été frais)
SITUATION : Lomonosov, oblast de Leningrad

Oranienbaum était le premier domaine du prince Alexandre Menchikov, ami de Pierre le Grand, sur le golfe de Finlande, à 40 km de Saint-Pétersbourg. Cet impressionnant palais – il était plus grand encore que celui de Pierre Ier à Peterhof –, doté d'une terrasse, d'un grand parterre, de fontaines et de statues, le tout relié aux bases navales du golfe par un canal, fut soigneusement entretenu jusqu'en 1727 lorsque Menchikov fut exilé, ruiné, deux ans après le décès de Pierre Ier. Le domaine déclina jusqu'à ce qu'il soit attribué à l'héritier de la tsarine Élisabeth, qui devait devenir Pierre III, le mari de Catherine la Grande. Il fit édifier un nouveau palais et un village fortifié dans le parc.

Après avoir renversé son mari en 1762, Catherine chargea Antonio Rinaldi de moderniser les palais existants, de construire le ravissant palais chinois et l'extraordinaire pavillon des glissades. Cet édifice doré long de 162 m fut démoli dans les années 1850 ; le pavillon rococo de trois étages, aux plâtres italiens originaux, a merveilleusement été restauré. Rinaldi flanqua les trois allées de colonnades de cent piliers et aménagea des jardins des deux côtés. Divers bâtiments plus ou moins restaurés sont éparpillés dans le domaine, et de ravissantes promenades attendent le visiteur à travers les clairières de ce paysage russe où des sentiers serpentent parmi les bouleaux, sapins et fleurs sauvages, ponctués de statues classiques et de panoramas enchanteurs. La restauration du parc a été longue mais c'est désormais un lieu ravissant et paisible. CN

Domaine de Pavlovsk

Russie

CRÉATEURS : Empress Maria Fyodorovna, Charles Cameron, Vincenzo Brenna
PROPRIÉTAIRE : État russe
STYLE : classique (fin du XVIIIe siècle)
SUPERFICIE : 607 ha
CLIMAT : continental (été frais)
SITUATION : Pavlovsk, oblast de Leningrad

Pavlovsk est l'une des plus belles réussites de l'architecture paysagiste de Russie, un petit palais classique et romantique au milieu de milliers d'hectares d'une splendide forêt et de prairies. Catherine la Grande avait fait don des terres à son fils, Paul, et à son épouse, Maria Fedorovna, à l'occasion de la naissance de son premier petit-fils, Alexandre, en 1777. Catherine insista pour que le couple engage son architecte préféré, Charles Cameron. Paul et Maria, inspirés par le voyage qu'ils effectuèrent en Europe en 1782, dépensèrent des sommes astronomiques pour l'aménagement du domaine. Maria aida de nombreux organismes de charité, dont la première école horticole de Russie. Elle adorait les fleurs, particulièrement les roses, et fit importer des plantes d'ornement du monde entier, notamment des jardins botaniques royaux de Kew. Toute une série de grands paysagistes aménagèrent de vastes parcelles de forêt vierge et l'on construisit de nombreux monuments et folies. Le pavillon aux roses d'Andrei Voronikhin célébrait le retour d'Alexandre, fils de Maria, après la défaite de Napoléon Ier en 1814.

La tsarine légua ce domaine à son troisième fils en demandant qu'on en fasse un musée familial, mais au cours du XIXe siècle, il fut transformé en immense salle de concert, puis en terminus du premier chemin de fer russe. De loyaux serviteurs sauvèrent le palais et le parc sous le régime soviétique mais les résidents et le domaine souffrirent énormément durant l'occupation allemande. CN

Parc de Peterhof

Russie

CRÉATEUR : Jean-Baptiste Alexandre Le Blond
PROPRIÉTAIRE : État russe
STYLE : jardins à la française (XVIIIe siècle)
SUPERFICIE : 120 ha
CLIMAT : continental (été frais)
SITUATION : Saint-Pétersbourg, oblast de Leningrad

Pierre le Grand désirait que les jardins de sa résidence estivale surpassent ceux de Versailles, et il subsiste dix esquisses montrant ce qu'il avait en tête. Il employa plusieurs architectes, mais principalement Jean-Baptiste Alexandre Le Blond, disciple d'André Le Nôtre, pour réaliser les plus importants jeux d'eau au monde. Un système hydraulique de 22 km, conçu par Vastly Tuvolkov, alimente par gravité plus de cent soixante-seize fontaines, dont celles de la grande cascade qui jaillirent pour la première fois durant l'été 1721. Le système fut élargi au cours de la première moitié du XIXe siècle et produit toujours assez d'eau pour que les fontaines coulent dix heures par jour.

L'eau des bassins du parc supérieur coule sous le palais, puis dévale les marches de marbre aux proportions magnifiques d'une double cascade peuplée de dieux dorés, de personnages mythologiques et de fontaines, avant de rejoindre un canal qui se jette dans le golfe de Finlande. Au pied de la cascade, une fontaine qui représente Samson en train de vaincre un lion crache un jet d'eau de 20 m et symbolise la victoire de la Russie contre la Suède le jour de la Saint-Samson en 1709, victoire qui offrit à l'Empire russe un nouvel accès à l'Europe. Les jardins à la française du parc du bas, avec leurs allées, fontaines, ponts et palais, font écho au style de Versailles.

C'est par hydroglisseur, depuis la jetée du musée de l'Ermitage, que l'on accède le plus rapidement à Peterhof. N'oubliez pas que les jeux d'eau ne fonctionnent pas en hiver. D'ailleurs, mieux vaut admirer les statues dorées par temps ensoleillé. MB

une fontaine qui représente Samson en train de vaincre un lion crache un jet d'eau de 20 m.

Parc de Tsarskoïe Selo

Russie

CRÉATEURS : Charles Cameron et autres
PROPRIÉTAIRE : État russe
STYLE : baroque et classique (XVIIIe siècle)
SUPERFICIE : 300 ha
CLIMAT : continental (été frais)
SITUATION : Saint-Pétersbourg, oblast de Leningrad

Tsarskoïe Selo, qui signifie « village du tsar », abrite les parcs de Catherine et d'Alexandre, créés autour de deux palais. Le premier, celui de Catherine, a été réalisé en 1752 par Rastrelli pour la tsarine Élisabeth et baptisé en l'honneur de sa mère, Catherine Ire, qui avait fait construire sur ce site en 1720 un nid d'amour pour son mari Pierre le Grand. L'architecte de Catherine la Grande, Charles Cameron, agrandit considérablement par la suite ce palais auquel seul l'adjectif impressionnant semble correspondre – exemple de grandiloquence russe avant que le classicisme ne vienne atténuer ses excès. Il comprenait le célèbre salon d'Ambre, des jardins à la française, le pavillon d'Agate, la galerie Cameron et un passage vitré couvert qui surplombait les jardins. Les courtisans habitaient autrefois un village chinois, tandis que les parties les plus éloignées du parc étaient de style anglais. D'ailleurs, le jardinier de Catherine, John Busch, était écossais. Les nombreux pavillons monumentaux et folies parsemés autour de lacs et ruisseaux étaient tous accessibles au public (pourvu que celui-ci soit convenablement habillé, ce qui était le cas du jeune Pouchkine).

Le palais Alexandre, près de là, fut édifié à l'occasion du mariage du petit-fils adoré de Catherine, Alexandre Ier, et fut aussi occupé, assez modestement, par les familles de Nicolas Ier, Alexandre III et celle de Nicolas II, dernier tsar, avant que cette dernière ne soit assassinée au cours de la révolution. Ce bâtiment palladien est flanqué de bassins sur trois côtés et de sentiers sinueux tracés par un autre Écossais, Adam Menelaws, sans mentionner les statues, pavillons et dépendances, dont une maison de l'Éléphant ainsi qu'une chapelle construite pour ressembler à une ruine. Les palais et les parcs furent dévastés par les nazis mais ont été restaurés avec faste. CN

Parc de Gatchina

Russie

CRÉATEURS : Antonio Rinaldi, John Busch, Paul Ier
PROPRIÉTAIRE : État russe
STYLE : pittoresque (XVIIIe et XIXe siècles)
SUPERFICIE : 700 ha
CLIMAT : continental (été frais)
SITUATION : Saint-Pétersbourg, oblast de Leningrad

On associe le plus souvent Gatchina au tsar Paul Ier, fils de Catherine la Grande. Lorsqu'il était encore jeune et libre, Paul et sa femme, Maria Fedorovna, firent le tour de l'Europe et passèrent des mois enchanteurs en compagnie de Louis XVI et Marie-Antoinette, tout aussi jeunes en 1782. Paul se vit offrir Gatchina par sa mère après la mort de son amant, Grigory Orlov, qui en avait été propriétaire de 1765 à 1783. Celui-ci avait amélioré ce palais de la sœur de Pierre le Grand, Natalia, et développé le parc de chasse aidé de l'architecte Antonio Rinaldi et de deux jardiniers écossais, les frères Sparrow. Cette résidence qui évoquait une forteresse avec son esplanade de défilé et son canon était la favorite de Paul tandis que sa femme lui préférait le romantique Pavlovsk.

Aujourd'hui, on peut y voir un parc paysager à l'anglaise et des lacs paisibles flanqués de pavillons. C'est un vaste domaine doté de bassins et de ruisseaux, de ponts ravissants et d'éléments architecturaux. Paul fit construire une réplique du palais du Grand Prieur à Paris pour son ami le prince de Condé, alors en exil. Le temple de Vénus, sur un îlot, fut inspiré par celui de Chantilly.

Le plus extraordinaire des pavillons est la petite maison de bouleaux, qui de prime abord ne semble être qu'une haute pile de rondins de bouleaux dans les bois. Une porte discrète ouvre sur une pièce tapissée de miroirs et enguirlandée de fleurs sous un plafond peint, un cadeau de Paul à sa femme. Le couple avait l'esprit de compétition dans le domaine du jardinage, ce qui donna naissance à des effets toujours plus réussis. CN

Jardin botanique impérial

Russie

CRÉATEUR : Friedrich Ernst Ludwig von Fischer
PROPRIÉTAIRE : Institut de botanique Komarov
STYLE : botanique (XIXe siècle)
SUPERFICIE : 8,9 ha
CLIMAT : continental (été frais)
SITUATION : Saint-Pétersbourg, oblast de Leningrad
NOM ORIGINAL : Imperskijj Botanicheskiy Sad

Le jardin botanique impérial fait désormais partie de l'Institut Komarov de l'Académie russe des sciences. Situé sur l'île Aptekarsky (Apothicaire) à l'ouest du delta de la Neva, il fut créé par Pierre le Grand en 1714. De nombreuses plantes et graines exotiques y furent apportées et une serre rapidement construite.

Friedrich Ernst Ludwig von Fischer fut nommé directeur en 1826 à la demande de l'impératrice douairière Maria Fedorovna, et il supervisa l'expansion la plus importante du jardin jusqu'en 1850. Dans les années 1830, des milliers de plantes furent importées de Rio de Janeiro, où existait une annexe du jardin. La serre des palmiers a été édifiée en 1899 et un pavillon adjacent abrite des victorias d'Amazonie. Dès 1917, les jardins accueillaient cinq mille espèces, les serres vingt-six mille de plus et l'herbier deux millions de spécimens séchés.

Le jardin est désormais aménagé à l'anglaise, avec des plantes qui supportent le dur climat de Saint-Pétersbourg. C'est un lieu merveilleux où l'on peut déambuler parmi les arbres majestueux, et découvrir dans les serres des collections du Caucase, de la Méditerranée et d'Asie, dont des orchidées, des fougères, des palmiers et des nénuphars. C'est cependant le légendaire *Selenicereus pteranthus*, cactus qui fleurit la nuit, qui constitue le clou du jardin. Ses grandes fleurs parfumées, d'un blanc crémeux, s'épanouissent une fois par an, en mai. CN

Jardin d'été de Saint-Pétersbourg

Russie

CRÉATEUR : Jean-Baptiste Alexandre Le Blond
PROPRIÉTAIRE : État russe
STYLE : baroque flamand (XVIIIe siècle)
SUPERFICIE : 10,9 ha
CLIMAT : continental (été frais)
SITUATION : Saint-Pétersbourg, oblast de Leningrad
NOM ORIGINAL : Letniy Sad

Pierre le Grand aspirait sans doute à devenir un autre Roi-Soleil. Saint-Pétersbourg, la ville qu'il fonda en 1703, et le jardin d'été dont les travaux débutèrent l'année suivante furent en partie inspirés par sa visite du palais Het Loo, aux Pays-Bas, au cours de son premier voyage à l'étranger. Après avoir visité Versailles en 1715, il fit venir l'assistant de Le Nôtre, Jean-Baptiste Alexandre Le Blond, pour établir les plans du jardin. Celui-ci, moderne, était orné de centaines de statues allégoriques, de tonnelles, de grottes, de volières, de ménageries et de fontaines, éléments qui devaient tous rendre l'art occidental familier aux Russes.

Des sentiers de gravier ombragés, tracés entre les arbres adultes, sont toujours bordés de statues. Situé au bord de la Neva, à l'est du futur emplacement du Palais d'hiver et de l'Ermitage, le petit Palais d'été de Pierre (dessiné par Domenico Trezzini) se dresse dans le coin le plus éloigné. Les grandes grilles en fer forgé de Georg Friedrich Veldten furent installées entre 1770 et 1784, le café et le pavillon de thé ajoutés dans les années 1820, et le monument à Ivan Krylov érigé en 1855. Après que Nicolas Ier eut ouvert le jardin aux roturiers à condition qu'ils soient convenablement habillés, une foire au mariage se déroulait le dimanche de la Pentecôte dans son allée centrale, où les jeunes gens et leur famille pouvaient se rencontrer, s'examiner et négocier. CN

Jardins de l'île Elaguine

Russie

CRÉATEURS : Joseph Busch, Carlo Rossi
PROPRIÉTAIRE : État russe
STYLE : parc paysager (XIXe siècle)
SUPERFICIE : 96 ha
CLIMAT : continental (été frais)
SITUATION : île d'Elaguine, Saint-Pétersbourg
NOM ORIGINAL : Elaginskii Dvorets

L'île Elaguine est depuis longtemps le plus beau terrain de détente de Saint-Pétersbourg. La villa d'un fonctionnaire de la cour impériale se dressait ici à l'époque de Pierre le Grand. À celle de Catherine la Grande, elle était célèbre pour les magnifiques fêtes qu'y organisait le général Melgounov, directeur de l'École militaire. Le propriétaire suivant fut Ivan Elaguine, secrétaire de Catherine et conseiller théâtral, qui embellit l'île et entretenait même une compagnie de danse turque. L'hiver, les visiteurs étaient les bienvenus dans le jardin d'hiver, chauffé et long de 33 m.

Alexandre Ier acquit en 1817 cette demeure et ses immenses jardins pour sa mère, Maria Fedorovna, alors âgée. Carlo Rossi reconstruisit le petit palais classique avec le plus grand raffinement et lui ajouta de nombreux pavillons et dépendances, tandis que Joseph Busch, fils du jardinier de Catherine la Grande, aménagea considérablement les jardins. Les ruisseaux existants furent embellis, des milliers d'arbres plantés, les lacs et clairières reliés par de longs sentiers sinueux. Alexandre fut si ravi par le travail de Rossi qu'il lui passa de nombreuses autres commandes, dont le palais Mikhaïlovski (qui abrite le Musée russe) et le bâtiment de l'état-major en face du Palais d'hiver.

Dans les années 1930, l'île devint encore plus populaire lorsque l'État en fit un parc, avec musique d'ambiance et machines à sous dans l'Orangerie. Aujourd'hui, la circulation y est interdite, on ne peut y accéder que par une passerelle ; durant la semaine, le jardin est merveilleusement tranquille. CN

Parc Gorki

Moscou, Russie

CRÉATEUR : Moisei Ginzburg
PROPRIÉTAIRE : ville de Moscou
STYLE : parc d'attractions avec réseau de patinoires (XXe siècle)
SUPERFICIE : 121,5 ha
CLIMAT : continental (été frais)
SITUATION : Moscou

Inauguré en 1928, baptisé en l'honneur de l'auteur révolutionnaire Maxime Gorki, ce premier parc de culture et de détente vit le jour lorsque l'on réunit les jardins de l'hôpital Golitsine à ceux du palais Neskoutchni. Depuis, il est parvenu à la célébrité grâce au roman à suspense éponyme de Martin Cruz Smith, publié en 1981, qui débute par la découverte de trois cadavres dans ce parc. Puis la puissante ballade *Wind of Change* des Scorpions, groupe de rock allemand, devint un succès international au cours des années 1990, agitées sur le plan politique : « Je descends la Moskova/ Jusqu'au parc Gorki/ En écoutant le vent du changement… »

La réalité est très différente. Le parc Gorki est un endroit parfaitement adapté aux familles avec enfants, aux jeunes couples et aux touristes. La disposition des plantes, loin d'être parfaite – une année magnifique, la suivante déconcertante –, les zones boisées miteuses et des attractions qui ne sont plus de première jeunesse possèdent toutes un charme incroyable. On découvre aussi une magnifique vue panoramique depuis le haut de la grande roue, il y a une vraie navette spatiale sur laquelle peuvent grimper les enfants, et un monumental festival de sculpture sur glace se tient ici tous les ans en février. Au milieu de l'hiver, le lac gèle et l'on inonde délibérément les sentiers afin de créer un merveilleux réseau de glace pour les patineurs, tandis qu'au cours de l'été, on peut louer une barque à l'heure. WdP

Aptekarsky Ogarod

Moscou, Russie

CRÉATEURS : Pierre le Grand, Catherine la Grande, Artyom Parshin et Kil Wilkie
PROPRIÉTAIRE : université de Moscou
STYLE : botanique (XVIIIe et XIXe siècles)
SUPERFICIE : 10 ha
CLIMAT : continental (été frais)
SITUATION : Moscou

Ce jardin, dont le nom signifie « ancien jardin de l'apothicaire », a survécu aux guerres, aux incendies et aux révolutions. Il fut établi en 1706 par Pierre le Grand au retour de divers voyages en Europe occidentale, alors qu'il débordait d'enthousiasme pour la culture des plantes médicinales et les nouvelles pratiques scientifiques. Dans les années 1850, ces plantes médicinales furent remplacées par des promenades sinueuses et romantiques et par un lac, mais le jardin conserva son caractère discipliné scientifique et son rôle botanique, durant l'ère soviétique et jusqu'à sa restauration à la fin du XXe siècle.

Aujourd'hui, ce jardin où un vieux mélèze daterait de l'époque de Pierre le Grand est toujours enclos par de grandes allées de tilleuls. On a conservé le caractère du lac et des promenades, qui évoquent Tchekhov, et réaménagé les parties adjacentes. Un nouveau bassin est situé devant la serre restaurée du XIXe siècle, et l'on prévoit d'aménager des parterres sur le terrain vague qui flanque le jardin d'origine. Ils seront disposés selon un plan en trois dimensions conçu par Kim Wilkie et supervisés par Artyom Parshin, botaniste et paysagiste moscovite.

Le jardin est particulièrement fréquenté lorsque les nouvelles serres accueillent une rare collection botanique. De plus, à cette latitude, les longues journées d'été permettent de créer de magnifiques massifs d'herbacées entre les vieux arbres. KW

Jardin de Kouskovo

Moscou, Russie

CRÉATEURS : Feofor Argunov, Aleksey Mironov et Grigory Dikushin
PROPRIÉTAIRE : État russe
STYLE : baroque (XVIIIe siècle), parc paysager
SUPERFICIE : 300 ha
CLIMAT : continental (été frais)
SITUATION : Moscou

Le domaine de Kouskovo devint le musée de la Céramique en 1938, et l'orangerie importante qui complète ce palais en bois recouvert de crépi rose abrite désormais une collection de renommée internationale, dont des majoliques italiennes, de la verrerie vénitienne et anglaise, de la porcelaine de Sèvres et de Meissen, des meubles anciens orientaux et certains chefs-d'œuvre de l'ère impériale et soviétique.

En 1715, le comte Boris Cheremetiev, maréchal et héros de la bataille de Poltava, racheta ce domaine à son frère cadet. Quatre ans plus tard, son fils, Pierre Borisovitch, en hérita. Son mariage avec la princesse Cherkasskaia marqua le début d'immenses travaux guidés par deux architectes serfs, Fiodor Argounov et Alexei Mironov, qui appartenaient à la jeune épouse.

Le plan circulaire du jardin est très élégant mais c'est surtout pour ses éléments architecturaux, où l'on peut échapper aux températures extrêmes, que Kouskovo est célèbre. Sous un énorme dôme décoré de grilles en fer forgé et de fenêtres, la « grotte » est incrustée de coquillages et ornée de plâtre jaune, blanc et vert. Le pavillon italien est un palais miniature, tandis que la maison hollandaise, de briques rouges et de carreaux de céramique bleue, reflète une vision idéalisée des Pays-Bas. Ne manquez pas le curieux mécanisme qui permettait de dîner en toute intimité, loin des oreilles des domestiques. WdP

Jardin botanique de Moscou

Moscou, Russie

CRÉATEURS : divers
PROPRIÉTAIRE : Académie des sciences russe
STYLE : jardin botanique, naturaliste et arboretum (XXe siècle)
SUPERFICIE : 360,4 ha
CLIMAT : continental (été frais)
SITUATION : Moscou

Fondé en 1945, situé dans le parc forestier Ostankino, au nord de la ville, le principal jardin botanique de Moscou compte parmi les plus grands et les plus impressionnants au monde. Un centre dédié à la recherche botanique, horticole et agricole y coordonne plus d'une centaine de jardins annexes, depuis l'arboretum polaire-alpin aux environs de Kirovsk jusqu'à la collection de pommiers d'Almaty au Kazakhstan. On y trouve plus de deux mille espèces, formes et cultivars d'arbres fruitiers ou à baies. Les arbres y sont spécialement intéressants, notamment au sein des 50 ha de forêt sur lesquels on n'intervient quasiment pas de façon qu'ils se régénèrent naturellement. Le dendrarium, qui ressemble plus à un parc, abrite environ quatre mille arbres, buissons et plantes grimpantes, dont de magnifiques érables du Japon, des lilas et des chèvrefeuilles.

On peut découvrir dans ce jardin un immense parc paysager qui représente les diverses régions de l'ancienne Union soviétique, la flore indigène de la Russie occidentale, du Caucase, de l'Asie, de l'Orient et de la Sibérie. Des parterres accueillent une gamme variée de plantes ornementales, aromatiques et médicinales, tandis que diverses serres abritent environ cinq mille espèces tropicales et subtropicales.

L'envergure du jardin est si importante, ses collections si vastes que l'on ne peut l'apprécier en une seule journée. Débutez par la roseraie, le jardin japonais et les serres avant d'admirer le reste à une allure plus décontractée. WdP

Arkhangelskoye

Russie

CRÉATEUR : Giacomo Trombaro
PROPRIÉTAIRE : État russe
STYLE : à l'italienne (XVIIIe siècle)
SUPERFICIE : 150 ha
CLIMAT : continental (été frais)
SITUATION : Arkhangelskoye, oblast de Moscou

À 20 km à l'ouest du bruit, de l'agitation et des pots d'échappement de Moscou, un après-midi dans le domaine d'Arkhangelskoye procure non seulement paix et détente mais permet aussi aux visiteurs las de la ville de se ressourcer dans une atmosphère parfumée aux aiguilles de pin, face à un vaste paysage de verdure.

On débutera la visite par la collection d'art d'Europe occidentale du palais, suivie d'une promenade dans l'élégant et imposant jardin. On a ainsi un très bel aperçu de la vie de l'élite impériale russe loin de la cour. Le palais date des années 1670, époque à laquelle il appartenait à la famille du prince Cherkasski. Il n'en reste que des vestiges car il fut transformé dans les années 1730 par Nicolas Golitsine, futur favori de Catherine la Grande, à qui l'on doit la façade classique. Une grande partie de l'intérieur du palais fut cependant transformée sous la direction du prince Nicolas Yousoupov qui acquit le domaine en 1810. Les historiens connaissent bien ce nom car en décembre 1916, c'est le fils de Nicolas, Félix Yousoupov, qui assassina Raspoutine, conseiller spirituel charismatique du tsar Nicolas II, de la tsarine et de leur entourage.

Aujourd'hui, c'est durant l'hiver que l'on assiste au spectacle le plus étrange à Arkhangelskoye, lorsque environ deux cents bustes, statues et fontaines sont protégés du froid. Parsemées dans le jardin, ces boîtes de plastique ou de verre recouvertes de neige constituent une scène extraordinaire qui frise le surréalisme. WdP

Jardins de Marfino

Russie

CRÉATEURS : Pyotr Saltykov, Nikita Panin, Mikhail Bykovsky
PROPRIÉTAIRE : État russe
STYLE : à la française et parc (XIXe siècle)
SUPERFICIE : environ 202 ha
CLIMAT : continental (été frais)
SITUATION : Marfino, oblast de Moscou

Le palais Marfino, à 40 km au nord de Moscou, constitue la version idéalisée d'un château médiéval que l'on ne trouve que dans les livres d'images ou dans les poèmes. Le terme « gothique » est souvent synonyme de sombre et sinistre, mais cet ensemble architectural rose et blanc achevé en 1846 inspire d'autres sentiments. Les terrasses s'ouvrent sur un lac où deux gigantesques griffons aux ailes déployées flanquent l'appontement. Le palais et son reflet semblent magiques contemplés depuis la rive opposée.

Même s'il est parfaitement intégré à son environnement boisé, le palais Marfino est un ajout assez récent au domaine, après que le précédent, de style baroque, eut été saccagé par les troupes françaises durant l'invasion napoléonienne de 1812. Heureusement, la plupart des autres édifices du domaine ont survécu plus ou moins intacts. On devra ainsi visiter les deux églises, les impressionnants chenils et la remise pour voitures à chevaux de style classique, sans oublier le pavillon de musique, en demi-lune, dont les colonnes toscanes soutiennent une demi-coupole, un exemple parfait de simplicité architecturale. La rotonde à deux étages qui domine le lac, plus spectaculaire bien que moins raffinée, possède une puissante base octogonale surmontée de fines colonnes ioniques qui soutiennent un dôme et encerclent une statue d'Apollon.

L'ensemble est légèrement empreint d'un caractère poignant, né non pas du manque d'entretien mais du temps qui passe et laisse derrière lui ce lieu extraordinaire. WdP

Parc de sculptures de Vigeland

Oslo, Norvège

CRÉATEUR : Gustav Vigeland
PROPRIÉTAIRE : ville d'Oslo
STYLE : néoclassique (XXe siècle)
SUPERFICIE : 31,9 ha
CLIMAT : tempéré
SITUATION : Frogner, Oslo
NOM ORIGINAL : Vigelandsparken

Le parc de sculptures de Vigeland, aussi baptisé parc Frogner, est pourvu d'un plan géométrique autour d'un axe central, de vastes pelouses et de larges allées inspirés des jardins baroques. Son style néoclassique date cependant des années 1920.

Le parc abrite plus de six cents sculptures de la main de Gustav Vigeland, des nus grandeur nature qui symbolisent des sentiments et liens universels. La plus ancienne de toutes, *La Fontaine*, est composée de six géants qui tiennent la soucoupe, formée en haut, d'où s'écoule l'eau. Encerclant les géants, vingt arbres en bronze entourent de leurs branches des êtres humains représentés à différents âges de la vie. Sur le pont, de l'autre côté des étangs, des sculptures d'hommes, de femmes et d'enfants représentent le cycle de la vie, le renouveau et la vieillesse. *Le Monolithe*, une colonne de corps entremêlés haute de 14 m et entourée de personnages qui représentent la vie de la naissance jusqu'à la mort, se dresse au point culminant du parc. La dernière sculpture de l'axe principal du parc, *La Roue de la vie* (1933-1934), où sept personnages forment une ronde, symbole d'éternité, est bordée de massifs d'annuelles rouges et blanches l'été.

Le parc est particulièrement splendide l'hiver, lorsque les gazons et les parterres sont recouverts d'un manteau blanc et que le regard se pose sur des arbres dépouillés au loin. L'été, des érables colorés bordent les allées tandis que des rosiers jaunes et écarlates forment des blocs de couleurs vives. EH

Villa Mairea

Finlande

CRÉATEUR : Alvar Aalto
PROPRIÉTAIRES : famille Aalto
STYLE : moderne (XXe siècle)
SUPERFICIE : 0,6 ha
CLIMAT : tempéré
SITUATION : Noormarkku, Pori, Satakunta, Länsi-Suomi

L'une des maisons légendaires du XXe siècle, la villa Mairea, fut conçue entre 1937 et 1939 par Alvar Aalto, architecte et designer finlandais. Il adorait les villages de la région, qui selon lui « étaient nés des conditions naturelles [...] de l'architecture de forêt pure et simple ». La maison se dresse dans une clairière au milieu d'une forêt de pins, les arbres constituant le quatrième mur du bâtiment et clôturant le jardin. Aalto, qui avait vécu un an au Japon avant de créer la villa Mairea, admirait le rapport qu'entretenaient ses habitants avec la nature, leur respect du paysage dans la création de jardins et leur utilisation des matériaux indigènes. Le préau est doté d'un toit en gazon soutenu par des piliers qui rappellent des arbres, et ce toit de verdure est répété sur le sauna. Une cheminée de pierres dégrossies occupe l'espace entre ce préau et les murs de ciment lisse de la maison. De plus, un talus d'aspect naturel, une clôture rustique et une barrière définissent la limite entre jardin et forêt. On remarquera que les formes de la piscine, entourée par une pelouse et des plantes, sont douces et naturelles, tandis qu'une plate-forme en bois ancre le sauna lambrissé au sol, la partie qui s'avance au-dessus de la piscine servant de plongeoir pour de courts bains revigorants.

Aalto était un créateur très influent qui utilisait les lignes courbes dans ses meubles, ses édifices et leur jardin. Thomas Church, paysagiste américain qui lui rendit visite en 1937, fut influencé par cette fluidité. La villa Mairea demeure intemporelle ; certains éléments, issus de l'architecture locale traditionnelle, lui confèrent son caractère chaleureux. RChi

Jardin botanique de l'université d'Uppsala

Suède

CRÉATEURS : Carl Hårlemann, Carl Peter Thunberg
PROPRIÉTAIRE : université d'Uppsala
STYLE : botanique (XVIIIe siècle)
SUPERFICIE : 13,7 ha
CLIMAT : tempéré
SITUATION : Uppsala
NOM ORIGINAL : Botaniska Trädgården

L'histoire de ce jardin est liée à celle du jardin botanique de Carl von Linné à Uppsala (voir p. 154). Le jardin botanique d'origine, fondé en 1655, était situé dans le centre-ville d'Uppsala, près de la rivière Fyrisån, sur le site où se trouve désormais le jardin de Linné. Rétabli par le botaniste dans les années 1740, ce jardin a désormais retrouvé son plan d'origine.

Dès les années 1780, le jardin était devenu trop petit pour abriter la collection de plantes qui parvenaient à Uppsala sur la seule réputation de Linné. En outre, on jugea que l'humidité due à la proximité de la rivière n'était pas idéale pour la culture des plantes. Ainsi, en 1787 (un an avant le décès de Linné), son ancien étudiant et successeur, Carl Peter Thunberg, persuada le roi Gustave III de faire don du jardin du château d'Uppsala à l'université, site qu'il transforma ensuite en nouveau jardin botanique. Ce jardin avait été établi à l'origine dans les années 1750 selon le style baroque par l'architecte Carl Hårlemann, et le nouveau jardin fut inauguré pour le centenaire de la naissance de Linné en 1807. La réputation posthume de ce dernier permit à la collection horticole d'Uppsala de continuer à croître tandis que les dons du roi rendaient possible la construction d'une orangerie.

Aujourd'hui, plus de onze mille taxons y poussent dans une vaste gamme d'habitats naturels. On y trouve des collections de cultures industrielles, des parterres d'annuelles, des plantes xérophytes et de rocaille, des parterres de tourbe et une serre tropicale avec plus de quatre mille taxons. TM

Jardin botanique de Carl von Linné

Suède

CRÉATEURS : Carl Linnaeus, Olof Rudbeck, Carl Hårleman
PROPRIÉTAIRE : université d'Uppsala
STYLE : botanique (XVIIe, XVIIIe et XIXe siècles)
SUPERFICIE : 1 ha
CLIMAT : tempéré
SITUATION : Uppsala
NOM ORIGINAL : Linnéträdgården

Situé près de la Fyrisån à Uppsala, le jardin Linné occupe le site du premier jardin botanique de l'université d'Uppsala. Il montre à quoi ressemblait ce jardin au milieu du XVIIIe siècle.

Le jardin botanique d'Uppsala – désormais situé dans les jardins du château d'Uppsala (voir p. 153) – fut fondé ici en 1655 par Olof Rudbeck l'Ancien, un professeur de médecine, principalement afin d'éduquer les étudiants dans l'art de la pharmacologie. Dès la fin du XVIIe siècle, il abritait plus de mille espèces, dont bon nombre furent cultivées ici pour la première fois en Suède. Cependant, en 1702, un incendie détruisit la plus grande partie du jardin. L'université refusant de financer sa restauration, il dépérit quarante ans durant. Lorsque Carl von Linné fut nommé professeur de médecine en 1741, il entreprit les travaux nécessaires.

Le jardin devint l'un des plus beaux d'Europe, principalement grâce au zèle de Linné. Sa réputation croissante assura l'arrivée constante de nouvelles plantes. Celles-ci s'avéraient essentielles à son rôle d'enseignant et de chercheur. Linné s'intéressait particulièrement à un système de classification à base de noms latins et à la phénologie. Lorsqu'on déplaça le jardin botanique jusqu'à son site actuel, en 1807, l'ancien jardin fut encore négligé durant plus d'un siècle jusqu'à ce qu'en 1917, la Société linnéenne suédoise entreprenne la reconstruction du jardin de Linné. Elle est toujours responsable de l'entretien du musée lié au jardin. TM

Parcs d'Enköping

Suède

CRÉATEURS : divers
PROPRIÉTAIRE : Service des parcs d'Enköping
STYLE : paysagisme éclectique
SUPERFICIE : diverses
CLIMAT : tempéré
SITUATION : Enköping, Uppsala
NOM ORIGINAL : Enköpings Parker

Enköping, la petite ville la plus centrale de Suède, située près du lac Mälaren, abrite dix-sept remarquables espaces verts ou petits parcs aménagés. Leurs ambiances et leurs styles sont aussi variés que leurs formes et plantations. On ne peut malheureusement tous les décrire, mais on peut du moins les citer encore : le jardin Afzelius, le parc de Blomberg, le jardin Bleu, le parc Enchanteur, la place du Marché-aux-Poissons, le parc de Fridegård, le jardin de Gustav Adolf, la maison de Westerlund, Kaplanen, le parc de Kölnback, le parc du Monastère, le puits Munskund, le parc du Pasteur Spak, le parc Rosendal, Rådhusgården, le parc de l'École et le centre de voyage, qui abritent tous des éléments variés.

Créé à la fin du XIXe siècle, le jardin Afzelius (en hommage au poète Arvid August Afzelius) est le plus ancien et le plus populaire. Il est agencé autour de la fontaine de Johanna, caractéristique de son époque. Ses parterres, emplis de plantes l'été, ses pelouses et ses sentiers soignés sont disposés selon un plan géométrique. On peut voir dans le parc du monastère les vestiges d'un cloître franciscain du XIVe siècle. Le parc Enchanteur (1966), très différent, abrite deux cent vingt types de vivaces. Caractéristiques du style d'Oudolf, les compositions de couleurs subtiles forment un contraste marqué avec la forme des plantes. Les « ruisseaux » de trois types de *Salvia nemorosa* sont particulièrement frappants car ils se détachent sur les haies de hêtres aux formes architecturales. TM

Jardins de Drottningholm

Suède

CRÉATEUR : Nicodemus Tessin
PROPRIÉTAIRE : Cour royale de Suède
STYLE : baroque, parc paysager à l'anglaise
SUPERFICIE : 10 ha
CLIMAT : tempéré
SITUATION : île de Lovön, Stockholm
NOM ORIGINAL : Drottningholms Slott

Bâti sur l'île de Lovön, dominant le lac de Mälaren, le magnifique palais de Drottningholm est le lieu de résidence de la famille royale suédoise. Aujourd'hui inscrit au Patrimoine mondial de l'humanité, c'est le mieux préservé des châteaux royaux suédois du XVIIe siècle. Construit sur ordre de la reine Hedvig Eleonora, il fut dessiné par Nicodème Tessin l'Ancien (peut-être supervisé par André Le Nôtre).

Dès le début du XIXe siècle, les parterres avaient disparu ; ils furent restaurés plus tard par le roi Gustave VI dans les années 1950-1960. Aujourd'hui, le parterre de broderie est une version simplifiée de l'original. Des haies de buis taillées et une pelouse ont remplacé les motifs complexes de haies et de gravier coloré. Toutefois, les statues de bronze d'Adrien de Vries, dont celle d'Hercule, au centre, sont d'origine. Trophées de guerre, elles furent pillées à Prague et au Danemark.

Dans le parc, le pavillon chinois fut érigé en 1753 et présenté à la reine Louisa Ulrika pour son anniversaire. Elle chargea son architecte, Carl Fredrik Adelkrantz, d'ajouter des bosquets et de larges allées afin de créer un cadre romantique et naturel. Les bosquets abritaient des volières (dont seule une demeure, très changée) et au-delà se trouvait une ménagerie dont reste juste le bassin. Un quart de siècle plus tard, en 1780, Gustave III chargea Fredrik Magnus Piper de créer un nouveau parc paysager à l'anglaise. Situé au nord du jardin baroque, on y trouve des pelouses, des bosquets, des allées boisées et deux étangs avec canaux, îlots et ponts. TM

Jardin Milles

Suède

CRÉATEURS : Carl et Evert Milles
PROP. : Fondation Lidingöhem de Carl et Olga Milles
STYLE : jardin de sculptures (XXe siècle)
SUPERFICIE : 2 ha
CLIMAT : tempéré
SITUATION : île de Lidingö, Stockholm

Un jardin où se mêlent points de vue, terrasses…

En 1906, le sculpteur Carl Milles acquit un terrain sur les hauteurs de l'île de Lidingö au-dessus du lac Värtan. Deux ans plus tard, une maison et un atelier s'y dressaient. Carl et sa femme Olga, artiste elle aussi, y vécurent jusqu'en 1931. En 1936, le couple établit la Fondation Lidingöhem et, à la fin de la décennie, le jardin qu'ils avaient créé, baptisé Millesgården, fut ouvert au public. C'était le fruit d'une collaboration entre Carl et son demi-frère Evert, architecte. Il abritait un mélange de terrasses, d'escaliers, de plantes, de panoramas et les sculptures de Carl, même si la plupart sont des copies. On découvre sur la terrasse supérieure un portail de marbre qui appartenait autrefois à l'hôtel Rydberg de Stockholm, ainsi qu'une massive colonne de grès provenant de l'opéra du XVIIIe siècle de la capitale, surmonté des Ailes (1908) de Milles.

L'artiste fut profondément inspiré par les jardins de la côte italienne. C'était évident dès la première phase de construction (1911-1913). La loggia devait abriter un atelier en plein air afin de soulager les symptômes de la silicose dont souffrait Carl à cause de la poussière qu'il respirait en taillant la pierre. Au cours des années 1920, des propriétés attenantes furent achetées, et l'on construisit la terrasse du milieu et le petit atelier (orné de fresques à l'italienne). La Petite Autriche fut réalisée en 1924 : ici, dans un creux naturellement accidenté, Carl créa un paysage pittoresque et sculptural qui devait rappeler à sa femme son pays natal. Au-dessous, on découvre la terrasse d'Olga qui abrite la fontaine d'Aganippe (1955). Sur la terrasse du milieu se dresse, sur un haut piédestal de granit, une statue qui chante en direction du soleil.

Carl enseigna aux États-Unis de 1931 à 1950 et cessa de transformer son jardin. Evert continuait à imaginer ce qu'ils pouvaient réaliser à son retour. La grande terrasse du bas fut ainsi créée en 1950 et accueille trois fontaines : Poséidon, Europe et Jonas et la baleine. Carl s'éteignit en 1955. TM

Parc de Haga

Stockholm, Suède

CRÉATEUR : Fredrik Magnus Piper
PROPRIÉTAIRE : municipalité de Stockholm
STYLE : romantique (XVIIIe et XIXe siècles), parc paysager
SUPERFICIE : 5 ha
CLIMAT : tempéré
SITUATION : Stockholm
NOM ORIGINAL : Hagaparken

Le parc de Haga fait partie de l'*Ekoparken*, premier parc national au monde situé en pleine ville, qui s'étale autour de la crique de Brunnsviken. Il n'est pas étonnant que l'héritier du trône, le futur Gustave III, après avoir passé un certain temps dans ce cadre enchanteur au bord de la Baltique en 1776, ait décidé d'acquérir Haga en 1781. Dix ans plus tard, il créa le parc tel qu'il existe aujourd'hui en lui joignant le domaine de Brahelund. En même temps qu'il faisait édifier un palais-musée conçu par Louis-Jean Desprez, un Français, Gustave chargea aussi l'architecte Fredrik Magnus Piper de répéter à Haga ce qu'il créait pour lui à Drottningholm – un parc paysager à l'anglaise : un cadre romantique fait de bosquets, sentiers sinueux et vues panoramiques, très en vogue à l'époque.

L'ensemble est aussi remarquable grâce à ses nombreux édifices éclectiques, dont le pavillon turc, le pavillon royal (1782) et le Koppartälten (1790), une écurie dessinée par Desprez de façon à rappeler une tente militaire romaine. Tous les travaux furent suspendus en 1792 lorsque Gustave fut assassiné – ce qui demeure du palais et des sous-sols correspond à ce qui avait déjà été construit. Gustave IV continua cependant à développer Haga. En 1802-1804, il fit ajouter le pavillon de la reine, ou Haga Slott, où logent désormais les invités du gouvernement suédois. On ne manquera pas d'admirer l'Ekotemplet, la salle à manger d'été, et la pagode chinoise. TM

Cimetière des Bois d'Enskede

Suède

CRÉATEURS : Erik Gunnar Asplund, Sigurd Lewerentz
PROPRIÉTAIRE : municipalité de Stockholm
STYLE : naturalisme romantique (XXe siècle)
SUPERFICIE : 100 ha
CLIMAT : tempéré
SITUATION : Enskede, Stockholm
NOM ORIGINAL : Skogskyrkogården

Le cimetière des Bois d'Enskede, qui occupe une ancienne gravière, et où la forêt de pins est émaillée de pentes herbeuses, est merveilleusement paisible. On approche du lieu par une rampe entre deux murs et l'on est guidé en douceur depuis la grille d'entrée vers les « collines cérémoniales ». Bien que d'aspect naturel, celles-ci ont été soigneusement aménagées. Une rampe flanquée d'une immense croix de granit noir s'élève jusqu'à la loggia du crématorium tandis qu'un escalier, au flanc d'une deuxième colline, mène à un carré de bouleau baptisé le bosquet du Souvenir.

Souvent considéré comme l'un des architectes suédois les plus importants du XXe siècle, Erik Asplund était profondément intéressé par les traditions nordiques et leur impact symbolique sur le paysage suédois et inversement. C'était le candidat idéal pour la réalisation de ce cimetière qui dura vingt-cinq ans, débutant en 1915 lorsque Asplund et Lewerentz – qui dessina l'imposante chapelle de la Résurrection – remportèrent la compétition. Au bout d'un sentier boisé, la petite chapelle des Bois (un mélange de style local et classique, 1918-1920) fut le premier bâtiment d'Asplund. Elle démontrait d'emblée son naturalisme subtil et son habileté à tirer parti de la végétation et de la topographique, et demeure l'œuvre la plus célèbre de l'architecte. De fait, ironiquement, le premier enterrement qui eut lieu ici fut celui d'Asplund. En 1994, Skogskyrkogården fut inscrit au Patrimoine mondial de l'humanité, l'une des rares réalisations du XXe siècle à y être mentionnée. TM

Ulriksdal

Suède

CRÉATEURS : Hans Georg Kraus, Jacob De La Gardie, Jean de La Vallée, Carl Hårleman, Gösta Reutersward

PROPRIÉTAIRE : Couronne suédoise

STYLE : à la française (XVIIe siècle)

SUPERFICIE : 10 ha

CLIMAT : tempéré

SITUATION : Ulriksdal, Stockholm

NOM ORIGINAL : Ulriksdals Slott

En 1996, la zone qui comprend Ulriksdal, Brunnsviken, Haga et Djurgården devint le premier parc national urbain et l'espace vert le plus visité de Suède. Ce lieu ouvert relativement peu développé abritait une vaste gamme d'habitats naturels pour la faune et la flore et se trouvait commodément situé à proximité du centre-ville.

Le palais Ulriksdal fut édifié sur les rives du lac Edviken en 1644 pour Jacob De La Gardie, premier officier du royaume, par l'architecte Hans Jacob Kristler. Le palais fut nommé Jakobsdal jusqu'à l'époque de la reine Hedvig Eleonora. La reine Christine l'aimait tant que, lors de son couronnement, le somptueux cortège prit son départ ici ; un musée aménagé dans l'une des dépendances abrite d'ailleurs le carrosse qui fut utilisé ce jour-là. Christine fit aussi planter les jardins à la française en face du palais. Les derniers rois à l'utiliser furent Gustave VI et Louise entre 1923 et 1973.

À la fin du XVIIe siècle, la reine douairière Hedvig Eleonora chargea Nicodème Tessin le Jeune de concevoir l'orangerie, qui abrite encore aujourd'hui une petite collection de vieux arbres fruitiers ainsi que des sculptures de marbre plus récentes. Près de là se trouve le célèbre restaurant Ulriksdals Värdhus. Le jardin, son café et son terrain de boules sont très populaires l'été. On peut y assister à des concerts, à une exposition horticole annuelle, et, non loin de là, découvrir un petit théâtre et une jardinerie spécialisée dans les plantes insolites. TM

Grönsöö

Suède

CRÉATEURS : David von Schultzenheim, Willam Chambers

PROPRIÉTAIRES : famille von Ehrenheim, Fondation historique et culturelle Grönsöö

STYLE : Renaissance (XVIIe siècle), baroque (XVIIIe siècle), romantique

SUPERFICIE : 720 ha

CLIMAT : tempéré

SITUATION : Stockholm

Perché sur un promontoire qui s'avance dans le lac Mälaren, le palais Grönsöö impressionne. Le magnifique château d'origine fut construit par le chancelier Johan Skytte entre 1607 et 1611 comme symbole de sa réussite. Les propriétaires successifs continuèrent à l'agrandir, et les vestiges des différentes périodes ont été remarquablement conservés.

Le verger du début du XVIIe siècle qui date de l'époque de Skytte et comprend la pommeraie commerciale la plus ancienne de Suède constitue l'un des éléments les plus anciens du lieu. Devant lui se dresse le tilleul de la reine Christine, l'un des plus vieux d'Europe, planté en 1623. Un siècle plus tard, l'influence baroque donna naissance à des terrasses et à des massifs ordonnés autour de la demeure, à l'ajout de haies taillées de tilleuls et de frênes et à une double allée de châtaigniers. La période romantique, à la fin du XVIIIe siècle, vit l'apparition d'une île artificielle, d'un labyrinthe, de sentiers de style anglais, qui serpentent autour du palais et depuis lesquels on a toujours vue sur le lac, et de la pagode chinoise, l'une des attractions principales du jardin. On planta des arbres exotiques au XIXe siècle et l'on élimina le grand labyrinthe afin de créer un parc, lui-même remplacé dans les années 1920 par un jardin à fleurs où demeure encore un temple en fer forgé.

Aujourd'hui, un projet de restauration a pour objet de mettre en lumière l'histoire de l'architecture paysagiste suédoise du XVIIe siècle à nos jours. NS

Jardin japonais de Ronneby

Suède

CRÉATEURS : Henry August Flindt, Sven-Ingvar Andersson, Akira Mochizuki
PROPRIÉTAIRE : municipalité de Ronneby
STYLE : parc public (XIXe siècle)
SUPERFICIE : 32,4 ha
CLIMAT : tempéré
SITUATION : Brunnsparken, Ronneby, Blekinge
NOM ORIGINAL : Japanska Trädgården

Le jardin japonais de Ronneby, ou Brunnspark de Ronneby, est né en 1705 grâce aux vertus bénéfiques de son eau minérale. Cette station thermale était de taille modeste jusqu'en 1873, lorsque la compagnie Ronneby Hälsobrunns AB s'y établit et que la taille du domaine fut multipliée par quarante.

Le parc du XIXe siècle fut conçu dans un style allemand par le paysagiste danois Henry Flindt avec des plates-bandes près des bâtiments, des buissons autour des sentiers et du gazon entre les deux. En 1929 cependant, les propriétaires de l'établissement de cure firent faillite, et en 1959 l'hôtel brûla. Il fut remplacé par un autre deux ans plus tard et les bâtiments du jardin furent restaurés et transformés en bureaux.

Pour célébrer les six cents ans de la ville en 1987, le parc fut redessiné par Sven-Ingvar Andersson. Il créa le jardin des Mille-Roses, la montagne aux Rhododendrons, le jardin de parfums, des étangs, des éléments aquatiques et le jardin japonais (avec l'aide d'Akira Mochizuki, paysagiste japonais, et influencé par divers types de jardins asiatiques, dont les styles *tetra*, *roji* et zen-bouddhiste). À travers une porte de bambou, un sentier serpente jusqu'au pavillon de méditation entouré d'une montagne de bambous chantante, d'érables japonais et d'iris du Japon. Ce jardin aiguise l'esprit et réveille les sens. TM

Jardin Renaissance d'Uraniborg

Suède

CRÉATEUR : Tycho Brahe
PROPRIÉTAIRE : Commission nationale suédoise de la propriété (SFV)
STYLE : à la française, Renaissance (XVIe siècle)
SUPERFICIE : 0,3 ha
CLIMAT : tempéré
SITUATION : île de Ven, Skåne
NOM ORIGINAL : Uraniborgs Renässansträdgård

L'île de Ven est située dans le détroit qui sépare la Suède du Danemark. C'est ici que se trouvaient l'observatoire, la maison et le jardin de Tycho Brahe, astronome danois – le premier à jamais observer et décrire une supernova. Son ouvrage *De Stella Nova* (1573) fit sa célébrité mais prêta aussi à controverse car les cieux étaient alors considérés comme une création divine, parfaite et immuable. Il fut invité par diverses cours européennes mais le roi Frédéric II le persuada de rester en Suède en lui offrant l'île de Ven et la possibilité de construire un observatoire.

On peut découvrir les plans du jardin dans les ouvrages et gravures sur cuivre de Brahe. Il était carré, entouré de murs hauts de 5 m avec une entrée à chaque coin, et divisé en quatre quartiers. Brahe y cultivait trois cents types d'arbres. Il fut inspiré par sa visite du jardin botanique de Padoue en 1575, même si ses plantations furent réorganisées après qu'il eut rendu visite à sa sœur au château d'Eriksholm (aujourd'hui Trolleholm) en 1592. On a récemment effectué des fouilles archéologiques d'envergure ici et ainsi découvert des graines et du pollen qui ont permis d'identifier les plantes cultivées à l'époque de Brahe. Ce projet offre l'occasion unique d'étudier la flore qui poussait dans les jardins danois et suédois de la fin du XVIe siècle. Le lieu abrite aussi une serre pour plantes fragiles que Brahe cultivait probablement. TM

Slottsträdgården

Suède

CRÉATEURS : Camilla Anderson, John Taylor

PROPRIÉTAIRE : Service des rues et parcs de Malmö

STYLE : à l'anglaise et européen (XXe et XXIe siècles)

SUPERFICIE : 1,9 ha

CLIMAT : tempéré

SITUATION : Slottsparken, Malmö, Skåne

NOM ORIGINAL : Slottsträdgården

Slottsträdgården est un jardin plein de vitalité, aux lignes fluides, conçu par John Taylor. Anglais exilé, cultivé, passionné et aimable, il parcourt son domaine en bavardant avec les bénévoles ou les visiteurs dans un suédois mâtiné d'un accent du Yorkshire.

À Slottsträdgården, on a l'impression de se trouver dans un potager attrayant au milieu des fleurs, des plantes aromatiques et des légumes. Bien que très éloignés de la tradition suédoise, de grands parterres de hauts tournesols et huit jardins de démonstration créés par des paysagistes réputés et des écoliers offrent une immense variété. Selon John, « Malmö est un lieu dynamique et progressiste où un nouvel intérêt pour le jardinage et les liens communautaires est en train de l'emporter sur la traditionnelle réserve scandinave ».

Rien ici ne demeure statique longtemps. Près de l'entrée, une plate-bande varie jusqu'à quatre fois par an. Ses plantations comprennent un mélange spectaculaire de pavots, des Salvia, ainsi qu'un mariage de *Salvia patens* et de *Verbena bonariensis* accompagné d'un gaura délicat et de sorghos sucrés à tête rouge *(Sorghum vulgare)*. Le jardin répond parfaitement à l'imagination. L'utilisation de subdivisions permet la réalisation d'idées folles telles que le jardin suspendu, où plantes grimpantes et rampantes envahissent un cadre suspendu au-dessus de chèvrefeuilles et buis taillés. Le festival de Trädgården, le premier dimanche de mai et de septembre, constitue les deux temps forts de l'année. NS

Jardin de Sofiero

Suède

CRÉATEURS : Gustave VI, Margaret de Connaug

PROPRIÉTAIRE : municipalité d'Helsingborg

STYLE : divers, principalement rhododendrons (XXe siècle)

SUPERFICIE : 14,9 ha

CLIMAT : tempéré

SITUATION : Helsingborg, Skåne

NOM ORIGINAL : Sofiero Slott

À l'embouchure de la Baltique, un petit détroit sépare le Danemark de la Suède. Juste en face du château d'Hamlet à Helsingor se dresse la ville d'Helsingborg, en Suède. Il suffit de quelques minutes en voiture vers le nord pour atteindre Sofiero Slott, que le roi Gustave VI et son épouse, la princesse héritière Margaret, reçurent en cadeau de noces en 1905. Cela devint la résidence estivale préférée du roi. À sa mort, en 1973, il légua le château à la ville. Après avoir été peu entretenu pendant vingt ans, l'édifice bénéficia de rénovations importantes en 1993.

Lorsque le jardin ouvre ses portes en avril, le spectacle de dix millions de rhododendrons croulant sous les fleurs est époustouflant. Le roi était obsédé par ces arbustes et devint un expert renommé. Il entreprit sa collection dans les années 1930, planta bon nombre des espèces connues et leurs descendants hybrides découverts par des célébrités horticoles telles qu'Ernest Wilson, George Forrest, Frank Kingdon Ward et Joseph Rock. Après avoir subi des pertes à la suite de rudes hivers dans les années 1940, il organisa une deuxième phase de plantation.

Les rhododendrons ne sont pas la seule attraction du lieu. La princesse Margaret (décédée à l'âge de trente-huit ans en 1920) laissa aussi son empreinte sur le jardin. La promenade fleurie, aux plates-bandes de plantes herbacées, créée en 1914, offre un spectacle remarquable l'été. On ajouta par la suite le chai du roi dans le jardin anglais, le jardin parfumé de la reine Ingrid, le jardin du Désir et le potager victorien. TM

Kadriorg

Tallinn, Estonie

CRÉATEUR : Niccolo Michetti
PROPRIÉTAIRE : État estonien
STYLE : parc forestier et jardins fleuris à la française (XVIIIe siècle)
SUPERFICIE : 80 ha
CLIMAT : tempéré
SITUATION : Tallinn, Harjumaa

Aussi baptisé Katherinthal ou Ekaterinthal, Kadriorg fut créé par un tsar pour sa tsarine, et constitue de loin le jardin le plus remarquable de son genre en Estonie. Malgré son passé impérial, le parc, qui allie des zones boisées et des prairies à des sentiers et pistes cavalières ombragées, dégage une atmosphère détendue.

Il abrite en son centre le magnifique palais d'été de style baroque conçu par Niccolo Michetti pour Pierre le Grand en 1718. Le palais et son parc furent baptisés par le tsar en l'honneur de sa femme Catherine ou ëKadrií en estonien.

Le palais perdit une grande partie de sa splendeur sous le régime soviétique, à cause de rénovations inadaptées et d'un manque général d'entretien. Depuis, il a bénéficié de nombreux travaux de rénovation et, en 2000, a ouvert ses portes au public qui peut désormais y admirer la collection étrangère du musée d'Art estonien. Devant le château, le lac est apprécié des amoureux ou des familles qui viennent avec leurs enfants nourrir les cygnes et canards l'été, et patiner l'hiver.

Le jardin fleuri à la française à l'arrière a aussi retrouvé sa gloire du XVIIIe siècle et de futures rénovations sont prévues : des labyrinthes botaniques et tunnels devraient remplacer les tilleuls et érables qui sont désormais trop près du palais, et l'on dégagera le panorama pour révéler la vieille ville et la mer au-delà. Les directeurs du projet espèrent que ces travaux seront achevés en 2018, pour le tricentenaire de Kadriorg. NS

Attadale

Écosse

CRÉATEURS : Michael Innes, Nicolette Macpherson
PROPRIÉTAIRES : Ewen et Nicolette Macpherson
STYLE : jardin traditionnel des Highlands, avec plantations contemporaines
SUPERFICIE : 8 ha
CLIMAT : tempéré
SITUATION : Strathcarron, Wester Ross, Highlands

Attadale domine le loch Carron et jouit de vues sur l'île de Skye au loin. Le microclimat qui règne sur ce domaine, protégé par les collines et bénéficiant des effets du courant chaud de l'Atlantique Nord, a permis à Nicolette Macpherson de donner libre cours à sa passion, « créer des tableaux de plantes ».

Lorsque son mari hérita d'Attadale il y a vingt-cinq ans, Nicolette y découvrit un jardin avec rhododendrons, azalées et conifères. Habituée au sol argileux du Sussex, elle ne savait comment procéder. La nature l'aida en 1984 et 1989 lorsque des tempêtes déracinèrent les conifères qui bordaient l'allée, laissant derrière elles des cuvettes emplies de tourbe qu'alimentait un ruisseau. Les Macpherson firent alors appel au paysagiste Michael Innes, qui suggéra de barrer chaque cuvette d'un rondin pour créer une série d'étangs reliés entre eux. Le niveau de l'eau montant, on découpa une encoche dans chaque rondin et l'on permit ainsi à l'eau de s'écouler en créant une « cascade ». Le système fonctionne toujours dix-sept ans après.

Nicolette a restauré le jardin encaissé, ajouté un potager vert et rouge et réalisé un jardin japonais qui se marie étonnamment bien au paysage dépouillé des Highlands. Les sentiers conduisent désormais à un jardin boisé planté de méconopsides, et Nicolette a aussi disposé une collection de fougères sous un dôme géodésique. AG

À DROITE Le magnifique paysage des Highlands à Attadale, où prospère une étonnante gamme de plantes.

Jardin du château de Mey

Écosse

CRÉATEUR : reine mère Elizabeth
PROPRIÉTAIRE : The Queen Elizabeth Castle of Mey Trust
STYLE : jardin de cottage traditionnel
SUPERFICIE : 3,8 ha
CLIMAT : tempéré
SITUATION : Thurso, Caithness, Highlands

De mystérieuses tours de grès rose percent au-dessus d'un bois de sycomores contorsionnés, traversé par l'allée sinueuse qui mène au vieux Castle of Mey, situé au milieu des landes isolées de Thurso, dans la région la plus septentrionale des îles Britanniques. On peut apercevoir les Orcades de l'autre côté de l'estuaire du Pentland depuis ce château acquis par feu la reine mère en 1952 puis restauré. C'est d'ailleurs la seule demeure qu'elle ait jamais achetée. L'atmosphère confortable et accueillante des pièces communes reflète l'amour qu'elle portait au château.

Le jardin, entouré par de solides murs de pierre, est lui aussi remarquable. Il s'apparente au jardin de cottage, avec des massifs d'herbacées colorées, des astilbes, des primevères et des roses anciennes. Un rosier grimpant 'Albertine' encadre un siège de bois dans l'un des coins préférés de la reine mère. Il est entouré de petits parterres et de sentiers recouverts de coquillages provenant de la plage voisine.

L'une des plus belles plantes est une *Clematis orientalis* aux fleurs jaunes ; elle recouvre une haie devant les serres emplies d'une série de plantes en pot aux couleurs éclatantes qui orneront plus tard l'intérieur du château. De fait, le jardin tout entier était conçu pour atteindre son apogée lors des vacances annuelles de la reine mère en août et en octobre. On y trouve ainsi une superbe sélection de fruits, dont des fraises, des framboises, de la rhubarbe et des pommes, ainsi que des pruniers qui poussent en espalier contre les murs. RL

Jardins du château Cawdor

Écosse

CRÉATEURS : Archibald Campbell, Arabella Lennox-Boyd
PROPRIÉTAIRE : Mme de Cawdor
STYLE : à la française (XVIIIe, XIXe et XXe siècles)
SUPERFICIE : 1,4 ha
CLIMAT : tempéré
SITUATION : Cawdor, Nairn, Highlands

Ce château occupe une agréable situation ;
l'air, suave et léger, calme
doucement les sens.
Shakespeare, *Macbeth*, 1, 6, 1606

Ces vers décrivent d'une certaine manière Cawdor Castle. Entouré de vastes bois dans l'est des Highlands, ce château date du XIVe siècle. Les Cawdor lui ont ajouté au fil des siècles d'innombrables tourelles et pignons, même s'il ne semble exister aucun lien entre ce château et celui de Macbeth de Shakespeare.

Le jardin clos remonte au XVIIe siècle. À l'origine potager, il abrite aujourd'hui un labyrinthe inspiré de représentations romaines de celui du Minotaure à Cnossos. Établi au début du XVIIIe siècle, le jardin de fleurs possède une ambiance édouardienne grâce aux pavots, pieds-d'alouette et doubles roses trémières qu'il abrite, tous des habitués des jardins de cottage.

Le jardin en pente, sauvage, qui s'étend entre le château et le torrent, est planté de rhododendrons, de jonquilles, de primevères, de saules et de bambous. Le petit manoir d'Auchindoune, près de là, regorge de trésors horticoles de l'Himalaya, rapportés des gorges du Tsangpo au Tibet par les chasseurs de plantes qu'étaient Frank Kingdon-Ward et Jack Cawdor. On trouve aussi le potager d'Arabella Lennox Boyd, un arboretum, un golf et un hôtel. Mentionnons enfin qu'on peut également pêcher ici le saumon. RCa

Jardin d'Inverewe

Écosse

CRÉATEURS : Osgood Hanbury Mackenzie, Mairi T. Sawyer
PROPRIÉTAIRE : The National Trust for Scotland
STYLE : bois subtropical (XIXe et XXe siècles)
SUPERFICIE : 20 ha
CLIMAT : tempéré
SITUATION : Poolewe, Wester Ross, Highlands

Comment ce paradis subtropical et coloré peut-il exister ? Inverewe, situé sur un promontoire isolé, sur la côte nord-ouest des Highlands, subit les vents forts et les embruns de l'Atlantique. Il est plus au nord encore que Moscou, mais, ouvert toute l'année, il demeure pourtant l'un des jardins les plus appréciés d'Écosse.

Grâce au courant chaud du Gulf Stream, les hivers sont doux, mais Osgood Mackenzie, qui acquit le domaine d'Inverewe en 1862, dut toutefois planter des ceintures d'arbres, construisit de hauts murs protecteurs autour du potager et importa de grandes quantités de terreau (en bateau depuis l'Irlande paraît-il) afin de transformer la fine couche rocheuse de lande en sol fertile. Il lança aussi un programme annuel d'enrichissement du sol pour remplacer les nutriments emportés par les pluies. On applique encore chaque année environ deux cent vingt tonnes de tourbe, algues et fumier.

Le résultat ? On trouve à Inverewe des pavots bleus *(Meconopsis betonicifolia)*, des arbres aux lanternes *(Crinodendron hookerianum)*, des érythrones de Californie *(Erythronium californicum)*, des *Myosotidium hortensia*, d'innombrables bulbes d'Afrique du Sud, des eucalyptus de Tasmanie et d'Australie, des hélianthèmes de Méditerranée et des rhododendrons de Chine. La redoutable fille de Mackenzie, Mairi Sawyer, reprit le flambeau jusqu'à sa mort en 1953 et légua le domaine au National Trust écossais (équivalent de nos Monuments historiques). De minuscules moustiques sévissent à Inverewe et l'on doit donc absolument se protéger lorsqu'on visite le jardin. RCa

Jardins du château de Dunbeath

Écosse

CRÉATEURS : David Bryce, Xa Tollemach
PROPRIÉTAIRES : Stuart et Claire Threipland
STYLE : jardin clos à la française (XIXe siècle)
SUPERFICIE : 8,1 ha
CLIMAT : tempéré
SITUATION : Dunbeath, Caithness, Highlands

Lorsque David Bryce, architecte d'Édimbourg, aménagea l'allée de Dunbeath Castle, perché sur une falaise qui domine l'estuaire de la Moray dans le Caithness, il la conçut en forme de « trou de serrure », agencement qui s'avère aussi impressionnant aujourd'hui qu'au milieu du XIXe siècle. Lorsqu'on s'approche, on aperçoit la porte d'entrée à 1 km de là, et lorsqu'on continue, en descendant la colline, le château se révèle peu à peu, flanqué de talus herbeux, avec l'estuaire de Forth comme toile de fond.

Joyaux de la région, les jardins de Dunbeath abritent un jardin clos aménagé en 1860. Claire Threipland, la propriétaire actuelle, explique qu'en hiver, « le vent souffle à plus de 160 km/heure et l'on a du mal à rejoindre la voiture à pied ». Malgré le court été, les longues journées estivales l'ont encouragée à rénover ce jardin avec l'aide de Xa Tollemach, qui a remporté la médaille d'or de l'exposition florale de Chelsea. Cette collaboration a produit un jardin coloré qui contraste avec les lignes simples du château.

Des haies de *Fuchsia magellanica* aux fleurs rouges divisent le jardin en plusieurs espaces qui abritent une série de surprises, dont un potager très ordonné accompagné de fruits, de buissons et d'une tonnelle en métal. Une double plate-bande qui parcourt le jardin tout entier, d'est en ouest, le long d'un sentier herbeux, en constitue le clou. Elle est plantée de vivaces et de roses qui fleurissent en juillet et août. Une serre accueille les figuiers et abricotiers les plus septentrionaux d'Écosse, et si l'on grimpe au sommet de la tourelle près du mur bas, on découvre de magnifiques panoramas. AG

Langwell

Écosse

CRÉATEUR : inconnu
PROPRIÉTAIRE : Lady Anne Bentinck
STYLE : jardin clos écossais traditionnel (XIXe siècle)
SUPERFICIE : 0,8 ha
CLIMAT : tempéré
SITUATION : Berriedale, Caithness, Highlands

Les jardins offrent généralement un spectacle intéressant plusieurs mois durant. Ici cependant, comme à Balmoral, tout est pensé de façon à atteindre son apogée à l'arrivée de la famille royale, le 12 août, pour le début de la chasse à la grouse. Toutes les plates-bandes sont en fleurs, les fruits et légumes prêts à être cueillis au cours des six semaines suivantes. Contrairement à Balmoral, fermé au public, Langwell se visite sur rendez-vous.

Situé à la pointe nord-est de l'Écosse, à 1,6 km de la mer, ce jardin clos du XIXe siècle est aménagé en pente avec en contrebas un étang à l'italienne. Il est soumis aux vents polaires, bénéficie de peu de lumière l'hiver, et la période de croissance y est courte. Francis Higgins, jardinier en chef, jouit de vingt-deux ans d'expérience sous ce climat si froid que les haricots grimpants sont cultivés sous serre tout l'été.

Deux paires de doubles rangées de plantes herbacées où les vivaces robustes fleurissent à la fin de l'été divisent le jardin en longueur et en largeur. Chacun des quartiers ainsi créés, protégé de haies d'ifs, abrite un potager et des plates-bandes fleuries thématiques. Celle de phlox est superbe, et celle de dahlias, qui abrite aussi des cactus, explose de couleurs. Elle est parfaitement entretenue par Higgins qui débuta sa carrière dans une pépinière de dahlias. Chaque année, il change de thème pour ses plates-bandes d'annuelles, dont le plus simple et le plus spectaculaire demeure peut-être le mariage des tons cuivre, orange foncé et jaune des immortelles encadrées de sombres haies d'ifs. VR

Kerrachar

Écosse

CRÉATEURS : Peter et Trish Kohn

PROPRIÉTAIRES : Peter et Trish Kohn

STYLE : jardin de cottage anglais (XXe et XXIe siècles)

SUPERFICIE : 1 ha

CLIMAT : tempéré

SITUATION : Kylesku, Sutherland, Highlands

Lorsque Peter et Trish Kohn achetèrent Kerrachar, petite ferme dominant le Loch a'Chairn Bhain sur la côte nord-ouest du Sutherland, ils s'aperçurent que la parcelle cultivée près de la maison se prêtait à la réalisation d'un jardin. Onze ans plus tard, le couple possède un paradis empli de fleurs, où des combinaisons horticoles modernes s'intègrent au paysage environnant.

Puisque Kerrachar n'est accessible que par la mer, il était impossible d'y amener des machines, et le travail s'est donc principalement effectué à la main. On a aussi recyclé les matériaux déjà disponibles. Même si le jardin bénéficie des effets du Gulf Stream, les vents, porteurs de sel, y sont féroces en hiver. Peter et Trish commencèrent par planter des brise-vents (barrières constituées de filets et bois à l'intérieur d'un cadre formé d'aulnes indigènes, bouleaux, sorbiers et pins sylvestres), puis des arbustes. On installa un tunnel en polyéthylène où l'on ensemença plantes et boutures.

En défrichant le terrain, les Kohn découvrirent divers types de sol qui permettaient d'expérimenter vivaces et buissons, y compris ceux de l'hémisphère Sud. Les collections de lis et de roses surprennent dans ce jardin où le lis des prés jaune *(Lilium canadense)* prospère aussi bien que *L. canadense var. coccineum* et le rose *L. mackliniae*.

Trish reconnaît que, l'hiver, elle et son mari écoutent les prévisions météorologiques avec attention : « Parfois, un grand vent saupoudre tout de sel, et nous passons souvent des heures en janvier dehors, et arrosons au tuyau tous les arbres à feuilles persistantes pour éviter que le sel ne les brûle. » AG

Kildrummy

Écosse

CRÉATEUR : James Ogsten

PROPRIÉTAIRE : Kildrummy Gardens Trust

STYLE : rocaille et jardin d'eau (XXe siècle)

SUPERFICIE : 8,1 ha

CLIMAT : tempéré

SITUATION : Alford, Aberdeenshire

C'est depuis un pont que l'on découvre pour la première fois la vallée de Kildrummy. D'un côté, on domine un luxuriant jardin d'eau, de l'autre celui qui a été aménagé dans la carrière qui a fourni, il y a neuf siècles de cela, les pierres du château, désormais en ruines sur la colline. Lorsque le colonel Ogsten, fabricant de savon d'Aberdeen, acheta le domaine en 1898, il se bâtit une maison sur la rive opposée au château et relia l'ensemble par une reproduction de l'Auld Brig o'Balgownie, pont du vieil Aberdeen. Il semble que c'est alors qu'il faisait visiter sa maison qu'un invité lui fit remarquer qu'il ne manquait plus qu'un jardin. Cinq ans plus tard, une équipe de paysagistes japonais avait transformé le ruisseau qui coulait dans le ravin en un grand étang accompagné d'une série de bassins en cascade.

Les mélèzes, sapins ciguës et sapins argentés qui protégeaient l'endroit permirent d'y planter un jardin, mais il y gèle toujours. Le jardin d'eau est encerclé de *Symplocarpus foetidus*, de méconopsides, de primevères d'Asie et de gunnères qui apprécient le terrain acide, humide et frais d'Écosse. Les coteaux de la vallée et le jardin de rocaille sont plantés d'espèces alpestres robustes, enkianthus, andromèdes du Japon, nombreux rhododendrons, érables et deux rares chênes *Quercus robur* 'Purpurascens'. La demeure abrite désormais un hôtel de luxe dont le jardin opère indépendamment, ayant été institué en fidéicommis par le dernier propriétaire en 1968. Nulle part ailleurs en Grande-Bretagne on ne trouve un jardin aussi original dans un environnement aussi naturel. VR

Jardins du château de Crathes

Écosse

CRÉATEUR : famille Burnett
PROPRIÉTAIRES : famille Burnett, National Trust for Scotland
STYLE : à la française (XVIIIe siècle)
SUPERFICIE : 1,5 ha
CLIMAT : tempéré
SITUATION : Banchory, Aberdeenshire

Alexander Burnett débuta la construction de Crathes Castle en 1553 grâce aux fonds qu'avait apportés en dot la riche Janet Hamilton, fille du prébendier (grand personnage de l'Église) de Kincardine. Au XVIIIe siècle, on l'agrandit d'une aile. L'espace supplémentaire devait être terriblement nécessaire car la maîtresse des lieux de l'époque, Margaret, avait eu vingt et un enfants en vingt-trois ans. Les Burnett vécurent jusqu'en 1951 dans ce château qui abrite de nombreux trésors et dont la décoration intérieure fait écho à celle d'Edzell Castle.

Les splendides jardins enclos de murs et de haies d'ifs datent de 1702, mais leur aménagement actuel, création de James et Sybil Burnett, remonte à 1926. James Burnett entretenait une longue amitié avec Harold Hillier de Winchester, en Angleterre, avec qui il collectionnait des arbres et arbustes. Sybil Burnett, quant à elle, était une disciple de Gertrude Jekyll dont elle appréciait particulièrement l'ouvrage *Couleurs et jardins*. Influencée par celle-ci, elle créa ses propres combinaisons de couleurs en utilisant de grands parterres de plantes herbacées. Le site abrite huit jardins, dont celui des plates-bandes blanches, le jardin Rouge et le jardin d'Or – créé en mémoire de lady Sybil –, sur les conseils de Gertrude Jekyll : « Les plantes couleur d'or doivent tendre vers le jaune léger et non pas l'orange. »

Grâce à leur latitude septentrionale et aux longues journées d'été, les jardins restent magnifiquement fleuris jusqu'à la fin septembre. CH

Jardin de Pitmedden

Écosse

CRÉATEUR : The National Trust for Scotland
PROPRIÉTAIRE : The National Trust for Scotland
STYLE : jardins écossais à la française (XVIIe et XXe siècles)
SUPERFICIE : 6 ha
CLIMAT : tempéré
SITUATION : Pitmedden, Ellon, Aberdeenshire

Au milieu des magnifiques terres cultivées et des douces collines de l'Aberdeenshire, la verte précision architecturale de Pitmedden Garden stupéfie toujours le visiteur. Le Grand Jardin, dont les topiaires et haies de buis sont méticuleusement entretenues et conçues afin d'être admirées depuis un point de vue élevé, est une splendide reproduction de jardins écossais à la française du XVIIe siècle. Réalisés avec brio par l'équivalent écossais de la Caisse des monuments historiques, trois des quatre immenses parterres dessinent des motifs généralement associés au palais de Holyrood à Édimbourg. Le dernier motif est inspiré des armoiries de sir Alexander Seton, qui entreprit la réalisation d'un jardin sur ce site en 1675. Le panorama central, entre les divers parterres, est mis en valeur par une vaste pelouse ponctuée d'ifs parfaitement placés.

Les motifs ornementaux des haies de buis sont divisés par des volutes et arabesques dans le style d'un parterre de broderie français. Au printemps et en été, lorsque les espaces que délimitent les haies accueillent des milliers d'annuelles, l'effet est époustouflant. Leurs couleurs de pierres précieuses, le jaune et l'orange des soucis offrent un contraste splendide avec le vert sombre du buis, les graviers de granit et les pelouses tondues. L'entretien du jardin est de tout premier ordre, et le visiteur ne doit absolument pas manquer d'arpenter les terrasses pour découvrir une telle réalisation.

De merveilleuses bordures d'herbacées flanquent les parterres exposés au sud et à l'ouest. Des pommiers poussent aussi en espalier contre les murs derrière ces parterres. En forme de gobelet, d'éventail ou encore classiques, ils sont complétés par un tunnel d'anciennes variétés écossaises. Même si certains historiens des jardins ont critiqué son authenticité, Pitmedden est une grande réussite, pleine de charme et d'esprit. CR

Jardin de Glenbervie House

Écosse

CRÉATEURS : Patience Nicholson, Jill Macphie et autres
PROPRIÉTAIRES : Alastair et Fiona Macphie
STYLE : jardin clos à la française, bois
SUPERFICIE : 2,02 ha
CLIMAT : tempéré
SITUATION : Drumlithie, Kincardine, Aberdeenshire

Depuis ce jardin clos, niché sur un coteau exposé sud, on aperçoit, tout près, le manoir de Glenbervie. Abrité par de grands arbres, il se gagne par un sentier serpentant à travers un jardin boisé et qui enjambe un ruisseau avant de franchir d'élégantes grilles en fer forgé. Contrairement à de nombreux jardins clos qui ont été négligés ou ont disparu au XXe siècle, celui-ci appartient à la même famille depuis trois cents ans et a toujours été cultivé. C'est Jill Macphie, la propre nièce de la créatrice d'une bonne partie du jardin actuel, Patience Nicholson, qui l'entretient désormais. Elle voue une véritable passion au jardin boisé de style naturel à l'est de la maison ainsi qu'aux roses spectaculaires qui ornent le jardin l'été.

Cruciforme selon la tradition écossaise, le jardin est divisé en quatre sections par des sentiers de gravier que bordent des rosiers grimpants. Au-dessous de ces fleurs qui vont du blanc au rose et au bordeaux, un parterre de *Nepeta* 'Six Hills Giant' déborde sur les sentiers. Au fond du jardin, un muret surmonté d'une barrière de métal est envahi de roses blanches. Le clou du jardin – situé au croisement des sentiers – est une folie victorienne de style gothique, ornée de bancs en bois de saule et protégée d'un toit lambrissé recouvert de sphaigne.

Le haut du jardin est dominé par une rangée de serres victoriennes d'époque, en bois, que l'on ne voit que rarement en Écosse. Elles abritent une série d'espèces insolites, dont des *Gynura aurantiaca*, fuchsias, bougainvillées et plantes grimpantes, ainsi que des tomates, des pêches et plantes à repiquer. AG

Le clou de ce jardin est une folie victorienne.

Jardin du domaine de Pitmuies

Écosse

CRÉATEUR : Margaret Ogilvie
PROPRIÉTAIRE : Margaret Ogilvie
STYLE : jardin édouardien écossais
SUPERFICIE : 10,5 ha
CLIMAT : tempéré
SITUATION : Guthrie, Forfar, Angus

Ce manoir du XVIIIe siècle possède depuis longtemps un potager où plantes décoratives, ornementales et comestibles sont cultivées ensemble à l'exemple d'un potager français traditionnel. Ses plates-bandes surélevées accueillent des rangées ordonnées de légumes rehaussées de pois de senteur exubérants qui emplissent l'air de leur parfum l'été. On se laisse guider par les arômes le long du sentier qui mène à l'axe principal du jardin composé de deux longues et étroites plates-bandes d'herbacées. Débordant de vivaces, celles-ci combinent des couleurs principalement pastel, qui se répètent souvent et sont entremêlées de plantes à feuillage argenté et à fleurs blanches. Il est difficile de sélectionner les plus belles, mais les nombreuses roses, certaines anciennes et d'autres modernes, sont ravissantes, de même que les anciens cultivars de delphiniums d'un bleu spectaculaire. Les doux pastels de ces parterres fleuris couleur crème, blanche ou bleue font intelligemment écho à la décoration du salon qu'ils flanquent. Ils sont d'autant plus saisissants contre la toile de fond que constituent les pelouses et les arbres adultes du bois.

Avant de quitter les lieux, franchissez la porte qui mène au jardin boisé et promenez-vous le long de la Vinny, où vous trouverez le plus haut *Ilex aquifolium* 'Argentea Marginata' des îles Britanniques ainsi qu'un magnifique vieil érable à écorce de papier *(Acer griseum)*. La dernière surprise qui attend le visiteur est un colombier gothique, bâtiment ancien que l'on a transformé au XIXe siècle. CR

Jardins du château de Blair

Écosse

CRÉATEUR : M. d'Atholl
PROPRIÉTAIRE : Atholl Estates
STYLE : à la française (XVIIIe siècle)
SUPERFICIE : 1 012 ha
CLIMAT : tempéré
SITUATION : Blair Atholl, Pitlochry, Perth and Kinross

Au centre d'un domaine de 58 725 ha se dresse Blair Castle, un remarquable château blanc, demeure du duc d'Atholl et des Atholl Highlanders, la dernière armée privée d'Europe. Le duc entreprit dans les années 1730 de réaliser ces jardins dont les allées géométriques rayonnent à la française à partir du château. Lorsqu'on s'approche de celui-ci, c'est une folie de style gothique qui attire en premier le regard. Datant de 1761, elle est érigée sur une élévation de terrain alignée sur l'allée des tilleuls, la principale du château. C'est toutefois le jardin d'Hercule, qui date de 1758, qui constitue l'élément principal du parc. La restauration de ce jardin clos de 3,5 ha débuta en 1984. Autrefois envahi par la végétation, il abrite aujourd'hui un mélange de plantes comestibles et de plantes d'ornement aussi attrayant que divers. On a planté des légumes au pied des arbres des vergers, les parterres de plantes herbacées côtoient des urnes et statues, et le mariage insolite d'une folie du XIXe siècle, d'un pavillon et d'un pont chinois fonctionne à merveille. Une série de bassins et d'îlots complète l'ensemble.

On ne doit pas non plus manquer de visiter le bosquet de Diane, en l'honneur d'une statue de cette déesse romaine de la Chasse. Ses hauts arbres couvrent 0,8 ha plantés à partir de 1737. Ce bosquet est traversé par un ruisseau qu'enjambent deux ponts du XVIIIe siècle. Ils conduisent à une hauteur et aux ruines de l'église de St. Bride, site qui remonte à l'époque celte et où repose le vicomte Dundee, mort à la bataille de Killiecrankie (1689). TM

Jardins de Glendoick

Écosse

CRÉATEURS : Euan, Peter et Patricia Cox
PROPRIÉTAIRES : Peter et Patricia Cox
STYLE : collection de rhododendrons du XXe siècle
SUPERFICIE : 4 ha
CLIMAT : tempéré
SITUATION : Glendoick, Perth and Kinross

Les jardins de Glendoick abritent l'une des collections de rhododendrons les plus complètes au monde. En juin, le jardin est empli des voluptueuses fleurs en Technicolor des grands rhododendrons ainsi que du parfum et de la délicatesse des espèces naines.

En 1919, le propriétaire, Euan Cox, rejoignit le botaniste Reginald Farrer en Birmanie, où ils découvrirent de nombreuses nouvelles plantes. Cela devait être la dernière expédition de Farrer, et Cox fut chargé de l'étiquetage et de la diffusion des plantes. Leurs découvertes constituèrent les plantations initiales de ces jardins, depuis enrichis de plantes rares. Les chasseurs de plantes ne furent pas seulement de riches gentlemen de l'ère édouardienne, partis à l'aventure dans les territoires les plus reculés de l'Empire britannique. Le fils et le petit-fils d'Euan Cox, Peter et Kenneth, ont continué à voyager en Asie et en Chine, et font encore aujourd'hui de nouvelles découvertes.

On découvre, plantés sous les massifs de rhododendrons, des *Trillium*, des méconopsides, des lis ainsi que de rares nomocharis, tous collectés par les Cox. *Deutzia calycosa*, qui se couvre en début de saison de fleurs blanches et roses, fut découvert au cours de la première expédition. Près de là, un *Paeonia mairei*, aux grandes fleurs roses, pousse près du sol. Les Cox ont créé des centaines de nouvelles variétés à partir de plantes collectées durant près d'un siècle. Certaines sont parfumées et naines, d'autres, plus récentes, sont recouvertes d'un feuillage rouge ou violet. On peut les admirer à travers le jardin, les variétés les plus récentes occupant les parterres d'essai à l'entrée. JHo

Jardins du château de Drummond

Écosse

CRÉATEUR : Lewis Kennedy
PROP. : Grimsthorpe and Drummond Castle Trust Ltd.
STYLE : parterre à la française (XIXe siècle)
SUPERFICIE : 7,3 ha
CLIMAT : tempéré
SITUATION : Muthill, Crieff, Perth and Kinross

Rien n'impressionne autant que le grand parterre de Drummond Castle lorsqu'on le découvre pour la première fois, après avoir franchi l'arche du donjon du XVe siècle et que l'on contemple à ses pieds, à 18 m en contrebas, un tableau qui s'étend sur 2 ha.

Le jardin, qui a toujours appartenu aux Drummond, porte l'empreinte de nombreuses générations. Il fournissait des cerises à James IV d'Écosse dès 1508. Son célèbre cadran solaire avec obélisque fut ajouté en 1630. Deux ans plus tard, le jardin fut agencé à la française par le paysagiste Lewis Kennedy. Il est traversé d'est en ouest par les lignes diagonales de la croix de Saint-André et du nord au sud par une longue perspective découpée au milieu des coteaux boisés. Sir Charles Barry devait édifier un château majestueux pour accompagner le nouveau parterre. Il ne fut finalement jamais construit, mais des terrasses à l'italienne, des escaliers baroques, des statues et des urnes furent ajoutés. Lewis Kennedy, qui avait travaillé pour Joséphine au parc de la Malmaison (voir p. 606), apporta à ce jardin les éléments français que sont parterres de broderie, étangs et allées. Sous l'ère victorienne, on planta des arbres à feuilles persistantes qui formèrent un tapis de verdure. Mais ce sont les deux cents houx et ifs taillés et les combinaisons de couleurs patriotiques et héraldiques qui frappent le plus. La lavande, bleue, et l'anaphalis, argentée, représentent le drapeau écossais. Les rouges et jaunes des roses thé hybrides, des *Taxus baccata* 'Semperaurea', des *Prunus ceracifera* 'Pissardii' et de trente variétés d'érables font allusion aux armoiries de la famille. VR

Jardin d'Arduaine

Écosse

CRÉATEUR : James Arthur Campbell
PROPRIÉTAIRE : The National Trust for Scotland
STYLE : jardin boisé (XIXe siècle)
SUPERFICIE : 20 ha
CLIMAT : tempéré
SITUATION : Oban, Argyll and Bute

La côte sauvage et balayée par les vents du détroit de Jura dans l'ouest des Highlands écossais cache une oasis paisible. Protégé par l'air chaud du Gulf Stream, Arduaine Garden est un jardin boisé tranquille situé sur un merveilleux promontoire.

James Arthur Campbell acquit le terrain au cours des années 1880 et comprit qu'en contrôlant le vent, il pouvait faire de ce site inhospitalier un superbe jardin. À son retour du Sri Lanka où il travaillait sur les plantations de thé familiales, il commença à planter des barrières protectrices de conifères exotiques et d'arbres indigènes à feuilles caduques. Une fois les vents et les embruns maîtrisés, il emplit le jardin d'arbres et arbustes rares, ainsi que de sa collection de rhododendrons. Lorsqu'il mourut en 1929, c'était l'une des plus importantes de Grande-Bretagne.

C'est désormais l'équivalent écossais de la Caisse des monuments historiques qui est propriétaire du jardin où les arbres protègent une collection de plantes du monde entier. L'air doux et les pluies importantes (190 cm par an) produisent une végétation luxuriante et permettent aux plantes tendres de prospérer. Malgré la présence d'espèces exotiques, l'atmosphère paisible d'une forêt de feuillus règne à Arduaine. Des bassins de nénuphars indigènes sont bordés de fougères qui se marient aux feuilles épaisses et aux fleurs bleues intenses des *Myosotidium hortensia*. Une collection d'arbustes originaires d'Amérique du Sud, particulièrement du Chili, abrite des spécimens très rares en Europe.

Un sentier longe les énormes rhododendrons et traverse les arbres pour parvenir à un poste d'observation. Sur cette plate-forme, on comprend à quel point le vent peut souffler fort et on apprécie l'influence apaisante des arbres du jardin. On y découvre aussi l'un des paysages marins les plus époustouflants d'Écosse. Le vent peut être féroce, mais la vue en vaut réellement la peine. JHo

Jardin botanique de Benmore

Écosse

CRÉATEURS : Ross Wilson, Piers Patrick, James Duncan, famille Younger
PROPRIÉTAIRE : Jardin botanique royal d'Édimbourg
STYLE : pinède, boisé (XIXe siècle)
SUPERFICIE : 52,6 ha
CLIMAT : tempéré
SITUATION : Dunoon, Argyll and Bute

Rien ne pouvait être plus approprié que cette large allée de séquoias pour pénétrer dans l'une des plus belles collections de conifères au monde. La vallée d'Eachaig, œuvre de propriétaires qui, de toute évidence, aimaient passionnément leurs arbres, couvre un vaste pan de montagne. Ross Wilson fut le premier à planter ici en 1820, mais c'est Piers Patrick, qui, en 1863, un an après avoir acquis ce domaine, planta l'allée de séquoias qui atteignent désormais 40 m de haut. Les plantations gagnèrent encore en envergure avec de nouveaux propriétaires à la fin du XIXe siècle. De 1871 à 1883, James Duncan ajouta environ six millions d'arbres, et Henry Younger et sa famille imitèrent son exemple lorsqu'ils achetèrent le domaine en 1889. Aujourd'hui, on y trouve plus de deux cents espèces et de nombreuses variétés de conifères. Le jardin abrite six cent cinquante espèces de rhododendrons, dont bon nombre collectées par le chasseur de plantes George Forrest, au début du XXe siècle. Benmore possède certains des plus grands conifères de Grande-Bretagne, mais le jardin clos abrite trois cents variétés de taille plus modeste.

Depuis 1929, c'est le Jardin botanique royal d'Édimbourg qui gère Benmore. Ces dernières années, on a créé une clairière de forêt vierge chilienne et, plus loin, une clairière du Bhoutan accueille des plantes de l'Himalaya. Pour des panoramas spectaculaires, des plantes et un paysagisme d'envergure, rien ne surpasse Benmore. N'oubliez pas de vous munir de chaussures de marche. MC

Glenarn

Écosse

CRÉATEURS : Archie et Sandy Gibson, Sue et Mike Thornley
PROPRIÉTAIRES : Sue et Mike Thornley
STYLE : rhododendrons et magnolias (XXe siècle)
SUPERFICIE : 6,5 ha
CLIMAT : tempéré
SITUATION : Rhu, Glasgow, Argyll and Bute

Il y a vingt-cinq ans de cela, lorsque Mike et Sue Thornley découvrirent pour la première fois le jardin à flanc de coteau dominant le lac de Gareloch qu'était Glenarn, ils furent éblouis et surent immédiatement qu'ils désiraient consacrer le reste de leur vie à restaurer ces plantations de rhododendrons et de magnolias autrefois célèbres. Trois minutes plus tard, leur résolution fut mise à l'épreuve lorsqu'ils découvrirent la maison décrépite. Talonnés par des promoteurs, ils ne purent attendre.

L'histoire du jardin était intéressante : il fut planté par deux frères experts-comptables, Archie et Sandy Gibson, qui avaient mis à profit les clairières créées par les terribles tempêtes de 1928. Ils s'étaient aussi liés d'amitié avec des jardiniers écossais réputés qui leur firent don de surplus de plantes, dont des espèces rares de rhododendrons ensemencées à partir de graines introduites par les collectionneurs Frank Kingdon-Ward, Frank Ludlow et George Sherriff. Plus tard, au cours des années 1950, ils ajoutèrent des magnolias tels que *Magnolia sprengeri* 'Diva', aux fleurs roses, et des hybrides rouges et blancs de *M. campbelli*, pour établir une collection inégalée en Écosse.

Les frères moururent des années avant que Michael et Sue, deux architectes, n'arrivent à Glenarn. Malgré leur budget extrêmement limité, ceux-ci ne se laissèrent pas décourager. Tandis que leurs enfants Hannah et Matthew jouaient dans la serre, les parents entreprenaient l'immense tâche qu'était la restauration du jardin. Ils furent surveillés de près par des experts qui craignaient qu'ils ne détruisent des plantes rares mais qui les aidèrent aussi en découvrant dans le grenier une boîte de négatifs. Plusieurs surprises les attendaient, dont une rocaille et une zone marécageuse où poussaient les primevères. « Au début, nous ne savions pas identifier quoi que ce soit, explique Sue, mais, outre notre famille, le jardin est notre plus grande passion. » AG

Jardin de Crarae

Écosse

CRÉATEUR : famille Campbell
PROPRIÉTAIRE : National Trust for Scotland
STYLE : boisé (XXe siècle)
SUPERFICIE : 20,2 ha
CLIMAT : tempéré
SITUATION : Minard, Inverary, Argyll and Bute

« Ce qui s'approche le plus d'une vallée himalayenne au Royaume-Uni » : c'est ainsi que Roy Lancaster, chasseur de plantes et éminent horticulteur, décrivait Crarae Garden.

Situé sur les rives du Loch Fyne sur la côte ouest de l'Écosse, il bénéficie de certains effets du Gulf Stream. Il fut réalisé au début du XXe siècle par lady Campbell, dont le neveu était le grand collectionneur de plantes Reginald Farrer qui influença indubitablement les jardins de sa tante, où l'on retrouve certaines des espèces de rhododendrons qu'il introduisit en Grande-Bretagne au retour de ses expéditions.

Le jardin appartient au National Trust for Scotland, mais c'est bien George Campbell et son fils Ilay qui virent la possibilité d'établir ici un jardin unique, adapté à toutes les espèces de rhododendrons. George Campbell débroussailla un ravin central où un torrent cascade sur les rochers pour rejoindre les pentes du jardin en contrebas. Père et fils plantèrent un assortiment d'arbres de premier ordre, dont des érables, des *Cercidiphyllum*, des cornouillers et des hamamélis qui se parent de couleurs fabuleuses à l'automne et offrent leur protection à la vaste gamme de buissons et de plantes qui poussent à leur pied. On y découvre une vaste collection d'eucalyptus, d'arbres de feu et d'arbres aux lanternes du Chili ainsi que des conifères rares. Les primevères et de merveilleux méconopsides bleus (*Meconopsis x sheldonii*) prospèrent dans le jardin marécageux. Avant de quitter les lieux, assurez-vous d'admirer le fantastique panorama sur le Loch Fyne depuis le sommet de Flagstaff Hill. RL

Jardins de Colonsay House

Écosse

CRÉATEURS : Malcolm MacNeil, famille MacNeil, Lord Strathcona
PROPRIÉTAIRES : Alex et Jane Howard
STYLE : bois (XIXe siècle)
SUPERFICIE : 8,1 ha
CLIMAT : tempéré
SITUATION : île de Colonsay, Argyll and Bute

Si la visite d'un jardin doit vous demander des efforts – il faut en faire pour atteindre l'île de Colonsay –, vous appréciez certainement qu'il y ait autre chose à voir autour. Il est donc heureux que les jardins de Colonsay House soient situés sur l'une des plus belles îles au monde, longue de 13 km, entourée de plages sablonneuses, d'une mer étincelante, de merveilleuses fleurs sauvages et de collines parsemées de moutons.

Évidemment, on est ici en Écosse et l'hiver peut être rude avec des vents de 97 km/heure. Le jardin a cependant bénéficié de la sagesse de ses créateurs, qui, au XIXe siècle, plantèrent des bois de feuillus tout autour. Ces bois furent encore agrandis dans les années 1930, et de ce fait les jardins sont désormais protégés et peuvent accueillir nombre d'arbustes intéressants et insolites. On découvre encore dans les bois les vestiges d'un jardin plus grand et plus majestueux, mais les plantations plus récentes sont l'œuvre de lord Strathcona, père du propriétaire actuel. Plus près de la maison, les jardins – un vif ruisseau aux rives merveilleusement plantées, des terrasses gazonnées soigneusement entretenues et une loggia – sont moins sauvages. Ces jardins conduisent à celui du phare, plus récent, conçu autour du verre déformant des lentilles abandonnées du phare d'Islay. Pour résumer, il y a de quoi intéresser tout un chacun. Le voyage en vaut-il la peine ? Absolument. JA-S

Jardins victoriens d'Ascog Hall

Écosse

CRÉATEURS : Edward La Trobe Bateman, Wallace et Katherine Fyfe
PROPRIÉTAIRES : Wallace et Katherine Fyfe
STYLE : fougères (XIXe siècle), plantations modernes
SUPERFICIE : 1,2 ha
CLIMAT : tempéré
SITUATION : île de Bute, Argyll and Bute

Ascog Hall est une demeure écossaise de type seigneurial bâtie par Alexander Bannatyne Stewart, négociant de Glasgow. Ce domaine depuis lequel on aperçoit l'estuaire de la Clyde abrite une serre victorienne de fougères, récemment restaurée. À la mort de Stewart, la demeure et la serre furent longtemps abandonnées et envahies par la végétation. Les propriétaires actuels découvrirent le lieu par hasard en 1990. En débroussaillant, ils dégagèrent les sentiers de mosaïque et les murs de grès. Plus tard, ils découvrirent dans un exemplaire du magazine *Gardener's Chronicle* datant de 1879 une description du lieu et un inventaire des fougères.

Les Fyfe ont pu remplacer le toit à l'identique et ainsi redonner à la structure son ancienne gloire. Étonnamment, une fougère (une *Todea barbara* vieille de mille ans) avait survécu et, avec l'aide du Jardin botanique royal d'Édimbourg, les stocks de fougères ont été entièrement reconstitués. Les Fyfe sont aussi en train de rénover le reste des jardins, conçus par Edward La Trobe Bateman et, comme la maison et la serre, envahis de broussailles depuis des années. Aujourd'hui, les nouvelles plantations bordent les sentiers d'origine, complétées par une roseraie et un jardin de gravier tout nouveau. JA-S

À DROITE L'extraordinaire serre aux fougères d'Ascog Hall, dont la restauration a débuté au cours des années 1990.

Jardins du manoir de Mount Stuart

Écosse

CRÉATEURS : M. de Bute, Thomas Mawson, Rosemary Verey, James Alexander Sinclair
PROPRIÉTAIRE : Johnny Bute
STYLE : parc (XVIIIe siècle), rocaille (XIXe siècle), plantations (XXe et XXIe siècles)
SUPERFICIE : 121,5 ha
CLIMAT : tempéré
SITUATION : Rothesay, île de Bute, Argyll and Bute

Le manoir de Mount Stuart se dresse dans toute sa splendeur gothique sur l'île de Bute. Réchauffés par le Gulf Stream et abreuvés par d'abondantes pluies, les jardins et le bois se sont développés au cours des trois derniers siècles. Entrepris en 1717 par M. de Bute, botaniste et jardinier réputé (qui participa à la fondation des jardins de Kew, p. 386), puis brièvement Premier ministre, ils sont divisés en différentes parties.

La plus ancienne et la plus grande, appelée The Policies (équivalent écossais d'un parc anglais), est constituée de bois que parcourent des sentiers et des allées cavalières. Le Petit Jardin – qui occupe tout de même 2 ha –, établi en 1823, contient principalement des plantes de l'hémisphère Sud. Le jardin de rocaille occupe la position proéminente, près du château, et fut conçu par Thomas Mawson dans les années 1890. Établi autour de deux ruisseaux canalisés dans des conduites de pierre sur plus de 1,5 km, il abrite des plantes asiatiques. Plus loin, le potager a été planté autour d'un pavillon de verre par Rosemary Verey et restauré par James Alexander-Sinclair en 2000. Le plus récent des jardins entoure le tout nouveau centre d'accueil des visiteurs, où les plantations dessinent un motif inspiré d'un trombone.

Les Bute sont depuis toujours adeptes du changement, comme le montrent l'architecture et la décoration du manoir. C'est aussi évident dans les jardins qui reflètent de nombreuses périodes de l'histoire sans être spécifiquement liés à aucune d'entre elles. JA-S

Jardins d'Achamore

Écosse

CRÉATEUR : James Horlick
PROPRIÉTAIRE : Isle of Gigha Heritage Trust
STYLE : boisé (XIXe et XXe siècles)
SUPERFICIE : 16 ha
CLIMAT : tempéré
SITUATION : île de Gigha, Argyll and Bute

Les jardins d'Achamore sont incontournables lors de toute visite de Gigha. Son accès n'est pas aisé. On doit se rendre en voiture jusqu'à la pointe de la péninsule du Kintyre avant de s'embarquer sur un ferry qui parcourt les 5 km du détroit de Gigha. Le voyage en vaut cependant la peine, en particulier au printemps. Vous pourrez admirer un *Rhododendron sinogrande*, dont les feuilles atteignent 80 cm de long, et d'autres au feuillage attrayant comme *R. preptum* dont le dessous des feuilles est marron et duveteux. Bon nombre de plantes sont impressionnantes, même si certaines, comme *R.* 'Blue Tit Magor', sont plus compactes ; d'autres se couvrent de fleurs parfumées. Certaines variétés himalayennes sont couvertes d'une belle écorce *(R. thomsonii)* et de tiges pourpres.

Le jardin fut établi en 1884 lorsque le capitaine William Scarlett acquit ce terrain pour y bâtir Achamore House. Il planta des sycomores et des épicéas pour le protéger des vents violents, chargés de sel, et pour offrir des abris au gibier à plumes. Ce n'est toutefois qu'à l'arrivée de James Horlick en 1944 que le jardin s'emplit de rhododendrons et de plantes exotiques. Celui-ci dégagea une série de clairières parmi d'épais bosquets de *R. ponticum* rampants et planta des centaines d'arbres et arbustes, dont des nothofagus, *Cercidiphyllum*, camélias et *Eucryphiacea*. Après le décès de Horlick en 1972, le jardin fut longtemps négligé, mais lorsque la collectivité locale racheta l'île en 2002, elle entreprit un programme de restauration. Peu de jardins de rhododendrons en Grande-Bretagne bénéficient d'un tel environnement. MC

Jardin de Dun Ard

Écosse

CRÉATEURS : Niall Manning, Alastair Morton
PROPRIÉTAIRES : Niall Manning, Alastair Morton
STYLE : moderne (XXe siècle)
SUPERFICIE : 1,2 ha
CLIMAT : tempéré
SITUATION : Fintry, Stirling

Selon le concept qui sous-tend ce joyau moderne, les jardins cachés sont plus passionnants parce qu'ils se font désirer. Ainsi, seule une longue perspective, qui rejoint le sommet de la colline, se découvre à la vue à travers les portes vitrées à l'arrière de la demeure de Dun Ard. Son jardin, qui fut réalisé à flanc de coteau en 1990 par Niall Manning et Alastair Morton, dévoile progressivement ses terrasses et talus, tous cachés derrière des haies d'ifs, de houx et de charmes. Des espaces architecturaux clairement définis, dont un étang, un parterre en terrasse, un cercle de grès et une allée de charmes au tronc tressé forment un contraste avec le bois, le verger et les prairies emplies de bulbes et d'orchidées. Le parterre qui fleurit au début de l'été est constitué d'une masse de hautes véroniques onduleuses, de fenouils vaporeux et d'euphorbes d'un vert acide. Le jardin de fin d'été est planté de graminées et de couleurs chaudes. Le jardin abrite aussi une plate-bande de légumes, deux serres, un potager d'ornement et un carré de plantes aromatiques. L'ensemble, de culture biologique, met l'accent sur des variétés anciennes.

Le jardin de Manning déborde de concepts multiséculaires, glanés à travers livres, voyages et visites. La longue perspective de verdure a été inspirée par la Villa Cetinale, près de Sienne, tandis que le parterre en terrasse évoque les jardins suspendus du Palazzo Piccolomini de Pienza. La pyramide reprend le dessin de la glacière du Désert de Retz à Chambourcy (78), tandis que le cercle de grès fait écho aux installations de l'artiste James Turrell en Irlande. VR

Jardin du château de Stirling

Écosse

CRÉATEUR : inconnu
PROPRIÉTAIRE : Historic Scotland
STYLE : à la française (XVIe et XIXe siècles)
SUPERFICIE : 1 ha
CLIMAT : tempéré
SITUATION : centre historique de Stirling

Stirling Castle domine le site de certaines des plus importantes batailles qui aient jamais eu lieu en Écosse. Sous ses murs, les armées d'Angleterre furent vaincues au pont de Stirling par William Wallace en 1297 et à Bannockburn par Robert Bruce dix-sept ans plus tard. Deux siècles et demi après, Marie Stuart, reine d'Écosse, vécut enfant dans ce château et y fut couronnée en 1543. Son fils, James VI d'Écosse et Ier d'Angleterre, y fut baptisé.

Compte tenu de la longue histoire du château ainsi que de sa position dominante et défensive, on sera surpris d'apprendre que le jardin de la reine Anne ne fut créé qu'au XIXe siècle. Ses pelouses soignées, l'ombre de ses arbres et les parterres fleuris au pied des anciennes murailles ou le long des sentiers de pierre où ils sont emplis de roses participent à sa tranquillité. C'est depuis le jardin de la reine Anne que l'on bénéficie du meilleur point de vue sur le plus intéressant des jardins. Le parterre de broderie du roi fut conçu en 1520 en dehors de l'enceinte du château par James V (le père de Mary Stuart) en hommage à son épouse française, Marie de Guise. Aujourd'hui, seuls les terrassements de ce grand jardin à la française (modifié au XIXe siècle) sont encore visibles. Il semble aussi que ce jardin ait remplacé au XVIe siècle un autre encore plus ancien et planté par James Ier après son couronnement en 1424. On pense qu'il imitait le jardin du roi du château de Windsor, où James avait été emprisonné. Depuis sa chambre dans le donjon, il y avait aperçu pour la première fois sa future reine, lady Jane. TM

Domaine de Cambo

Écosse

CRÉATEUR : Catherine Erskine
PROPRIÉTAIRES : Catherine et Peter Erskine
STYLE : à la française, bois (XXe siècle)
SUPERFICIE : 29,3 ha
CLIMAT : tempéré
SITUATION : Kingsbarns, St. Andrews, Fife

Une longue allée serpente à travers les bois de feuillus de Cambo Estate jusqu'à l'imposante demeure victorienne construite en 1881. À l'arrière, un vif ruisseau cascade au milieu du jardin clos de 1 ha, traverse les bois, puis se dirige vers la mer du Nord.

Peter Erskine hérita en 1976 de ce domaine qui appartient à sa famille depuis 1688. Sa femme, Catherine, a développé les jardins au cours des deux dernières décennies, en s'intéressant principalement aux perce-neige tout en cultivant le jardin clos de façon qu'on y trouve des couleurs depuis mai jusqu'à la fin de l'automne. C'est une petite parcelle que l'on a débroussaillée près des bois qui accueille principalement les perce-neige et où des cultivars tels que *Galanthus* 'S. Arnott', au parfum de miel, prospèrent. Ils sont suivis de muscaris d'un bleu profond, d'anémones, de gloires des neiges et d'érythrones dents-de-chien dans le jardin clos. On trouve aussi ici une allée de lilas, des pergolas et des vieux pommiers couverts de roses, ainsi que des rosiers anciens sous un prunier dans un parterre bordé d'alchémille molle.

Le centre du jardin clos abrite une allée de *Nepeta* derrière laquelle poussent des *Allium*, des roses anciennes et des géraniums robustes qui fleurissent au début de l'été. En juillet et août, c'est le potager ornemental, aux lignes fluides et aux basses haies de potentille, qui atteint son apogée. Diverses plates-bandes de plantes herbacées fleurissent plus tard, dont des anémones du Japon, des asters d'automne, des eupatoires et des schizostylis que ponctuent de hautes graminées, dans un style très moderne. VB

Jardin du château d'Earlshall

Écosse

CRÉATEUR : Robert Lorimer

PROPRIÉTAIRES : Paul et Josine Veenhuijzen

STYLE : topiaires (fin du XIXe siècle)

SUPERFICIE : 1,6 ha

CLIMAT : tempéré

SITUATION : Leuchars, Fife

Avec ses énormes paons et poivriers topiaires sur ses pelouses, Earshall est le plus beau jardin de ce genre en Écosse. Nathaniel Lloyd, père de Christopher, fut si impressionné par ce spectacle dans les années 1920 qu'il demanda à son architecte, Edwin Lutyens, de reproduire cette idée à Great Dixter en Angleterre (voir p. 426). L'architecture sur laquelle se détachent les topiaires, résultat homogène de cinq siècles d'interventions, est tout aussi saisissante.

C'est à Robert Lorimer, génial architecte du mouvement Arts and Crafts, que l'on doit la restauration d'Earlshall Castle, du XVIe siècle, ainsi que la conception du jardin et des pavillons à la fin des années 1890. Il obtint cette première commande d'importance à l'âge de vingt-six ans après avoir participé à la rénovation de Kellie Castle. Lorimer bâtit à l'entrée du domaine une maison de gardien qui s'ouvre sur une longue allée de tilleuls. Le jardin demeure toutefois caché derrière des murs. Il comprend un verger, un parterre de buis, un gazon où l'on joue aux boules, une pelouse de topiaires et un potager, tous séparés par des haies de houx et d'ifs taillées.

L'amour que portait Lorimer à l'artisanat se devine à la porte en bois sculpté, à la tonnelle arrondie au bout de l'allée d'ifs et au portail en pierre où est inscrite une citation de *Comme il vous plaira* de Shakespeare. Les animaux taillés dans la pierre sont devenus emblématiques du lieu. On découvre une rangée de singes moqueurs au-dessus de la remise d'outillage, tandis qu'un hibou et un panier d'oiseaux ornent un autre bâtiment. VR

Jardin du château de Kellie

Écosse

CRÉATEUR : Robert Lorimer, Louise Lorimer
PROPRIÉTAIRE : The National Trust for Scotland
STYLE : clos écossais traditionnel (XVIIe siècle), ajouts (fin du XIXe siècle)
SUPERFICIE : 0,6 ha
CLIMAT : tempéré
SITUATION : Pittenweem, Fife

Kellie Castle possède non seulement le plus charmant des jardins, mais il occupe aussi une place à part dans le cœur des Écossais. Pendant plus d'un siècle, ce fut la demeure de trois des artistes du XXe siècle les plus aimés du pays : Robert Lorimer, architecte, John Henry Lorimer, peintre, et Hew Lorimer, sculpteur. Fort heureusement, la famille possédait aussi un jardinier en la personne de Louise Lorimer à qui le jardin doit ses roses anciennes.

Celui-ci fut sauvé de l'abandon en 1878 par le professeur James Lorimer, sa femme et leurs six enfants, alors presque adultes, qui utilisèrent leurs talents pour créer un jardin dans l'esprit d'un château du XVIIe siècle. En suivant des sentiers bordés de buis, on passe sous des charmilles de roses pour rejoindre de petits jardins secrets et une charmante cabane conçue par Robert Lorimer et coiffée d'un oiseau en pierre. On découvre à chaque pas fleurs, fruits et légumes entremêlés à la manière d'un vieux jardin écossais.

Le jardin est biologique depuis 1990. Divers écriteaux expliquent ce que cela signifie concrètement dans le jardin, notamment le choix de fleurs spécifiques qui attirent des insectes bénéfiques. Des plantes productrices de graines et de baies sont cultivées afin de nourrir les oiseaux, et dans les plates-bandes de légumes, on pratique la culture mixte, dont les associations et méthodes sont conçues pour attirer, prévenir ou confondre les insectes et améliorer la vitalité des plantes. Le jardin participe aussi à un programme de récolte des graines pour garantir la sauvegarde de légumes anciens. Il abrite une collection de rhubarbes le long de son mur nord ainsi que de nombreuses variétés de pommes de terre anciennes ou récentes résistant aux maladies.

Un grand nombre de peintres viennent planter ici leur chevalet, attirés par l'intimité de l'espace clos et son charme intemporel. Les enfants de la région y érigent aussi chaque année un nouvel épouvantail. VR

Jardins du château de Dirleton

Écosse

CRÉATEUR : Historic Scotland
PROPRIÉTAIRE : Historic Scotland
STYLE : Arts and Crafts (XIXe siècle)
SUPERFICIE : 1,4 ha
CLIMAT : tempéré
SITUATION : Dirleton, East Lothian

Dirleton abrite des jardins depuis le XVIe siècle, et l'on peut y admirer aujourd'hui des jardins du milieu du XIXe siècle et du début du XXe restaurés. Le château date du XIIIe, mais fut détruit sur ordre de Robert Bruce cent ans plus tard. Environ trois cents ans après sa construction, il devint la propriété des Ruthven qui y réalisèrent des jardins à la française ainsi qu'un boulingrin entouré d'ifs et de vergers.

David Thompson modernisa en son temps ces jardins, notamment en créant des parterres géométriques emplis de fleurs aux couleurs vives. On continue à les planter chaque année en juin. Les plates-bandes d'herbacées furent créées dans les années 1920 et sont aujourd'hui mentionnées dans le *Livre Guinness des records* car ce sont les plus longues au monde (80 m). Magnifiquement restaurées, bordées de haies de buis miniatures, elles flanquent les sentiers principaux du lieu. Elles abritent aussi des buissons et plantes aux formes intéressantes telles qu'herbe de la pampa *(Cortaderia selloana)*, chardons, et lin de Nouvelle-Zélande *(Phormium tenax)* qui servent de toile de fond à des herbacées et plantes aromatiques aux formes plus douces comme des *Sedum*, de l'herbe aux chats et de la bergamote, sans oublier des graminées d'ornement. La capucine tubéreuse *(Tropaeolum tuberosum)* s'est frayé un chemin au sein d'une haie d'ifs où ses fleurs écarlates se détachent de façon spectaculaire contre le vert sombre.

Les châteaux en ruines constituent souvent des lieux évocateurs, et Dirleton compte parmi les plus impressionnants. AJ

Jardin de Shepherd House

Écosse

CRÉATEURS : Charles et Ann Fraser
PROPRIÉTAIRES : Charles et Ann Fraser
STYLE : jardin clos (XXe siècle)
SUPERFICIE : 0,4 ha
CLIMAT : tempéré
SITUATION : Inveresk, East Lothian

Lorsque Charles et Ann Fraser entreprirent de transformer leur jardin triangulaire insolite à Shepherd House, seules deux choses comptaient : laisser libre cours à leur passion des plantes et du paysagisme, et permettre à Ann Fraser, artiste botanique, de se concentrer sur son œuvre dont les tulipes forment le sujet principal.

Fils d'un pasteur qui grandit dans un jardin empli « de rangées de plantes à l'ordre militaire », Charles est le plus ordonné des deux tandis qu'Ann préfère des touches plus romantiques. Un agencement structuré allié à des plantations plus libres où les tulipes ont la vedette au printemps est né de leur collaboration. Devant le manoir, la terrasse du Millénium abrite des sentiers de briques rouges bordés de lavande qui dessinent un motif géométrique et divisent des parterres de houx et de tulipes.

On rejoint le jardin du haut par des marches aménagées dans un muret alpin qui court jusqu'à un bassin rectangulaire dominé par la statue en bronze d'une jeune fille nue. Ne manquez pas de remarquer le ruisselet qui coule sous une série de charmilles de roses et de glycine depuis le bassin jusqu'à une fontaine en pierre tout en haut du jardin. Le reste abrite une grande variété de plantes des sous-bois, d'arbustes et de roses ainsi qu'une prairie de bulbes. Les Fraser reconnaissent gaiement que cette tâche accomplie pour le plaisir a été l'occasion de quelques discussions animées. « Ann a le plus souvent raison, mais ne le lui répétez pas », confie sir Charles. AG

Jardin botanique royal d'Édimbourg

Édimbourg, Écosse

CRÉATEURS : familles McNab et Balfour, Robert Graham
PROPRIÉTAIRE : Jardin botanique royal d'Édimbourg
STYLE : jardin botanique (XIXe siècle)
SUPERFICIE : 32 ha
CLIMAT : tempéré
SITUATION : Inverleith Row, Édimbourg

Pour les botanistes, le Jardin botanique d'Édimbourg est un organisme à la pointe de la découverte et de la description horticoles, spécialiste de l'utilisation, de l'évolution et de la biologie des plantes. Pour les jardiniers, c'est un jardin merveilleux et une collection de plantes méticuleusement entretenue.

On dit que sa collection de rhododendrons est la plus complète au monde, notamment grâce à George Forrest. Au cours de ses voyages dans l'Himalaya au début du XXe siècle, il collecta plus de trente mille spécimens qu'il expédia directement au Jardin botanique d'Édimbourg pour qu'ils y soient classés et distribués. On comptait parmi eux trois cents rhododendrons, des magnolias, des camélias, des gentianes, des pivoines et des primevères. On a continué depuis à planter ici des plantes indigènes de Chine, qui, selon les instructions de Forrest, recouvrent ce qu'on appelle la colline chinoise, qui abrite des sentiers sinueux, une cascade et un pavillon chinois.

On peut admirer un grand nombre des plantes introduites par Forrest dans l'immense jardin de rocaille qui comprend plus de cinq mille espèces. Les talus, ravins, éboulis et torrents reproduisent les conditions naturelles des alpages, des vallées arctiques et du maquis méditerranéen. On retrouve aussi dans la maison alpestre les couleurs éclatantes des draves, des gentianes et des primevères, ainsi que des fritillaires et des crocus du Chili.

Le Jardin botanique est situé sur une colline au nord d'Édimbourg et jouit de vues magnifiques sur la ville et son château. JHo

Jardin botanique Dawyck

Écosse

CRÉATEURS : familles Veitch, Naesmyth et Balfour
PROPRIÉTAIRE : Jardin botanique royal d'Édimbourg
STYLE : jardin boisé (du XIIIe au XXe siècle)
SUPERFICIE : 24,3 ha
CLIMAT : tempéré
SITUATION : Stobo, Peebles, Scottish Borders

Le jardin botanique Dawyck abrite l'une des plus belles collections d'arbres au monde. Le jardin a été créé par les propriétaires successifs qui ont tous marqué de leur empreinte ce site boisé. Du XIIIe au XVIIe siècle, le terrain appartenait aux Veitch, ancêtres de la dynastie de pépiniéristes anglais, avant que James Naesmyth n'acquière le domaine en 1691. Son fils et son petit-fils plantèrent énormément et aménagèrent des terrasses devant la maison. En 1897, le jardin fut acheté par la famille Balfour qui développa le jardin jusqu'en 1978, année à partir de laquelle le Jardin botanique royal d'Édimbourg se chargea de sa gestion.

Au XIXe siècle, de nombreuses plantes découvertes en Amérique du Nord furent expédiées à Dawyck, dont de nombreux spécimens introduits par David Douglas, botaniste écossais, et certains qu'il ensemença lui-même. Un impressionnant douglas *(Pseudotsuga menziesii)* fut planté ici en 1835, et l'on y trouve aussi un hêtre nommé en l'honneur du jardin : *Fagus sylvatica* 'Dawyck', qui fut découvert alors que ce n'était qu'un jeune plant dans les années 1850, et qui dépasse aujourd'hui 33 m de hauteur. Dawyck abrite vingt-cinq autres « arbres remarquables ». Les amateurs de plantes de dimensions plus réduites trouveront aussi ici leur bonheur. Au cœur du jardin, un torrent court au fond d'un ravin, sur les rochers, avant de passer sous l'arche d'un pont en pierres rustique. Au printemps, les rives escarpées se couvrent de rangées serrées de perce-neige. On découvre aussi ici la première réserve de champignons, mousses et herbes de la Trinité. MC

Mellerstain

Écosse

CRÉATEUR : Reginald Blomfield
PROPRIÉTAIRES : famille de Haddington
STYLE : baroque (XXe siècle)
SUPERFICIE : 2 ha
CLIMAT : tempéré
SITUATION : Gordon, Scottish Borders

Au cœur du pays de Walter Scott, ce magnifique manoir est un exemple exceptionnel de l'architecture de William et Robert Adam et constitue la première commande écossaise importante de ce dernier. Édifié entre 1770 et 1778 pour les comtes de Haddington, son jardin ne l'égala en beauté que bien plus tard, lorsque, au début du XXe siècle, Reginald Blomfield entreprit une série de restaurations pour lord Binning. Il le conçut dans le style d'André Le Nôtre, avec un plan grandiose qui parvenait à fondre ce jardin architectural dans le bleu de l'horizon. Comme l'a expliqué Blomfield : « Il aurait fallu les ressources financières de Louis XIV pour mener à bien tous mes projets. » Il modifia à nouveau le lieu en 1911, lorsque la terrasse du bas fut éliminée afin de créer les jardins.

Les terrasses ornées de balustrades accueillent des parterres plantés de vivaces herbacées et de sous-arbrisseaux. Les plates-bandes qui longent la façade étant exposées au sud, elles comprennent de nombreuses plantes aromatiques et grimpantes de Méditerranée. En descendant le jardin, on rejoint une terrasse inférieure et le terrain de croquet. La promenade qui mène au lac est aussi intéressante car la pente y est si abrupte qu'on n'y aperçoit plus le manoir. Un charmant cottage doté d'un jardin romantique est niché parmi les arbres du parc, et l'on ne doit pas quitter les lieux sans avoir admiré le panorama sur la campagne environnante depuis la façade nord du manoir, ni sans avoir visité le café et la pépinière, très bien approvisionnée. CH

Jardin de Stobo

Écosse

CRÉATEUR : Hylton Philipson
PROPRIÉTAIRE : Stobo Castle Health Spa
STYLE : jardin d'eau japonais (XXᵉ siècle)
SUPERFICIE : 1,6 ha
CLIMAT : tempéré
SITUATION : Stobo, Peebles, Scottish Borders

Lorsqu'en 1998 Georgina épousa Hugh Seymour, cultivateur, elle s'aperçut qu'un jardin d'eau japonais se trouvait à 180 m environ de son exploitation. Il fut créé en 1904 par Hylton Philipson, lorsqu'il voulut produire de l'électricité pour la demeure en érigeant un barrage sur un petit cours d'eau au pied d'une vallée. Peu après, il établit un autre barrage, plus bas, à l'endroit où l'eau plonge au fond d'une gorge de 9 m. Cette chute d'eau, encadrée plus tard par un pont japonais, fut l'élément de départ de ce jardin japonais.

Le Japon s'ouvrait alors à l'Occident, et Philipson se laissa convaincre d'utiliser certains concepts du paysagisme japonais sur son site. La gorge étroite et le flot naturel de l'eau se prêtaient à un type de paysagisme naturaliste alors en vogue au pays du Soleil-Levant. On planta de chaque côté de la vallée des plantes alors nouvellement découvertes en Europe, telles que les érables du Japon *(Acer palmatum)*, les cornouillers à fleurs ou les arbres caramel *(Cercidiphyllum japonicum)*. On importa aussi une série d'artefacts japonais et l'on traça un réseau de sentiers étroits.

Georgina admet qu'elle se sentait peu qualifiée au départ face à ce jardin mais la nature se chargea de lui venir en aide. Une tempête déracina deux cents rhododendrons tandis qu'une autre emporta de nombreux conifères. Cela permit d'entreprendre un programme de rajeunissement et de planter autant que possible les espèces d'origine. On allia de nouveaux arbres à la collection de rhododendrons, ce qui donne lieu à un spectacle extraordinaire au printemps comme à l'automne. AG

Jardin de Brodick

Écosse

CRÉATRICE : Mme de Montrose
PROPRIÉTAIRE : The National Trust for Scotland
STYLE : jardin édouardien, bois d'ornement
SUPERFICIE : 24,3 ha
CLIMAT : tempéré
SITUATION : île d'Arran, Ayrshire

Lorsqu'on prend le ferry au départ d'Ardrossan, on aperçoit tout d'abord le pic de Goatfell, le plus élevé d'Arran, puis, en approchant de la baie de Brodick, on découvre sous ce pic un château de grès, entouré de terrasses et d'arbres protecteurs qui en font l'un des jardins les plus légendaires de la côte ouest écossaise, bénéficiant d'une grande douceur climatique.

Propriété des ducs d'Hamilton depuis cinq cents ans, le jardin boisé fut transformé par l'enfant unique du deuxième duc, lady Mary Louise, qui apporta son soutien financier aux expéditions chinoises et himalayennes de George Forrest et Frank Kingdon-Ward entre autres. Au fil des ans, son jardin accueillit des plantes subtropicales de l'abbaye de Tresco en Cornouailles (voir p. 442), grâce à son beau-fils, le major James Boscawen, dont l'oncle était propriétaire de Tresco. En 1957, l'équivalent écossais de la Caisse nationale des monuments historiques acquit Brodick, et au cours des trente années suivantes, John Basford, jardinier en chef, planta vingt-deux variétés de magnolias et de nombreux arbustes australiens. Ami du jardinier d'Achamore (p. 189), il fit venir des boutures issues de sa collection de rhododendrons et d'autres plantes.

Le jardin clos, qui date de 1710 et a été restauré dans le style édouardien, abrite des plantes semi-robustes qui fleurissent à la fin de l'été. Ses sentiers traversent les bois, plantés de divers trésors horticoles, avant de rejoindre la mer. Le légendaire jardin de l'étang accueille des gunnères, de hautes primevères et des *Phormium* tandis que l'allée des rhododendrons est bordée de plantes à larges feuilles. VR

Little Sparta

Écosse

CRÉATEUR : Ian Hamilton Finlay
PROPRIÉTAIRE : The Little Sparta Trust
STYLE : jardin philosophique (XXe siècle)
SUPERFICIE : 1,6 ha
CLIMAT : tempéré
SITUATION : Dunsyre, Lanark, Lanarkshire

Ian Hamilton Finlay, poète et artiste, a quitté l'école à quatorze ans sans avoir étudié les civilisations classiques, et pourtant son jardin des collines de Pentland est le Stowe (voir p. 319) de notre époque. Son paysagisme est inspiré de la Rome et de la Grèce antiques, et il nous invite à réfléchir sur notre mode de vie et notre rapport à la nature. C'est un jardin révolutionnaire d'un point de vue esthétique comme politique.

Il donne l'impression d'être constitué d'une série de bosquets et de bassins naturels s'étendant jusqu'à un vaste paysage fait de lochs et de collines. De fait, tout ici a été aménagé. Lorsque Finlay est arrivé en 1966, il n'y avait que des pâturages pour moutons et un unique frêne tourmenté par le vent. Le jardin s'est développé au coup par coup, reflétant les préoccupations de son paysagiste, à savoir la justice sociale, le rejet de la tyrannie, la vertu politique et individuelle. Il a rebaptisé la propriété Little Sparta, ou « Petite Sparte », en référence à sa longue lutte contre la bureaucratie écossaise. Le nom reflète la dignité austère du site et la fascination qu'éprouve Finlay pour l'iconographie militaire. Le jardin est parsemé d'images de grenades et de tanks, et la statue d'Apollon dans son temple tient à la main une mitraillette.

Le jardin possède malgré cela un caractère lyrique. Grâce à la juxtaposition soudaine de la furie et de la douceur, de jardins clos débordant de plantes et de landes parcourues par le vent, du majestueux et du douillet, du noble et du ridicule, ce petit jardin paraît aussi vaste que l'esprit impétueux de son créateur-poète. AE

Parc du château de Culzean

Écosse

CRÉATEURS : famille Kennedy
PROPRIÉTAIRE : The National Trust for Scotland
STYLE : bois et jardin clos (XIXe siècle)
SUPERFICIE : 12,1 ha
CLIMAT : tempéré
SITUATION : Maybole, Ayrshire

Sur une falaise de l'Atlantique se dresse le château de Culzean. Transformé en chef-d'œuvre géorgien par Robert Adam dans les années 1790, il fut légué aux Monuments historiques écossais en 1945 en compagnie de 227 ha de jardins. Transformé au cours des vingt dernières années sous la direction de Susan Russell, le parc est devenu l'un des endroits les plus extraordinaires d'Écosse : on peut explorer les terrasses en contrebas de la cour aux fontaines, plantées de fougères arborescentes *(Dicksonia antartica)* et de palmiers de Chine *(Trachycarpus fortunei)*, l'orangerie, une serre qui abrite camélias et rhododendrons parfumés, et les 8 ha de la Vallée heureuse. Il y a aussi un jardin clos de 2,2 ha. Le jardin sud abrite un chai restauré ainsi qu'une serre de pêchers. On trouve aussi ici une collection de pivoines, des hostas intercalés de fougères à plumes d'autruche *(Matteuccia struthiopteris)*, une grotte dans le jardin de rocaille et un jardin de jungle avec des vivaces, des fougères, des *Angelica gigas*, des cannas et des bananiers.

Le jardin nord est dominé par une longue plate-bande double de plantes herbacées. Elle est divisée au centre par des annuelles et par quarante variétés de *Kniphofia*. On peut y voir une pommeraie, des baies comestibles qui poussent en cage, des rangées de légumes, des pois de senteur et des fruits en espalier contre les murs, avec à leur pied des fleurs à couper qui fleurissent à partir de mai, dont cinquante variétés de tulipes. Elles sont suivies ensuite d'iris, d'annuelles, de glaïeuls, de dahlias et de chrysanthèmes. VR

Jardins Cally

Écosse

CRÉATEUR : Michael Wickenden
PROPRIÉTAIRE : Michael Wickenden
STYLE : pépinière
SUPERFICIE : 1,2 ha
CLIMAT : tempéré
SITUATION : Maison du Gardien, Castle Douglas, Dumfries and Galloway

Potager du manoir de Cally au départ, ce jardin clos dépérit après la Première Guerre mondiale mais Michael Wickenden, pépiniériste, lui redonna vie en 1987. La pépinière qui en est résultée, spécialisée dans les vivaces rares, est devenue populaire auprès des visiteurs. Ce jardin, où l'on a mis à profit au maximum les murs de 5 m de haut, est agencé avec une sensibilité rare parmi les botanistes. Fort heureusement, c'est plus un jardin qu'un musée horticole. Si vous vous attardez devant les écriteaux, vous souffrirez de décalage horaire et jetterez des regards d'envie sur les trésors horticoles des Andes, des montagnes du sud de l'Équateur ou du nord-ouest du Yunnan, jusqu'aux hauts plateaux d'Irian Jaya. Les graines proviennent aussi d'autres pépinières et jardins botaniques du monde entier pour produire une collection impressionnante. Les plates-bandes accueillent des milliers de variétés, et plusieurs autres centaines sont à la vente. C'est le paradis des jardiniers où les plantes sont associées de façon judicieuse et réfléchie, et où l'on se livre parfois à des expériences insolites.

Les ventes de la pépinière et les donations permettent la rénovation des structures du XVIIIe siècle, dont la maison du jardinier, les abris de jardin, la remise aux fruits, la serre des champignons et une serre en appentis longue de 31 m où l'on cultivait la vigne. On a aussi replanté le verger à l'aide de variétés d'origine. Ne manquez pas ce jardin si vous vous trouvez dans les environs. On y trouve une époustouflante gamme de plantes. CWe

Jardins de Glenwhan

Écosse

CRÉATEUR : Tessa Knott
PROPRIÉTAIRE : Tessa Knott
STYLE : parc paysager d'ornement avec étangs (XXe et XXIe siècles)
SUPERFICIE : 5 ha
CLIMAT : tempéré
SITUATION : Wigtownshire, Dumfries and Galloway

Il y a vingt-cinq ans, ces 5 ha de coteaux rocailleux, de fougères et d'ajoncs au-dessus de la baie de Luce furent clôturés par Tessa Knot. Cuisinière de formation, elle désirait éloigner les cerfs et les lapins pour planter ici des chênes, mélèzes, sorbiers, cerisiers et pins et créer ainsi une barrière protectrice.

Deux étangs où flottent des nénuphars indigènes forment le cœur du jardin. Ils sont encerclés de plantes qui apprécient l'humidité telles qu'une gunnère géante *(Gunnera manicata)*, des iris des marais et des *Symplocarpus foetidus* – tous protégés par des talus plantés d'arbres et d'arbustes. Des sentiers sinueux, tracés à la sciure à l'origine, suivent la topographie de ce terrain rocailleux et l'on a dû utiliser la pioche pour creuser avant de planter. Comme le lieu est exposé aux quatre vents, afin de protéger une grande collection de rhododendrons et d'azalées hybrides, on a au départ conservé les ajoncs existants, avant de les remplacer progressivement par des houx, des pittospores et des *Olearia*. Glenwhan est de toute évidence un jardin où l'on doit se perdre et grimper sur les coteaux pour découvrir des points d'observation toujours plus intéressants avant d'atteindre le plateau au sommet. Trois sentiers ont été aménagés à travers 6,8 ha de lande où poussent cent vingt espèces de fougères, graminées et fleurs sauvages.

On est parvenu à préserver un aspect semi-sauvage en mêlant des plantes indigènes, dont des saules et des sorbiers, aux très exotiques eucalyptus australiens, arbres de feu du Chili et pins de Montezuma. La même technique a été utilisée au pied des arbustes et des vivaces. Des paons bleus importés se mêlent désormais au gibier d'eau local et les truites nagent en compagnie des carpes koï. Relativement jeune, la canopée n'est pas assez haute pour bloquer les fantastiques panoramas, sort souvent réservé aux autres jardins de la côte ouest écossaise. Tessa Knott fait tout pour que son jardin demeure ouvert et spacieux. VR

Jardins du château Kennedy

Écosse

CRÉATEURS : famille de Stair
PROPRIÉTAIRE : Lochinch Heritage Estate
STYLE : parc paysager (XIXe siècle)
SUPERFICIE : 30,3 ha
CLIMAT : tempéré
SITUATION : Stranraer, Wigtownshire, Dumfries and Galloway

On aperçoit depuis les jardins les ruines d'un vieux château qui se dressent sur la rive d'un loch. Entourés d'une campagne vallonnée, ces jardins ont été plantés sur une péninsule, entre le Loch White et le Loch Black (le lac Blanc et le lac Noir). D'un côté de la péninsule se trouve le château en ruines, et à 1,6 km de là environ celui qui l'a remplacé au XIXe siècle.

Le premier château fut construit pour les Kennedy et acheté par John Dalrymple, en 1677, avant d'être détruit par un incendie en 1716. Le site est demeuré inoccupé jusqu'à ce qu'on y édifie le nouveau château de Lochinch vers 1860. Ce terrain ne fut toutefois pas oublié durant toute cette période, et on y jardina même à une échelle industrielle. Le deuxième comte décida de copier les grands jardins à la française qu'il avait admirés lorsqu'il était ambassadeur en France. Il avait aussi longtemps appartenu à l'armée et enrôla celle-ci lorsqu'il se lança dans la réalisation de son jardin. Sous son commandement, le corps des Royal Scots Greys et celui des fusiliers royaux d'Inniskilling se mirent à l'œuvre et aménagèrent sur la péninsule des crêtes herbeuses et des terrasses sur les escarpements qui s'élevaient depuis les lacs.

Grâce au Gulf Stream, on trouve ici de nombreuses plantes tendres dont des rhododendrons ainsi que le *Pittosporum tenuifolium* néo-zélandais le plus haut des îles Britanniques. Ne manquez pas le jardin clos qui abrite des arbustes exotiques dont des rince-bouteilles et des plantes herbacées qui se pavoisent de couleurs l'été… MC

The Garden of Cosmic Speculation

Écosse

CRÉATEURS : Maggie Keswick, Charles Jencks

PROPRIÉTAIRE : Charles Jencks

STYLE : mathématique, scientifique et cosmologique (XXe s.)

SUPERFICIE : 16,2 ha

CLIMAT : tempéré

SITUATION : Portrack House, Portrack, Dumfries and Galloway

Avant 1990, Portrack n'était qu'un domaine où poussaient légumes et framboises, et dont les serres étaient emplies de bégonias. On y trouve désormais The Garden of Cosmic Speculation qui abrite entre autres un jardin de la physique et un parterre de gazon artificiel et d'aluminium qui représente des trous noirs. Le jardin vit le jour lorsque Maggie Keswick et son mari, Charles Jencks, commencèrent à creuser la terre afin d'aménager un lac. La terre excavée devait être érigée en remparts qui feraient écho aux collines environnantes. Pour Maggie, spécialiste des jardins chinois, il était naturel de représenter des « dragons terrestres » à l'horizon. Il s'avéra que ces formes sculpturales pouvaient aussi exprimer les concepts scientifiques et cosmologiques que Charles, un architecte novateur, explorait dans son travail. C'est ainsi que la double hélice et la coquille d'escargot prirent forme, parées de toutes sortes de significations, depuis la dialectique marxiste jusqu'à la théorie du chaos ou à la structure de l'ADN. Ce jardin s'intéresse aux mathématiques et à la science. Nous sommes habitués aux jardins agencés en lignes droites mais Charles Jencks a choisi des ondulations et des tournants, y compris pour la barrière encastrée, les clôtures et les portes. Maggie est morte en 1995 mais Charles a continué à développer ses idées en matière de paysagisme. Par exemple, un escalier d'eau symbolise désormais les treize milliards d'années qui se sont écoulées depuis le début de l'Univers. AE

Jardin botanique Logan

Écosse

CRÉATEURS : famille McDouall

PROPRIÉTAIRE : Jardin botanique royal d'Édimbourg

STYLE : exotique (XXe siècle)

SUPERFICIE : 6,5 ha

CLIMAT : tempéré

SITUATION : Stranraer, Wigtownshire, Dumfries and Galloway

L'idée selon laquelle l'Écosse est un lieu sauvage et balayé par le vent, où seules les plantes les plus robustes survivent, se dissipe rapidement lorsqu'on découvre Logan Botanic Garden. À la pointe sud-ouest du pays, le site est caressé par le Gulf Stream qui permet à ses plantes tendres et exotiques de prospérer.

Au début du XXe siècle, les frères McDouall, Kenneth et Douglas, héritèrent du jardin et commencèrent à se livrer à des expériences de jardinage avec des plantes tropicales. Ils aménagèrent un jardin de tourbe pour accueillir des plantes rapportées d'expéditions en Chine et dans l'Himalaya. Dans le jardin clos, des fuchsias, des *Diascia*, des *Dimorphoteca*, des *Salvia*, des *Echium* et autres vivaces tendres poussent en abondance, accompagnés d'une collection de fougères arborescentes australiennes *(Dicksonia antartica)* et de cordylines de Nouvelle-Zélande. Un bosquet d'eucalyptus abrite des rince-bouteilles, des *Olearia* et des myrtes.

Désormais propriété du Jardin botanique royal d'Édimbourg, Logan est un jardin pour passionnés. On ne trouve presque nulle part ailleurs en Écosse les plantes qui poussent ici. Le marais des gunnères, où les immenses feuilles de *Gunnera manicata*, qui rappellent la rhubarbe, forment une canopée translucide, constitue la partie la plus populaire du jardin. JHo

À DROITE Grâce au Gulf Stream, Logan bénéficie d'un microclimat doux, adapté aux plantes exotiques.

Jardin botanique d'Århus

Danemark

CRÉATEUR : inconnu
PROPRIÉTAIRE : université d'Århus
STYLE : botanique (XIXe siècle)
SUPERFICIE : 21 ha
CLIMAT : tempéré
SITUATION : Århus, Jylland
NOM ORIGINAL: Botanisk Have Århus

Le jardin botanique d'Århus, l'un des plus impressionnants des jardins danois, attire chaque année plus de soixante-dix mille visiteurs dans ses cinq serres. Århus échange des plantes et graines avec d'autres organismes et jardins botaniques internationaux pour tenter de sauver des espèces en voie de disparition.

On y trouve les différents climats de la planète, du désert à la forêt tropicale et de la Chine à la Californie. La serre humide au climat hivernal subtropical abrite des chênes, dont des chênes-lièges *(Quercus suber)* et des chênes verts. Ils sont accompagnés d'espèces méditerranéennes et australiennes. Les gingembres constituent l'espèce dominante de la serre des plantes aromatiques, lianes et plantes grimpantes tropicales. Ils prospèrent aux côtés de cucurbitacées, cardamome, vanille, piments, cannelle et cycas.

La serre humide estivale subtropicale est parfaitement adaptée à la culture d'agrumes, d'ananas et de fougères arborescentes. La serre des plantes grasses abrite des cactus et autres plantes qui survivent dans les endroits arides tels que la Namibie et le désert du Sahara. De nombreuses espèces que l'on y trouve font preuve d'une adaptation unique au monde. À l'opposé, dans la serre où règne un climat de forêt tropicale, l'humidité est constamment maintenue entre 80 et 100 %, comme à Bornéo ou dans le bassin amazonien. Ici, le feuillage des arums et des plantes de la famille des bananiers, des cannas, des strélitzias, figuiers et goyaviers complète une expérience passionnante, un voyage virtuel autour du monde. NS

Jardin du palais de Fredensborg

Danemark

CRÉATEURS : Johan Cornelius Krieger, Nicolas-Henri Jardin
PROPRIÉTAIRES : Margrethe II, État danois
STYLE : baroque (XVIIIe siècle)
SUPERFICIE : 121 ha
CLIMAT : tempéré
SITUATION : Fredensborg, Hovedstaden
NOM ORIGINAL: Fredensborg Slotshave

Fredensborg est associé à la Couronne danoise depuis 1678, année où le roi Christian V acquit ici un terrain de chasse. Le palais baroque actuel, qui domine le lac Esrum, fut bâti par Frederik IV. Il le baptisa en l'honneur de l'armistice de 1720 qui marquait la fin de la guerre contre la Suède. Fredensborg signifie en effet « château de la paix ».

Influencé par le baroque français, le jardin est en parfaite harmonie avec l'architecture du palais et le cadre boisé. Depuis la pelouse en demi-cercle derrière le château rayonnent sept allées. Elles ont été replantées au cours des trente dernières années afin de donner au jardin une apparence plus moderne, et sont séparées par des parties boisées traversées de sentiers sinueux.

Le jardin évolua sous Frederik V qui, dans les années 1760, chargea l'architecte français Nicolas-Henri Jardin de développer son style à la française en ajoutant un tapis vert, dans le style de Versailles. Les sculptures du parc datent des années 1760 et furent installées sur les conseils de Johannes Wiedewelt. Celles de la Nordmandsdalen (vallée Norvégienne) furent sculptées par J. G. Grund. Curieusement, au lieu des traditionnels dieux et héros de l'Antiquité, la vallée, qui a rouvert en 2002, est ornée de sculptures de fermiers et pêcheurs de Norvège et des îles Féroé.

Plus près du palais, les jardins sont privés. Ils sont cependant ouverts au public en juillet lorsque la famille royale est absente. On trouve aussi ici des potagers et une orangerie. TM

Frederiksborg

Danemark

CRÉATEUR : Johan Cornelius Krieger
PROPRIÉTAIRES : État danois
STYLE : baroque, à la française (XVIIIe siècle)
SUPERFICIE : 9 ha
CLIMAT : tempéré
SITUATION : Hillerød, Hovedstaden
NOM ORIGINAL : Frederiksborg Slotshave

Au centre de Hillerød s'élève Frederiksborg Slot. Édifié sur trois îlots qu'entoure un immense lac, il abrite le Musée historique national. C'est le château reconstruit par J.C. Jacobsen, magnat de la bière, que l'on admire aujourd'hui. Le château d'origine, de style Renaissance flamande, dont la contruction avait été ordonnée par le roi Christian IV au XVIIe siècle, fut ravagé par un incendie en 1859, et seule la chapelle a subsisté.

Créé pour Frederik IV par l'architecte royal Johan Cornelius Krieger, le jardin baroque, séparé, date de 1720. Ces jardins très ornés nécessitèrent quarante ans de travaux. Ils furent cependant éliminés dès la fin du XVIIIe siècle car ils étaient passés de mode et leur entretien s'avérait trop onéreux.

Des travaux de restauration débutèrent en 1993 pour leur redonner vie. Grâce à la présence de soixante-cinq mille buis, sept mille charmes, trois cent soixante-quinze tilleuls et cent soixante-six ifs taillés en pyramide, le jardin correspond désormais au dessin de Krieger. Un axe central, qui prend naissance près du bassin ovale au sommet d'une pente aménagée en terrasses, est accompagné d'un canal ainsi que de chutes d'eau qui se jettent dans le lac. Il est flanqué des deux côtés de parterres de haies de buis ornés du monogramme royal, de fourrés et d'allées ainsi que de topiaires. Le parc, plus étendu et à l'agencement plus libre, fut créé par Frederik VII au milieu du XIXe siècle. TM

À GAUCHE Le château de Hillerød et la fontaine de Neptune.

Gisselfeld

Danemark

CRÉATEUR : Edward Milner
PROPRIÉTAIRES : famille Danneskjold-Samsoe
STYLE : parc paysager (XIXe siècle)
SUPERFICIE : 110 acre (44.5 ha)
CLIMAT : tempéré
SITUATION : Haslev, Saelland
NOM ORIGINAL : Gisselfeld Klosterhave

Entouré de douves, Gisselfeld Kloster est un imposant château du gothique tardif, fait de grandes briques rouges. Édifié en 1547 par Peter Oxe, un homme d'État, il a souvent accueilli Hans Christian Andersen. Le parc, qui abrite quatre cents espèces d'arbres et arbustes d'ornement, est aussi orné d'un lac, de fontaines et d'une grotte avec cascade. Les bassins datent de la fondation du château et l'on y élevait autrefois des carpes que l'on servait ensuite au dîner.

Le jardin est de style anglais, conçu par le paysagiste britannique Edward Milner à la fin du XIXe siècle. C'est l'une des figures oubliées de l'histoire paysagiste européenne. Il débuta sa carrière comme apprenti à Chatsworth, sous la direction de Joseph Paxton, jardinier en chef qui conçut Crystal Palace. Il s'établit ensuite à son propre compte. Sa firme, Milner-White, survécut jusqu'au départ à la retraite de Frank Marshall en 1955, et devint l'entreprise paysagiste la plus longtemps en activité en Grande-Bretagne.

Le jardin bénéficie aujourd'hui d'une splendide variété de serres à l'intérieur de l'orangerie bâtie en 1879. Elles ont fait l'objet de rénovations importantes au cours des années 1990 et accueillent aujourd'hui des expositions d'art et l'une des pépinières les plus en vue du Danemark. TM

Gisselfeld a souvent accueilli Hans Christian Andersen.

Jardins de Tivoli

Copenhague, Danemark

CRÉATEUR : Georg Carstensen
PROPRIÉTAIRE : Tivoli Ltd.
STYLE : parc d'attractions (XIXe siècle)
SUPERFICIE : 6,1 ha
CLIMAT : tempéré
SITUATION : Copenhague, Hovedstaden

Le jardin de Tivoli, au cœur de Copenhague, abrite un parc d'attractions. Baptisés en l'honneur de deux jardins d'agrément du XVIIIe siècle, le jardin de Tivoli à Paris et celui de Vauxhall à Londres, les jardins Tivoli-Vauxhall furent établis par Georg Carstensen après qu'il en eut demandé l'autorisation au roi Christian VIII en 1841.

Il n'a pas beaucoup changé depuis qu'il a été établi sur ce site qui faisait partie des fortifications de la ville, le lac, par exemple, faisant partie des anciennes douves. L'entrée principale est la même depuis 1843, tout comme le théâtre de pantomimes de style chinois, inauguré en 1874.

Toutefois, le nombre d'attractions a augmenté depuis l'époque où Carstensen proposait aux visiteurs des billards, un restaurant, des balançoires, un manège, des toboggans, des fumoirs, une salle de concert et un bazar où étaient en vente produits danois et étrangers. Aujourd'hui, plus de quatre millions de visiteurs s'y rendent chaque année afin de se donner des frissons sur les vingt-cinq manèges, de fréquenter les vingt-huit restaurants, d'assister à des spectacles et de s'émerveiller devant les jardins. Les plates-bandes s'ornent de plantations saisonnières – le spectacle printanier requiert cent trente-quatre mille tulipes et narcisses, pour ne mentionner que ces fleurs. Les sentiers parcourent un espace féerique qui combine jeux d'eau et lacs, manèges et stands, restaurants et bars. Lorsque la nuit tombe, les cent dix mille sept cent dix-huit éclairages extérieurs transforment Tivoli en royaume magique, notamment l'hiver, juste avant Noël. TM

Jardin botanique de Copenhague

Copenhague, Danemark

CRÉATEUR : H. Flindt
PROPRIÉTAIRE : université de Copenhague
STYLE : jardin botanique (XVIIIe et XIXe siècles)
SUPERFICIE : 10 ha
CLIMAT : tempéré
SITUATION : Copenhague, Hovedstaden
NOM ORIGINAL : Botanisk Have København

Botanisk Have København abrite la collection de plantes la plus importante du Danemark, soit vingt-cinq mille spécimens de plus de treize mille espèces et, plus important encore, la seule banque génétique des espèces sauvages danoises. C'est en réalité la quatrième incarnation de ce jardin. La première version, l'*Hortus Medicus*, fut fondée au centre de la ville en 1600, mais les fonds venant à manquer, il ferma ses portes en 1778, la même année que le deuxième jardin botanique. Baptisé jardin d'Oeder, celui-ci avait aussi été établi dans le centre-ville par G. C. Oeder en 1752, mais le roi le racheta en 1778 et fit en échange don d'un terrain près de Charlottenborg pour y réaliser un troisième jardin. Le jardin botanique actuel, le quatrième (toujours en centre-ville), fut inauguré en 1874 sur un terrain qui abritait les anciennes fortifications de la ville. Par conséquent, les rocailles et autres parties surélevées sont constituées de pierres des anciens remparts ; le lac est un vestige des douves.

Une fois près de ce lac, ne manquez pas la serre aux palmiers, circulaire. Conçue par Tyge Rothe (jardinier en chef) et J. C. Jacobsen (fondateur de la brasserie Carlsberg), elle fut réalisée entre 1872 et 1874. Aujourd'hui, elle abrite une collection de plantes tropicales et subtropicales, de cactus et autres succulentes, une autre d'orchidées de Thaïlande et d'Extrême-Orient, ainsi qu'une collection historique de cycas. À l'extérieur, des annuelles et plantes alpestres de Grèce et du Groenland constituent certains des éléments marquants du jardin. TM

Egeskov

Danemark

CRÉATEUR : Niels Krag le Jeune
PROPRIÉTAIRES : famille Ahlefeldt-Laurvig-Bille
STYLE : mixte (du XVIIIe au XXe siècle)
SUPERFICIE : 14,6 ha
CLIMAT : tempéré
SITUATION : Kværndrup, Danemark du Sud
NOM ORIGINAL : Egeskov Slotshave

Egeskov Slot fut achevé en 1554, mais la construction de ce qui constitue l'un des plus beaux édifices de la Renaissance, entouré de douves, débuta au XIVe siècle.

Les magnifiques jardins qui l'entourent sont composés de plusieurs parties qui évoluèrent au fil des ans. Le plan date de 1730 environ, lorsque Niels Krag conçut le jardin à la française qui, en 1962, fut remplacé par le jardin actuel, de style Renaissance, dessiné par le Français Ferdinand Duprat. On y trouve des fontaines, des sentiers de gravier rouge et des topiaires en forme de pyramide, de spirales, d'écureuils et de paons.

Plus récemment, un cadran solaire de 3 m de haut a été réalisé par Piet Hein, mathématicien et poète, et l'on a ajouté le jardin paysan. Les jardins abritent quatre labyrinthes : le plus ancien, vieux de plusieurs siècles, est composé de haies de hêtres plutôt que du buis traditionnel. Le plus récent, en bambous, en est une reproduction exacte mais abrite en son centre une tour chinoise – c'est l'un des plus grands labyrinthes de bambou au monde. Le jardin de fuchsia s'enorgueillit de cent quatre espèces, la plus importante collection européenne. Il y a aussi un potager biologique, un jardin anglais et au sud, près du lac, un jardin de cottage anglais. Des parterres de roses, dont *Rosa* 'Egeskov', baptisée en 1982, bordent les pelouses. Des bâtiments abritent un musée de l'Agriculture et d'autres toutes sortes de véhicules à moteur. TM

Glorup

Danemark

CRÉATEURS : Nicolas-Henri Jardin, H. A. Flindt
PROPRIÉTAIRE : jardin privé
STYLE : à la française et à l'anglaise (XVIIIe siècle)
SUPERFICIE : 10 ha
CLIMAT : tempéré
SITUATION : Svindinge, Danemark du Sud
NOM ORIGINAL : Glorup Slotshave

Le jardin de Glorup fut décrit pour la première fois en 1599 lorsque Christophe Valckendorf fit bâtir une demeure de deux étages, pourvue de quatre ailes, quatre tours et de douves – dont seule la cave demeure. En 1762, le comte Adam Gottlob Moltke acquit Glorup et le manoir voisin, Rygaard. Il chargea Nicolas-Henri Jardin de moderniser le château qui n'a quasiment pas changé depuis 1765.

À l'origine, on trouvait un jardin devant l'aile sud, mais lorsque la demeure fut transformée, la mode des jardins anglais déferlait sur l'Europe et Moltke en créa un dans ce style, plus grand que le précédent, au sud-ouest du château. Il y établit des allées de tilleuls, inspirées de la tradition française, et un obélisque. La ferme fut transférée au cours des années 1860, pour laisser place à un jardin réalisé par H. A. Flindt entre 1862 et 1875. Le jardin à la française, qui abrite deux rangées de dieux romains et grecs et où les motifs sont composés d'arbustes et de fleurs, est situé entre le château et le lac. Au cours du XIXe siècle, on emplissait chaque année ses plates-bandes de cent mille pieds. Le temple antique, où se dresse une statue italienne d'Andromède, fut transporté ici depuis Amalienborg, la demeure de Moltke à Copenhague (qui fait désormais partie de la résidence royale). Non loin de ce temple, un pont de 42 m traversait un ravin mais seules ses tours sont encore debout. Le parc abrite divers arbres de toute beauté, dont un tulipier de Virginie *(Liriodendron tulipifera)*, des séquoias et un ginkgo biloba. TM

Parc Liselund

Danemark

CRÉATEUR : Anders Kirkerup
PROPRIÉTAIRES : Krista et Steffen Steffensen
STYLE : pittoresque romantique (XVIIIe siècle)
SUPERFICIE : 6 ha
CLIMAT : tempéré
SITUATION : île de Møn, Sjaelland
NOM ORIGINAL : park Liselund

Liselund faisait autrefois partie de Klinteskoven, la forêt de la Falaise. En 1783, le préfet de Møn, Antoine de la Calmette, acquit ces terres, y construisit le vieux château, et, en compagnie de sa femme Catharina Elisabeth (ou Lise) Iselin, créa ce jardin qui porte le nom de cette dernière.

Ils moururent jeunes tous les deux, tout comme leur fils, dépensier, qui laissa sa femme, Martha, dans l'indigence (Dame Blanche de Liselund, elle hante apparemment toujours le domaine). La baronnie de Rosenkrantz acquit Liselund dans les années 1820, fit bâtir le nouveau château en 1887 et le revendit dans les années 1960. Suivit une période de déclin jusqu'à ce que les propriétaires actuels l'achètent en 1989 et le convertissent en château-hôtel après l'avoir restauré. Malgré ces divers revers de fortune, le jardin romantique qu'avaient créé dans les années 1790 Antoine et Lise est demeuré en grande partie intact. Le parc et les bâtiments du jardin sont l'œuvre d'Anders Kirkerup. En suivant les méandres des sentiers et en longeant ruisseaux et lacs, on a l'impression de découvrir les édifices par hasard, alors qu'elle est soigneusement orchestrée. Des dalles commémoratives, une cabine de rondins norvégienne, une maison de thé chinoise, un petit manoir au toit de chaume (qui abrite une collection de sculptures), une grotte, une pyramide égyptienne, des ruines grecques, un tumulus danois et une maisonnette suisse sont éparpillés dans le parc. Fort heureusement, le jardin est toujours demeuré en excellente condition. TM

Jardin botanique de Palanga

Lituanie

CRÉATEUR : Édouard François André
PROPRIÉTAIRE : ville de Palanga
STYLE : jardins botaniques à la française (XIXe siècle) établis au milieu des vestiges d'une pinède primitive
SUPERFICIE : 110 ha
CLIMAT : tempéré
SITUATION : Palanga, Klaipéda

Le jardin botanique de Palanga, avec ses plages et dunes de sable, pinèdes primitives, bâtiments historiques, lieu de culte païen, et son troupeau de cygnes, attire tous ceux qui sont las de l'agitation urbaine.

Créé en 1897 par Édouard François André pour le comte Feliks Tyszkiewicz, il abrite cinq cents espèces dans ses plantations, dont des arbres provenant des jardins botaniques de l'Europe tout entière. Les pins dominent, et leur parfum pénètre les sentiers et les places emplies de fleurs aménagées au milieu des vestiges de l'ancienne forêt.

Le palais néo-Renaissance du comte Tyszkiewicz, au milieu de jardins à la française, abrite le musée de l'Ambre. Plus de vingt-cinq mille exemples de cet « or de la Baltique » y sont exposés, certains contenant des inclusions d'insectes vieux de millions d'années. Près de là se dresse la statue d'Églé, reine des serpents, réalisée par Robertas Antinis. Selon la légende, qui se prête parfaitement à une analyse freudienne, elle fut obligée petite fille à épouser un serpent de mer. Églé ne donna son accord qu'avec réticence puis découvrit que le serpent était en réalité un beau jeune homme. L'amour naquit entre eux mais les frères d'Églé tuèrent son mari. Désespérée, elle se transforma en pin, sort qu'elle fit partager à ses enfants.

Derrière le palais, la roseraie occupe la colline de Biruté, point culminant du jardin. C'est un ancien site sacré lituanien qui accueille désormais une chapelle du XIXe siècle dotée de splendides vitraux et d'une vue extraordinaire sur la mer. MS

Cottage Bide-a-Wee

Angleterre

CRÉATEUR : Mark Robson

PROPRIÉTAIRE : Mark Robson

STYLE : jardin informel (XXe siècle)

SUPERFICIE : 0,8 ha

CLIMAT : tempéré

SITUATION : Stanton, Netherwitton, Northumberland

Le jardin du Cottage Bide-a-Wee est le projet de toute une vie : Mark Robson commença à aménager adolescent cette carrière abandonnée près de la maison de ses parents. Fermement ancré dans la campagne environnante, le jardin allie la sophistication d'un passionné des plantes à un sens inné de l'architecture paysagiste. Nul ne peut manquer d'être touché par le sentiment de chaleur et d'hospitalité que des années continues de jardinage, de dur labeur et d'observation tranquille lui ont conféré.

L'utilisation de la paroi de la carrière alliée à des plantations mixtes et denses au sol permet de profiter pleinement de l'espace disponible. Bien que loin d'être apparent à première vue, c'est un paysage miniature. Ces conifères ? Cette voûte ? Sont-ils réellement imposants ? De par ses perspectives soigneusement étudiées, le « David » qu'est Bide-a-Wee rappelle le « Goliath » qu'est Sheffield Park dans l'est du Sussex (voir p. 430). Les plantations comprennent des rhododendrons, fougères et étendues de graminées, tandis que le bassin alimenté par une source est bordé de primevères et d'astilbes. Des lis géants de l'Himalaya *(Cardiocrinum giganteum)* atteignent 4 m de haut près de la paroi nord de la carrière tandis que les agapanthes et les montbretias prospèrent dans les recoins ensoleillés et protégés du jardin. La prairie de fleurs sauvages est parsemée de nombreuses ruches, et l'on trouve aussi ici une collection nationale de centaurées. On peut acheter dans la pépinière, sous forme de graines ou de jeunes plants, presque tout ce que l'on peut admirer dans le jardin. RCa

Belsay Hall

Angleterre

CRÉATEURS : Charles Monck, Arthur Middleton

PROPRIÉTAIRE : Belsay Trust ; gestion : English Heritage

STYLE : à l'italienne, néogrec, sauvage, romantique

SUPERFICIE : 12 ha

CLIMAT : tempéré

SITUATION : Belsay, Northumberland

Belsay Hall permet de découvrir comment l'on vivait et jardinait au Northumberland entre le XVe et le XIXe siècle. Le château date de 1460 et la maison jacobéenne adjacente de 1614, même si, malheureusement, ce ne sont plus que des ruines pittoresques.

William Middleton agrandit le domaine au XVIIIe siècle. Son fils, Charles Monck, fit le tour de l'Europe au cours d'une lune de miel de dix-huit mois et, à son retour, fit ériger un nouveau manoir, de style néogrec, qu'il entoura de terrasses à la française et de jardinières en pierre de la région, sans oublier la spectaculaire carrière aménagée. Son microclimat y permet à l'hépatique, aux scolopendres langue-de-bœuf *(Asplenium scolopendrium)* et aux palmiers de Chine de prospérer, accompagnés d'un magnifique spécimen de *Cornus kousa* et d'un *Acer circinatum* qui explose de couleurs à l'automne. Le petit-fils de Monck, Arthur Middleton, ajouta un terrain de croquet et créa un jardin parallèle, à l'ouest de la carrière, dans le style « sauvage » que William Robinson rendit célèbre.

La visite du domaine débute sur les terrasses qui entourent le manoir, continue par les ruines du château et de la maison jacobéenne, par la terrasse des magnolias et le jardin d'hiver, puis par le terrain de croquet et le jardin de la carrière, avant de revenir par le jardin sauvage. On restaure progressivement le manoir, mais ce n'est encore que l'ombre du bâtiment majestueux qu'il a été. CH

À DROITE Cette haute voûte réalisée dans un mur imposant pare le jardin clos de Belsay Hall d'un air de mystère.

La Ménagerie de béton

Angleterre

CRÉATEURS : John Fairnington, James Beveridge
PROPRIÉTAIRE : Muriel Fairnington
STYLE : jardin de sculptures (XXe siècle)
SUPERFICIE : 0,08 ha
CLIMAT : tempéré
SITUATION : Branxton, Northumberland

La Ménagerie de béton est située à une demi-heure en voiture de l'attraction touristique principale du Northumberland, le château d'Alnwick (voir page suivante). Même si les enfants apprécieront les deux sites, on doit se demander ce qui les touchera le plus : les jeux d'eau sophistiqués d'Alnwick ou les animaux et personnages de ce petit jardin villageois.

Lorsque John Fairnington prit sa retraite en 1961, il commença à réaliser des sculptures pour amuser son enfant, Edwin, qui souffrait de paralysie cérébrale. Le jardin mêle le familier et l'exotique : des lapins, chevaux, vaches, chiens, cerfs et moutons côtoient des pandas, zèbres, hippopotames, girafes et éléphants. Les personnages eux sont inspirés des villageois ou de figures nationales telles que Winston Churchill.

John réalisait des dessins grandeur nature des sculptures qui étaient à leur tour exécutées par un autre retraité de l'entreprise, James Beveridge. Les œuvres les plus imposantes furent érigées dans le jardin, sur des pieux de fer, l'armature étant ensuite moulée de treillis métallique galvanisé puis bourrée de papier. On traça des sentiers et l'on cultiva autour des statues, pour les mettre en valeur, des plantes qui poussent à hauteur du sol.

À la mort d'Edwin en 1971, John créa le coin des souvenirs, dernière œuvre à lui être dédiée. Même si John vécut jusqu'à l'âge de quatre-vingt-dix-huit ans, il ne réalisa plus jamais de statues. Le jardin appartient aujourd'hui à sa petite-nièce, Muriel, et a quelque peu vieilli. Jamais restauré, il en demeure encore plus authentique. VR

Jardin d'Alnwick

Angleterre

CRÉATEUR : Wirtz International
PROPRIÉTAIRES : duc et duchesse de Northumberland, Alnwick Garden Trust
STYLE : à la française (XXIe siècle)
SUPERFICIE : 17 ha
CLIMAT : tempéré
SITUATION : Alnwick, Northumberland

Le premier jardin d'Alnwick fut aménagé en 1750 par le premier duc de Northumberland qui chargea Lancelot Brown, légendaire paysagiste né dans les environs, de transformer en jardins le parc adjacent au château. Un siècle d'aménagements suivit, durant lequel on cultiva dans des serres chauffées au charbon des fruits exotiques tels que des ananas. Le tsar Alexandre Ier convainquit ensuite le chef jardinier d'Alnwick de rejoindre la froide Russie, et Decimus Burton fut alors chargé de redessiner les jardins pour les adapter au goût victorien. Les jardins sombrèrent toutefois dans l'oubli à la suite des deux guerres mondiales. Au cours des années 1950, cet endroit autrefois grandiose n'abritait plus qu'une pépinière spécialisée dans la production d'arbres. C'est la duchesse Jane qui eut l'idée du jardin actuel. Après avoir effectué de longues recherches, elle chargea Jacques et Peter Wirtz, père et fils belges, d'en concevoir le plan général.

Le nouveau jardin fut inauguré en 2001. Les vieux cyniques feindront peut-être l'horreur mais la plupart des visiteurs sont pleins d'affection pour cette œuvre en évolution constante, sans égale, qui constitue de loin le plus passionnant des nouveaux jardins contemporains de grande dimension.

C'est désormais un site pour tous, particulièrement pour les familles avec jeunes enfants. Destiné à stimuler l'esprit et l'imagination plutôt qu'à engranger de rapides profits, ce projet a redonné vie à la région et transformé une charmante bourgade historique en destination touristique importante. RCa

Jardin de Herterton House

Angleterre

CRÉATEURS : Frank et Marjorie Lawyley
PROPRIÉTAIRES : Frank et Marjorie Lawyley
STYLE : jardin thématique (XXe siècle)
SUPERFICIE : 0,4 ha
CLIMAT : tempéré
SITUATION : Hartington, Cambo, Morpeth, Northumberland

Lorsque Frank et Marjorie Lawyley découvrirent le manoir de Herterton House, il n'était pas très attrayant. Ce bâtiment élisabéthain, en ruines, était entouré des vestiges d'une cour de ferme vieille de quatre cents ans. Mais inspirés par l'extraordinaire vue qu'il offrait sur les plateaux du Northumberland, les Lawyley achetèrent le domaine en 1976 et entreprirent de réaliser un jardin. Ils recherchèrent des conseils dans *A Housewife's Garden* (« Un jardin de maîtresse de maison »), ouvrage publié en 1617 qui inspira les cinq jardins historiques qui occupent aujourd'hui jusqu'au dernier centimètre carré du site.

Devant la demeure se déploie le jardin à la française. Comme le suggère son nom, c'est une structure vigoureuse, principalement constituée de haies et topiaires aux verts et jaunes contrastés. Les Lawyley y ont aussi ajouté diverses plantes telles qu'*Iris unguicularis*, crocus, pulmonaires, perce-neige et pervenches afin de lui donner vie en hiver. D'un côté de la maison, un autre jardin abrite des plantes médicinales, aromatiques ou d'autres encore cultivées pour leurs propriétés tinctoriales.

La plus grande réussite du couple se trouve cependant à l'arrière. Le jardin de fleurs, délimité par des haies aux formes nettes, est parsemé de topiaires de toutes tailles et formes dont des spirales, des boules, des colonnes et des arcs-boutants. Au-delà se trouve le jardin fantaisiste, où l'on découvre certaines des plus belles herbacées de Herterton ainsi qu'un belvédère planté sur une terrasse. Ne manquez pas la pépinière où l'on peut acheter ces plantes à un bon prix. LH

[…] une structure vigoureuse constituée de topiaires aux verts et jaunes contrastés.

Domaine de Cragside

Angleterre

CRÉATEUR : William Armstrong
PROPRIÉTAIRE : The National Trust
STYLE : victorien
SUPERFICIE : 405 ha
CLIMAT : tempéré
SITUATION : Rothbury, Morpeth, Northumberland

Comme le suggère son nom (*crag* signifie « rocher escarpé »), Cragside est un jardin fait de rochers et de chutes d'eau. C'est aussi un monument à l'autoglorification de la bourgeoisie victorienne, créé par l'industriel William Armstrong.

À la fin des années 1880, Armstrong employait plus de vingt mille personnes à Tyneside et, grâce à son immense fortune, acquit et restaura Bamburgh Castle, puis fit bâtir Cragside. La demeure, perchée sur un rocher escarpé qui domine le Debdon Burn, fut la première au monde à être éclairée par un système hydroélectrique. La diversité et l'envergure des jardins correspondent à de telles ambitions. L'une des plus grandes rocailles d'Europe encercle entièrement la demeure tandis qu'en contrebas, dans la pinède, le plus haut douglas *(Pseudotsuga menziesii)* d'Angleterre s'élance au-dessus des autres arbres majestueux du bois, dont bon nombre étaient déjà des spécimens de grande taille lorsqu'ils furent plantés. On doit aussi citer la magnifique allée des dahlias, en pleine floraison à la fin de l'été. Sept cents dahlias, appartenant à trente variétés, sont plantés chaque année. Ce parterre aux couleurs éclatantes et aux motifs vigoureux est bordé de dahlias de 60 cm de haut, avec à l'arrière des massifs plus hauts encore de semi-cactus, cactus, plantes décoratives et nénuphars. Seuls les dahlias doubles, développés dans les années 1860, sont utilisés. Tout ici est conçu pour impressionner, y compris les tapis de plantations qui exigent énormément de soins et démontrent combien de jardiniers Armstrong pouvait se permettre d'employer. VB

Sentier de sculptures de Grizedale Forest Park

Angleterre

CRÉATEURS : divers artistes et sculpteurs
PROPRIÉTAIRE : The Forestry Commission
STYLE : sentier de sculptures
SUPERFICIE : 2 502 ha
CLIMAT : tempéré
SITUATION : Ambleside, Cumbrie

Lorsqu'on évoque le sujet de la sculpture au jardin, les opinions sont divisées, particulièrement lorsque les œuvres ne sont pas des statues et urnes de l'Antiquité, mais sont abstraites et modernes. Les visiteurs que ce concept dérange devraient abandonner leurs préjugés lorsqu'ils se lancent à la découverte du sentier de sculptures de Grizedale Forest Park (1,6 à 16 km selon les parcours). Premier site britannique où le concept américain qu'est le land art ait été appliqué, Grizedale accueille des artistes en résidence depuis 1977, et possède une collection importante d'œuvres spectaculaires qui se fondent dans leur cadre boisé.

C'est une forêt, composée surtout d'épicéas *(Picea sitchensis)* plantés dans les années 1930, bien que certains des chênes des bois d'origine existent encore et que l'on augmente progressivement leur nombre. On peut trouver jusqu'à quatre-vingt-dix œuvres éparpillées dans les bois. La plus célèbre, d'Andy Goldsworthy, est un mur de pierres sèches dessinant des méandres autour des arbres. Les sangliers de Sally Matthews, en branches et brindilles, sont en train de lentement disparaître pour rejoindre le tapis de la forêt.

Sur le court sentier baptisé Riding Wood Trail, les sculptures prennent la forme de sièges et abris, et peuvent s'avérer interactives tels ces tambours africains sur lesquels on est invité à jouer. Si l'on examine les environs, on aperçoit entre les sculptures toujours changeantes des terrasses, de denses massifs de rhododendrons et des arbres centenaires, tous évocateurs du manoir majestueux qui se dressait ici durant la première moitié du XXe siècle. SA

Parc du château de Sizergh

Angleterre

CRÉATEUR : rocaille de T. R. Hayes & Son
PROPRIÉTAIRE : The National Trust
STYLE : à l'anglaise (XXe siècle)
SUPERFICIE : 6,5 ha
CLIMAT : tempéré
SITUATION : Sizergh, Kendal, Cumbrie

Lorsque la tour de Sizergh Castle fut édifiée au XIVe siècle, elle avait pour mission de défendre la campagne environnante des maraudeurs. Le château se transforma lentement en demeure plutôt qu'en forteresse et il devint alors logique de cultiver son parc, processus qui débuta au XVIIIe siècle et continua jusqu'aux années 1920 pour donner naissance à ces jardins d'une extraordinaire variété. On y trouve des étangs, des plates-bandes, des pelouses et un potager.

Le plus impressionnant de tous, la rocaille, n'a été réalisé qu'en 1926. Flanquée des murs austères du château dont les plantes grimpantes adoucissent l'apparence, elle rappelle les vestiges d'une carrière. Elle forme un creux en son centre où l'eau s'est accumulée, et les terrasses escarpées qui l'entourent abritent des plantations serrées d'arbustes et de vivaces. Caché derrière la rocaille se trouve le potager, où légumes et fruits côtoient des fleurs à couper. Une collection de fougères, dont Sizergh possède quatre genres représentatifs, est protégée par la façade nord.

L'imposant château domine les jardins au sud, principalement agencés en terrasses. L'une d'entre elles est ornée d'une large bordure de plantes herbacées où une scabieuse géante s'élève majestueusement au milieu de l'été. Même les murs et les marches accueillent des plantes, particulièrement *Erigeron karvinskianus*, dont les fleurs gaies rappellent les pâquerettes. Dans le jardin hollandais, plus intime et à l'agencement strict, une allée de cerisiers 'Shirotae' constitue un superbe spectacle au printemps, saison de leur floraison. LH

Hill Top

Angleterre

CRÉATEUR : Beatrix Potter
PROPRIÉTAIRE : The National Trust
STYLE : cottage anglais (XXe siècle)
SUPERFICIE : 0,2 ha
CLIMAT : tempéré
SITUATION : Sawrey, Hawkshead, Ambleside, Cumbrie

Hill Top, qui appartenait à Beatrix Potter, auteur et illustratrice de livres pour enfants, occupe une modeste parcelle typique des cottages de la région des Lacs en Angleterre. Long et étroit, il est entouré de murs de pierre et abrite un charmant fouillis de fruits, légumes, fleurs et herbes aromatiques.

Le jardin est presque tel que l'a laissé Beatrix Potter. Elle admettait elle-même que sa passion du jardinage avait diminué au fur et à mesure que celle qu'elle éprouvait pour l'agriculture grandissait. Son journal décrit un jardin peu soigné et envahi par les herbes folles. Pour cette raison, on ne s'inquiète pas outre mesure aujourd'hui lorsque des touffes d'herbe apparaissent entre les dalles de pierre ou qu'une mauvaise herbe pousse au milieu des fleurs.

Beatrix Potter écrivit entre autres ici *Tom Chaton* et *Sophie Canétang*. Les parents d'enfants en bas âge et les fans de Potter reconnaîtront le carré de rhubarbe du jardin qui servit de modèle aux illustrations de ces deux ouvrages. Il appartient à un potager qui fait face à la maison, et côtoie un méli-mélo de framboisiers, fraisiers, salades, artichauts *(Cynara scolymus)* et des rangs soignés de pommes de terre. De là, un sentier de dalles de pierre serpente entre de longues bordures fleuries débordant de pivoines, molènes, tanaisies et pavots, ainsi que des annuelles que l'on trouve généralement dans les jardins de cottage telles que pois de senteur, soucis et nigelles de Damas. On doit tout cela aux journaux de Beatrix Potter et aux illustrations de ses livres qui se sont avérés inestimables pour préserver le jardin à l'identique. SA

Muncaster

Angleterre

CRÉATEURS : Lord Muncaster, John Ramsden
PROPRIÉTAIRES : Peter et Iona Frost-Pennington
STYLE : jardin boisé (XVIIIe, XIXe et XXe siècles)
SUPERFICIE : 31,2 ha
CLIMAT : tempéré
SITUATION : Ravenglass, Cumbrie

Les jardins du château de Muncaster, qui baignent dans la beauté naturelle de Scafell Pike, la montagne la plus élevée d'Angleterre, furent créés dans les années 1780 par le premier lord Muncaster. Celui-ci planta des milliers de hêtres, châtaigniers, ormes et chênes. Certains sont encore vivants bien que beaucoup aient succombé à la maladie ou aient été déracinés par la tempête. C'est néanmoins pour ses rhododendrons qu'on visite le jardin.

John Ramsden hérita du domaine en 1917 et, selon la tradition du lieu, continua à planter des rhododendrons. Il aida aussi à financer les expéditions horticoles de George Forrest et de Frank Kingdon-Ward. De nombreuses plantes de Muncaster ont été ensemencées à leur retour de Chine et d'Extrême-Orient. Ramsden était aussi un phytogénéticien passionné qui créa de nombreux hybrides avant sa mort en 1958. De son vivant, le jardin abritait la plus grande collection d'espèces de rhododendrons en Europe. Ne manquez pas d'admirer aussi les magnolias, cerisiers, hortensias, andromèdes du Japon, camélias, et érables, ainsi qu'un *Nothofagus obliqua* de 30 m qui n'atteint habituellement cette hauteur monumentale que dans les pays dont il est originaire, le Chili et l'Argentine – c'est le plus grand de son genre au Royaume-Uni.

On terminera la visite en admirant la vue exceptionnelle sur les collines de Lakeland et la vallée de l'Esk dont on jouit depuis la terrasse courbe recouverte de gazon. On comprend aisément pourquoi lord Muncaster choisit de créer ici son jardin. MC

Jardins de Levens Hall

Angleterre

CRÉATEUR : Guillaume Beaumont
PROPRIÉTAIRES : Hal et Susan Bagot
STYLE : à la française, haies et topiaires (fin XVIIe siècle)
SUPERFICIE : 4 ha
CLIMAT : tempéré
SITUATION : Kendal, Cumbrie

Ce légendaire jardin de topiaires britannique fut conçu par un Français, Guillaume Beaumont, qui avait été le disciple d'André Le Nôtre à Versailles et avait travaillé à Hampton Court avant de dessiner les jardins de Levens Hall en 1694. Ces derniers sont parmi les rares de l'époque à avoir traversé les siècles sans dommage, et ce grâce à l'apathie, à la pauvreté ou à l'indifférence de leurs propriétaires successifs.

Les ifs de Beaumont se sont transformés au cours de ces trois siècles en arbres imposants, taillés selon une grande variété de formes merveilleusement excentriques. On découvre ici des pièces de jeu d'échecs, des couronnes, des champignons géants et des paons qui bombent le torse. Deux arbres géants, baptisés le Roi et la Reine, dominent l'ensemble. Ces topiaires sont peut-être l'œuvre d'Alexander Forbes, jardinier en chef de 1810 à 1862, qui restaura une grande partie du jardin et planta un certain nombre d'ifs dorés.

Les topiaires ne constituent que l'un des attraits du lieu. Le verger de Levens Hall emplit de joie le plus blasé des visiteurs, avec ses vieux arbres moussus qui abritent à leur pied des tulipes d'un rouge vif. Une longue allée conduit à un fumoir en pleine nature. Derrière les haies de hêtres anciens, on aperçoit une roseraie, un jardin de fontaines et de superbes plates-bandes. Le boulingrin d'origine, que l'on transforma en potager durant la Seconde Guerre mondiale, a retrouvé son gazon. Au-delà du saut-de-loup (l'un des premiers du pays) s'étend un immense parc, mais la plupart des visiteurs sont irrésistiblement attirés, encore et toujours, par les topiaires du jardin d'ifs AE

Parc de Holker Hall

Angleterre

CRÉATEURS : George Cavendish, Thomas Mawson
PROPRIÉTAIRES : Hugh et Grania Cavendish
STYLE : à la française, fin XVIIIe et début XIXe, à l'italienne, jardins sauvages et bois, ajouts des XXe et XXIe siècles
SUPERFICIE : 4 ha, parc de 50,6 ha
CLIMAT : tempéré
SITUATION : Cark-in-Cartmel, Grange-over-Sands, Cumbrie

Le parc aménagé de Holker Hall, vieux de deux cents ans, créé par George Cavendish, est un merveilleux patrimoine pour ses descendants. Grâce aux plantations et développements de style contemporain, il y a toujours quelque chose de nouveau à y découvrir. Grâce au climat doux qu'apporte le Gulf Stream, Holker abrite de nombreux arbres et arbustes de choix, dont certains battent même des records, par exemple le tilleul de quatre cents ans qui dépasse 22 m de circonférence, l'un des cinquante arbres remarquables de Grande-Bretagne.

Même si le château date de la fin du XVIe siècle, la plupart des éléments architecturaux principaux du jardin sont apparus au début du XXe siècle, notamment la terrasse ornée d'une balustrade qui entoure la demeure ou la cascade et la fontaine en pierre calcaire, impressionnantes, qui rappellent celles des jardins de la Renaissance italienne. En contrebas, les jardins possèdent une atmosphère animée et moderne avec leur mélange de plantes herbacées, bulbes, vivaces tendres, roses et plantes grimpantes. Des haies de buis et d'ifs taillés apportent un caractère géométrique.

Le festival qui se tient ici chaque année attire des milliers de visiteurs. Un nouveau labyrinthe de gazon a été créé au milieu d'une prairie de fleurs sauvages. Orné de monolithes de sombre ardoise de Cumbrie, il forme un lien entre les jardins et le parc puis la campagne au-delà. Et à travers les arbres, on aperçoit la mer. JH

Jardin de Brantwood

Angleterre

CRÉATEURS : John Ruskin, Joan Severn
PROPRIÉTAIRE : The Brantwood Trust
STYLE : boisé, romantique (XIXe siècle)
SUPERFICIE : 12 ha
CLIMAT : tempéré
SITUATION : Brantwood, Coniston, Cumbrie

C'est à Brantwood, demeure située sur les rives escarpées du lac de Coniston, au cœur de la splendide région des Lacs en Angleterre, que le critique d'art John Ruskin prit sa retraite. Il avait soutenu J.M.W. Turner, peintre encore obscur à l'époque, et, lorsqu'il enseignait à Oxford, avait eu de nombreux étudiants éminents, dont Oscar Wilde.

Après s'être retiré à Brantwood en 1889, Ruskin ne s'en éloigna que rarement, parlant peu en public et ne publiant plus aucun ouvrage ou essai. Il choisit au lieu de cela de se consacrer à l'amélioration de la maison et du domaine, même si certains de ses plans pour le jardin ne furent jamais mis en œuvre de son vivant. Après sa mort en 1900, sa nièce hérita de la propriété. Elle conçut de nouveaux éléments pour le jardin, dont un sentier tracé au-dessus de la maison et depuis lequel on découvre des vues panoramiques sur l'extraordinaire paysage de la région des Lacs.

Les divers éléments qui ont pour origine des idées de Ruskin – mais qu'il ne mit jamais personnellement en pratique – font aujourd'hui tout l'intérêt de Brantwood. Le Zig Zaggy est fondé sur des croquis qu'il fit au cours des années 1870 et représente un parcours allégorique jusqu'au paradis, influencé par l'œuvre de Dante et son talus du purgatoire. Le jardin clos abrite plus de deux cents herbes aromatiques indigènes. La manière dont elles sont plantées rappelent un manuscrit médiéval ; par ailleurs, elles sont organisées en fonction de leur usage : médicinal, cosmétique ou culinaire. MW

Jardins de Newby Hall

Angleterre

CRÉATEUR : Major Edward Compton
PROPRIÉTAIRE : Richard Compton
STYLE : à la française (XXe siècle)
SUPERFICIE : 16,2 ha
CLIMAT : tempéré
SITUATION : Ripon, Yorkshire du Nord

Datant de la fin du XVIIe, le manoir de Newby Hall fut transformé par William Weddell en un écrin néoclassique destiné à abriter les trésors qu'il rapporta d'Europe.

Les jardins, eux, durent attendre jusqu'au XXe siècle, lorsque le major Edward Compton, un descendant de William, réalisa la plupart des jardins à la française autour de la demeure et établit une barrière protectrice d'arbres pour lutter contre les vents violents du Yorkshire. Il créa une série de jardins clos, dont celui de Sylvia. Celui-ci fut par la suite transformé par son fils, Robin, qui y planta des fleurs aux couleurs douces et subtiles accompagnées de plantes au feuillage violet afin que le jardin demeure intéressant toute l'année. On s'en approche par l'allée de la Guerre-des-Deux-Roses, qui commémore la guerre civile anglaise du XVe siècle et est plantée des roses rouges des Lancastre (*Rosa gallica* var. *officinalis*) et des roses blanches des York *(R. rugosa)*, avec, pour séparer les deux variétés, la merveilleuse *R. gallica* 'Versicolor' rayée. Newby Hall abrite aussi une collection nationale de *Cornus* à travers tout le jardin.

Finalement, ne manquez pas d'admirer les majestueuses plates-bandes d'herbacées du major Compton qui rejoignent la rivière Ure depuis la façade sud et sont séparées par une large étendue de gazon. Derrière ces vivaces herbacées, suffisamment variées pour fleurir de la fin du printemps au début de l'automne, se dressent de vigoureuses haies d'ifs. Les visiteurs qui désirent explorer le jardin plus avant découvriront un sentier boisé orné de ponts rustiques et de cascades. VB

Parc du château de Howard

Angleterre

CRÉATEURS : John Vanbrugh, Nicholas Hawksmoor, William Andrews Nesfield
PROPRIÉTAIRE : Castle Howard Estates Ltd.
STYLE : à la française (XVIIIe siècle), arboretum (XXe siècle)
SUPERFICIE : 405 ha
CLIMAT : tempéré
SITUATION : York, Yorkshire du Nord

Le château Howard dont l'emplacement ostentatoire offre une vue inégalée sur la campagne environnante – célèbre depuis qu'on y a tourné l'adaptation télévisée de *Retour à Brideshead* d'Evelyn Waugh – fut dessiné par John Vanbrugh pour le comte de Carlisle. Construit entre 1699 et 1712, il est accompagné d'un domaine lui aussi conçu par Vanbrugh, assisté de Nicholas Hawksmoor, et qui est demeuré plus ou moins intact. C'est au premier que l'on doit le lac sud et le temple des Quatre-Vents (1724-1726) inspiré par la Villa Rotonda d'Andrea Palladio à Vicence, et au deuxième le Mausolée (1728-1729).

Divers changements et ajouts se sont produits au fil des ans. Dès 1750, le jardin clos avait doublé en superficie pour atteindre les 4,5 ha actuels, tandis que le grand lac de 28 ha, devant la façade nord, fut rempli d'eau en 1798. Le jardin à l'anglaise, aux fontaines et parterres impressionnants, fut réalisé au XIXe siècle, au sud du château. En 1975, lord Howard (1920-1984) et Jim Russell, un passionné de plantes, commencèrent à créer l'une des collections de plantes ligneuses robustes les plus importantes d'Europe. En 1997, ce site de 51 ha devint Castle Howard Arboretum Trust (CHAT), une collaboration de Castle Howard et des Jardins botaniques royaux de Kew. Cet arboretum ouvrit ses portes au public en 1999. Le jardin évolue encore aujourd'hui, notamment avec la plantation récente de 5 tonnes de bulbes de jonquilles. TM

Duncombe Park

Angleterre

CRÉATEURS : Charles Bridgeman, Stephen Switzer
PROPRIÉTAIRE : lord Feversham
STYLE : à l'anglaise (XVIIIe siècle)
SUPERFICIE : 14 ha au sein d'un parc de 160 ha
CLIMAT : tempéré
SITUATION : Duncombe Park, Helmsely, Yorkshire du Nord

Les jardins de Duncombe Park comptent parmi les rares parcs baroques qui existent encore aujourd'hui en Angleterre. On ne sait qui exactement est responsable de sa création, mais l'on pense qu'il s'agissait peut-être de Thomas Browne, beau-frère de Charles Duncombe qui hérita du domaine au début du XVIIIe siècle. Le plan est attribué à Charles Bridgeman, et l'on pense que l'architecte John Vanbrugh conseilla Thomas Duncombe quant à l'emplacement du château. On est toutefois absolument certain que Duncombe Park abrite deux éléments de grande importance : ses uniques terrasses en gazon et l'un des premiers sauts-de-loup (un fossé accompagné d'un mur destiné à empêcher le bétail de pénétrer dans le jardin sans pour autant entraver la vue) d'Angleterre.

Les premières sont uniques, tant par leur conception que leur réalisation, et suivent les contours du terrain au lieu de les éliminer. Elles sont si réussies que, selon Christopher Hussey, ce sont « certaines des inventions les plus spectaculairement belles du paysagisme anglais du XVIIIe siècle ». Outre le saut-de-loup, on doit aussi citer parmi les éléments architecturaux du jardin un temple ionique attribué à Vanbrugh.

Le propriétaire actuel, lord Feversham, a préservé le jardin tel que ses ancêtres l'avaient imaginé. Aujourd'hui, le parc constitue une réserve naturelle nationale, et l'on gère les bois et les herbages de façon à préserver la faune et la flore. MW

Scampston Hall

Angleterre

CRÉATEUR : Piet Oudolf
PROPRIÉTAIRES : Charles et Caroline Legard
STYLE : jardin clos (XXIe siècle)
SUPERFICIE : 1,82 ha
CLIMAT : tempéré
SITUATION : Malton, Ryedale, Yorkshire du Nord

Dans le passé, les potagers clos des domaines anglais s'avéraient indispensables. C'est là que l'horticulture atteignit son apogée à la fin du XIXe et au début du XXe siècle, mais après la Première Guerre mondiale et les transformations sociales qui s'ensuivirent, ils furent laissés à l'abandon.

Lorsque Charles et Caroline Legard entreprirent de restaurer le jardin clos de Scampston, il possédait encore ses murs d'origine, des vestiges des serres, les appentis des jardiniers ainsi qu'un bassin central ovale, mais était très différent de ce qu'il avait dû être. Il était impossible de le restaurer à l'identique à cause de l'énorme production de légumes que cela aurait entraîné. Le couple préféra engager le célèbre paysagiste hollandais, Piet Oudolf, afin de créer un nouveau jardin d'ornement à l'intérieur des anciens murs.

Une fois le site débarrassé de tous ses vestiges, exception faite du bassin ovale et des murs solides, Oudolf créa une série de jardins, chacun doté de son propre caractère, en incorporant diverses idées audacieuses. Le bassin carré empli d'une eau teinte en noir est probablement le moins réussi de tous, notamment comparé aux larges rubans sinueux de *Molinia*, de fines graminées, ou aux plantations naturalistes de vivaces, caractéristiques d'Oudolf – ces deux éléments sont spectaculaires à la fin de l'été. Une promenade pour passionnés de plantes a été aménagée tout autour du jardin ; débordant de plantes intéressantes et souvent surprenantes, elle offre aux jardiniers plus circonspects un aperçu de tout ce que l'on peut cultiver dans le Yorkshire du Nord. MW

Jardin d'eau royal de Studley

Angleterre

CRÉATEUR : John Aislabie
PROPRIÉTAIRE : The National Trust
STYLE : parc paysager (XVIIIe siècle)
SUPERFICIE : 60,7 ha
CLIMAT : tempéré
SITUATION : Ripon, Harrogate, Yorkshire du Nord

The Studley Royal Water Garden ne pouvait qu'être spécial. L'un des très rares « jardins verts » du XVIIIe siècle qui ait survécu sous sa forme originale, il fut créé par John Aislabie et son fils, William, au milieu de la vallée boisée et sauvage de la Skell. Il met remarquablement à profit les ruines de Fountains Abbey.

Lorsque la crise financière de 1720 mit fin à sa carrière politique, John Aislabie fit de ce jardin l'œuvre d'une vie. Il aplanit le sol, confinant la rivière à un canal central, et créa des bassins géométriques de chaque côté. Depuis les ruines romantiques de la grande abbaye cistercienne, une série de pelouses et de cascades conduisent à l'autre extrémité du jardin où elles s'unissent en un grand lac et en un parc à cerfs. L'acquisition de l'abbaye en 1768 symbolisa l'apogée du jardin.

Le résultat final allie plans d'eau immobiles, pelouse et temples se détachant sur le feuillage sombre des arbres et constitue la fusion parfaite entre une nature sauvage et le paysagisme raffiné du XVIIIe siècle. En une décennie, on construisit deux temples, un pavillon, la tour octogonale, le pont rustique, la grotte et le tunnel serpentin. Des haies d'ifs taillés bordent les promenades et encadrent les panoramas, fidèles au plan original, tandis que des arbres indigènes tels que hêtres et pins sylvestres ponctuent le paysage.

Artistiquement conçu afin d'imiter et de refléter la nature, doté d'éléments qui évoquent immédiatement l'Antiquité, Studley Royal et ses vues romantiques, ses panoramas surprenants et ses statues sont l'élégance incarnée. NS

Jardin Harlow Carr

Angleterre

CRÉATEURS : Geoffrey Smith, RHS

PROPRIÉTAIRE : Royal Horticultural Society (RHS)

STYLE : à l'anglaise (XXᵉ siècle)

SUPERFICIE : 23,5 ha

CLIMAT : tempéré

SITUATION : Beckwithshaw, Harrogate, Yorkshire du Nord

C'est à la fin des années 1940 que fut fondée la Société royale d'horticulture de Harlow Carr, lorsqu'un groupe de jardiniers de Manchester décida de montrer quelles plantes et techniques étaient adaptées au nord de l'Angleterre. À Harlow Carr, à la limite de Harrogate, ils découvrirent un site vierge qui présentait un réel défi. Ce n'était rien d'autre qu'un pâturage traversé d'une rigole alimentée par une source au fond d'une vallée, exposé à des vents violents et sujet à de longues périodes de gel.

Les travaux débutèrent dès que Geoffrey Smith, jeune et énergique, fut nommé directeur en 1954. L'équipe dont il prit la tête n'utilisa que des outils rudimentaires pour déplacer des tonnes de rochers et transformer le ruisseau sinueux en l'un des jardins de bord d'eau les plus spectaculaires d'Europe. Dès les années 1960, le jardin pouvait s'enorgueillir de belles collections de plantes sino-himalayennes, dont des primevères, des rhododendrons et des pavots bleus. Le départ de Smith en 1975 marqua le début du déclin de ce site. Le jardin était sur le point de disparaître en 2001 lorsque la Société horticole royale (SHR) accepta d'en prendre la direction.

Depuis, de nombreux efforts lui ont été consacrés. Tout en respectant les traditions du lieu et les collections existantes, la SHR est en train de modifier le jardin pour lui donner un aspect plus naturaliste, et les jardins des bois ou du bord du ruisseau compteront probablement parmi les plus beaux du monde. MW

Jardin himalayen des Hutts

Angleterre

CRÉATEURS : Peter et Caro Roberts

PROPRIÉTAIRES : Peter et Caro Roberts

STYLE : boisé (XXᵉ et XXIᵉ siècles)

SUPERFICIE : 3,24 ha

CLIMAT : tempéré

SITUATION : Grewelthorpe, Ripon, Yorkshire du Nord

Lorsque les Roberts acquirent le domaine des Hutts, en 1996, ils héritèrent d'un jardin qui présentait d'extraordinaires défis. Parmi les conifères des pentes vertigineuses du jardin se trouvaient les vestiges de rhododendrons centenaires engloutis par des plantations plus tardives. On choisit d'éliminer les couches les plus récentes et l'on commença ainsi à dégager les bois en 1997, et à planter à nouveau en 1998.

Le jardin himalayen est l'un de ces rares jardins où les plantes d'un autre continent dominent. La topographie du lieu, avec ses pentes abruptes, presque verticales, ses torrents et son lac, a énormément contribué à son succès. Les Roberts ont cependant dû soigneusement sélectionner leurs plantes à cause de l'acidité extrême du sol, souvent si mince que les rochers sont exposés. Le jardin abrite aujourd'hui environ mille rhododendrons ainsi que d'excellentes collections de magnolias et de cornouillers. De nombreux arbres et arbustes, dont certains sont rares ou insolites, ont été ensemencés à partir de graines collectées par des botanistes contemporains en Chine, en Birmanie et au Tibet. Au cours des dernières années, les Roberts ont ajouté un important tapis végétal accompagné de plantes ligneuses insolites, principalement des spécimens d'Extrême-Orient.

Le jardin himalayen, à la fois évocateur et unique, offre un aperçu de l'Himalaya dans une région magnifique du Yorkshire du Nord. De nombreuses plantes sont en vente à la pépinière. MW

Old Zoo

Angleterre

CRÉATEURS : Gerald Hitman, David Smith
PROPRIÉTAIRE : Gerald Hitman
STYLE : parc paysager éclectique
SUPERFICIE : 6 ha
CLIMAT : tempéré
SITUATION : Old Langho, Blackburn, Lancashire

Old Zoo, la merveilleuse demeure contemporaine de Gerald Hitman, à la façade ornée de roseaux, était autrefois un hôpital psychiatrique. Le nom du jardin provient de l'ancien zoo situé près de l'hôpital. Hitman acheta ce site en 1992 et se réserva 6 ha. Un lotissement et le terrain d'entraînement du club de football des Blackburn Rovers occupent le reste.

Old Zoo, caché derrière de hauts talus argileux où l'on a planté des arbres indigènes, domine la vallée de la Ribble. Hitman a donné libre cours à son imagination et, plutôt qu'un plan général, c'est un jardin en pente insolite que l'on découvre. Le nu grandeur nature ayant Hitman (lui-même un géant de 2 m de haut) pour modèle au centre du labyrinthe de hêtre attire indubitablement le regard.

Ailleurs, les constructions de chêne vert de Derek Goffin, y compris un vaste Jacuzzi au milieu d'un bois dense, ponctuent le paysage. Il y a aussi un pavillon près du terrain de croquet bordé d'un talus de douze mille roses blanches et d'arbres en pots taillés « en nuage », à la japonaise, ainsi qu'une chapelle en plein air, aux murs constitués de haies. On découvre ici diverses sculptures figuratives, souvent de Sophie Dickens et d'Obram Zoubeck, un artiste tchèque qui utilise des couleurs vives. Au fond du jardin, un lac côtoie quatre cents arbres indigènes au pied desquels on a planté des cotonéasters et des buis. De l'autre côté du talus, on découvre seize variétés de pommiers du Lancashire, avec d'autres plantations d'arbres prévues. Ce jardin original et passionnant n'est pas encore achevé. CD

Gresgarth Hall

Angleterre

CRÉATEUR : Arabella Lennox-Boyd
PROPRIÉTAIRE : Arabella Lennox-Boyd
STYLE : contemporain (xxe siècle)
SUPERFICIE : 6 ha
CLIMAT : tempéré
SITUATION : Caton, Lancaster, Lancashire

Arabella Lennox-Boyd a réalisé toutes sortes de jardins : privés, en terrasses, publics, ou encore couronnés de la médaille d'or à l'Exposition florale de Chelsea. Toutefois, c'est son propre jardin à Gresgarth Hall qui constitue sa réussite la plus ambitieuse.

Née en Italie, elle s'est installée en 1978 à Gresgarth Hall dont le jardin lui sert de laboratoire et contient des éléments issus de la plupart des styles paysagistes avec des sculptures modernes et classiques, des terrasses, un jardin humide, un lac, un jardin sauvage, un potager, des plates-bandes d'herbacées, un verger et des bois de jacinthes.

Depuis le manoir crénelé, une série de terrasses descendent jusqu'au ruisseau qu'enjambe un pont chinois. Au printemps, les azalées et les campanules sous la canopée constituent un spectacle extraordinaire. Il y a aussi un jardin du Zodiaque, orné d'une mosaïque de l'artiste britannique Maggy Howarth, et un attrayant potager.

L'existence même de ce jardin relève de l'exploit. Des problèmes de drainage, la mauvaise qualité du sol et les conditions climatiques auraient découragé la majorité des jardiniers. Que réserve l'avenir ? Lorsque Arabella Lennox-Boyd, qui conçoit des jardins aux quatre coins de la planète, en trouvera le temps, elle prévoit d'ajouter des fontaines, de construire un nouveau pont au-dessus du ruisseau et de planter cent magnolias blancs dans son bois du Millénium. MC

À DROITE Le manoir crénelé de Gresgarth Hall se dore aux derniers rayons de soleil de la journée.

Bramham Park

Angleterre

CRÉATEUR : Robert Benson
PROPRIÉTAIRE : George Lane Fox
STYLE : influence française (XVIIIe siècle)
SUPERFICIE : 27 ha
CLIMAT : tempéré
SITUATION : Wetherby, Yorkshire de l'Ouest

Bramham Park a l'honneur d'être le jardin à la française du début du XVIIe siècle le mieux préservé de tout le Royaume-Uni. Au fur et à mesure que naissaient de nouveaux courants paysagistes, ce genre de jardins eut tendance à disparaître, mais Bramham a survécu.

Lorsqu'il acquit les 248 ha de Bramham Moor en 1698, Robert Benson engagea l'architecte Thomas Archer pour concevoir et construire la demeure, indubitablement influencée par la grande architecture de l'Antiquité qu'il avait pu admirer au cours de son voyage en Europe. Autour du château, le jardin est organisé selon les lignes directrices traditionnelles des jardins à la française de son époque, où allées et promenades bordées d'arbres rayonnent à partir de la demeure, même si Benson possédait aussi clairement ses propres idées.

Parmi les éléments clés du jardin, on doit citer le temple gothique octogonal. La plupart des allées sont bordées de haies de hêtres qui s'élèvent désormais à 7,5 m de haut, mais ce sont les bassins à obélisque, reliés par une série de cascades, qui constituent probablement l'élément d'époque le plus grandiose. Ce sont eux qui font de Bramham un jardin exceptionnel et important car ils nous offrent la possibilité de découvrir le summum du bon goût et de la mode dans le paysagisme anglais au début du XVIIIe siècle, alors que tellement d'autres jardins de cette époque ne s'épanouirent que brièvement avant de succomber à la mode suivante. Les Lane Fox, descendants directs de Robert Benson, continuent à entretenir et développer le domaine. MW

Harewood

Angleterre

CRÉATEURS : Lancelot « Capability » Brown, Charles Barry
PROPRIÉTAIRE : M. de Harewood
STYLE : parc paysager (XVIIIe s.), jardin à l'italienne, potager
SUPERFICIE : 14,6 ha
CLIMAT : tempéré
SITUATION : Leeds, Yorkshire de l'Ouest

Demeure des Lascelles, comtes de Harewood, l'édifice du XVIIIe siècle dessiné par John Carr de York est parfaitement intégré au jardin de Capability Brown. Le parterre qui domine le lac constitue l'autre élément extraordinaire du domaine, ajouté au cours des années 1840 par Charles Barry et Harewood afin de rappeler un *palazzo* italien. Il fut restauré par l'ancien jardinier en chef, Michael Walker, spécialiste des parterres victoriens. Les arabesques de celui de Harewood sont plantées selon les saisons, soulignées de haies de buis nain, de gravillons blancs, d'herbe tondue et de bordures de pierre. Orphée en a toujours été l'élément central, mais la statue actuelle, qui le représente portant un léopard, est l'œuvre d'Astrid Zydower et remplace l'original de Barry, endommagé par le gel en 1982.

Les bordures exposées au sud des niveaux inférieurs comme supérieurs abritent des plantes que l'on n'imaginerait pas robustes, même à des kilomètres plus au sud. La petite terrasse du Dauphin est inspirée d'une idée du créateur David Hicks. La promenade sur les rives du lac comprend une vaste collection de rhododendrons et autres plantes de l'Himalaya, mais c'est bien l'eau qui attire le regard. La cascade conduit à une grande rocaille, très humide et débordant au printemps de primevères, astilbes, hostas et gunnères. Pour un contraste complet, on se tournera ensuite vers le potager, conçu à grande échelle et en cours de restauration. Le jardin aux oiseaux, qui abrite cent oiseaux exotiques et en voie de disparition, est une création récente. CH

Jardin de York Gate

Angleterre

CRÉATEUR : Robin Spencer
PROPRIÉTAIRE : Perennial
STYLE : jardin de compartiments (XXe siècle)
SUPERFICIE : 0,4 ha
CLIMAT : tempéré
SITUATION : Adel, Leeds, Yorkshire de l'Ouest

De dix-sept ans et jusqu'à sa mort au début des années 1980, Robin Spencer a conçu et entretenu ce jardin exceptionnel. Trente ans durant, il put assouvir ses trois passions principales : le jardinage, le paysagisme et la collection de plantes. Il affirmait avoir transformé chaque partie du jardin au moins une fois, voire deux ou trois, à la recherche de la perfection.

On peut identifier ici pas moins de quinze parties, où l'attention portée aux détails est essentielle. Chaque plante, sentier, élément décoratif et composition touche au sublime. Au cours de ses dix dernières années, Robin s'intéressa particulièrement au dallage. Il utilisait des graviers, des pavés, ronds ou non, des dalles de pierre et des meulières de tailles et tons variés afin de définir l'ambiance de chaque coin du jardin, que ce soit les parterres d'iris, le jardin Blanc et Argent, celui des plantes aromatiques, l'allée, le potager, la pinède miniature ou les plates-bandes de fougères. Il choisit aussi de se limiter à des éléments décoratifs purement utilitaires afin d'établir l'ambiance d'un jardin de cottage. C'est pour cela que les auges et éviers de pierre, les anciennes lessiveuses et marmites, les meules et pompes servent tous de jardinières.

Pendant vingt ans encore après la mort de Spencer, sa mère continua à entretenir le jardin en sa mémoire. Elle le légua à l'Association royale de jardinage Perennial. De son vivant, Spencer espérait que les visiteurs puissent apprécier la taille réduite du jardin, et être constamment surpris et charmés par son intimité. Il serait probablement ravi aujourd'hui de découvrir combien sa création a peu changé. CB

Chaque plante, sentier, élément décoratif et composition touche au sublime.

Brodsworth Hall

Angleterre

CRÉATEURS : Philip Wilkinson; English Heritage, David Avery
PROPRIÉTAIRE : English Heritage
STYLE : victorien éclectique (XIXe siècle)
SUPERFICIE : 6 ha
CLIMAT : tempéré
SITUATION : Doncaster, Yorkshire du Sud

Les jardins de Brodsworth Hall sont un catalogue du goût victorien. Créés autour d'une demeure à l'italienne qui imite celle de la reine Victoria, Osborne, sur l'île de Wight (voir p. 431), ils contiennent des parterres géométriques, des terrasses et une roseraie parfumée. Dès les années 1860, c'était le terrain de détente privé de Charles Thellusson.

C'est grâce à des rénovations récentes que l'on peut admirer les jardins actuels. Le manoir avait souffert d'affaissement et était délabré, tandis que la végétation avait envahi les jardins au cours du XXe siècle. Heureusement, ces tendances ont été inversées depuis que l'English Heritage, l'organisme britannique chargé de la protection du patrimoine historique, s'est chargé de la propriété en 1990. Maintenant que les plantes ont été taillées, on peut à nouveau admirer les grandes lignes du jardin. Outre les vues panoramiques, les fontaines et les statues, le jardin abrite aussi de nombreuses plantes adultes dont deux arbousiers hauts de 10 m. On a planté dans la rocaille plus de trois cent cinquante types de fougères, en hommage à la passion qu'on éprouvait à l'époque victorienne pour ces plantes. Le vallon aux Roses, dans le jardin d'agrément, qui abrite quatre-vingts différentes espèces, est le dernier élément en date à avoir été restauré.

Ailleurs, on peut admirer un grand nombre de bâtiments, comme celui où l'on pratiquait autrefois le tir à l'arc ou encore la façade que l'on a malicieusement aménagée à mi-hauteur d'une falaise. On ne manquera pas non plus le cellier réservé au gibier ni les toilettes d'ornement. LH

Jardins clos d'Easton

Angleterre

CRÉATEURS : Ursula et Fred Cholmeley
PROPRIÉTAIRES : Ursula et Fred Cholmeley
STYLE : à l'anglaise (XXe siècle)
SUPERFICIE : 4,5 ha
CLIMAT : tempéré
SITUATION : Easton, Grantham, Lincolnshire

Les jardins d'Easton, la demeure ancestrale des Cholmeley, atteignirent leur apogée à la fin de l'ère victorienne ; ils comprenaient des jardins clos, des terrasses, de complexes parterres et des pelouses soigneusement entretenues. Franklin D. Roosevelt, l'un des visiteurs célèbres d'Easton, déclara que c'était un « Nirvana [...] presque trop beau pour être vrai ».

La Seconde Guerre mondiale marqua le déclin du domaine qui fut réquisitionné par le ministère de la Guerre. Dès 1951, la demeure avait subi des dommages irréparables et, en 1999, les jardins étaient considérés comme entièrement perdus. Les Cholmeley reprirent alors possession du domaine. Au cours des quatre années suivantes, le bruit des tronçonneuses et de divers engins ne cessa de retentir dans les jardins qui révélèrent peu à peu leurs trésors cachés. Les propriétaires mirent en valeur les éléments qui avaient survécu, dont le tunnel d'ifs et l'imposant pont qui enjambe la Witham, tout en développant de nouvelles plantations et en explorant des concepts paysagistes contemporains.

Le jardin qui en résulte rappelle un fantôme ramené à la vie. Divers éléments, tels que le jardin de fleurs à couper où poussent plus d'une centaine d'espèces ou la somptueuse bordure de velours, explosent d'innombrables couleurs. À la fin de l'hiver, les clairières sont envahies de perce-neige et l'on peut désormais apprécier les arbres ancestraux d'Easton dans toute leur majesté. Le jardin illustre parfaitement comment, même après le plus sévère des déclins, on peut ramener les grands jardins à la vie. MW

Jardins du château de Cholmondeley

Angleterre

CRÉATEUR : Lavinia Cholmondeley
PROPRIÉTAIRE : Lavinia Cholmondeley
STYLE : à la française et à l'anglaise (fin du XXe siècle)
SUPERFICIE : 7,3 ha
CLIMAT : tempéré
SITUATION : Malpas, Cheshire

Les jardins du château de Cholmondeley possèdent un caractère romantique, presque de conte de fées. Un faux château gothique du XIXe siècle se dresse en leur centre, entouré de jardins à la française et à l'anglaise, ces derniers aux lignes très fluides. Ils furent agencés en 1690 par George London, jardinier royal, mais son jardin clos et ses canaux ont disparu depuis longtemps. Le jardin romantique actuel doit de fait beaucoup à Lavinia Cholmondeley qui, depuis les années 1960, a développé les plantations tout en expérimentant constamment.

Le jardin du Temple attire tout particulièrement ici les visiteurs. Un temple orné de piliers est surmonté d'une coupole en fer forgé et, tout comme les arbres et arbustes rares, se reflète dans le lac qu'il domine. Au printemps, les azalées et les rhododendrons sont en fleurs, suivis en été par des massifs vigoureux de gunnères à larges feuilles et par la majestueuse osmonde royale. Une fois sur les rives du lac, on aperçoit les carpes koï qui glissent dans l'eau et les visiteurs peuvent traverser des ponts rustiques pour rejoindre des îlots gazonnés au milieu, depuis lesquels on bénéficie d'une excellente vue d'ensemble sur les jardins, leurs formes, textures et couleurs contrastées.

Sur la terrasse, les plantes sont principalement argentées. Elles furent mises en terre en 1977 à l'occasion du Jubilée d'argent de la reine Elizabeth II (le 25e anniversaire de son règne, célébré avec un enthousiasme considérable à travers le Royaume-Uni). À l'ouest du château, on découvre certains arbres impressionnants : des camélias aux fleurs somptueuses, un liquidambar qui vire au rouge et à l'or à l'automne et un grand arbre aux mouchoirs *(Davidia involucrata)*, planté dans une clairière, qui fleurit à la fin mai. La roseraie constitue l'élément le plus récent de Cholmondeley, et l'on admirera aussi les orchidées sauvages au milieu des pelouses et les primevères des niveaux inférieurs, en dessous du château. LH

Arley Hall

Angleterre

CRÉATEURS : Rowland Egerton-Warburton, Lady Ashbrook
PROPRIÉTAIRE : M. d'Ashbrook
STYLE : à l'anglaise (XIXe siècle)
SUPERFICIE : 4,8 ha
CLIMAT : tempéré
SITUATION : Northwich, Cheshire

On dit que les doubles parterres de plantes herbacées d'Arley Hall sont les plus anciens d'Angleterre. Bien que cela soit difficile à prouver, ils comptent certainement parmi les plus vieux car ils datent d'avant 1846. Leur allure n'a pas changé depuis qu'ils furent représentés à l'aquarelle en 1889.

Ces parterres sont conçus afin de fleurir du début de l'été jusqu'au début de l'automne. Le spectacle débute avec de hauts delphiniums bleus puis adopte des couleurs plus éclatantes. Les montbretias rouges et des hélianthes jaunes apparaissent à la fin de l'été, tandis que des *Sedum* charnus annoncent le début de l'automne. Les plates-bandes se détachent sur des ifs placés de façon stratégique : taillés en forme d'arcs-boutants, ils créent des divisions marquées. Le jardin est aussi caractérisé par la longue pelouse qui s'étend en son milieu. Ombragée et protégée d'un côté, elle offre des vues sur la campagne de l'autre.

Si l'on s'éloigne des bordures, on découvre encore de nombreux éléments, dont une allée de chênes verts *(Quercus ilex)* hauts de 10 m et taillés en cylindres symétriques, ainsi que deux jardins clos. Le premier est planté de légumes et de variétés anciennes de fruits. L'autre abrite des plates-bandes mixtes de buissons et de vivaces, aux agencements chromatiques soignés. Au cours des dernières années, le vicomte Ashbrook a développé le bosquet et l'allée boisée en plantant environ trois cents espèces d'azalées et de rhododendrons. Après leur floraison au printemps, les arbres exotiques et les arbustes à fleurs permettent au spectacle de continuer. LH

Tatton Park

Angleterre

CRÉATEURS : Humphry Repton, Joseph Paxton et autres
PROPRIÉTAIRE : The National Trust ;
gestion : comté du Cheshire
STYLE : parc paysager (XVIIIe siècle),
potager et jardins à la française (XIXe siècle),
jardin japonais (XXe siècle)
SUPERFICIE : 19,8 ha
CLIMAT : tempéré
SITUATION : Knutsford, Cheshire

Lorsque le créateur Humphry Repton présenta son plan pour le parc de Tatton Park en 1791, il fut particulièrement ferme sur un point. L'allée droite qui conduisait à l'entrée du château devait disparaître. Il la remplaça par une route sinueuse qui permet de découvrir le parc pittoresque. L'entêtement de Repton peut paraître fantasque mais Tatton peut lui en être reconnaissant, car le domaine lui doit son magnifique parc du XVIIIe siècle ainsi que les parties dégagées autour de la demeure qui devaient plus tard accueillir les jardins. Tatton est, de fait, une série de jardins.

Les jardins à la française, les plus anciens, comprennent un labyrinthe de hêtres datant de 1795 ainsi que le jardin de Charlotte, ainsi baptisé en l'honneur de Charlotte Edgerton, membre de la riche famille qui posséda Tatton durant plus de quatre cents ans. Joseph Paxton (l'architecte du Crystal Palace) créa de nombreux éléments ici, dont, en 1847, le jardin italien. La serre aux fougères, autrefois baptisée serre aux palmiers, fut conçue par George Stokes en 1859 et abrite aujourd'hui de grandes fougères arborescentes *(Dicksonia antartica)*.

Tatton est cependant surtout célèbre pour son jardin japonais récemment restauré. Réalisé entre 1910 et 1913, dans le style d'un jardin de thé, pour Alan de Tatton Edgerton, on le classe parmi les plus beaux d'Europe. Il abrite une maison de thé, des ruisseaux, des îles et des rochers, mais sera peut-être bientôt éclipsé par le potager clos. Couvrant environ 1,6 ha, c'est l'un des plus grands d'Angleterre qui aient été restaurés à ce jour. LH

Tatton est surtout célèbre pour son jardin japonais récemment restauré.

Lyme Park

Angleterre

CRÉATEURS : Lewis Wyatt, Graham Stuart Thomas
PROPRIÉTAIRE : The National Trust
STYLE : jardin à la française et bois (XIXe et XXe siècles)
SUPERFICIE : 6,8 ha
CLIMAT : tempéré
SITUATION : Disley, Stockport, Cheshire

Le manoir palladien de Lyme Park est célèbre depuis qu'il a prêté sa façade à Pemberley dans l'adaptation d'*Orgueil et Préjugés* de Jane Austen par la BBC en 1995. Les jardins près de la demeure sont principalement agencés à la française et reflètent diverses périodes du XIXe siècle. L'élégant jardin d'hiver dessiné par Lewis Wyatt fut construit en 1814 et est légendaire pour ses deux camélias, vieux de plus de cent cinquante ans dit-on, tandis que les plates-bandes de la terrasse, au-dehors, se parent souvent des couleurs de *Penstemon* 'Rubicundus', cultivé pour la première fois à Lyme en 1906.

À l'est du jardin d'hiver se trouvent la roseraie et la plate-bande d'herbacées. La première fut créée en 1913 et replantée en 1995, la seconde date des années 1920 et fut transformée en 1966 dans le style de Gertrude Jekyll par le pépiniériste Graham Stuart Thomas. Le jardin hollandais, rénové dans les années 1980, fut planté à l'origine au cours des années 1860 alors qu'il était encore appelé jardin italien. Au printemps et en été, ses parterres se couvrent de couleurs vives. On restaure actuellement le jardin anglais en suivant le plan de Wyatt qui date de 1814.

Si le caractère paisible des plantes vertes vous attire après l'exubérance des jardins à la française, déambulez dans le jardin de Killtime, où les bois, au fond d'un ravin, abritent des espèces qui apprécient l'ombre et l'humidité, dont, au printemps, de ravissants rhododendrons. Le parc aux cerfs de 567 ha abrite divers sentiers balisés ainsi que « la cage », une tour de chasseurs du début du XVIIIe siècle. TM

Jardin de Ness

Angleterre

CRÉATEURS : Arthur Kilpin Bulley, Ken Hulme
PROPRIÉTAIRE : université de Liverpool
STYLE : jardin botanique
SUPERFICIE : 26,9 ha
CLIMAT : tempéré
SITUATION : Ness, Neston, Cheshire

Né avec une passion insatiable pour les plantes et le désir profond de la partager, Arthur Kilpin Bulley était surtout intéressé par les plantes des montagnes chinoises et himalayennes. Bon nombre de celles qu'il introduisit en Grande-Bretagne poussent au jardin botanique de Ness. Négociant en coton de profession, il commença à réaliser en 1898 un jardin que sa fille offrit à l'université de Liverpool en 1948. Il finança aussi des expéditions en Extrême-Orient, et lança la carrière de George Forrest et de Frank Kingdon-Ward, chasseurs de plantes réputés.

Bulley introduisit en Europe des centaines de nouvelles plantes. Les hybrides de *Rhododendron griersionanum* et *Camellia saluenensis* ont produit de nombreuses nouvelles formes, et le splendide *Pieris formosa* var. *Forrestii*, que l'on peut voir au printemps sur la pelouse des spécimens, a été ensemencé à partir de graines chinoises collectées par Forrest.

Situé sur la rive de la Dee, le jardin comprend des terrasses aménagées et un jardin d'eau qui déborde de hautes primevères et d'une *Gentiana sino-ornata*, qui se pare de fleurs bleues à l'automne. Ken Hulme prit la direction des jardins en 1957. Il passa les trois décennies suivantes à rénover le jardin pour donner aux collections très ordonnées de Bulley un style plus naturaliste. La taille des jardins augmenta et l'on établit des collections de rhododendrons, azalées, camélias, cerisiers et bruyères. Aujourd'hui, même si l'accent est mis sur la recherche, la conservation et l'enseignement, le désir de maintenir et de développer la beauté des jardins demeure intact. NS

Jardins de Haddon Hall

Angleterre

CRÉATEUR : Mme de Rutland
PROPRIÉTAIRE : Edward Manners
STYLE : jardin à l'anglaise (XXe siècle)
SUPERFICIE : 0,8 ha
CLIMAT : tempéré
SITUATION : Bakewell, Derbyshire

Perché sur un promontoire, Haddon Hall, qui rappelle un château, serait un édifice sévère et impérieux si ce n'était la douceur de ses jardins romantiques. Les branches des arbres adultes s'élancent le long des bâtiments du XVIe siècle tandis que des prairies ravissantes débordent de fleurs sauvages l'été. Les jardins ont été établis en terrasses sur les côtés et à l'arrière du manoir, et réalisés avec passion au cours des cent dernières années, la plupart des travaux de jardinage étant menés au cours des deux premières décennies du XXe siècle par la duchesse de Rutland.

Même si elle imposa quelques plantations architecturales supplémentaires sur les terrasses existantes, par exemple la collection d'ifs, ce sont probablement les roses aux riches parfums qui constituent la plus importante de ses contributions. Elles ont été replantées au fil des ans. On découvre désormais ici des roses thé hybrides qui fleurissent tout l'été, et sont parfois dotées de couleurs éclatantes, aux côtés de roses anglaises modernes, à la longue floraison et à l'apparence ancienne. C'est la façon dont on a juxtaposé d'autres plantes aux rosiers afin de prolonger le spectacle qui rend cette collection fascinante. Les clématites qui grimpent sur des obélisques sont particulièrement réussies, tout comme les delphiniums au début de l'été et les vivaces tendres plus tard dans la saison. Les détails abondent mais c'est surtout pour le cadre enchanteur que l'on visite ce jardin qui se fond parfaitement dans la splendide campagne du Derbyshire qui l'entoure. LH

Jardins de Renishaw Hall

Angleterre

CRÉATEURS : George Sitwell, Reresby Sitwell

PROPRIÉTAIRES : Reresby Sitwell, Penelope Sitwell

STYLE : jardin anglais à l'italienne (XIXe et XXe siècles)

SUPERFICIE : 2 ha

CLIMAT : tempéré

SITUATION : Renishaw, Sheffield, Derbyshire

Manoir du début du XVIIe siècle qui fut agrandi et transformé au tout début du XIXe siècle, Renishaw Hall est ancré dans l'histoire. Ses jardins à l'italienne ne sont qu'un ajout récent. Inspiré d'un point de vue stylistique par la Renaissance italienne, doté de pelouses parfaitement entretenues divisées de magnifiques haies d'ifs et débordant de statues anciennes, le domaine que l'on peut admirer aujourd'hui fut en grande partie réalisé par George Sitwell en 1895 et appartient en réalité au XXe siècle. Son essai, *De la réalisation des jardins*, où il exposait diverses théories du paysagisme, fut publié en 1909. Même si la poésie moderne et la critique d'art de ses enfants – Dame Edith, sir Osbert et sir Sacheverell – éclipsèrent ensuite ses écrits littéraires, sa réputation de jardinier et son œuvre paysagiste ont mieux résisté au temps.

Le jardin du sud descend en une série de douces terrasses dont la plus basse offre une vue saisissante sur le paysage environnant. Le résident actuel, le septième baronet du nom, a désormais amélioré les divers jardins que George Sitwell avait créés en élargissant les plates-bandes de fleurs et en permettant de nouvelles plantations. Une profusion de tendres plantes grimpantes recouvre la façade du manoir, des centaines de rosiers romantiques apportent parfums et couleurs l'été, tandis que les fontaines donnent à l'ensemble un certain éclat. On trouve aussi ici une collection de yuccas et un vignoble. C'est cette tension dynamique entre le caractère formel et l'exubérance, entre l'ancien et le nouveau, qui distingue Renishaw des autres jardins. RCa

Jardins de Chatsworth

Angleterre

CRÉATEURS : Thomas Archer, Capability Brown, George London, Henry Wise, Joseph Paxton, Jeffry Wyattville
PROPRIÉTAIRES : Chatsworth House Trust, duc du Devonshire
STYLE : jardin baroque et parc paysager
SUPERFICIE : 40 ha
CLIMAT : tempéré
SITUATION : Bakewell, Derbyshire

Le domaine et les jardins de Chatsworth ont été façonnés au fil des siècles par des générations de Cavendish et leurs paysagistes. Dès 1686, le duc du Devonshire chargeait George London et Henry Wise de créer un Versailles anglais. Les parterres complexes, les allées et les parties sauvages ont depuis longtemps disparu, mais le caractère géométrique demeure grâce à la présence d'une promenade sinueuse et à l'ajout, dans les années 1960, de buis et d'ifs dorés qui se marièrent aux plates-bandes bordées de pierre qu'avait créées au XIXe siècle Jeffry Wyattville. On peut aussi admirer la serre de Thomas Archer, où une cascade coule encore sur des marches conçues par Grillet, un disciple français de Le Nôtre. La serre de 1698 abrite désormais des camélias.

Au XVIIIe siècle, Lancelot « Capability » Brown conçut ce paysage, à la fois beau et fonctionnel. Ni la ligne d'horizon ni l'œuvre de Joseph Paxton, grand jardinier en chef de l'ère victorienne, n'ont beaucoup changé. On doit à ce dernier la Roche de Wellington, haute de 14 m, que l'on hissa jusqu'à son emplacement actuel d'où elle domine un étang placide, tandis que d'autres rochers forment des rocailles, un mur long de 100 m contre lequel on a disposé des caisses en verre, ainsi qu'une immense serre baptisée The Great Stove (« la grande chaudière »). Une fois tout cela découvert, suivez le sentier qui domine le bois de Stand Wood afin d'admirer les quatre lacs que l'on aménagea pour alimenter la cascade, sans oublier le jet époustouflant, haut de 85 m, de la fontaine de l'Empereur.

Le passé de Chatsworth est riche et toujours vivant. Il continue à produire de nouvelles idées et de nouveaux concepts, depuis les nouvelles plantations et cottages de topiaires jusqu'à la sculpture d'eau d'Angela Corner (intitulée *Revelation*), un moulin et un pont en amont qui enjambe la Derwent. Les prairies du parc présentent un intérêt scientifique car elles abritent des fleurs sauvages et des graminées rares. CH

Jardins de Melbourne Hall

Angleterre

CRÉATEURS : George London, Henry Wise et autres
PROPRIÉTAIRES : Ralph Kerr, Marie-Claire Kerr
STYLE : jardins à la française (XVIIe siècle), ajouts (XXe et XXIe siècles)
SUPERFICIE : 8,1 ha
CLIMAT : tempéré
SITUATION : Melbourne, Derbyshire

Melbourne Hall a l'atmosphère magique d'un jardin endormi depuis des siècles. On devine une évolution en douceur et une maturité qui reste à atteindre.

C'est le vice-chambellan de la reine Anne, Thomas Cooke, qui chargea London et Wise de réaliser un jardin à la française dans le style de Le Nôtre. Le plan de 1704 – les dessins originaux se trouvent encore dans les archives familiales – comprenait un tunnel d'ifs, des terrasses de gazon à l'est du manoir qui conduisent encore aujourd'hui au grand bassin planté de quatre cyprès chauves *(Taxodium distichum)*, et la tonnelle unique de Robert Bakewell surnommée la Cage aux oiseaux. C'est une ravissante construction en fer forgé dentelé et en partie doré. De larges allées de tilleuls au tronc tressé, qui abritent aussi des hêtres et des ifs, s'éloignent de la composition centrale pour rejoindre des fourrés pleins d'atmosphère. Au croisement des sentiers, on découvre des bassins sombres et immobiles ainsi que des statues. Une très belle urne en plomb constitue le point de convergence de l'allée principale, dans la partie supérieure du jardin.

Au début du XXe siècle, on planta un jardin d'eau dans une partie boisée près du manoir. Au cours des vingt dernières années, Marie-Claire Kerr, la propriétaire actuelle, a considérablement embelli ce coin du jardin en éliminant certains des jeunes plants afin de laisser pénétrer la lumière et de créer de l'espace, ce qui a permis l'introduction d'une importante collection d'espèces exceptionnelles. Nul doute que London et Wise en sourient d'aise dans leur jardin éternel. CB

Clumber Park

Angleterre

CRÉATEURS : Capability Brown, Humphry Repton
PROPRIÉTAIRE : The National Trust
STYLE : parc paysager anglais (XVIIIe siècle)
SUPERFICIE : 1 539 ha
CLIMAT : tempéré
SITUATION : Worksop, Nottinghamshire

Clumber Park, réalisé avec l'aide de Capability Brown et de Humphry Repton, constitue le cadre de vie splendide des ducs de Newcastle. Tout ici a été construit à une échelle grandiose afin de refléter l'importance des propriétaires. La demeure n'est plus (démolie en 1938 pour éviter de payer des droits de succession) mais le souvenir nostalgique de l'ancienne gloire du domaine est toujours présent. Une allée de tilleuls de 3 km (la plus longue d'Europe) traverse un parc vallonné, des bois denses et des étendues de rhododendrons jusqu'au lac, au cœur du domaine.

Près des ruines du château se dresse le mur restauré du potager. Réalisé dans les années 1770, ce jardin de 1,5 ha représentait la pointe des techniques horticoles du XVIIIe siècle. Il produisait non seulement des pêches, nectarines et figues, nouvellement introduites, mais aussi les plus précieux des fruits : des ananas. On a restauré les serres et les murs traversés des conduites nécessaires à la culture de ces fruits, et un grand nombre des outils et techniques utilisés sont exposés. À l'intérieur du potager, entre les delphiniums et les dahlias, on a planté des variétés de légumes et de fruits populaires avant 1910.

Le parc est situé dans l'ancienne forêt de Sherwood. Au cours des XVIIIe et XIXe siècles, cependant que l'on abattait des arbres pour construire les navires de la marine britannique, on réalisa dans les clairières ainsi créées des parcs et l'on y bâtit des manoirs pour les ducs et comtes nouvellement anoblis. JHo

Jardin de Felley

Angleterre

CRÉATEUR : Maria Chaworth-Musters
PROPRIÉTAIRE : Maria Chaworth-Musters
STYLE : anglais romantique (XXe siècle)
SUPERFICIE : 2 ha
CLIMAT : tempéré
SITUATION : Underwood, Nottinghamshire

Le jardin du Prieuré de Felley abrite des terrasses gazonnées, une pergola recouverte de roses et de clématites, un parterre de broderie, des haies d'ifs ainsi que des oiseaux en topiaire de style XIXe siècle, une roseraie et un mélange luxuriant d'arbustes, de vivaces et de plantes herbacées. Un jardin médiéval, carré, planté d'iris, de lis, de basilic et de buis rappelle les origines du prieuré.

Le cadre dégagé, au milieu des collines et des champs, ajoute encore au charme du jardin. Comme il est situé à 183 m d'altitude et exposé aux vents, les hautes haies d'ifs sont indispensables pour protéger des vivaces herbacées plus délicates dans les doubles bordures qui longent les pelouses en terrasses. La variété des plantations est immense. Près de la maison, on trouve des massifs de giroflées et de fritillaires qui fleurissent au printemps, suivies de pivoines arborescentes, de *Parahebe*, de *Virburnum* et d'euphorbes. La fin de l'été se pare des couleurs de diverses variétés d'hortensias. Au-delà, on a planté une prairie et des fourrés, et l'on trace des sentiers à travers l'herbe chaque année, là où les giroflées ont fini de fleurir. On pénètre dans la roseraie, dont les parterres sont bordés de lavande, par une haie de hêtres. Les roses anciennes, dont des gallica, bourbon, roses mousseuses, roses de Damas et alba, s'y entremêlent aux clématites.

Diverses périodes de la longue histoire du paysagisme anglais sont représentées dans ce jardin à l'atmosphère merveilleusement romantique et détendue. VB

Jardin de Biddulph Grange

Angleterre

CRÉATEURS : James et Maria Bateman
PROPRIÉTAIRE : The National Trust
STYLE : victorien
SUPERFICIE : 6 ha
CLIMAT : tempéré
SITUATION : Biddulph, Stoke-on-Trent, Staffordshire

Lorsque l'on visite Biddulph Grange, on a l'impression de faire le tour du monde en un seul jour. Le jardin démontre bien comment on peut multiplier les effets en divisant celui-ci en une série d'espaces distincts. Des haies, rochers, talus et plantations voilent intelligemment les espaces entre eux, de façon que l'on aille de surprise en surprise. C'est l'œuvre de James Bateman et de son épouse Maria, qui arrivèrent à Biddulph en 1840. Le peintre Edward Cooke les aida à concevoir leurs plans. Ils élaborèrent à eux trois une série de tableaux horticoles représentant le monde entier, reliés par des tunnels et passerelles.

Ainsi on pénètre dans le jardin chinois par un temple pour découvrir devant soi les motifs aux tons bleus de la porcelaine chinoise. Dans le jardin égyptien, des sphinx en pierre gardent une cour secrète et flanquent une pyramide intelligemment agencée en topiaires d'ifs. Le tour du monde continue avec les terrasses italiennes et un vallon écossais, sans oublier une pinède, une rocaille et la plus curieuse des créations victoriennes, baptisée Stumpery : un bois de chênes déracinés puis placés les racines en l'air, toile de fond insolite d'une collection de fougères, et à travers lequel serpente un étroit sentier. Le jardin de Biddulph Grange fut créé alors que les chasseurs de plantes de l'ère victorienne rapportaient en Angleterre des espèces du monde entier. Il y a ici des rhododendrons de l'Himalaya ainsi que d'exotiques conifères dans la pinède. Ce projet ambitieux étonne autant les visiteurs aujourd'hui qu'il y a plus de cent soixante ans. SA

Alton Towers

Angleterre

CRÉATEURS : Thomas Allason, Robert Abraham
PROPRIÉTAIRE : Alton Towers
STYLE : éclectique (XIXe siècle)
SUPERFICIE : 202,5 ha
CLIMAT : tempéré
SITUATION : Alton, Stoke-on-Trent, Staffordshire

Le parc d'attractions d'Alton Towers – c'est l'une des destinations les plus populaires d'Angleterre – domine la campagne environnante du Staffordshire. À son apogée, le jardin en constituait l'attrait principal et servait de décor à une demeure grandiose qui n'est désormais plus qu'une coquille vide. Fort heureusement, le jardin – un assemblage éclectique de styles variés et d'ornements collectionnés par l'excentrique comte de Shrewsbury – s'est maintenu, bien qu'amoindri.

Réalisé entre 1824 et 1827, le jardin contenait divers bâtiments et éléments architecturaux dont la Chorégie (copiée de celle d'Athènes), une fontaine en fonte en forme de pagode de trois étages, un jardin flamand, une maisonnette suisse (autrefois demeure d'un harpiste aveugle), une vaste rocaille et une réplique de Stonehenge. Selon John Claudius Loudon, auteur d'ouvrages sur les jardins, c'est « le produit d'une imagination morbide et de moyens inépuisables ». Il explique aussi que le comte consulta de nombreux artistes dans le seul but d'éviter « tout ce qu'un artiste pourrait recommander ».

Les jardins ouvrirent au public en 1860. Trente ans plus tard, plus de trente mille personnes s'y pressaient pour assister à des fêtes, admirer des dompteurs de lions ou écouter de la musique. Aujourd'hui, la vallée où est niché le jardin est plus paisible et constitue un havre de paix loin de la foule. On peut la découvrir depuis le SkyRide, un téléphérique qui survole les conifères adultes qui abritent de tranquilles sentiers, et qui, comme le canal et les bassins, confèrent au jardin son unité. Au printemps, la rocaille est spectaculaire lorsque les rhododendrons fleurissent et que les érables se couvrent de feuilles. Les plates-bandes de plantes herbacées et les roses explosent de couleurs l'été sur les terrasses. La serre coiffée d'une coupole qui déborde de plantations est, elle, fleurie tout au long de l'année. TM

Jardin Dorothy Clive

Angleterre

CRÉATEURS : Frank Knight, John Codrington, George Lovatt
PROPRIÉTAIRE : Willoughbridge Garden Trust
STYLE : pittoresque, à l'anglaise
SUPERFICIE : 3,2 ha
CLIMAT : tempéré
SITUATION : Willoughbridge, Staffordshire

Le jardin Dorothy Clive vit le jour de manière anodine, en 1939, lorsque le colonel Harry Clive commença à dégager des sentiers dans l'ancienne carrière de gravier au-dessus de sa maison pour permettre à sa femme, Dorothy, qui était invalide, de s'y promener. Le microclimat, la couche épaisse d'humus produite par les feuilles en décomposition et le sol de gravier acide et bien drainé étaient parfaitement adaptés aux rhododendrons, dont Clive était un collectionneur passionné.

Celui-ci fit appel à divers architectes paysagistes, dont John Codrington, mais la plupart des nouveaux développements se sont produits au cours des trente dernières années. La pente exposée au sud abrite une immense rocaille avec à sa base un bassin, et l'on trouve aussi ici des plates-bandes de plantes herbacées, des plantations de style méditerranéen et un jardin humide. Divers points de vue permettent d'admirer la campagne et parfois d'apercevoir le mont Snowdon.

Il reste la plupart des plantations d'origine, dont d'importantes azalées hybrides provenant de la pépinière Knap Hill. Des magnolias adultes, des *Cardiocrinum* géants et des feuillages luxuriants participent au spectacle. Le cinquantième anniversaire du jardin a été marqué par la construction d'une spectaculaire cascade qui plonge jusqu'au fond de la carrière. Grâce à des jardiniers de talent, ce qui ne devrait être qu'une lande desséchée et balayée par le vent a laissé la place à une véritable oasis. JHe

Parc et palais de Hawkstone

Angleterre

CRÉATEURS : Richard Hill, Rowland Hill
PROPRIÉTAIRE : Mark Boler
STYLE : pittoresque (XVIIIe siècle)
SUPERFICIE : 121,5 ha
CLIMAT : tempéré
SITUATION : Weston-under-Redcastle, Shrewsbury, Shropshire

La visite du parc de Hawkstone s'avère toujours aussi impressionnante aujourd'hui que lorsque le docteur Johnson écrivait le 25 juillet 1774 : « Elle fut guidée par Miss Hill, à travers un vaste terrain de rochers et de bois, une région qui abonde en scènes saisissantes et en formidable grandeur [...] ses perspectives, ses ombres affreuses, ses précipices terrifiants, la verdure de ses creux et la hauteur de ses roches. Les idées qui pénètrent l'esprit tiennent du sublime, de l'atroce, et de l'immensité... »

Après avoir fait fortune à Londres, Richard Hill cherchait à investir son argent, et décida, avec son neveu Rowland, d'améliorer le manoir de Hawkstone Hall. Il reste une grande partie de leurs aménagements : la maison d'été, la grotte, la saillie aux corbeaux, la résidence d'été de l'Ermite, le parterre de broderie au Renard, la grotte de Saint-Francis et la Tour blanche. La colline du Château rouge aurait, selon la légende, appartenu au roi Arthur tandis que le temple de la Patience, où l'on servait du pain d'épices (*gingerbread* en anglais) aux visiteurs, a été rebaptisé Gingerbread Hall. La pointe Paoli rend hommage au général corse Pascal Paoli qui déclara que jamais il n'avait admiré vue plus ravissante.

En 1783, Richard Hill rédigea un guide. Il appliqua ses idéaux philanthropiques à grande échelle dans la région et continua à aménager le jardin vingt-six ans durant. Ne manquez pas le Monument, haut de 30 m, au sommet duquel on peut grimper. CH

Jardins de Hodnet Hall

Angleterre

CRÉATEUR : A. G. W. Heber-Percy
PROPRIÉTAIRE : Algernon Heber-Percy
STYLE : à l'anglaise (XXe siècle)
SUPERFICIE : 24,3 ha
CLIMAT : tempéré
SITUATION : Hodnet, Market Drayton, Shropshire

Les jardins de Hodnet Hall sont agencés autour d'une série de bassins construits en 1922. Ils étaient l'œuvre de M. Heber-Percy qui, jeune homme, prit les rênes du domaine, débuta sa carrière de jardinier avec l'accord réticent de son père, et créa ce que l'on s'accorde à reconnaître comme l'un des jardins anglais les plus importants du XXe siècle.

Les jardins sont encore aujourd'hui l'attraction principale du domaine. De beaux cyprès chauves *(Taxodium distichum)*, une collection de cerisiers à fleurs et un arbre aux mouchoirs *(Davidia involucrata)* forment la toile de fond du reste du jardin. Ils abritent aussi à leur pied une végétation importante et des massifs de primevères, d'*Iris kaempferi*, des gunnères à feuilles géantes et des astilbes aux tons roses.

Le terrain dessine une pente abrupte depuis la maison pour s'aplanir auprès des bassins. Ce sont ces parties plates qui ont permis de créer autour du bâtiment qui abrite aujourd'hui le salon de thé et la boutique une série de jardins reliés entre eux. Au printemps, le jardin des camélias planté de cultivars de *Camellia sasanqua*, à la floraison hâtive, ainsi que d'hybrides aux grandes fleurs telles que 'Donation' et 'Cornish Snow', attire les visiteurs. Le sentier des magnolias est en fleur à la même époque. Au milieu de l'été, les roses du jardin circulaire sont à leur apogée ainsi que les bordures le long de l'allée située en dessous du manoir, depuis laquelle on peut admirer une vue panoramique sur la campagne du Shropshire. LH

Wollerton Old Hall

Angleterre

CRÉATEUR : Lesley Jenkins
PROPRIÉTAIRE : Lesley Jenkins
STYLE : Arts and Crafts
SUPERFICIE : 1,6 ha
CLIMAT : tempéré
SITUATION : Wollerton, Market Drayton, Shropshire

Ce site accueille un jardin depuis plus de cinq cents ans déjà. C'est la maison d'enfance de Lesley Jenkins qui, après s'y être installé à nouveau en 1984, entreprit de réaliser un nouveau jardin.

La vieille demeure noire et blanche exigeait que l'on établisse des lignes vigoureuses à l'extérieur. La vue principale est organisée autour d'une allée de tilleuls centrale, à partir de laquelle rayonnent de nombreux petits jardins. Devant la maison se trouvait un parterre de broderie élisabéthain, mais lorsque la maladie emporta ses buis, il fut remplacé par un simple motif de lauriers du Portugal *(Prunus lusitanica)* qui longe le sentier de pierre d'York. Le jardin du ruisselet, comme son nom l'indique, abrite un mince filet d'eau et forme un contraste saisissant avec le jardin de Lanhydrock, une cacophonie de formes et de couleurs éclatantes, depuis le rouge vif et le brun-roux jusqu'aux jaunes des rudbeckias, hélénies et pavots d'Orient, sans oublier de mentionner une belle collection de *Salvia*. La bordure principale de vivaces, comme brossée à grands traits, adopte le style traditionnel de Gertrude Jekyll. Elle mène à un jardin propice à la méditation, où une loggia en chêne fait face à des fonts baptismaux. Au printemps, il est envahi par une mer de *Fritillaria meleagris*.

L'amour du détail que l'on devine dans chaque pilier, siège, portail et obélisque est synonyme du style Arts and Crafts. Il n'est donc pas étonnant que Wollerton Old Hall attire à ce point les photographes de jardins et les producteurs de télévision. On ne peut simplement pas se lasser du lieu. JHi

L'amour du détail est synonyme du style Arts and Crafts.

Roseraies David Austin

Angleterre

CRÉATEUR : David Austin
PROPRIÉTAIRE : David Austin
STYLE : à la française (XXe siècle)
SUPERFICIE : 0,8 ha
CLIMAT : tempéré
SITUATION : Albrighton, Wolverhampton, Shropshire

David Austin cultive et croise les roses depuis plus de soixante ans. Dans ses jardins d'Albrighton, on peut ainsi découvrir plus de huit cents variétés de roses, depuis le blanc le plus pur et le jaune le plus pâle jusqu'au cuivre le plus éclatant et au bordeaux le plus sombre, depuis les roses anglaises parfumées aux plus belles des roses anciennes et modernes. C'est une fête pour la vue comme pour l'odorat.

Les jardins sont délimités par des haies persistantes soigneusement taillées. Exception faite du jardin des Variétés, où poussent des roses sauvages et leurs hybrides proches, tout est agencé à la française. Le Long Jardin – environ 85 m – bordé d'une pergola est le plus grand et le plus ancien de tous, et contient une collection de roses anciennes et de rosiers modernes, accompagnés de quelques roses anglaises pour rallonger la saison de la floraison.

Un mur circulaire, haut de 3 m, permet d'observer comment se comportent les rosiers grimpants lorsqu'ils sont exposés au nord, au sud, à l'est ou à l'ouest. Le jardin Renaissance, ainsi baptisé à cause de sa loggia qui domine un long canal, est réservé aux roses anglaises. Elles y sont cultivées dans des parterres serpentins bordés de buis, et leurs épais massifs arrivent à hauteur d'épaule. Le jardin du Lion, où des miniatures et des patios sont disposés autour d'une statue de lion, est planté de roses thé hybrides, de Floribunda et de roses anglaises. Des sièges y ont été disposés afin que l'on puisse se reposer un instant pour s'émerveiller de la beauté d'une telle diversité de roses. EH

Allée d'ifs de Clipsham

Angleterre

CRÉATEUR : Amos Alexander
PROPRIÉTAIRE : Office des forêts britannique
STYLE : jardin de topiaires
SUPERFICIE : 0,5 km
CLIMAT : tempéré
SITUATION : Clipsham, Oakham, Rutland

Si vous passez par ce coin de l'Angleterre, ne manquez pas de vous arrêter pour visiter la Clipsham Yew Tree Avenue. On ne trouve ici ni manoir, ni jardin, mais simplement une large allée d'ifs taillés qui se dressent majestueusement en bord de route ; elle ne mène nulle part, de façon délicieusement surréaliste. L'ensemble faisait autrefois partie de la grande allée du manoir de Clipsham Hall et est entretenu par l'Office des forêts depuis 1955. Il est presque miraculeux que cette création unique au monde ait survécu depuis 1870, année où Amos Alexander, forestier en chef du domaine de Clipsham, commença à tailler les arbres. Seuls les passionnés savent combien il est difficile de cultiver et de donner forme aux ifs, à la fois fragiles et facilement envahis par la végétation.

Cent cinquante pieds se dressent des deux côtés de l'allée. Tous sont différents : si certains sont bas et trapus, la plupart d'entre eux ont été taillés en topiaires effilées, couronnées de différentes silhouettes. C'est la façon dont on a sculpté les arbres au fil des ans qui fait l'attrait particulier de cette allée. Certains événements comme le couronnement d'Elizabeth II en 1953 ont été commémorés par des lettres et des chiffres. L'alunissage de Neil Armstrong en 1969 et un Spitfire (qui symbolise la Seconde Guerre mondiale) sont aussi représentés. On trouve encore ici un cerf, un éléphanteau et trois ours végétaux.

Les enfants adorent courir parmi les topiaires tout en résolvant les huit énigmes de la chasse au trésor. Une récompense les attend, cachée dans l'un des buissons de buis. VR

Jardin du vieux presbytère d'East Ruston

Angleterre

CRÉATEURS : Alan Gray, Graham Robeson
PROPRIÉTAIRES : Alan Gray, Graham Robeson
STYLE : à l'anglaise (XXe siècle)
SUPERFICIE : 8,1 ha
CLIMAT : tempéré
SITUATION : East Ruston, Norwich, Norfolk

À moins de 2,5 km de la mer du Nord, East Ruston est l'un des jardins les plus éclectiques d'Angleterre. Même si ses plantes ont généralement moins de vingt ans, il fait preuve d'une remarquable maturité grâce à la riche terre du Norfolk et au climat océanique.

Les propriétaires ont acquis dans les années 1980 ce presbytère de style Arts and Crafts, très endommagé, et le terrain dénudé qui l'entourait. Ils s'aperçurent rapidement que, même si le climat et la terre étaient leurs alliés, ce n'était pas le cas des étés secs et des vents hivernaux, et ils entreprirent donc de planter un réseau de haies protectrices entourées d'épais rideaux d'arbres. À l'intérieur, le jardin s'est progressivement développé en une série d'espaces distincts où divers tableaux sont astucieusement mis en valeur.

L'attention portée aux détails ainsi que les expériences de couleurs et de composition font l'originalité de ce jardin. La promenade du roi est une vaste pelouse fuselée parsemée de topiaires qui mène à un magnifique pavillon d'été, dont le toit suit le même angle d'inclinaison que celui du presbytère. De simples espaces verts enclos de haies et constitués de gazon tondu et de topiaires laissent la place à des agencements de vivaces tendres, de plantes annuelles et subtropicales aux couleurs éclatantes. Une partie du jardin accueille d'imposantes fougères arborescentes *Cyathea*, dont les rangées rappellent les colonnes d'une cathédrale et dont la haute frondaison projette des taches d'ombre et de lumière au sol. Ailleurs, un lit de ruisseau asséché est enjambé d'un pont qui rappelle l'épine dorsale d'un dinosaure et semble suggérer que l'on vient juste d'échapper à une pluie torrentielle et aux inondations. La joie de vivre et l'inventivité horticole de Gray et de Robeson n'ayant pas l'air de décliner, le jardin ne cesse de se développer et se transformer. MW

The Plantation Garden

Angleterre

CRÉATEUR : Henry Trevor
PROPRIÉTAIRE : Plantation Garden Preservation Trust
STYLE : jardin de carrière victorien
SUPERFICIE : 1,3 ha
CLIMAT : tempéré
SITUATION : Norwich, Norfolk

Niché entre une cathédrale catholique et la rue animée qu'est Earlham Road, ce jardin est demeuré caché jusqu'à ce qu'une sage-femme de la région ne s'aventure en 1980 au milieu de la végétation qui l'avait envahi et ne le redécouvre.

Réalisé dans une carrière de craie abandonnée, The Plantation Garden est un jardin victorien miniature. On y retrouve tous les éléments des riches domaines de l'époque – rocailles, jardins à la française et promenades boisées, ruines gothiques, terrasses italiennes et bâtiments rustiques, ainsi que les conifères, plantes rampantes et serre de palmiers alors à la mode. Mais alors que la plupart des propriétaires terriens étaient extraordinairement riches, Henry Trevor n'était qu'un commerçant prospère de Norwich, comme le démontre ce jardin qu'il réalisa entre 1856 et 1897.

Le mur latéral principal est composé de briques, silex, morceaux de four à céramique et terres cuites. L'ensemble rappelle un collage qui représenterait des blasons et même de petits visages de gargouilles. On retrouve ces mêmes briques sur la fontaine gothique, tandis que les terrasses italiennes sont constituées de divers matériaux de construction, de tuyaux d'écoulement, de silex et même de vieilles bouteilles.

Les plantations d'époque de l'éboulis du jardin comprennent des cordylines, des cannas et des acanthes ainsi que des hypéricacées, gueules-de-loup, giroflées et Dianthus. L'ensemble constitue un jardin à l'excentricité et au charme rares. VB

Parc de Sheringham

Angleterre

CRÉATEUR : Humphry Repton
PROPRIÉTAIRE : The National Trust
STYLE : parc paysager à l'anglaise
SUPERFICIE : 405 ha
CLIMAT : tempéré
SITUATION : Sheringham, Norfolk

Humphry Repton, le dernier des grands paysagistes anglais, déclarait que ce parc paysager qui date de 1812 était son œuvre préférée et son « enfant chéri ». C'est aussi la mieux préservée de ses créations, conçue pour Abbot Upcher. Repton ne s'arrêta pas au jardin mais réalisa aussi (avec son fils) le manoir de Sheringham Hall.

« J'espère être autorisé ici à me laisser aller à ma tendance naturelle à humaniser et animer un merveilleux paysage », écrivit-il. Située dans une vallée isolée à 1 km de la mer seulement, son œuvre correspond largement à ses ambitions.

Une grande diversité d'arbres à larges feuilles forment sa canopée et animent ses sous-bois, notamment des conifères, des arbres d'ornement et des buissons. On découvre ici une collection de plantes chinoises introduites par Ernest Wilson au début du XXe siècle, dont des érables, magnolias, camélias, andromèdes du Japon et un arbre aux mouchoirs *(Davidia involucrata)*. C'est cependant le spectacle des rhododendrons et azalées en fleurs à la fin du printemps et au début de l'été qui constitue le clou du jardin.

Des prairies dégagées et des vues panoramiques époustouflantes sur la mer contrastent avec le reste du domaine qui abrite aussi un temple de style gréco-romain, inspiré d'un dessin original de Repton et érigé en 1975 à l'occasion du soixante-dixième anniversaire de Thomas Upcher, dernier descendant du fondateur de Sheringham. TM

Jardin de Felbrigg Hall

Angleterre

CRÉATEUR : famille Windham
PROPRIÉTAIRE : The National Trust
STYLE : potager (XVIIIe siècle), parc paysager
SUPERFICIE : 2,4 ha
CLIMAT : tempéré
SITUATION : Felbrigg, Norwich, Norfolk

Le manoir de Felbrigg Hall, à 3 km de la côte de la mer du Nord, a appartenu aux Windham du XVIIe siècle à 1969, lorsqu'il a été légué au National Trust, équivalent anglais de la Caisse nationale des monuments historiques. La visite en vaut la peine car on y trouve l'un des plus beaux potagers anglais du XVIIIe siècle.

Avec des murs hauts de 3,5 m, ce site de 1 ha déborde de fruits, légumes et fleurs. Même s'il n'est plus entièrement productif, il offre toujours un spectacle impressionnant. Les légumes y poussent en rangées ordonnées, et les figuiers, poiriers et pruniers sont agencés en espalier contre le mur. La serre des vignes, en appentis, est dominée par du muscat de Hambourg (*Vitis vinifera* 'Schiava Grossa') et de nombreux fruits de la région poussent dans le verger.

Ne manquez pas l'un des éléments les plus excentriques du jardin, un pigeonnier en briques, octogonal, surmonté d'un lanternon. Le reste du parc est classique, doté d'un grand lac et de bois. Près de là, le jardin américain abrite de jolis tulipiers, robiniers et liquidambars plantés au XIXe siècle.

Pour Humphry Repton, Felbrigg bénéficiait « d'un des plus beaux sites du Norfolk ». On pense parfois que ce dernier, qui s'installa non loin d'ici dans les années 1770, aida à sa réalisation, mais on n'en a aucune preuve. Repton lui-même se plaignait souvent que son ami William Windham lui ait souvent demandé conseil pour finalement engager l'un de ses concurrents. MC

The Exotic Garden

Angleterre

CRÉATEUR : Will Giles
PROPRIÉTAIRE : Will Giles
STYLE : jardin du XXIe siècle inspiré d'un jardin exotique victorien
SUPERFICIE : 0,4 ha
CLIMAT : tempéré
SITUATION : Norwich, Norfolk

Dans ce jardin exotique, Will Giles a mis à profit le microclimat et transformé un désert horticole en un luxuriant jardin tropical.

Le jardin est divisé par des sentiers étroits depuis lesquels on découvre des plans soigneusement conçus. Devant cette jungle urbaine envahie de plantes, le visiteur est emporté par l'énergie et l'allégresse. Sous la canopée des plantes grimpantes et les feuilles des bananiers, on découvre des gingembres à larges feuilles, des palmiers et des colocases qui lancent des éclairs orange, roses et violets. On met ici des plantes d'intérieur en terre chaque année, et les *Chlorophytum*, *Monsteras* et *Tradescantia* se pressent dans les plates-bandes tandis que les broméliacées poussent sur les arbres, interprétation contemporaine de la passion victorienne pour l'exotisme.

La façade terne de la demeure est pourvue d'un balcon colonial tandis qu'une cabane – couronnée d'un obélisque géant doré – a été aménagée dans les branches d'un chêne immense. Au-dessous, au milieu d'une végétation luxuriante, on a aménagé la boutique dans un abri de jardin de style caribéen et, dans un coin ombragé, se trouve le pavillon d'été édouardien. Ne manquez pas la cascade, plantée de fougères, qui se jette dans un bassin en contrebas. Le jardin se pare d'un crescendo de couleurs à partir du milieu de l'été. Il n'est jamais plus agréable que par une chaude journée estivale, lorsque l'air est empreint du parfum enivrant du jasmin et des daturas. Un petit air de tropique en Grande-Bretagne. MB

Jardins de Blickling Hall

Angleterre

CRÉATEURS : John Adey Repton, Digby Wyatt, Markham Nesfield, Norah Lindsay
PROPRIÉTAIRE : The National Trust
STYLE : parc à la française (XIXe et XXe siècles)
SUPERFICIE : 17 ha
CLIMAT : tempéré
SITUATION : Blickling, Norwich, Norfolk

Les superbes jardins de Blickling Hall résultent de trois siècles de création par certains des plus grands paysagistes. Le manoir, un spectaculaire édifice de briques rouges construit en 1618 pour Henry Hobart, est entouré de vastes pelouses, de splendides jardins d'ornement et de grands bois. Un mausolée en forme de pyramide fut érigé ici à la mort de Hobart. Au début du XIXe siècle, John Aday Repton créa pour le domaine des thèmes décoratifs qui, tout comme les plans du XVIIIe siècle, ont disparu depuis longtemps. En 1856, le marquis de Lothian devint le nouveau propriétaire du domaine. Il fit dégager de larges sentiers à travers les bois et, en 1870, chargea Digby Wyatt et Markham Nesfield de réaliser le jardin est. Ils aménagèrent des terrasses et escaliers ainsi qu'un parterre que lady Lothian planta elle-même.

Dans les années 1930, on demanda à la paysagiste Norah Lindsay de remanier ce parterre. Elle le divisa en quatre quartiers, qui abritent chacun en leur coin un if taillé en cône et sont emplis de vivaces aux couleurs éclatantes. Depuis le parterre, le regard suit un sentier flanqué de pelouses avant de se poser sur le temple, en haut d'une colline. Des bosquets de chênes et de hêtres adultes bordent les pelouses. Près de là, le jardin secret a été planté au XIXe siècle de nombreuses fleurs parfumées. Ici se combinent les grands jardins à la française du passé et la créativité artistique horticole du XXe siècle. MC

Sandringham

Angleterre

CRÉATEURS : William Broderick Thomas, Geoffrey Jellicoe, Eric Savill
PROPRIÉTAIRE : Elizabeth II
STYLE : à la française et à l'anglaise (XIXe et XXe siècles)
SUPERFICIE : 24,3 ha
CLIMAT : tempéré
SITUATION : King's Lynn, Norfolk

Le domaine de Sandringham, qui accueille aujourd'hui les membres de la famille royale lorsqu'ils désirent se réfugier à la campagne, fut acquis en 1862 par la reine Victoria qui tentait d'éloigner le futur Édouard VII des tentations de la capitale.

Ce jardin fut planté au XIXe siècle par William Broderick Thomas, dans un style naturel où des pelouses, deux lacs et des jardins boisés constituent le cadre paisible d'une demeure édifiée en 1902. Les rives du lac sont flanquées de plantes qui apprécient l'humidité, tandis qu'une large rocaille désormais recouverte de conifères nains orne la rive est. Une grotte se trouve en contrebas, et plus haut une résidence d'été fut construite pour Alexandra, la femme d'Édouard VII.

La grande pelouse est parsemée de chênes commémoratifs plantés par la reine Victoria et par divers membres de la famille royale. Le rideau d'arbres qui enclot la pelouse, entre les deux lacs, abrite divers spécimens remarquables, dont un ravissant arbre aux mouchoirs *(Davidia involucrata)*. Le bois est traversé d'un sentier qui court entre des massifs ornementaux de rhododendrons, magnolias, camélias, hortensias et cornouillers. C'est au cours des années 1960 qu'intervinrent les derniers grands changements, lorsque Eric Savill créa les périmètres de massifs et l'allée boisée pour la promenade.

Le jardin de Jellicoe, réalisé en 1947 pour George VI, est situé au nord du château. Celui-ci pouvait admirer depuis sa fenêtre ses épaisses haies de buis et les tilleuls qui l'entourent. TM

Jardin du Millénaire de Pensthorpe

Angleterre

CRÉATEUR : Piet Oudolf
PROPRIÉTAIRES : Bill Jordon, Deborah Jordan
STYLE : naturaliste (XXIe siècle)
SUPERFICIE : 0,4 ha
CLIMAT : tempéré
SITUATION : Fakenham, Norfolk

On peut être surpris d'apprendre que l'un des plus éminents paysagistes européens a choisi de réaliser un jardin dans une réserve naturelle pour oiseaux d'eau dans la région de l'East Anglia. Ainsi, parmi les lacs et les canaux de Pensthorpe, se trouve le Millenium Garden de Piet Oudolf, paysagiste hollandais. Créé pour marquer le nouveau siècle, le jardin démontre l'avantage de la simplicité dans une composition paysagiste. On qualifie généralement le style d'Oudolf de naturaliste car il sélectionne les plantes tout autant pour leur texture et leur feuillage que pour leurs fleurs. Elles exigent aussi moins de soins que d'autres et ont plus rarement besoin de tuteurs.

Le jardin est composé de masses d'une seule espèce mises en valeur par des graminées ornementales. Les effets que l'on peut obtenir en répétant trois ou quatre fois le même bloc d'une seule plante sont saisissants. La toile de fond est principalement neutre même si la présence d'une vieille ferme, qui n'est plus qu'une coquille vide désormais, lui confère une certaine ambiance.

Ce jardin est probablement le plus réussi d'Oudolf en Grande-Bretagne à ce jour. Le vaste horizon et la lumière puissante du Norfolk rappellent les prairies américaines d'où proviennent les cousines sauvages de nombreuses plantes du jardin. Les amoureux des plantations naturalistes et du gibier d'eau adoreront. MW

Jardins botaniques et serres de Birmingham

Angleterre

CRÉATEUR : John Claudius Loudon
PROP. : Société botanique et horticole de Birmingham
STYLE : collection du XIXe siècle, jardins modernes
SUPERFICIE : 6 ha
CLIMAT : tempéré
SITUATION : Edgbaston, Birmingham, Midlands de l'Ouest

Lorsque les jardins botaniques apparurent un peu partout dans les villes anglaises du XIXe siècle, la Société botanique et horticole de Birmingham considéra qu'il était de son devoir civique d'en réaliser un. Elle contacta le paysagiste le plus en vogue de l'époque, John Claudius Loudon, qui lui soumit un plan en 1830. Il était impressionnant mais trop ambitieux – les contraintes financières initiales empêchèrent de construire l'immense serre circulaire proposée. Le reste fut cependant réalisé selon les désirs de Loudon.

La plus ancienne des serres, tropicale, fut bâtie en 1852 afin d'accueillir le nénuphar géant *(Victoria amazonica)* qui avait fleuri en Grande-Bretagne pour la première fois trois ans auparavant. On lui ajouta une serre subtropicale (où de bavards mainates divertissent aujourd'hui les visiteurs) en 1871, puis les serres des terrasses en 1873. Celles-ci abritent des orchidées, *Citrus*, plantes grasses et palmiers.

C'est par ces serres que l'on pénètre dans le reste des jardins, en commençant par la terrasse de Loudon depuis laquelle on observe la pelouse principale, en pente douce, bordée d'arbres. À l'une de ses extrémités se trouve une volière coiffée d'un dôme et à droite un kiosque à musique de 1873. Il y a aussi un jardin de cottage, des massifs de fougères, une collection nationale de bonsaïs et une promenade de rhododendrons. LH

Jardins de Castle Bromwich

Angleterre

CRÉATEURS : William Winde, famille Bridgeman
PROPRIÉTAIRE : Castle Bromwich Hall Gardens Trust
STYLE : à la française (XVIIe siècle)
SUPERFICIE : 4 ha
CLIMAT : tempéré
SITUATION : Castle Bromwich, Birmingham, Midlands de l'Ouest

On est souvent étonné d'apprendre que l'un des jardins historiques les plus importants d'Angleterre se trouve dans la banlieue de Birmingham. Développé par des générations de Bridgeman, Castle Bromwich est un exemple rare de manoir et jardin jacobéens. Le capitaine William Winde, qui aménagea les parcs et jardins de Combe Abbey dans le Warwickshireet de Powis Castle au pays de Galles (voir p. 547), dessina le plan de ces jardins au début du XVIIe siècle.

Il les conçut comme une série de jardins individuels, ornementaux ou utilitaires, séparés par des murs, haies et changements de topographie. Leur développement ne cessa jamais au cours des quatre cents ans qui suivirent. Ils survécurent aux modes, en particulier à celle des parcs paysagers qui entraîna la destruction de nombreux jardins à la française, et même au développement urbain. Au XXe siècle, le coût d'entretien s'avéra cependant impossible à financer. Dès les années 1980, le lieu était envahi par la végétation.

Les passionnés de jardins de la région vinrent à leur rescousse et restaurent désormais le site. Après avoir franchi les grilles du jardin clos, on ne devrait pas oublier, tout en admirant le parterre recréé, que des bénévoles font vivre le lieu. Les jardins fleuris emplis de plantes culinaires et médicinales, l'élégance de l'orangerie et l'aspect ludique du labyrinthe de houx sont tout à leur honneur. JHo

Jardin d'Upton House

Angleterre

CRÉATEURS : Percy Morley Horder, Kitty Lloyd-Jones
PROPRIÉTAIRE : The National Trust
STYLE : à l'anglaise (XXe siècle)
SUPERFICIE : 14,9 ha
CLIMAT : tempéré
SITUATION : Banbury, Warwickshire

La visite d'Upton House reste inoubliable. La demeure – qui date de la fin du XVIIe avec des ajouts du XXe réalisés par le vicomte de Bearsted, aussi responsable de l'agencement actuel du jardin – est ornée de bleu, d'argent et de jaune à l'arrière ainsi que de vivaces et de roses. Au-delà, une pelouse, ponctuée de bosquets et encadrée de magnifiques cèdres et ifs, se déploie en direction de collines au loin. Rien n'est étrange jusque-là. Cependant, si l'on rejoint l'extrémité de cette pelouse, on découvre à son pied une vallée demeurée entièrement cachée jusque-là. La vue en contrebas est composée de terrasses d'arbustes et de vivaces, avec un lac au fond et un autre sur le côté.

Les fruits et légumes poussent facilement sur les coteaux chauds de la vallée, et ce apparemment depuis des siècles. Ce microclimat permet désormais la présence de plantes d'ornement. La collection nationale d'asters, à son apogée à l'automne, est particulièrement remarquable. Le fond de la vallée accueille une roseraie et, autre surprise, un jardin humide où des sentiers tracent leurs méandres entre de luxuriants hostas, *Rodgersia* et fougères. Upton possède aussi une rocaille, un jardin d'herbes aromatiques enclos, un verger et une partie sauvage. Ce n'est peut-être pas un jardin légendaire mais il possède une paisible subtilité très anglaise. NK

À DROITE Le jardin d'Upton House, aux terrasses spectaculaires descendant vers les pièces d'eau, est beau en toutes saisons.

Hall's Croft

Angleterre

CRÉATEUR : Shakespeare Birthplace Trust
PROPRIÉTAIRE : Shakespeare Birthplace Trust
STYLE : jardin champêtre anglais
SUPERFICIE : 0,4 ha
CLIMAT : tempéré
SITUATION : vieille ville, Stratford-upon-Avon, Warwickshire

Selon certains, Hall's Croft est la plus hantée des cinq propriétés que possède le Shakespeare Birthplace Trust dans les environs de Stratford-upon-Avon. Située en face de Holy Trinity Church, l'église où le plus célèbre des dramaturges anglais est enterré, cette maison à colombages, dont la façade est couverte de glycine et ornée d'un *Magnolia grandiflora*, date de 1613. Sa relative splendeur reflète la richesse et la position sociale de son premier propriétaire, le docteur Hall, mari de Susanna, la fille de Shakespeare.

Derrière la maison, l'escalier d'une large terrasse en pierre mène à une double bordure plantée d'un mélange de plantes herbacées et de fleurs des prés, dont le pigamon jaune (*Thalictrum flavum* ssp. *glaucum*), la nigelle, des bleuets, de la rue des chèvres, des marguerites, tous entremêlés de verge d'or. Des roses communes, telles que 'Ballerina' et 'Winchester Cathedral', bordent le sentier qui conduit au cadran solaire et à la tonnelle.

À gauche de la maison, un gazon abrite en son centre un mûrier de 1609, année où le roi James Ier décréta qu'on planterait ces arbres afin de nourrir les vers à soie – on utilisa malheureusement une mauvaise variété. Le parterre de plantes aromatiques, bordé de haies de buis et agencé autour d'un laurier, est inspiré du carnet de notes du docteur Hall. Il contient quarante des cent cinquante plantes dont le docteur avait établi la liste, notamment de la mélisse, de l'ail, des pissenlits, de la saponaire officinale, de l'hysope, de l'estragon *(Artemisia dracunculus)* et de la mauve blanche. VB

Le parterre contient quarante des cent cinquante plantes dont le docteur avait établi la liste [...]

Jardin de Ryton

Angleterre

CRÉATEUR : Garden Organic
PROPRIÉTAIRE : Garden Organic (Association pour la Recherche Henry Doubleday)
STYLE : jardin de démonstration (XXe siècle)
SUPERFICIE : 4 ha
CLIMAT : tempéré
SITUATION : Ryton-on-Dunsmore, Coventry, Warwickshire

« L'objectif de ce jardin est de démontrer les principes de la culture biologique », explique Sally Smith, responsable de la communication à l'association Garden Organic. À Ryton, cet organisme met en pratique ce qu'il préconise. On y découvre trente jardins de démonstration, des expositions, des promenades et un magasin bien achalandé où l'on peut trouver tous les renseignements que l'on souhaite.

La vie animale est très présente dans ces jardins où n'entrent en jeu ni engrais ni pesticides chimiques. «Notre philosophie est de travailler en harmonie avec la nature, déclare Sally. Voir c'est croire. Nous jardinons ici de cette manière depuis vingt ans et les jardins sont loin d'être envahis par les mauvaises herbes ou les parasites ! » Une prairie de fleurs sauvages, un bois et un lac procurent nourriture et abri aux oiseaux, insectes et petits mammifères. Il y a aussi un potager de légumes anciens. Le jardin des enfants est doté d'un tunnel de saules, d'une mare surélevée, d'un banc et d'une table de gazon.

La collection de graines anciennes est elle garante de la biodiversité de la région. « La gestion du sol est essentielle au succès de la culture biologique, et l'on utilise ici du compost de jardin, du terreau de feuilles et du purin pour produire une terre saine et des plantes en bonne santé. » Sally donne de nombreux exemples pratiques de contrôle biologique des insectes et de la maladie. On montre aussi comment fabriquer son compost. Vous pouvez aussi simplement admirer les extraordinaires légumes et vivaces du potager. NS

Jardin de Packwood House

Angleterre

CRÉATEURS : John Fetherston, Lord Ash
PROPRIÉTAIRE : The National Trust
STYLE : à la française (XVIIe siècle), à l'anglaise (XXe siècle)
SUPERFICIE : 2,8 ha
CLIMAT : tempéré
SITUATION : Lapworth, Solihull, Warwickshire

Peu de jardins peuvent s'enorgueillir d'abriter un conte biblique en topiaires. À Packwood House, une importante collection d'ifs taillés, traditionnellement baptisée *Le Sermon sur la Montagne*, fut entreprise par John Fetherston entre 1650 et 1670. La montagne, recouverte de buis et d'ifs, est couronnée d'un if solitaire qui, dit-on, représente le Christ. Sur les terrasses en contrebas se trouvent douze autres arbres de la même espèce, impressionnants bien que de formes légèrement irrégulières, qui symbolisent les apôtres.

On pense que c'est le baron Ash qui se chargea d'une restauration de style historique dans les années 1930, qui aurait donné cette interprétation biblique. Même si l'agencement n'a que peu changé depuis le début du XVIIIe siècle, il était légèrement masqué par les plantations victoriennes. Le baron décida de les éliminer et réinstalla deux belvédères crénelés ainsi que le mur ouest du jardin. Il apporta cependant sa propre empreinte, à savoir un jardin encaissé orné d'un bassin et d'éclatantes plates-bandes. Fort heureusement, cela ne diminue en rien la structure du XVIIe siècle de ce jardin doté de murs de briques rouge pâle, de belvédères restaurés à chaque coin et d'une terrasse surélevée.

Avec leurs innombrables marches, la terrasse et les belvédères se doivent d'être explorés. Ils attirent particulièrement les enfants, souvent surpris par les espaces creux qui abritaient autrefois des ruches. Les adultes préfèrent les plates-bandes d'herbacées le long de la terrasse et autour du jardin du XVIIe, où les tritomas et l'achillée jaune s'harmonisent aux briques. LH

Boughton House

Angleterre

CRÉATEURS : Van Der Meulen, duc de Montagu
PROPRIÉTAIRES : Lord Buccleuch, Living Landscape Trust
STYLE : hollandais (XVIIe siècle), anglais (XVIIIe siècle)
SUPERFICIE : 141,7 ha
CLIMAT : tempéré
SITUATION : Kettering, Northamptonshire

Le second duc de Montagu possédait un domaine qui, de son vivant, comptait parmi les plus beaux d'Angleterre – il était d'ailleurs surnommé John le Planteur. C'est cependant Ralph Montagu, premier duc du nom, qui entreprit les travaux du jardin à Boughton. Entre 1684 et 1709, il développa les jardins dans le style hollandais qui était en vogue depuis le couronnement de Guillaume III d'Orange. Avec l'aide de Van Der Meulen, paysagiste hollandais, il créa le réseau d'allées, d'étangs et de parterres (désormais disparus) du jardin.

Les jardins furent agrandis entre 1720 et 1749 par John le Planteur. Celui-ci réalisa un grand lac, de larges allées qui couvraient 37 km et des sentiers cavaliers totalisant 32 km. Ces ajouts ambitieux furent conçus par Charles Bridgeman, jardinier royal à qui l'on doit aussi la transformation des parterres à la française en paysage anglais naturaliste. Malheureusement, certaines de ses idées s'avérèrent trop ambitieuses, même pour John le Planteur, et il fut renvoyé.

Après 1750, les jardins cessèrent d'évoluer et commencèrent à dépérir. Depuis 1900 cependant, la famille vit régulièrement à Boughton House et a restauré les allées. Les travaux se poursuivent, notamment récemment sur l'étang de l'étoile, de forme carrée, où des arceaux dessinent les diverses branches d'une étoile. D'autres nouveautés sont apparues près de la maison : des plates-bandes d'herbacées, des jardinières en forme d'urnes, une petite roseraie circulaire et un étang à nénuphars. Tout cela rend plus intéressant encore ce jardin éminemment structuré. LH

Kelmarsh Hall

Angleterre

CRÉATEURS : Norah Lindsay, Geoffrey Jellicoe
PROPRIÉTAIRE : The Kelmarsh Trust
STYLE : italien, colonial américain
SUPERFICIE : 10 ha
CLIMAT : tempéré
SITUATION : Kelmarsh, Northampton, Northamptonshire

Le manoir palladien de Kelmarsh Hall est discrètement niché dans un parc paysager du XVIIIe siècle. Un saut-de-loup rend la route proche invisible depuis l'entrée tandis que l'arrière de la demeure jouit d'une vue époustouflante sur le lac.

Entre 1928 et 1933, Ronald Tree et sa femme Nancy, originaire de Virginie, louèrent et transformèrent le manoir et ses jardins. Norah Lindsay, paysagiste mondaine, les y aida. Elle épousa plus tard le propriétaire du lieu, le colonel Jubie Lancaster, et ils engagèrent tous deux Geoffrey Jellicoe.

Aujourd'hui, le manoir est inhabité mais ouvert au public, et les jardins, bien entretenus, sont en train d'être restaurés. La profonde terrasse arrière est bordée des tilleuls entrelacés plantés par Jellicoe et bénéficie d'un magnifique panorama. En 1933, on dégagea une ouverture au milieu du bois de Shipley Wood, sur la rive opposée du lac, révélant ainsi l'horizon. On restaure les massifs de vivaces de Lindsay dans les jardins fleuris où d'exubérantes roses anciennes aux riches parfums sont encadrées de basses haies de buis.

Le jardin encaissé, entouré lui aussi de ces haies emplies de plantes parfumées, mène à des doubles bordures qui donnent sur le dernier jardin du lieu. On réaménage le jardin clos adjacent, tandis que l'on a déjà restauré l'orangerie et la serre édouardienne où l'on cultive de la vigne. Ne manquez pas la roseraie de style colonial américain dont les parterres sont délimités par des planches. Tout en vous dorant au soleil, songez que Nancy Lancaster fit abattre une ferme parce qu'elle bloquait la vue, splendide. CH

Jardin de Coton Manor

Angleterre

CRÉATEURS : Ian et Susie Pasley-Tyler
PROPRIÉTAIRES : Ian et Susie Pasley-Tyler
STYLE : Arts and Crafts
SUPERFICIE : 4 ha
CLIMAT : tempéré
SITUATION : Guilsborough, Northamptonshire

La pierre patinée de Coton Manor, manoir niché dans les collines du Northamptonshire, constitue une parfaite toile de fond pour ce jardin aux plantations ravissantes, réalisé à l'origine par les grands-parents du propriétaire actuel et progressivement développé par la famille. La génération actuelle des Pasley-Tyler apprécie à leur juste valeur le cadre et l'architecture de la maison et des dépendances.

Les terrasses aménagées aux environs immédiats de la demeure accueillent des plantes grimpantes méditerranéennes héliophiles et des espèces parfumées à feuilles argentées. Une roseraie mixte prospère près du jardin d'hiver. On trouve aussi un miroir d'eau bordé de murets de pierre au pied des terrasses. Juste en contrebas, on s'émerveillera de découvrir ce que l'on peut cultiver sous une haie de houx (notamment *Astrantia major* 'Sunningdale Variegated', *Delphinium* 'Pandora' et *Rosa* 'Fred Loads'). Des sièges placés de façon stratégique permettent aux visiteurs de faire de longues pauses pour s'enivrer de parfums et apprécier la vue. Un sentier ombragé longe un ruisseau de style naturaliste pour rejoindre le jardin d'eau, l'escalier d'eau et le jardin de gravier.

Des plates-bandes mixtes marquent la limite entre les niveaux inférieur et supérieur. Soigneusement conçues afin de prolonger la saison, elles sont la spécialité de Susie Pasley-Tyler et constamment remaniées. Plus loin, les pelouses se fondent dans le paysage tandis que les jardins descendent en pente vers le ruisseau où vivent des flamants roses, au milieu de plantes de marécage et d'eau. Le sentier qui conduit aux bois de 2 ha, à leur apogée lors de la saison des jacinthes, est aussi très apprécié des visiteurs. Lorsque l'on retourne au jardin, on devrait s'arrêter un instant pour contempler le paisible jardin de plantes aromatiques, derrière ses murs, puis, portefeuille en main, se rendre directement à la pépinière où un perroquet bruyant monte la garde. CH

Jardins de Holdenby House

Angleterre

CRÉATEURS : Rosemary Verey, Rupert Golby
PROPRIÉTAIRES : James et Karen Lowther
STYLE : à l'anglaise (fin XXe siècle)
SUPERFICIE : 6 ha
CLIMAT : tempéré
SITUATION : Holdenby, Northampton, Northamptonshire

Même si les jardins de Holdenby sont de toute évidence d'une grande beauté, c'est leur histoire qui les rend uniques. Il suffit de descendre les marches qui mènent à la pelouse la plus éloignée pour découvrir une arche très ornée, étonnamment grande, qui appartenait autrefois à la vaste demeure construite pour le chancelier d'Elizabeth Ire, Christopher Hatton, et en grande partie détruite au XVIIe siècle. Cependant, ce qui reste est magnifique et laisse deviner combien la structure d'origine et son jardin devaient être imposants. Certains des éléments du jardin du XVIe sont encore visibles, dont plusieurs des terrasses que l'on aménagea pour impressionner Elizabeth Ire lors de ses séjours. La majorité de ce que l'on peut admirer a toutefois été recréé récemment. Le jardin d'époque a ainsi été réalisé en 1980 par Rosemary Verey. Cette version réduite du jardin principal de Hatton abrite des plantes qui furent introduites en Angleterre avant 1580, et qui s'avèrent particulièrement belles au début de l'été.

Depuis le jardin élisabéthain, des sentiers se dirigent vers des parties très distinctes. Un potager attrayant est planté de fruits et légumes, et une large terrasse bordée de grandes haies d'ifs court le long de la façade arrière. Il y a aussi un réseau de plates-bandes odorantes – principalement des arbustes et vivaces – replantées par Rupert Golby, médaillé à l'Exposition florale de Chelsea. Près de la fauconnerie se trouvent de longues plates-bandes qui abritent la collection de plantes au feuillage argenté du propriétaire actuel. LH

Jardins de Cottesbrooke Hall

Angleterre

CRÉATEURS : D. Sylvia Crowe, Geoffrey Jellicoe, Robert Weir Schultz, Catherine Macdonald-Buchanan
PROPRIÉTAIRES : John et Elizabeth Macdonald-Buchanan
STYLE : à l'italienne, Arts and Crafts, sauvage
SUPERFICIE : 12,1 ha
CLIMAT : tempéré
SITUATION : Cottesbrooke, Northampton, Northamptonshire

Comme sortie tout droit d'un roman de Jane Austen, la façade de briques de Cottesbrooke Hall, un manoir du début du XVIIIe, orné de pierre de Duston et de Ketton, respire l'élégance discrète. Même si le côté nord de la demeure se fond dans le parc anglais de style XVIIIe, au sud, ce dernier bute sur les terrasses de l'avant-cour conçues par Geoffrey Jellicoe. Ornées de balustrades et pavées, elles possèdent une beauté classique avec leurs buis taillés, leurs parterres de *Rosa* 'Pascali' et leurs statues de Diane, Mercure, Cupidon et Vénus soigneusement disposées.

Le manoir est flanqué d'une série de jardins. La promenade des statues est ornée de sculptures originaires du temple de l'Ancienne Vertu des jardins de Stowe (voir p. 319), qui représentent Socrate, Lycurgue, Épaminondas et Homère. Elles font face à de ravissantes plates-bandes d'herbacées et sont encadrées par une haie d'ifs taillés. Une ouverture aménagée dans cette dernière permet d'accéder à une partie du jardin où prospèrent les tulipes, les catalpas dorés (*Catalpa bignonioides* 'Aurea'), les arbres aux mouchoirs *(Davidia involucrata)*, les mûriers et les néfliers. Ailleurs, on retrouve le thème de l'Antiquité avec la statue d'un gladiateur près des tilleuls de l'allée du même nom. Deux portes en briques mènent ensuite à la cour du bassin, désormais recouverte de gazon, conçue par Robert Weir Schultz et embellie d'une élégante tonnelle par Dame Sylvia Crowe. Une pergola envahie par les plantes conduit les visiteurs jusqu'à la cour des pins et au jardin hollandais.

On s'assurera d'admirer les jardins sauvages, séparés par un pont où paysagismes artificiel et naturel se mêlent. Celui de l'est est traversé d'une série de sentiers qui conduisent à une clairière où se dresse une tête de cheval en bronze sculptée par Nic Fiddian-Green. Celui de l'ouest, qui possède un thème spécifiquement chinois, fut créé à l'occasion du nouveau millénaire. CH

The Menagerie

Angleterre

CRÉATEURS : Gervase Jackson Stops, Ian Kirby
PROPRIÉTAIRE : Alexander Myers
STYLE : moderne (XXe siècle), thèmes du XVIIIe
SUPERFICIE : 1,4 ha
CLIMAT : tempéré
SITUATION : Horton, Northamptonshire

The Menagerie est l'un des jardins les plus enchanteurs d'Angleterre, né d'un engouement pour une folie palladienne construite par Thomas Wright, architecte, astronome et créateur de grottes pour le comte de Halifax en 1749. Destinée à l'origine à accueillir des banquets, elle fut découverte en ruines par Gervase Jackson Stops, ancien consultant en monuments historiques, qui l'acheta dans les années 1970 et passa le restant de ses jours à la restaurer.

Seul un passionné doté de connaissances en histoire horticole pouvait prendre autant de plaisir à cette tâche. Le jardin, principalement réalisé par Ian Kirby, ami de Jackson Stops, respecte le plan en patte d'oie créé ici au début du XVIIIe : trois allées droites, délimitées par des tilleuls et des charmes, rayonnent à partir de la demeure. Chaque point de vue est complété par un élément du jardin. Un obélisque couronne toutefois un monticule en forme de spirale, et les pavillons d'été, inspirés par Thomas Wright et sur lesquels bute le regard au loin, ne sont pas ce qu'ils semblent. Une façade classique cache une chapelle dédiée à saint François d'Assise. De là, une deuxième porte attire les visiteurs vers un jardin à la française qui laisse place à un mélange libre d'étangs et de roseaux.

Après la mort de Jackson Stops, le jardin déclina brièvement avant d'être sauvé par son propriétaire actuel qui a restauré la merveilleuse grotte décorée de coquillages et créé un magnifique potager clos. Il se consacre désormais aux parties plus sauvages afin que le jardin se fonde parfaitement dans la nature, un joyau caché au milieu des champs de haricots. AE

Jardin de l'université de Cambridge

Angleterre

CRÉATEUR : John Stevens Henslow
PROPRIÉTAIRE : université de Cambridge
STYLE : botanique
SUPERFICIE : 16,2 ha
CLIMAT : tempéré
SITUATION : Cambridge, Cambridgeshire

En 1831, John Stevens Henslow, ecclésiastique et professeur qui avait enthousiasmé Charles Darwin, auteur de la théorie de la sélection naturelle, établit pour l'université de Cambridge un jardin botanique à des fins pédagogiques et scientifiques. Selon Henslow, les arbres étaient les végétaux les plus importants et devaient être étudiés à part entière. On peut toujours admirer l'allée de *Pinus nigra* qu'il planta afin de démontrer les variations qui existent au sein d'une même espèce.

La collection d'arbres est magnifique, avec des séquoias géants, des cèdres et un nombre considérable de *Sorbus*, et constitue un magnifique cadre paysager pour le reste du jardin. Autour du lac se trouvent deux rocailles d'échelle plus réduite – l'une de pierres calcaires, l'autre de grès – où poussent des plantes alpestres du monde entier. De fait, on remarquera rapidement que les plantes sont regroupées par zone géographique d'origine et, comme le reste des dix mille plantes du jardin, clairement étiquetées. Des jardins parfumés, des serres (alpine, tempérée et tropicale), des plates-bandes d'herbacées, un jardin d'hiver et une complexe composition de cent quarante-quatre parterres abritent différentes familles botaniques.

Bien qu'ils appartiennent à l'université, les jardins sont plus qu'un centre d'étude – ils bénéficient à tout Cambridge : les enfants s'y ébattent, les étudiants s'y délassent, les professeurs s'y promènent, plongés dans leurs pensées, et les touristes font une pause dans cette paisible oasis au cœur de la ville. JHo

Jardin de Crossing House

Angleterre

CRÉATEUR : Margaret Fuller

PROPRIÉTAIRES : Douglas et Margaret Fuller

STYLE : jardin de cottage (XXe siècle)

SUPERFICIE : 0,1 ha

CLIMAT : tempéré

SITUATION : Shepreth, Royston, Cambridgeshire

« Les amateurs de plantes sont les bienvenus dans ce jardin », annonce une pancarte écrite à la main près de la porte du jardin de cette maisonnette dont les propriétaires, Douglas et Margaret Fuller, étaient autrefois les gardiens du passage à niveau voisin (*crossing house* en anglais). Dès la fin des années 1950, lorsque quelques piétons curieux qui attendaient que la barrière s'ouvre demandèrent à voir le jardin, la pancarte est apparue.

Les Fuller ont empli autant que possible ce minuscule jardin de plantes qui vont du rare au populaire. Il est fleuri tout au long de l'année car l'on a planté des bulbes, vivaces et arbustes auxquels on ajoute des plantes annuelles lorsque la floraison de ces derniers est passée. Les tapis d'hellébores et de perce-neige qui défient le gel au printemps sont suivis de primevères puis de tulipes. Les magnolias annoncent l'été avec les *Allium* et le *Nectaroscordum siculum* qui se resème autour des parterres. Jetez un coup d'œil dans les minuscules serres et vous apercevrez des orchidées, une collection d'auricules et d'autres plantes qui attendent leur tour pour sortir dans le jardin.

On y trouve aussi une pépinière, en réalité un vieux châlit en fer forgé, où l'on sème des rangées d'annuelles au printemps. L'hiver, l'endroit est dissimulé par un couvre-lit en chenille orné de *Cyclamen coum* et *C. hederifolium*. Des moutons topiaires broutent dangereusement près de rares saxifrages et une vieille pancarte des chemins de fer vous demande d'avancer lentement. C'est effectivement à cette allure que l'on apprécie le plus cet amour de jardin. JH

Jardin des professeurs de Clare College

Angleterre

CRÉATEUR : Nevill Willmer
PROPRIÉTAIRES : professeurs de Clare College, université de Cambridge
STYLE : à l'anglaise (milieu XXe siècle)
SUPERFICIE : 0,8 ha
CLIMAT : tempéré
SITUATION : Cambridge, Cambridgeshire

Les longues plates-bandes d'herbacées du jardin des professeurs à Clare College dessinent une douce pente jusqu'à la rivière Cam, avec en toile de fond les murs patinés du collège et les pinacles majestueux de la chapelle de King's College. Ce spectacle est l'œuvre de Nevill Willmer qui redessina le jardin en 1947 après que celui-ci fut négligé des années durant, notamment durant la Seconde Guerre mondiale. Willmer le conçut comme une série de tableaux. On admire le spectacle offert depuis la façade ouest du collège, le Master's Lodge, le pont qui enjambe la Cam et la chaussée qui mène à Queen's Road.

Au centre du jardin, entourée de haies d'ifs taillés, se trouve une mare. De là un sentier bordé d'herbacées bleues et jaunes conduit à la rivière. Derrière le vieux mur, on découvre la promenade Blanche, qui mène à une pelouse flanquée à l'arrière de plates-bandes qui se parent de couleurs à l'été et à l'automne. Willmer a fait usage de trompe-l'œil, ce qui confère à ce jardin traditionnel anglais un aspect inattendu. Les allées rétrécissent progressivement et paraissent ainsi plus longues, effet qu'accentue encore la disposition de fleurs d'un rouge orangé éclatant au premier plan et de couleurs plus pâles à l'arrière.

Cinq jardiniers s'occupent de ce jardin orné de volutes de fleurs et de pelouses impeccables. Une restauration est en cours et le jardin devrait refléter le plan original de Willmer d'ici à dix ans. LH

Jardin de l'abbaye d'Anglesey

Angleterre

CRÉATEUR : Huttleston Boughton
PROPRIÉTAIRE : The National Trust
STYLE : anglais (XXe siècle)
SUPERFICIE : 39,6 ha
CLIMAT : tempéré
SITUATION : Lode, Cambridgeshire

Huttleston Broughton, qui jouissait d'une fortune familiale acquise dans les mines et chemins de fer américains, passa les années 1930 à transformer les jardins de l'abbaye d'Anglesey, vieille de neuf cents ans. Chaque année, il faisait planter à ses jardiniers des rangées de plus de cinq mille jacinthes. Il créa des allées de tilleuls et de vastes gazons dégagés qui abritent encore certaines des plus belles statues de jardin du XVIIe et du XIXe siècle de toute l'Angleterre. Ces pelouses mènent à des jardins clos, à un arboretum et une pineraie.

L'ensemble est constitué de vingt-trois jardins. Lorsqu'on parcourt la promenade de Fairhaven Centenary Walk, on découvre que, même au cœur de l'hiver, les jardins peuvent s'avérer colorés et parfumés. Réalisée après la mort de Broughton, sa dimension impressionnante (1,6 km de long) reflète pourtant l'extravagance de ce dernier. Il n'est pas inhabituel en hiver de rencontrer des visiteurs… à quatre pattes : les passionnés de perce-neige, notamment, affluent pour admirer la célèbre collection de l'abbaye.

La demeure et les jardins devinrent la propriété du National Trust en 1966. Graham Stuart Thomas, alors conseiller horticole auprès de cet organisme chargé des Monuments historiques, choqué de voir tant de dahlias, ordonna qu'on les élimine. Heureusement, les jardiniers n'en tinrent pas compte et les dahlias vibrent de couleurs au plus fort de l'été. JH

Jardins de Peckover House

Angleterre

CRÉATEURS : créateur principal inconnu, Graham Stuart Thomas
PROPRIÉTAIRE : The National Trust
STYLE : victorien éclectique (XIXe siècle)
SUPERFICIE : 0,8 ha
CLIMAT : tempéré
SITUATION : Wisbech, Cambridgeshire

Les jardins de Peckover House, dotés d'un potager, d'un gazon pour croquet, d'une orangerie et de deux bassins, rappellent ceux d'un château en miniature. La jolie demeure de briques rouges qui domine la ville champignon de Wisbech fut construite en 1722, mais les jardins datent de l'ère victorienne.

C'est l'un des meilleurs exemples de jardin citadin situé à la campagne. La plupart des visiteurs pénètrent dans les jardins clos par le côté pour se retrouver dans le potager d'ornement. Des vieux poiriers en espalier incrustés de lichens et des bordures mixtes entourent la pelouse principale. Contre le mur adjacent se dressent des rangées de fleurs et les réserves de plantes destinées aux plates-bandes principales. La partie centrale du jardin est composée d'une série de jardins à thèmes reliés entre eux. Le premier abrite une modeste orangerie dont les *Citrus* ont plus de trois cents ans. D'autres accueillent des plates-bandes d'herbacées et un bassin circulaire dont la fontaine est entourée de belvédères recouverts de treillis.

C'est l'arrière du manoir qui rappelle le plus l'ère victorienne. On y trouve de denses buissons et des plantes en vogue au XIXe siècle telles qu'un désespoir des singes *(Araucaria araucana)* et un palmier de Chine *(Trachycarpus fortunei)*. Des arceaux de croquet parsèment la pelouse et boules et maillets sont à votre disposition ? N'hésitez pas à faire une partie. LH

The Manor

Angleterre

CRÉATRICE : Lucy Boston
PROPRIÉTAIRE : Diana Boston
STYLE : champêtre du XXe siècle avec topiaires
SUPERFICIE : 1,6 ha
CLIMAT : tempéré
SITUATION : Hemingford Grey, Huntingdon, Cambridgeshire

The Manor, qui date de 1130, est dit-on, la demeure anglaise la plus ancienne, mais le jardin était aussi le décor des livres pour enfants que Lucy Boston écrivit dans les années 1930.

De nombreux éléments du lieu sont décrits dans ces ouvrages, dont le cerf topiaire sous l'immense hêtre pourpre (*Fagus sylvatica* var. *Purpurea*). Des ifs en forme de couronne et de sphère bordent une allée tandis que des chevaux topiaires montent la garde devant la façade. Un pont qui franchit un ruisseau mène à travers les roses à un dédale de plates-bandes et d'arceaux couverts de roses.

Lucy Boston passa des années à restaurer la maison et à créer un jardin qui fait preuve d'autant d'imagination et de mystère que ses histoires. On découvre par exemple un jeu d'échecs parmi les topiaires. Trois cents variétés de roses anciennes furent plantées par Graham Stuart Thomas. Deux cents prospèrent toujours, dont certaines au sein de doubles plates-bandes d'herbacées qui se déploient, sur 30 m, jusqu'à la rivière. Un sentier paisible traverse un bosquet d'arbres évoquant un ballet mystique. On devrait venir ici tôt le matin, lorsque la brume se dissipe – les arbres émergent alors et la magie semble régner. MH

On devrait venir ici tôt le matin, lorsque la brume se dissipe et que la magie semble régner.

Parc de Wimpole

Angleterre

CRÉATEURS : Charles Bridgeman, Capability Brown, William Emes
PROPRIÉTAIRE : The National Trust
STYLE : parc paysager anglais (XVIIIe et XIXe siècles)
SUPERFICIE : 29,9 ha
CLIMAT : tempéré
SITUATION : Arrington, Royston, Cambridgeshire

Le premier jardin de Wimpole fut réalisé à la française au cours des années 1690 par George London et Henry Wise, deux jardiniers royaux. C'était un projet assez ambitieux pour mener à la faillite le comte de Radnor.

Au XVIIIe siècle, presque tous les propriétaires successifs employèrent les grands paysagistes de l'époque, dont Charles Bridgeman, Robert Greening, Capability Brown, William Emes et Humphry Repton. Puis, au XXe siècle, Wimpole Hall dépérit et se délabra mais fut sauvé par la fille de Rudyard Kipling, Elsie Bambridge, grâce aux droits d'auteur de son père. Plus récemment encore, les jardins ont fait l'objet d'une remarquable restauration. Rien ne demeure des jardins du XVIIe, mais un parterre victorien a été reconstitué devant la façade nord. Certaines des longues avenues qui mènent aux quatre points cardinaux ont aussi été replantées tandis que le lac de Brown, aux formes serpentines, a été dragué. On a aussi restauré la tour gothique créée par Sanderson Miller.

Au nord-est de la demeure, un jardin d'agrément du XIXe siècle qui abrite une jolie collection d'arbres, dont de magnifiques noyers, est entouré d'un saut-de-loup. Au-delà s'étend le jardin clos de 1 ha datant du milieu du XVIIIe siècle, qui produit à nouveau aujourd'hui. On prévoit aussi de reconstruire les serres conçues par John Soane (1790-1794), bombardées en 1941. TM

Jardin d'East Bergholt

Angleterre

CRÉATEUR : Charles Eley
PROPRIÉTAIRES : Rupert et Sarah Eley
STYLE : collection d'arbres et arbustes insolites (XXe siècle)
SUPERFICIE : 6 ha
CLIMAT : tempéré
SITUATION : East Bergholt, Suffolk

East Bergholt Place est un jardin historique caractéristique de son époque mais adapté au goût du jour. Situé au cœur du pays de Constable, ce manoir édouardien est entouré de haies d'ifs topiaires et de pelouses. Tout ici est traditionnel. Au-delà des haies, un ruisseau et un bassin marquent l'entrée du jardin, un espace librement agencé qui abrite une collection d'arbres et arbustes à fleurs de tout premier ordre.

L'arrière-grand-père du propriétaire actuel contribua financièrement aux expéditions horticoles de George Forrest dans les années 1920 et amassa une collection impressionnante de magnolias, rhododendrons et camélias. Des sentiers de gazon tondu qui serpentent à travers des clairières et vallons cachés permettent de découvrir des éléments intéressants à chaque pas. Des raretés telles qu'*Oemleria*, *Nyssa sinensis* et *Acer triflorum* abondent. L'automne est particulièrement spectaculaire lorsque le soleil transperce *Viburnum opulus* 'Roseum' ou luit sur les baies rouges dodues des cotonéasters. Au printemps, les érables se parent de nouvelles feuilles et les fleurs des rhododendrons massifs se dressent telles des colonnes. Une prairie dégagée vire au jaune grâce aux primevères et les clairières emplies de jonquilles mettent en valeur un *Magnolia* x *soulangeana* aux fleurs blanches. Ce jardin qui jouit d'un microclimat doux et de la proximité de la mer abrite de nombreuses plantes difficiles à cultiver dans le reste de la région. Un palmier de Chine *(Trachycarpus fortunei)* atteint 30 m de haut et un *Eucryphia* x *nymansensis* est couvert d'une profusion de fleurs d'un jaune cire à la fin de l'été.

Une pépinière a été aménagée dans l'ancien potager clos. Même si les plantations du début du XXe siècle ont été réalisées par un collectionneur qui désirait que les plantes du monde entier soient ici représentées, aujourd'hui on en choisit de nouvelles soit pour remplacer les anciennes, soit parce qu'elles sont adaptées au lieu. MH

Jardins d'Ickworth House

Angleterre

CRÉATEURS : Capability Brown, Howard de Walden
PROPRIÉTAIRE : The National Trust
STYLE : parc paysager anglais,
jardins à la française (XIXe siècle)
SUPERFICIE : 729 ha
CLIMAT : tempéré
SITUATION : Horringer, Bury St. Edmunds, Suffolk

Les cèdres et chênes qui masquent l'entrée d'Ickworth furent plantés au XIXe siècle par le marquis de Bristol. Ils étaient censés cacher la construction de l'aile est mais on les a laissés pousser. Au sud de cette aile se déploie un jardin à l'italienne réalisé par le petit-neveu du marquis, Charles Ellis. Ici les haies de buis, les plates-bandes, la roseraie du temple, les jardins Doré et Argenté qui abritent de nombreuses espèces méditerranéennes côtoient une création toute victorienne – des arbres que l'on a déracinés puis replantés la tête en bas. Il y a aussi une orangerie et sa terrasse adjacente.

Un sentier part de la rotonde du jardin à l'italienne pour conduire à une promenade en terrasses qui jouit d'un panorama sur le parc et sur l'ancien site du manoir. Ici, le potager clos (où l'on cultive désormais une vigne) est l'un des vestiges d'un jardin du XVIIIe siècle, avec canal et pavillon d'été (v. 1703), créé par le premier comte.

C'est aussi lui qui commença à façonner ce paysage d'ornement et qui, entre 1700 et 1731, chassa les métayers de 486 ha de terrain. Ils furent relogés au village de Horringer cependant que le comte abattait les bâtiments et éliminait les haies. Capability Brown apporta quelques améliorations entre 1769 et 1776. On ne sait en quoi exactement elles consistaient mais il créa probablement le bois au sein duquel le marquis aménagea la promenade Albana en l'honneur de son épouse, Elizabeth Albana Upton. TM

Depuis le jardin à l'italienne, un sentier part de la rotonde pour conduire à une promenade en terrasses.

Jardins de Shrubland Park

Angleterre

CRÉATEURS : Charles Barry, William Robinson
PROPRIÉTAIRE : Lord Saumarez
STYLE : à l'italienne
SUPERFICIE : 2 ha
CLIMAT : tempéré
SITUATION : Coddenham, Ipswich, Suffolk

Charles Berry, architecte du palais de Westminster, faisait aussi autorité au milieu du XIXe siècle dans le domaine des jardins à l'italienne, mélange d'influences françaises, hollandaises et anglaises ainsi que de la Renaissance italienne. La plus célèbre de ses réalisations, le jardin de Trentham dans le Staffordshire, fut aussi sa première. La topographie plate de Trentham n'offrait cependant pas les mêmes possibilités que le terrain pentu de Shrubland Park dont l'élément le plus saisissant, la Grande Descente, fut créé au cours des années 1850.

Mettant pleinement à profit l'emplacement du château au bord d'un escarpement de craie abrupt qui permettait de jouir de la beauté du paysage, Barry installa ici un escalier qui traverse une série de terrasses, depuis le pavillon jusqu'au jardin de la fontaine et à la loggia du bas. De là, la terrasse verte mène au nord vers le parc et au sud au chalet suisse accompagné d'une rocaille alpestre. Une série de jardins ont été aménagés tout du long, parmi lesquels ont survécu le jardin français, dont les murs sont chauffés à l'eau, le Cercle des sorcières, une série de bassins en pierre, un parterre surélevé, le labyrinthe de buis et le jardin suisse. À partir de ce dernier, le jardin se fond dans les bois dont certains arbres ont, dit-on, plus de huit cents ans. Les jardins furent ensuite modifiés en 1888 par William Robinson. Défenseur ardent du style naturel, il simplifia les plantations saisonnières et instaura l'ambiance d'un jardin de fleurs.

Les passionnés d'histoire horticole devraient savoir que Humphry Repton, éminent paysagiste, réalisa ici l'une de ses premières commandes à la fin du XVIIIe siècle. Les cartes montrent que bon nombre de ses suggestions furent mises en œuvre, dont la terrasse Brownslow qui s'étend à l'ouest du manoir jusqu'à la statue de Diane. TM

Jardin de Somerleyton Hall

Angleterre

CRÉATEURS : William Nesfield, Joseph Paxton et autres
PROPRIÉTAIRES : M. de Somerleyton
STYLE : victorien à l'italienne
SUPERFICIE : 4,8 ha
CLIMAT : tempéré
SITUATION : Somerleyton, Lowestoft, Suffolk

Le labyrinthe d'ifs au cœur de ce jardin du Suffolk date de 1846. À l'époque victorienne, huit jardiniers mettaient trois mois pour le tailler. Aujourd'hui, quatre jardiniers réalisent la même tâche en seulement trois ou quatre jours grâce à des taille-haies à essence.

Les serres du jardin, récemment rénovées, méritent qu'on leur prête attention car le toit tout en crêtes et sillons qui les recouvre fut inventé, ou du moins popularisé, par Joseph Paxton, l'architecte de l'immense Crystal Palace de Londres. La volière victorienne a elle aussi retrouvé vie. Les passionnés se délecteront des abondantes glycines, des roses à l'ancienne, des plantes ornementales qui grimpent sur la longue pergola en fer forgé (un élément du jardin originel) et des vastes doubles plates-bandes d'herbacées. Un nouveau jardin fleuri aménagé autour d'un étang est devenu le refuge de nombreux animaux, dont de ravissants piverts. Les couleurs éclatantes dominent dans le jardin encaissé, empli de parterres, près de la demeure, ou vers les massifs d'azalées et de rhododendrons au début de l'été. Somerleyton abrite aussi une collection d'arbres, dont un séquoia géant à troncs multiples *(Sequoiadendron giganteum)*, un grand *Eucalyptus gunnii*, un pin de Monterey *(Pinus radiata)*, un magnifique ginkgo et un cèdre de l'Atlas *(Cedrus atlantica)*.

Finalement, c'est le fait que Somerleyton soit toujours une demeure familiale qui fait son originalité par rapport à d'autres jardins victoriens plus connus, et qui lui confère une atmosphère plus intime. De plus, le manoir fut conçu par Morton Peto, père de Harold Peto, grand paysagiste du XIXe siècle. JO

Les abondantes glycines grimpent sur la longue pergola en fer forgé…

Jardin de Wyken Hall

Angleterre

CRÉATEURS : sir Kenneth et lady Carla Carlisle
PROPRIÉTAIRES : sir Kenneth et lady Carla Carlisle
STYLE : jardin de château (XXe siècle)
SUPERFICIE : 2 ha
CLIMAT : tempéré
SITUATION : Stanton, Bury St. Edmunds, Suffolk

Wyken Hall est un manoir médiéval à colombages au milieu des vastes plaines dégagées du Suffolk qui, tout comme son jardin, fut transformé au cours des années 1980. La demeure, ample et étendue, dotée de nombreux pignons et toits, constitue le cœur du jardin. Autrefois protégée d'une peinture blanche traditionnelle, elle est désormais d'un splendide rose qui lui confère plus de présence encore, sa couleur s'harmonisant à celles des plantes.

La partie agencée à la française, principalement une série de jardins à thème constitués de haies d'ifs, n'apparaît que d'un côté du manoir, peut-être pour protéger ce dernier des vents violents. Un gazon de croquet la côtoie, délimité par une plate-bande aux couleurs vives. Une grille en fonte, décorée d'épis de maïs dorés, est l'un des éléments marquants de ce jardin doté d'ornements gothiques et de nombreux endroits où s'asseoir, particulièrement dans l'ancien parterre de plantes aromatiques où l'on a créé un motif remarquable à l'aide de ciboulette, buis et origan.

Plus loin du manoir, une magnifique roseraie partiellement enclose, agencée autour de fonts baptismaux, explose de parfums et de couleurs. Tout ici prospère. Si vous désirez un spectacle plus paisible après ces débordements visuels, rendez-vous sur la plate-forme qui domine un étang naturel entouré de prairies en fleurs et de bois. Devant la demeure, au lieu de la grande allée traditionnelle, on trouve ici des haies de buis circulaires disposées en quinconce. MH

Heveningham Hall

Angleterre

CRÉATEURS : Capability Brown, Kim Wilkie
PROPRIÉTAIRES : M. et Mme Jon Hunt
STYLE : Capability Brown avec des jardins modernes
SUPERFICIE : 1 012,5 ha
CLIMAT : tempéré
SITUATION : Heveningham, Suffolk

Heveningham Hall correspond à l'image idéale d'un manoir à la campagne. Édifiée pour de riches banquiers de Londres en 1790, la demeure fut dessinée par sir Robert Taylor et les jardins conçus par Capability Brown. Ce dernier s'éteignit toutefois l'année après avoir dessiné le plan du parc qui ne fut repris que deux cents ans plus tard, lorsqu'un lac de 2 km de long fut creusé au centre de la vallée et plus de 300 ha de terre arable transformés en domaine. On redonna aussi vie à la forêt et l'on plante actuellement 135 ha supplémentaires de bois.

Derrière le manoir, la partie avant du jardin a toujours posé problème. On y avait aménagé un parterre victorien en 1877 mais ses proportions et ses ornements détonnaient avec la façade géorgienne de 73 m de long, et les murs de soutènement bloquaient la vue depuis les salons principaux. La demeure et son jardin étaient tous deux inscrits aux Monuments historiques, mais l'emplacement de ce dernier était disgracieux et son agencement peu élégant. L'English Heritage, chargé des monuments historiques, prit une décision révolutionnaire lorsqu'il accepta que l'on remplace l'ancien jardin par un autre, entièrement nouveau, constitué de vastes terrasses gazonnées.

Celles-ci, en forme d'éventail, épousent le terrain en pente, sans étouffer le bâtiment. Une colonnade de chênes taillés encadre un escalier herbu, et l'on peut encore apercevoir les racines des anciens cèdres qui saillent au milieu des motifs géométriques. Un canal long de 50 m, où l'eau miroite, sépare la terrasse en pierre de la pelouse. KW

Jardin de Helmingham Hall

Angleterre

CRÉATEUR : lady Xa Tollemache
PROPRIÉTAIRES : lord et lady Tollemache
STYLE : jardin de campaglne (XVIIIe siècle), ajouts des XXe et XXIe siècles
SUPERFICIE : 4 ha au cœur d'un parc de 162 ha
CLIMAT : tempéré
SITUATION : Helmingham, Stowmarket, Suffolk

Helmingham Hall est la demeure de lord et lady Tollemache depuis 1975. Le château de style Tudor – où des conspirateurs prévoyaient de réinstaller Charles II sur le trône en 1660 – fut achevé en 1510 et est entouré de douves de 18 m de large, dont les rives sont couvertes de narcisses et de primevères.

Xo Tollemache est désormais une paysagiste renommée, non seulement grâce à Helmingham mais aussi à de nombreux autres jardins de châteaux. Dans son propre jardin clos, elle entretient de longues doubles plates-bandes d'herbacées où elle met continuellement à l'essai de nouvelles combinaisons. Des deux côtés de ces plates-bandes ainsi qu'entre les rangées de légumes se trouvent des arceaux sur lesquels grimpent des gourdes colorées, des pois de senteur, des haricots à rames et des roses. Le parterre ancien accueille désormais des haies de houx et des topiaires en forme de pyramide. Les plates-bandes au pied des murs sont bordées de lavande 'Hidcote blue' et exhalent l'été le parfum des roses muscades hybrides.

Lady Tollemache a eu l'idée de demander à la marquise de Salisbury de concevoir un parterre de broderie et de plantes aromatiques du côté est du château de façon que l'on puisse l'admirer depuis les fenêtres à l'étage. Il est divisé en quatre parties, dont une abrite le blason des Tollemache dessiné en buis, et ses plantes ont toutes été introduites en Angleterre avant 1750. Parmi les récents ajouts du jardin, citons les sièges peints en gris et dessinés par George Carter, ainsi qu'un pavillon d'été en bardeaux près de la piscine. JH

Hergest Croft

Angleterre

CRÉATEURS : William, Dorothy, Lawrence et Elizabeth Banks
PROPRIÉTAIRES : Lawrence et Elizabeth Banks
STYLE : à l'anglaise (fin XIXe siècle)
SUPERFICIE : 22,6 ha
CLIMAT : tempéré
SITUATION : Kington, Herefordshire

À l'automne, à Hergest Croft, le délicieux parfum de caramel qui se dégage du *Cercidiphyllum japonicum* flotte dans le jardin. Si l'expérience n'est pas rare, ce spécimen est bien le plus grand de son espèce en Grande-Bretagne. Le jardin abrite cinquante autres arbres de dimensions remarquables ainsi qu'une collection de plus de quatre mille plantes mises en terre par trois générations de Banks depuis 1895.

La première d'entre elles, représentée par William et Dorothy Banks, aménagea les quatre parties principales. Très influencés par William Robinson, ces jardins reflètent ses théories naturalistes sur le jardin fleuri anglais. Dans le bois de Park Wood, une vallée isolée est encerclée de vieux bosquets de chênes et abrite d'immenses rhododendrons. De fait, ce sont surtout ces derniers, ainsi que le jardin d'azalées qui abrite de magnifiques massifs, qui font la réputation de Hergest Croft, ainsi que, dans une moindre mesure, les collections nationales de bouleaux et d'érables. Dans le bois d'érables, établi en 1985 par Lawrence et Elizabeth Banks, poussent de nombreux spécimens chinois.

Les jardins qui entourent la demeure édouardienne sont plus ordonnés. Des bordures d'herbacées se détachent contre des arbres exotiques et offrent des couleurs au jardin tout au long de l'été. Un gazon de croquet, légèrement caché, est lui planté de lis. Le potager où poussent de vieux pommiers constitue la quatrième des parties principales du jardin. Sous les arbres, on cultive des fleurs de printemps, les jonquilles et les auricules (primevères) laissant la place aux tulipes et aux muscaris au fil de la saison. LH

The Laskett

Angleterre

CRÉATEURS : Roy Strong, Julia Trevelyan Oman
PROPRIÉTAIRE : Roy Strong
STYLE : à la française, théâtral (XXe siècle)
SUPERFICIE : 1,6 ha
CLIMAT : tempéré
SITUATION : Much Birch, Hereford, Herefordshire

On dit souvent que les jardins ressemblent à leur propriétaire. Prenons l'exemple de celui de Roy Strong, niché dans la campagne du Herefordshire à la frontière entre l'Angleterre et le pays de Galles. Il est stylisé, fascinant et plein de personnalité. Sa différence naît toutefois de l'usage qu'on y a fait des panoramas, allées, points de vue, pièces, sculptures et plantations – caractéristiques des jardins à la française.

Sir Roy et sa femme, Julia Trevelyan Oman, emménagèrent ici en mai 1973. Ils réalisèrent au fil du temps un jardin remarquable autour d'une maison relativement ordinaire. Julia était décoratrice de théâtre et de cinéma, et Roy Strong historien, auteur et directeur successivement de la National Portrait Gallery de Londres puis du Victoria and Albert Museum. Il s'intéressait surtout à la structure du jardin et aux effets saisissants, son épouse aux détails et aux plantations délicates. Le jardin fut développé peu à peu. Certaines parties, comme Covent Garden, l'allée Elizabeth Tudor ou le jardin de Torte, furent baptisées en l'honneur d'un lieu, d'un animal de compagnie, d'un ami, d'un événement, etc. Les statues, le plus souvent des copies, sont grandes, romantiques et audacieuses.

Le jardin est réussi parce qu'il a été réalisé par deux personnes qui vivaient en harmonie. Il représente l'attitude de ses propriétaires au fil de trois décennies. Excentrique, ordonné, résolu, manquant parfois de naturel, il est magnifiquement théâtral. CY

À DROITE Le jardin de Roy Strong reflète le goût de son créateur pour les effets spectaculaires.

CONDITOR·HORTI·FELICITATIS·AVCTOR

Domaine de Bryan

Angleterre

CRÉATEURS : David Wheeler, Simon Dorrell
PROPRIÉTAIRES : David Wheeler, Simon Dorrell
STYLE : XXe siècle avec des influences Arts and Crafts
SUPERFICIE : 2,8 ha plus 8,9 ha de prairies
CLIMAT : tempéré
SITUATION : Stapleton, Presteigne, Herefordshire

Le vaste jardin du Domaine de Bryan (« Bryan's Ground » en anglais), à la frontière du pays de Galles, est déjà célèbre, bien que vieux d'à peine plus de dix ans. La confortable maison de style Arts and Crafts, construite de façon anarchique en 1912, appartient à David Wheeler et Simon Dorrell depuis 1993 et abrite le siège de *Hortus*, magazine de jardinage haut de gamme. Les lecteurs curieux de savoir comment se développe le jardin sont tenus au courant par les écrits de David et les dessins de Simon.

Lorsque ceux-ci emménagèrent, il y avait déjà le jardin encaissé, devant la maison, des haies d'ifs adultes et de beaux arbres. Le jardin a depuis été agrandi : il y a un pavillon réservé aux bouderies, parfait pour les vieux hommes grincheux, un jardin hollandais avec canal et un autre réservé aux roses anciennes. Des folies, tours et topiaires, bassins et potagers ont été réalisés avec beaucoup d'esprit. L'entrée du jardin, où environ trente parterres carrés forment un damier et abritent des pommiers anciens ainsi que des *Iris sibirica*, est merveilleusement théâtrale.

Outre ces zones cultivées, Cricket Wood, l'arboretum que David commença à établir en 2000, continue de croître. Traversé d'un ruisseau et de sentiers tondus, il présente un caractère informel qui contraste avec les jardins plus ordonnés autour de la maison. Les arbres et arbustes, souvent insolites et sélectionnés en fonction de leurs couleurs d'automne, se mêlent harmonieusement à la campagne environnante faite de ravissants pâturages, collines et vallons. CR

Parc Croome

Angleterre

CRÉATEUR : Capability Brown
PROPRIÉTAIRE : The National Trust
STYLE : parc paysager anglais (XVIIIe siècle)
SUPERFICIE : 271,3 ha
CLIMAT : tempéré
SITUATION : High Green, Severn Stoke, Worcestershire

En 1996, le National Trust acquit ce parc paysager d'importance historique mais néanmoins laissé à l'abandon. Après une décennie de travaux de restauration, il a retrouvé sa splendeur du XVIIIe siècle. Ce fut le premier projet d'envergure de Capability Brown après qu'il eut abandonné sa position de jardinier en chef à Stowe pour devenir paysagiste indépendant. C'est George William qui reconnut rapidement le génie naissant de Brown, alors âgé de trente-cinq ans, et qui l'engagea en 1751.

Le comte avait hérité de Croome en 1744 et éprouvait une passion pour ce domaine pour lequel il dépensa la somme stupéfiante de 400 000 livres, soit 45 millions d'euros environ. Au début du XIXe siècle, les jardins d'ornement abritaient une collection de plantes exotiques que seuls les Jardins botaniques royaux de Kew dépassaient (voir p. 386).

Brown dessina l'église, la demeure et les écuries, et créa à partir d'un terrain marécageux un spectaculaire paysage. Le lac et la rivière artificielle qui étaient alimentés par l'intelligent système de drainage de Brown (et le sont toujours) en font partie intégrante. Le lac met parfaitement en valeur les ravissants bâtiments du jardin, réalisés par Robert Adam et James Wyatt, ainsi que les promenades.

Plus de mille quatre cents arbres ont désormais été replantés et les buissons sont à nouveau pleins de vigueur. Ce jardin trop souvent ignoré est un merveilleux endroit où découvrir une campagne anglaise d'aspect faussement naturel et où s'enthousiasmer devant le talent de Brown. TB

Stone House

Angleterre

CRÉATEURS : James et Louisa Arbuthnot
PROPRIÉTAIRES : James et Louisa Arbuthnot
STYLE : à l'anglaise (XXe siècle)
SUPERFICIE : 0,3 ha
CLIMAT : tempéré
SITUATION : Stone, Kidderminster, Worcestershire

Jardin récent, Stone House incarne en grande partie tout ce que la tradition paysagiste anglaise a de bon. Il reflète aussi une excentricité et une créativité personnelle toutes britanniques. Bien que de taille assez réduite, il donne l'impression d'être plus grand car il est divisé en une série de petits espaces intimes. Un long axe bordé de haies traverse le jardin dans toute sa longueur – agencement généralement trouvé dans des jardins de plus grande taille, mais qui fonctionne aussi sur des terrains plus modestes s'il est réalisé avec soin. De là, des entrées mènent à diverses zones, empreignant l'ensemble d'un air de mystère.

Œuvre d'un couple, Stone House démontre comment deux personnes dotées de talents différents peuvent collaborer de manière efficace. James Arbuthnot est un maçon autodidacte qui adore construire des murs et tours à partir de briques recyclées (d'où le surnom du jardin, le « San Gimignano des Midlands »). Louisa est passionnée de plantes et de jardinage. Les murs et haies ont créé un habitat protégé pour toute une gamme de buissons tendres et de plantes grimpantes. On a établi à l'emplacement d'une ancienne serre un parterre de plantes alpestres, ainsi que des plates-bandes de roses et de vivaces. De l'autre côté de l'axe se trouve une zone moins ordonnée où la pelouse, tondue, est parsemée de gros buissons.

Stone House est un ravissant jardin pourvu de nombreux éléments que l'on ne s'attendrait à trouver que dans un jardin de taille plus imposante. Sa visite est intéressante la plus grande partie de l'année et sa pépinière bien achalandée. NK

Parc de Spetchley

Angleterre

CRÉATEURS : Ellen Wilmott, Rose Berkeley
PROPRIÉTAIRE : John Berkeley
STYLE : victorien
SUPERFICIE : 12,1 ha
CLIMAT : tempéré
SITUATION : Spetchley, Worcester, Worcestershire

Situé autour d'une demeure de style géorgien, le parc de Spetchley est principalement victorien. L'un des architectes du jardin, Ellen Willmott, avait toujours les poches emplies de graines de sa plante préférée, *Eryngium giganteum*, qu'elle semait généreusement lorsqu'elle rendait visite à ses amis. C'est ainsi que l'on surnomma cette plante le « fantôme de Miss Willmott » car on savait qu'elle apparaîtrait longtemps après le départ de la jardinière. Comme souvent dans les jardins de manoir de la fin du XIXe et du début du XXe, ceux de Spetchley sont composés de « pièces ». On les qualifie de paradis des passionnés de plantes car chaque partie possède sa propre ambiance – libre, ordonnée, naturelle, exotique ou boisée.

Les masses de jonquilles, de primevères et de crocus qui apparaissent au printemps sont l'un des éléments spectaculaires du jardin. Elles sont suivies de plantes exotiques réchauffées par les murs de la « parcelle aux melons ». Ne manquez pas la plate-bande sud où clématites, glycines et roses grimpantes constituent la toile de fond des pivoines, iris, molènes et kiwis *(Actinidia deliciosa)*. Près de la plate-bande ouest, un mur est couvert d'hortensias, de clématites et de vigne vierge de Virginie *(Parthenocissus quinquefolia)*, tandis que la plate-bande elle-même abrite roses, pivoines arbustives et camélias. Elle contraste avec les jardins de la fontaine, plus ordonnés, dont les quatre parties sont dessinées par des haies d'ifs taillés. Le jardin du Millénaire, tout récent, a été aménagé en partie à l'italienne, en partie dans un style semi-tropical dans le potager. TM

Burford House

Angleterre

CRÉATEURS : John Treasure, Charles Chesshire
PROPRIÉTAIRE : The Burford Garden Company
STYLE : principalement à l'anglaise (XXe siècle)
SUPERFICIE : 2,8 ha
CLIMAT : tempéré
SITUATION : Tenbury Wells, Worcestershire

Les jardins de Burford House sont principalement associés à la culture des clématites, notamment parce qu'ils abritent la collection nationale britannique. On estime que cinq cents variétés poussent actuellement sur ce site qui s'étend jusqu'à la rivière Teme, dont environ quatre-vingts sont en fleurs à n'importe quel moment de l'été.

Burford doit sa gamme de plantes à John Treasure, aujourd'hui décédé, qui commença en 1952 à concevoir ces jardins autour d'une élégante demeure géorgienne. Ils abritent essentiellement une série fluide de plates-bandes qui se détachent sur d'intéressants buissons sur lesquels grimpe la clématite. On trouve aussi de l'eau en abondance dans ce jardin, et les rives du ruisseau offrent des conditions idéales aux plantes qui apprécient l'humidité. De l'autre côté de la Teme, les visiteurs découvrent une prairie, de style naturaliste, dont les fleurs sauvages contrastent avec le reste du jardin, plus entretenu.

Depuis 1993, le paysagiste Charles Chesshire a apporté une nouvelle vie à Burford. Il a amélioré les jardins existants mais aussi ajouté un nouveau labyrinthe de clématites, un jardin d'herbes aromatiques méditerranéennes et enfin un jardin de roses et de clématites. Ces derniers, tout en restant conformes à la philosophie de John Treasure, évoluent avec le temps. La gigantesque *Wisteria* 'Burford' qui dégringole sur toute la façade arrière de la demeure constitue l'un des spectaculaires éléments du jardin qui semblent impérissables. Plantée en 1960, elle croule sous les fleurs mauves parfumées à la fin du printemps. LH

Jardin d'Eastgrove Cottage

Angleterre

CRÉATEURS : Malcolm et Carol Skinner
PROPRIÉTAIRES : Malcolm et Carol Skinner
STYLE : cottage, arboretum (XXe siècle)
SUPERFICIE : jardin 0,6 ha, arboretum 0,9 ha
CLIMAT : tempéré
SITUATION : Shrawley, Little Witley, Worcestershire

Les Skinner furent éblouis lorsqu'ils aperçurent pour la première fois ce cottage à colombages du XVIIe siècle. Ils virent immédiatement comment aménager l'espace extérieur, et plus de trente ans après, leur jardin, l'arboretum et la pépinière débordent de trésors horticoles. Bien qu'une grande partie du jardin ait été réalisée dans le style traditionnel des cottages, le flair dont font preuve les Skinner pour le paysagisme et leur entretien impeccable du site font sa modernité.

Les couleurs sont soigneusement accordées au sein des différentes parties du jardin afin de souligner la présence d'atmosphères distinctes. Le jardin secret, un havre de mauves, roses et bleus, est parfaitement adapté à la détente. On trouve aussi des plates-bandes plus animées qui débordent d'iris couleur rouille, de pavots orange et d'achillées jaunes. Dans ce que l'on a baptisé la grande muraille de Chine, une série de plates-bandes surélevées permet d'examiner de près diverses plantes de taille réduite.

En 2005, les Skinner ont créé la prairie, un arboretum qui jouit d'une vue spectaculaire sur la campagne du Worcestershire. On trouve aussi ici un labyrinthe d'herbes que les visiteurs peuvent parcourir à la manière des moines médiévaux, et un « siège de l'espoir », construit le lendemain du tsunami de décembre 2004. Toutes les plantes du jardin sont soigneusement sélectionnées par les Skinner et les meilleures d'entre elles, un millier environ, sont vendues dans la pépinière. Elles sont généralement rustiques, et comptent notamment des ancolies, hélénies, chrysanthèmes, pivoines et *Salvia*. LH

Jardin rococo de Painswick

Angleterre

CRÉATEUR : Benjamin Hyett
PROPRIÉTAIRE : Painswick Rococo Garden Charitable Trust
STYLE : rococo (XVIIIe siècle)
SUPERFICIE : 2,4 ha
CLIMAT : tempéré
SITUATION : Painswick, Gloucestershire

C'est un jardin unique au monde, ponctué de bâtiments qui s'avèrent aussi importants que les plantes, où de complexes cachettes nichées dans le paysage permettent d'admirer divers points de vue ou simplement de s'asseoir un moment et papoter comme on pouvait le faire au XVIIIe siècle. L'extraordinaire exèdre à colonnes fut spécifiquement conçue afin d'encourager la conversation, la maison de l'Aigle est un hexagone d'un rose pâle ravissant aux ouvertures complexes et aux immenses épis de faîtage, tandis que la maison Rouge, une construction gothique tarabiscotée, a pour seule raison d'être de correspondre parfaitement à son environnement.

Tous ces édifices datent des années 1740, lorsque Benjamin Hyett, passionné de rococo, transforma la vallée à l'arrière de la demeure paternelle en un jardin d'agrément secret doté de sentiers sinueux et d'éléments à la française. Le style rococo est extrêmement rare, notamment pour les jardins, car cette mode ne dura que peu de temps. Painswick constituerait ainsi le seul exemple de ce genre en Grande-Bretagne.

On ne devrait pas non plus manquer de visiter le potager – une merveille de lignes droites et de formes géométriques emplies de variétés anciennes de crucifères et de pommes de terre telles que la *pink fir apple*. Il est bordé de pommiers en espaliers, de reines-claudes et de mûres. L'épais tapis de perce-neige dans le jardin de sous-bois attire au printemps d'innombrables amateurs.

Le jardin fut laissé à l'abandon jusqu'à ce que les travaux de rénovation débutent en 1988. Afin de lui rendre son ancienne splendeur, les restaurateurs s'inspirèrent énormément d'une aquarelle de Thomas Rubins, de 1748, montrant le jardin à son apogée. On a planté un labyrinthe de troènes verts et jaunes pour marquer le deux cent cinquantième anniversaire de Painswick et célébrer sa spectaculaire longévité. SA

Jardin de Rodmarton Manor

Angleterre

CRÉATEUR : Ernest Barnsley, William Scrubey
PROPRIÉTAIRE : Simon Biddulph
STYLE : Arts and Crafts
SUPERFICIE : 3,2 ha
CLIMAT : tempéré
SITUATION : Rodmarton, Cirencester, Gloucestershire

Rodmarton Manor fut édifié pour la famille Biddulph à partir de 1909, sur une longue période et par étapes, par l'architecte Ernest Barnsley. Le manoir se développa de façon organique, à partir du terrain où il était situé. Les poutres sont originaires du domaine. La pierre provient d'une carrière proche et fut travaillée par des tailleurs de la région. Enfin, le forgeron du village réalisa la porte et les loquets dans le style Arts and Crafts.

L'extérieur, conçu par Barnsley, est agencé en jardins à thème divisés par des haies d'ifs, buis, houx et hêtres. La parfaite symétrie des topiaires et haies fait écho aux lignes du manoir, et la plupart des éléments originaux du jardin ont survécu, dont le jardin d'agrément, le jardin des abreuvoirs, le jardin encaissé et la cerisaie. Les vastes plates-bandes d'herbacées sont plantées de vivaces dans le style de Jekyll – Ernest Barnsley connaissait personnellement cette célèbre paysagiste anglaise dont il avait lu les ouvrages. On ne devrait pas non plus manquer de rendre hommage au premier jardinier en chef du manoir, William Scrubey, responsable de la majorité des plantations d'origine.

À la fin de l'hiver, le jardin ouvre ses portes trois jours durant lorsque son importante collection de perce-neige est en fleur. Ne manquez pas ce spectacle ni d'ailleurs le potager fleuri l'été avec ses pommiers anciens et ses arceaux de roses anciennes et parfumées. L'allée de tilleuls et le jardin sauvage, qui relient ce jardin romantique à la campagne des Cotswolds qui l'entoure, constituent deux autres attractions indispensables. JHi

Highgrove

Angleterre

CRÉATEURS : Roy Strong, Rosemary Verey, Isabel Bannerman, Julian Bannerman, Miriam Rothschild, Mme Salisbury
PROPRIÉTAIRE : duché de Cornouailles
STYLE : à la française et à l'anglaise (XXe et XXIe siècles)
SUPERFICIE : 6 ha
CLIMAT : tempéré
SITUATION : Tetbury, Gloucestershire

Le jardin du prince de Galles fut développé à partir de 1981 et permit à ce dernier de mettre en pratique certaines de ses convictions dans le domaine du jardinage biologique. Il fit ainsi appel aux meilleurs jardiniers, dont Roy Strong et Rosemary Verey.

Lorsque le prince Charles emménagea à Highgrove, le jardin était quasi inexistant. Les deux priorités étaient donc de relier le château au jardin et celui-ci au paysage. Le jardin possède désormais divers coins intimes, chacun doté de son identité et de son atmosphère. Près du château, le jardin du cadran solaire est entièrement planté en noir et blanc, de cornouillers, violacées, pavots, roses, scabieuses, ancolies et primevères. La terrasse, du côté ouest, abrite une masse d'alchémilles, de monnaies-du-pape, de fraises des bois, de lavande, de myosotis et d'œillets. Le potager, protégé de murs, est une merveille avec des tunnels d'arbres fruitiers en espalier et des plates-bandes de légumes bordées de buis. Ailleurs, une partie de l'extraordinaire collection de fougères et hostas du prince pousse au sein d'une insolite Stumpery (voir p. 254) victorienne. Un parterre de broderie, de style marocain, inspiré d'un tapis oriental du prince, est un ajout récent.

Divers éléments qui attirent l'œil font le succès du jardin, dont une statue, un pigeonnier, une fontaine, une porte et une arche. Le prince adore aussi les jardinières en terre cuite, placées tout autour du jardin et plantées avec talent. C'est du jardinage à grande échelle et un réel plaisir pour les yeux. PM

Bourton House

Angleterre

CRÉATEURS : Richard et Monique Paice
PROPRIÉTAIRES : Richard et Monique Paice
STYLE : anglais (XXe siècle) avec des plantations modernes
SUPERFICIE : 1,2 ha
CLIMAT : tempéré
SITUATION : Bourton-on-the-Hill, Moreton-in-Marsh, Gloucestershire

Ce jardin entoure une ravissante maison de village du XVIIIe siècle. Il fut entrepris en 1983 par les Paice qui, en arrivant à Bourton House, l'avaient découvert envahi par les liserons. Comme tout projet d'envergure, il évolue toujours, en grande partie grâce au talentueux jardinier Paul Williams et à son successeur, Paul Nicholls.

L'attention portée aux détails est évidente dans le parterre de buis taillés. Le jardin de topiaires, agencé autour d'un bassin ovale, est caché derrière de hautes haies d'ifs. Jamais une feuille n'y dépasse. Un taillage précis confère au jardin un aspect extraordinairement ordonné qui fait place à des plantations audacieuses et exubérantes dans les larges plates-bandes. On doit aussi mentionner la vaste pelouse qui se déploie derrière la demeure jusqu'à une plate-bande surélevée, deux parroties de Perse *(Parrotia persica)* près de la maison, parés de couleurs flamboyantes à l'automne, le large escalier de pierre qui mène à une promenade en surplomb ainsi qu'un banc orné d'un vitrail moderne où l'on peut s'asseoir pour jouir de la beauté des collines des Cotswolds.

C'est un jardin anglais classique que l'on a travaillé intensément mais qui s'avère passionnant grâce à ses plantations modernes audacieuses. Ne manquez pas d'admirer son parterre tropical ni ses larges bordures de vivaces que l'on accompagne à l'été de jardinières de plantes tendres. Si vous recherchez des idées pour vos plantations en pot, celles de la cour de Bourton House devraient vous inspirer. JHi

Arboretum de Westonbirt

Angleterre

CRÉATEURS : Robert Holford, The Forestry Commission
PROPRIÉTAIRE : The Forestry Commission (Office des forêts)
STYLE : arboretum (début du XIXe siècle)
SUPERFICIE : 243 ha
CLIMAT : tempéré
SITUATION : Westonbirt, Tetbury, Gloucestershire

Les arbres de Westonbirt reflètent l'histoire de l'Empire britannique. Le créateur du parc, Robert Holford, riche propriétaire terrien victorien, participa au financement d'expéditions horticoles aux quatre coins de l'empire, puis utilisa les découvertes des botanistes pour créer ce paysage pittoresque que l'État acquit il y a cinquante ans afin d'en faire l'Arboretum national.

Quelle que soit l'époque de l'année à laquelle on le visite, Westonbirt est magnifique. On découvre dix-huit mille arbres et arbustes grâce à un réseau de sentiers de 27 km. Autour des plantations originelles de Holford, le halo azuré de centaines de milliers de campanules, de chélidoines, d'anémones des bois *(Anemone nemorosa)* et de primevères évoque les anciens bois d'Angleterre. Ces plantes sont suivies d'importantes collections de camélias, magnolias et rhododendrons. Cependant, ce sont les feux d'artifice de l'automne, lorsque le jardin tout entier s'enflamme, qui constituent son attraction principale. Ne manquez pas non plus les cercles de couleurs que forment les érables, arbres caramels, fusains et parroties de Perse *(Parrotia persica)* plantés par Holford dans les années 1850, et où ses amis étaient invités à pique-niquer lors de « fêtes des couleurs ».

Depuis quelque temps, si vous venez à Noël, vous découvrirez des arbres illuminés ou décorés de guirlandes lumineuses, donnant naissance à de magiques promenades hivernales. Plus de cent arbres sont rares, en voie de disparition ou disparus à l'état sauvage. Les plus vieux d'entre eux – un groupe de tilleuls élagués – ont, dit-on, plus de deux mille ans. JHo

Jardins de Barnsley House

Angleterre

CRÉATEURS : Rosemary et David Verey
PROPRIÉTAIRES : Rupert Pendered, Tim Haigh
STYLE : à l'anglaise (fin du XXe siècle)
SUPERFICIE : 2,2 ha
CLIMAT : tempéré
SITUATION : Barnsley, Cirencester, Gloucestershire

Barnsley House a exercé une immense influence et ce jusqu'au décès de sa créatrice, Rosemary Verey, en 2001. Le prince Charles et Elton John demandèrent des conseils à cette dernière lorsqu'ils créèrent leur propre jardin, tandis que des visiteurs du monde entier affluaient ici pour découvrir une série de jardins richement plantés qui résument à eux seuls le jardinage anglais du milieu du XXe siècle. Chaque section est dotée de son propre caractère, l'ensemble, qui entoure la demeure, étant relié par des perspectives dont la variété pique la curiosité du visiteur qui ne peut que continuer à explorer le jardin.

David Verey, le mari de Rosemary, hérita de cette maison du XVIIe siècle en 1951 et ce fut lui qui établit à l'origine la structure du jardin. La visite débute près de la maison avec deux zones distinctes, dont un parterre où des haies miniatures s'entremêlent pour créer un motif sinueux. Un jardin à l'anglaise prend place derrière la maison. Le sentier principal est planté d'un tapis d'hélianthèmes et bordé d'ifs d'Irlande (*Taxus baccata* 'fastigiata') ; un sentier, sur le côté, longe un carré de plantes aromatiques bordé de buis. Ils conduisent tous deux à de vastes plates-bandes.

En s'enfonçant un peu plus avant, on découvre une allée de tilleuls au tronc tressé face au jardin du Temple doté d'un étang à nénuphars. En passant la grille aménagée dans le mur adjacent, on découvre un potager, planté là à des fins d'ornement. La demeure étant désormais un hôtel, on a planté des légumes dans une autre partie du jardin, très vaste, afin d'en produire assez pour la cuisine. LH

Jardin de Kiftsgate Court

Angleterre

CRÉATEURS : Heather Muir, Diany Binny
PROPRIÉTAIRES : Anne et Johnny Chambers
STYLE : assez ordonné (XXe siècle)
SUPERFICIE : 1,4 ha
CLIMAT : tempéré
SITUATION : Chipping Camden, Gloucestershire

Kiftsgate Court jouit d'une vue sur les collines de Bredon et de Malvern. Au début de l'été, les bois mixtes qui recouvrent ses pentes se parent d'une myriade de verts. Le jardin fut établi au cours des années 1920 et 1930 par Heather Muir, en partie inspirée par son voisin de Hidcote, Lawrence Johnston. Heather planta les haies, dessina les sentiers, et aménagea des terrasses sur les pentes abruptes. Sa fille, Diany Binny, prit la suite dans les années 1940, creusa une piscine dans le jardin du bas et pava le jardin Blanc. Depuis les années 1980, Anne Chambers, la petite-fille de Heather Muir, et son mari, Johnny, y ont établi leur résidence.

Des plates-bandes larges, très anglaises, regorgent de plantes que l'on encourage à s'épandre librement sur les pelouses et sentiers. Certaines plantes caractéristiques du lieu, tel le seringat, apparaissent de toutes parts. Des haies de hêtres verts et cuivrés dessinent des motifs tandis qu'une roseraie est désormais à moitié consacrée à *Rosa filipes* 'Kiftsgate', une grimpante vigoureuse dont Heather acquit un petit pied dans les années 1940.

Elle forme un contraste avec les immenses pins des remblais des terrasses, plantées de cistes, de céanothes, de palmiers de Chine *(Trachycarpus fortunei)* et de plantes aromatiques méditerranéennes, similaires à celles que l'on trouve sur la Côte d'Azur. À l'emplacement d'un ancien court de tennis, un bassin rectangulaire est rempli d'une eau couleur d'encre. Il est entouré de fines dalles blanches dont certaines mènent à un îlot herbeux au milieu. L'ensemble est simplement époustouflant. VB

Snowshill

Angleterre

CRÉATEURS : Charles Paget Wade, H. M. Baillie-Scott
PROPRIÉTAIRE : The National Trust
STYLE : Arts and Crafts
SUPERFICIE : 0,8 ha
CLIMAT : tempéré
SITUATION : Snowshill, Broadway, Gloucestershire

Comment décririez-vous une obsession qui l'emporte sur tout ? L'une des réponses possibles est peut-être le manoir de style Tudor de Charles Paget Wade, avec ses ajouts des XVIIe et XVIIIe siècles – dont des jardins enclos de murs en pierre des Cotswolds – qui lui a permis de se dédier au style Arts and Crafts sans faire la moindre concession au XXe siècle. Wade mérite d'être reconnu car ce fut le premier à peindre en turquoise les boiseries du jardin et les fenêtres de la demeure pour mettre en valeur le feuillage et les fleurs. Le fait qu'il considérait le jardin comme un prolongement de la maison en faisait un homme moderne.

On découvre aujourd'hui des murs patinés, des étendues de gazon, des haies sculptées qui contrastent avec une profusion de fleurs, les structures et le jeu de l'ombre et de la lumière. Il y a aussi une cour verte dont le sentier central, pavé, conduit à la demeure, le reste des jardins étant aménagés en terrasses au sud. Témoignage de la conversion de Wade au catholicisme, le jardin est animé d'un esprit pieux, comme un lieu saint – la Vierge Marie contemple sereinement un bassin depuis les étables impeccablement restaurées qui entourent la cour au puits. On remarquera aussi saint George, qui, tout de bleu et d'or vêtu, domine les terrasses vertes depuis la demeure, ainsi que la fontaine en forme de Bacchus dans la cour Armillaire où un cadran solaire doré est installé au centre sur une colonne de pierre.

Le jardin est géré de façon biologique et le potager prospère toujours. En accord avec les principes de Wade, le parking est éloigné de la demeure. CH

Sezincote

Angleterre

CRÉATEURS : Thomas Daniell, Graham Stuart Thomas
PROPRIÉTAIRES : David et Susannah Peake
STYLE : anglo-indien (XVIIIe et XIXe siècles)
SUPERFICIE : 2 ha
CLIMAT : tempéré
SITUATION : Moreton-in-Marsh, Gloucestershire

Le jardin de Sezincote est l'un de ces exemples d'excentricité britannique. Rien par exemple ne saurait être plus anglais que l'allée qui conduit à la demeure et au jardin. Toutefois, après le dernier tournant, on découvre un édifice de style moghol-hindou.

La maison fut conçue en 1805 par Samuel Pepys Cockerell pour son frère, sir Charles, qui désirait qu'elle lui rappelle l'Inde. Humphry Repton aida Samuel à sélectionner des illustrations dans l'ouvrage de Thomas et William Daniell, *Select Views of India* (« Vues choisies d'Inde », 1788), mais l'on ne sait s'il l'aida à imaginer les jardins. Le parc est cependant doté d'une atmosphère toute « reptonienne ».

Alors que l'allée approche de la demeure, elle franchit un pont indien ornemental accompagné de statues de zébus. Au-dessous se niche un petit vallon, qui lui aussi rappelle beaucoup l'Inde, et où a été aménagé un jardin aquatique. Au sommet se trouve le temple de Surya (dieu du Soleil), orné d'un bassin sur le devant. Le ruisseau qui coule sous le pont rejoint ensuite un bassin où un serpent de bronze s'enroule autour d'un tronc. Le lieu abrite deux autres bassins, une belle collection d'arbres et des plantations supplémentaires réalisées par Graham Stuart Thomas à partir des années 1960.

Ce dernier participa à la réalisation du jardin d'Éden, adjacent à la demeure. Devant l'orangerie, ornée de minarets, un *chahar bagh* islamique quadripartite fut ajouté en 1968 par lady Kleinwort à son retour d'Inde. Autre élément excentrique, la Tente, sorte d'orangerie indépendante, servant de chambre à sir Charles. TM

Hidcote Manor

Angleterre

CRÉATEUR : Lawrence Johnston
PROPRIÉTAIRE : The National Trust
STYLE : thématique (XXe siècle)
SUPERFICIE : 10 ha
CLIMAT : tempéré
SITUATION : Hidcote Bartrim, Gloucestershire

Hidcote est l'un des jardins anglais les plus influents du XXe siècle. Plus concrètement, c'est dans ce domaine que naquit la mode des parcelles thématiques, embellies ici par des plates-bandes qui regorgent de plantes insolites. Bien qu'aucune de ces idées n'ait été révolutionnaire lorsque le créateur du jardin, Lawrence Johnston, emménagea à Hidcote en 1907, c'est lui qui parvint à rendre ce concept passionnant.

Né à Paris dans une riche famille d'agents de change de Baltimore, il se rendit à Cambridge pour faire ses études, puis, une fois son diplôme en poche, se fit naturaliser anglais. Sa mère, Gertrude Winthrop, acquit alors le manoir de Hidcote. Dès 1910, Lawrence avait commencé à agencer les éléments principaux du jardin. Moins de dix ans plus tard, celui-ci exigeait la présence de douze jardiniers et ressemblait déjà à celui que l'on découvre aujourd'hui.

Il contient environ douze jardins à thème regroupés autour du manoir. Ce sont peut-être les plates-bandes rouges (datant de 1913) qui sont les plus célèbres. Feu d'artifice de plantes rouges et orange, elles seraient dit-on les premières plates-bandes unicolores d'Angleterre. Au fond du jardin, deux pavillons de briques rouges au toit élégamment courbe offrent une vue spectaculaire. N'oubliez pas de visiter le jardin de cottage, empli de roses anciennes et de phlox, le jardin Blanc orné d'un paon topiaire et le jardin de Mme Winthrop avec ses cordylines violettes et son alchémille d'un vert acidulé. La longue allée gazonnée bénéficie de panoramas sur la campagne des Cotswolds, de haies aériennes dont les troncs rappellent des échasses et d'un belvédère au toit de chaume.

Le National Trust, organisme responsable des monuments historiques, a entrepris des travaux de rénovation d'un montant de 2,3 millions d'euros. Le refuge a déjà été reconstruit et ce sera bientôt le tour du talus de rocaille. Le tout ne prendra fin qu'en 2012, mais l'attente en vaut réellement la peine. LH

Stancombe Park

Angleterre

CRÉATEURS : The Reverend David Edwards, Lanning Roper, Gerda Barlow, Nada Jennett
PROPRIÉTAIRE : Gerda Barlow
STYLE : excentrique (XIXe siècle), Arts and Crafts
SUPERFICIE : 6 ha
CLIMAT : tempéré
SITUATION : Dursley, Gloucestershire

La partie supérieure de Stancombe Park a été aménagée dans le style Arts and Crafts par Gerda Barlow, la propriétaire actuelle, aidée de la paysagiste Nada Jennett. Un cercle d'érables dorés et une allée de tilleuls enrichissent cette partie du jardin, reliée au jardin secret, en contrebas, par un sentier bordé d'une ménagerie de topiaires. Celui-ci longe une niche en pierre où glougloute une source avant de s'écouler dans des tunnels de briques, dont un gardé par Cerbère (sentinelle des Enfers). Les entrées de style égyptien de deux des tunnels commémorent aussi la victoire de Nelson sur le Nil. Ces tunnels débouchent sur un lac à l'extrémité duquel se trouve un temple qui accueillait au XIXe siècle les amours iilicites du propriétaire, le révérend David Edwards. Selon la légende, ce pasteur déluré conçut un gigantesque labyrinthe de tunnels de façon que sa femme ne puisse jamais interrompre ses ébats avec sa maîtresse, une jeune gitane.

Sur l'une des rives de ce lac poussent les azalées, alors que le terrain du reste du jardin est plutôt alcalin. Plus loin, deux pavillons d'été ornés de fenêtres à croisillons se dressent aux côtés des vestiges de parterres triangulaires définis par des bordures de pierre et de fer forgé. Une ancienne auge en tuf abritait autrefois une fontaine mais est désormais plantée de buis..

Lorsque les Barlow arrivèrent au cours des années 1960, le jardin était à l'abandon. Ils lui ont insufflé une nouvelle vie sans le départir ni de son intimité ni de son mystère. JO

Jardin de Westbury Court

Angleterre

CRÉATEUR : Maynard Colchester
PROPRIÉTAIRE : The National Trust
STYLE : jardin aquatique hollandais (XVIIe siècle)
SUPERFICIE : 2 ha
CLIMAT : tempéré
SITUATION : Westbury-on-Severn, forêt de Dean, Gloucestershire

Situé sur les rives de la Severn, Westbury Court est un exemple (rare en Grande-Bretagne) d'un jardin aquatique hollandais du XVIIe siècle. Ce style de jardin apparut en Angleterre sous le règne de Guillaume et Mary (1689-1702) mais fut rapidement surpassé par le mouvement paysagiste du XVIIIe siècle.

C'est Maynard Colchester, un courtisan, qui débuta ce jardin en 1696. On lui doit le canal et le pavillon à côté duquel se dresse un grand chêne vert *(Quercus ilex)*, probablement le plus imposant du pays. Son neveu, qui lui succéda en 1715, réalisa probablement un petit jardin clos ainsi que le canal en forme de T, parallèle à un autre, plus long.

Ce dernier est flanqué de haies d'ifs ponctuées de pyramides d'ifs et de sphères de buis dont les formes se reflètent dans l'eau. De chaque côté, on a réalisé un parterre en forme de quinconce, constitué de cinq arbres complétés de lauriers d'Apollon *(Laurus nobilis)* bombés et d'une *Phillyrea angustifolia*. On trouve ici et là des éclats de couleur, depuis les plantations d'époque que sont les gueules-de-loup, nigelles, lupins et ancolies qui adoucissent la géométrie du parterre jusqu'aux fleurs de la cerisaie et aux arbres fruitiers qui poussent en espalier contre de vieux murs de briques rouges.

Westbury est une curiosité car c'est un jardin sans demeure – celle de Colchester, de style palladien, fut démolie en 1805. L'un des avantages est que rien ne vient distraire la vue des canaux que caressent des traînées de brume dans la lumière du petit matin. VB

Arboretum de Batsford

Angleterre

CRÉATEURS : lord Redesdale, lord Dulverton
PROPRIÉTAIRE : Fondation Batsford
STYLE : arboretum
SUPERFICIE : 22,2 ha
CLIMAT : tempéré
SITUATION : Moreton-in-Marsh, Gloucestershire

En 1886, Algernon Bertram Freeman-Mitford (qui devait devenir lord Redesdale) hérita du domaine de Batsford. Après avoir fait construire une nouvelle demeure, il s'intéressa aux jardins dans les années 1890. Inspiré par les paysages et plantes (particulièrement les bambous) de Chine et du Japon qu'il avait admirés au cours de ses voyages dans les années 1860, il réalisa un jardin de style naturel. Cette série de plantes insolites, dont la plus belle collection de bambous en Grande-Bretagne, fut accompagnée d'un cours d'eau de 0,6 km, de cascades, d'un lac, de rochers, de statues de bronze, d'un cottage au toit de chaume et d'une grotte d'ermite.

Le domaine fut vendu en 1919 à lord Dulverton qui continua à ajouter des plantes. Après une longue période d'abandon à la suite de la Seconde Guerre mondiale, son héritier mit fin au déclin du jardin dans les années 1960 et compléta la collection. Grâce à ses efforts, son jardin obtint une réputation internationale et, afin d'assurer sa pérennité, il en fit don à une fondation d'intérêt public. L'arboretum s'enorgueillit aujourd'hui de collections de plantes du monde entier, notamment d'Extrême-Orient. On y trouve plus de trois mille cinquante spécimens étiquetés dont environ mille six cents arbres, buissons et bambous différents. Les magnolias et la collection nationale britannique de cerisiers japonais constituent le clou du jardin, particulièrement lorsqu'ils sont en fleurs au printemps. À l'automne, le coteau se pare de couleurs époustouflantes grâce aux érables du Japon, chênes et sorbiers. TM

Kelmscott Manor

Angleterre

CRÉATEUR : William Morris, restauration de Colvin et Moggridge
PROPRIÉTAIRE : Société des antiquaires de Londres
STYLE : Arts and Crafts anglais
SUPERFICIE : 1,5 ha
CLIMAT : tempéré
SITUATION : Kelmscott, Lechlade, Gloucestershire

Selon William Morris, poète et artiste socialiste, Kelmscott Manor était « le paradis sur terre… et quel jardin ! Près du fleuve [la Tamise], un hangar à bateaux et tout sous la main. »

Morris fut enchanté par la maison à pignons, son cadre champêtre et ses jardins qui s'étendaient jusqu'aux prairies en bord de rivière. Ce fut sa résidence secondaire de 1871 jusqu'à sa mort en 1896. Le simple jardin de style Arts and Crafts fut inspiré par les cloîtres des enluminures, « quatre petits jardins carrés qui n'en composent qu'un seul, chacun délimité par des barrières à claies, où les roses poussent à profusion », comme le décrivait Georgiana Burne-Jones. Avec ses vieux murs de pierre, ses clayonnages, des sentiers droits, ses arbres fruitiers, ses topiaires et ses haies d'ifs qui définissent des espaces distincts, il atteignait la perfection selon Morris.

Un sentier de pierres, qui naît à la porte agencée dans le mur et qui est bordé de roses plantées sur du gazon tondu de près, conduit à une véranda recouverte de roses et de chèvrefeuille. Les plantes et oiseaux du jardin et de la campagne environnante inspirèrent les motifs des textiles et papiers peints de Kelmscott Manor. Les fraises sauvages qui apparaissent sur le célèbre textile créé par Morris, *Strawberry Thief* (« voleur de fraises »), poussent toujours dans le potager, tandis que, près de la rivière, on découvre les saules de *Willow Boughs*, motif d'un tissu et d'un papier peint qui ornent toujours de nombreux salons anglais. EH

Le Manoir aux Quat' Saisons

Angleterre

CRÉATEUR : Raymond Blanc
PROPRIÉTAIRE : Raymond Blanc
STYLE : à la française (XXe siècle), potager
SUPERFICIE : 0,8 ha
CLIMAT : tempéré
SITUATION : Great Milton, Oxfordshire

Le Manoir aux Quat' Saisons, restaurant gastronomique anglais, possède aussi un excellent jardin conçu par son célèbre propriétaire, le chef Raymond Blanc. Lorsqu'il acquit ce vieux manoir de pierre en 1984, Blanc entreprit de réaliser un jardin qui compléterait la demeure et pourrait accueillir les clients du restaurant. Il désirait aussi un potager qui procurerait aux cuisines tous les produits frais nécessaires.

Le manoir est entouré de pelouses soigneusement entretenues, d'abondantes plates-bandes d'herbacées et d'une double rangée de lavande parfumée qui conduit le visiteur jusqu'à l'entrée du restaurant. Séparés du reste du jardin par des murs de pierre dorée, le potager et le jardin de plantes aromatiques sont absolument impeccables. Le potager, un vaste rectangle, est divisé en quadrilatères, chacun abritant de longues rangées de légumes plantés avec une précision militaire. En 2005, Blanc a créé un jardin malais où croissent diverses plantes exotiques et insolites dont la citronnelle, divers gingembres et les tamarins. Dans le jardin de plantes aromatiques, très attrayant, des parterres en forme de losange où poussent les diverses herbes sont bordés de buis taillé et de lavande, et sont agencés en direction d'une fontaine centrale et d'une sculpture.

Au-delà du potager se trouvent divers jardins d'eau. L'un des étangs remonte au XVIIe siècle, tandis que, dans le jardin japonais, la maison de thé, contemporaine, a été réalisée en 1995.

Raymond Blanc est presque aussi passionné par le jardinage que par la cuisine, ce qui n'est pas peu dire. C'est évident dans le moindre recoin du jardin. Une chose est sûre : ce dernier est en changement perpétuel. Grâce à l'énergie de son propriétaire toujours animé d'idées nouvelles, il continuera à évoluer et croître d'année en année. CF

Parc de Blenheim Palace

Angleterre

CRÉATEURS : Capability Brown, Achille Duchêne
PROPRIÉTAIRE : duc de Malborough
STYLE : parc paysager brownien (XVIIIe siècle), ajouts à la française (XXe siècle)
SUPERFICIE : 850 ha
CLIMAT : tempéré
SITUATION : Woodstock, Oxfordshire

La réussite majeure de Capability Brown fut d'éliminer l'agencement rigide qui régnait à Blenheim pour établir un style de jardin anglais qui brouillait la frontière entre art et nature. Les plantations géométriques laissèrent place à des rideaux d'arbres aux courbes douces, et à de vastes pelouses. Brown suivait les contours du paysage au lieu de les aplanir, tout en les remodelant subtilement – son génie consistait à mettre en évidence les « possibilités » naturelles des domaines de ses clients, d'où son surnom, Capability (« capable » en français).

Il maîtrisait l'élément aquatique et créait souvent des barrages pour faire naître des lacs. Jamais tel effet n'a été plus réussi qu'à Blenheim, où John Vanbrugh avait érigé un pont majestueux qui menait au palais. Cependant, la Gyme, qu'il enjambait, n'était qu'un filet d'eau et les visiteurs raillaient ce contraste. Brown réalisa un barrage pour créer « le plus superbe des plans d'eau ». Les divers éléments étaient désormais reliés par le lac, et la rivière terminait sa course sur le domaine par une cascade spectaculaire.

Inévitablement, la simplicité du paysagisme de Brown fut galvaudée par les générations suivantes. Au début du XXe siècle, on en revint aux jardins ordonnés avec le jardin à l'italienne et les terrasses d'eau créées par Achille Duchêne. En 1991, on installa dans l'ancien potager un labyrinthe qui symbolise l'histoire de Blenheim. AE

Jardin botanique de l'université d'Oxford

Angleterre

CRÉATEUR : université d'Oxford
PROPRIÉTAIRE : université d'Oxford
STYLE : jardin botanique enclos du XVIIe siècle
SUPERFICIE : 1,8 ha
CLIMAT : tempéré
SITUATION : Oxford, Oxfordshire

Fondé en 1632 par le comte de Danby, le jardin botanique le plus ancien d'Angleterre est situé face au Magdalena College au cœur d'Oxford. Des murs exceptionnellement hauts protègent de nombreuses plantes grimpantes, dont des céanothes bleu pâle et des genêts ananas *(Cytisus battandieri)*. Les jardins abritent une collection de plus de sept mille types de plantes. D'une grande importance, elle contribue, avec les nombreuses plantations, à l'extraordinaire biodiversité du jardin. Dans ce lieu, d'une grande beauté, tout a été entrepris pour agencer les plantes de façon intéressante, pédagogique et attrayante.

Les parterres organisés par famille constituent une manière fascinante de découvrir quelles plantes sont liées entre elles. Des parterres « économiques » présentent celles qui sont utilisées à des fins alimentaires, médicinales ou textiles. D'autres plates-bandes abritent des collections d'Afrique du Sud, d'Amérique du Sud, de Méditerranée et d'Australasie. L'une des seres chauffées est emplie de cactus et succulentes, et d'autres de plantes insectivores, de palmiers tropicaux, de nénuphars (dont certains géants), de plantes alpines et de fougères. Il y a aussi une rocaille, un jardin humide et une collection nationale d'euphorbes.

La collection d'arbres et arbustes de l'université est située dans l'arboretum Harcourt de Nuneham Courtenay. Ce site de 32 ha abrite une ravine de fougères, une prairie de fleurs sauvages et une collection intitulée « Plantes des hauts espaces », où l'on découvre des espèces des Pyrénées, de l'Himalaya, des Andes et de l'île du Sud de Nouvelle-Zélande. RC

Jardin de Westwell Manor

Angleterre

CRÉATEUR : Anthea Gibson
PROPRIÉTAIRES : Thomas et Anthea Gibson
STYLE : traditionnel (fin du XXe siècle)
SUPERFICIE : 2,4 ha
CLIMAT : tempéré
SITUATION : Burford, Oxfordshire

Anthea Gibson, paysagiste de renom, a créé autour de son manoir un magnifique jardin, caractéristique de la fin du XXe siècle. Son emplacement, à la limite des Cotswolds, au sein de l'une des plus belles campagnes anglaises, ajoute au sentiment de perfection.

De prime abord, le jardin paraît très traditionnel mais chaque élément est doté d'une touche inventive. On découvre deux ruisseaux et non un seul, et ils courent le long de tilleuls au tronc tressé. Le jardin du Clair de lune, planté de façon à refléter les rayons de lune, contraste avec le miroir d'eau d'un noir d'encre. Les plates-bandes d'herbacées près du manoir sont immenses et abondantes. Le potager est orné d'arrosoirs aux couleurs vives, et il y a aussi un jardin orné d'un cadran solaire, une prairie où un espace circulaire est prévu pour s'asseoir, un verger, une topiaire, une roseraie, un étang à nénuphars, une terrasse de lavandes, un mur de clématites et, le plus surprenant, une rizière miniature où pousse du riz de Camargue.

Les séparations entre jardins sont très attrayantes, depuis les saules et noisetiers entremêlés jusqu'aux hautes haies ou aux murets plus traditionnels. Au-delà des jardins proprement dits, des sentiers ont été tondus parmi de hautes herbes, et l'on peut découvrir un monticule, voire même un théâtre de verdure.

Westwell Manor met en valeur certaines des meilleures idées traditionnelles du paysagisme anglais du XXe siècle. Il est particulièrement intéressant lorsqu'on le compare à certains exemples moins inspirés d'un thème dominant en Grande-Bretagne, celui du jardin Arts and Crafts. JO

Jardins de Rousham House

Angleterre

CRÉATEUR : William Kent
PROPRIÉTAIRE : Charles Cottrell-Dormer
STYLE : parc paysager (XVIIIe siècle)
SUPERFICIE : 12,1 ha
CLIMAT : tempéré
SITUATION : Steeple Aston, Bicester, Oxfordshire

Ce paradis reste à ce jour l'œuvre de William Kent, paysagiste qui entreprit entre 1737 et 1741 de réaliser ces jardins pour son mécène, le général James Dormer, afin qu'il puisse y prendre sa « retraite philosophique ». Rousham appartient toujours à la même famille, raison pour laquelle aujourd'hui encore il conserve le caractère d'un jardin d'agrément privé.

William Kent fut le premier paysagiste à « abattre les barrières » et « emprunter » la campagne environnante pour en faire une partie du jardin. On comprend bien ce concept en parcourant les clairières et les édifices d'inspiration antique dont Kent ponctua la promenade. Le paysage environnant, loin de constituer une toile de fond accidentelle, est mis à profit de diverses manières. L'une de ses fonctions est de promouvoir la méditation, notamment à l'aide de statues – par exemple, celle du gladiateur à l'agonie, le ravissant Praeneste – et de bâtiments ornés d'élégantes arcades (eux aussi dessinés par Kent) au milieu desquelles se dessine le panorama sur la rivière Cherwell. Là aussi, le spectateur est invité à la méditation alors qu'il parcourt un sentier sombre à l'ombre d'arbres à feuilles persistantes éclairés par les reflets de la rivière. De fait, Rousham est l'exemple même de la retenue. Le feuillage y joue un rôle dominant et l'on n'aperçoit que rarement des fleurs, sauf dans l'univers enclos des jardins adjacents du XVIIe siècle.

Horace Walpole, après avoir déambulé dans la demeure et les jardins, déclara que Rousham était « la plus attachante des œuvres de Kent. C'est kentissimo. » Qui oserait dire le contraire ? JB

Les élégantes arcades dessinées par William Kent ouvrent sur la rivière.

Jardins de Waterperry

Angleterre

CRÉATEURS : Beatrix Havergal, étudiants de Waterperry
PROPRIÉTAIRE : Waterperry Gardens
STYLE : à l'anglaise (XXe siècle)
SUPERFICIE : 3,2 ha
CLIMAT : tempéré
SITUATION : Wheatley, Oxfordshire

En 1932, la très sérieuse école d'horticulture pour dames de Waterperry ouvrait ses portes, avec à sa tête l'indomptable Beatrix Havergal. On dit qu'elle laissa à l'auteur de livres pour enfants Roald Dahl une impression indélébile et qu'il l'immortalisa sous les traits de Miss Trunchbull dans *Mathilda*. Néanmoins, bien des diplômés de l'école jouèrent un rôle clé dans le paysagisme britannique du milieu du XXe siècle.

Ces jardins, qui entourent une demeure du XVIIIe siècle, étaient déjà mentionnés dans le *Domesday Book* en 1086. Même s'il subsiste quelques éléments anciens, ils sont nettement moins significatifs que les jardins créés au XXe siècle. Les plates-bandes d'herbacées constituent l'une des caractéristiques principales du paysagisme du XXe siècle, et celle de Waterperry fleurit depuis le milieu du printemps jusqu'au milieu de l'automne. Elle se détache sur des murs de brique patinés, recouverts de grimpantes. Les parterres voisins furent à l'origine plantés par Allan Bloom qui les aurait remis au goût du jour au cours de la seconde moitié du XXe siècle.

Dans le jardin de Mary Rose, des parterres ordonnés de roses parfumées sont organisés par couleur. D'autres parterres à l'agencement plus libre contiennent diverses espèces de roses. Ailleurs, on trouve un parterre de broderie traditionnel entouré de plantes aromatiques, et les murs du jardin alpin accueillent une collection étendue de plantes alpestres.

Ne manquez pas, avant de quitter ce lieu qui offre encore à ce jour des cours de jardinage, de visiter le musée d'Outils horticoles et agricoles. LH

Parc du manoir de Buscot

Angleterre

CRÉATEURS : Peter Coats, Harold Peto, Tim Rees
PROPRIÉTAIRE : administré par lord Faringdon pour le compte du National Trust
STYLE : jardin d'eau à l'italienne (début XXe siècle), parc (XVIIIe siècle)
SUPERFICIE : 2 ha à l'intérieur d'un parc de 48,6 ha
CLIMAT : tempéré
SITUATION : Faringdon, Oxfordshire

Le manoir originel de Buscot Park fut construit aux environs de 1880. Les vestiges du parc du XVIIIe siècle, considérablement transformé au cours du XXe, constituent un cadre agréable fait de promenades au milieu des bois et de panoramas sur le lac. Les ajouts modernes comprennent un jardin octogonal coloré dans l'ancien potager, de nouvelles plates-bandes et sentiers très joliment plantés ainsi qu'un jardin circulaire et ludique caché dans une clairière. C'est cependant le jardin d'eau, créé par Harold Peto pour lord Faringdon entre 1904 et 1913, qui fait la célébrité de Buscot.

Peto passa nombre d'années sur la Riviera et fut influencé par la Renaissance italienne. Son génie était d'intégrer l'architecture des jardins de la Renaissance française aux paysages anglais de formes plus douces. À Buscot, il établit un lien entre la demeure et le lac grâce à un long et étroit jardin d'eau bordé de haies et de hauts arbres qui s'étendait jusqu'au miroir d'eau en contrebas. Tout ici est très contrôlé d'un point de vue visuel, que le regard s'élève vers le château ou suive le jardin jusqu'au lac avant d'être attiré par un mystérieux pavillon sur la rive opposée.

C'est une composition fondée sur peu d'éléments : gazon, haies, eau et pierre. À l'intérieur de ces limites, Peto a créé un jardin d'une extraordinaire richesse et théâtralité. Un canal bordé de pierres, descendant la colline, donne naissance à une série de ruisseaux et de bassins flanqués de paisibles pelouses austèrement ornées de colonnes de pierre ou de statues. L'eau, qui jaillit d'une fontaine en forme de garçonnet et de dauphin (pieds et queue en l'air) dans le plus élevé des bassins, cascade le long d'un coteau avant de rejoindre un autre bassin et de passer sous un pont arrondi décoré de balustrades. Elle termine sa course dans un dernier bassin où d'innombrables nénuphars attirent le regard, puis dans le lac juste au-delà. Puissant, paisible et sobre, Buscot Park est l'un des plus beaux jardins conçus au début du XXe siècle. AE

Jardin de Brook Cottage

Angleterre

CRÉATEURS : David et Kathleen Hodges
PROPRIÉTAIRES : David et Kathleen Hodges
STYLE : jardin de cottage (XXe siècle)
SUPERFICIE : 1,6 ha
CLIMAT : tempéré
SITUATION : Alkerton, Banbury, Oxfordshire

Kathleen Hodges, horticultrice distinguée, et son mari David, architecte, entreprirent le jardin de Brook Cottage en 1964. Ce dernier est décédé depuis mais leur partenariat a donné naissance à un jardin qui s'avère toujours un chef-d'œuvre de diversité.

Les Hodges débutèrent leurs plantations autour de la maison et de la grange de pierre du XVIIe siècle, permettant ainsi aux bâtiments de se fondre dans la campagne environnante. L'ancienne cour de ferme fut transformée en pelouse, et l'on a planté des haies d'ifs et de hêtres pourpres *(Fagus sylvatica 'Atropurpurea')*. Au sommet de l'abrupt coteau, plus de deux cents rosiers poussent dans un jardin suspendu. Plus de cinquante variétés de clématites apportent des touches de couleurs à la même époque et, ailleurs, on découvre de nombreux beaux arbres, dont des houx, des conifères, des bouleaux, des frênes, des pommiers sauvages et des sorbiers des oiseleurs *(Sorbus aucuparia)*, tous adultes désormais. Ne manquez pas non plus le ruisseau qui permet aux plantes marécageuses de prospérer autour d'un étang où le bétail s'abreuvait autrefois. Après avoir disparu sous terre, l'eau se jette dans un lac aux formes serpentines doté d'un minuscule îlot. Sa surface calme reflète les arbres, les hirondelles et le ciel.

L'année débute à Brook Cottage par la floraison des perce-neige, des crocus et des jonquilles, suivie de celle des cerisiers. Des parterres de fleurs estivales sont accordés par couleurs, le rose avec le bleu, le violet avec le rouge, tandis que l'argent et le blanc se détachent sur une haie d'ifs vert sombre. Finalement, on trouve à Brook cottage un paysagisme réfléchi et passionnant JHi

Les Hodges ont donné naissance à un jardin chef-d'œuvre de diversité.

Jardins paysagers de Stowe

Angleterre

CRÉATEURS : Charles Bridgeman, John Vanbrugh, William Kent, Capability Brown
PROPRIÉTAIRE : The National Trust
STYLE : parc paysager (XVIIIe siècle)
SUPERFICIE : 101,2 ha
CLIMAT : tempéré
SITUATION : Stowe, Buckingham, Buckinghamshire

Les jardins de Stowe, qui représentent l'apothéose du style paysager, furent réalisés par certains des plus grands noms du paysagisme du XVIIIe siècle. Le symbolisme et les effets de trompe-l'œil dont débordent les jardins sont incarnés par les temples et obélisques qui apparaissent puis disparaissent, titillant les visiteurs et les entraînant le long des sentiers sinueux.

Charles Bridgeman, jardinier royal, entoura le jardin d'un saut-de-loup de 5,5 km de long. Sir John Vanbrugh – aussi architecte de Castle Howard dans le Yorkshire (voir p. 234) et de Blenheim Palace dans l'Oxfordshire (voir p. 310) – participa à la première phase du jardin pour le général Richard Temple. Au cours de la deuxième phase, William Kent créa les Champs-Élysées, intimes, et le temple des Grands Britanniques, galerie courbe où des niches abritent des bustes, dont ceux du roi Alfred et d'Elizabeth Ire. Le plan original fut toutefois transformé après 1746 par Capability Brown. Brown préférait un paysagisme plus naturel et dégagé, et on lui doit les grands panoramas du lieu. Les bâtiments qui datent de son époque comprennent le temple de la Concorde et de la victoire qui marquait des victoires militaires britanniques.

Les vues dégagées forment un contraste avec les bosquets de chênes, frênes et bouleaux au pied desquels poussent des lauriers-cerises *(Prunus laurocerasus)* et des fourrés de viorne, d'églantiers odorants et de lilas. Bon nombre des édifices sont entourés d'arbres, dont des buis, ifs, houx et lauriers qui leur permettent de ressortir dans le paysage. VB

Jardin d'Ascott House

Angleterre

CRÉATEUR : Harry Veitch
PROPRIÉTAIRE : The National Trust
STYLE : victorien (fin XIXe), naturaliste, ajouts des XXe et XXIe siècles
SUPERFICIE : 12,1 ha
CLIMAT : tempéré
SITUATION : Wing, Leighton Buzzard, Buckinghamshire

Le jardin d'Ascott fut conçu pour Lionel de Rothschild en 1874 par Harry Veitch, principal responsable des pépinières du même nom, les plus célèbres d'Angleterre au XIXe siècle.

Ascott était avant tout une résidence d'hiver et Veitch fit usage d'arbres à feuilles persistantes afin d'apporter au jardin des touches de couleur en hiver. Aujourd'hui, la vue que l'on découvre en direction des collines de Chiltern depuis les pelouses en terrasses comprend une collection remarquable d'arbres adultes et d'ornement. Le caractère naturel du jardin a été encore rehaussé par de nouvelles plantations au XXe siècle. Cependant, près de la demeure, l'ordre victorien règne toujours. Dès 1890, les topiaires d'ifs dorés – animaux et oiseaux de toutes sortes accompagnés de tables, chaises, églises et divers objets – étaient largement saluées, en particulier le grand cadran solaire de buis taillé.

Les jardins ont été remaniés au cours du dernier siècle. Le jardin de fougères, après avoir été transformé en parterre de buis, est désormais appelé le jardin en contrebas. La promenade de Madère, au long de laquelle sont juxtaposées plantations ordonnées et libres, le jardin hollandais et la fontaine de Cupidon par Thomas Waldo Sory constituent certains des autres éléments intéressants du jardin. Ce dernier est aussi l'auteur d'une extravagante Vénus en bronze qui se dresse dans son coquillage dans le jardin circulaire, dit de Vénus. Ne manquez pas non plus le pavillon de thé ni la cabane de patinage. TM

Village miniature de Bekonscot

Angleterre

CRÉATEUR : Rolland Callingham
PROPRIÉTAIRE : Bekonscot Board of Trustees
STYLE : village miniature et paysager des années 1930
SUPERFICIE : 0,6 ha
CLIMAT : tempéré
SITUATION : Beaconsfield, Buckinghamshire

Bekonscot est le plus ancien village miniature au monde. Doté de merveilleux détails d'époque, c'est un site que les habitants de la région apprécient depuis plus de soixante-quinze ans. Si vous êtes curieux de découvrir à quoi ressemblait l'Angleterre rurale des années 1930, ne manquez pas de le visiter.

Imaginé par Roland Callingham, un comptable londonien, et Tom Berry, son jardinier en chef, le projet débuta par quelques maisons miniatures insérées dans un jardin alpin. Il se développa progressivement jusqu'à former aujourd'hui six villages miniatures reliés par un train installé par la célèbre compagnie de chemins de fer miniatures Bassett-Lowke. Le lieu ouvrit ses portes au public en 1929 et depuis a reversé 5 millions de livres à un organisme de charité.

Plus encore que la vision utopique de la vie à la campagne, c'est l'aménagement du jardin à l'échelle des maisons qui frappe le plus. Environ trois mille arbres et arbustes, dont des érables, des ormes et des chênes ont été plantés. Ils sont cependant rigoureusement taillés selon la technique du bonsaï. Le manteau vert de conifères, haies et gazon est animé de bulbes miniatures au printemps et plus tard de plantations estivales. Derrière les modèles réduits des maisons, les jardins abritent des personnages, miniatures évidemment, en train de tailler, de tondre ou de se détendre dans des chaises longues. Il y a même un petit labyrinthe, réplique exacte de celui de Hampton Court. Profitez-en pour le prendre en photo, cela pourra toujours vous servir, une fois que vous serez dans le vrai, à ne pas vous perdre ! VR

Gipsy House

Angleterre

CRÉATEURS : Roald Dahl, Felicity Dahl, Keith Pounder
PROPRIÉTAIRE : Felicity Dahl
STYLE : à l'anglaise (XXe et XXIe siècles)
SUPERFICIE : 0,6 ha
CLIMAT : tempéré
SITUATION : Great Missenden, Buckinghamshire

L'auteur et poète Roald Dahl vécut et travailla à Gipsy House de 1954 jusqu'à sa mort en 1991. C'est cependant seulement lorsque Felicity (Liccy), la seconde épouse de Roald, arriva dans cette ferme du Buckinghamshire en 1983 que l'auteur, sa femme et le jardinier Keith Pounder transformèrent ce qui n'était qu'un espace abandonné et exposé aux éléments en une série de jardins à thème enclos d'épaisses haies d'ifs qui commencèrent à se couvrir de couleurs.

Une partie du jardin fut établie du vivant de Roald Dahl dont le potager clos, qu'il adorait et où il cultivait d'extraordinaires oignons et des variétés anciennes de fruits et légumes. L'allée de tilleuls taillés qui longe le sentier menant à la célèbre hutte jaune où il écrivait date de la même époque. L'essentiel du jardin a été développé après sa mort. On trouve aujourd'hui le jardin Blanc orné d'une maison pour oiseaux octogonale, en verre, et le jardin en contrabas avec une pelouse, un ouvrage hydraulique soporifique et des plantes jaunes (la couleur préférée de Roald).

De fait, c'est une œuvre toujours en progrès et Liccy s'assure qu'elle demeure fidèle à l'esprit de Roald. Une partie seulement est dédiée à l'auteur. Derrière une haie d'ifs, à l'abri de dix-neuf alisiers blancs *(Sorbus aria)*, un labyrinthe de buis de 1 m de haut est pavé de dalles, chacune gravée d'une citation choisie parmi les livres et poèmes de Roald par des amis et proches. C'est un lieu profondément émouvant, et lorsque le vent chante dans les branches des alisiers, il s'en dégage le genre de magie que Roald Dahl évoquait si magnifiquement par les mots. RS-J

Turn End

Angleterre

CRÉATEURS : Peter et Margaret Aldington
PROPRIÉTAIRE : Peter Aldington
STYLE : à l'anglaise (XXe siècle)
SUPERFICIE : 0,2 ha
CLIMAT : tempéré
SITUATION : Townside, Haddenham, Buckinghamshire

L'architecte Peter Aldington entreprit au milieu des années 1960 de démontrer qu'on pouvait intégrer des maisons modernes à un village traditionnel anglais. Il comptait ici en construire trois, en vendre deux et vivre dans l'autre pendant quelque temps. En réalité, Peter et sa famille ne déménagèrent jamais.

Depuis la porte du jardin, l'œil est attiré par divers points de convergence qui incitent tous à explorer le lieu. Un grand pot en grès séduit près d'un énorme châtaignier tandis qu'un banc réalisé à l'aide de tronçons d'orme mène à un autre sentier. Le regard se meut constamment.

Plus près de la maison, une partie boisée abrite des spécimens de bouleaux et des sentiers de pierre calcaire. Les perce-neige et primevères y prospèrent en compagnie de narcisses nains, suivis par les campanules mêlées aux tulipes vertes et blanches. Au-delà, une « clairière » de gazon est bordée de parterres courbes où les agapanthes, les *Salvia* et les graminées d'ornement sont renforcées l'été de plantes annuelles.

On est particulièrement surpris de découvrir combien d'éléments peut abriter un jardin de taille si réduite. Une pergola recouverte de roses et de plantes grimpantes conduit à un jardin de marguerites octogonal animé de pélargoniums et de *Salvia* l'été, puis, à la fin de la saison, par des fleurs telles que les asters d'automne. En passant sous une arche, on découvre une petite cour indépendante bordée de murs de torchis coiffés de tuiles qui lui donnent une atmosphère distinctement mauresque. L'ensemble est très simple mais fonctionne à merveille. PM

West Wycombe Park

Angleterre

CRÉATEURS : Francis Dashwood et autres
PROPRIÉTAIRE : The National Trust
STYLE : rococo, parc paysager anglais (XVIIIe siècle)
SUPERFICIE : 18,6 ha
CLIMAT : tempéré
SITUATION : West Wycombe, Buckinghamshire

Créé par Francis Dashwood, fondateur au XVIIIe siècle de la société secrète Hellfire Club, ce parc peut être examiné de diverses manières. Les temples de style classique et les statues qui sont essaimés autour du lac rendent hommage au long voyage que fit sir Francis en Russie, en Asie Mineure et en Europe. Ils peuvent aussi être interprétés comme une satire du parc paysager de Stowe, aux ambitions politiques et morales, situé à l'autre extrémité du Buckinghamshire.

Le parc constitue un lieu unique par l'utilisation faite de l'architecture grecque et italienne. C'est ainsi que s'y trouve également le jardin de Vénus. Le temple de la Déesse se dresse au sommet d'un mont que parcourent deux sentiers, un de chaque côté – une évocation sans doute de deux jambes entrouvertes. Cette partie du jardin fut restaurée à la fin du XXe siècle à l'aide d'un petit tableau d'époque. On pense qu'un pilier de silex se dressait directement devant l'entrée de la grotte, avec Mercure au sommet (on utilisait alors le mercure pour soigner la syphilis).

Dashwood conçut probablement la majorité de West Wycombe Park, dont certains des édifices, depuis le temple de la Musique sur l'une des îles jusqu'aux temples d'Apollon et de Daphné. Le style de ce parc qui vit le jour en 1735 s'adoucit au cours des années 1770 pour se transformer en parc paysager anglais, probablement grâce à Thomas Cook, un disciple de Capability Brown. On peut y faire de merveilleuses promenades parmi les bois et autour du lac doté de trois îles et d'une cascade que gardent les nymphes. JO

Cliveden

Angleterre

CRÉATEURS : Charles Bridgeman, Charles Barry, Geoffrey Jellicoe et autres
PROPRIÉTAIRE : The National Trust
STYLE : à l'italienne avec bois
SUPERFICIE : 152,2 ha
CLIMAT : tempéré
SITUATION : Taplow, Maidenhead, Berkshire

Depuis toujours, Cliveden a été le site de diverses intrigues et scandales politiques et jouit de ce fait d'une grande notoriété en Grande-Bretagne. Le château, conçu par Charles Barry en 1850, devint la résidence champêtre de Waldorf et Nancy Astor dans les années 1930. Aujourd'hui, c'est un hôtel de luxe, même si son jardin et son bois, inscrits au patrimoine national, sont ouverts au public.

On suréleva au XVIIe siècle une partie du terrain sur laquelle on construisit le premier château puis celui qui le remplaça. La terrasse à l'italienne de Barry, plus tard ornée d'une balustrade que les Astor avaient achetée à la Villa Borghèse à Rome (voir p. 727), constitue une plate-forme surélevée depuis laquelle on peut contempler les jardins à la française et le merveilleux paysage de la vallée de la Tamise au-delà. Même si certaines des haies de buis, des topiaires et des plantations d'herbes aromatiques à l'intérieur des parterres de style italien sont quelque peu négligées, le caractère théâtral du cadre et les proportions de cette partie du jardin sont absolument époustouflants. Devant l'hôtel, de chaque côté des pelouses, des plates-bandes d'herbacées agencées par couleurs sont impeccablement entretenues grâce à un filet de plastique qui procure un soutien presque invisible aux tiges souples et au feuillage. Ailleurs, d'énormes topiaires d'ifs, légèrement frivoles, rivalisent avec les statues à l'italienne, créant une confusion d'échelle et de proportions qui rappelle presque *Alice au pays des merveilles*.

Bien que l'on trouve de ravissantes plantations à Cliveden, c'est peut-être la sensation, qui frise le voyeurisme, de parcourir des jardins qui ont servi de décor à des événements historiques et des scandales, qui s'avère la plus attrayante. Les jardins ont autant à voir avec les hommes qu'avec les plantes ou les paysages, et cela n'est jamais plus vrai qu'à Cliveden. AJ

Jardin du manoir de Chenies

Angleterre

CRÉATEURS : Elizabeth et Alistair MacLeod Matthews
PROPRIÉTAIRE : Elizabeth MacLeod Matthews
STYLE : jardin du XXe siècle avec des influences Tudor
SUPERFICIE : 3,2 ha
CLIMAT : tempéré
SITUATION : Chenies, Rickmansworth, Buckinghamshire

Les tons chauds et rosés des briques Tudor du manoir de Chenies (XVe-XVIe siècle) forment le parfait décor d'un jardin principalement familial. Lucy, duchesse de Bedford, qui avait la réputation d'être une jardinière de talent, vivait ici en 1594. La propriétaire actuelle, Elizabeth MacLeod Matthews, a été à son tour très influencée par l'esprit ancien du lieu, et a remarquablement conçu et planté une série de jardins, tous reliés, autour de la demeure. De dodus oiseaux en topiaires sont perchés sur les haies. Un doux jardin Blanc est accompagné d'un jardin hollandais encaissé qui explose de couleurs en mai lorsque s'ouvrent des milliers de tulipes, et, au-delà, d'une série de pelouses et de profondes bordures d'herbacées.

Quatre autres éléments méritent d'être découverts, dont un jardin médicinal, ingrédient essentiel des jardins Tudor. Celui-ci, avec un puits octogonal en son centre, est une réplique de premier ordre de l'original et abrite au moins deux cents plantes soigneusement choisies pour leurs usages médicinaux et culinaires. Le labyrinthe de gazon est situé dans l'ancien verger mais Chenies possède aussi un dédale d'ifs plus grand. Ils nous rappellent tous deux qu'à la Renaissance, le jardin était essentiellement un lieu de divertissement. Dans le potager impeccablement entretenu et défini par des sentiers de gravier bordés d'herbe aux chats, des fruits tels que poires, groseilles à maquereau et cassis poussent sur des cordons. À ce que l'on dit, la reine Elizabeth Ire adorait jouer ici enfant. On comprend aisément pourquoi. JHi

Waddesdon Manor

Angleterre

CRÉATEUR : Élie Laine
PROPRIÉTAIRE : The National Trust
STYLE : à la française (XIXe siècle), parc paysager anglais, ajouts du XXe siècle
SUPERFICIE : 64,8 ha
CLIMAT : tempéré
SITUATION : Aylesbury, Buckinghamshire

Le château de style français de Waddesdon Manor est empli de collections précieuses, et son jardin l'égale en majesté. En 1874, Ferdinand Rothschild acquit ici 283,5 ha de terre et chargea le paysagiste français Élie Laine d'aménager des terrasses, les routes principales et les plantations tout en implantant aussi de nombreuses idées qui lui étaient propres. On aplanit le sommet des collines, on créa une voie ferrée afin d'acheminer tous les matériaux, et l'on protégea le site de barrières naturelles. Les statues, bassins et fontaines éparpillés dans le jardin furent probablement acquis auprès d'aristocrates italiens ruinés.

L'allée principale serpente à travers un bois joliment planté et culmine par un long axe droit qui rejoint la façade. Elle est bordée de statues, de deux vases de Mentmore et de parterres près du château. Le complexe parterre de broderie a été restauré par Michael Walker et par Beth Tomassini, fille du lord Rothschild actuel. Le jardin requiert deux cent trente mille plantes annuelles, dont des géraniums et autres espèces de couleurs vives. Un « tapis » adjacent est réalisé chaque année par une célébrité du monde de la haute couture ou des arts. Au centre du jardin se dresse une spectaculaire statue d'Andromède enchaînée à des rochers et sauvée par Persée cependant qu'un hippocampe surgit de l'eau.

Plus loin, Waddesdon abrite une volière, une roseraie, des sculptures de bois, des parterres tropicaux et une rocaille. Cette dernière, qui, depuis l'allée, s'enfonce profondément dans les jardins, est en partie artificielle et cache un grand lac souterrain qui alimente en eau la demeure et le domaine. Au centre de la volière du XIXe siècle, on a réalisé en treillis métallique un oiseau dont les plumes colorées sont en réalité de complexes agencements de plantes.

Passez au moins une journée à arpenter les jardins, avant un délicieux repas accompagné d'un verre de mouton-rothschild. CH

Abbaye de Woburn

Angleterre

CRÉATEURS : Isaac de Caus, George London, Charles Bridgeman, Humphry Repton, George Sinclair
PROPRIÉTAIRE : duc de Bedford
STYLE : parc paysager (XVIIIe et XIXe siècles)
SUPERFICIE : 1 215 ha
CLIMAT : tempéré
SITUATION : Woburn, Bedfordshire

L'abbaye de Woburn fut établie au XIIe siècle comme monastère cistercien jusqu'à sa dissolution ordonnée par Henry VIII en 1543. Le père supérieur fut pendu à un chêne qui se dresse toujours à la porte de l'édifice.

Le jardin naquit lorsque Humphry Repton arriva en 1802. Il créa une série de compartiments reliés entre eux comme dans le jardin de la Laiterie chinoise, conçue en 1780 par l'architecte Henry Holland – qui remania l'abbaye, un jardin américain, la roseraie, la ménagerie et la volière. Repton transforma la route du sud et réaménagea les lacs à l'ouest de l'abbaye. Le parc à cerfs abrite dix espèces dont le rare cerf du père David, sauvé de l'extinction par le onzième duc du nom.

Le jardin de Woburn est constitué de diverses « strates » de différents styles. Repton intervint après Charles Bridgeman qui, dès 1738, avait ôté leur caractère ordonné aux jardins à la française de George London. Même au XXe siècle, Percy Cane apporta des changements. Un élément demeure toutefois intact depuis les années 1620 dans la cave de l'abbaye : la merveilleuse grotte est un rare exemple du style italien, influencé par la Renaissance, d'Isaac de Caus.

Récemment, deux biologistes ont désigné le jardin du début du XIXe siècle, réalisé par George Sinclair, alors jardinier en chef de l'abbaye, comme « probablement la première expérience écologique au monde ». Le jardin expérimental de Sinclair, qu'il décrivit dans son *Hortus Gramineus Woburnensis* (1816), contenait deux cent quarante carrés combinant plantes aromatiques, graminées et terreau. TM

Wrest Park

Angleterre

CRÉATEURS : George London, Henry Wise, Thomas Archer, Capability Brown
PROPRIÉTAIRE : English Heritage
STYLE : baroque, parc paysager (XVIIIe siècle)
SUPERFICIE : 36,5 ha
CLIMAT : tempéré
SITUATION : Silsoe, Bedfordshire

Ce paysage attrayant, où vécut la famille De Grey du XIVe au XXe siècle, est ancré dans l'histoire et abrite de rares édifices de jardins, statues et fontaines.

Au lieu de s'ouvrir sur la campagne environnante du Bedfordshire, Wrest Park est replié sur lui-même, fait inhabituel pour un parc paysager du XVIIIe siècle. Le style à la française qui entoure le château, qui rappelle plus Versailles que l'Angleterre, est tout aussi inhabituel, même si les plans originaux du grand jardin du XVIIIe étaient probablement de George London et Henry Wise. Plus tard au cours du siècle, Capability Brown cerna le parc d'une rivière. Le château actuel a remplacé le précédent au XIXe siècle. Les terrasses et parterres donnent un aperçu du style à la française autrefois dominant à Wrest, et sont ornés de nombreuses statues de pierre et de plomb.

Depuis les parterres, le canal conduit à un impressionnant pavillon au dôme de briques créé par Thomas Archer (1710) pour évoquer une petite cathédrale. Même si labyrinthes, parterres et fontaines ont disparu au fil des ans, de nombreux éléments intéressants ont survécu, dont le temple chinois, récemment rénové, une maisonnette suisse, la magnifique orangerie, des bains publics rustiques en forme de grotte, un bowling recouvert de crépi blanc et un parc. Munissez-vous d'un pique-nique et explorez. JO

À DROITE Le pavillon du début du XVIIIe siècle de Wrest Park, telle une petite cathédrale, domine le canal d'ornement.

Jardin suisse d'Old Warden Park

Angleterre

CRÉATEUR : lord Ongley
PROPRIÉTAIRE : Conseil du comté du Bedfordshire
STYLE : paysage suisse (XIXe siècle)
SUPERFICIE : 4 ha
CLIMAT : tempéré
SITUATION : Old Warden, Biggleswade, Bedfordshire

Réalisé au cours des années 1820, Swiss Garden est l'interprétation insolite d'un concept populaire à l'époque, celui du jardin pourvu d'un paysage naturel et d'une architecture pittoresque. Le motif suisse était un geste romantique de la part de lord Ongley dont la maîtresse était originaire de ce pays.

De nombreux édifices miniatures sont parsemés au sein du jardin, dont le plus important est un chalet suisse au toit de chaume qui se dresse sur son propre dôme de gazon et est entouré d'une étendue de jonquilles au printemps. Le bâtiment, à la décoration intérieure de pommes de pin et d'écorce, a peut-être été conçu par John Buonarotti Papworth. Ailleurs, une cabane au toit de chaume encercle le tronc d'un haut conifère, et un petit pavillon indien est orné de motifs complexes en vitrail. Le jardin est parcouru d'un réseau de canaux qu'enjambent des ponts en fer forgé réalisés par un oncle forgeron de lady Emma Hamilton. Old Warden Park fut ensuite acheté par les Shuttleworth dont la collection d'avions d'époque est abritée dans les environs. Ils firent ajouter une grotte où poussent les fougères et dont l'entrée est ornée de stalactites.

Les jardins furent abandonnés jusqu'à ce que le comté de Bedfordshire les loue et les rénove en 1939. Visitez le jardin au printemps lorsque les masses de narcisses et d'hellébores émergent sous les azalées et les rhododendrons, ou à d'autres périodes pour admirer les arbres, notamment les merveilleux cèdres du Liban *(Cedrus libani)*, les arolles et les châtaigniers *(Castanea sativa 'Aureomarginata')*. MH

Jardins de Benington Lordship

Angleterre

CRÉATEUR : Lilian Bott
PROPRIÉTAIRES : Harry et Sarah Bott
STYLE : édouardien
SUPERFICIE : 2,8 ha
CLIMAT : tempéré
SITUATION : Benington, Stevenage, Hertfordshire

Les jardins de Benington Lordship constituent la géniale antithèse d'un jardin de paysagiste. Nul signe ici que l'on n'ait jamais aménagé le lieu, imaginé un projet ou planté quoi que ce soit. Le jardin semble plutôt avoir grandi de façon organique autour de la demeure du XVIIIe siècle, des ruines de l'ancien donjon normand et de la folie du XIXe siècle. L'effet général est celui d'un jardin qui paraît naturel et se fond sans effort dans le paysage.

On a besoin d'un créateur adroit et sûr de lui pour atteindre pareil effet. Lilian Bott et son frère conçurent ce jardin au début du XXe siècle, et il appartient toujours à leurs descendants, semblable à ce qu'il était lorsqu'il fut planté dans un style très édouardien. Des simplifications sont cependant intervenues au XXIe siècle. Par exemple, on a surélevé les plates-bandes dans le potager pour faciliter la culture des légumes, et planté du gazon sur la rocaille devenue trop difficile à entretenir.

Au point de rencontre du donjon, de la folie et des murs anciens, une petite cour abritée s'avère idéale pour la culture des *Azara*, des *Carpenteria californica* et d'un magnolia au pied duquel poussent les hellébores. On doit absolument venir contempler les perce-neige, suivis des scilles qui forment un tapis d'un bleu éclatant deux semaines durant, habituellement en parfaite harmonie avec des étendues de jonquilles. À l'été, ce sont les plates-bandes d'herbacées qui sont à leur apogée. Les plantations sont ici de taille considérable, libres et audacieuses – pas de graminées modernes ou de camaïeux fades. Les plantations dévalent les coteaux comme dessinées à grands coups de pinceau et l'on peut donc les admirer en détail depuis le sommet. Dans ce merveilleux coin de l'Angleterre, contrairement à d'autres, plus densément peuplés, il n'y a rien d'autre à voir que les plantes et le paysage époustouflant. SA

Hatfield House

Angleterre

CRÉATEURS : John Tradescant l'Ancien, lady Salisbury
PROPRIÉTAIRES : famille Cecil
STYLE : jacobéen
SUPERFICIE : 22,6 ha
CLIMAT : Temperate
SITUATION : Hatfield, Hertfordshire

Depuis le VIe siècle, les Cecil sont au cœur de la vie politique britannique, et le siège de la famille, à Hatfield, est l'une des demeures les plus importantes du pays. À la fin du XXe siècle – et jusqu'au début du XXIe –, lady Salisbury, Marjorie Gascoyne-Cecil, a recréé les jardins afin de leur conférer la même importance.

Un parterre de broderie abritant des plantes que l'on pouvait trouver en Angleterre avant 1620 est situé devant le vieux palais. À son centre se trouve la statue dorée d'un garçon qui « sonne » de la trompette lorsque le vent souffle. Le jardin secret adjacent est richement planté et conduit à un jardin clos et parfumé qui regorge de recoins cachés où l'on peut s'asseoir, se détendre et se délecter des fragrances ambiantes. Les haies de buis dessinent des tonnelles qui empêchent ces parfums de flotter au loin.

Les jardins situés à l'est du château sont ouverts au public un jour par semaine. Ici, deux allées de chênes verts *(Quercus ilex)* taillés de près entourent un parterre de buis et un jardin de topiaires. La beauté de Hatfield réside cependant dans ses détails tout autant que dans le plan d'ensemble. Admirez les fontaines de pierre, les grilles en fer forgé, les cloches de rotin dans les potagers et l'élégant agencement des plantations de lady Salisbury.

La reine Elizabeth Ire passa une grande partie de son enfance au vieux palais de Hatfield. Selon la tradition, elle était assise sous un chêne lorsqu'elle apprit son accession au trône d'Angleterre. L'arbre, aujourd'hui baptisé chêne de la reine Elizabeth, est toujours dans le splendide parc qui entoure les jardins. JH

La beauté de Hatfield réside dans ses détails tout autant que dans le plan d'ensemble.

Jardin de St Paul's Walden Bury

Angleterre

CRÉATEURS : Fergus et Simon Bowes-Lyon
PROPRIÉTAIRE : Simon Bowes-Lyon
STYLE : à la française (XVIIIe siècle)
SUPERFICIE : 24,3 ha
CLIMAT : tempéré
SITUATION : Whitwell, Hitchin, Hertfordshire

Dans la résidence d'enfance de la reine mère Elizabeth, née Bowes-Lyon, se trouve un jardin qui, selon certains, s'est toujours avéré démodé. Son agencement et ses influences sont sujets à débat, certains disant qu'il fut inspiré par André Le Nôtre, d'autres affirmant que c'est l'un des plus anciens jardins de style paysager ordonné anglais encore visibles. Malgré cette controverse, on peut affirmer avec certitude qu'il fut réalisé entre 1720 et 1730 et qu'on y trouve de longues perspectives de gazon tondu, des haies de hêtres taillés et des statues de style antique.

Le manoir, un majestueux édifice classique du XVIIIe siècle, construit de briques rouges avec un revêtement de pierre, est au centre du jardin. Trois longues allées en rayonnent pour former une patte d'oie. Après avoir traversé un bois à feuilles caduques, elles se terminent par des statues et un panorama sur le splendide paysage au-delà. Le jardin est orné de divers édifices, dont le principal, la maison de l'Orgue, octogonale, est situé à l'extrémité de l'une des allées. D'autres éléments architecturaux furent acheminés depuis divers jardins et soigneusement disposés pour rehausser l'esprit du lieu. Il y a aussi un merveilleux lac que garde un temple, un théâtre de verdure au milieu des arbres et une église médiévale. On s'est récemment préoccupé d'apporter des touches de couleur en plantant rhododendrons, magnolias et camélias. Dans l'ensemble, cela demeure un jardin original doté de merveilleux espaces verts où la méditation est de rigueur. MH

La reine mère passa son enfance dans ce domaine au jardin classique.

Saling Hall

Angleterre

CRÉATEURS : Hugh et Judy Johnson
PROPRIÉTAIRES : Hugh et Judy Johnson
STYLE : à la française (XXe siècle) et bois
SUPERFICIE : 4,8 ha
CLIMAT : tempéré
SITUATION : Great Saling, Braintree, Essex

Saling Hall est une splendide demeure de briques rouges du XVIIe siècle à la sortie d'un village de l'Essex. Son propriétaire, Hugh Johnson, a eu deux carrières, l'une comme journaliste spécialisé dans le domaine du vin, l'autre comme expert horticole et arboricole, ce qu'illustre amplement le remarquable jardin qu'il a créé plus de trente ans durant.

Situé près du manoir recouvert de plantes grimpantes, le jardin est assez ordonné, avec une cour avant enclose de haies d'ifs et de tilleuls. Une partie du jardin est protégée derrière des murs depuis 1698. Des genévriers d'Irlande et du buis taillé dessinent des parterres qui débordent une fois l'été arrivé de vivaces herbacées. Les murs sont couverts de roses de différentes couleurs.

Parmi les parties boisées encloses et les jardins cachés, on trouve des haies de buis qui dessinent une volute à côté d'un mûrier blanc. On découvre divers types de paysages, dont une chênaie française miniature, un bosquet d'érables norvégiens, une pinède de pins de Californie et une cascade japonaise.

L'itinéraire suggéré autour du site fait écho au parc paysager du XVIIe siècle, car il permet d'apercevoir des statues et édifices qui ne cessent d'apparaître et de disparaître. Un sentier passe devant un petit temple grec qui marque la limite du jardin, et longe des bosquets de buissons dont des saules, cornouillers, épines-vinettes et chèvrefeuilles. Dans l'arboretum, le feuillage des jeunes pins, chênes, bouleaux, érables, frênes, sorbiers et tilleuls offre de ravissants contrastes de textures, formes et couleurs. VB

Jardins de Beth Chatto

Angleterre

CRÉATEUR : Beth Chatto
PROPRIÉTAIRE : Beth Chatto
STYLE : à l'anglaise (XXe siècle)
SUPERFICIE : 4,8 ha
CLIMAT : tempéré
SITUATION : Elmstead Market, Colchester, Essex

Le jardin de Beth Chatto est toujours magnifique. Au début du printemps, les graminées et le feuillage mettent en valeur les toutes premières fleurs. Les boutons des perce-neige émergent à travers les pierres du jardin de gravier, les aconits, les petits narcisses 'Cedric Morris' et les hellébores parmi des tapis de lamiers dans les bois. La saison progressant, chaque coin du jardin se transforme en une riche tapisserie aux formes et couleurs toujours plus variées.

Lorsque Beth Chatto entreprit de réaliser un jardin en 1960, le site, dans le comté le plus sec d'Angleterre, était un terrain vague balayé par le vent, coincé entre deux fermes. Confrontée à des types de sol très divers ainsi qu'à des zones sèches et humides, elle créa progressivement divers types de jardins où l'on découvre toute une gamme de plantes pour zones à problèmes.

Dans le jardin de gravier, des sentiers serpentent entre des massifs où les couleurs riches s'entremêlent au feuillage. Tous sont cultivés sous des conditions xérotypes et aucun n'est jamais arrosé. De l'autre côté de la maison, par une chaude journée estivale, on peut descendre l'escalier jusqu'à la fraîche pelouse qui entoure les étangs et pénétrer dans un autre univers. Ici la couleur n'est utilisée qu'avec parcimonie parmi une centaine de tons verts. Dans le jardin boisé, des plantes appréciant l'humidité tapissent le sol. Des buissons tels que mahonias, viornes, sorbiers et *Eucryphia* abritent des vivaces et bulbes. Les colchiques, cyclamens et anémones du Japon qui poussent au milieu des baies prennent la relève à l'automne, suivis de l'éclat d'un feuillage splendide. EH

Jardin Gibberd

Angleterre

CRÉATEUR : Frederick Gibberd
PROPRIÉTAIRE : The Gibberd Garden Trust
STYLE : jardin thématique (xxe siècle)
SUPERFICIE : 2,8 ha
CLIMAT : tempéré
SITUATION : Harlow, Essex

En 1946, l'architecte Frederick Gibberd fut chargé des plans de la nouvelle ville de Harlow. Pour montrer combien le projet lui tenait à cœur, il y emménagea en 1956. C'est ici qu'il créa, en compagnie de lady Gibberd, leur « plaisir privé », un projet qui évolua jusqu'à la mort de son auteur en 1984.

Gibberd écrivit à propos de ce jardin, très personnel, que « l'architecture paysagiste est l'art de l'espace, tout autant que l'architecture et la planification urbaine. L'espace, pour être une création reconnaissable, doit être contenu, et les plantes et murs qui le délimitent deviennent alors partie intégrante des espaces adjacents. Le jardin s'est ainsi transformé en une série de « pièces », chacune dotée de son propre caractère, depuis les petits espaces intimes jusqu'aux perspectives plus vastes. »

Ce jardin compartimenté est composé d'un mélange de zones naturelles et semi-ordonnées. Il y a des bois et des clairières, des bassins et des ruisseaux, des pelouses, un belvédère dont on s'approche par une allée de tilleuls et même un château avec douves et pont-levis que Gibberd créa pour ses petits-enfants. Chaque « compartiment » est une source de surprises et semble être le résultat d'une expérience.

Le jardin évolua au coup par coup car son créateur n'établit jamais de schéma directeur ni ne prit de notes, ce qui rend la restauration actuelle délicate. Gibberd disposa aussi soigneusement divers objets à l'intérieur de chaque partie du jardin, accumulant finalement une collection de quatre-vingts sculptures, pots et éléments architecturaux récupérés. TM

Glen Chantry

Angleterre

CRÉATEURS : Wol et Sue Staines
PROPRIÉTAIRES : Wol et Sue Staines
STYLE : jardin d'expert horticole, à l'anglaise (xxe siècle)
SUPERFICIE : 1 ha
CLIMAT : tempéré
SITUATION : Wickham Bishops, Witham, Essex

Certains jardins montrent avant tout l'amour des plantes de leur propriétaire. Il en est ainsi de Glen Chantry, qui regorge de plantes intéressantes et insolites, adroitement agencées et cultivées à la perfection. Wol et Sue Staines établirent en 1977 ce jardin sur un terrain difficile, caillouteux, qui ne retenait pas l'eau. Aujourd'hui, il est bien établi et le passe-temps des Staines s'est transformé en occupation professionnelle, avec une pépinière bien fournie où l'on retrouve de nombreuses plantes du jardin.

La position légèrement surélevée du site a permis aux propriétaires de créer d'immenses parterres qui se fondent aux douces courbes du terrain. Une grande rocaille avec plantes alpestres et autres domine l'avant de la maison. Un ruisseau, qui prend naissance en son centre, cascade dans une série de bassins. Dans la partie la plus éloignée de la maison, deux parterres accueillent des plantes qui procurent des touches de couleur l'hiver. Un autre encore, emblématique du lieu, est planté de rose, blanc et ocre. Ailleurs, les bordures sont consacrées au style naturaliste de Piet Oudolf. La géométrie n'est pas de mise dans ce jardin où l'on a tenté de créer un environnement naturaliste qui met les plantes en valeur. La seule partie plus ordonnée est derrière la maison, dans le jardin Blanc aussi baptisé « Couvent » en référence aux deux religieuses en treillis métallique qui y président. N'oublions pas de mentionner que les Staines possèdent l'une des collections de perce-neige les plus complètes du Royaume Uni – ils ne sont pas à vendre toutefois ! MW

Jardins d'Audley End

Angleterre

CRÉATEURS : Capability Brown, Placido Columbani, William Sawrey Gilpin, Richard Woods
PROPRIÉTAIRES : English Heritage, Garden Organic
STYLE : parc paysager (XVIIIe siècle), potager victorien
SUPERFICIE : 20,2 ha
CLIMAT : tempéré
SITUATION : Saffron Walden, Essex

L'histoire des jardins d'Audley End débuta réellement au milieu du XVIIIe siècle lorsque la rivière Cam, déjà canalisée, fut transformée en lac où glissent désormais des cygnes noirs et blancs. Capability Brown mit trois ans à convertir les rigides jardins à la française du XVIIe siècle en ce que l'on aperçoit aujourd'hui, un magnifique parc paysager. Robert Adam dessina le pont classique, le temple de la Victoire et le pavillon de thé ainsi que l'intérieur de la demeure jacobéenne.

Les jardins Élyséens, conçus par Placido Columbani et Richard Woods, sont en train d'être restaurés. On quitte l'obscurité pour pénétrer dans une flaque de lumière, à l'endroit où une cascade se fait silencieuse pour glisser sous le pont du Thé. Derrière la demeure, le parterre fleuri du XIXe siècle, attribué à William Sawrey Gilpin, a été entièrement restauré et, soit dit en passant, fut l'un des premiers jardins pour lesquels on utilisa des techniques archéologiques de pointe. Désormais, planté de roses, de pivoines et de plantes herbacées, il met en valeur grâce à ses couleurs la façade arrière de la demeure jacobéenne. Un peu plus loin, derrière un saut-de-loup, le temple de la Concorde domine les pâturages.

Le jardin de l'étang, de style victorien, est pourvu de parterres saisonniers et exotiques, d'une rocaille et, autrefois, d'une loutre irlandaise surnommée Paddy. À quelques pas, de l'autre côté du mur de soutènement, le grand potager a retrouvé son ancienne splendeur grâce à l'association Garden Organic. On y trouve des fruits et légumes anciens clairement étiquetés, une serre à arbres fruitiers, une autre à champignons et des vignes. L'aspect de chaque mur et plate-bande a été mis à profit, le centre du jardin étant flanqué de fleurs. Les produits obtenus selon des méthodes traditionnelles sont en vente. C'est aussi un jardin qui stimule merveilleusement le corps et l'esprit grâce à des visites guidées thématiques et saisonnières. CH

Hyde Hall

Angleterre

CRÉATEURS : Dick et Helen Robinson, RHS
PROPRIÉTAIRE : Royal Horticultural Society (RHS)
STYLE : à l'anglaise et à la française (XXe et XXIe siècles)
SUPERFICIE : 11,3 ha
CLIMAT : tempéré
SITUATION : Rettendon, Chelmsford, Essex

L'ignorance peut s'avérer précieuse. Lorsque Dick et Helen Robinson acquirent la ferme de Hyde Hall au début des années 1950, ils n'avaient pas l'intention d'y réaliser un jardin, et lorsqu'ils l'entreprirent ils étaient novices en la matière. Les conditions du site, au sommet d'une colline et exposé au vent, étaient difficiles, les précipitations moindres qu'à Jérusalem, le sol argileux collant et orange. Par tâtonnements, et avec l'aide d'éminents horticulteurs britanniques des années 1960 et 1970, ils parvinrent à réaliser un jardin divers, de 4,8 ha, qui abrite des collections de roses, de viornes et de pommiers sauvages.

En 1992, les Robinson firent don du jardin et des terres arables qui l'entourent à la Société royale d'horticulture. Un nouveau jardin fut créé autour de l'ancien et intégré au paysage. Le jardin xérotype, un coteau parsemé de rochers et conçu afin de rappeler le genre de collines arides que l'on trouve en Méditerranée ou au Proche-Orient, est peut-être le plus important des ajouts. Environ six mille plantes xérotypes y furent plantées en 2001. Elles n'ont reçu aucune irrigation artificielle depuis, quelle que soit la chaleur ou la sécheresse. Malgré ces conditions difficiles, ce jardin sec est un véritable succès, très populaire auprès du public et souvent imité.

Parmi les nouveautés, citons le bois sauvage, où l'on plante plus de soixante-dix mille arbres indigènes et 8 km de haies, une prairie de fleurs sauvages traditionnelle, et l'ensemencement annuel d'un champ de maïs. Respectueux de l'environnement, Hyde Hall intéresse les jardiniers du présent comme du futur. MW

Jardins de l'abbaye de Forde

Angleterre

CRÉATEURS : famille Roper
PROPRIÉTAIRE : Mark Roper
STYLE : parc paysager (XVIIIe siècle), romantisme anglais (XXe siècle)
SUPERFICIE : 12,1 ha
CLIMAT : tempéré
SITUATION : Chard, Somerset

Guillaume Beaumont, disciple d'André Le Nôtre, aurait influencé les jardins de Forde Abbey lorsqu'au XVIIIe siècle, le grand étang au sommet du jardin fut complété de trois autres, plus petits, reliés par des cascades. À la même époque, on édifia des murs et établit des pelouses, tel un immense châle enveloppant la nouvelle demeure à l'italienne, de pierre dorée, « greffée » à l'abbaye construite ici au siècle précédent.

Les propriétaires successifs de Forde Abbey ont contribué au vaste potager clos, à la rocaille et au jardin humide, et ont planté des arbres tels que douglas *(Pseudotsuga menziesii)*, cèdres et séquoias qui confèrent au lieu un sentiment d'intemporalité. Une grande partie du jardin a été créée depuis le milieu du XXe siècle par deux générations de Roper. Geoffrey, le père de Mark, le propriétaire actuel, ajouta l'arboretum en 1947 et planta une grande partie des bois.

Le jardin est intéressant en toutes saisons, grâce à sa diversité horticole et à la présence de belles statues, d'un temple ionique et d'un pavillon de hêtres entremêlés. Les perce-neige de la fin de l'hiver sont suivis de tapis de crocus printanier *(Crocus vernus)* au début du printemps qui recouvrent 4 ha de pelouses. « Les crocus apparaissent en masse, explique Mark Roper, si tant est qu'on les laisse se faner dans l'herbe haute et que l'on se retient de les couper jusqu'à la fin juin. » Le lieu semble aussi convenir aux jonquilles qui s'en emparent tout au long du printemps, lorsque les magnolias, camélias, hamamélis et *Cyclamen coum*, suivis des azalées et des rhododendrons, font naître une extraordinaire abondance de couleurs. Les bordures de plantes herbacées qui se reflètent dans le long canal sont à leur apogée à partir du milieu de l'été, tout comme les riches parterres de dahlias, asters et delphiniums. On doit aussi absolument découvrir les magnifiques perspectives sur l'abbaye depuis la colline et les luxuriantes plantations essaimées autour des ruisseaux et dans le jardin humide. EH

Cothay Manor

Angleterre

CRÉATEUR : Reginald Cooper
PROPRIÉTAIRES : Alastair et Mary-Anne Robb
STYLE : herbacé et ordonné
SUPERFICIE : 4,9 ha
CLIMAT : tempéré
SITUATION : Greenham, Wellington, Somerset

Caché dans la campagne vallonnée du Somerset, ce jardin merveilleusement romantique est attaché au manoir de Cothay, datant du XVe siècle. Il fut réalisé dans les années 1920 par un ancien propriétaire, Reginald Cooper, qui créa un magnifique jardin à la française de 2 ha autour de la demeure. C'était à la fois l'ami de Harold Nicolson de Sissinghurst dans le Kent (voir p. 370) et de Lawrence Johnston de Hidcote Manor dans le Gloucestershire (voir p. 305). Certains éléments de Cothay rappellent ceux de ces deux jardins légendaires (même si, fait intéressant, Sissinghurst vit le jour *après* Cothay, en 1932).

La structure du jardin à la française, très similaire à celle dont il fut pourvu dans les années 1920, est simple et forte, ancrée par une longue allée d'ifs qui mène à différentes « pièces ». Face au manoir, un bassin de pierre met en valeur la façade médiévale – c'est en réalité un ajout de Cooper. La maison du gardien ouvre sur une cour d'entrée emplie de lavande.

Les propriétaires actuels, Alastair et Mary-Anne Robb, vivent ici depuis 1993 et ont ajouté de nouveaux jardins en harmonie avec le plan original. Ils comprennent une large allée de *Robinia pseudoacacia* 'Umbraculifera' sous lesquels poussent des népètes et des *Tulipa* 'White Triumphator'. Au-delà du jardin à la française, 2,8 ha de jardins à l'anglaise comprennent une prairie de fleurs sauvages, un jardin humide en bordure de la rivière Tone et un bois où poussent des spécimens d'arbres et arbustes. Le tout regorge de tant de détails que l'on doit prendre son temps pour tous les découvrir. CF

Greencombe

Angleterre

CRÉATEUR : Joan Loraine
PROPRIÉTAIRE : Joan Lorraine
STYLE : à la française (XXe siècle) et bois
SUPERFICIE : 1,4 ha
CLIMAT : tempéré
SITUATION : Porlock, Somerset

Greencombe est une remarquable réussite. Jardin exposé au nord, perché au sommet d'un coteau qui domine le chenal de Bristol, il aurait été impossible à réaliser pour la plupart des jardiniers. Ce ne fut pas le cas de Joan Loraine, qui, en trente ans, a créé un cadre magique.

Autour de la maison se trouve un jardin impeccablement entretenu qui regorge de roses insolites, d'hortensias, de lis et de plantes herbacées autour d'une pelouse émeraude. Derrière la maison, un important potager est divisé par des sentiers de pierre. Un rideau d'arbres accompagné d'un sentier sinueux prend naissance à l'extrémité du jardin et offre une ombre tachetée de lumière ainsi qu'une vue spectaculaire sur l'eau. Ici, au printemps, le sol est recouvert d'un tapis de jolis érythrones d'espèces et de variétés très diverses. Une solide gamme de rhododendrons et d'azalées offre des touches de couleur sous la canopée. À l'extrémité du bois, on découvre une ravissante chapelle en bois, circulaire, réalisée par un artisan de la région et disparaissant parmi les arbres. Les bulbes et rhododendrons ont la vedette au printemps, les érables et les bois à l'automne. Tout ici est cultivé de manière biologique et enrichi de terreau de feuilles ou de compost.

Joan a voyagé à la recherche de plantes intéressantes, et son jardin comprend quatre collections nationales, *Erythronium*, *Polystichum*, *Gaultheria* et *Vaccinium* qui méritent à elles seules la visite. Mais par-dessus tout, on vient ici pour découvrir tout ce que l'on peut réaliser avec des moyens limités. CF

Lady Farm

Angleterre

CRÉATEURS : Judy Pearce, Mary Payne
PROPRIÉTAIRES : Malcolm et Judy Pearce
STYLE : prairie et steppe, jardin de cottage
SUPERFICIE : 3,2 ha
CLIMAT : tempéré
SITUATION : Chelwood, Somerset

Situé entre Bristol et Bath, le jardin de Lady Farm fut entrepris par Malcolm et Judy Pearce en 1992 après la démolition de dépendances de cette ferme. Après avoir amélioré le sol de qualité médiocre en apportant de la terre depuis un enclos pour chevaux proche, on établit un potager, des pelouses et des plantations mixtes.

Peu après, on découvrit une source naturelle, qui permit de créer un cours d'eau et deux lacs dans la vallée encaissée qui naît près de la maison. Une allée ombragée de bouleaux argentés au pied desquels poussent hostas et *Allium*, l'une des premières réussites du jardin, fut ensuite déplacée pour lui donner plus d'importance. Le jardin de Lady Farm prit plus d'envergure encore lorsqu'on fit appel à la paysagiste Mary Payne. Son influence marqua principalement la partie la plus difficile du jardin, le coteau exposé au sud qui dessine une pente escarpée depuis la pelouse devant la maison jusqu'au lac du fond. Ne bénéficiant que d'une mince couche de terre et exposé en plein soleil, c'est un environnement inadapté à la plupart des plantes et pourtant, c'est peut-être la partie la plus réussie du jardin, qui fait en partie la célébrité de Lady Farm. Mary Payne suggéra des plantations de prairie ou de steppe en employant une technique selon laquelle on disperse les plantes au hasard sur tout le coteau. Celles-ci jouissent d'une grande longévité et demeurent aussi impressionnantes l'hiver qu'au milieu de l'été. On ne taille les graminées et les vivaces qu'à la fin de l'hiver. MW

Jardin de Hadspen

Angleterre

CRÉATEURS : Sandra et Nori Pope
PROPRIÉTAIRE : Niall Hobhouse
STYLE : contemporain, agencé par couleurs
SUPERFICIE : 2 ha
CLIMAT : tempéré
SITUATION : Castle Cary, Somerset

Créé à l'intérieur du potager d'une demeure du XVIIIe siècle, le jardin de Hadspen a joui de deux périodes de renommée, la première lorsque Penelope Hobhouse en fut propriétaire dans les années 1970, l'autre à partir de 1983, avec l'arrivée de Nori et Sandra Pope, qui devinrent célèbres pour leur utilisation de la couleur dans leurs parterres de plus de 1 km.

Dans le jardin clos en forme de D, un éclatant arc de couleur suit les courbes des murs. Prenant pour point de départ le riche ton prune des briques, une plate-bande adopte des rouges cramoisis et des oranges et jaunes flamboyants d'un côté, pour se transformer en un subtil mélange de demi-tons de l'autre. À l'intérieur de ce même D, un potager est agencé en un patchwork de rouges, bleus et verts. La double plate-bande jaune est spectaculaire, avec des assemblages de feuillages et fleurs ocre. Le jardin de l'étang et la collection nationale de *Rodgersia* bénéficient eux aussi de feuillages spectaculaires.

Tous ces effets sont adroitement présentés afin de ne jamais devenir écrasants, et l'on peut se délecter de nombreux recoins paisibles, comme l'abri de jardin entouré de tons argentés et lavande ou le simple tunnel de hêtres où poussent des hostas, souvent originaires de Hadspen. Les Pope sont en effet non seulement des jardiniers de pointe mais aussi des horticulteurs de talent, dont la pépinière, à la porte du jardin, offre de nombreuses variétés 'Hadspen'. AE

RIGHT Ajout récent au manoir du XVIIe siècle, le jardin de Hadspen est célèbre pour son utilisation de la couleur.

Jardins de Hestercombe

Angleterre

CRÉATEURS : Coplestone Warre Bampfylde, Edwin Lutyens, Gertrude Jekyll
PROPRIÉTAIRES : HGP Ltd., Somerset County Council
STYLE : parc paysager (XVIIIe siècle), jardins édouardiens (XXe siècle)
SUPERFICIE : 20,2 ha
CLIMAT : tempéré
SITUATION : Cheddon Fitzpaine, Taunton, Somerset

Deux jardins de style différent coexistent sur ce site. Le premier est le jardin édouardien ordonné en 1906 par Edwin Lutyens et planté par Gertrude Jekyll, le second un jardin d'agrément créé entre 1759 et 1786. Baptisé le jardin paysager secret, il fut rouvert en 1997 pour la première fois depuis cent vingt-cinq ans.

Lutyens mit à profit le coteau exposé au sud, et la vue dont il jouit sur le val de Taunton. Une série de terrasses reliées par des marches en pierre dominent un jardin encaissé, bordé de longs et étroits ruisseaux à l'est et à l'ouest. La campagne lointaine se devine à travers une pergola massive formée de traverses de châtaigniers soutenues par des piliers alternativement ronds et carrés. L'architecture est superbe, jusqu'au moindre détail, mettant en valeur les plans horticoles de Jekyll. Sur la terrasse est, des bleus pâles et jaunes laissent la place à des oranges et rouges tandis que des iris jaunes et des arums blancs ont été plantés dans le ruisseau. Des *Bergenia* aux feuilles épaisses bordent les parterres triangulaires du jardin encaissé, et entourent des pivoines, des lis blancs, des roses et des delphiniums.

Depuis le jardin hollandais – un parterre de lavandes, yuccas, roses et épiaires laineuses –, on aperçoit à travers les grilles le lac et les collines du parc paysager du XVIIe siècle, au nord. Celui-ci a été restauré et offre de fascinantes promenades le long du plan d'eau en forme de poire jusqu'au bois où des temples de style antique, un mausolée et une hutte de sorcière invitent à la pause et à la contemplation du lac. C'est peut-être la grande cascade, alimentée par des conduites en pierre, qui offre le spectacle le plus saisissant.

Les deux jardins de Hestercombe sont de superbes exemples de jardins anglais que séparent cent cinquante ans de paysagisme – le parc paysager romantique de Bampfylde et l'ingéniosité architecturale de Lutyens accompagné des plantations talentueuses de Jekyll. EH

Jardins de Montacute House

Angleterre

CRÉATEUR : Edward Phelips
PROPRIÉTAIRE : The National Trust
STYLE : jardins élisabéthains
SUPERFICIE : 10,1 ha plus 121,5 ha de parc
CLIMAT : tempéré
SITUATION : Montacute, Yeovil, Somerset

Le saisissant manoir élisabéthain qui se dresse à Montacute fut érigé en 1600 par Edward Phelips. La structure du jardin – les terrasses surélevées, les balustrades, les vastes escaliers et les exquis pavillons – date de cette époque. Edward Phelips était membre du Parlement, premier président de la Cour de cassation et chancelier du prince de Galles. La demeure et le jardin se devaient donc d'impressionner. En 1915, lord George Curzon loua le manoir et y vécut avec sa maîtresse, Elinor Glyn, auteur de romans osés qu'elle rédigeait dans l'un des belvédères. Réalisée en pierre dorée typique de la région, la demeure est selon beaucoup la plus belle d'Angleterre. Le jardin originel possédait tous les éléments habituels d'une telle propriété : parterres de broderie, pêchers, serres à vignes, châssis à melons et concombres, légumes, plantes aromatiques et ruches. On y trouve des haies d'ifs taillés et un boulingrin. Les vastes plates-bandes que l'on admire depuis les terrasses abritent des rosiers anciens accompagnés d'hostas, de pivoines et de bulbes de printemps. Le parc environnant comprend une allée de tilleuls et une de chênes tandis que les sentiers qui gravissent la colline de St Michael rejoignent la tour, une « folie » que l'on a édifiée à son sommet.

De nombreux jardiniers célèbres ont influencé ce cadre impressionnant : Vita Sackville-West, William Robinson, Graham Stuart Thomas et Phyllis Reiss qui venait régulièrement le lundi après-midi à bicyclette depuis Tintinhull House (voir p. 347), suivie de son propre jardinier, pour consacrer un peu de temps aux plates-bandes. JHi

Jardin du manoir d'East Lambrook

Angleterre

CRÉATEUR : Margery Fish
PROPRIÉTAIRES : Robert et Marianne Williams
STYLE : jardin de cottage (XXe siècle)
SUPERFICIE : 0,8 ha
CLIMAT : tempéré
SITUATION : South Petherton, Somerset

En 1956, Margery Fish publia un ouvrage intitulé *We Made a Garden* (« Nous avons réalisé un jardin »). C'était le récit de celui qu'elle et son mari étaient en train de créer à East Lambrook. Plutôt conçu comme un jardin de cottage que de manoir, il accueillait des plantes si longtemps oubliées qu'elles couraient le risque de disparaître. Ce modeste ouvrage transforma la façon dont nous percevons les jardins, et créa un précédent pour le style paysagiste libre et naturel si répandu aujourd'hui. Sept livres supplémentaires suivirent qui offrirent la célébrité à leur auteur. Le jardin romantique de Margery Fish, au désordre rassurant, incarnait une nouvelle approche qui n'exigeait pas de personnel. Son jardin comprenait des plantes tapissantes qui étouffaient les mauvaises herbes, et des vivaces rustiques dont des perce-neige, des euphorbes, des géraniums rustiques et des ancolies. Un plan peu structuré divisait le jardin en zones dont les conditions étaient adaptées à différentes plantes. On aperçoit encore un fossé humide, une partie boisée et ombragée, et un talus bien drainé réservé aux plantes à feuillage argenté, l'ensemble étant assez nouveau dans les années 1940. Des haies de chèvrefeuille et une allée de topiaires structurent le tout.

À la mort de Margery, sa famille prit soin du jardin avant de le vendre en 1985 à Andrew et Dodo Norton qui s'en occupèrent fidèlement jusqu'en 1999. Les nouveaux propriétaires, guidés par les ouvrages de Margery et par deux mille de ses photos, ont entrepris de grands travaux de restauration. Il y a aussi une excellente pépinière attenante. AE

Jardin de Tintinhull

Angleterre

CRÉATEURS : Dr. S. J. M. Price, Phyllis Reiss, Penelope Hobhouse
PROPRIÉTAIRE : The National Trust
STYLE : à la française (XXe siècle)
SUPERFICIE : 0,8 ha
CLIMAT : tempéré
SITUATION : Yeovil, Somerset

Ravissant jardin de manoir créé dans l'entre-deux-guerres par Phyllis Reiss, Tintinhull est selon certains le jardin le plus parfait d'Angleterre. Reiss a utilisé des pierres patinées et des haies d'ifs aux lignes nettes pour créer d'élégantes chambres de verdure. Phyllis possédait un style lyrique, alors unique au monde, que développa plus tard Penelope Hobhouse lorsqu'elle devint la locataire de Tintinhull.

On accède au jardin par la maison qui s'ouvre sur une large terrasse en pierre. De là, un sentier bordé de sphères de buis traverse l'avant-cour de l'Aigle puis une collection d'azalées avant de rejoindre un petit jardin encaissé où roses blanches, lis et anémones fleurissent les unes à la suite des autres autour d'une fontaine centrale. De là, un autre sentier mène à un potager rustique, et un autre encore à un bassin.

Le jardin qui entoure ce dernier fut créé par Phyllis Reiss, à la mémoire de son neveu préféré, un pilote abattu au cours de la Seconde Guerre mondiale. Une loggia ouverte sur le devant se dresse à l'une des extrémités du bassin parsemé de nénuphars. D'un côté se déploie une magnifique plate-bande aux tons chauds, de l'autre une aux tons pastel et argentés, tandis qu'un immense pot de terre cuite déborde de fleurs. Phyllis l'ouvrit aux aviateurs de la base américaine voisine et à toute personne ayant subi une perte similaire à la sienne.

Tintinhull est magnifique toute l'année : les après-midi d'été, lorsque l'air est lourd du parfum des lis, comme à l'automne, lorsque les fleurs sauvages entourent la fontaine du bassin AE

Jardin de Broadleas

Angleterre

CRÉATEUR : lady Anne Cowdray
PROPRIÉTAIRE : Fonds charitable des jardins de Broadleas
STYLE : parc boisé (XXe siècle)
SUPERFICIE : 4 ha
CLIMAT : tempéré
SITUATION : Broadleas, Devizes, Wiltshire

Le vallon qu'occupe le jardin de Broadleas et qui plonge spectaculairement dans la vallée en contrebas est époustouflant. Même s'il ne fait que 29 m de long, ce jardin boisé couvre 1,6 ha grâce à ses coteaux larges et escarpés. Une collection de plantes rares que la propriétaire a amassée avec amour tout au long de sa vie en flanque les pentes.

Lorsque lady Cowdray acquit ce joli manoir de style Regency en 1946, le jardin avait souffert. Selon cette dernière, c'était « une jungle dans laquelle on ne pouvait pénétrer ». Avec des efforts considérables, elle parvint à maîtriser les *Rhododendron ponticum* rampants et les bosquets massifs de vieux bambous qui avaient envahi le vallon. Celui-ci est désormais exclusivement planté de spécimens de choix qui prospèrent sous ce microclimat, dont plusieurs habituellement cultivés dans les parties plus douces du sud-ouest des Cornouailles. Les magnolias, camélias, parroties de Perse *(Parrotia persica)* et un rare *Paulownia fargesii* sont particulièrement beaux. On a planté à leur pied des vivaces telles que hostas, fougères et *Primula whitei*. Au printemps, le jardin regorge de bulbes ainsi que de milliers d'érythrones dent-de-chien, trilles et sanguinaires. On peut également y voir un jardin d'hiver, une roseraie en creux et un jardin secret caché par un tentaculaire érable du japon. En été, des plates-bandes argentées chatoient des feuillages des cistes, *Elaeagnus*, oliviers et romarins.

C'est un jardin que l'on apprécie en toutes saisons, et qui ne va qu'en s'améliorant. Même âgée, lady Anne lui consacre toujours autant d'énergie. MC

Stourhead

Angleterre

CRÉATEUR : Henry Hoare II
PROPRIÉTAIRE : The National Trust
STYLE : parc paysager (XVIIIe siècle)
SUPERFICIE : 40 ha
CLIMAT : tempéré
SITUATION : Stourton, Warminster, Wiltshire

Inspiré par le voyage qu'il avait accompli en Europe, Henry Hoare rentra en Angleterre avec l'intention de créer un chef-d'œuvre classique du XVIIIe siècle dans sa demeure palladienne. Inspiré par les tableaux du Lorrain et de Poussin, il fit construire les ruines antiques, grottes et lacs hantés par des nymphes.

Le pont herbeux (1762) marque le début de la route qui encercle le lac. À chaque point de vue, une nouvelle composition de toute beauté apparaît : le temple de Flore, celui d'Apollon, le panthéon ou la Croix de Bristol, chacune est superbement insérée au parc. Seule la grotte est cachée à la vue. Ici, dans une salle recouverte d'un haut dôme, une statue de plomb blanc de la nymphe Ariane repose sur un socle au-dessous duquel l'eau glougloute. Ailleurs, un dieu du fleuve domine la source du Stour. Le passage de la lumière du jour à l'obscurité d'une grotte était l'un des éléments clés et spectaculaires du paysagisme du XVIIIe siècle, dont Stourhead constitue l'un des plus beaux exemples.

Le reflet des arbres dans le lac ajoute à la beauté du lieu, chaque saison étant accompagnée de traits spécifiques. Pour beaucoup, c'est dans la tranquillité de l'hiver que Stourhead est le plus romantique, lorsque ses splendides interludes architecturaux se marient à l'herbe, aux arbres et à l'eau. Aujourd'hui, il compte parmi l'un des plus beaux parcs paysagers au monde. CR

À DROITE Stourhead, de style palladien, fut inspiré par un voyage en Europe et par les tableaux du Lorrain et de Poussin.

Jardin du manoir d'Iford

Angleterre

CRÉATEUR : Harold Peto
PROPRIÉTAIRE : Elizabeth Cartwright-Hignett
STYLE : anglo-italien (début du XXe siècle)
SUPERFICIE : 1 ha
CLIMAT : tempéré
SITUATION : Bradford-on-Avon, Wiltshire

En 1899, l'architecte Harold Peto, alors en pleine déprime, découvrit Iford ; le lieu allait l'occuper le restant de ses jours. Né en 1854, c'était un contemporain de Gertrude Jekyll, qui, avec son partenaire architecte, Edwin Lutyens, définit le paysagisme de la fin du XIXe et du début du XXe siècle. Peto s'inspira ici de leur œuvre, mais lui apporta une touche italienne inimitable pour créer un chef-d'œuvre.

La demeure, élisabéthaine et pourvue d'une façade classique du XVIIe siècle, est nichée dans la vallée de la Frome. De pierre couleur miel, elle est proche de la rivière et son jardin s'élève en une série de terrasses d'un côté ainsi qu'à l'arrière. Plantées de divers cyprès et genévriers qui font contrepoint aux plantations sophistiquées environnantes, elles forment des galeries où est exposée la collection d'objets constituée au fil de toute une vie de voyages et de recherche passionnée.

Après avoir franchi une porte à la modestie trompeuse, on pénètre dans une petite cour qui mène à la loggia italienne et à un bassin semi-circulaire où chante l'eau de divers ruisselets qui prennent naissance dans les bois plus haut. Une série d'escaliers gravit le coteau, et les terrasses elles aussi se succèdent pour culminer par la Grande Terrasse que termine un beau banc de pierre en demi-cercle. De chaque côté, de petites enceintes servent de chapelles.

Les cloîtres de Peto, construits en pierre de la région mais incorporant aussi de nombreux trésors anciens, sont l'apogée du jardin, à l'une des extrémités. On y oublie complètement le monde extérieur. JB

Parc de Longleat House

Angleterre

CRÉATEURS : Capability Brown, Humphry Repton, Russell Page
PROPRIÉTAIRE : marquis de Bath
STYLE : parc paysager (XVIIIe siècle avec ajouts plus tardifs)
SUPERFICIE : 364,5 ha
CLIMAT : tempéré
SITUATION : Warminster, Wiltshire

Longleat est un paradoxe. C'est à la fois un époustouflant parc paysager du XVIIIe siècle et un parc animalier où l'on trouve lions et girafes des savanes africaines, ouvert depuis 1966, qui éclipse la partie la plus ancienne. Ironiquement, c'est aussi l'un des plus beaux exemples de l'œuvre de Capability Brown.

Ce dernier fut engagé par le vicomte de Weymouth en 1757 afin de supprimer les jardins à la française conçus par Henry Wise et George London. Il créa des étendues élyséennes d'arbres et de gazon ainsi qu'un chapelet de lacs, même si cet agencement fut modifié en 1804 par Humphry Repton qui donna une nouvelle forme, plus irrégulière, à l'étang baptisé Half Mile Pond. On lui doit aussi l'île où deux gorilles, Nico et Samba, vivent désormais.

Au XIXe siècle, on planta dans les bois des arbres exotiques et l'on créa de nouveaux jardins ordonnés au nord de la demeure. Les changements les plus importants se produisirent cependant au siècle suivant. Le marquis de Bath aménagea non seulement le parc animalier, mais engagea aussi le paysagiste Russell Page qui améliora les jardins et planta des massifs de rhododendrons le long de l'allée de Longcombe. L'actuel marquis, passionné de labyrinthes, est désormais en charge du lieu. Le plus long labyrinthe de haies au monde, réalisé en 1975, recouvre 0,6 ha et est constitué de 2,7 km de sentiers. On peut aussi découvrir ici un jardin de papillons, un chemin de fer et faire des promenades en barque à la découverte des animaux. LH

Jardin de Heale

Angleterre

CRÉATEURS : Harold Peto, Louis Greville
PROPRIÉTAIRE : famille Greville
STYLE : jardins à la française et à l'anglaise (XXe siècle)
SUPERFICIE : 3,2 ha
CLIMAT : tempéré
SITUATION : Middle Woodford, Salisbury, Wiltshire

Ce jardin est aujourd'hui encore principalement tel qu'il fut conçu par Harold Peto, engagé par Louis Greville entre 1906 et 1911. À l'ouest de la demeure se trouvent deux terrasses. Les plates-bandes de la plus haute des deux se détachent contre des ifs taillés et sont plantées de hautes vivaces et de deux glycines majestueuses. Le sentier pavé qui mène à la terrasse inférieure, flanqué d'arbres taillés, est envahi d'alchémille. La terrasse abrite deux petites bordures et deux bassins de pierre où flottent les nénuphars. Au sud, une pelouse conduit à la rive d'un clair ruisseau, affluent de l'Avon et riche en truites. C'est là l'élément le plus ravissant et le plus naturel du jardin, cadre de la plus célèbre de ses composantes artificielles, le jardin japonais. Ici, le ruisseau se divise et est enjambé par un pont rouge surmonté d'un pavillon de thé au toit de chaume. Celui-ci, complété d'authentiques nattes de paille traditionnelles, fut importé du Japon et assemblé en 1910 avec l'aide de quatre jardiniers nippons. Près du pont, à l'ombre de hauts arbres, on a aménagé un jardin humide.

La Longue Bordure abrite de nombreuses plantes à feuilles sombres, tandis qu'un mur de briques et de silex enclot un ravissant potager sur trois côtés et ouvert au sud. À la fois utilitaire et ornemental, celui-ci abrite des rangées de légumes divisées par des arbres en espalier. Les pommiers et poiriers qui forment des tunnels au-dessus des sentiers sont particulièrement ravissants. On trouve aussi ici des figuiers et mûriers anciens et le deuxième arbre caramel *(Cercidiphyllum japonicum)* le plus haut d'Europe. TM

Jardin et arboretum de Home Covert

Angleterre

CRÉATEURS : John et Sarah Philips
PROPRIÉTAIRES : John et Sarah Philips
STYLE : jardin de passionnés de plantes (fin du XXe siècle)
SUPERFICIE : 2,4 ha
CLIMAT : tempéré
SITUATION : Roundway, Devizes, Wiltshire

John et Sarah Philips commencèrent à travailler en 1960 dans ce jardin. C'était à l'époque une parcelle de bois naturel. Au fil des ans, ils ont planté des milliers d'arbustes, bulbes, vivaces et environ vingt-cinq mille arbres de choix. Comme de nombreux jardins de passionnés de plantes, celui-ci fut créé progressivement, sans plan. De nombreux pieds ont été offerts par des amis, célèbres dans le domaine du jardinage, dont feu Christopher Lloyd, Roy Lancaster, collectionneur de plantes, et le botaniste Martyn Rix.

Près de la maison se trouvent des plates-bandes ombragées, une rocaille et des parterres surélevés qui abritent des hortensias, des magnolias et des *Eucryphia*. Trois jardins d'eau, qui dessinent un dénivelé de 97 m par rapport au plateau, sont rejoints par un sentier furtif. On y trouve des plantes qui apprécient l'humidité, dont une gunnère, des *Rodgersia* et d'immenses massifs de hautes primevères. Même si le jardin est beau toute l'année, il est particulièrement attrayant au printemps lorsque les camélias, les rhododendrons et des milliers d'érythrones dent-de-chien sont en fleur, ou encore au milieu de l'été lorsqu'on peut y admirer les coupoles que sont les fleurs des *Stewartia*.

Le seul nombre de plantes rares et l'atmosphère libre et légèrement excentrique qui y règne font l'originalité de Home Covert. Très estimé de l'élite du paysagisme, le jardin est souvent décrit par ceux qui le découvrent pour la première fois comme « fou et assez bizarre », même si John ne l'admettra jamais. MC

Jardin d'Abbey House

Angleterre

CRÉATEURS : Ian et Barbara Pollard
PROPRIÉTAIRES : Ian et Barbara Pollard
STYLE : à la française, bois, parterre de broderie
SUPERFICIE : 2 ha
CLIMAT : tempéré
SITUATION : Market Cross, Malmesbury, Wiltshire

Pour donner une idée de l'énergie dépensée dans ce magnifique jardin – que domine le clocher de l'abbaye de Malmesbury, désormais en ruines –, sachez que les propriétaires ont planté deux mille rosiers et cinquante mille tulipes. Les plantes sont partout. Les murs de la demeure du XVIe siècle sont recouverts de glycine, de clématites, de *Rosa banksiae* jaune, de lierre et de jasmin. Sur le devant, on découvre un parterre de broderie en forme de croix celte.

Le motif que dessinent les buis accompagnés d'ifs taillés et de spirales de houx est inspiré de la croix de Saint-Martin de l'île d'Iona. Le parterre est planté de santoline, de germandrée et d'épine-vinette rouge naine, tandis qu'œillets, muscaris et alchémilles apportent des touches de couleur. Une arche formée par trois pommiers sauvages mène au « Paradis », orné en son centre d'une sculpture d'acier inoxydable dont les disques paraissent tourner sous l'action de l'eau. Trois plates-bandes d'herbacées abritent aussi des pommiers qui rappellent que l'endroit était autrefois le verger d'un monastère. Au-delà se trouve une vaste pergola qui entoure un jardin de plantes aromatiques.

La topographie est très variée, notamment derrière la demeure où le terrain dessine un dénivelé important jusqu'aux anciens étangs à poissons du monastère. Les rives sont recouvertes de perce-neige, hellébores, crocus, narcisses et primevères au printemps, tandis que les géraniums et les fougères leur donnent vie l'été. VB

Parc de Bowood House

Angleterre

CRÉATEURS : Capability Brown, Charles Hamilton, Josiah Lane
PROPRIÉTAIRE : M. de Lansdowne
STYLE : parc paysager anglais, bois
SUPERFICIE : 40 ha
CLIMAT : tempéré
SITUATION : Calne, Wiltshire

Bowood est un domaine construit au fil de l'histoire. On a pris soin de le moderniser, et l'ensemble prospère toujours aujourd'hui. Le parc paysager qui entoure la demeure (une annexe seulement, puisque le château fut démoli dans les années 1950), où un long lac domine de vastes panoramas, illustre le style de Capability Brown, l'ensemble étant si bien réalisé que l'on ne sait ce qui est naturel et ce qui ne l'est pas.

À l'extrémité nord du lac, on découvre une grande cascade qui paraît entièrement naturelle mais est en réalité l'œuvre de Charles Hamilton (de Painshill Park dans le Surrey, voir p. 384), réalisée en 1785, décorée d'un côté de plusieurs grottes. Cela ajoute une dimension supplémentaire au paysage sans porter atteinte à l'œuvre de Brown, plus sobre. Josiah Lane, qui conçut ces grottes, en réalisa une autre, un refuge d'ermite décoré de tuf calcaire, de fossiles et de stalactites.

Les propriétaires de Bowood ont placé des rhododendrons à une distance sûre de la demeure, au milieu d'un épais rideau d'arbres conçu par Capability Brown. Durant une grande partie de l'année, leur sombre feuillage constitue le décor du mausolée. Pendant une courte période, à la fin du printemps et au début de l'été, les bois – où poussent les campanules – sont éclaboussés de couleurs. Les terrasses près de la demeure, de création récente, sont plantées d'ifs d'Irlande *(Taxus baccata 'Fastigiata')* et de roses. Avec le terrain de jeu et d'aventure, elles créent un mélange harmonieux de plantations historiques et de tourisme moderne qui s'avère très agréable. NK

Jardin de Folly Farm

Angleterre

CRÉATEURS : Edwin Lutyens, Gertrude Jekyll
PROPRIÉTAIRE : personne privée
STYLE : Arts and Crafts
SUPERFICIE : 1,6 ha
CLIMAT : tempéré
SITUATION : Sulhamstead Abbots, Reading, Berkshire

Jamais la collaboration d'Edwin Lutyens et de Gertrude Jekyll n'a produit de plus beau jardin qu'à Folly Farm. Conçu en 1906 pour H. H. Cochrane, il fut étendu par Lutyens six ans plus tard pour Zachary Merton, riche bienfaiteur de l'hôpital pour enfants de Great Ormond Street. C'est alors que furent ajoutés la cour du réservoir, le canal hollandais et une roseraie en creux. Avec ses haies d'ifs, ses sentiers sinueux faits de briques et de pierre, son bassin d'ornement et ses parterres de roses et de lavande, la roseraie est un triomphe du mariage de l'architecture et des plantations qui fit la renommée de Lutyens et Jekyll.

Tous les éléments caractéristiques de ce dernier sont présents : des sentiers de briques à chevrons, des escaliers peu profonds et semi-circulaires, des haies d'ifs taillés et des allées de tilleuls. Les portails, pergolas et portes de jardin sont tous réalisés en excellent bois de chêne, avec des charnières et poignées de style Arts and Crafts. Les bancs de jardin ont eux aussi été dessinés par Lutyens. Son architecture sévère est adoucie par les plantations luxuriantes de Jekyll. La cour d'entrée et celle de la grange possèdent une beauté et une intimité grâce à leurs plantes en pot délicatement agencées, à leurs statues et à leurs sièges. Tout cela contraste avec l'envergure de la pelouse tondue et ses magnifiques arbres, avec le potager biologique et les serres emplies de plantes tropicales.

En raison des contraintes financières, on n'a pas toujours respecté les plans de Jekyll. Cependant, l'esprit des deux géants de l'ère victorienne résonne encore aujourd'hui dans ce jardin. JHi

Jardin suspendu du Centre de solidarité internationale de Reading

Angleterre

CRÉATEURS : bénévoles
PROP. : Centre de solidarité internationale de Reading
STYLE : jardin en terrasse (XXIe siècle), permaculture
SUPERFICIE : 278 m^2
CLIMAT : tempéré
SITUATION : Reading, Berkshire

La ville de Reading est plus consacrée à la finance qu'à la flore ou à la faune, et ce n'est pas, dans l'ensemble, un endroit ravissant. Et pourtant, sur le toit d'un immeuble de trois étages, il existe un paradis. Ce jardin appartient à un organisme éducatif dans le domaine du développement durable et de la justice sociale, qui, logiquement, applique les méthodes de la permaculture. Dans ce jardin boisé, presque autarcique, on a agencé les plantes sur plusieurs niveaux afin de mettre l'espace à profit autant que possible.

Le site abrite cent vingt espèces du monde entier, plantées pour leurs divers usages : plantes médicinales, fruits, plantes procurant de l'ombre, formant un tapis au sol et/ou apportant de l'azote à la terre. Les légumes poussent dans des plates-bandes surélevées, tandis que la faune trouve ici refuge et nourriture.

Situé entre de hauts immeubles et au-dessus de bureaux, le jardin bénéficie d'un microclimat doux. On collecte l'eau des pluies pour l'irrigation, et les déchets de la cuisine du café au bas de l'immeuble sont transformés en compost. Le sol est ainsi composé de pelures de pommes de terre, de journaux et d'éclats d'écorce. Une éolienne et des panneaux solaires alimentent en énergie la pompe d'irrigation. Le jardin est un outil pédagogique pour les écoles et autres groupes mais aussi un endroit ravissant à visiter : un petit bois naturel au milieu de la jungle urbaine. CD

Chelsea Physic Garden

Angleterre

CRÉATEUR : Société des apothicaires
PROPRIÉTAIRE : Chelsea Physic Garden
STYLE : jardin botanique clos (XVIIe siècle)
SUPERFICIE : 1,6 ha
CLIMAT : tempéré
SITUATION : Chelsea, Londres

Fondé en 1673 comme outil pédagogique par la Société des apothicaires, Chelsea Physic Garden est l'un des jardins botaniques les plus importants au monde et pourtant l'un des plus secrets. À cinq minutes de Sloane Square et de Kings Road, le temps ralentit dans cette enclave paisible bohème chic où la science progresse toutefois rapidement, et ce malgré un budget minime. Au fil des ans, parmi les conservateurs, ont figuré des figures botaniques aussi éminentes que Philip Miller, Robert Fortune, William Hudson, William Forsyth, William Curtis et Thomas Moore.

Lorsqu'on visite le jardin aujourd'hui, on découvre le plus grand olivier de Grande-Bretagne à porter des fruits à l'extérieur, grâce au microclimat doux près de la Tamise, ainsi qu'une rocaille excentrique constituée de 40 tonnes de pierres tirées de la tour de Londres, de silex, de craie et de lave apportée d'Islande. On peut suivre le sentier pédagogique qui présente les plantes de grande importance médicinale ou commerciale, comprendre la valeur de l'ethnobotanique et découvrir des plantes au parfum merveilleux utilisées pour les parfums ou l'aromathérapie. On peut enfin acquérir des boutures ou des semences de plantes très anciennes ou encore rejoindre la Société des amis du jardin afin d'aider à la survie d'un organisme de niveau international qui pourrait découvrir de nouveaux traitements grâce à ses travaux de recherche sur cinq mille espèces. Quoi que vous fassiez, l'expérience est très agréable ! RCa

Jardin John Madejski

Angleterre

CRÉATEUR : Kim Wilkie
PROPRIÉTAIRE : Victoria and Albert Museum
STYLE : moderne
SUPERFICIE : 0,3 ha
CLIMAT : tempéré
SITUATION : South Kensington, Londres

En 2004, l'architecte paysagiste Kim Wilkie remporta un concours pour transformer la cour centrale du Victoria and Albert Museum de Londres. Il répondit à l'architecture grandiloquente du lieu en transformant la cour en une scène de théâtre urbaine.

De jour, le jardin est empli de touristes et de nourrices qui se délassent sur les pelouses ensoleillées pendant que les bambins se ruent vers un bassin peu profond, de forme elliptique. La nuit, tout se transforme grâce à l'éclairage à la fibre optique qui illumine le bâtiment et les jardinières – vingt-deux immenses cubes de verre – qui bordent la pelouse. On vide le bassin pour révéler un fond de grès rouge, et l'ellipse, soulignée de bandes de lumière entremêlées, devient un cadre extraordinaire pour des soirées.

La simplicité audacieuse du plan de Wilkie fonctionne aussi grâce à des plantations sobres et efficaces. Deux rangées d'hortensias bleus fleurissent tout l'été et adoucissent l'aspect de la terre cuite tandis que les jardinières se transforment au fil des saisons, accueillant l'été des citronniers, l'hiver des houx taillés, cependant que deux liquidambars enflamment la cour de leurs rouges et oranges vifs à l'automne. Face à tant d'espace et de fraîcheur, quelques fleurs aux couleurs éclatantes sont aussi les bienvenues, dont des *Eremurus*, *Echium*, *Salvia* et dahlias qui prospèrent sous ce microclimat protégé. Lumineux et animé l'été, le jardin est tout aussi attrayant l'hiver lorsqu'il est empreint d'un calme élégant et monacal. AE

Kyoto Garden de Holland Park

Londres, Angleterre

CRÉATEUR : Association du jardin de Kyoto
PROPRIÉTAIRE : circonscription de Kensington et Chelsea
STYLE : japonais (XXe siècle)
SUPERFICIE : 0,4 ha
CLIMAT : tempéré
SITUATION : Holland Park, Londres

Le jardin de Kyoto, l'un des lieux les plus populaires et les plus caractéristiques de l'Ouest londonien, fut créé en 1991 par des jardiniers japonais à l'occasion du Festival du Japon de Londres. De style traditionnel, il est de toute beauté, apaisant, sculptural, sobre et élégant. Une fois assis ici, on oublie très rapidement que l'on se trouve dans l'une des villes les plus animées au monde.

Les jardins japonais, avec leur minimalisme et leur retenue, leurs couleurs sourdes et leurs plantations limitées, sont l'antithèse absolue des exubérants jardins occidentaux. Ils sont fondés sur la simplicité et le respect de la nature. Les matériaux naturels, notamment la pierre et l'eau, en sont les composantes essentielles, tandis que les quelques plantations accentuent la texture du lieu.

Conformément à la tradition japonaise, il y a un lac ancien dont la surface, tel un miroir, « attire » vers le bas le ciel et les arbres. Des sentiers serpentent entre des rochers et différents ornements. Des érables aux feuilles finement dessinées explosent de couleur à l'automne et des pierres de gué en granit permettent de traverser une cascade. Pour apprécier pleinement le jardin, on devrait prendre à cœur ce conseil anonyme : « Pouvoir apprécier la vie telle qu'elle se présente, se réjouir du soleil, se délecter du goût de l'eau et du souffle du vent, du chant de l'oiseau, admirer les herbes et les fleurs au lieu de se brûler dans le bûcher des désirs futiles – c'est la sagesse de la simplicité qui est au cœur de la philosophie du jardin japonais. » Lisez, méditez et visitez. NS

Jardins suspendus de Kensington

Londres, Angleterre

CRÉATEUR : Ralph Hancock
PROPRIÉTAIRE : Virgin Limited Edition
STYLE : jardin en terrasse thématique
SUPERFICIE : 0,6 ha
CLIMAT : tempéré
SITUATION : Kensington, Londres

À près de 30 m au-dessus de Kensington High Street, au cœur de Londres, ce jardin en terrasse des années 1930, inscrit au Patrimoine historique, est peut-être le rêve horticole le plus réussi au monde. Il est impossible de croire que ce jardin à l'architecture mauresque, qui accueille des plantes tendres et des oiseaux exotiques, est situé au sixième étage d'un ancien grand magasin.

De nombreux éléments originaux et plantations ont survécu dans ce jardin où dominent trois thèmes : jardin espagnol, jardin Tudor et jardin boisé anglais. Le premier est une oasis exotique où les oliviers, un palmier de Chine *(Trachycarpus fortunei)*, une sensitive *(Mimosa pudica)* et des lauriers constituent la toile de fond de massifs fleuris colorés. Des fontaines, ruisselets, carreaux de céramique et un patio divisé en quatre lui confèrent une ambiance mauresque. La verte luxuriance du jardin boisé anglais, en contraste complet, est constituée de cent différentes espèces d'arbres – classés – qui prospèrent dans moins de 90 cm de terre. Dans le jardin Tudor, encerclé de murs et d'un sentier sous une pergola de bois, des plantes anciennes telles que roses et myrtes, contribuent à l'atmosphère historique. Malheureusement, certaines plantes introduites plus tardivement, telle la glycine, détonnent.

Les jardins, impeccablement entretenus, jouent un rôle essentiel dans les activités commerciales de leur propriétaire et conservent le caractère intime du projet d'origine. Le public y a accès en semaine si aucun événement privé ne s'y déroule. AJ

Jardins de Myddelton House

Londres, Angleterre

CRÉATEUR : Edward Augustus Bowles
PROPRIÉTAIRE : Lea Valley Regional Park Authority
STYLE : jardin d'expert horticole, édouardien
SUPERFICIE : 1,6 ha
CLIMAT : tempéré
SITUATION : Bulls Cross, Enfield, Londres

Edward Augustus Bowles développa la fascinante collection de plantes de Myddelton House à la fin du XIXe siècle en transformant progressivement un jardin victorien en un paradis. C'était un gentleman édouardien qui pouvait se permettre de consacrer la majorité de son temps à sa grande passion. Nombre de ses plantes préférées poussent encore à Myddelton, dont une collection nationale d'iris barbus. Son « asile de fou » était l'une de ses plantations les plus célèbres : on y trouve encore aujourd'hui des plantes qui croissent de façon déformée, comme un noisetier tortueux (*Corylus avellana* 'Contorta') et un cytise dont les feuilles ressemblent à celles du chêne.

Il y a aussi une collection baptisée en l'honneur de Bowles, dont la graminée *Carex elata* 'Bowles Golden' et *Erysimum* 'Bowles Mauve'. La terrasse aux tulipes est décorée de parterres entourés de buis qui abritent des variétés différentes à chaque printemps, et le jardin Tom Tiddler est empli de plantes aux feuilles bigarrées de doré ou d'argenté. Au-delà des jardins ordonnés s'étend une prairie qui fleurit au printemps.

Ce ravissant jardin est un lieu magique empreint du charme de son créateur, un doux et timide collectionneur de plantes. Pas de salon de thé ni de boutique, de guide sur papier glacé ni de visite avec audioguide dans ce jardin qui requiert un examen minutieux, et que seuls les plus passionnés des jardiniers apprécieront pleinement. Edward Bowles était un protecteur de plantes et son jardin un joyau. AJ

Musée de l'Histoire des jardins

Londres, Angleterre

CRÉATEUR : lady Salisbury
PROPRIÉTAIRE : Museum of Garden History
STYLE : reproduction d'un parterre de broderie (XVIIe siècle)
SUPERFICIE : 0,2 ha
CLIMAT : tempéré
SITUATION : Lambeth, Londres

Ce jardin et son musée comptent parmi les secrets les mieux gardés de Londres. Située au pied des murs des jardins de Lambeth Palace, cette petite reproduction d'un parterre de broderie du XVIIe siècle et de ses bordures thématiques fut conçue dans les années 1980 par lady Salisbury, présidente du musée, et est une version plus réduite des jardins qu'elle réalisa à Hatfield House dans le Hertfordshire (voir p. 332).

Pour honorer les botanistes John Tradescant père et fils, enterrés tout près de là, le parterre de broderie fut créé dans le style du début du XVIIe siècle. La haie est plantée de buis, qui, à l'époque, gagnait en popularité par rapport aux plantes aromatiques ligneuses utilisées dans les parterres de broderie élisabéthains et Tudor. Un grand carré, un cercle et un carré plus petit dominent le motif. Des tulipes « perroquet » multicolores rendent hommage à la « tulipomania » qui s'empara de l'horticulture britannique au XVIIe siècle, tandis que roses, vivaces, annuelles et bisannuelles transforment le caractère ordonné habituel pour rappeler presque le jardin d'un cottage au début de l'été. Une spirale topiaire de houx *Ilex x altaclerensis* 'Golden King' accompagnée de myrte, viorne, laurier et buis domine le centre du parterre. Les plantes présentes étaient généralement disponibles en Grande-Bretagne du vivant des deux Tradescant (1570-1662).

Ce ravissant jardin est un centre pédagogique important ainsi qu'un refuge merveilleusement calme près du centre de la capitale anglaise. AJ

Parc de Chiswick House

Londres, Angleterre

CRÉATEURS : Charles Bridgeman, William Kent, lord Burlington
PROPRIÉTAIRE : circonscription de Hounslow
STYLE : parc paysager (XVIIIe siècle)
SUPERFICIE : 26,3 ha
CLIMAT : tempéré
SITUATION : Chiswick, Londres

Chiswick, aujourd'hui parc public, était autrefois le point de rencontre d'une élite artistique et intellectuelle, essentielle à l'histoire des jardins mais aussi à la formation de l'esthétique du XVIIIe siècle.

Le propriétaire, lord Burlington, voyageait en Italie et admirait les œuvres des Anciens et les architectes qu'ils inspirèrent. Il prit modèle sur Palladio pour réaliser sa villa à partir de 1725. Pour son jardin, probablement réalisé par Charles Bridgeman au cours des années 1720, il avait imaginé un jardin romain fait d'allées droites, de pavillons de style antique et d'un amphithéâtre. Cependant, il revint d'Italie en 1719 avec le peintre William Kent, qui allait rester son ami et employé toute sa vie, et selon qui « tout jardinage est peinture paysagiste ». Dès 1731, ce dernier avait réinventé le jardin à la manière des tableaux de la campagne romaine, transformant les lignes droites en courbes et ajoutant des statues et édifices à l'antique.

On dit que c'est William Kent qui fonda la tradition paysagiste anglaise lorsqu'il « sauta par-dessus la barrière et vit que toute la nature n'était qu'un jardin ». Son influence est telle qu'il est aujourd'hui difficile de comprendre combien il était radical pour son époque lorsqu'il transforma pour la première fois un canal droit en lac d'aspect naturel à Chiswick, ou qu'il réalisa une cascade qui semblait là depuis des siècles. AE

Goodnestone Park

Angleterre

CRÉATEURS : Emmy FitzWalter, lady Margaret FitzWalter
PROPRIÉTAIRE : lady Margaret FitzWalter
STYLE : jardins à la française, bois et jardins fleuris clos (XXe et XXIe siècles)
SUPERFICIE : 5,6 ha
CLIMAT : tempéré
SITUATION : Wingham, Canterbury, Kent

Des chênes verts *(Quercus ilex)* gardent l'entrée de Goodnestone Park, élégante demeure du début du XVIIIe siècle ornée d'un portique dorique ajouté au XIXe siècle. La majorité du jardin fut créée au début du XXe siècle par une tante de la propriétaire actuelle qui, après avoir découvert une parcelle de sol acide au milieu de la craie du Kent, réalisa une immense rocaille et planta à travers les bois arbres et arbustes rares.

Depuis son arrivée en 1955 comme jeune mariée, la châtelaine actuelle, lady FitzWalter, a consacré toute son énergie au jardin. Les fonds qu'elle pouvait vouer au site abandonné étant limités, de nombreux arbres et arbustes des bois, dont les *Magnolia x soulangeana*, issus de boutures. Une allée de tilleuls à grandes feuilles fut plantée afin d'attirer le regard depuis la porte d'entrée jusqu'au sommet de la pente douce. D'un côté de cette allée, dans un petit arboretum, les jonquilles apparaissent au printemps entre les branches des bouleaux, pommiers, érables et merisiers. Il abrite une importante collection de cornouillers.

En été, le jardin clos atteint son apogée, ses bordures regorgeant alors de roses, bulbes et plantes herbacées. Le sentier gazonné principal est aligné sur l'église normande au-delà du jardin qui constitue un spectaculaire point de convergence. Les murs du XVIe siècle accueillent des céanothes, clématites, fremontodendrons et *Wisteria sinensis*. Près du château, une autre belle plate-bande d'herbacées resplendit à la fin de l'été. Goodnestone est bien un jardin pour toutes les saisons. VB

Penshurst Place

Angleterre

CRÉATEURS : Henry Sidney, Lanning Roper, John Codrington
PROPRIÉTAIRE : M. De L'Isle
STYLE : Tudor, Renaissance, à la française (XIXe et XXe siècles)
SUPERFICIE : 4,5 ha
CLIMAT : tempéré
SITUATION : Penshurst, Tonbridge, Kent

Penshurst Place est l'un des rares jardins de Grande-Bretagne qui aient préservé des éléments importants de leurs origines Tudor ou médiévales. Au milieu du XVIe siècle, les idées de la Renaissance, alors en vogue, inspirèrent le propriétaire, Henry Sidney, qui entreprit de créer des jardins en terrasses de style italien près des bâtiments. Ceux-ci ont en grande partie réussi à survivre à des périodes d'abandon et aux changements de modes paysagistes.

À l'intérieur du parc, plus grand, d'épaisses haies d'ifs datant du milieu du XIXe siècle dessinent des chambres de verdure où l'on a créé une série de jardins individuels. Certains ont préservé des éléments anciens, d'autres, comme le parterre de pivoines et le jardin de l'Union Jack, bleu, blanc et rouge, sont des ajouts du XXe siècle. Les style et caractère de ces jardins varient énormément. Ils comprennent un verger, un bassin à la française, un parterre à l'italienne, des jardins de plantes aromatiques et un jardin de topiaires. Exception faite des haies et des arbres, une grande partie des plantations sont modernes et conçues afin d'offrir un spectacle intéressant toute l'année : bulbes, hellébores et arbres fruitiers fleurissent au printemps, les annuelles et les plates-bandes d'herbacées au cœur de l'été, tandis que les fruits (dont des pommes sauvages) et noix apparaissent sur les arbres à l'automne.

Si l'on visite les jardins en tout début de journée, on peut pleinement savourer la magie du lieu et apprécier les détails, tels que la simple beauté de branches en espalier noueuses et tourmentées ou des bassins incrustés de lichens. AJ

Great Comp

Angleterre

CRÉATEURS : Roderick et Joyce Cameron
PROPRIÉTAIRE : Great Comp Charitable Trust
STYLE : jardin d'expert horticole (XXe siècle)
SUPERFICIE : 2,8 ha
CLIMAT : tempéré
SITUATION : Platt, Borough Green, Kent

Les ruines gothiques qui entourent ce jardin semblent anciennes mais furent réalisées par le propriétaire, Roderick Cameron, qui emménagea à Great Comp en 1957. Elles furent astucieusement assemblées à partir de morceaux de minerai de fer déterrés dans le jardin puis cimentés pour créer des éléments excentriques parmi les plantations.

Le jardin abrite au moins soixante-dix magnolias, dont trente variétés environ, y compris un majestueux *Magnolia veitchii*. Atteignant près de 15 m de haut, il peut produire jusqu'à deux mille fleurs en une saison. Ailleurs, les rhododendrons, conifères, bruyères et vivaces herbacées amènent le décompte final des plantes à trois mille. De grandes étendues sont recouvertes de plantes tapissantes afin de limiter l'entretien, et pourtant rien ici n'est monotone grâce à d'ingénieuses et imaginatives combinaisons.

Les sentiers s'entrecroisent dans le jardin et offrent des perspectives changeantes, incitant le visiteur à s'éloigner du parcours établi, notamment lorsqu'il aperçoit des ruines, une statue ou encore une vaste pelouse. Près de la demeure se trouve le jardin italien. Des plantes qui devraient habituellement être protégées du froid hivernal de l'Angleterre méridionale prospèrent ici, dont une vaste gamme de *Salvia*, passion du conservateur du jardin, William Dyson. Celui-ci, non content de créer de nouvelles variétés telles que 'Silas Dyson', baptisée en l'honneur de son fils, dirige la pépinière qui offre à la vente des plantes de premier choix que l'on admire dans le jardin. LH

Brogdale

Angleterre

CRÉATEURS : Horticultural Association, The National Fruit Trials, Brogdale Horticultural Trust
PROPRIÉTAIRE : Brogdale Horticultural Trust
STYLE : vergers
SUPERFICIE : 60,7 ha
CLIMAT : tempéré
SITUATION : Faversham, Kent

Dans la région appelée « le jardin de l'Angleterre » se trouve le Brogdale Horticultural Trust, musée vivant d'arbres fruitiers qui représente des siècles de culture. Ce n'est pas à proprement parler un jardin mais une série de vergers traditionnels, en production, qui abritent toutes les variétés de pommes, poires et prunes.

C'est la plus grande collection au monde de variétés d'arbres fruitiers. On y trouve plus de deux mille variétés de pommes dont la 'Decio', apportée en Angleterre par les Romains, la 'Tower of Glamis', une pomme culinaire du XVIIIe siècle originaire des vergers écossais, dont la chair, une fois cuite, devient une purée sucrée citron pâle, et la 'Red Sauce', à la chair d'un rose délicat, créée aux États-Unis en 1910. Elles sont accompagnées de trois cent trente-sept variétés de prunes et de cinq cent deux de poires, outre des cerises, des coings et des néfliers. Ces derniers, souvent surnommés « culs poilus » dans un style très chaucérien, doivent presque pourrir avant que leur chair ne puisse être extraite à la cuillère et mangée. Ne manquez pas non plus les groseilles, rouges, blanches ou même roses, les cassis, les fruits oléagineux, les raisins et les framboises.

Les arbres et arbustes fruitiers de Brogdale constituent une ressource génétique importante pour les cultivateurs. Les meilleures saisons pour la visite sont le printemps (pour les arbres en fleurs) ainsi que la fin de l'été et l'automne (pour les fruits). Si vous demandez poliment à votre guide, il vous laissera peut-être même y goûter. SA

Jardins de Port Lympne Mansion

Angleterre

CRÉATEURS : Philip Sassoon, Russell Page
PROPRIÉTAIRE : Damian Asinall
STYLE : Arts and Crafts
SUPERFICIE : 6,3 ha
CLIMAT : tempéré
SITUATION : Lympne, Hythe, Kent

Le magazine *Country Life* a décrit Port Lympne comme le dernier grand manoir historique construit au XXe siècle, et cette ravissante demeure Arts and Crafts est accompagnée de jardins de la même qualité. Elle fut réalisée pour Philip Sassoon qui conçut aussi les jardins. Ceux-ci sont situés sur une falaise qui domine la Manche et les marécages de Romney Marsh. On peut même apercevoir la France par temps clair.

On a dû aménager des terrasses sur ce site en pente et les relier par une série d'escaliers. Le large escalier Troyen – avec ses cent vingt-cinq marches – mène à la terrasse devant le manoir. Si l'on se dirige à l'est, on découvre le jardin Rayé, ainsi baptisé à cause de ses rangées d'annuelles, et à l'ouest le jardin de l'Échiquier, où gazon et plantes sont disposés en carrés. Des escaliers supplémentaires conduisent à une vigne à droite et à une plantation de figuiers à gauche, le tout agencé en terrasses. Il y a même une spectaculaire terrasse de dahlias où l'on trouve des plantes qui survivent à l'extérieur toute l'année sous ce climat océanique, cependant progétées en hiver par une couverture de paille.

Lorsque feu John Aspinall, défenseur des animaux, acheta ce domaine en 1973, la demeure et les jardins avaient besoin d'être restaurés. Il fit appel au paysagiste Russell Page pour ces derniers. On y découvre aujourd'hui un mélange de plantations historiques et d'ajouts récents, dont une collection de seringats et de penstemons. Et comme si cela ne suffisait pas s'ajoutent aux jardins 121,5 ha de parc animalier où les éléphants déambulent dans la campagne du Kent et les loups rôdent dans les taillis. SA

Jardins du château de Hever

Angleterre

CRÉATEUR : Joseph Cheal et fils
PROPRIÉTAIRE : Broadland Properties Ltd.
STYLE : Tudor, à l'italienne
SUPERFICIE : 12,1 ha
CLIMAT : tempéré
SITUATION : Hever, Edenbridge, Kent

C'est à Hever, château du XIIIe siècle, qu'Anne Boleyn fut élevée puis courtisée par Henry VIII. Les topiaires et les pelouses qui regorgent de bulbes, ajouts plus récents, sont dues à William Waldorf Astor qui acquit Hever en 1903. Il fit abattre les maisons qui entouraient le château, détourner le cours de l'Eden et construire un nouveau village.

Astor qui avait été sous-ambassadeur des États-Unis à Rome recherchait un jardin monumental où il pourrait exposer ses statues et sculptures italiennes. Il chargea Joseph Cheal et fils de créer 12 ha de jardins et 14 ha de lac, superficie impressionnante. Considérez par exemple le mur pompéien long de 183 m et orné de contreforts, qui abrite la collection d'objets de l'Antiquité romaine et de la Renaissance d'Astor, ombragé de glycine, au pied de laquelle on a planté des annuelles colorées et de petits arbustes. Les terrasses, encadrées d'arches, dominent le lac dont la réalisation exigea le travail de sept cent quarante-huit hommes deux ans durant, orné d'une fontaine de W. S. Frith réalisée en marbre pentélique en 1908. La pergola est embellie de grottes inspirées de l'allée des Cent-Fontaines de la Villa d'Este en Italie.

Quoi qu'il arrive, ne manquez pas la longue allée des rhododendrons qui conduit à l'escalier doré, ni le jardin de printemps et le bassin en demi-lune devant le jardin italien, un site enclos de 1,6 ha. Historique ou non, Hever constitue un spectacle impressionnant avec son jardin de tout premier ordre et son labyrinthe d'eau doté d'une bonne dose d'humour – il est presque impossible de ne pas en ressortir trempé. CH

Jardin de Yalding

Angleterre

CRÉATEUR : Garden Organic
PROPRIÉTAIRE : Garden Organic
STYLE : jardins thématiques (XIIIe au XXIe siècle)
SUPERFICIE : 2 ha
CLIMAT : tempéré
SITUATION : Yalding, Maidstone, Kent

Yalding est l'antenne du Kent de Garden Organic, le plus important organisme de jardinage biologique d'Angleterre. Ses seize jardins illustrent de manière vivante l'histoire du jardinage et encouragent les visiteurs à adopter des méthodes écologiques.

Cette leçon d'histoire débute par la promenade boisée qui met en lumière le cycle des saisons et montre comment les premiers Britanniques cultivaient la terre. Plus loin, le sentier conduit à un jardin d'apothicaire du XIIIe siècle. On voit ensuite que l'art du jardin est devenu le domaine de l'aristocratie. Cela demeure le cas dans le parterre de broderie des XVIe et XVIIe siècles, doté de haies taillées, à la française, qui symbolisent le pouvoir de leurs propriétaires. Au début du XIXe siècle, dans le jardin de cottage, la maison au toit de chaume et le potager reflètent une condition sociale plus ordinaire. Le jardin victorien, au contraire, avec sa serre et ses pergolas, est destiné au plaisir plutôt qu'aux besoins alimentaires.

Aujourd'hui, les visiteurs peuvent admirer les plates-bandes inspirées par Gertrude Jekyll et un potager qui illustre une devise de la Seconde Guerre mondiale : « Creusez pour la victoire. » Le jardin ouvrier des années 1950 explique l'introduction des pesticides et les raisons pour lesquelles on dut en interdire beaucoup. Les cinq jardins contemporains montrent comment attirer certains insectes et encourager les enfants à jardiner. Un dernier jardin expose enfin comment économiser l'eau vu le réchauffement planétaire. LH

Jardin du château de Sissinghurst

Angleterre

CRÉATEURS : Harold Nicolson, Vita Sackville-West
PROPRIÉTAIRE : The National Trust
STYLE : Arts and Crafts
SUPERFICIE : 4 ha
CLIMAT : tempéré
SITUATION : Sissinghurst, Cranbrook, Kent

Grâce à ses propriétaires et créateurs, Sissinghurst, qui n'était que ruines dans les années 1930, s'est métamorphosé en lieu mythique. Harold Nicolson transforma les quelques structures qui demeuraient à l'aide de haies soigneusement disposées, le tout devenant l'ossature architecturale du jardin, tandis que Vita Sackville-West l'emplissait d'une effusion voluptueuse de plantes aromatiques, vivaces, roses, arbustes et plantes grimpantes.

Dans ce véritable musée vivant, tout est fait pour être accessible à tous : le plan du jardin, visible de la tour, ou les plantations, clairement étiquetées. La roseraie abrite un grand mur en forme de D recouvert de clématites. Les roses, que soutiennent divers supports à l'intérieur de parterres bordés de basses haies de buis, confèrent texture et couleur au jardin. Puis viennent la rondelle, l'allée de tilleuls, saisissante au printemps, et les arbres à fruits oléagineux. Près de là, les rouges et jaunes du jardin de cottage s'entremêlent et débordent sur le pavement excentrique. On laissera le meilleur pour la fin : le légendaire jardin Blanc, imité des milliers de fois, atteint son apogée au début de l'été lorsque la tonnelle néogothique conçue par Nigel, le fils de Nicolson, se couvre de *Rosa mulliganii*. CH

À DROITE À Sissinghurst, Vita Sackville-West a choisi les plantes en fonction de leurs « couleurs de coucher de soleil ».

Stoneacre

Angleterre

CRÉATEURS : Graham Fraser, Richard Nott
PROPRIÉTAIRE : The National Trust
STYLE : interprétation du style Arts and Crafts (XXIe siècle)
SUPERFICIE : 0,6 ha
CLIMAT : tempéré
SITUATION : Otham, Maidstone, Kent

En 1928, l'antiquaire Aymer Vallace légua sa maison, un temple à la gloire du mouvement Arts and Crafts, au National Trust, organisme britannique chargé des monuments historiques. Aujourd'hui, deux créateurs contemporains – les locataires – ont insufflé une nouvelle vie à Stoneacre. Ils ont offert à cette spectaculaire demeure un cadre grisant – moderne, audacieux et débordant de joie de vivre.

Même si la maison demeure un trésor d'objets Arts and Crafts, Richard Nott et Graham Fraser avaient la conviction que le jardin ne devait pas ressembler à un musée. Alors qu'ils n'avaient que peu jardiné auparavant, ils firent appel à leur talent de créateurs de mode pour réaliser un jardin qui reflète l'architecture graphique de la maison. Ils éliminèrent d'immenses plantes grimpantes pour révéler les colombages qu'ils entourèrent de nouvelles plantations. Des cannas et des bananiers rustiques frôlent les vitres de la bibliothèque tandis que des pots de ricin *(Ricinus communis)* et de pattes-de-kangourou se bousculent près des portes. L'ensemble est mis en valeur par des globes et des pyramides de buis parfaitement taillés.

À l'arrière, une cour foisonne de tulipes au printemps, tandis qu'en été, les fleurs ananas, les ligulaires, les pélargoniums et les *Cosmos atrosanguineus* des jardinières reflètent les couleurs de la maison. Un mur bas divise la cour du verger où un pavillon d'été domine des prairies.

Même si jardiner est la plupart du temps une entreprise commune, Fraser et Nott se sont chacun réservé une parcelle où ils explorent leurs passions horticoles respectives. Le premier a choisi le jardin intérieur, où il a replanté les anciennes plates-bandes rouges et violettes d'astrantes et de cannas accompagnées de mélancoliques eupatoires violets. Nott, lui, a replanté la cour d'entrée de graminées, de fleurs ocre et de Phormium – un accueil vivant, à la texture riche, pour un jardin joyeux et revigorant. AE

Jardin du château de Scotney

Angleterre

CRÉATEURS : Edward Hussey III, William Sawrey Gilpin
PROPRIÉTAIRE : The National Trust
STYLE : pittoresque
SUPERFICIE : 9,7 ha
CLIMAT : tempéré
SITUATION : Lamberhurst, Tunbridge Wells, Kent

Pour surprendre quelqu'un, essayez de l'amener, les yeux bandés, jusqu'au bastion protégé d'une balustrade dans le jardin de Scotney puis retirez le bandeau d'un grand geste. Vous entendrez alors un petit cri de ravissement. Vous pourrez même citer des vers de Richard Payne Knight, poète du XVIIIe siècle, afin de compléter votre effet : « Béni celui qui, entre ses bosquets / Les hautes tours d'un château en ruines peut contempler. » Les vestiges d'un château fort du XIVe siècle niché dans la vallée sont sans doute le paysage le plus romantique de toute l'Angleterre. Au printemps, lorsque les azalées sont en fleur, il est époustouflant.

Edward Hussey III se rendit compte des possibilités du domaine de Scotney Castle lorsqu'il en hérita au milieu des années 1830. Il entreprit de réaliser un manoir de style élisabéthain sur une terrasse qui dominait les ruines. Un escalier parcourt la carrière ombragée désormais plantée de fougères, d'azalées au lourd parfum, de fuchsias rustiques et de gentianes à feuilles d'asclépiade. Les pelouses qui descendent vers les douves sont tapissées de perce-neige puis de primevères et de narcisses, et l'on y trouve aussi des massifs de *Kalmia latifolia* aux fleurs blanches et roses.

Les murs des ruines ruissellent de glycine blanche, de roses grimpantes et de lilas, tandis que les bordures qui les entourent regorgent d'une profusion de roses et de vivaces herbacées. La douceur des couleurs, alliée à la pierre patinée du château, semble magique. Les plantes aromatiques, agencées en une série de demi-cercles, entourent une fontaine vénitienne en pierre sculptée. PM

Jardins du château de Walmer

Angleterre

CRÉATEURS : divers gouverneurs des Cinq-Ports (dont William Pitt et le comte de Granville), Penelope Hobhouse
PROPRIÉTAIRE : English Heritage
STYLE : jardins à l'italienne (XVIIe siècle), à la française et à l'anglaise (XIXe siècle), ajouts du XXe siècle
SUPERFICIE : 4 ha
CLIMAT : tempéré
SITUATION : Walmer, Deal, Kent

Walmer est le genre de château où l'on s'imaginerait pouvoir vivre – petit et douillet, avec des jardins à la même échelle. À l'intérieur, un terrain de croquet à la pelouse parfaitement entretenue est accompagné de topiaires aux formes abstraites et de plates-bandes d'herbacées flanquées de haies d'ifs. Les douves sont recouvertes de gazon depuis le XIXe siècle et plantées de fuchsias, hortensias et lilas tandis que des arbres fruitiers poussent en espalier le long des remparts. Un potager abrite des poiriers, pommiers, haricots et pois de senteur, le tout encerclé d'un treillis de branches de saules.

Autrefois élément du dispositif de défense côtière de Henry VIII, le château devint la résidence officielle du gouverneur des Cinq-Ports en 1708. Penelope Hobhouse y réalisa un jardin commémoratif en l'honneur de cette dernière. Inauguré en 1997, on y trouve un bassin à nénuphars, un pavillon d'été à colonnade, des plantations d'arbres à feuilles persistantes en forme de E et d'exubérantes bordures mixtes.

Chaque génération a apporté de nouveaux éléments aux jardins, dont une vaste allée d'ifs, des bois et des terrasses gazonnées. Le projet de restauration le plus récent concernait les serres qui abritent des plantes grasses, des plantes d'intérieur parfumées, des fougères et des expositions saisonnières. Ces jardins prospèrent depuis trois cents ans et paraissent pouvoir continuer ainsi longtemps encore. SA

Hampton Court

Angleterre

CRÉATEURS : divers, dont Henry VIII, Guillaume III et Mary II
PROPRIÉTAIRES : Elizabeth II, Palais royaux historiques
STYLE : Tudor, Stuart, français classique, baroque
SUPERFICIE : 24,3 ha
CLIMAT : tempéré
SITUATION : East Molesey, Surrey

Les premiers jardins, relativement modestes, de Hampton Court furent créés pour le cardinal Wolsey, probablement à l'emplacement de la cour de la fontaine actuelle. Cependant, c'est sous les auspices de Henry VIII que les jardins actuels prirent forme, même si le souverain était plus intéressé par le sport et le spectacle qu'offraient le terrain de joute et la réserve de cerfs. Les jardins furent agencés en patte d'oie par Charles II, puis énormément améliorés selon un style baroque sous le règne de Guillaume et Mary, même si la reine Anne tenta par la suite d'effacer toute trace de son beau-frère flamand. Hampton Court fascine ainsi les historiens grâce à cinq cents ans de jardinage royal très diversifié, et est un objet de controverse parmi les restaurateurs. Quelle période évoquer ? Comment montrer les nombreuses empreintes du temps ? Pour les visiteurs toutefois, mieux vaut se laisser aller à l'esprit du lieu et traiter la visite comme une fastueuse reconstitution historique.

On n'approche jamais de Hampton Court plus majestueusement que par bateau, sur la Tamise, depuis Westminster. En juillet, l'exposition florale de la Société royale d'horticulture se déroule ici, et si l'on vient fin août, on doit acheter une grappe de muscat de Hambourg (*Vitis vinifera* 'Schiava Grossa'). La Grande Vigne, plantée par Capability Brown en 1768, est la plus vieille au monde et produit environ 320 kg de fruits les bonnes années. Ne manquez pas non plus le jardin secret, le parterre de broderie, les jardins des étangs et le labyrinthe. RC

Jellicoe

Angleterre

CRÉATEUR : Geoffrey Jellicoe
PROPRIÉTAIRE : chaîne de grands magasins House of Fraser
STYLE : jardin en terrasses moderniste (XXe siècle)
SUPERFICIE : 0,08 ha
CLIMAT : tempéré
SITUATION : Guildford, Surrey

En 1956, Geoffrey Jellicoe conçut le premier jardin britannique moderne en terrasses sur le toit du grand magasin Harvey's (qui fait désormais partie de la chaîne House of Fraser) à Guildford. Résolument moderne, ce jardin exprimait le même optimisme et la même modernité que le Festival of Britain de 1951. On découvrait la même joie dans ses formes vigoureuses et abstraites, le même ravissement devant les matériaux modernes et le même désir de créer des espaces intéressants pour les gens ordinaires.

Ce «jardin dans le ciel», selon l'expression de Jellicoe, est de fait un jardin d'eau céleste. Des rangées de dalles, de jardinières et de plates-formes d'observation en ciment blanc (autrefois gaiement coiffées de parasols) sont éparpillées au milieu d'un plan d'eau aménagé autour d'un restaurant sur le toit. Dans sa simplicité, l'ensemble rappelle les jardins d'eau japonais, thème développé plus avant lorsque le jardin fut remanié en 2000 et doté de plantations nettement plus évocatrices que les premières.

Jellicoe n'était peut-être pas un horticulteur mais c'était un grand penseur conceptuel. Ce jardin, conçu l'année de la première mission spatiale russe, est un hymne à l'espace. Le miroir d'eau, comme suspendu en plein air, donne l'impression que le ciel se trouve à la fois au-dessus et au-dessous du sol. Les pierres de gué circulaires et les jardinières qui encerclent le bassin suggèrent l'orbite de *Spoutnik*. Malheureusement, pour des questions sanitaires et de sécurité, l'entrée du jardin est interdite, mais on peut toujours l'admirer depuis les fenêtres du restaurant. AE

The Isabella Plantation

Angleterre

CRÉATEUR : inconnu
PROPRIÉTAIRE : The Royal Parks Agency
STYLE : jardin boisé (XXe siècle)
SUPERFICIE : 17 ha
CLIMAT : tempéré
SITUATION : Richmond Park, Richmond, Surrey

Richmond Park, au sud-ouest de Londres, est le plus grand parc enclos d'Europe. En son centre, tel un jardin secret, il abrite un bois magnifique, The Isabella Plantation.

Des ruisseaux et étangs bordent les sentiers qui serpentent à travers le jardin sous la canopée de magnolias exotiques, de chênes, bouleaux et hêtres indigènes, et, ici et là, d'arbres aux mouchoirs *(Davidia involucrata)*. Au début du printemps, le sol est recouvert d'un tapis de jacinthes, et les primevères apparaissent dans les clairières. À l'approche de l'été, le jardin s'anime réellement grâce à la présence d'azalées, de rhododendrons et de camélias, qui, regroupés, forment une époustouflante tapisserie dont les tons rouges, jaunes, violets, orange, roses et blancs se reflètent dans l'eau paisible des étangs. De fait, rhododendrons et azalées, la plupart rapportés en Europe par le botaniste Ernest Wilson, trouvent ici les conditions idéales à leur croissance : terreau fertile, ombre des grands arbres et humidité due aux nombreux cours d'eau. La plantation n'abrite pas moins de cinquante cultivars d'azalées introduits par ce dernier.

Richmond Park et Isabella Plantation débordent de faune indigène. Les intruses que sont les perruches, vertes et bruyantes, interrompent parfois la tranquillité du lieu. Il est amusant de noter que, comme de nombreux rhododendrons et azalées du jardin, ces oiseaux sont originaires des contreforts de l'Himalaya. D'ailleurs, si l'on parcourt le site lorsque les rhododendrons sont en fleur et que les perruches se livrent à leur vol acrobatique, on s'y croirait. JHo

Parc paysager de Claremont

Angleterre

CRÉATEURS : Charles Bridgeman, William Kent et autres
PROPRIÉTAIRE : The National Trust
STYLE : parc paysager (XVIIIe siècle)
SUPERFICIE : 20,2 ha
CLIMAT : tempéré
SITUATION : Esher, Surrey

Le théâtre de verdure de Claremont est l'un des emblèmes du paysagisme du XVIIIe siècle, inspirant notamment celui du poète Alexander Pope. Il fut conçu par Charles Bridgeman – la liste des paysagistes britanniques qui intervinrent ici comprend d'ailleurs certains des plus grands de l'histoire, depuis sir John Vanbrugh (propriétaire du lieu à un moment donné) jusqu'à William Kent et Capability Brown.

Kent agrandit le lac au pied de l'amphithéâtre, et le dota d'une apparence plus naturelle en y aménageant une cascade. Cette dernière est désormais une grotte incrustée de cristaux de feldspath et ornée de stalactites, similaire, bien que d'échelle plus réduite, à celle de Painshill Park (voir p. 384), créée par Joseph et Josiah Lane de Tisbury, les meilleurs en ce domaine à cette époque. Kent élimina aussi l'obélisque que Bridgeman avait placé au milieu du lac pour le remplacer par une île et un pavillon plein de confort flanqué d'une cuisine. Selon les récits de l'époque, on organisait dans ce dernier des parties de pêche et des pique-niques. Il y avait aussi une maison à toit de chaume – celle que l'on aperçoit aujourd'hui est plus récente et plus petite – et un temple. Comme il était alors de mise, c'était un lieu de détente tout autant qu'un régal pour les yeux. Les arbres, exception faite des magnifiques cèdres du Liban, furent ajoutés au XIXe siècle lorsque la reine Victoria (qui avait acquis le domaine pour le plus jeune de ses fils) se rendait régulièrement au château.

L'entrée est désormais située au pied de la colline, même si ce parc fut conçu afin d'être admiré depuis un belvédère à créneaux. Les perspectives qu'offre le jardin sont aussi importantes que ce dernier. Kent, célèbre pour avoir « franchi d'un bond la barrière et s'être aperçu que la nature entière était un jardin », aménagea une série de sauts-de-loup afin qu'aucun obstacle ne s'oppose au paysage environnant qui devenait ainsi partie intégrante de l'architecture paysagiste. JO

Munstead Wood

Angleterre

CRÉATEUR : Gertrude Jekyll
PROPRIÉTAIRES : sir Robert et lady Clark
STYLE : édouardien
SUPERFICIE : 4 ha
CLIMAT : tempéré
SITUATION : Busbridge, Godalming, Surrey

Peu de jardiniers anglais sont plus célèbres que Gertrude Jekyll. Un pèlerinage jusqu'à son jardin dans le Surrey, où elle vécut et jardina durant plus de trente ans et mit au point certaines des idées qui apparaissent dans ses ouvrages tels que *Bois et jardins* (1899) et *Couleurs et jardins* (1908), est donc de mise. Il est aussi passionnant pour les amateurs de jardins de parcourir les mêmes sentiers qu'elle et d'examiner en personne les plantations qu'elle créa.

Munstead Wood est désormais divisé en plusieurs parties. La demeure que son partenaire de travail, Edwin Lutyens, conçut en 1896 occupe la plus grande d'entre elles. Quant au jardin, ses propriétaires actuels, sir Robert et lady Clark, aidés de divers jardiniers en chef, ont réalisé des efforts louables pour restaurer les plus célèbres de ses éléments. Le jardin de printemps est très similaire à ce qu'il était à l'époque de Jekyll : de grands aplats de narcisses, primevères et iris se mêlent à l'*Aubrieta*, à la corbeille d'argent et aux tulipes violettes et cramoisies. Les célèbres bouquets de primevères de Munstead ont survécu, tout comme les azalées et rhododendrons que planta Gertrude Jekyll, ainsi que le flot de jonquilles qui traverse le jardin boisé. La promenade des arbres à fruits oléagineux a été replantée en 1989 et se développe bien.

La plate-bande d'herbacées illustre le talent de Jekyll. Les couleurs passent des rouges, orange et jaunes d'une extrémité aux bleus, gris et lilas de l'autre. Longue de 61 m et large de plus de 4, elle n'est interrompue que par une porte en bois au milieu, aménagée dans le haut mur de grès. PM

Bury Court

Angleterre

CRÉATEURS : Piet Oudolf, Christopher Bradley-Hole
PROPRIÉTAIRE : John Coke
STYLE : contemporain, naturaliste
SUPERFICIE : 1,2 ha
CLIMAT : tempéré
SITUATION : Bentley, Surrey

Lorsque Green Farm Plants, la pépinière de John Coke, fut transférée à Bury Court en 1996, l'endroit abritait encore une ferme en activité. La cour intérieure, alors recouverte de ciment, constituait l'endroit idéal pour le jardin que réalisa le paysagiste hollandais Piet Oudolf lors d'une visite en Angleterre.

Dans le cadre d'une architecture fortement asymétrique, des topiaires de buis et d'ifs, points de convergence du jardin, contrastent avec les sept plates-bandes où l'on retrouve les vivaces préférées d'Oudolf. Celles-ci ont été soigneusement sélectionnées pour leurs variétés de couleurs et de formes ainsi que pour leur capacité à évoquer une prairie naturelle. Les graminées y jouent un rôle important tandis que bon nombre de plantes à fleurs qui apparaissent naturellement à l'état sauvage – par exemple des ombellifères peu connues – rehaussent l'effet sauvage. Le paysagiste a aussi fait appel à des cultivars de plantes plus typiques telles que les monardes, le phlox, les asters, les achillées et la véronique, incluses pour la richesse sans égale de leurs couleurs et pour les formes contrastées de leurs fleurs.

Le jardin du devant, plus récent, de Christopher Bradley-Hole, tente de démontrer l'intérêt du minimalisme au jardin. Un damier de vingt-deux parterres carrés, de 4 m de côté et entourés d'acier recyclé, est planté de graminées et rigoureusement divisé par des sentiers de gravier. Le jardin atteint entre 2 et 3 m de haut l'été, et donne ainsi l'impression que l'on traverse une prairie onirique. JC

Jardin Wisley

Angleterre

CRÉATEURS : divers
PROPRIÉTAIRE : Royal Horticultural Society (RHS)
STYLE : jardins de démonstration thématiques (XXe siècle), jardin d'horticulteur
SUPERFICIE : 97,2 ha
CLIMAT : tempéré
SITUATION : Woking, Surrey

La Société royale d'horticulture britannique (RHS) prit la direction du jardin Wisley en 1903. Ce jardin, don de Thomas Hanbury, permit à la Société de transférer une partie de ses plantations de Chiswick (voir p. 363) et des environs pollués et exigus de Londres. Même si, selon certains, à l'époque, c'était une stratégie risquée, Wisley constitue désormais l'un des jardins les plus populaires de Grande-Bretagne avec sept cent cinquante mille visiteurs par an.

La mission de la RHS est d'encourager et de développer l'horticulture sous toutes ses formes. On peut longer ici l'une des plus belles « mixed-borders » au monde pour se retrouver dans un jardin champêtre conçu par Penelope Hobhouse. On doit aussi citer une série de jardins primés et transférés de l'Exposition florale de Chelsea, ainsi que de belles expositions dans la serre des orchidées, des jardins à la française réalisés par Geoffrey Jellicoe et Lanning Roper, de vastes collections de bruyères, de longs massifs de delphiniums, d'autres, d'azalées, de parfaites rangées de choux et enfin de magnifiques roseraies.

L'unité de style s'avère impossible à Wisley car la RHS y promeut avec zèle les divers aspects de l'horticulture. Loin d'une simple promenade dans un jardin, une visite de ce site permet de se plonger entièrement dans tout ce qui touche à l'horticulture. AM

À DROITE On découvre dans le jardin Wisley un paysagisme novateur et différentes techniques de culture.

Jardin Savill

Angleterre

CRÉATEUR : Eric Savill
PROP. : Crown Estate (organisme de gestion de la reine)
STYLE : jardin boisé (XXe siècle)
SUPERFICIE : 14,1 ha
CLIMAT : tempéré
SITUATION : Grand Parc de Windsor, Surrey

Au début des années 1930, le roi George V et la reine Mary chargèrent Eric Savill de créer un jardin dans un coin peu prometteur du Grand Parc de Windsor. Sur ce site vallonné et marécageux dominé par des chênes massifs et des marronniers d'Inde *(Aesculus hippocastanum)*, Eric Savill, jusqu'ici gardien de parc, parvint à réaliser le plus beau jardin boisé d'Angleterre. Il n'est donc pas étonnant qu'on l'ait baptisé en son honneur.

Parmi cette série de jardins qui semblent se fondre l'un dans l'autre, le jardin boisé ressort particulièrement. Au printemps, des flots de *Narcissus bulbocodium* et autres bulbes nains se lovent autour de collections de magnolias, camélias et rhododendrons. Des sentiers serpentent parmi les fougères, les plantes herbacées et les massifs de primevères. Rien ici n'a été fait à moitié. Des milliers d'hostas fleurissent au milieu d'époustouflants tapis de méconopsides bleus *(Meconopsis betonicifolia)*. Dès le milieu de l'été, la roseraie emplie d'arômes et les incendiaires bordures de plantes herbacées volent la vedette aux frais sous-bois. Les parterres à la française du jardin du Jubilée d'or, réalisés à l'occasion de l'accession au trône de la reine Elizabeth II, planté de pastels vaporeux, semblent très éloignés de toute cette fièvre. Fait surprenant pour une nation de passionnés de jardins, Eric Savill est l'un des très rares jardiniers professionnels à avoir été fait chevalier. Il le mérite. JHo

À GAUCHE Le jardin boisé d'Eric Savill, à la beauté majestueuse toujours changeante, est un délice tout au long de l'année

Vale End

Angleterre

CRÉATEURS : John et Daphne Foulsham
PROPRIÉTAIRES : John et Daphne Foulsham
STYLE : jardin de cottage (XXe siècle)
SUPERFICIE : 0,4 ha
CLIMAT : tempéré
SITUATION : Albury, Guildford, Surrey

Ce jardin de style cottage est situé sur un abrupt coteau orienté à l'ouest, au terrain sablonneux. Les abondantes plates-bandes qui bordent les vastes pelouses mettent en valeur la plus charmante des vues au-delà des vieux murs du jardin.

Certaines plantes ont été choisies pour le caractère diaphane de leur feuillage. Même si elles dépassent le sommet du mur, elles ne cachent pas le paysage. Elles comptent des roseaux de Chine légers et de vaporeux pigamons, des *Macleaya cordata* et une guimauve faux-chanvre *(Althaea cannabina)*, qui s'élèvent tous au-dessus de delphiniums bleus, phlox, achillées et *Sedum*, des habitués des jardins de cottage. Les propriétaires encouragent la croissance de linaire dans la partie ombragée où l'on peut s'asseoir ainsi que celle de l'alchémille molle entre les sentiers, tout en intervenant vigoureusement afin que rien ne soit caché.

Des roses de couleur rose –'Pompon de Paris', 'Blairii Number Two' et 'New Dawn' – dominent dans le niveau supérieur du jardin, tout comme la vigne, la clématite et la glycine. Daphne Foulsham cultive des *Rosa mundi* (*Rosa gallica* 'Versicolor') rayées sous les vieux pommiers de la pelouse où l'on prend le thé. Elle adore les roses anciennes, notamment 'Charity' et 'Generous Gardener', créées par David Austin. Les Foulsham, épris de leur jardin, reconnaissent qu'il exige beaucoup d'efforts. Mais même s'ils « travaillent comme des fous », lorsqu'ils ouvrent les portes de leur jardin, ils préfèrent ne pas « entretenir trop soigneusement ce dernier, car sa raison d'être principale est simplement la détente ». EH

Vann

Angleterre

CRÉATEURS : William Douglas Caroe, Gertrude Jekyll
PROPRIÉTAIRE : Mary Caroe
STYLE : Arts and Crafts
SUPERFICIE : 2 ha
CLIMAT : tempéré
SITUATION : Hambledon, Godalming, Surrey

Les jardins de Vann sont à leur apogée au printemps et au début de l'été. La demeure est un amalgame de styles historiques complété en 1907 par William Douglas Caroe, architecte de style Arts and Crafts. Il incorpora à sa création la grange qui existait déjà, plaça une fontaine au centre de l'allée et construisit une pergola de pierre qui conduit aux lacs.

L'avant-cour correspond au style Arts and Crafts – un sentier droit en briques de la région conduit à la porte d'entrée après avoir traversé une haie d'ifs. Les primevères et les myosotis, la lavande et l'alchémille se marient en douceur dans les parterres. La pergola qui longe la façade sud est l'un des éléments architecturaux les plus marquants du site ; elle est recouverte de clématite et de glycine, et mise en valeur par des jardinières emplies de plantes saisonnières.

Les différentes « pièces » du jardin de Caroe, bordées d'ifs, sont toujours là, mais l'ancien grand potager a été transformé en doubles plates-bandes mixtes. Le ruisseau se fait mélange de rocaille et de torrent au-dessus du lac, presque caché par les fleurs au printemps. Les parterres étroits qui le flanquent regorgent de fleurs indigènes et acclimatées qui contrastent avec le vert sombre des haies d'ifs qui les entourent. Au-dessous du lac, Caroe désirait créer un jardin d'eau qui céderait progressivement la place à un bois. Peu satisfait du résultat, il contacta en 1911 Gertrude Jekyll qui vivait à quelques kilomètres de là à Munstead Wood (voir p. 378). Elle conçut avec son talent habituel le jardin d'eau où l'on retrouve les hostas, *Rodgersia*, fougères et iris emblématiques de son œuvre. CH

Painshill Park

Angleterre

CRÉATEUR : Charles Hamilton
PROPRIÉTAIRE : The Painshill Park Trust
STYLE : parc paysager (XVIIIe siècle)
SUPERFICIE : 68 ha
CLIMAT : tempéré
SITUATION : Cobham, Surrey

En 1738, le jeune Charles Hamilton loua un terrain peu prometteur sur les berges de la rivière Mole et entreprit la création d'un nouveau genre de jardin. Hamilton entoura ce jardin de « tableaux vivants » inspirés par l'art et l'architecture qu'il avait admirés au cours d'un grand voyage en Europe. Tout en suivant ce parcours soigneusement conçu, on découvre des bâtiments, perspectives et éléments paysagers. Une colline fut ainsi coiffée d'un temple de Bacchus, tandis qu'un ermitage rustique était niché au cœur d'un bois sombre. À l'approche d'un lugubre mausolée, les visiteurs franchissaient stupéfaits l'« arche de la mort » pour rejoindre une rive ensoleillée et le paysage qui s'étendait au-delà de la Mole.

Hamilton savait manipuler le paysage pour obtenir des effets spectaculaires, notamment près du temple gothique où le terrain dessine une pente brusque et révèle ainsi le lac en contrebas. Le joyau du jardin était une grotte de sirène ornée de stalactites et scintillant de cristaux, dont les murs étaient parcourus de filets d'eau. On ne sera pas surpris d'apprendre que Charles Hamilton était toujours à court d'argent. Une partie des édifices du jardin étaient en papier mâché ou en bois peint en trompe l'œil. Il dut se résoudre à vendre le domaine qui demeura soigneusement entretenu jusque dans les années 1940 lorsqu'il commença à se délabrer. Il fut racheté en 1980 par la municipalité d'Elmbridge qui établit un fonds pour sa restauration. Les plantations d'origine ont ainsi réapparu et, après de longues recherches, on a aussi fidèlement reconstitué de nombreux édifices du jardin. AE

Jardin de sculptures Hannah Peschar

Angleterre

CRÉATEURS : Anthony Paul, Hannah Peschar
PROPRIÉTAIRES : Anthony Paul, Hannah Peschar
STYLE : exotique, naturaliste (XXe et XXIe siècles)
SUPERFICIE : 4 ha
CLIMAT : tempéré
SITUATION : Ockley, Surrey

Si un jardin doit jamais éveiller votre jalousie, c'est bien le Hannah Peschar Sculpture Garden. À 51 km de Londres seulement, niché dans les doux vallons de la région des North Downs, ce mélange puissamment évocateur de bois, de vifs cours d'eau et d'art vous fera rêver. Il a été conçu par le paysagiste Anthony Paul qui, avec une habileté presque indiscernable, a fait naître une intimité généralement réservée aux petits jardins. La façon dont on a disposé les plantes de façon audacieuse mais subtile dans un cadre naturel, ainsi que l'usage restreint de la couleur et de touches vibrantes de clair-obscur en font l'un des paysages les plus spectaculaires mais aussi les plus sereins du Royaume-Uni. En compagnie de son épouse Hannah, Paul a transformé une clairière secrète en l'un des jardins de sculptures les plus aimés de Grande-Bretagne. Hannah Peschar, qui a collaboré avec plus de cent sculpteurs, a choisi de nombreuses œuvres passionnantes, le plus souvent d'artistes britanniques.

L'eau joue aussi ici un rôle essentiel. Canalisée à l'aide d'étangs et de ruisselets pour isoler et mettre en valeur le cottage des propriétaires, elle accentue la tranquillité et la beauté du site. Des ponts et chutes d'eau apportent mystère et ivresse à la visite du jardin tandis que des sentiers sinueux révèlent des bois naturels et des éléments ornementaux discrets dans une juxtaposition subtile. Remarquez combien la réussite du jardin est liée à la gestion soigneuse de l'espace qui réside entre des parterres aux combinaisons audacieuses et des arbres qui forment la structure du jardin. Une belle réussite. CWe

Arboretum de Winkworth

Angleterre

CRÉATEUR : Wilfred Fox
PROPRIÉTAIRE : The National Trust
STYLE : arboretum (xxe siècle)
SUPERFICIE : 49,8 ha
CLIMAT : tempéré
SITUATION : Godalming, Surrey

Des milliers de spécimens rares ont été plantés à Winkworth, l'une des collections les plus importantes du Royaume-Uni, débutée en 1937 par le docteur Wilfred Fox, dermatologue de renom. Il planta d'innombrables arbres et arbustes, faisant souvent appel aux conseils professionnels de W.J. Bean, célèbre conservateur des Jardins botaniques royaux de Kew.

Parmi les chênes, liquidambars, *Nyssa*, *Stewartia*, érables et bouleaux qui dominent, six spécimens détiennent un record. Le jardin abrite aussi une collection nationale d'alisiers blancs ainsi qu'un *Sorbus* 'Wilfred Fox' aux larges feuilles. L'arboretum offre évidemment un magnifique spectacle à l'automne mais s'avère tout aussi impressionnant au printemps, lorsque les magnolias, les hamamélis parfumés et les camélias sont en fleurs cependant que des tapis de campanules s'étendent jusqu'au loin. On découvre aussi des centaines d'azalées, particulièrement impressionnantes aux alentours d'un long escalier extérieur. La profusion de fleurs carmin, roses et blanches offre un spectacle époustouflant.

En 1952, Fox confia une partie de son arboretum au National Trust, puis le reste cinq ans plus tard. Il exerça cependant une influence certaine sur le lieu jusqu'à sa mort en 1962. On continue encore aujourd'hui à développer le jardin, en transformant par exemple un réservoir qui fuyait en zone marécageuse et en aménageant une allée écologique en plastique recyclé. MC

Jardins botaniques royaux de Kew

Angleterre

CRÉATEURS : divers
PROPRIÉTAIRE : Cons. d'admin. des Jardins bot. royaux
STYLE : à la française
SUPERFICIE : 121,5 ha
CLIMAT : tempéré
SITUATION : Kew, Richmond, Surrey

Les jardins de Kew sont probablement le jardin botanique le plus important au monde. Sa collection de plantes est unique, et le jardin, en évolution constante, est l'œuvre de tout le gotha du paysagisme anglais : William Nesfield, Charles Bridgeman, Capability Brown et William Kent, qui réalisa sa célèbre pagode. L'élégance victorienne de la serre des palmiers et des plantes tempérées de Decimus Burton se marie aux lignes contemporaines de la serre alpine et du jardin d'hiver de la princesse de Galles. Ne manquez pas le musée consacré à l'aspect économique de la botanique, la galerie d'art Marianne North, le palais Kew, le cottage de la reine Charlotte, divers temples et un nouveau pont baptisé Sackler Crossing.

Les merveilleuses collections de plantes, entretenues selon des critères d'excellence, vont de l'arboretum, des bois et de la rocaille à de splendides parterres, au vallon des berbéris, à la promenade de houx et au jardin d'hiver. Dans les serres, on trouve des plantes des zones alpestres, désertiques ou encore de la forêt tropicale. Les habitats marins sont, eux, exposés au sous-sol de la serre des palmiers. Tout cela est impressionnant pour ce qui n'était en 1759 qu'un jardin médicinal de 3,6 ha au milieu de jardins d'agrément royaux. Depuis 2003, les jardins de Kew font partie du patrimoine mondial de l'humanité. MB

À DROITE Cette serre de Kew fut réalisée afin d'accueillir de nouveaux palmiers et plantes exotiques du monde entier.

Loseley Park

Angleterre

CRÉATEURS : Michael et Sarah More-Molyneux
PROPRIÉTAIRES : Michael et Sarah More-Molyneux
STYLE : à l'anglaise (XXe siècle), Gertrude Jekyll
SUPERFICIE : 2,6 ha
CLIMAT : tempéré
SITUATION : Compton, Guildford, Surrey

Le manoir élisabéthain de William More, à Loseley Park, est l'un des plus beaux du Surrey, et est toujours demeuré aux mains de la famille More. La génération actuelle se consacre à la production de crèmes glacées, mais depuis 1993 la restauration et la création de 1 ha de jardins clos et des sentiers qui les entourent constituent deux autres de ses priorités.

Les pelouses et arbres majestueux qui encadrent la façade ne laissent pas deviner l'exubérance horticole du jardin clos. Son agencement fut inspiré par Gertrude Jekyll, une voisine. Il est composé d'une série de jardins quadripartites dans lesquels on peut se perdre si l'on suit la promenade des plantes grimpantes jusque dans la roseraie où plus de mille pieds anciens sont élégamment disposés dans des parterres bordés de buis et agencés autour d'un belvédère. Le jardin Blanc est une version réduite de celui de Sissinghurst dans le Kent (voir p. 370). Il abrite de vastes plantations de fleurs blanches, accompagnées de feuillages gris et argentés qui contrastent avec les bordures d'un rouge éclatant du reste du jardin d'ornement. On trouve ici des légumes cultivés de façon biologique, dont d'étonnants spécimens de blettes géantes et plus de deux cents plantes aromatiques qui démontrent qu'elles ne sont pas seulement constituées de feuilles vertes. On cultive aussi ici pour leurs graines des plantes rares et anciennes. Visitez ensuite les jardins de la grande fontaine puis promenez-vous parmi les plates-bandes surélevées près du canal d'ornement depuis lequel on peut admirer la campagne environnante. CH

Jardins botaniques de Bicton Park

Angleterre

CRÉATEUR : inconnu
PROPRIÉTAIRE : Bicton Park Botanical Gardens
STYLE : à la française (XVIIIe et XIXe siècles), parc
SUPERFICIE : 25,5 ha
CLIMAT : tempéré
SITUATION : East Budleigh, Budleigh Salterton, Devon

La collection de jardins de Bicton Park, qui vit le jour vers 1735, est aussi diverse qu'importante et reflète près de deux siècles de styles et modes horticoles. Le jardin italien, inspiré de Versailles et, dit-on, agencé selon un plan de Le Nôtre, est le plus ancien de tous. Les plates-bandes et massifs fleuris, qui se déploient depuis le jardin d'hiver et sont ornés de couleurs éclatantes l'été, sont des ajouts du XIXe siècle. C'est aussi le cas de la roseraie tandis que le jardin méditerranéen voisin, où prospèrent les plantes xérophytes, est plus récent.

Le jardin américain et le jardin du ruisseau furent créés au cours des années 1930 lorsque faisait rage la mode des collections de plantes des Amériques. Le jardin de l'ermitage fut agencé autour d'une maisonnette rustique de façon à dominer des chutes d'eau, des étangs et tout un bosquet de conifères nains.

On retrouve des conifères, de taille habituelle cette fois, dans la pineraie où poussent mille spécimens et trois cents espèces, dont vingt-cinq arbres remarquables. Haut de 41 m, son sapin de Grèce *(Abies cephalonica)* est le plus haut jamais mesuré au Royaume-Uni. Cette partie du jardin s'est accrue depuis 1910 afin d'accueillir de nouvelles plantes rapportées de Chine par Ernest Wilson. La plantation de fougères victorienne est désormais restaurée, notamment entre les roches qui entourent un bâtiment consacré à une merveilleuse collection de coquillages. Le joyau du jardin est peut-être cependant la saisissante serre aux palmiers, curviligne, édifiée entre 1825 et 1830. TM

Jardin de Castle Drogo

Angleterre

CRÉATEURS : Edwin Lutyens, George Dillistone
PROPRIÉTAIRE : The National Trust
STYLE : à la française (années 1920), bois
SUPERFICIE : 4,8 ha
CLIMAT : tempéré
SITUATION : Drewsteignton, Devon

Castle Drogo fut l'un des derniers manoirs construits dans la campagne anglaise. Conçu par Edwin Lutyens entre 1910 et 1930, c'est un croisement entre la forteresse médiévale et la centrale électrique. Il faut dire qu'il est situé dans le Dartmoor, renommé pour ses landes âpres et dramatiques.

L'allée principale serpente le long de blocs d'ifs – qui font écho à l'aspect carré de la demeure – et de plantations naturalistes d'arbustes indigènes et d'aubépines en partie réalisées par Gertrude Jekyll qui collaborait régulièrement avec Lutyens. Le jardin, situé au nord du manoir, derrière des haies d'ifs, est divisé en deux parties distinctes qui se détachent sur un bois de chênes et de hêtres. À chaque coin de l'important jardin encaissé se dresse un parrotie de Perse *(Parrotia persica)*, l'ensemble formant une charmille sur un cadre métallique. Deux pelouses centrales sont flanquées de chaque côté d'abondantes plates-bandes, cependant que la forme festonnée des sentiers, de style moghol, est caractéristique de l'œuvre de Lutyens. D'un côté, un escalier mène à un jardin de plantes aromatiques, puis à un bosquet de magnolias, d'érables du Japon et d'azalées. Ce bosquet conduit à une pelouse, cernée d'une haie d'ifs et destinée, à l'origine, à accueillir un court de tennis. Cet espace vierge rafraîchit l'esprit après la richesse des plantations du reste du jardin.

Castle Drogo abrite un jardin insolite où s'équilibrent une architecture très présente et d'excellentes plantations et où l'on a réussi à éviter le piège de la joliesse. Il n'est jamais plus beau qu'au début de l'été NK

Jardin d'Endsleigh

Angleterre

CRÉATEUR : Humphry Repton
PROPRIÉTAIRE : Alex Polizzi
STYLE : Regency, pittoresque
SUPERFICIE : 43,7 ha
CLIMAT : tempéré
SITUATION : Milton Abbot, Tavistock, Devon

Au début du XIXe siècle, Georgiana, duchesse de Bedford, découvrit un petit cottage au toit de chaume sur le domaine du duc et fut fascinée par sa « beauté pittoresque ». Rien ne pouvait être plus éloigné du tohu-bohu de la demeure familiale principale à Woburn Alley. Elle chargea Humphry Repton, qui avait déjà réalisé le parc de Woburn (voir p. 328), de créer un jardin qui se fondrait dans le paysage, et de submerger le cottage de plantes grimpantes, tapissantes et de végétation luxuriante. Elle désirait mener une vie simple et rustique tout en bénéficiant de tout le confort de sa demeure habituelle, soit de pavillons de chasse, d'étables, d'une laiterie, d'un cellier à saumons et d'un cottage suisse entouré de son jardin alpin, sans oublier des douzaines de domestiques, valets et femmes de chambre. Repton conçut des canaux qui transportaient l'eau à travers le jardin jusqu'à la rivière Tamar en contrebas, mais aussi des étangs, cascades, fontaines, une piscine et un bassin dans la serre aux coquillages, qui devait surprendre les visiteurs par ses éructations soudaines et mélodieusement flatulentes.

Le duc de Bedford finança les expéditions des premiers chasseurs de plantes afin qu'ils lui rapportent des graines. Deux cents ans plus tard, le jardin abrite le plus gros sapin de Nordmann *(Abies nordmanniana)* du pays, le plus haut bosquet de bambous moyens *(Phyllostachys aurea)* et un hêtre pleureur (*Fagus sylvatica* 'Pendula'), champion national de Grande-Bretagne. Les anciens bâtiments ont été convertis en château-hôtel, les canaux réparés, les mauvaises herbes et ronces éliminées. Georgiana serait ravie. SG

Jardin de Coleton Fishacre

Angleterre

CRÉATEURS : Oswald Milne, Edward White, Dorothy D'Oyly Carte
PROPRIÉTAIRE : The National Trust
STYLE : édouardien avec des éléments Arts and Crafts
SUPERFICIE : 8,1 ha
CLIMAT : tempéré
SITUATION : Coleton, Kingswear, Dartmouth, Devon

Créé en 1925 pour Dorothy D'Oyly Carte, ce jardin devrait demeurer secret, de crainte qu'il ne devienne un lieu de visite trop populaire. C'est un site que l'on devrait découvrir par hasard le long des petites routes du Devon, l'un de ces rares endroits à avoir réussi à préserver le caractère et l'intimité d'un jardin privé tout en bénéficiant des soins et de l'attention d'un organisme national.

Appartenant à un comté au climat doux et situé dans un estuaire protégé, c'est le paradis des amateurs de plantes. Les fleurs classiques y côtoient des spécimens exotiques sans que cette juxtaposition ne paraisse forcée. Ajoutez à ces plantations alléchantes le caractère structuré du paysagisme inspiré de Lutyens, un site merveilleux et des panoramas splendides, et que demander de plus ? Au-delà de la demeure, de la terrasse Seemly, des jardins à la française, de la pelouse, des plates-bandes d' herbacées et du ruisseau, un sentier permet de découvrir une vue saisissante sur la vallée en contrebas. Le ruisseau dessine d'abrupts méandres à travers un bois jusqu'à la mer.

Ce jardin contraint le visiteur à ralentir l'allure afin de savourer chaque plante, perspective et instant. Il reflète un âge d'or du jardinage depuis longtemps révolu, lorsque la classe aisée dotait ses manoirs champêtres de ravissants jardins qu'entretenaient des équipes de jardiniers. Contraintes financières mises à part, Coleton Fishacre préserve la distinction et la dignité d'une ère révolue. AJ

Killerton

Angleterre

CRÉATEURS : Thomas Acland, John Veitch, John Coutts, William Robinson
PROPRIÉTAIRE : The National Trust
STYLE : à l'anglaise (XVIIIe et XXe siècles), bois
SUPERFICIE : 8,5 ha
CLIMAT : tempéré
SITUATION : Broadclyst, Exeter, Devon

Le jardin de Killerton fut entrepris dans les années 1770 par Thomas Acland et James Veitch. Fondateur de l'une des pépinières anglaises les plus importantes, ce dernier fut aussi l'un des premiers à financer des expéditions horticoles. On n'est donc pas surpris de découvrir ici les premières introductions de plantes, de grande importance historique et génétique. Près de la demeure, une vaste terrasse est ornée de plates-bandes mixtes qui appartenaient autrefois à un ensemble plus important conçu par William Robinson vers 1900. Les plantes méditerranéennes et de climat chaud constituent l'une des particularités du lieu. Autre élément qui date du début du XXe siècle, la rocaille est plantée d'érables du Japon, de fougères et de primevères. Près de là se dresse un splendide pavillon d'été de style rustique mais très orné qui devait à l'origine accueillir un ours noir américain.

La chapelle privée du domaine est entourée de son propre jardin boisé, où l'on trouve certains des plus vieux séquoias *(Sequoiadendron giganteum)* de Grande-Bretagne et d'autres conifères tels que des cèdres du Japon *(Cryptomeria japonica)* et des *Taiwania cryptomerioides*. On remarquera aussi les chênes-lièges *(Quercus suber)*, les *Juglans ailanthifolia* ainsi qu'un *Zelkova serrata*. Les rhododendrons, azalées et cerisiers forment un spectacle très coloré au printemps et au début de l'été. On trouve aussi ici de vastes parterres de jonquilles – souvent des variétés rares ou anciennes. Les amateurs de plantes devraient apprécier ce jardin à toute époque de l'année. NK

The Garden House

Angleterre

CRÉATEUR : Lionel Fortescue, Katherine Fortescue, Keith Wiley
PROPRIÉTAIRE : The Fortescue Garden Trust
STYLE : jardin naturaliste (XXe siècle)
SUPERFICIE : 3,2 ha
CLIMAT : tempéré
SITUATION : Buckland Monachorum, Yelverton, Devon

L'église constitue encore l'une des superbes vues du jardin.

Ce jardin baptisé Garden House est très admiré pour ses plantations de style naturaliste, réalisées par l'ancien jardinier en chef du lieu, Keith Wiley. Le jardin est né en 1945 lorsque Lionel Fortescue, professeur d'Eton à l'exigence notoire, débuta un jardin clos autour des ruines du presbytère de Buckland Monachrum, qui datait du XVIe siècle. Lorsque Henry VIII ordonna la dissolution des monastères anglais, le dernier père supérieur de l'abbaye de Buckland, à 1 km de là environ, fut nommé pasteur de Buckland Monachorum. L'église constitue encore l'une des nombreuses superbes vues dont on jouit depuis le jardin auquel elle est reliée par une allée de tilleuls.

Fortescue, collectionneur enthousiaste, emplit son jardin de glycines de choix, ainsi que de rares camélias, rhododendrons et azalées. Le jardin abrite plus de six mille variétés, agencées en une série de jardins à l'anglaise, où l'on encourage les plantes à se reproduire comme si elles étaient apparues naturellement. Des volutes de vivaces d'Afrique du Sud, des bulbes subtropicaux éclatants (le jardinier en chef actuel, Matt Bishop, est un passionné) et des érables de l'Himalaya parviennent à s'intégrer parfaitement au paysage dégagé du Dartmoor. Très ancré dans son environnement, le jardin est aussi empli d'urnes, de temples, de murs et de terrasses où l'on retrouve la pierre locale, et même, dans une partie particulièrement envoûtante, un cercle de pierres apparemment très ancien. Le cœur paisible et immobile de ce jardin exubérant demeure le jardin clos de Fortescue, une parcelle romantique de 0,8 ha dotée de terrasses et d'un escalier secret, d'une tour de Raiponce et de volutes de glycine. Selon la saison, on admirera particulièrement les terrasses qui ondulent depuis le pavillon d'été circulaire, au toit de chaume, le jardin de la carrière, riche en plantes alpestres, une prairie fleurie, un jardin de cottage ou les massifs de vivaces d'Afrique du Sud, récemment rénovés. AE

Parc des nains de jardin

Angleterre

CRÉATEUR : Ann Atkin
PROPRIÉTAIRE : Ann Atkin
STYLE : bois (xxe siècle)
et jardin de fleurs sauvages
SUPERFICIE : 1,6 ha
CLIMAT : tempéré
SITUATION : West Putford, Bradworthy, Devon

Il existe un nombre infini de variations pour chaque style de jardin, depuis les parterres jusqu'aux prairies naturelles, mais on ne trouve nulle part ailleurs dans le monde quoi que ce soit qui ressemble à ce parc de nains de jardin. Ces dernières années, ces lutins se sont transformés en emblèmes culturels, apparaissant dans des films tels que *Le Fabuleux Destin d'Amélie Poulain*, des publicités ou des vitrines de magasins à la mode. Il faudra peut-être attendre un moment encore avant qu'on n'en voie à l'Exposition florale de Chelsea, mais les nains étant des esprits de la forêt, ils ne sont jamais plus heureux qu'en pleine nature. C'est exactement là que les a placés Ann Atkin.

Fondée par cette dernière il y a vingt-cinq ans, The Gnome Reserve accueille désormais les amateurs du monde entier. Dès que l'on pénètre dans ce bois paisible et que l'on découvre les nains essaimés sous les hêtres, la magie s'instaure. On en découvre plus de mille en train de pêcher dans le ruisseau, d'attendre le bus, de jouer aux échecs, de pousser des brouettes ou de lire tranquillement dans des recoins moussus. Certains furent réalisés par Ann, paysagiste, mais la plupart proviennent directement de l'imagination de son fils, Richard, qui vit ici avec sa famille et les crée dans son atelier. On a récemment ajouté dans la prairie qui flanque le bois des lutins un jardin de fleurs sauvages où l'on peut découvrir deux cent cinquante espèces de fleurs, plantes aromatiques, graminées et fougères, toutes étiquetées. La réserve abrite aussi un petit musée et une boutique qui vend des nains. VR

> Il y a plus de mille nains éparpillés en train de pêcher dans le ruisseau, d'attendre le bus…

Jardin de Dartington Hall

Angleterre

CRÉATEURS : Henry Avray Tipping, Beatrix Farrand, Percy Cane, Preben Jacobsen
PROPRIÉTAIRE : Dartington Hall Trust
STYLE : moderniste
SUPERFICIE : 12,1 ha
CLIMAT : tempéré
SITUATION : Dartington, Totnes, Devon

Dartington est célèbre pour ses projets artistiques et sociaux novateurs, et cela grâce à Dorothy et Leonard Elmhurst qui acquirent ce domaine en 1925. Conformément à leur philosophie progressiste, le jardin de ce manoir du XIVe siècle, loin d'être rétrograde, possède une atmosphère moderne. C'est la seule création anglaise de Beatrix Farrand, paysagiste américaine. D'autres sont intervenus plus récemment dans le jardin, dont Preben Jacobsen.

Le jardin est agencé autour d'une pelouse plane, large et dégagée, entourée de terrasses gazonnées qui dessinent une pente douce. Bien que l'on pense souvent que c'était déjà un terrain de joute au Moyen Âge, elle date probablement du XVIIIe siècle. Cette partie du jardin est ornée de deux escaliers de pierre flanqués de balustrades, le tout conçu par Percy Cane. Il y a des massifs qui se couvrent de fleurs au printemps, des plantes herbacées et onze ifs d'Irlande (*Taxus baccata* 'fastigiata') qui représentent les apôtres.

Des sentiers traversent des plantations boisées presque sauvages, notamment de grands aplats de primevères, d'anémones et de petits bulbes au printemps. Les arbres adultes et les jolis arbustes abondent : cornouillers de Chine *(Cornus kousa)*, arbres aux mouchoirs *(Davidia involucrata)* ainsi que cerisiers et pommiers sauvages. Une statue de Henry Moore qui représente une femme allongée se trouve au bout d'une allée de vieux châtaigniers. Le jardin de Dartington montre comment on peut intégrer une approche moderne à un environnement historique. NK

Knightshayes Court

Angleterre

CRÉATEUR : Edward Kemp, famille Heathcoat-Amory
PROPRIÉTAIRE : The National Trust
STYLE : victorien, à la française, bois
SUPERFICIE : 20,2 ha
CLIMAT : tempéré
SITUATION : Tiverton, Devon

Il y en a pour tous les goûts à Knightshayes, entre les terrasses et parterres à la française, la promenade au milieu du bois et le merveilleux potager clos. Ce grand jardin qui complète une imposante demeure victorienne fut réalisé à la fin du XIXe siècle par le paysagiste Edward Kemp, disciple de Joseph Paxton à Chatsworth dans le Derbyshire (voir p. 250).

Le manoir qui domine la vallée de Tiverton fut érigé en 1869 pour John Heathcoat-Amory, qui avait fait fortune dans le textile et désirait pouvoir contempler depuis chez lui l'œuvre de sa vie – une grande fabrique de dentelles située à Tiverton. Les jardins victoriens ne changèrent quasiment pas jusque dans les années 1950 lorsqu'ils furent développés par une nouvelle génération de Heathcoat-Amory. Celle-ci entreprit d'ambitieuses nouvelles plantations dans les jardins à la française comme dans les bois. Aujourd'hui, c'est le National Trust qui est chargé du site.

Le jardin à la française, devant le manoir, est ravissant au printemps et en été lorsque les plates-bandes d'herbacées, longues de 36 m, sont à leur apogée. Dans la partie supérieure de la terrasse, divers petits compartiments ont été aménagés, dont un jardin pavé orné de glycines classiques et d'un paisible bassin encadré d'une haie d'ifs crénelée. Une vaste pelouse en pente, parsemée de bulbes, guide le regard jusqu'à la lisière du jardin. La promenade des bois déborde de spécimens intéressants, dont des magnolias, rhododendrons et hortensias.

À l'écart de ces jardins, sur une pente exposée au sud, le potager de 1,6 ha a retrouvé sa gloire victorienne. C'est une réussite triomphale qui regorge de légumes biologiques, agencée, selon le plan original, autour d'un bassin de pierre central, de plates-bandes d'herbacées, de serres et de dépendances. Mais ce potager ne constitue que l'une des raisons de visiter Knightshayes. CF

Jardin Rosemoor

Angleterre

CRÉATEURS : Anne Berry, Elizabeth Banks Associates
PROPRIÉTAIRE : Royal Horticultural Society (RHS)
STYLE : varié (XXe et XXIe siècles)
SUPERFICIE : 26,5 ha
CLIMAT : tempéré
SITUATION : Rosemoor, Great Torrington, Devon

Niché dans la vallée de la Torridge, Rosemoor abrite une gamme de jardins réalisés au cours des dix-huit dernières années, notamment un jardin de passionnée de plantes, très original, créé par Anne Berry qui fit don du lieu tout entier à la RHS en 1988.

On a fait usage à Rosemoor, très ancré dans le paysage environnant, de techniques traditionnelles et de matériaux de la région. Le jardin est situé au milieu d'un domaine boisé, et les nouvelles parties ont été aménagées en respectant l'agencement des anciens champs. Le parc paysager et l'arboretum sont parmi les éléments majeurs du site, tandis que le plus grand des jardins, très structuré, abrite de nombreux massifs, et que les diverses parties du jardin sont emplies de roses, selon des thèmes chromatiques chauds et froids. On trouve aussi ici des plates-bandes d'herbacées assorties, un jardin de cottage et un autre de plantes aromatiques, un potager, un jardin de feuillage, des jardins de démonstration, un jardin d'hiver, des plates-bandes surélevées et des plantes alpines de serre.

Le jardin potager et fruitier, caché derrière un verger de variétés locales, démontre une riche gamme de produits et de techniques de culture. La ravine dont la rocaille accueille de nombreux bambous et plantes des sous-bois conduit à l'est au jardin original d'Anne Berry, autour du manoir. Il est constitué d'une série de petits jardins qui abritent des plantes tendres, insolites ou rares. On a aussi établi ici de grands jardins boisés, et un nouvel arboretum accueille des arbres et arbustes de l'hémisphère Nord. CBa

Jardins subtropicaux d'Abbotsbury

Angleterre

CRÉATEUR : lady Ilchester
PROPRIÉTAIRE : Domaine d'Ilchester
STYLE : subtropical (XIXe siècle)
SUPERFICIE : 8,1 ha
CLIMAT : tempéré
SITUATION : Abbotsbury, Weymouth, Dorset

Les jardins subtropicaux d'Abbotsbury sont nichés au cœur d'une vallée cachée, tel un Shangri-La secret. D'un côté s'étend une plage sauvage et rocailleuse, de l'autre une butte arthurienne, surmontée d'une mystérieuse chapelle. Dans cette profonde combe protégée qui jouit d'un microclimat doux et humide, des générations successives d'Ilchester ont créé un royaume himalayen privé en important de nombreuses plantes rares, souvent considérées comme trop fragiles pour être cultivées à l'extérieur. Elles prospèrent ici pour former un jardin à la luxuriance exotique.

Ses débuts furent cependant très prosaïques. En 1765, le jardin clos central, qui abrite aujourd'hui des palmiers de Chine *(Trachycarpus fortunei)*, était encore le potager de la comtesse d'Ilchester. Il s'accrut progressivement pour atteindre ses dimensions actuelles et devint célèbre pour ses bosquets de camélias, ses magnolias et sa vaste collection de rhododendrons et d'azalées. Aujourd'hui, il abrite une gamme toujours plus importante de plantes exotiques originaires des quatre coins du monde.

Depuis le potager d'origine, désormais un jardin victorien aux plantes subtropicales estivales arborant des couleurs éclatantes, des sentiers sinueux conduisent à la pelouse ouest à travers des fourrés de bambous et des bois d'une grande douceur jusqu'à la clairière himalayenne, un spectacle époustouflant au printemps comme à l'automne. Un jardin néo-zélandais ensoleillé, d'une atmosphère très différente, laisse à son tour la place à des étangs à nénuphars puis à un talus méditerranéen. En contrebas, un jardin encaissé romantique est empli de pots et des cris des kookaburras. Autre élément passionnant du jardin, un nouveau poste d'observation domine la « côte jurassique » du Dorset. AE

Jardins d'Athelhampton House

Angleterre

CRÉATEURS : Alfred Cart de Lafontaine, Francis Inigo Thomas
PROPRIÉTAIRE : Patrick Cooke
STYLE : à l'italienne
SUPERFICIE : 6 ha
CLIMAT : tempéré
ADDRESS: Athelhampton, Dorchester, Dorset

Sir William Martyn entreprit la construction du manoir d'Athelhampton en 1485. Il fut suivi par quatre générations de Martyn puis par une succession de propriétaires jusqu'à ce que la famille Cooke achète la demeure et ses jardins en 1967. C'est Alfred Cart de Lafontaine qui, entre 1881 et 1899, réalisa ces jardins ordonnés mais d'autres parties, comme la grande cour, la terrasse ou le jardin privé, sont de brillantes créations de Francis Inigo Thomas.

Athelhampton est un lieu magique fait d'exquis jardins ordonnés et intimes à l'atmosphère très italienne. La terrasse, flanquée de pavillons à chaque extrémité – respectivement la maison de la joie et de l'été, et la maison du chagrin et de l'hiver –, conduit en contrebas à la grande cour qui abrite une pelouse et un élégant bassin à poissons entouré d'impressionnantes pyramides topiaires. La corniche circulaire de style élisabéthain, est le point central du jardin. Ses murs aux formes sinueuses sont surmontés de hauts obélisques de pierre et adossés à des haies d'ifs taillés qui entourent une fontaine. Le jardin privé, tout au contraire, est l'exemple même de la simplicité. Bénéficiant de vues sur le canal, il est bordé d'un côté du mur de l'ancien potager, à la chaleur duquel prospèrent des spécimens adultes de *Magnolia delavayi* et de *M. grandiflora*. L'allée de tilleuls mène à un cloître octogonal où des tilleuls au tronc entrelacé encadrent un bassin octogonal lui aussi. On termine la visite en beauté sur les rives de la Piddle en direction d'une grande pelouse dégagée où un colombier ancien peut accueillir jusqu'à mille cinq cents oiseaux. RL

Boveridge House

Angleterre

CRÉATEURS : Gertrude Jekyll, Thomas Mawson
PROPRIÉTAIRE : Philip Green Memorial School
STYLE : édouardien
SUPERFICIE : 6 ha
CLIMAT : tempéré
SITUATION : Cranborne, Wimborne, Dorset

Ce jardin illustre merveilleusement la collaboration entre Gertrude Jekyll et le paysagiste Thomas Mawson. Malgré leurs réalisations impressionnantes, ils se détestaient cordialement et n'étaient jamais au courant de la participation de l'autre au projet.

Nichés dans la campagne du Dorset, les jardins furent négligés après la Seconde Guerre mondiale. On devine toutefois toujours l'empreinte de Mawson aux longues allées, terrasses et perspectives contrôlées qui s'étendent jusque dans le parc, aux éléments architecturaux et à la structure des plantations. Les plantes de Jekyll ont cependant disparu au fur et à mesure que plates-bandes et parterres souffraient d'abandon. Grâce à des photos aériennes prises par l'aviation allemande en 1938 et britannique en 1942, une équipe, comprenant le paysagiste anglais Chris Beardshaw, est parvenue à rendre au jardin sa splendeur édouardienne.

Dans le jardin du cadran solaire, désormais restauré et encadré d'une haie d'ifs, des parterres trapézoïdaux abritent deux variétés de phlox encadrées de *Bergenia cordifolia* et d'*Aster divaricatus*. Ces parterres rayonnent à partir de la base octogonale du cadran, selon les spécifications de Gertrude Jekyll. Les nénuphars qu'elle adorait, tels que *Nymphaea* 'Marliacea Carnea', originaires de la légendaire pépinière Latour-Marliac, embellissent le bassin. Plus passionnant encore, la longue allée parcourt de grands aplats de molènes, *Sedum*, achillées et chardons bleus, certaines des plantes préférées de Jekyll qui fleurissaient déjà ici dans les années 1920. EH

Cranborne Manor

Angleterre

CRÉATEUR : John Tradescant l'Ancien
PROPRIÉTAIRE : lady Salisbury
STYLE : XVIIe siècle, Arts and Crafts (XXe siècle)
SUPERFICIE : 3,2 ha
CLIMAT : tempéré
SITUATION : Cranborne, Wimborne, Dorset

Cranborne Manor allie avec succès un agencement jacobéen avec des plantations de style Arts and Crafts du XXe siècle et des sculptures contemporaines.

La demeure fut offerte par le roi James Ier à Robert Cecil, premier lord Salisbury, au début du XVIIe siècle. John Tradescant l'Ancien, le jardinier de ce dernier, serait responsable de la structure du jardin et aurait réalisé le petit mont depuis lequel on peut contempler les parterres. Aujourd'hui, dans cette partie du jardin définie par des haies d'ifs, les parterres qui entourent le mont sont bordés de buis et emplis de lavande, tandis que d'autres abritent des clématites, roses, *Salvia* et lis.

Près de là se trouve une tête sculptée, œuvre d'Elizabeth Frink baptisée *In Memoriam*. Une juxtaposition similaire du moderne et de l'ancien se produit près de la maison du gardien, du XVIIe siècle, où une sculpture contemporaine d'Angela Connor se dresse au centre d'un cercle de gazon. On trouve aussi un jardin de plantes aromatiques dont les parterres, qui comprennent des *Rosa gallica* et des chèvrefeuilles, sont bordés de santoline. Au plus fort de l'été, les pergolas croulent sous les roses et les plates-bandes d'herbacées complètent le tableau d'un jardin anglais résolument romantique. Dans le verger, les arbres fruitiers sont agencés en espalier contre les murs, et les légumes poussent à l'intérieur de cages qui les protègent des poules. JH

À DROITE Le visiteur des jardins très fleuris de Cranborne Manor y trouvera un délicieux « tea room » pour découvrir toutes les spécialités locales.

Springhead

Angleterre

CRÉATEURS : Harold Squire, Rolf et Marabel Gardiner, Rosalind Richards
PROPRIÉTAIRE : The Springhead Trust
STYLE : sauvage, semi-structuré, structuré (XXe siècle)
SUPERFICIE : 2,8 ha
CLIMAT : tempéré
SITUATION : Fontmell Magna, Shaftesbury, Dorset

C'est l'eau pure qui sort à gros bouillons du sable tendre qui donne son nom à Springhead (« source » en français). Ruisseau argenté qui nourrit un lac, elle prend son élan avant de disparaître derrière un moulin du XVIIIe siècle. La maisonnette de la cour d'entrée est couverte de roses tandis que des arbustes encadrent le moulin et que le jardin demeure un merveilleux secret qui attend d'être découvert.

Au cours des années 1930, Rolf Gardiner transforma Springhead en centre pour « régénération champêtre », tandis que Maribel Gardiner créait d'immenses plates-bandes d'herbacées et une rotonde vénitienne, sur la rive du lac, qui devait accueillir concerts et festivals. Lorsque leur fille, Rosalind Richards, revint à Springhead en 1997, elle dut sauver le jardin de l'abandon. Tout en réduisant les soins d'entretien nécessaires, elle est parvenue à lui conserver sa beauté en toutes saisons. Sur les terrasses, les buissons et plantations mixtes vont du crème, des gris argentés et des tons lilas jusqu'aux bleus sombres et aux rouges prune et violets profonds. Entre les parterres, des tonnelles permettent d'admirer la rotonde qui paraît flotter sur l'eau. Elle disparaît avec les élévations de terrain et les plantations plus sauvages, faites de fleurs des champs, de jardins humides, d'un hêtre pourpre et d'un katsura *(Cercidiphyllum japonicum)*. Depuis le pont qui enjambe le ruisseau, on peut découvrir la source plus haut dans la vallée. Au-delà, un immense chêne vert *(Quercus ilex)* se dresse au-dessus de Springhead, tel un esprit protecteur. EH

The Coach House

Angleterre

CRÉATEUR : Penelope Hobhouse
PROPRIÉTAIRE : Penelope Hobhouse
STYLE : à l'anglaise, jardin champêtre moderne (XXe siècle)
SUPERFICIE : 0,4 ha
CLIMAT : tempéré
SITUATION : Bettiscombe, Dorset

Coach House (l'« arrêt de diligence » en français) abrite deux jardins : l'un, clos, richement planté et principalement méditerranéen, est situé à l'arrière de la maison tandis que celui de l'avant est vert et dégagé. Ils sont reliés par un axe marqué qui traverse la maison. L'éternel problème du jardinier à la campagne est de s'assurer que son jardin se fonde dans le paysage environnant. La solution de Penelope Hobhouse fut de créer à l'avant un jardin gazonné accompagné de haies qui se mêlent aux collines adjacentes de la magnifique vallée de Marswood. Au centre du jardin, un miroir d'eau rectangulaire bordé d'acier inoxydable est délimité par un rideau de poiriers. De chaque côté de l'allée d'ifs centrale, des clôtures de charme cachent des fruits, légumes et fleurs à couper – ici une cage à fruits ou de lourdes courgettes escaladant la pile de compost, là un nuage de fleurs blanches ou une rangée de pois de senteur.

Penelope Hobhouse a récemment déclaré qu'elle était lasse de la couleur mais le petit jardin derrière la maison témoigne de son talent de coloriste. Chaque été, son jardin s'emplit de visiteurs passionnés, carnet de notes à la main. L'enchevêtrement luxuriant de buissons parfumés et de plantes xérophytes paillées au gravier, avec sa géométrie simple, ses pergolas qui croulent sous les fleurs, ses recoins secrets et ombragés ainsi que son tapis de plantes couvre-sol forment un contraste avec les lignes très pures de l'avant.

Penelope Hobhouse, qui a désormais plus de soixante-dix ans, menace de tout déterrer. Dépêchez-vous de le visiter avant qu'elle ne tienne parole ! AE

Jardins Mapperton

Angleterre

CRÉATEURS : Ethel Labouchere, Victor Montagu
PROPRIÉTAIRE : lord Sandwich
STYLE : XVIIe siècle, à l'italienne (XXe siècle)
SUPERFICIE : 5,6 ha
CLIMAT : tempéré
SITUATION : Beaminster, Dorset

Peu de jardins surprennent autant que Mapperton dans le Dorset lorsqu'on le découvre pour la première fois. Devant ce manoir des XVIe et XVIIe siècles se trouve une cour où poussent roses et clématites. D'un côté, une vaste pelouse n'est ornée que d'une étroite bande de parterres le long d'un mur, joli mais discret. Puis, lorsqu'on traverse cette pelouse, on s'aperçoit soudain que le jardin dessine un dénivelé abrupt à droite grâce à une série de terrasses à l'italienne.

Des escaliers de pierre descendent avec élégance dans le vallon entre haies d'ifs taillés et glands topiaires. Tout en haut se dresse une orangerie néo-classique, puis au-dessous, sur une terrasse centrale encadrée de topiaires, un bassin octogonal abrite en son centre une fontaine. Au-delà, une pergola est couverte de vigne, glycine, roses et chèvrefeuille. Au-dessous encore, le jardin devient moins structuré, et finit par se fondre dans un petit arboretum.

Les plantations qui entourent l'orangerie sont méditerranéennes et comprennent des plantes à feuillage gris, dont *Artemisia* 'Powis Castle', *Phlomis italica* et des *Salvia*. Le large escalier est ponctué de pots de terre cuite qui contiennent des pyramides de buis ou autres plantes appréciant le soleil telles que *Helichrysum petiolare* et pélargoniums qui continuent à fleurir tout l'automne. Des statues sont placées sur des piédestaux dans des niches d'ifs en haut de chaque volée, pour un effet spectaculaire. C'est la façon dont ce jardin à l'italienne, très ordonné, paraît être tombé du ciel au milieu des champs anglais où broute le bétail qui s'avère encore le plus attrayant. VB

Jardin de Minterne

Angleterre

CRÉATEUR : Robert Digby, famille Digby
PROPRIÉTAIRE : Lord Digby
STYLE : jardin boisé (XVIIIe et XIXe siècles)
SUPERFICIE : 10, 1 ha
CLIMAT : tempéré
SITUATION : Minterne Magna, Dorchester, Dorset

Minterne fut loué à la famille Churchill jusqu'en 1768, date à laquelle l'amiral Robert Digby acquit le domaine et commença à l'aménager. Il fit planter des rideaux de hêtres protecteurs, construire des ponts et réaliser des cascades et lacs. Divers arbres furent plantés dont des aucubas, buis, houx, lauriers et *Rhododendron ponticum*. On ajouta aussi des bambous au cours des années 1890. Le jardin ainsi mieux protégé du vent, on planta dans le sable vert des vallées de Minterne des *Rhododendron falconeri*, aux feuilles immenses, ainsi que des éricacées ligneuses. Les conditions étaient désormais parfaitement adaptées à l'introduction de divers rhododendrons découverts par les grands chasseurs de plantes qu'étaient E.H.Wilson, Reginald Farrer, George Forrest, Joseph Rock et Frank Kingdon-Ward. Quatre générations de Digby ont ainsi entretenu et accru ce patrimoine horticole.

Le bois sauvage, en forme de fer à cheval et situé en contrebas du manoir, abrite plus de 600 m d'allées parmi les rhododendrons et azalées. En les suivant, on descend dans la vallée pour rejoindre un ravissant étang naturel où poussent des plantes de marécage colorées et séduisantes, encadrées de magnifiques arbres aux mouchoirs *(Davidia involucrata)*.

Minterne House constitue l'un des plus beaux exemples d'architecture édouardienne. Construit en 1906 de pierre couleur miel, il remplaça la demeure originale, abattue en 1903 à cause de la pourriture sèche. Typiquement anglais, le manoir domine des champs et vallons qui rappellent le décor d'un tableau de Gainsborough. RL

Sticky Wicket

Angleterre

CRÉATEUR : Pam et Peter Lewis
PROPRIÉTAIRE : Pam Lewis
STYLE : jardin champêtre (XXe s.) respectueux de la faune
SUPERFICIE : 1,4 ha
CLIMAT : tempéré
SITUATION : Buckland Newton, Dorchester, Dorset

À Sticky Wicket, Pam Lewis, écologiste, et son mari Peter ont créé un jardin dont la mission est de protéger et nourrir les oiseaux et autres animaux. Lewis se bat pour la création de jardins qui soient des refuges pour la faune sauvage. Le jardin abrite des habitats humides, des prairies, des haies et des taillis, ainsi que des plantes qui offrent nourriture et abri. Les graminées font écho aux battements d'ailes et les plantes indigènes attirent les insectes dont se nourrissent les oiseaux qui peuvent nicher dans les haies.

La couleur constitue cependant l'un des plaisirs principaux du lieu. Le jardin des oiseaux est rose et prune, tandis que celui des grenouilles est bleu et jaune. Le clou de l'endroit est le jardin circulaire, où, dans une série de cercles concentriques, les tons pastel, roses et lavande, laissent la place au violet, au magenta et au cramoisi. Ensoleillé et dégagé, doté de chauds sentiers de gravier, de nombreuses plantes aromatiques ou à nectar, c'est un vrai paradis pour les abeilles, les papillons et les photographes. Au-delà s'étend une zone sauvage, recouverte de fleurs blanches, riche de fruits et baies à l'automne ainsi que deux magnifiques prairies fleuries. Il y a enfin un potager biologique et un taillis relativement récent de bouleaux et de pins sylvestres.

Principalement refuge pour les animaux, Sticky Wicket est aussi le plus pittoresque des jardins, l'un des plus beaux de Grande-Bretagne. AE

À DROITE Plantations exubérantes de Sticky Wicket, paradis écologiste au cœur de la campagne du Dorset.

Jardin de Bramdean House

Angleterre

CRÉATEUR : Victoria Wakefield
PROPRIÉTAIRES : Hady et Victoria Wakefield
STYLE : à la française (XXe siècle), naturaliste
SUPERFICIE : 2,4 ha
CLIMAT : tempéré
SITUATION : Bramdean, Alresford, Hampshire

Un sentier tondu dessine un ruban vert à travers les trois jardins principaux de Bramdean House. En apercevant la porte bleue, on pourrait être tenté de se diriger vers la grange aux pommes, à l'extrémité, mais on manquerait de nombreux éléments intéressants. La visite débute par un chef-d'œuvre paysager – les bordures symétriques qui font la célébrité du jardin.

Ces doubles bordures abritent plus de cent espèces différentes agencées en parfaite symétrie. Des plantes au feuillage important confèrent sa structure au jardin tandis que les pois de senteur qui poussent sur des cages en noisetier apportent des touches de couleur. Finalement, les pieds d'herbe aux chats (*Nepeta grandiflora* 'Bramdean' et *N.* 'Six Hills Giant') établissent un joli rythme visuel. Un ruban de gazon gravit ensuite une pente douce jusqu'aux belles grilles en fer forgé entre deux murs de briques patinées, puis traverse le potager carré où des arbres fruitiers en espalier cachent des rangées de légumes, fruits et fleurs à couper. Des deux côtés des hauts murs, on découvre une vaste gamme de buissons, tout comme des rosiers grimpants, dont 'Rambling Rector', baptisé en l'honneur d'un pasteur qui vécut ici. Au milieu du mur le plus éloigné du potager, une porte marque un changement d'atmosphère entre l'abondance ordonnée des produits du jardin et les plantations plus sauvages qui flanquent le sentier herbeux large au milieu du verger.

Les parties latérales sont réservées aux travaux horticoles, avec un coin pour les semis et un autre pour le compost, qui permet aux parterres et plates-bandes d'éclater de santé tout au long de la saison. EH

Jardins d'Exbury

Angleterre

CRÉATEUR : Lionel de Rothschild
PROPRIÉTAIRE : Edmund de Rothschild
STYLE : bois (XXe siècle)
SUPERFICIE : 101,2 ha
CLIMAT : tempéré
SITUATION : Exbury, Southampton, Hampshire

Il n'est pas étonnant que Lionel de Rothschild, qui, selon certains, « était banquier à ses moments perdus et jardinier de profession », ait créé l'un des jardins de rhododendrons les plus célèbres au monde entre 1919 et 1942, date de son décès. Grâce à son enthousiasme pour les découvertes des chasseurs de plantes Frank Kingdon-Ward, George Forrest, Joseph Rock et Ernest Wilson, bon nombre d'entre elles furent introduites à Exbury. Sa passion pour les rhododendrons donna lieu à la création d'une collection inégalée et de certains des plus beaux hybrides que l'on puisse admirer dans les immenses jardins boisés d'Exbury.

Ceux-ci abritent de grands étangs qui, au printemps, reflètent les tons riches des azalées et érables. À l'automne, le spectacle du feuillage multicolore est époustouflant. La rocaille, qui exigea deux ans de travaux, est probablement la plus grande d'Europe – on installa une voie ferrée miniature afin de déplacer l'immense rocher utilisé lors de la construction de ce jardin de 0,8 ha.

Le fils de Lionel, Edmund de Rothschild, propriétaire actuel, ouvrit les jardins au public en 1955. Il a continué à développer leur diversité, a ajouté un train à vapeur, et, au fil des ans, une belle collection d'arbres a été plantée par une série de visiteurs royaux. RL

À l'automne, le feuillage multicolore est époustouflant.

Jardin de Brandy Mount House

Angleterre

CRÉATEURS : Michael et Caryl Baron
PROPRIÉTAIRES : Michael et Caryl Baron
STYLE : jardin d'expert horticole (XXe siècle)
SUPERFICIE : 0,6 ha
CLIMAT : tempéré
SITUATION : Alresford, Hampshire

Des centaines de pèlerins affluent ici chaque année en février. Ce sont des passionnés de perce-neige, et Brandy Mount est leur Mecque. Il est rare de trouver une collection de plantes aussi importante dans un jardin de centre-ville, mais derrière cette maison ordinaire d'Alresford, une collection de bulbes fait battre le cœur des « galanthophiles ».

Ce jardin fut créé par Michael et Caryl Baron qui emménagèrent ici au début des années 1980. Ils ne possédaient alors que quelques variétés de perce-neige, mais vingt-cinq ans plus tard, on en dénombre environ deux cent cinquante types au sein d'une collection nationale. À partir de la fin de l'hiver jusqu'au début du printemps, les perce-neige fleurissent dans les parterres et dépressions ainsi qu'en touffes sur la pelouse. Michael offre des visites guidées au cours desquelles il débite avec aisance de longs noms compliqués. Parmi les trésors du jardin, citons *Galanthus elwesii* 'Moya's Green' dont les pétales sont bordés d'un vert léger, et *G. koenenianus*, aux feuilles ondulées. Ces particularités expliquent l'amour de Michael pour les perce-neige : « Ce sont ces minuscules différences, qui rendent certaines personnes folles, que j'aime. »

Au printemps, l'air embaume du parfum d'une centaine de variétés de lauriers des bois, dont la plupart poussent sur une terrasse à côté de la demeure. Ils côtoient une partie de la collection de plantes alpines de Michael, dont des narcisses et saxifrages nains, même si les bulbes plus rares sont dans la serre. MC

Jardin d'eau de Longstock

Angleterre

CRÉATEURS : John Spedan Lewis et autres
PROPRIÉTAIRE : John Lewis Partnership
STYLE : jardin aquatique (XXe siècle)
SUPERFICIE : 30,3 ha
CLIMAT : tempéré
SITUATION : Stockbridge, Hampshire

Les jardins contemporains réalisés à Longstock furent principalement imaginés par John Spedan qui acquit ce domaine en 1946. Aidé par son majordome qui abandonna l'office pour la bêche de jardinier, il tripla la superficie des jardins qui se transformèrent en petite Venise, les bordures cédant la place à des lagunes et les sentiers à une eau cristalline.

Dans de nombreux jardins, l'élément aquatique n'est que sous-jacent. À Longstock, il a la vedette grâce à une extraordinaire gamme de ruisseaux et ruisselets, tous alimentés par la Test, une rivière voisine. Même si l'endroit rappelle parfois le jardin sauvage du paysagiste William Robinson, on éprouve généralement le sentiment que l'on y recherche l'excellence à travers un entretien soigné. Les îles, reliées par de simples ponts de planches, sont méticuleusement tondues, leurs lisières adoucies par de vigoureuses plantations, de style naturel, de plantes herbacées telles que géraniums, hostas, iris, ligulaires, lysichitons et primevères, et par de grands aplats d'astilbes. De beaux arbres et de solides buissons délimitent l'espace ; au printemps, d'éclatants rhododendrons éclairent les bois environnants, tandis que les aulnes communs (*Alnus glutinosa* 'Laciniata') et les cyprès chauves *(Taxodium distichum)* qui se dressent vers le ciel apportent au jardin sa verticalité. L'endroit vaut largement le détour. JB

À DROITE Des plantations luxuriantes dans l'une des lagunes marécageuses du jardin aquatique de Longstock.

Jardin de l'abbaye de Mottisfont

Angleterre

CRÉATEURS : Graham Stuart Thomas et autres
PROPRIÉTAIRE : The National Trust
STYLE : roseraie enclose (XXe siècle), parc paysager
SUPERFICIE : 14,1 ha
CLIMAT : tempéré
SITUATION : Mottisfont, Romsey, Hampshire

L'ancien potager clos de ce prieuré du XIIIe siècle abrite la collection nationale britannique de roses anciennes depuis les années 1970, lorsque Graham Stuart Thomas, spécialiste de ces fleurs, conçut la roseraie pour le National Trust. Il adapta le site à l'aide de rosiers, grimpants ou non, issus de sa propre collection de roses anciennes datant d'avant 1900. Il préserva les anciens sentiers, les haies de buis et les arbres fruitiers, planta des roses dans tout le jardin qu'il compléta de vivaces rustiques telles que lavande et herbe aux chats, ce qui s'avéra novateur à l'époque. Mottisfont est ainsi devenu synonyme de roses historiques aux noms extraordinairement romantiques. *Rosa alba* 'Cuisse de Nymphe', *R. mundi*, aux rayures cramoisies et blanches, ou encore *R.* 'Ispahan', originaire de la Perse ancienne, ne sont que quelques-unes des cinq cent vingt variétés qui prospèrent ici.

Au début de l'été, Mottisfont resplendit. Les fleurs se sont épanouies, et une alchimie magique se produit en soirée. C'est comme si l'on pénétrait à l'intérieur d'un nuage d'arômes, où les plus légères des fragrances citronnées se mêlent aux parfums riches et épicés. Les portes du jardin demeurent ouvertes en soirée tout au long du mois de juin afin que l'on puisse découvrir cet extraordinaire phénomène.

Un complexe parterre de buis et de lavande a été réalisé devant la maison et une allée de tilleuls conduit à une enceinte d'ifs, octogonale, de Geoffrey Jellicoe. Un grand platane (*Platanus x hispanica*), le plus important de Grande-Bretagne avec une envergure de 1 500 m², appartient à la collection nationale. SA

Jardins de sir Harold Hillier

Angleterre

CRÉATEURS : Harold Hillier, conseil régional du Hampshire
PROPRIÉTAIRE : conseil régional du Hampshire
STYLE : arboretum (XXe s.), jardin d'expert horticole
SUPERFICIE : 72,9 ha
CLIMAT : tempéré
SITUATION : Ampfield, Romsey, Hampshire

Harold Hillier fut l'un des grands horticulteurs du XXe siècle. « Pendant que les autres parlent de préservation, je la mets en pratique, disait-il. Je mets des racines en terre. Je plante, plante, plante. » Vous pouvez admirer les résultats dans les jardins de son ancienne demeure du Hampshire, désormais ouverte au public, où l'on trouve sa collection personnelle de plantes et arbres rares et insolites, débutée en 1953. Sir Harold voyagea énormément, collectant des plantes dans le monde entier, renvoyant même des boutures en Grande-Bretagne au cours de sa lune de miel. En résulte un site qui regorge de trésors – quarante-deux mille plantes au moins, dont douze mille cinq cents types.

Tout d'abord, le jardin d'hiver, le plus grand d'Europe, abrite des centaines de plantes qui offrent couleurs et inspiration au cours des mornes mois d'hiver. On doit aussi citer le paisible jardin marécageux ombragé de cyprès chauves *(Taxodium distichum)* et de nombreux bambous, le jardin commémoratif de Gurkha, où l'on trouve des plantes du Népal, la promenade de printemps, bordée de camélias, et la vallée d'érables qui s'enflamme à l'automne tout comme le paddock empli d'arbres. Il y a aussi une grande pinède et même une collection de plus de quarante peupliers différents, dont un massif *Populus x canescens* de plus de 30 m de haut.

C'est un jardin que l'on peut visiter toute l'année. Un bulletin, mis à jour de façon hebdomadaire, indique quelles plantes sont de saison. Les nombreuses activités destinées aux enfants raviront les familles. PM

Jardin Spinners

Angleterre

CRÉATEURS : Peter et Diana Chappell
PROPRIÉTAIRE : Peter Chappell
STYLE : jardin boisé naturel
SUPERFICIE : 0,8 ha,
plus arboretum et pépinière
CLIMAT : tempéré
SITUATION : Boldre, Lymington, Hampshire

Ce superbe jardin naturel fut créé par le célèbre horticulteur Peter Chappell et sa femme Diane aujourd'hui décédée. Débuté en 1960, il déborde de plantes rares ou de choix.

Lorsqu'on le visite au printemps, on parcourt les clairières à la découverte de bulbes qui surgissent devant des vivaces herbacées plantées de façon très rapprochée. Les érythrones et une belle collection de trilles éclairent les sous-bois, les magnolias scintillent de fleurs et les camélias et rhododendrons abondent. Il y a aussi une sélection importante d'arbres de premier ordre, dont de magnifiques cornouillers, y compris le splendide 'Satomi', le premier de son genre à être cultivé dans un jardin privé en Grande-Bretagne, et le superbe *Cercis canadensis* 'Forest Pansy' doté d'un merveilleux feuillage pourpre en toutes saisons. Une vaste collection de *Rodgersia*, de plantes marécageuses et d'hostas ainsi que des hortensias animent aussi le jardin. À l'automne, rien n'est plus beau que les érables et *Stewartia* qui y abondent.

Les plantations s'avèrent stimulantes dans ce jardin qui nous montre quelles conditions leur sont particulièrement adaptées. Après avoir noté le nom de certains trésors, dirigez-vous tout droit vers la pépinière où ils sont probablement en vente. RL

Le jardin déborde
de plantes rares ou de choix.

Jardins de West Green House

Angleterre

CRÉATEUR : Marylyn Abbott
PROPRIÉTAIRE : The National Trust
STYLE : interprétation contemporaine de jardins à la française du XVIIIe siècle
SUPERFICIE : 4,5 ha
CLIMAT : tempéré
SITUATION : Hartley Wintney, Hook, Hampshire

Une série de ravissants jardins clos entoure West Green House, une demeure du XVIIIe siècle. Dans l'un d'entre eux, des personnages d'*Alice au pays des merveilles* sont entourés de topiaires et de roses blanches et rouges, un autre abrite de fabuleuses plates-bandes d'herbacées de style naturel. Dans l'excellent potager, la paysagiste Marylyn Abbott mêle plantes comestibles et ornementales. Des globes de *Diervilla* et de viorne structurent ce jardin où blettes et poireaux côtoient tulipes et fritillaires. À chaque printemps, le site se transforme en jardin de contes de fées. Dans le passé, la paysagiste a inclus des éléments médiévaux, romains et amérindiens. Ce dernier exemple était complété d'un tipi et d'un canoë empli de plantes médicinales amérindiennes et entouré de pommes de terre, piments, amaranthes, tournesols et rudbeckias. Marylyn ayant travaillé à l'Opéra de Sydney durant de nombreuses années comme directrice du marketing et du tourisme, il n'est pas surprenant qu'elle ait insufflé une exubérance toute théâtrale à ses jardins.

Ceux-ci sont entourés d'un superbe parc néoclassique. Un nymphée en trompe l'œil doté d'un escalier rénové et de plantations à l'italienne, un nouveau jardin d'eau à la française et un spectaculaire jardin d'Éden apportent encore plus d'élégance à l'ensemble. Une orangerie, un théâtre de verdure et des allées droites font naître un caractère plus ordonné aux alentours de la demeure. West Green est considéré par beaucoup comme l'un des plus beaux jardins de Grande-Bretagne. MB

Ferme Bayleaf de l'écomusée du Weald et Downland

Angleterre

CRÉATEUR : Weald and Downland Museum
PROPRIÉTAIRE : Weald and Downland Museum
STYLE : réplique de jardin médiéval
SUPERFICIE : 0,04 ha
CLIMAT : tempéré
SITUATION : Singleton, Chichester, Sussex de l'Ouest

Le musée du Weald et Downland est un endroit extraordinaire, sorte de refuge pour édifices anciens qui font obstacle à la construction d'autoroutes, barrages et au développement en général. Cette cinquantaine d'habitations ont été assemblées, réparées, meublées et, dans le cas de Bayleaf Farm, accompagnées d'un jardin d'époque authentique.

Cette ferme à colombages date du XVe siècle. Les habitants d'origine reconnaîtraient parfaitement ce jardin qui leur procurait fruits, légumes et plantes aromatiques. Les parterres d'herbes sont délimités par des clayonnages traditionnels et regorgent de romarin, lavande, sarriette, tanaisie, armoise, thym et bourrache. Ces plantes aromatiques étaient essentielles, non seulement pour la cuisine mais aussi pour repousser les puces et les punaises, ou pour parfumer la bière maison. Les abords ont été laissés à l'état sauvage, et abritent de rares nielles des blés, des marguerites, des digitales et des graminées.

Dans le verger, on trouve des néfliers, des pruniers sauvages et des poiriers Warden dont les fruits sont « si durs que l'on pourrait en charger un canon et tuer un homme à 1 000 m », selon le jardinier en chef Bob Holman. Il y a aussi trois petites parcelles boisées plantées de frênes, chênes, prunelliers et noisetiers que l'on élaguait au Moyen Âge pour en faire des perches, des clôtures et du petit bois. SA

Jardins de Leonardslee

Angleterre

CRÉATEURS : Edmund Loder et ses descendants
PROPRIÉTAIRES : Robin Loder
STYLE : parc paysager boisé (XIXe et XXe siècles)
SUPERFICIE : 97,2 ha
CLIMAT : tempéré
SITUATION : Lower Beeding, Horsham, Sussex de l'Ouest

Edmund Loder, qui donna son nom au groupe des *Rhododendron* 'Loderi', créa ces hybrides, salués pour leur apparence noble et leur magnifique parfum, dans le domaine de Leonardslee. Il avait acquis ce dernier en 1889 et, après avoir réalisé un jardin boisé exceptionnel, ouvrit ses portes au public en 1907. Passionné de rhododendrons et de conifères exotiques, il croisa nombre de ces fleurs et planta de rares spécimens d'arbres, dont une variété de palmier de Chine (*Trachycarpus fortunei* 'Surculosa') qui forme des bouquets et ne pousse nulle part ailleurs. Il introduisit aussi dans son parc des antilopes, castors, wallabys et kookaburras. Aujourd'hui, il ne reste que les wallabys – ils « tondent » la pelouse et attirent de nombreux visiteurs.

Des générations de Loder ont préservé le parc de Leonardslee. Pour le propriétaire actuel, Robin Loder, la grande tempête de 1987 a représenté un immense défi. Il a réaménagé et replanté diverses zones afin de constituer une chênaie abritant plus de cent espèces de chênes et de cent quarante espèces d'érables. Tout cela se fond aisément aux coteaux escarpés et boisés de la vallée que parcourent d'innombrables sentiers depuis lesquels on peut admirer les lacs en contrebas.

Mieux vaut visiter Leonardslee au printemps et à l'automne pour ses couleurs, ses magnolias et camélias ainsi que le parfum des *Rhododendron luteum*. La collection d'automobiles de l'ère victorienne et celle de maisons de poupées valent aussi le détour. RL

Jardins de High Beeches

Angleterre

CRÉATEUR : Giles Loder
PROPRIÉTAIRE : High Beeches Gardens Conservation Trust
STYLE : parc boisé et paysager (XXe siècle)
SUPERFICIE : 10,1 ha
CLIMAT : tempéré
SITUATION : Handcross, Sussex de l'Ouest

Les jardins de High Beeches, qui reflètent le caractère spectaculaire et la tranquillité de la campagne anglaise traditionnelle, inspirent le visiteur. Ils furent entrepris en 1906 par le colonel Giles Loder qui passa soixante ans à échanger plantes et idées avec ses amis et cousins horticulteurs de Wakehurst Place (voir p. 428), améliorant sans cesse son jardin empli d'arbres et de buissons du monde entier.

Sa passion des plantes est partout en évidence. Au sommet de la colline, la meilleure prairie à foin du Sussex offre un spectacle digne de John Constable. De petits papillons et abeilles des landes volettent au-dessus des fleurs et graminées indigènes. De profondes ravines humides, emplies de gunnères, plongent à travers les bois pour rejoindre un lac où les libellules se livrent à d'extraordinaires acrobaties.

Les bois sont principalement composés de chênes indigènes qui, tels des piliers de cathédrale, s'élèvent au-dessus d'espèces plus exotiques. La collection de rhododendrons et les azalées au splendide parfum sont spectaculaires. Au pied des arbres, des gentianes à feuilles d'asclépiade prospèrent aux côtés de primevères d'Asie, de fougères et d'iris. Les énormes feuilles en forme de parapluie des *Magnolia macrophylla* sont juxtaposées aux fleurs blanches de *Cornus* 'Norman Hadden'. De vastes massifs de rhododendrons arborent de jeunes feuilles et les *Primula helodoxa* envahissent les talus qui délimitaient autrefois le domaine et forment désormais un ruban d'un jaune délicat. NS

Jardin Denmans

Angleterre

CRÉATEUR : John Brookes
PROPRIÉTAIRE : John Brookes
STYLE : plantations naturalistes au sein de formes structurées (XXe siècle)
SUPERFICIE : 1,6 ha
CLIMAT : tempéré
SITUATION : Fontwell, Arundel, Sussex de l'Ouest

John Brookes, important paysagiste de Grande-Bretagne, offrit dans les années 1960 le concept de jardin comme « pièce d'extérieur » – où manger, s'asseoir et se détendre – à une société anglaise prête au changement. S'inspirant de paysagistes américains tels que Thomas Church, il entreprit de rendre la création de merveilleux jardins accessible à tous, idée qu'il exposa dans des ouvrages et articles de presse.

Situé au cœur du confortable paysage du Sussex dans le sud-est de l'Angleterre, Denmans est un jardin qui enthousiasme les paysagistes et les amateurs de plantes. Il abrite des zones de gravier planté, de vastes pelouses, des parcelles de plantations naturalistes ou de prairie, des bosquets et des haies. L'eau y est présente sous diverses formes et les parcours de découverte variés. Denmans comprend aussi la plupart des principes de l'architecture paysagiste sans qu'ils ne soient jamais forcés ou inappropriés au lieu. Compte tenu de sa taille, le jardin possède une atmosphère très détendue, presque familiale. C'est finalement un jardin qui rassure car quelle que soit la combinaison ou la structure qu'on y observe, on a toujours l'impression de pouvoir parvenir chez soi au même résultat. CY

Le jardin est empreint d'une atmosphère très intime, presque familiale.

Jardin de Borde Hill

Angleterre

CRÉATEUR : Stephenson Clarke, famille Clarke
PROPRIÉTAIRES : Andrewjohn et Eleni Stephenson Clarke
STYLE : jardin boisé, à la française (début du XXe siècle)
SUPERFICIE : 6,8 ha, parc et bois 64,8 ha
CLIMAT : tempéré
SITUATION : Haywards Heath, Sussex de l'Ouest

Borde Hill se dresse sur une hauteur du Sussex, flanqué de panoramas boisés des deux côtés. Ces jardins sont l'œuvre de quatre générations d'une même famille, après que le domaine eut été acheté par l'arrière-grand-père d'Andrewjohn Clarke, le colonel Stephenson Clarke, un naturaliste de talent. Il créa un jardin qui possède désormais une renommée internationale grâce à sa collection d'arbres et arbustes rares.

L'établissement du jardin correspondit à une période intense d'expéditions horticoles. Stephenson Clarke en finança certaines dans l'Himalaya, les Andes, en Chine et en Tasmanie. On découvre ainsi à travers le jardin et le bois une riche variété d'arbres, magnolias et rhododendrons ensemencés sur place ou rapportés comme jeunes plants par ces collectionneurs.

Une série de jardins reliés entre eux entoure le manoir du XVIe siècle tandis que la roseraie, aux parterres bordés de lavande et de buis, abonde en couleurs et parfums au milieu de l'été et au début de l'automne. Les plates-bandes d'herbacées se parent des chaudes couleurs des rudbeckias, kniphofias, hélénies et euphorbes. Les pêches et nérines poussent dans les serres victoriennes restaurées, tandis que des plantes aromatiques au feuillage argenté croissent dans le petit jardin clos méditerranéen. Au-delà s'étendent de grandes pelouses, des vallons boisés et les vastes panoramas de la campagne du Sussex. Le vieux jardin de rhododendrons abrite certains des premiers spécimens chinois introduits en Grande-Bretagne. À la fin du printemps, ils constituent un tableau impressionnant fait de roses, orange et jaunes. VB

Fishbourne

Angleterre

CRÉATEUR : inconnu
PROPRIÉTAIRE : Sussex Archaeological Trust
STYLE : romain
SUPERFICIE : 0,4 ha
CLIMAT : tempéré
SITUATION : Fishbourne, Chichester, Sussex de l'Ouest

Le palais romain de Fishbourne fut édifié entre l'an 75 et 80, on ne sait exactement par qui, probablement Tiberius Claudius Togidubnus, roi vassal des Romains.

Les archéologues ont désormais mis au jour la moitié de la cour centrale, qui était ornée de colonnades sur tous les côtés, depuis l'aile ouest jusqu'au porche de la salle d'audience. Le système d'écoulement des eaux, encore en place, est impressionnant : ses caniveaux recouverts de céramique amenaient l'eau depuis l'aile nord jusqu'à divers ouvrages hydrauliques et irriguaient ainsi les plantations. Toujours clairement visibles après mille neuf cents ans, les tranchées qui accueillaient des haies de buis taillés, destinées à mettre en valeur les statues et les bancs, ont été replantées et bordent l'allée centrale large de 12 m qui relie l'entrée à la salle d'audience.

On a aussi replanté les tranchées du côté est. On a fait pousser des arbres à fleurs sur un cadre en bois en mettant en pratique le conseil de Pline le Jeune, qui aurait déclaré qu'une « rangée d'arbres fruitiers alternant avec des poteaux [devrait être plantée] pour donner l'apparence d'une simplicité champêtre à un environnement doté par ailleurs d'une structure étudiée ». On a aussi agencé de façon systématique, dans de nouveaux massifs, une série de plantes utilitaires romaines. Un nouveau triclinium (de *tri clinos*, ou « trois divans »), ou salle à manger d'extérieur, a été construit afin de donner un aperçu du mode de vie des occupants de la villa, et une maquette montre un jardinier britto-romain en train d'empoter dans son abri. CH

Parham

Angleterre

CRÉATEUR : famille Pearson
PROPRIÉTAIRE : Parham House Charitable Trust
STYLE : parc, jardin d'ornement (XXe et XXIe siècles)
SUPERFICIE : 354,4 ha
CLIMAT : tempéré
SITUATION : Pulborough, Sussex de l'Ouest

Bâti dans les années 1750, Parham est un manoir de pierre grise au milieu d'un cadre splendide. Au-delà des jardins à la française, on découvre le parc des cerfs et les contreforts nord des South Downs, paysage que le monde moderne a laissé intact. Les jardins que l'on admire aujourd'hui ont été principalement réalisés au cours des vingt dernières années, mais ils sont fortement inspirés de l'histoire du lieu. C'est par exemple un saut-de-loup qui cache la limite entre le parc d'agrément et le parc ancien. Bien que moderne, il est en harmonie avec les éléments d'époque, tels que les murs du XVIIIe siècle, et avec les haies d'ifs séculaires. Le labyrinthe, réalisé en 1911, est une réplique d'un motif du lit à baldaquin de la grande chambre du manoir.

On doit aussi mentionner le sentier de gravier, large, qui dessine une pente douce à travers le parc d'agrément doté de pelouses et d'immenses arbres, puis qui conduit à une grille en fer forgé gardée par deux lions en pierre. Au-delà s'étend le jardin clos, de 1,6 ha, divisé par quatre larges allées et abritant un potager et un verger. Désormais planté afin de s'avérer intéressant tout au long de l'année, il fournit au manoir des fleurs coupées qui s'harmonisent à son décor et à ses meubles. Le mur de briques rouges est couvert de clématites, de roses et d'autres plantes grimpantes. Dans un coin, la valériane se faufile à travers un genêt ananas *(Cytisus battandieri)*, tandis que l'alchémille molle et le *Nepeta* moussent sur le sentier. Une solanacée violette a pris les clôtures d'assaut près de la serre dans ce jardin romantique et libre, particulièrement magique le matin en été. VB

Gravetye Manor

Angleterre

CRÉATEUR : William Robinson
PROPRIÉTAIRE : Relais et Châteaux
STYLE : naturaliste (fin XIXe siècle)
SUPERFICIE : 12,1 ha
CLIMAT : tempéré
SITUATION : East Rinstead, Sussex de l'Ouest

William Robinson, paysagiste du manoir de Gravetye, a en partie transformé l'histoire des jardins. Épouvanté par les parterres victoriens tapageurs, il défendit un retour à un style plus libre. Tandis que son influence fut principalement liée aux articles et ouvrages qu'il publia, Robinson créa aussi un jardin où il pouvait mettre en pratique ce qu'il prônait.

Contrairement à nombre de ses pairs, c'était un paysagiste pratique. Il avait travaillé dans les jardins botaniques de Regent's Park à Londres ainsi que pour l'une des principales pépinières de James Veitch. Lorsqu'il acquit ce manoir en 1885, il possédait ainsi une grande expérience. Le site est escarpé et l'on dut aménager autour du bâtiment une série de rustiques terrasses de pierre. Elles sont bordées de plates-bandes mixtes, et l'une d'entre elles abrite même un étang à nénuphars de forme rectangulaire. Au sud du manoir se déploient les prairies d'origine, envahies de fleurs des prés ainsi que de bulbes acclimatés. Caractéristiques de Robinson, elles devinrent à la mode à la fin du XIXe siècle. Après avoir dépassé le lac et gravi à nouveau la pente, les visiteurs atteignent une allée de magnolias qui fleurissent au printemps et des massifs de pins, parroties et rhododendrons. De plus, les arbres occupent ici une place importante depuis toujours, dont des érables, pins, chênes et nombreuses espèces d'Amérique du Nord.

Après la mort de Robinson en 1935, les jardins furent laissés à l'abandon. Ils sont restaurés depuis 1958 et la demeure principale abrite désormais un hôtel, dont le restaurant est à la hauteur du jardin. LH

Jardins de West Dean

Angleterre

CRÉATEURS : Edward James, Harold Peto, Ivan Hicks et autres
PROPRIÉTAIRE : Fondation Edward James
STYLE : XIXe siècle
SUPERFICIE : 40,5 ha
CLIMAT : tempéré
SITUATION : West Dean, Chichester, Sussex de l'Ouest

Comme de nombreux jardins et manoirs historiques, West Dean se fond parfaitement dans son environnement, ici le paysage vallonné des South Downs. La demeure qui accueillait autrefois d'élégantes soirées édouardiennes est désormais une fondation artistique prospère baptisée en l'honneur de son fondateur, Edward James, l'excentrique mécène des surréalistes.

Les jardins, qui ont évolué au fil des siècles mais n'ont jamais bénéficié d'une transformation générale, manquent d'ordre et de cohérence comparés à d'autres grands jardins historiques. Cela est cependant compensé par leur variété et leur aspect. Ils sont composés de 14,1 ha de jardins d'ornement, d'un arboretum de 20 ha, d'un potager victorien clos et d'une pergola de 91,4 m de long. Cette dernière était le chef-d'œuvre de Harold Peto, paysagiste de la haute société de la fin du XIXe siècle, qui créa ce passage massif de pierre et bois pour que l'on puisse y déambuler et s'enivrer du parfum des roses et du chèvrefeuille. Plus beau encore s'avère le jardin clos, où une longue rangée de serres victoriennes étincelantes abrite tout ce que l'on peut imaginer, des orchidées aux aubergines. À l'extérieur, on découvre des plates-bandes d'herbacées, d'innombrables rangées de splendides légumes et des arbres fruitiers taillés. JB

West Dean se fond parfaitement dans son environnement.

Jardin Nymans

Angleterre

CRÉATEURS : Ludwig, Leonard et Maud Messel
PROPRIÉTAIRE : The National Trust
STYLE : champêtre anglais (XIXe et XXe siècles)
SUPERFICIE : 12,1 ha
CLIMAT : tempéré
SITUATION : Handcross, Haywards Heath, Sussex de l'Ouest

On ne réalise jamais de jardin sans rencontrer des obstacles, et certains sites semblent devoir affronter plus que leur part de revers. C'est le cas de Nymans où un incendie dévasta le manoir en 1947 et où la grande tempête de 1987 abattit en une seule nuit quatre cent quatre-vingt-six arbres. Grâce au dévouement de ses propriétaires et jardiniers, Nymans demeure toujours l'un des grands jardins du Sussex.

Développé par trois générations de Messel entre les années 1890 et 1953, année où il fut cédé au National Trust, Nymans est un jardin pour passionnés de plantes. Ses plates-bandes mixtes sont splendides au printemps et en été, et sa ravissante roseraie circulaire abrite une fontaine centrale qui a illustré de nombreux calendriers. Les ruines de l'ancien manoir, ensevelies sous la clématite, la glycine et les roses, constituent une toile de fond romantique au jardin.

Au cœur de ce dernier, le jardin clos abrite de nombreuses plantes rares. On découvre à Nymans de ravissants éléments d'époque, tels que le terrain de croquet, la pergola recouverte de glycine, le jardin encaissé, le jardin de bruyère, l'allée de tilleuls et celle de lauriers où les enfants Messel ont appris à faire de la bicyclette. Le temps n'est jamais suspendu dans ce jardin auquel le National Trust a insufflé une nouvelle vie. On a ainsi repensé et replanté de nombreuses parties après la tempête, dont la roseraie et la pineraie. L'avant-cour et le parterre de broderie ont été récemment rénovés. On affirme souvent en jardinage que le revers d'une année constitue la chance de la suivante, adage que prouve aisément le jardin Nymans. PM

Jardin Highdown

Angleterre

CRÉATEURS : sir Frederick et lady Stern
PROPRIÉTAIRE : municipalité de Worthing
STYLE : à l'anglaise, jardin d'horticulteurs (XXe siècle)
SUPERFICIE : 4 ha
CLIMAT : tempéré
SITUATION : Goring-by-Sea, Worthing, Sussex de l'Ouest

Une immense rose muscade de l'Himalaya cascade le long d'une falaise de craie d'un blanc étincelant au cœur de ce jardin. À son pied ont été plantés d'innombrables arbustes, vivaces et bulbes de printemps, dont des narcisses nains et des perce-neige.

Sir Frederick Stern, ancien chasseur de gros gibier, jockey amateur et haut fonctionnaire, entreprit des travaux à Highdown à partir de 1909. Désireux de prouver que l'on pouvait créer un jardin sur ce site élevé et escarpé au terrain presque exclusivement crayeux, il se livra tout d'abord à des expériences pour découvrir ce qui pouvait y survivre puis utilisa des plantes qui provenaient des expéditions horticoles de Reginald Farrer et Ernest Wilson. La craie joue un rôle clé sur le talus des hellébores où les tons chocolat, violets et verts des variétés *orientalis* contrastent magnifiquement avec la pierre blanche. Ailleurs, des parterres ont été aménagés en forme d'îlots dans la partie en pente du jardin. Ils accueillent des arbres et arbustes rares, dont un *Carpinus turczaninowii*, planté en 1937 par la reine Mary.

Le jardin, ouvert toute l'année, offre de nombreux points d'intérêt au fil des saisons. L'été, dans la longue allée de la pergola, les rosiers adultes sont en fleur, et les parterres regorgent de lis, agapanthes et iris barbus. Le feuillage des arbres s'enflamme à l'automne, et en hiver, c'est leur écorce que l'on admire. Depuis le décès de Stern en 1967, le jardin est géré par la municipalité qui respecte le caractère d'origine du site et a remporté divers prix pour ses méthodes de culture écologiques. MC

Pépinière Marchants

Angleterre

CRÉATEURS : Graham Gough, Lucy Goffin

PROPRIÉTAIRES : Graham Gough, Lucy Goffin

STYLE : jardin d'horticulteurs (XXIe siècle)

SUPERFICIE : 0,8 ha

CLIMAT : tempéré

SITUATION : Laughton, Sussex de l'Est

Pour Graham Gough, le propriétaire de Marchants Hardy Plants, l'inspiration survint alors qu'affalé dans une chaise longue, il contemplait le site qui devait accueillir son jardin. S'animant soudain, il s'empara de la tondeuse et dessina dans l'herbe la forme des parterres, bordures et sentiers. Quelques années plus tard, des graminées qui se balancent dans le vent et des vivaces éclatantes s'harmonisaient avec le panorama spectaculaire des collines du Sussex.

Graham et sa compagne, Lucy Goffin, ont établi Marchants en 1998. C'est essentiellement une pépinière de plantes rustiques, située à côté de leur cottage victorien. Le jardin est principalement exposé au sud mais aussi au vent. Afin de le protéger sans pour autant nuire à son apparence, des clôtures de bois suivent les courbes que dessinent les collines au-delà. Exception faite de deux sentiers de gravier, les lignes droites sont peu présentes. Ce sont un petit mont herbeux et une haie de charmes en spirale qui constituent les deux temps forts du jardin. Ils sont entourés de parterres dont les hellébores d'un bleu ardoise commencent à fleurir dès le début du printemps, lorsque s'animent aussi les branches éclatantes du saule. L'été, les lis et plus de quarante graminées, dont *Miscanthus sinensis* 'Silberspinne', prennent la relève.

Ce jardin est toujours changeant, que ce soit au fil des saisons ou des agencements. Les visiteurs découvrent ainsi toujours de nombreuses nouveautés, à admirer ou à acheter. LH

Jardins Merriments

Angleterre

CRÉATEURS : David et Peggy Weeks

PROPRIÉTAIRES : David et Peggy Weeks

STYLE : jardins d'horticulteurs (XXe siècle)

SUPERFICIE : 1,8 ha

CLIMAT : tempéré

SITUATION : Hurst Green, Sussex de l'Est

Les jardins Merriments appartiennent à la pépinière éponyme voisine qui vend une gamme de plantes éclectique. Les propriétaires, David et Peggy Weeks, sont paysagistes et passionnés de plantes, et l'entretien du site est d'un niveau exceptionnel.

Le visiteur suit un parcours sinueux à la découverte d'îlots plantés de combinaisons ingénieuses de vivaces herbacées, de graminées d'ornement, d'arbustes et de roses qui créent des rideaux de végétation denses et séparent une partie du jardin de l'autre. Malgré les dimensions de ce dernier, développé dans un champ dégagé à partir du milieu des années 1990, on découvre une atmosphère intime et une grande variété. Ce jardin en pente douce, rapidement arrivé à maturité, offre aujourd'hui une vision de couleurs vives et de plantations pleines d'imagination. Les couleurs chaudes dominent la plate-bande dorée qui atteint son apogée à la fin de l'été. Un jardin de gravier bleu, très sophistiqué, fleurit plus tôt dans la saison, notamment grâce à la *Verbena bonariensis* et aux agapanthes. Le style tropical, autour des étangs, forme un contraste frais et luxuriant par rapport à la vitalité et à l'exubérance des plates-bandes, et en 2004, un superbe pont fut aménagé au-dessus des plans d'eau. Plus récemment, on a créé un nouveau jardin à l'entrée, dans le style de la Grande Allée de Monet à Giverny. Les jardins Merriments ne sont donc pas une simple vitrine de la pépinière, mais offrent aussi une leçon de combinaisons horticoles intelligentes. AJ

Charleston

Angleterre

CRÉATEURS : Roger Fry, Vanessa Bell, Duncan Grant ; restauré par Peter Shepheard
PROPRIÉTAIRE : The Charleston Trust
STYLE : à l'anglaise (XXe siècle)
SUPERFICIE : 0,4 ha
CLIMAT : tempéré
SITUATION : Firle, Lewes, Sussex de l'Est

Lorsque, par une chaude journée d'été, les roses et roses trémières préférées de l'artiste Vanessa Bell sont en fleurs et que l'air est empli du parfum des pieds de tabac, on entend presque les rires résonner à Charleston. Peu de jardins sont associés d'aussi près à des personnages aussi créatifs et singuliers que les artistes, écrivains et intellectuels du groupe de Bloomsbury. C'est ce qui fait le charme de celui-ci.

Dans le jardin clos derrière la façade nord de la maison, les pelouses et sentiers de gravier sont agencés selon un plan quadrillé, complété de haies de buis à l'italienne et de bordures généreuses aux couleurs intenses conçues par le critique d'art Roger Fry dans les années 1920. Inspirés par leur amour de la Méditerranée, Vanessa Bell et Duncan Grant ajoutèrent un bassin rectangulaire, placèrent des statues afin de faire naître des perspectives ainsi que des moulages de bustes antiques le long des murs.

Les plantes de style cottage anglais, telles que roses, *Zinnia*, arbustes fleuris, tournesols et roses trémières, emplissent les parterres au pied des vieux pommiers. Les chrysanthèmes, glaïeuls et artichauts sont toujours cultivés comme s'ils étaient destinés à orner des vases et à être peints. La pelouse, qui descend vers un bassin rectangulaire, est bordée d'une touche élégante de lavande argentée. Autour de la placette ornée de mosaïques dans le coin nord-est du jardin, les pruniers de Damas, figuiers, pêchers et les *Rosa* 'Félicité et Perpétue' d'un blanc crème prospèrent à l'abri de murs qui renvoient la chaleur. EH

Great Dixter

Angleterre

CRÉATEURS : Edwin Lutyens, Nathaniel et Christopher Lloyd
PROPRIÉTAIRE : The Great Dixter Charitable Trust
STYLE : agencement en partie ordonné et édouardien, avec plantations des XXe et XXIe siècles
SUPERFICIE : 2 ha
CLIMAT : tempéré
SITUATION : Northiam, Rye, Sussex de l'Est

On éprouve la nette impression que les plantes et les gens prennent plaisir à s'éreinter au travail dans ce jardin dynamique créé par feu Christopher Lloyd. L'équipe, dirigée par Fergus Garrett, entretient l'esprit d'aventure de ce dernier en tentant de nouvelles combinaisons horticoles pour réaliser un jardin à l'intérêt constant « où l'on ne s'ennuie jamais ».

Dans les années 1910, alors qu'il restaurait et agrandissait la demeure, Edwin Lutyens conçut la structure des jardins, d'agencement principalement ordonné, « sans que cela confine à l'indigeste » comme l'expliquait le paysagiste. Les topiaires d'ifs plantées par son père, Nathaniel, apportent à la fois humour et gravité. La liberté de ton ne manque pas non plus grâce à l'herbe folle qui borde le sentier à l'entrée du jardin, où les *Camassia* bleus se sont acclimatés. De l'autre côté de la maison, les bordures des pelouses du verger supérieur, emplies de jonquilles et d'orchidées sauvages, courent parallèlement au Long Parterre, dans une « juxtaposition de plantations presque sauvages et d'autres très maîtrisées » qui plaisait tant à Lloyd. Ici les arbres, arbustes, plantes grimpantes, vivaces et rustiques forment une tapisserie aux couleurs audacieuses. Dans le jardin exotique, protégé, qui remplaça la roseraie structurée de Lloyd en 1993, de vigoureux palmiers et bananiers dominent d'éclatants cannas et dahlias. EH

À DROITE Les plates-bandes exubérantes de Great Dixter combinent avec talent toutes sortes de couleurs.

Wakehurst Place

Angleterre

CRÉATEURS : Gerald Loder, Jardins botaniques royaux de Kew
PROPRIÉTAIRE : The National Trust
STYLE : collection botanique (XXe siècle)
SUPERFICIE : 227,2 ha
CLIMAT : tempéré
SITUATION : Ardingly, Haywards Heat, Sussex de l'Est

Wakehurst est le jumeau des Jardins botaniques royaux de Kew, à Londres (voir p. 386). Souvent qualifié de « Kew champêtre », ce jardin est loué aux Jardins botaniques royaux depuis 1965, qui y cultivent les plantes incapables de prospérer dans une atmosphère citadine. Tandis que Kew souffre de la pollution et possède un sol alluvial pauvre, Wakehurst bénéficie d'un air relativement propre et d'une couche de terre profonde. Cela a permis aux jardiniers de créer une collection botanique complémentaire qui met l'accent sur les plantes de l'Himalaya, les bouleaux, les hypéricacées, les *Nothofagus* et les skimmias.

Les plus structurés des jardins côtoient l'imposante demeure de style Tudor, édifiée en 1590 pour Edward Culpeper. Si tous sont intéressants toute l'année, le jardin clos de sir Henry Price, débordant de vivaces tendres aux tons sourds, est particulièrement somptueux en été, relayé ensuite par le jardin d'hiver, avec ses bruyères, perce-neige et saules éclatants.

Plus loin, les jardins descendent en pente dans la vallée Loder, baptisée en l'honneur de l'ancien propriétaire, Gerald Loder, qui acquit le domaine en 1903 et commença à donner leur forme actuelle à ces derniers. L'atmosphère est détendue et paisible sur ces pentes qui abritent des bosquets de *Daphne bholua* qui embaument au printemps.

Au plus fort de l'été, les lis géants de l'Himalaya *(Cardiocrinum giganteum)* offrent un spectacle impressionnant près de la clairière aux iris. Au fond de la vallée, une réserve naturelle abrite la flore sauvage du Sussex. LH

Jardins de Pashley Manor

Angleterre

CRÉATEUR : Anthony Du Gard Pasley
PROPRIÉTAIRES : James et Angela Sellick
STYLE à la française (XXe siècle)
SUPERFICIE : 4 ha
CLIMAT : tempéré
SITUATION : Ticehurst, Wadhurst, Sussex de l'Est

Pashley Manor offre deux facettes. La façade avant du manoir, à colombages, date des années 1550. La façade arrière, de style géorgien, fut ajoutée en 1720. Les jardins, dont une partie est ordonnancée et l'autre est composée de bois, de style plus détendu, reflètent cette diversité. Au cœur du domaine, un lac – vestige des douves médiévales – abrite un petit temple où l'on commémore les événements familiaux.

Lorsque les Sellick emménagèrent, le jardin fut progressivement réaménagé puis étendu avec l'aide d'Anthony Du Gard Pasley. La pelouse principale, dominée par l'un des plus vieux pins sylvestres d'Angleterre, dessine une pente douce vers le lac depuis la façade géorgienne. Des jardins clos, à la française, descendent eux aussi en pente au sud-est du manoir. La première terrasse, plantée de tulipes de printemps qui vont du blanc au crème et au jaune, conduit au jardin de la piscine. Celui-ci est bordé de cistes, cornouillers, lavande et roses blanches. La roseraie qui déborde de rosiers anciens est enclose de murs de briques rouges tout comme le potager qui subvient aux besoins de toute la maisonnée. Au-delà de ces murs se déploie un jardin aux tons chauds planté de *Sedum*, kniphofias, fenouil bronze (*Foeniculum vulgare* 'Purpureum'), penstemons, hélénies, schizostylis de couleur corail et *Phormium* à la forme effilée.

Dans la partie inférieure du jardin, un sentier serpente au milieu de *Rhododendron ponticum* mauves, d'un tunnel de lauriers et de plantations en terrasses d'*Eucryphia*, avant de finir sa course au plus bas d'une série d'étangs. VB

Sheffield Park

Angleterre

CRÉATEURS : Capability Brown, Humphry Repton, Pulham et fils, Arthur Gilstrap Soames
PROPRIÉTAIRE : The National Trust
STYLE : parc paysager (fin du XVIIIe siècle) avec plantations du XXe siècle
SUPERFICIE : 81 ha
CLIMAT : tempéré
SITUATION : Uckfield, Sussex de l'Est

Les jardins paysagers sont par nature toujours changeants. Leurs propriétaires doivent ainsi gérer cette évolution de manière positive, défi qui rend la visite de Sheffield Park particulièrement satisfaisante.

Les premiers lacs furent conçus en 1776 par Capability Brown pour John Holroyd, premier comte de Sheffield. Humphry Repton aménagea ensuite de grands bassins, puis, en 1883, le troisième comte, engagea la compagnie Pulham et fils qui réalisa cascades et chutes d'eau avec de la pierre reconstituée.

À partir de 1885, de multiples conifères, rhododendrons, azalées et érables du Japon furent plantés. Arthur Gilstrap Soames, qui acquit le domaine en 1910, entreprit un vaste programme de boisement, notamment à l'aide d'espèces d'Amérique du Nord. L'effet combiné des formes de ces arbres et des arbustes à fleurs qui se reflètent dans les eaux immobiles parsemées d'innombrables nénuphars ne peut être qualifié que d'époustouflant.

Désormais en sécurité au sein du National Trust après une période de détérioration à la suite de la Seconde Guerre mondiale, Sheffield Park a été amélioré de façon radicale. Les campanules et la collection nationale d'azalées de Gand sont ravissantes au début de l'été. Des crocus d'automne et de longs parterres de gentianes bleues mettent ensuite en valeur les rouges profonds, écarlates vifs et jaunes tendres du feuillage. Quelle que soit l'époque à laquelle on le visite, on ne peut que s'émerveiller devant ce parc. RC

Osborne House

Angleterre

CRÉATEURS : Thomas Cubbitt, Rupert Golby, Ludwig Gruner
PROPRIÉTAIRE : English Heritage
STYLE : à l'italienne
SUPERFICIE : 20,2 ha
CLIMAT : tempéré
SITUATION : East Cowes, île de Wight

Lorsqu'elle se maria avec le prince Albert de Saxe-Cobourg-Gotha, la reine Victoria chercha un « endroit qui [leur] appartienne, calme et retiré ». Osborne House, au milieu de 138,5 ha sur l'île de Wight, avec sa plage privée, était le lieu idéal. Mieux encore, par temps ensoleillé, la vue depuis les terrasses (désormais magnifiquement plantées) jusqu'à la rive opposée de la Solent rappelait la baie de Naples à Albert. En 1846, année où la famille séjourna ici pour la première fois, il planta dans le jardin un *Magnolia grandiflora*.

Demeure et jardins furent réalisés à l'italienne mais balustrades et vases furent moulés dans le ciment. Les statues du jardin, elles aussi de fabrication industrielle, étaient de ciment ou de zinc recouvert de bronze et moulé sur des modèles de l'Antiquité. La fontaine d'Andromède de la terrasse supérieure fut manufacturée par la fonderie Coalbrookdale en 1851.

On offrit aux neuf enfants du couple royal des parcelles de potager et des outils de jardin marqués de leur monogramme. Ils sont toujours là, tout comme la maisonnette suisse meublée, le fort Victoria et les casernes Albert, réalisés en terre en 1856 afin que les enfants s'y livrent bataille. Assurez-vous de visiter le jardin clos de 0,4 ha, réalisé afin de produire des fleurs à couper et des fruits, et qui fut restauré et réaménagé par Rupert Golby dans les années 1990. Les jardins et terrasses de parterres, dont les plantations changent selon les saisons, ont aussi été rénovés. Enfin, tentez de repérer tous les monogrammes en V et A, seuls ou entremêlés, que l'on retrouve sur la pergola, les sièges et les jardinières. CH

Jardin botanique de Ventnor

Angleterre

CRÉATEURS : Harold Hillier, Simon Goodenough
PROPRIÉTAIRE : conseil de l'île de Wight
STYLE : jardin botanique (XXe siècle)
SUPERFICIE : 8,9 ha
CLIMAT : tempéré
SITUATION : Ventnor, île de Wight

Ce jardin botanique, l'un des plus récents d'Angleterre, vit le jour en 1970 à la place d'un ancien hôpital. Protégé au nord et à l'est par des collines de craie, il jouit d'un microclimat qui rappelle la Méditerranée et permet la culture de plantes qui s'avèrent généralement trop fragiles pour la Grande-Bretagne. Au cours de la première phase de son développement, le jardin fut soutenu avec enthousiasme par feu Harold Hillier, horticulteur du Hampshire de renommée internationale qui offrit de nombreux arbres et arbustes de ses pépinières. On a aussi introduit ici des plantes rares et exotiques originaires du monde entier.

On découvre désormais dans ce jardin d'excellentes plantations, dont des douzaines de *Salvia* qui fleurissent encore au début de l'hiver. Le sol alcalin, peu profond et bien drainé, s'avère idéal pour l'onagre, l'hélianthème, la molène, le romarin, la plante au curry, les palmiers et les *Echium* que l'on a plantés sur la terrasse méditerranéenne parmi les rochers nus, pour reconstituer leur milieu naturel. Toutes les plantes doivent pouvoir affronter les vents chargés d'embruns qui soufflent depuis le sud et l'ouest.

Les jardins, dont on s'approche depuis une cour plantée de cannas, d'agapanthes et d'herbe des pampas, représentent divers pays. Les terrasses australiennes sont plantées de *Phormium*, cordyline, molène et euphorbes. Le jardin de Nouvelle-Zélande est situé dans une clairière ombragée où poussent les chênes verts *(Quercus ilex)*, le séneçon, palmiers et *Phormium*. Le sentier au sommet de la falaise offre une perspective sur le jardin et la mer en contrebas. VB

Antony House

Angleterre

CRÉATEURS : Humphry Repton, Mr. Pole-Carew, John Carew Pole, Richard Carew Pole
PROPRIÉTAIRE : The National Trust, Richard Carew Pole
STYLE : à la française, bois
SUPERFICIE : 10,1 ha plus 20,2 ha de bois
CLIMAT : tempéré
SITUATION : Torpoint, Cornouailles

De nombreux jardins de Cornouailles ont accueilli au XIXe siècle des plantes rapportées d'Amérique du Nord et d'Asie, comme l'illustrent magnifiquement les plantations boisées d'Antony House. Le climat doux et humide ainsi que le sol acide constituent des conditions idéales pour les camélias, rhododendrons, azalées et autres éricacées qui prospèrent dans cette splendide vallée sur les bords de la Lynher.

L'immense bois appartient à la famille Carew qui vit à Antony House depuis plus de six cents ans. C'est désormais Richard Carew, président de la Société royale d'horticulture et passionné d'arbres et arbustes, qui est chargé de son entretien. Il introduit chaque année de nombreux nouveaux spécimens. Le National Trust gère les jardins ordonnancés qui entourent ce manoir du XVIIIe siècle. Ils comprennent un parterre de broderie, des rosiers, des plantes herbacées, un étang japonais et une collection nationale de lis. Richard Carew Pole est un collectionneur enthousiaste de sculpture moderne, dont on trouve des exemples à travers les jardins. La spectaculaire sculpture d'eau conique de William Pye fut installée en 1996.

Le jardin est ouvert au public durant huit mois de l'année. Grâce aux plus de cent variétés de magnolias et de nombreux autres arbustes à fleurs et bulbes, il est essentiel de le visiter au printemps, même s'il demeure intéressant en été et à l'automne grâce aux bordures et au feuillage. Le paysage environnant constitue enfin l'un des cadres les plus ravissants que l'on puisse imaginer. AJ

Trebah

Angleterre

CRÉATEUR : Charles Fox
PROPRIÉTAIRE : Trebah Garden Trust
STYLE : jardin boisé exotique (XIXe siècle), jardin de vallée de Cornouailles
SUPERFICIE : 10,5 ha
CLIMAT : tempéré
SITUATION : Mawnan Smith, Falmouth, Cornouailles

Trebah appartient, avec Glendurgan (voir p. 439) et Penjerrick (voir p. 438), à un trio de jardins boisés exotiques créés au XIXe siècle par la famille Fox, de Falmouth. À la fois quakers et armateurs fortunés, les frères Fox désiraient honorer leur Créateur en créant leur propre version du « paradis terrestre ». Dans une série de vallées encaissées qui allaient jusqu'à la mer, ils cultivèrent des plantes exotiques originaires du monde entier et transformèrent ces ravins sauvages en bois luxuriants, très fleuris.

À Trebah, Charles Fox décida de l'emplacement de chaque arbre, et sa collection de spécimens rares continua de croître jusqu'à la Seconde Guerre mondiale époque à laquelle, comme tant de grands jardins, elle souffrit d'abandon. En 1981, Tony et Eira Hibbert vinrent à sa rescousse. Alors qu'ils avaient prévu une retraite tranquille et insouciante, ils découvrirent trop tard que la jungle qui entourait leur nouveau domicile cachait les vestiges d'un jardin autrefois remarquable. Dès 1987, celui-ci fut ouvert au public et la restauration continua année après année.

Aujourd'hui, on se délecte ici de merveileuses perspectives et de riches plantations. L'été resplendit des couleurs des plantes subtropicales qu'accompagne une mer bleue et blanche d'hortensias. Tout en se protégeant d'une averse sous les feuilles géantes d'une gunnère ou en déambulant parmi un bosquet de fougères arborescentes *(Dicksonia antartica)*, on songe que la vision paradisiaque des Fox s'est merveilleusement réalisée. AE

Jardin de sculptures du musée Barbara-Hepworth

Angleterre

CRÉATEUR : Barbara Hepworth
PROPRIÉTAIRES : Tate Gallery, Succession Hepworth
STYLE : jardin de sculptures (XXe siècle)
SUPERFICIE : 0,1 ha
CLIMAT : tempéré
SITUATION : St Ives, Cornouailles

Dame Barbara Hepworth s'installa à St Ives avec sa famille en 1939. Elle était déjà reconnue comme l'un des membres les plus passionnants d'une nouvelle génération d'artistes britanniques parmi lesquels on comptait aussi son époux, Ben Nicholson, et Henry Moore. Elle acquit les ateliers de Trewyn en 1949 et continua à développer son art pour devenir l'un des sculpteurs abstraits les plus importants du pays, célèbre pour son utilisation de toutes sortes de matériaux, dont la pierre, le bronze et le bois.

À la suite de son décès en 1975, son atelier et son jardin furent ouverts au public, selon ses vœux. Une atmosphère délicieusement paisible règne dans ce jardin enclos de hauts murs et situé sur le coteau escarpé d'un port de pêche animé. Dame Barbara le développa au fil des ans en réalisant des sentiers, en créant des parterres, en ajoutant de nouvelles plantes et en disposant soigneusement certaines de ses sculptures préférées. Les formes de certains spécimens sculpturaux et celles, plus douces, des autres plantes, alliées aux divers tons verts du site, s'harmonisent avec les sculptures qu'elles mettent en valeur. Les ombres que projettent les arbres apportent un certain dynamisme aux œuvres immobiles. Le jardin, fondamental dans la vie de Barbara Hepworth, nous offre un aperçu unique de sa conception de la corrélation entre la nature et son style abstrait. TM

Jardins de Caerhays

Angleterre

CRÉATEUR : John Charles Williams
PROPRIÉTAIRE : Julian Williams
STYLE : jardin boisé (XIXe et XXe siècles)
SUPERFICIE : 24,3 ha
CLIMAT : tempéré
SITUATION : Gorran, St Austell, Cornouailles

Sur un coteau escarpé et boisé qui s'élève derrière un romantique château de pierre grise se trouve l'un des plus beaux jardins de Cornouailles au printemps. Bien que ce soit la résidence des Williams depuis 1853, ce n'est que la troisième génération qui entreprit de réaliser des jardins. Julian Williams n'avait que dix-huit ans et était étudiant lorsqu'il hérita de ce vaste domaine à la mort de son père. Il abandonna finalement son mandat de député pour se retirer en Cornouailles et commencer à jardiner. Le site consiste désormais en une série de sentiers qui dessinent des méandres à travers une superbe collection de camélias, magnolias et rhododendrons.

John Charles Williams finança les chasseurs de plantes des années 1890 dont Ernest Wilson et George Forrest. Ils se rendirent dans les régions montagneuses isolées de l'Extrême-Orient et rapportèrent de nombreux spécimens inconnus. Ceux qui furent plantés dans ce coin au riche sol acide atteignent désormais des proportions magnifiques. Ne manquez pas la remarquable collection de magnolias dont les pétales cireux, couleur crème et rose, se détachent sur le bleu profond du ciel de Cornouailles. Dans le bois, on trouve aussi de splendides spécimens d'azalées, de *Nothofagus*, de chênes, d'érables et de fougères au pied desquels poussent des bulbes. C'est aussi ici qu'est né *Camellia x williamsii*, l'un des plus populaires et les plus cultivés de son espèce. Attention, le jardin est escarpé et les sentiers parfois glissants. JH

The Lost Gardens of Heligan

Angleterre

CRÉATEURS : famille Tremayne, Heligan Gardens Ltd.
PROPRIÉTAIRES : famille Tremayne, Heligan Gardens Ltd.
STYLE : victorien, édouardien
SUPERFICIE : 32,4 ha
CLIMAT : tempéré
SITUATION : Pentewan, St Austell, Cornouailles

Caché soixante-dix ans durant sous un tapis de feuilles mortes, envahi par les arbres et abandonné en raison de la mort des jardiniers au front en 1914-1918, The Lost Gardens of Heligan firent l'objet d'une redécouverte spectaculaire par des enthousiastes munis de machette, et entrèrent ainsi dans l'histoire. En 1991, Tim Smit, John Nelson et une équipe de volontaires mirent au jour l'histoire de l'un des domaines les plus mystérieux d'Angleterre, demeure ancestrale des Tremayne durant plus de quatre cents ans.

Le domaine est désormais restauré et l'on y trouve des jardins à l'italienne et d'autres de Nouvelle-Zélande, des pavillons d'été, une grotte de cristal, des bassins et un ravin rocailleux, reliés par un réseau de sentiers. Il y a aussi d'importants vergers et potagers qui répondaient autrefois aux besoins des Tremayne. Le potager clos et le jardin de fleurs à couper regorgent de produits, dont une gamme de variétés traditionnelles qui côtoient des ruches. D'autres parties reflètent la passion qu'on éprouvait à l'époque victorienne pour les fruits exotiques, dont une fosse, chauffée au fumier, où poussent les ananas et des serres qui débordent de pêches, melons et raisins. Ne manquez pas de visiter la « Jungle », luxuriante, ni d'emprunter l'allée de planches qui serpente entre les palmiers, les bosquets de palmiers bananes, les magnifiques rhubarbes géantes et les arbres exotiques à l'écorce fascinante. Même si l'on ignore tout de son histoire, ce jardin est doté d'une beauté stupéfiante. NS

St Michael's Mount

Angleterre

CRÉATEURS : famille St Aubyn
PROPRIÉTAIRES : Lord St Levan, The National Trust
STYLE : à l'anglaise, exotique (XVIIe-XXIe siècle)
SUPERFICIE : 2 ha
CLIMAT : tempéré
SITUATION : Marazion, Cornouailles

Comme le Mont-Saint-Michel en France, St Michael's Mount est une île qu'une chaussée permet de rejoindre à pied à marée basse. Le domaine actuel est un fascinant mélange de bâtiments monastiques médiévaux et d'ajouts plus tardifs, dont certains, merveilleusement « gothiques », du XVIIIe siècle. À l'intérieur de ce paysage et de cette architecture se trouve un jardin à la structure très libre, assez sauvage, créé par les St Aubin.

Le vent peut s'y avérer impitoyable, mais tout ce qui parvient à survivre aux bourrasques bénéficie d'un climat exceptionnellement doux et de l'excellent drainage des pentes rocailleuses. Des pins de Monterey *(Pinus radiata)* et des chênes verts *(Quercus ilex)* constituent leur première ligne de défense, soutenue par des buissons qui tolèrent le sel comme *Griselinia littoralis* et des espèces des genres *Euonymus* et *Escallonia*. Les tritomas adorent l'endroit, et les plantes grasses telles que les agaves, les aloès, *Æonium* et diverses aizoacées prospèrent dans les dépressions emplies de terre autour de massifs rochers de granit. Les massifs de la broméliacée terrestre qu'est *Fascicularia bicolor*, dotée de rosettes épineuses et de bractées d'un rouge exotique, peuvent dépasser 1 m de large.

Les exotiques palmiers et yuccas sculpturaux qui s'étendent sur plusieurs terrasses rappellent la Méditerranée. Ce jardin parfois très escarpé qui exige de bonnes chaussures de marche tire pleinement profit de son excellent emplacement, ce qui lui permet d'être fleuri du printemps jusqu'à la fin de l'été. NK

The Eden Project

Angleterre

CRÉATEURS : Tim Smit, Nicholas Grimshaw
PROPRIÉTAIRE : The Eden Trust
STYLE : immenses serres (XXIe siècle)
SUPERFICIE : 14,9 ha
CLIMAT : tempéré ; tropical, chaud et tempéré dans les biomes
SITUATION : Bodelva, St Austell, Cornouailles

Si l'on suit la route qui mène à l'Eden Project, on a le souffle coupé à la vue de dômes qui, telles d'immenses bulles de savon, sont disposés au fond d'une ancienne carrière. Même si l'on a déjà vu l'endroit en photo, rien ne peut préparer à ce spectacle.

Établi en 2000, l'Eden Project a pour ambition de faire comprendre combien les plantes jouent un rôle important dans les relations du monde vivant. On espère ainsi qu'en découvrant le fonctionnement de la nature, les hommes seront capables de créer un futur viable. Si cette mission vous semble un peu abstraite, la visite, elle, ne l'est pas. Il y a ici deux dômes géants, l'un qui abrite un environnement tropical, l'autre chaud et tempéré. Le biome tropical humide est, de fait, la plus grande serre au monde avec plus de mille espèces horticoles, des ruisseaux et des chutes d'eau. Les sentiers qui parcourent cette jungle sont ponctués de panneaux explicatifs d'un niveau très accessible concernant le papier, le café, le caoutchouc et autres plantes essentielles à notre mode de vie. Le biome chaud et tempéré reproduit les paysages naturels et cultivés de Méditerranée, de Californie et d'Amérique du Sud où les plantes se sont adaptées à leur environnement difficile en se dotant de feuilles cireuses, d'épines ou de feuillage gris et velu.

À l'extérieur des dômes, une longue promenade parcourt un paysage où l'on a recréé des prairies, steppes et autres habitats. Les œuvres d'artistes de la région sont mêlées aux plantes, et l'on peut assister à des concerts et spectacles de danse du monde entier. Attendez-vous à être ébahi. JH

Jardin de Penjerrick

Angleterre

CRÉATEURS : Robert Were Fox, Barclay Fox
PROPRIÉTAIRE : Rachel Morin
STYLE : naturaliste (XIXe et XXe siècles)
SUPERFICIE : 4 ha
CLIMAT : tempéré
SITUATION : Budock Water, Falmouth, Cornouailles

Penjerrick est l'un de ces célèbres jardins cornouaillais nichés dans des vallées le long de la côte sud de la plus chaude des régions anglaises. Tous jouissent de microclimats particulièrement doux, et, aux XIXe-XXe siècles, furent les premiers à accueillir de nombreuses espèces exotiques que les chasseurs de plantes rapportaient des quatre coins de la planète.

La famille Fox créa plusieurs de ces paradis terrestres dont Penjerrick constituait le joyau. Il fut réalisé par Robert Were Fox, ingénieur des mines, physicien et passionné de plantes, et par son fils Barclay. À son apogée, il abritait plus de trois cents espèces, dont beaucoup de nouvelles introductions. De nombreuses autres plantes étaient cultivées dans le jardin, dont certains rhododendrons hybrides notables, en particulier les 'Penjerrick', 'Barclayi' et 'Penjerrick Cream'.

Comme pour les autres jardins de vallée, la Première Guerre mondiale sonna le glas des vastes collections de bulbes onéreux, de vivaces et de plantes grimpantes exigeant les soins de cohortes de jardiniers. Le jardin demeure pourtant un paradis luxuriant empli de nombreux spécimens subtropicaux insolites adultes. Comme dans la plupart des jardins de Cornouailles, celui-ci n'est jamais plus beau qu'au printemps. Les pelouses se déploient le long de la pente douce, et offrent de merveilleuses perspectives sur la mer. Des sentiers tracent leurs méandres à travers des bois de rhododendrons, des fougères arborescentes *(Dicksonia antartica)*, des bambous, magnolias, camélias et de nombreux arbres et arbustes rares. Plus bas, le jardin de la vallée, que l'on rejoint par un pont de bois, abrite quatre étangs ombragés l'été par les immenses feuilles de *Gunnera manicata*. On peut découvrir divers panoramas depuis le réseau de sentiers, dont l'un est bordé de majestueuses fougères arborescentes qui atteignent 5 m de haut. Elles datent de la première phase du jardin et comptent parmi les premières jamais plantées en Angleterre. TM

Jardin de Glendurgan

Angleterre

CRÉATEUR : Alfred Fox
PROPRIÉTAIRE : The National Trust
STYLE : bois subtropical
SUPERFICIE : 8,1 ha
CLIMAT : tempéré
SITUATION : Mawnan Smith, Falmouth, Cornouailles

Créé par le riche armateur Alfred Fox dans les années 1820, ce jardin luxuriant constitué de bois, de prairies fleuries et de plantes subtropicales géantes occupe un large ravin qui s'étend depuis la demeure familiale jusqu'au pittoresque hameau de pêcheurs de Durgan. Il est impossible de nier, en apercevant la rivière Helford à travers des myriades de rhododendrons, camélias rares et magnolias en fleurs, que Fox, aidé par les générations suivantes, a réalisé son objectif : créer « un petit coin de paradis sur terre ».

Même si Glendurgan n'est jamais plus coloré qu'à la fin du printemps, c'est au milieu de l'été qu'il devient magique. Les bambous, bananiers, fougères arborescentes *(Dicksonia antartica)* déploient leurs feuilles, les palmiers, les énormes gunnères au bord des bassins et les massifs d'aloès aux bords déchiquetés et aux inflorescences de 6 m transportent d'allégresse les visiteurs et notamment les enfants. C'est probablement à dessein : Fox et son épouse Sarah en eurent douze. Le curieux labyrinthe asymétrique, fait de haies de lauriers, qui date de 1833, abrite en son centre une salle de classe en argile recouverte d'un toit de chaume. Il est dominé par un « talus sacré » chargé de spiritualité dont les plantes aux connotations bibliques comprennent l'ailanthe glanduleux *(Ailanthus altissima)* et l'épine du Christ *(Paliurus spina-christi)*. Ne manquez ni les fleurs des vénérables tulipiers de Virginie *(Liriodendron tulipifera)*, ni les arbres aux mouchoirs *(Davidia involucrata)*, ni encore de rares et tendres conifères, don récent du Jardin botanique royal d'Édimbourg. RC

Jardins de Trelissick

Angleterre

CRÉATEUR : famille Copeland
PROPRIÉTAIRE : The National Trust
STYLE : à l'anglaise (XIXe et XXe siècles), bois
SUPERFICIE : 8,1 ha plus 151,8 ha de parc
CLIMAT : tempéré
SITUATION : Feock, Truro, Cornouailles

Trelissick allie le style paysagiste caractéristique des jardins cornouaillais à de merveilleux panoramas sur l'un des plus beaux paysages côtiers d'Angleterre. Le jardin s'élève au-dessus des berges du Fal, plus un ruisseau qu'une rivière, et abrite des pentes aux bois denses et des criques protégées tout en jouissant d'une vue sur la mer au-delà. Même s'il pleut, on peut l'admirer depuis un splendide pavillon « rustique », orné de pommes de pin et d'un sol de galets.

Trelissick est un vaste domaine au passé mouvementé et au jardin relativement récent. Les plantations débutèrent réellement grâce à la famille Copeland en 1928, même si l'on avait boisé le parc dès le XIXe siècle. La frondaison des arbres protège une vaste gamme de buissons, notamment des magnolias, rhododendrons hybrides, camélias, et de nombreuses autres espèces tendres. Une clairière protégée des vents dominants accueille des fougères arborescentes *(Dicksonia antartica)* et des *Rhododendron maddenii* au parfum exotique. Dans la partie inférieure du jardin, la proximité de la nappe phréatique permet la culture de la *Gunnera manicata*, dotée de feuilles immenses, des *Fritillaria camschatcensis, Rodgersia* et *Primula denticulata*. Le jardin de Trelissick est coupé par une route qui mène au bac local. Un pont rustique enjambe le ravin en contrebas et permet d'accéder à une partie plus récente du jardin, saluée pour ses jolies pelouses dégagées qui offrent un sentiment d'espace en contraste avec les bois qui dominent le reste de Trelissick. Ceux que la culture des fruits et légumes intéresse ne devraient pas manquer de visiter, près de l'entrée du jardin, deux enceintes, dont l'une abrite diverses variétés de figuiers, et l'autre, au microclimat doux, qui permet d'obtenir des légumes tôt dans la saison.

Trelissick ravira les amateurs de plantes rares et insolites, mais chacun peut apprécier son cadre enchanteur au printemps et au début de l'été. NK

Jardins de Trewithen

Angleterre

CRÉATEUR : George Johnstone
PROPRIÉTAIRE : Michael Galsworthy
STYLE : à l'anglaise (XXe siècle), bois
SUPERFICIE : 10,1 ha
CLIMAT : tempéré
SITUATION : Truro, Cornouailles

Si l'on ne devait visiter qu'un lieu pour comprendre l'attrait des jardins de Cornouailles, ce serait celui-ci. Il en possède toutes les caractéristiques – plantations de sous-bois libres, arbustes tropicaux et arbres magnifiques –, toutes de la plus grande qualité.

George Johnstone hérita de ce domaine en 1904. Il commença à planter des parcelles de bois autour de la demeure. Membre d'un cercle d'aristocrates amateurs de jardins, il eut accès à une vaste gamme de plantes nouvellement introduites en Angleterre, principalement d'origine asiatique. Ce n'est pas seulement le choix des plantes qui fait l'intérêt de Trewithen – *Ceanothus arboreus* 'Trewithen Blue' est né ici – mais aussi la façon dont la pelouse se déploie depuis le manoir. Cet agencement est dominé par de larges magnolias qui laissent progressivement la place à des arbustes plus petits. Son échelle et ses proportions sont parfaites, et elle instaure une présence architecturale qui manque si souvent aux jardins de Cornouailles. Ironiquement, cette magnifique partie du jardin doit son existence à la réquisition obligatoire d'arbres durant la Seconde Guerre mondiale.

Ailleurs, d'étroits sentiers sinueux permettent d'explorer une riche collection de plantes que l'on appréciera au printemps ou au début de l'été, bien qu'un très joli feuillage prenne ensuite la relève. Il y a aussi un ravissant jardin clos, un étang à nénuphars, un pavillon d'été, des plates-bandes et une pergola recouverte de glycine. Trewithen constitue l'un des plus beaux exemples d'un style paysager très particulier et presque exclusivement cornouaillais. NK

Jardin de l'abbaye de Tresco

Angleterre

CRÉATEURS : Augustus Smith, famille Dorrien-Smith
PROPRIÉTAIRE : Robert Dorrien-Smith
STYLE : jardin botanique d'agrément (XIXe et XXe siècles)
SUPERFICIE : 8,1 ha
CLIMAT : tempéré
SITUATION : Tresco, îles Scilly, Cornouailles

Ce jardin de l'abbaye de la minuscule île de Tresco n'a pas son pareil parmi les jardins anglais. Le cadre qu'offrent les îles Scilly est déjà extraordinaire, mais plus encore la présence de protées d'Afrique du Sud, de plantes grasses du Mexique, de *Metrosideros excelsus* de Nouvelle-Zélande, d'aloès, de *Banksia* et d'une myriade de plantes exotiques qui prospèrent dehors en Grande-Bretagne. On a souvent dit que c'était là la serre tempérée de Kew dont on aurait ôté le toit, mais cela ne donne qu'une vague idée de tous les délices qu'abrite l'abbaye de Tresco.

Le jardin fut entrepris dans les années 1830 par Augustus Smith, philanthrope tyrannique qui arriva dans les îles plein de ferveur charitable, désireux de transformer les conditions de vie de leurs habitants. Il s'installa sur Tresco et comprit rapidement que le climat océanique doux lui permettrait de planter dans son jardin des plantes trop fragiles pour le reste de la Grande-Bretagne. Ses descendants ont toujours partagé sa passion, et son jardin est désormais un endroit extraordinaire. Aujourd'hui, la remarquable collection de Tresco abrite plus de vingt mille plantes subtropicales originaires de plus de quatre-vingts pays.

Le jardin est agencé en une série de terrasses le long d'un coteau. Sur les plus basses, fraîches et humides, on cultive de luxuriantes fougères arborescentes *(Dicksonia antartica)*. Les terrasses supérieures, plus sèches, sont ornées de succulentes et protées, plantes extraordinaires qu'encadrent de jolis murets en granit de la région. De hauts rideaux de cyprès et de pins protègent ces variétés exotiques en repoussant les vents de l'Atlantique au-dessus des terrasses. Au cœur du jardin, on découvre les ruines du prieuré bénédictin du XIIe siècle où Augustus Smith commença son projet horticole. Depuis, chaque génération a agrandi les jardins en apportant des spécimens d'arbres, un jardin méditerranéen, des fontaines ou sculptures. Peu de jardins méritent que l'on fasse pour eux un détour important ; celui-ci en fait partie. AM

Rowallane Garden

Irlande du Nord

CRÉATEURS : John Armytage Moore, Hugh Armytage Moore
PROPRIÉTAIRE : The National Trust
STYLE : jardin d'horticulteurs, à l'anglaise (XIXe et XXe siècles)
SUPERFICIE : 21 ha
CLIMAT : tempéré
SITUATION : Saintfield, Ballynahinch, comté de Down

Rowallane fut entrepris dans les années 1860 par le révérend John Moore qui réalisa le jardin clos et planta le jardin d'agrément. À sa mort en 1888, Rowallane fut légué à son neveu, Hugh Armytage Moore. Celui-ci emplit le jardin de plantes adaptées aux conditions variées du site, ainsi que de nombreux spécimens rares et exotiques que les chasseurs de plantes Ernest Wilson, George Forrest et Frank Kingdon-Ward lui avaient expédiés de Chine et d'Extrême-Orient.

La façon dont le paysage naturel est incorporé au jardin – les limites entre les deux éléments devenant floues – constitue l'un des délices du lieu. C'est en réalité un beau mélange de styles paysagistes, et la collection de plantes est si variée qu'on peut toujours admirer divers spécimens quelle que soit la saison. Près de l'entrée du jardin clos pousse *Hypericum* 'Rowallane', un cultivar créé ici. À l'intérieur, les plantes herbacées côtoient les rosiers, fuchsias, de magnifiques méconopsides *(Meconopsis betonicifolia)*, la collection nationale de penstemons à grandes fleurs et deux autres plantes créées ici : *Viburnum plicatum f. tomentosum* 'Rowallane' et le *Chaenomeles x superba* 'Rowallane' original.

La rocaille, un grand affleurement rocheux, abrite des primevères, bruyères et buissons nains. L'été, la prairie fleurie est parsemée d'orchidées rares. Une belle collection de conifères offre ses couleurs au jardin à l'automne. On admire aussi ici les rhododendrons et azalées qui fleurissent du milieu de l'été jusqu'à la fin de l'automne. TM

Mount Stewart

Irlande du Nord

CRÉATEUR : Edith Londonderry
PROPRIÉTAIRE : The National Trust
STYLE : à la française et à l'anglaise (XXe siècle)
SUPERFICIE : 39,2 ha
CLIMAT : tempéré
SITUATION : Greyabbey, Newtownards, Co. Down

L'époux d'Edith Londonderry hérita de la majestueuse demeure et de son domaine (aujourd'hui gérés par le National Trust) en 1915. En 1921, elle commença à s'y intéresser sérieusement. Le jardin rappelle un peu ces jardins chinois classiques qui dépassent la mesure et où l'on a essayé de tout intégrer.

Il y a des *Eucalyptus globulus* de Tasmanie hauts de 30 m, des rhododendrons géants, des *Cardiocrinum*, des eucalyptus qui rappellent des fusées et des roses qui ne cessent de grimper. Toutes les plantes, et particulièrement les plantes rares (et leur nombre est stupéfiant), bénéficient de l'effet du Gulf Stream et de la présence des bois qui bloquent le vent. L'agencement comprend des parterres à l'espagnole et à l'italienne ainsi qu'une pergola ornée de plantes grimpantes, des terrasses et un jardin encaissé inspiré d'un plan de Gertrude Jekyll. Tout cela est accompagné d'un lac de 2 ha, de 6 ha de rhododendrons, du cimetière familial baptisé Tir Nan Og (« Terre des éternellement jeunes »), d'une allée bleu, blanc, rouge, et enfin d'un coteau qui jouit de multiples panoramas.

Ajoutez à cela d'amusantes statues de fabuleuses créatures sur la terrasse du Dodo, inspirées d'amis et de personnages publics, des ornements japonais et le jardin du symbolisme irlandais, et l'on comprend pourquoi ce jardin compte non seulement parmi les plus beaux d'Irlande du Nord mais aussi d'Europe. La visite du jardin exige une journée entière. RR

À DROITE Le domaine de Mount Stewart, impeccablement entretenu, où tout pousse en abondance.

Jardin du château de Glenveagh

République d'Irlande

CRÉATEURS : Lanning Roper, James Russell
PROPRIÉTAIRE : État irlandais
STYLE : à l'italienne (XIXᵉ et XXᵉ siècles), parc paysager
SUPERFICIE : 8 910 ha
CLIMAT : tempéré
SITUATION : Letterkenny, Donegal

J. G. Adair créa ce vaste domaine de 8 910 ha dans les années 1850. Ce coteau, à l'origine marécageux, sur les rives du Loch Veagh, fut planté de pins et de chênes, décor du château qu'Adair fit ériger au bord du lac. Sa femme, Cornelia, créa le jardin d'origine, mais celui-ci ne se développa réellement que lorsqu'il fut acquis en 1937 par l'Américain Henry McIlhenny. Celui-ci fit appel à Lanning Roper et James Russell qui accrurent la gamme des rhododendrons présents, et, afin de conférer structure et texture au jardin, ajoutèrent des palmiers, fougères arborescentes, *Pseudopanax* et *Trochodendron aralioides*, en incluant des camélias, magnolias et érables pour leurs couleurs. Ils réalisèrent des promenades à travers les bois qu'ils accompagnèrent de clairières thématiques – un bassin dans l'une et des pavots bleus dans d'autres.

En 1966, on construisit une terrasse en ardoise bleue que l'on orna de statues italiennes et de cyprès *(Cupressus sempervirens)*. Le long des rives du lac, des sphinx marquent l'entrée du jardin italien où des bustes ont été insérés parmi les haies de *Griselinia*, les *Eucryphia* et les rhododendrons. À ces éléments ordonnés s'ajoutent des ruisseaux parsemés de rochers, une lande dégagée et des bosquets de chênes. Ne manquez pas le potager et son entrée majestueuse. À l'extérieur de ce dernier, on trouve des terrasses, gazons et parterres bordés de buis. En 1983, Henry fit don du jardin à l'État irlandais. Depuis, son jardinier en chef est Sean O'Gaoithin, qui ajouta des roses anciennes du Donegal, ainsi que de nouvelles espèces de rhododendrons et sorbiers – le lieu évolue toujours ! RChe

Jardin de l'abbaye de Kylemore

République d'Irlande

CRÉATEUR : James Garnier
PROPRIÉTAIRE : ordre des Bénédictines d'Irlande
STYLE : victorien
SUPERFICIE : 2,5 ha
CLIMAT : tempéré
SITUATION : Letterfrack, comté de Galway

Mitchell Henry, financier de Manchester, construisit ici sa demeure, dans les années 1860, car sa femme adorait les étendues sauvages du Connemara. Elle mourut après y avoir vécu à peine sept ans, et il vendit peu après le domaine. Celui-ci fut racheté en 1920 par des bénédictines belges qui transformèrent le château en monastère et pensionnat pour jeunes filles.

Le château se dresse au bord d'un lac dans lequel se reflètent aussi les montagnes et bois du paysage. Le grand jardin clos est situé à 1,6 km de là. Il abrite de nombreux parterres sinueux et circulaires, aux couleurs éclatantes, quelques énormes cordylines et palmiers, cependant que des fougères arborescentes et des désespoirs des singes *(Araucaria araucana)* dominent l'ensemble de leur hauteur. Il y a aussi des parterres victoriens géométriques et vingt et une serres, dont certaines possèdent encore leurs fondations originales. Les vieux abris, anciennes cabanes en pierre, accueillent aujourd'hui un musée du jardin. L'agencement tout entier reflète celui trouvé sur une photo du XIXe siècle.

Le jardin clos est un curieux mélange de sol rocailleux pauvre, peu profond, et d'autres parties où, l'eau stagnant, l'on a dû surélever les plates-bandes afin d'améliorer l'écoulement naturel. On cultive de tout ici, depuis les plantes alpestres jusqu'aux soucis en pot, à la bourrache et aux pensées, ainsi qu'une vaste gamme de légumes dont de nombreux cultivars anciens. Mieux encore, le jardin est spectaculairement divisé par des plates-bandes d'herbacées qui sont probablement les plus longues d'Irlande. RChe

Jardin Dillon

Dublin, République d'Irlande

CRÉATEUR : Helen Dillon
PROPRIÉTAIRES : Val et Helen Dillon
STYLE : jardin de ville semi-ordonné (XXe et XXIe siècles)
SUPERFICIE : 0,2 ha
CLIMAT : tempéré
SITUATION : Ranelagh, Dublin, comté de Dublin

Helen Dillon, journaliste, passionnée de plantes et auteur de livres de jardinage, a emménagé dans son élégante demeure de style Regency dans la banlieue sud de Dublin il y a plus de trente ans. Le jardin qu'elle y a créé regorge de variétés insolites et est devenu une Mecque pour les amateurs de plantes.

Lorsqu'on remonte de la terrasse en contrebas, ornée d'une collection de pots de terre cuite artistiquement disposés, on découvre l'élément le plus spectaculaire du site. L'ancienne pelouse a été recouverte de dalles de calcaire que traverse un étroit canal ou ruisseau accompagné de bassins et de cascades. Les longues plantations des deux côtés du canal arborent des mariages de couleurs trés réussis. Les rouges vifs, oranges, violets, bronze et noirs sont placés à gauche, et à l'opposé les bleus froids et tons lavande doux sont parsemés de blanc et d'argent. Des espèces et cultivars insolites mêlés à des variétés qui nous sont plus familières sont constamment réarrangés, à la recherche de la perfection. Des plates-bandes surélevées accueillent des plantes alpines dont des *Celmisia* de Nouvelle-Zélande, au feuillage argenté.

Malgré l'activité frénétique de la propriétaire – qui désherbe, coupe les fleurs mortes et éclaircit –, le jardin possède une atmosphère détendue. On encourage de nouvelles plantes à se propager de façon naturelle, dont les *Dierama pulcherrimum*. Malgré la pauvreté du sol, et avec une pluviométrie de 76 cm par an seulement, la luxuriance du lieu est extraordinaire, due en grande partie au compost que réalise sur place le mari de Helen. JHe

Jardins botaniques nationaux de Dublin

Dublin, République d'Irlande

CRÉATEURS : divers
PROPRIÉTAIRE : ministère irlandais des Travaux publics
STYLE : jardin botanique (XVIIIe siècle)
SUPERFICIE : 19,5 ha
CLIMAT : tempéré
SITUATION : Glasnevin, Dublin, comté de Dublin

Les jardins botaniques nationaux, baptisés Glasnevin, furent établis en 1795 par le Parlement irlandais. Ils occupent un site splendide sur les rives de la Tolka et abritent désormais plus de vingt mille taxons ainsi que de saisissantes serres chaudes du XIXe siècle.

Celles-ci devinrent célèbres grâce à William Robinson, apprenti à Glasnevin, qui quitta les jardins, dans une certaine animosité, après avoir éteint les chaudières. Récemment, les serres et leurs collections ont fait l'objet de restaurations, la grande serre des palmiers, qui date de 1884, ayant été rouverte en 2004. L'extraordinaire serre chauffée curviligne, conçue et réalisée par Richard Turner, fait plus de 122 m de long. Elle a été plantée de cycas et autres plantes de la même famille, de rhododendrons originaires d'Asie du Sud-Est, de collections d'Afrique du Sud ainsi que des zones sèches et tempérées d'Australie et d'Amérique du Sud. On découvre ici des trichomanes remarquables *(Trichomanes speciosum)*, originaires d'Irlande, et le *Todea barbara* que Glasnevin reçut des jardins botaniques de Trinity College en 1969 et qui a désormais quatre cents ans.

À l'extérieur, la rocaille abrite des collections de plantes alpines, et l'on trouve aussi des plantes de marécages, des plantes vénéneuses ou à fonction utilitaire et des roses. On a récemment créé un jardin des sens et agrandi la collection de plantes chinoises. Les plantes indigènes proviennent notamment du Burren, dans l'Ouest irlandais. Ne manquons pas non plus de signaler les trésors que sont la dernière rose de l'été (*Rosa chinensis* 'Old Blush') et la pergola qui date du début de l'ère victorienne, où une monumentale glycine fut plantée en 1836. TM

L'extraordinaire serre chauffée fait plus de 122 m de long.

Haras nationaux irlandais

République d'Irlande

CRÉATEURS : Tassa Eida, Martin Hallin
PROP. : The Irish National Stud (Haras nationaux irlandais)
STYLE : japonais (XXe siècle), à l'anglaise
SUPERFICIE : 2,2 ha
CLIMAT : tempéré
SITUATION : Tully, Kildare, comté de Kildare

Kildare est le comté des chevaux depuis le XIVe siècle – on devait y élever des chevaux de bataille pour les chevaliers de Malte. Ce n'est qu'en 1900 que le premier haras fut établi par le colonel William Hall-Walker qui se passionnait aussi pour les jardins. La mode des jardins japonais sévissait alors, et il engagea Tassa Eida, célèbre paysagiste japonais, qui, aidé de son fils Minoru, agença le jardin entre 1906 et 1910. Ce site est par conséquent baptisé « Jardin japonais ».

Décorés de lanternes en pierre et d'un pavillon de geisha, ces jardins symbolisent la « vie de l'homme » et retracent le parcours de l'âme « depuis l'oubli jusqu'à l'éternité, et l'expérience humaine depuis son incarnation, alors qu'elle suit les sentiers qu'elle s'est choisis tout au long de sa vie ». Le visiteur parcourt ainsi un chemin dont les méandres traversent des grottes artificielles pour rejoindre un ruisseau puis des étangs qui miroitent et des arbres qui pleurent sur une tombe. Les plantations sont très ornementales, rehaussées de vieux érables du Japon et de pins sylvestres.

Créé en 1999, le jardin de Saint-Fiacre « commémore le saint patron des jardiniers dans son pays natal, l'Irlande ». Conçu par le professeur Martin Hallin au milieu de bois et de zones humides, il imite le paysage irlandais fait de roches et d'eau qui inspira la spiritualité monastique des VIe et VIIe siècles. Les cellules des moines sont représentées par du calcaire fissuré qu'entoure l'eau. La plus grande d'entre elles abrite un jardin souterrain, éclairé à la fibre optique. Il est empli de rochers aux formes intéressantes, de fougères et d'orchidées, et l'on y pénètre par un tunnel. TM

Jardin arcadien de Larchill

République d'Irlande

CRÉATEUR : inconnu
PROPRIÉTAIRES : Michael et Louisa de Las Casas
STYLE : « ferme ornée » (XVIIIe siècle)
SUPERFICIE : 25,5 ha
CLIMAT : tempéré
SITUATION : Kilcock, comté de Kildare

À la fois « ferme ornée » et jardin paysager, le jardin de Larchill fut réalisé par diverses personnes à partir des années 1750. Ce domaine, à 30 km à l'ouest de Dublin, a été sauvé par le fait même d'avoir été abandonné il y a déjà fort longtemps : loin d'avoir été « amélioré » au fil des siècles, il est ainsi demeuré intact. Lorsque les de Las Casas l'acquirent en 1994, l'importance de sa « ferme ornée » (ensemble paysager censé exprimer un paradis pastoral), pour l'histoire de l'art européen, leur sauta aux yeux. On entreprit de grands travaux pour restaurer son ancienne gloire et en faire une réelle destination touristique.

Assez vaguement inspiré du hameau de Marie-Antoinette au Petit Trianon et de Stowe en Angleterre, le parc abrite dix folies classiques ou gothiques, un lac artificiel et une cour de ferme. Le plus grand troupeau irlandais de races rares broute ici. Toutes sortes de visiteurs, depuis les historiens les plus pointus jusqu'aux cars entiers de touristes, parcourent les allées de hêtres et de frênes, admirent la prairie fleurie ainsi que les jardins clos dotés de plates-bandes, de haies de buis et de jeux d'eau. Le potager et le jardin de simples n'y jouent qu'un simple rôle ornemental.

Le clou de la promenade est la forteresse miniature, réplique du château de Gibraltar, qui se dresse au milieu du lac. La tanière des renards en est un autre. Pour se divertir, on découvrira le coin des animaux de compagnie, le terrain d'aventures, la salle des sciences et les diverses activités d'extérieur : des représentations en plein air de pièces de Shakespeare, des spectacles de fauconnerie et de Guignol. RCa

Jardin de Killruddery House

République d'Irlande

CRÉATEUR : M. Bonet
PROPRIÉTAIRE : lord Meath
STYLE : à la française (XVIIe siècle)
SUPERFICIE : 36,4 ha
CLIMAT : tempéré
SITUATION : Bray, comté de Wicklow

Les jardiniers cinéphiles qui découvrirent Tom Cruise et Nicole Kidman en train de galoper sur les prairies de Killruddery dans *Horizons lointains* (sorti en 1992) furent frappés par le caractère théâtral de ce domaine. C'est le meilleur exemple de jardin du XVIIe siècle encore visible dans les îles Britanniques. C'était un jardin d'agrément, réalisé sur une vaste échelle, au cours des années 1680.

Les Brabazon, comtes de Meath, qui en sont toujours propriétaires, chargèrent un huguenot français, Bonet, de réaliser un jardin novateur. La touche très française du paysagiste, qui rappelait Versailles, est toujours sensible. Deux miroirs d'eau de 165 m de long reflètent la façade de la demeure. De longues allées convergentes sont agencées en forme de patte d'oie et flanquées de haies de charmes, hêtres et tilleuls. De fait, les haies jouent un rôle important à Killruddery. Encadré d'une immense double haie de hêtres, un étang circulaire est orné d'une fontaine et de statues qui représentent les quatre saisons. Plus loin, un théâtre de verdure du XVIIIe siècle, le seul de ce genre qui existe encore en Irlande, est doté de gradins gazonnés entre de hautes haies de lauriers.

Les statues sont mises à bon usage à travers le domaine. Elles constituent à la fois un point d'intérêt dans les sentiers ombragés du parc laissé à l'état sauvage et apparaissent dans l'orangerie du XIXe siècle. La balustrade a été inspirée du diadème que lady Meath dut vendre afin de financer la construction de cette orangerie. C'est cette attention constante portée aux détails qui fait tout le charme de Killruddery. PMcW

Jardins de Powerscourt House

République d'Irlande

CRÉATEUR : Daniel Robertson
PROPRIÉTAIRE : lord Powerscourt
STYLE : parc paysager (XIXe siècle)
SUPERFICIE : 18,2 ha
CLIMAT : tempéré
SITUATION : Enniskerry, comté de Wicklow

Les jardins de Powerscourt sont l'un des joyaux d'Irlande. Bizarrement, ce manoir palladien construit en 1731 et dont l'intérieur a été dévasté par un incendie en 1974 abrite désormais des boutiques, un café et des expositions. Cela ne devrait cependant pas surprendre outre mesure étant donné l'histoire du jardin.

Doté de verdoyantes pelouses qui prouvent irréfutablement que l'Irlande est bien l'« île d'Émeraude », son apparence actuelle date de 1841. C'est en grande partie l'œuvre de l'inimitable Daniel Robertson, architecte paysagiste londonien. Selon la légende, il ne travaillait que saoul et l'on devait alors le transporter en brouette à travers le jardin. Lorsqu'on découvre ce qu'il réalisa ainsi, on se dit que cette méthode s'avéra efficace. Un escalier central traverse les six terrasses de l'amphithéâtre, ornées de statues et de parterres ordonnés, pour rejoindre en contrebas le bassin de Triton dont la fontaine projette l'eau à 21 m de hauteur. Depuis la terrasse supérieure, on jouit d'une vue splendide sur le bassin, sur la beauté naturelle de la rivière Dargle, et, au-delà, sur la montagne en pain de sucre.

On ajouta plus tard un jardin boisé richement planté de spécimens d'Amérique du Nord. C'est l'un des panoramas que l'on apprécie le mieux depuis le haut de la Poivrière, une folie fortifiée qui se dresse sur le côté de l'une des terrasses. Il y a aussi une jolie allée de désespoirs des singes *(Araucaria araucana)* et un jardin japonais créé en 1906. À 3 km de là, on se doit absolument de visiter la cascade de Powerscourt. Avec ses 121 m, c'est la plus haute d'Irlande, et un cadre magnifique où s'asseoir et pique-niquer. TM

De verdoyantes pelouses qui prouvent que l'Irlande est bien l'"île d'Émeraude".

Jardins de Mount Usher

République d'Irlande

CRÉATEUR : Edward Walpole
PROPRIÉTAIRE : Madelaine Jay
STYLE : jardin sauvage (XIXe et XXe siècles)
SUPERFICIE : 8,1 ha
CLIMAT : tempéré
SITUATION : Ashford, comté de Wicklow

Situé le long de la rivière Vartry dans une splendide vallée protégée, ce jardin fut inspiré par William Robinson, jardinier irlandais non conformiste. Il dédaigna ici les parterres victoriens ordonnés en faveur d'un style plus naturaliste. Le jardin fut débuté dans les années 1860 par Edward Walpole, homme d'affaires dublinois, et développé sur quatre générations par ses descendants, tous de fervents amateurs de jardins. Il appartient désormais à Madeleine Jay qui l'acheta aux Walpole en 1980 et qui fait preuve d'autant de passion qu'eux pour cet endroit. Bien qu'elle insiste sur le fait que « ce n'est pas là un joyau entretenu impeccablement », elle admettrait peut-être que c'est un trésor botanique car il abrite de nombreux arbres rares. Le site comprend plus de cinq mille espèces et cultivars, dont certains, exceptionnels, proviennent de l'hémisphère Sud et prospèrent sous le doux climat irlandais, comme *Magnolia obovata*, originaire du Japon et merveilleusement parfumé. S'ajoutent à cela des collections d'*Eucryphia* et d'eucalyptus.

La rivière est le point de convergence du jardin. Des sentiers sinueux conduisent à ses deux berges et franchissent des ponts depuis lesquels on est en permanence tenté de photographier le paysage. À l'automne, l'allée d'érables vibre de couleurs tout comme les amélanchiers, les liquidambars et les *Nyssa* le long de la rivière. Mount Usher est tout aussi ravissant au printemps lorsque les azalées et les milliers de bulbes fleurissent, puis, finalement, en été lorsque c'est le tour des plantes herbacées et subtropicales. PMcW

Jardins de Kilfane

République d'Irlande

CRÉATEURS : sir John et lady Power
PROPRIÉTAIRES : Nicholas et Susan Mosse
STYLE : pittoresque (XVIIIe siècle)
SUPERFICIE : 24,4 ha
CLIMAT : tempéré
SITUATION : Thomastown, comté de Kilkenny

Les deux jardins de Kilfane, très différents, n'ont en commun que leur environnement boisé. Dans celui du haut, de 6 ha, qui entoure le manoir (fermé au public), on déambule sur des sentiers de gravier en admirant les plantations et la collection de sculptures contemporaines et autres œuvres d'art commanditées par la Fondation Kilfane. Si l'on prend le chemin boisé qui conduit au jardin du bas, le spectacle est très différent.

Datant des années 1790, ce paysage sur lequel on est soigneusement intervenu est aussi romantique que splendide. L'objectif était de créer une scène pittoresque – de fait, un jardin qui ressemblerait à un tableau. Grâce à une restauration pleine de sensibilité (le cottage en était réduit à ses fondations lorsqu'elle débuta en 1992), c'est l'effet que l'on a obtenu. Le spectacle qui accueille le visiteur est en réalité si parfait qu'il a l'impression de pénétrer dans le décor d'un film. On descend dans la vallée accompagné par le chant de la cascade que l'on a créée en détournant un ruisseau sur 1,6 km, qui chute ensuite le long d'une falaise de 10 m de haut puis s'écrase dans un bassin en contrebas. Au pied de la falaise, là où le bassin alimente le ruisseau, se trouve une grotte d'ermite. Des pierres de gué permettent de rejoindre la porte d'un cottage d'ornement à partir duquel des sentiers traversent les bois, agrémentés de ponts, bancs et fontaines. L'ensemble est si soigneusement agencé, l'ambiance du bois si merveilleusement apaisante que l'on ne peut distinguer l'artificiel du naturel. TM

Jardins de l'école de cuisine de Ballymaloe

République d'Irlande

CRÉATEURS : famille Allen et autres
PROPRIÉTAIRE : Darina Allen
STYLE : jardin productif (XXe siècle)
SUPERFICIE : 4 ha
CLIMAT : tempéré
SITUATION : Shanagarry, Midleton, comté de Cork

Si certaines parties des jardins de Ballymaloe datent du début du XIXe siècle, et certains agencements et plantations sont d'origine, les jardins qui existent aujourd'hui sont principalement l'œuvre de Darina Allen, célèbre cuisinière irlandaise. Elle a créé un jardin très productif qui non seulement procure à son école de cuisine les ingrédients nécessaires aux cours mais s'avère aussi l'un des plus beaux d'Irlande.

Des haies de buis et des parterres géométriques confèrent leur structure au jardin de plantes aromatiques, au verger et au potager qui sont aussi des jardins d'agrément. Leurs produits sont ramassés tous les jours, et la plupart des plantes bénéficient d'une production continue. Les abricotiers, pêchers et oliviers prospèrent dans le potager grâce au climat doux qui y règne. Les fleurs telles que les *Calendula*, chrysanthèmes comestibles, lavandes et bleuets sont cultivées à des fins culinaires, les violettes cristallisées pour décorer la pâtisserie. La pluviosité importante, alliée au fumier que l'on apporte aux plates-bandes au printemps, explique la croissance luxuriante. Au-delà, d'exubérantes plates-bandes d'herbacées sont accompagnées d'un labyrinthe d'ifs, d'un jardin d'eau et d'un arboretum ainsi que de divers éléments architecturaux, dont une cabane dans les arbres et une grotte ornée de coquillages. Celle-ci fut réalisée par les Allen, tous les coquillages provenant des cuisines.

On observe donc ici le mariage de divers styles, productif et ornemental, contemporain et historique, structuré et libre. Tout cela fait de Ballymaloe un endroit charmant à explorer. AJ

Annes Grove

République d'Irlande

CRÉATEUR : Richard Grove Annesley
PROPRIÉTAIRES : famille Annesley
STYLE : jardin sauvage à la William Robinson (XXe siècle)
SUPERFICIE : 14,1 ha
CLIMAT : tempéré
SITUATION : Castle Town Roche, comté de Cork

Situé dans une gorge boisée de la rivière Awbeg, Annes Grove appartient à la famille Annesley depuis 1628. Ce sont les grands arbres du parc et l'allée de conifères qui date de l'ère victorienne que l'on aperçoit tout d'abord avant d'atteindre la demeure de style géorgien.

Après avoir hérité de cette propriété en 1907, Richard Grove Annesley entreprit d'agencer et planter son jardin presque soixante ans durant selon le style du paysagiste Robinson. Il finança aussi des expéditions horticoles, notamment celles de Frank Kingdon-Ward, et emplit son jardin de plantes rares et nouvellement découvertes. Une grille en fer forgé ouvre sur un sentier entre des plates-bandes d'herbacées flanquées de haies d'ifs, puis sur un escalier bordé de lavande et enfin sur un monticule coiffé d'un pavillon d'été victorien fait de petites branches et doté de fenêtres gothiques.

Des centaines de rhododendrons – souvent introduits ici pour la première fois au retour d'expéditions – ondulent près des sentiers qui parcourent cette vallée évocatrice de l'Himalaya. On compte parmi eux des *Magnolia wilsonii* et *M. sieboldii*, aux fleurs blanches tombantes et aux tiges d'un cramoisi sombre, que de grands conifères protègent du soleil et du vent. En rejoignant le fond de la vallée, on découvre le jardin d'eau où le cours de l'Awbeg fut détourné et où l'on établit des barrages pour créer des rapides ainsi que des surfaces paisibles et sombres qui reflètent la végétation luxuriante. Cela rappelle une jungle aquatique et paradisiaque. RChe

Jardins Ilnacullin

République d'Irlande

CRÉATEUR : Harold Peto
PROPRIÉTAIRES : patrimoine de l'État irlandais
STYLE : jardin Arts and Crafts avec des accents italiens
SUPERFICIE : 14,9 ha
CLIMAT : tempéré
SITUATION : Glengarriff, comté de Cork

Il y a quelque chose de magique dans le fait de devoir prendre le bateau pour rejoindre un jardin sur une île, et c'est souvent plein d'espérance que l'on s'approche d'un site inconnu. C'est exactement ce que l'on ressent lorsqu'on visite Ilnacullin, près de la baie de Bantry, sur la côte méridionale irlandaise. Ce splendide jardin Arts and Crafts doté d'accents italiens prospère sous ce climat doux.

Le paysagiste Harold Peto conçut une grande partie du jardin pour son propriétaire, Annan Bryce, au début du XXe siècle. On retrouve ici son amour du style Arts and Crafts et sa passion de l'architecture italienne. L'élégant salon de thé italien illustre bien ce mariage. L'édifice domine le jardin classiquement italien orné de terrasses, de marches peu profondes, d'un bassin rectangulaire et d'un temple depuis lequel on peut apercevoir les montagnes de Caha. On jouit d'une vue tout aussi splendide sur la baie depuis le temple grec que l'on rejoint en parcourant une allée de magnifiques cyprès d'Italie *(Cupressus sempervirens)*. Le jardin clos bénéficie d'un microclimat à l'intérieur d'un autre microclimat, plus général. Non seulement le sud-ouest de l'Irlande jouit des effets du Gulf Stream mais Ilnacullin est également abrité par deux péninsules. Les murs du jardin offrent aussi chaleur et protection. Les plantes tendres et exotiques y prospèrent donc, dont des agapanthes, nérines et autres plantes de Méditerranée, d'Afrique du Sud et des antipodes. AJ

Grosser Garten de Hanovre

Allemagne

CRÉATEURS : Sophie de Hanovre, Martin Charbonnier
PROPRIÉTAIRE : ville de Hanovre
STYLE : baroque (XVIIe et XVIIIe siècles)
SUPERFICIE : 56 ha
CLIMAT : tempéré
SITUATION : Hanovre, Basse-Saxe

Le Grosser Garten, qui fait partie, avec le Berggarten, le Georengarten et le Welfengarten, des Jardins royaux de Herrenhausen, illustre brillamment le paysagisme baroque ; il fut réalisé à partir du milieu du XVIIe siècle jusqu'en 1866.

Herrenhausen était la résidence d'été des ducs puis des princes électeurs de Hanovre, mais les jardins sont essentiellement redevables à Sophie, l'épouse du prince électeur Ernest Auguste, qui entreprit, de 1689 à 1714, de les transformer. Lorsque son fils, George, accéda au trône d'Angleterre en 1714, la cour tout entière s'installa à Londres et l'on oublia le jardin qui échappa ainsi aux nouvelles modes, et préserva son apparence historique.

Son agencement est purement baroque – structuré, régulier et majestueux, l'espace étant hiérarchisé en fonction des divers événements qu'il abritait. Les parterres principaux, à l'origine un décor que l'on devait admirer depuis les grandes salles de réception du palais, rappellent de complexes broderies entremêlées de formes et de couleurs. La fontaine du centre ne fut ajoutée qu'en 1937 lorsque la ville se chargea de l'entretien du jardin. Sur le côté, on découvre le parterre de l'orangerie, planté de *Citrus*, et le théâtre de plein air, orné de statues dorées et que l'on utilise encore pour des représentations. Au-delà, une fontaine dont le jet s'élève à 70 m constitue un autre point de convergence. Ce jardin est épuisant, grisant et tout à fait impressionnant, même sans la présence du palais détruit sous les bombardements. HH

Jardins botaniques de Göttingen

Allemagne

CRÉATEURS : Albrecht von Haller, Heinz Ellenberg
PROPRIÉTAIRE : université de Göttingen
STYLE : botanique (XVIIIe siècle)
SUPERFICIE : 36 ha
CLIMAT : tempéré
SITUATION : Göttingen, Basse-Saxe

Oasis verte au centre de Göttingen, le jardin botanique d'origine, aussi vieux que l'université, fut créé par Albrecht von Haller en 1736. Désormais baptisé Alter Botanischer Garten (« vieux jardin botanique ») pour le différencier du nouveau, fondé en 1967, il abrite plus de mille espèces de plantes. Les deux jardins constituent le jardin botanique de l'université Georg August.

Les huit serres du vieux jardin abritent des collections de plantes aquatiques ainsi que de la forêt tropicale humide : plantes carnivores, broméliacées, fougères, orchidées, cycas, cactus et plantes grasses. Il y a aussi une grande serre froide et une collection de plantes sauvages européennes. Au-delà des serres, l'arboretum fait la célébrité du jardin grâce à sa rocaille, à son étang, au spectacle de ses bulbes au printemps et à sa collection de mille deux cents espèces.

Le Neuer Botanischer Garten (« nouveau jardin botanique »), au nord-est de la ville, fut créé par le géobotaniste Heinz Ellenberger qui désirait plus d'espace. Les 9,7 ha du biotope expérimental Mackenrodt abritent des associations de plantes acclimatées, dont des ensembles des bois et de prairie. Ailleurs, on trouve des ensembles horticoles des forêts tempérées européennes, asiatiques et américaines, une rocaille de 0,5 ha et une zone dédiée à l'agriculture de l'Europe centrale. Le Forstbotanischer Garten, une importante collection de plantes ligneuses et de vivaces des bois, côtoie ce « nouveau jardin ». TM

Jardin de Montagne de Hanovre

Allemagne

CRÉATEURS : Sophie de Hanovre, Martin Charbonnier
PROPRIÉTAIRE : ville de Hanovre
STYLE : jardin botanique (XVIIe siècle)
SUPERFICIE : 21 ha
CLIMAT : tempéré
SITUATION : Hanovre, Basse-Saxe

Le Berggarten, ou jardin de Montagne – en référence aux collines sablonneuses qui dominent un paysage par ailleurs plat – est situé au nord du Grosser Garten (voir page précédente) et appartient à l'ensemble des Jardins royaux de Hanovre. Cet impressionnant jardin botanique n'était guère, au XVIIe siècle, qu'un potager, mais il se développa au fur et à mesure que des plantes nouvelles et exotiques y étaient mises en terre. Sophie de Hanovre joua un rôle essentiel dans le développement du jardin en encourageant sa fille à collectionner les espèces insolites. Dès 1706, il y avait ici tant de mûriers qu'ils alimentaient la ferme royale de vers à soie de Hameln. Le nombre de plantes exotiques s'accrut régulièrement, tout comme la réputation du jardin. Dès 1850, l'une des serres abritait la plus grande collection de palmiers d'Europe et l'on cultiva ici un *Saintpaulia* pour la première fois en Europe.

Bon nombre des serres furent détruites au cours de la Seconde Guerre mondiale puis reconstruites pour abriter désormais des cactus, plantes grasses et l'une des collections d'orchidées les plus importantes au monde. La serre la plus récente, celle de la forêt tropicale humide, ou Regenwaldhaus, comprend plus de six mille plantes auxquelles s'ajoutent des oiseaux, chauves-souris, grenouilles et autres animaux exotiques. Les liens étroits entre le jardin et le département de paysagisme de l'université de Hanovre ont permis le développement de divers jardins thématiques, dont le plus récent est le jardin de prairie. HH

Parc de Sanssouci

Allemagne

CRÉATEURS : Frédéric II de Prusse, Peter Joseph Lenné
PROPRIÉTAIRE : Fondation des palais et jardins de Prusse
STYLE : parc romantique (XIXe siècle)
SUPERFICIE : aménagé à l'intérieur d'un parc de 283,5 ha
CLIMAT : tempéré
SITUATION : Potsdam, Brandebourg

Peu d'éléments demeurent du jardin original et novateur de Sanssouci que fit réaliser Frédéric II de Prusse, car il fut par la suite intégré au grand parc paysager romantique de Peter Joseph Lenné.

Le lieu fut baptisé « Sanssouci » car Frédéric II désirait un palais d'été où il puisse mener une vie simple, faite de lecture et de réflexion philosophique, libre des charges de l'État. Il demanda tout d'abord à ce que l'on plante une vigne. Cela ne pouvait bien évidemment être une vigne ordinaire. On modela ainsi dans une pente six immenses terrasses concaves orientées de façon à être ensoleillées. Les murs furent construits de briques qui emmagasinaient la chaleur et percés de cent soixante-huit niches. On attachait la vigne aux murs et les niches accueillaient des figuiers. Des volets vernissés les protégeaient des intempéries.

Une fontaine s'élevait au pied du monumental escalier central qui divisait ces terrasses. Deux allées boisées naissaient des deux côtés de la plus élevée d'entre elles pour se terminer devant deux pavillons couverts de treillage et décorés d'étoiles dorées.

Tout cela est resté, tout comme l'autre joyau de Frédéric, un extraordinaire pavillon de thé chinois surmonté d'un parasol doré et orné de statues représentant des personnages chinois, grandeur nature. On peut aussi voir ici la tombe de Frédéric qui repose près de ses chiens fidèles. Sanssouci fut inscrit sur la liste du patrimoine mondial de l'humanité par l'Unesco en 1990. Doté de près de 70 km de sentiers et d'une série de palais et de folies, il est désormais très éloigné du rêve de simplicité champêtre de Frédéric. AE

Jardin commémoratif Karl-Foerster

Allemagne

CRÉATEUR : Karl Foerster
PROPRIÉTAIRE : Fond. all. pour la protection des monuments
STYLE : moderne (XXe siècle)
SUPERFICIE : 0,5 ha
CLIMAT : tempéré
SITUATION : Potsdam-Bornim, Brandebourg

Niché au sud-ouest de Berlin, non loin de Sans-Souci, le jardin public commémoratif (Gartenanlage -Gedenkstätte) Karl-Foerster a vu naître le style paysagiste qui symbolise le jardin allemand moderne. Karl Foerster le créa en 1912 afin de mettre en valeur ses nouveaux cultivars et combinaisons de plantes révolutionnaires. Poussé par le désir de réaliser des parterres qui seraient fleuris au cours de longues périodes, s'avéreraient intéressants toute l'année et résisteraient aux rudes hivers allemands, il développa une approche originale qui influença des générations d'architectes paysagistes à travers le monde.

Il rompit avec la tradition en alliant des graminées d'ornement aux plantes herbacées et en mettant l'accent tant sur la couleur que sur les formes. Auteur prolifique, Foerster transmit bon nombre de ses idées à travers ses ouvrages. Grâce aux soins et à l'enthousiasme de Marianne Foerster, les visiteurs peuvent partager la vision de son grand-père et admirer le jardin tel qu'il était à l'époque de ce dernier.

Le jardin en contrebas est agencé en terrasses autour d'un bassin ovale. Les parterres abritent des plantes caractéristiques de l'œuvre de Foerster, dont des graminées ornementales telles que *Calamagrostis x acutifolia* 'Karl Foerster', *Helenium* 'Königstiger', une multitude de phlox et les delphiniums qui firent la célébrité du paysagiste. À la fin de l'été et au début de l'automne, on assiste à une explosion spectaculaire de couleurs, tons et formes. Toutes les plantes sont étiquetées, et un grand nombre d'entre elles sont en vente dans la pépinière adjacente. HH

Parc du château de Rheinsberg

Allemagne

CRÉATEURS : divers, dont Kurt Tucholsky
PROPRIÉTAIRE : Fondation des palais et jardins de Prusse
STYLE : parc rococo (XVIIIe siècle)
SUPERFICIE : 26 ha
CLIMAT : tempéré
SITUATION : Rheinsberg, Brandebourg

Bâti sur la rive de la Grienricksee, ce château du XVIIIe siècle paraît flotter sur l'eau. Il fut offert en 1734 par son père à Frédéric II qui à son tour en fit don à son frère, le prince Heinrich. Tous deux y apportèrent des transformations.

Face au château, un parterre gazonné, en damier, conduit à un escalier qui accède au parc et que dominent deux sphinx. Des allées droites traversent ensuite celui-ci pour conduire aux divers éléments paysagers. Le long de la lisière sud, des colonnes de 1741 encadrent l'entrée où les déesses Flore et Pomone accueillent les visiteurs.

Le Salon, un petit temple circulaire conçu comme orangerie à l'origine mais transformé en bains au XVIIIe siècle, est l'un des éléments architecturaux attrayants du site. Dans le théâtre de plein air, créé en 1752, ce sont des arbres et haies qui constituent la toile de fond naturelle. On remarquera aussi divers édifices du parc érigés en la mémoire des amis, membres de la famille et domestiques préférés du prince Heinrich. Le Tempel für teure Verstorbene (1790) est un petit bâtiment carré et le Malesherbes Säule est une colonne en ruine érigée en hommage à cet homme politique français décapité durant la Révolution.

Le jardin de Rheinsberg abrite deux grottes : celle d'Égérie, baptisée en l'honneur de la naïade, à l'extrémité de l'axe principal, et la Feldsteingrotte, au bord de l'eau. Celle-ci est constituée en réalité de trois grottes décorées à l'origine de morceaux de verre et de coquillages qui ont depuis malheureusement disparu. IvG

Parc Branitz

Allemagne

CRÉATEUR : Hermann von Pückler-Muskau
PROPRIÉTAIRE : Fondation du musée du Prince-Pückler
STYLE : parc paysager (XIXe siècle)
SUPERFICIE : 100 ha
CLIMAT : tempéré
SITUATION : Cottbus, Brandebourg

Après la vente du château de Muskau en 1845, le prince de Pückler-Muskau emménagea dans le vieux domaine familial de Branitz. Très endetté mais toujours aussi passionné de jardins, il entreprit de métamorphoser le parc dépourvu d'intérêt qui entourait le château, encouragé par son épouse Lucie qui voulait voir « ce désert transformé en oasis artificielle ». Comme celui de Muskau, Branitz devint un long et coûteux projet, qui ne fit que croître au fil des ans.

Il reflétait tout ce que Pückler avait admiré et découvert dans ses voyages. Son agencement est l'expression du cheminement de toute une vie. Le prince refaçonna le paysage, construisit des cours d'eau artificiels, creusa des lacs, créa du relief, et ce qui n'était jusque-là que terne devint soudainement intéressant. Il divisa le site en diverses zones en commençant par l'est et en passant ensuite au jardin d'agrément autour du château, pour terminer à l'ouest avec le Tumulus, ou pyramide d'eau, qui abrite désormais la tombe de Pückler. Le jardin d'agrément, doté de parterres fleuris, d'ornements, de sculptures, d'arbres et de buissons, formait un contraste avec le paysage ponctué de monumentales pyramides de terre qui servaient d'axes visuels et de points d'observation.

On n'utilisa que des arbres indigènes ou acclimatés dans le parc, et on les plaça de façon à rendre le site intéressant et à dégager des perspectives. Branitzer Park demeure aujourd'hui une remarquable réussite, une interprétation du parc paysager qui marie des influences du monde entier et devrait constituer un critère de qualité pour les siècles à venir. HH

Parc paysager de l'île aux Paons

Berlin, Allemagne

CRÉATEUR : Peter Joseph Lenné
PROPRIÉTAIRE : Fondation des palais et jardins de Prusse
STYLE : parc paysager (XIXe siècle)
SUPERFICIE : 150 ha
CLIMAT : tempéré
SITUATION : Berlin-Zehlendorf, Berlin

Le Pfaueninsel, ou île aux Paons, ainsi nommé parce qu'on y introduisit ces volatiles en 1795, est situé sur le lac Havel à l'ouest de Berlin. Accessible par bateau seulement, c'était l'un des refuges préférés des rois de Prusse. Frédéric Guillaume II y fit bâtir, selon la mode des édifices rustiques alors en vogue, les ruines d'un château. Son fils, Frédéric Guillaume III, continua en chargeant Peter Joseph Lenné de transformer l'île en parc paysager inspiré du modèle du Jardin des Plantes de Paris (voir p. 575).

Celui-ci redéfinit les contours des bois, créa des clairières et pâturages, établit un vaste réseau de sentiers et introduisit de nombreuses plantes rares. Il désirait créer un paysage idyllique où la famille royale pourrait s'isoler. Divers bâtiments, tels que la Laiterie, une ruine néogothique avec vaches et terrain de jeux pour les enfants, complétaient le tableau. On en ajouta d'autres progressivement, dont une serre de palmiers en 1830, qui brûla par la suite, et une ménagerie d'animaux exotiques que Frédéric Guillaume IV déplaça finalement pour créer le Tiergarten de Berlin, désormais célèbre.

Le jardin et le parc de l'île aux Paons ont été abondamment restaurés, tout comme de nombreux édifices, afin de rétablir l'atmosphère d'un refuge insulaire du XIXe siècle. Un ferry relie régulièrement l'île au continent. L'île tout entière fut désignée patrimoine mondial de l'humanité par l'Unesco en 1990. HH

Il désirait créer un paysage idyllique où la famille royale pourrait s'isoler.

Parc de Klein-Glienicke

Berlin, Allemagne

CRÉATEUR : Peter Joseph Lenné, Karl Friedrich Schinkel, prince Karl de Prusse
PROPRIÉTAIRE : Fondation des palais et jardins de Prusse
STYLE : parc paysager (XIXe siècle)
SUPERFICIE : 90,2 ha
CLIMAT : tempéré
SITUATION : Berlin-Zehlendorf, Berlin

Klein-Glienicke appartient au paysage, s'étend bien au-delà de ses limites et semble attirer vers lui les vues et perspectives environnantes. Il témoigne de la puissance de l'architecture paysagiste du XIXe siècle et de la collaboration du paysagiste, de l'architecte et du mécène qui œuvrèrent ensemble.

Peter Joseph Lenné, qui devait devenir l'un des paysagistes les plus influents d'Allemagne, entreprit en 1816 de transformer en profondeur ce domaine, en l'agrandissant et en le perfectionnant au fur et à mesure que son propriétaire amassait fortune et reconnaissance sociale. Après la mort de ce premier propriétaire en 1824, le prince Karl de Prusse, alors chancelier d'État, fit de ce domaine sa résidence estivale où il conservait sa collection de meubles anciens. De toute évidence impressionné par l'œuvre que Lenné avait déjà accomplie dans le jardin d'agrément entre la demeure, le casino et les berges de la Havel, le prince le chargea de concevoir le reste du parc. C'est toutefois le grand architecte classique Karl Friedrich Schinkel qui marqua de son empreinte Klein-Glienicke. L'influence italienne y est partout en évidence, depuis les sculptures jusqu'aux jeux d'eau. Un réseau de sentiers intelligemment agencés permet de ne rien manquer lors d'une visite, depuis les édifices soigneusement restaurés jusqu'aux parterres de fleurs. Le domaine est désormais sous la protection de l'Unesco comme patrimoine de l'humanité. HH

Parc du château d'Oranienbaum

Allemagne

CRÉATEURS : Cornelius Ryckwaert, Léopold III Friedrich Franz d'Anhalt-Dessau
PROPRIÉTAIRE : Fondation culturelle DessauWörlitz
STYLE : parc paysager (XVIIe et XVIIIe siècles)
SUPERFICIE : 38 ha
CLIMAT : tempéré
SITUATION : Oranienbaum, Saxe-Anhalt

La région qui s'étend autour de Dessau est riche en histoire paysagère. Son réseau de jardins, qui comprend entre autres le Wörlitzer Anlagen, le parc d'Oranienbaum et le Luisium, figure d'ailleurs sur la liste du patrimoine de l'humanité de l'Unesco.

La ville, le château et le jardin d'Oranienbaum furent réalisés entre 1683 et 1698 selon un schéma conçu par un Hollandais, Cornelius Ryckwaert, pour la princesse Henriette Catharina d'Anhalt-Dessau. Dans ce jardin très ordonné, les parterres plantés devant le château font face à la place du marché de la ville. À l'arrière, un vaste jardin presque rectangulaire abrite d'autres parterres regroupés autour d'une fontaine. De là s'étendent des allées, fourrés et un parc à cerfs.

Après le décès d'Henriette, le site servit de pavillon de chasse avant que Léopold III Friedrich Franz d'Anhalt-Dessau, qui venait de transformer le domaine de Wörlitz, ne s'y intéresse. Il incorpora magistralement au jardin des éléments inspirés de l'Antiquité. Le jardin insulaire fut métamorphosé en 1795 en jardin anglo-chinois, le premier de ce genre. Orné d'une pagode, d'un pavillon de thé et de ponts, il reflétait l'intérêt du prince pour les chinoiseries. Autre ajout, une orangerie fut bâtie dans un style à l'antique.

Durant de nombreuses années, seuls de rares passionnés de jardins le connaissaient. Depuis la réunification allemande, il est désormais heureusement accessible à un public plus large. HH

Domaine de Wörlitzer

Allemagne

CRÉATEURS : Léopold III Friedrich Franz d'Anhalt-Dessau, Friedrich Wilhelm von Erdmannsdorff
PROPRIÉTAIRE : Fondation culturelle DessauWörlitz
STYLE : parc paysager (XVIIIe siècle)
SUPERFICIE : 112 ha
CLIMAT : tempéré
SITUATION : Wörlitz, Saxe-Anhalt

Le prince Léopold III Friedrich Franz d'Anhalt-Dessau était cultivé, riche et âgé seulement de dix-huit ans lorsqu'en 1758, il eut la charge des domaines familiaux. En compagnie de son grand ami le jeune architecte Friedrich Wilhelm von Erdmannsdorff, il entreprit de parcourir la France et l'Angleterre. Ils comptèrent parmi les premiers Allemands à découvrir le nouveau style paysagiste anglais, et furent si impressionnés qu'ils décidèrent de le recréer à Wörlitz. Un autre voyage, en Italie, leur inspira de nouvelles idées et c'est ainsi que Wörlitzer Anlagen vit le jour. Le résultat, époustouflant, annonçait une nouvelle ère de l'architecture et du paysagisme allemands. Toutes les règles établies furent balayées, et les parcs naturels ornés d'édifices gréco-latins devinrent à la mode.

Le château fut reconstruit par Erdmannsdorff entre 1769 et 1773 dans le style traditionnel d'un manoir anglais. Il fut suivi de nombreux petits autres édifices parsemés à travers le parc dont un panthéon, une maison gothique et divers temples et grottes. Au centre du jardin, le lac et cinq jardins furent créés plus ou moins simultanément à partir de 1765, dont le Schloss Garten, Kleines Walloch, Grosses Walloch et le Neumarks Garten. Dans le parc actuel, qui couvre 40 ha, les diverses parties sont astucieusement reliées par des allées et perspective pour ne former qu'un tout. Il est particulièrement intéressant de noter que le domaine fut ouvert au public dès le début. De fait, la campagne environnante tout entière fut incluse dans ces transformations qui produisirent un royaume paysager qui s'étendit aux domaines voisins et demeure unique dans l'histoire des jardins. HH

Toutes les règles établies furent balayées.

Wilhelmsbad

Allemagne

CRÉATEUR : inconnu
PROPRIÉTAIRE : Direction des palais et jardins nationaux
STYLE : parc paysager anglais (XVIIIe siècle)
SUPERFICIE : 37,6 ha
CLIMAT : tempéré
SITUATION : Wilhelmsbad, Hesse

Wilhelmsbad fut l'un des premiers parcs paysagers d'Allemagne et la station thermale que toute la bonne société fréquentait entre 1777 et 1785. Il passa de mode par la suite, et c'est grâce à cela que son agencement de la fin du XVIIIe siècle est resté intact.

L'architecte Franz-Ludwig Cancrin érigea les thermes, de style baroque tardif, le long de la promenade. Le bâtiment où l'on puisait l'eau curative, un petit pavillon hexagonal peint de couleurs vives, correspond plus à l'architecture baroque du reste des thermes qu'aux autres éléments rustiques ou pittoresques du parc. Celui-ci abrite aussi un ruisseau, le Braubach, que l'on dota d'un barrage afin de créer un lac et de petites îles. On retrouve sur ses berges de nombreux édifices décoratifs et des ornements, dont un pont à arches, une pyramide de pierre, un ermitage, une grotte et un pont du diable en bois qui enjambe un abîme rocailleux. L'une des premières fausses ruines de château médiéval d'Europe se reflète dans le ruisseau. Sa tour cache un appartement très décoré réalisé pour Wilhelm von Hessen-Kassel, qui donna son nom au domaine.

C'est cependant probablement le manège que tiraient des chevaux qui constitue l'élément le plus remarquable du parc. Bel exemple des premiers jours de l'art de la mécanique, il devait grandement divertir les nombreux visiteurs du domaine. Construit sur un petit coteau qui abrite son mécanisme complexe, ce ravissant pavillon rond coiffé d'un dôme et en cours de restauration accueille encore une collection de ravissants chevaux de bois et de voitures. IvG

Palmengarten

Allemagne

CRÉATEUR : Heinrich Siesmayer
PROPRIÉTAIRE : ville de Francfort
STYLE : jardin botanique (XIXe siècle)
SUPERFICIE : 20,2 ha
CLIMAT : tempéré
SITUATION : Francfort-sur-le-Main, Hesse

Bien que le jardin des Plantes de Francfort (Palmengarten) soit aussi doté de jardins extérieurs, il est surtout célèbre pour son Tropicarium, un ensemble de serres qui abritent 0,4 ha de milieux climatiques divers. Le Palmenhaus, construit en 1869, est la plus vieille serre de toutes.

Heinrich Siesmayer, paysagiste du XIXe siècle, acheta au duc Adolphe de Nassau une collection de plantes exotiques, et, sur une parcelle de terrain que lui fournit la ville, créa un jardin et bâtit une salle de réunion à laquelle on ajouta le Palmenhaus. Le jardin et les serres furent remaniés et replantés dans les années 1990, époque à laquelle on créa le nouveau Tropicarium et y développa la roseraie, la rocaille et le jardin de rhododendrons.

Le jardin de plantes herbacées, dédié à Karl Foerster, célèbre horticulteur du XXe siècle, comprend divers habitats naturels. Les plantes marginales poussent notamment près du ruisseau derrière lequel les vivaces herbacées fleurissent jusqu'à la fin de l'automne. On tond deux fois par an la parcelle de steppe où croissent des espèces d'Eurasie et d'Amérique du Nord dans des conditions sèches et ensoleillées. À côté de l'entrée du Tropicarium, le jardin de cactus est planté de succulentes accompagnées de plantes exotiques et d'annuelles d'Amérique, d'Afrique et des îles Canaries. Pour ceux que les collections rebutent *a priori*, le Palmengarten, où l'on découvre d'innombrables idées pour toutes sortes de jardins, depuis les plus majestueux jusqu'aux minuscules, prouve qu'elles peuvent s'avérer divertissantes. IvG

Jardin expérimental Hermannshof

Allemagne

CRÉATEURS : Urs Walser, Cassian Schmidt
PROPRIÉTAIRE : Freudenberg
STYLE : naturaliste (XXe siècle)
SUPERFICIE : 2,2 ha
CLIMAT : tempéré
SITUATION : Weinheim, Hesse

Le jardin expérimental Hermannshof est peut-être le plus passionnant d'Europe pour ceux que les plantes et le paysagisme intéressent. Il illustre le style contemporain naturaliste qui fait désormais la réputation de l'Allemagne, réalisé à l'aide de vivaces, sur une échelle relativement réduite et intime par rapport à d'autres plantations, plus ambitieuses.

Cette région bénéficie de l'un des meilleurs climats du pays. Le jardin jouit de la présence d'un ensemble d'arbres majestueux, et depuis 1980 a fait l'objet de nombreuses nouvelles plantations. On a créé divers habitats au sein desquels on a réalisé des combinaisons de plantes qui correspondent au lieu et simplifient l'entretien. Le jardin, qui appartient à un ensemble de sites où l'on évalue les vivaces et les combinaisons de plantes, inspire et éduque à la fois.

Au printemps, les tulipes poussent en masse, suivies au début de l'été de grands aplats de fleurs des bois le long de la lisière du jardin, puis par le spectaculaire parterre d'achillées et de *Salvia*, peut-être le plus saisissant d'Europe, parfait équilibre de couleurs et de formes. Durant le reste de l'été, on peut admirer des parterres de plantes de prairie variées et des annuelles. Les plantes insolites abondent. Les parterres de prairie abritent des introductions jamais encore vues en Europe et des combinaisons peu orthodoxes. NK

Harmonie de couleurs et de formes dans ce jardin spectaculaire.

Parc du château de Wilhelmshöhe

Allemagne

CRÉATEUR : Giovanni Guerniero

PROP. : Direction des palais et jardins nationaux

STYLE : parc paysager, baroque (XVIIIe siècle)

SUPERFICIE : 240 ha

CLIMAT : tempéré

SITUATION : Kassel, Hesse

Le palais de Wilhelmshöhe et l'axe central de ses jardins dominent une vallée ainsi que les coteaux boisés des environs de Kassel. C'est un spectacle impressionnant, l'œuvre de trois générations, dont chacune a amélioré ce que la précédente avait créé en l'adaptant au goût du jour. L'ensemble est visible depuis les fenêtres du train à grande vitesse qui passe près de là.

Le landgrave Karl de Hesse-Kassel (1670-1730) commença par remplacer un pavillon de chasse par un château baroque au sommet d'une colline. En 1701, il fit réaliser par Giovanni Guerniero un jardin baroque de style italien. Ce dernier devait mettre la topographie du lieu à profit en réalisant une spectaculaire série de cascades, élément central du jardin, qui relierait ce dernier à la vallée. Même si seule la section supérieure fut réalisée, Schlosspark Wilhelmshöhe est désormais le plus grand parc d'Europe agencé sur une colline.

Les travaux continuèrent sous le règne du fils de Karl, le landgrave Frédéric Ier, suivant le style anglais alors en vogue. L'axe central continuait à dominer le jardin mais fut adouci. On ajouta d'autres édifices au parc, dont un village chinois. La cascade demeura cependant en l'état. Assurez-vous de visiter le site lorsqu'elle coule. HH

À GAUCHE Les jeux d'eau du château de Wilhelmshöhe mettent à profit la topographie escarpée de l'endroit.

Parc du château du Belvédère

Allemagne

CRÉATEUR : inconnu

PROPRIÉTAIRE : Stiftung Weimarer Klassik

STYLE : parc paysager (XIXe siècle), jardin botanique

SUPERFICIE : 43 ha

CLIMAT : tempéré

SITUATION : Weimar, Thuringe

On peut rejoindre le parc du château du Belvédère depuis le centre de Weimar, sans se presser, en suivant le Park an der Ilm (voir p. 474), long de 1,6 km, puis en continuant sur la Belverderer Allée, conçue à la fin du XIXe siècle pour relier les deux jardins. Le château et son parc sont désormais partie intégrante du Grand Weimar, reconnu patrimoine de l'humanité par l'Unesco en 1998.

Le duc Ernst August von Sachsen-Weimar fit ériger le château entre 1724 et 1732, et le fit entourer d'un jardin baroque. Sur l'ordre de la grande-duchesse Maria Pavlovna, fille du tsar Paul Ier, le domaine fut transformé au début du XIXe siècle en parc paysager, avec théâtre de plein air, fontaines et folies. Inspirée par le jardin russe du tsar à Pavlovsk, elle en créa aussi un de ce genre à l'ouest du site.

En 1820, on réalisa l'*Hortus Belvedereanus*, une collection botanique censée encourager l'étude des sciences naturelles. Les magnifiques bâtiments de l'orangerie, qui dessinent un fer à cheval autour de la maison du jardinier, abritaient une importante collection de palmiers, *Citrus* et autres plantes exotiques dont des grenades et myrtes que l'on peut encore admirer dans la cour en été. À l'intérieur se trouvent des parterres surélevés ainsi qu'une rocaille de tuf récemment restaurée. Près de l'orangerie, un jardin à la française est accompagné d'un petit pavillon et d'un bassin, ainsi que de massifs saisonniers d'annuelles amoureusement entretenus. IvG

Parc des bords de l'Ilm

Allemagne

CRÉATEUR : Johann Wolfgang von Goethe
PROPRIÉTAIRE : Association de défense du Weimar classique
STYLE : parc paysager (XVIIIe et XIXe siècles)
SUPERFICIE : 47,8 ha
CLIMAT : tempéré
SITUATION : Weimar, Thuringe

En 1776, on offrit à Goethe une maison, le Gartenhaus, sur les bords de l'Ilm. Le poète, figure majeure du mouvement romantique allemand, joua un rôle très important au début de la conception de Park an der Ilm, parc paysager réalisé entre 1778 et 1833. Il créa un certain nombre d'édifices du jardin et fut responsable de nombreuses plantations. Le parc, qui prend naissance au Stadtschloss au centre de Weimar, fait 1,6 km de long. Ce couloir vert aménagé en direction du sud entre le Schloss, le parc Tiefurt et le Schlosspark Belvedere, est parallèle à la rivière Ilm. Il se déploie entre les deux rives et constitue ainsi pour les touristes une parfaite promenade depuis le centre-ville jusqu'au Belvédère.

Le Römische Haus, à l'origine un ermitage, est situé face au Gartenhaus de Goethe, sur la rive opposée. Ce sont les deux éléments principaux du parc, accompagnés de sculptures, ponts, affleurements rocheux, temples et mémoriaux aux « grands », dont William Shakespeare et Franz Liszt. La maison de Goethe est nichée dans la verdure, et l'architecture de l'ermitage indéniablement romaine. Les nombreux ponts, tous d'aspect différent, vont de la simple construction de bois jusqu'aux ponts suspendus, ponts en pierre et ornés d'arches. Très variés, ils relient les deux parties du parc.

Bien que de nombreux arbres – tilleuls, chênes et hêtres – soient indigènes, on a ajouté pour pimenter le tout quelques espèces exotiques, dont des hêtres pourpres, un ginkgo biloba et un tulipier de Virginie *(Liriodendron tulipifera)*. IvG

Le poète Goethe [...] joua un rôle très important au début de la conception de ce parc paysager.

Jardin du château de Pillnitz

Allemagne

CRÉATEURS : Matthäus Pöppelmann, Peter Joseph Lenné
PROPRIÉTAIRE : Direction des palais de Saxe
STYLE : parterre à la française (XVIIIe siècle), parc anglais (XIXe siècle)
SUPERFICIE : 28,3 ha
CLIMAT : tempéré
SITUATION : Pillnitz, Saxe

Seule une heure de voyage en bateau à aubes, le long des plus beaux paysages de l'Elbe, sépare le château de Pillnitz du centre de Dresde. On découvre à l'arrivée le palais de la Rivière et celui de la Montagne.

Le jardin à la française qui sépare ces deux édifices abrite des parterres fleuris ordonnés et cède la place à des perspectives, à la française elles aussi, entre lesquelles se trouvent des « compartiments » de jardin entourés de haies et dont les diverses plantations sont thématiques. À l'opposé, encadré sur trois côtés par une partie du palais construite plus tardivement, le célèbre Fliederhof est une cour bordée de lilas que l'on cultive comme des arbres ordinaires. Le complexe tout entier est entouré d'un parc paysager à l'anglaise, réaménagé entre 1838 et 1867 selon les principes paysagistes de Peter Joseph Lenné. Il comprend une orangerie (autrefois salle de jeu), une serre aux palmiers et un petit lac à l'extrémité duquel se trouve le pavillon anglais inspiré du Tempietto du cloître de San Pietro à Montorio en Italie. On devrait prendre la peine d'y pénétrer car les murs ont été magnifiquement peints d'insectes et de papillons.

Le parc est planté de nombreux arbres splendides, désormais adultes, qui présentent un intérêt botanique. Cette partie évoque d'ailleurs un merveilleux arboretum. Ne manquez pas le camélia, le plus grand du pays et l'un des plus impressionnants d'Europe. C'est la seule des quatre plantes japonaises introduites par le botaniste suédois Carl Peter Thunberg en 1778 qui ait survécu. IvG

Jardins du palais Zwinger

Allemagne

CRÉATEUR : Matthäus Daniel Pöppelmann
PROPRIÉTAIRE : Direction des palais de Saxe
STYLE : baroque (XVIIIe siècle)
SUPERFICIE : 5,4 ha
CLIMAT : tempéré
SITUATION : Dresde, Saxe

Le palais Zwinger est plus connu pour son musée, ses tableaux de maîtres et sa collection de porcelaine que pour son jardin, souvent considéré comme un simple ajout ornemental. Cependant, malgré la taille relativement réduite de ce dernier, c'est un très bel exemple de jardin citadin baroque.

Le prince Frédéric-Auguste Ier chargea Matthäus Daniel Pöppelmann de concevoir une orangerie entre l'enceinte du château et les murs de la ville, un lieu baptisé Zwinger. La construction eut lieu entre 1711 et 1728 et comprend une galerie courbe, divers pavillons, le Nymphenbad et la porte de la Couronne, désormais symbole de la ville de Dresde. Au cours du XVIIIe siècle, la partie centrale accueillait les plantes que l'on avait cultivées dans le jardin d'hiver. Au cours des années 1820, le jardinier de la cour, C. A. Terscheck, transforma les jardins et le lac, avant qu'ils ne soient à nouveau modifiés en 1924 lorsqu'on rétablit le plan original de Pöppelmann.

Le jardin, ses fontaines, jeux d'eaux et statues forment un contraste complet avec le reste de la ville. Très peu de jardins historiques de Dresde ayant survécu aux bombardements puis à l'ère communiste, le Zwinger n'en est que plus poignant et exceptionnel. HH

Le jardin forme un contraste complet avec le reste de la ville.

Jardins baroques de Grossedlitz

Allemagne

CRÉATEURS : divers
PROPRIÉTAIRE : Land de Saxe
STYLE : baroque (XVIIIe siècle)
SUPERFICIE : 18 ha
CLIMAT : tempéré
SITUATION : Heidenau, Saxe

Les jardins de Grossedlitz furent créés par Christoph August von Wackerbarth en 1719. Il vendit la propriété en 1723 à « Auguste le Fort » qui fit appel aux jardiniers les plus importants de l'époque – Knoeffel, Longuelune et Pöppelmann – afin de créer un jardin majestueux. Bien que celui-ci n'ait jamais été achevé, il est demeuré en grande partie inchangé et constitue l'un des plus beaux jardins baroques allemands. Le Friedrichschloss qui le jouxte est relativement petit et dominé par l'orangerie du haut, en réalité moins importante que la principale, située sur la terrasse inférieure. La plus grande des deux est en effet un bâtiment majestueux, impressionnant par sa seule géométrie. On sort les orangers et les jardinières d'agapanthe en été pour les disposer sur une terrasse en forme de fer à cheval.

La terrasse du devant est encadrée d'un parterre étroit bordé de buis où les plantes s'entremêlent, seule touche de couleur du jardin. Les jeux d'eau sont limités aux terrasses les plus proches du château. On avait prévu d'ajouter d'immenses cascades et bassins mais le manque d'eau empêcha leur réalisation. C'est donc aujourd'hui une « cascade » de gazon, flanquée de marches de pierre, qui dévale la colline. De majestueux escaliers de pierre se déploient aussi jusqu'aux terrasses inférieures, et des perspectives ordonnées, souvent encadrées de tilleuls taillés ou de haies, traversent le jardin et guident le regard jusqu'au paysage environnant. IvG

Fürst-Pückler Park

Allemagne

CRÉATEUR : Hermann von Pückler-Muskau
PROPRIÉTAIRE : Fondation du parc Prince-Pückler
STYLE : parc paysager (XIXe siècle)
SUPERFICIE : 750 ha
CLIMAT : tempéré
SITUATION : Bad Muskau, Saxe ; Leknika, Pologne

Le prince Ludwig Heinrich Hermann de Pückler-Muskau était un homme ambitieux, un progressiste déclaré qui adorait monter à cheval, tirer au fusil et voyager, et qui éprouvait une véritable passion pour les parcs paysagers. Après avoir visité l'Angleterre et découvert ceux de Humphry Repton, il entreprit d'en créer une version idyllique à Muskau en 1815 – vaste entreprise ! Il disposait du cadre idéal : une vallée en forme de cône, traversée du flot paisible de la Neisse et bordée de plateaux de chaque côté. On aménagea soigneusement des perspectives sur la ville voisine, on plaça de façon experte des masses de plantes afin de créer un sentiment de profondeur, et l'on ajouta des jeux d'eau et des édifices.

Muskau représentait une charge financière très importante pour Pückler et sa femme. Très endettés, ils durent vendre la propriété à Wilhelm Friedrich Carl, prince des Pays-Bas, qui, grâce aux conseils de Pückler, acheva l'agencement du parc. Les propriétaires suivants le réagencèrent, mais le parc connut son plus grand péril lors de la séparation de l'Allemagne en 1945 : il fut coupé en deux. La plus petite des moitiés, à l'ouest de la rivière, avec le château, demeura en Allemagne tandis que la plus grande, à l'est, rejoignait la Pologne. Fürst-Pückler Park bad Muskau est une réussite colossale. Bien qu'il soit impossible d'explorer tout le domaine, on peut au moins s'imprégner de son amosphère en vagabondant parmi ses arbres et ses clairières. HH

Château Fantaisie

Allemagne

CRÉATEUR : Élisabeth Frédérique Sophie de Wurtemberg
PROPRIÉTAIRE : Direction des palais, jardins et lacs
STYLE : rococo (XVIIIe siècle), parc paysager
SUPERFICIE : 17 ha
CLIMAT : tempéré
SITUATION : Bayreuth-Eckersdorf, Bavière

Élisabeth Frédérique Sophie de Wurtemberg désirait ardemment transformer le domaine qu'elle avait reçu de ses parents en 1763. Récemment divorcée, après avoir rebaptisé le domaine Schloss Fantaisie, elle consacra toute son énergie à la création d'une résidence estivale et de son jardin, et ce, jusqu'à sa mort en 1780. Elle fit ajouter des parterres, des terrasses, des jeux d'eau et un ermitage, tandis que des vaches paissaient dans les prés en hommage au nouveau style paysager anglais. Ce thème fut repris par la propriétaire suivante, la duchesse Frédérique Dorothée Sophie, qui laissa la section centrale presque intacte et incorpora le paysage environnant au jardin en ajoutant des monuments et statues pour créer de véritables tableaux.

La troisième phase d'aménagement fut entreprise de 1839 à 1881 par son petit-fils, le duc Alexandre de Wurtemberg. Indubitablement influencé par l'œuvre de Peter Joseph Lenné, grand jardinier et paysagiste prussien de l'époque, le duc apporta de nouveaux éléments au parc, même s'il ne transforma que peu le jardin rococo.

Malgré ces changements de propriétaires, le jardin a survécu et prouve aujourd'hui que l'on peut combiner divers styles avec succès. On a récemment choisi d'ouvrir au château Fantaisie un musée de l'Art paysager qui explore le développement des jardins en Allemagne. Bien que petit, il est très instructif. HH

Parc de Schönbusch

Allemagne

CRÉATEUR : Friedrich Ludwig von Sckell
PROPRIÉTAIRE : Direction des palais, jardins et lacs
STYLE : parc paysager néoclassique (XVIIIe siècle)
SUPERFICIE : 160 ha
CLIMAT : tempéré
SITUATION : Aschaffenbourg, Bavière

Au cœur du vaste domaine de Schönbush s'élève la maison de campagne que l'architecte portugais Manuel Joseph von Herigoyen bâtit en 1778 pour le prince électeur et archevêque de Mayence, Friedrich Karl von Erthal. Après le congrès de Vienne, le domaine devint la propriété de la famille royale de Bavière.

Alles scheint Natur, so glücklich ist die Kunst versteckt. On peut traduire cette célèbre citation de C. C. L. Hirschfeld, théoricien influent des jardins allemands, ainsi : « L'art est si bien caché que tout paraît naturel. » Titre d'une intéressante exposition qui retrace l'histoire du domaine, elle décrit parfaitement l'aménagement traditionnel de ce parc paysager, l'un des premiers et des plus beaux d'Allemagne. Conçu par Friedrich Ludwig von Sckell selon le style anglais à partir de 1785, Schönbush, qui n'est qu'artifices, s'avère cependant totalement convaincant. Si, à première vue, il semble n'être qu'une simple enclave de campagne boisée parfaitement préservée, avec ses sentiers, prairies et cours d'eau, il s'agit en vérité d'une ancienne réserve de chasse, jadis entourée de champs de culture et totalement restructurée.

Tout comme l'on réalise aujourd'hui des rocailles après avoir creusé des étangs, la terre qui provenait de l'excavation de deux lacs servit à réaliser des coteaux escarpés reliés par un haut pont. Des édifices sont éparpillés à travers le parc dont la tour de guet, le temple de l'amitié, la maison du philosophe et la splendide salle de banquet. Des huttes de bergers et un village de maisonnettes de style hollandais ajoutent encore au charme du domaine. RCa

Jardin botanique de Munich

Allemagne

CRÉATEUR : Karl Ritter von Goebel
PROPRIÉTAIRE : Land de Bavière
STYLE : jardin botanique (XXe siècle)
SUPERFICIE : 22 ha
CLIMAT : tempéré
SITUATION : Munich-Nymphenburg, Bavière

Les passionnés de plantes ne devraient pour rien au monde manquer de visiter le jardin botanique de Munich, situé non loin du château de Nymphenburg et aisément accessible en tramway depuis le centre-ville. Inauguré en 1914, il remplaçait l'ancien jardin botanique qui manquait désormais d'espace pour ses collections sans cesse en expansion.

Le jardin botanique abrite aujourd'hui plus de neuf mille plantes à l'extérieur en sus des six mille deux cents spécimens conservés dans ses serres. Mais ce sont toutefois les agencements des massifs qui font la particularité du jardin. Les seules parties ordonnancées se trouvent dans le Schmuckhof, un jardin en contrebas devant le bâtiment principal, planté de façon experte de plantes saisonnières, et dans la roseraie de fleurs anciennes et hybrides. Le jardin rayonne à partir de là, divisé de façon systématique en habitats naturels, et comprend le jardin de printemps, les parterres de pivoines et d'iris, le bosquet de rhododendrons et la ravine de fougères, le jardin des plantes de Bavière, une magnifique rocaille, des jardins de lande et de bruyère et un arboretum. La section génétique et écologique s'avère tout particulièrement intéressante, comme les parcelles réservées aux plantes protégées.

Tout est fait ici pour sensibiliser le public à la place des plantes dans l'écosystème, ainsi que leurs interrelations. C'est cette approche qui fait de ce lieu un outil pédagogique si précieux, pour les paysagistes comme pour les débutants. HH

Parc de l'Eremitage

Allemagne

CRÉATEUR : Wilhelmine von Bayreuth
PROPRIÉTAIRE : Direction des palais, jardins et lacs
STYLE : rococo (XVIIIe siècle)
SUPERFICIE : 47 ha
CLIMAT : tempéré
SITUATION : Bayreuth, Bavière

Si aujourd'hui Bayreuth est plus connu pour ses festivals musicaux que pour ses jardins, cela n'a pas toujours été le cas. Il y a plus de deux cents ans, les jardins constituaient l'attraction principale de la ville. Il en existe toute une série à l'extrémité nord-est de la Bavière, réalisés entre 1735 et 1780 par deux femmes cultivées et dotées d'un grand sens artistique.

Wilhelmine, margravine de Brandenbourg-Bayreuth, reçut l'Eremitage en don de son mari Friedrich en 1735. Elle entreprit de transformer le château et les jardins, auparavant refuge champêtre du margrave Georg Wilhelm et de sa cour. Habillés en moines, les courtisans menaient une vie simple dans les sept ermitages. Wilhelmine, plus ambitieuse, réalisa ici un jardin baroque avec grottes, jeux d'eau et une série d'édifices, d'avenues et de fourrés. L'emplacement de ces divers éléments semble dû au hasard, dans la droite ligne du thème champêtre du jardin original. On réalisa ici de nombreuses ruines, dont un théâtre et une grotte spectaculaire.

Le Hofgarten Eremitage fut réaménagé à la fin du XVIIIe siècle. Les fourrés furent remplacés par des prairies et des bosquets, mais une grande partie de l'architecture paysagiste demeura intacte. Au début du XIXe siècle, certaines parties furent vendues à l'État bavarois et le jardin fut en partie abandonné. Un programme de restauration qui comprenait le rachat d'une grande partie du domaine original débuta après 1945. Il permit de rendre aux jardins leur ancienne splendeur, et à Bayreuth son importance dans le domaine du paysagisme. HH

Jardin expérimental Weihenstephan

Allemagne

CRÉATEURS : Karl Foerster, Richard Hansen
PROPRIÉTAIRE : Institut technique Weihenstephan
STYLE : jardin de démonstration (XXe siècle)
SUPERFICIE : 5 ha
CLIMAT : tempéré
SITUATION : Freising, Bavière

Bien plus qu'une simple collection de plantes, ce jardin de démonstration et centre de recherche horticole universitaire est à la pointe de la création de plantes depuis quelques années. Il fut entrepris par Karl Foerster, grand jardinier et phytogénéticien, puis développé par un autre horticulteur allemand, le professeur Richard Hansen. Depuis 1948, on étudie et évalue sur ce site des plantes pour produire des résultats qui se sont avérés importants. Tandis que les jardins botaniques ne présentent généralement que quelques spécimens d'une espèce particulière, les jardins de démonstration s'intéressent aux regroupements tout autant qu'aux spécimens. Leur objectif principal est de démontrer aux étudiants et jardiniers comment les arbres, buissons, plantes herbacées et graminées peuvent être combinés afin de former des ensembles qui jouissent d'une longue floraison et sont agréables d'un point de vue esthétique.

Dans le jardin Weihenstephan, les plantes de sous-bois sont impressionnantes et le spectacle printanier absolument magique. Ce sont toutefois les parterres d'herbacées qui remportent la vedette en été et à l'automne, lorsque leurs compositions de formes et de couleurs, subtiles et cependant audacieuses et dynamiques, sont ponctuées de gerbes de graminées d'ornement. Radicalement différentes, les fleurs sauvages et indigènes sont éparpillées à travers le jardin, à la lisière du bois, sous les buissons et sur les berges escarpées pour former un spectacle d'une grande beauté naturelle. Le jardin évolue constamment en réponse aux nouvelles demandes. Chaque saison amène des changements, mais le cadre général reste le même. À Weihenstephan, on s'est inspiré de l'œuvre de Karl Foerster pour établir un style stimulant. HH

Jardin rococo de Veitshöchheim

Allemagne

CRÉATEUR : Adam Friedrich von Seinsheim
PROPRIÉTAIRE : Direction des palais, jardins et lacs
STYLE : rococo (XVIIIe siècle)
SUPERFICIE : 12 ha
CLIMAT : tempéré
SITUATION : Veitshöchheim, Bavière

Ce jardin de haies compact, presque rectangulaire, est l'un des meilleurs exemples visibles du rococo allemand. Veitshöchheim, résidence estivale des princes évêques de Wurtzbourg, fut conçu au début du XVIIIe siècle comme jardin d'agrément. Le jardin rococo, réalisé à l'emplacement de l'ancien potager, est entouré d'un haut mur et relié au palais par un large escalier. Adam Friedrich von Seinsheim, probablement assisté par le jardinier en chef de l'époque, J.Prokop Mayer, commença à créer ce site en 1763. Des rangées de haies, des allées droites et des parterres triangulaires furent établis pour diviser le jardin en formes géométriques. L'ensemble rappelait un labyrinthe. Les proportions furent déformées afin que le jardin paraisse plus grand.

Les statues que l'on y trouve, qui représentent des dieux, des aristocrates, les quatre saisons et des allégories, sont des copies d'originaux de Ferdinand Tietz et de Johan Wolfgang Van Der Auvera. Elles sont soigneusement placées dans des niches. Les sculptures originales, en grès, sont désormais au musée de la Franconie du Main de Wurtzbourg. L'élément central du jardin est toutefois le Grosser See, un impressionnant bassin de forme irrégulière et de style baroque qui date de 1702-1703 et qui fut embelli par Tietz à l'aide de statues et d'un glockenspiel caché.

Veitshöchheim est principalement une oasis blanche et verte peuplée de statues de la mythologie et de l'Antiquité et adoucie par des jeux d'eau. Cela ne correspond pas forcément au goût de tous mais cela mérite d'être découvert. HH

Parc du château de Linderhof

Allemagne

CRÉATEUR : Carl von Effner
PROPRIÉTAIRE : Direction des palais, jardins et lacs
STYLE : faux baroque (XIXe siècle), à l'italienne
SUPERFICIE : 57,6 ha
CLIMAT : tempéré
SITUATION : Ettal, Bavière

Louis II de Bavière nous a légué une série de châteaux, palais et jardins de contes de fées. Si son château de Neuschwannstein est l'une des étapes obligatoires de tout circuit touristique, sa résidence alpine de Linderhof, de taille plus réduite, sur l'autre versant de la montagne, au sud, n'est pas aussi célèbre. Nichés sur un coteau, la demeure et les jardins sont cependant ravissants.

Linderhof marque le début de la fascination de Louis II pour Louis XIV, le Roi-Soleil. Carl von Effner fut initialement chargé en 1870 de réaliser un palais et un jardin dans le style de Versailles, projet qui fut rapidement abandonné et transféré à Herrenchiemsee (voir p. 490) lorsqu'il devint évident qu'il exigeait plus d'espace et un terrain différent. On bâtit finalement à Linderhof un édifice très réussi qui mêle des éléments baroques, italiens et paysagers. Un axe dominant, orienté nord-sud, suit la pente. Il comprend une cascade accompagnée de trente marches de marbre derrière la demeure et un bassin orné d'une fontaine dont le jet s'élève à 25 m et qui conduit au temple de Vénus, face au palais. Des terrasses ont été aménagées à flanc de coteau, tandis que des sentiers conduisent au parc puis, plus loin, dans les bois.

Comme on pourrait s'y attendre de la part d'un être aussi excentrique que Louis, les édifices qui sont éparpillés dans le domaine sortent de l'ordinaire. Ils reflètent son intérêt pour la mythologie orientale et germanique. Le kiosque maure et la maison marocaine firent tous deux partie de l'Exposition universelle de Paris. Aucune dépense ne fut épargnée, et l'on pense même que la grotte fut le premier endroit de Bavière à bénéficier de l'électricité, éclairée grâce à l'une des premières dynamos produites par Siemens-Schuchert. Louis revivait ses fantasmes wagnériens en organisant ici des opéras grandeur nature. HH

Parc du château de Nymphenburg

Allemagne

CRÉATEURS : Dominique Girard, Joseph Effner, Friedrich Ludwig von Sckell
PROPRIÉTAIRE : Direction des palais, jardins et lacs
STYLE : parterre baroque (XVIIIe siècle), parc paysager
SUPERFICIE : 180 ha
CLIMAT : tempéré
SITUATION : Munich-Nymphenburg, Bavière

Dans le parc du château de Nymphenburg, on découvre de ravissants bâtiments et des perspectives splendides. Érigés en 1664 pour le prince électeur Ferdinand Maria et son épouse Henriette Adélaïde, le jardin et le palais furent agrandis à partir de 1701 par leur fils, Maximilien II, qui engagea Joseph Effner, architecte de la cour de Bavière, et Dominique Girard, disciple d'André Le Nôtre et expert dans la construction de fontaines. Le jardin était une entreprise gigantesque qui exigea la réalisation d'une série de canaux et d'un complexe système de pompage hydraulique.

Le canal servait d'axe principal et divisait le jardin en deux. Le jardin fut remanié au début du XIXe siècle par le paysagiste Friedrich Ludwig von Sckell. Il conserva de nombreux éléments, dont le canal principal, la cascade, les parterres, les fontaines, les fourrés et les canaux latéraux. Le reste fut transformé puis intégré au parc paysager. Sckell parvint à adapter à son plan d'ensemble les pavillons qui étaient éparpillés à travers le parc, et aménagea même un lac en face du Badenburg et du Pagodenburg. Ces deux édifices sont de réels joyaux : le Badenburg (construit en 1719-1721) abrite de splendides bains publics tandis que le Pagodenburg (1716-1719) est un ravissant pavillon de thé. La petite chapelle, Magdalenenklause (1725-1728), fut bâtie à l'un des emplacements préférés de Louis II. Le délicieux Amalienburg (1739) est un petit pavillon de chasse rococo. C'est la façon dont est ici reflétée l'histoire du paysagisme allemand qui fait la singularité de Nymphenburg. HH

Jardin de Sanspareil

Allemagne

CRÉATEUR : Wilhelmine von Bayreuth
PROPRIÉTAIRE : Direction des palais, jardins et lacs
STYLE : rococo (XVIIIe siècle)
SUPERFICIE : 13 ha
CLIMAT : tempéré
SITUATION : Bayreuth-Wonsees, Bavière

Le jardin de Sanspareil, ainsi baptisé parce que l'on s'écriait, émerveillé, en le découvrant pour la première fois, « C'est sans pareil ! », fut inspiré par la présence de formations rocheuses dans un bois de hêtres. C'est encore une création de Wilhelmine, margravine de Brandenbourg-Bayreuth. Elle mit à profit le cadre naturel et les éléments qui existaient déjà pour réaliser un jardin extraordinaire. Les travaux débutèrent en 1744 avec la construction de bâtiments pittoresques et rustiques essaimés dans les bois et pourvus de toutes sortes d'accessoires. Ils étaient souvent en bois et ont disparu au fil des ans. Cependant, les ruines du vieux théâtre et l'édifice oriental ont survécu, et permettent d'imaginer le jardin à son âge d'or.

Il était destiné non seulement à exprimer la beauté mais aussi à transmettre un message philosophique plus profond. Sa beauté pittoresque et souvent sauvage fut en effet inspirée par le roman de Fénelon, *Les Aventures de Télémaque*. On encourageait les visiteurs à rejouer certaines scènes de l'ouvrage dans l'espoir qu'ils s'imprégneraient ainsi de la philosophie du roman. Sanspareil est un jardin étrange mais merveilleux, qui n'appartient pas entièrement au style rococo mais s'avère trop stylisé pour correspondre à celui du parc paysager. C'est probablement la raison pour laquelle on ne peut le comparer à nul autre. HH.

Sanspareil est un jardin étrange mais merveilleux.

Westpark de Munich

Allemagne

CRÉATEURS : P. Kluska, R. Weisse, G. Teutsch
PROPRIÉTAIRE : municipalité de Munich
STYLE : moderne (XXᵉ siècle)
SUPERFICIE : 60 ha
CLIMAT : tempéré
SITUATION : Munich, Bavière

Depuis la fin de la Seconde Guerre mondiale, l'Allemagne a vu naître une merveilleuse tradition d'expositions de jardins nationales et internationales. Celles-ci offrent non seulement la possibilité de réaliser de nouveaux parcs mais permettent aussi aux paysagistes de montrer des styles novateurs. Westpark, au sud du centre-ville de Munich, a accueilli en 1983 le Festival international des jardins et demeure depuis un site à la gloire du paysagisme et de ses possibilités.

Créé à partir d'un terrain vague niché entre des habitations et enjambant une importante autoroute, le parc, doté de lacs, de vallées et de coteaux, abrite toujours des trésors qui datent du Festival des jardins. Certains ont été regroupés dans la partie occidentale où un jardin thématique se fond à l'autre. Cela offre aux visiteurs une expérience pleine de vitalité.

La roseraie, le jardin chinois, le jardin ombragé ainsi que les parterres de plantes herbacées, de lis et d'iris, très admirés, constituent les attractions principales du lieu. Ces parterres attirent particulièrement les paysagistes et les passionnés de plantes. Situées à la lisière d'une vaste section gazonnée, les plates-bandes d'herbacées dessinent une sorte d'amphithéâtre autour d'un massif fleuri exubérant. Des sentiers étroits se faufilent entre les plantations sur les coteaux. Bien que le style naturaliste domine ici, rien n'est sauvage dans cet agencement soigneusement géré. On remarquera aussi combien la chaleur se dégage des roches, des pierres de gué et du sol, assez mince, pour donner le sentiment d'un paysage dégagé, presque méditerranéen. HH

Englischer Garten

Allemagne

CRÉATEUR : Friedrich Ludwig von Sckell
PROPRIÉTAIRE : Direction des palais, jardins et lacs
STYLE : parc paysager (XIXᵉ siècle)
SUPERFICIE : 373 ha
CLIMAT : tempéré
SITUATION : Munich, Bavière

L'Englischer Garten est à Munich ce que Hyde Park est à Londres et Central Park à New York. Cet espace qui s'étend depuis le cœur de la ville vers le nord est le refuge des Munichois. Il fut conçu à la fin du XVIIIᵉ siècle par le prince électeur de Bavière, Carl Theodor, et par Benjamin Thompson, mais c'est grâce à Friedrich Ludwig von Sckell qu'il prit réellement forme.

Sckell était influencé par l'œuvre des grands paysagistes britanniques Capability Brown et Humphry Repton, spécialistes des parcs paysagers. Il ne les copia pas à proprement parler mais adopta ce style en ajoutant des coteaux, des monticules, des clairières et du gazon. Les sentiers et routes se multiplient à travers le parc, se relient et se croisent pour faire naître une atmosphère détendue. Le lac, qui abrite une petite île, s'incorpore très naturellement au paysage environnant. Des bâtiments se dressent à travers le parc pour constituer des points de convergence ou encadrer une perspective. C'est notamment le cas de la tour chinoise, légendaire dans le monde entier pour la bière que l'on boit dans son jardin, du Monopteros – un temple qui coiffe une petite colline, conçu par le célèbre architecte classique allemand Leo von Klenze, et qui jouit de panoramas sur le centre historique de Munich – et du jardin japonais, ajouté en 1972.

L'été, on aperçoit des familles qui se promènent, des joueurs de cricket ou de base-ball, des couples qui canotent sur le lac, des touristes en calèche et des étudiants qui se délassent. Une partie du parc est même réservée à ceux qui souhaitent obtenir un bronzage intégral. HH

Parc du château de Schleissheim

Allemagne

CRÉATEURS : Enrico Zuccalli, Dominique Girard, Joseph Effnerl
PROPRIÉTAIRE : Direction des palais, jardins et lacs
STYLE : baroque (XVIIe et XVIIIe siècles)
SUPERFICIE : 78,8 ha
CLIMAT : tempéré
SITUATION : Oberschleissheim, Bavière

Le jardin du château de Schleissheim est l'un des jardins baroques les mieux préservés d'Allemagne. Il fut créé par Maximilien-Emmanuel, prince électeur de Bavière, et exigea plus de trente ans de réalisation (avec des interruptions), entre 1684 et 1726, année du décès du prince. Emmanuel avait séjourné aux Pays-Bas comme le reflète le plan d'Enrico Zuccalli, aux accents hollandais, qui comprenait un réseau de canaux et des bosquets. En France, le prince électeur fut si impressionné par Versailles qu'en 1715, il fit appel à Dominique Girard, formé par André Le Nôtre. À l'aide de parterres, de jeux d'eau supplémentaires et de jolies statues, Girard apporta au jardin un vernis français à l'élégance alors toute contemporaine.

Après la mort de Maximilien-Emmanuel, le jardin fut progressivement abandonné. En 1781, la longue pelouse centrale fut transformée en canal. Bien que les bois et clairières fussent aussi négligés, ils échappèrent aux transformations paysagistes que subirent la plupart des jardins baroques. Sous le règne de Louis Ier, les jardins furent redécouverts et Carl von Effner chargé de les reconstruire. Finalement, on rénova l'avant-cour et la cascade à la fin du XXe siècle.

La beauté de Schleissheim réside dans son aménagement logique et compact. Le jardin est inséré entre le palais principal et le Lustheim, un pavillon plus petit. La perspective centrale fait paraître le jardin plus long et l'on a ajouté de la profondeur en divisant le bois par des sentiers et en ponctuant de bosquets les deux côtés du canal principal. HH

Parc du château de Herrenchiemsee

Allemagne

CRÉATEUR : Carl von Effner
PROPRIÉTAIRE : Direction des palais, jardins et lacs
STYLE : faux baroque (XIXe siècle)
SUPERFICIE : 42 ha
CLIMAT : tempéré
SITUATION : Chiemsee, Bavière

Louis II de Bavière créa cette version du paradis sur l'une des plus grandes îles du Chiemsee, un lac au pied des Alpes. Il réalisa une réplique de Versailles entre 1878 et 1885 avec l'architecte paysagiste allemand Carl von Effner. Il s'adapta au site, se limitant à réaliser ce que l'on pourrait admirer depuis les salles de réception, notamment la galerie des Glaces.

Le palais se dresse en hauteur sur le coteau et son jardin se déploie en pente jusqu'au lac. Grâce à l'usage intelligent de la perspective, la distance semble plus importante qu'elle ne l'est. Un canal de 200 m de long relie le lac aux niveaux supérieurs. Les parterres à la française, les statues ornées des fontaines, toutes récemment restaurées, et de larges sentiers de gravier confèrent au jardin un caractère majestueux et masquent sa taille relativement réduite. Bien que Louis II se soit éteint avant de pouvoir mener à bien son projet, il est possible que le coût énorme des travaux l'en ait empêché. Même inachevé, Schlosspark Herrenchiemsee reste une magnifique création. L'élément de surprise et les contrastes qui existent avec le paysage environnant et les montagnes sont uniques au monde. On peut explorer le parc à pied, à cheval ou en charrette. On devrait dans l'idéal allier cette visite à celle de l'île voisine, Fraueninsel, en prenant le ferry sur la jetée. HH

> Même inachevé, il reste une magnifique création.

Jardin de l'île de Mainau

Allemagne

CRÉATEUR : Frédéric Ier de Bade
PROPRIÉTAIRE : Mainau GmbH
STYLE : jardin botanique (XIXe siècle)
SUPERFICIE : 45 ha
CLIMAT : tempéré
SITUATION : lac de Constance, Bade-Wurtemberg

Surnommé le jardin de l'île, Insel Mainau est très populaire en Allemagne. Ce site attire les superlatifs ; il est le paradis des amateurs de plantes et l'œuvre d'une famille de passionnés. Même si l'île avait auparavant accueilli d'autres jardins, la version actuelle fut créée au cours du règne du grand-duc Frédéric Ier de Bade qui acheta celle-ci en 1853. Fervent collectionneur de plantes, il voyagea beaucoup. Il agença ces grands jardins de façon qu'ils reflètent ses centres d'intérêt. L'arboretum, le jardin à l'italienne, l'orangerie et le parc paysager furent aménagés de son vivant, bien que les travaux aient été poursuivis au XXe siècle par son arrière-petit-fils, le comte Lennart Bernadotte, qui prit la direction de l'île en 1932. Lorsqu'il épousa une roturière, il renonça à son titre et se consacra au site.

Insel Mainau est un jardin splendide en toutes saisons. Le climat doux de la région permet d'y cultiver des plantes que l'on ne trouve habituellement que plus au sud. Le spectacle printanier des bulbes en fleurs attire des visiteurs du nord et du sud des Alpes. Au cours de l'été, les roses du jardin à l'italienne, la promenade (où poussent huit cents pieds), et le jardin de démonstration constituent un merveilleux tableau. On doit aussi citer le jardin d'herbes aromatiques, celui des parfums et celui des papillons ainsi que des collections de rhododendrons et de dahlias. On rejoint l'île par un long pont qui semble flotter sur le lac, indication claire que l'on s'apprête à découvrir un endroit très particulier. Le jardin et le parc ne gagneront peut-être jamais de prix de paysagisme, mais constituent indubitablement un trésor horticole. HH

Roseraie du Gönneranlage

Allemagne

CRÉATEUR : Max Läuger
PROPRIÉTAIRE : ville de Baden-Baden, entretien des parcs
STYLE : roseraie Art déco (XXe siècle)
SUPERFICIE : 1,6 ha
CLIMAT : tempéré
SITUATION : Baden-Baden, Bade-Wurtemberg

On pourrait presque dire que Baden-Baden n'est qu'un grand jardin. Des arbres bordent les rues, des jardinières fleuries et des arbustes à fleurs décorent les zones piétonnières, et même la route principale est flanquée de rosiers. La ville peut particulièrement s'enorgueillir de son parc, la Lichtentaler Allee, et, près de là, du merveilleux Gönneranlage. Ce dernier fut réalisé par Max Laüger, céramiste allemand et architecte paysagiste, et financé par un magnat du café germano-américain, Hermann Sielcken. Baptisée en l'honneur du maire de l'époque, Albert Gönner, c'est l'une des plus belles roseraies – Rosengarten – d'Allemagne.

Elle fut réalisée entre 1909 et 1912, et a bénéficié d'excellents travaux de restauration. Elle abrite un jeu d'eau et un tunnel vert et luxuriant que l'on créa pour l'ombrager. Des haies divisent le jardin en « salles » qui abritent des plantations agencées par couleur. La composition des parterres de roses a été longuement mûrie. On a planté au pied de rosiers à haute tige toute une gamme de roses anciennes, miniatures ou roses thé hybrides. Des piliers ornés de plantes grimpantes et de roses sont essaimés à travers le site. Plus de onze mille rosiers fleurissent ici de mai à octobre, une période d'une durée impressionnante. HH

On a planté toute une gamme de roses anciennes, miniatures ou roses thé hybrides.

Jardin du château de Schwetzingen

Allemagne

CRÉATEURS : J. L. Petri, Nicolas de Pigage, Friedrich Ludwig von Sckell
PROPRIÉTAIRE : Land de Bade-Wurtemberg
STYLE : classique (XVIIIe siècle), parc paysager anglais
SUPERFICIE : 72 ha
CLIMAT : tempéré
SITUATION : Schwetzingen, Bade-Wurtemberg

Schloss Schwetzingen est un joyau de l'architecture baroque réalisé par le prince Charles-Théodore au XVIIIe siècle comme résidence estivale, et ses jardins à la française constituent un véritable trésor. Agencés en un immense parterre de buis circulaire flanqué de deux autres, longs et parallèles, ces jardins à la française sont plantés en été d'une gamme d'annuelles aux couleurs éclatantes et de bulbes au printemps, avec, dans les coins, des ifs taillés en pinacles. On découvre ici de parfaits exemples de parterres de broderie aux dimensions importantes. Au-delà se trouvent des parterres plus petits, ornés d'éclats de marbre blanc et violet, tandis que des topiaires de buis encadrent la perspective de la fontaine et de magnifiques cerfs de marbre blanc. Derrière les parterres, de longues et élégantes allées, formées par des tilleuls au tronc entrelacé, semblent s'avancer à l'infini. L'influence de Versailles est incontestable.

Ne manquez pas le jardin de Pan, secret et ombragé sous la canopée, orné d'un ruisseau dont les méandres ont été recouverts de minuscules galets pour rappeler un serpent, ni le canal qui encercle l'orangerie. Les temples et ponts dont l'architecture rappelle l'Antiquité sont de Nicolas de Pigage, tout comme la mosquée. Le revêtement de la façade du temple de la botanique, circulaire, rappelle l'écorce d'un chêne. Au-delà des jardins à la française s'étend le parc paysager anglais, créé par Friedrich Ludwig von Sckell. Les méandres d'un ruisseau traversent ce cadre paisible, et sont parfois enjambés par des ponts. RL

Jardin WALA

Allemagne

CRÉATEUR : Rolf Bucher
PROPRIÉTAIRE : WALA
STYLE : biodynamique (XXe siècle)
SUPERFICIE : 4,5 ha
CLIMAT : tempéré
SITUATION : Eckwälden, Bade-Wurtemberg

Rares sont les jardins où l'on est envahi d'un sentiment de paix dès qu'on y pénètre. Le jardin WALA, dans le village d'Eckwälden au sud de l'Allemagne, en fait partie. Comme il est alors étrange que ce soit aussi le centre d'une industrie de plusieurs millions d'euros ! En effet, les soucis, capucines, échinacées, roses, tournesols, tabac et camomille qui poussent dans des rangées merveilleusement soignées, ainsi que toutes sortes de racines, écorces et baies entrent dans la composition des produits de beauté naturels du Dr Hauschka et des remèdes WALA, manufacturés ici. C'est le fait que le site soit géré selon des principes biodynamiques qui en fait un jardin et non un simple espace horticole commercial. Si l'on a la chance de bavarder un moment avec le jardinier en chef, Rolf Bucher, on apprend que « biodynamisme » – un terme inventé par Rudolf Steiner – implique de prendre en compte l'écosystème dans son ensemble.

On trouve ici un étang qui fait le bonheur des grenouilles et des libellules, du bois mort et des orties pour les oiseaux, les scarabées et les hérissons qui contrôlent limaces et escargots, ainsi que des ruches pour les abeilles qui produisent un miel délicieux pour l'heure du thé. Pour le bonheur des jardiniers, les parterres regorgent de rudbeckias jaunes, de molène, de fenouil et de chardons géants, et les plantes alpines poussent sur les toits des dépendances. C'est un jardin où l'homme et la nature vivent en harmonie parfaite – et où ce dernier réalise de plus un profit. SE

Jardin du château de Weikersheim

Allemagne

CRÉATEUR : Daniel Matthieu
PROPRIÉTAIRE : ville de Weikersheim
STYLE : baroque (XVIIIe siècle)
SUPERFICIE : 9 ha
CLIMAT : tempéré
SITUATION : Weikersheim, Bade-Wurtemberg

Le jardin baroque du château de Weikersheim, un palais de chasse de la Renaissance, abrite désormais une académie de musique et se trouve à proximité de la petite ville historique de Rothenburg ob der Tauber. Pour comprendre l'usage que l'on faisait du jardin, il est important d'explorer la demeure. On pénètre ensuite dans le jardin à la française, de forme rectangulaire (230 x 120 m approximativement) et originalement réalisé selon un style Renaissance. C'est en 1708 que le comte Karl Ludwig de Hohenlohe remplaça ce dernier par un jardin baroque à la française, sur le modèle de celui de Versailles, avec un grand parterre.

Après la mort de Ludwig, en 1756, le jardin déclina progressivement. Seules les statues – plus d'une cinquantaine – laissaient encore deviner combien il avait dû être merveilleux. Elles comprenaient des dieux et déesses gréco-romains, d'autres qui symbolisaient les éléments et enfin une rangée de nains qui ornaient le mur des douves et faisaient la célébrité du jardin.

Depuis 1945, il a bénéficié de travaux de restauration qui ont culminé en 1997 avec la reconstruction de l'orangerie selon les plans originaux de Johan Christian Lüttich. Ce bâtiment placé à l'extrémité du jardin se déploie sur toute la largeur du parterre et ses renfoncements semi-circulaires offrent une vue spectaculaire sur la vallée de la Tauber. HH

À DROITE Le parc baroque de Weikersheim est un véritable joyau de l'art des jardins en Allemagne.

Karlsruher Versicherungen

Parc du château de Karlsruhe

Allemagne

CRÉATEURS : Christian Thran, Friedrich Dyckerhoff, Heinrich Hübsch
PROPRIÉTAIRE : Land du Bade-Wurtemberg
STYLE : parc paysager (XVIIIe siècle)
SUPERFICIE : 38,4 ha
CLIMAT : tempéré
SITUATION : Karlsruhe, Bade-Wurtemberg

Le château et la ville de Karlsruhe constituent un ensemble homogène car ils furent conçus de concert en 1715 selon les ordres du margrave, Charles Guillaume de Bade-Durlach. Depuis la tour que l'on érigea à l'arrière du château, trente-deux allées rayonnent en direction du parc. Bien que la ville se soit agrandie depuis le XVIIIe siècle, ce développement s'est réalisé le long de cet « éventail ».

L'agencement original du jardin fut inspiré par les jardins baroques français. Le site fut ensuite remanié en 1787 et transformé en parc paysager, qui fut à son tour modifié en 1967 lorsque l'on éclaircit et tailla les arbres.

Depuis la façade avant du château, le long de l'axe qui relie ce dernier à la ville, l'agencement du jardin à la française a survécu sur la Schlossplatz. À l'ouest, on découvre la serre et l'orangerie coiffée d'un dôme de cuivre, ainsi que le Botanischer Garten, une collection botanique que débuta au XVIIIe siècle Karl Christian Gmelin. Parmi les nombreux autres édifices présents sur ce site, le petit château est le plus ancien de la ville. Construit en 1709, c'était le pavillon de chasse du margrave Karl Wilhelm Hardtwald. Les deux petits pavillons de thé chinois sont aussi remarquables. IvG

À DROITE La haute tour du château de Karlsruhe constitue le point de convergence des trente-deux allées de la ville voisine, agencées en éventail.

Parc municipal de Karlsruhe

Allemagne

CRÉATEURS : Hartweg, Karl Meyer, Friedrich Ries, Friedrich Scherer
PROPRIÉTAIRE : ville de Karlsruhe
STYLE : parc paysager (XIXe et XXe siècles)
SUPERFICIE : 22,1 ha
CLIMAT : tempéré
SITUATION : Karlsruhe, Bade-Wurtemberg

Au centre de la ville, en face de la gare principale, le parc de Karlsruhe possède un passé intéressant et allie un jardin conventionnel à des attraits exotiques.

Ce parc public, initialement aménagé en 1823 selon le style paysager, fut peu à peu doté de nouveaux éléments. On créa ainsi une roseraie en 1894 puis en 1913 un jardin japonais, l'un des plus vieux d'Allemagne. Le parc fut entièrement réaménagé en 1967 dans le cadre de l'exposition fédérale des jardins, et la roseraie devint alors un kaléidoscope de couleurs, en forme d'éventail, avec jeux d'eau et nouvelles plantations. Un théâtre de plein air fut aussi construit sur la rive du lac.

Le jardin japonais mérite d'être mentionné. Remanié lui aussi en 1967 par un paysagiste japonais et par un prêtre shintoïste, il est composé de deux parties : le jardin zen est situé sur les rives du lac et l'autre partie, plus grande, qui abrite un temple shintoïste, un pavillon de thé et un torrent, se trouve de l'autre côté du sentier principal. C'est un jardin à l'intérieur d'un jardin, un endroit idyllique et splendide.

On devine encore dans ce parc diverses étapes de son histoire, chacune mettant l'autre en valeur pour se fondre en un ensemble cohérent et merveilleux. Ne vous inquiétez pas de la présence du zoo, très populaire, dans un coin de ce vaste parc – de fait, l'apparition occasionnelle d'un éléphant ou d'une girafe ajoute encore à l'expérience. HH

Parc du palais Nieborow

Pologne

CRÉATEURS : Szymon Bogumił Zug, Tylman van Gameren
PROPRIÉTAIRE : Musée national de Varsovie
STYLE : baroque, parcs anglais (XVIIIe siècle)
SUPERFICIE : 20 ha
CLIMAT : tempéré
SITUATION : Nieborow, voïvodie de Lodz

Le palais Nieborow, siège du Musée national de Varsovie, est très prisé des touristes. Depuis le XIIIe siècle, ce site accueillit de puissantes familles et, fin XVIIe, il fut la résidence de la famille Nieborowski. Tylman van Gameren le transforma en un somptueux palais pour le compte du primat Michal Radziejowski.

Au XVIIIe siècle, le palais connut plusieurs propriétaires avant de devenir la propriété de la famille Radziwill, une des plus grandes familles aristocratiques polonaises.

Elle y vécut jusqu'à la fin de la Seconde Guerre mondiale. Pourvu de belles façades couleur sable, d'un toit mansardé et d'un tympan sculpté, c'est l'un des plus beaux palais de toute la Pologne. Ses intérieurs rococo et néoclassiques abritent une collection de peintures, de sculptures et de mobilier ainsi qu'une bibliothèque comptant plus de dix mille volumes.

Le palais est entouré d'un parc aussi vaste qu'élégant. Également dessiné par Van Gameren, le jardin baroque géométrique à la française comprend des allées d'arbres, des bordures soignées, des massifs de fleurs géométriques ainsi que des labyrinthes. Le jardin proprement dit et le parc sont décorés d'un ensemble de sculptures européennes.

Dans les années 1890, la famille Radziwill désira que le reste du parc reflète les parcs paysagers anglais si prisés à l'époque. Il s'enorgueillit d'un vaste étang et de nombreux arbres et arbustes plantés avec soin, dont un certain nombre de spécimens rares. Longue de 7 km, une allée de citronniers réunit le palais de Nieborow à Arkadia. NS

Parc d'Arkadia

Pologne

CRÉATRICE : Helena Radziwill
PROPRIÉTAIRE : musée de Nieborow
STYLE : romantique (XVIIIe siècle)
SUPERFICIE : 280 ha environ
CLIMAT : tempéré
SITUATION : Lowicz, voïvodie de Lodz

Créé en 1778 pour la princesse Helena Radziwill, Arkadia est certainement le plus beau parc de Pologne. Grâce à elle, un rêve de la mythologie grecque se métamorphosa en un immense parc romantique, « une terre de bonheur et de paix » dont les bâtiments faussement antiques ou gothiques évoquent le paradis pastoral cher à l'époque.

Les pavillons du parc sont l'œuvre des meilleurs peintres et architectes. Leurs noms – la grotte de la Sibylle, par exemple – sont très romantiques et aucun détail n'a été oublié : la maison de Philémon et Baucis est située dans un magnifique jardin fleuri, la cour du chalet suisse est remplie de poulets, la maison de la Cascade possède une bibliothèque philosophique et l'île des Émotions est ceinte d'autels décorés de fleurs.

Pour ajouter une allure classique et rendre Arkadia plus attirant, la princesse Helena rapporta des fragments de sculptures de ses voyages. Son énergie, son goût de la collection et son imagination en firent l'un des plus grands centres culturels polonais de la fin du siècle ; de nombreux poètes chantèrent ses louanges.

Parmi les bâtiments subsistants, il faut citer la demeure du grand prêtre et le temple de Diane, structure classique située à la croisée de chemins : son plafond s'orne d'une peinture de Jean-Pierre Norblin de La Gourdaine représentant l'étoile matutinale. Le délicieux cottage gothique mérite également une visite, de même que la maison des Margraves avec sa tour et son arche grecque. NS

Jardin botanique de Varsovie

Varsovie, Pologne

CRÉATEURS : divers dont Micha Szubert
PROPRIÉTAIRE : Académie des sciences de Pologne
STYLE : botanique (XXe siècle)
SUPERFICIE : 40 ha
CLIMAT : tempéré
SITUATION : Varsovie, Mazovie

Le plus grand jardin botanique de Pologne fut conçu à des fins scientifiques entre 1977 et 1980 parallèlement à un laboratoire de recherches. Il abrite aujourd'hui quelque dix mille espèces.

Depuis son ouverture au public en 1990, les collections n'ont fait qu'augmenter. Un grand arboretum présente des arbres et des arbustes dont de nombreuses espèces acidophiles à croissance lente : bruyères, *Pieris*, rhododendrons ou azalées. On y voit aussi des pins nains et des espèces plus rares tel le franklinia, ou arbre de Franklin *(Franklinia alatamaha)*, disparu depuis plus de deux cents ans dans son habitat natal de Géorgie aux États-Unis. Le Centre éducatif pour la nature et l'écologie s'intéresse aux espèces locales ainsi qu'à une sélection de curiosités étrangères. La collection présente des espèces rares ou en voie de disparition, particulièrement des plantes des Carpates.

À la fin du printemps et en été, le jardin d'ornement s'embellit aux couleurs des lis d'un jour, hostas, *Alliums*, roses anciennes, tulipes, glaïeuls et autres dahlias. Plantes tropicales et subtropicales tels les *Citrus*, fuchsias et fougères arboricoles occupent une immense serre. On peut voir des fougères et des plantes grasses dans la serre la plus récente. Selon la légende, des visiteurs seraient morts étouffés par la senteur des fleurs printanières : peut-être est-ce une mort agréable, mais il vaut mieux continuer à vivre, ne serait-ce que pour admirer les soixante-deux variétés de magnolias en fleur. NS

Parc Lazienkowski

Varsovie, Pologne

CRÉATEUR : Tylman van Gameren
PROPRIÉTAIRE : État polonais
STYLE : baroque (XVIIIe siècle)
SUPERFICIE : 80 ha
CLIMAT : tempéré
SITUATION : Varsovie, Mazovie

Cet immense et superbe parc paysager romantique accompagnait à l'origine la résidence estivale du roi Stanislas-Auguste Poniatowski. Étonnamment proche du centre-ville, c'est le lieu de détente le plus prisé de Varsovie. Près de ses portes se dresse une grande statue de Frédéric Chopin.

Les larges allées sont bordées d'arbres parvenus à maturité et des sculptures surgissent aux endroits les plus inattendus. Ornée de bustes d'empereurs romains et d'élégantes fontaines, l'allée principale mène à l'ancienne orangerie où l'on peut voir une collection de sculptures polonaises. Les paons foulent librement les vastes pelouses. Parmi les bâtiments les plus intéressants, citons une seconde orangerie ainsi qu'un ensemble de palais et de pavillons datant principalement du XVIIIe siècle.

L'élément liquide joue un rôle très important avec l'amphithéâtre dont la scène est construite sur l'eau et le palais flottant. Œuvre de l'architecte Domenico Merlini, ce palais se reflète dans un étang renvoyant l'image des arbres en surplomb. Un des plus beaux exemples de l'architecture néoclassique polonaise, il faillit être complètement détruit à l'issue de la Seconde Guerre mondiale : heureusement, les nazis en déroute n'eurent pas le temps de faire sauter les bâtiments et se contentèrent de les incendier. Il a depuis été parfaitement restauré. Le parc se présente sous ses plus beaux atours au printemps et en été : chaque dimanche à midi, les concerts Chopin organisés dans la roseraie sont extrêmement appréciés des amateurs. NS

Jardin du palais Wilanow

Pologne

CRÉATEUR : Stanislas Kostka Potocki
PROPRIÉTAIRE : État polonais
STYLE : anglais (XVIIIe siècle), baroque franco-italien
SUPERFICIE : 45 ha
CLIMAT : tempéré
SITUATION : Wilanow, Mazovie

Souvent appelé « le petit Versailles », le château de Wilanow, avec son jardin, fut conçu comme résidence d'été du roi Jean III Sobieski. D'une authenticité remarquable, ce palais est l'une des rares bâtisses de style à avoir survécu à la Seconde Guerre mondiale. L'extérieur est à la fois complexe et artistique. Les trois jardins d'origine n'en forment qu'un seul aujourd'hui ; ils furent agrandis et embellis au XVIIIe siècle par Stanislas Kostka Potocki. Les ajouts comptent ainsi un paisible parc anglais où un chemin court entre un bassin et des arbres à l'alignement impeccable ; parterres de fleurs, sculptures, monuments et pavillons divers renforcent le charme des lieux. On trouve au sud du palais un jardin romantique anglo-chinois où les pagodes, pavillons d'été et ponts donnant sur le bassin rivalisent avec les promenades et les plantations arrivées à maturité. En arrivant au palais, on peut voir la tombe néogothique de Potocki.

Le plus beau des trois jardins est de style baroque franco-italien, disposé en patte d'oie, comme à Versailles. De longues allées sont flanquées d'arbres et de parterres d'une netteté exemplaire que viennent ponctuer des statues. Des sentiers serpentent entre des arbustes et des bordures bien taillées.

Aujourd'hui transformé en galerie d'art, le palais se départ de son caractère pompeux grâce à l'humour de ses fresques et de sa décoration. Les expositions temporaires sont organisées dans l'orangerie et les anciennes écuries présentent en permanence une belle collection d'affiches, grande spécialité polonaise. NS

Parc du palais Czartoryski

Pologne

CRÉATEUR : inconnu
PROPRIÉTAIRE : Institut des sciences agronomiques
STYLE : romantique anglais (XIXe siècle)
SUPERFICIE : 24,3 ha
CLIMAT : tempéré
SITUATION : Pulawy, voïvodie de Lublin

Entouré d'un parc élégant, le palais Czartoryski, de style baroque et classique, est la perle du paisible village de pêcheurs de Pulawy. Bâti en 1776, le palais fut modifié à plusieurs reprises avant d'atteindre la parfaite symétrie que l'on découvre aujourd'hui. Devant le palais, un bassin rectangulaire assez strict reflète la partie centrale de l'édifice ; une promenade semicirculaire, ponctuée à l'origine d'arbres ornementaux, vient ceindre le bassin. Les pelouses bien taillées invitent à la promenade parmi les tulipes, les narcisses et les autres plantes à bulbes poussant près du bassin.

Jardin romantique de style anglais, le parc fut créé au début du XIXe siècle. Son paysage vallonné présente de vastes espaces verts ainsi que des arbres adultes dont un énorme *Ginkgo biloba*, des tulipiers et plusieurs essences anglaises ou polonaises.

On trouve un certain nombre de bâtiments dont la maison chinoise et le palais Marynki, construit par Czartoryski pour sa fille, Marynka. Parmi les pavillons début XIXe, on peut admirer le temple de la Sibylle et la maison gothique, les premiers musées jamais créés en Pologne. Dans les années 1980, des grottes historiques ont été reconstruites dans les jardins.

En 1795, le palais devint le centre de la vie culturelle et politique du pays. En 1862 y fut fondé l'Institut d'agriculture et de sylviculture, un des premiers d'Europe centrale. Des cours y furent donnés jusqu'au début de la Première Guerre mondiale. NS

Jardin botanique de Cracovie

Pologne

CRÉATEUR : inconnu
PROPRIÉTAIRE : université Jagellon
STYLE : botanique (XVIIIe- XXe siècle)
SUPERFICIE : 6 ha environ
CLIMAT : tempéré
SITUATION : Cracovie, Petite-Pologne

Cracovie est une ville très intéressante. Le site fut occupé dès le néolithique, puis par les Celtes et les Romains ; la légende veut que le roi Krak y tuât un dragon tiré de son sommeil par le bruit des hommes et que la ville fût ainsi nommée en son honneur. Cracovie abrite également le plus ancien jardin botanique du pays. Il est relativement bien conservé, avec sa disposition baroque précoce et ses jardins anglo-chinois. Un palais Renaissance fut édifié en 1792 pour abriter un observatoire. La station météorologique et la serre sont des ajouts relativement récents à ce site qui est un véritable monument à la gloire de la culture et de l'art des jardins.

Parmi les cinq mille espèces de plantes, on trouve des collections datant de la fin du XVIIIe siècle et du début du XIXe, un jardin de plantes aromatiques, des espèces locales et exotiques ainsi qu'une grande palmeraie conçue en 1882. Le chêne de Jagellon (roi de Pologne au XIVe siècle) a cinq mille ans : c'est le plus vieux de ces jardins, mais aussi l'unique vestige des immenses forêts qui jadis recouvraient la région.

Ce jardin universitaire propose toutes sortes d'activités scientifiques : géographie des plantes, écologie des plantes vasculaires ou encore contrôle des espèces polonaises rares ou en danger. Le grand public peut assister à des cours de botanique ou voir des expositions de photographies et de peintures. NS

Parc du château de Lancut

Pologne

CRÉATEURS : divers dont Szymon Bogumil Zug
PROPRIÉTAIRE : État polonais
STYLE : éclectique (XIXe siècle), parc
SUPERFICIE : 20 ha
CLIMAT : tempéré
SITUATION : Lancut, Basses-Carpates

Les jardiniers ont souvent beaucoup de soucis. Les parasites et les maladies peuvent détruire des plantes précieuses, la sécheresse et la pluie frapper sans prévenir. Le jardinier en chef et les hôtes du château de Lancut ont toutefois d'autres préoccupations : on raconte que, les nuits d'orage, le spectre de Stanislas Stadnicki galoperait autour du château sur son cheval noir, sa cape claquant au vent. Ce malfaiteur connut évidemment une fin tragique et il fut condamné à errer à tout jamais sur le lieu de ses forfaits. Transformé en musée de la décoration d'intérieur, le château est doté de fortifications en forme d'étoile à cinq branches ; en mai, à la floraison des magnolias, ni les défenses complexes ni le cavalier spectral ne peuvent repousser les mélomanes venus assister au festival de musique de chambre.

Le château fut reconstruit et modernisé au XIXe siècle pour devenir l'une des résidences les plus luxueuses d'Europe. De nombreux représentants de grandes lignées aristocratiques séjournèrent ici. Le parc du château est tout aussi impressionnant avec ses *Ginkgo biloba*, ses platanes, ses tulipiers et ses genévriers de Chine, autant d'essences rarement présentes en Pologne. On peut aussi voir une orangerie, une roseraie et une serre aux orchidées. Un jardin italien fut dessiné à l'est du château et une roseraie plantée au sud de l'orangerie. Même si les superbes massifs floraux ne sont pas piétinés par les sabots de la monture de Stadnicki, le jardinier en chef reste éveillé quand gronde l'orage. NS

Plas Brondanw

Pays de Galles

CRÉATEUR : Clough Williams-Ellis
PROPRIÉTAIRE : Susan Clough Williams-Ellis
STYLE : Arts and Crafts
SUPERFICIE : 0,8 ha
CLIMAT : tempéré
SITUATION : Llanfrothen, Penrhyndeudraeth, Gwynedd

Plas Brondanw fut la demeure de l'architecte Bertram Clough Williams-Ellis, créateur du village à l'italienne de Portmeirion, sur le littoral nord du pays de Galles. De 1908, année où il hérita de la propriété paternelle, jusqu'à sa mort survenue à l'âge de 95 ans, Williams-Ellis se consacra à Plas Brondanw. Il conçut un jardin dont la personnalité est demeurée quasi inaltérée. Dominé par les cimes du parc national de Snowdonia, il s'intègre parfaitement au paysage en dépit de sa conception assez formelle. D'ingénieuses perspectives offrent une vue extraordinaire sur les montagnes. Inspiré par le mouvement Arts and Crafts ainsi que par les parcs classiques italiens, le jardin est construit sur un terrain en pente pourvu de terrasses, de promenades bordées de haies et de chambres de verdure ceintes d'ifs. La taille inhabituelle de ces grands arbres constitue un thème majeur du lieu. Statues et sculptures forment des points de convergence rappelant beaucoup le style de Portmeirion.

Même si ce jardin ne fut pas conçu pour accueillir des fleurs, rhododendrons et azalées viennent ajouter leurs couleurs tandis que d'intéressants arbustes profitent de la douceur du Gulf Stream. La lisière du jardin présente hortensias et fougères et les murs gris foncé de la demeure sont embellis par des anémones hybrides (*Anemone x hybrida*). Le visiteur se doit de se rendre à la tour de guet. Bâtie derrière la maison tout au bout d'un chemin forestier, elle offre une vue extraordinaire sur les montagnes mais aussi sur l'estuaire de Porthmadog et le village de Portmeirion si cher au cœur de Clough Williams-Ellis. CF

Plas Newydd

Pays de Galles

CRÉATEUR : Humphry Repton
PROPRIÉTAIRE : The National Trust
STYLE : paysager anglais (XVIIIe siècle), à la française et à l'anglaise (fin XXe siècle)
SUPERFICIE : 19,8 ha
CLIMAT : tempéré
SITUATION : Llanfairpwll, Anglesey, Gwynedd

Le fleuron de ce jardin est certainement son environnement. Les pelouses descendent jusqu'au détroit de Menai, qui sépare l'île d'Anglesey du Pays de Galles. Derrière, les montagnes escarpées du parc de Snowdonia forment un arrière-plan à couper le souffle. Il est difficile de rivaliser avec une telle beauté naturelle, c'est pourquoi des générations de propriétaires et de paysagistes ont encadré ces vues de plantes ou concentré leurs efforts sur des parcelles closes.

En 1798-1799, Humphry Repton, septième marquis d'Anglesey, publia le plan original de ce jardin dans l'un de ses célèbres *Red Books*. Des aquarelles montrent les zones nécessitant une amélioration et indiquent quel serait leur aspect futur. Sa contribution majeure est un projet paysager où des arbres protègent des vents violents du détroit. L'actuel marquis d'Anglesey et le National Trust ont aussi apporté des améliorations. Un arboretum australasien est peuplé d'eucalyptus et de *Nothofagus* ; on peut également voir des arbres de feu du Chili sensibles à la gelée *(Embothrium coccineum)* et des *Eucryphia* immaculés.

Le jardin en terrasses est la partie la mieux entretenue. Une étroite bande d'agapanthes court sur toute la longueur de la partie inférieure. En été, elle forme une rivière bleue qui rappelle les eaux du détroit de Menai en contrebas. Contrastées, les plates-bandes adjacentes sont plantées de vivaces avec toutes les nuances du rouge, du jaune et de l'orange. Sur la terrasse supérieure, une grotte ombragée est entourée d'un treillage et rafraîchie par une fontaine. LH

Crûg Farm

Pays de Galles

CRÉATEURS : Bleddyn et Sue Wynn-Jones
PROPRIÉTAIRES : Bleddyn et Sue Wynn-Jones
STYLE : jardin de famille
SUPERFICIE : 0,3 ha
CLIMAT : tempéré
SITUATION : Caernarfon, Gwynedd

La vue depuis Crûg Farm est inoubliable : le mont Snowdon semble se dresser au fond du jardin et, au premier plan, le détroit de Menai offre une vue imprenable sur l'île d'Anglesey. Cependant, le visiteur capable de se détacher du paysage découvrira une incroyable collection de plantes des régions tempérées datant de la fin du XXe et du début du XXIe siècle.

Bleddyn et Sue Wynn-Jones passent la majeure partie de l'année dans leur pépinière et partent chaque automne en expédition afin de récolter des graines. Plus particulièrement intéressée par la flore herbacée des bois et les plantes grimpantes, la famille Wynn-Jones s'est rendue en Extrême-Orient, dans l'Himalaya et en Amérique du Sud. Elle explore aussi les régions tropicales de haute altitude où de nombreuses plantes parviennent à survivre en climat maritime tempéré. Son goût pour la flore des bois lui a permis de présenter de très intéressantes variétés : ainsi de nombreux asarets et arisémas ont un air quasi tropical. Les Wynn-Jones s'intéressent aussi à la famille des Convallariacées, dont le muguet et le sceau de Salomon, et à presque toutes les espèces poussant sur le sol des forêts. Elle a aussi introduit de belles plantes grimpantes.

Au printemps et au début de l'été, rhododendrons et bulbes présentent une grande diversité de couleurs. Plus tard, les herbacées prennent le dessus avec une belle collection de géraniums. Ce jardin est l'endroit idéal pour flâner avec ses petits chemins serpentant dans les bois, son lopin ceint d'un mur et ses corps de fermes alentour. À ne pas manquer ! NK

Portmeirion

Pays de Galles

CRÉATEUR : Sir Clough Williams-Ellis
PROPRIÉTAIRE : The Second Portmeirion Foundation
STYLE : fantaisie à l'italienne
SUPERFICIE : 28,3 ha
CLIMAT : tempéré
SITUATION : Penrhyndeudraeth, Gwynedd

D'innombrables jardins britanniques ont servi de décor à des programmes télévisés, mais aucun n'est aussi célèbre que Portmeirion, où la série fantastique *Le Prisonnier* fut tournée dans les années 1960.

Maître d'œuvre du village, Clough Williams-Ellis naquit avec deux atouts de taille : une richesse énorme et un don pour l'architecture. Il acheta le site en 1925 et mit en pratique ses théories sur l'urbanisme en créant un village à la fois surréaliste et italianisant. La majeure partie des bâtiments date de 1939, le reste de 1954 à 1976.

On trouve dans ce village des annuelles, de grands ifs d'Irlande *(Taxus baccata* 'Fastigiata'), des palmiers pinots adultes, des yuccas et une abondance de topiaires. Les bois environnants ont quelque chose de féerique. Au début de l'ère victorienne, un précédent propriétaire, Henry Seymour Westmacott, planta des sapins – douglas *(Pseudotsuga menziesii)*, nobles *(Abies procera)* et de l'Himalaya *(A. spectabilis)* –, des séquoias toujours verts *(S. sempervirens)* et des séquoias géants pleureurs *(Sequoiadendron giganteum)*, ainsi que des pins – de Monterey *(Pinus radiata)* et sylvestres *(P. sylvestris)*. À l'époque édouardienne, Caton High introduisit rhododendrons, camélias et autres arbustes. Williams-Ellis planta des allées et creusa des lacs. Sans oublier les *Prunus*, les azalées et un tilleul argenté pleureur qui embaume le village à la fin de l'été. RCa

À DROITE Le cadre surréaliste de Portmeirion, où les plantes surprennent autant que les bâtiments.

Jardin de Bodnant

Pays de Galles

CRÉATEUR : Edward Milner
PROPRIÉTAIRE : The National Trust
STYLE : pittoresque, Arts and Crafts, boisé
SUPERFICIE : 32,4 ha
CLIMAT : tempéré
SITUATION : Tal-y-Cafn, Conwy

Surplombant la rivière Conwy, Bodnant offre une vue imprenable sur le parc de Snowdonia. Ce paysage menaçant que modifient les conditions météo renforce le caractère romantique du plus beau jardin du pays de Galles. Après avoir acquis sa fortune grâce à l'invention d'un agent blanchissant, Henry Pochin acheta la propriété en 1874. La maison datant de 1792 fut agrandie et restructurée ; le jardin et les plantations alentour se développèrent. Plusieurs générations de Pochin et trois générations de jardiniers en chef ont donné à Bodnant la perfection que nous lui connaissons aujourd'hui.

Les premières modifications d'importance sont dues à l'architecte paysagiste Edward Milner. Il créa de vastes pelouses à l'ouest de la maison et conçut un tunnel de cytises de 55 m de long : souvent imité, c'est un élément superbe début juin quand les rayons du soleil de midi viennent frapper des milliers de guirlandes de fleurs jaunes. Le petit-fils de Pochin, Henry Duncan, transforma les pelouses en terrasses au début du XXe siècle. Il collectionna, planta et créa des hybrides avec ces rhododendrons de Chine qui font la notoriété des jardins. Son fils et lui avaient tant de talent qu'ils devinrent présidents de la Société royale d'horticulture. Il faut aussi voir la cascade – chef-d'œuvre féerique – et le pavillon XVIIIe transporté du Gloucestershire en 1938 et reconstruit pierre par pierre. Par-dessus tout, ne manquez pas la vue sur la Lily Terrace et les montagnes, un souvenir que chaque visiteur emportera dans son cœur. RCa

Jardin du château de Chirk

Pays de Galles

CRÉATEUR : Richard Myddelton Biddulph
PROPRIÉTAIRE : The National Trust
STYLE : topiaires, haies, bois
SUPERFICIE : 2 ha
CLIMAT : tempéré
SITUATION : Chirk, Wrexham

Les jardins topiaires anciens sont aussi rares que précieux : la pousse nécessite des décennies, l'entretien de longues heures. Chirk est l'un d'eux, hélas méconnu, peut-être parce que les pièces ne sont pas concentrées comme dans les autres jardins du même style. Chirk est en effet différent, avec ses topiaires et ses plates-bandes ouvertes sur le paysage.

Sur la terrasse supérieure, une allée de vingt ifs – la taille de six d'entre eux évoque la forme des grands chapeaux noirs gallois, celle des autres une sorte de tambour allongé – longe les remparts du château. Des parterres d'ifs crénelés rappelant les remparts sont embellies d'arcs-boutants topiaires ou taillées en forme d'alcôves. Des allées de topiaires marquent également les limites est et ouest du jardin.

Chirk n'est pas seulement marqué par l'art topiaire. Conçu à l'origine comme élément d'une série de châteaux défensifs érigés aux frontières du pays, c'est depuis 1595 la propriété de la famille Myddelton. Chaque siècle a apporté son lot de transformations. Le jardin à la française XVIIe fut détruit au XVIIIe siècle par un disciple de Capability Brown puis partiellement réorganisé au XIXe avec la plantation d'allées d'ifs et de topiaires. La touche finale fut donnée au XXe siècle : manteaux d'arbres et arbustes ornementaux, *Prunus*, magnolias, cornouillers, eucryphias, hortensias et rhododendrons. On dit que l'on découvre dix-sept comtés depuis ce château ; la vision de l'allée de tilleuls se terminant par une statue d'Hercule est une pure merveille. VR

Jardin du château de Powis

Pays de Galles

CRÉATEURS : William Winde, William Emes et autres
PROPRIÉTAIRE : The National Trust
STYLE : jardin (XVIIe siècle), ajouts ultérieurs
SUPERFICIE : 9,7 ha
CLIMAT : tempéré
SITUATION : Welshpool, Powys

La nature et l'artifice sont, pour Powis, une véritable bénédiction. En premier lieu vient son emplacement : le superbe paysage gallois constitue un arrière-plan sans égal. Il faut ensuite mentionner le château, bâti à une époque où la région était le bastion des princes de Powis et dressé sur un affleurement de calcaire rose. Le style premier du jardin subissait les influences française et italienne ; la façade sud-est de la citadelle permit la création de terrasses imposantes – c'est peut-être là ce qui, en Grande-Bretagne, ressemble le plus à un jardin de style Renaissance italienne. Dessinées à la fin du XVIIe siècle, elles constituent la caractéristique principale de Powis. Longues de 182 m et embellies de plantations originales ainsi que d'éléments architecturaux (orangerie et volière), c'est un véritable délice. Sur un côté se dresse une allée d'ifs mesurant parfois 15 m de haut : ces géants donnent une envergure certaine aux jardins suspendus du pays de Galles.

Des terrasses supérieures dominant la vallée de la Severn, on surplombe le reste du jardin. À gauche, une série de jardins à la française a été élaborée à partir du squelette d'un vieux potager créé en 1911 par lady Violet, épouse du quatrième comte de Powis : des plantes fragiles, inhabituelles, poussent à l'ombre de murets et de haies. En face, sur un rocher escarpé, se dresse la Jungle, jardin boisé miniature créé dans les années 1770 par William Emes. On y voit de beaux arbres avec un taillis d'arbustes d'ornement ; au printemps, l'air est gorgé des senteurs de *Rhododendron luteum*. JB

Jardin botanique national

Pays de Galles

CRÉATEURS : divers

PROPRIÉTAIRE : Jardin botanique national du pays de Galles

STYLE : botanique (XXIe siècle)
 installé dans un parc paysager et jardins XVIIIe

SUPERFICIE : 204 ha

CLIMAT : tempéré

SITUATION : Llanarthne, Carmarthenshire

Diversifié, intéressant et très personnel, le premier jardin botanique créé en Grande-Bretagne depuis plus de deux cents ans compense un certain manque de maturité par un enthousiasme débordant. Il délivre aux hommes du XXIe siècle un message délibérément optimiste quant à la valeur des plantes.

Disposés dans un parc dépendant d'une propriété Régence, les jardins, lacs, bois, collines et prairies fleuries offrent divers habitats propices à la faune et à la flore. Le site tout entier se consacre aux plantes menacées dans le monde et à la conservation de l'héritage botanique gallois. La plus grande serre jamais édifiée abrite quelques-unes des plantes les plus en péril. L'éducation du grand public tient une place de choix et l'exposition *Les Médecins de Myddfai* met en valeur les relations entre les plantes et la médecine.

Le pays de Galles est très humide. Un superbe collier de lacs et de ruisseaux vient parer ce jardin. Un ruisseau descend lentement le long de la colline, du conservatoire à l'entrée ; la *Scaladaqua Tonda* est une sculpture aquatique due à William Pye. Le jardin grouille de vie. Les sculptures modernes y abondent et les enfants s'y délectent.

Vie sauvage, sculpture, horticulture, design, histoire, géologie… cette union aussi riche qu'intelligente se combine à une ambition sans retenue de sauver le monde pour en faire une expérience joyeuse et incontournable. NS

Jardins d'Aberglasney

Pays de Galles

CRÉATEURS : évêque Rudd et autres
PROPRIÉTAIRE : Aberglasney Restoration Trust
STYLE : jardin historique (XVIIe siècle), ajouts (XXe et XXIe siècles), plantations modernes
SUPERFICIE : 4 ha
CLIMAT : tempéré
SITUATION : Llangathen, Camarthenshire

Même si l'on ne connaît pas son origine exacte, Aberglasney est un site assez ancien. La remarquable préservation du jardin créé par l'évêque Rudd au milieu du XVIIe siècle rend ce site unique. Des documents montrent cependant qu'un jardin existait bien avant et des pièces datant de 1288 furent découvertes lors de travaux effectués dans le jardin du cloître.

La fortune des habitants varia au cours des siècles et les périodes de prospérité furent entrecoupées d'années de disette. Vers 1995, la maison était en piteux état et les jardins disparaissaient sous les mauvaises herbes. Sauvé à temps par l'Aberglasney Restoration Trust, c'est aujourd'hui l'un des plus beaux sites horticoles du pays de Galles. Le jardin du cloître flanque la maison, entouré sur trois côtés par une longue galerie surmontée d'un large parapet. C'est l'unique exemple connu à ce jour de l'architecture des jardins telle qu'on la pratiquait sous la reine Élisabeth Ire. Les deux jardins ceints de murs qui fournissaient jadis fruits et légumes ont alors bénéficié d'une nouvelle vie. Des plantes d'ornement originaires du monde entier allient histoire et modernisme. Les espèces rares enchantent les amateurs. On peut aussi admirer le bassin, le jardin en contrebas, les pelouses, les perspectives et le tunnel d'ifs nains. Cette Belle au bois dormant n'est pas encore devenue une superstar mais, après tous ces siècles, le jardin peut encore prendre son temps. NS

Jardin Ridler

Pays de Galles

CRÉATEUR : Tony Ridler
PROPRIÉTAIRE : Tony Ridler
STYLE : à la française (XXe et XXIe siècles)
SUPERFICIE : 0,2 ha
CLIMAT : tempéré
SITUATION : Swansea, Swansea

Tony Ridler est un concepteur graphique et son jardin de ville en est la meilleure preuve. En plein Swansea, c'est un lieu magique et ordonné où la nature est asservie. Comme tant d'autres avant lui, Ridler a puisé son inspiration dans le jardin de Lawrence Johnston, à Hidcote Manor, dans le Gloucestershire (voir p. 305). L'ordonnancement y joue un rôle capital : on se croirait dans *Alice au pays des merveilles* avec ces « pièces » innombrables qui donnent les unes sur les autres. Il ne s'agit pas là d'un « paysage emprunté » : le jardin pratique l'introspection, c'est un microcosme fait de spirales, de boules et de haies bien taillées.

Le jardin connaît actuellement sa seconde incarnation. Il y avait jadis des poulets, un étang et des chemins sinueux. Ridler créa alors une cour géométrique autour de laquelle prit vie le reste du jardin. Il ne fut jamais conçu comme un tout, c'est pourquoi la cour est excentrée, ce qui déplaît à certains.

Buis, ifs, lauriers du Portugal (*Prunus lusitanica*) et ophiopogon couvrant, mais aussi tanières et chemins de gravier constituent l'ossature de ce jardin. Les murs sont peints en noir ou décorés de trompe-l'œil. Des sculptures sont au centre des perspectives pour mieux mettre en valeur les chemins. Le jardin n'est toutefois pas entièrement à la merci de Ridler et de son sécateur. Au printemps, les tulipes créent de superbes taches de couleur, puis viennent les plantes annuelles et les vivaces, tels le penstemon rose et l'œillet d'Inde orange qui poussent en été. En hiver, quand les fleurs et les feuilles mortes ont disparu, Ridler est heureux : « Je préfère les espaces paisibles et sombres », dit-il. CD

Jardins de Clyne

Pays de Galles

CRÉATEURS : famille Vivian
PROPRIÉTAIRE : conseil municipal de Swansea
STYLE : bois (XXe siècle)
SUPERFICIE : 20,4 ha
CLIMAT : tempéré
SITUATION : Blackpill, Swansea

Clyne est un bon exemple de propriété familiale passée aux mains de la communauté. Bâtie en 1791 avec des ajouts gothiques XIXe siècle, la maison était la demeure de la famille Vivian. C'est à son dernier représentant, l'amiral A. Walker-Heneage Vivian, que l'on doit la qualité exceptionnelle des plantations ; en 1952 il vendit sa propriété au conseil municipal de Swansea.

D'immenses pelouses parsemées de bouquets d'arbres et d'arbustes dominent la partie supérieure du jardin. La partie inférieure, Brook Hole Valley, est essentiellement boisée. Hêtres, chênes-pédonculés *(Quercus robur)* et chevelus *(Q. cerris)* – et pins sylvestres *(Pinus sylvestris)* forment une toile de fond pour les jacinthes des bois et les arbustes exotiques que dominent les rhododendrons. Ces derniers se présentent sous deux formes : *falconeri* à larges feuilles amateurs de climats tempérés et *triflorum*. On trouve aussi des hybrides, *R. niveum*, acclimatés par Vivian. Avec leurs couleurs de yaourts aux fruits, ils poussent au début de l'été et se font admirer depuis la tour que Vivian édifia pour mieux surveiller ses plantations.

Clyne a également ceci d'intéressant que plusieurs sortes de plantes herbacées se sont acclimatées au fil des ans, dont la primevère de l'Himalaya. Elles créent d'étonnants effets multicolores en été, bientôt suivies de filipendules du Kamtchatka *(Filipendula camtschatica)*, de gunnères, d'iris et, au début de l'automne, de crocosmias. Dans la partie supérieure du jardin, le pont japonais de couleur rouge est très apprécié des jeunes mariés. NK

Jardins de Tredegar House

Pays de Galles

CRÉATEURS : famille Morgan
PROPRIÉTAIRE : conseil municipal de Newport
STYLE : à la française (XVIIe siècle, recréés aux XIXe et XXe siècles)
SUPERFICIE : 36,42 ha
CLIMAT : tempéré
SITUATION : Newport, Newport

Depuis la construction de Tredegar House à la fin du XVIIe siècle, la ville industrielle de Newport ne cesse d'empiéter sur sa propriété. Malgré cela, c'est toujours une oasis de verdure, où des allées sableuses traversent un parc peuplé d'arbres à feuilles caduques et de conifères, de rhododendrons, de séquoias et d'arbustes datant du XIXe siècle. Du paysage XVIIIe siècle, il ne reste qu'une des allées de chênes et de marronniers irradiant depuis la demeure.

La grande bâtisse appartint à la famille Morgan, du XVIIe siècle à 1951 ; c'est aujourd'hui l'un des plus purs exemples du style Restauration de tout le pays. Son entrée est d'origine et son intérieur bien conservé est orné de tableaux prêtés par la Dulwich Picture Gallery et de mobilier appartenant au Victoria and Albert Museum. Les écuries fin XVIIe siècle ne furent pas démolies comme prévu et on peut encore les visiter.

Le plan médiéval du jardin est visible sur deux côtés de la maison avec une série de jardins à la française ceints de murs : en mauvais état, ils furent restaurés et replantés. Le jardin en contrebas fut également reconstitué au début du XXe siècle. Le visiteur ne doit pas négliger la découverte effectuée il y a quelques années dans l'orangeraie par des chercheurs. Grâce à des documents d'époque, ils purent reconstituer un parterre minéral datant de la fin du XVIIe siècle, le premier de la sorte trouvé en Grande-Bretagne. Ce parterre fait de poussière de charbon et de brique, de sables colorés et de coquillages devait être particulièrement attrayant lors de sa création. VB

L'Écocathédrale

Pays-Bas

CRÉATEUR : Louis Guillaume Le Roy

PROPRIÉTAIRE : Louis Guillaume Le Roy

STYLE : écotectural (XXe siècle)

SUPERFICIE : 2 ha

CLIMAT : tempéré

SITUATION : Mildam, Frise

Dans le contexte improbable d'un jardin privé du XXe siècle, l'artiste et philosophe hollandais Louis Guillaume Le Roy a créé une écocathédrale pour mettre en pratique ses théories sur les sociétés écologiquement durables. Influencé par l'esprit de la fin des années 1960 et surtout par la contre-culture hostile à l'architecture contemporaine et à la monoculture agricole industrialisée, Le Roy a promu des pratiques durables. Entre autres, création de communautés distinctes en lisière des villes où les déchets seraient recyclés et importance accordée à l'agriculture biologique à petite échelle.

Le Roy avait trois bases. Il a travaillé dans sa maison d'Oranjewoud et son jardin expérimental de Mildam, mais il a pu tester ses idées dans un espace public proche de Heerenveen : il y impliqua la communauté locale dans le but de promouvoir la créativité et d'établir un lien avec la nature extérieure à la ville. Devant l'obstacle dressé par la politique municipale, il revint à Mildam et, avec l'aide de volontaires, établit les fondations d'une écocathédrale qu'il faudra mille ans pour terminer. Ce faisant, il a transformé des milliers de tonnes de gravats, briques ou dalles de trottoir en un réseau de murs, créant ainsi des espaces propices aux animaux, aux plantes et aux hommes.

L'Écocathédrale de Le Roy est le fruit d'un processus où l'apport de l'homme et celui de la nature se maintiennent en équilibre. Cette méthode a donné naissance à un endroit luxuriant. JW

Jardins de Ruinen

Pays-Bas

CRÉATEURS : Ton ter Linden, Hanneke Clabbers

PROPRIÉTAIRES : Frans Neuteboom, Janneke Neuteboom

STYLE : naturaliste (XXe siècle)

SUPERFICIE : 1,5 ha

CLIMAT : tempéré

SITUATION : Ruinen, Drenthe

Ces jardins furent rendus célèbres par l'artiste Ton ter Linden, qui inventa une nouvelle façon de planter les vivaces. Les plantes n'étaient plus disposées en groupes mais de manière assez aléatoire pour donner l'apparence d'une prairie. Ter Linden acquit 2 ha de prairie pour créer des jardins autour de la maison-atelier qu'il venait de faire construire dans le style rural. Si la maison était conventionnelle, les jardins – destinés à inspirer ses aquarelles – ne l'étaient pas.

Jardinier novice, il rejeta la manière classique de faire pousser les iris et les roses et trouva le moyen de leur donner une apparence impressionniste. Dans un but d'harmonie où tout serait proportionné, il prit la hauteur comme critère de choix de ses plantations (45-50 cm maximum). Son souci du détail lui permit de créer nuances et contrastes. Les jardins furent dessinés de manière régulière mais la luxuriance de la plantation dissimule assez bien la symétrie du lieu. Unique élément préexistant, un pommier vint jouer la fonction de pivot.

En 2000, Ton ter Linden vendit ses jardins pour mieux se consacrer à son art. Les nouveaux propriétaires, Frans et Janneke Neuteboom, ont créé une fondation pour préserver l'esprit du jardin et l'ouvrir au public. JW

À DROITE Dans le jardin de Ton ter Linden, des variétés cultivées colorées semblent pousser dans un cadre naturel rappelant la prairie.

Parc Jac P. Thijsse

Pays-Bas

CRÉATEUR : Jac P. Thijsse
PROPRIÉTAIRE : conseil municipal d'Amstelveen
STYLE : parc mixte – bois, prairies, flore locale (XXe siècle)
SUPERFICIE : 24 ha
CLIMAT : tempéré
SITUATION : Amstelveen, Hollande-Septentrionale

La population des Pays-Bas est une des plus denses au monde et le mouvement en faveur des parcs est une réponse à la pression démographique. Le besoin de créer des poumons verts dans des banlieues en pleine expansion et de reconnecter la population urbaine avec ses racines écologiques a inspiré l'une des premières tentatives de production de grands espaces où la flore locale créerait des habitats naturels attrayants.

Le projet n'est austère qu'en apparence. Ce jardin est l'un des plus exquis et des plus inhabituels qu'on puisse visiter. Son emplacement le rend encore plus étonnant. Caché derrière un habitat banlieusard plutôt terne, ce site oblong, avec ses innombrables sentiers et son réseau compliqué de canaux, étangs, lacs, bois et communautés végétales, semble bien plus grand qu'il ne l'est en réalité. On peut se promener parmi des bouquets de hêtres égayés par des draperies de grande chélidoine *(Chelidonium majus)*, des tapis de campanules *(Campanula rotundifolia)* et de pensées sauvages *(Viola tricolor)* et de paisibles étangs entourés de fougères.

On aboutit ici à un paysage enchanté où chaque communauté de plantes locales est en tel accord avec son site qu'on croit avec peine que tout a été planifié. Depuis la fin des années 1930, ce naturel en apparence est le résultat d'une intense compréhension des plantes et des conditions écologiques. Le résultat est tout simplement merveilleux. JB

Musée Beeckestijn

Pays-Bas

CRÉATEURS : Johann Georg Michael, Leonard Springer, cabinet Buro Albers Adviezen, Copijn Utrecht
PROPRIÉTAIRE : conseil municipal de Velsen (Amis de Beeckestijn)
STYLE : paysager baroque et rococo (XVIIIe siècle)
SUPERFICIE : 47 ha
CLIMAT : tempéré
SITUATION : Velsen, Hollande-Septentrionale

Beeckestijn doit sa célébrité à un relevé effectué en 1772 par l'architecte et paysagiste Johann Georg Michael. À l'époque, la propriété appartenait à un juriste, Jacob Boreel, qui l'avait acquise en 1742. On ne sait pas grand-chose de la maison et du jardin tels qu'ils se présentaient précédemment. Mentionnée pour la première fois en 1380, la propriété fut achetée en 1686 par Jan Trip, maire d'Amsterdam, qui la revendit à son fils en 1716 : celui-ci modifia la demeure et les jardins, et fut certainement le créateur de son décor baroque.

L'étude de Michael montre qu'à l'environnement baroque s'ajoutaient des caractéristiques rappelant les propositions présentes de l'ouvrage de Batty Langley, *Nouveaux Principes de jardinage* (1728) et la traduction hollandaise du *Dictionnaire* de Philip Miller (1745). Il y avait ainsi des étendues sauvages parcourues de chemins tortueux ou encore des promenades dans des bosquets. On trouvait aussi des folies, une arche de style corinthien et un ermitage ainsi qu'une maison de jardinier en forme de chapelle gothique.

Quelque peu délaissée, la propriété fut vendue par la famille Boreel au conseil de Velsen en 1953. On a alors tenté de restaurer les jardins en s'appuyant sur le plan de Michael. En 1963, le potager d'origine céda la place à une roseraie et à un jardin de plantes aromatiques. En 1994, le cabinet Buro Albers Adviezen proposa une restructuration plus radicale fondée sur l'archéologie. D'autres travaux eurent lieu en 1996. LL

Jardins de l'ING

Amsterdam, Pays-Bas

CRÉATEURS : Alberts et Van Huut
PROPRIÉTAIRE : International Netherlands Group (ING)
STYLE : biologique (fin XXe siècle), espace de bureaux
SUPERFICIE : 5 ha
CLIMAT : tempéré
SITUATION : Amsterdam, Hollande-Septentrionale

Achevé en 1986, le complexe de la banque ING d'Amsterdam est l'un des plus remarquables « bâtiments verts » qui soient. On parle aussi de bâtiment autonome : il échappe aux contraintes extérieures d'une infrastructure « normale » telles que fourniture d'électricité, égouts et traitement des eaux usées. C'est un excellent exemple de ce style « organique » qui a rendu célèbre le cabinet fondé par Anton Alberts et Max van Huut.

Jardins et plantes participent au concept organique, où plusieurs tours irrégulières reliées les unes aux autres viennent ceindre des cours. Le cabinet a voulu faire de ces dernières des zones à thème, denses et complexes : on trouve ainsi des jardins de style japonais, scandinave et anglais. Le bâtiment accorde une grande place à l'eau : les cascades et les zones marécageuses aux plantations semi-naturalistes proposent leur fraîcheur aux employés de ce géant de la banque. Les végétaux abondent également au sein même de la structure, de sorte que la végétation luxuriante extérieure semble se répandre à l'intérieur pour créer un environnement totalement vert.

Quand le bâtiment de l'ING fut inauguré, son design radicalement différent entraîna une forte chute de l'absentéisme. Aujourd'hui, hélas ! la concurrence est rude dans l'univers de la banque : les employés restent à leurs bureaux et les jardins semblent désertés. JW

Hortus Bulborum

Pays-Bas

CRÉATEURS : Pieter Boschman, Dr Willem de Mol
PROPRIÉTAIRE : Hortus Bulborum Foundation
STYLE : fonctionnel, botanique (XXe siècle)
SUPERFICIE : 1 ha
CLIMAT : tempéré
SITUATION : Limmen, Hollande-Septentrionale

Ce jardin occupe une place à part dans le cœur des botanistes et des historiens en ce qu'il constitue la plus grande collection de cultivars de bulbes au monde. Entièrement financé par l'industrie hollandaise du bulbe, c'est un pool génétique destiné à la culture de nouvelles variétés. Fondée dans les années 1920 par l'instituteur Pieter Boschman, cette collection privée d'anciens cultivars de tulipes comportait quelque quatre cents variétés. En 1928, le Dr Willem de Mol d'Amsterdam y adjoignit une collection de jacinthes. En 1935, la toute nouvelle Neversie (Société hollandaise pour la promotion de la multiplication scientifique des plantes ornementales) prit en charge cette collection à laquelle elle ajouta jonquilles, fritillaires et autres espèces à bulbes. Les jonquilles sont depuis peu aussi importantes que les tulipes et la collection bénéficie de nombreuses donations.

Pour préserver un pool génétique de qualité, il convient d'avoir un nombre minimal de chaque plante ; en le dépassant, la maintenance poserait un problème majeur. C'est pourquoi les plantes poussent dans de petits blocs de cultivars individuels composant un tapis aux riches couleurs printanières.

Cette collection a aussi permis de restaurer des jardins situés aux Pays-Bas mais aussi en Allemagne, en Italie, en Grande-Bretagne. Malgré sa petite taille, Hortus Bulborum attire en avril et mai un grand nombre d'amoureux des plantes. JW

Hortus Botanicus

Amsterdam, Pays-Bas

CRÉATEURS : divers
PROPRIÉTAIRE : conseil municipal d'Amsterdam
STYLE : fonctionnel, botanique (XVIIe siècle)
SUPERFICIE : 1 ha
CLIMAT : tempéré
SITUATION : Amsterdam, Hollande-Septentrionale

Plantes médicinales, épices, plantes d'ornement exotiques et plus de cinquante arbres historiques dont un cannelier, un noisetier de Byzance planté en 1795 et un cycas géant de trois siècles se disputent la vedette dans cette enclave tranquille. Le jardin botanique d'Amsterdam fut fondé en 1638. La collection de ce que l'on appelait alors Hortus Medicus se développa grâce aux plantes rapportées de terres lointaines.

De nos jours, les serres et les parterres extérieurs offrent six zones climatiques aux six mille spécimens de plus de quatre mille espèces. Conçu en 1863, le jardin d'extérieur accueille des plantes originaires d'environnements assez inhabituels. On y trouve une dune avec des plantes provenant du littoral du nord de la Hollande, un étang avec des plantes aquatiques et une zone réservée aux espèces carnivores. Une autre série de parterres est consacrée aux plantes ayant évolué lors de périodes préhistoriques spécifiques. Sur une parcelle plus structurée, des demi-cercles concentriques de haies de buis montrent les relations génétiques que peuvent entretenir les plantes.

La petite serre édifiée en 1896 est peuplée d'insectes et de plantes tropicales revêtant une certaine importance économique : cacaotiers, thé, riz, poivriers et canne à sucre. La grande palmeraie abrite palmiers et cycas ; c'est aussi la retraite hivernale des citronniers qui passent l'été en extérieur. Construite en 1993 par les architectes Zwarts et Jansma, la serre triclimatique accueille des plantes originaires des zones désertiques, tropicales et subtropicales. Un système informatisé contrôle la température et l'humidité. RCa

Jardin Mien Ruys

Pays-Bas

CRÉATRICE : Mien Ruys
PROPRIÉTAIRE : Mien Ruys Garden Foundation
STYLE : personnel, diversifié (XXe siècle)
SUPERFICIE : 0,8 ha
CLIMAT : tempéré
SITUATION : Dedemsvaart, Overijssel

Créé dans l'ancienne pépinière propre au potager et au verger de ses parents, ce jardin est l'œuvre d'une vie pour l'architecte paysager Mien Ruys. Il fut créé en 1925 et continua de se développer jusqu'en 2000. On y trouve aujourd'hui vingt-cinq sections reflétant chacune une des phases de la vie de sa créatrice.

Les deux plus anciennes sont le jardin sauvage (1925) et le jardin d'expérimentation (1927). Disposé autour d'un bassin rectangulaire, le jardin sauvage est un bon exemple du style de Ruys. Le contour géométrique est adouci par une plate-bande d'herbacées ; de style traditionnel anglais Gertrude Jekyll, elle mesure 30 x 4 m. Il s'écoula alors vingt-cinq années pendant lesquelles Mien Ruys étudia l'architecture et enseigna l'art paysager.

En 1954, elle ajouta le jardin aquatique et le jardin de plantes médicinales. Son évolution professionnelle s'accompagna du développement de son jardin. L'année 1960 fut très active avec la création de cinq nouvelles zones : plates-bandes de vivaces classiques, plate-bande du soleil, étang aux roseaux, jardin de ville et jardin en contrebas (c'est là que furent utilisées pour la première fois des traverses de chemin de fer).

Il y eut quatre autres ajouts dans les années 1970, quatre autres encore dans les années 1980 et enfin six autres dans les années 1990 : jardin marécageux, herbacées, nouvelle collection de vivaces, jardin sur le toit, jardin en coin et jardin morcelé. L'ultime jardin fut appelé nouvelle plate-bande. C'est vraiment l'endroit idéal pour qui veut apprendre l'art d'associer les styles horticoles. TM

Parc du château Twickel

Pays-Bas

CRÉATEURS : divers
PROPRIÉTAIRE : Fondation Twickel
STYLE : XVIIe siècle à contemporain, diversifié
SUPERFICIE : 4 000 ha
CLIMAT : tempéré
SITUATION : Delden, Overijssel

Bien que Twickel remonte au Moyen Âge, on savait peu de chose sur cette propriété avant la fin du XVIIe siècle : il n'y avait alors qu'une maison et des jardins entourés de douves. Ces derniers consistaient principalement en vergers ; il y avait aussi deux potagers, une pelouse et un parterre. Un relevé datant de la fin du XVIIIe siècle révèle une disposition remarquable, avec un fourré à l'anglaise d'un côté de la maison. Il s'agissait d'une sorte d'hybride entre le jardin sauvage à la Batty Langley et un jardin paysager anglais planté à l'origine d'arbres et d'arbustes. Rien ne changea jusqu'en 1835, année où l'architecte paysagiste Jan David Zocher Jr ouvrit les jardins pour créer un parc paysager plus traditionnel et donner à la section centrale de celui-ci la forme que nous lui connaissons à présent. La disposition des lieux est aujourd'hui en grande partie déterminée par les altérations proposées en 1895.

La rocaille fut créée par sa dernière propriétaire, la baronne de Heeckeren van Wassenaer, qui se passionna pour le jardinage jusqu'à sa mort, en 1975.

De nos jours, le parc est transformé selon les plans de Michiel van Gessel. Les éléments historiques des jardins entourant le château ont été restaurés ces dernières années. Le plus grand parc paysager des Pays-Bas entoure les jardins à la française : il domine la propriété et offre le spectacle charmant d'arbres adultes et de massifs que séparent des prairies et des lacs mais que réunit tout un réseau de perspectives. JW

Jardin du château Weldam

Pays-Bas

CRÉATEURS : Édouard André, Hugo Poortman
PROPRIÉTAIRE : Alfred Otto Friedrich, M. de Solms-Sonnenwalde
STYLE : à la française (XIXe siècle), néoclassique
SUPERFICIE : 4 ha
CLIMAT : tempéré
SITUATION : Markelo, Overijssel

Édifié au XIVe siècle (et reconstruit en 1645), le château de Weldam possède l'un des plus beaux jardins baroques XIXe siècle des Pays-Bas. Il fut conçu par Édouard André en 1879 et réalisé par son disciple, Hugo Poortman, pour le compte de la famille Van Aldenburg Bentinck-Van Heeckeren Van Wassenaar. Il est probable que la disposition hollandaise classique du terrain (à doubles douves) date aussi de cette époque.

Les jardins néobaroques commencèrent par préserver cette disposition des lieux, puis André privilégia la symétrie en faisant combler l'une des douves. Deux parterres de broderies, un grand labyrinthe et une spectaculaire tonnelle de hêtres constituèrent alors les caractéristiques principales. Ce jardin incluait également deux pelouses en contrebas et un intéressant ensemble de topiaires surnommé « Mary » en souvenir de Mary Cornelia, comtesse de Bentinck. André ne ceignit pas le tout d'allées de sorte que l'ensemble fut plus ouvert que le jardin XVIIe siècle à la hollandaise, où cette pratique était courante. La vue sur le paysage environnant le rendait partie prenante de la maison.

Admirez les beaux vases sculptés datant parfois du XVIIe siècle et la collection de plantes d'orangerie venues décorer les jardins. L'hiver, ces plantes exotiques sont mises à l'abri dans l'orangerie XIXe siècle bâtie dans les potagers ; on peut également y voir d'autres serres en fer forgé. JW

De Wiersse

Pays-Bas

CRÉATEURS : famille de Stuers, famille Gatacre
PROPRIÉTAIRE : E. V. Gatacre
STYLE : à la française (XXe siècle), paysager, Arts and Crafts
SUPERFICIE : 16 ha
CLIMAT : tempéré
SITUATION : Vorden, Gueldre

De Wiersse occupe une position bien à part dans l'art du jardin hollandais et c'est certainement la propriété privée la mieux entretenue de tout le pays. Le château médiéval s'inscrit dans le bras d'un petit cours d'eau dompté à la fin du XVIIe siècle. La disposition actuelle fut en majeure partie conçue au début du XXe, quand Victor de Stuers, grand protecteur de l'environnement culturel hollandais, restaura et fit agrandir en 1912 la maison entourée d'un fossé. Sa fille, Alice, prit en charge les jardins pour créer la roseraie en 1912 et le jardin en contrebas l'année suivante. Elle épousa W. E. Gatacre en 1913 ; ils transformèrent l'ancien jardin récréatif en un jardin sauvage, rénovant et replantant suivant le modèle anglais. La superficie des jardins avait alors doublé.

Le jardin connut une nouvelle vie quand Peter et Laura Gatacre prirent les choses en main dans les années 1970. Tout en préservant la structure historique de la propriété, ils apportèrent des vivaces au jardin en contrebas et créèrent une partie plus sauvage, avec des plantes exotiques ou locales. Les rhododendrons occupent une place de choix, mais une structure très étudiée d'arbres et arbustes crée des espaces de plus ou moins grandes dimensions. Un problème crucial s'est posé au fil des ans : stabiliser le niveau de l'eau, primordial pour la croissance des arbres. Après de longues recherches et des négociations avec les autorités de tutelle, un système de barrages et de canaux permit de rétablir un niveau élevé. JW

Parc de Sonsbeek

Pays-Bas

CRÉATEURS : Jan David Zocher Jr., Hugo Poortman, Leonard Springer, Wim van Krieken
PROPRIÉTAIRE : conseil municipal d'Arnhem
STYLE : paysager (XIXe siècle)
SUPERFICIE : 67 ha
CLIMAT : tempéré
SITUATION : Arnhem, Gueldre

Le parc public de Sonsbeek est renommé pour ses expositions de sculptures d'après guerre. La demeure actuelle se situe à l'emplacement d'un château XVe siècle ; conçue par Anthony Virant, elle fut bâtie en 1712. La propriété ne reçut son nom actuel qu'après son acquisition en 1778 par le maire de la ville, M. G Proc. On lui doit aussi le jardin style paysager, planté d'arbres et arbustes exotiques. Pour le baron de Smet, la douve du château d'origine fut agrandie et transformée en 1806 en un grand lac aux contours informels, où les fondations du château formèrent une île.

La propriété fut rachetée par le baron Van Heeckeren en 1821 puis par le conseil municipal en 1899 : c'est là que les architectes paysagistes Hugo Poortman et Leonard Springer en firent un parc ouvert au public. Ils changèrent les entrées tout en préservant la disposition des allées, restaurèrent l'enclos des cerfs et le pavillon de thé et placèrent l'aire réservée aux enfants sur l'ancien jardin potager. Des expositions sont régulièrement organisées : en 1915, la première avait pour thème l'histoire et la science de la rose.

Aujourd'hui, le parc est largement ouvert, avec de grands massifs d'arbres parvenus à maturité. Plusieurs éléments lui donnent toujours les apparences d'un jardin privé : pelouse, animaux, rivière, position dominante de la demeure historique sur un terrain en pente naturelle. En 1998, le jardin potager d'origine se vit doter d'un réseau hydraulique et de vastes plantations de vivaces, et reçut le nom de jardin en pente. JW

Parc Zypendaal

Pays-Bas

CRÉATEURS : J. P. Posth, C. S. A. Petzold, Hugo Poortman, M. S. Canneman-Philipse
PROPRIÉTAIRE : conseil municipal d'Arnhem
STYLE : paysager (XIXe siècle), Arts and Crafts
SUPERFICIE : 91 ha
CLIMAT : tempéré
SITUATION : Arnhem, Gueldre

Zypendaal occupe un site unique : cette région vallonnée des Pays-Bas permet d'utiliser au mieux les sources naturelles. Une série de bassins à poissons rectangulaires avait été créée en 1650 en même temps qu'une maison entourée de douves. L'ensemble fut acquis en 1743 par Hendrik Willem Brantsen, mais il démolit la maison XVIIe siècle pour la remplacer par une autre, plus grande. Celle-ci fut habitée par quatre générations de Brantsen et le jardin connut des changements successifs. En 1883, la maison fut agrandie et pourvue d'une tour selon les plans de Pierre Cuypers, architecte du Rijksmuseum d'Amsterdam. En 1890, le paysagiste Hugo Poortman redessina le parterre devant la maison et agrandit le lac. La propriété fut achetée en 1930 par le conseil municipal d'Arnhem et la maison transformée en musée en 1983.

Plusieurs parties du jardin furent modifiées ; parterres de roses et plates-bandes modernes furent ajoutés selon les plans de M. S. Canneman-Philipse, paysagiste renommé des années 1980 qui occupa la propriété Walenburg de Langbroek et s'inspira largement de Vita Sackville-West. Le cadre de la maison et des jardins environnants est encore défini par les cours d'eau et les lignes sinueuses du parc fin XIXe siècle, même si la végétation est depuis quelque peu envahissante. Cela donne à Zypendaal un caractère boisé en fort contraste avec le parc public voisin de Sonsbeek (voir p. 529), plus ouvert. JW

Jardins de Bingerden

Pays-Bas

CRÉATEUR : Eugenie van Weede
PROPRIÉTAIRES : famille Van Weede
STYLE : à la française (XVIIe siècle), rustique (XXe siècle)
SUPERFICIE : 9 ha
CLIMAT : tempéré
SITUATION : Angerlo, Gueldre

La propriété Bingerden est délimitée en cinq zones de bois, parcs et jardins et entourée d'une douve de près de 2 km de long datant de 1791. Propriété de la famille Van Weede depuis 1660, elle possédait à l'époque un jardin à la française. Il y a cent ans, des parterres d'ifs furent plantés puis transformés en figures topiaires surnommées les Moines. Au-delà s'étend la campagne hollandaise.

Détruite à la fin de la Seconde Guerre mondiale, la maison fut reconstruite en plus petit. Dirk van Weede et son épouse Eugenie en héritèrent en 1974 et s'y installèrent en 1994. L'aspect négligé du jardin décourageait Eugenie, mais elle se rendit à Sissinghurst, en Angleterre (voir p. 370), qui l'inspira par ses dimensions semblables, son plan global et ses plantes.

Elle avait trois objectifs : le jardin devait être un complément de la maison, les plantations encourager la flore sauvage et si possible répandre une odeur agréable, et l'ensemble ne nécessiter qu'un faible entretien. Résultat, six jardins ont été créés ou restaurés : le jardin d'enfants, le monticule, la roseraie, le jardin à la française XVIIe siècle et le parc où plantes aromatiques et flore sauvage poussent parmi les arbres centenaires. Le potager est la réalisation la plus récente. Eugenie a ajouté des taches de couleur à l'étendue verte : ses fleurs poussent et grimpent entre les parterres de plantes comestibles.

Le troisième week-end de juin, la famille Van Weede organise une exposition botanique que tout amateur de jardin se doit de visiter. JHa

Musée Kröller-Müller

Pays-Bas

CRÉATEUR : Jan Tijs Pieter Bijhouwer
PROPRIÉTAIRES : État néerlandais,
Stichting Nationale Park De Hoge Veluwe
STYLE : moderniste (xxe siècle), paysager
SUPERFICIE : 25 ha
CLIMAT : tempéré
SITUATION : Otterlo, Gueldre

Le Kröller-Müller abrite un des premiers jardins de sculpture moderne d'Europe. Le site est remarquable par sa conception et son contenu. Pièce maîtresse d'une propriété de chasse acquise entre 1909 et 1917 par Anton George Kröller, le musée fut aux yeux de son épouse, Helene Kröller-Müller, un symbole d'unité entre les arts, l'architecture et la nature.

L'objectif était d'installer le musée sur ce qui avait été une terre agricole peu productive, mais la récession bloqua ce projet. La propriété passa aux mains du gouvernement néerlandais à condition qu'il réalise l'idée d'origine et crée un parc national destiné à protéger cette zone. Henri van de Velde se vit demander de faire les plans du musée, achevé en 1938.

Le jardin aux sculptures ne vit le jour qu'après la Seconde Guerre mondiale. Le directeur du musée, Abraham Marie Hammacher, demanda au paysagiste Jan Tijs Pieter Bijhouwer d'en concevoir la phase initiale en 1955 et son extension en 1965. Ces projets préservèrent le paysage naturel et les dunes de sable constituèrent un décor original pour les sculptures modernes abstraites. Un certain nombre d'espaces furent délimitées à l'intérieur de la structure boisée, recouvertes d'herbe et reliées les unes aux autres par des sentiers sinueux, créant ainsi des espaces permettant d'exposer les sculptures. Le site fut agrandi en 1988 et une réorganisation complète eut lieu en 1995. L'entrée fut déplacée et l'on put voir de nouvelles plantes ornementales. JW

Jardins du palais Het Loo

Pays-Bas

CRÉATEURS : Jacob Roman, Daniel Marot
PROPRIÉTAIRE : État néerlandais
STYLE : Renaissance (XVIIe siècle), baroque (XXe siècle)
SUPERFICIE : 10 000 ha au sein de la Forêt royale
CLIMAT : tempéré
SITUATION : Apeldoorn, Gueldre

Vous trouvez étrange la disposition de la propriété abritant le palais de Het Loo ? Vous n'avez pas tort. Est-elle trop tape-à-l'œil, trop nouvelle ? Parlez de restauration, de pastiche, de faux, mais ce que vous voyez des jardins date surtout des années 1970 et du début des années 1980.

Conçues entre 1686 et 1695 par l'architecte hollandais Jacob Roman pour le compte de Guillaume et Marie d'Orange, décorées par le Huguenot français Daniel Marot, les parties extérieures de ces jardins baroques à la française cédèrent peu à peu la place à un style paysager anglais, plus proche de la nature et des goûts des princes d'Orange ultérieurs. Vers 1807, Louis Bonaparte, frère de Napoléon, lui donna un air anglais en remplaçant la statuaire, les murs et les escaliers voisins du palais par un assortiment de beaux arbres. Het Loo avait beaucoup de points communs avec Versailles et ces transformations pourraient passer pour du vandalisme, mais elles correspondaient aux idées créatrices de l'époque.

Avec la décision de revenir au plan XVIIe siècle, les modifications datant du XVIIIe siècle et du XIXe siècle furent annulées ; seuls quelques parterres furent conservés tandis que le béton remplaçait les œuvres originales. On peut trouver la restauration de Het Loo incomplète, peu satisfaisante et inappropriée, mais elle correspond bien au sens du spectacle caractéristique de la fin du XXe siècle. En ce sens, elle s'inscrit dans la longue tradition selon laquelle les grands jardins doivent exprimer l'esprit de leur époque, ce qui est justement le cas du jardin perdu de Guillaume et Marie. RCa

Jardin de Piet Oudolf

Pays-Bas

CRÉATEUR : Piet Oudolf
PROPRIÉTAIRES : Piet Oudolf, Anja Oudolf
STYLE : moderniste (XXe et XXIe siècles)
SUPERFICIE : 0,4 ha
CLIMAT : tempéré
SITUATION : Hummelo, Gueldre

Le créateur de jardins Piet Oudolf est l'une des figures de proue de la nouvelle vague européenne en la matière. Chose peu commune, Oudolf combine l'art architectural et celui de la création d'un jardin paysager. Aidé de sa femme, Anja, il développe depuis 1981 la Kwekerij Piet Oudolf, c'est-à-dire la plantation Piet Oudolf, qui n'est autre que le jardin familial.

La disposition accorde une part importante aux haies sculptées et aux éléments architecturaux : elle s'inscrit clairement dans la tradition de Mien Ruys qui, influencée par le mouvement du Bauhaus, domina l'art des jardins hollandais pendant une grande partie du XXe siècle. Comme tant de réalisations d'Oudolf, ce jardin constitue un plaisir à l'état pur avec ses vivaces et ses haies modernes et taillées. Oudolf montre ainsi que les plantes herbacées peuvent avoir belle allure une fois réunies, tout comme les plantes à bulbes que l'on dispose habituellement. Influencé par l'Allemand Karl Fœrster et l'art du jardin anglais, le projet d'Oudolf est à son apogée à la fin de l'été et en automne. Remarquez le nombre d'herbacées et d'ombellifères cultivées pour leur structure, leur texture et leurs formes squelettiques vers la fin de l'année. Autre caractéristique, on trouve de nombreuses plantes adaptées aux conditions marécageuses telles qu'*Echinacea purpurea*.

Ce jardin est une icône et son style interpelle quiconque désire cultiver des plantes autochtones du nord de la zone tempérée. C'est une leçon d'horticulture pour l'architecte et une leçon d'architecture pour le jardinier. NK

Jardins du château de Rosendael

Pays-Bas

CRÉATEURS : divers
PROPRIÉTAIRE : province de Gueldre
STYLE : paysager (XVIIIe siècle)
SUPERFICIE : 64 ha
CLIMAT : tempéré
SITUATION : Rozendaal, Gueldre

On connaît surtout Rosendael pour ses éléments rococo début XVIIIe siècle conçus par le grand architecte français Daniel Marot, mais c'est bien insuffisant.

L'histoire de cette propriété est très ancienne. À la fin du XVIIe siècle, le château médiéval appartenait à l'un des confidents du roi Guillaume III. Jan van Arnhem dota les jardins d'une structure irrégulière tout en tirant profit d'un site vallonné réputé pour son réseau hydrographique. Lubbert Adolf Torck en hérita en 1721 et transforma le château pour lui donner sa forme actuelle. Il développa la propriété et les jardins avec l'aide de Marot, incluant ainsi une galerie aux coquillages, un pavillon et une cascade décorée.

Par la suite, les jardins prirent une apparence paysagère, en 1781 grâce à Philip Willem Schonck, puis en 1836 grâce à Jan David Zocher Jr qui, en deux ans, réorganisa complètement le parc. On aboutit ainsi à une vallée ouverte dont les lignes fluides correspondaient mieux à la topographie naturelle du terrain.

Une grande orangerie fut édifiée sur une hauteur dominant le château. La partie avant fut redessinée par Dirk Wattez en 1874 afin de lui donner un caractère plus ouvert. Une roseraie fut ajoutée en 1904. L'orangerie fut détruite pendant la guerre puis reconstruite quand la province de Gueldre en fit l'acquisition en 1977. On lui doit aussi une restauration progressive des jardins et du château, ouvert au public en 1990. JW

Champs de tulipes de Hollande

Pays-Bas

CRÉATEURS : entreprises commerciales
PROPRIÉTAIRE : industrie néerlandaise de la plante à bulbe
STYLE : horticulture commerciale
SUPERFICIE : 16 200 ha
CLIMAT : tempéré
SITUATION : de Leyde, Hollande-Méridionale, à Haarlem, Hollande-Septentrionale

Avec plus de 16 000 ha, les champs de plantes à bulbe hollandais se taillent la part du lion dans la place que ce livre réserve à l'horticulture.

Venue de Turquie au XVIe siècle, la tulipe s'acclimata parfaitement aux sols secs et sableux du littoral hollandais entre Haarlem et Leyde. Les tulipes furent très appréciées pendant l'âge d'or hollandais. Rejointe ultérieurement par les narcisses, crocus, jacinthes, lis et glaïeuls, la tulipe devint l'objet d'une véritable frénésie spéculative vers le milieu du XVIIe siècle : le prix d'un spécimen particulièrement rare pouvant atteindre 6 000 florins, somme énorme pour l'époque. Il arrivait souvent que l'on échange des bulbes contre des chevaux, voire une maison, et il fallut l'édit de 1636 pour interdire ce commerce mettant en péril l'économie du pays.

Même si les glaïeuls fleurissent jusqu'à la fin du mois d'août, le meilleur mois est certainement avril. Se promener dans les champs de bulbes à cette époque est un pur délice et le spectacle offert change sans cesse de couleur. La ville de Lisse est au centre de ces champs. La vue est vraiment splendide aux environs de Noordwijkerhout et de Kasteel Tellingen, mais on voit presque partout d'étonnantes combinaisons de couleurs primaires formant souvent de longues bandes ou d'immenses carrés. Les bulbes sont plantés selon des critères purement commerciaux et non pas esthétiques, mais cela ne fait que renforcer l'attrait de ces grandes masses colorées. TW

Museumpark

Pays-Bas

CRÉATEUR : Bureau pour une architecture métropolitaine
PROPRIÉTAIRE : ville de Rotterdam
STYLE : nouvel urbanisme (XXe siècle)
SUPERFICIE : 4 ha
CLIMAT : tempéré
SITUATION : Rotterdam, Hollande-Méridionale

Le Museumpark est très caractéristique de la philosophie du design qui domine le nouvel urbanisme néerlandais. Conçu en 1988-1989 par le Bureau pour une architecture métropolitaine de l'architecte Rem Koolhaas, ce parc public était destiné à relier plusieurs musées (alors en projet mais aujourd'hui terminés) proches du Boymans van Beuningen, qui date de 1932.

C'est en 1982, avec le concours pour la création du parc de la Villette, à Paris, que Koolhaas se frotta pour la première fois à la notion de parc public comme échappatoire à la ville et au stress urbain. À Amsterdam comme à Paris, le paysagiste Yves Brunier et lui privilégièrent le caractère urbain en introduisant le thème de la voie publique. Les matériaux propres à ce type de voie sont présents en tout lieu : tarmac dans les zones événementielles, lourds bancs de béton le long de l'allée principale nord-sud, passerelle rappelant un viaduc enjambant une rivière à sec. Elle fait des méandres dans une partie du parc où les arbres préexistants ont été majoritairement conservés pour former un « jardin romantique » et, par provocation, elle adopte la forme d'un spermatozoïde. L'intérêt du parc réside dans sa manière de défier le concept traditionnel de jardin public et de ce qu'il est censé offrir. Aux Pays-Bas, ce fut le point de départ d'une nouvelle conception de la ville qui joue depuis un rôle prépondérant et influence désormais la création des parcs. JW

Parc Zorgvliet

Pays-Bas

CRÉATEURS : Jacob Cats, Hans Willem Bentinck
PROPRIÉTAIRE : État néerlandais
STYLE : parc paysager (XVIIIe siècle)
SUPERFICIE : 22,5 ha
CLIMAT : tempéré
SITUATION : La Haye, Hollande-Méridionale

On connaît surtout ce parc sous le nom de Catshuis. La résidence officielle du Premier ministre est ainsi appelée en souvenir de son premier propriétaire, le poète Jacob Cats, qui en fit l'acquisition en 1643. Il n'y avait à l'époque qu'une série de dunes de sable qu'il entreprit de reconquérir en 1652. Il créa un jardin autour d'une maison de plain-pied due à Lodewijk Huygens. Cats célébra sa réussite avec un poème publié en 1656 : il y chantait la vie rurale à la manière des auteurs latins.

Hans Willem Bentinck acheta la propriété en 1675. Passionné par l'art des jardins, il sera nommé surintendant de ceux de Guillaume III et recevra le titre de duc de Portland. Il transforma les jardins pour y inclure un mont Parnasse et un labyrinthe central, caractéristiques principales des immenses plantations disposées d'un côté de la maison. La propriété demeura entre les mains de la famille Bentinck qui en fit un parc paysager à la fin du XVIIIe siècle, puis elle fut vendue en 1837 au prince héritier Guillaume. Le prince agrandit son domaine en achetant les propriétés voisines. Après sa mort, une partie des terres fut vendue pour y construire des maisons, mais la propriété originale ne fut pas touchée.

Aujourd'hui, les jardins sont quelque peu envahis par une végétation boisée et l'on ne discerne plus la structure de la disposition historique, même s'il est encore possible d'identifier quelques éléments datant des diverses périodes. Le parc est renommé pour la richesse de ses plantes à bulbe. JW

Jardin botanique de Leyde

Pays-Bas

CRÉATEURS : Carolus Clusius, Daniel Marot
PROPRIÉTAIRE : université de Leyde
STYLE : botanique (XVIe, XVIIe et XXe siècles)
SUPERFICIE : 2,6 ha
CLIMAT : tempéré
SITUATION : Leyde, Hollande-Méridionale

Situé dans la partie sud-ouest du centre historique de la ville, le jardin botanique de Leyde est le plus ancien des Pays-Bas et l'un des plus anciens du monde, ceux de Pise et de Padoue ayant été créés en 1545.

C'était à l'origine, en 1587, un jardin de plantes médicinales destiné aux étudiants puis il fut transformé en jardin botanique en 1594 avec la nomination à sa tête de Carolus Clusius (Charles de L'Écluse). On lui doit d'avoir apporté à Leyde les premiers bulbes de tulipes, futurs ancêtres de ceux responsables de la tulipomanie qui frappa le pays dans les années 1630. Le jardin de Clusius ne mesurait que 35 x 40 m, mais abritait tout de même plus de mille espèces.

Le jardin a été laborieusement reconstitué selon le projet original de Clusius avec ses parterres bordés de brique et ses chemins blancs faits de coquillages broyés ; le cytise qu'il planta en 1601 est encore là. C'est un centre actif d'études académiques et un lieu de promenade charmant. On peut voir une belle orangerie XVIIe dessinée par Daniel Marot ainsi qu'une collection d'arbres exotiques et de *Citrus*. Il y a aussi un grand parterre d'herbacées, un jardin de rocaille et une roseraie des années 1930 qui embaume l'air de son parfum.

On trouve aussi de nombreux spécimens d'arbres rares et des collections d'arbustes entre lesquels zigzaguent des allées. Enfin, il y a de belles collections d'aracées d'Asie (en particulier *Amorphophallus titanum*), de *Hoya*, de *Dischidia*, d'orchidées d'Asie et de fougères. TM

Parc de Keukenhof

Pays-Bas

CRÉATEURS : famille Zocher
PROPRIÉTAIRE : jardins de Keukenhof
STYLE : à l'anglaise (XIXe siècle)
SUPERFICIE : 32 ha
CLIMAT : tempéré
SITUATION : Lisse, Hollande-Méridionale

En dépit de son nom, « jardin potager », il n'y a rien de domestique ni d'étriqué à Keukenhof. C'est en réalité le fleuron de l'industrie hollandaise de la plante à bulbe : quelque sept millions sont plantées chaque année, dont mille variétés de tulipes.

Le premier jardin de Keukenhof fut créé au XVe siècle par la comtesse Jacoba van Beieren, désireuse de consacrer une partie de sa propriété à la culture des fruits et légumes destinés à sa « maisonnée ». Dans les années 1840, elle échut à une famille de paysagistes, les Zocher (concepteurs du Vondelpark d'Amsterdam), qui replanta le parc à la mode anglaise en faveur à l'époque ; supprimant ainsi toute ligne droite et toute régularité. Le lac de Keukenhof et nombre de ses arbres sont dus aux travaux des Zocher.

Aujourd'hui, on peut voir à côté du parc 0,5 ha de serres et de jardins couverts, sans parler des expositions régulières et des démonstrations destinées aux jardiniers. Visibles du haut du moulin à vent édifié à l'extrémité nord du parc, seuls les champs de plantes à bulbe voisins peuvent rivaliser en beauté avec Keukenhof. De grandes bandes de tulipes, crocus et jonquilles couvrent les ondulations du paysage d'immenses taches de couleurs dispersées entre les allées. Selon les conditions climatiques, le meilleur moment pour admirer les tulipes se situe fin avril ou début mai. Le nombre des amateurs est impressionnant : sept cent mille visiteurs par an, la plupart au milieu du printemps ! En octobre, Keukenhof accueille aussi le marché national de la plante à bulbe. TW

Arboretum de Trompenburg

Pays-Bas

CRÉATEURS : Hendrik Wachter, Jan David Zocher Jr, Louis Paul Zocher, James van Hoey Smith
PROPRIÉTAIRE : fondation de l'Arboretum de Trompenburg
STYLE : arboretum (XXe siècle)
SUPERFICIE : 6 ha
CLIMAT : tempéré
SITUATION : Rotterdam, Hollande-Méridionale

La famille Van Hoey Smith s'occupe depuis plus d'un siècle de l'arboretum de Trompenburg. Créé suite à l'acquisition entre 1857 et 1867 de petites propriétés voisines, le domaine incluait les jardins XVIIe siècle de Trompenburg, les propriétés suburbaines de Vredenoord et de Zomerlust, quelques prairies et une pépinière.

Le nouveau Trompenburg fut construit sur le site de Zomerlust, alors doté d'un jardin de style paysager dessiné par Hendrik Wachter. Il fut en grande partie préservé quand le célèbre paysagiste Jan David Zocher Jr et son fils Louis Paul durent transformer les prairies et la pépinière en un parc paysager pourvu de plantations faisant écran. Le canal partageant le site en deux fut également conservé, seul élément formel d'un ensemble plutôt libre. À partir de 1900, une autre partie se transforma peu à peu pour accueillir une collection de rhododendrons. La dernière section donna naissance à des jardins carrés d'inspiration Arts and Crafts ; l'un présentait des roses, un autre des bruyères. Ils donnèrent graduellement naissance à un arboretum.

Les jardins acquirent une renommée mondiale grâce aux efforts du dendrologiste distingué qu'était James van Hoey Smith. Ils furent agrandis à deux reprises du côté est, en 1965 et 1993, pour recevoir d'importantes collections de conifères, hêtres, chênes, houx et rhododendrons. On trouve aussi d'intéressantes collections de vivaces et de plantes à bulbe, dont des hostas et des rodgersias. JW

Sofievka

Ukraine

CRÉATEUR : Ludovic Metzel
PROPRIÉTAIRE : Académie des sciences d'Ukraine
STYLE : parc paysager (XVIIe et XIXe siècles) inspiré de la mythologie grecque
SUPERFICIE : 155 ha
CLIMAT : steppe
SITUATION : Uman, Tcherkassy

De formidables travaux furent entrepris en 1796 pour redessiner un immense massif de granite. À l'aide d'explosifs, on creusa de grands lacs artificiels et on donna une nouvelle forme aux collines. La pierre ainsi excavée permit de construire des murs, des cascades et des éboulis romantiques et naturalistes. Des sculptures furent commandées en Italie et de jeunes arbres dans toute l'Europe. Les dettes dont il avait hérité n'empêchèrent pas le maître des lieux de dépenser sans compter pour avoir un parc encore plus beau qu'Arkadia (voir p. 499), créé par Helena et Michal Radziwill non loin du palais Nieborow, en Pologne.

Le propriétaire, un magnat des finances polonais, Stanislas Schensny Pototsky, sous l'inspiration de son épouse grecque, Sophia, fille d'un courtisan, créa un somptueux jardin destiné à rendre hommage, par le biais du symbolisme et de la statuaire, aux divinités antiques. Les travaux furent achevés en mai 1802, mois de l'anniversaire de Sophia, mais il mourut peu après et ne vit jamais son jardin dans toute sa splendeur.

Les visiteurs doivent s'attarder devant la grotte de Vénus protégée par les eaux, les cascades naturalistes et l'impressionnante fontaine représentant les serpents qui étouffèrent le héros troyen Laocoon et ses fils. Il faut aussi prendre le bateau et emprunter le tunnel reliant les deux lacs. À l'image du Styx, fleuve des Enfers sur lequel le sinistre Charon conduisait les âmes des défunts, ce canal souterrain est très impressionnant en ce qu'il fait passer de la lumière aux ténèbres avant de retrouver le jour. WdP

Domaine d'Alupka

Ukraine

CRÉATEURS : Karl Kebach, William Hunt
PROPRIÉTAIRE : État ukrainien
STYLE : à la française italianisant (XIXe siècle), paysage romantique
SUPERFICIE : 49 ha
CLIMAT : continental
SITUATION : Alupka, République autonome de Crimée

Extraordinaire édifice qu'accompagnent jardins et fontaines, le palais d'Alupka offre une vue imprenable sur les montagnes, au nord, et la mer Noire, au sud. Chose surprenante, l'architecte anglais Edward Blore qui avait conçu cette luxueuse résidence pour le comte Mikhaïl Semionovitch Vorontsov ne s'était jamais rendu sur place auparavant. Terminé vers la fin des années 1840 sous la direction de William Hunt, Alupka demeure le chef-d'œuvre de Blore.

La façade, tournée vers les terres, de style néogothique et écossais, froide et rigoureuse à première vue, est en fait assez maniérée. Celle tournée vers la mer présente une extravagance toute mauresque : elle ressemble au palais de l'Alhambra, construit au XIVe siècle à Grenade, en plus grandiose. Alupka est étonnant à tout point de vue. Il se fond pourtant parfaitement dans son environnement.

Les jardins romantiques et paysagers du nord sont dus au jardinier allemand Karl Kebach ; les terrasses à l'italienne et les jardins à la française au sud sont attribués à Hunt ; enfin, les plantations exotiques doivent beaucoup aux jardins botaniques de Nikitski, situés le long du littoral (voir p. 544). Le deuxième responsable des jardins, Nikolaï Hartvis, commanda des spécimens aux Loddiges, célèbres pépiniéristes londoniens.

On peut éprouver un sentiment de déjà-vu quand on se trouve sur la terrasse aux lions d'Alupka : en effet, les animaux en marbre de Carrare de Bonanni prennent pour modèles ceux sculptés par Antonio Canova pour le tombeau du pape Clément XII, à Rome. WdP

Jardin botanique de Nikitski

Ukraine

CRÉATEUR : Christian Steven
PROPRIÉTAIRE : Académie d'agronomie d'Ukraine
STYLE : jardin botanique paysager (XIXe siècle)
SUPERFICIE : 1 100 ha
CLIMAT : continental
SITUATION : Yalta, République autonome de Crimée

Créé en 1812 sur ordre du tsar Alexandre Ier, le jardin de Nikitski se vit attribuer un style paysager par son fondateur et premier directeur, le botaniste russe d'origine suédoise Christian Steven. Le déblaiement des rochers et l'importation de la couche arable rendirent pénibles les premiers travaux, mais Steven fit tout son possible pour laisser intacte la flore locale : aujourd'hui les visiteurs peuvent par exemple admirer un genévrier millénaire et un chêne vieux de cinq siècles. On a aussi une vue superbe sur les montagnes, la mer Noire et les promontoires boisés.

Nikitski est l'un des plus beaux jardins botaniques qui soient : ses façades font face à la mer où le climat chaud et sec permet aux fleurs d'éclore toute l'année. En été, le jardin est ouvert assez tard et une promenade parmi les pavillons et les pergolas à l'italienne constitue la meilleure façon de clore une belle journée.

Nikitski est aussi un musée vivant avec ses cinquante mille plantes originaires de Méditerranée, d'Asie du Sud-Est et d'Amérique du Sud ; c'est également un centre de recherches de tout premier plan. Par exemple, la section consacrée aux fruits est un pool génétique de grande valeur avec une centaine d'espèces et quelque cinq mille variétés, cultivars et hybrides. La moitié des pêches et des abricots poussant en Ukraine sont issus de variétés développées à Nikitski. Spectacle inhabituel en Crimée, on peut voir des oliviers : après la révolution de 1917, les olives étaient considérées comme « non prolétariennes » et seuls les spécimens botaniques étaient tolérés. WdP

Arboretum de Kalmthout

Belgique

CRÉATEURS : Charles Van Geert, Antoine Kort, Robert de Belder, Jelena de Belder
PROPRIÉTAIRE : province d'Anvers
STYLE : botanique (XVIIIe siècle)
SUPERFICIE : 11,7 ha
CLIMAT : tempéré
SITUATION : Kalmthout, province d'Anvers

Pour échapper aux sinistres mois hivernaux, il suffit de visiter l'arboretum de Kalmthout et d'admirer l'extraordinaire jardin d'hiver en pleine floraison. C'est le meilleur exemple belge du style « jardinesque », caractérisé par l'irrégularité et l'absence de contrainte.

L'arboretum présente un étonnante collection d'hamamélis et, chaque hiver, un festival annuel célèbre ces merveilleuses fleurs, mais les jardins contiennent aussi des centaines d'autres plantes à floraison hivernale. À dire vrai, ils sont charmants tout au long de l'année. On y voit plus de six mille variétés en provenance du monde entier. Les plus anciens spécimens sont des arbres plantés il y a plus de cent cinquante ans par le fondateur de l'arboretum, Charles Van Geert, dont des érables et de magnifiques cerisiers du Japon ainsi qu'une espèce en péril de conifère chinois et l'un des trois arbres aux cloches d'argent d'Amérique *(Halesia diptera)* visibles en Europe.

Quand les dernières fleurs d'hamamélis se fanent, le printemps s'enorgueillit de la délicate floraison des pommiers et cerisiers disséminés dans l'arboretum. C'est ensuite le tour des érables du Japon, suivis quelques semaines plus tard par des centaines de rhododendrons. En été, le jardin aux papillons bruisse de milliers d'insectes. La roseraie sauvage attire toujours les visiteurs, de même que le spectacle de la chute des fruits en automne. À juste titre, l'arboretum a reçu le surnom de « jardin des quatre saisons ». MS

Jardins du château d'Hex

Belgique

CRÉATEURS : Franz-Karl von Velbrück, Louis Fuchs, Jules Janlet, Michel d'Ursel, Jacques Wirtz
PROPRIÉTAIRES : M. et Mme Ghislain d'Ursel
STYLE : jardins (XVIIIe siècle), parc paysager
SUPERFICIE : 5 ha
CLIMAT : tempéré
SITUATION : Heers, province du Limbourg

En Belgique, chacun connaît les jardins du château d'Hex, édifié sur une colline en 1780 par le prince-évêque Franz-Karl von Velbrück. Ils adoptent le style à la française et les propriétaires successifs ont apposé leur marque tout en respectant le passé. Aujourd'hui, l'atmosphère est celle de la sérénité aristocratique. Tout semble avoir été réalisé sans effort, sans la moindre contrainte. Le paysage environnant est une sorte de parc qui démontre l'influence de Capability Brown sur l'Europe continentale. La légende veut que le symbolisme maçonnique participe à sa composition.

On distingue plusieurs sections dont le jardin du Prince, avec ses parterres de fleurs et de plantes aromatiques ; une roseraie, avec une intéressante collection de roses anciennes ou sauvages, dont trois roses importées de Chine par la Compagnie hollandaise des Indes orientales ; un jardin chinois orné d'un bouddha en bois peint ; trois terrasses minimalistes redessinées en 1990 par Jacques Wirtz ; un grand potager doublé d'un cellier permettant le stockage en hiver. On peut voir dans ce parc une allée de platanes, une colonne commémorant un mariage familial, une folie en pierre ou encore un ermitage en chaume.

Le public ne peut y accéder que deux week-ends par an : le deuxième de juin (festival des roses) et le deuxième de septembre (légumes rares et inhabituels). Écrivains, enseignants et jardiniers de renom y donnent des conférences ou démontrent leur art. On peut aussi acheter des bulbes, des plantes et des graines issues de pépinières spécialisées. RCa

Serres royales de Laeken

Bruxelles, Belgique

CRÉATEURS : Alphonse Balat, Victor Horta
PROPRIÉTAIRE : famille royale de Belgique
STYLE : Art nouveau (XIXe siècle)
SUPERFICIE : 2,4 ha
CLIMAT : tempéré
SITUATION : Bruxelles, province de Bruxelles

Un labyrinthe féerique relie entre elles onze serres peuplées de fuchsias hauts comme des arbres, d'une collection de camélias renommée, de rangées de clivias dans d'anciennes poteries chinoises, de palmiers élancés et de fougères arborescentes (*Dicksonia antarctica*). Ce trésor végétal et architectural n'est ouvert au public que trois semaines par an à la fin du printemps. Joyau d'une propriété privée de quelque 70 ha, il est réservé le reste de l'année à la famille royale de Belgique.

La première serre du château de Laeken fut l'orangerie classique édifiée en 1818 pour Guillaume Ier ; vers 1859, on y ajouta une serre chaude circulaire dotée d'un bassin destiné à une vivace aquatique appelée victoria d'Amazonie (*Victoria amazonica*). Il fallut attendre le règne de Léopold II pour que les serres vert menthe de Laeken fassent l'admiration de toute l'Europe. Surnommé le roi bâtisseur, Léopold II demanda en 1873 à Alphonse Balat et au jeune Victor Horta de concevoir un vaste ensemble de coupoles et de pavillons reliés par de larges arcades semblables à des rues couvertes. Les richesses du Congo belge firent des serres de Laeken l'un des premiers fleurons de l'architecture Art nouveau.

Construit en forme de dôme entre 1874 et 1876, le jardin d'hiver fut le premier objet abouti de travaux qui allaient durer trente ans. Avec 34 m de haut, 68 m de diamètre et un style de plantation plus formel que naturaliste, il servit souvent aux réceptions officielles. Plus tard, en 1886-1887, une autre serre joua le rôle d'antichambre. Les autres serres, plus petites mais tout aussi splendides, reflètent la même hiérarchie dans l'utilisation que les pièces d'un palais. Même si l'on trouve des plantes rares, ce n'est pas ici un jardin botanique mais un palais de cristal à image de l'empire colonial belge. RCa

Belœil

Belgique

CRÉATEURS : Claude-Lamoral II de Ligne, Jean-Baptiste Bergé, François-Joseph Belanger
PROPRIÉTAIRE : Michel de Ligne
STYLE : haute Renaissance (XVIIIe siècle)
SUPERFICIE : 25,1 ha
CLIMAT : tempéré
SITUATION : Belœil, province du Hainaut

Le château de Belœil appartient à une seule et même famille depuis près de sept siècles. La vaste demeure des princes de Ligne était à ses débuts une forteresse médiévale, mais les transformations et agrandissements effectués depuis le XVIe siècle par les générations successives l'ont modifiée au même titre que le paysage environnant. De style essentiellement français et souvent appelé le Versailles belge (voir p. 570), Belœil ressemble en fait davantage à Chantilly (voir p. 552) à cause de ses vastes bassins. Ravagé par le feu en 1900, le château fut reconstruit à l'identique en 1920. À l'exception d'un bref déclin lors de la Révolution française, les jardins ont toujours été magnifiques.

La propriété fut principalement définie au milieu du XVIIIe siècle selon les idées du prince Claude-Lamoral II de Ligne telles que les interpréta l'architecte français Jean-Baptiste Bergé. Très vaste, elle a pour élément central un lac rectangulaire de 500 m de long qui relie les douves du château à une fontaine monumentale dédiée à Neptune. Les arbres plantés de part et d'autre ouvrent une superbe perspective sur la campagne voisine. En revanche, les canaux et les bassins dépendant des clôtures et des parterres de fleurs plus formels situés à l'est et à l'ouest invitent à l'introspection. À la fin du XVIIIe siècle, François-Joseph Belanger transforma une partie des jardins traditionnels en jardins à l'anglaise. RCa

Parc d'Enghien

Belgique

CRÉATEUR : Père Charles de Bruxelles
PROPRIÉTAIRE : conseil municipal d'Enghien
STYLE : Renaissance italienne (XVIIe siècle), baroque
SUPERFICIE : 182 ha
CLIMAT : tempéré
SITUATION : Enghien, province du Hainaut

Situés en Wallonie francophone, les jardins d'Enghien (Edingen pour les néerlandophones) furent uniques jusqu'à une date très récente parce qu'ils étaient les seuls de Belgique à proposer aux visiteurs une véritable expérience audiovisuelle. Des kits interactifs permettent en effet de choisir entre trois thématiques : « Parc » destiné aux passionnés d'histoire, « Jardin » pour les amateurs de fleurs et « Nature » pour les adeptes de la botanique écologique.

Créé entre 1630 et 1665, le parc fut le terrain de jeux de la maison d'Arenberg. Il est aujourd'hui ouvert toute l'année suite à une restauration extensive des jardins et bâtiments historiques tels l'église Saint-Nicolas et le musée des Capucins. En 1998, un des plus célèbres jardins de l'architecte qu'était le Père Charles de Bruxelles fut redessiné à l'exemple du projet initial : un jardin floral, clos sur quatre côtés, où domine le leitmotiv du coquillage. Un soin particulier a été apporté aux plantations de style Renaissance italienne.

Le parc baroque des Sept Étoiles est doté d'un pavillon heptagonal ainsi que de mystérieuses statues représentant les planètes et les étoiles. De juillet à septembre, le Conservatoire européen du dahlia présente des formes et des couleurs rares extraites de sa collection de sept cent cinquante plantes. Dans la roseraie, créée en 1977, des centaines de roses sont plantées sur deux niveaux ; l'un est consacré aux roses nouvelles ou récemment oubliées, l'autre aux roses ayant un rapport avec la Belgique ou les variétés anciennes, telle la Parmentier, du nom du grand jardinier paysagiste américain. AW

Jardins d'Annevoie

Belgique

CRÉATEURS : Charles-Alexis de Montpellier, Nicolas Charles de Montpellier
PROPRIÉTAIRE : région de Wallonie
STYLE : jardin d'eau (XVIIIe siècle)
SUPERFICIE : 27,9 ha
CLIMAT : tempéré
SITUATION : Annevoie-Rouillon, province de Namur

Aux jardins d'Annevoie, une vingtaine de lacs, étangs et canaux ornementaux renforcés de plus de cinquante jets d'eau et cascades sont alimentés par des sources naturelles et par la rivière Rouillon, qui traverse les jardins avant de se jeter dans la Meuse. En haut du site, le Grand Canal long de 400 m sert de réservoir. Il n'y a ni machines ni pompes, rien qu'une eau qui s'écoule librement, la force de gravité et la dynamique des vases communicants (le niveau d'eau de deux tubes verticaux reliés par le fond s'équilibre quand on remplit l'un d'eux).

Conçus et réalisés de 1758 à 1776 par Charles-Alexis de Montpellier, les jardins combinent trois styles bien distincts : français, anglais et italien. L'élément français – l'art corrige la nature – a donné naissance au petit canal rectiligne et à la cascade en étages. La cascade anglaise est le meilleur exemple du style paysager anglais – l'art imite la nature – avec une eau blanche qui se déverse sur des rochers recouverts de mousse. L'approche italienne – l'art domestique la nature – se manifeste surtout sur le terrain.

Parmi les points forts, il faut citer une fontaine qui projette de l'eau à 27 m de hauteur et une fontaine en forme d'éventail, inhabituelle au XVIIIe siècle. Une série de barrages à bords festonnés produit un doux murmure. Une grotte contient une image en trompe l'œil d'un dieu marin et de mers qui, sous un certain angle, semblent réalisées en trois dimensions. Enfin, il ne faut surtout pas manquer le « buffet d'eau ». RCa

Les Hortillonnages

Picardie, France

CRÉATEURS : ensemble de maraîchers
PROPRIÉTAIRES : lopins privés pour la plupart
STYLE : potager, domestique (XXᵉ siècle)
SUPERFICIE : 300 ha
CLIMAT : tempéré
SITUATION : Amiens

C'est probablement l'une des plus surprenantes excursions que l'amateur de jardins puisse faire en Europe occidentale. Pour voir ces jardins, il faut passer une heure à bord d'une barque à cornet – embarcation plate de 10 m de long pouvant transporter jusqu'à douze passagers. L'avant du bateau est relevé pour protéger les rives et faciliter l'accostage. Un moteur électrique silencieux vient remplacer les traditionnelles rames en bois.

Il s'agit de la seule et unique façon d'explorer cet extraordinaire réseau de canaux d'irrigation conquis sur les marais ; l'ensemble s'étend sur près de 50 km mais seule une infime partie – environ 2,5 km – est ouverte aux visiteurs.

Au début du XXᵉ siècle, ces canaux furent créés pour irriguer les jardins entretenus par plus de mille maraîchers (appelés hortillons). Au rythme lent de la barque, on pénètre dans un univers aquatique où l'on rencontre canards et foulques et l'on passe sous les arches formées par les saules pleureurs ou devant une maison mystérieusement abandonnée. Les petits canaux latéraux sont parfois envahis par les mauvaises herbes et les roseaux ou recouverts de nénuphars, accentuant le caractère romantique des lieux.

Chaque été, la plupart des cultivateurs participent au concours du plus beau jardin en parant leurs lopins de plantes annuelles multicolores. La succession de potagers est encore plus belle, avec ses innombrables rames servant à la croissance des haricots et des pois, et elle nous remet en mémoire le projet initial de ce site unique au monde. MO

Parc du château de Chantilly

Picardie, France

CRÉATEURS : André Le Nôtre et autres
PROPRIÉTAIRE : Institut de France
STYLE : baroque (XVIIe et XVIIIe siècles)
SUPERFICIE : 115 ha
CLIMAT : tempéré
SITUATION : Chantilly

Chantilly est connu dans le monde entier pour son château historique, sa collection de toiles de maître que seul le Louvre peut surpasser, ses courses de chevaux, son Musée vivant du Cheval et ses Nuits de feu, concours international de feux d'artifice organisé chaque année en juin. Le parc en est toutefois le plus beau fleuron, capable de rivaliser avec Versailles par sa splendeur et ses dimensions. Chantilly est en fait ce que l'on fait de plus beau en matière de jardins à la française.

La propriété a appartenu à diverses familles fortunées qui ont laissé leurs marques par le biais de différents styles architecturaux. À la fin du XVIIe siècle, le grand André Le Nôtre remodela les jardins, rassemblant les bâtiments du point de vue visuel et utilisant à des fins uniques les bassins et les canaux. L'eau est ici la grande unificatrice. Rare à Versailles, elle est ici abondante et est employée au mieux de ses possibilités.

Nombre d'architectes de renom ont aussi participé à la création de Chantilly. L'ensemble de la propriété est donc un témoignage unique du génie français.

Il y a tant de choses à y voir qu'une seule visite à Chantilly ne peut suffire. Le promeneur fatigué peut emprunter un train miniature ou un carrosse. Il peut aussi se rendre au Hameau dont les habitations paysannes recèlent de surprenants intérieurs ou se prélasser pendant une demi-heure sur le bateau qui parcourt le Grand Canal. RCa

Parc Jean-Jacques Rousseau

Picardie, France

CRÉATEURS : René-Louis de Girardin
PROPRIÉTAIRE : conseil géneral de l'Oise
STYLE : paysage arcadien (XVIIIe siècle)
SUPERFICIE : 63 ha
CLIMAT : tempéré
SITUATION : Ermenonville

René-Louis de Girardin souhaitait recréer le jardin du roman de J.-J. Rousseau, *La Nouvelle Héloïse* (1761), en réalité un jardin paysager à l'anglaise. Le parc et la ferme furent décorés de bâtisses classiques et rustiques, hélas détruites pour la plupart pendant la Révolution.

Le parc était de style arcadien et le Désert voisin (c'est aujourd'hui une propriété du conseil général de l'Oise), plus anglo-chinois et laissé en friche. Le jeu d'arc et le jeu de boules sont encore intacts. On peut grimper jusqu'au temple de la Philosophie, volontairement inachevé et dédié à Montaigne. Chaque colonne représente la figure d'un philosophe – Descartes, Newton, Penn, Montesquieu, Voltaire, Rousseau et autres. Pour paraphraser Girardin, celui qui repose ici y demeurera plusieurs siècles, car il est plus facile d'obtenir une place à l'Académie que mériter une colonne à Ermenonville. On peut voir sous le temple un petit autel de la Rêverie. Rousseau arriva à Ermenonville le 20 mai 1778 et y mourut subitement le 2 juillet. Il repose dans l'île des Peupliers, souvenir des prairies et des mers de l'éternel oubli.

Une sculpture, la *Table des Mères*, fut créée après la mort de Rousseau, qui exaltait l'amour maternel. La sépulture du peintre Georg-Friedrich Mayer se situe à la lisière de la prairie arcadienne. Marie-Antoinette est venue un jour rendre hommage au philosophe disparu. CH

Jardins du château de Brécy

Normandie, France

CRÉATEUR : attribué à François Mansart
PROPRIÉTAIRE : Didier et Barbara Wirth
STYLE : à la française, botanique, potager
SUPERFICIE : 1,7 ha
CLIMAT : tempéré
SITUATION : Brécy

Les jardins de ce charmant château sont bien plus petits que les exemples célèbres du style à la française ; ils sont aussi plus accessibles aux visiteurs.

Bâtie au début du XVIIe siècle, la résidence est attribuée à François Mansart, qui serait également le créateur des jardins. La cour d'entrée est marquée par un important portail sculpté et des murs ornés d'urnes. C'est cependant derrière le château que l'on trouve les jardins d'ornement. Ils sont ceints de beaux murs de pierre parfois sculptés. Il existe un axe central et les jardins s'éloignent des bâtiments par cinq terrasses successives.

Inspirée des travaux du maître jardinier du XVIIe siècle, Claude Mollet, la première terrasse consiste en une paire de broderies en volutes. La terrasse initiale a la largeur exacte du château, mais les autres sont de plus en plus larges, avec des plantations différentes. Les terrasses les plus éloignées sont recouvertes de topiaires disposées en pelouses et l'une d'elles a des bassins assortis. On trouve dans les jardins des ornementations de pierre où lions, urnes et guirlandes de fleurs correspondent parfaitement aux plans d'origine.

On peut aussi voir des herbacées, des roses, des plantes grimpantes ainsi que des arbres à feuillage persistant taillés pour ne pas déployer toute leur splendeur. Les jardins sont un joyau de plantation à la française et des perspectives soigneusement calculées permettent d'admirer le château ou le paysage environnant. JR

Jardin botanique du château de Vauville

Normandie, France

CRÉATEURS : Guillaume Pellerin, Éric et Nicole Pellerin
PROPRIÉTAIRES : M. et Mme Pellerin
STYLE : botanique
SUPERFICIE : 4 ha
CLIMAT : océanique
SITUATION : Vauville

Avec plus de neuf cents espèces exotiques venant de Tasmanie, des Canaries et d'Afrique du Sud, le jardin botanique de Vauville est l'œuvre d'une famille de passionnés. Les parents, Éric et Nicole Pellerin, ont introduit dès 1947 les premières plantes sur le site, baigné par la douceur du Gulf Stream sur la pointe nord-ouest du Cotentin. Élargissant sans relâche leur collection, ils ont acclimaté l'echium des Canaries, des aloès, des cordylines australes ainsi que de nombreux exemplaires de la flore néo-zélandaise, en particulier des espèces à feuillage persistant. Leur fils, Guillaume Pellerin, a poursuivi avec enthousiasme l'œuvre de ses parents, créant une oasis tropicale où « l'imagination peut se perdre ». Exposé aux vents d'ouest, le jardin est protégé des embruns par des haies de cyprès de Lambert, *Phormium (P. tenax)*, eucalyptus… Une palmeraie de 5 000 m² domine le jardin, plantée d'un mélange de *Trachycarpus fortunei* et de *Chamaerops humilis*, auxquels s'ajoutent des espèces moins courantes comme *Brahea armata* et *Livinstonia*. Les echium des Canaries *(E. pininana)* poussent librement dans la cour du château, dressant au mois de juin leurs gigantesques épis bleus. Divisé en multiples chambres de verdure, le jardin est baigné par des sources et des bassins. La diversité des feuillages et sa richesse botanique font de Vauville une collection exceptionnelle. Le site est classé à l'Inventaire supplémentaire des Monuments historiques depuis 1992. Vauville s'affirme aussi comme un jardin très personnel, où Guillaume Pellerin aimerait implanter l'une des plus grandes palmeraies du nord de l'Europe. ML

Jardins du château de Miromesnil

France

CRÉATEUR : Simone de Vogüe
PROPRIÉTAIRES : SCP DBM – Gérance : M. et Mme Romatet
STYLE : potager et parc
SUPERFICIE : 14 ha
CLIMAT : tempéré
SITUATION : Tourville-sur-Arques, Normandie

Le Château de Miromesnil et son parc se cachent au cœur d'une des plus belles futaies de hêtres du pays de Caux. La diversité harmonieuse des styles du Château témoigne de plus de quatre siècles d'histoire architecturale. La richesse imposante de la façade nord de style Louis XIII monumental contraste avec la simplicité classique de la façade sud d'époque Henri IV.

Dans les salons du Château sont rassemblés des souvenirs du Marquis de Miromesnil et de Guy de Maupassant, né à Miromesnil le 5 août 1850.

Dominé par un cèdre du Liban, le parc est clos de murs de briques à l'abri desquels s'épanouissent arbres fruitiers, rosiers, magnolias et pivoines arborescentes. La tonte en diagonales de la pelouse est un admirable clin d'œil aux jardins à la française du XVIIIe siècle.

Contre le Château, le Jardin Potager, remis en état par la Comtesse Bertrand de Vogüé, grand-mère des propriétaires actuels, est resté fidèle à sa vocation initiale de jardin « nourricier » et de « plaisir ».

Séparés par des allées de gazon, les carrés ordonnés de légumes et de fleurs à couper ou à sécher contrastent avec la profusion toute britannique des bordures de fleurs annuelles, bulbes ou plantes vivaces qui les entourent : une fantastique harmonie de couleurs délicates qui varient au fil des saisons…

Il ne faut pas oublier la chapelle du XVIe siècle dissimulée parmi les hêtres. Son extérieur sobre contraste avec la beauté des vitraux et des boiseries. Un ensemble à découvrir avec beaucoup de plaisir. NR

Le Clos du Coudray

France

CRÉATEUR : Jean Le Bret
PROPRIÉTAIRE : Jean et Marie-Christine Le Bret
STYLE : collection de plantes (XXe siècle)
SUPERFICIE : 2,9 ha
CLIMAT : tempéré
SITUATION : Etaimpuis, Normandie

Les Français ont toujours conçu de superbes jardins ; pourtant, jusqu'à récemment ils s'intéressaient peu aux plantes. Exception à la règle, Jean Le Bret.

En 1993, il ouvre au public le Clos du Coudray, qui abrite la plus grande collection de plantes en France. Parmi les huit mille espèces et variétés végétales que l'on trouve ici, environ trois mille sont cultivées en pépinière : plantes vivaces, dahlias et rosiers. Il n'est jamais fait usage de pesticide, fongicide, engrais et autres produits chimiques. « Mon jardin, dit Le Bret, est à l'image d'une philosophie fondée sur le respect de la nature et ma certitude que la biodiversité est fondamentale à la santé d'un jardin. Je donne aux plantes les conditions qu'elles demandent puis je les laisse trouver leur propre équilibre. »

Créé autour de la demeure familiale, le jardin se déploie en une série de parterres de couleurs différentes, de « chambres » et d'éléments liquides où l'on peut voir une large diversité de plantes. Divisé par des haies et des pergolas, traversé par deux ruisseaux, le jardin ne cesse de révéler des surprises. On a ici un jardin de rocaille, un jardin de berge, un jardin de gravier, mais aussi un sentier exotique peuplé de bananiers, cannes et fougères arborescentes et un bois peu touffu où poussent rhododendrons, pavots bleus et cardiocrinums (lis géants). Primevères, hostas, gunneras et dahlias disposent de leurs jardins propres. Le tout reflète l'amour de Le Bret pour la diversité du règne végétal. VR

Jardins de Giverny

Normandie, France

CRÉATEUR : Claude Monet
PROPRIÉTAIRE : Fondation Claude Monet
STYLE : impressionniste (XIXe siècle)
SUPERFICIE : 1 ha
CLIMAT : tempéré
SITUATION : Giverny

Claude Monet a créé ce paradis où l'art du jardinage se mêle à celui de la conception graphique. Après avoir longtemps cherché une demeure, le peintre écrivit en découvrant Giverny : « Je suis dans le ravissement. Giverny est un pays splendide pour moi. »

Le jardin se divise en deux. Le Clos normand est conçu à la française avec une allée principale et plusieurs allées latérales. Le long de la Grande Allée, les arceaux où poussent des rosiers grimpants forment de longs tunnels de verdure. Des capucines grimpantes ou tapissantes envahissent le sol. Les plates-bandes parallèles à la Grande Allée mêlent plantes grimpantes, annuelles et vivaces pour donner un aspect impressionniste et maintenir une constante floraison.

En 1893, sous l'inspiration des paysages des estampes japonaises, Monet acheta le terrain voisin du Clos normand – de l'autre côté de la voie de chemin de fer –, terrain traversé par un petit cours d'eau, le Ru. Monet creusa un premier bassin, qu'il agrandit par la suite, et forma le jardin d'eau, étang naturaliste où se reflètent saules et nymphéas ainsi que le célèbre pont japonais. Cinq autres ponts permettent d'admirer le jeu de la lumière sur les eaux. Le plus charmant est celui que Monet a si souvent peint. CH

… un étang naturaliste où se reflètent saules et nymphéas, mais aussi le ciel et le soleil…

Collection Shamrock

Normandie, France

CRÉATEURS : Robert et Corinne Mallet

PROPRIÉTAIRES : Robert et Corinne Mallet

STYLE : pépinière, à l'anglaise (XXe et XXIe siècles)

SUPERFICIE : 2 ha

CLIMAT : tempéré

SITUATION : Varengeville-sur-Mer

Les hortensias fleurissent à profusion pendant tout l'été en Normandie, et leurs couleurs vont du rose pâle au lilas foncé. On en trouve dans les lieux publics, dans les jardins privés et au pied de nombreux châteaux.

On vient la plupart du temps dans la région découvrir le célèbre parc du Bois des Moutiers, fruit de la collaboration entre Edwin Lutyens, Gertrude Jekyll et le propriétaire des lieux, Guillaume Mallet. Le petit-fils de ce dernier, Robert, imagina sur la propriété familiale un jardin consacré aux seuls hortensias, des fleurs que son infatigable épouse, Corinne, alla chercher dans le monde entier. Le couple a récemment acquis un lopin plus grand en limite de village et créé ce qui est aujourd'hui la plus grande collection d'hortensias au monde : on l'appelle la collection Shamrock, en hommage au sol irlandais où cette plante prospère. Le sol était couvert de buissons de mûres et de mauvaises herbes et ils durent tout nettoyer avant de concevoir des monticules où ils plantèrent des paulownias. Ce fut une excellente idée parce que leurs racines assurèrent un bon drainage et conservèrent l'humidité tandis que leurs larges feuilles formaient un dais constant pour la protection des hortensias.

Plus de deux cents espèces et de mille cultivars sont aujourd'hui disposés dans des parterres distincts correspondant chacun à un thème (pays d'origine par exemple) et à un classement par étoile. Les propriétaires sont sur le point de répondre aux questions que posent la taille et l'étonnant changement de couleur des hortensias, dû non à la modification du taux de fer mais du taux d'aluminium dans le sol. MO

Agapanthe

Normandie, France

CRÉATEUR : Alexandre Thomas
PROPRIÉTAIRE : Alexandre Thomas
STYLE : à l'anglaise (XXe siècle)
SUPERFICIE : 0,6 ha
CLIMAT : tempéré
SITUATION : Grigneuseville

Œuvre de l'architecte paysagiste Alexandre Thomas, ce jardin privé normand aurait sans conteste sa place en Angleterre. C'est peut-être par réaction contre la rigidité formelle des jardins à la française que Thomas a créé cet espace qui donne au visiteur l'impression de se promener dans son propre jardin et où la profusion de plantes occupe une place centrale, de sorte que le design de l'ensemble ne constitue pas le facteur dominant. On ne croirait jamais qu'il y a quinze ans, ce n'était qu'un site plat et nu : c'est aujourd'hui une succession d'espaces intimes divisés par des monticules, haies et murs de pierre sèche où des étangs indiquent la fin d'une perspective. Les changements de niveau ajoutent un élément de surprise et font paraître le jardin plus grand.

Les différentes parties sont très nombreuses : ainsi l'on passe du jardin méditerranéen au jardin exotique, on emprunte l'« allée anglaise » ou la « descente exubérante », on se rend dans le jardin « en creux » où pousse la lavande, on découvre enfin l'allée des agapanthes qui donne son nom à l'ensemble. La diversité des plantes est époustouflante. Par exemple, une pelouse d'herbacées ou de verveine conduit à un petit pont en bois, des rangées d'hortensias en pot sont disposées autour d'un patio, des ifs topiaires encadrent un jardin de roses et de lavande. Le paysage est structuré par de larges dalles de granite, des marches en pierre, du gravier et des cailloux ainsi que par des murs de pierre. Thomas n'a pas créé un jardin spectacle mais un lieu où de superbes plantes sont mises en valeur par un plan intelligent. MO

Le Vasterival

Normandie, France

CRÉATRICE : Greta Sturdza
PROPRIÉTAIRE : Greta Sturdza
STYLE : jardin boisé (xxe siècle)
SUPERFICIE : 12 ha
CLIMAT : tempéré
SITUATION : Sainte-Marguerite-sur-Mer

Le Vasterival est le plus beau jardin privé de France. Ce petit paradis est l'œuvre de la princesse Greta Sturdza qui se consacra à sa réalisation dès 1957. Il abrite une collection unique d'arbres, arbustes et de plantes les plus rares, bien supérieure à ce que proposent de nombreux jardins botaniques. Mme Sturdza est, entre autres occupations, présidente de la Société royale d'horticulture britannique, présidente d'honneur de la Société internationale de dendrologie et décorée de la médaille d'or Veitch de la SRH.

Les jardins s'inscrivent dans des bois qui descendent en pente douce vers une vallée alimentée par des sources naturelles. Même au cœur de l'hiver, saison que préfère la princesse, le jardin irradie d'une palette de couleurs toujours changeante qui vient compléter les formes, textures et plantations. Un « rayon de soleil » dû aux hamamélis dorés et le cuivré subtil d'*Hamamelis* 'Le Vasterival' mettent en valeur un exceptionnel déploiement de plantes. Il y a là une collection unique de magnolias ainsi que des hellébores, cornouillers, rhododendrons (dont *R. yakushimanum*) et azalées qui n'attendent que de resplendir.

Au printemps, arbres et arbustes en fleurs octroient au jardin une beauté délicate. Les couleurs estivales et vives des roses, vivaces, astilbes, primevères et fougères sont saisissantes. La grande collection d'hortensias est tout aussi remarquable, suivie des nuances vibrantes de l'automne. Le dernier souvenir que l'on garde de ce jardin est peut-être la vision des *Cornus controversa* 'Variegata' plantés sur l'autre versant de la vallée. RL

Le Bois des Moutiers

Normandie, France

CRÉATEURS : Gertrude Jekyll, Edwin Lutyens, Guillaume Mallet
PROPRIÉTAIRES : famille Mallet
STYLE : Arts and Crafts, anglais, boisé
SUPERFICIE : 12,1 ha
CLIMAT : tempéré
SITUATION : Varengeville-sur-Mer

Il y a quelque chose de magique quand une maison et son jardin ont été conçus comme un tout. C'est le cas du Bois des Moutiers, demeure Art nouveau de l'architecte Edwin Lutyens, dessinée en 1898 pour Guillaume Mallet. Merveilleusement située à l'extrémité d'une vallée qui descend en pente douce vers la mer, on y trouve sur le devant une série de « chambres » imaginées par Lutyens et plantées par Gertrude Jekyll. Derrière, du côté nord, s'étend un grand jardin boisé dont les sentiers mènent à la mer.

Passionné de jardinage, Guillaume Mallet se lança dans une collaboration fructueuse avec Lutyens et Jekyll. Il admirait leur style anglais et le travail qu'ils avaient effectué chez lui. Lutyens apporta un soin extrême au choix des matériaux : stuc, pierre et tuiles sont utilisés à la maison comme au jardin. Le jardin Blanc entouré d'ifs et peuplé de roses 'Iceberg', d'hortensias blancs, de lupins et de tulipes est un véritable havre de paix en été.

Derrière la maison, on trouve une vaste pelouse où des sentiers mènent aux bois voisins. Mallet se chargea de l'aménagement de cette partie où il planta arbres ornementaux, arbustes et vivaces. Rhododendrons, azalées et camélias apprécient le sol sableux et produisent de grandes taches de couleur au printemps. On a depuis la maison une vue superbe sur les jardins. La famille Mallet y habite toujours et propose aux groupes de visiter sa propriété. PMcW

À DROITE Dans le jardin boisé, les arbres enveloppent les rhododendrons d'une ombre douce et protectrice.

Parc du château de Courances

Île-de-France, France

CRÉATEURS : Cosme Clausse et fils, Claude Gallard, Achille Duchêne
PROPRIÉTAIRE : Jean-Louis de Ganay
STYLE : influence Renaissance (XVIIe siècle)
SUPERFICIE : 76,9 ha
CLIMAT : tempéré
SITUATION : Courances

Le paisible parc qui entoure le château Louis XIII date de la Renaissance, époque à laquelle la famille Clausse acheta le château médiéval et ses terres. Riche en étangs et sources naturelles, d'un accès facile à la rivière voisine, le site était idéal pour l'aménagement d'un superbe jardin d'eau. Un réseau géométrique de bassins et de canaux fut alors construit, avec un grand canal de 600 m de long et une salle d'eau, immense bassin de forme trapézoïdale alimenté par l'eau jaillissant de la gueule de monstres sculptés. Vers 1622, ruiné, le fils et héritier dut vendre le domaine à Claude Gallard, notaire et secrétaire du roi, lequel demanda au paysagiste André Le Nôtre de développer le parc et reconstruire le château.

La Révolution française n'épargna pas Courances. À partir de 1830, le château fut abandonné pendant une quarantaine d'années. Un arbre vint crever le plafond de la salle à manger et la propriété se désagrégea « comme un morceau de sucre oublié dans un lieu humide ». Elle fut sauvée par un riche banquier, le baron Samuel de Haber, qui rendit leur aspect premier au parc et aux bâtiments. Suite à un mariage, le château échut à la famille Ganay, qui y vit encore aujourd'hui. Ils demandèrent au paysagiste Achille Duchêne d'achever la restauration en imaginant des broderies de buis symétriques destinées à relier le château au parc et à un immense miroir d'eau.

Pour faciliter l'entretien des lieux, on a remplacé les allées d'origine par des pelouses, permis aux arbres de surplomber les cours d'eau et coupé des kilomètres de parterres d'ifs et de buis à l'aide de machines guidées par des lasers. À l'exception du petit jardin anglo-japonais, on a ici un paysage à la française, très stylisé, pourvu de superbes perspectives et d'une symétrie exquise que les miroirs liquides viennent rehausser. JHe

Saint-Jean-de-Beauregard

Île-de-France, France

CRÉATEUR : Mme de Curel
PROPRIÉTAIRES : M. et Mme de Curel
STYLE : à la française (XVIIe siècle)
SUPERFICIE : potager 2 ha, parc 15 ha
CLIMAT : tempéré
SITUATION : Saint-Jean-de-Beauregard

Situé sur une hauteur, Saint-Jean-de-Beauregard offre une vue imprenable sur les collines et les bois environnants. Quand on se trouve au milieu du parterre, devant l'élégant château XVIIe siècle, il est difficile d'imaginer que l'on est à moins de 30 km de Paris.

Le parc du château est étendu, avec ses bouquets de chênes et de marronniers et ses allées de tilleuls centenaires. Dans un coin, non loin de la demeure, se dresse un rare pigeonnier XVIIe. C'est toutefois derrière la maison que se trouve le joyau des lieux, un magnifique potager auquel les Curel ont redonné son allure d'antan. Les murs d'enceinte ont une hauteur idéale pour procurer un microclimat chaud aux légumes et aux fruits. Des ouvertures dans les murs permettent la circulation de l'air tandis qu'un bassin empêche les animaux sauvages d'y entrer.

De larges chemins herbeux entourent le potager, divisé en quatre carrés pour permettre la rotation des récoltes. Chaque carré est entouré de fleurs ainsi que de poiriers et de pommiers en espalier. Les légumes poussent dans ce cadre décoratif ; à chaque coin, des cardons font office de points de convergence. Il y a des fruits rouges sur le mur faisant face à l'est, des pêches et des abricots à l'ouest, des kiwis et des figues au sud ainsi que des contreforts de buis sur les murs nord et sud. Au-delà de ce potager bien ordonné, on peut voir un verger dans le style anglais : de hautes herbes poussent en effet au pied des arbres. Des roses anciennes grimpent le long du mur du fond. VB

Parc de Courson

Île-de-France, France

CRÉATEURS : Louis-Martin Berthault, frères Bülher
PROPRIÉTAIRES : M. et Mme de Nervaux-Loÿs,
M. et Mme Fustier
STYLE : botanique et romantique
SUPERFICIE : 35 ha
CLIMAT : tempéré
SITUATION : Courson-Monteloup

Dans ce domaine renommé pour ses fêtes des plantes à 35 km au sud de Paris, le parc demeure un exemple vivant de l'art paysager du XIXe siècle. Autour du château érigé par Nicolas de Lamoignon au XVIIe siècle, les propriétaires successifs se sont évertués à trouver un juste équilibre entre architecture et paysage. Vers 1820, le duc de Padoue confie à Berthault le défi de transformer le jardin à la française en parc romantique. Le paysagiste Berthault, élève de Bellanger, a dessiné les jardins de l'impératrice Joséphine à Malmaison, avec lesquels il existe des similitudes. Un peu plus tard, vers 1860, des embellissements sont apportés, avec deux serres témoignant de l'architecture industrielle du second Empire. Le parc de Courson se réveille de nouveau en 1980, lors de la rencontre des propriétaires avec le paysagiste Timothy Vaughan, qui va définir de nouvelles plantations. Prêt à conserver une éternelle jeunesse, Courson est toujours le théâtre d'introductions végétales : ifs, *Prunus* ou chênes rares. Une nouvelle allée, créée sur les conseils du paysagiste Louis Benech, vient depuis peu renforcer les axes du potager qui a repris sa fonction nourricière. Entre ses murs envahis de rosiers anciens, une multitude de fruitiers ont été replantés : pommiers, pruniers, petits fruits, pêchers dont la célèbre 'Madeleine de Courson'. Le domaine offre bien des fruits, des fleurs et des fêtes pour réjouir le cœur des jardiniers. ML

Parc de La Malmaison

Île-de-France,France

CRÉATEURS : Jean-Marie Morel, Louis-Martin Berthault
PROPRIÉTAIRE : État français
STYLE : à l'anglaise (début XIXe siècle)
SUPERFICIE : 6 ha
CLIMAT : tempéré
SITUATION : Rueil-Malmaison

Le nom de ce manoir et son parc évoquent immanquablement Napoléon Ier et encore plus son épouse, Joséphine de Beauharnais, qui y passa toute sa vie.

Joséphine opta pour un jardin à l'anglaise dessiné par Louis-Martin Berthault, avec de vastes pelouses, des perspectives, d'imposants arbustes et une rivière navigable. Berthault construisit la plus grande serre chaude de l'époque. Ici, spécimens et graines collectés par l'impératrice – parfois sur des navires pris lors de batailles – furent présentés et cultivés. Joséphine fut la première à importer en Europe quelques-unes de nos plantes les plus familières, pivoines arbustives, magnolias à fleur pourpre, camélias ou phlox. Surtout, elle fit la promotion de la rose, fleur plutôt négligée à l'époque, avec quatre cents variétés présentées en pots ou en massifs. C'est ici que la rose moderne à fleuraison multiple fut développée puis exportée en Angleterre, où elle devint la rose hybride de thé.

La serre n'existe plus mais on peut se promener parmi de superbes arbres, dont un étonnant groupe de hêtres pourpres (*Fagus sylvatica atropurpurea*) et un magnifique cèdre originaire de Marengo (nord de l'Italie) que planta Joséphine. Avec ses ponts et ses étangs reflétant les arbres et les statues, le paysage d'eau de style anglais a un charme inimitable. On peut également voir le pavillon de l'Empereur, où le jeune Bonaparte avait coutume de travailler en été. La forêt et l'étang de Saint-Cucufa, anciennes parties du domaine, offrent aussi de superbes promenades. MO

Jardin du musée Albert-Kahn

Île-de-France, France

CRÉATEUR : Achille Duchêne, Fumiaki Takano
PROPRIÉTAIRE : département des Hauts-de-Seine
STYLE : éclectique (XXe siècle)
SUPERFICIE : 4 ha
CLIMAT : tempéré
SITUATION : Boulogne-Billancourt

À la limite de Paris, ce jardin mérite le détour pour son aspect enchanteur et pour son principe directeur. Albert Kahn acquit le terrain en 1895. Il soutint l'enseignement supérieur en accordant aux jeunes, notamment de milieu modeste, une bourse pour des voyages d'étude. Il commanda une grande collection de photographies prises dans cinquante pays afin de constituer les « Archives de la planète ». Il créa aussi un jardin en reprenant les différents types de paysage présents dans le monde entier dans le but de développer une vision d'ensemble pédagogique.

Le visiteur pénètre dans le jardin en traversant une forêt de cèdres de l'Atlas dont les branches basses font écran à un petit bassin couvert de nénuphars et entouré d'une prairie sauvage. Après avoir franchi celle-ci et être passé à travers un bouquet de bouleaux, le chemin mène à une vaste forêt de conifères plantés sur un sol pentu et rocailleux rappelant les montagnes des Vosges.

Une porte en bambou marque l'entrée de l'étonnant jardin japonais aux spectaculaires massifs d'azalées bordant les ruisseaux que franchissent des ponts de bois ou de pierre. Il y a aussi des jardins à la française avec une serre, un verger et une roseraie.

Avant son ouverture en 1936, cet espace utopique n'était visité que par des personnalités, dont Einstein, divers poètes et philosophes, rois et reines. Aujourd'hui, le concept de globalisation et de préservation du monde est plus que jamais d'actualité. MO

Jardins du château d'Ambleville

Île-de-France, France

CRÉATRICES : Mme de Villefranche
PROPRIÉTAIRE : M. Coutau Bégarie
STYLE : à l'italienne (XXe siècle)
SUPERFICIE : 4 ha
CLIMAT : tempéré
SITUATION : Ambleville

Bien que de taille modeste, les jardins du château d'Ambleville offrent une structure et une architecture globale intéressantes évoquant l'art italien.

En effet, le dessin des jardins est inhabituel en France. Ils furent recréées en 1928 par la marquise de Villefranche lorsqu'elle acheta le château. Après sa mort, ils furent amoureusement agrandis et entretenus par sa petite-fille et les nouveaux propriétaires continuent à les restaurer. L'élément principal en est le jardin de la Lune, inspiré du tableau de Mantegna, *Vices et Vertus*, conservé au Louvre. Il y a de vastes pelouses, un bassin en forme de demi-lune et, chose étonnante, un long parterre d'ifs percée d'arceaux. Le jardin secret est composé de quatre carrés de tulipes blanches et noires entourant une statue de Neptune venue remplacer une coupe cassée en 1999. Le jardin du Soleil représente un échiquier géant dont les pièces sont des topiaires de buis. Les carrés ne sont visibles au printemps qu'avec l'éclosion de milliers de narcisses.

Il faut aussi remarquer la cascade romantique et ses coquillages de pierre recouverts de mousse et les larges allées de tilleuls centenaires dessinant une belle perspective vers le soleil à douze rayons. Le jardin de la Serre a des pivoines arbustives, des hellébores ainsi que des tulipes noires disposés en vingt-quatre carrés avec des ifs topiaires. Enfin, le jardin de l'Œil fait appel à deux cents ifs pour créer quatre « chambres » à l'italienne. Il porte aujourd'hui le nom officiel de Jardin extraordinaire. MO

Domaine de Villarceaux

Île-de-France, France

CRÉATEURS : Nicolas de Mornay, Jean-Baptiste Courtonne
PROPRIÉTAIRE : conseil régional d'Île-de-France
STYLE : à la française
SUPERFICIE : 63 ha
CLIMAT : tempéré
SITUATION : Chaussy

Avec ses pentes boisées accrochées au plateau du Vexin, ses bassins et son jardin Renaissance, Villarceaux témoigne de la splendeur des grands domaines fortifiés. Le Château du Bas ou « manoir de Ninon » et le premier parterre appelé « Jardin François Ier » furent dessinés au XVIe siècle par le propriétaire de l'époque, Nicolas de Mornay. Au pied du manoir et de la tour Saint-Nicolas se trouve aujourd'hui un charmant jardin de simples d'inspiration médiévale. Une source s'écoule toujours au pied de la terrasse, où dit-on s'est baignée la belle Ninon de Lenclos amie de Nicolas. C'est plus tard, en 1755, que fut édifié le Château du Haut et son parc régulier à la française, par le marquis de la Bussière et son architecte Courtonne. Depuis cette époque, le parc a connu peu de grandes modifications, si ce n'est l'installation de huit statues italiennes représentant des groupes d'enfants, puis une orangerie construite au milieu du XIXe siècle. La partie haute s'orne de parterres, de tapis plantés, de vertugadins (talus raides) et sauts-de-loup ouverts sur les bassins du Château du Bas. Depuis le château supérieur, l'œil contemple les jardins et leurs broderies à la française, la grande perspective des pelouses inclinées, la cascade et le « Bassin du miroir ». Près du manoir, les « Jardins sur l'eau » présents à la Renaissance ont été recréés avec leurs broderies de buis et leurs canaux. Cinq siècles après avoir réfléchi la beauté de Ninon de Lenclos, la séduction du lieu demeure intacte. ML

Roseraie du Val-de-Marne

Île-de-France, France

CRÉATEURS : Jules Gravereaux, Édouard André
PROPRIÉTAIRE : conseil général du Val-de-Marne
STYLE : roseraie (fin XIXe siècle)
SUPERFICIE : 1,7 ha
CLIMAT : tempéré
SITUATION : L'Haÿ-les-Roses

La roseraie du Val-de-Marne passionne les botanistes mais c'est une sorte de Belle au bois dormant pour le visiteur : elle ne s'éveille en effet qu'un mois par an. Le reste du temps, ce jardin étonne par ses branches bien taillées en hiver, son feuillage vert et luisant au printemps puis ses innombrables tas de feuilles rousses en automne.

En juin, cependant, la vision est à couper le souffle. L'agencement est splendide, l'air embaumé, les couleurs éclatantes : l'histoire et le développement de ce qui est probablement le plus beau jardin floral au monde sont à leur apogée. Tout cela à moins de 10 km de Paris ! Son fondateur de génie avait pour nom Jules Gravereaux, qui fut membre du conseil d'administration du Bon Marché, le grand magasin parisien, qui a fait sa fortune. Il se retira à L'Haÿ-les-Roses en 1892 et entreprit de se procurer et de cultiver des roses deux ans plus tard. Il prit contact avec des responsables de jardins botaniques, des pépiniéristes et des amateurs de roses des cinq continents avec la ferme intention de créer la collection la plus complète de représentantes du genre *Rosa*. En 1899, il demanda au paysagiste Édouard André d'orchestrer rosiers classiques, arbustifs, rampants ou grimpants afin de former un tout cohérent. Le résultat est une composition de parterres, arceaux, pergolas, treillage, ainsi qu'un miroir d'eau. Aujourd'hui, quelque treize mille cent plantes représentent deux mille cinq cents variétés. Ce parc revêt une importance considérable car il est une véritable banque génétique.

Une enclave est consacrée à l'histoire de la rose et l'allée de la Malmaison abrite toutes les roses survivantes plantées par l'impératrice Joséphine. On peut ainsi admirer rosiers pimprenelles, rosiers rugueux, roses de Provins, nouvelles variétés françaises, variétés étrangères, etc. En 1968, le conseil général du Val-de-Marne décida d'acheter le parc pour en assurer la survie. RCa

Parc de Saint-Cloud

Île-de-France, France

CRÉATEUR : André Le Nôtre
PROPRIÉTAIRE : État français
STYLE : à la française (XVIIe siècle)
SUPERFICIE : 461,7 ha
CLIMAT : tempéré
SITUATION : Saint-Cloud

Peut-être est-ce parce que le Domaine national de Saint-Cloud a perdu son château qu'il est moins connu que Versailles, mais ses dimensions et ses étonnants jeux d'eau en font un lieu de visite obligé.

Louis XIV offrit à son frère ce domaine acheté à Barthélemy Hervart, un riche financier. Situé sur un terrain en pente douce descendant jusqu'à la Seine, ce fut le lieu de prédilection des dirigeants français, de Philippe d'Orléans à Napoléon III, avant sa destruction par les Prussiens lors de la guerre de 1870. On demanda à André Le Nôtre d'agrandir le superbe parc et de remodeler la cascade. Les nombreux sources et étangs naturels permirent de construire un vaste réseau de chenaux et de bassins ainsi que des jets d'eau très complexes. Alimentés par la force de gravité, ils aboutissent à la spectaculaire Grande Cascade dont les terrasses avoisinent le fleuve.

Les perspectives dues à Le Nôtre sont extraordinaires. Situées à l'origine dans l'axe du château, elles ont conservé leur grandeur grâce à des rangées d'ifs pyramidaux, de rideaux de marronniers d'Inde bien taillés, de grandes pelouses à la française et de « chambres » en contrebas. Elles attirent toujours le regard vers le reflet d'un bassin ou de larges allées invitant à la promenade d'un côté, sur Paris de l'autre. En dépit de son caractère très formel, ce parc a une atmosphère très romantique que le photographe Eugène Atget a su restituer au début du XXe siècle. Un jardin anglais, le jardin du Trocadéro, fut ajouté par Louis XVIII pour initier ses petits-neveux à la botanique. Le domaine est classé monument historique depuis 1994. MO

Parc de Sceaux

Île-de-France, France

CRÉATEUR : André Le Nôtre
PROPRIÉTAIRE : conseil général des Hauts-de-Seine
STYLE : à la française (XVIIe et XXe siècles)
SUPERFICIE : 180 ha
CLIMAT : tempéré
SITUATION : Sceaux et Antony

Il s'agit là d'un vaste parc dans la plus pure tradition française. De son point le plus élevé, on découvre en un seul coup d'œil un paysage d'un ordonnancement parfait.

Situé entre deux petites villes de la région parisienne, cet espace public fut à l'origine acheté par Colbert, le ministre des Finances de Louis XIV, mais il n'ouvrit ses portes au public qu'au début du XXe siècle. André Le Nôtre créa une double perspective spectaculaire avec d'immenses pelouses et des parterres placés devant un château surélevé, le tout conduisant à une série de cascades traversées par un long canal bordé d'arbres taillés. De nombreux arbres furent détruits par la tempête de 1999 et il faudra plusieurs années pour que les jeunes arbres longeant le canal reproduisent l'effet d'origine. Il y a malgré tout encore beaucoup de choses à admirer sur ce site fantastique ravagé par la Révolution française et des années de négligence.

Le château fut rebâti au XIXe siècle dans le style Louis XIII, et les cascades restaurées dans les années 1930 avec l'ajout d'éléments décoratifs dus à Rodin. Les jets d'eau et les cascades ne fonctionnent pas en permanence et le visiteur doit d'abord se renseigner. Les jardins situés autour de l'orangerie créée par Mansart ont été repensés avec des parterres de plantes odorantes ceintes de buis. Les iris du jardin clos entourant le pavillon de l'Aurore font écho aux couleurs des fresques intérieures. En mêlant plans d'origine et concepts contemporains, la restauration est une véritable réussite. MO

Parc du château de Rambouillet

Île-de-France, France

CRÉATEURS : Joseph Fleuriau, Louis Jean-Marie de Bourbon
PROPRIÉTAIRE : État français (ministère de la Culture)
STYLE : à la française et parc à l'anglaise
SUPERFICIE : 150 ha
CLIMAT : tempéré
SITUATION : Rambouillet

Autour du château de Rambouillet, parc et jardins s'inscrivent dans l'écrin vert de la forêt environnante. Le domaine devient résidence présidentielle en 1895 et il a été restauré avec soin. La création des premiers jardins se fait sous l'impulsion de Joseph Jean-Baptiste Fleuriau d'Armenonville, qui acquiert le domaine en 1700. On dit qu'il aurait consacré trois fois son prix d'achat à l'embellissement des jardins dans une composition à la française, avec pièces d'eau, canaux, terrasses, parterres, jardin potager et fruitier. Devant le château, le principal embarcadère permettait d'emprunter une barque, jeu galant dont l'aristocratie du XVIIIe siècle raffolait.

Des plantations de cette époque, il ne reste que le quinconce des tilleuls. Sur le tracé des anciens parterres se trouve le jardin français contemporain réalisé par le paysagiste Jacques Sgard dans les années 1990. La deuxième partie du jardin, avec ses fabriques, est aménagée pour Louis Jean-Marie de Bourbon, duc de Penthièvre, qui reçoit en héritage le domaine en 1737. Les jardins à l'anglaise sont alors à la mode et le duc de Penthièvre en fait aménager sur 25 ha. Il développe les canaux et détermine l'ensemble des six îles, en prairie ou couvertes de bosquets. Dans le style de l'époque, il fait aussi édifier des fabriques : la chaumière aux coquillages, possédant un splendide décor de coquillages, nacres et marbre ; le pavillon chinois dont il subsiste le soubassement de rocaille dénommé « grotte des amants » et, enfin, l'ermitage. Subsiste aussi la laiterie, qui fut construite pour la reine Marie-Antoinette en style néoclassique. Ces fabriques témoignent du goût rousseauiste pour la nature, en vogue à la fin du XVIIIe siècle. Fait exceptionnel en Île-de-France, le parc et les jardins de Rambouillet s'inscrivent dans un immense massif de 20 000 ha de bois, pour la plupart domaniaux, survivance de l'ancienne forêt de l'Yveline. ML

Jardins du château de Vaux-le-Vicomte

Île-de-France, France

CRÉATEURS : André Le Nôtre, Louis Le Vau, Charles Le Brun
PROPRIÉTAIRE : M. de Vogüé
STYLE : à la française (XVIIe siècle)
SUPERFICIE : 40 ha
CLIMAT : tempéré
SITUATION : Maincy

Les jardins de Vaux-le-Vicomte sont l'un des plus beaux fleurons de l'art paysager français. Nommé surintendant des Finances en 1653 par Louis XIV, Nicolas Fouquet imagina un paysage grandiose et confia la réalisation de son projet à André Le Nôtre. Vers la fin du XIXe siècle, le jardin tombé en décrépitude retrouva sa gloire première grâce à Alfred Sommier, assisté par Achille Duchêne. Ouverts au public en 1949, les jardins sont toujours propriété privée.

La conception générale utilise avec intelligence la pente douce au sud de la bâtisse et inclut tous les éléments classiques d'un jardin à la française. L'axe central s'étend jusqu'à la vallée et s'achève sur une copie du monumental Hercule Farnèse. De part et d'autre, on trouve des parterres de broderies, des ifs à la taille en topiaire d'une grande perfection, des statues et des urnes, des axes transversaux accentués par des allées menant aux grilles de fer du potager, des pièces d'eau, des bassins en miroir, des fontaines et une terrasse en portique connue sous le nom de Confessionnal. Il y a même un grand canal pourvu de grottes d'un côté et d'une cascade de l'autre.

Les travaux de construction de Vaux-le-Vicomte durèrent cinq ans. En 1661, Fouquet invita le Roi-Soleil à des fêtes somptueuses. Trois semaines plus tard, jaloux de tant de fastes, le roi fit arrêter Fouquet et l'accusa de détourner les fonds publics. Malgré tout, Louis XIV fut si impressionné par les jardins qu'il demanda à Le Nôtre d'en créer de plus beaux à Versailles. CB

Parc du château de Versailles

Île-de-France, France

CRÉATEURS : André Le Nôtre, Louis Le Vau, Charles Le Brun
PROPRIÉTAIRE : État français
STYLE : baroque à la française (XVIIe siècle)
SUPERFICIE : 830 ha
CLIMAT : tempéré
SITUATION : Versailles

En créant le fameux château de Versailles, le Roi-Soleil et le paysagiste Le Nôtre tirèrent profit d'une longue et fructueuse amitié. Ensemble, ils parvinrent à transformer une plaine marécageuse en de grandioses jardins baroques à la française.

Furieux de constater que Nicolas Fouquet, son surintendant des Finances, possédait à Vaux-le-Vicomte (voir p. 569) une propriété plus imposante que la sienne, Louis XIV demanda aux plus grands créateurs de Vaux (Le Brun, Le Vau et Le Nôtre) de se mettre immédiatement à l'œuvre. En 1661, ces trois grands hommes firent d'un parc et d'un château assez modestes le grandiose domaine que nous connaissons aujourd'hui. Un palais classique à l'italienne fut édifié et Versailles devint la capitale de la France. Après la révolution de 1789, Louis XVI dut quitter les lieux. Au XIXe siècle, Louis-Philippe rénova le château et créa un musée dédié « à toutes les gloires de la France ». C'est dans la Galerie des Glaces du château de Versailles que fut signé le 28 juin 1919 le traité de paix mettant un terme à la Première Guerre mondiale.

Le parc revit quand les extraordinaires jeux d'eau entrent en action. Pas moins de six cent sept jets s'élèvent en l'air parmi un décor que tout amateur de jardins doit voir au moins une fois dans sa vie. Animaux et dieux de la mythologie crachent de l'eau pour mieux exalter la magnificence du palais. TW

Jardins du château de Fontainebleau

Île-de-France, France

CRÉATEUR : André Le Nôtre
PROPRIÉTAIRE : État français
STYLE : Renaissance, baroque (XVIIe siècle), romantique
SUPERFICIE : 110 ha
CLIMAT : tempéré
SITUATION : Fontainebleau

Entouré d'immenses domaines de chasse, le château de Fontainebleau fut édifié sur des terres marécageuses ; une série de douves et un Grand Canal durent être creusés pour éviter une éventuelle inondation. Cette propriété fut très appréciée de la famille royale jusqu'à ce que Louis XIV fasse construire Versailles. Une série de jardins Renaissance fut créée sur des axes irradiant à partir du château et l'on peut encore voir leur tracé ainsi que la magnificence baroque ultérieure.

Des cours sont disposées autour du palais, pavées et décorées de bacs élégants. Herbacées, ifs et lauriers constituent le motif de la cour du Cheval-Blanc. On trouve des fontaines dans la cour d'Henri IV restaurée. Au nord, le jardin de la Reine (ou jardin de Diane) a été replanté et sa fontaine restaurée. Au sud, le grand parterre de Le Nôtre révèle toute sa splendeur. Long de 1 200 m, le Grand Canal se perd dans la campagne environnante. On remarque à peine les routes qui sillonnent le jardin. Le parc s'étire vers la ville et le château, à l'est. Au sud, le jardin des Pins de style Renaissance fut transformé par Napoléon en un paysage romantique.

La statue du Tibre, sculptée en 1540, a disparu pendant la Révolution française. Elle fut copiée vers la fin du XXe siècle et remise en place. Ce fut également le cas des bassins géométriques de la « grande prairie ». CH

Jardin du château de Breteuil

Île-de-France, France

CRÉATEUR : Achille Duchêne

PROPRIÉTAIRES : M. et Mme Henri-François de Breteuil

STYLE : à la française

SUPERFICIE : 75 ha

CLIMAT : tempéré

SITUATION : Choisel

Quatre siècles d'histoire se sont succédé dans ces jardins remarquables et dans l'immense parc de 75 ha. Les parterres d'ifs et de buis, les miroirs d'eau signés par le paysagiste Achille Duchêne s'inscrivent harmonieusement dans les versants de la vallée de Chevreuse. D'aspect moins formel, le parc à l'anglaise se colore de tapis de rhododendrons au printemps et de cyclamen à l'automne. Au creux d'un vallon subsiste un groupe de châtaigniers datant de Louis XIV. Le parc possède aussi l'un des premiers cèdres du Liban de France, qui aurait été planté par Geneviève de Breteuil, dame d'honneur de la reine Marie-Antoinette. Une promenade balisée permet de découvrir de nombreux arbres vénérables : chênes, tulipier de Virginie, cyprès chauves, platanes… Récemment, le parc s'est agrémenté de nouvelles plantations, sur les terrasses à l'italienne érigées au XVIIe siècle. L'une d'elles abrite le jardin des Princes et sa collection de trois cents espèces végétales : vivaces, pivoines, arbustes plantés autour d'un bassin et d'une pergola de roses. L'autre terrasse accueille depuis l'an 2000 un labyrinthe de mille buis, réminiscence du « bosquet chimérique » disparu au XIXe siècle. Le parc ayant été planté sur un promontoire de la haute vallée de Chevreuse, les vues et perspectives sur les paysages environnants valent le coup d'œil.

Ses arbres remarquables, ses étangs, ses vallons et ses jardins classiques font de Breteuil un lieu au charme intemporel. ML

Jardins du Palais-Royal

Paris, France

CRÉATEUR : Claude Desgots

PROPRIÉTAIRE : État français

STYLE : classique à la française (XVIIe et XVIIIe siècles)

SUPERFICIE : 3 ha

CLIMAT : tempéré

SITUATION : Paris

Le Palais-Royal et ses jardins sont l'exemple même du classicisme français. Pour les apprécier à leur juste valeur, il faut arriver par la rue latérale plutôt que par la place principale, proche du Théâtre-Français. Après avoir franchi une arcade assez sombre, on se retrouve brusquement dans un vaste espace ceint sur trois côtés de bâtiments identiques dominant la galerie marchande de leurs huit niveaux. Une colonnade débouchant sur une cour intérieure plus petite forme le quatrième côté. Ce sens de l'ordre est renforcé par des rangées de charmes superbement taillés dont les troncs noirs créent une colonnade parallèle à la première.

Au centre du jardin, un bassin circulaire est flanqué de deux carrés fleuris ceints de haies et de clôtures bien taillées. En été, cette partie du jardin accueille tous ceux venus s'asseoir au bord du bassin et de sa grande fontaine. L'histoire de ce lieu est très riche : le palais fut construit pour le cardinal de Richelieu pour être redessiné au XVIIIe siècle par un neveu de Le Nôtre. Le jardin servit de rassemblement aux penseurs de l'époque et fut témoin des premiers frémissements de la Révolution française.

Aujourd'hui, les bâtiments qui entourent la cour intérieure abritent le ministère de la Culture et le Conseil constitutionnel ; les fameuses colonnes de Buren y sont exposées en permanence. Tous ces éléments contribuent à donner à ce coin de Paris un charme indéfinissable. MO

Parc Montsouris

Paris, France

CRÉATEURS : Georges-Eugène Haussmann, Adolphe Alphand
PROPRIÉTAIRE : Ville de Paris
STYLE: romantique
SUPERFICIE : 15,4 ha
CLIMAT : tempéré
SITUATION : Paris

Conçu pour la promenade des Parisiens, cet espace vert a vu le jour sous Napoléon III : le baron Haussmann avait mission de rénover ce quartier alors très insalubre et envahi de souris, d'où le nom donné au lieu. Ce n'est qu'après avoir consolidé les carrières et catacombes sous-jacentes que le jardin s'ouvre enfin au public en 1878. Son tracé irrégulier, ses grandes masses d'arbres et d'arbustes et ses larges allées caractérisent les parcs urbains de la fin du XIXe siècle. Montsouris déroule également plusieurs grandes pelouses ornées de bosquets. Les voies ferrées qui le traversent de part en part sont dissimulées dans un ravin enfoui sous la végétation. Le parc compte près de mille quatre cents arbres, dont plusieurs centenaires : platane d'Orient, arbre aux quarante écus (*Ginkgo biloba*), séquoias.... Un plan d'eau de 1 ha s'étend au milieu du parc, abritant cygnes, foulques et canards qui nichent sur la petite île centrale. Le lac est alimenté par une cascade et une rivière artificielle qui apportent une fraîcheur appréciée en été. Montsouris expose de nombreuses sculptures d'Henri Bouchard, Jules Coutan... disséminées sur les pelouses ou parmi les arbustes. Le parc abrite aussi l'observatoire météorologique érigé en 1947, avec son obélisque, repère du méridien de Paris. Tout à la fois lieu de détente, de flânerie ou d'observation de la nature, le parc reste l'un des fleurons verts de la capitale. ML

Parc des Buttes-Chaumont

Paris, France

CRÉATEURS : Georges-Eugène Haussmann, Adolphe Alphand
PROPRIÉTAIRE : Ville de Paris
STYLE : baroque romantique (XIXe siècle)
SUPERFICIE : 24,7 ha
CLIMAT : tempéré
SITUATION : Paris

On dit de cet espace urbain que c'est le parc le plus romantique de toute l'Europe. À l'occasion de l'Exposition universelle de 1867, il fut inauguré sur des terres achetées par la ville quand Napoléon III eut l'idée moderne d'offrir des espaces verts aux ouvriers de Belleville, récemment rattaché à Paris. La conception fut confiée au baron Haussmann, déjà occupé à restructurer Paris, et à l'ingénieur Adolphe Alphand. Ils mirent quatre ans à créer ce nouveau paysage.

Chaque élément est artificiel. Le plus spectaculaire est certainement la grande falaise rocheuse sculptée à la dynamite d'où une chute d'eau de 30 m de haut se jette dans un lac circulaire. On trouve à son sommet une réplique du temple de la Sibylle visible à Tivoli, en Italie. Marches, parapets et murs sont en ciment – encore une autre innovation – pour ressembler à du bois et à de la roche, et donner une cohérence à l'ensemble. Jouir de la nature et l'admirer, tel est l'objectif de ce parc. Ses 5 km de sentiers sinueux traversent des pelouses et de nombreuses zones boisées d'arbres peu communs, du ginkgo et du zelkova au cèdre du Liban *(Cedrus libani)*. Les promeneurs aiment se rendre en canot sur l'île au milieu du lac, où deux cents marches mènent à une étonnante terrasse panoramique installée au sommet de l'aiguille de pierre géante. Un long pont suspendu et une passerelle piétonne (« le pont des suicidés ») culminent à 30 m au-dessus du sol. Pour un parc urbain, l'ensemble est vraiment superbe. MO

Jardin des Plantes

Paris, France

CRÉATEUR : Guy de La Brosse
PROPRIÉTAIRE : Muséum national d'Histoire naturelle (État français)
STYLE : botanique à la française (XVIIe au XXIe siècle)
SUPERFICIE : 26 ha
CLIMAT : tempéré
SITUATION : Paris

Fondé en 1635 par Guy de La Brosse, médecin de Louis XIII, le Jardin des Plantes fut dès ses débuts un endroit destiné à la culture et à l'étude des plantes médicinales. C'est aujourd'hui un immense jardin botanique qui abrite le Muséum national d'Histoire naturelle ainsi qu'un petit zoo et un aquarium.

Le jardin d'iris et vivaces est à son apogée au mois de mai : il peut se vanter de présenter cent cinquante variétés d'iris et plus de quatre cent cinquante espèces de vivaces. L'école de botanique détient quelque quatre mille espèces (plantes médicinales, culinaires, commerciales ou d'intérêt scientifique). La roseraie embaume tout l'été. Le jardin alpin est une collection de plus de deux mille espèces venues des régions montagneuses du monde entier. Il y a aussi de nombreux arbres remarquables : c'est le cas du robinier faux-acacia *(Robinia pseudoacacia)*, originaire des États-Unis et planté ici en 1636.

La serre mexicaine maintient une atmosphère chaude et sèche idéale pour les plantes grasses amateurs de soleil. Quand Rohault de Fleury la conçut en 1836, ce fut une telle innovation technologique qu'on l'imita dans le monde entier. Une autre serre, plus grande, l'exquis jardin d'hiver Art déco, recrée les conditions des forêts pluviales tropicales. Les deux serres viennent de rouvrir après deux années de restauration. RCa

Jardin du Luxembourg

Paris, France

CRÉATEURS : Jacques Boyceau, Nicolas Deschamps, Thomas Francini
PROPRIÉTAIRE : Sénat français
STYLE : à la française (XVIIe au XIXe siècle)
SUPERFICIE : 23 ha
CLIMAT : tempéré
SITUATION : Paris

Au cœur du VIe arrondissement de Paris, le jardin du Luxembourg est un antidote au stress de la vie urbaine. Cela explique le nombre de Parisiens que l'on y voit courir ou se promener à l'ombre des allées.

En 1612, Marie de Médicis, épouse du roi Henri IV, fit construire un palais. Le jardin fut doté de plantations, parterres et jeux d'eau pour qu'elle puisse s'arracher à la vie de la cour et s'imaginer dans sa Toscane natale. Au milieu du XIXe siècle, avec l'urbanisation accélérée, le Luxembourg devint l'un des plus beaux parcs de la capitale de par sa disposition, ses plantes et ses statues. L'orangerie, construite en 1838, renferme pas moins de deux cents bacs contenant lauriers roses, grenadiers, orangers et palmiers.

Les vastes parterres mettent en valeur une statuaire superbe, créée entre 1845 et 1850 et représentant les reines et les grandes dames de France.

Les niches latérales de la fontaine de Médicis sont ornées de statues représentant un faune et une chasseresse. La niche centrale contient un groupe en marbre représentant Acis et Galathée sur un rocher au sommet duquel se trouve Polyphème, œuvres d'Auguste Ottin.

Plus près de la rue de Médicis, on trouve une copie du *Faune dansant* d'Eugène-Louis Lequesne. Il ne faut pas négliger le bronze de Jules Dalou représentant le *Triomphe de Silène*. On a depuis le Luxembourg une vue imprenable sur de superbes bâtiments parisiens dont le Panthéon. CH

Parc de la Villette

Paris, France

CRÉATEURS : Alexandre Chemetoff, Daniel Buren, Bernhard Leitner
PROPRIÉTAIRE : établissement public
STYLE : abstrait, moderne (fin XXe siècle)
SUPERFICIE : 35 ha
CLIMAT : tempéré
SITUATION : Paris

En 1983, le concours organisé pour la création d'un parc sur le terrain des anciens abattoirs parisiens fut remporté par l'architecte Bernard Tschumi, influencé par la théorie philosophique déconstructiviste. Le résultat est un espace animé et apprécié de tous. Son plan repose sur l'emploi de points, de lignes et de courbes, et chacune des vingt-six intersections est marquée d'un pavillon d'acier rouge vif appelé « folie ».

L'étonnante promenade cinématique traverse une série de dix zones thématiques – jardin des Dunes, jardin des Miroirs, jardin des Voltiges ou encore jardin des Frayeurs enfantines, etc. – due chacune à un créateur différent. Le jardin des Bambous d'Alexandre Chemetoff dispose l'architecture industrielle sur une toile de fond composée de centaines de variétés de bambous. Le sol a été creusé sur 5 m pour mettre au jour un réseau de canalisations et l'incorporer au design. Une passerelle piétonne franchit un énorme tuyau et surplombe cette mystérieuse enclave.

Les marches sont bordées de minuscules cascades ; en tout lieu, on trouve chenaux et fontaines. Œuvre de Daniel Buren, de simples bandes de pierre noires et blanches contrastent avec l'exubérance des plantes mais restent fidèles au modèle géométrique. Leur ordre abstrait guide le visiteur à travers d'autres hauts bambous multicolores jusqu'à ce qu'il découvre le cylindre de béton de Bernhard Leitner. L'intérieur est une chambre acoustique qu'emplit le bruit des feuilles, du vent et de l'eau. Il n'est pas exagéré de dire que la Villette est une réussite exceptionnelle. MO

Parc de Bercy

Paris, France

CRÉATEURS : Philippe Lecaisne, Ian Raguin
PROPRIÉTAIRE : Ville de Paris
STYLE : contemporain
SUPERFICIE : 13,9 ha
CLIMAT : tempéré
SITUATION : Paris

Jailli en 1995 sur le site des anciens entrepôts de Bercy à l'est de Paris, le parc a une allure contemporaine, même s'il garde quelques empreintes du passé, comme les rails qui reliaient autrefois caves et chais. Il a préservé quelque deux cents arbres centenaires. Ce grand jardin est implanté non loin du Palais-Omnisports de Bercy et du joyeux quartier rénové de Cour Saint-Émilion, évoquant l'activité des entrepôts qui alimentaient en vin la capitale. Pour perpétuer le souvenir de son passé vinicole, la Direction des parcs et jardins de Paris a replanté quatre cents pieds de vigne, vendangés chaque automne selon la tradition.

Le parc se découpe en trois parties : la prairie, les parterres et le jardin romantique, situé de l'autre côté de la passerelle qui enjambe la rue Joseph-Kessel. À l'ouest, la grande prairie s'ouvre sur une vaste terrasse ponctuée de tilleuls dominant la Seine, avec la grande sculpture-fontaine de l'artiste Gérard Singer. Au centre du parc, les parterres sont composés de neuf jardins à thèmes : le potager, les treilles, la roseraie, le labyrinthe, le jardin de senteurs, les bulbes, le verger, l'observatoire et la maison du jardinage, ancien bureau des contributions. Chaque espace porte le symbole d'une saison ou d'un élément : air, feu, terre, eau, exprimé par des floraisons de couleurs symboliques : blanc pour l'hiver, vert pour le printemps… Situé sur la partie est, le jardin romantique allie plusieurs composantes : arbres aux écorces raffinées (bouleaux et saules), une vallée de graminées et des feuillages. Une petite pièce d'eau entoure la Maison du lac, restaurée pour accueillir des expositions. ML

Parc André-Citroën

Paris, France

CRÉATEURS : Alain Provost, Gilles Clément et autres
PROPRIÉTAIRE : Ville de Paris
STYLE : éclectique postmoderne (fin XXe siècle)
SUPERFICIE : 13 ha
CLIMAT : tempéré
SITUATION : Paris

Installé dans un environnement urbain contemporain sur le site des anciennes usines Citroën, au bord de la Seine, ce parc est un bel exemple de géométrie postmoderniste. Même la pelouse rectangulaire est coupée par un long sentier diagonal.

Deux serres abritant un jardin méditerranéen et une orangerie sont entourées d'un parvis incliné où des buissons de magnolias taillés en colonnes sont éclairés la nuit par des projecteurs. Devant les pavillons, l'usage de l'eau et des plantes taillées rappelle le style baroque à la française. Un côté de la pelouse est bordé par un canal – le jardin des Métamorphoses – pourvu d'un bassin en miroir surélevé. De l'autre côté, le long d'une promenade exhaussée pourvue de petits pavillons cuboïdes, se trouvent les six jardins des Sens mais aussi des sections ayant pour thème les couleurs. Il y a là le jardin Blanc et le jardin Noir au feuillage sombre. Dans le jardin en Mouvement ont été plantées des herbes réagissant à diverses vitesses du vent pour que son ondulation soit incessante. Dans le jardin Sauvage, le plan géométrique global cède la place à une masse informelle de roses, pavots, bambous et digitales pourprées.

Ce parc traite des idées familières : pelouses rectangulaires disposées à angle aigu, haies basses et taillées émergeant des parterres, iris poussant à travers des grilles en acier. L'un des sites les plus spectaculaires est l'arche d'entrée formée de deux spécimens d'un arbre peu fréquemment planté, le séquoia géant *(Sequoiadendron giganteum)*. Rares sont les parcs aussi amusants et inventifs. MB

Parc de Bagatelle

Paris, France

CRÉATEURS : Thomas Blaikie, Jean-Claude Nicolas Forestier
PROPRIÉTAIRE : Ville de Paris
STYLE : roseraie à l'anglaise (XVIIIe au XXIe siècle)
SUPERFICIE : 23,8 ha
CLIMAT : tempéré
SITUATION : Paris

Ce fut l'un des premiers « jardins anglais », créé à la fin du XVIIIe siècle par le jardinier écossais Thomas Blaikie en association avec François-Joseph Bélanger, cet architecte qui, en moins de trois mois, fit démolir le pavillon de chasse d'origine pour en faire une folie destinée au comte d'Artois. Des édifices ornementaux de styles divers ponctuaient le paysage, parmi lesquels une grotte gothique, un pont chinois, un mausolée classique et un temple de l'Amour.

Plus ou moins épargné pendant la Révolution, Bagatelle devint un restaurant en 1797 puis redevint un pavillon de chasse sous Napoléon Ier. Vers 1905, négligé depuis longtemps, il fut sauvé par Jean-Claude Nicolas Forestier, conservateur des Parcs et Jardins de la ville de Paris. Il redynamisa le site en conservant ce qu'il put de l'original et en plantant les parterres de roses à la française qui font aujourd'hui la renommée de Bagatelle. Une dizaine de milliers de roses représentant plus de dix mille variétés sont entourées de pelouses et de petites haies de buis. On peut également voir de nombreuses plantes à bulbe printanières, des pivoines, iris, nénuphars et dahlias au début de l'automne, suivis d'arbres au feuillage coloré, puis des arbres et arbustes fleurissant en hiver ainsi que des perce-neige. La collection nationale de clématites fut fondée en 1992. Des paons se promènent sur les pelouses et de grosses carpes koï nagent dans les lacs ; chaque année au mois de juin est organisé un concours international de la rose. Il n'y a pas d'endroit plus agréable à Paris pour échapper à la chaleur estivale. RCa

Cimetière du Père-Lachaise

Paris, France

CRÉATEUR : Alexandre-Théodore Brongniart
PROPRIÉTAIRE : Ville de Paris
STYLE : à la française (XIXe siècle)
SUPERFICIE : 43,2 ha
CLIMAT : tempéré
SITUATION : Paris

Le Père-Lachaise n'est pas un cimetière ordinaire en ce qu'il ressemble davantage à un musée en plein air. Chaque année, deux millions de visiteurs se rendent dans le plus prestigieux des vingt cimetières parisiens. Avec plus de cinq mille arbres, le Père-Lachaise est le plus grand « parc » de Paris.

Il doit son nom au propriétaire des lieux, le père François d'Aix de la Chaise, confesseur de Louis XIV. Le plan d'Alexandre Brongniart combina des avenues rectilignes, une zone circulaire plantée de peupliers et un réseau de sentiers sinuant pour mieux épouser la pente du site. Le statut définitif fut adopté quand le préfet Nicolas Frochot persuada les autorités municipales de donner une nouvelle sépulture à Molière et La Fontaine aux côtés des défunts, précédemment enterrés dans les cimetières des églises des Ve, VIe, VIIe et VIIIe arrondissements d'alors.

Le Père-Lachaise connut un tel succès que sa superficie était multipliée par cinq vers 1850 ; un crématorium et un mur du souvenir furent ajoutés à la fin du XIXe siècle. Les occupants les plus anciens sont Abélard (1079-1142) et Héloïse (1101-1164). Ils furent réunis en 1817. Parmi les tombes célèbres, on peut citer celles de Sarah Bernhardt, Chopin, Édith Piaf, Oscar Wilde, Musset ou Yves Montand. Depuis sa mort mystérieuse en 1971, Jim Morrison, leader et chanteur des Doors, attire sur sa tombe un nombre particulièrement élevé de visiteurs.

De nombreux personnages sont de nos jours tombés dans l'oubli, mais les statues parfois exubérantes qui ornent leurs tombes sont encore visibles aujourd'hui. RChi

Le Père-Lachaise est le plus grand « parc » de Paris.

Parc Monceau

Paris, France

CRÉATEURS : Thomas Blaikie, Louis Carrogis Carmontelle, Gabriel Davioud, Georges-Eugène Haussmann
PROPRIÉTAIRE : Ville de Paris
STYLE : pittoresque (XVIIIe et XIXe siècles)
SUPERFICIE : 4,8 ha
CLIMAT : tempéré
SITUATION : Paris

Le duc de Chartres, futur duc d'Orléans, acheta ces terres en 1769 avec l'intention de créer un grand jardin pittoresque propice aux réceptions. Louis Carrogis Carmontelle établit les premiers plans d'un paysage fantasmagorique avec ruines gothiques, temple de Mars en ruines, minaret, moulin hollandais, naumachie (encore visible de nos jours), colonnade semi-circulaire de style corinthien et pyramide égyptienne. Après l'acquisition de nouveaux terrains, il demanda au paysagiste écossais en vogue Thomas Blaikie de concevoir un jardin anglais avec jardin d'hiver et serre.

Vers 1860, le parc fut racheté par la Ville de Paris. Le baron Haussmann travailla sur le site avec l'aide de l'horticulteur Barillet-Deschamps et de l'architecte Gabriel Davioud. Leurs travaux et les vestiges du premier agencement sont encore intacts. L'entrée principale se situe sous une grande rotonde. Remarquez l'arbre aux mouchoirs *(Davidia involucrata)* devant à droite et les quatre entrées monumentales à la ferronnerie dorée. On trouve dans tout le parc des monuments dédiés à des écrivains et des compositeurs tels Maupassant, Gounod, Chopin ou Musset.

En plus des allées principales, des voies sinueuses franchissent des ponts rustiques, contournent le lac et les ruisseaux ou s'engagent sous les arbres. En sortant par l'avenue Ruysdaël, remarquez les paulownias, les tilleuls à feuillage argenté et les *Gleditsia*. Non loin de là, le musée Nissim de Camondo donne une idée de ce qu'était la vie de la classe privilégiée au début du XXe siècle. CH

Jardins des Tuileries

Paris, France

CRÉATEURS : André Le Nôtre, Jacques Wirtz, Louis Benech, Pascal Cribier, François Roubaud
PROPRIÉTAIRE : Ville de Paris
STYLE : à la française (XVIIe siècle)
SUPERFICIE : 30 ha
CLIMAT : tempéré
SITUATION : Paris

S'asseoir quelques instants sur l'une des trois mille chaises en métal vert ou l'un des doubles bancs en bois constitue une expérience des plus parisiennes qui soit. Il n'est pas difficile de comprendre pourquoi ces jardins situés au cœur de la ville attirent chaque jour tant de monde.

L'ordre y est impeccable et l'ensemble est structuré par de larges avenues de gravier parfois longées d'arbres ; partout s'élèvent des statues. Sur la longueur des jardins, des marches mènent à des terrasses surélevées. À l'extrémité de la terrasse donnant sur la Seine, l'Orangerie construite en 1852 fut transformée pour accueillir huit grands panneaux de la série des *Nymphéas* de Claude Monet. De l'autre côté, bordant la rue de Rivoli, le Jeu de Paume vit en 1789 se réunir la première assemblée démocratique qui marqua le début de la Révolution française. Le palais des Tuileries où s'étaient réfugiés Louis XVI et Marie-Antoinette fut détruit par le peuple en 1871.

Ces sombres souvenirs n'empêchent pas les jardins de faire preuve d'une grande sérénité. Dans cet espace public superbement restauré, des sculptures XVIIe siècle côtoient des œuvres de Giacometti, Henry Moore ou Rodin. Parmi les innovations, il fait citer les majestueuses allées irradiant à partir de l'Arc de Triomphe du Carrousel, les pelouses surélevées, les arbres et le bassin. L'immense axe reliant le Louvre à l'Arc de Triomphe de l'Étoile traverse ces jardins pour dessiner l'une des plus belles perspectives du monde. MO

Jardins de Kerdalo

Bretagne, France

CRÉATEUR : Peter Wolkonsky
PROPRIÉTAIRE : Isabelle Vaughan
STYLE : à l'anglaise, botanique (XXe siècle)
SUPERFICIE : 18 ha
CLIMAT : tempéré
SITUATION : Trédarzec

Le prince Peter Wolkonsky, aristocrate russe, passa plus de trente ans à façonner son chef-d'œuvre sur lequel veille aujourd'hui sa fille, Isabelle. On parle souvent de jardin de conte de fées et cela n'a rien d'étonnant. À flanc de colline, dominant le Jaudy, il doit sa réputation à ses jeux d'ombre et de lumière ou de pierre et d'eau, ainsi qu'à la variété et à la qualité assez extraordinaires de ses plantations.

Quand il acheta la propriété, Wolkonsky détourna l'eau d'une source voisine : elle coule aujourd'hui sous le pavillon chinois et se jette dans le canal. Le thème oriental est renforcé par les rhododendrons et les magnolias. La pergola ceint le jardin en contrebas et donne sur un spectaculaire massif d'hortensias. Les deux pavillons situés aux coins les plus éloignés du jardin sont à peine visibles sous les cascades de glycines du Japon (*Wisteria floribunda*) et de clématites.

Au-dessus du jardin en contrebas, on trouve un petit arboretum constitué de plus de cinquante variétés de magnolias, hamamélis et azalées. La fontaine de Saint-Fiacre, saint patron des jardiniers, se dresse le long du chemin menant à un vaste bassin. La cascade se déverse alors dans une sorte de tourbière peuplée de gunnères géantes, de bambous, de lysichitons amateurs d'ombre et de fougères. Comme les milliers d'autres plantes de Kerdalo, ce sont de superbes spécimens collectés aux quatre coins du globe.

Kerdalo est certainement l'un des plus beaux jardins de France et toute personne qui se rend en Bretagne se doit de le visiter. CH

Jardin du Bâtiment

Pays de la Loire, France

CRÉATEUR : William Christie
PROPRIÉTAIRE : William Christie
STYLE : à la française
SUPERFICIE : 10 ha
CLIMAT : tempéré
SITUATION : Thiré

La platitude du paysage ne permet pas d'imaginer que le petit village de Thiré recèle un véritable trésor, le jardin du Bâtiment, demeure du chef d'orchestre et claveciniste franco-américain de renom William Christie. En y arrivant par la modeste entrée latérale de la demeure, on est accueilli par un parterre de broderies de buis que vient délimiter de la brique pilée. Le vert du buis et le roux de la brique sont en harmonie avec le blanc de la façade de la maison. Au printemps, le rythme formel du parterre est ponctué de grandes urnes fleuries de tulipes puis, en été, par des pots de plantes grasses.

Christie a restauré cette maison bâtie au début du XVIe siècle et a créé le jardin en empiétant sur les champs voisins. Il s'agit là de reconstitution onirique plus que rigoureuse d'un jardin de la grande époque. Il est riche en contrastes et sa formalité pleine de sobriété est adoucie, par exemple, par un parterre de verdure formé d'ifs sculptés de manière extravagante.

À l'arrière de la maison, on peut apprécier la création de Christie dans toute son ampleur. Une clôture assez stricte faite d'ormes et de tilleuls tressés abrite des ifs topiaires. Au-delà, sur un axe central qui disparaît dans le lointain, une petite rivière a été détournée pour former un bassin. Le silence n'est rompu que par le murmure d'une petite fontaine présente dans le jardin du cloître voisin. Christie a découvert le pigeonnier XVIIe de son jardin sur le tracé d'une route nouvelle et l'a fait démonter pierre par pierre puis reconstituer. C'est là un des charmes innombrables de cette propriété discrète. JHo

Le Potager Extraordinaire

Pays de la Loire, France

CRÉATEUR : Michel Rialland
PROPRIÉTAIRE : Association Le Potager Extraordinaire
STYLE : potager (XXe siècle)
SUPERFICIE : 1 ha
CLIMAT : tempéré
SITUATION : La Mothe-Achard

Si les légumes vous passionnent, voici un endroit que vous ne devez manquer pour rien au monde car vous n'en verrez jamais autant et de si rares rassemblés en un seul endroit.

Il y a une douzaine d'années, la passion de Michel Rialland pour les cucurbitacées (melon, concombre, potiron, pastèque, gourde, etc.) a donné naissance à une étonnante collection de plantes utiles ou comestibles recueillies auprès de spécialistes et de jardins botaniques du monde entier. Ce jardin recèle des plantes dont vous n'avez jamais entendu parler, où formes, textures et couleurs se combinent de façon incroyable. Avec ses seize sections à thèmes, vous pouvez tout voir, du potager traditionnel aux fleurs comestibles en passant par des arachides d'Afrique et quarante variétés de tomates. Un coin est réservé aux plantes vraiment étranges, le « bizarrétum » : pois carré, cornichon explosif ou encore huître-plante !

Pour visiter ce jardin, la meilleure saison débute au mois d'août, et même l'adolescent le plus blasé s'émerveillera devant le tunnel exotique où sont suspendues quelque vingt-cinq variétés de gourdes venues des Amériques, d'Afrique et d'Asie. De l'enfant au vieillard, chacun peut voir et même toucher des spécimens aux formes et aux textures inattendues.

Les enfants adorent le coin des plantes magiques et médicinales digne de Harry Potter avec ses mandragores, ses belladones ou ses jusquiames. Les adultes peuvent se procurer une liste de légumes bizarres qu'ils cultiveront chez eux afin d'étonner les amis invités à dîner. On peut aussi acheter des graines. VR

Jardins du château du Pin

Pays de la Loire, France

CRÉATEURS : Gérard Gignoux, Jean de la Celle
PROPRIÉTAIRE : SCI Château du Pin
STYLE : à la française, parc (début XXe siècle)
SUPERFICIE : 121,5 ha
CLIMAT : tempéré
SITUATION : Champtocé-sur-Loire

Loin des circuits touristiques, les jardins du château du Pin ont beaucoup de caractère. Une tour de pierre carrée, voilà tout ce qui reste d'un château fort médiéval à plusieurs reprises démoli et reconstruit au cours des siècles. L'architecture gothique actuelle date du XVIIIe et du XIXe siècle et constitue un arrière-plan romantique aux terrasses à la française qui se mêlent imperceptiblement au paysage alentour. Conçus par Gérard Gignoux, qui acheta cette propriété en 1921, les jardins donnent une impression d'intimité, loin du monde extérieur. Des ifs soigneusement taillés caractérisent les lieux. Dans l'un des jardins pourvus d'un bassin, des figures topiaires (dont des pièces de jeu d'échecs) évoquent *Alice au pays des merveilles*. Leur excentricité contraste avec la géométrie stricte des jardins français d'époque Renaissance.

À côté de l'orangerie, une terrasse réservée aux repas est décorée de poteries en terre cuite abritant *Citrus*, bananiers, avocatiers et dattiers. L'influence méditerranéenne est perceptible avec les plantes aromatiques et les fleurs odorantes qui envahissent le pavage de pierre du jardin. Les plantations vont souvent par thèmes : il y a ainsi une roseraie jaune plantée de lavande et d'acanthes, un jardin aux delphiniums et une collection de sauge. Le jardin persan est dessiné autour d'un long bassin pourvu de deux cascades en étages. Entre les bois plus sauvages et le jardin à la française, une impressionnante allée d'ifs topiaires rejoint l'entrée principale du château. L'édifice n'est pas ouvert au public contrairement aux jardins. JHe

Parc oriental de Maulévrier

Pays de la Loire, France

CRÉATEUR : Alexandre Marcel
PROPRIÉTAIRE : commune de Maulévrier
STYLE : oriental
SUPERFICIE : 12 ha
CLIMAT : océanique
SITUATION : Maulévrier

Situé près de Cholet en Maine-et-Loire, le Parc oriental de Maulévrier s'inspire des jardins promenade japonais de style Edo, datant des XVIIe et XIXe siècles. Le jardin occupe une partie de l'ancien domaine du Château Colbert, célèbre ministre de Louis XIV. Racheté en 1895 par l'industriel Bergère, le domaine est restauré par le célèbre architecte Alexandre Marcel, qui vient alors de réaliser « la Pagode » à Paris. Ce dernier aménage des jardins et entreprend de créer un « paysage japonais » mis en scène autour d'un lac, dont le relief de rivages et d'îles est volontairement accentué. L'eau reflète à merveille les nuances des floraisons et feuillages de nombreux arbres exotiques : érable du Japon, mélèzes de Chine, catalpas… Délicates au printemps, verdoyantes en été, les couleurs deviennent resplendissantes en automne. L'eau s'impose aussi comme le fil conducteur du jardin, partant d'une petite source qui symbolise la naissance. Ruisseaux et cascades évoquent les heurts de la jeunesse jusqu'au lac plus serein, ponctué d'embarcadères, de rochers, de ponts et d'un temple khmer. Celui-ci provient de l'Exposition universelle de 1900, comme de nombreuses sculptures reproduisant les figures du temple d'Angkor Vat au Cambodge.

Après quarante ans d'abandon, le parc a été racheté par la commune de Maulévrier en 1980 et reconstitué dans le respect du lieu, prenant le nom de « Parc oriental ». Nourri tout à la fois d'exotisme et de sérénité, Maulévrier offre un paysage sans cesse renouvelé au fil des saisons. ML

Parc et jardins du château de Beauregard

Centre, France

CRÉATEUR : Gilles Clément
PROPRIÉTAIRE : Mme Du Pavillon
STYLE : à la française (XVIe- XVIIIe siècle), postmoderne
SUPERFICIE : 70 ha
CLIMAT : tempéré
SITUATION : Cellettes

Les modes changent au cours des siècles et l'évolution de ce parc en est la preuve. Le château fut acquis en 1543 par Jean Du Thiers, contrôleur des finances du roi Henri II et grand amateur de plantes. Des documents datant de 1551 indiquent que mille cinq cents plantes rares et arbres – chênes, ormes, hêtres, houx et noyers – y poussaient alors. Au XVIIe siècle, Paul Ardier planta une grande allée d'arbres fruitiers et créa dans le château une galerie ornée de trois cent vingt-sept portraits. Au XIXe siècle, le parc entourant Beauregard fut redessiné pour prendre l'apparence d'un jardin à l'anglaise. Il a aujourd'hui celle d'un parc boisé informel où des bouquets d'arbres se dressent çà et là au milieu du gazon.

En 1992, le parc de Beauregard fut inscrit à l'Inventaire des monuments historiques : cela marqua le début d'une restauration intensive de la part du comte et de la comtesse Du Pavillon. Le jardin des Portraits fut créé par Gilles Clément dans l'ancien potager. Il s'inspira de la galerie d'Ardier pour façonner des portraits vivants grâce à des amoncellements de fleurs multicolores. Les douze sections de peinture de la Grande Galerie se reflètent dans les douze « chambres » jardinées fleuries de quatre cents espèces de vivaces et séparées par des haies de charmes. Les murs sont recouverts de clématites, chèvrefeuille, lierre, houblon, jasmin, vigne vierge, passiflore et glycines. À l'ombre d'un arbre se dresse une chapelle romantique en ruines dédiée à la mémoire du comte Alain Du Pavillon. Prenez le temps de vous y attarder et de vous octroyer un instant de sérénité et de contemplation. CH

Jardins du château de Chenonceau

Centre, France

CRÉATEURS : Philibert de l'Orme, Jacques Androuet du Cerceau, Henri Duchêne, Achille Duchêne
PROPRIÉTAIRE : Gaston Menier
STYLE : Renaissance à la française (XVIe siècle)
SUPERFICIE : 1,6 ha
CLIMAT : tempéré
SITUATION : Chenonceaux

Le domaine de Chenonceau fut offert en 1547 par Henri II à sa maîtresse, Diane de Poitiers. En style début Renaissance, son jardin rectangulaire est une unité massive, distincte et autonome, visible du château avec lequel il n'est toutefois pas en symétrie. Aujourd'hui, le plan quadripartite est décoré de douces volutes de haies de santoline ponctuées d'hibiscus et de parterres. La large levée offre une vue sur la rivière et sur un parterre au plan simple. Philibert de l'Orme, qui conçut le château d'Anet pour Diane, construisit un pont reliant le château à l'autre rive du Cher.

À la mort d'Henri II en 1559, son épouse, Catherine de Médicis, prit pour elle Chenonceau dont elle exalta la magnificence en y organisant mascarades, fêtes sur l'eau et feux d'artifice. En 1563, la reine remonta l'allée triplement bordée pour aller à la rencontre de sirènes chantantes auxquelles répondaient les nymphes des bois. Des satyres arrivèrent alors et tentèrent d'enlever les nymphes, mais celles-ci furent secourues par des chevaliers. Le jardin de Catherine de Médicis que nous voyons aujourd'hui n'est qu'une modeste version de l'original. La galerie à deux étages installée au-dessus du pont offre calme et fraîcheur.

Plus tard, Chenonceau sombra dans l'oubli, même si l'allée menant au pont inspira Jean-Jacques Rousseau qui écrivit *L'Allée de Sylvie*. Au XIXe siècle, la famille Menier acheta Chenonceau et entreprit alors la restauration des jardins. Le potager s'améliore régulièrement d'année en année et un restaurant est installé dans l'orangerie. CH

Festival des jardins de Chaumont-sur-Loire

Centre, France

CRÉATEURS : Jacques Wirtz (site) ; divers créateurs
PROP. : Conservatoire international des parcs et jardins
STYLE : château XVIe siècle, jardin XIXe siècle
SUPERFICIE : terrain d'exposition 3 ha
CLIMAT : tempéré
SITUATION : Chaumont-sur-Loire

Chaque année, de mai à octobre, cent cinquante mille visiteurs se rendent dans ce château XIXe siècle : amusement, inspiration, provocation, surprise et émerveillement les y attendent. Le Festival international des jardins fut fondé en 1992 par Jean-Paul Pigeat dans le but de replacer le jardinage dans le domaine de l'art et de faire découvrir au grand public un nouveau design innovateur et imaginatif.

Dans le parc abandonné du XIXe siècle, le créateur contemporain Jacques Wirtz a fait pousser un tulipier de Virginie (*Liriodendron tulipifera*). Les allées et leurs ondulations correspondent aux branches de l'arbre. Les trente jardins d'exposition occupent des parcelles en forme de feuilles, bordées de hêtres ou de charmes.

Il y a une promenade sylvestre, un jardin dans un ravin à l'image d'une vallée brumeuse dans la jungle, une serre superbement restaurée ainsi que le curieux jardin expérimental, où un if géant en forme de lapin règne sur d'ahurissantes combinaisons de plantes. Un thème caractérise chaque exposition annuelle : légumes, eau, mauvaises herbes, érotisme ou encore souvenir. Contrairement aux pièces présentées lors du Chelsea Flower Show de Londres, ces jardins évoluent tout au long de l'été et certains subsistent pendant plusieurs années. Imagination débridée, exploration scientifique, humour et commentaire social sont au rendez-vous. Que vous soyez inspiré par un parterre représentant un canard en plein vol, des bancs d'où gicle de l'eau ou un potager tenant dans une valise, vous repartirez avec le sentiment que, désormais, tout est possible ! AE

Arboretum national des Barres

Centre, France

CRÉATEURS : Philippe André de Vilmorin, Maurice de Vilmorin
PROPRIÉTAIRE : ministère de l'Agriculture
STYLE : botanique (XIXe siècle)
SUPERFICIE : 35 ha
CLIMAT : tempéré
SITUATION : Nogent-sur-Vernisson

Que vous soyez professionnel de l'art paysager, novice ou tout simplement intéressé par la préservation de l'environnement, une visite à cet arboretum s'impose. Fondé il y a près de deux cents ans sur une propriété appartenant à la famille de Vilmorin, il a ouvert ses portes au public en 1985. Ce site, surnommé « la forêt des Cinq Continents », est divisé en trois parties. Les collections géographiques datent de 1873 : on peut y voir des séquoias de 50 m de haut, un hêtre pourpre *(Fagus sylvatica)* et un *Ginkgo biloba*, mais aussi un érable à peau de serpent *(Acer capillipes)* et un désespoir des singes *(Araucaria araucana)*.

Au printemps, les collections systématiques, lancées en 1894, séduisent les sens grâce aux senteurs des glycines du Japon, magnolias et chèvrefeuilles, les couleurs des rhododendrons ou les bractées blanches de l'arbre aux mouchoirs (*Davidia involucrata*). L'odeur des tilleuls en fleur et des viornes apporte de la magie à une visite estivale tandis que les couleurs flamboyantes de l'automne et les tapis de cyclamens nains renforcent le plaisir.

Dans les collections ornementales, on se doit de s'émerveiller devant des bizarreries comme un thuya du Canada (ou cèdre blanc) aux quatre-vingts troncs, un noisetier noueux *(Corylus avellana* 'contorta'*)*, des cèdres pleureurs et des conifères rampants. La forêt abrite également une vingtaine de types d'orchidées sauvages : deux d'entre elles sont extrêmement rares. MO

Parc et jardins de la Bourdaisière

Centre, France

CRÉATEUR : Louis-Albert de Broglie
PROPRIÉTAIRES : Louis-Albert de Broglie, Maurice-Philippe de Broglie
STYLE : à l'anglaise, potager (XVIe-XIXe siècles)
SUPERFICIE : 55 ha
CLIMAT : tempéré
SITUATION : Montlouis-sur-Loire

Sur le site d'une forteresse XIVe siècle ayant appartenu au maréchal Boucicaut, le château Renaissance fut édifié par la famille Babou dont l'un des membres, Marie Gaudin, devint la maîtresse de François Ier. Son arrière-petite-fille, Gabrielle d'Estrées, naquit et vécut ici. Elle sera quant à elle la maîtresse d'Henri IV. Par la suite, le château fut transformé par le duc de Luynes et le duc de Choiseul, qui détruisit une partie des bâtiments pour construire sa propre demeure. La Bourdaisière fut reconstruit en 1795. Enfin, en 1840, le baron Angelier commanda l'édification d'une façade de style Renaissance.

Le château s'inscrit aujourd'hui dans un immense parc pourvu d'un pavillon de style toscan XVIe siècle et d'un jardin clos de mur XIXe. Les terrasses qui entourent la demeure offrent un superbe point de vue ; sur la terrasse italienne, une arche ornée a été dessinée par Léonard de Vinci. Dans le potager restauré, on trouve quatre cents variétés de tomates (billes, cœur-de-pigeon, etc.), cent de laitues et vingt de basilic. La serre regorge de plantes. Le potager est particulièrement intéressant d'août à septembre lorsque des séances de dégustation sont organisées. La boutique propose toutes sortes de graines et le propriétaire des lieux possède des boutiques de jardinage haut de gamme à Paris et à Londres. CH

Parc botanique du prieuré d'Orchaise

Centre, France

CRÉATEUR : Hubert Treuille
PROPRIÉTAIRE : Hubert Treuille
STYLE : botanique (XXe siècle)
SUPERFICIE : 3 ha
CLIMAT : tempéré
SITUATION : Orchaise

Ce jardin primé est situé au flanc d'une colline dominant la vallée de la Cisse. Il appartient à Hubert Treuille, botaniste amateur et grand voyageur, qui réunit une collection de plus de deux mille plantes en provenance du monde entier.

La visite commence par la grande esplanade, où des sentiers rectilignes sont bordés de larges parterres aux arbustes en fleurs. Ils sont ponctués de rangées d'ifs cylindriques menant à une terrasse semi-circulaire également bordée d'ifs. Un cèdre géant, planté à une extrémité, indique l'entrée dans une section moins formelle du jardin. Le sentier conduit ensuite vers un bassin orné de onze saules et d'une sculpture moderne ; de là on a aussi une vue sur le jardin de rocaille. Plus loin, ce sont des arbres et des arbustes, dont des magnolias et des cerisiers ; une section est dédiée aux rhododendrons et aux érables du Japon, puis viennent des pommiers sauvages, des crinodendrons et des cornouillers. Un second bassin offre aux visiteurs la possibilité de se reposer avant d'aller voir le potager et la collection de roses. On peut aussi se promener dans le pré aux moutons d'où l'on a une superbe vue sur la forêt. La tour romane d'un ancien monastère ajoute sa touche historique. MO

Ce jardin primé… réunit une collection de plus de deux mille plantes du monde entier.

Jardins de la Chatonnière

Centre, France

CRÉATEUR : Béatrice de Andia
PROPRIÉTAIRE : Béatrice de Andia
STYLE : Renaissance, potager, roseraie (XXe et XXIe siècles)
SUPERFICIE : 7 ha
CLIMAT : tempéré
SITUATION : Azay-le-Rideau

L'historienne parisienne Béatrice de Andia hérita de son père ce petit château Renaissance dominant l'Indre et la forêt de Chinon. Il en avait fait l'acquisition en 1950 mais, au cours du siècle précédent, la demeure avait été vendue et achetée une vingtaine de fois. En 1980, avec le déclin de l'agriculture, les pommiers furent coupés et les terres mises en jachère.

En 1986, le rêve de Béatrice de Andia de créer une série de jardins put se réaliser quand Robert Carvallo de Villandry (voir p. 605) lui recommanda Ahmed Azéroual, « meilleur ouvrier de France », avec qui il travaillait depuis plus de vingt ans. Enchantée de ce partenariat, elle déclarera que, secrets et hauts en couleur, avec leur parcours initiatique, les neuf jardins de la Chatonnière suscitent émerveillement et admiration en symbolisant l'élégance et les sens, le silence, l'intelligence et les sciences, l'invraisemblance, l'abondance et l'exubérance, mais aussi la romance. La réalisation fut à la hauteur de ses ambitions.

Parmi les plus beaux jardins, on trouve celui des Sens (créé en 1996), avec ses cent cinquante variétés de vivaces parfumées disposées sur un parterre ceint de buis. Le jardin de l'Abondance (2000) a la forme d'une feuille dont les veines sont les chemins, longés de haies de buis basses fourmillant d'herbes ou de légumes. Au-dessus, voici le Croissant des Fragrances et ses mille rosiers (1999), à l'ombre d'une longue pergola qui se perd dans les prés. Le jardin du Silence (1997) est une cour intérieure vue d'en haut et close d'une simple haie de buis. En un mot, on a affaire à un jardin d'un genre nouveau et riche d'innovation. CH

> … les neuf jardins suscitent l'éveil de l'âme…

Jardins du château de Chamerolles

Centre, France

CRÉATEURS : Brigitte Barbier, Thierry Gilson, Jacques Moulin
PROPRIÉTAIRE : conseil général du Loiret
STYLE : Renaissance à la française (XXe siècle)
SUPERFICIE : 149 ha
CLIMAT : tempéré
SITUATION : Chilleurs-aux-Bois

Au périmètre nord de la région de la Loire, Chamerolles fut bâti au XVIe siècle par Lancelot Ier du Lac pour devenir au XVIIe siècle un bastion du protestantisme. Depuis 1987, le château et ses jardins ont été superbement restaurés dans un style Renaissance inspiré des dessins de Jacques Androuet du Cerceau.

Deux charmilles à l'architecture imposante bordent le jardin et donnent le caractère intime des jardins début Renaissance. Ces berceaux virent peu à peu au vert grâce aux charmes, et le treillage se couvre de vigne vierge, de chèvrefeuille et de houblon. Des treilles basses divisent le jardin en carrés flanqués au milieu d'un obélisque. Le labyrinthe d'ifs a pour but d'emmener le corps et le regard dans un voyage spirituel dont la destination n'est autre que son hêtre central. Un carré de gazon fleuri a des échos médiévaux. On trouve aussi un espace ouvert avec des arabesques d'herbacées, un carré de plantes rares rappelant les jardins de plantes médicinales de la Renaissance, un « préau » avec des bancs de brique et un mobilier disposés au cœur d'espaces gazonnés. Plus loin, des sentiers sinueux franchissent des ruisseaux et offrent une vue exceptionnelle sur les tours du château.

La région du Loiret est renommée pour son industrie du parfum. C'est pourquoi une « promenade des parfums » organisée dans le château permet de voyager à travers les siècles et s'achève sur un étonnant « orgue à parfums » réunissant quelque deux cent soixante-dix essences. CH

Pagode de Chanteloup

Centre, France

CRÉATEUR : Louis-Denis Le Camus
PROPRIÉTAIRE : Thierre André
STYLE : pittoresque à la française
SUPERFICIE : 14 ha
CLIMAT : tempéré
SITUATION : Amboise

La pagode de Chanteloup et son lac sont les uniques vestiges d'un vaste domaine ayant appartenu au duc de Choiseul, ministre de Louis XV. Le comte de Chaptal en devint le propriétaire après la disgrâce de Choiseul, entre 1775 et 1778, et la révolution de 1789. Il fut toutefois contraint de le revendre en 1823 à un riche négociant qui détruisit peu à peu le château et ses jardins, jadis comparés à ceux de Versailles (voir p. 570). Il ne restait plus que la pagode, le lac, les allées forestières et, bien sûr, la vue sur Amboise, sur l'autre versant de la vallée de la Loire. Le parc est également connu sous le nom de jardin de Chanteloup.

En 1907, la princesse Clémentine d'Orléans confia le domaine aux bons soins du paysagiste René Édouard André. Aujourd'hui Thierry André fait de la visite de la Pagode une expérience inoubliable. On trouve dans les jardins trente jeux d'adresse en vogue au XVIIIe siècle et les visiteurs peuvent s'y adonner en groupe ou individuellement. On peut aussi grimper les sept niveaux de la pagode ou se promener en barque sur le lac en demi-lune. CH

On trouve dans les jardins trente jeux d'adresse en vogue au XVIIIe siècle…

Jardins du château du Rivau

Centre, France

CRÉATEURS : Éric et Patricia Laigneau
PROPRIÉTAIRES : Éric et Patricia Laigneau
STYLE : contemporain, potager, avec références médiévales
SUPERFICIE : 6 ha
CLIMAT : tempéré
SITUATION : Lémeré

Un château d'un blanc resplendissant, aux toits pointus en ardoise, se dresse au milieu des vignes de la vallée de la Loire : on se croirait dans un conte de fées ! Construit aux XVe et XVIe siècles, c'est un exemple unique d'architecture médiévale restaurée avec passion par ses propriétaires, Éric et Patricia Laigneau. Passionnés par l'art des jardins, ils ont créé un espace contemporain divisé en douze sections faisant référence à la littérature et aux légendes médiévales.

On peut visiter le potager de Gargantua avec ses légumes géants, admirer les roses anciennes du jardin secret, apprendre à fabriquer des potions magiques dans le Bois amoureux, se demander qui l'on va rencontrer dans la Forêt enchantée, s'émerveiller devant la Bordure Délice et le verger de Paradis ou prendre garde à ne pas se perdre sur le chemin du Petit Poucet. À chaque pas, vous découvrirez des elfes et des ogres, faits parfois de vieux pots de fleurs ou d'outils de jardinage. Arbres et arbustes se présentent sous des formes extraordinaires et les clôtures de marronniers tressés évoquent d'anciennes pratiques. Une collection de cépages anciens recourt aux méthodes de culture ancestrales. Chaque année, les propriétaires invitent un artiste à créer une œuvre en rapport avec leurs jardins. *La forêt qui court*, *Le Nid* ou encore *La Sphère* posent des questions relatives à l'environnement, offrent de nouveaux emplacements où s'asseoir ou créent de nouveaux angles de vue sur les jardins. Surtout ils ajoutent une touche contemporaine à ce lieu d'exception qu'inspire tant un passé mythique. MO

Roseraie d'André Eve

Centre, France

CRÉATEUR : André Eve
PROPRIÉTAIRES : Société des roses anciennes, André Eve
STYLE : jardin de roses
SUPERFICIE : 0,3 ha
CLIMATE : tempéré
SITUATION : Morailles – Pithiviers-le-Vieil

Passionné de roses anciennes, André Eve a remis sur le devant de la scène des fleurs qui tombaient dans l'oubli, ces roses qui faisaient « rêver nos grands-mères et arrière-grands-mères » pour leur parfum et leur délicatesse : 'Blanc double de Coubert', 'Belle Poitevine', 'Louise Odier', 'Westerland', 'Fée des Neiges', 'Pénélope' et bien d'autres figurent parmi la liste des rosiers buissons préférés. Dans la famille des grimpants, les favoris se choisissent entre 'Ghislaine de Féligonde', 'Sourire d'Orchidée', 'Blush Noisette', 'Phyllis Bide', 'Maréchal Niel'... des arbustes qui grimpent sur les pergolas ou se prélassent volontiers sur une palissade. André Eve a hybridé lui-même plusieurs rosiers séduisants, comme 'Red Parfum'. Avec ce cortège de roses anciennes, il a créé, voilà une vingtaine d'années, un lieu enchanteur, à côté de sa pépinière. Ce grand jardin de roses ne ressemble en rien à une roseraie classique. Tout en courbe et en rondeur, empreint de féminité, il met en scène plus de cinq cents variétés d'autrefois et de variétés récentes qui sortent de l'ordinaire. Comme, selon André Eve, la rose est encore plus belle accompagnée que seule, des arbustes s'invitent à côté des massifs, des bulbes et vivaces enrobent le pied des rosiers. Quant aux grimpants, ils s'accompagnent souvent d'une clématite, pour que la rose ne s'ennuie pas sur son piédestal ! ML

Parc du château d'Ainay-le-Vieil

Centre, France

CRÉATEUR : Marie-Sol de la Tour d'Auvergne (avec les conseils de Pierre Joyau)
PROPRIÉTAIRE : famille d'Aligny
STYLE : romantique (parc) et créatif
SUPERFICIE : 7 ha
CLIMAT : tempéré
SITUATION : Ainay-le-Vieil

Joliment composé d'espaces à thèmes, le parc d'Ainay-le-Vieil se livre dans une atmosphère précieuse. La présence des chartreuses closes de murs datant du XVIIe siècle donne une personnalité particulière aux jardins. Le château féodal, toujours habité, fait face à deux pavillons XVIIe, d'où l'on chemine vers un pont de pierre enjambant des canaux. La quiétude de l'eau incite immédiatement à la contemplation, tout comme le parc du XIXe siècle orné d'arbres exceptionnels : catalpa bicentenaire, cèdres du Liban, cyprès.... La succession des chartreuses, restaurées il y a une vingtaine d'années, révèle successivement des *english borders*, un verger sculpté, un jardin de méditation, un cloître de simples, des parterres de broderies végétales. L'entrée au verger se fait par une allée couronnée d'arceaux de poiriers et tapissée de roses. Dans le jardin de méditation et son enclos d'osier vivant, une fresque représente saint François d'Assise en train de converser avec les oiseaux ; la haie tressée cache un parterre de buis et germandrée ainsi qu'une sculpture végétale en if. Le cloître cerclé d'un promenoir s'orne d'une série d'arcades reliées par des tilleuls conduits en voûte. La chartreuse suivante, dédiée à Pomone, rend hommage à la déesse des Moissons, dont la statue s'enveloppe d'une abondance de fleurs. Ultime étape : la collection de roses anciennes à découvrir en fin de printemps pour leur parfum et leur grâce. ML

Parc floral d'Apremont

Centre, France

CRÉATEUR : Gilles de Brissac
PROPRIÉTAIRE : Mme de Brissac
STYLE : contemporain, parc floral
SUPERFICIE : 4,8 ha
CLIMAT : tempéré
SITUATION : Apremont-sur-Allier

La visite de ce parc charmant s'accompagne de celle du village médiéval d'Apremont, construit autour d'une citadelle et considéré comme l'un des plus beaux villages de France. Restauré avec goût au début du XXe siècle, c'est un décor enchanteur.

Les jardins furent dessinés par le célèbre paysagiste Gilles de Brissac. Les maisons anciennes, recouvertes de clématites et de roses grimpantes, émergent aujourd'hui de parterres de fleurs exubérants. De longues branches de glycines du Japon de couleur blanche recouvrent une sorte de tunnel de 90 m de long et font écho aux fleurs blanches d'un imposant *Albizia* (arbre de soie). Plusieurs folies sont disséminées alentour. D'inspiration russe, le belvédère est décoré de panneaux de faïence représentant des voyages imaginaires. Le pont-pagode franchit un lac artificiel né du détournement d'une rivière. Le pavillon turc évoque la splendeur de l'Empire ottoman.

La cascade conçue sur le site d'une ancienne carrière doit son aspect naturel à la plantation judicieuse de plantes tapissantes, de fougères et d'iris bleus. On trouve dans le jardin des arbres et arbustes intéressants dont un métaséquoia, des pommiers sauvages, des deutzias, un *Cornus alternifolia*, des amélanchiers et un groupe de *Nyssa sylvatica*. Le remarquable jardin Blanc s'inspire de celui conçu par Vita Sackville-West à Sissinghurst, dans le Kent (voir p. 370). Avec ses bordures d'arbres à feuillage persistant, ses pyramides de buis et une profusion d'herbacées à fleurs blanches et de plantes à feuilles argentées, il donne une touche de formalisme élégant à cette partie du jardin. MO

Jardins du prieuré d'Orsan

Centre, France

CRÉATEUR : Patrice Taravella
PROPRIÉTAIRE : Patrice Taravella
STYLE : jardins d'inspiration médiévale (XXe siècle)
SUPERFICIE : 2 ha
CLIMAT : tempéré
SITUATION : Maisonnais

Un architecte et une décoratrice de théâtre tombèrent amoureux de cet ancien prieuré, restaurèrent les bâtiments et recoururent au talent d'un jardinier, Gilles Guillot, pour créer ces jardins d'une grande beauté. Ils s'inspirèrent de miniatures médiévales et évitèrent toute reconstitution servile pour donner à ce nouveau jardin un fort caractère symbolique et spirituel. Traditionnellement clos par la forme en U des bâtiments, l'espace réservé à la méditation et à la prière se prêtait admirablement à leur souhait. Des sentiers herbeux divisent ce noyau central en quatre carrés de vigne symbolisant les quatre fleuves du Paradis ; une fontaine en occupe le centre. Huit charmilles marquent l'entrée d'autres jardins clos destinés à glorifier l'abondance terrestre ou symboliser les vertus.

On peut se promener dans le jardin de plantes médicinales (herbarium), le verger, l'oliveraie, le potager en forme de labyrinthe, le cloître de verdure avec ses voûtes recouvertes de clématites et de glycine ou encore la roseraie. Les caractéristiques les plus remarquables sont toutefois les structures destinées à séparer les espaces, palisser des arbres fruitiers, créer des sièges odorants plantés de thym ou fruitiers ou encore créer des haies surélevées débordant de concombres et de potirons. Le jardin est ponctué de branches de châtaigniers, tressées avec soin ou servant de support à des motifs géométriques, créant ainsi accents verticaux, diagonales, cœurs plaqués aux murs ou cercles inscrits dans des charmilles. La conception globale réussit parfaitement à réinterpréter une tradition pluriséculaire. MO

Jardins du prieuré de Saint-Cosme

Centre, France

CRÉATEUR : Service des parcs et jardins d'Indre-et-Loire
PROPRIÉTAIRE : conseil général d'Indre-et-Loire
STYLE : médiéval, Renaissance (XXe siècle)
SUPERFICIE : 2 ha
CLIMAT : tempéré
SITUATION : La Riche

Ce prieuré construit sur une ancienne île de la Loire doit sa renommée à Pierre de Ronsard, l'illustre poète qui y vécut au XVIe siècle. Selon ses dernières volontés, il repose dans l'église où l'on peut encore voir sa tombe.

Conçus dès 1980 autour des ruines du prieuré, les jardins modernes rendent hommage à Ronsard : « Cueillez dès aujourd'hui les roses de la vie. » Ils comportent quelque trois mille rosiers anciens ou contemporains. Inspirés des jardins médiévaux ou Renaissance, ils se divisent en huit espaces. Face au jardin du prieur, le jardin Rose présente des parterres ceints de buis dont un très vieux spécimen. Dans le jardin Francis-Poulenc, des annuelles viennent rehausser des roses qu'abrite une bordure de charmes. Plus loin, le jardin Androuet-du-Cerceau s'inspire des dessins de ce célèbre architecte du XVIe siècle..

Sur la terrasse inférieure, le jardin du cloître est entouré de bordures de lavandin et décoré de cyprès et de plantes aromatiques. Le potager mélange légumes, plantes médicinales ou aromatiques, arbres fruitiers et rosiers ; non loin s'étend un verger herbeux dont les arbres sont taillés en cônes. Créé en 2003, le jardin parfumé est planté de rosiers, lavande, pivoines et lis sélectionnés selon leurs fragrances.

Ce jardin marie harmonieusement les références historiques et contemporaines. Il accueille une fois par an un festival consacré aux roses. MO

Parc floral de la Source

Centre, France

CRÉATEURS : divers, urbanistes et créateurs
PROPRIÉTAIRE : Autorité publique de gestion
STYLE : arboretum, botanique, parc floral
SUPERFICIE : 35 ha
CLIMAT : tempéré
SITUATION : Orléans

Le domaine de La Source fut acheté par le département du Loiret et la ville d'Orléans. Sur les 410 ha que représentait le domaine, 35 furent consacrés à la création d'un parc, à la fois lieu de détente et vitrine horticole. Les parterres et le château d'origine sont aujourd'hui entourés de superbes jardins.

Si vous le visitez à la fin du printemps, vous vous souviendrez toujours de l'extraordinaire tableau d'iris, une collection nationale dont les mille variétés s'épanouissent en toute liberté ou forment des motifs tout en exhalant les senteurs les plus délicates. Dans l'axe du château et de son bassin, la roseraie du Miroir symbolise l'amour et la passion avec ses couleurs allant du rose au rouge, sans oublier le blanc de l'innocence. Pergolas et treilles présentent des variétés grimpantes. Le Potager extraordinaire se cache derrière une « vague » de 30 m de long dont le mur d'osier est une véritable sculpture végétale alors que le jardin de dahlias est ceint d'osier tressé.

Le mystérieux jardin de la Source dissimule la source du Loiret, et les nuages de gouttelettes émis par l'eau bouillonnante couvrent d'une fine brume les parcelles environnantes. La serre aux papillons recrée une forêt tropicale et un délicat filet métallique accroché entre les arbres délimite une grande volière. L'ensemble du parc a quelque chose de grandiose, voire d'impressionnant. MO

Jardins du château de Villandry

Centre, France

CRÉATEUR : Joachim Carvallo
PROPRIÉTAIRES : famille Carvallo
STYLE : Renaissance à la française (XXe siècle)
SUPERFICIE : jardins à la française 5 ha
CLIMAT : tempéré
SITUATION : Villandry

Au XIXe siècle, le jardin traditionnel fut détruit pour être remplacé par des jardins paysagers à l'anglaise. En 1906, le Dr Joachim Carvallo (arrière-grand-père des propriétaires actuels) acheta Villandry et s'engagea dans dix-huit années de travaux. Un réseau de canaux, systèmes hydrauliques et terrasses regroupés autour du château Renaissance lui apporta la structure sur laquelle il put plaquer sa vision d'un jardin Renaissance rénové.

Le jardin s'étend sur trois niveaux. Chacun possède son propre caractère même s'ils sont intimement liés les uns aux autres. Le plus élevé est marqué par la simplicité et la sérénité : pelouses, miroir d'eau, allées de tilleuls ombragées permettant de découvrir les extravagances situées en contrebas. Le jardin d'ornement est plus complexe : parterres, haies de buis, plantes printanières et estivales. Il est composé de quatre carrés se rapportant au thème de l'amour.

La charmille recouverte de vigne vierge domine le jardin du bas tout en protégeant de l'ardeur du soleil. C'est là que se trouve le fabuleux potager de Villandry. Entouré de poiriers et de pommiers en espalier, il est composé de neuf carrés de même taille dont les motifs géométriques sont tous différents ; les légumes changent deux fois par an. Et enfin, le jardin des Simples consacré aux herbes aromatiques, condimentaires et médicinales. Celui-ci accueille une trentaine de variétés de ces plantes. L'art du jardinage est ici à son plus haut niveau. JB

Jardins du château de Cormatin

Bourgogne, France

CRÉATEURS : Marc Simonet-Lenglart, Pierre Almendros
PROPRIÉTAIRES : Anne-Marie Joly, Marc Simonet-Lenglart, Pierre Almendros
STYLE : Renaissance (XVIIe siècle)
SUPERFICIE : 12 ha
CLIMAT : tempéré
SITUATION : Cormatin

Au cours des vingt dernières années, ce château a retrouvé sa splendeur d'autrefois. Construits en 1605 pour le marquis d'Huxelles dans le style des forteresses entourées de douves, la bâtisse et ses jardins ont été très négligés au fil des siècles et ce n'est qu'en 1981 que débuta un ambitieux programme de rénovation.

Entre la petite ville bourguignonne de Cormatin et la Grosne, la propriété offre une vue imprenable sur les prairies en contrebas. Le plan du jardin s'appuie sur une grille où deux rangées délimitent six grands carrés. Le château occupe une position centrale ; le potager à l'ancienne se situe sur l'un de ses côtés. Il y a également un grand parterre divisé de façon géométrique en pelouses, parterres de fleurs et paysage doté d'un lac. Les deux autres carrés sont très différents. Il faut signaler les quinconces, où les arbres sont plantés à intervalles réguliers, et le labyrinthe ceint d'un canal. Au centre, le belvédère permet d'avoir une belle vue sur l'ensemble. Au-delà, parallèlement à la rivière, en haut d'une digue protectrice, la longue allée de tilleuls abrite des ardeurs du soleil en été. HH

… ce château a retrouvé sa splendeur d'autrefois…

Jardin de La Boirie

Poitou-Charentes, France

CRÉATEUR : Thierry Lecêtre
PROPRIÉTAIRE : Thierry Lecêtre
STYLE : personnel
SUPERFICIE : 0,25 ha
CLIMAT : océanique
SITUATION : Saint-Pierre d'Oléron

Profitant de la douceur de l'Île d'Oléron, ce jardin luxuriant allie la recherche paysagère et l'esprit décoratif. Il a été créé sur d'anciens potagers au village de La Boirie par Thierry Lecêtre, qui avoue un goût prononcé pour la botanique et collectionne en particulier les sauges et les hostas. La découverte des sauges bleues *(Salvia guaranitica, Salvia patens)* a grandement suscité sa vocation. Après avoir collecté des graines à travers le monde, il agrandit son jardin en défrichant un petit bois et en créant un plan d'eau en 1997. Le parcours est jalonné d'arches, de portiques et de plantes volubiles : glycine tubéreuse, bignone, houblon, rosiers grimpants. La progression dans le jardin fait découvrir d'autres scènes colorées, où les vivaces épousent une mise en scène très naturelle. Les harmonies de couleur et la présence des parfums sont savamment dosées. Thierry Lecêtre se dit inspiré à la fois par les jardins anglais et orientaux. Les ornements de terre cuite viennent ajouter leur touche exotique au jardin.

Le lieu respire aussi avec le murmure de l'eau, qui circule dans les bassins et cascades. Le jardin de La Boirie s'offre comme un lieu de repos et de contemplation, où les haltes sont ménagées de scène en scène. Chaque année ajoute au lieu son lot de surprises et de créations paysagères, qui n'ont pas fini de surprendre le visiteur ! Le jardin se poursuit dans la pépinière de collection, qui rassemble une gamme colorée de vivaces et plusieurs dizaines de sauges. ML

Le Labyrinthe

Rhône-Alpes, France

CRÉATEUR : Alain Richert
PROPRIÉTAIRES : Yves et Anne-Monique d'Yvoire
STYLE : médiéval (XXe siècle)
SUPERFICIE : 0,25 ha
CLIMAT : tempéré
SITUATION : Yvoire

Bâti sur un promontoire dominant le lac Léman, le beau village d'Yvoire s'est enrichi d'un château au XIVe siècle, mais seules demeurent des ruines. Toutefois, le vieux jardin clos qui occupait le centre du village a été amoureusement restauré par Alain Richert selon l'art et la symbolique des jardins médiévaux. On l'appelle aussi le Jardin des Cinq Sens.

Reliés l'un à l'autre, les jardins occupent deux niveaux. En haut, la prairie alpestre rappelle la vallée glaciaire toute proche tandis que la parcelle « entrelacée » symbolise la rencontre de l'homme et de la nature. Le cloître médiéval s'enorgueillit d'une jolie pergola de charmes disposée autour d'un jardin symétrique d'herbes médicinales ; en son centre, un bassin est réservé aux oiseaux. En dessous, le labyrinthe a pour concept unificateur les cinq sens : quatre jardins entourent une volière. Le jardin du Goût est planté de façon saisonnière de variétés de légumes courants au Moyen Âge, avec des fruits doux et des fleurs comestibles. Le jardin de l'Odorat est embaumé par les fleurs et le feuillage odorant. Une expérience tactile inédite attend le visiteur du jardin du Toucher, où les textures vont du doux à l'épineux en passant par le collant, voire le caoutchouteux. Les teintes de l'arc-en-ciel caractérisent le jardin de la Vue, alors que celui de l'Ouïe est représenté par le chant des oiseaux et le murmure de l'eau des fontaines. En 2004, le Labyrinthe-Jardin des Cinq Sens a reçu le label « Jardin remarquable ». NS

Jardin zen d'Erik Borja

Rhône-Alpes, France

CRÉATEUR : Erik Borja
PROPRIÉTAIRE : Erik Borja
STYLE : méditerranéen et japonais (XXe siècle)
SUPERFICIE : 3 ha
CLIMAT : tempéré
SITUATION : Les Clermonts

Deux mots résument le jardin d'Erik Borja : unité et harmonie. Ces deux concepts sont également au cœur des jardins zen qui ont tant inspiré Borja. Ici, les jardins japonais font preuve d'un symbolisme étonnant. Le jardin zen traditionnel a pour mission de favoriser la méditation des moines. Pour Erik Borja, il s'agit plutôt d'une union de l'Orient et de l'Occident, du mélange des idées et des styles japonais et méditerranéen. Ce mariage est-il heureux ?

Du point de vue esthétique, c'est une réussite incontestable. Sculpteur, Borja transfère son œuvre dans son jardin. Les matériaux naturels que l'on voit ici, vivants ou inanimés, sont traités comme les éléments sculpturaux d'une plus grande composition. Ainsi, dans le jardin zen, rochers et gravier minimalistes s'accompagnent de plantes et de feuillage exubérants. Les arbres font également office de sculptures, taillés en forme de nuage à la mode japonaise. Trois formes de pyracanthes poussent ensemble pour former l'arrière-plan massif et vivant du jardin méditerranéen. L'œil se réjouit au spectacle des courbes du houx ou du chèvrefeuille arbustif (*Lonicera nitida*).

L'audace n'empêche pas Borja de prêter la plus grande attention au moindre détail. Vignettes délicieuses et touches subtiles mettent l'univers à la portée de l'homme. Elles apportent beaucoup de charme à la composition et mettent en valeur le talent de son concepteur. Une réussite sans égale ! TM

Vignettes délicieuses et touches subtiles mettent l'univers à la portée de l'homme.

Terre Vivante

Rhône-Alpes, France

CRÉATEURS : Gilles Clément, Sue Stickland et autres
PROPRIÉTAIRE : Centre Terre Vivante
STYLE : informel et rural (XXIe siècle)
SUPERFICIE : 20,2 ha
CLIMAT : tempéré
SITUATION : Mens

Cette extraordinaire création que protègent les forêts d'une région des Alpes fut conçue par les fondateurs du premier magazine français consacré au jardinage et à la vie écologique, *Les Quatre Saisons du jardinage*. Ils décidèrent de mettre leurs théories en pratique et de montrer comment vivre au XXIe siècle en utilisant l'énergie solaire, économisant l'eau, recourant aux engrais naturels, installant des toilettes à compost et bâtissant une série de maisons écologiques. Le financement est assuré par les visiteurs, mais aussi par une maison d'édition publiant un magazine et des ouvrages consacrés au jardinage biologique, à l'habitat écologique, aux énergies alternatives, à l'alimentation et aux modes de vie biologiques, enfin.

En plus des cinq jardins d'ornement dessinés par Gilles Clément, un des concepteurs du parc André-Citroën (voir p. 579), on trouve un jardin familial avec une pelouse bordée de fleurs ainsi qu'un espace réservé aux légumes, fruits et plantes médicinales. Des légumes peu communs poussent à côté d'autres, plus classiques. On peut assister à des démonstrations de jardinage biologique avec des plantes attirant oiseaux, abeilles et autres insectes utiles ; il faut aussi mentionner plusieurs potagers et une promenade éducative. Le bassin aux nénuphars fait également office de réservoir. On a ici affaire à un jardin délicieux regorgeant de bonnes idées. MO

Hautefort

Aquitaine, France

CRÉATEURS : M. de Choulot, Mme de Bastard
PROPRIÉTAIRE : Fondation du château de Hautefort
STYLE : parc, à l'anglaise (XIXe siècle) ; jardin, à la française (XXe siècle)
SUPERFICIE : parc, 30 ha ; jardin, 2,5 ha
CLIMAT : tempéré
SITUATION : Hautefort

Ce magnifique château domine la vallée de la Vézère et les forêts du Périgord Noir. À l'origine, ce château médiéval appelé Castrum de Autafort appartenait aux vicomtes de Limoges. Son histoire est tourmentée puisqu'il a été assiégé en 1183 par Richard Cœur de Lion avant d'être restauré par Bertran de Born, le célèbre troubadour guerrier. Le comte de Choulot transforma complètement le parc et les jardins en 1853. Lorsqu'en 1929, le baron et la baronne de Bastard rachetèrent le domaine, ce sont les jardins qui bénéficièrent des travaux les plus importants.

Un tunnel de thuyas dans lequel des fenêtres ont été découpées pour découvrir la campagne environnante conduit à une série de parterres de buis très classiques disposés sur trois côtés du château. Le plus important se dote de buis et d'ifs sculptés avec art. Un filigrane de demi-cercles, carrés, cônes, globes, volutes et champignons crée une broderie de verdure embellie au printemps par des plantes à bulbe et en été par des fleurs aux couleurs de joyaux. On a vraiment l'impression d'une tapisserie quand on contemple ces parterres depuis le haut du château.

Au sud et à l'ouest, on trouve également de superbes exemples de l'art topiaire. La façade sud du château est décorée de spécimens adultes de *Magnolia grandiflora* aux larges feuilles luisantes et aux fleurs dégageant un fort parfum. Au-delà des parterres, à l'ouest, le parc boisé naturel est parsemé de fleurs sauvages. RL

Marqueyssac

Aquitaine, France

CRÉATEURS : Bernard Vernet, Julien de Cerval
PROPRIÉTAIRE : Kléber Rossillon
STYLE : français, italien (XIXe siècle)
SUPERFICIE : 22 ha
CLIMAT : tempéré
SITUATION : Vézac

Les jardins suspendus de Marqueyssac surplombent en terrasses la majestueuse vallée de la Dordogne. Marqueyssac est le paradis des amateurs de buis puisque cent cinquante mille pieds sont disposés en haies ou en parterres. Il existe même un petit tunnel formé de buis adulte.

Julien de Cerval hérita de cette propriété en 1851. Sa passion des jardins était très influencée par les séjours qu'il avait effectués en Italie. Il pourvut les jardins d'agrément des terrasses de buis taillé en forme de nuages pour s'harmoniser avec le paysage alentour. Il construisit ensuite la tour et le belvédère à 130 m au-dessus de la rivière avant d'ajouter chemins sinueux, petits escaliers, trois petits belvédères de pierre sèche, des jardins de pierre et des bancs sculptés dans la roche. Il donna une allure néogothique à la chapelle et la dédia à saint Julien, patron des passeurs. Elle avait été édifiée auparavant par Julien Bessière, constructeur de la Grande Allée, longue de 148 m. Parmi les apports plus modernes, citons l'allée tortueuse de santolines et de romarin au feuillage vert et argenté ou encore la cascade. De Cerval fit planter tilleuls, arbres de Judée (*Cercis siliquastrum*), cytises et pins parasols (*Pinus pinea*), mais aussi des parterres entiers de *Cyclamen hederifolium*.

Marqueyssac prend des airs de conte de fées chaque jeudi soir de juillet et d'août, quand les jardins sont illuminés par un millier de bougies. Tout est captivant dans ces jardins romantiques et leur environnement unique. RL

Jardins du manoir d'Eyrignac

Aquitaine, France

CRÉATEURS : Gilles et Patrick Sermadiras
PROPRIÉTAIRE : Patrick Sermadiras
STYLE : à la française
SUPERFICIE : 4 ha
CLIMAT : tempéré
SITUATION: Salignac

Uniques en leur genre, les jardins d'Eyrignac en Périgord ont été composés il y a plus de quarante ans dans l'esprit de la Renaissance italienne. Gilles Sermadiras, père du propriétaire actuel, s'est attaché à recréer un jardin de topiaires tel que l'on pourrait l'imaginer il y a quatre siècles. Reprenant les tracés de l'ancien parc – murets, escaliers, bassins –, il a réalisé une architecture de verdure, faite d'ifs, de buis, de charmes et de cyprès. Les sculptures végétales empruntent des formes diverses : broderies, parterres à la française, chambres de verdure. Impeccablement taillées, les topiaires ont atteint aujourd'hui leur pleine maturité, habillant le parc de leurs formes épurées et dressant de belles perspectives : l'allée des charmes, avec sa double enfilade de colonnes d'ifs et de spirales de charme ; l' allée des vases et ses alcôves vertes ; le jardin français ponctué de boules et d'arabesques de buis ; la roseraie blanche toute en élégance... Sept sources réputées intarissables baignent le domaine de jeux d'eau et de fontaines, apportant leur fraîcheur et leurs doux murmures. Ce décor grandiose sert d'écrin au manoir du XVIIe siècle. Il présente l'intérêt de rester attractif quelle que soit l'époque de l'année, le propriétaire Patrick Sermadiras y veille attentivement. Les jardins du manoir d'Eyrignac, classés « Jardin remarquable » depuis 2004, peuvent être considérés comme l'un des plus beaux ensembles de sculptures végétales en France. ML

Jardins de l'Imaginaire

Aquitaine, France

CRÉATEUR : Kathryn Gustafson
PROPRIÉTAIRE : ville de Terrasson-Lavilledieu
STYLE : contemporain (fin XXe siècle)
SUPERFICIE : 6 ha
CLIMAT : tempéré
SITUATION : Terrasson-Lavilledieu

Terminé en 1999, ce nouveau parc est l'enfant chéri d'un maire particulièrement résolu à attirer les touristes loin des villes médiévales de Dordogne. Il organisa un concours en vue de la conception d'un vaste parc surplombant la ville et le lauréat fut Kathryn Gustafson. Le résultat connut tout de suite un immense succès.

Pour se lancer dans cette quête du paradis terrestre, il faut entreprendre une promenade sensuelle à travers les siècles et les civilisations en montant et descendant une pente assez raide. En premier viennent le bois sacré et ses fleurs sauvages, puis le tunnel végétal conduit à un jardin évoquant les monastères médiévaux. Des fils d'or dissimulés dans le feuillage symbolisent le voyage chaotique de la vie. Plus loin, une rangée de pylônes surmontés de girouettes métalliques et de clochettes permet de voir et d'entendre à la fois la direction du vent.

Le théâtre de verdure épouse les contours de la colline et chaque gradin est ponctué d'élégants bancs en métal. Le visiteur peut s'y asseoir et admirer le paysage par-delà le toit de la serre due à l'architecte britannique Ian Ritchie et, de l'autre côté, la structure métallique de la grande roseraie. Les jardins d'eau sont spectaculaires, avec leurs jets jaillissant d'un dallage de pierre. La cascade dévale une grande volée de marches de béton bordées de différentes espèces de sauge. Ailleurs, un puissant jet d'eau fuse d'un grillage métallique dissimulé sous une pelouse alors que, sur la terrasse inférieure, un ruisseau de béton crée un axe supplémentaire. C'est tout simplement superbe. MO

Jardins des Paradis

Midi-Pyrénées, France

CRÉATEURS : Éric Ossart, Arnaud Maurières
PROPRIÉTAIRE : Association Cordes Développement
STYLE : contemporain (fin XXe siècle)
SUPERFICIE : 0,4 ha
CLIMAT : méditerranéen
SITUATION : Cordes-sur-Ciel

Dans ces jardins magiques où tout semble plus grand que nature, plus coloré aussi, la conception traditionnelle prend un tour plus contemporain.

En 1997, Éric Ossart et Arnaud Maurières, deux grands architectes paysagistes français, conçurent ces jardins comme une succession d'enclos. Ils s'intègrent parfaitement dans le paysage et le cadre environnant.

Chacun de ces jardins fermés possède sa propre atmosphère. Les influences vont du bassin méditerranéen aux grandes abbayes du nord de la France en passant par l'Afrique du Nord. Certains traits font même penser au paysagiste brésilien Robert Burle Marx. En entrant dans le jardin, un chemin de canisses mène à un cloître de style médiéval ombragé par des bambous; le sol d'ardoises brisées est entouré de buis. En fond sonore, on entend le bruit de l'eau issue de plusieurs bassins et de la fontaine à degrés faite de seaux métalliques : elle dévale les marches conduisant aux autres enclos du jardin. Parmi ceux-ci, une bananeraie pourvue d'une série de fontaines en mosaïque bleue, une terrasse de terre cuite décorée d'agapanthes et une série de jardins colorés de fin d'été masqués par des écrans de saule tressé.

La terrasse inférieure est occupée par le potager, moderne et expérimental, où alternent haricots, cardons, oignons, bettes colorées et sauges. Partout, des poteries contenant lantaniers et soucis apportent leur note colorée. Tous les sens sont ainsi sollicités lors de la visite. VB

Abbaye Saint-Michel de Cuxa

Languedoc-Roussillon, France

CRÉATEURS : Jean et Élisabeth Ségui
PROPRIÉTAIRE : abbaye de Saint-Michel de Cuxa
STYLE : jardin d'agrément (XXe siècle)
SUPERFICIE : 0,1 ha
CLIMAT : méditerranéen
SITUATION : Codalet

C'est par hasard que la plupart des gens découvrent ce petit jardin lorsqu'ils visitent l'abbaye de Saint-Michel de Cuxa. Le cloître du XIIe siècle est aujourd'hui l'un des plus beaux de France (depuis un siècle, certains de ses chapiteaux sont regroupés et exposés au Cloisters Museum du Met de New York). Dans le lointain, la cime enneigée du Canigou domine un jardin où résonne trois fois par jour l'appel des moines à la prière. Ce lieu de pèlerinage est plus spécialement visité en mai, quand les iris sont en fleur. Quelque cinq cents variétés, iris d'Allemagne principalement, mais aussi quelques espèces ont été plantées en rangs dans un champ en contrebas de l'abbaye : cette vision évoque un tableau de Monet.

Le Dr Jean Ségui a commencé cette collection il y a plus de quarante ans. Il entreprit de cultiver quelques-uns des plus beaux iris de France, dont une poignée d'hybrides rouge et or, très prisés par les jardiniers de la région parce qu'ils rappellent les couleurs du drapeau catalan. Sa belle-fille, Élisabeth Ségui, a racheté son stock et ouvert non loin de là, à Mèze, la pépinière Iris de Thau. Elle privilégie les variétés rares ou anciennes. Marie Pal, tante d'Élisabeth, veille sur les iris : chaque après-midi, assise sous un châtaignier, elle distribue conseils et brochures. On ne peut acheter d'iris, mais on peut en commander. Les visiteurs ont du mal à s'arracher à ce jardin séduisant et, quand ils se souviennent qu'ils sont là pour voir l'abbaye, celle-ci a fermé ses portes depuis déjà longtemps VR

Bambouseraie de Prafrance

Languedoc-Roussillon, France

CRÉATEUR : Eugène Mazel
PROPRIÉTAIRE : Muriel Nègre
STYLE : naturel, exotique (XIXe siècle)
SUPERFICIE : 34 ha
CLIMAT : méditerranéen
SITUATION : Générargues Anduze

Il suffit de pénétrer dans cette vallée profonde des Cévennes où se situe ce jardin extraordinaire pour se croire transporté sur un autre continent. Une haute voûte de bambous recouvre l'allée d'entrée et on ne saurait imaginer plus vif contraste avec le paysage méditerranéen aride alentour. Ce sentiment de dépaysement persiste tandis que l'on traverse une forêt de bambous vert clair d'apparence impénétrable pour rejoindre un labyrinthe, lui aussi fait de bambous, et un village laotien sur pilotis. Il y a même un jardin japonais dont l'étang paisible est dominé par des *Acer*. Leurs grandes dimensions et leur situation au fond d'une vallée extrêmement fertile ont permis à ces jardins de développer leur propre microclimat, aidés en cela par un réseau d'irrigation.

Cette création utopique est l'œuvre d'Eugène Mazel, riche négociant en épices du XIXe siècle. Ses activités commerciales lui permirent d'importer d'Asie une belle collection de plantes alors inconnues en France mais ce projet le ruina et il dut vendre ses jardins à une banque avant que la famille Nègre finisse par les racheter. Il y a beaucoup à voir. Ne passez pas à côté du gigantesque *Ginkgo biloba* de 30 m de haut proche du ruisseau coulant dans le val du Dragon. Il symbolise la détermination et le succès d'un site qui aurait pu céder aux exigences des visiteurs en installant des points d'information interactifs mais qui a préféré relever le défi et préserver son aspect original. MO

… une forêt de bambous vert clair d'apparence impénétrable…

Domaine du Rayol

Provence-Alpes-Côte d'Azur, France

CRÉATEUR : Gilles Clément
PROPRIÉTAIRE : Conservatoire du littoral
STYLE : contemporain
SUPERFICIE : 7 ha
CLIMAT : méditerranéen
SITUATION : Le Rayol-Canadel

Création botanique et paysagère, les jardins du Rayol évoquent la flore de neuf régions du monde partageant des conditions de climat similaires. Ce domaine a appartenu en 1910 à l'homme d'affaires Alfred Théodore Courmes, qui y fit planter le premier jardin d'agrément avec sa pergola, ses palmiers-dattiers, agaves et acacias. Il passe en 1940 dans les mains du constructeur aéronautique Henri Potez, qui redonne au jardin du Rayol un certain faste, faisant édifier des grands escaliers.

Le site du domaine, situé sur la corniche des Maures dans le Var, appartient aujourd'hui au Conservatoire du littoral. Il a été merveilleusement préservé, avec ses promontoires, ses anses et sa végétation naturelle de lentisque, pins, cistes, arbousiers... Dans le vallon boisé qui mène vers la mer et la pointe du Figuier, la réalisation des neuf jardins méditerranéens est signée du paysagiste Gilles Clément initiateur des « jardins en mouvement ». Chaque jardin rassemble les plantes typiques d'une région du globe, et ses associations végétales : le jardin sud-africain avec ses aloès et ses oiseaux de paradis ; le jardin australien avec les arbres « rince-bouteille » comme le callistemon et le *Melaleuca* ; le jardin aride d'Amérique centrale avec ses agaves, ses yuccas et autres plantes succulentes ; le jardin asiatique avec bambous et cycas ; le jardin chilien avec le grand araucaria des Andes et le palmier à miel ; le jardin néo-zélandais avec ses cordylines et *Phormium* ; le jardin californien ; le jardin américain sub-tropical et, enfin, le jardin marin. Les nombreuses plantes étonnantes ou remarquables mises en scène dans le domaine peuvent se découvrir en visite libre ou guidée. ML

Fontana-Rosa

Provence-Alpes-Côte d'Azur, France

CRÉATEUR : Vicente-Blasco Ibanez
PROPRIÉTAIRE : ville de Menton
STYLE : contemporain (XXe siècle)
SUPERFICIE : 0,4 ha
CLIMAT : méditerranéen
SITUATION : Menton

Les Quatre Cavaliers de l'Apocalypse, classique du muet dont le héros n'était autre que Rudolph Valentino, était une adaptation du roman d'un écrivain espagnol, Vicente-Blasco Ibanez, dissident politique qui s'enfuit de son pays pour s'installer à Menton. Il y acheta Fontana-Rosa, une villa Belle Époque dominant toute la baie. C'est là que, de 1922 à sa mort, survenue six ans plus tard, il créa le jardin des Romanciers. Au milieu des palmiers, platanes et magnolias, il construisit une salle de cinéma, une bibliothèque et un aquarium ; il honora aussi ses auteurs préférés (Dickens, Victor Hugo et Dostoïevski) en plaçant leurs bustes sur des piédestaux. C'est toutefois à Cervantès qu'il rendit le plus bel hommage avec une rotonde complexe ornée de cent scènes tirées de son *Don Quichotte*.

Le jardin s'inspire du jardin public de Valence (Espagne) avec ses colonnes, ses bancs et ses pergolas : c'est là qu'il jouait étant enfant. Les céramiques mauresques ont été importées de la petite ville de Manises, près de Valence. Des roses et des œillets furent cultivés en pots avant d'être plantés dans de la terre importée en sacs de Valence. Jasmin, lis, grenadiers, orangers et citronniers embaumaient tout le jardin.

Vicente-Blasco Ibanez voulait qu'après sa mort Fontana-Rosa – le jardin des Romanciers – devienne un sanctuaire pour écrivains vieillissants, mais son fils, Sigfrido, vendit la partie supérieure de la propriété à des promoteurs en 1970, donnant la moitié inférieure à la ville de Menton. Elle fut classée monument historique vingt ans plus tard, mais la villa était déjà démolie et l'ornementation des jardins détruite par la guerre et la négligence. Ces dernières années, le jardin a été peu à peu restauré et la ville projette une rénovation totale des lieux. VR

Jardin d'Èze

Provence-Alpes-Côte d'Azur, France

CRÉATEUR : Jean Gastaud
PROPRIÉTAIRE : ville d'Èze
STYLE : exotique, agrément (XXe siècle)
SUPERFICIE : 4 ha
CLIMAT : méditerranéen
SITUATION : Èze

À 430 m d'altitude, le jardin exotique d'Èze domine la Méditerranée. Le terme « exotique » ne fait pas référence aux palmiers et autres bananiers, mais à toute une gamme de cactées et de plantes grasses ne poussant normalement pas dans la région. On ne trouve pas agaves et figuiers de Barbarie sur les collines voisines, mais ils se retrouvent ici parmi toutes sortes de cactus et de plantes grasses originaires d'Amérique du Sud.

En 1949, Jean Gastaud commença sa collection sur le site des ruines du vieux château d'Èze. Ne venez surtout pas si vous avez le vertige : les chemins souvent étroits serpentent parmi des plantes jusqu'au sommet. De là, vous jouirez d'un magnifique panorama sur la Méditerranée, dont la péninsule du Cap-Ferrat, et, par beau temps, vous pourrez même apercevoir la Corse.

On dit que les collectionneurs de cactus vivent très longtemps, rien que pour en voir fleurir un. On peut le comprendre quand, parmi le gris verdâtre et le bleu-vert terne, on entrevoit une tache de couleur, une étincelle jaune et rouge jaillie de leurs formes inertes.

Le jardin fut rénové en 2003-2004. Même si Èze est situé sur une route touristique, son jardin, au bout d'une rue longue et étroite, n'est pas très fréquenté. C'est vraiment dommage car le visiteur est sûr de découvrir des plantes grasses et des cactus inconnus dans nos contrées et de profiter d'un des meilleurs points de vue sur la Côte d'Azur. HH

Villa Ephrussi de Rothschild

Provence-Alpes-Côte d'Azur, France

CRÉATEUR : Achille Duchêne
PROPRIÉTAIRE : Institut de France
STYLE : éclectique (début XXe siècle)
SUPERFICIE : 7,7 ha
CLIMAT : méditerranéen
SITUATION : Saint-Jean-Cap-Ferrat

En 1905, Maurice Ephrussi de Rothschild acheta 7 ha à Saint-Jean-Cap-Ferrat. Sept ans et onze architectes plus tard, la maison et le jardin, en étages comme les ponts d'un bateau, furent enfin achevés. Le site est géré depuis 1934 par l'Institut de France. On lui donne également le nom de jardins du musée Ephrussi de Rothschild.

Un splendide panorama rend délicieuse la visite de ce jardin tout au long de l'année. La villa rose rappelant les palais italiens est précédée d'une esplanade dotée d'une grotte. Derrière la villa se trouve un jardin formel à la créole où palmiers et agaves côtoient un temple de l'Amour. À l'ouest, après un escalier en fer à cheval, on atteint le jardin espagnol. Le crépuscule est le meilleur moment de la journée pour admirer le jardin florentin situé en contrebas, face à la baie de Villefranche. Il y a également un jardin japonais avec sa pagode en céramique et un jardin exotique où des sentiers serpentent entre d'impressionnants cactus.

Les parterres stricts de la roseraie se déploient autour d'un ravissant petit temple hexagonal, des plantes grimpantes courent sur des colonnes, et des pots de santoline ajoutent une touche persane. Le jardin disparaît alors dans un désert où aloès et oliviers déformés par le vent évoquent un paysage sauvage. Le jardin provençal descend vers le littoral oriental et des sentiers se faufilent entre les pins du jardin anglais. CH

Clos du Peyronnet

Provence-Alpes-Côte d'Azur, France

CRÉATEUR : Humphrey Waterfield
PROPRIÉTAIRE : William Waterfield
STYLE : Arts and Crafts anglais (XXe siècle)
SUPERFICIE : 0,5 ha
CLIMAT : méditerranéen
SITUATION : Menton-Garavan

Le clos du Peyronnet est l'œuvre de l'artiste et jardinier Humphrey Waterfield. Aujourd'hui, son neveu, William, s'occupe seul de la propriété.

Le clos du Peyronnet date de l'époque où le style Arts and Crafts exerçait sa plus grande influence sur la conception des jardins. Des structures telles que la pergola, la terrasse et le bassin témoignent de la qualité des travaux, mais c'est le jardin qui rend l'endroit si précieux. C'est l'œuvre d'un amoureux des plantes, et celui qui en prend soin actuellement est un botaniste amateur mais éclairé.

Le jardin fut créé sur un site en pente douce transformé en terrasses par Humphrey Waterfield. L'élégante demeure de style italianisant se niche à flanc de colline, entourée de plantes. Cyprès, *Citrus*, vipérines et glycines apprécient ce climat. Un grand nombre de plantes bulbeuses d'Afrique du Sud cultivées en pots sont disposées en rang sur des tables en pierre toutes identiques : elles font partie de la collection personnelle de William Waterfield. Pour évacuer la chaleur, ennemie du jardin, des bassins ont été creusés à différents niveaux : l'eau s'écoule de l'un à l'autre pour retomber enfin dans un bassin peuplé de poissons et de nénuphars. On doit s'inscrire à l'avance pour une visite organisée des lieux. AJ

À DROITE De vénérables glycines s'enroulent autour des colonnes de l'étonnante pergola du clos du Peyronnet.

Les Cèdres

Provence-Alpes-Côte d'Azur, France

CRÉATEUR : Julien Marnier-Lapostolle
PROPRIÉTAIRES : famille Marnier-Lapostolle
STYLE : botanique (XIXe à XXIe siècle)
SUPERFICIE : 14 ha
CLIMAT : méditerranéen
SITUATION : Saint-Jean-Cap-Ferrat

La propriété des Cèdres possède la plus belle collection privée de plantes au monde avec seize mille variétés allant de plantes grasses rares de Madagascar à de grands écrans de bambous géants. Parmi ses précédents propriétaires, il faut citer le roi Léopold II de Belgique et sir Ernest Cassel. En 1924, la maison et son jardin furent rachetés par la famille Marnier-Lapostolle, qui ne les a pas cédés depuis. Julien Marnier-Lapostolle avait alors 20 ans : ses dons de botaniste et d'horticulteur lui ont permis de faire des Cèdres le jardin extraordinaire que l'on connaît aujourd'hui. Même si l'unité de style n'est pas évidente, la seule abondance de plantes magnifiques a quelque chose d'ahurissant.

En 1908, l'infrastructure du jardin fut établie par les architectes Harold Peto et Jules Vacherot à qui Léopold II avait fait appel. Bassins, cascades, terrasses à l'italienne et escaliers constituent l'ossature d'un site riche de vingt-six jardins. Chacun possède son propre thème : tropical, sauvage, palmiers, mexicain, etc. Il y a également vingt-cinq serres où vivent six cents espèces d'orchidées, des plantes carnivores et des plantes aquatiques.

Cinq jardins, dont le mexicain, la charmille aux philodendrons et le tropical, doivent être couverts en hiver. Il faut pour cela dresser des échafaudages et dix personnes y travaillent pendant dix semaines. C'est dire le dévouement personnel du propriétaire des lieux, mais c'est ainsi que Les Cèdres sont devenus le joyau horticole et botanique que nous connaissons. AM

Les Colombières

Provence-Alpes-Côte d'Azur, France

CRÉATEUR : Ferdinand Bac
PROPRIÉTAIRES : Michael et Margaret Likierman
STYLE : baroque (début XXe siècle)
SUPERFICIE : 2,9 ha
CLIMAT : méditerranéen
SITUATION : Menton

En 1919, le dessinateur et écrivain Ferdinand Bac entreprit la décoration du jardin et de la maison des Colombières pour le compte de M. et Mme Ladan-Bockairy. Le travail fut terminé en 1924. Bac avait alors créé un jardin caractérisé par l'esprit, l'éclat et la beauté. Il se situe à une centaine de mètres au-dessus de la baie de Menton, à l'est de la vieille ville.

Le jardin occupe le site d'une ancienne oliveraie, et d'élégants cyprès de Provence *(Cupressus sempervirens)* lui donnent sa thématique. À l'intérieur de cette structure, Bac a disposé une série d'allées, de folies, de constructions d'ornement et de trompe-l'œil en référence aux classiques, *L'Odyssée* en particulier. Le mariage du détail le plus fin et du monde de la nature est des plus harmonieux. Un vénérable caroubier *(Ceratonia siliqua)* vieux de six cents ans est la pièce maîtresse d'une avenue peuplée d'immenses jarres à huile. Une volée de marches en pierre est interrompue par l'olivier autour duquel elles ont justement été construites. Le jardin des Colombières est enraciné dans la Méditerranée qui lui donne à la fois sens et imagination. Superbement restauré par Michael et Margaret Likierman, il n'est ouvert que quelques jours par an, mais une telle visite se mérite. AM

> … un jardin caractérisé par l'esprit, l'éclat et la beauté.

Serre de la Madone

Provence-Alpes-Côte d'Azur, France

CRÉATEUR : Lawrence Johnston
PROPRIÉTAIRE : Conservatoire du Littoral
STYLE : à la française (XXe siècle)
SUPERFICIE : 9 ha
CLIMAT : méditerranéen
SITUATION : Menton

Ce qui rend ce jardin fascinant, c'est l'esprit et l'époque auxquels il a été créé. Sujet britannique d'origine américaine, son propriétaire, Lawrence Johnston, fit jaillir un jardin d'un flanc de colline sec et aride à une époque où l'amour des plantes, les grands travaux et, pour beaucoup, la réussite sociale étaient révolus.

Johnston n'était pas seulement l'heureux propriétaire de ce site de la Côte d'Azur. Avec sa mère, il avait également créé Hidcote Manor, dans le Gloucestershire (voir p. 305). Quand il acheta Serre de la Madone en 1924, quelques-unes des expériences entreprises à Hidcote portaient déjà leurs fruits. Les deux propriétés étaient cependant très différentes. La Serre permit d'accueillir des plantes exotiques et fut, à bien des égards, plus une réussite que Hidcote. Le jardin est parfaitement associé à la maison grâce aux sentiers, aux allées et aux surfaces qui en sont les émanations. Il ne faut pas oublier la capacité de Johnston à utiliser de façon personnelle l'eau, les murs et les arbres. Cela rend Serre de la Madone plus intime que bien des jardins de mêmes dimensions, même si son agencement à l'époque de sa splendeur n'avait rien de comparable. Johnston mourut en 1958 et le jardin entama un long déclin.

En 1999, le Conservatoire du littoral racheta la propriété dont il confia la restauration à des spécialistes. Ce que nous voyons aujourd'hui n'est pas une réplique historique, mais un exemple d'un jardin à la fois beau et fascinant, ressuscité pour longtemps, il faut l'espérer. CY

Jardin du Val Rahmeh

Provence-Alpes-Côte d'Azur, France

CRÉATEUR : Mme Campbell

PROPRIÉTAIRE : Museum d'Histoire naturelle

STYLE : exotique

SUPERFICIE : 1 ha

CLIMAT : océanique

SITUATION : Menton

Le site du jardin semble idéalement choisi pour établir une collection botanique de plantes exotiques. Sur la pointe Est de l'anse de Garavan, le Val Rahmeh dresse un balcon à quelques dizaines de mètres au-dessus de la Méditerranée, à l'abri du vent et du gel.

Construit par la famille de Monléon au XIXe siècle, puis acquis par Lord Radcliff et son épouse Rahmeh, le domaine et son jardin sont embellis par Mme Campbell qui l'acquiert en 1957. Elle agrandit le parc en ajoutant le jardin inférieur auquel on accède par une passerelle, puis cède le domaine à l'État français au bout de dix ans. Les visiteurs pourront découvrir plusieurs arbres rares venus des Tropiques, en particulier un exemplaire du *Sophora toromiro*, arbre mythique de l'Ile de Pâques, qui pousse ici en pleine terre. Les curiosités, comme l'arbre aux tomates, ne manquent pas et les fruitiers des pays chauds sont bien représentés : avocatier, goyavier, cacaoyer, théier… Sur plusieurs îlots, les plantes ont été regroupées selon leurs origines : Australie, Amérique, Méditerranée. La promenade permet d'apprécier une variété d'ambiances végétales : le bois de bambous, la forêt tropicale, le jardin d'agrumes ou les collections de plantes de désert : yuccas, aloès, agaves… Elle se termine en bas du jardin, près du bassin orné de lotus et de papyrus. Véritable eden, riche de trois cents plantes et de mille cinq cents taxons, le Val Rahmeh est devenu un lieu important de conservation des espèces végétales. Au-delà de cette vocation, la villa et son jardin s'inscrivent parmi les fleurons de la Riviera. ML

Villa Noailles

Provence-Alpes-Côte d'Azur, France

CRÉATEURS : Gabriel Guévrékian, Charles de Noailles

PROPRIÉTAIRE : ville de Hyères

STYLE : contemporain, méditerranéen (XXe siècle)

SUPERFICIE : 0,2 ha

CLIMAT : méditerranéen

SITUATION : Hyères

Charles et Marie-Laure de Noailles furent de grands mécènes qui avaient pour amis intimes, entre autres, F. Scott Fitzgerald et Edith Wharton.

En 1924, les Noailles confièrent à l'architecte Robert Mallet-Stevens le projet d'une villa cubiste sur les hauteurs de Hyères. En 1926, Charles demanda également à l'architecte et paysagiste d'origine arménienne Gabriel Guévrékian d'y ajouter un jardin qui fût en harmonie. La création de Guévrékian fut l'une des premières expressions du cubisme en matière de végétation. Il y avait aussi en elle quelque chose des jardins japonais qui avaient tant inspiré les modernistes, faisant d'un jardin autre chose qu'un lieu de promenade, un « jardin-spectacle » en fait, visible d'en haut et de l'extérieur. Il a la forme d'un triangle isocèle dont le sommet se situe complètement à l'opposé de la maison. Guévrékian en divisa l'intérieur en une série de parterres carrés et rectangulaires peints (aujourd'hui carrelés) en jaune, bleu, violet, gris et noir. Ils étaient plantés d'un mélange d'espèces couvre-sol et de plantes saisonnières, la tulipe étant la préférée au printemps.

La villa, qui a été récemment restaurée, est un lieu d'exposition et le jardin en contrebas est visible toute l'année, depuis le chemin d'accès qui mène au parc Saint-Bernard. TM

À DROITE Création cubiste de Gabriel Guévrékian dans le jardin de la Villa Noailles.

Jardins du château de Veltrusy

République tchèque

CRÉATEURS : Rudolf Chotek, Jan Rudolf Chotek, Christian Hirschfeld, Richard van der Schot,
PROPRIÉTAIRE : État tchèque
STYLE : baroque, paysager (XVIIIe siècle)
SUPERFICIE : 269,3 ha
CLIMAT : tempéré
SITUATION : Veltrusy, Bohème centrale

Cette résidence d'été a conservé ses jardins baroques à la française. Elle fut édifiée en 1720 par le comte Vaclav Antonin Chotek et a connu depuis de nombreuses transformations. Les ajouts les plus importants sont dus au fils de Chotek, Rudolf, et adoptent le style d'un corps de ferme ornemental de la seconde moitié du XVIIIe siècle ; son petit-fils, Jan, fit également construire une ferme ornementale qui sera détruite par une inondation puis un parc paysager romantique, aidé en cela par Christian Hirschfeld et Richard van der Schott, le directeur des jardins de Schönbrunn (voir p. 640). L'architecte Hummel a conçu plusieurs folies romantiques et pavillons néoclassiques du parc.

Le château fut bâti sur une île formée par les deux bras d'une rivière ; l'un d'eux fut transformé en canal stylisé. La principale perspective du parc est dans l'alignement du mont Rip. Le charme du lieu est renforcé par l'île proprement dite, un petit lac et des ponts d'ornement dont un palladien et un autre égyptien, avec son sphinx et sa grotte voisine. L'ancienne allée boisée centrale fut conservée pour relier le château au reste du parc et au bâtiment néogothique du Moulin rouge. Quelques bâtisses ont disparu : en 2002, une inondation en a détruit certaines.

En son temps, Rudolf Chotek a fondé quelques-uns des premiers parcs paysagers, dont celui de Veltrusy et celui de Kaeina, près de Kutna Hora. Ces lieux superbes méritent vraiment d'être restaurés. JH

Parc du château de Pruhonice

République tchèque

CRÉATEURS : Ernest Emmanuel Silva-Tarouca, Frantisek Thomayer
PROPRIÉTAIRE : Institut de l'Académie des sciences tchèque
STYLE : parc paysager (XIXe siècle)
SUPERFICIE : 250 ha
CLIMAT : tempéré
SITUATION : Pruhonice, Bohème centrale

Ce parc paysager classique fut dessiné à la fin du XIXe siècle par son dernier propriétaire issu de la noblesse, le comte Ernest Emmanuel Silva-Tarouca. Il fut aussi le cofondateur et un important mécène de la troisième plus ancienne société de dendrologie d'Europe, la Société des jardins dendrologiques de l'ancien Empire austro-hongrois.

La partie centrale du parc occupe le site pittoresque de profondes vallées, et ses limites touchent à des plaines d'altitude. Le comte planta quelque mille espèces pour donner vie à un paysage du centre de la Bohême réunissant plantes locales et exotiques. « Je crée une oasis de verdure au milieu d'un désert agricole de betteraves à sucre », disait-il.

À la même époque, le comte et l'architecte Jiri Spiral reconstruisirent la forteresse médiévale pour en faire un château de style néo-Renaissance bohémienne qui, avec ses airs de conte de fées, domine une partie du parc. Il surplombe l'entrée principale et abrite l'Institut de botanique de l'Académie des sciences. On trouve là le nouveau jardin dendrologique, dans le style postmoderne de la fin du XXe siècle. Étendu sur 40 ha, il présente quelque cinq mille espèces végétales communes. Dans la pépinière, on peut acheter de rares spécimens qui doivent leur existence à la collection de l'institut Silva-Tarouca. JBo

Château de Troja

Prague, République tchèque

CRÉATEURS : Jean-Baptiste Mathey, Jiri Seeman, Jan Prokop Mayer
PROPRIÉTAIRE : ville de Prague
STYLE : baroque dynamique (XVIIe siècle)
SUPERFICIE : 3,5 ha
CLIMAT : tempéré
SITUATION : Prague

C'est durant le dernier quart du XVIIe siècle que l'artiste Jean-Baptiste Mathey a dessiné cette résidence estivale pour un noble tchèque, Vaclav Vojtech de Sternberg. La formation académique de Mathey est ici des plus évidentes, avec l'importance accordée à la perspective et aux exceptionnelles statues baroques du grand escalier. Dans sa partie inférieure, on peut voir une grotte ornée de statues représentant des dieux et des géants combattants, et la présence de grosses poteries en terre cuite donne vie aux murs de la terrasse du parterre supérieur.

Le buis taillé à la mode classique puis les parterres de broderies viennent orner les deux niveaux, le premier étant une terrasse très élevée de niveau avec le château, l'autre situé en contrebas et s'étendant jusqu'aux grilles d'entrée ornementées. De chaque côté, on trouve des orangeries symétriques où des bustes en terre cuite représentent des empereurs romains. Là, la perspective se poursuit au-delà de la Moldau, vers la réserve de chasse et le château de Prague. À l'est, on peut voir les anciens vergers baroques avec leurs bas-reliefs, un théâtre de verdure et de nombreux vases en terre cuite.

Effectuée par l'architecte Otakar Kuca, la dernière restauration du jardin date de 1980. Avec ses hautes haies de charmes concentriques, un nouveau labyrinthe fut ajouté au centre du verger. La reconstruction du château et des jardins date de l'époque communiste : il ne faut donc pas s'étonner si les jeux d'eau du grand escalier n'existent plus aujourd'hui. JH

Jardins du château de Prague

Prague, République tchèque

CRÉATEURS : Giovanni Spatio, Paolo della Stella, frères Reinhardt, J. Dinebier, Frantisek Zinner, Josip Plecnik, Jan Ondrej, Frantisek Ritschl
PROPRIÉTAIRE : ville de Prague
STYLE : baroque (XVIIIe siècle), moderne
SUPERFICIE : 6 ha
CLIMAT : tempéré
SITUATION : Prague

Créé par l'empereur Ferdinand Ier au milieu du XVIe siècle, le Jardin royal est le plus important de tous les jardins du palais de Prague. Très simple, de style Renaissance italienne, le jardin de fruits et de fleurs cède peu à peu la place à un jardin maniériste, compartimenté, inspiré des idées de Hans Vredeman de Vries. Les premières tulipes d'Europe y furent cultivées et Pietro Andrea Matthioli y travailla à son herbarium, célèbre dans le monde entier. Au XVIIIe siècle, Frantisek Zinner lui donna un air baroque à la française ; plus tard, Frantisek Ritschl lui conféra l'allure d'un parc paysager.

Sur la pente sud, au-dessus de Mala Strana (la ville basse), se trouve le jardin du Paradis. Due à Ritschl, la conception paysagère fin XIXe de cet espace transforma les jardins en un vaste espace auquel il ajouta des entrées et des escaliers communiquant avec les remparts et la troisième cour du château ; il érigea aussi plusieurs pavillons. De la même façon, la création par Josip Plecnik du nouveau jardin Basta le reliait au jardin des Remparts et au vignoble Plecnik, sur la pente opposée au jardin des Remparts. C'était le site de prédilection de l'ancien président Tomas Masaryk. Plecnik réussit ainsi à réunir tous les espaces verts du château, que le président Vaclav Havel a ouvert au public dès 1989. JH

Jardins de Malá Strana

Prague, République tchèque

CRÉATEURS : Jan Santini Aichl, Giovanni Alliprandi, Jan Ignac Palliardi, Frantisek Kaska, Matyas Bernard Braun
PROPRIÉTAIRE : ville de Prague
STYLE : haut baroque, classique (XVIIe- XVIIIe siècle)
SUPERFICIE : 0,1-1,5 ha
CLIMAT : tempéré
SITUATION : Prague

Les anciens vignobles et vergers des vieilles maisons du quartier de Malá Strana à Prague furent, à la fin de l'époque baroque, transformés en pittoresques jardins de palais pour familles nobles. Derrière les palais baroques modernisés, le terrain s'élevait en pente assez raide et il n'y avait jamais assez de place pour faire communiquer intérieur et extérieur, ce qui était normalement le rôle des loggias, balustrades, escaliers ornementaux ou terrasses.

Sur la terrasse supérieure, le splendide panorama sur Prague avait pour but de surprendre les visiteurs. On voit de là six jardins – Ledebour, Petit et Grand Palffy, Kolowrat, Petit et Grand Fürstenberg ; sur la colline faisant face au château s'étendent trois grands jardins de palais : Schönborn, Lobkowitz et Vrtba. Seul le jardin de Vrtba, de style haut baroque et adoptant la forme de terrasses concaves et convexes, est ouvert au public. Il fut littéralement sculpté pour représenter le jardin des Hespérides et son portail est gardé par Atlas soutenant la voûte terrestre sur ses épaules.

Dans les années 1970, ces jardins furent négligés et fermés au public mais ils ont depuis tous été restaurés. Les plantes originales étant perdues à tout jamais, les concepteurs n'ont pas hésité à recourir à de nouveaux cultivars. JH

Palais Wallenstein

Prague, République tchèque

CRÉATEURS : Giovanni Pieroni, Andrea Spezza, Nicolo Sebregondi
PROPRIÉTAIRE : État tchèque
STYLE : maniériste, baroque (XVIIe siècle)
SUPERFICIE : 2 ha
CLIMAT : tempéré
SITUATION : Prague

C'est en détruisant un certain nombre de vieux bâtiments de Mala Strana, la ville basse de Prague, que l'on trouva de l'espace pour construire le nouveau jardin maniériste du duc Albrecht von Wallenstein. Le plus grand palais de l'époque devait se doubler d'un sublime panorama, à l'égal de celui de l'empereur (voir p. 629) : c'était pour le duc une façon symbolique d'affirmer sa grandeur. Le jardin, en particulier la loggia et le parterre, était de dimensions et d'apparence romaines et des statues de bronze furent sculptées pour l'occasion par Adrian de Vries de 1624 à 1627.

Le jardin connut des développements ultérieurs : volière pour oiseaux de proie et grotte puis, bien plus tard, miroir d'eau carré creusé devant l'école d'équitation (aujourd'hui Galerie nationale). Cette nouvelle partie à laquelle Nicolo Sebregondi donna une touche baroque constitue un espace aussi vaste qu'élégant. Plus tard encore fut ajoutée une île ornée d'une statue d'Hercule. Au début du XIXe siècle, certaines parties du jardin prirent un tour paysager avant d'être restaurées au milieu du XXe siècle.

Un second château Wallenstein fut bâti à la même époque que celui de Prague à Valdice, près de Jicin, berceau de la famille Wallenstein. Ce jardin a connu de nombreux changements et il est aujourd'hui restauré par la municipalité. JH

À GAUCHE Les statues du jardin Wallenstein sont des copies : les originales ont été volées par les Suédois lors de la guerre de Trente Ans.

Villa Müller

Prague, République tchèque

CRÉATEURS : Camillo Schneider, Karl Foerster, Hermann Matern
PROPRIÉTAIRE : ville de Prague
STYLE : fonctionnaliste, influences baroques (XXe siècle)
SUPERFICIE : 0,08 ha
CLIMAT : tempéré
SITUATION : Prague

Quand, en 1928, le jeune architecte Adolf Loos et le promoteur Karel Lhota décidèrent de construire une villa fonctionnaliste sur une pente raide, ils prirent largement en compte la vue sur le château de Prague, le château de Troja et les méandres de la Moldau non loin de la réserve de chasse royale. La maison fut terminée en 1930 et les travaux du jardin débutèrent l'année suivante. Créer un jardin sur un tel site était difficile et il fallut pas mal d'imagination pour le relier à la villa.

La complexité du jardin – son plan imite ouvertement le coin d'une fortification baroque – se manifeste pleinement depuis les terrasses de la villa. Le toit-terrasse offre une vue superbe sur le château de Prague, encadré par une élégante fenêtre. Élément dominant du jardin, l'escalier sinueux va du garage à la partie inférieure. Dans le jardin, le visiteur remarque des ingrédients empruntés aux jardins japonais et anglais typiques dans les années 1930 de nombreuses propriétés privées du quartier d'Orechovka : c'est le cas du parterre de vivaces délimitant la pelouse supérieure.

Les propriétaires revendirent leur villa en 1945 pour régler des taxes locales et une grande partie fut louée pendant des années.

Elle fut décrétée monument national en 1995 et le jardin fut restauré après 1998 par les paysagistes Vitezslava et Jan Ondrej. Les arbres d'origine furent conservés, dont le chêne pyramidal (*Quercus robur*) qui se dresse à l'entrée. JH

Jardins du château de Jaromerice

République tchèque

CRÉATEURS : Jean Trehet, Bretislav Storm, Dusan Riedl
PROPRIÉTAIRE : État tchèque
STYLE : jardin baroque, parc anglais (XVIIIe siècle)
SUPERFICIE : 7,7 ha
CLIMAT : tempéré
SITUATION : Jaromerice nad Rokytnou, Vysocina

Ancienne forteresse médiévale, Jaromerice fut transformée en château Renaissance à la fin du XVIe siècle par l'architecte baroque autrichien Jakob Prandtauer. Il devait prendre son air baroque et le parc son allure à la française entre 1700 et 1737, années où le comte Jan Adam Questenberg en était le propriétaire. Le château, un des plus grands édifices baroques d'Europe, domine la ville de Jaromerice nad Rokytnou.

Le jardin fut dessiné en 1716 par l'architecte français Jean Trehet, qui combina les styles français et italien. Une grande avant-cour le relie aujourd'hui au château. Les visiteurs franchissent des parterres très ornementés et des plantations de buis pour descendre vers l'endroit où la Rokytna se change en canal. Une deuxième partie du jardin occupe une île artificielle que l'on atteint par une passerelle. Il y a là un théâtre de verdure, et des sculptures de dieux de l'Antiquité se dressent au milieu de parterres ornementaux. Il y a encore un parc anglais de 6 ha à l'ouest du château, derrière la rivière canalisée, avec ce qui était jadis un verger. Le parc anglais fut dessiné au XIXe siècle : des chemins en étoile rappellent le plan baroque original.

Depuis 1945, les jardins appartiennent à l'État tchèque et de grands travaux ont été entrepris entre 1959 et 1962. Le comte Jan Adam Questenberg accordait une grande place à la musique et de nombreux salons – dont le salon chinois et la *sala terrena* (pièce ornée de fresques faisant transition avec un jardin) – furent transformés en salles de concert. C'est ici qu'est organisé en juin le Festival international de musique classique Peter Dvorsky. Pour les amateurs d'Antonio Salieri (compositeur de la cour de l'empereur Joseph II qui serait, selon la légende, responsable de la mort de Mozart), sachez que ses œuvres sont souvent jouées parce qu'il passa de nombreux étés dans ces lieux. JBo

Domaine de Lednice-Valtice

République tchèque

CRÉATEUR : Bernhard Petri
PROPRIÉTAIRE : État tchèque
STYLE : parc anglais (XVIIe siècle), ajouts XIXe, arbres XXe siècle
SUPERFICIE : 20 ha
CLIMAT : tempéré
SITUATION : département de Breclav, Moravie du Sud

Le grandiose paysage culturel de Lednice-Valtice couvre 200 km^2 auxquels le duc Karel Ier du Liechtenstein donna au XVIIe siècle les allures d'un paysage anglais. Le duc installa sa résidence dans le château de Valtice et sa résidence d'été non loin de là, à Lednice. Des allées bordées d'arbres furent ajoutées pour relier Valtice aux autres parties de la propriété. Au début du XIXe siècle, le duc Jan Josef Ier poursuivit dans ce sens avec l'aide du paysagiste régisseur des lieux, Bernhard Petri. Le niveau le plus bas du parc de Lednice fut surélevé pour éviter les inondations, un nouveau chenal fut creusé pour la rivière Dyje et de nombreux bâtiments romantiques et folies furent édifiés. Il faut citer entre autres la colonnade, l'obélisque, le temple d'Apollon, le temple Empire des Trois Grâces et le château de la Frontière sur l'ancienne frontière austro-morave. Des parcs paysagers anglais furent dessinés autour du château et des trois étangs à poissons. Le château maniériste de Valtice domine le paysage, et le château romantique néogothique de Lednice occupe le centre d'une plaine basse. Le caractère dominant du parc de Lednice est un minaret d'où l'on peut voir Vienne par temps clair. N'ayant pas eu l'autorisation de bâtir une église sur ses terres, le duc du Liechtenstein avait fait édifier le symbole de l'islam en guise de protestation !

Au XXe siècle fut plantée une grande sélection d'arbres locaux et exotiques rares. Le paysage culturel de Lednice-Valtice fut inscrit en 1996 au patrimoine mondial de l'Unesco. JBo

Jardin de Milotice

République tchèque

CRÉATEURS : Anton Zinner, Dusan Riedl

PROPRIÉTAIRE : État tchèque

STYLE : baroque français (XVIIIe siècle)

SUPERFICIE : 4,5 ha

CLIMAT : tempéré

SITUATION : Milotice nad Becvou, Moravie-du-Sud

Ce jardin à la française achevé en 1722 par l'architecte Anton Zinner vint remplacer les anciens jardins maniéristes. Deux orangeries furent ajoutées en 1740. Maximillian Erras tenta de transformer les jardins en un parc à l'anglaise mais il ne réussit pas vraiment à en changer le caractère. Ils furent négligés jusqu'à la fin des années 1960, quand l'architecte paysagiste Dusan Riedl proposa un programme de restauration. Il ne respecta pas les plans originaux, introuvables, et donna à l'ensemble un air des plus baroques. Aujourd'hui les visiteurs peuvent admirer le gracieux château maniériste et sa cour d'honneur, son manège, ses écuries et les deux orangeries.

Ce qui saute tout de suite aux yeux, c'est la façon dont le jardin baroque à la française se change en un parc paysager anglais dans sa partie la plus éloignée. L'axe principal débute sur la *sala terrena* (pièce ornée de fresques) et mène à un petit parterre en terrasse ornée de deux parterres roses assez formels, de haies taillées et d'un bassin d'ornement. Un rapide détour mène aux deux orangeries dont l'une renferme des sculptures baroques moraves. L'axe se poursuit pour conduire les visiteurs vers un escalier central, monumental, qui descend jusqu'à la partie principale du jardin – révélant ainsi une fontaine entouré de pelouses et d'une haie taillée formant un mur végétal – et, enfin, vers les grands arbres du parc. À gauche du jardin se trouve une zone boisée où l'on chassait jadis le faisan. JBo

Jardins de Lysice

République tchèque

CRÉATEUR : Anton Zinner, Dusan Riedl

PROPRIÉTAIRE : État tchèque

STYLE : parc paysager à l'anglaise (XVIIe siècle)

SUPERFICIE : 3,5 ha

CLIMAT : tempéré

SITUATION : Lysice, Moravie-du-Sud

Le château et les jardins furent créés au XVIIe siècle à l'emplacement d'une ancienne forteresse. Des terrasses furent ajoutées et un jardin à la hollandaise créé avec de riches décorations sculpturales et une fontaine. Parmi les autres changements d'importance, citons un jeu de paume et un bassin d'ornement circulaire ceint d'une pelouse. Au XVIIIe siècle, le jardin s'agrandit en direction du sud pour inclure un ancien bassin de château et, vers le sud, un verger abandonné. La séparation Renaissance de chaque partie du jardin fut remplacée par des axes de liaison baroques.

Au XIXe siècle, le mur de délimitation de la terrasse médiane fut transformé en une haute galerie à colonnade dorique dominant un jardin venu remplacer le jeu de paume ; un chemin en brique et stuc fut dessiné. Les jardins s'agrandirent grâce à un potager on ne peut plus classique et se changèrent progressivement en un parc paysager à l'anglaise présentant quelques espèces intéressantes. Regardez le pont et l'escalier qui relient la galerie au jardin et voyez comment la *sala terrena* a été agrémentée d'un pavillon de verdure et d'une grotte construite dans le mur de soutènement.

On trouve un peu partout des sculptures d'époque ainsi qu'une collection de plantes ligneuses locales ou exotiques. Derrière les murs du jardin, une grande réserve de chasse a pris l'aspect d'un parc paysager. Parmi les autres attractions de Lysice, il faut citer l'orangerie et la figueraie. JBo

Jardins botaniques et arboretum de Brno

République tchèque

CRÉATEUR : Ivar Otruba
PROPRIÉTAIRE : université Mendel d'agriculture et de sylviculture
STYLE : moderniste (XXe siècle)
SUPERFICIE : 10,1 ha
CLIMAT : tempéré
SITUATION : Brno, Moravie-du-Sud

Le premier jardin botanique de l'université Mendel fut fondé en 1926 sous l'impulsion de ses étudiants en botanique. Un arboretum suivit en 1938, destiné aux étudiants en sylviculture. L'expansion de l'université nécessita un nouveau jardin en 1970 : il consiste en unités séparées, présentant des sculptures, et fut construit pour faciliter les recherches universitaires.

La gorge en est l'une des composantes les plus fascinantes : cette falaise de béton et de pierre de 5 m de haut est recouverte de pierre sèche peuplée de fleurs alpestres. Au fond de la gorge, il y a ce que l'on pourrait appeler une « mini-mer » où l'eau est collectée au printemps ; une autre partie de la gorge a la forme d'un amphithéâtre. Dans le jardin, on peut voir quelque cinq mille espèces de plantes ligneuses, deux mille espèces de vivaces, des plantes de montagne et une grande sélection de cotonéasters, iris et de saules. Parmi les deux mille orchidées des serres, on trouve des collections spécialisées des genres *Paphiopedilum* et *Dendrobium*.

Chaque année, il y a une grande exposition d'iris et une autre appelée les Couleurs de l'automne. Remarquez également la serre où vivent une trentaine d'espèces de papillons tropicaux et l'utilisation intelligente dans tout le jardin de toutes sortes d'éléments industriels inhabituels. JBo

Jardin du château de Kromeriz

République tchèque

CRÉATEURS : Filiberto Lucchese, Giovanni Pietro Tencalla
PROPRIÉTAIRE : État tchèque
STYLE : baroque italien, parc paysager (XVIIe siècle)
SUPERFICIE : 12,9 ha
CLIMAT : tempéré
SITUATION : Kromeriz, Moravie centrale

Près du centre historique de Kromeriz, le jardin du château – achevé en 1675 – est clos d'un côté par une galerie d'ornement de près de 245 m de long. Ancienne entrée du jardin, elle offre aujourd'hui un panorama sur une grande partie de celui-ci. Spacieux et décoré de stuc de grande qualité, le premier étage de la *sala terrena* en style maniériste italien constitue l'entrée principale du parc proprement dit. Aujourd'hui, l'entrée se fait par une cour, aménagée entre les deux serres pendant la première moitié du XIXe siècle. Le jardin a pour principales composantes deux labyrinthes, une rotonde octogonale et quatre grottes fontaines au centre. Il y a également des parterres fleuris bordés de haies basses, deux collines et deux bassins à poissons rectangulaires. On trouve d'un côté un ancien jardin à la hollandaise et un lac aux cygnes pourvu d'une volière et d'une île. Un petit jardin en terrasse néobaroque dissimulé communique avec le château par un couloir secret en arcade à double escalier.

Non loin du centre-ville existe un jardin floral indépendant. Avec plus de 47 ha, il offre un superbe panorama sur la ville. À la fin du XVIIIe siècle, il fut transformé en parc paysager romantique. Les travaux furent achevés en 1845, inspirés des idées du prince Pückler von Bad Muskau et dirigés par l'architecte Antonin Arche.

Le jardin aux fleurs, le clos de l'évêque ainsi que le château et ses jardins furent inscrits en 1998 sur la liste des monuments culturels et naturels mondiaux de l'Unesco. JBo

Parc du château de Buchlovice

République tchèque

CRÉATEUR : Josef Lacowsky
PROPRIÉTAIRE : État tchèque
STYLE : baroque et parc à l'anglaise (XVIIIe siècle)
SUPERFICIE : 18,8 ha
CLIMAT : tempéré
SITUATION : Kromeriz, Moravie centrale

Constitué de deux corps de bâtiments à trois ailes se faisant face, ce château fut construit à l'imitation d'une villa italienne. Il est ceint de parterres en terrasses de style baroque italien. Le jardin connut deux transformations au XVIIIe siècle. Pendant la première moitié, le jardin à l'italienne fut partiellement transformé en jardin à la française. Plus tard, les terres s'agrandirent et la propriété prit l'aspect d'un parc paysager à l'anglaise. Il abrite une belle collection d'arbres et quelques superbes rhododendrons.

Dès la seconde moitié du XIXe siècle, le parc paysager de Buchlovice se développa selon les principes de Josef Lacowsky. Une pente fut élaborée d'ouest en est ainsi que diverses terrasses, la terrasse supérieure, qui est aussi la plus petite, étant occupée par la cour du château pourvue au centre d'un obélisque et d'une fontaine. Un ruisseau sépare la première et la deuxième terrasses. Une étendue d'eau fait paraître plus grande la terrasse inférieure alors qu'elle touche au parterre principal du jardin baroque.

Au XXe siècle, on construisit un nouveau portail d'entrée et le parc se vit adjoindre une collection de rhododendrons et de plantes décoratives en pots. Les fuchsias sont importants à Buchlovice : chaque année, une exposition présente plus de huit cents espèces et variétés cultivées sur place. Les visiteurs peuvent également admirer le mobilier rococo resté dans de nombreuses pièces depuis que les derniers propriétaires s'enfuirent en Autriche à la fin de la Seconde Guerre mondiale. JBo

Jardin du château de Laxenburg

Autriche

CRÉATEURS : Isidore Canevale, Le Februe-d'Achambault, Christoph Lübeck, Peter Joseph Lenné
PROPRIÉTAIRE : ville de Vienne
STYLE : baroque et paysager (XVIIIe siècle)
SUPERFICIE : 240 ha
CLIMAT : tempéré
SITUATION : Laxenburg, Basse-Autriche

Quand les Habsbourg souhaitaient échapper aux fastes et à l'étiquette de leur résidence d'été de Schönbrunn (voir p. 640), ils se retiraient dans le paisible village de Laxenburg, à quelque 27 km au sud de Vienne – un peu comme si la famille impériale souhaitait retrouver une époque romantique qui leur ferait oublier les bouleversements du XIXe siècle.

D'abord réserve de chasse, la propriété prit l'aspect d'un jardin baroque puis d'un jardin paysager plus naturel. En 1782, sur la demande de l'empereur Joseph II, l'architecte Isidore Canevale établit un plan qui sera réalisé par Le Februe-d'Achambault et Christoph Lübeck, un jardinier originaire de Dessau. Les années suivantes, sous le règne de François II, diverses composantes furent ajoutées au parc et le célèbre jardinier paysagiste allemand Peter Joseph Lenné se vit demander de réduire l'impact des éléments baroques. Il reste très peu de chose des bâtiments : il y a tout de même l'impressionnant Franzensburg, château baronnial datant de 1799-1801 et sis sur les rives du lac, le pont gothique et la Rittersäule dans les bois. L'exquis temple de Diane (et sa peinture de Vinzenz Fischer) est assez exceptionnel.

Laxenburg est intimement lié à l'impératrice Sissi, belle et tragique figure romantique qui cherchait refuge dans la nature. HH

Jardins du palais du Belvédère

Vienne, Autriche

CRÉATEURS : Johann Lukas von Hildebrandt, Dominique Girard, Anton Zinner
PROPRIÉTAIRE : ville de Vienne
STYLE : baroque autrichien (XVIIIe siècle)
SUPERFICIE : 17,3 ha
CLIMAT : tempéré
SITUATION : Vienne

Le palais du Belvédère est aujourd'hui plus connu pour ses collections d'œuvres d'art que pour ses jardins, mélange unique de baroque à la française et de maniérisme italien. Ce qui semble être un jardin unique est en fait une série de jardins adossés les uns aux autres. Le Belvédère supérieur surmonte le parc, le Belvédère inférieur, lui faisant face, est notamment constitué d'une orangerie. Un haut mur sépare les deux jardins, rompu de part et d'autre par une volée inhabituelle de marches et de rampes (pour les carrosses), et occupe une position centrale, en contrepoint à la magnifique cascade et à la fontaine.

Les jardins sont compacts et complexes et l'espace confiné qui servit à les dessiner les fait paraître plus grands qu'ils ne le sont vraiment. Créés pour le prince Eugène de Savoie en 1700-1723, les jardins à la française répondent aux principes exposés dans un ouvrage fort connu à l'époque, *La Théorie et la pratique du jardinage*, de Dezallier d'Argenville. Le thème cher au prince est une célébration des victoires, des batailles et des héros. Neptune, Apollon, Hercule et bien d'autres sont présents sous forme de statues ou d'éléments aquatiques disséminés dans le parc.

Son nom est très approprié parce que, du bâtiment supérieur, on a une superbe vue sur tout Vienne. En revanche, il ne faut pas oublier que ce jardin était avant tout privé, le refuge personnel d'un prince amateur de faits d'armes mais aussi de jardinage. HH

Parc de Schönbrunn

Vienne, Autriche

CRÉATEURS : Jean Trehet, Louis Gervais, Jean Nicolas Jardot, Johann Ferdinand Hetzendorf
PROPRIÉTAIRE : ville de Vienne
STYLE : baroque (XVIIe et XVIIIe siècles)
SUPERFICIE : 185 ha
CLIMAT : tempéré
SITUATION : Vienne

Construit dans le but de rivaliser avec les jardins de Versailles, le parc de Schönbrunn témoigne de la grandeur de la dynastie des Habsbourg. Vus de la terrasse supérieure, au centre du palais, les jardins se déploient sur cent quatre-vingts degrés pour former un sublime panorama. Un système d'allées irradie telles les branches d'une étoile autour du grand parterre central et elles parcourent des hectares de bois. L'une d'elles mène à la fontaine de Neptune derrière laquelle la Gloriette se dresse telle une ruine devant l'horizon.

Le dessin du jardin ne peut être attribué à une seule personne. Schönbrunn est le résultat d'un développement progressif à partir de 1693 et jusqu'aux années 1780, et il reflète le goût de deux monarques, Léopold Ier et Marie-Thérèse. Les plans initiaux de 1695 sont attribués à Jean Trehet, qui imagina le parterre et les bois riches de vingt mille hêtres et importa les ifs destinés aux haies. L'intérêt pour le jardin s'essouffla entre 1700 et 1740 puis repartit avec l'accession au trône de Marie-Thérèse. Son mari, François-Stéphane, fit construire une ménagerie, redessina les *Kammergärten* (jardins privés proches du palais) et fit passer de larges allées à travers les zones boisées. Sept ans après sa mort, Marie-Thérèse demanda à Johann Ferdinand Hetzendorf de construire la Gloriette dans les bosquets, un bouquet d'arbres serrés avec des chemins et l'obélisque tout au bout de la diagonale est. HH

Musée en plein air de Salzbourg

Autriche

CRÉATEURS : divers
PROPRIÉTAIRE : province de Salzbourg
STYLE : fermes (XVIIe et XVIIIe siècles)
SUPERFICIE : 49,8 ha
CLIMAT : tempéré
SITUATION : Grossgmain, Salzbourg

Les grands jardins classiques ou modernes attirent souvent l'attention, mais c'est rarement le cas des jardins privés. Les jardins traditionnels des fermiers des régions alpestres sont difficiles à voir, c'est pourquoi le musée en plein air de Grossgmain, au pied de l'Untersberg, est si particulier. Les fermes et bâtiments ruraux de la région de Salzbourg ont été sauvés, démontés et reconstruits avec soin dans des « hameaux », mais nombre de jardins ont également été reconstitués. On peut ainsi comprendre ce qu'étaient la vie rurale et le jardinage aux époques des XVIIe et XVIIIe siècles.

Ces jardins fournissaient des fleurs non pas pour la décoration, mais dans un but médicinal, ainsi que des fruits, légumes et plantes aromatiques. Les épouses des cultivateurs devaient produire le plus possible pendant un laps de temps donné. Les jardins ont un charme suranné, surtout les trois de la section Flachgau du musée. Les jardins Lohnergütl, Zischkhäusl et Knotzinger Hof recréent parfaitement le passé. Les plus infimes détails sont passionnants : ainsi, dans le jardin Zischkhäusl, des « roses » en verre ornementales sont placées à l'extrémité des rames pour empêcher les jardiniers de se crever un œil. Les jardins eux-mêmes sont rarement ouverts mais ils sont si denses qu'on peut les découvrir par-dessus leur clôture. Les touristes américains trouveront des ressemblances avec les jardins historiques de Williamsburg. Avec ses regroupements de demeures traditionnelles, ses prairies fleuries et ses bois, la disposition du musée a quelque chose d'exemplaire. HH

Palais de Hellbrunn

Autriche

CRÉATEUR : Santino Solari
PROPRIÉTAIRE : ville de Salzbourg
STYLE : maniériste rococo, paysager (XVIIIe siècle)
SUPERFICIE : 44,9 ha
CLIMAT : tempéré
SITUATION : Hellbrunn, Salzbourg

Un guide et un imperméable sont obligatoires pour qui veut visiter ce jardin extraordinaire. Pendant un peu moins de deux cents ans, de 1613 à 1803, Hellbrunn fut la résidence d'été des archevêques de Salzbourg : ils pouvaient y tenir leur cour et distraire leurs invités. Les jardins sont divisés en trois sections : le grand « jardin naturel », le parterre d'eau baroque à la française et le fameux jardin maniériste rococo. La demeure et ses terres reprennent le modèle d'une villa suburbaine italienne ; ils furent construits vers 1613-1615 par Santino Solari pour le compte de Markus Sittikus, prince-archevêque de Salzbourg.

La pierre des bâtiments provient de la propriété, du flanc de l'Untersberg très exactement. La carrière fut transformée en amphithéâtre, pratique qui inspirera les théâtres de l'Ermitage et de Sanspareil en Bavière. On connaît surtout Hellbrunn pour ses alcôves regorgeant de surprises, les temples, les grottes et les sentiers du jardin clos voisin du palais. Sittikus prenait plaisir à étonner ses invités et c'est une tradition que les guides pratiquent encore aujourd'hui. Citons seulement les jets d'eau dissimulés dans les sièges disposés autour de la table à banqueter du théâtre romain, la tête de cerf qui crache de l'eau par ses andouillers ou les oiseaux chanteurs de la grotte d'Orphée. Entre 1748 et 1752, un théâtre de marionnettes imaginé et construit par Lorenz Rosenegger représentait la vie dans une ville de l'époque baroque. On se doute qu'un tel mélange de fantaisie et de technique faisait de Hellbrunn une attraction sans égale. HH

Jardins Mirabell

Autriche

CRÉATEURS : von Erlach, Hildebrandt, Danreiter, von Sckell
PROPRIÉTAIRE : ville de Salzbourg
STYLE : baroque (XVIIe siècle)
SUPERFICIE : 3,6 ha
CLIMAT : tempéré
SITUATION : Salzbourg

Les jardins Mirabell sont denses mais ingénieusement conçus pour tirer le maximum du panorama et de l'espace. Les visites guidées de Salzbourg font découvrir aux touristes le parterre et la roseraie avant de les emmener voir la volière, mais ils passent à côté des parties les plus intéressantes des jardins.

Le prince-archevêque Wolf Dietrich von Rathenau construisit le premier palais en 1601 pour sa maîtresse et ses enfants. Au cours de la première moitié du XVIIe siècle, des remparts furent édifiés autour du jardin et on peut encore en voir des vestiges. L'ébauche de plan des jardins date de cette époque mais de grandes améliorations furent apportées en 1687 par Johann Bernhard Fischer von Erlach et Matthias Diesel pour le compte de l'archevêque Johann Ernst von Thun-Hohenstein. Le théâtre de verdure, le jardin aux nains et ses personnages macabres, un champ de tir et d'autres petits jardins datent de cette période. Aidé du nouveau jardinier de la cour, le successeur de von Erlach, Lukas von Hildebrandt, améliora encore le projet à la demande du prince-évêque Franz Anton, comte von Harrach. Vers 1810, le palais était la résidence du prince héritier de Bavière, qui souhaitait un jardin plus contemporain. À partir de la transformation radicale effectuée par Friedrich Ludwig von Sckell, seul fut réalisé le jardin paysager au nord du palais. HH

À DROITE Les parterres des jardins Mirabell dirigent le regard des visiteurs vers l'imposant château de Salzbourg.

Besucher

Jardin du palais Esterhazy

Hongrie

CRÉATEURS : Anton Zinner, Nicolas Jacoby, Anton Umlauft
PROPRIÉTAIRE : État hongrois
STYLE : baroque, néobaroque (XVIIIe-XXe siècle)
SUPERFICIE : 232 ha
CLIMAT : tempéré
SITUATION : Fertőd, Győr-Moson-Sopron

Le palais Esterhazy est considéré par tous comme le Versailles hongrois. Le cœur du château actuel fut construit dans la ville de Süttör pour le deuxième fils du prince Esterhazy, futur comte Miklos, vers la fin des années 1720. Son frère aîné mourut sans enfant en 1762 et Miklos hérita du titre, ce qui lui permit de créer le jardin de ses rêves. Par la suite il changea le nom de la ville en Esterhaza, dont Joseph Haydn deviendra le *kapellmeister* de l'opéra. Elle s'appelle aujourd'hui Fertöd.

Construit dans les années 1720, le premier jardin fut dessiné par Anton Zinner. Il était déjà l'auteur de jardins destinés à des membres de l'aristocratie, notamment Eugène de Savoie : le Belvédère de Vienne en est le meilleur exemple. À partir des années 1760, la construction de l'intégralité du site d'Esterhaza fut confiée à Nicolas Jacoby. Les jardins prirent un tour à la française, avec une patte d'oie menant au château. Derrière le parterre, de petits bois dissimulaient de nombreux pavillons, et le jardin lui-même était entouré d'une réserve de chasse.

Esterhaza fut abandonné après la mort de Miklos, en 1790, mais un héritier tardif le redécouvrit à la fin du XIXe siècle pour lui adjoindre quelques éléments. Au tout début du XXe siècle, un parterre néobaroque fut ajouté par le maître jardinier impérial Anton Umlauft. Le site perdit une grande partie de sa réserve de chasse sous l'ère communiste mais il retrouve enfin sa splendeur de jadis KF

Jardin du palais Tata

Hongrie

CRÉATEUR : Charles Moreau
PROPRIÉTAIRE : État hongrois
STYLE : jardin paysager (début XIXe siècle)
SUPERFICIE : 70,8 h
CLIMAT : tempéré
SITUATION : Tata, Komárom-Esztergom

Tata est une résidence royale depuis la première moitié du XVe siècle, quand le comte Sigismond du Luxembourg, futur empereur du Saint Empire romain germanique, y construisit une forteresse. Au milieu du XVIIIe siècle, la création de deux grands lacs permit aux comtes Esterhazy d'assécher les marécages. Un peu plus tard fut édifiée une nouvelle résidence dont le comte Ferenc Esterhazy hérita en 1765. Les grandes réserves d'eau facilitèrent la création d'un jardin paysager à Tata ; en revanche, la ville entourait de trop près le château. Il fallut donc se contenter d'un jardin aux dimensions modestes. La forteresse médiévale fut transformée en un château fantaisie par Charles Moreau.

Le nouveau jardin de Tata fut au début conçu par Isidore Ganneval sous la forme d'un petit carré agrémenté d'allées en étoile et dont le centre serait occupé par un petit château. L'idée fut rapidement abandonnée quand le jardin se développa pour englober les deux lacs. Le concepteur de ce nouveau jardin fut probablement Charles Moreau. Un officier de l'armée hongroise en visite, Ferenc Karsa, put écrire dans son journal intime : « Le jardin du comte est une abondante source de beauté naturelle avec ses petits lacs de montagne, ses cygnes, ses ruisseaux en méandres et sa mosquée turque édifiée en son milieu. » Aujourd'hui nombre de bâtiments d'origine sont encore visibles, disséminés çà et là, et les promeneurs les trouvent toujours aussi étonnants. KF

Parc de Martonvasar

Hongrie

CRÉATEUR : Heinrich Nebbien
PROPRIÉTAIRE : État hongrois
STYLE : jardin paysager (début XIXe siècle)
SUPERFICIE : 70,8 h
CLIMAT : tempéré
SITUATION : Martonvasar, Fejér

C'est à trois générations de comtes Brunszvik que l'on doit ce beau parc. Après plusieurs décennies durant lesquelles le paysage environnant connut des modifications, le premier jardin d'ornement fut créé à Martonvasar à la toute fin du XVIIIe siècle. Son hôte le plus célèbre fut Beethoven, qui y vint plusieurs fois au début du siècle suivant.

Le jardin avait un caractère affectif et ses monuments étaient dédiés à de nobles sentiments. L'amitié, par exemple, fut représentée par la « république du cercle de tilleuls », où chaque arbre correspondait à un petit groupe d'amis, dont Beethoven. Il vint souvent donner des leçons de piano aux filles Brunszvik parce qu'il était amoureux de l'une d'elles.

Quand ce style de jardin ne fut plus à la mode au début du XIXe siècle, Ferenc Brunszvik décida en 1809 de lui donner un air paysager plus classique. Il engagea Heinrich Nebbien, qui créa un grand lac en canalisant la rivière Saint-Ladislas qui traversait la propriété et en la dotant d'une île. De nombreux arbres exotiques furent plantés ici : cèdres, cyprès blancs, platanes ou encore ginkgos. Un voyageur anglais, Richard Bright, visita Martonvasar en 1815 et déclara que cela ressemblait à l'Angleterre. Le parc n'a pas beaucoup changé depuis même si le château proprement dit a été agrandi en 1875 et modifié dans le style néogothique qui donne au jardin un air romantique inattendu. KF

Jardins d'Alcsut

Hongrie

CRÉATEURS : Joseph de Habsbourg, Karl Tost
PROPRIÉTAIRE : État hongrois
STYLE : jardin paysager (début XIXe siècle)
SUPERFICIE : 40,5 ha
CLIMAT : tempéré
SITUATION : Alcsut, Fejér

Les terres vierges d'Alcsut tombèrent en 1818 entre les mains du prince palatin, vice-roi de Hongrie : l'archiduc Joseph était le fils cadet de l'empereur Léopold II, et son ambition était de créer une entreprise agricole florissante. Il espérait que sa ferme modèle aiderait à recourir à la technologie la plus moderne et à assurer le développement de son pays.

Les changements de Joseph s'appliquèrent aussi au paysage environnant et il planta le long des routes ses arbres préférés, les platanes, ainsi que des cèdres du Liban (*Cedrus libani*) dans les bois. Le centre de la propriété fut marqué par un château néoclassique, mais peu de bâtiments furent construits dans les jardins. Le prince palatin et son épouse préféraient planter des arbres pour commémorer les grands événements et les dédier à leur famille. Ils plantèrent ainsi un bouquet de pins à l'occasion de la naissance de leur fils, Stephan, et des hêtres pour celle de leur fille, Marie-Henriette, future reine de Belgique. Ils consacrèrent aussi une île à leur autre fille, Hermina, tandis qu'une maison de poupées était destinée aux enfants.

Après la mort de Joseph, ses descendants apportèrent d'autres améliorations. Une serre fut bâtie et le lac, agrandi. Ils créèrent également un grand jardin alpestre doté d'un enclos réservé aux ours. Le château souffrit beaucoup pendant la Seconde Guerre mondiale ; pour se venger de l'ancienne classe dirigeante, les communistes démantelèrent le château et sa serre. Cependant, on peut toujours voir les jardins, les vestiges du château et d'autres édifices : tous sont d'une exceptionnelle beauté. KF

Jardins de Csakvar

Hongrie

CRÉATEUR : Ferdinand Zart
PROPRIÉTAIRE : État hongrois
STYLE : jardin paysager (début XIXe siècle)
SUPERFICIE : 85 ha
CLIMAT : tempéré
SITUATION : Csakvar, Fejér

Le manque d'eau dont souffraient les terres entourant le château de Csakvar constituait un véritable défi que releva pourtant la famille Esterhazy. Toutefois, quand la première résidence fut bâtie au milieu du XIXe siècle, celle-ci n'avait nullement l'intention de créer un jardin d'ornement. La réserve de chasse voisine, appelée le bois aux Allées à cause de ses nombreuses perspectives, suffisait largement aux propriétaires des lieux.

Ferenc et Janos Esterhazy se partagèrent l'héritage après la mort de leur père en 1765. Csakvar, moins prestigieux, échut au cadet, Janos. Il décida d'investir dans cette propriété vers la fin des années 1770 et créa un immense jardin à l'anglaise. Son idée première était de faire quatre jardins distincts, séparés les uns des autres par des clôtures ou des murs, puis le plan fut de moins en moins régulier. Les nombreux pavillons furent en partie conçus par le peintre d'origine italienne Pietro Rivetti, lequel sera ultérieurement accusé de contrefaçon avant de mourir en prison.

Les parties intérieures du parc furent réunies et redessinées en 1801 en style paysager classique par Ferdinand Zart, mais les plans précédents ne furent pas complètement oubliés. Même si d'autres modifications ont fait disparaître certains pavillons au fil des ans, ce jardin possède toujours un caractère arcadien, avec ses grandes clairières, ses bouquets d'arbres et ses longues perspectives. KF

Parc de Varosliget

Budapest, Hongrie

CRÉATEUR : Heinrich Nebbien
PROPRIÉTAIRE : ville de Budapest
STYLE : jardin paysager (début XIXe siècle)
SUPERFICIE : 101,2 ha
CLIMAT : tempéré
SITUATION : Pest, Budapest

Le parc municipal de Varosliget fut l'un des tout premiers d'Europe, pas en tant que jardin princier ouvert au grand public mais bien en tant que terrain appartenant à la ville et conçu tout spécialement pour le plaisir de ses habitants. La commission d'embellissement de la ville de Pest avait lancé un concours en 1813 : Heinrich Nebbien présenta son projet en 1816 et décrocha le contrat.

La banlieue ouest de Pest – en partie marécageuse, en partie recouverte d'un sable que le vent chassait vers la ville – posait depuis longtemps problème au conseil municipal. Aidé du paysagiste Rudolph Witsch, l'archevêque Esztergom, primat du clergé de Hongrie, tenta pour la première fois en 1799 de faire fructifier ces terres et de les protéger du vent. Malheureusement, il mourut prématurément et ne vit pas son rêve se réaliser.

Nebbien se voyait surtout en conseiller financier, mais cela ne l'empêcha pas de dessiner lui-même les bâtiments des jardins. Les fonds ayant manqué, ils ne furent pas construits, mais les nouvelles plantations et la création d'un grand lac pourvu de deux îles donnèrent un charme certain au lieu, de sorte que Varosliget ne tarda pas à devenir à la mode. Le Millénaire de la Hongrie s'y déroula en 1896 : il fallut alors abattre un certain nombre d'arbres pour abriter les pavillons. Aujourd'hui, les visiteurs découvrent un immense espace ouvert présentant encore quelques caractéristiques XIXe siècle : jardins botaniques, zoo, château et bains, sur l'eau desquels flottent des échiquiers géants. KF

Jardin de l'île Marguerite

Budapest, Hongrie

CRÉATEURS : Joseph de Habsbourg, Karl Tost
PROPRIÉTAIRE : ville de Budapest
STYLE : jardin paysager (début XIXe siècle)
SUPERFICIE : 95,9 ha
CLIMAT : tempéré
SITUATION : île Marguerite, Danube, Budapest

L'île Marguerite – Margitsziget – servit tout d'abord à mettre en quarantaine les lépreux, puis une partie en fut confiée à un couvent dominicain au milieu du XIIIe siècle. Fille de roi, sainte Marguerite se fit religieuse et passa toute sa vie sur cette île. Après sa mort, elle devint un important lieu de pèlerinage et prit son nom.

L'île se situe entre les deux parties de la capitale hongroise, Buda et Pest, jadis deux villes distinctes de part et d'autre du Danube. Elle fut donnée au prince palatin, vice-roi de Hongrie, à la fin du XVIIIe siècle. De 1795 à 1847, le prince palatin fut l'archiduc Joseph, fils de l'empereur Léopold II, qui jouissait d'une grande popularité pour la part qu'il prenait dans la renaissance de son pays. L'apport du siècle des Lumières faisait que les archiducs devaient apprendre une profession pendant leur enfance. Joseph choisit le jardinage et se montra apparemment capable de reconnaître six mille plantes différentes. Il adorait travailler au jardin et planta ainsi de nombreux arbres exotiques. Quand l'île fut transformée en parc paysager, il fit construire une villa dans l'environnement rural, conscient de l'importance historique des ruines médiévales.

Le jardin a toujours été ouvert au public comme le désiraient les archiducs. À la fin du XIXe siècle, l'île connut de nouveaux développements, dont la construction de thermes et d'un hôtel. Cela ne l'a pas empêchée de conserver une partie du caractère de son aménagement d'autrefois. KF

Parc du château de Savarsin

Roumanie

CRÉATEUR : Andrei Forray

PROPRIÉTAIRE : famille royale de Roumanie

STYLE : parc boisé (XXe siècle)

SUPERFICIE : 20,2 ha

CLIMAT : tempéré

SITUATION : Savarsin, Arad

Savarsin entra dans la famille royale de Roumanie quand le roi Michel et la reine Elena, charmés par cette région de Transylvanie et la beauté du château, achetèrent la propriété et entreprirent de restaurer le parc et les bâtiments. Ils ajoutèrent plusieurs détails au plan original d'Andrei Forray, dont un superbe lac d'ornement. Les terres furent confisquées en 1947 pour passer à l'État. Le château fut transformé en hôpital avant de devenir la résidence privée de Ceausescu ; le parc abandonné retourna à l'état sauvage. Après la mort du dictateur et un long procès, les biens furent rendus à leurs royaux propriétaires. La princesse héritière Margarita, fille du roi Michel, gère son domaine « pour le ramener à la vie », dit-elle.

Le parc a été bien restauré. On peut voir au centre le château dont l'aspect est rehaussé par le caractère informel du parc environnant. Des essences rares abondent ici, souvent vieilles et difformes. Les chênes et les noyers séculaires qui bordent les allées sont des plus impressionnants. Toute marque de négligence a pratiquement disparu depuis cinq ans et Savarsin redeviendra bientôt le site charmant et paisible dont le couple royal s'est épris il y a près d'un siècle. KF

Jardin botanique de Cluj

Roumanie

CRÉATEUR : inconnu

PROPRIÉTAIRE : université Babes-Bolyai

STYLE : jardin botanique (XIXe siècle)

SUPERFICIE : 14,4 ha

CLIMAT : tempéré

SITUATION : Cluj-Napoca, Cluj

On a ici affaire à l'un des plus beaux et des plus complexes jardins botaniques du sud-est de l'Europe. Fondé en 1920 par le professeur Alexandru Borza et dépendant de l'université Babes-Bolyai, ce jardin est exclusivement à usage scientifique. Les dix mille espèces végétales sont systématiquement classées selon leur taxinomie et leur phytogéographie, mais l'effet global n'a rien d'académique parce que les jardins ont été pensés et conçus avec art. L'éducation formelle se combine aux valeurs esthétiques pour créer un site aux variétés et aux couleurs multiples.

Le jardin occupe un terrain vallonné, traversé par la rivière Piriul Tiganilor et ses affluents : cela crée trois îles dont les microclimats permettent de vivre à des plantes venues du monde entier. Il y a là un superbe échantillon de la flore roumaine, de la Transylvanie aux Carpates en passant par le Banat ou l'Olténie. Il faut voir le jardin romain, avec sa statue de la déesse Cérès entourée d'objets mis au jour lors de fouilles.

Le complexe de serres est impressionnant. Même quand l'hiver est particulièrement rigoureux, elles accueillent les plantes tropicales les plus fragiles. Palmiers, fougères et orchidées rivalisent avec des victorias d'Amazonie *(Victoria amazonica)* dont les feuilles sont larges comme des barques et les fleurs blanches immenses virent au rose foncé pour mourir au bout d'une journée. KF

Parc de sculptures de Targu Jiu

Roumanie

CRÉATEUR : Constantin Brancusi
PROPRIÉTAIRE : État roumain
STYLE : parc à sculptures (XXe siècle)
SUPERFICIE : 8,9 ha
CLIMAT : tempéré
SITUATION : Targu Jiu, Gorj

Les jardins de Targu Jiu abritent quelques-unes des œuvres d'art d'extérieur les plus spectaculaires du XXe siècle. Créé par le sculpteur Constantin Brancusi non loin de son lieu de naissance, Hobita, ce parc indique précisément l'endroit où les Roumains repoussèrent les Allemands en 1916.

La pièce la plus impressionnante du parc est peut-être la *Colonne de l'infini* de 29 m de haut. Il s'agit d'une version stylisée des piliers funéraires traditionnels du sud de la Roumanie. L'élégance de l'œuvre masque le colossal travail de l'artiste, qui a dû assembler dix-sept gros modules de fer forgé. Moins imposante, plus aérienne, *La Table du silence* repose dans une clairière au bord de la Jiu. Cette table de calcaire circulaire entourée de douze sièges en forme de sablier incite le visiteur à réfléchir à l'absence et au passage du temps. C'est ensuite l'immense *Porte du baiser* en pierre, puis l'allée des Héros d'où l'on a une vue superbe sur le paysage des Carpates.

Monumentales, subtiles et intimes, les sculptures de Brancusi se marient aux régions boisées de Targu Jiu pour créer l'endroit idéal où réfléchir au meilleur et au pire de l'homme. KF

À GAUCHE La *Colonne de l'infini* du parc de Targu Jiu se dresse vers le ciel tel un immense chapelet.

Parc botanique du Canton du Tessin

Suisse

CRÉATRICE : Antoinette de Saint-Léger
PROPRIÉTAIRE : canton du Tessin
STYLE : jardin botanique (fin XIXe siècle)
SUPERFICIE : 2,4 ha
CLIMAT : méditerranéen
SITUATION : îles de Brissago, lac Majeur, Tessin

Le lac Majeur est situé au sud de la Suisse et jouit de deux mille trois cents heures d'ensoleillement par an. Les montagnes au nord le protègent des vents et la chaleur de la Méditerranée lui arrive de Venise ou de Gênes. Il y a deux îles de Brissago : la plus petite, Saint-Apollinaire, est fermée au public mais l'autre, Saint-Pancrace, abrite un jardin botanique riche de mille six cents espèces. Proche de l'Italie, il accueille des plantes qui ne poussent normalement pas en Suisse.

Les deux îles furent achetées en 1885 par une aventurière russe, la baronne Antoinette de Saint-Léger, pour la somme ridicule de 21 000 francs-or. En quarante ans, elle transforma Saint-Pancrace en un paradis personnel, cultivant des plantes rares ou exotiques, mais aussi accueillant dans sa villa sculpteurs, artistes, écrivains et compositeurs. Vers 1927, sa beauté, son mari, les amis artistes et sa fortune n'étaient plus qu'un souvenir. Les îles furent alors revendues à un industriel allemand, Max Emden, qui transforma la villa et fit construire une marina.

Les îles furent achetées par le canton en 1949. Aujourd'hui on peut voir à Saint-Pancrace rhododendrons, azalées, camélias, magnolias, palmiers, cistes, protées, fougères arborescentes, bambous, eucalyptus et *Citrus*. L'esprit de la baronne hante les lieux : elle mourut dans la misère en 1948 et fut enterrée au petit cimetière villageois d'Intragna, mais ses restes furent transportés dans l'île en 1972. RCa

Jardin de Vico Morcote

Suisse

CRÉATEUR : Peter Smithers
PROPRIÉTAIRES : famille Smithers
STYLE : sauvage (XXᵉ siècle)
SUPERFICIE : 0,4 ha
CLIMAT : méditerranéen
SITUATION : Vico Morcote, Tessin

Dans ses *Aventures d'un jardinier*, Peter Smithers raconta comment il devint botaniste – pendant son enfance puis tout au long de sa carrière, du MI6 britannique à la politique internationale. Le livre établissait douze principes pour le jardin de Vico Morcote où il s'installa en 1970, au bord du lac de Lugano, au sud des Alpes suisses.

Les deux premiers principes étaient les suivants : un jardin doit être un plaisir et son entretien doit être facilité au fur et à mesure que vieillit son propriétaire. En pratique, cela signifie que les pentes nues de la colline se changèrent en un écosystème indépendant de plantes exotiques qui se fondit progressivement avec son environnement. Les plantes s'entraident et chassent les intruses. Seize communautés végétales sont disposées selon le terrain et chacune apporte surprise et plaisir au visiteur. Un ruisseau traverse le patio central autour duquel fut construite la maison, et des cascades dévalent la pente en clapotant.

Décédé en 2006, sir Peter choisissait ses plantes avec soin. Il n'acceptait que les plus belles représentantes de chaque espèce, c'est pourquoi il les fit venir du monde entier. Il collectionna ainsi magnolias, daphnés, camélias, nérines, pivoines et glycines. Il créa d'excellentes souches portant désormais le nom de 'Vico'. Deux autres principes directeurs indiquaient que l'odeur était capitale – quasiment toutes les espèces poussant ici sont odorantes ou aromatiques – et que les plantes précoces ou tardives devaient être incorporées dans un jardin pour qu'il soit fleuri toute l'année. CB

Jardins d'Isola Bella

Italie

CRÉATEUR : Antonio Crivelli
PROPRIÉTAIRES : famille Crivelli
STYLE : baroque (XVIIe et XVIIIe siècles)
SUPERFICIE : 6 ha
CLIMAT : méditerranéen
SITUATION : Isola Bella, lac Majeur, Piémont

Une des extrémités du lac Majeur est occupée par trois îles, toutes belles, mais l'une est unique car on ne trouve nulle part ailleurs l'extravagance baroque d'Isola Bella. Le palais et ses jardins furent construits en 1650-1671 sur ce qui était jadis un rocher nu. Leur destinataire était la riche et noble famille Borromée, et le comte Charles III donna à l'île le nom de son épouse, Isabella. L'île a la forme d'une barque. Le visiteur qui l'aborde par la poupe découvre le magnifique mais inachevé palais d'été. Devant lui se dresse une sorte d'énorme gâteau de mariage avec ses grottes tapissées de coquillages, ses piliers de pierre et ses statues. Des volées de marches disposées de part et d'autre mènent à la terrasse, où des statues de marbre contemplent la rive et les Alpes couronnées de neige. De somptueux banquets étaient organisés ici tandis que l'on tirait des feux d'artifice et que des simulacres de bataille navale se déroulaient sur le lac. Princes, hommes d'État, personnages riches et célèbres assistaient à des représentations théâtrales ou musicales.

À la proue de l'île, dix niveaux en dessous de la terrasse, s'étale un parterre orné. Des haies de buis basses dessinent de vertes fioritures autour de fleurs multicolores et chaque motif est lui-même ceint d'une bordure. Des nénuphars bleus et roses ornent le bassin central. Vieux de deux siècles, un camphrier géant (Cinnamomum camphora) domine orangers, pamplemoussiers, orchidées et papyrus. Il n'est pas difficile d'imaginer l'impression que ce palais fit sur tous les visiteurs illustres, d'Alexandre Dumas à Dickens en passant par Stendhal. SG

Jardins d'Isola Madre

Italie

CRÉATEURS : famille Borromée, famille Arese
PROPRIÉTAIRES : famille Borromée
STYLE : botanique (XVIIIe siècle)
SUPERFICIE : 8 ha
CLIMAT : méditerranéen
SITUATION : Isola Madre, lac Majeur, Piémont

Isola Madre, la plus grande des îles Borromée, n'a rien de l'aspect théâtral de sa sœur, Isola Bella, mais elle n'en a nullement besoin vu sa superbe collection d'arbres et de plantes sélectionnés.

La douceur du climat de cette région permet à des variétés fragiles de pousser en extérieur. Un cyprès du Cachemire (*Cupressus cashmeriana*) domine le jardin entourant la villa : vieux de deux cents ans, c'est aussi le plus grand d'Europe. On trouve des massifs d'azalées à feuillage persistant et de rhododendrons, des camélias plantés dans un cadre sylvestre et, dans une autre partie, des palmiers et des bananiers. Une façade de la villa XVIe siècle donne sur un superbe jardin tout en harmonie avec l'architecture mauresque : l'Afrique du Nord y exerce en effet son influence. Dans le bassin ornemental poussent des papyrus en panaches, tandis qu'un parterre de couleurs, semblable à un tapis persan, entoure le jardin, complément idéal d'une grotte où l'on trouve des statues classiques, des orchidées suspendues dans des paniers et une étonnante liane grimpante, *Aristolochia gigantea*. En tout lieu, on peut voir des bougainvilliers pourpres, des plumbagos bleus, des bambous noirs *(Phyllostachys nigra)*, des *Ginkgo biloba*, des *Citrus* en espalier et des hibiscus.

Si possible, visitez la villa pour en découvrir tous les trésors, dont une pièce abritant le théâtre de marionnettes de la famille Borromée. Les décors et les costumes valent ceux de la Scala de Milan. Ces marionnettes anciennes sont de pures œuvres d'art dont des témoignages écrits rapportent l'historique ; il y a aussi une belle collection de poupées. RL

Villa Taranto

Italie

CRÉATEUR : Neil McEacharn
PROPRIÉTAIRE : ass. des jardins botaniques de la villa Taranto
STYLE : botanique (XXe siècle)
SUPERFICIE : 20 ha
CLIMAT : méditerranéen
SITUATION : Verbania Pallanza, Piémont

Près du lac Majeur, ce jardin exceptionnel est l'œuvre d'un Écossais, le capitaine Neil McEacharn. Son ancêtre, le maréchal MacDonald, reçut de Napoléon le titre de duc de Tarente. Après avoir créé un agréable jardin autour de son château de Galloway, en Écosse, McEacharn acheta cette propriété italienne en 1931. Il commença par arracher deux mille arbres et entreprit des travaux d'irrigation pour envoyer l'eau du lac dans un réservoir puis dans le jardin via un réseau de 8 km de tuyaux.

En 1935, des jardins en terrasses furent créés, avec des ruisseaux en cascades et des parterres d'annuelles en été ou de plantes à bulbes au printemps. Depuis les terrasses, le visiteur découvre une pergola recouverte de plantes grimpantes. Il y a aussi une clairière de fougère *Dicksonia antarctica* et une des plus belles collections d'arbres précieux, dont des *Emmenopterys henryi* venus de Chine. Au printemps, magnolias et rhododendrons sont en fleurs, sans parler des azalées et des camélias.

L'automne est la saison idéale pour visiter la villa Taranto : il est alors possible de découvrir la gamme de couleurs prodigieuse déployée par les *Acer*, en particulier le fabuleux *Acer* f. *atropurpureum* 'Villa Taranto'. Avec le superbe feuillage et le sensationnel jardin de dahlias, ils offrent un kaléidoscope de couleurs pour qui s'aventure sur les chemins sinueux. Il faut aussi pénétrer dans la serre pour voir ses gigantesques nénuphars *Victoria amazonica*. Neil McEacharn mourut en 1964 et fut enterré dans la chapelle construite dans son merveilleux jardin. RL

Villa San Remigio

Italie

CRÉATEURS : Sophie et Silvio della Valle di Casanova
PROPRIÉTAIRES : conseil régional du Piémont
STYLE : baroque (XXe siècle), paysager anglais
SUPERFICIE : 8 ha
CLIMAT : méditerranéen
SITUATION : Verbania Pallanza, Piémont

« Nous sommes Sophie et Silvio della Valle di Casanova et ce jardin est né des rêves que nous partagions dans notre jeunesse. Nous l'avons dessiné étant enfants, homme et femme nous l'avons créé. » Ces paroles présentent le jardin de la villa San Remigio, qui domine le lac Majeur. Cousins germains, Sophie et Silvio se sont mariés en 1896 et ce jardin témoigne de leur amour.

L'élément formel du jardin est constitué de deux ensembles de terrasses, dont six ont pour décor somptueux le lac et les montagnes, au sud de la villa. Sophie les a créées en travaillant sur des maquettes de bois et de chiffon, les modifiant jusqu'à ce qu'elle fût satisfaite de l'effet produit à toute heure du jour et de la nuit. La balustrade de la première terrasse est décorée de statues de Francesco Rizzi représentant les quatre saisons. La deuxième forme un petit salon, avec fauteuil en topiaire et sièges en coquillages que soutiennent des dauphins. Sous la troisième, Sophie a imaginé une grotte destinée aux fougères, orchidées et plantes subtropicales. Le cadran solaire circulaire de la terrasse porte une inscription : « Placé ici par Silvio et Sophie pour que les nouvelles lueurs du jour chassent les ombres des heures passées. » L'avant-dernier niveau s'orne d'une fontaine où Diane traverse le bassin dans un char tiré par deux chevaux aux pieds palmés. Entre les terrasses et le lac, Silvio et Sophie ont créé un paysage romantique anglais avec chemins forestiers et plantation informelle de rhododendrons et d'azalées, mais aussi d'arbres exotiques ou régionaux. HA

Villa Carlotta

Italie

CRÉATEURS : Giorgio Clerici et autres
PROPRIÉTAIRE : État italien
STYLE : néoclassique (XVIIIe siècle)
SUPERFICIE : 5,7 ha
CLIMAT : méditerranéen
SITUATION : Tremezzo, Lombardie

La villa fut construite en 1690 par le marquis Giorgio Clerici pour prendre un aspect baroque en 1747 alors que l'actuelle façade néoclassique ne fut ajoutée qu'en 1880. Parmi les riches propriétaires, il faut citer le banquier milanais Sommariva, responsable de ladite façade, et la princesse Marianne de Prusse, qui offrit la villa à sa fille Charlotte pour son mariage. Elle est aujourd'hui propriété de l'État italien.

Pour jouir pleinement du spectacle des terrasses montant jusqu'à la villa, il faut arriver par bateau. Cinq escaliers de pierre avec statues et balustrades ornementales conduisent le visiteur de niveau en niveau, où des pergolas sont drapées d'agrumes. Le sol acide et extrêmement fertile du jardin permet la floraison d'une sublime collection comprenant plus de cent cinquante camélias, rhododendrons et autres azalées, à côté de plantes tropicales et de toute une gamme de fougères arborescentes, cactus, bambous, roses, pittosporums et gunnères géantes.

Derrière la villa proprement dite, un parc romantique à l'anglaise recèle des arbres magnifiques. Des statues de Canova ornent la demeure. Mais peu importe l'endroit où vous vous trouvez, vous aurez toujours une vue superbe sur le lac de Côme. JHi

Pour jouir pleinement du spectacle des terrasses montant jusqu'à la villa, il faut arriver par bateau.

Jardins d'Isola del Garda

Italie

CRÉATEURS : Gateano de Ferrari et autres
PROPRIÉTAIRES : famille Borghèse Cavazza
STYLE : à la française (XIXe siècle), bois
SUPERFICIE : 6 ha
CLIMAT : méditerranéen
SITUATION : île de Garde, lac de Garde, Lombardie

Sur le lac de Garde, cette petite île est une propriété privée qui n'a ouvert ses portes au public que depuis peu. Elle est habitée depuis l'époque des Romains – transformée toutefois en réserve de chasse à la chute de l'Empire – par d'innombrables moines (dont saint François d'Assise, qui y construisit un ermitage au XIIIe siècle), savants, soldats et vieilles familles nobles italiennes (dont les ducs de Ferrare et le prince Scipion Borghèse). La maison, extravagante villa néogothique, et ses jardins furent créés entre 1880 et 1900. L'île ne mesure que 1 km de long, mais elle réussit à réunir beaucoup de choses en si peu d'espace. Elle se divise en jardins à la française disposés sur plusieurs niveaux autour de la villa et en zones boisées.

La partie à la française est constituée de parterres taillés dessinant des formes géométriques ou les armoiries de la famille Ferrari (créatrice des jardins) et de grottes en stuc plantées de palmiers dattiers des Canaries *(Phoenix canariensis)*. Des roses et des cyprès poussent autour et au milieu de ces parterres. Sur les terrasses inférieures, on trouve des arbres fruitiers, pamplemoussiers, câpriers, jujubiers et *Citrus*.

Le reste de l'île est un beau mélange d'arbres adultes, de clairières herbeuses et, surtout, d'un étonnant bouquet de cyprès chauves (ou cyprès des marécages, *Taxodium distichum*) qui plongent leurs longues branches noueuses dans les eaux du lac. Architecture peu commune, plantes intéressantes, site unique et majesté du lac de Garde : voilà quatre bonnes raisons de visiter l'île de Garde. JA-S

Villa Cicogna Mozzoni

Italie

CRÉATEUR : inconnu
PROPRIÉTAIRES : famille Cicogna
STYLE : Renaissance (XVe siècle)
SUPERFICIE : 18 ha
CLIMAT : méditerranéen
SITUATION : Bisuschio, Lombardie

La villa Cicogna Mozzoni abrite la famille Cicogna depuis plus de quatre cents ans. C'est un palais rural enchanteur doté d'un beau jardin Renaissance, de superbes panoramas et d'un magnifique escalier d'eau.

L'entrée du jardin est encadrée d'une arcade décorée par un treillage de feuilles, fleurs, chérubins et paons. Au-delà, le jardin en contrebas est baigné de soleil. Il est ceint d'un côté par la villa et des trois autres par de hauts murs. Sur la droite, le mur de soutènement de la terrasse supérieure est décoré de niches abritant bustes et statues tandis que le mur opposé recèle une belle grotte. Après le mur de soutènement, deux grands bassins à poissons sont entourés de balustrades. Au centre, des fontaines emplissent cet espace clos du bruit de leur jaillissement reposant.

Une volée de marches à travers un court tunnel – dans lequel on pénètre par un portail en fer forgé décoré des armes de la famille, une cigogne – relie le jardin en contrebas à la terrasse supérieure qui s'étend sur toute la largeur du jardin. Elle passe entre la villa et la base de l'escalier d'eau marquée par deux vierges étendues. L'escalier fut conçu pour être vu des fenêtres du salon et c'est seulement de là que la perspective désirée peut être pleinement appréciée.

La terrasse était un élément essentiel des jardins Renaissance : elle offrait un espace abrité, privé, où la famille pouvait se détendre. À la villa Cicogna Mozzoni, la terrasse supérieure offre une vue admirable sur le jardin en contrebas et le paysage par-delà ses murs. Par beau temps, on voit parfaitement le lac de Lugano, à la frontière italo-suisse. HA

Villa Monastero

Italie

CRÉATEURS : divers
PROPRIÉTAIRE : Conseil national de la recherche
STYLE : classique italien (XVIIIe-XXe siècle)
SUPERFICIE : 4,9 ha
CLIMAT : méditerranéen
SITUATION : Varenna, Lombardie

À la limite de la vieille ville de Varenna se trouve le magnifique jardin en terrasses d'un ancien couvent. Il fut fondé par les cisterciens en 1208 puis fermé en 1567 à cause de la réputation de frivolité de ses religieuses. Il appartient aujourd'hui au Consiglio Nazionale delle Ricerche, centre d'études et de recherches dépendant de l'État.

Le jardin suit la rive du lac sur plus de 1,5 km et monte à l'assaut de la colline avec une série de terrasses et de sentiers. Des cyprès de Provence *(Cupressus sempervirens)* bordent les allées tandis que le climat doux et le sol riche permettent de faire pousser de nombreux arbres d'origine exotique. Regardez attentivement et vous constaterez que palmiers, yuccas, lauriers-roses et agaves sont ici plus grands que partout ailleurs. Il y a également huit espèces différentes de *Citrus*, en plus des cordylines, centaurées et myrtes bien à l'abri sous les pins de Montezuma *(Pinus montezumae)*. Les raretés botaniques abondent dans ce jardin extraordinaire, au même titre que les détails architecturaux, principalement des statues, urnes, statues et sources, sans oublier une belle balustrade de pierre proche du lac que recouvre un magnifique *Wisteria* grimpant. JHi

…un ancien couvent… fermé en 1567 à cause de la réputation de frivolité de ses religieuses.

Villa del Balbianello

Italie

CRÉATEURS : comte Monzino et autres
PROPRIÉTAIRE : Fondo per l'Ambiente Italiano
STYLE : XVIIIe siècle, italianisant (XXe siècle)
SUPERFICIE : 12,1 ha
CLIMAT : méditerranéen
SITUATION : Lenno, lac de Côme, Lombardie

Qu'y a-t-il de plus romantique qu'arriver en bateau dans le jardin d'une villa italienne ? Le cadre de la villa del Balbianello est splendide. Perchée sur un promontoire de la rive ouest du lac de Côme, elle a une vue imprenable sur les montagnes environnantes. En prenant le bateau à Lenno, on découvre le site magique de Balbianello, ponctué de cyprès de Provence *(Cupressus sempervirens)* aux formes élancées. Une fois franchies les portes de la propriété, des sentiers de gravier entraînent à travers un jardin en terrasses vers une magnifique loggia ornée d'une treille de figuier nain rampant *(Ficus pumila)*.

La structure originale de la villa et de ses jardins remonte à la fin du XVIIIe siècle, quand un cardinal rechercha un endroit où recevoir ses amis. Les propriétaires successifs ont apporté leur touche personnelle. Les jardins doivent beaucoup au dernier d'entre eux, le comte Monzino, qui légua en 1988 sa villa au Fondo per l'Ambiente Italiano (Fonds pour l'environnement).

Le vert, avec ses nuances multiples, est la couleur dominante, et chaque arbre, arbuste et plante grimpante est parfaitement taillé ce qui, vu la déclivité du terrain, est une merveille en soi. La visite guidée passe par le petit musée que le comte Monzino a installé dans son grenier pour témoigner de sa vie d'explorateur et d'aventurier. Au début du XIXe siècle, la villa del Balbianello était très prisée des touristes, et c'est encore vrai de nos jours. Près du petit port, une phrase gravée dans la pierre évoque l'abbaye de Thélème, chère à Rabelais : « Fais ce que voudras. » Voici parfaitement résumé l'esprit du lieu. PMcW

Villa Pisani

Italie

CRÉATEUR : Girolamo Frigimelica
PROPRIÉTAIRE : Maria-Pia Ferrari de Lazara
STYLE : à la française (XVIIIe siècle), classique (XXe siècle)
SUPERFICIE : 10 ha
CLIMAT : méditerranéen
SITUATION : Stra, Vénétie

À l'origine, Alvise Pisani demanda au comte Girolamo Frigimelica de transformer sa modeste demeure familiale en une grandiose villa. Cependant, Alvise fut élu doge de Venise en 1735 et l'on choisit un plan plus élaboré, dû à Francesco Maria Prete. Heureusement, le projet de jardins de Frigimelica fut conservé.

Jusqu'en 1911, la partie située derrière la villa ne comportait que des parterres de broderies à la française, puis ils furent remplacés par un long bassin destiné à tester des modèles de bateaux. À une extrémité, le bassin reflète le palais et, à l'autre, un pavillon orné de Frigimelica fut transformé par Francesco Maria Prete en luxueuses écuries.

De part et d'autre des parterres originaux, Frigimelica planta des allées, créant ainsi des perspectives sur toute la longueur du jardin. D'autres allées irradiaient jadis à partir de l'axe, attirant le regard au-delà des parterres et à travers les arbres. À une extrémité de l'avenue verticale, du côté est, un labyrinthe complexe XVIIIe siècle était un souvenir du jardin d'origine. Frigimelica fit dresser une tour circulaire en son milieu. Au centre de six allées radiantes, il construisit un belvédère hexagonal dont les marches mènent à une terrasse dominant le paysage alentour. Après le belvédère, un salon de café se dresse sur un monticule abritant une glacière. De hauts murs entourent l'ensemble de serres de la villa Pisani : des camélias primés y poussèrent jusqu'au milieu du XIXe siècle et, à l'époque de la famille Pisani, vingt-deux mille citrons étaient produits et vendus chaque année. HA

Villa Barbaro

Italie

CRÉATEURS : Palladio, Daniele Barbaro
PROPRIÉTAIRES : héritiers de la famille Volpi
STYLE : jardin de villa palladienne (XVIe siècle)
SUPERFICIE : 0,2 ha
CLIMAT : méditerranéen
SITUATION : Maser, Vénétie

La villa Barbaro fut construite en 1560-1568 pour le compte de Daniele et Marcantonio Barbaro : c'était alors un corps de ferme au milieu d'une propriété agricole. Cet endroit superbe a pour mérite d'être la seule villa palladienne de Vénétie à conserver une partie de son jardin d'origine. Celui-ci se déployait devant la villa, mais il n'en reste qu'un axe unique allant de la façade ocre jusqu'à la route et aux champs voisins.

Daniele Barbaro était un botaniste distingué. Il s'impliqua beaucoup dans la création du jardin botanique de Padoue et il est probable que des plantes exotiques ornaient les parterres situés de part et d'autre de l'axe principal. Le jardin était un espace public, limité d'un côté par la route, de l'autre par la villa, et sur ses deux longueurs par des *barchesse*. Conçues par Palladio comme d'élégantes arcades, les granges en question abritaient outils, animaux et personnel. Le jardin était dominé par les champs environnants où travaillaient les paysans : cela explique peut-être pourquoi Palladio imagina un *giardino segreto* derrière la villa. Ce petit jardin clos est dominé par le magnifique nymphée de Palladio, dont la façade est décorée de statues en stuc de dieux de l'Antiquité, œuvres pour certaines de Marcantonio Barbaro.

Le trait de génie de Palladio fut d'associer la villa Barbaro, le jardin et le paysage pour aboutir à une structure architecturale unique. Ce faisant, il conçut un modèle de villa vénitienne qui durera plus de deux siècles. HA

Villa Barbarigo

Italie

CRÉATEUR : inconnu
PROPRIÉTAIRE : Fabio Pizzone Ardemani
STYLE : baroque (XVIIe siècle)
SUPERFICIE : 10 ha
CLIMAT : méditerranéen
SITUATION : Valsanzibio, Vénétie

Ici les rayons du soleil brillent plus ardemment
Vénus sort de l'onde encore plus adorable
Les phases de la lune sont plus claires
Jupiter arbore un sourire bienveillant
Et Mercure repousse les mensonges.

Ces vers traduisent bien l'atmosphère d'insouciance de Barbarigo, un des jardins les plus agréables d'Italie, créé pour Antonio Barbarigo entre 1665 et 1669. Un axe nord-sud parcourt la pente faisant face à la villa, traverse la partie plane et remonte le long du Monte degli Staffoli, derrière le bâtiment. Les plates-bandes de part et d'autre de cet axe ont une double fonction : elles attirent le regard vers la villa et dissimulent une série d'espaces que l'architecte a su meubler de surprises multiples. D'un côté de l'axe, la plate-bande cache un grand labyrinthe et, de l'autre, une charmante île aux lapins. Des *giochi d'acqua*, ou jeux d'eau, constituent un amusement inattendu.

Le second axe du jardin est en fait une succession de bassins décorés de statues. Sur la place d'accostage des bateaux, Diane, déesse de la chasse, entraîne ses chiens. La façade située en dessous est décorée de bas-reliefs représentant des pièces de gibier.

Au XVIIIe siècle, la villa Barbarigo abritait l'une des plus belles et des plus coûteuses collections de plantes d'Italie, citée dans l'ouvrage de Paolo Bartolomeo Clarici, *Istoria e cultura delle piante* (1726). HA

À DROITE Un des bassins de la villa Barbarigo, dans ce qui est un des plus agréables jardins d'Italie.

Jardin Giusti

Italie

CRÉATEUR : Agostino Giusti
PROPRIÉTAIRES : famille Giusti
STYLE : Renaissance italienne (XVIe siècle)
SUPERFICIE : 1,8 ha
CLIMAT : méditerranéen
SITUATION : Vérone, Vénétie

Depuis au moins trois siècles et demi, ce fantastique jardin de Vérone est l'une des plus belles « façades » de l'Italie. Au début du XVIIe siècle, Thomas Conyat parlait de « second paradis » et de « lieu délectable de consolation » : c'est encore vrai au XXIe siècle. Bien d'autres écrivains touchés par ce jardin écrivirent à ce propos, dont le grand Goethe.

Niché au pied de la colline escarpée de San Zeno, loin des bruits de la ville, de son arène romaine et de sa maison début Renaissance témoin des amours de Roméo et Juliette, le jardin se situe derrière le palazzo construit par la famille Giusti. D'élégants obélisques ornent les poteaux d'angle constituant l'entrée du jardin et menant à une allée de hauts cyprès effilés et à une grotte ancienne taillée dans le tuf. Au-dessus, c'est l'image frappante d'un masque de pierre géant d'où peuvent jaillir d'immenses flammes. Remarquons également les marches menant jusqu'aux terrasses à flanc de colline. Que ce soit du pavillon restauré à mi-hauteur ou du sommet, on a une vue superbe sur le jardin et sur la ville. Les plans originaux du jardin ont disparu, mais des travaux récents, inspirés d'un projet début XVIIe siècle, ont réintégré des éléments d'époque. Il y a là un labyrinthe, certainement un des plus vieux d'Europe, et des parterres parmi les plus anciens d'Italie. Au XVIIIe siècle, tout voyageur se devait de visiter les jardins Giusti. Il n'est pas difficile de comprendre pourquoi. CB

Au XVIIIe siècle, tout voyageur se devait de visiter les jardins Giusti.

Jardin botanique de Padoue

Italie

CRÉATEUR : Daniele Barbaro
PROPRIÉTAIRE : université de Padoue
STYLE : botanique (XVIe siècle)
SUPERFICIE : 2,2 ha
CLIMAT : méditerranéen
SITUATION : Padoue, Vénétie

Le jardin botanique de Padoue a été fondé en 1545, ce qui en fait le plus vieux jardin du genre au monde. Il y a toujours une bibliothèque, des salles de classe et un laboratoire que fréquentent les étudiants. Au XIXe siècle, une série de serres fut ajoutée et l'une d'elles abrite le bien le plus précieux du jardin, un palmier nain (*Chamaerops humilis*) datant de 1781.

Le site concédé au jardin au XVIe siècle était très irrégulier. En imposant le carré ou le rectangle, la moitié du terrain aurait été perdue, mais le problème fut résolu en ceignant le tout d'un mur circulaire et en arrangeant les lieux en quadrants, avec quatre axes correspondant aux quatre points de la boussole. Dans chaque quadrant, les parterres revêtaient à l'origine toutes les formes géométriques possibles, mais ce plan fut révisé au XIXe siècle. Un fossé circulaire creusé autour du jardin permettait de l'irriguer tout en le protégeant des intrus. Cela n'empêcha pas les parterres d'être aussitôt dépouillés au cours de raids nocturnes. Un mur plus haut et plus épais fut alors érigé et le règlement interdisant l'accès aux plantes y fut accroché. Le contrevenant pouvait être condamné, selon sa faute, à une amende, à la prison ou même à l'exil.

En dépit des altérations XIXe siècle, le jardin botanique de Padoue est le plus bel exemple du genre en ce qui concerne le XVIe siècle italien. Bien que situé en plein centre-ville, c'est un espace tranquille et ombragé pourvu d'une belle collection de plantes venues du monde entier. HA

… le jardin botanique de Padoue […] représente la naissance de la science.

Jardins botaniques Hanbury

Italie

CRÉATEUR : Thomas Hanbury

PROPRIÉTAIRE : État italien

STYLE : botanique (XIXe siècle)

SUPERFICIE : 8 ha

CLIMAT : méditerranéen

SITUATION : La Mortola, Vintimille, Ligurie

Deuxième fils de riches quakers, Thomas Hanbury réussit si bien qu'il prit sa retraite à l'âge de 35 ans. En 1864, son frère, Daniel, chimiste et pharmacien passionné par l'origine botanique des épices et des médicaments, trouva sur la Riviera italienne, non loin de Menton, un petit promontoire avec une grande villa en ruines entourée d'oliviers. Abritée du vent alpin par les collines environnantes et ouverte sur la mer au sud-ouest, la pointe de la Mortola était idéale pour l'expérimentation horticole et le palazzo Orengo attendait d'être restauré. Thomas s'y installa en 1867.

Couvert d'honneurs par les gouvernements italien et britannique, récompensé de la Victoria Medal of Honor par la Société royale d'agriculture britannique, Hanbury était « un grand du jardinage ». Après sa mort en 1907, le jardin déclina, mais l'État italien, l'université de Gênes et une association d'amateurs lui ont désormais rendu sa splendeur d'autrefois.

Hanbury classait ses plantes par thèmes ou selon leur origine géographique. Il suffit de descendre des marches ou de passer à côté de bassins et de pergolas pour rencontrer une forêt australienne, des variétés anciennes d'agrumes, un verger riche en fruits exotiques, de belles collections de passiflores ou de sauges, des fossiles vivants comme les cycadées, le jardin des Parfums, les jardinets pleins de roses et de pivoines ainsi que de nombreux parterres de plantes grasses rares. Plus de six mille espèces sont présentes sur ce site exceptionnel. RCa

Jardin de Boboli

Italie

CRÉATEUR : Niccolo Tribolo

PROPRIÉTAIRE : État italien

STYLE : à la française (XVIe siècle) et ajouts ultérieurs

SUPERFICIE : 32 ha

CLIMAT : méditerranéen

SITUATION : Florence, Toscane

Au XVIe siècle, Boboli était l'un des plus grands jardins d'Europe. Il fut conçu en 1549 par Niccolo Tribolo pour le duc Cosme Ier de Médicis et son épouse, Éléonore de Tolède. Chaque génération de Médicis a ajouté sa touche personnelle et Boboli est devenu un véritable livre d'histoire de l'art du jardin italien avec ses styles Renaissance, maniériste ou baroque.

Tribolo a placé Boboli à flanc de colline, entre le palais Pitti et la Porta Romana. Il a transformé la partie située derrière le palais en une sorte de prairie plane arborée sur trois côtés. Une fontaine colossale marquait l'axe allant du palais au sommet de la colline ; cet espace est aujourd'hui occupé par un magnifique amphithéâtre construit en 1618 par Giulio Parigi. La fontaine de Tribolo fut déplacée au centre d'une *isolotto* (petite île), bel exemple des apports baroques dus à Cosme Ier de Médicis. L'île en question abrite des citronniers en pots ; elle est entourée d'une balustrade et d'un étroit fossé ovale. Elle est reliée au bord du bassin par deux grands ponts surmontés de capricornes, emblème de Cosme Ier. En 1589, Francesco de Médicis demanda à Buontalenti de construire la grande grotte. Cette extraordinaire structure maniériste est constituée de trois « pièces », meublées et richement décorées de fresques : c'est certainement l'apogée d'une visite au jardin de Boboli. HA

À DROITE Dans le jardin de Boboli, une petite villa appelée Casino del Cavaliere abrite un musée de la porcelaine.

Villa Chigi Cetinale

Italie

CRÉATEURS : Carlo Fontana, Lord Anthony Lambton
PROPRIÉTAIRE : Anthony Lambton
STYLE : baroque (XVIIe et XVIIIe siècles)
SUPERFICIE : 23,4 ha
CLIMAT : méditerranéen
SITUATION : Ancaiano, province de Sienne, Toscane

Une visite à la villa Chigi Cetinale vous conduira au cœur de la campagne ravissante qui se déploie à l'ouest de la ville de Sienne. Vous emprunterez des sentiers étroits et traverserez vignobles et oliveraies pour découvrir enfin la villa baroque de Carlo Fontana et le hardi jardin paysager ayant pour décor les belles collines boisées de la Montagnola.

C'est le cardinal Flavio Chigi qui, en 1676, demanda à Fontana de construire la villa et son jardin. Il édifia la villa à partir d'un simple corps de ferme toscan et la plaça au milieu exact d'un axe nord-sud. Des fenêtres du salon du premier étage, la vue s'étend à l'infini dans les deux directions. Au sud, l'axe plonge dans une vallée pour finir par rencontrer une colossale statue d'Hercule. L'axe nord donne sur le jardin principal et son entrée d'origine. Flanqué de cyprès, il crée une allée pointée vers les collines boisées. Au bout de cette allée, Fontana a construit un théâtre semicirculaire, et deux cents marches de pierre relient le jardin inférieur au *romitorio* (ermitage) situé au sommet de la colline. Chigi fit agrandir le jardin vers l'est pour édifier une thébaïde, ou bois sacré : chapelles décorées de fresques et statues de saints ou d'ermites bordent les chemins tracés entre les arbres. Cette thébaïde fut achevée par le neveu de Chigi et son héritier, Buenaventura Chigi Zondadari. De 1690 à 1717, le *palio*, la célèbre course de chevaux siennoise, passa à plusieurs reprises à travers ces bois.

Cetinale continue de se développer, même aujourd'hui. La maison appartient maintenant à un Anglais, lord Lambton. Il a entrepris de restaurer le jardin paysager et, aidé de Claire Ward, il a créé deux nouveaux jardins en dessous de l'axe principal. Si le premier est un jardin de cottage romantique, le second est un charmant espace doté de haies et d'arbres fruitiers en espalier. HA

Jardin botanique de Pise

Italie

CRÉATEUR : Joseph Goedenhuitze
PROPRIÉTAIRE : université de Pise
STYLE : jardin botanique (XVIe à XXe siècle)
SUPERFICIE : 3 ha
CLIMAT : méditerranéen
SITUATION : Pise, Toscane

C'est là le plus ancien jardin botanique du monde, conçu en 1543 – avant ceux de Padoue (1545) et de Florence (1550) – par Luca Ghini, qui participa à la création des deux autres. Ces trois jardins avaient pour but d'apprendre aux étudiants les propriétés médicinales des plantes, et l'un de ses outils d'enseignement était un recueil de plantes séchées constituant les prémices d'un herbarium primitif. La collection de plantes vivantes de Pise se développa grâce à des recherches effectuées sur le terrain dans le nord de l'Italie.

Le site original du jardin, sur l'Arno, fut réquisitionné pour construire un chantier naval. Le site suivant, au sud-est de la ville, suscita le mécontentement des étudiants parce qu'il était trop éloigné du centre urbain. C'est en 1591 qu'il trouva son emplacement actuel et fut redessiné par le botaniste flamand Joseph Goedenhuitze (également appelé Giuseppe Casabona). Là, au cours de la Renaissance, les peintres furent invités à reproduire les collections ; en accord avec la philosophie de l'époque, des liens étaient tissés entre l'art, la médecine, la botanique et l'horticulture.

Le jardin s'agrandit aux XVIIIe et XIXe siècles avec l'addition de serres. Un arboretum fut planté vers 1900. Allez admirer les rares cocotiers du Chili (*Jubaea chilensis*) datant du XIXe siècle et les platanes d'Orient (*Platanus orientalis*). Le jardin d'origine avait un plan strict : il fut transformé au cours des siècles, mais il demeure des éléments Renaissance tels les bassins centraux et les bordures de pierre de certains parterres. Bien que proche du centre historique de Pise, c'est une oasis paisible et riche en histoire. JO

Villa di Castello

Italie

CRÉATEUR : Niccolò Tribolo
PROPRIÉTAIRE : Accademia della Crusca
STYLE : Renaissance italienne (XVIe siècle)
SUPERFICIE : 1 ha
CLIMAT : méditerranéen
SITUATION : Castello, Toscane

Construite en 1477, la villa di Castello devint la résidence favorite de Cosme Ier, qui fit dessiner le jardin en 1538. Le jardin clos de murs voisin de la villa est assez inhabituel en ce qu'il n'est pas disposé autour d'un axe central partant de la bâtisse. Il demeure pratiquement inchangé depuis le XVIe siècle.

L'aspect formel est adouci par la présence de cinq cents *Citrus* d'âges divers contenus dans des poteries en terre cuite. Parmi les autres caractéristiques italiennes, citons la base des fontaines, même si les modèles d'origine sont aujourd'hui dans la villa Petraia voisine – un bronze représentant Hercule et Antée par Bartolomeo Ammannati et une Vénus-Florence se coiffant par Giambologna. Le détail le plus inhabituel, c'est la grotte aux animaux, conçue par Niccolo Tribolo en 1550 et enchâssée dans le mur de soutènement. Elle est asséchée mais on imagine aisément les bassins de marbre aux motifs de poissons et coquillages : des jets d'eau jaillissaient de la gueule des animaux. L'ensemble de statues représenterait les animaux sauvés du Déluge.

On atteint la promenade de la terrasse supérieure par une double volée de marches inscrite dans le mur de soutènement. De là, on a également une très belle vue sur Florence, dans le lointain, et sur le jardin qui perd un peu de son aspect formel. Des sentiers sinueux parcourent les bois et un bassin occupe le centre d'un bouquet d'yeuses (*Quercus ilex*). Sur la petite île se dresse la statue de bronze appelée *Les Apennins en hiver*, de Bartolomeo Ammannati : datée de 1520, c'était à l'origine une fontaine. TM

Villa La Foce

Italie

CRÉATEUR : Cecil Pinsent
PROPRIÉTAIRE : Benedetta Origo
STYLE : anglo-italien (XXe siècle)
SUPERFICIE : 2,4 ha
CLIMAT : méditerranéen
SITUATION : Chianciano Terme, province de Sienne, Toscane

La Foce possède l'un des plus importants jardins du XXe siècle : le domaine occupe une position spectaculaire au-dessus des vastes espaces de la vallée de l'Orcia.

Le jardin fut dessiné par l'architecte paysagiste anglais Cecil Pinsent pour la villa de l'auteur et historienne Iris Origo. Pinsent se mit à l'œuvre en 1926 en créant autour de la villa une série d'espaces jardinés et de chemins. Le jardin des citrons est au cœur du plan : serein, géométrique, c'est un ensemble de larges terrasses bordées de haies de buis et décorées de citronniers en pots posés sur des plinthes de pierre. Iris a imaginé de belles plates-bandes d'herbacées à la base des murs ceignant le jardin et, en 1938, Pinsent a ajouté une pergola surélevée, un jardin de roses et une *limonaia* (maison des citrons). La pergola couverte de glycine part vers l'ouest de la maison avant de s'incurver autour de la colline. À son extrémité, elle donne sur les bois, où Pinsent avait déjà édifié une petite chapelle et un cimetière.

En 1939, juste avant l'entrée en guerre de l'Italie, Pinsent apposa la touche finale, le jardin en contrebas. Cet espace est entièrement ceint de grands cyprès et meublé de doubles haies de buis en forme de coin menant à un bassin, tout au bout du jardin. Pinsent a créé un paysage clos, maîtrisé de façon mathématique, une avant-scène superbe donnant sur la vaste vallée de l'Orcia. HA

À DROITE Les cyprès du jardin de La Foce sont agencés comme la proue d'un navire.

Villa La Pietra

Italie

CRÉATEURS : Arthur Acton, Harold Acton, Kim Wilkie
PROPRIÉTAIRES : université de New York
STYLE : anglo-italien (XXe siècle)
SUPERFICIE : 23 ha
CLIMAT : méditerranéen
SITUATION : Florence, Toscane

La villa La Pietra est située sur une colline surplombant Florence. Son influence est souvent négligée ; pourtant, la conception de ses jardins a inspiré une génération de créateurs. Lawrence Johnston, créateur de Hidcote, mais aussi les créateurs de Sissinghurst, Vita Sackville-West et Harold Nicholson, en furent les hôtes ; la romancière américaine Edith Wharton a parlé de la villa La Pietra dans le livre qu'elle consacra aux villas italiennes et à leurs jardins.

La Pietra date de 1462 mais au XXe siècle, quand elle fut rachetée par Arthur et Hortense Acton, il ne restait plus grand-chose du parc premier. Le Britannique et l'Américaine aimaient tous deux les beaux-arts. Arthur avait eu pour maître Henri Duchêne à l'école des Beaux-Arts : il entreprit de créer un jardin à l'italienne autour de la villa, sans se soucier de la mode des jardins à l'anglaise, plus informels. Son interprétation créa un nouveau style de jardin italianisant qui fit fureur en Toscane, mais aussi en Angleterre et aux États-Unis. Le fils d'Acton, Harold, grand amateur d'art et modèle du personnage d'Anthony Blanche dans le roman d'Evelyn Waugh, *Retour à Brideshead*, conserva le jardin tel que ses parents l'avaient imaginé.

La Pietra attire depuis un siècle artistes, têtes couronnées et hommes politiques européens et américains. D.H. Lawrence, Picasso, Winston Churchill, Élisabeth II, le prince et la princesse de Galles, Bill Clinton, Serge Diaghilev, Brigitte Bardot ou encore Jean Cocteau ont séjourné ici. Ce jardin, ainsi que certaines ornementations, sont aujourd'hui restaurés par le designer britannique Kim Wilkie. JO

Villa Gamberaia

Italie

CRÉATEUR : inconnu
PROPRIÉTAIRE : Luigi Zalum
STYLE : toscan (XVIIIe siècle)
SUPERFICIE : 1,2 ha
CLIMAT : méditerranéen
SITUATION : Settignano, Toscane

Le caractère intime de la villa Gamberaia participe d'un charme irrésistible qui en fait l'un des jardins italiens les plus prisés. Elle a connu de nombreux propriétaires avant que la famille Capponi l'achète en 1717 et crée les jardins qui existent encore aujourd'hui. Les archives sont rares et même le nom de l'architecte nous est inconnu. La villa se dresse au milieu du plus beau boulingrin d'Italie, pelouse qui s'étire sur toute la longueur du jardin. D'un côté, elle est flanquée quasiment d'un bout à l'autre d'édifices et de l'autre, par le haut mur de soutènement de la terrasse supérieure. Au XVIIIe siècle, cette allée accueillait les amateurs de jeux de boule ou de « maillet », forme de croquet. Au nord, un nymphée moussu bloque la perspective tandis qu'au sud, c'est une statue de Diane. En face de la villa, des grilles en fer forgé mènent au *giardino segreto*, ce jardin secret qui était un élément essentiel du baroque italien. Ce petit espace est fermé par les murs de soutènement des terrasses supérieures et veillé par des statues souriantes.

La caractéristique la plus intéressante de Gamberaia est le parterre d'eau qui s'étend au sud de la villa. Au lieu de fleurs, les parterres abritent des bassins. Les chemins étroits qui passent entre les haies taillées sont embellis de citronniers contenus dans d'antiques poteries de terre cuite. Invention du début du XXe siècle, ces bassins viennent couronner la beauté baroque de la villa Gamberaia. HA

À DROITE Méconnue, la villa Gamberaia possède l'un des plus agréables jardins d'Italie.

Villa Garzoni

Italie

CRÉATEURS : Ottavio Diodati et autres
PROPRIÉTAIRE : Federico Bertola
STYLE : baroque (XVIIe et XVIIIe siècles)
SUPERFICIE : 4 ha
CLIMAT : méditerranéen
SITUATION : Collodi, Toscane

La villa Garzoni est à la fois flamboyante, pleine d'humour, théâtrale et extravagante. Les jardins baroques italiens font souvent de la villa le point culminant de leur dessin, mais cela ne fut pas possible ici. La villa est perchée sur une falaise et le terrain situé derrière, en contrebas, est occupé par un village médiéval. En conséquence, le premier architecte (dont le nom nous est inconnu) a conçu le jardin à quelque distance de la villa. Pour accéder au jardin, la famille devait descendre du sommet de la colline et emprunter un pont jeté au-dessus d'une gorge profonde.

Le jardin de Garzoni fut conçu au milieu du XVIIe siècle. Il consiste en un espace circulaire plan, ceint d'une impressionnante série d'ifs et pourvu d'un grand escalier à balustrade, d'une cascade spectaculaire située immédiatement au-dessus du site et de plusieurs terrasses. Dans le jardin en contrebas, les arabesques des parterres de broderies se dessinent sur de simples parterres rectangulaires plantés d'annuelles aux couleurs éclatantes. Un étrange assemblage de figures topiaires crée une ménagerie de verdure où les arbres ont la forme d'un éléphant, d'un paon ou d'un dinosaure, tandis que des cygnes sculptés nagent sur les deux bassins circulaires des fontaines.

En 1786, Ottavio Diodati se vit demander d'embellir le plan original. Il imagina la cascade en l'élargissant habilement vers le haut pour donner l'illusion d'une eau dévalant une pente particulièrement escarpée. Il plaça des statues en terre cuite dans le jardin, entre autres une étrange collection de petits singes perchés sur la balustrade de l'escalier. Des jeux d'eau furent installés dans la grotte placée au-dessus de la deuxième volée de marches et un théâtre de verdure édifié sur l'une des terrasses, la scène étant éclairée par des griffons portant des torches. Grâce aux ajouts de Diodati, la villa Garzoni passe pour l'un des plus amusants jardins baroques d'Italie. HA

Villa I Tatti

Italie

CRÉATEUR : Cecil Pinsent
PROPRIÉTAIRE : université de Harvard
STYLE : anglo-italien (XXe siècle)
SUPERFICIE : 4,5 ha
CLIMAT : méditerranéen
SITUATION : Settignano, Toscane

La villa I Tatti fut conçue en 1908 par l'architecte anglais Cecil Pinsent pour l'historien et critique d'art américain, Bernard Berenson. C'est un havre magnifique, un espace clos et paisible où le grand homme se retirait pour réfléchir ou recevoir des amis.

La villa I Tatti fut la première grande commande de la carrière de Pinsent mais déjà le plan témoigne de son intérêt pour l'ordre et la symétrie qui étaient au cœur des jardins de l'époque baroque. Il se servit de l'ancienne *limonaia* (maison des citrons) sise au sud de la villa pour former un écran entre le jardin principal et la maison. Aujourd'hui, les terrasses assez strictes établies derrière la *limonaia* procurent une agréable surprise au visiteur. Quatre terrasses étroites s'inscrivent à flanc de colline, coupées en deux par un escalier étroit ; de part et d'autre de celui-ci, des carrés de buis très net occupent les terrasses. On a là une vue globale du jardin mais en descendant les marches, on voit mieux les détails du plan de Pinsent. Les marches sont décorées d'une mosaïque en cailloux élaborée ; à l'intérieur des haies de buis, on découvre des parterres bas et géométriques invisibles de plus haut. Sur la terrasse inférieure, il créa un bassin ovale flanqué de buis disposé en gradins. Au-delà, il y avait un bois d'yeuses (*Quercus ilex*) déjà hautes de 12 m quand elles furent plantées, de sorte que Berenson put en jouir toute sa vie. Aubrey Waterfield reçut pour mission de planter un jardin boisé parmi les arbres. À l'ouest de la maison, Pinsent dessina un espace totalement séparé ; c'est un charmant *giardino pensile* (jardin suspendu) ceint d'un mur décoratif néobaroque couvert de glycine. HA

… un havre magnifique,
un espace clos et paisible…

Villa Reale di Marlia

Italie

CRÉATEURS : Jean-Marie Morel, Jacques Gréber
PROPRIÉTAIRES : famille Pecci-Blunt
STYLE : baroque à la française (XVIIe siècle)
SUPERFICIE : 20,2 ha
CLIMAT : méditerranéen
SITUATION : Marlia, Lucques, Toscane

Au XVIIe siècle, dans les collines environnant Lucques, au nord-ouest de l'Italie, les nobles enrichis par le commerce des étoffes firent construire un nombre incroyable de *palazzi* de style classique. Un des plus impressionnants est certainement la villa Reale di Marlia et son splendide jardin baroque.

La famille Orsetti demanda à un architecte inconnu de remettre en forme le terrain : le jardin s'inscrivait dans la tradition de l'époque, avec une vaste pelouse déployée devant le corps de bâtiment et une série de « pièces » plus petites, dissimulées dans les *boschi* (bois) plantés d'un côté de ladite pelouse pour surprendre le visiteur de façon quasi théâtrale. Les clôtures n'ont pas toutes le même caractère : jardin des citrons orné avec son grand bassin à balustrade ou encore *teatro verde* (théâtre de verdure) avec sa scène gazonnée et ses statues en terre cuite se dressant au milieu des ifs et du buis. Ce théâtre fut utilisé pour donner des concerts par Élisa Bonaparte, sœur de l'empereur, venue vivre ici au début du XIXe siècle. Elle demanda au paysagiste français Jean-Marie Morel de redessiner le parc entourant la maison. Dans la tradition anglaise, ils ajoutèrent un lac tout au bout de la pelouse et remodelèrent le parc boisé selon le style naturaliste au goût du jour. Le jardin connut d'autres changements au début du XXe siècle quand la propriété fut rachetée par la famille Pecci-Blunt. Ils conçurent un jardin espagnol avec ruisseaux, bassins à poissons et piscine. Inévitablement, le jardin a évolué au cours des siècles mais cela ne l'empêche pas de conserver un fort caractère baroque. CF

… dans les collines environnant Lucques… un splendide jardin baroque.

Jardin Renaissance de la villa Médicis

Italie

CRÉATEURS : Michelozzo, Cecil Pinsent
PROPRIÉTAIRE : Anna Mazzini
STYLE : Renaissance (XVe siècle)
SUPERFICIE : 1 ha
CLIMAT : méditerranéen
SITUATION : Fiesole, Toscane

Le jardin de la villa Médicis est beau mais aussi d'une importance extrême. C'est un des plus anciens jardins Renaissance d'Italie : sa situation sur une butte rocheuse offre une vue sublime sur Florence. La villa et son jardin furent dessinés et construits par Michelozzo entre 1455 et 1461 environ pour le compte de Giovanni de Médicis. Michelozzo imagina deux terrasses. La première s'étend à partir de la loggia décorée de fresques de la façade est, et l'on y accède par le premier étage de la villa. Elle était à l'origine ornée de petits parterres de fleurs et d'herbacées, mais il n'y a plus aujourd'hui que de simples pelouses carrées bordées de citronniers en pots. Seul un mur de brique bas sépare la terrasse du paysage dominant Florence et l'Arno.

À hauteur de rez-de-chaussée, la deuxième terrasse occupe l'ouest de la villa. C'était à l'origine un potager, très pratique puisque au même niveau que la cuisine. En 1915, il fut rénové par l'architecte anglais Cecil Pinsent. Quatre pelouses sont disposées autour d'un bassin central et, au centre de chacune d'elles, Pinsent a planté des magnolias. On lui demanda aussi de restaurer la plus basse des deux terrasses faisant face au sud. Il supprima une série de parterres de fleurs modernes, démolit la serre adossée au mur de soutènement et créa autour d'un bassin circulaire une série de parterres et de pelouses au motif géométrique simple. La serre fut remplacée par une pergola surélevée qui reliait les deux jardins en terrasse à la troisième terrasse, située à l'ouest de la villa. HA

Villa Vico Bello

Italie

CRÉATEUR : Baldassare Peruzzi
PROPRIÉTAIRE : Groupe RVA
STYLE : à la française (du XVIe au XVIIIe siècle)
SUPERFICIE : 2 ha
CLIMAT : méditerranéen
SITUATION : Sienne, Toscane

La silhouette si distinctive de la ville de Sienne sert de toile de fond à ce charmant jardin installé sur une colline ensoleillée faisant face au sud. En 1576, Baldassare Peruzzi, le plus grand architecte siennois de la Renaissance, construisit la villa Vico Bello pour la famille Chigi. Le jardin date quant à lui de 1580.

La majeure partie du plan de Peruzzi fut détruite au XVIIIe siècle quand une terrasse fut ajoutée en contrebas de la villa. Le jardin des citrons XVIe siècle est toutefois resté intact. Un sentier part du centre et des citronniers vieux parfois de trois cents ans embellissent les parterres situés de part et d'autre. L'abside de Peruzzi se dresse tout au bout de ce sentier : ses murs intérieurs incurvés présentent des niches et deux bustes romains décorent chaque extrémité du toit.

Les parterres de la terrasse située sous le jardin des citrons sont plantés d'arbres fruitiers. On trouve aux deux extrémités deux bassins à poissons de forme ovale ; un cèdre massif planté en 1620 projette son ombre sur la terrasse étroite disposée sous le verger. Des azalées déploient leurs couleurs au printemps et vingt sortes d'orchidées poussent dans des paniers suspendus aux branches des arbres. Un petit passage conduit vers le jardin aux fleurs XVIIIe siècle. La serre installée dès l'entrée était jadis un musée familial où l'on conservait des spécimens géologiques venus de toute la Toscane. Au centre du jardin, des parterres d'annuelles aux vives couleurs entourent un ginkgo ; un petit balcon, dans le mur de soutènement de l'autre bout de la terrasse, offre lui aussi une vue superbe sur Sienne. HA

Villa Le Balze

Italie

CRÉATEUR : Cecil Pinsent
PROPRIÉTAIRE : université de Georgetown, États-Unis
STYLE : anglo-italien (XXe siècle)
SUPERFICIE : 1,2 ha
CLIMAT : méditerranéen
SITUATION : Fiesole, Toscane

La villa Le Balze est un ingénieux jardin construit sur un site assez ingrat de Fiesole. Il fut dessiné par Cecil Pinsent, spécialiste de ce style anglo-italien qu'appréciaient tant les expatriés de Florence. Pinsent fut engagé en 1911 par un philosophe américain du nom de Charles Strong. Les difficultés et la petitesse du terrain n'empêchèrent pas Pinsent d'imaginer l'un des plus beaux jardins de sa carrière. Irrégulier, trop étroit, le site lui interdisait d'imposer une stricte symétrie : il composa donc des espaces entrelacés mais clos que reliaient de longues perspectives. À l'extrémité de chacune d'elles, il plaça une urne ou une statue destinée à attirer le regard : ainsi il mit en valeur la longueur du jardin au lieu de sa largeur.

La fenêtre de la chambre de Strong donnait sur le *giardino segreto,* un jardin secret fermé au sud par un haut mur cachant la vue sur la ville de Florence. La disposition simple des parterres gazonnés et ceints de buis autour d'un bassin central est largement occupée par des citronniers en pots et l'air est embaumé par le jasmin que Pinsent fit grimper le long des murs. Dans l'espace étroit au nord de la villa, il fit construire une grotte élaborée aux parois revêtues de coquillage ou de mosaïque de cailloux et ornée de bustes de philosophes. À côté, un bel escalier baroque mène à une pergola surélevée dont Pinsent se servit pour créer une nouvelle perspective nord-sud passant au-dessus du jardin et la vallée en contrebas. La bibliothèque de Strong dominait le jardin, à l'ouest, où Pinsent conçut le chemin des Philosophes, bordé d'iris et de lavande renforcés d'yeuses (*Quercus ilex*). HA

Jardin de La Scarzuola

Italie

CRÉATEUR : Tommaso Buzzi
PROPRIÉTAIRE : Marco Solari
STYLE : paysager et folie (XXe siècle)
SUPERFICIE : 4 ha
CLIMAT : méditerranéen
SITUATION : Montegabbione, Ombrie

La Scarzuola, ou Citta Buzziana, est un fascinant jardin agrémenté d'une folie que Tommaso Buzzi conçut entre 1958 et sa mort, survenue en 1981. Architecte de formation, il avait connu une belle carrière : directeur de la verrerie Verini de Venise, cofondateur du magazine d'architecture *Domus*, professeur d'architecture à l'Institut polytechnique de Milan, concepteur de céramiques, broderies et meubles, ou encore auteur de livres de cuisine.

En 1956, Buzzi acheta le monastère franciscain de La Scarzuola, ancien mais délaissé. Aux alentours, il créa un jardin inspiré du manuel rédigé au XVe siècle par Francesco Colonna, *Hypnerotomachia Poliphili*. Au cœur de ce lieu ombragé, il construisit un bassin et une copie en béton du bateau qui aurait conduit Poliphile dans l'île de Cythère. Il créa sa folie – une ville aux bâtiments miniatures – en contrebas du monastère. Certains, tels le Parthénon et le Colisée, correspondaient à des reproductions parues dans une histoire de l'architecture. D'autres, dont la pyramide transparente de verre et d'acier et le théâtre en forme de papillon placé au milieu d'un bassin, étaient de l'invention de Buzzi. Il est intéressant de savoir qu'il utilisa des matériaux très communs pour encourager la nature à envahir le site, brisant les structures et les envahissant de mousse et de mauvaises herbes. Depuis sa mort, La Scarzuola appartient à son neveu, Marco Solari, qui en poursuit le développement. Une série de jardins à thème créés au-dessus de la folie permet de profiter d'une chose rare en Italie, une plate-bande d'herbacées en pleine santé. HA

Jardin du château Ruspoli

Italie

CRÉATRICE : Ottavia Orsini Marescotti
PROPRIÉTAIRE : Claudia Giada Ruspoli
STYLE : topiaire (XVIIe siècle)
SUPERFICIE : 0,5 ha
CLIMAT : méditerranéen
SITUATION : Vignanello, Latium

Le château Ruspoli possède l'un des jardins topiaires les plus délicats et les mieux conservés d'Italie. Il fut conçu au début du XVIIe siècle pour Ottavia Orsini Marescotti. Après l'assassinat de son mari, elle était restée seule avec ses sept enfants : au nom de ses fils, elle dirigea Vignanello et transforma en palais Renaissance l'intérieur de la magnifique mais sévère forteresse Marescotti. Elle ouvrit également une porte dans le mur est, lança un pont-levis au-dessus des douves, prépara le terrain en vue des plantations et trouva des réserves d'eau pouvant alimenter fontaines et bassins à poissons.

Le jardin d'Ottavia possédait trois éléments : un *giardino segreto* destiné aux plantes rares ou à bulbes, un lieu clos pour chasser le petit gibier, enfin un jardin topiaire. Au-delà, on trouvait une grande réserve de chasse. On pense que le jardin topiaire a été planté en 1612 : il consiste en douze parterres disposés sur un même niveau en dessous de la façade est. Les haies parfaitement taillées et constituées de laurier, myrte et buis ceignent un bassin à poissons doté d'une balustrade en pépérin (sorte de tuf volcanique). Douze motifs en buis nain ornent l'intérieur des parterres.

Ce jardin fut conçu pour être vu depuis les fenêtres du *salotto*, ou salon, du premier étage. Le parterre situé juste en dessous représente les initiales des deux fils d'Ottavia, Sforza et Galeazzo. Les initiales de la mère les encerclent de manière protectrice. D'une formalité rigoureuse, parfaitement entretenu, ce jardin était une métaphore du rôle double d'Ottavia, à la fois mère aimante et régente. HA

Jardins de la Landriana

Italie

CRÉATEURS : Lavinia Taverna, Russell Page
PROPRIÉTAIRES : M. Gallarati-Scotti, Lavinia Taverna
STYLE : jardins à thèmes (XXe siècle)
SUPERFICIE : 25,1 ha
CLIMAT : méditerranéen
SITUATION : Ardea, Latium

En 1956, le marquis Gallarati-Scotti et son épouse, Lavinia Taverna, acquirent une propriété proche d'Ardea, à 4 km de la mer. Il s'agissait d'un terrain nu, balayé par les vents et ravagé par les bombes et les mines de la Seconde Guerre mondiale : tout proche, le port d'Anzio avait vu débarquer les Alliés.

À l'origine, seuls des pins et des eucalyptus devaient être plantés pour protéger le manoir du vent, mais Lavinia prit goût au jardinage. Dès lors, sa collection de belles plantes ne fit qu'augmenter et, vers le milieu des années 1960, elle comprit que son jardin avait besoin de la main d'un paysagiste et engagea donc le spécialiste anglais Russell Page en 1967. Le premier espace qu'il conçut se situait autour du manoir, bientôt suivi d'un jardin plus vaste divisé en douze « chambres » intimes. Une roseraie à l'anglaise accueillit une sélection de roses ainsi que des vivaces blanches venues former un lumineux « sentier blanc ». Le contraste était total avec les jardins méditerranées informels, avec leurs oliviers et leurs *Citrus*, et la formalité des jardins à l'italienne appelés « petit jardin » et « bassin espagnol ». Il y a également une vallée plantée de superbes *Rosa x odorata* 'Mutabilis' tandis que le sol est recouvert d'*Ophiopogon japonicus*. En tout, Landriana s'enorgueillit de vingt-trois jardins, les deux plus beaux étant le jardin Gris (avec sa belle sélection de lavande, *Citrus*, santolines, vipérines et *Convolvulus cneorum*) et l'étonnante prairie Bleue. Les visiteurs peuvent également s'intéresser à la splendide collection de plantes australasiennes. RL

Villa Adriana

Italie

CRÉATEURS : empereur Hadrien et autres
PROPRIÉTAIRE : État italien
STYLE : romain
SUPERFICIE : 120 ha
CLIMAT : tempéré
SITUATION : Tivoli, Latium

La villa d'Hadrien (en latin Villa Hadriana et en italien Villa Adriana), ne ressemble pas vraiment à un jardin quand on la compare à la villa d'Este (voir p. 688) toute proche. C'est plutôt une série de cours jardinées dont s'inspireront les jardins Renaissance. Par exemple, le théâtre maritime, très certainement conçu par Hadrien, avec son île au centre d'un bassin, a inspiré certaines parties des jardins Boboli de Florence.

Très épris de culture hellénistique, Hadrien était un intellectuel et un poète. Il devint empereur vers 117. La propriété qu'il créa à Tivoli passe tantôt pour un monument à la gloire de ses conquêtes, tantôt pour une célébration des endroits visités au cours de ses voyages. Ainsi le Canope, plan d'eau long de 119 m, représente une partie du Nil : on trouve même des crocodiles de pierre. Hadrien fit creuser une vallée pour installer ce bassin. Incurvée, l'extrémité nord est ponctuée d'une colonnade et des colonnes se dressent également de part et d'autre. Quatre cariatides et deux statues de Silène forment les colonnes de la longueur ouest.

Ce qu'il en reste aujourd'hui est déjà très impressionnant, mais ce n'est rien à côté de la richesse de naguère. Il faut imaginer l'eau jaillissant au-dessus de la courbure du Canope pour retomber dans les ruisselets entourant les couches de pierre réservées aux invités de l'empereur. Il faut également imaginer la senteur des plantes grimpantes revêtant la pergola, d'un côté du plan d'eau, ainsi que la sérénité des lieux, particulièrement apprécié après plusieurs années de guerre aux confins de l'Empire romain. JO

Villa Farnèse

Italie

CRÉATEUR : Vignole
PROPRIÉTAIRE : État italien
STYLE : Renaissance italienne, maniériste (XVIe siècle)
SUPERFICIE : 20 ha
CLIMAT : méditerranéen
SITUATION : Caprarola, Latium

Commandée en 1559 par un neveu du pape Paul III, le cardinal Alessandro Odorado Farnèse, la villa Farnèse et son jardin maniériste dominent le village environnant comme pour symboliser la richesse et la puissance. L'architecte de l'ensemble en était Vignole. Aujourd'hui, la villa-forteresse pentagonale construite autour d'une cour circulaire à colonnade est absolument unique : elle abrite un des intérieurs XVIe siècle les mieux conservés.

C'est par un pont lancé au-dessus des douves qu'on accède aux jardins d'hiver et d'été. Ce sont des carrés divisés en quatre parterres, eux-mêmes scindés en quatre. Leur plantation est quelque peu décevante, mais la grotte tapissée de tuf est assez amusante ; on peut aussi marcher parmi les châtaigniers (*Castanea sativa*) pour rejoindre le Casino del Piacere, ou maison des Plaisirs. Bien qu'il soit étrange de trouver un jardin formel aussi loin de la résidence proprement dite, le Casino et son jardin sont de purs chefs-d'œuvre. On y accède par une rampe accolée au mur, au milieu de laquelle passe un cours d'eau. Le décor est constitué de dauphins tandis que le sommet de la rampe est occupé par l'imposante fontaine des Fleuves.

Deux volées de marches incurvées mènent à la terrasse située en contrebas. Elle est embellie de parterres de buis taillé et vingt-huit statues de Girolamo Rainaldi furent ajoutées en 1620. De part et d'autre du Casino, des escaliers ornés de dauphins crachant de l'eau mènent à l'entrée du bâtiment et à son avant-cour pavée de mosaïque en cailloux. Cet ancien jardin fleuri inclut aujourd'hui fontaines et sphères de pierre. TM

Jardin de Ninfa

Italie

CRÉATEURS : famille Caetani
PROPRIÉTAIRE : fondation Roffredo Caetani
STYLE : romantique anglais (XXe siècle)
SUPERFICIE : 8,1 ha
CLIMAT : tempéré
SITUATION : Sermoneta, Latium

Le jardin de Ninfa est un superbe jardin aménagé parmi les ruines d'une ville médiévale. Roses, jasmin et glycine poussent sur les vestiges tandis que des plantes à feuilles tendres trouvent abri à l'intérieur des maisons et des églises d'autrefois, parfois encore décorées de fresques byzantines. Les plantes abondent grâce au microclimat créé par la rivière qui coupe le site en deux. La transformation des ruines fut effectuée par trois femmes et prit quatre-vingt-dix ans. La première, Ada Wilbrahaim, épouse anglaise du duc Onorato Caetani, travailla avec son fils, Gelasio. Ils donnèrent sa structure au site en plantant de petits groupes d'yeuses (*Quercus ilex*), de cèdres et de platanes et en bordant la rue principale de cyprès. Ada a aussi planté des roses et Gelasio fit venir l'eau grâce à un réseau de chenaux et d'aqueducs miniatures.

En 1934, Camillo, neveu de Gelasio, hérita du jardin. Il mourut pendant la Seconde Guerre mondiale et le jardin alla à sa mère, une Américaine du nom de Marguerite Chapin, et à son père, Roffredo Caetani. Marguerite planta des cerisiers d'ornement qui fleurissent au printemps au moment où le jardin semble flotter sur un radeau de magnolias et de roses. Elle ajouta des bouleaux argentés (*Betula pendula*) et des arums le long des ruisseaux.

Marguerite travaillait avec sa fille, Lelia, qui par la suite se mariera avec Robert Howard, autre représentant de la noblesse anglo-italienne. Après la mort de Marguerite, Lelia et Hubert reprirent l'héritage de trois générations de Caetani et créèrent la fondation Caetani pour préserver l'esprit de ce jardin. HA

Villa Aldobrandini

Italie

CRÉATEURS : Giacomo della Porta, Carlo Maderno
PROPRIÉTAIRE : État italien
STYLE : baroque (XVIe et XVIIe siècles)
SUPERFICIE : 0,5 ha
CLIMAT : méditerranéen
SITUATION : Frascati, Latium

La villa Aldobrandini, un des premiers exemples de jardin baroque, est aussi l'un des plus beaux ensembles de jeux d'eau d'Italie. La villa et son jardin furent conçus en 1598 pour le cardinal Pietro Aldobrandini par Giacomo Della Porta puis par Carlo Maderno.

L'espace derrière la villa est occupé par le théâtre d'eau de Della Porta ; au-dessus, un escalier d'eau part à l'assaut de la colline escarpée. Ce théâtre était la destination finale d'un puissant torrent qui dévalait l'escalier et ne cessait de redoubler de force. Il pénétrait dans le théâtre avec un bruit assourdissant et une force à même de générer de formidables effets sans cesse changeants tels que musique, tonnerre, neige et pluie. La façade du théâtre est décorée de statues de Jacques Sarrazin à qui l'eau semble donner vie. Encelade, le Titan vaincu, grondait et crachait tandis que Pan jouait de la flûte, que les centaures sonnaient du cor et qu'un lion et une tigresse rugissaient.

Sur le côté droit, une salle faisait office de temple dédié à Apollon et aux Muses. Un modèle du mont Parnasse fut construit à une extrémité : il y avait là Pégase ainsi que des automates en bois représentant Apollon et les neuf Muses. Tous ces personnages jouaient d'instruments de musique, même si celle-ci était produite par un orgue hydraulique installé sous le Parnasse. L'autre merveille de cette salle était la boule de cuivre qu'un souffle d'air faisait tournoyer au-dessus du sol. En tout lieu, le jardin s'enorgueillissait de *giochi d'acqua* destinés à surprendre les visiteurs d'Aldobrandini. Les plans de Della Porta rendirent cette villa célèbre dans l'Europe entière. HA

Villa Borghese

Rome, Italie

CRÉATEURS : Girolamo Rainaldi et autres
PROPRIÉTAIRE : État italien
STYLE : baroque (XVIIe siècle), paysager à l'anglaise
SUPERFICIE : 80 ha
CLIMAT : méditerranéen
SITUATION : Rome, Latium

Une grande partie du parc de la villa Borghèse se situe au sommet des escaliers de la place d'Espagne, non loin du centre de Rome. En 1605, ce fut d'abord un tracé formel autour de la villa puis vinrent d'autres parties tout aussi formelles au sein d'un parc boisé, même si ce que nous voyons aujourd'hui relève plus du style paysager anglais des XVIIIe et XIXe siècles.

Centré sur la grande villa, le parc original était divisé en sections. La première servait à la chasse et deux loggias accueillaient les invités. La deuxième comportait des bois et des collines. La troisième, immédiatement autour du Casino Nobile (aujourd'hui galerie Borghèse), fut construite par l'architecte flamand Ivan van Santen pour y présenter la collection de sculptures antiques de la famille Borghèse. Des allées strictes y étaient tracées et vingt-trois compartiments étaient garnis de statues, colonnes, grottes, fontaines et sièges de pierre. Nombre d'objets ont, hélas, été détruits ou volés. La structure du parc s'est transformée selon les modes. Une parcelle importante fut même travaillée pendant les deux guerres pour y produire légumes et fruits.

Aujourd'hui, la villa Borghèse se dote de cinq musées, d'une vingtaine de bâtiments mineurs, de dix monuments et de nombre de sculptures, bien souvent copiées sur celles de Cliveden en Angleterre (voir p. 324). Il y a aussi d'agréables plantations. Les jardins secrets entourant le Casino Nobile ont été restaurés et plantés de *Citrus* (dont certaines curiosités comme 'Main de Bouddha'), roses, yuccas, iris, œillets, tournesols, anémones, narcisses et jacinthes. JO

Jardins de la villa d'Este

Italie

CRÉATEUR : Pirro Ligorio
PROPRIÉTAIRE : État italien
STYLE : haute Renaissance (XVIe siècle)
SUPERFICIE : 4 ha
CLIMAT : méditerranéen
SITUATION : Tivoli, Latium

Imaginez un paysage tiraillé entre la fantaisie et la réalité, un lieu où les statues peuvent se mouvoir, les fontaines lancer des messages allégoriques et complexes : c'est cela, la villa d'Este, le plus beau et le plus flamboyant des jardins haute Renaissance d'Italie. Il fut construit pour le cardinal Hippolyte II d'Este, le plus riche prélat de Rome, par l'archéologue, architecte et peintre Pirro Ligorio. Les travaux débutèrent en 1560 et l'invention délirante de Ligorio fut quasiment achevée quand Hippolyte mourut en 1572.

Le jardin consiste en un axe central qui relie un terrain plan, au pied du site, à la villa d'Hippolyte en passant par une pente raide en terrasses. Cette disposition somme toute assez simple est rendue plus compliquée par la présence de plusieurs axes transversaux et de huit autres axes verticaux, créant ainsi une structure invitant le visiteur à pénétrer dans le jardin. Le promeneur devient bientôt un protagoniste actif qui doit choisir entre différents chemins ou types de distractions : labyrinthe, bassins aux poissons exotiques, fontaines complexes, grottes, statues et instruments hydrauliques, automates ou encore cascades. Le langage visuel de Ligorio se référait à l'architecture, aux statues et aux fontaines, autant de références d'importance dans un jardin haute Renaissance. Ligorio disposa tous les éléments de la villa d'Este pour créer un récit qui se déroule au rythme des pas du visiteur.

La villa d'Este reste toujours aussi séduisante car un grand nombre des fontaines originales ont été remises en état. Plusieurs fois par jour, l'un des jardins s'emplit de la curieuse musique des orgues hydrauliques et du chant des oiseaux de la fontaine aux chouettes. HA

Villa Lante

Italie

CRÉATEUR : Vignole
PROPRIÉTAIRE : État italien
STYLE : maniériste (XVIe et XVIIe siècles)
SUPERFICIE : 1,5 ha
CLIMAT : méditerranéen
SITUATION : Bagnaia, Latium

À partir de 1568, la villa Lante fut construite pour le cardinal Gianfrancesco Gambara par Vignole, assisté de l'ingénieur Tommaso Ghinucci. Bel exemple de géométrie et de symétrie, le site s'étend autour d'un axe principal dont même la villa, divisée en *palazzine* jumeaux, est aussi tributaire.

Le thème dominant est l'eau et, devant les *palazzine*, un parterre d'eau central s'orne de bateaux de pierre. La fontaine des Maures de Taddeo Landini – où quatre hommes brandissent les armoiries du cardinal Alessandro Peretti Di Montalto – est une addition tardive (ce prélat fut propriétaire des lieux entre 1590 et 1623) ; il en va de même pour le parterre de broderies à la française. Avec ses haies de buis taillé aux formes complexes et son sol recouvert de gravier rougeâtre, il fut planté par le duc Ippolito Lante pendant la seconde moitié du XVIIe siècle.

Derrière les *palazzine*, à l'ombre de grands platanes, le jardin s'élève en une série de quatre terrasses. Tout en haut, la fontaine des Dauphins fait couler l'eau dans la *Catena d'acqua* (ou « chaîne d'eau ») qui domine la deuxième terrasse. À partir de la troisième terrasse, cette eau alimente la fontaine des Dieux du Fleuve à la vasque en forme de coquillage. Elle rejoint ensuite la fontaine de la Table, à la fois belle et pratique parce qu'elle tenait au frais le vin et les aliments. La terrasse inférieure conduit au terrain légèrement en pente entre les *palazzine* : elle est dominée par la fontaine circulaire dont les cent soixante jets d'eau s'élèvent de vasques pour ressembler à des bougies. TM

Villa Orsini

Italie

CRÉATEUR : Vicino Orsini
PROPRIÉTAIRE : famille Bettini
STYLE : bois aux sculptures (XVIe siècle)
SUPERFICIE : 50 ha
CLIMAT : méditerranéen
SITUATION : Bomarzo, Latium

Il n'y a ni plates-bandes d'herbacées ni parterres à la villa Orsini. Bien au contraire, les visiteurs découvrent un jardin marqué par la terreur, le sexe et la violence : un parc à thème vieux de quatre cents ans dont le sens nous est inconnu. Créé à la fin du XVIIe siècle par Vicino Orsini, duc de Bomarzo, ce *sacro bosco*, ou bois sacré, est habité par des sculptures macabres taillées dans un affleurement rocheux. Des géants dorment dans les sous-bois, des dragons affrontent des lions, des femmes dénudent leurs seins, un éléphant porte le cadavre d'un soldat et un colosse éventre son rival. Surtout, le visage monstrueux d'un ogre invite à pénétrer dans sa bouche pour arriver dans l'Hadès.

Son créateur était un philosophe et un mécène dont la vie militaire fut ponctuée par la prison et des relations personnelles tumultueuses. Ses démons intimes et sa vie agitée se retrouvent dans ses créations. Le sens exact des gravures et inscriptions pose problème aux spécialistes depuis que ce jardin fut redécouvert dans les années 1950. Pour certains, le jardin fait un pied de nez à la symétrie et à l'ordre des jardins Renaissance contemporains. Pour d'autres, c'est une allégorie traditionnelle du voyage de la vie. Mais peut-être cela ne veut-il rien dire et n'est-ce qu'une manière de prendre du plaisir, de « libérer le cœur » comme le dit une inscription. Peu importe, ce jardin fait grande impression sur le visiteur d'aujourd'hui comme sur celui d'il y a quatre siècles. Le « parc aux monstres », comme on l'appelle aussi, a inspiré Jean Cocteau et Salvador Dalí. JHo

… un jardin marqué par la terreur, le sexe et la violence : un parc à thème vieux de quatre cents ans…

Parc du palais royal de Caserte

Italie

CRÉATEURS : Luigi et Carlo Vanvitelli
PROPRIÉTAIRE : État italien
STYLE : baroque (XVIIIe siècle)
SUPERFICIE : jardin anglais, 20 ha
CLIMAT : méditerranéen
SITUATION : Caserte, Campanie

En 1751, le roi Charles VII des Deux Siciles demanda à Luigi Vanvitelli de transformer le village de Caserte en une capitale dotée d'un palais royal et d'un jardin central. Dessiné par Vanvitelli et largement construit par son fils, Carlo, ce jardin est le plus grand parc paysager d'Italie. L'Unesco l'a inscrit au patrimoine de l'humanité en 1997.

Caserte a la grandeur et la simplicité d'un paysage français. Son élément principal est le canal de près de 5 km de long creusé en 1777, qui coupe la plaine entre le palais et la base du mont Briano. Un aqueduc apportait l'eau jusqu'au sommet de la colline avant de la relâcher en une cascade naturaliste qui venait remplir le canal. L'eau descend vers le palais en passant par une série de profonds bassins emplis de poissons et passe devant des statues grandeur nature taillées dans du marbre blanc très pur. Carlo Vanvitelli a bordé ce spectacle étonnant de haies de charmes, de rangées d'arbres et de rubans de gazon élevé dans les étables royales. Tout cela mêle habilement l'eau, la lumière et le feuillage, et la statuaire est à la fois l'axe du jardin et l'expression de la toute-puissance des Bourbons.

Caserte est l'exemple quasi parfait de l'internationalisme de l'art du jardin italien au XVIIIe siècle. En 1785, onze ans seulement après l'aboutissement du projet franco-italien des Vanvitelli, des ajouts de style anglais furent apportés au jardin. En effet, sir William Hamilton, ambassadeur anglais à Naples, nomma jardinier en chef Giovanni Antonio Graefer. Le résultat est un extraordinaire parc vallonné de 20 ha : en plus des plantes et des arbres exotiques, on y trouve de curieuses fausses ruines, de véritables vestiges archéologiques et des sculptures classiques. HA

Jardins La Mortella

Italie

CRÉATEURS : Russell Page, lady Susana Walton
PROPRIÉTAIRE : fondation William Walton
STYLE : tropical (XXe siècle)
SUPERFICIE : 2 ha
CLIMAT : méditerranéen
SITUATION : Forio, île d'Ischia, Campanie

Par bateau, Naples n'est pas très loin de l'ancienne île volcanique d'Ischia, et il n'y a pas de lieu plus enchanteur que La Mortella, « le jardin des myrtes ». En 1949, le compositeur anglais William Walton et sa femme, Susana, achetèrent un grand ravin pareil à une carrière pour y construire leur demeure. Les travaux du jardin débutèrent en 1956 selon les plans du paysagiste anglais Russell Page et, au cours des décennies suivantes, l'énergie et la vision de lady Susana en firent un réel chef-d'œuvre.

Ce jardin enchanteur a été conçu sur différents niveaux et, grâce à la vallée et au terrain en pente, La Mortella présente toutes sortes de variations artistiques et de surprises. Le jardin contient de nombreuses fontaines, ruisseaux et chutes d'eau, sans compter les bassins de nénuphars ou de lotus et quelques bâtiments sur lesquels le visiteur peut s'attarder : temple souterrain, nymphée, pavillon thaï, serre tropicale où vivent des oiseaux-mouches, même une serre spécialement édifiée pour abriter une victoria d'Amazonie (*Victoria amazonica*), espèce de nénuphar aux feuilles immenses.

Après des années de soin, certaines parties du jardin sont aujourd'hui recouvertes d'une épaisse canopée créatrice d'un microclimat de type forêt pluviale. Elle repousse les limites du possible et la collection peut s'enorgueillir de réunir plus de mille espèces différentes. En plus de celles qui sont originaires des régions méditerranéennes, on trouve du gingembre sauvage, des broméliacées, des fougères arborescentes, des cycadées, des papyrus et des orchidées à foison. À la mort de sir William, en 1983, son épouse créa une fondation destinée à accueillir de jeunes musiciens et chanteurs. Une salle de concert fut alors construite pour y donner des master-classes et des concerts pendant les week-ends. RCa

Villa Cimbrone

Italie

CRÉATEURS : Lord Ernest Grimthorpe, Nicola Mansi
PROPRIÉTAIRES : Giorgio et Paola Vuilleumier
STYLE : éclectique (XXe siècle)
SUPERFICIE : 6 ha
CLIMAT : méditerranéen
SITUATION : Ravello, Campanie

En 1904, lord Grimthorpe acheta 100 lires une ferme en ruines dotée de bois, d'un vignoble, de noyers et d'une superbe vue sur le golfe de Salerne. Il recruta Nicola Mansi, un homme du cru, pour l'aider à restaurer le bâtiment et à dessiner un jardin. Ensemble ils transformèrent la maison pour en faire la villa Cimbrone avec ses tours, ses remparts et ses détails arabes, vénitiens et gothiques. Ils créèrent un jardin entre la maison et le bord de la falaise ainsi que sur la pente rocheuse menant à la mer.

Ce jardin a des caractéristiques très diverses : jardins de fleurs formels, temples, statues XVIIIe, grotte ou encore loggia mauresque. Une vue imprenable sur la mer et les monts Cilento renforce l'aspect théâtral du lieu. Plusieurs inscriptions en anglais ou en latin viennent décorer la maison et les constructions du jardin.

Le site est divisé en jardin supérieur et jardin inférieur et une partie boisée est coupée par d'étroits chemins. L'axe principal porte le nom de Viale dell'Immenso, une référence au panorama infini. Il est enjambé de ponts et recouvert d'une magnifique pergola de glycines. Un temple dorique – une des nombreuses structures classiques – abrite une statue de Cérès ayant la mer pour toile de fond. À 300 m au-dessus du golfe de Salerne, elle n'est délimitée que par une balustrade décorée de bustes XVIIIe siècle. Sous la terrasse, une pente herbeuse mène à un bois et un chemin tortueux, à un temple de Bacchus. Lord Grimthorpe est mort à Londres en 1917 mais ses cendres ont été déposées sous la statue du dieu, en plein milieu du temple. HA

Jardins de Pompéi

Italie

CRÉATEURS : inconnus
PROPRIÉTAIRE : Soprintendenza Archeologica di Pompei
STYLE : romain
SUPERFICIE : 66 ha
CLIMAT : méditerranéen
SITUATION : Pompéi, Campanie

Suite à l'éruption du Vésuve le 29 août 79, le site a été enseveli sous les cendres pendant près de mille sept cents ans, conservant ainsi les jardins pompéiens. Fresques, moulage des racines d'arbres, délimitation des parterres de fleurs et nombreuses références textuelles en brossent un tableau très détaillé.

Les maisons donnent sur la rue et l'atrium laisse pénétrer la lumière et l'air frais même en été. Dans l'alignement de l'entrée, on trouve souvent un péristyle, cour entourée de colonnes et pourvue en son milieu d'une fontaine ainsi que d'arbustes taillés, myrtes et fleurs odorantes. Pour donner l'illusion de l'espace, un ou plusieurs murs étaient ornés de fresques représentant des scènes campagnardes. Pour niveler la surface des murs et les protéger de l'humidité, jusqu'à sept couches y étaient appliquées (sable, chaud, marbre avec fragments de céramique, etc.). Autre détail important, le *larium*, petit autel où l'on faisait des offrandes aux lares, les dieux de la maison. Il convient aussi de remarquer les lits en maçonnerie flanquant la villa des Mystères, jadis somptueuse, et le cerisier de la maison du vaisseau Europe, qui tire son nom d'un dessin représentant l'enlèvement d'Europe par Jupiter.

De nombreux jardins ont été restaurés puis négligés ; mais, récemment, six équipes issues de quatre pays européens ont étudié et rétabli les *insulae* (îlots, c'est-à-dire immeubles d'habitation) de la ville ancienne. Avant de partir, ne manquez surtout pas la maison des Vettii, celle de Loreius Tiburtinus et celle du Faune. CH

Jardins de la villa Gucetic

Croatie

CRÉATEURS : famille Gucetic
PROPRIÉTAIRE : Académie des arts et des sciences de Croatie
STYLE : Renaissance ragusaine (XVIIe siècle)
SUPERFICIE : 25,5 ha
CLIMAT : méditerranéen
SITUATION : Trsteno, Dubrovnik, Dubrovnik-Neretva

Trsteno est un minuscule village sur la route côtière, dont les platanes hauts de 61 m sont les plus grands d'Europe. Une petite route descend à flanc de colline et mène à la porte du jardin et de l'arboretum de la villa Gucetic. Là, un chemin large et rectiligne passe à travers une zone boisée pour conduire à l'ancien aqueduc, qui apportait l'eau des montagnes. Un tunnel de palmiers et de lauriers longe la loggia de verdure, clairière rectangulaire et ombragée ornée d'une chapelle dédiée à saint Jérôme, et aboutit à la villa.

Cette bâtisse, demeure rurale de la famille Gucetic, fut reconstruite en 1667 et donnée à l'État en 1948. C'est un simple bâtiment de pierre couvert de plantes grimpantes et de plusieurs bougainvilliers. La partie située devant la maison possède de nombreuses plantes structurales dont des palmiers, cycadées, agaves et yuccas, ainsi que les nuances plus douces de la lavande, des cistes, des iris, des aubréties et des fleurs odorantes. Les plantes vivant sous des climats comparables ont pour nom jasmin, rose de Chine (hibiscus), laurier rose, chèvrefeuille et glycine. Ostéospermums, euryops, pélargoniums et freesias viennent d'Afrique du Sud. Il y a également un jardin d'herbacées rectangulaire avec cyprès et palmiers et un verger comportant citronniers et orangers.

Il faut enfin citer des pergolas à piliers de pierre : recouvertes de vigne vierge, l'une donne sur la mer et les îles, l'autre sur le petit port. Le chemin menant à la porte du jardin est pourvu de petits lanterneaux qui attirent des sphinx morio et des papillons rares tels les nymphalidés. RChe

Jardin de la villa Skocibuha

Croatie

CRÉATEUR : inconnu
PROPRIÉTAIRE : Gardana Marusic
STYLE : Renaissance ragusaine (XVIe siècle)
SUPERFICIE : 0,4 ha
CLIMAT : méditerranéen
SITUATION : Sudurad, Dubrovnik-Neretva

Un antique ferry à trois ponts relie un groupe d'îles où tout transport ne se fait qu'à charrette. Sudurad est la dernière de ces îles ; au centre du village se dresse la villa Skocibuha, construite en 1530 par Tomo et Vice Stjepovic-Skocibuha qui en firent leur retraite campagnarde. Bien que fermée et quelque peu oubliée depuis plusieurs années, elle vient de rouvrir après d'importants travaux de restauration entrepris en 2001.

Les minces piliers de pierre soutiennent de nombreuses pergolas couvertes de vigne vierge mais aussi, parfois, de roses grimpantes, jasmin blanc et bougainvilliers. Des murets en pierre établis entre les piliers permettent de s'asseoir à l'ombre mais peuvent aussi se changer en bacs accueillant iris, romarin, muscari, giroflées d'hiver, ostéospermums et pélargoniums. Sur une longueur, on trouve des arbres fruitiers : oliviers, divers *Citrus*, amandiers et *Diospyros kaki* aux fruits couleur abricot et au beau feuillage d'automne. Les pelouses sont en fait quatre grands carrés ; quand l'herbe pousse mal, on a recours au *Dichondra repens*. Les plates-bandes sont souvent constituées d'espèces méditerranéennes à feuilles grises, dont plusieurs sortes de lavande, romarin, immortelles et *Senecio bicolor* à feuillage argenté.

De la terrasse des Dames, on a une belle vue sur le potager, à l'arrière de la maison, et une charmante chapelle. Il y a là des orangers odorants dont le parfum rivalise avec celui de *Magnolia grandiflora*. Tout au bout, un grand pavillon offre une vue splendide sur le jardin principal, le port et les autres îles. RChe

Parc d'Ayazmo

Bulgarie

CRÉATEUR : évêque Metodiy Kusev
PROPRIÉTAIRE : municipalité de Stara Zagora
STYLE : parc forestier (XIXe siècle)
SUPERFICIE : 320 ha
CLIMAT : tempéré
SITUATION : Stara Zagora, oblast de Stara Zagora

Tout au fond des bois du parc d'Ayazmo se cache une petite chapelle, non loin de l'*ayazmo*, ou source bienfaitrice, qui a donné son nom au site. Le promeneur qui respire la riche odeur des pins et des cyprès et jouit de la tranquillité des lieux aura du mal à imaginer qu'il y a un peu plus de cent ans, ce n'était qu'une colline nue, si désolée qu'on la surnommait Ahmak, « la colline stupide ».

Aujourd'hui, le centre assez formel de ce parc est planté de marronniers *(Aesculus hippocastanum)*, de tilleuls et de pins, mais aussi de bouquets de robiniers faux-acacias *(Robinia pseudoacacia)*. La promenade du Cyprès et du Cèdre, bordée de *Cedrus atlantica* et de *Cupressus sempervirens*, forme un tunnel bienfaiteur pour qui veut échapper à la chaleur estivale. On trouve au bout un monumental pin d'Alep *(Pinus halepensis)* qui marque le début de la partie moins formelle du parc. Ici, des feuillus, chênes principalement, se mêlent aux cèdres, pins et cyprès. Plus haut dans le parc, on trouve des charmes *(Carpinus orientalis)*, des chênes chevelus *(Quercus cerris)* et des chênes pubescents *(Q. pubescens)*.

La transformation d'un flanc de colline broussailleux en un parc de plusieurs centaines d'hectares est l'œuvre de l'évêque Metodiy Kusev. Il entreprit en 1895 son programme de plantation d'arbres parce qu'il croyait que « la beauté d'un arbre vivant, d'une forêt vivante, anoblit et élève le statut moral de l'homme ». Même si le parc ne répond pas entièrement à son idéal, c'est tout de même un lieu de détente privilégié. MS

Jardin exotique

Monaco

CRÉATEURS : Albert Ier de Monaco, Louis Notari
PROPRIÉTAIRE : principauté de Monaco
STYLE : collection de plantes grasses (XXe siècle)
SUPERFICIE : 1,1 ha
CLIMAT : méditerranéen
SITUATION : Monaco

Le Jardin exotique de Monaco naquit en 1912 quand la principauté voulut déplacer sa collection de plantes grasses, dont des cactées et des aloès. Le terrain était précieux dans ce minuscule État et le site choisi par Albert Ier était à la fois improbable et hardi. Grâce au talent de l'ingénieur en chef de Monaco, Louis Notari, il imagina un jardin accroché à un promontoire rocheux à quelque 150 m au-dessus des rues animées. La vue sur la Méditerranée était superbe. Le jardin ouvrit en 1932, exploit technique incomparable mais aussi lieu enchanteur.

L'idée de planter des plantes grasses en petits groupes compacts vit le jour au XIXe siècle dans cette partie de la Côte d'Azur, mais le Jardin Exotique de Monaco représente sans conteste le summum de cette technique. Des rangées de hauts cactus et d'euphorbes se dressent à côté d'aloès et d'agaves tandis que les mésembryanthèmes lancent leurs couleurs au milieu des figuiers de Barbarie et des yuccas. Il serait cependant faux de croire que le jardin exotique ne se consacre qu'aux plantes exubérantes. On trouve aussi de petits joyaux floraux tels que les lithops, ou plantes-cailloux, et les *Conophytum*.

Grâce à ses sentiers et ses passerelles, le Jardin exotique offre une vue spectaculaire sur Monaco et la Méditerranée. AM

À DROITE Le Jardin exotique de Monaco fait face aux buildings de la ville basse.

Pazo de Oca

Espagne

CRÉATEUR : inconnu
PROPRIÉTAIRE : inconnu
STYLE : formel et informel (XVIIIe siècle)
SUPERFICIE : 1,5 ha
CLIMAT : tempéré
SITUATION : Pontevedra, Galice

Chaque année, des milliers de pèlerins parcourent à pied le *camino francés* (chemin français) qui les mène à Saint-Jacques-de-Compostelle avant de se recueillir sur la tombe de saint Jacques. On trouve le long de cette route de nombreuses haltes et hôtelleries, mais l'une des plus étonnantes est certainement le jardin de Pazo de Oca. Ce qui frappe tout de suite le visiteur, c'est le sentiment d'unité entre le délicieux manoir et son jardin, tous deux nés du même granite gris local.

Le jardin fut construit à flanc de colline ; avant sa réalisation, il y avait là un moulin et un réservoir. Rien d'étonnant donc à ce que l'eau soit l'élément dominant ainsi que les diverses façons dont elle est stockée et distribuée. L'eau passe du réservoir au bassin central ; dans tout le jardin, son bruit se fait entendre quand elle dévale les chenaux, jaillit des fontaines et retombe dans les bassins. Tout redevient calme quand elle entre dans le bassin rectangulaire bien caché au cœur du jardin. C'est également là qu'on trouve un élément des plus curieux : au milieu du bassin crénelé et bordé de pierre, un bateau de pierre semble naviguer avec, à ses deux extrémités, deux hommes d'équipage occupés à soigner leur cargaison de plantes.

Aujourd'hui recouvert d'une patine de lichen, le granite gris prend des teintes plus douces et confère au jardin une atmosphère romantique, qui doit beaucoup à la plantation de nombreux grands arbres tels que *Camellia reticulata* 'Captain Rawes', hauts de 13 m. TM

Domaine de Puente San Miguel

Espagne

CRÉATEURS : Javier de Winthuysen, Carmen Anon
PROPRIÉTAIRES : Puente San Miguel, famille Botin
STYLE : néo-Renaissance (XIXe siècle), moderniste
SUPERFICIE : 10 ha
CLIMAT : tempéré
SITUATION : Puente San Miguel, Cantabrie

Le jardin de la Finca Puente San Miguel, a le grand honneur d'être l'un des jardins historiques classés « bien d'intérêt culturel » par le royaume espagnol.

Don Marcelino Sanz de Sautuola, qui découvrit la Grotte d'Altamira – désormais inscrite sur la liste du Patrimoine mondial de l'Humanité par l'Unesco –, était le propriétaire des lieux au XIXe siècle et il fut le premier à agrandir ce jardin. On croit qu'il fut le seul à introduire *Eucalyptus globulus* en Galice en 1863, où l'arbre vit aujourd'hui. Parmi les autres spécimens exceptionnels, citons le plus grand magnolia d'Europe (vieux de plus de deux cents ans, il couvre 0,08 ha), un séquoia de 5 m de circonférence et un cèdre de l'Atlas *(Cedrus atlantica)* de 30 m de haut.

Lorsqu'il se promenait dans ce parc paysager, Don Marcelino était entouré de beaux exemples d'arbres, de l'érable rouge au chêne-liège *(Quercus suber)*. Il décida d'embellir les lieux en ajoutant deux monuments : le premier, œuvre de Jesús Otero, commémore la découverte d'Altamira, alors que le second, dû à Victorio Macho, rend hommage à la mémoire de l'écrivain et journaliste Víctor de la Serna.

Le XXe siècle a porté des changements radicaux aux jardins. Dans les années 1930, le jardinier paysagiste Javier de Winthuysen introduisit un style néo-Renaissance. Près d'un demi-siècle plus tard, l'architecte Carmen Añón introduisit de l'acier et des miroirs. AW

Parc du monastère de Piedra

Espagne

CRÉATEUR : Juan Federico Muntadas
PROPRIÉTAIRE : État espagnol
STYLE : romantique (XIXe siècle)
SUPERFICIE : inconnue
CLIMAT : méditerranéen
SITUATION : Nuévalos, Aragon

Juan Federico Muntadas découvrit la grotte aux Iris sur une propriété qui appartenait à son père, sur le site de l'ancien monastère cistercien de Piedra (XIIe siècle). Il entreprit de donner aux lieux un aspect romantique (domaine qu'il connaissait particulièrement bien) et de l'ouvrir au public. Il créa une sorte de parc sauvage d'allure naturelle en tirant profit de la rivière Piedra, qui traversait la propriété, et son canyon calcaire est le point fort de sa création aquatique. Chutes d'eau, cascades, lacs et grottes font partie de ce décor romantique. Les vestiges du monastère ont été restaurés pour faire aujourd'hui partie d'un hôtel trois étoiles.

Un parcours fléché permet de découvrir la propriété en trois heures. Il descend vers la vallée et l'on a une vue superbe sur une chute d'eau appelée la Queue de cheval. On trouve à sa base la grotte de l'Arc-en-ciel, qui conduit à la ferme piscicole (Muntadas créa la première d'Espagne pour élever des truites destinées à repeupler les cours d'eau). La route remonte vers la falaise du Diable pour redescendre vers le lac du Miroir.

Avant les transformations effectuées par Muntadas, le site était recouvert d'une forêt très dense. Dans les parties boisées qui demeurent encore aujourd'hui au bord de la rivière, on peut voir des frênes, des sureaux et des platanes ainsi que *Celtis australis*. Il faut être prudent car le chemin peut être dangereux : certaines parties couvertes de mousse ou de lichen sont particulièrement glissantes. BS

Jardins Artigas

Espagne

CRÉATEUR : Antoni Gaudí
PROPRIÉTAIRE : municipalité de La Pobla de Lillet
STYLE : néo-européen (début XXe siècle)
SUPERFICIE : 4 ha
CLIMAT : méditerranéen
SITUATION : La Pobla de Lillet, Catalogne

Ce joyau dissimulé aux regards pendant une cinquantaine d'années est un rare exemple de réalisation horticole menée par l'un des enfants chéris de la Catalogne mais aussi l'un des plus grands architectes du monde, Antoni Gaudí.

Alors qu'il travaillait au parc Güell de Barcelone (voir p. 710), Gaudí trouva le temps en 1904 de créer cet unique jardin humide pour le compte de Joan Artigas i Alart. Cependant, en 1936, au début de la guerre civile espagnole, la riche famille industrielle fut contrainte de quitter son château de Catllaràs et d'abandonner les Jardins Artigas. En 1989, ceux-ci furent redécouverts pour bientôt recouvrer leur gloire d'autrefois.

La rivière Llobregat coule au milieu des jardins : elle en est le plus bel élément avec d'autres jeux d'eau tels que cascades, fontaines et sources qui se mêlent parfaitement à l'architecture statique du pavillon d'été cylindrique, de la grotte artificielle et des ponts. On trouve des statues, par exemple l'aigle perché sur un pont. La statue de l'ange aurait occupé avant la guerre la grotte proche de la chute d'eau. Si c'est exact, cela signifie que Gaudí eut recours ici à son leitmotiv des Quatre Évangélistes. Il est possible qu'il les plaça de manière stratégique aux quatre coins du jardin. L'édifice le plus important du jardin est le pont des Arcs : les personnages sculptés qui le décorent ont été retravaillés par le sculpteur Ramón Millet. AW

Jardin botanique de Barcelone

Barcelone, Espagne

CRÉATEURS : Carlos Ferrater, Josep Lluís Canosa, Bet Figueras, Artur Bossy, Joan Pedrola
PROPRIÉTAIRE : ville de Barcelone
STYLE : botanique (XXe siècle)
SUPERFICIE : 13,7 ha
CLIMAT : méditerranéen
SITUATION : Barcelone, Catalogne

À flanc de la colline de Montjuic, le jardin botanique de Barcelone mêle dessin strict, plantes venues du monde entier et une mission de conservation de la flore de la Méditerranée, de la Catalogne en particulier. Ouvert en 1999 avec des collections de plantes originaires des cinq régions du monde à climat méditerranéen – Californie, centre du Chili, pointe sud de l'Afrique du Sud, sud et sud-ouest de l'Australie ainsi que rivages de la Méditerranée –, ce jardin constitue un équilibre dynamique et résolument moderne entre architecture géométrique, courbes douces de la nature et caractère formel des plantations régionales.

Eucalyptus et *Banksia* marquent le début de la collection australienne. La Californie se signale par des arbres-bouteilles *(Brachychiton populneus)*, des pins de Monterey *(Pinus radiata)*, des chênes de Californie *(Quercus agrifolia)* et des lilas de Californie tandis qu'un baobab géant *(Adansonia digitata)* conduit le visiteur vers le jardin sud-africain, avec ses gazanies orange et jaune vif. Bien moins connue, la flore chilienne s'illustre par le désespoir des singes *(Araucaria araucana)* ; la Méditerranée est représentée par le chêne-liège *(Quercus suber)*, le châtaignier *(Castanea sativa)* et un tapis de salsepareille *(Smilax aspera)* ou de fragon, également appelé petit houx *(Ruscus aculeatus)*. La visite se termine par une passerelle lancée sur des bassins peuplés de nénuphars, de joncs et d'autres plantes aquatiques. CW

Jardin de Sainte-Clotilde

Espagne

CRÉATEUR : Nicolau Rubió i Tudurí
PROPRIÉTAIRE : ville de Lloret de Mar
STYLE : italianisant (XXe siècle)
SUPERFICIE : 2,7 ha
CLIMAT : méditerranéen
SITUATION : Lloret de Mar, Catalogne

Construit sur le site d'un ancien vignoble, ce jardin a quelque chose de romantique et d'onirique. Commencé dans les années 1920 par le marquis de Roviralta, aidé du jeune architecte paysagiste Nicolau Rubió i Tudurí, il est aujourd'hui parvenu à maturité.

L'aspect naturaliste caractérise le style de Tudurí. On le voit bien ici, avec les cyprès dominant les haies taillées de *Pittosporum tobira* qui suivent les courbes du terrain. Il y a également un jardin italianisant style Renaissance, où un rôle capital est accordé à la symétrie des chemins, les plantations et les points de convergence, dont la statuaire et les fontaines. Parmi les arbres et arbustes, on trouve des cyprès de Provence (*Cupressus sempervirens*), des cyprès de Monterey (*C. macrocarpa*) et des pins parasols (*Pinus pinea*) qui, renforcés par les haies, dissimulent presque tout le temps la mer.

On peut marcher dans toutes les directions, mais le flanc de colline vous fait descendre par un magnifique escalier pourvu d'une belle statuaire, ou le long de terrasses de gravier impeccablement ratissées. L'escalier principal mène à la place des Sirènes, avec ses statues de bronze conçues pour le marquis.

Les plantes grimpantes de l'escalier sont étonnantes. Les marches sont recouvertes de lierre pour les fondre intimement au paysage. En toute saison, le vert des pins, *Pittosporum*, lauriers roses ou viornes a quelque chose d'impressionnant ; en été, agapanthes, lauriers roses, hortensias, roses et clivias rivalisent de beauté au même titre que les *Pittosporum* et les aiguilles de pin odorantes. BS

… ce jardin a quelque chose de romantique et d'onirique.

Parc de l'Estació del Nord

Barcelone, Espagne

CRÉATEURS : Andreu Arriola, Carme Fiol, Enric Pericas
PROPRIÉTAIRE : ville de Barcelone
STYLE : parc public (XXe siècle)
SUPERFICIE : 4,8 ha
CLIMAT : méditerranéen
SITUATION : Barcelone, Catalogne

El Parc, comme on dit en catalan, n'est pas un espace massif, il réussit à être à la fois moderne et verdoyant. Il établit un lien avec les quartiers environnants et la gare voisine tout en mêlant land art et espace ouvert. Son plan représente un dragon sorti de la mer : le monstre quitte un monde pour pénétrer dans un autre. C'est pourquoi la sculptrice Beverly Pepper a créé une interprétation du dragon à une extrémité et un amphithéâtre circulaire à l'autre en même temps qu'une porte intermédiaire recouverte de fragments de céramique.

Entre ces œuvres pleines d'imagination, on trouve un terrain plat, recouvert soit d'herbe,soit de pierre brute. Il existe des zones d'ombre, d'intimité ou d'ouverture, de même que de surprenantes colonnes verticales : au centre jaillit une lumière qui cherche à imiter la foudre tombant sur terre. Ce n'est peut-être pas du goût de tout le monde et l'on ne voit pas toujours du land art dans cette interprétation mais, comme c'est souvent le cas avec les zones publiques de Barcelone, une planification urbaine réussie a créé un espace vivant, plein d'imagination. On souhaiterait que d'autres villes puissent parvenir à ce genre de résultat… CY

Le parc réussit à être à la fois moderne et verdoyant.

Jardin botanique Marimurtra

Espagne

CRÉATEURS : Karl Faust et une équipe de botanistes
PROPRIÉTAIRE : Fondation Karl Faust
STYLE : botanique (XXe siècle)
SUPERFICIE : 15 ha dont 5 ha ouverts au public
CLIMAT : méditerranéen
SITUATION : Blanès, Catalogne

Fondé en 1921 par l'homme d'affaires allemand Karl Faust, le jardin botanique Marimurtra avait pour but premier l'étude scientifique et la préservation des plantes locales et de la flore caractéristique du littoral méditerranéen. Il est aujourd'hui entretenu par la Fondation Karl Faust et un tiers environ de la propriété est ouvert au public.

Faust était un passionné des plantes et il en fit venir du monde entier. Pour elles, il créa plusieurs zones bien distinctes et, même s'il s'agit essentiellement ici du jardin d'un collectionneur, sa situation au bord de la Méditerranée lui permet d'offrir de belles perspectives. Les principales sections correspondent aux régions tropicales, tempérées et méditerranéennes, lesquelles abritent trois mille cinq cents espèces, dont des cactées, plantes grasses, conifères, palmiers et bambous. Des chemins bien tracés emmènent le visiteur à travers les sections africaines et américaines arides, les immenses plantations de bambous des régions tempérées puis, le long de la pente descendant vers la mer, sur des terres où les plantes locales rivalisent avec celles venues d'Australie, d'Afrique du Sud ou du Chili. Tous les chemins débouchent sur un temple classique ayant reçu le nom de Linné, en l'honneur du naturaliste suédois du XVIIIe siècle. BS

À DROITE La vue superbe sur la Méditerranée est l'un des atouts du jardin botanique Marimurtra.

Jardin botanique du cap Roig

Espagne

CRÉATEURS : Nikolaï et Dorothy Woevodsky
PROPRIÉTAIRE : Caixa de Girona
STYLE : romantique anglo-catalan (XXe siècle)
SUPERFICIE : 40 ha
CLIMAT : méditerranéen
SITUATION : Calella da Palafrugell, Catalogne

Le cap Roig fut acheté en 1927 par le colonel russe Nikolaï Woevodsky et son épouse anglaise, Dorothy, alors qu'il ne s'agissait que d'un promontoire abrupt et des ruines d'un château. Ce dernier fut restauré pour ressembler au célèbre château de Poblet et le couple consacra cinquante ans à agrandir les jardins.

L'allée et ses larges bordures franchissent un arceau pour s'incurver à l'horizon. L'une d'elles a accueilli des oliviers, désormais remplacés par des conifères : certaines essences rares présentent des formes et des couleurs contrastées. Au printemps, les arbustes se détachent sur fond de mimosa et de romarin. Après la courbe du chemin, on découvre le château avec ses tours crénelées et sa grande porte gothique encadrée d'arbres.

Les Woevodsky ont construit en premier les jardins en terrasses, chacun avec un thème différent. Une partie possède des arums, du jasmin et aussi *Echium candicans* de couleur bleue, une autre des oliviers déformés par le vent ; plus loin, il y a un bassin aux nénuphars et des cyprès ; le mur voûté comme celui d'un cloître de la terrasse des Nonnes a des *Pittosporum tobira* et une base de plantes annuelles de couleurs vives. Les parties les plus escarpées accueillent cactées et plantes grasses, où agaves épineux et aloès poussent au milieu de gazanies en fleur, le tout au pied d'un délicat pin d'Alep *(Pinus halepensis)*. D'autres parcelles plus ouvertes et moins ombragées sont favorables aux cactus. La promenade des Géraniums est bordée de pélargoniums aux feuilles odorantes ainsi que d'autres annuelles. RChe

Parc du labyrinthe d'Horta

Espagne

CRÉATEURS : M. d'Alfarràs, Joan Anton Desvalls i d'Ardena, Domenico Bagutti
PROPRIÉTAIRE : ville de Barcelone
STYLE : romantique, néoclassique (XVIIIe siècle)
SUPERFICIE : 9,9 ha
CLIMAT : méditerranéen
SITUATION : Barcelone, Catalogne

Le parc du labyrinthe d'Horta est, grâce à ses arbres, l'un des plus charmants de Barcelone ; il possède aussi le plus grand labyrinthe d'Espagne. Constitué de 750 m de cyprès de Provence (*Cupressus sempervirens*), le labyrinthe a été dessiné par Joan Anton Desvalls i d'Ardena en collaboration avec l'architecte italien Domenico Bagutti. Le centre est occupé par une statue d'Éros, une des nombreuses figures classiques disséminées dans le parc.

Le site est un bel exemple de jardin classico-romantique du XVIIIe siècle. Les travaux débutèrent en 1791 grâce au marquis d'Alfarràs et furent poursuivis par ses descendants. Des difficultés financières survenues à la fin du XIXe siècle les contraignirent à le vendre à la municipalité. Le jardin a bénéficié d'une restauration intelligente et on peut aujourd'hui choisir l'un des cinq itinéraires partant de la cour des Lions : deux fauves de marbre commémorent en effet la visite rendue en 1827 par Ferdinand VII et sa mère, Maria Luisa. Ces chemins semblent se diriger vers le même pavillon, bâtiment rose de style classique avec ses frises et ses volets bleus. La partie arrière de la bâtisse se reflète dans les eaux sombres et calmes d'un bassin carré. Au printemps, senteurs et couleurs sont le fait des arbres en fleurs : arbre de Judée (*Cercis siliquastrum*), orangers amers (*Citrus aurantium* var. *amara*), ailanthes (*Ailanthus altissima*), pruniers-cerises (*Prunus cerasifera 'Atropurpurea'*) ou encore *Pittosporum tobira*. BS

Parc Joan Miró

Barcelone, Espagne

CRÉATEURS : Antoni Solanas, Marius Quintana, Beth Gali, Andreu Arriola
PROPRIÉTAIRE : ville de Barcelone
STYLE : parc public (XXe siècle)
SUPERFICIE : 5,7 ha
CLIMAT : méditerranéen
SITUATION : Barcelone, Catalogne

Sur le site d'anciens abattoirs, le parc Joan Miró (anciennement connu sous le nom de parc de l'Escorxador) occupe une partie non négligeable de Barcelone. Il porte le nom d'un des plus célèbres fils de la Catalogne, le céramiste, sculpteur et peintre surréaliste Joan Miró. Vous trouverez ses œuvres dans toute la ville, surtout à la fondation Joan Miró du parc de Montjuic. Fresques, sculptures et céramiques ornent également l'hôtel de ville, les « remblas » non loin de l'opéra et du marché de la Boqueria, enfin l'extérieur du terminal B de l'aéroport de Barcelone.

Le parc Joan Miró abrite une des dernières œuvres de l'artiste, une sculpture recouverte de mosaïque appelée *Femme et Oiseau* , *« Dona i Ocell »*. Créée en 1982 en collaboration avec l'artiste Gardy Artigas, cette sculpture de 22 m de haut se dresse dans un coin du parc, près d'un bassin peu profond. Sa forme phallique aurait suscité de nombreuses controverses lors de son installation, mais c'est une icône joyeuse et colorée qui égaye cette partie du parc public.

L'atmosphère est plus intime, plus attirante aussi, quand on gagne les autres parties du parc. Avec ses pins, palmiers et platanes, il forme un contraste agréable avec la dureté du paysage, les routes voisines et les immeubles de la ville. De nombreuses zones sont réservées aux jeux pour enfants, boulistes, tennis de table ou encore promenade canine. Remarquez la structure en grille de la plantation arborée, très commune à Barcelone, et l'éclairage unique. CY

> … une icône joyeuse et colorée qui égaye cette partie du parc public

Jardins du monastère de Pedralbes

Barcelone, Espagne

CRÉATEUR : inconnu
PROPRIÉTAIRE : ville de Barcelone
STYLE : cloître (XIVe siècle)
SUPERFICIE : 0,15 ha
CLIMAT : méditerranéen
SITUATION : Barcelone, Catalogne

Les jardins du cloître du monastère de Pedralbes – il tire son nom de la pierre blanche ayant servi à sa construction – permettaient, il y a peu de temps encore, de cultiver des plantes aromatiques. Fondé en 1326 par la reine Elisenda, ce monastère abritait des sœurs clarisses. À la mort de son époux, Elisenda se retira au couvent pour passer les trente-trois dernières années de sa vie parmi la communauté religieuse. En 1983, les clarisses quittèrent le monastère pour un bâtiment voisin ; avec son cloître à trois niveaux en parfait état de conservation, le monastère fut ouvert au grand public.

Pour qui s'assied sur les bancs de pierre carrelée du réservoir XIVe siècle utilisé pour la boisson, le lavage et l'irrigation, il est facile d'imaginer la vie simple et méditative de la communauté monacale. Chaque côté de ce magnifique cloître gothique s'enorgueillit de vingt-six colonnes qui en font le plus grand du monde. À l'origine, y poussaient orangers, roses et jasmin, mais aujourd'hui cyprès, palmiers, orangers et néfliers du Japon offrent ombre, senteurs et fruits, tandis que le petit jardin aux plantes aromatiques – et sa disposition en carrés – donne, entre autres, de la lavande et du romarin. BS

… il est facile d'imaginer
la vie simple et méditative
de la communauté monacale.

Parc Samà

Espagne

CRÉATEURS : Josep Fontserè i Mestres, Antoni Gaudí
PROPRIÉTAIRES : famille Samà
STYLE : parc romantique (XIXe siècle)
SUPERFICIE : 13,7 ha
CLIMAT : méditerranéen
SITUATION : Cambrils, Catalogne

Le parc Samà possède tous les ingrédients d'un jardin romantique et l'élégance d'une plantation des Caraïbes. Il fut fondé en 1881 par Salvador Samà Torrens, marquis de Mariano. Sa famille avait vécu à Cuba et il donna à sa propriété bien des détails rappelant l'art de vivre colonial. Il engagea Josep Fontserè i Mestres, dont le disciple avait pour nom Antoni Gaudí – c'est d'ailleurs à ce dernier que l'on attribue la tour exotique, point fort du parc.

Même si une partie des plantations est assez informelle, le reste a une touche très agricole avec ses mandariniers *(Citrus reticulata)* bien alignés pour faciliter la cueillette des fruits.

Le détail le plus étonnant de ce parc est certainement son lac, avec son canal et sa chute d'eau, qu'alimente une source souterraine. On compte trois îles, la plus grande étant constituée de grosses pierres et pourvue d'une grotte ; les ponts y menant ont des balustrades d'allure rustique bien que faites en ciment. Le cyprès chauve *(Taxodium distichum)* est d'une grande beauté et ses couleurs automnales sont superbes. On trouve devant la maison des spécimens centenaires de tilleuls, marronniers et chênes pédonculés *(Quercus robur)* ainsi qu'une fontaine formée de palourdes géantes décorées de coquilles d'escargots. Le parc est également renommé pour sa collection de palmiers, dont *Phoenix canariensis*, *Chamaerops excelsa* et *C. humilis*, mais aussi *Washingtonia filifera*. Derrière la maison, un chemin mène vers une zone boisée peuplée de beaux exemples de *Pinus pinea*, *P. halepensis* et de cèdres de l'Himalaya *(Cedrus deodara)*. BS

Parc Güell

Barcelone, Espagne

CRÉATEUR : Antoni Gaudí
PROPRIÉTAIRE : ville de Barcelone
STYLE : moderniste (XXe siècle)
SUPERFICIE : 17 ha
CLIMAT : méditerranéen
SITUATION : Barcelone, Catalogne

Le paysage urbain de Barcelone est dominé par les réalisations fantastiques d'Antoni Gaudí, dont le mécène avait pour nom Eusebi Güell.

Gaudí eut l'idée d'une cité-jardin à Gracia, dans la banlieue nord de Barcelone, avec soixante maisons et jardins privés reliés par des chemins et routes paysagers. La place du marché est taillée dans la roche de la falaise et son périmètre est richement décoré de tuiles cassées. Les chemins conduisent à la demeure personnelle de Gaudí et au-delà, sous des pergolas recouvertes de bougainvilliers et de glycines aux couleurs éclatantes. De là, on peut décider de monter vers le sommet de la colline, à l'ombre des pins, oliviers, eucalyptus, yeuses *(Quercus ilex)* et troènes. On trouve dans tout le parc des agaves et des palmiers ; les cent cinquante pierres rondes représentent les grains d'un chapelet, suggérant ainsi que le visiteur entre en prière tandis qu'il gravit la pente.

Le pavillon d'entrée et la balustrade métallique conduisent à un double escalier dont le centre est occupé par un dragon crachant de l'eau. Les quatre-vingt-six colonnes de l'hypostyle soutiennent le toit plat de la place du marché mais dissimulent aussi des canalisations permettant de recycler l'eau de pluie. Comme l'écrivit en 1988 le professeur d'architecture et critique d'art Juan Bassegoda Nonell, « Gaudí a compris que la nature se servait de magnifiques formes structurelles »… CH

À DROITE Les palmiers sont omniprésents dans le parc Güell.

Parc de la Citadelle

Espagne

CRÉATEUR : Jean-Claude Nicolas Forestier
PROPRIÉTAIRE : ville de Barcelone
STYLE : parc public (XIXe et XXe siècles)
SUPERFICIE : 30,9 ha
CLIMAT : méditerranéen
SITUATION : Barcelone, Catalogne

Ce parc fut créé en 1888, sur le site de l'ancienne forteresse militaire qui lui a donné son nom, dans le cadre de l'Exposition universelle. C'est aujourd'hui le plus grand espace vert de Barcelone : il comprend aussi le zoo et ses 13 ha, le parlement de Catalogne, le musée d'Art moderne et le musée de Zoologie.

L'imposant arc de triomphe, ancienne entrée de l'exposition, permet de nos jours de pénétrer dans ce parc que les Barcelonais apprécient beaucoup. Même si deux larges allées lui donnent une allure cruciforme assez stricte – l'une bordée de peupliers blancs, l'autre de tilleuls et de marronniers *(Aesculus hippocastanum)* –, le parc est en majeure partie informel, avec des pelouses, de hauts arbres et des palmiers apportant une ombre bienvenue. On trouve une intéressante collection de plantes méditerranéennes, principalement, sur la place d'Armes, au centre du parc, une application contemporaine du concept élaboré au début du XXe siècle par l'architecte paysagiste français Jean-Claude Nicolas Forestier.

Admirez le lac circulaire et son île ainsi que l'impressionnante cascade due à Antoni Gaudí et Josep Fontserè i Mestres. Entourée d'un escalier courbe à balustrade et surmontée d'une statue de Vénus sortant de l'onde, l'eau tombe en cascade sur des marches moussues pour rejoindre un bassin peuplé d'îles de dimensions plus réduites. Il faut aussi remarquer la petite serre en brique et en bois contenant des plantes tropicales et la serre à structure en fer forgé transformée en café et centre culturel. TM

Pinya de Rosa

Espagne

CRÉATEUR : Dr Fernando Riviere de Caralt
PROPRIÉTAIRE : ville de Blanès
STYLE : botanique et cactées (XXe siècle)
SUPERFICIE : 49,3 ha
CLIMAT : méditerranéen
SITUATION : Blanès, Catalogne

Un cadre côtier et une vue superbe sur la Méditerranée, ce n'est peut-être pas l'endroit idéal où installer un jardin botanique d'une grande richesse, mais Pinya de Rosa fait exception à la règle. Si des plantes se sont parfaitement acclimatées à un tel terrain, c'est que le jardin s'est développé très progressivement au cours des cinquante dernières années.

Conçu par un ingénieur des travaux publics, Fernando Riviere de Caralt, peu après qu'il eut acheté cette propriété en 1945, le jardin est empli de cactées et autres plantes grasses. Quelque sept mille espèces vivaient là au début des années 1990, des yuccas et des agaves de la Méditerranée aux oponces et aux échinocactus aux piquants acérés. Certaines plantes sont classées en accord avec la botanique, d'autres de manière plus attractive. Le visiteur est séduit ici tant par les plantes que par l'atmosphère du lieu : le jour, la lumière se fait éclatante et ajoute au spectacle procuré par les formes végétales. Les différentes parties se combinent pour former un endroit si protégé qu'on ne peut le voir de la plage en contrebas, un jardin où l'on se sent immédiatement chez soi et où l'on oublie le stress de la vie quotidienne. CY

… un endroit si protégé qu'on ne peut le voir de la plage en contrebas.

Jardins de San Ildefonso

Espagne

CRÉATEUR : René Carlier
PROPRIÉTAIRE : État espagnol
STYLE : baroque (XVIIIe siècle)
SUPERFICIE : 145,8 ha
CLIMAT : méditerranéen
SITUATION : Ségovie, Castille-et-León

Ce site était jadis occupé par une exploitation agricole monacale et de grands greniers. En 1721, le roi Philippe V, français de naissance et ayant passé son enfance à Versailles, se retira à La Granja, communément appelée jardins de la grange de San Ildefonso. Là, aidé de cinq mille hommes de peine, il passa les deux décennies suivantes à élaborer ses jardins.Ces derniers ne connurent pas de transformation majeure bien qu'ayant appartenu à diverses générations de souverains, et ce jusqu'à Alphonse XIII, au début du XXe siècle : on a ainsi le plus bel exemple espagnol de style de cette période. Philippe V n'avait pas oublié Versailles, et La Granja s'en inspire beaucoup. Cependant, l'environnement – au sommet d'une colline avec vue sur la sierra de Guadarrama – a donné au jardin un air très espagnol : le baroque se retrouve dans les parterres ornés, les allées en rayons dont le sol de gravier est bordé de tilleuls et de marronniers, les bosquets que relient des charmes bien taillés, la statuaire et les jeux d'eau.

Au fil des chemins, le visiteur rencontrera des figures issues de la mythologie et des fontaines étonnantes : il faut tout particulièrement remarquer, dans la cascade principale, les fontaines de Neptune, Apollon et Andromède qui, ensemble, participent à la longue perspective connue sous le nom d'Hippodrome. La plus grande, la fontaine de la Renommée, lance de l'eau à 40 m de hauteur. Le jardin est très agréable en été mais une visite hivernale a quelque chose de magique, quand il n'y a personne, que le sol est couvert de neige et que des stalactites s'accrochent aux fontaines. TM

La Mirada

Espagne

CRÉATEUR : Eduardo Mencos
PROPRIÉTAIRE : Eduardo Mencos
STYLE : expérimental (XXe siècle)
SUPERFICIE : 1 ha
CLIMAT : méditerranéen
SITUATION : Guadalajara, Castille

Créé dans les années 1990 sur le plateau de Castille, à 50 km de Madrid, par le talentueux paysagiste espagnol Eduardo Mencos, ce jardin offre une vaste scène expérimentale où plantes et éléments sculpturaux forment un monde surprenant et onirique. Les étonnantes compositions d'objets trouvés, les constructions biologiques et les plantes régionales contribuent à un sens de la narration très visuel rappelant la carrière de réalisateur de cinéma de Mencos.

En face d'une vallée fluviale creusée pendant la préhistoire et située dans un paysage sauvage constitué par une forêt méditerranéenne, ce jardin interagit avec son environnement de façon très particulière. Son contour repose sur trois cercles et s'inspire du cadre naturel tandis que les nombreuses sculptures-arbres – élément essentiel du jardin – sont nées de spécimens morts d'yeuses *(Quercus ilex)* dont les branches nues ont été transformées en sculptures.

Ce fut certainement un défi de créer un jardin sur un sol si pauvre, avec un climat castillan si rude. L'expression espagnole « neuf mois d'hiver et trois d'enfer » en donne une petite idée. Il a fallu huit cents camions de bonne terre pour commencer à planter des arbres en commençant par des catalpas, cèdres, marronniers et autres cyprès destinés à apporter ombre et structure. Mencos importa également des chênes et des genévriers vivant habituellement à l'état sauvage ; mais il créa aussi des étangs de verre et une énorme pergola en acier aux ouvertures ovoïdes. AB

Domaine de Galiana

Espagne

CRÉATEUR : Carmen Marañón
PROP. : Alejandro Fernández-Araoz, Carmen Marañón
STYLE : formel (XXe siècle)
SUPERFICIE : 1 ha
CLIMAT : méditerranéen
SITUATION : Tolède, Castille

Ce jardin simple mais élégant, conçu autour de cyprès taillés monumentaux, de haies et de grandes zones couvertes de lierre, fut créé au cours des années 1960 pour venir en complément à un bâtiment millénaire sis à Tolède, sur les bords du Tage.

La majeure partie de la bâtisse fut construite au XIIIe siècle en style mudéjar par Alphonse X le Sage sur l'emplacement d'un ancien palais maure appelé Pabellón de la Noria. Les chroniques de l'époque racontent que c'était l'un des plus beaux du monde. Il passait aussi pour abriter le premier jardin botanique européen.

Après des années de négligence, le palais était en ruines quand, en 1959, Carmen Marañón l'acheta avec son mari, Alejandro Fernández-Araoz. Après de longues recherches et bénéficiant des conseils des architectes Manuel Gómez Moreno et Fernando Chueca Goitia, ils entreprirent la restauration du bâtiment. Pour éviter de devoir transformer la structure d'origine, ils décidèrent de ne pas y vivre et construisirent non loin de là une maison inspirée du style tolédan traditionnel.

La caractéristique la plus intéressante du jardin, c'est certainement le patio en contrebas, au centre de la bâtisse, avec son bassin central qui reflète les topiaires dont les formes compactes et précises se mêlent aux éléments architecturaux. Il faut surtout voir les conifères sculptés. Comme l'a dit leur créateur : « Avec leurs troncs drapés de lierre, les cyprès semblent flotter, suspendus dans l'espace, empreints d'une nature métaphysique. » AB.

Jardin du palais d'Aranjuez

Espagne

CRÉATEURS : Philippe II, Philippe V, Charles IV, Juan de Villaneuva
PROPRIÉTAIRE : Patrimonio Nacional
STYLE : divers
SUPERFICIE : 300 ha
CLIMAT : méditerranéen
SITUATION : Aranjuez, Madrid

Au fil des siècles, les souverains Philippe II, Philippe V et Charles IV construisirent leurs palais et leurs jardins d'agrément sur le site d'une ancienne réserve de chasse royale. Les plans de Philippe II furent exécutés par des jardiniers hollandais tandis que Philippe V se fit assister par des Français, les Boutelou, père et fils. Charles IV et son architecte, Juan de Villaneuva, créèrent le jardin du Prince. En tout, on distingue ici quatre parties : le vieux et le nouveau parterre, l'île-jardin et le jardin du Prince, avec leurs grands arbres et leurs promenades ombragées le long du Tage. Le jardin le plus proche du palais royal est le petit parterre, dessiné sous Philippe II (1556). Cette charmante relique fut récemment mise au jour et restaurée. Chaque parterre ceint de buis s'orne en son milieu d'un arbre fruitier. Le parterre de style français date du XVIIIe siècle et possède son propre cours d'eau, du côté nord.

Les jardins d'Aranjuez occupent une vaste superficie et il faudrait des jours pour tout voir mais l'on peut se contenter du parterre et de quelques parties des jardins royaux avant de visiter le palais proprement dit. Le Chiquitren est un petit train qui promène les touristes sur les pavés des jardins : on peut entendre, en boucle, le fameux *Concerto d'Aranjuez* de Joaquín Rodrigo, qu'il aurait écrit suite à une visite dans ces jardins. BS

Jardin de l'Escurial

Espagne

CRÉATEURS : Juan de Bautista, Juan de Herrara
PROPRIÉTAIRE : État espagnol
STYLE : formel (XVIe siècle)
SUPERFICIE : 2,5 ha
CLIMAT : méditerranéen
SITUATION : l'Escurial, Madrid

Inscrit au patrimoine de l'humanité par l'Unesco, l'Escurial fut construit par Philippe II entre 1562 et 1564 : c'est le plus grand ensemble Renaissance d'Espagne. Il abrite un monastère, une basilique, un palais, une bibliothèque, un musée et des jardins.

Le jardin principal se situe dans le cloître, ou patio des Apôtres, appelé ainsi à cause des statues des apôtres en marbre blanc ; on ne peut le visiter sans autorisation. Au centre se dresse un grand bâtiment octogonal en forme de dôme. Autour, pour marquer le début des quatre sentiers qui se coupent à angle droit, on peut voir quatre bassins carrés. Il y a aussi un parterre strict avec haies de buis et fontaine.

À l'extérieur du monastère, sur une terrasse longeant toute la façade sud et permettant de voir la campagne jusqu'à la lointaine sierra de Guadarrama, se trouve le jardin des Frères. Aujourd'hui, les parterres géométriques ont un air sévère, mais Philippe II aimait les fleurs et ses jardins regorgeaient de couleurs « comme de beaux tapis turcs rapportés de Damas ou du Caire ». Deux jardins ouverts, plus formels, sont rattachés à de petits palais XVIIIe abrités par de grands conifères. Il ne faut pas négliger la visite du monastère où l'on peut admirer *Le Couronnement d'épines* de Jérôme Bosch (1510). TM

À DROITE Les jardins et le palais de l'Escurial constituent le site le plus étonnant de la province de Madrid.

Parc du Retiro

Madrid, Espagne

CRÉATEURS : Philippe IV, Cosimo Lotti
PROPRIÉTAIRE : ville de Madrid
STYLE : Renaissance (XVIIe siècle)
SUPERFICIE : 120 ha
CLIMAT : méditerranéen
SITUATION : Madrid

Ce parc apporte air et lumière mais aussi, grâce à ses dimensions, un certain sentiment d'infini. Son origine remonte à l'époque où il n'était que le jardin du monastère des frères hiéronymites. Il fit ensuite partie de la propriété et des jardins du palais XVIIe du roi Philippe IV. Cosimo Lotti prit en charge la plantation d'arbres et les jardins à la même époque que la création du grand lac de plaisance appelé Estanque.

Charles III ouvrit le parc au public mais seulement si les gens suivaient un code vestimentaire très strict et il en ceignit le périmètre d'une clôture métallique. Pendant la guerre d'Indépendance, le [Buen] Retiro fut dévasté, mais Ferdinand IV le fit restaurer et y ajouta statues et bâtiments divers.

Il faudrait des heures pour tout voir en une seule visite. La statue la plus intéressante se trouve sur la plaza del Angel Caido, la place de l'Ange déchu : c'est peut-être la seule représentation publique au monde de Lucifer. Le parc comprend de nombreuses fontaines, dont celle de l'Alcachofa, en forme d'artichaut. De grandes parties du parc sont densément boisées, mais il y a aussi plusieurs jardins bien distincts les uns des autres telle la roseraie, ou Rosaleda. C'est un endroit paisible au printemps et en été, quand des roses de toutes leurs couleurs sont épanouies.

Il faut voir le palais de Cristal et le palais de Vélasquez, bâtisses de verre et de métal où l'on organise des expositions d'art moderne. Devant le palais de Cristal s'étend un lac pourvu d'une fontaine et d'une grotte humide. Les cyprès chauves *(Taxodium distichum)* s'y plaisent et l'automne les met en valeur. BS

Jardin botanique royal

Madrid, Espagne

CRÉATEURS : Francesco Sabatini, Leandro Silva Delgado
PROP. : Conseil supérieur de la recherche scientifique
STYLE : botanique (XVIIIe siècle)
SUPERFICIE : 8,1 ha
CLIMAT : méditerranéen
SITUATION : Madrid

En dépit de son rôle scientifique, le jardin botanique de Madrid procure, de par sa disposition en terrasses, un sentiment de paix et de sérénité au cœur de la ville. Il occupe ce site depuis plus de deux siècles et son prédécesseur, le premier jardin botanique royal de Madrid, avait été créé au milieu du XVIIIe siècle sur les rives du Manzanares pour le compte du roi Ferdinand VI. Il y avait une collection de deux mille plantes, bien souvent recueillies par le botaniste José Quer au cours de ses voyages. En 1774, le roi Charles III transféra le jardin sur son site actuel et il fut ouvert en 1781. Le travail fut confié à Francesco Sabatini, architecte du roi, et Juan de Villanueva, créateur du musée du Prado.

Le jardin a survécu aux diverses pressions exercées par l'homme et la nature jusqu'à ce qu'une restauration majeure intervînt au XXe siècle sous la direction du célèbre architecte paysagiste espagnol, Leandro Silva Delgado. Il conserva une grande partie du plan d'origine et bien des plantes de cette époque sont encore là. Le jardin se divise en plusieurs zones distinctes, ou terrasses. Le caractère de chacune d'elles est différent, mais l'unité vient des escaliers de belles proportions, des larges chemins et des bassins de pierre en forme de vasques ornées de fontaines disposées à intervalles réguliers le long des allées. Une ombre bienfaitrice est fournie par de hauts arbres tels que chênes-lièges *(Quercus suber)*, camphriers, oliviers, marronniers et eucalyptus. La roseraie est la partie la plus récente du parc, née de la donation de quelque trois cents variétés par un collectionneur, Don Angel Esteban. BS

Jardin de Montforte

Espagne

CRÉATEUR : Sebastián Monleón Estellés
PROPRIÉTAIRE : ville de Valence
STYLE : néoclassique (XIXe siècle)
SUPERFICIE : 1,2 ha
CLIMAT : méditerranéen
SITUATION : Valence

Ce jardin romantique, très influencé par le style néoclassique (mais avec une tendance à la sinuosité), est le seul vestige des innombrables jardins et vergers qui occupaient cette partie de Valence. C'est un véritable miracle si Montforte a pu résister à la folie de la construction qui a détruit tous les lieux où poussaient jadis orangers, cyprès et myrtes.

Au début il y avait un verger, puis le jardin et sa demeure furent créés après 1849 par l'architecte valencien Sebastián Monleón Estellés pour le compte du futur marquis de San Juan. Le jardin est toujours empreint d'une beauté enchanteresse : il évoque le passé grâce à des espaces intimes, retirés, où le temps semble s'être arrêté.

Parmi les nombreuses sections bordées de haies, les plus proches de la maison sont assez formelles et entourées de cyprès alors que les plus lointaines ont une structure moins stricte. Des touches discrètes y ont été ajoutées : grand étang, forêt, montagne artificielle, pergola recouverte de bougainvilliers, roseraie dotée d'une fontaine en son centre et d'un pourtour d'orangers. Les nombreuses sculptures classiques en marbre de Carrare représentent des philosophes et des personnages de la mythologie, plus particulièrement Cérès, déesse de l'Agriculture. AB

Le jardin est toujours empreint d'une beauté enchanteresse.

Casa de los Bates

Espagne

CRÉATEUR : inconnu
PROPRIÉTAIRES : famille Marlin-Feriche
STYLE : hispano-cubain (XVIIe siècle)
SUPERFICIE : 2,8 ha
CLIMAT : méditerranéen
SITUATION : Motril, Andalousie

Un peu oublié, le jardin privé de la Casa de los Bates a ouvert ses portes en 1981 sur une colline entourée de vergers. Au XVe siècle, la propriété appartenait aux Maures mais, après la reconquête chrétienne, les souverains espagnols la donnèrent à un botaniste anglais à leur service, Monsieur Bates. Le palais a disparu, mais il reste la splendide maison d'hôtes, construite en 1800 en style colonial cubain. Les actuels propriétaires ont consacré cinq années à la restauration de leur bien. Des palmiers et des cyprès anciens dissimulent la maison isolée, mais la vue entre les troncs et le feuillage est magnifique.

La route franchit de grandes portes et contourne la colline avant d'aboutir à un rond-point : au centre, un bassin avec triple fontaine décorée de statues, le tout entouré de pétunias rouges en pot. Des escaliers à balustrade vont de la maison au jardin d'hiver avec sa fontaine en carrelage bleu et blanc. Les parterres sont bordés de buis ou de myrtes et les cyprès taillés constituent un arrière-fond de verdure sur lequel se détachent roses rouges, *Watsonia* blancs et roses, strelitzias, lis et *Hibiscus mutabilis*, dont les fleurs sont blanches au début pour virer au rose puis au rouge.

La descente se fait entre des palmiers et deux grottes de tuf, du *Jasminum mesnyi* printanier de couleur jaune et du jasmin d'été blanc. De chaque côté, des cyprès sont taillés pour créer une « pièce » dont l'entrée a la forme d'une arcade gothique. La section inférieure, ou Generalife, présente un étroit canal aux jets d'eau latéraux qu'entourent des cyprès taillés. RChe

Alhambra

Espagne

CRÉATEURS : divers au cours de la dynastie nasride
PROPRIÉTAIRE : gouvernement régional d'Andalousie
STYLE : mauresque (XIIIe siècle)
SUPERFICIE : 13 ha
CLIMAT : méditerranéen
SITUATION : Grenade, Andalousie

Au XIIIe siècle, l'Alhambra était une puissante citadelle qui dominait tout Grenade. Aujourd'hui, elle permet de mieux comprendre l'intégration des cours et des patios dans la vie quotidienne de ce complexe palatial. Des jardins s'étendent derrière les bâtiments et à flanc de la colline voisine.

Il existe plusieurs grandes cours à l'intérieur du palais royal. La cour des Myrtes fut créée au XIVe siècle par le roi maure Youssouf Ier. L'absence d'ornementation complexe et la simplicité de la cour ainsi que de son bassin font forte impression, de même que la plantation de myrtes odorants renforce la structure. La cour des Lions est l'œuvre du fils de Youssouf, Mohamed V, toujours au XIVe siècle. C'est la représentation parfaite des jardins d'agrément persans (espace clos divisé par des chenaux ou des ruisseaux symbolisant les fleuves de Perse) ou des jardins paradisiaques du Coran. Ici, l'élément central est un bassin de pierre entouré de douze lions sculptés. De l'eau court dans des chenaux pour jaillir de la gueule des lions ; des plantes aromatiques agrémentent l'ensemble. Plus loin, on trouve les vestiges d'un autre palais et les jardins du Partal avec leurs terrasses, bassins, arbustes et haies. Dès 1924, les architectes Modesto Cendoya et Leopoldo Torres Balbás entreprirent la restauration de l'Alhambra. BS

À DROITE Avec sa riche décoration mauresque, l'Alhambra est peut-être le plus beau monument d'Espagne.

Carmen de la Victoria

Espagne

CRÉATEUR : inconnu
PROPRIÉTAIRE : université de Grenade
STYLE : hispano-mauresque (XVIe siècle)
SUPERFICIE : 0,2 ha
CLIMAT : méditerranéen
SITUATION : l'Albaicín, Grenade, Andalousie

Unique à Grenade, le *carmen* est une maison dotée d'un jardinet et d'un potager où poussent arbres, légumes, plantes médicinales ou d'ornement, mais surtout plantes odorantes. La colline de l'Albaicín possède de nombreux petits jardins secrets que ceignent de hauts murs : il est difficile de les trouver, et d'y pénétrer.

D'immenses cèdres et palmiers, plantés sur l'une des terrasses du jardin de Carmen de la Victoria, dissimulent la maison. Après le portail en fer forgé, un escalier passe devant la loge du portier pour rejoindre un petit jardin avec un superbe « pavillon » en forme de dôme aux étroits piliers et des arcades de cyprès taillés. Sur la même terrasse, bénéficiant de l'ombre des cèdres, les fleurs blanches de *Viburnum opulus* se mêlent aux branches de diervillées couvertes de fleurs roses ; il y a aussi des lauriers-roses, des anthémis, des roses sans épines de couleur blanche et des roses rouges grimpantes.

La terrasse de la pergola et ses cyprès de Provence forment une arche à travers laquelle on a une vue imprenable sur le palais et la colline boisée. Viennent ensuite des terrasses marquées de terrasses et de glycine : sur la principale, on trouve palmiers, cèdres, cyprès, jets d'eau, bougainvilliers, jasmin, seringats, agapanthes, roses rouges ou roses, iris bleus ou blancs, hibiscus rouges, pieds-d'alouette bleus, grenadiers et vigne vierge. En un mot, on a là un jardin à la fois superbe et extravagant que les visiteurs auront du mal à oublier. RChe

Jardins de la maison de Jean Bosco

Espagne

CRÉATEUR : Jean-Claude Nicolas Forestier
PROPRIÉTAIRE : congrégation des Salésiens
STYLE : andalou (XIXe siècle)
SUPERFICIE : 0,2 ha
CLIMAT : méditerranéen
SITUATION : Ronda, Andalousie

Des escaliers incurvés grimpent de part et d'autre du balcon de la maison de San Juan de Bosco et embrassent le bassin central du jardin principal, habité de poissons rouges mais aussi de grenouilles en céramique qui crachent de l'eau. Les plates-bandes sont plantées de santoline grise bien taillée pour équilibrer les roses et les soucis éclatants ; l'ensemble est entouré d'un étonnant motif de pavés dont les incrustations de carreaux bleus attirent le regard vers le sol. Le contraste est alors brutal pour les visiteurs : au-delà de la balustrade de pierre située à 100 m de hauteur, on a un panorama superbe sur les champs, la rivière, les bois, les montagnes et le pont datant de 1793.

Derrière le bassin, une loggia au superbe carrelage et aux colonnes de pierre est décorée de peintures sur céramique. Des arbres à feuillage persistant en pot encadrent cette scène tandis que des plantes saisonnières donnent une touche de couleur : vigne vierge vraie *(Parthenocissus quinquefolia)*, glycines mauves, roses de couleur rose ou encore dentelaire bleue. De la partie droite du bassin, dans un patio surélevé bordé de rosiers grimpants roses ou écarlates ainsi que de grandes feuilles de figuier, on peut voir un autre jardin en hauteur. Pour y pénétrer, les visiteurs passent entre des piliers arabes et découvrent un grand cèdre ainsi qu'un *Livistona* (sorte de palmier) qui contraste superbement avec les fûts bien droits des cyprès. C'est l'arrière-plan idéal de ce qui est, il faut bien le dire, un superbe jardin. RChe

Carmen de los Mártires

Espagne

CRÉATEUR : divers
PROPRIÉTAIRE : ville de Grenade
STYLE : éclectique (XIXe siècle)
SUPERFICIE : 7 ha
CLIMAT : méditerranéen
SITUATION : Grenade, Andalousie

Véritable joyau posé sur la colline de l'Alhambra, ce qu'on considérait jadis comme « la plus sublime maison de campagne de la province de Grenade » est un jardin éclectique XIXe siècle à l'esprit tout romantique. Ses dimensions et son mélange de styles le différencient des jardins traditionnels de Grenade appelés *carmens*, même s'il en partage plusieurs caractéristiques. Il appartient à la tradition islamique et offre une vue superbe sur Grenade, la plaine et la sierra Nevada.

Ce lieu fut ainsi appelé en souvenir des chrétiens martyrisés par les Maures. Après la reconquête de Grenade, Isabelle la Catholique ordonna qu'une chapelle fût construite en leur mémoire ; elle fut transformée en couvent au XVIe siècle. Le cyprès planté par saint Jean de la Croix (auteur de *La Montée du Carmel* et *La Nuit obscure*) et l'aqueduc de l'ancien jardin monacal sont encore là.

Au début du XIXe siècle, la propriété fut démembrée (en même temps que d'autres biens de l'Église) et échut en 1846 au général Carlos Calderón, qui construisit la maison et les jardins, leur donnant l'aspect qu'ils ont encore aujourd'hui sur le site en terrasses. Après avoir connu de nombreux propriétaires, ce lieu est aujourd'hui un parc public. Les visiteurs apprécient les parties formelles, proches de la maison (haies de buis géométriques, fontaines, bassins et sculptures), mais aussi, plus loin, le jardin romantique et le grand lac avec sa petite île. AB

Jardins du palais des Duègnes

Espagne

CRÉATEUR : inconnu
PROPRIÉTAIRE : inconnu
STYLE : mauresque (XVe siècle)
SUPERFICIE : 0,8 ha
CLIMAT : méditerranéen
SITUATION : Séville, Andalousie

Les jardins et le palais mudéjar XVe siècle sont surprenants. Chose inhabituelle pour un jardin andalou, la cour d'entrée et ses plantations sont visibles à travers les lourdes portes métalliques donnant sur la rue.

Un chemin de gravier mène au palais entre deux grands parterres bordés de pierre : au milieu de chacun, un grand palmier dattier des Canaries *(Phoenix canariensis)* émerge d'un bouquet dense de *Citrus*. Sous les arbres poussent des cannas à fleurs jaunes et rouges dont les grandes feuilles verticales forment un contraste violent avec les haies de buis nain. Les murs sont recouverts de bougainvilliers magenta, de plumbagos bleu ciel et d'autres plantes grimpantes, sans oublier les géraniums lierres et les euryops jaunes.

Il faut traverser le palais pour arriver au patio central. Entourés de colonnes et d'arcades mauresques, les chemins convergent vers une fontaine octogonale recouverte de céramique et pourvue d'une vasque surélevée en marbre.

D'autres jardins entourent le palais. L'un d'eux est rectangulaire avec des chemins qui se coupent à angle droit et une fontaine centrale ; il est bordé de haies de buis d'où émergent tels de grands obélisques des cyprès de Provence *(Cupressus sempervirens)*. Des clivias rouge orangé font du remplissage tandis que des statues de marbre attirent le regard. Il ne faut pas oublier un bouquet d'arbres, un beau réservoir et enfin un patio doté d'un petit bassin circulaire vernissé et d'une fontaine aux armoiries de pierre. RChe

Casa del Rey Moro

Espagne

CRÉATEUR : Jean-Claude Nicolas Forestier
PROPRIÉTAIRE : inconnu
STYLE : hispano-islamique (XXe siècle)
SUPERFICIE : 0,2 ha
CLIMAT : méditerranéen
SITUATION : Ronda, Andalousie

La spectaculaire gorge du Tage (100 m de profondeur) sépare la vieille ville de Ronda de la nouvelle. En 1042, la demeure d'un roi maure fut construite au bord même du gouffre. La propriété actuelle date du XVIIIe siècle, mais les deux cent cinquante marches qui empruntaient des tunnels pour descendre jusqu'au fleuve sont encore là : incessamment, des hordes d'esclaves remontaient des seaux pour apporter l'eau à la ville. En 1912, la duchesse de Parcent, propriétaire des lieux, demanda à Jean-Claude Nicolas Forestier de concevoir un jardin au sein d'un tel environnement. Il fut le principal instigateur du style hispano-musulman qu'il développa à Séville, Málaga, Casablanca et Cuba.

L'exquise terrasse en terre cuite et carrelage bleu possède un bassin octogonal doté d'une petite fontaine ; sur fond de haies à feuillage persistant, sièges carrelés et pots de géraniums guident le regard vers le panorama principal. Là, de part et d'autre, des pergolas à colonnade de pierre sont recouvertes de plantes grimpantes qui se rejoignent au milieu où un bassin concave est enchâssé dans la terrasse ; un ruisselet entraîne l'eau vers le jardin. Les chemins et le ruisseau sont bordés de petits carreaux bleus, les marches, de pélargoniums pourpres et le ruisseau, de myrtes, buis et amandiers. Quand le petit cours d'eau disparaît, l'eau jaillit de la gueule d'un lion pour retomber dans un bassin où se pressent nénuphars blancs et papyrus verts ; la terrasse environnante ajoute une touche de couleur avec ses pots en terre cuite remplis de fleurs bleues. De grands conifères encadrent le paysage tel un tableau de maître. RChe

Casa de Pilatos

Espagne

CRÉATEUR : inconnu
PROPRIÉTAIRE : duc de Medinaceli
STYLE : Renaissance italienne (XVe et XVIe siècles)
SUPERFICIE : 1 ha
CLIMAT : méditerranéen
SITUATION : Séville, Andalousie

Ce palais appelé « maison de Pilate » date du XVe et XVIe siècles, époque à laquelle furent dessinés ses jardins. Ils présentent aujourd'hui de nombreux traits de caractère andalous, mais ils ont encore plus en commun avec la Renaissance italienne. L'entrée principale se fait par les salles et les salons merveilleusement meublés et restaurés du rez-de-chaussée.

De nombreuses plantes grimpantes, dont des glycines et des dentelaires, drapent somptueusement l'allée couverte typiquement andalouse appelée *apeadero*. Dans la cour, des orangers poussent contre les murs où on leur donnait jadis la forme d'éventails, mais beaucoup s'en sont écartés. Le premier jardin clos est délicieux avec son réservoir d'origine, son bassin orné d'une fontaine et sa statue en bronze de Bacchus. Des palmiers, des figuiers et un *Magnolia grandiflora* se dressent tels des géants au milieu de petits parterres de roses ceints de buis alors que les chemins sont recouverts de sable jaune. Le grand jardin est plus intime et plus varié que le petit. Ses onze parterres rectangulaires sont les descendants directs du potager XVe siècle. Deux loggias furent ajoutées à chaque extrémité. Palmiers, *Citrus* et bananiers dominent les lieux et des plantes grimpantes – bougainvilliers mauves, jasmin et glycine – viennent recouvrir murs et arcades. BS

À DROITE À Séville, la Casa de Pilatos mêle le style andalou à celui de la Renaissance italienne.

Casa del Chapiz

Espagne

CRÉATEUR : inconnu
PROPRIÉTAIRE : Conseil de la recherche scientifique
STYLE : mauresque (XVIe siècle)
SUPERFICIE : 0,1 ha
CLIMAT : méditerranéen
SITUATION : Grenade, Andalousie

Ce bâtiment XVIe siècle qui avait jadis abrité deux Maures convertis au christianisme, Hernan Lopez el Feri et Lorenzo el Chapiz, est l'un des plus beaux exemples de l'art mauresque. Il y avait à l'époque deux maisons, construites autour de deux patios ; le premier, fermé de tout côté, possède un balcon en bois, un pavage en galets et un bassin central rectangulaire bordé de brique. De minces cyprès de Provence (*Cupressus sempervirens*) et des aspidistras apportent leur verdure bénéfique.

Le deuxième patio a sur deux côtés des balcons et d'élégantes arcades mauresques alors que le troisième est en fait un mur végétal constitué de cyprès plantés très près les uns des autres : leurs troncs sont de forme et de dimensions semblables aux piliers des arcades opposées. Dans cet espace bien équilibré en forme de U, un long bassin rectangulaire accueille des nénuphars blancs. Un étroit chemin de brique sépare le bassin d'une haie de buis coupée très court ; à chaque coin sont plantés des orangers.

Un petit chemin franchit l'écran de cyprès pour déboucher sur le jardin secret d'une longue terrasse, où des « pavillons » circulaires de cyprès apportent ombre et intimité. Une série de petites haies de buis et de myrte accueille arbres, arbustes et autres plantes. Comme dans tout *carmen* (maison avec jardinet et potager), on trouve une grande diversité de fruits – oranges, citrons, pamplemousses, grenades, amandes, poires ou kakis – et de roses, lauriers-roses, seringats, abélias et myrtes pour leur parfum. Cette terrasse offre une vue magnifique sur l'Alhambra. RChe

Festival des patios cordouans

Espagne

CRÉATEURS : divers
PROPRIÉTAIRES : divers
STYLE : mauresque et autres
SUPERFICIE : inconnue
CLIMAT : méditerranéen
SITUATION : Cordoue, Andalousie

On trouve à Cordoue des centaines de petits patios bien entretenus, d'ordinaire cachés aux regards du public. Pourtant, en mai, pendant deux semaines, les lourdes portes donnant sur la rue s'ouvrent et les propriétaires participent au festival annuel des patios. La moindre surface est recouverte de pots de fleurs, que ce soit sur les margelles des puits ou les murs blanchis à la chaux. Dans un jardin, des plats à gâteaux sont suspendus à hauteur de tête pour porter des bacs débordant de fleurs roses ou écarlates ; dans un autre, des plantes grasses s'alignent comme à la parade sur les marches de l'escalier. Sous une arcade jaune et rouge, autour d'une porte, bidons d'huile et pots de peinture mais aussi casseroles et soupières accueillent une nuée de pélargoniums écarlates.

Les patios cordouans sont l'héritage de sept siècles de férule islamique : pour les hommes du désert, le jardin constituait une sorte de paradis domestique, une oasis de plaisir et d'abondance. On trouve les plus beaux patios dans les parties les plus anciennes de la ville, dans le quartier juif principalement, mais même dans les immeubles modernes, le patio est l'endroit idéal pour se retrouver et bavarder.

Le syndicat d'initiative donne aux visiteurs des cartes dont les itinéraires numérotés leur permettent de trouver ces patios, mais il est plus amusant de se perdre dans le labyrinthe de ruelles et de tomber par hasard sur un joyau. Les patios sont répartis en trois catégories : aristocratiques, moyens et populaires. Quant à ceux qui n'en possèdent pas, ils peuvent toujours participer au concours du plus beau balcon. AE

En mai, pendant deux semaines… les propriétaires participent au festival annuel des patios.

Jardins du Generalife

Espagne

CRÉATEUR : Francisco Prieto-Moreno
PROPRIÉTAIRE : gouvernement régional d'Andalousie
STYLE : mauresque (XIVe siècle)
SUPERFICIE : 0,03 ha
CLIMAT : méditerranéen
SITUATION : Grenade, Andalousie

Les jardins du Generalife (ou jardins de l'Architecte) sont les plus anciens de Grenade puisqu'ils remontent au début du XIVe siècle. Le palais et ses jardins devaient constituer la résidence d'été des sultans de sorte qu'il fallut aménager des terrasses et créer un système hydraulique. Légume et plantes aromatiques poussaient là, comme c'est encore le cas aujourd'hui, mais en importance moindre. Œuvre de Francisco Prieto-Moreno, les jardins les plus proches du palais datent des années 1950, époque où il était conservateur et architecte des lieux. Ses plans incluent plusieurs éléments d'origine dont les parterres et les jardins à thèmes bordés de haies, parfois dotés de bassins et de fontaines.

Le célèbre jardin d'eau se trouve à l'intérieur du palais. La cour dite de la Rigole (patio de la Acequia, en espagnol) est essentiellement une terrasse fermée, avec des bâtiments sur trois côtés et une allée couverte sur le quatrième. Au centre de cet espace se trouve un long chenal où des jets semblent bondir d'un côté sur l'autre. Ils n'existent que depuis le XVIIIe siècle et certains y voient une intrusion dans la nature paisible du patio. Des fleurs multicolores retombent de poteries et les plantes grimpantes envahissent les murs. Les occupants royaux qui empruntaient l'allée couverte ombragée devaient la voir ornée de centaines de roses grimpantes mais, au fil des ans, celles-ci ont été remplacées.

Au-dessus de cette partie du palais, une porte mène au patio des Cyprès, ou patio de la Sultane ; les jets d'eau visibles ici furent ajoutés au XIXe siècle. Des îlots carrés de laurier-rose flottent sur les chenaux tandis que les jets d'eau s'élancent d'une île à l'autre. Plus haut sur la colline, on trouve un escalier d'eau mauresque : l'eau dévale en effet une rampe de pierre. Il y avait jadis un chenal en son centre, mais il fut supprimé pour des raisons de sécurité. BS

Hospital de los Venerables Sacerdotes

Espagne

CRÉATEUR : Leonardo de Figueroa
PROPRIÉTAIRE : ville de Séville
STYLE : baroque (fin XVIIe siècle)
SUPERFICIE : inconnue
CLIMAT : méditerranéen
SITUATION : Séville, Andalousie

Fondé en 1697 par la Fraternité du Silence pour accueillir les prêtres vieillissants ou sans foyer, cet ancien hôpital possède l'un des plus beaux jardins de Séville. Les bâtiments récemment restaurés sont désormais administrés par la fondation Focus ; leur visite montre quelle pouvait être la vie dans une maison sévillane typique du XVIIe siècle.

Question style, l'hospice mêle les caractéristiques assez sévères des couvents espagnols à celles plus opulentes d'une demeure baroque de la noblesse sévillane. Les murs blanchis à la chaux et les détails contrastent avec la brique rouge, principalement dans la cour centrale avec son bassin encastré. Il s'agit ici d'un bel endroit ouvert, mi-cloître mi-patio, dont les colonnes supportent les galeries supérieures et leurs larges portes-fenêtres.

Le centre de la cour est occupé par une simple fontaine. Les marches concentriques de brique et de carrelage permettant d'y accéder font contraste avec le plan carré du patio. Des poteries en terre cuite contiennent des aspidistras aux feuilles coriaces, des arums et des myrtes ; des *Citrus* sont disposés autour du niveau supérieur du patio.

L'hôpital de los Venerables Sacerdotes fut désaffecté dans les années 1960 après avoir servi d'entrepôt et de fabrique de textile puis d'allumettes, mais il fut restauré dans les années 1990. Les visiteurs peuvent admirer les fresques de l'église, œuvre de Valdés Leal et de son fil, Lucas. Les bâtiments accueillent des événements culturels ainsi qu'une bibliothèque spécialisée, une collection de gravures, un auditorium équipé d'un orgue de facture récente ainsi que des salles de conférences ou d'exposition bénéficiant de la dernière technologie en la matière. BS

Jardin botanique de la Conception

Espagne

CRÉATEUR : Amalia Livermore
PROPRIÉTAIRE : ville de Málaga
STYLE : botanique (XIXe siècle)
SUPERFICIE : 24,7 ha
CLIMAT : méditerranéen
SITUATION : Málaga, Andalousie

Les jardins de la Conception furent créés dans les années 1850 pour le plaisir personnel d'Amalia Livermore et de son époux, Jorge Loring Oyarzábal, marquis de Casa Loring. Les terres étaient rattachées à la maison du grand-père d'Amalia, Thomas Livermore, ancien consul britannique à Málaga. Le couple parcourut le monde et rapporta des plantes de chaque pays visité. Il en résulta un beau jardin tropical riche de plus de trois mille espèces.

Bambou, gingembre coquille *(Alpinia zerumbet)* et *Ficus microcarpa* géant font partie des nombreuses plantes qui prospèrent ici. Plus de cinq cents palmiers appartenant à vingt-cinq espèces font le bonheur des amoureux des arbres. Le jardin se targue de posséder le plus grand *Araucaria* de Málaga.

Oiseaux de paradis *(Strelitzia reginae)* petits et de couleur vive, mais aussi *Strelitzia nicolai* géants, s'imposent parmi les clivias, hibiscus et autres hortensias en arbre. Le jardin est embaumé par *Pittosporum tobira* tandis que glycines et jasmin quittent leurs pergolas métalliques pour envahir les arbres parvenus à maturité.

La maison et ses terres furent vendues à la municipalité de Málaga, et les jardins ouverts au public en 1994. Des guides entraînent les visiteurs le long de chemins sablés bordés de chenaux d'irrigation en pierre avant de passer devant une chute d'eau et d'emprunter une allée de palmiers dattiers des Canaries ou de *Platanus* x *acerifolia* porteurs d'ombre. En automne, les platanes donnent une teinte cuivrée à ce flanc de colline luxuriant et l'allée conduit à un belvédère de forme classique d'où l'on voit toute l'agglomération de Málaga. BS

Medina Azahara

Espagne

CRÉATEUR : Abd el-Rahman III

PROPRIÉTAIRE : gouvernement régional d'Andalousie

STYLE : paysager (Xe siècle)

SUPERFICIE : 112 ha

CLIMAT : méditerranéen

SITUATION : sierra Morena, Cordoue, Andalousie

Conçue en 929 pour devenir la capitale d'al-Andalus, Medina Azahara offre une vue imprenable sur la nouvelle Cordoue. La ville occupait trois niveaux pour descendre jusqu'au Guadalquivir, mais son existence fut de courte durée : elle fut ravagée par la guerre quelque soixante-quinze ans plus tard. Ses ruines demeurèrent en l'état jusqu'au début du XXe siècle.

Le promeneur n'a aucun mal à imaginer la beauté du palais avec ses cours et ses patios qu'imagina le calife Abd al-Rahman III. Les statistiques révèlent toute l'ampleur de la main-d'œuvre et des matériaux employés ici ; les visiteurs de l'époque ne pouvaient que s'émerveiller devant la beauté grandiose du site, avec son réseau complexe de canaux, d'aqueducs et de tunnels recueillant à 16 km l'eau destinée à la ville. Le palais dominant la terrasse supérieure fut construit pour la favorite du calife, al-Zahra ; pour son divertissement furent créés une volière, un zoo, quatre grands bassins à poissons et peut-être trois cents bassins ou bains.

Des descriptions du site d'origine parlent de bassins, de canaux et de fontaines, ainsi que d'un bassin étincelant empli de mercure qui, effleuré, projetait des rayons lumineux dans la grande salle. Aujourd'hui, dans les fondations en partie mises au jour, les végétaux récemment plantés s'épanouissent librement. Des cyprès minces comme des crayons s'élancent vers le ciel et leur forme sombre se détache sur l'horizon. En été, les lauriers-roses, les grenadiers et un arbousier commun *(Arbutus unedo)* attirent le regard tandis que des nuées de bougainvilliers mauves s'accrochent aux voûtes, murs et colonnes en ruines. Romarin, myrtes et roses auraient embaumé l'air des jardins d'autrefois ; aujourd'hui, les palmiers créent un paysage rappelant le désert et, au printemps, le site vibre de fleurs sauvages et de papillons. BS

Jardin du palais de Mondragón

Espagne

CRÉATEUR : inconnu
PROPRIÉTAIRE : Musée municipal de Ronda
STYLE : mauresque (XIVe siècle)
SUPERFICIE : 0,04 ha
CLIMAT : méditerranéen
SITUATION : Ronda, Andalousie

Le patio d'origine de cet ancien palais maure est doté de triples arcades. Les voûtes de brique présentent des lettres capitales en marbre et des moulures ornementales. Les visiteurs qui passent entre les colonnes et franchissent la porte mauresque en filigrane se retrouvent dans un sublime jardin. Un bassin hexagonal surélevé en terre cuite et carrelage bleu contient un piédestal et une vasque où l'eau gargouille doucement. Au-delà s'étend un petit bassin rectangulaire. De chaque côté, une série de jets d'eau provoque un jaillissement de lumière. L'eau s'écoule ensuite dans un bac dont la forme rappelle celle du lotus puis dans une rigole débouchant sur un bassin circulaire. L'équilibre des plantations est parfait : un cèdre domine le jardin et des arbustes plient vers le haut pour créer un voile lumineux et transparent rappelant les rideaux de perles. Les papyrus s'élèvent au-dessus des jets d'eau tandis que de minuscules plantes à fleurs rouges servent de toile de fond.

Aux murs sont accrochés des pots de pélargoniums pourpres et deux ruisselets entraînent le visiteur vers un bassin rectangulaire planté en son milieu d'un cyprès et terminé par une vasque en pierre ronde. De part et d'autre, le chemin est bordé de myrtes et de buis taillés à l'intérieur desquels bougainvilliers cerise, citronniers, callistémons écarlates et myrtes apportent couleur et contraste. Tout au bout, on a une vue superbe sur un paysage de champs, de bois et de montagnes. RChe

Jardins de l'Alcázar

Espagne

CRÉATEURS : Pierre Ier, Charles V
PROPRIÉTAIRE : ville de Séville
STYLE : divers : mauresque, Renaissance, paysager
SUPERFICIE : 16,2 ha
CLIMAT : méditerranéen
SITUATION : Séville, Andalousie

La construction de la forteresse royale débuta au Xe siècle ; les monarques qui se succédèrent y apportèrent leur touche personnelle mais il ne reste pas grand-chose de l'original en dehors d'un mur séparant les vergers et les jardins domestiques. Palmiers, oranges amères, *Magnolia grandiflora*, pêches, amandes, roses et *Pittosporum tobira* odorant composent ce jardin paradisiaque sis au milieu d'une des villes les plus peuplées et les plus actives d'Espagne.

Pierre Ier fut le premier des Rois catholiques à s'impliquer dans la construction des jardins. Ses ouvriers y apportèrent de nombreux éléments islamiques, ou mudéjars, comme l'eau, les fontaines, le carrelage et les clôtures. (*Mudéjar* vient d'un mot arabe signifiant « autorisé à rester » et a trait au style mauresque pratiqué par les artisans musulmans d'Espagne devenus chrétiens après la Reconquête.)

Les divers patios et cours sont reliés par des chemins. Les patios fermés proches du palais sont embaumés par les fleurs d'oranger et le jasmin. Il y a dix-huit autres jardins : les plus éloignés sont les plus grands et les plus calmes. Le dernier est un jardin anglais de style parc paysager. Pour profiter au maximum de l'ombre bienfaitrice, rien de tel que de prendre place autour du bassin du jardin du Poète. BS

À DROITE Le jardin-labyrinthe du palais de l'Alcázar. Ici, six siècles d'évolution des jardins se fondent en un ensemble harmonieux.

Palais des marquis de Viana

Espagne

CRÉATEUR : inconnu
PROPRIÉTAIRE : Caisse d'Épargne de Cordoue
STYLE : formel (XIVe siècle)
SUPERFICIE : 0,65 ha
CLIMAT : méditerranéen
SITUATION : Cordoue, Andalousie

Autour d'un palais d'allure austère datant du XIVe siècle, on peut voir une série de douze cours-patios ainsi qu'un jardin clos de murs. Chaque patio a son caractère propre que lui confèrent son architecture et le choix de sa végétation. Des plantes grimpantes comme le bougainvillier ou la dentelaire revêtent les murs tandis que des bordures de haie apportent une touche plus formelle.

Le premier patio, appelé cour de la Réception, est encadré par une allée couverte dont les piliers et les arches sont ornés de roses grimpantes et de bougainvilliers. Le sol est fait de petits carreaux de mosaïque aux couleurs délicates. Au centre se dresse un palmier qu'entoure curieusement une petite haie de buis. De vieux pots en terre cuite accueillent des lis de Saint-Joseph à fleurs orange *(Clivia miniata)*. Vient ensuite le patio des Archives, ainsi appelé à cause de sa proximité avec la bibliothèque du palais qui le domine. Doté en son centre d'une fontaine carrelée, ce patio est renommé pour ses mandariniers *(Citrus deliciosa)* centenaires. Le cinquième patio, ou cour des Jardiniers, tire son nom des appentis où l'on rangeait les outils. Un des murs disparaît sous des plumbagos du Cap *(Plumbago capensis)*. Enfin, dans la cour des Chats, les murs sont presque entièrement recouverts de feuillage et de fleurs en pots.

Au cœur de la partie extérieure, le jardin du palais est un grand rectangle divisé en plusieurs parcelles assez formelles. Roses, lauriers-roses, *Citrus* et lis parfument l'air ; au centre, un vieux chêne vert est encore plus grand que les palmiers indigènes.

En 1980, le palais des marquis de Viana fut acheté par une banque qui ouvrit bientôt les patios et le jardin au grand public. Selon l'heure de la visite, certains patios baigneront dans l'ombre tandis que d'autres brûleront de soleil. L'eau des bassins est apaisante et les plantes saisonnières renforcent la beauté du lieu. BS

Parc María Luisa

Espagne

CRÉATEURS : divers
PROPRIÉTAIRE : ville de Séville
STYLE : pseudo-mauresque, Art déco (XXe siècle)
SUPERFICIE : 37,6 ha
CLIMAT : méditerranéen
SITUATION : Séville, Andalousie

Le parc María Luisa faisait jadis partie des terres du palais de San Telmo ; il fut donné au peuple de Séville en 1835 par Marie-Louise, duchesse de Montpensier. Transformé en parc, ce site devait abriter l'exposition latino-américaine de 1914, laquelle ne se tint qu'en 1929. L'architecte paysagiste français Jean-Claude Nicolas Forestier fut responsable d'une grande partie des travaux d'aménagement avant cette date.

Bien des pavillons construits pour l'exposition sont encore en usage. C'est le cas de la place d'Espagne, qu'un canal semi-circulaire sépare du pavillon de brique situé derrière elle. Les murs du pavillon sont décorés de bancs et de fresques carrelés représentant les différentes provinces du pays et les Espagnols aiment se faire photographier devant. Il y a de nombreux bâtiments et au moins vingt *glorietas* (charmilles) portant le nom d'hommes célèbres, sculpteurs, poètes, écrivains ou artistes. Chaque *glorieta* possède sa statuaire, ses bancs et son lot d'arbres et d'arbustes parvenus à maturité.

Le parc María Luisa est parcouru de longues allées ombragées de platanes et l'on peut admirer de beaux spécimens de *Magnolia grandiflora*. L'eau y abonde également : un lac aux formes élégantes s'étend au milieu du parc et son île supporte un belvédère en forme de dôme. BS

[…] de longues allées ombragées de platanes […]

Parc du palais de Topkapi

Istanbul, Turquie

CRÉATEUR : inconnu
PROPRIÉTAIRE : État turc
STYLE : parc, jardins en terrasses, cour impériale (XVe s.)
SUPERFICIE : 60,7 ha
CLIMAT : méditerranéen
SITUATION : Istanbul

Le sultan ottoman Mehmet II construisit en 1459 le remarquable palais de Topkapi (« la porte du canon »). Il tira le maximum d'un site dont l'un des plus beaux éléments est l'oliveraie byzantine, sur la colline du Sérail, au-dessus de la mer de Marmara. On a de là une vue imprenable sur le Bosphore.

Selon les témoignages parvenus jusqu'à nous, le plan original des jardins semble s'être davantage inspiré des jardins-paradis persans que des cours gréco-romaines de Constantinople. Les vestiges de l'oliveraie ont donné naissance à un parc boisé et l'on a aussi conservé les pavillons, avec leurs fleurs et leurs ruisseaux. Aujourd'hui, la plus grande des cours associées s'étend sur toute la pointe du Sérail. La porte de la Félicité mène de la deuxième à la troisième cour, au cœur même du palais ; la dernière cour accueillait les jardins privés du sultan, avec ses pavillons, ses terrasses et sa végétation luxuriante.

Les Ottomans prenaient plaisir à admirer leurs jardins. Les cours intérieures possèdent des cloîtres décorés, des fontaines byzantines décoratives et des parterres géométriques de fleurs ou de légumes. Les bassins procurent de la fraîcheur et les pelouses sont ponctuées d'élégants cyprès et de platanes parvenus à maturité dont l'ombre est toujours la bienvenue.

L'architecture du palais est des plus agréables et de nombreux panneaux sont décorés en style floral. Des siècles ont passé et le caractère un peu sévère des jardins s'est adouci : ils semblent s'être bien adaptés à la vie moderne, où la royauté n'est plus qu'un lointain souvenir. NS

Casa do Campo

Portugal

CRÉATEUR : inconnu
PROPRIÉTAIRE : Maria Armanda Meireles
STYLE : baroque, topiaire (XVIIIe siècle)
SUPERFICIE : 0,8 ha
CLIMAT : méditerranéen
SITUATION : Celorico de Basto, Braga

Cette demeure date au moins du XVIIIe siècle. La propriété est assez inhabituelle ; en effet, les jardins rectangulaires sont placés en oblique et plus haut que le bâtiment, de sorte que, par endroits, c'est par-dessus le toit que l'on découvre le paysage environnant.

Un grand portail ouvragé donne sur la cour triangulaire d'où une volée de marches conduit au jardin. La vergerette pousse entre les pierres des murs de soutènement sur lesquels sont installés des piédestaux et des pots de plantes multicolores. Par endroits, des plantes retombent en cascade, et ces touches discrètes viennent équilibrer la paire de camélias taillés de 9 m de haut insérés dans le portail de fer forgé. L'art topiaire joue un rôle important et ces camélias sont attestés comme étant les plus vieux d'Europe. Malgré leur âge et leur taille, ils donnent encore des fleurs.

Le centre du jardin est marqué d'un bassin circulaire et d'une fontaine ; autour, les murs de camélias sont surmontés de fleurons. Quatre arcades de ce mur de verdure relient des chemins et quatre autres jouent le rôle de fenêtres ouvertes sur les parterres de fleurs, avec azalées du Japon à fleurs cerise et blanches et *Camellia reticulata* avec ses immenses pétales.

Le long de la perspective principale sont disposées deux chambres de verdure aux camélias taillés, qui apportent de l'ombre en été et protègent du vent en hiver. On trouve d'autres exemples de camélias topiaires de forme sphérique, en gland, pyramidale ou à degrés. Dans un coin éloigné du jardin, une autre section plantée de camélias et équipée de bancs en pierre permet d'admirer les collines lointaines RChe

Casa de Mateus

Portugal

CRÉATEUR : Nicolau Nasoni
PROPRIÉTAIRE : fondation Casa de Mateus
STYLE : romantique, baroque (XVIIIe siècle)
SUPERFICIE : inconnue
CLIMAT : méditerranéen
SITUATION : Vila Real, région Nord

La première vision de la façade baroque très ornementée de la Casa de Mateus – certainement l'œuvre de l'architecte italien du XVIIIe siècle Nicolau Nasoni – prépare le visiteur aux effets étonnants que proposent les jardins. On découvre ainsi des bassins en miroir, des tunnels de cyprès et des terrasses superposées aux parterres complexes quand les jardins suivent la pente douce s'étalant devant le bâtiment.

Le premier parterre, au même niveau que la demeure, présente des haies de buis doubles, la haie intérieure étant plus basse que l'autre. Chaque chemin ou bordure de parterre est marqué de buis taillé en forme de boules. Une allée de camélias borde le chemin situé à l'arrière de ce parterre.

Pour atteindre le niveau inférieur des jardins, la route emprunte un imposant tunnel de cyprès taillés, pareils à des membres humains nus et noueux. Vu de l'extérieur, ledit tunnel ressemble à un serpent monstrueux et les jardiniers doivent utiliser une échelle spéciale de forme semi-circulaire.

Haut de quelques centimètres, le dernier parterre de buis repose sur du gravier beige clair. D'un côté, une *chafariz* de pierre, ou fontaine murale, est flanquée de deux cyprès en forme de fûts. Ce parterre est séparé des autres par un mur de cyprès taillés assez haut aux contours sinueux. Le terrain descend alors en pente douce vers un chemin longeant un ruisseau d'où l'on découvre librement les vignobles de la vallée. BS

Parc de Quinta da Aveleda

Portugal

CRÉATEUR : inconnu
PROPRIÉTAIRE : Paolo Amorim
STYLE : rustique et boisé (XVIe à XIXe siècle)
SUPERFICIE : 8,1 ha
CLIMAT : méditerranéen
SITUATION : Penafiel, Porto, région Nord

La chapelle de Quinta da Aveleda a été construite en 1671 : depuis, des bâtiments ont toujours occupé ce site. Après la porte principale, on ne peut que remarquer les vieux chênes-lièges *(Quercus suber)* dressés à côté d'une pittoresque maisonnette XIXe siècle au porche à colonnades. La partie boisée environnante se pare d'azalées, de rhododendrons et de camélias au printemps, d'hortensias et d'érables japonais en été et en automne alors que le sol est recouvert de petites pervenches et de consoude. Sur la gauche, un escalier à spirale en bois dessert les multiples niveaux d'une curieuse tour de pierre, une chèvrerie en fait.

Les arbres se sont diversifiés à la fin du XIXe siècle et l'on trouve aujourd'hui des cryptomères, tulipiers, *Taxodium*, séquoias et marronniers ainsi que des cerisiers et des pins. Cette partie boisée abrite un petit lac et ses îles. Sur l'une d'elles, une maison de thé victorienne est décorée de reptiles ; de là, on aperçoit les vignes à travers le rideau des arbres. Autour poussent d'autres érables japonais, des arums blancs et des azalées blanches. Plus loin, de part et d'autre d'une grande pelouse, de larges marches conduisent à une fontaine de granite dédiée au saint patron de Porto.

La *quinta* (demeure) se fond dans le décor grâce à ses murs recouverts de roses grimpantes, de clématites et de glycine. Non loin de là, la maison des Oies est une bâtisse à toit de chaume posée au milieu d'un étang paysager où s'ébattent des oies blanches. Après la visite du jardin, les gastronomes peuvent visiter les caves pour ramener chez eux les vins et les fromages de la propriété. RChe

Parc de Serralves

Portugal

CRÉATEUR : Jacques Gréber
PROPRIÉTAIRE : État portugais
STYLE : formel moderniste (xxe siècle)
SUPERFICIE : 18,1 ha
CLIMAT : méditerranéen
SITUATION : Porto, région Nord

Autour de la Casa de Serralves, demeure rectiligne à façade rose datant des années 1930, s'étend un parc d'allure formelle dont les différentes parties découlent naturellement les unes des autres. La maison moderne domine la partie supérieure du parc, avec un axe central qui part de celle-ci pour franchir plusieurs niveaux caractérisés par des pelouses, des fontaines et un long chenal.

À l'extrémité de ce jardin, un escalier permet de descendre vers le petit lac romantique qui met fin à l'axe central avant de continuer jusqu'aux champs, pâturages et serres. D'anciennes écuries occupent la partie la plus éloignée du parc. En revenant vers la maison, on trouve des vergers ainsi que les jardins relativement nouveaux du musée d'Art moderne.

Le dessin du jardin est dû à l'urbaniste français Jacques Gréber, principal responsable de l'Exposition de Paris, en 1936. L'aspect général du jardin est aussi carré que celui de la maison et, même s'ils ne sont pas exactement issus de la même école, l'un et l'autre se marient parfaitement. Tout près de la maison, on trouve des zones bien délimitées avec de beaux exemples de topiaires en buis, germandrée et fusain *(Euonymus)*.

De longues allées de marronniers et de copalmes d'Amérique *(Liquidambar styraciflua)*, ces derniers présentant en automne de superbes feuilles brunes, accentuent l'aspect ouvert du jardin central. On doit également citer une roseraie, la plus grande du Portugal peut-être, un jardin doté d'un cadran solaire et une splendide pergola couverte de glycine. BS

Jardins de Quinta do Alão

Portugal

CRÉATEURS : Nicolau Nasoni et autres
PROPRIÉTAIRE : Francisco Jacome de Vasconcelos
STYLE : baroque (XVIIe siècle)
SUPERFICIE : 0,8 ha
CLIMAT : méditerranéen
SITUATION : Porto, région Nord

Cette demeure date du XVe siècle : ancien monastère, elle fut, au XVIIe siècle, la propriété du roi Jean IV. L'allée qui y mène offre le spectacle incomparable d'une masse de *Wisteria floribunda* dont les longues grappes se balancent au vent. De part et d'autre, les murs s'ornent d'hortensias et de roses roses pour se parer de couleurs en été comme en automne. Un des murs de la maison est entièrement recouvert de superbes roses aux teintes rosées ou jaune crème. Dans la cour, des orangers ont été plantés à côté de camélias et de fougères arborescentes.

On accède au jardin principal par un chemin audessus duquel une pergola en pierre soutient une voûte de roses et de glycines mauves. Les piliers sont envahis par des plantes grimpantes tels le lierre ou le chèvrefeuille du Japon. Trois terrasses peu marquées les unes par rapport aux autres constituent le jardin principal. La première possède un bassin octogonal surélevé avec poissons rouges et fontaine. Les larges zones rectangulaires situées de part et d'autre présentent des saules pleureurs, des rhododendrons rouges et des azalées de couleur orange ou abricot. La terrasse centrale est un parterre de losanges et de cercles dont les bordures de buis surmontées de fleurons ont pour pièce centrale un troène et un érable japonais roux. Le pourtour est composé d'anémones, de tulipes rouges et jaunes ainsi que de renoncules rouges, orange, jaunes et blanches. On se croirait dans un jardin persan.

La terrasse supérieure est dominée par de gros rhododendrons ainsi que de magnolias, d'yeuses, d'ifs et de camélias parmi les plus anciens d'Europe. Les regards convergent vers un bassin où un enfant chevauche un dauphin. Au-delà, contre un haut mur, du lierre taillé recouvre une fontaine baroque. RChe

Jardin botanique de Coimbra

Portugal

CRÉATEUR : William Elsden
PROPRIÉTAIRE : université de Coimbra
STYLE : botanique (XVIIIe siècle)
SUPERFICIE : 13 ha
CLIMAT : méditerranéen
SITUATION : Coimbra, région Centre

Le jardin botanique de Coimbra occupait jadis une pente escarpée mais son architecte, William Elsden, l'a nivelé et mis en terrasses. Vu la valeur inestimable de sa collection de plantes, il a fallu l'entourer d'un mur et percer trois grandes portes ornementales. Le jardin fut créé au XVIIIe siècle lorsque le marquis de Pombal entreprit de réformer l'université de Coimbra. Il engagea Elsden et les travaux commencèrent en 1772 pour s'achever en 1774. Il y a aujourd'hui plusieurs terrasses, celle du haut comportant des parterres taxonomiques destinés aux étudiants en botanique.

On peut parcourir trois côtés du jardin de la terrasse supérieure dont la balustrade est pourvue de sièges de pierre. Plusieurs escaliers doubles mènent à la zone centrale, rectangulaire, avec ses petits parterres asymétriques tous bordés de haies de buis de 50 cm de haut. Des formes géométriques, dômes et pyramides, sont insérées dans les haies pour marquer le début ou le croisement des chemins. La terrasse inférieure présente un bassin circulaire, une fontaine, des poissons et des nénuphars. Pour avoir une impression globale du jardin, il faut se promener sur les trois côtés de la terrasse supérieure, à l'ombre des tilleuls (*Tilia* x *europea*). Il y a aussi une collection d'eucalyptus, un grand figuier *(Ficus macrophylla)* et de nombreuses plantes originaires de Californie, Afrique du Sud et Amérique du Sud. L'ampleur de cette collection s'explique par des échanges de plantes entre le directeur de ce jardin au XIXe siècle, Henriques Julio, et le baron Ferdinand von Mueller, directeur du jardin botaniques royal de Melbourne (voir p. 894). BS

… l'ampleur de cette collection s'explique par des échanges de plantes…

Forêt nationale de Buçaco

Portugal

CRÉATEURS : moines bénédictins et carmélites
PROPRIÉTAIRE : État portugais
STYLE : domaine forestier (XVIIe siècle)
SUPERFICIE : 105 ha
CLIMAT : méditerranéen
SITUATION : Buçaco, Coimbra, région Centre

L'immense forêt de Buçaco constitue un ensemble architectonique, botanique et paysager unique en Europe. La forêt de chênes et de pins abritait au XVIe siècle un ermitage bénédictin mais, au fil des siècles, les moines et les forestiers ont planté plus de quatre cents variétés d'arbres portugais. Des générations d'explorateurs et de botanistes ont aussi rapporté quelque trois cents essences du Mexique, du Chili, du Japon et d'ailleurs.

Les plantations et le paysage actuel datent du milieu du XVIIe siècle, quand des « Carmélites aux pieds nus » édifièrent leur monastère ainsi que les murs entourant la forêt. Leur amour de la nature était tel que le pape menaça d'excommunier quiconque toucherait à un arbre.

Les arbres exotiques importés – ginkgo, cèdre, *Araucaria*, palmier, séquoia, cèdre de Buçaco *(Cupressus lusitanicus)* et camphrier *(Cinnamomum camphora)* – se mêlent aux essences indigènes et dominent le sous-bois avec ses fougères arborescentes, hortensias, clivias, camélias, rhododendrons et lis, pour ne nommer que ceux-là.

Une promenade en forêt permet de découvrir de nombreux *miradouros* (points de vue), monuments et ermitages. Il ne faut surtout pas manquer la vallée des fougères *(Vale dos Fetos)* et son lac, ainsi que la fontaine froide *(Fonte fria)*, où l'eau dévale cent quarante-quatre marches pour aboutir dans un bassin. Le bâtiment le plus impressionnant est le Palace Hôtel, construit entre 1888 et 1908 non loin du monastère des carmélites. BS

Serre froide du parc Édouard VII

Lisbonne, Portugal

CRÉATEUR : Raul Carapinha
PROPRIÉTAIRE : ville de Lisbonne
STYLE : naturaliste, couvert (XXe siècle)
SUPERFICIE : 1,2 ha
CLIMAT : méditerranéen
SITUATION : Lisbonne, région Lisbonne-Vallée du Tage

En 1906, un concours organisé pour aménager une ancienne carrière faisant partie du parc Édouard VII fut remporté par l'architecte Raul Carapinha. Le résultat fut un immense toit en lattes de bois qui recouvrit la carrière, créant de l'ombre en été et réduisant le vent frais en hiver, permettant ainsi le développement des plantes subtropicales. Ouverte en 1930, c'est l'une des plus grandes serres froides (*Estufa Fria*, en portugais) puisqu'elle couvre plus de 1 ha. En 1975, fut ajoutée au parc l'Estufa Quente (serre chauffée).

Les larges sentiers sont recouverts de feuillage, on ne voit quasiment ni les lattes ni les minces piliers verts. À l'intérieur de la zone chauffée, on trouve différentes sortes de bananiers, cactées et plantes grasses, mais aussi euphorbes, agaves en forme d'étoile et aloès. Les sentiers remontent en zigzaguant les terrasses de pierre. Ce sont alors amaryllis écarlates, roses et blanches, solandres aux boutons pareils à des ballons et arbres-bouteilles aux fleurs pourpres. La vue du sommet montre bien l'importance du feuillage, en particulier celui des pamplemoussiers et des crotons.

Un tunnel mène à la partie supérieure de la zone non chauffée. On a de là une formidable vue aérienne sur ce qui ressemble à une forêt pluviale : feuilles énormes de divers types de philodendrons, élégantes fougères arborescentes, figuiers tropicaux ou encore palmiers. Les arbustes ont pour nom gardénias, azalées et hibiscus tropicaux de toutes les couleurs possibles. Il y a aussi un grand nombre de plantes grimpantes. En un mot, il est difficile de faire mieux en matière de jardin couvert. RChe

Quinta da Capela

Portugal

CRÉATEUR : inconnu
PROPRIÉTAIRES : Arturo de Pereira, Marc Zurcher
STYLE : formel, rural (XVIIIe siècle)
SUPERFICIE : 1,2 ha
CLIMAT : méditerranéen
SITUATION : Sintra, région Lisbonne-Vallée du Tage

Le palais du duc de Cadaval fut détruit lors du séisme qui ravagea Lisbonne en 1755, puis reconstruit en 1773. Mais aujourd'hui, il n'en reste plus qu'un mur de soutènement ; il y a aussi la chapelle XVIe siècle dédiée à Nossa Senhora da Piedade, avec son plafond en forme de dôme et ses superbes mosaïques représentant la vie du Christ.

Une route toute simple aboutit à la *quinta,* et les pelouses mènent jusqu'au bâtiment tout de plain-pied. Des haies taillées bordent les chemins qui les divisent pour porter le regard vers divers points de convergence. Un chemin conduit à un palmier dattier des Canaries *(Phoenix canariensis)* et à un bouquet de glycine, puis à une grande citerne rectangulaire surélevée. Ses parois en partie recouvertes de lierre sont surmontées de poteaux et de chaînes. Des marches permettent d'accéder à une promenade longue et large bordée d'arbres, de *Strelitzia* blancs géants, de daturas blancs, de marguerites des îles Canaries et de tapis de griffes de sorcières à fleurs blanches.

Le visiteur qui rebrousse chemin trouvera un petit réservoir alimenté par l'eau s'écoulant d'un haut mur de séparation, une charmante petite chapelle et un court escalier menant à un balcon pavé pourvu de bancs de pierre. Une fois de retour sur les pelouses, un sentier longe le grand mur de séparation couvert de roses et, plus loin, les ouvertures en arcades permettent d'entrevoir la mer par-delà le verger de *Citrus* et les bois. RChe

Palais des marquis de Fronteira

Portugal

CRÉATEUR : marquis de Fronteira
PROPRIÉTAIRE : Fernando Mascarenhas
STYLE : parterre formel (XVIIe siècle)
SUPERFICIE : 5,5 ha
CLIMAT : méditerranéen
SITUATION : Benfica, région Lisbonne-Vallée du Tage

Créés à la fin du XVIIe siècle, les jardins à la française de Fronteira présentent toutes les caractéristiques de l'architecture des jardins portugais.

On doit s'intéresser à la demeure autant qu'à ses jardins. Des fenêtres de la maison, avec sa décoration à couper le souffle, on découvre le feuillage, les azulejos et les fleurs du jardin. Une fois dehors, empruntez la promenade de la chapelle avec sa statuaire, ses arcades, ses niches et ses panneaux de mosaïque : elle vous mènera tout naturellement à une chapelle. Cette promenade domine aussi le jardin de Vénus, où prolifèrent arbres parvenus à maturité, camélias et fougères, tandis que se détache sur le ciel l'impressionnante silhouette d'un pin bunya *(Araucaria bidwilli)*.

Le site se démarque surtout par son Jardim Grande, vaste parterre géométrique composé de carrés, étoiles, losanges et coins. Sa superficie est de 0,3 ha et l'on peut voir derrière un grand réservoir ainsi qu'une sorte de tribune appelée galerie des Rois. Comme à l'époque de la création des jardins, le somptueux carrelage, l'élégante architecture de la galerie et du réservoir (pourvu de grottes et d'une balustrade), mais aussi les parterres impeccables et les plates-bandes de buis ne cessent d'impressionner le visiteur. BS

Fronteira se démarque… par son « Jardim Grande », vaste parterre géométrique…

Jardin du palais national de Queluz

Lisbonne, Portugal

CRÉATEUR : Jean-Baptiste Robillon
PROPRIÉTAIRE : État portugais
STYLE : baroque à la française (XVIIIe siècle)
SUPERFICIE : 2,5 ha
CLIMAT : méditerranéen
SITUATION : Lisbonne, région Lisbonne-Vallée du Tage

Ce palais était la résidence favorite de la famille royale portugaise, et les jardins que l'on peut voir aujourd'hui furent dessinés en 1757 par le Français Jean-Baptiste Robillon. Ils s'inspirent beaucoup de Versailles (voir p. 570), mais l'atmosphère est ici aussi intime qu'est grandiose celle du parc de Versailles.

Comme son illustre modèle, le jardin se compose de différentes parties. Devant le palais, on trouve le jardin suspendu. Avec son art topiaire et ses parterres jumeaux complexes délimités par des haies basses et peuplées de petites plantes couvrantes, il est de belles proportions et en accord avec la demeure. Au parterre s'ajoutent des bassins géométriques aux fontaines dynamiques (la fontaine de Neptune est attribuée au Bernin), de nombreuses statues (certains marbres sont originaires d'Italie, d'autres d'Angleterre) et des urnes en céramique bleue et blanche.

À côté, le jardin de Malte présente des topiaires très travaillées. Ancien bassin, il remonte à 1758 et se trouve quelque peu encastré. De l'escalier du Lion, pourvu d'une balustrade et de courbes élégantes, un chemin mène à un élément de la composition charmant et typiquement portugais. Édifié en 1775, le canal carrelé doté de ponts était un élément d'ornementation mais aussi d'agrément. Quand il était vide, comme il l'est en permanence aujourd'hui, ses cinquante-cinq mille carreaux vernissés resplendissaient au soleil. Quand les écluses se refermaient et que l'eau de la Jamor emplissait le canal, des barques dansaient sur les flots tandis que les musiciens jouaient dans la maison du lac, élément d'architecture hélas disparu. TM

Quinta da Regaleira

Portugal

CRÉATEUR : Luigi Manini
PROPRIÉTAIRE : ville de Sintra
STYLE : gothique manuélin (XIXe siècle)
SUPERFICIE : 4,5 ha
CLIMAT : méditerranéen
SITUATION : Sintra, région Lisbonne-Vallée du Tage

Il s'agit là d'un lieu mystique et spirituel, où un vieux chemin de pèlerins traverse la forêt. En 1715, il portait le nom de Quinta da Torre à cause de la tour qui se dressait ici. En 1840, Mme Monteiro da Almeida acheta la propriété où elle fit construire une belle maison, des ateliers et une serre, mais le tout fut revendu en 1893 à un médecin brésilien, António Augusto Carvalho Monteiro. Il engagea le décorateur italien Luigi Manini, qui avait travaillé à la Scala de Milan.

Un chemin mène du portail vers une grande promenade ensoleillée appelée seuil des Dieux. Elle est bordée de statues, dont celles de Cérès, Hermès ou Mercure, reliées entre elles par de petites haies de buis ; on a de là une belle vue sur la propriété. Après un couple de lions allongés et un petit bâtiment gothique avec urnes et fleurons, le visiteur se dirige vers le lac aux Cygnes, entouré de falaises de tuf et de grottes et agrémenté d'un pont couvert de lierre. Sur une terrasse surélevée, on trouve un banc de pierre arrondi avec des sièges en forme de trônes et de grandes urnes de pierre. Plus loin, se trouve la cascade du lac, un bassin sombre où carex et fougères poussent dans la falaise rocheuse. Plus haut, ce sont de gros affleurements rocheux : monté sur gonds, l'un d'eux permet d'accéder au puits de « l'Initiation ». Vient ensuite la galerie en spirale au fond de laquelle on peut voir une croix des Templiers et son étoile à huit branches en marbre. Un tunnel tortueux permet de rejoindre l'entrée des Gardiens et ses deux dragons farouches. Il faut également citer le puits imparfait, la terrasse des Mondes célestes et la grotte de Léda. RChe

Quinta de Monserrate

Portugal

CRÉATEURS : William Beckford, James Burt, Francis Cook

PROPRIÉTAIRE : Association des Amis de Monserrate

STYLE : romantique anglais (XVIIIe et XIXe siècles)

SUPERFICIE : 50,2 ha

CLIMAT : méditerranéen

SITUATION : Sintra, région Lisbonne-Vallée du Tage

La ville de Sintra abrite une chapelle en ruines consacrée à Notre-Dame de Monserrate, qui donne son nom au parc.

William Beckford, « le fils le plus riche de l'Angleterre », loua le parc à un négociant britannique, Gérard de Visme. Ce dernier avait bâti le palais néogothique encore visible aujourd'hui, encadré par une arcade indienne ornementée et à laquelle on accède par le sentier des Parfums. Beckford rendit le parc à la fois sublime et pittoresque en y ajoutant de magnifiques chutes d'eau. Très coûteux, il fut racheté en 1856 par Francis Cook, créateur du bassin en forme de fer à cheval, ou « Hippocrène », afin de représenter le mythe de Pégase. Il employa pour ce faire l'architecte paysagiste James Burt. Comme son contemporain l'avait fait à Biddulph Grange (Staffordshire, Angleterre, voir p. 254), il créa une sorte de tour du monde du jardinier avec des arbres, conifères, palmiers et camélias australasiens. Sous les chutes de Beckford, la vallée aux fougères porte bien son nom avec ses grandes espèces arborescentes. Monserrate fut le premier jardin au Portugal à se targuer de posséder une pelouse : étalée en pente douce devant le palais, c'est aujourd'hui encore l'une des plus belles.

Une excellente équipe de jardiniers, les Amis de Monserrate et le gouvernement régional redonnent vie à cette beauté endormie. Monserrate et les deux palais de Sintra méritent bien qu'on s'y rende en train depuis Lisbonne. CH

Quinta de São Thiago

Portugal

CRÉATEUR : inconnu

PROPRIÉTAIRES : Nicholas et Maria Teresa Braddell

STYLE : en partie formel (XVIe siècle)

SUPERFICIE : 0,8 ha

CLIMAT : méditerranéen

SITUATION : Sintra, région Lisbonne-Vallée du Tage

Demeure de moines au XVIe siècle, la *quinta* se cache au bout d'un sentier long et étroit qui parcourt la forêt. Une fois franchie la porte du mur d'enceinte, on se retrouve dans une cour où un réservoir surélevé s'appuie contre un mur décoré. Sur le chemin, quelques marches conduisent à un parterre de *Strelitzia*.

Du haut des marches, on découvre un vieux *Magnolia grandiflora*, un palmier et un cycadée qui encadrent de manière plaisante la maison et le grand pin de Norfolk *(Araucaria heterophylla)* qui se dresse derrière. La prochaine étape est un balcon couvert et carrelé, à piliers, avec son chèvrefeuille et ses glycines auxquels succèdent palmiers, plantes tropicales, anthuriums pourpres et, une fois passée la porte du jardin, broméliacées. Des marches et des chemins ramènent, via une pergola, aux courts de tennis et au jardin. Regardez le *Polygala x dalmaisiana* de 2 m de haut qui ne semble jamais privé de ses fleurs en forme de pois, le fuchsia rose et le laurier-rose rouge. Après de nouvelles marches, voici une rive sèche avec ses plantes grasses, oponces, agaves et aloès écarlates. Enfin, ce sont des pelouses avec des parterres de roses thé hybrides ou de roses de Chine ; des massifs de *Strelitzia* bordent les marches descendant vers une piscine de forme rectangulaire.

Les visiteurs ont parfois le droit d'entrer dans cette propriété fascinante pour profiter de la vieille chapelle et du panorama sur le jardin, les bois et la mer lointaine. RChe

Parc du palais des marquis de Pombal

Portugal

CRÉATEUR : Carlos Mardel
PROPRIÉTAIRE : Institut national de l'Administration
STYLE : parc boisé formel (XVIIIe siècle)
SUPERFICIE : environ 0,8 ha
CLIMAT : méditerranéen
SITUATION : Oeiras, région Lisbonne-Vallée du Tage

Au XVIIIe siècle, il était normal d'incorporer dans le plan d'une propriété des espaces réservés à l'agrément et à l'agriculture. C'est ainsi que le marquis de Pombal intégra des terrains de jeux, des jardins et de petits logements de métayers au plan de son palais et de son jardin.

À l'apogée de ce même siècle, le palais et les superbes jardins permettaient aussi d'accueillir des événements culturels tels que théâtre, ballets ou récitals de musique. Le palais était le plus beau fleuron de la propriété : il abrite aujourd'hui l'Institut national de l'Administration. Désormais ouverts au public de manière permanente, les jardins environnants contiennent de nombreuses statues, des azulejos typiquement portugais, des fontaines et des chutes d'eau. Le carrelage le plus impressionnant est celui de la terrasse et de la fontaine menant de la terrasse supérieure à l'inférieure, dominée par deux beaux pins bunyas *(Araucaria bidwilli)*.

La visite des jardins ne devrait pas négliger la grotte XVIIIe siècle avec son escalier d'eau, surnommé la cascade des Poètes. De même, il faut voir les réserves d'eau poissonneuses, la laiterie et le colombier du jardin principal ainsi que les nombreuses parcelles ornementales imbriquées dans les pelouses. BS

Quinta da Bacalhôa

Portugal

CRÉATEUR : Afonso de Albuquerque
PROPRIÉTAIRE : J.P. Vinhos
STYLE : Renaissance italienne (XVIe siècle)
SUPERFICIE : environ 0,8 ha
CLIMAT : méditerranéen
SITUATION : Azeitão, Setúbal

La Quinta da Bacalhôa est une demeure historique qui appartint à divers nobles ou personnages royaux dont le premier vice-roi des Indes du Portugal, Afonso de Albuquerque, en 1528. Il fut en grande partie responsable de la création des parties Renaissance de la maison et de ses jardins.

Quand on pénètre dans la vaste cour, rien ne laisse entrevoir le charme qui attend le visiteur un peu plus loin. On remarque en premier lieu le parterre de buis taillé avec minutie, au point que pas une feuille ne dépasse ; ensuite, une longue allée surélevée fait découvrir l'orangerie, les bancs muraux carrelés puis le miroir d'eau servant aussi de réservoir. Il est dominé d'un côté par un pavillon au toit et aux arcades de forme agréable : le carrelage y est superbe et l'un des panneaux représente l'histoire biblique de Suzanne et des vieillards. Des parapets ceignant le bassin, on a une vue imprenable sur l'ensemble de la propriété, vignoble compris.

Dans les années 1930, la propriété fut rachetée par un Américain, Herbert Scoville, qui s'empressa d'agrandir les jardins en leur ajoutant des arbustes à fleurs, des roses, des plantes grimpantes et des plantes à bulbes. BS

… une demeure historique qui appartint à divers nobles ou personnages royaux…

ASIE

Des jardins japonais et chinois dédiés à la contemplation à l'exubérance luxuriante des jardins tropicaux d'Indonésie, les styles asiatiques ont souvent influencé les sensibilités occidentales. De Pékin à Shanghai, de Tokyo à Kyoto, de l'Iran au Pakistan, de l'Inde à la Thaïlande, célèbres jardins des temples et jardins moghols inspirés de l'art islamique s'ouvrent au visiteur.

Parc Jingshan

Pékin, Chine

CRÉATEUR : inconnu
PROPRIÉTAIRE : État chinois
STYLE : impérial classique (du XIIe au XXe siècle)
SUPERFICIE : 23 ha
CLIMAT : semi-aride
SITUATION : Pékin
TRADUCTION : parc de la Montagne de la Perspective

Le parc Jingshan, également appelé parc Feng Shui ou parc de la Colline au Charbon, est l'ancien jardin impérial. Conçu à la fin du XIIe siècle, il est quasiment aussi vieux que la ville de Pékin. Point culminant du parc, la colline fut érigée en 1420, lorsque l'empereur de la dynastie Ming apprit que l'édification d'une colline derrière la Cité interdite améliorerait le feng shui de cette dernière. L'on fora donc le sol juste derrière la Cité interdite, créant ainsi des douves et une colline en guise de protection. La colline reçut le nom de Montagne de Vie infinie mais le dernier empereur Ming, âgé seulement de trente-trois ans, se pendit à un arbre à cet endroit lorsque les troupes rebelles de paysans s'emparèrent de Pékin. Le souverain de la dynastie Qing qui suivit (1644-1912) hérita de la colline et la rebaptisa Jingshan, la Montagne de la Perspective.

Situé derrière la Cité interdite, le jardin impérial se distingue le long de l'axe central de Pékin. Son ordonnancement traditionnel diffère de celui des jardins chinois naturalistes. Cinq sommets ornent le faîte de cette colline plate et triangulaire. Afin de mettre en valeur la symétrie du lieu, l'on fit construire cinq pavillons au milieu du XVIIIe siècle, un sur chaque sommet, ainsi qu'un pavillon central dans le prolongement de la Cité interdite. Le temple séculaire situé derrière la colline, et qui avait été légèrement dévié de son axe, fut également reconstruit. La régularité de l'ensemble est tempérée par les différentes formes des arbres, les roches atypiques et les sentiers sinueux menant à la colline, ce qui ajoute une impression de profond apaisement. Perché à 49 m au sommet de la colline, le pavillon offre une vue imprenable sur la Cité interdite. LG

Parc Beihai

Pékin, Chine

CRÉATEUR : inconnu
PROPRIÉTAIRE : État chinois
STYLE : impérial classique (du Xe au XXe siècle)
SUPERFICIE : 68 ha
CLIMAT : semi-aride
SITUATION : Pékin
NOM ORIGINAL : Beihai Gong Yuan

Le parc Beihai est l'ancien lieu de plaisance des empereurs chinois et le plus grand parc des environs de la Cité interdite. La première construction sur le site remonte au Xe siècle lorsque les membres de la dynastie Liao firent édifier un palais temporaire. Le parc fut ensuite aménagé, et avec la terre des lacs que l'on avait creusés, on édifia des tumulus. Des pavillons, des temples et des préaux virent le jour. Le Bai Ta, ou « Pagode blanche », temple bouddhiste de style tibétain ressemblant à un gigantesque oignon blanc, fut édifié sur l'une des îles en 1651.

Daxitian, ou « Grand Ciel de l'Ouest », forme l'un des nombreux jardins du parc. Ce jardin botanique miniature contient des plantes telles que *Solanum aculeatissimum* et l'orpin panaché *(Sedum alboroseum)* devenues aujourd'hui rarissimes.

Le jardin Jingxinzhai, appelé jardin du Studio au Miroir clair, fait également partie des incontournables. Édifié à l'origine sous la dynastie Ming, il fut reconstruit par l'empereur Qianlong. Il possède une série d'affleurements rocheux recouverts de vigne vierge ainsi que de profondes vallées traversées d'innombrables sentiers étroits et d'allées abritées. Les plantations contiennent quelques espèces intéressantes de pommiers et pêchers sauvages. Le sentier principal serpente à travers de profondes ravines.

Le parc Beihai est désormais ouvert à tous les habitants de Pékin. Vous pouvez vous y promener, déjeuner ou louer un bateau en forme de dragon sur l'un des lacs qui couvrent la moitié du parc. SY

Bishu Shanzhuang

Chine

CRÉATEUR : inconnu
PROPRIÉTAIRE : État chinois
STYLE : impérial classique (XVIIIe siècle)
SUPERFICIE : 550 ha
CLIMAT : semi-aride
SITUATION : Chengde
TRADUCTION : Station de montagne pour fuir la chaleur

Au nord-est de Pékin, un mur de 10 km de long entoure Bishu Shanzhuang, la résidence estivale des empereurs. Elle fut conçue par les générations successives d'empereurs chinois comme un lieu destiné aux activités récréatives et diplomatiques et éloigné de la chaleur oppressante de la Cité interdite.

Commencé en 1703 sous l'empereur Kangxi, le jardin s'étend aujourd'hui sur toute une vallée regorgeant de paysages cultivés à grande échelle. Le site fut sélectionné en raison de ses formations rocheuses aux formes étonnantes trouvées dans les collines environnantes, comme le rocher du Battoir de forme phallique dominant l'horizon. Les principaux bâtiments du palais furent édifiés au XVIIIe siècle et jouxtent les lacs. Ces vastes pièces d'eau furent construites pour y faire du bateau, afin de transporter l'empereur et son entourage, y compris les musiciens, dans des pagodes à tête de dragon ou de phénix, pour admirer les différents temples, les pavillons de montagne et les fleurs de lotus dans les eaux peu profondes.

La propriété fit l'objet d'intenses développements au XVIIIe siècle, au cours du règne de l'empereur Qianlong, créateur passionné de jardins qui introduisit des éléments architecturaux de style tibétain comme une représentation du palais Potala de Lhassa. Ces édifices impressionnants servaient à souligner le pouvoir, le rang et l'influence de l'Empire chinois.

Le Palais d'été impérial n'a rien perdu de son attrait en tant que microcosme d'un empire révolu. Il a été classé au Patrimoine mondial de l'Unesco en 1994. JR

Xie Qu Yuan

Pékin, Chine

CRÉATEUR : inconnu
PROPRIÉTAIRE : État chinois
STYLE : impérial classique (XVIIIe siècle)
SUPERFICIE : 7 ha
CLIMAT : semi-aride
SITUATION : Pékin
TRADUCTION : jardin des plaisirs harmonieux

« Un jardin de jardins dans un jardin » ; c'est ainsi qu'est décrit le jardin des Plaisirs harmonieux. Situé dans l'angle nord-est du palais d'Été, ce jardin pourtant minuscule n'en vaut pas moins le détour. Lorsque l'empereur Qianlong visita le sud de la Chine en 1751, il fut tellement impressionné par le jardin Ji Chang de Wuxi qu'il fit construire le jardin des Intérêts harmonieux, qui devint son lieu de retraite favori lors des grosses chaleurs estivales à Pékin.

Le jardin est composé de divers pavillons, halls et terrasses. Une allée de 2 km, décorée de mille quatre cents paysages peints en relief, relie ce jardin avec celui du palais d'Été. Le bâtiment principal, la salle des Remises de faveurs, servait de lieu de repos à l'impératrice Cixi. Un autre pavillon situé à proximité du bassin aux lotus permettait à Cixi d'apprécier l'art de la pêche. La légende veut que, lorsque Cixi pêchait, des eunuques plongeaient en secret dans l'eau afin d'accrocher un poisson au bout de son fil pour l'amuser. Le jardin est un endroit calme ; le bassin principal entouré de saules regorge de lotus. Le petit jardin aux pièces d'eau fait pendant à la minuscule cour Yang Ren Feng située à l'est du jardin. Tous deux contrastent avec la grandeur des jardins plus vastes, soulignant ainsi encore davantage leur beauté.

Essayez de visiter le jardin le soir, lorsqu'il est illuminé, et vous comprendrez pourquoi il est ainsi nommé. Les éclats et les reflets du bâtiment sur le bassin sont inoubliables. SY

Yi He Yuan

Pekin, Chine

CRÉATEUR : inconnu
PROPRIÉTAIRE : État chinois
STYLE : impérial classique (XVIIIe siècle)
SUPERFICIE : 290 ha
CLIMAT : semi-aride
SITUATION : Pékin
TRADUCTION : jardin de la conservation de l'Harmonie

Yi He Yuan, également appelé jardin de l'Harmonie ou Palais d'été, offre un bel exemple de l'art paysager à grande échelle. L'impératrice Cixi (1835-1908) aimait y séjourner entre les premières floraisons des magnolias et les dernières des chrysanthèmes afin d'échapper aux chaleurs torrides qui accablaient la Cité interdite l'été.

Bien que le lieu ait abrité une résidence impériale temporaire depuis 1153, le jardin ne fit l'objet d'aucun aménagement avant le règne de l'empereur Qianlong au XVIIIe siècle. En 1749, ce dernier fit élargir le lac et remanier les bâtiments en tant que lieux de résidence et de cour. Au sud, les eaux du lac Kunming couvrent la majeure partie du paysage. Au nord, la colline de la Longévité est recouverte d'arbres en fleurs, de bâtiments ornementaux et de jardins intimistes plus petits. La rive est reliée à l'île du Roi-Dragon par un splendide pont aux dix-sept arches. La rive nord est bordée d'une allée abritée dont chaque poutre et linteau dépeint avec raffinement une scène de la littérature ou de la légende. Le bateau de marbre solidement amarré à la berge est tout aussi remarquable.

Le jardin est accessible au public depuis 1924. Les amandiers, cerisiers et pruniers en fleurs abondent sur les flancs de la colline de la Longévité à la fin de l'hiver, tandis que les glycines et les pivoines envahissent les jardins clos au printemps, que les fleurs exotiques de lotus parent le lac en été, et que les chrysanthèmes fleurissent à l'automne. JR

Yu Hua Yuan

Pékin, Chine

CRÉATEUR : inconnu
PROPRIÉTAIRE : État chinois
STYLE : impérial classique (XVe siècle)
SUPERFICIE : 1 ha
CLIMAT : semi-aride
SITUATION : Pékin
TRADUCTION : jardin du Palais impérial

Gardé secret pendant cinq cents ans, ce petit jardin construit pour la seule utilisation de l'empereur et de son harem est aujourd'hui ouvert au public. Le jardin fut aménagé pendant la période Ming comme partie intégrante du Palais impérial. Époustouflants, les bâtiments sont « conçus pour être en harmonie avec l'Univers ». C'est également dans ce jardin que l'empereur célébrait le nouvel an.

Derrière les pavillons du jardin sont situés des bassins qui jouxtent un énorme édifice rocheux couronné par le pavillon de la Perspective impériale. En raison de son impressionnante hauteur, le bâtiment aurait été le seul endroit permettant aux femmes du harem impérial d'apercevoir le monde extérieur. Le jardin d'origine fut aménagé selon un style symétrique, avec des arbres et des plantes formant des rangées. Chose incroyable, la plupart des plantes encore présentes aujourd'hui datent du XVe siècle. On y trouve de nombreux arbres multiséculaires et rabougris tels que des pins, des genévriers, de la glycine, ainsi qu'un jujubier (*Ziziphus jujuba* 'Tortuosa'). Le jardin possède en outre une merveilleuse collection de roches biscornues et de zones boisées harmonieusement entremêlées aux plantes et formant des sortes d'estrades encadrées par les fenêtres des pavillons.

Les allées du jardin comptent parmi les plus belles au monde ; elles sont ornées de motifs réalisés en galets représentant différentes plantes, comme des fleurs de lotus, et des animaux, comme la chauve-souris, l'un des emblèmes chinois de la bonne fortune. SY

Yuan Ming Yuan

Pékin, Chine

CRÉATEUR : inconnu
PROPRIÉTAIRE : État chinois
STYLE : impérial classique (XVIIe et XVIIIe siècles)
SUPERFICIE : 352 ha
CLIMAT : semi-aride
SITUATION : Pékin
TRADUCTION : jardins de la Clarté parfaite

L'empereur du XVIIIe siècle Qianlong (1711-1799) compta parmi les empereurs les plus influents de Chine. Il fut le propriétaire et généreux mécène de nombreux jardins et palais, tels que le Yuan Ming Yuan, également appelé Ancien Palais d'été et Jardin des Jardins.

Situé au pied des monts de l'Ouest, à 16 km au nord-est de la Cité interdite, Yuan Ming Yuan était autrefois le jardin le plus remarquable de Chine. Édifié dans les années 1700 par l'empereur Yongzheng, il abritait les bâtiments de l'administration impériale. En 1735, le fils de Yongzheng, Qianlong, succéda à son père sur le trône et tripla la superficie du site de Yuan Ming Yuan. Il fit construire des centaines de temples et mit en place de nombreux éléments paysagers. De petits jardins virent le jour, qui copiaient les scènes les plus célèbres du Jiangnan (en aval du fleuve Yangzi Jiang), une région réputée pour posséder les plus beaux jardins du pays. Yuan Ming Yuan conserva sa réputation jusqu'en 1860, lorsque les forces françaises et anglo-saxonnes l'incendièrent afin de punir l'empereur pour son refus de collaborer.

Le site est aujourd'hui un lieu tranquille et sauvage situé à l'angle d'un quartier en pleine expansion de Pékin. Vous pouvez y voir les reliquats des collines et des lacs et des pavillons plus récents ou rénovés, des vieilles pierres, des pelouses et arbustes sauvages, et ce qui était autrefois l'élément le plus étonnant du site : le complexe du palais « de l'Ouest ». Bien que non restaurées, les ruines (7 ha) valent la visite. LG

Ge Yuan

Chine

CRÉATEUR : attribué à Shitao
PROPRIÉTAIRE : État chinois
STYLE : classique (XVIIIe et XIXe siècles)
SUPERFICIE : 2,3 ha
CLIMAT : subtropical humide
SITUATION : Yangzhou, Jiangsu
TRADUCTION : jardin de l'Individuel

L'historique de Ge Yuan est incertain, mais l'on suppose qu'il appartenait à un riche marchand de sel. La conception du jardin a été attribuée à l'artiste et calligraphe Shitao au XVIIIe siècle, même si le jardin fut réaménagé au XIXe siècle.

L'utilisation des roches fait ici l'objet d'un traitement particulier. Les différents types rocheux servent à délimiter certaines zones et symbolisent les quatre saisons. Les plates-bandes adjacentes à la grille d'entrée en forme de lune symbolisent le printemps. Elles sont plantées de bambous et émaillées de roches verticales s'apparentant à des pousses de bambou, jouant ainsi avec l'imagination du visiteur. L'été est célébré par un bassin d'eau froide, entouré de calcaire gris érodé aux formes fantastiques. Un pont en zigzag mène le visiteur à travers une grotte humide à un pavillon surmontant la composition rocheuse où l'on peut profiter des brises estivales. Un sentier sinueux grimpant le long d'une colline abrupte de roches jaunes évoque l'automne et rappelle l'aspect des montagnes vers la fin de l'année. Moins imposantes, des roches au blanc sommet symbolisent la neige hivernale sur les montagnes, et une surface pavée de pierres blanches irrégulières donne l'illusion de la glace craquelée à la surface d'un lac. Connaître sa symbolique donne une dimension supplémentaire au jardin.

L'origine de la première partie du nom du jardin proviendrait de la ressemblance des feuilles de bambou avec les trois traits de pinceau composant le caractère chinois *ge*, qui signifie « individuel ». JR

Canglangting

Chine

CRÉATEUR : attribué à Shitao
PROPRIÉTAIRE : État chinois
STYLE : jardin de lettrés (XIIe et XIXe siècles)
SUPERFICIE : 1 ha
CLIMAT : subtropical humide
SITUATION : Suzhou, Jiangsu
TRADUCTION : Pavillon de la vague bleue

Canglangting compte parmi les plus anciens jardins que dénombre Suzhou dans sa splendide collection de jardins privés ou « jardins de lettrés ». Les principaux aménagements du jardin comme lieu de retraite pour un membre militaire du gouvernement débutèrent en 1140. D'importantes rénovations suivirent en 1874. Le jardin tire son nom d'un poème du IIIe siècle av. J.-C., dans lequel un vieux pêcheur affirme que, si les vagues bleues étaient propres, il laverait les rubans de son chapeau dedans, et si les eaux étaient sales, il s'y laverait les pieds. Le poème soulignait par là la nécessité pour les gouvernants chinois de s'adapter aux changements de la vie politique.

Le jardin utilise l'un des canaux de Suzhou comme frontière naturelle. On peut l'admirer du pavillon servant à observer les poissons ou d'un couloir adjacent abrité. L'œil du visiteur est alors attiré par un monticule de rocailles, de plantations de bambous et d'arbres. Cette représentation montagneuse rappelle le paysage naturel dans lequel un érudit pouvait se retirer afin de vivre en ermite. Le pavillon perché au sommet de la colline possède les débords de toit fortement incurvés caractéristiques de la région.

Enduits de blanc, les murs aux fenêtres délicatement percées garantissent à la fois une grande intimité et la vue sur les eaux. À l'intérieur du jardin, les murs forment une toile blanche permettant d'observer les constructions rocailleuses et les plantations.

De nombreuses roches sont ornées de caractères calligraphiés, ce qui ajoute au mystère de ce joyau. JR

Huanxiu Shanzhuang

Chine

CRÉATEUR : Ge Yuliang
PROPRIÉTAIRE : État chinois
STYLE : jardin privé classique (XVIIIe siècle)
SUPERFICIE : 0,08 ha
CLIMAT : subtropical humide
SITUATION : Suzhou, Jiangsu
TRADUCTION : Villa de Montagne empreinte de beauté

Ce minuscule joyau illustre le paysage montagneux de la Chine et fut conçu par Ge Yuliang, créateur de jardins « de montagne » réputé, au XVIIIe siècle. Le jardin appartenait à un haut dignitaire chinois ayant vécu au XVIIIe siècle à l'époque du règne de l'empereur Qianlong. Il changea maintes fois de propriétaire avant d'être laissé à l'abandon en 1949. Par chance, les œuvres composées de roches ont survécu. Le jardin est considéré comme l'un des sites paysagés d'eau et de rocailles les plus raffinés de Suzhou.

Entourée d'un bassin informel, la colline haute de 7 m et construite en rocaille constitue la curiosité principale du jardin. Le complexe rocheux est parcouru de plusieurs sentiers tortueux donnant sur deux ravines et sur l'eau en contrebas.

Le jardin compte également plusieurs grottes rocheuses ainsi qu'une table et des chaises en pierre. Un joli pont en zigzag semble flotter au-dessus de l'eau et relie d'autres sentiers du jardin. Le pavillon dénommé de façon originale le pavillon du Printemps est situé sur une île accessible par deux ponts fixés au ras de l'eau. Encastrée dans un mur enduit de plâtre blanc, l'une des entrées du jardin offre un bel exemple d'entrée en forme de vase, signifiant ainsi que le visiteur pénètre dans un lieu paisible.

Les plantations se composent d'arbres et de buissons conifères et à feuilles caduques dont l'espacement laisse visible la roche, élément majeur de cet incroyable jardin composé d'une chaîne de montagnes dans une cour. JR

Ji Chang Yuan

Chine

CRÉATEURS : Qin Yao, Zhang Lian, Zhang Qin
PROPRIÉTAIRE : État chinois
STYLE : classique (XVIe et XVIIe siècles)
SUPERFICIE : 1 ha
CLIMAT : subtropical humide
SITUATION : Wuxi, Jiangsu
TRADUCTION : jardin de l'Extase

Ji Chang Yuan fut édifié à l'origine par la famille Qin sur une petite portion de terrain plat de la Chine orientale. En 1591, Qin Yao fut renvoyé de la cour et retourna dans sa ville natale afin de concentrer son énergie à la construction d'un jardin qui compte quelque vingt espaces paysagés différents.

Parmi les aménagements effectués par les propriétaires suivants, on distingue surtout l'arrivée d'une série de collines au XVIIe siècle par le créateur de montagnes artificielles Zhang Lian et son neveu, Zhang Qin. Ces derniers constituèrent de petites collines avec de la pierre et de la terre et ajoutèrent un ruisseau sinueux. Les arbres plantés sur les collines finirent par atteindre une taille élevée et, comme escompté, il devint difficile de distinguer les collines artificielles des collines naturelles.

Les plus beaux jardins sont Jua Shu Tang, ou hall des Beaux Arts, et la maison de thé où vous pourrez admirer une rive en pierre, un élégant pavillon et des arbres inclinés qui guident le regard vers la colline de Xi Shan surmontée d'une pagode. Tous ces éléments différemment agencés se réfléchissent dans le lac en forme de courge situé au centre du jardin.

Ji Chang Yuan offre un panorama admirable sur le paysage environnant contribuant ainsi à faire de ce jardin l'un des plus réputés du sud-est de la Chine. L'empereur Qianlong, qui régna au XVIIIe siècle, s'y rendit sept fois et fit construire une réplique impériale de Ji Chang Yuan appelée Xie Qu Yuan, ou jardin des Intérêts harmonieux, dans son palais d'été de Pékin. LG

Huqiu Shan

Chine

CRÉATEUR : inconnu
PROPRIÉTAIRE : État chinois
STYLE : classique (XIXe siècle)
SUPERFICIE : 1,2 ha
CLIMAT : subtropical humide
SITUATION : Suzhou, Jiangsu
TRADUCTION : colline du Tigre

D'après le célèbre poète chinois Su Shi, « c'est une chose éternellement regrettable que d'avoir visité Suzhou sans avoir vu la colline du Tigre ». He Lu, fondateur de Suzhou et roi de Wu, tomba sur le champ de bataille en 496 av. J.-C. ; il aurait été enterré sur la colline par son fils, Fu Chai, avec trois mille épées provenant de la collection de son père. D'après la légende, un tigre blanc aurait été aperçu couché sur la tombe de He Lu trois jours après l'inhumation et, depuis ce jour, la colline est nommée la colline du Tigre.

Comme dans la majorité des sites chinois, le paysage encerclant la colline se compose de zones paysagères associées pour la plupart à différents bâtiments. La colline, haute de plus de 34 m au-dessus du niveau de la mer, domine tout le paysage. Elle est surmontée d'une remarquable pagode de 47 m de haut. Elle est légèrement penchée, du fait d'un tassement de ses fondations. Sur les pentes en aval de la colline, non loin de l'entrée, se trouve le Yongcui Shanzhuang, récemment restauré, également appelé la villa de la Montagne verdoyante, conçu afin d'offrir au spectateur les plus belles vues naturelles sur le site. Le jardin, construit en 1884, abrite en outre un vaste complexe rocailleux ainsi qu'un bassin émaillé de fleurs de lotus.

La villa Wan Jing contient des spécimens parmi les plus beaux et les mieux conservés de *penjing*, art chinois consistant à nanifier des arbres et à les incorporer dans des paysages miniatures. Le site compte des milliers de ces répliques de jardins miniatures, chefs-d'œuvre de cet art chinois multiséculaire. SY

Certains des plus beaux spécimens de « penjing », art chinois consistant à nanifier les arbres.

Liu Yuan

Chine

CRÉATEURS : Xu Taishi, Liu Rongfeng, Sheng Xuren
PROPRIÉTAIRE : État chinois
STYLE : classique (XVIe, XVIIIe et XIXe siècles)
SUPERFICIE : 2,2 ha
CLIMAT : subtropical humide
SITUATION : Suzhou, Jiangsu
TRADUCTION : jardin pour flâner

Élaboré sous la dynastie Ming, Liu Yuan compte parmi les plus grands et importants jardins classiques de Suzhou. À l'origine, il fut construit par un membre du gouvernement retraité du nom de Xu Taishi, qui introduisit dans le jardin différents types de roches et de pierres aux formes bizarres auxquelles le site doit sa renommée. L'une des roches provient du célèbre lac Tai Hu et mesure plus de 6 m de haut ; elle est complètement rongée par l'érosion. De l'encens est parfois brûlé à sa base afin que la fumée monte dans la roche et s'échappe par les orifices.

Les plantations du jardin sont variées et comptent des bambous, des vignes, des pivoines ainsi que des géraniums. Arrêtez-vous au hall des Cinq Pics, également baptisé le hall Nanmu, d'après le bois du même nom utilisé dans la construction du mobilier et de l'édifice. En face du hall se tient une colline de pierres empilées et surmontée de cinq pics. Depuis l'intérieur du hall, la vue sur la colline illustre ce principe chinois de voyager par monts et par vaux sans quitter son siège. Le contraste est surprenant avec la cour de la Forêt de Pierres dans laquelle ont été recréées huit scènes miniatures ornées de piliers en pierre, de plants de bananiers, de bambous et de glycine.

Beaucoup considèrent ce jardin comme le jardin le plus accompli élaboré selon la tradition Ming. Il est particulièrement réputé pour son utilisation astucieuse de l'espace paysagé. Le fait qu'il ait été classé au Patrimoine mondial de l'Unesco en 1997 n'étonnera donc personne. SY

Shi Zi Lin

Chine

CRÉATEUR : Monk Tian Ru
PROPRIÉTAIRE : État chinois
STYLE : classique (XIVe siècle)
SUPERFICIE : 1 ha
CLIMAT : subtropical humide
SITUATION : Suzhou, Jiangsu
TRADUCTION : jardin de la Forêt du Lion

Shi Zi Lin, l'un des quatre plus grands jardins de Suzhou, est réputé pour son incroyable collection de roches creuses et érodées si appréciées des lettrés de la Chine classique. Le jardin fait partie d'un temple ; il fut édifié en 1342 par les disciples du moine bouddhiste Tian Ru, sous la direction de ce dernier. Son nom, « jardin de la Forêt du Lion », proviendrait de la ressemblance de nombreuses roches avec l'animal du même nom et également du fait que les lions sont les gardiens de la croyance bouddhiste.

Vous remarquerez tout d'abord que les murs en plâtre blanc des cours sont ornés de plusieurs portes permettant d'observer les roches en forme de lion disséminées dans le jardin. Concentrez-vous ensuite sur le bassin et sur son pont en zigzag qui s'élargit au centre pour former la base d'un pavillon et qui semble flotter au-dessus de la surface de l'eau, où se reflètent les courbes élégantes des avant-toits. Amarré à la rive, un bateau en pierre découvert récemment servait probablement à jouer. De tels bateaux symbolisaient la stabilité sociale du propriétaire sur les mers agitées et changeantes de la vie politique. Une autre composition rocheuse borde le lac. Aménagés à des hauteurs différentes, les sentiers tortueux du site trompent le visiteur en donnant du jardin une impression de volume plus vaste que la réalité. Les plantations contrastent avec les roches vermiculées tandis que des ginkgos *(Ginkgo biloba)*, des pins Napoléon *(Pinus bungeana)* et des glycines tapissent les cours.

Dans l'angle sud-ouest du jardin, sur l'une des principales constructions rocheuses, un ravissant pavillon en forme d'éventail surplombe le jardin. Grâce à l'artiste Ni Can qui réalisa la peinture du site au XIVe siècle, soit juste après son achèvement, l'on sait à quoi ressemblait le jardin à l'époque et le visiteur sait qu'il visite le jardin « authentique ». JR

Wang Shi Yuan

Chine

CRÉATEUR : Song Zongyuan
PROPRIÉTAIRE : État chinois
STYLE : classique (XVIIIe siècle)
SUPERFICIE : 0,5 ha
CLIMAT : subtropical humide
SITUATION : Suzhou, Jiangsu
TRADUCTION : jardin du Maître des Filets

La construction de Wang Shi Yuan, ou jardin du Maître des Filets, et de sa myriade de pavillons aux noms merveilleux débuta en 1140. Le site fut laissé à l'abandon puis réaménagé par le bureaucrate Song Zongyuan en 1770. Le complexe fermé regroupant maison et jardins compte parmi les plus petits, les plus beaux et les mieux proportionnés de Suzhou.

On distingue trois zones principales : une partie résidentielle, un jardin central principal et un jardin intérieur. L'ordonnancement du jardin principal, avec son lac central, est un chef-d'œuvre de maîtrise des proportions et des espaces clos et ouverts. Les berges du lac sont flanquées d'une allée en granit jaune donnant l'illusion de montagnes depuis l'extérieur. L'intérieur est orné de grottes et d'un pont délicat large de 30 cm baptisé « pont menant à la Sérénité ». Le site comprend quatre pavillons : le pavillon du Lavement de Ruban, qui s'étend sur l'eau, le pavillon de la Lune venant avec la brise, le pavillon de l'Abricot japonais et la véranda du Tir au Canard.

Au nord se dressent différents bâtiments dont le pavillon des Peintures ou le pavillon des Pins. Au sud l'on distingue la chambre du Luth qui entoure des courettes calmes et isolées, et le pavillon de la Petite Colline d'osmanthes, près des enrochements. Le jardin intérieur ouest, une cour tranquille, abrite le pavillon du Printemps tardif. Il servit de modèle pour la reconstitution du jardin Ming exposée au Metropolitan Museum de New York. TM

Zhan Yuan

Chine

CRÉATEUR : inconnu
PROPRIÉTAIRE : État chinois
STYLE : classique (XIVe et XIXe siècles)
SUPERFICIE : 0,5 ha
CLIMAT : subtropical humide
SITUATION : Nanjing, Jiangsu
TRADUCTION : jardin de l'Espoir

Zhan Yuan, résidence princière construite au début de la dynastie Ming (1368-1644), servit de bureau gouvernemental à l'époque de la dynastie Qing (1644-1912). Au milieu du XIXe siècle, les adversaires de l'empire des Qing, appelé Taiping Tianguo (ou Royaume céleste de la Grande Paix), s'établirent à Nanjing et reprirent Zhan Yuan. En 1864, la dernière guerre entre l'empire Taiping et l'empire Qing provoqua la destruction du jardin.

Zhan Yuan a depuis fait l'objet de trois restaurations. La dernière date de 1960. Chapeauté par Liu Dunzheng, le projet réinterpréta le plan historique plutôt qu'il ne le suivit à la lettre. La forme de l'étang fut rendue plus « naturelle » et des plantes persistantes furent ajoutées. Les restaurations conférèrent à Zhan Yuan un style typique de la région de Jiangnan, mettant ainsi en valeur l'aspect naturaliste du site.

À l'est se trouve le Musée historique de Taiping Tianguo qui abrite de nombreuses reliques de ce sanglant épisode. Le jardin situé à l'ouest abrite des montagnes miniatures artificielles, l'un des deux seuls vestiges hérités de la dynastie Ming (le second étant une vieille glycine). Les montagnes sont composées d'un empilement de roches de Tai Hu insolites et abritent d'anciens pins aux troncs inclinés ; elles offrent l'une des vues les plus prestigieuses sur Zhan Yuan. Admirez également les autres roches isolées, comme celles de l'entrée, réputées pour leurs formes uniques. Zhan Yuan mêle à la fois le neuf et l'ancien, le calme et la violence, le tangible et l'intangible. LG

Zhuo Zheng Yuan

Chine

CRÉATEURS : Wang Xianchen, Wang Xinyi, Zhang Luqian
PROPRIÉTAIRE : État chinois
STYLE : classique (XVIe, XVIIe et XIXe siècles)
SUPERFICIE : 6,5 ha
CLIMAT : subtropical humide
SITUATION : Suzhou, Jiangsu
TRADUCTION : jardin de la Politique des Humbles

Ce vaste jardin, appelé jardin de la Politique des Humbles (ou de l'Humble Administrateur), aurait coûté le prix d'un bateau chargé d'argent et nécessité seize ans de construction. Jardin le plus étendu de Suzhou, il fut érigé en 1513 par le censeur impérial Wang Xianchen après sa démission et son retour dans sa ville natale.

Embelli par les propriétaires successifs, le jardin arbore aujourd'hui un style caractéristique de l'époque Ming, simple, naturel et élégant, avec des scènes de paysages sauvages. La plupart de ses bâtiments principaux sont construits au bord de l'eau, voire sont en partie immergés. C'est depuis le pavillon Yihong, au centre du jardin, que l'on obtient la plus belle vue sur le jardin paysagé.

La partie centrale du jardin est remplie d'arches et de ponts en dalles de pierre, de saules pleureurs et d'étangs, agencés comme une peinture chinoise traditionnelle. Les visiteurs apprécieront le hall aux Dix-Huit Camélias situé à l'ouest du jardin qui possède sa propre cour et abrite dix-huit variétés différentes de camélias, ainsi que le petit pavillon aux Vagues Bleues entouré d'eau. Les couloirs y menant donnent l'illusion d'une cour sur l'eau. Non loin de là se trouve le Petit Arc-en-Ciel volant, le seul pont couvert des jardins de Suzhou. Son reflet dans l'eau ressemble à un arc-en-ciel, ce qui explique son appellation. SY

À DROITE La plupart des bâtiments de Zhuo Zheng Yuan sont construits au bord de l'eau, voire même sur l'eau.

Yu Yuan

Chine

CRÉATEURS : Pan Yunduan, Zhang Nanyang
PROPRIÉTAIRE : État chinois
STYLE : classique (XVIe siècle)
SUPERFICIE : 2 ha
CLIMAT : subtropical humide
SITUATION : Shanghai
TRADUCTION : jardin du Contentement

Au cœur de Shanghai, dans un quartier d'affaires animé appelé Cheng Huang Miao (temple de la Cité de Dieu), se niche un petit coin tranquille : Yu Yuan, le jardin du Contentement. L'histoire de ce jardin remonte à plus de quatre cents ans lorsqu'un dignitaire Ming, Pan Yunduan, entreprit sa construction pour son père à la retraite et ancien ministre à la cour des Ming. En tant que propriété d'une famille cultivée, puissante et nantie, Yu Yuan fut aménagé avec goût et intelligence pour devenir l'un des plus beaux jardins de Shanghai. À la fin du XIXe et au début du XXe siècle, Yu Yuan fut assiégé et détruit par les seigneurs de la guerre. Fort heureusement, l'aménagement du site restauré, qui fait aujourd'hui la moitié de sa superficie originelle, est conforme à celui voulu par Yunduan.

En pénétrant dans le jardin par le sud, vous traversez un vaste hall puis un ensemble de montagnes artificielles conçues par Zhang Nanyang, le maître de la création des jardins dans la Chine des Ming. Les montagnes miniatures créent des chemins en labyrinthes menant à un pont jeté au-dessus de l'eau et à un pavillon en forme de montagne. Ailleurs, le jardin est divisé et structuré par des murs incurvés, de l'eau, des collines, des arbres et des bâtiments. Ses sentiers qui semblent interminables convergent au pied des principales curiosités du jardin, comme le mur du Dragon et l'énorme rocher extrait du lac Tai Hu.

Souvent assimilé aux jardins de Jiangnan (région située au sud-est de la Chine), Yu Yuan est pourtant moins étendu et plus décoré que ceux-ci. LG

Xihu

Chine

CRÉATEURS : Bai Juyi, Su Shi
PROPRIÉTAIRE : État chinois
STYLE : classique (IXe et XIe siècles)
SUPERFICIE : 6 004 ha
CLIMAT : subtropical humide
SITUATION : Hangzhou, Zhejiang
TRADUCTION : lac de l'Ouest

Xihu, le lac de l'Ouest, a servi de modèle et a inspiré les créateurs de paysages chinois pendant plus de dix siècles, sans jamais être égalé.

Lagon dans un premier temps devenu lac par la suite, Xihu a vu sa forme évoluer au gré des transformations opérées par la nature et par l'homme. Aux IXe et XIe siècles, Bai Juyi et Su Shi, deux poètes majeurs des dynasties Tang et Song, étaient gouverneurs de Hangzhou. Ils constatèrent qu'une partie du lac se transformait peu à peu en marécage ; ils firent donc extraire la boue pour constituer deux digues et bâtirent des ponts bordés de saules et d'autres arbres. Les deux digues nommées Bai Di (chaussée de Bai) et Su Di (chaussée de Su) devinrent bientôt des voies fréquentées et des lieux touristiques.

Aujourd'hui, le site de Xihu inclut le lac de 567 ha, les montagnes et collines environnantes et les quelque cent jardins et scènes paysagées disséminés dans le paysage. En empruntant le circuit autour du lac et les chaussées, vous obtiendrez une vue magnifique sur les jardins, les célèbres Dix Scènes de Xihu, dont les noms évocateurs vous donnent de bonnes indications sur ce que vous allez voir. Les Dix Scènes sont les suivantes : *Coucher de lune sur lac calme*, *Neige fondue sur pont cassé*, *Concert des loriots dans les saules ondulants*, *Cloche nocturne dans la montagne du sud*, *Lumière de coucher du soleil au pic du Tonnerre*, *Reflets de la lune dans les trois bassins*, *Observation des poissons au port des fleurs*, *Aube printanière sur la digue Sudi*, *Pics dans les nuages* et *Lotus dans la brise du jardin tortueux*.

Au milieu du XVIIIe siècle, l'empereur Qianlong fut si impressionné par ces Dix Scènes lors d'une visite effectuée à Xi Hu qu'il les fit reproduire dans son jardin impérial, Yuan Ming Yuan, et ordonna la construction d'un lac identique quoique plus petit, Kunming Hu, dans son palais d'été. LG

Guo Zhuang

Chine

CRÉATEUR : inconnu
PROPRIÉTAIRE : État chinois
STYLE : classique (XIXe siècle)
SUPERFICIE : 1 ha
CLIMAT : subtropical humide
SITUATION : Hangzhou, Zhejiang
TRADUCTION : villa de Guo

Partie intégrante du site paysagé de Xi Hu (lac de l'Ouest), Guo Zhuang est le plus beau jardin traditionnel privé encore existant de Hangzhou. Son environnement et l'agencement ingénieux en font l'un des chefs-d'œuvre paysagés de Jiangnan (région en aval du fleuve Yangzi Jiang au sud-est de la Chine).

Si vous longez la haie de bambous située à l'entrée, vous serez surpris de tomber sur un étang carré dont la taille semble plus importante qu'elle ne l'est en réalité en raison de l'étroitesse de l'entrée. Cette illusion d'optique marque le début d'une longue série. En vous promenant le long de la rive ou du couloir abrité, serpentant parmi les amas rocheux et les plantations, vous verrez une porte en forme de lune derrière laquelle se trouve le splendide lac Xihu. Le jardin joue avec les alternances d'espaces étroits, fermés et ouverts. L'eau constitue l'élément clé du site.

Le lac Xihu est bordé de deux superbes « jardins » d'eau. Du premier, un étang presque carré ceinturé d'arbres, émane un fort sentiment de calme et de simplicité. Le moins grand des deux est plus intime ; il est orné d'arbres en fleurs, et des buissons recouvrent ses berges caillouteuses. Les deux jardins sont à la fois reliés et séparés par la maison de thé Liang Yi Xuan, ou belvédère des Deux Biens, depuis laquelle on jouit d'une vue imprenable.

Juxtaposant avec adresse l'ombre et la lumière, les courbes et les lignes droites, le yin et le yang, le jardin de Guo Zhuang incarne à merveille la sagesse chinoise du tao ainsi que la Voie de la Nature. LG

Xianggang Gong Yuan

Chine

CRÉATEURS : conseil municipal, Royal Hong Kong Jockey Club
PROPRIÉTAIRE : État chinois
STYLE : parc paysager public (XXe siècle)
SUPERFICIE : 8,1 ha
CLIMAT : subtropical humide
SITUATION : Hong Kong
TRADUCTION : parc de Hong Kong

Le quartier abritant Xianggang Gong Yuan ou parc de Hong Kong compte parmi les secteurs immobiliers les plus onéreux du monde. Le parc fut ouvert au public en 1991. Il fut conçu comme un microcosme de l'Univers, avec une enfilade de scènes que l'on découvre en se promenant dans les sentiers sinueux bordant les lacs. Il abrite de nombreux jardins paysagers, des cascades, une volière de la forêt pluviale ainsi que des serres. Depuis une entrée de la route des Cotonniers, vous gravissez un escalier de briques blanches flanqué de lampes et de jardinières garnies de plantes persistantes et luxuriantes. En haut des marches, le jardin déploie son paysage parfaitement orchestré composé de lacs, de ruisseaux, de prairies et de plantations. Y poussent des arbres tels que le banian de Malaisie *(Ficus microcarpa)*, ou encore l'arbre aux tulipes *(Bauhinia tomentosa)*, des érythrines, des rince-bouteilles et du houx *(Ilex rotunda)*.

Les sphères taillées de *Berberis* violacés et de troènes de Californie dorés (*Ligustrum ovalifolium* 'Aureum') sont adoucies par des bosquets de rhododendrons nains aux couleurs chatoyantes et des palmiers royaux *(Roystonea regia)*, créant des compositions dignes des peintures chinoises. Des roches introduites dans la colline forment une cascade de montagne se jetant dans un bassin aux fontaines dansantes. Certains bassins sont remplis de lotus et de nénuphars tropicaux, avec des iris violets et des *Thalia* sur les berges. Un espace protégé abrite des libellules et l'on trouve même un jardin de tai-chi. EH

Changdeokgung

Séoul, Corée du Sud

CRÉATEUR : inconnu
PROPRIÉTAIRE : État de Corée du Sud
STYLE : aménagé (XVe et XVIIe siècles)
SUPERFICIE : 32 ha
CLIMAT : continental à étés chauds
SITUATION : Séoul
TRADUCTION : palais de la Prospérité

Comme n'importe quelle ville moderne, Séoul possède son lot de gratte-ciel à l'architecture fade. Cependant, quelques sites d'époques reculées subsistent encore, pour qui sait où regarder.

Le palais royal de Changdeokgung fut érigé en 1405 puis reconstruit au XVIIe siècle. C'est au cœur du domaine qu'est niché le Piwon, ou jardin Secret, une retraite boisée réservée à la seule famille royale et aux concubines du roi lors de la dynastie Yi. Vous devez vous joindre à une visite guidée afin de voir les jardins. Les hauts murs en pierre du palais parviennent à isoler du brouhaha provoqué par la circulation dans Séoul. Le chant ininterrompu des cigales donne davantage l'impression de se trouver en pleine campagne plutôt qu'au cœur d'une métropole.

Le Piwon est l'un des meilleurs exemples d'aménagement de paysage naturel traditionnel coréen. Ne manquez pas le genévrier chinois vieux de sept cents ans et déclaré monument national, et son acolyte, qui serait vieux de mille ans. Admirez également les pavillons de plaisance et les élégants ponts en pierre qui enjambent les bassins paisibles. L'Arche de la Longévité est une étonnante œuvre d'ingénierie sculptée provenant d'un unique bloc de pierre. Les visiteurs de printemps profitent des cerisiers en fleur ; à l'automne, les érables se parent de leur robe rouge, jaune et brune, et de toutes les teintes intermédiaires. Même au cœur des étés coréens chauds et humides, le jardin demeure un havre de paix préservé des bruits de la ville. SA

Arboretum de Chollipo

Corée du Sud

CRÉATEUR : Min Pyong-gal
PROPRIÉTAIRE : Min Pyong-gal
STYLE : arboretum (XXe siècle)
SUPERFICIE : 65 ha
CLIMAT : continental ; été chaud
SITUATION : Taean-Gun, Ch'ungch'ŏng-Namdo

L'histoire de l'arboretum de Chollipo commence par l'achat fortuit d'une maison à flanc de colline située sur la côte, à 192 km au sud-ouest de Séoul. Le site abrite aujourd'hui l'une des plus belles collections de magnolias du monde, de nombreuses espèces de houx et de plantes persistantes, ainsi que des tapis de fleurs sauvages printanières.

L'arboretum est l'œuvre de Min Pyong-gal, connu sous le nom de Carl Ferris Miller, un Américain qui travailla en Corée comme interprète pour la Marine américaine après la Seconde Guerre mondiale. Il décida de s'établir en Corée en 1947 puis en devint citoyen. Il acquit le site originel de Chollipo des mains d'un vieil homme désespéré de vendre. Le site s'est vu rapidement doté de dunes de sable et de leur flore tandis que les étangs qui abritaient des rizières se remplissaient d'espèces florales aquatiques. Plus de mille huit cents magnolias, ainsi que des hépatiques, des iris et des corydales ont été plantés.

Dans cette partie du monde, les marées sont impressionnantes et peuvent accuser des variations de 10 m, permettant aux visiteurs de marcher à marée basse jusqu'à une île proche du littoral. Sur la terre ferme, la Grande Vallée s'élève à 120 m et abrite des fleurs et des arbustes sauvages de Corée.

L'arboretum est intégralement financé par Min Pyong-gal : « En tant que citoyen naturalisé coréen, c'est ma contribution envers mon pays d'adoption. J'envisage l'avenir non pas sur vingt-cinq ou trente ans mais sur deux cents ans, lorsque je serai mort et que les plantes me survivront. » SA

Kenroku-en

Japon

CRÉATEURS : famille Maeda
PROPRIÉTAIRES : famille Maeda
STYLE : jardin promenade (XVIIe-XIXe siècle)
SUPERFICIE : 11,4 ha
CLIMAT : subtropical humide
SITUATION : Kanazawa, Ishikawa

Le nom Kenroku-en signifie le jardin aux Six Qualités ; ces six qualités sont le caractère spacieux, l'isolement, l'intention artistique, l'ancienneté, l'eau abondante et les panoramas prodigieux. Ce jardin luxueux possède toutes ces caractéristiques, bien que l'isolement soit parfois contesté du fait de l'attrait touristique du site. Le jardin fut ouvert au public à la fin du XIXe siècle et fut officiellement reconnu pour la beauté de ses paysages en 1922.

Kenroku-en fut aménagé comme jardin attenant au château de Kanazawa, pendant deux cents ans, du XVIIe au XIXe siècle. Le jardin avait pour objectif d'offrir au promeneur une myriade de panoramas qui évoqueraient le paysage naturel du Japon. Le site comprend ainsi deux vastes étangs et un ruisseau, bordés d'iris et de cerisiers disséminés ailleurs dans le jardin. Différents ponts traditionnels en bois et en pierre enjambent les pièces d'eau tandis qu'une composition de pierres de gué représente une oie en train de voler. Sur les rives du pont de Brume se trouve la célèbre lanterne à pieds courbes *kotoji*, nommée d'après le chevalet supportant les cordes de la harpe japonaise, appelée *koto*. Le jardin abrite la plus ancienne fontaine du Japon datant de la dernière moitié du XVIIIe siècle. Elle produit un jet d'eau pouvant atteindre 3,5 m de haut, une caractéristique rarissime dans un ensemble traditionnel japonais. JR

À DROITE À Kenroku-en, un système d'attaches élaboré évite la rupture des branches sous le poids de la neige.

Kairaku-en

Japon

CRÉATEUR : Tokugawa Nariaki
PROPRIÉTAIRE : État japonais
STYLE : jardin promenade (XIXe siècle)
SUPERFICIE : 12,7 ha
CLIMAT : subtropical humide
SITUATION : Mito, Ibaraki
TRADUCTION : Parc que l'on doit apprécier ensemble

Lorsque Tokugawa Nariaki, seigneur féodal de Mito dans la préfecture d'Ibaraki, construisit lui-même une splendide villa de trois étages au milieu du XIXe siècle, il créa également un jardin à partager avec les habitants de Mito. C'est à cette idée novatrice que l'on doit le développement des parcs publics au Japon.

Tokugawa Nariaki aménagea l'espace environnant selon le style *shakkei*, fit du lac Senba le point central du jardin, planta des bois de cèdres, une bambouseraie et trois mille pruniers de cent variétés différentes autour de sa maison baptisée Kobuntei (d'après un mot ancien signifiant « prune »). Il planta des pruniers afin que les habitants puissent profiter de leurs floraisons et se nourrir des fruits en période de famine. À la fin du mois de février et en mars, Kairaku-en accueille Ume Matsuri, un festival de la prune où les visiteurs viennent admirer les fruitiers et pique-niquer sous les arbres. Vêtues de kimonos roses, rouges et blancs, couleurs des fleurs, dix hôtesses accueillent les visiteurs et encadrent une exposition de bonsaïs pruniers. Au printemps, c'est au tour des cerisiers de fleurir tandis qu'en mai, le jardin est recouvert d'azalées roses et pourpres. À la fin de l'année, les érables revêtent des teintes orange et écarlates.

Ne manquez pas de visiter la villa traditionnelle Kobuntei avec ses tatamis et ses paravents coulissants ornés de peintures représentant des prunes, des cerises, des azalées et des érables. Depuis l'étage supérieur, le visiteur dispose d'une vue générale sur le lac Senba. L'esprit de Nariaki plane au-dessus du site. SG

Ambassade du Canada

Tokyo, Japon

CRÉATEUR : Moriyama & Teshima Planners Limited
PROPRIÉTAIRE : ambassade du Canada
STYLE : moderne (XXe siècle)
SUPERFICIE : 0,6 ha environ
CLIMAT : subtropical humide
SITUATION : Tokyo

Le cahier des charges était de créer un jardin pour l'ambassade du Canada à Tokyo symbolisant les grands espaces sauvages du Canada tout en plaisant au peuple japonais. Le résultat est un véritable tour de force.

Le bâtiment de huit étages est séparé en deux, horizontalement, au quatrième étage, où se situe le jardin. Les trois étages inférieurs sont loués en tant que bureaux tandis que les quatre étages supérieurs abritent l'ambassade. Un Escalator extérieur emmène tous les mois des milliers de visiteurs jusqu'au hall du quatrième étage. Visible depuis les façades en verre, le jardin du Canada encercle le hall sur trois côtés.

Sur le premier côté figure une représentation du paysage accidenté du Bouclier canadien, vaste région de roches précambriennes couvrant la majeure partie du Canada, en forme de fer à cheval ou de bouclier de guerrier. Forêts, lacs, rivières et montagnes sont représentés tandis que des formations composées de pierres matérialisent les Rocheuses. Une sculpture en bronze symbolisant les liens entre le Canada et le Japon émerge d'un paisible bassin. Le bouclier plonge ensuite sous de l'eau incarnant le Pacifique ; des pierres de gué émaillent le passage, reliant ainsi les deux cultures géographiquement éloignées. Le sentier traverse un portail en pierre pour conduire à un jardin traditionnel japonais.

Chaque jour, des centaines d'employés de Tokyo déjeunent ici, au calme. Le jardin évoque plus que la simple rencontre de deux cultures et manifeste leurs différences d'une manière typiquement japonaise. SG

Kokyo Higashi Gyoen

Tokyo, Japon

CRÉATEUR : inconnu
PROPRIÉTAIRE : Palais impérial, Tokyo
STYLE : moderne du XXe siècle
SUPERFICIE : 101,2 ha
CLIMAT : subtropical humide
SITUATION : Tokyo
TRADUCTION : Jardin oriental du Palais impérial

Ce jardin reflète les divers visages du Japon et de son empereur. Les shoguns de Tokugawa ont gouverné jusqu'au XIXe siècle. Lorsqu'ils furent renversés, la capitale fut transférée à leur ancien siège d'Edo, rebaptisé Tokyo. L'empereur fit construire une résidence sur les terres du château d'Edo, qui fut bombardée lors de la Seconde Guerre mondiale. En 1968, un nouveau palais vit le jour, et les jardins aménagés sur le site de l'ancien château furent accessibles aux habitants de Tokyo.

Ces jardins sont une splendeur. Chaque buisson d'azalées est taillé au sécateur en forme de dôme et tous les arbres, les conifères et espèces du genre *Acer* sont taillés en forme de nuage chaque année par une équipe de jardiniers qui enlèvent à la main les épines et brindilles pour obtenir un feuillage parfait.

Mais ce que tout le monde cherche à voir, c'est *sakura*, la floraison des cerisiers. Les médias relaient l'événement dans chaque province, à commencer par Okinawa en février. La floraison des cerisiers à Tokyo, à la fin du mois de mars, coïncide avec un jour férié. Toute la population semble alors s'être donné rendez-vous dans le Jardin oriental et les douves du palais pour célébrer cette fête par un *hanami*, une fête destinée à admirer les fleurs. La variété la plus célèbre est celle du *Prunus x yedoensis* 'Somei Yoshino', qui produit des fleurs uniques, d'un blanc immaculé, et dont les branches nues sont ornées d'un œil rose. Lorsque les pétales commencent à tomber, l'arbre se pare de blanc pour quelques jours, symbolisant ainsi la beauté éphémère et de la brièveté de la vie. SG

Adachi Bijutsukan

Japon

CRÉATEUR : Kinsaku Nakane
PROPRIÉTAIRE : Zenko Adachi
STYLE : jardin arboré et rocheux (XXe siècle)
SUPERFICIE : 4,3 ha
CLIMAT : subtropical humide
SITUATION : Yasugi, Shimane
TRADUCTION : Jardin du musée d'Art d'Adachi

Observer les jardins du musée d'Art d'Adachi est comme dérouler un parchemin. Les différentes parties se révèlent au fur et à mesure depuis les fenêtres de l'étage inférieur du bâtiment qui délimitent le cadre de véritables tableaux vivants. Bien que le musée d'Adachi abrite une somptueuse collection de peintures, ces dernières ne figurent pas dans la partie du bâtiment d'où est visible le jardin et ne lui font donc pas concurrence.

Une enfilade d'espaces paysagés, en particulier de larges étendues de gravier blanc aux pins taillés, un jardin de mousses, un bassin informel bordé de belles roches ainsi que des azalées entourent sans discontinuité le musée. En forme de creux, la magnifique pelouse semble se déverser dans une mer de gravillons immaculés. Haute de 15 m et cernée de pins et d'érables, la cascade de la Tortue et de la Grue emmène le visiteur au cœur du paysage montagneux japonais.

Une fenêtre en particulier offre un angle de vue imprenable. Le jardin se dessine clairement, avec un tronc d'arbre fourchu au premier plan, la courbe inclinée d'une pelouse avec des bosquets d'azalées et des rochers au centre, et des montagnes au loin : une authentique sérigraphie japonaise. D'après le mécène du jardin, Zenko Adachi : « Le travail de paysagiste ne peut être effectué par une seule personne. Un excellent jardin ne peut être réalisé qu'avec l'aide d'une équipe de jardiniers expérimentés. » Une simple visite ici montre qu'il avait parfaitement raison. JR

Koraku-en

Japon

CRÉATEUR : Ikeda Tsunamasa
PROPRIÉTAIRES : famille Ikeda
STYLE : jardin promenade du XVIIe siècle
SUPERFICIE : 13,3 ha
CLIMAT : subtropical humide
SITUATION : Okayama, Okayama
TRADUCTION : jardin du Plaisir dernier

Le vaste jardin paysagé de Koraku-en se situe sur la rive nord de la rivière Asahi, face au château d'Okayama figurant sur de nombreuses reproductions du jardin. La création du jardin remonte à 1687 ; au cours des deux cents années qui suivirent, il fut entretenu par une seule et même famille aristocratique.

Le jardin possède un grand lac central, l'étang Marécageux, qui abrite trois îles censées évoquer l'environnement du lac Biwa, près de Kyoto. Une colline artificielle, la montagne du Cœur solitaire, s'élève depuis la pelouse, derrière la rive du lac. Elle est recouverte d'azalées délicatement taillées. La colline offre d'excellents panoramas sur les pelouses et l'environnement en contrebas. Des bosquets d'érables, de cerisiers et de pins taillés parsèment le jardin qui abrite également une petite plantation de thé et une rizière aménagées selon le style chinois traditionnel.

En plus du bassin central, l'eau est présente sous la forme de ruisseaux sinueux ; vous aurez peut-être l'occasion de voir des jardiniers nettoyer les galets dans les pièces d'eau à l'aide de tiges de bambou afin d'enlever les éventuelles pousses d'algues. L'un des ruisseaux traverse même un pavillon ouvert où l'on tenait jadis des concours de poésie : chaque invité devait écrire un poème avant que la tasse de vin de riz flottant sur l'eau ne repasse devant lui. Le site dispose également d'un espace semé d'iris visibles de l'autre côté d'un pont de bois en zigzag. Pour résumer, ce vaste et agréable domaine vous procure une foule de divertissements. JR

Nunobiki Hābu-en

Japon

CRÉATEUR : Seiko Hirota
PROPRIÉTAIRE : parc des Herbacées de Nunobiki
STYLE : japonais, européen du XXe siècle
SUPERFICIE : 16 ha
CLIMAT : subtropical humide
SITUATION : Kōbe, Hyōgo
TRADUCTION : jardin d'herbes de Nunobiki

Un téléphérique vous emmène sur la colline depuis Kōbe, la ville des gratte-ciel, traversant les terrasses de plantations et d'herbes. Perchée au sommet de la colline se trouve la maison de repos Tenbou ; ses terrasses vous offrent des vues imprenables sur les environs et, sous vos pieds, de minuscules feuilles de menthe *(Mentha requienii)* poussant entre les pavés de pierre rectangulaires embaument l'atmosphère. En contrebas, les géraniums abondent et se détachent des gratte-ciel et du port de Kōbe visibles au loin.

Les couleurs, chatoiements et fragrances sont perceptibles toute l'année et, si vous le souhaitez, vous pouvez marcher jusqu'à K¯obe terrasse après terrasse ou emprunter le parcours de randonnée afin d'admirer les étendues de verdure magnifiquement entretenues. Sur le large sentier, une grande boucle abrite le jardin de lavandes au style provençal. On y trouve de vastes buissons kaléidoscopiques de sauges sclarées, des violacées aux feuilles sombres en passant par les bicolores, les roses, les rouges ou les jaunes. Quelques marches bordées, simplement mais non sans audace, de grandes camomilles touffues *(Tanacetum parthenium)* et de coquelicots *(Papaver rhoeas)* vous mènent à un jardin expérimental. À l'intersection de deux chemins, un jardin culinaire se distingue en raison de sa petitesse et de son caractère ornemental. Un conseil : ne manquez pas les grands andains de tournesols en août, le sentier boisé conduisant au jardin de fleurs sauvages ainsi que le jardin d'herbacées japonaises. CH

Daisen-in

Japon

CRÉATEUR : Kogaku Sōkō
PROPRIÉTAIRE : temple de Daitoku-ji
STYLE : jardin de pierres sec du XVIe siècle
SUPERFICIE : 0,01 ha
CLIMAT : subtropical humide
SITUATION : Kyoto, Kyōto
TRAD. : grand temple des Ermites

Daisen-in reflète un tournant dans l'histoire du Japon. Jusqu'au XIIe siècle, le Japon était dirigé par des aristocrates courtois, éduqués et romantiques. Les shoguns, qui usurpèrent le pouvoir à la noblesse, n'avaient pas de temps à perdre dans les promenades élégantes et relaxantes. Ils étaient frugaux et cultivaient des jardins plus petits, urbains et empreints de l'esprit de la nouvelle religion de Chine : le bouddhisme zen.

Le jardin de Daisen-in est trop petit pour s'y promener ; il faut l'explorer dans son imagination. Il évoque une allégorie de la vie représentée par une rivière de sable blanc. Le jardin entoure les quartiers du grand prêtre sur trois côtés en commençant par l'angle nord-est, d'où il émerge d'une ravine symbolisant la vérité, source de la vie. La rivière serpente jusqu'au sud, longe les roches du Désarroi et franchit la barrière du Doute et de la Contradiction. Là, une petite tortue de pierre symbolisant le chagrin tente vainement de nager contre le courant et de retourner vers le passé. Notez aussi le bateau du Trésor, en pierre, dépourvu d'étrave. Il ne va pas de l'avant, mais suit le courant, profitant du présent et chargé des trésors de l'expérience que sont les joies et les déceptions de la vie. La rivière se déverse enfin dans une mer de sable, l'océan du Vide, pour parvenir à la paix éternelle du paradis.

Les façades des quartiers du prêtre sont décorées de représentations monochromes d'ermites érudits et du monde naturel. Découvrir ce jardin, c'est un peu comme entrer dans ces lavis à l'encre qui dépeignent la vie du XVIe siècle. SG

Entsu-ji

Japon

CRÉATEUR : inconnu, probablement le moine Gyokuen
PROPRIÉTAIRE : État japonais
STYLE : jardin d'un temple japonais (XVIIe siècle)
SUPERFICIE : 0,1 ha
CLIMAT : subtropical humide
SITUATION : Iwakura, Kyōto
TRADUCTION : lieu de Prière de la Grande Montagne triste

Ce petit jardin contemplatif qui abrite l'un des plus beaux exemples de *shakkei*, ou paysage emprunté, est une composition de roches et de mousses merveilleusement équilibrée. Symbolisant des collines au milieu d'une rivière, les roches sont composées de pierres basses et de deux affleurements rocheux naturels posés sur un tapis vallonné de mousses. Les pierres basses sont disposées en forme de vaguelettes montrant ainsi que la rivière coule de gauche à droite.

Une haie taillée sert de toile de fond à la composition et forme la partie inférieure du « cadre » dévoilant le mont Hiei visible à 6 km. Situés entre le jardin et la montagne, cyprès et pins délimitent les autres côtés de ce paysage, bien qu'il soit probable que ces arbres n'existaient pas lors de la création du jardin.

D'aucuns pensent également que le *shoin* d'Entsu-ji, soit le bâtiment principal, faisait autrefois partie d'un palais impérial. L'empereur Go-Mizuno-O construisit de nombreuses villas de campagne au XVIIe siècle, y compris une sur ce site. Lorsqu'en 1659 ce dernier s'établit dans les villas des environs de Shugaku-in qui bénéficiaient d'un meilleur approvisionnement en eau, Entsu-ji se transforma en couvent et c'est sans doute de cette époque que date le jardin.

Entsu-ji témoigne du caractère minimaliste du jardin zen mais demeure néanmoins un bon exemple de la profusion de styles issus de la période Edo (1603-1867). Les façades austères de Ry¯oan-ji (voir p. 792) ont laissé la place à des haies taillées et le sol est aujourd'hui recouvert de mousses au lieu de gravier. PCa

Byōdō-in

Japon

CRÉATEUR : Fujiwara Yorimichi
PROPRIÉTAIRE : ville de Kyoto
STYLE : jardin japonais de style Terre pure (XIe siècle)
SUPERFICIE : 2 ha
CLIMAT : subtropical humide
SITUATION : Uji-shi, Kyōto
TRADUCTION : temple de la Cour

Inscrit sur la liste du Patrimoine mondial de l'Unesco en 1994, le temple de Byōdō-in est un jardin de monastère dédié au culte du Bouddha Amida (Amitabha). Il fut conçu afin de recréer le paradis sur la terre et fait figure de plus bel exemple de jardins de la Terre pure (un style en vogue durant la période Heian, entre 794 et 1192) encore visibles. Seul Byōdō-in offre la possibilité d'admirer un bâtiment d'origine Heian positionné, comme prévu, en face d'un étang.

Le bâtiment et les pavillons sont reliés par des couloirs couverts ; ils furent édifiés au début du XIe siècle par Fujiwara Michinaga comme partie intégrante d'une résidence de campagne. Le jardin fut réagencé en 1053 par son fils Yorimichi qui fit ajouter le hall Amida, plus communément appelé le hall du Phénix, ou Hou-do. Chose peu surprenante, le style architectural de cette structure bouddhiste, conçue pour soutenir la statue d'Amitabha Tathagata, est chinois. Mais son emplacement près de l'étang ainsi que les pavillons ajoutés sont typiquement japonais.

Le jardin est un chef-d'œuvre de beauté naturelle. Les reflets du bassin Ajiike situé en face du hall Amida donnent au bâtiment l'impression de flotter. L'étang comporte un *suhama*, ou plage de pierre, imitant la rive de la rivière Uji. L'ensemble – le jardin, les ponts, l'étang et ses reflets, le bâtiment – vise à donner l'image de la Terre pure, les Cieux. TM

À DROITE À Byōdō-in, l'édifice est relié au jardin par un pont en arc *(soribashi)* et un pont plat *(hirabashi)*.

Tōhan Meiga no Niwa

Japon

CRÉATEUR : Tadao Ando
PROPRIÉTAIRE : ville de Kyoto
STYLE : urbain contemporain (XXe siècle)
SUPERFICIE : 0,3 ha
CLIMAT : subtropical humide
SITUATION : Kyoto
TRADUCTION : jardin des Beaux-Arts

Le jardin des Beaux-Arts a été conçu comme une structure de béton à plusieurs étages par le célèbre architecte Tadao Ando. Le site avait pour vocation d'accueillir les copies de grands tableaux du monde entier, dans un environnement extérieur. Les tableaux, huit au total, ont été reproduits par un processus photographique sur des assiettes de céramique réputées pour leur résistance à la corrosion et au vieillissement. La plupart des reproductions sont fixées sur des murs en béton, mais l'un des *Nymphéas* de Monet est placé sous la surface de l'eau dans un bassin d'eau claire.

C'est cependant l'utilisation architecturale de l'espace qui constitue la raison majeure d'une visite du lieu. Le visiteur est guidé à travers une série d'allées dans cet ensemble très contemporain de béton et de verre ; sur les trois niveaux, le promeneur peut voir et entendre une cascade d'eau depuis l'extrémité du jardin. À l'étage inférieur, le mur d'eau contraste avec les arbres situés plus haut et flanqués de poutres en béton. Un magnifique support de béton à l'étage inférieur semble avoir été inspiré par les nœuds d'une tige de bambou.

Le jardin des Beaux-Arts est un bon exemple d'un style qui débuta dans les jardins de gravier des temples zen. Il fait fusionner avec goût et adresse l'œuvre d'art et l'espace, obligeant ainsi le visiteur à reconsidérer ses idées sur ce qui constitue un jardin. JR

Konchi-in, Nanzen-ji

Japon

CRÉATEUR : Kobori Enshu
PROPRIÉTAIRE : Rinzai Zen
STYLE : jardin sec (XVIIe siècle)
SUPERFICIE : 11,3 ha
CLIMAT : subtropical humide
SITUATION : Kyoto
TRADUCTION : cottage au bord d'un ruisseau de montagne

Le temple de Nanzen-ji est un trésor de bâtiments anciens, de maisons de thé et de jardins. Dans un coin éloigné du site se trouve un joyau caché, Konchi-in. Le haut du jardin abrite un bassin scintillant grouillant de petites tortues et d'énormes carpes koï ; une petite île, dont les érables sont écarlates à l'automne, est reliée à la terre par un pont inachevé afin d'empêcher les esprits mauvais de traverser. Un sentier traditionnel bordé de lanternes en pierre longe le bassin et conduit à un *torii*, un portique de style Shinto. En aval des bambous, le sentier se durcit avant de déboucher sur la vue d'un magnifique jardin sec : Konchi-in.

Grimpez jusqu'à l'observatoire afin d'observer le jardin dont une partie est cachée par des paravents coulissants. Un océan de graviers ratissés relie la véranda à la berge. En faisant coulisser le paravent vers la gauche, vous verrez apparaître une île en forme de tortue, stable et paisible, symbolisant la sagesse et la longévité. Faites coulisser le paravent à droite et vous observerez une île verticale en forme de grue. Cette île abrite un vieux prunier au tronc tordu et couleur argent ; lors de sa floraison au printemps, cet arbre séculaire revêt son habit de jeunesse. Les fleurs s'ouvrent, flétrissent, puis les pétales tombent, aussi éphémères que la beauté. Chaque automne, un érable revêt ses atours écarlates juste derrière le tronc argenté et nous rappelle avec force le temps qui passe et le caractère fugitif de la vie. SG

Ginkaku-ji

Japon

CRÉATEUR : Soami

PROPRIÉTAIRE : établissement Sokoji-ji de l'école Rinzai

STYLE : jardins promenade et sec (XVe siècle)

SUPERFICIE : 3 ha

CLIMAT : subtropical humide

SITUATION : Temple Jisho-ji, Kyoto, Kyōto

TRADUCTION : temple au pavillon d'Argent

Inscrit sur la liste du Patrimoine mondial de l'Unesco en 1994, le jardin paysagé sec du pavillon d'Argent est énigmatique et surprenant. Ratissée en longues lignes parallèles, une plate-forme de sable blanc scintillant haute de 0,6 m côtoie un cône en sable au sommet plat d'une hauteur de 1,8 m. Il s'agit soit du mont Fuji, soit d'une montagne de riz symbole de richesse et de prospérité, soit encore d'un amas de sable utilisé pour rafraîchir la plate-forme.

Lorsque le shogun Yoshimasa fit construire le pavillon d'Argent et son jardin, il prévoyait de s'y retirer afin de fuir les guerres civiles qui ravageaient Kyoto au XVe siècle. Il rêvait d'un lieu où il pourrait passer des heures à brûler de l'encens, regarder des pièces de théâtre nō et où il pourrait écrire des poèmes avec des amis. Dans la poésie japonaise, la Lune symbolise les objectifs inatteignables et la beauté inaccessible. C'est ici, sur la véranda surplombant le « Jardin d'où l'on observe la lune », que Yoshimasa cherchait l'inspiration pour écrire. À certaines périodes de l'année, la lune s'élève au-dessus du faîte des arbres et inonde de lumière les longues lignes ratissées et le sommet plat du tumulus de sable. La lune semble alors se réfléchir dans un lac profond, éclairant de ses rayons la surface de l'eau. À la pleine lune, les rayons illuminent la totalité du pavillon d'Argent.

En réalité, le pavillon d'Argent n'est pas argenté mais simplement noir et blanc. Le shogun Yoshimasa avait prévu de recouvrir la structure de feuilles d'argent, comme son grand-père avait recouvert Kinkaku-ji de feuilles d'or, mais les émeutes civiles qui marquèrent son règne différèrent l'achèvement de la villa et les plans finaux ne furent jamais réalisés.

Notez aussi le jardin promenade de style classique qui complète le jardin sec. Vous pouvez y admirer des pruniers admirablement taillés ainsi qu'un bassin bordé d'îles en forme de grue ou de tortue, symboles de la longévité et de la permanence. SG

Tōfuku-ji

Japon

CRÉATEUR : Mirei Shigemori
PROPRIÉTAIRE : Sonoisan Said
STYLE : jardin de mousse et de gravier (XXe siècle)
SUPERFICIE : 0,7 ha
CLIMAT : subtropical humide
SITUATION : temple de Tōfuku-ji, Kyoto
TRADUCTION : jardin des Huit Points de vue (Hass no Niwa)

Le jardin du Hō-jō (hall principal) du temple de Tōfuku-ji incarne une belle interprétation moderniste des jardins de mousse et gravier entourant généralement les temples de Kyoto. Le jardin fut aménagé en 1939 par Mirei Shigemori dont l'objectif était de construire un jardin à la modernité éternelle.

Tout commence en 1938 lorsqu'un temple de l'école Rinzai de bouddhisme zen, aux ressources limitées, demanda à un paysagiste aussi pauvre qu'inconnu d'établir un plan d'aménagement du paysage environnant sur les cent prochaines années. Le supérieur religieux voyait là l'occasion de développer plusieurs jardins autour du Hō-jō, sa seule recommandation, en conformité avec la philosophie de la secte zen, étant que rien ne devait être gâché et que les vieux pavés de pierre puissent être réutilisés.

Mirei Shigemori élabora une série de chefs-d'œuvre. Au sud se trouvent quatre blocs de pierre représentant les îles des immortels, entourées de gravier, et de plusieurs motifs en tourbillons soigneusement dessinés. L'extrémité ouest du bâtiment ressemble à un échiquier de plantations composées d'azalées taillées et de gravier, inspiré des motifs de rizière présents dans le paysage. La façade nord ombragée du bâtiment abrite un motif quadrillé composé de pierres carrées et de mousses qui font la réputation du site ; c'est là que furent réinsérés les pavés de l'entrée originelle. Le jardin situé à l'est complète le circuit et se compose de pierres d'angles cylindriques issues d'un ancien temple et disposées selon l'arrangement céleste de la Grande Ourse, entourées de cercles de gravier.

L'objectif de Mirei Shigemori était de développer un ensemble contemporain, ce qu'il tenta de faire le restant de sa carrière. Pour ceux qui sont désireux de comprendre comment la composition d'un jardin peut s'inspirer du passé et le réinterpréter, ce lieu est idéal pour une première approche. JR

Katsura Rikyu

Japon

CRÉATEURS : prince Toshihito, Kobori Enshu
PROPRIÉTAIRE : famille impériale japonaise
STYLE : jardin promenade (XVIIe siècle)
SUPERFICIE : 6,5 ha
CLIMAT : subtropical humide
SITUATION : Kyoto
TRADUCTION : Palais isolé ou Villa impériale de Katsura

La Villa impériale de Katsura fut érigée au début de la période Edo en tant que résidence du prince Hachijo no Miya Toshihito. Les travaux commencèrent en 1620 et furent poursuivis par le fils de Toshihito, le prince Toshitada. La villa et le jardin furent achevés en 1645. La villa fut toujours envisagée comme résidence secondaire. Elle est célèbre pour son caractère minimaliste, parfait exemple de l'architecture de style *sukiya*. Ce qui n'a pas empêché ses occupants d'y mener une vie raffinée et luxueuse.

Comme dans de nombreux grands jardins japonais, l'espace paysagé fusionne harmonieusement avec la maison, voire s'y entremêle. Le jardin fut conçu par le prince Toshihito, aidé de Kobori Enshu, expert en thé, membre du gouvernement et créateur de jardins. Le jardin contient des représentations littéraires issues du roman favori du prince, *Le Dit du Genji*, qui évoque l'âge d'or de l'ère Heian (794-1192), six cents ans auparavant. Le jardin diffère cependant des palais Shinden de cette époque par son plan plus ramassé.

Le jardin promenade situé au sud de la villa est particulièrement complexe à cause de l'enchevêtrement des sentiers qui dévoilent des panoramas somptueux à perte de vue. Le site comprend également un lac de 1,3 ha, des plages, des pavillons, seize ponts et trois îles dont l'une représente probablement les mythiques îles des Bienheureux. En dépit de la perte d'une de ses îles et d'un long pont, le site demeure en grande partie préservé. Le jardin suit un axe sud-est au lieu d'être orienté plein sud (comme le voudraient les principes du feng shui) afin de mieux observer le lever de lune, depuis une plate-forme conçue spécialement à cet effet. Le site contient en outre une version miniature de l'Amanohashidate, l'une des vues les plus populaires du Japon.

Seule l'Imperial Household Agency délivre les autorisations, condition préalable à une visite de la villa. TM

Sanbo-in

Japon

CRÉATEURS : Toyotomi Hideyoshi, Gien Jugo
PROPRIÉTAIRE : État japonais
STYLE : jardin promenade (XVIe siècle)
SUPERFICIE : 0,5 ha
CLIMAT : subtropical humide
SITUATION : Daigo Fushimi-ku, Kyōto
TRADUCTION : maison des Trois Trésors

La richesse et le luxe qui émanent du jardin du temple plutôt extravagant de Sanbo-in le font davantage ressembler à un palais qu'à un lieu de retraite. On doit cette atmosphère envoûtante au mécène du site, Toyotomi Hideyoshi, entrepreneur insatiable qui régna sur le Japon de 1582 à 1598. Ce dernier découvrit le site en « regardant les cerisiers » et établit ses plans d'aménagement en collaboration avec le grand prêtre du temple, Gien Jugo. Le jardin se distingue par le grand nombre de roches utilisées, environ huit cents au total. Des roches rares servirent à sa création, comme la Pierre Fujita, si vénérée par les paysagistes qu'elle fut apparemment déplacée dans un autre jardin « entourée de soie, décorée de fleurs et déposée dans le jardin au son des flûtes, des tambourins et des chants des paysans ».

Le jardin, témoignage raffiné du style Momoyama, possède à la fois de vrais bassins et un *karesansui*, ou jardin paysagé sec, dans lequel l'eau est symbolisée. Les bassins et le jardin sont conçus pour être vus en se promenant le long des sentiers de gravier, bien que, par le passé, les visiteurs aient pu observer le jardin en étant sur l'eau. L'île située au centre du grand bassin, avec ses cascades à l'arrière-plan, est le point d'orgue du site. Admirez aussi le pont gazonné enjambant le bassin qui semble légèrement disproportionné, ainsi que les deux étonnants parterres de mousse entourés de gravier blanc représentant une calebasse et une tasse de saké. Les parterres furent apparemment créés pour un événement floral en 1598. PCa

Jojakko-ji

Japon

CRÉATEUR : inconnu
PROPRIÉTAIRE : temple de Jojakko-ji
STYLE : jardin promenade (XVIIe siècle)
SUPERFICIE : 0,8 ha
CLIMAT : subtropical humide
SITUATION : Kyoto
TRADUCTION : temple de la Terre pure éternelle

Kyoto était destinée à devenir une capitale. Ses rues principales furent aménagées au VIIIe siècle selon un plan quadrillé, à l'intérieur d'une cuvette naturelle entourée de montagnes. Les portes de la ville furent disposées conformément aux lois de la géomancie, et les temples furent érigés dans les collines boisées afin d'être en communion avec les esprits naturels.

Niché au cœur des bambouseraies qui recouvrent les versants du mont Ogura, à l'ouest de Kyoto, s'élève Jojakko-ji. Il fut construit en 1640 pour le prêtre Nisshin en guise de maison de retraite. Il fut transformé en temple après sa mort et fut rebaptisé Jojakko. Le jardin du temple est accessible via une porte traditionnelle en chaume conduisant à une enfilade de marches en pierre flanquées de deux statues assises ; une petite chapelle située à mi-chemin offre quelques bancs pour se reposer. Sur un côté, les marches sont bordées par une cascade cachée jaillissant d'une butte recouverte de mousse.

Les bâtiments du temple sont traditionnels et simples ; ils constituent une plate-forme idéale pour admirer le jardin. Ne manquez pas le petit bassin entouré de mousse et de pierres. Une autre ascension, abrupte mais courte, mène à une élégante pagode à deux étages. Le temple et son jardin rendent hommage au temps qui passe : un héritage poignant d'un prêtre âgé à ses successeurs. SG

À DROITE À Jojakko-ji, des érables aux nuances variées d'orange, de pourpre et de vermillon illuminent le jardin.

Kinkaku-ji

Japon

CRÉATEUR : Shōgun Ashikaga Yoshimitsu
PROPRIÉTAIRE : temple Shōkoku-ji
STYLE : jardin d'Éden (XIVe siècle)
SUPERFICIE : 4,5 ha
CLIMAT : subtropical humide
SITUATION : Kyoto
TRADUCTION : temple au Pavillon d'Or

Avec ses reflets dans le lac, Kinkaku-ji procure au visiteur une impression extraordinaire. Aménagé par le shogun Yoshimitsu en 1397 afin de divertir les délégations commerciales venues de la Chine des Ming, son jardin adopte un style chinois. À la mort de son créateur, le pavillon fut transformé en temple zen.

Conçu pour être regardé depuis la véranda comme un tableau en trois dimensions, le jardin encercle un lac divisé par une péninsule située au bord de la berge et recouverte de pins, créant ainsi un lac intérieur et un lac extérieur. Le premier est parsemé de roches et compte cinq îles tandis que le second, plus grand, comporte trois petites îles.

Les îles, appelées îles « Tortues », basses et plates, possèdent quatre « jambes » et une « tête ». Elles font allusion au mythe bouddhiste des Cinq Îles mystiques, dont chacune flottait sur le dos de trois tortues. Oiseaux et bêtes étaient tous blancs, les fleurs étaient parfumées, les fruits conféraient l'immortalité et les immortels qui vivaient là volaient sur le dos de grues. Mais arriva un géant au cœur mauvais qui emprisonna dans des filets six tortues, permit à deux îles de se détacher, en en laissant seulement trois sur le site.

Un sentier contourne le lac et longe la cascade de la porte du Dragon. À la base de la cascade, une pierre représente une carpe essayant de sauter dans la cascade, tel un saumon. Parvenue au niveau de la tête du dragon, elle pourra s'envoler dans son paradis. Tant pis si elle échoue. Rares sont les endroits aussi beaux que celui-ci sur terre. SG

Kōdai-ji

Japon

CRÉATEUR : Kobori Enshu
PROPRIÉTAIRE : inconnu
STYLE : jardin promenade du XVIIe siècle
SUPERFICIE : 0,8 ha
CLIMAT : subtropical humide
SITUATION : Kyoto
TRADUCTION : temple du Kōdai-in (titre de noblesse)

En 1598, à la mort de Toyotomi Hideyoshi, l'un des grands seigneurs de la guerre, sa veuve, Kita-no-Mandokoro, fit ériger le temple de Kōdai-ji pour y placer son mausolée. À la fin du XVIIIe siècle, des incendies détruisirent une grande partie du temple, mais les bâtiments qui demeurent sont bien préservés.

Kita-no-Mandokoro demanda au créateur en vogue de l'époque, Kobori Enshu, de façonner l'un des plus beaux jardins de cette période. Le visiteur se promène ainsi à travers une enfilade de couloirs et de bâtiments ravissants. En face du hall principal, un jardin de gravier austère et simple mène à un couloir surélevé et relié à un bassin pour rejoindre le Kaisan-do, ou hall du Fondateur. Des dragons à moustache tapissent les murs intérieurs du hall, montant la garde dans le couloir du Dragon allongé qui mène à Otama-ya, le mausolée de Hideyoshi et de son épouse. Son toit revêt la forme d'un casque de guerrier samouraï. Derrière se trouvent deux petits salons de thé réalisés par Sen no Rikyû. Avec son toit incurvé en forme de parasol, Kasa-tei, la maison en Parapluie, est reliée par un autre couloir à Shigure-tei, la maison de l'Averse de pluie.

De nuit, la visite du temple et de son jardin est magique. Des sons et lumières sont parfois organisés dans le jardin. Des spots balisent les couloirs et les allées, les bâtiments et les arbres sont illuminés de différentes couleurs et des lasers projettent des images sur le sable blanc et les façades du jardin Hashintei en face des quartiers du prêtre. SG

Ryōan-ji

Japon

CRÉATEUR : inconnu
PROPRIÉTAIRE : temple de Ryōan-ji
STYLE : paysage sec (XVIe siècle)
SUPERFICIE : 300 m²
CLIMAT : subtropical humide
SITUATION : Kyoto
TRADUCTION : temple paisible du Dragon

De tous les jardins paysagés secs du Japon, Ryōan-ji est le plus déroutant pour le visiteur occidental. C'est également le plus célèbre, un chef-d'œuvre abstrait de la création paysagère japonaise.

Aménagé à la fin du XVIe siècle comme un soutien à la contemplation pour l'école Rinzai du bouddhisme zen, il comprend cinq groupes de trois pierres disposés sur une mer de gravier ratissé, disséminés d'ouest en est. Toutes les pierres, excepté une, pointent vers le haut. Et toutes les pierres, excepté une, sont visibles d'où que ce soit. Le mur ceinturant le gravier a été construit à base d'argile bouillie dans l'huile ; au fil du temps, l'huile a suinté, formant ainsi des formes semblables à des photographies en train de brûler.

Les interprétations sur le sens du jardin sont légion ; d'aucuns y voient des îles, des montagnes perçant des nuages à basse altitude ou encore des bébés tigres traversant l'eau. Cependant, la plupart des experts s'accordent pour dire que le gravier représente le vide, le thème de la vacuité constituant un pilier central du bouddhisme zen. Le vide est également exprimé dans les moments de silence manifestés dans la musique traditionnelle, par la distance séparant les joueurs du théâtre Nō, et dans les espaces laissés sur un dessin à l'encre. L'objectif de ce jardin peu garni est d'encourager les spectateurs à combler le vide avec les fruits de leur imagination. Regardez les moines ratisser inlassablement les graviers blancs entre les pierres avec application et laissez la magie de Ryōan-ji s'imprégner en vous. SG

Sanzen-in

Japon

CRÉATEUR : Saicho
PROPRIÉTAIRE : préfecture de Kyōto
STYLE : jardin moussu avec bassin (XVIIe siècle)
SUPERFICIE : 0,5 ha
CLIMAT : subtropical humide
SITUATION : Ohara, Kyoto
TRADUCTION : temple de la Renaissance au Paradis

Sanzen-in est un jardin propice à la contemplation, tapissé de mousses et de verdure. Il abrite un bassin aux eaux peu profondes ainsi que le temple de la Renaissance au Paradis. Le jardin fut aménagé au cours de l'ère Edo par Saicho, le prêtre ayant introduit le bouddhisme au Japon. La partie sud-est de ce site parfaitement entretenu regorge de buissons taillés en forme de petites boules et disséminés parmi d'anciennes lanternes ou pagodes. Les contours fluctuants du jardin le font ressembler à une série de paysages miniatures. Recouvert de neige, le lieu est magique.

L'eau est omniprésente, aussi bien dans le bassin pourvu d'une île Grue et d'une île Tortue que dans la superbe cascade. La totalité du complexe contigu au temple bénéficie d'un important approvisionnement en eau, bien qu'on pense que le bassin fut construit à l'origine comme un réservoir de secours en cas d'incendie. Ce n'est qu'ensuite qu'il fut intégré au jardin.

Les plantations sont variées ; des compositions miniatures côtoient une végétation aux couleurs chatoyantes. Le degré élevé d'humidité du jardin lui assure une grande fertilité en mousses *Polytrichum commune*, les plus belles de Kyoto. Disséminés ici et là dans le jardin, les érables du Japon se balancent au gré des douces brises. À l'automne, le tapis de feuilles jonchant la mousse luxuriante semble avoir été arrangé de manière artificielle. Le jardin évoque ainsi une sorte d'éveil aux choses en lien avec la terre et le ciel. Étonnamment, les plus beaux points de vue proviennent non pas du temple lui-même mais du jardin. SY

Omotesenke Fushin-an

Japon

CRÉATEUR : inconnu
PROPRIÉTAIRE : Fondation Omotesenke Fushin-an
STYLE : jardin de thé japonais restauré (XVIIe siècle)
SUPERFICIE : 0,2 ha
CLIMAT : subtropical humide
SITUATION : Kyoto
TRADUCTION : maison de thé Omotesenke

Il s'agit ici de l'une des écoles de thé créées à Kyoto par les descendants du célèbre maître de thé Sen no Rikyû (1521-1591). Elle comprend une série de parcelles paisibles de jardin qui encadrent le *roji*, ou « chemin de rosée » menant à la maison de thé. Le jardin de thé Omotesenke est divisé en trois jardins, extérieur, intermédiaire et intérieur, séparés par des portiques que franchissent les visiteurs. Le sentier, balisé de pierres de gué naturelles, traverse le paysage sauvage jusqu'à une hutte d'ermite deux fois plus grande que la maison de thé. Le jardin est empreint du concept esthétique du *wabi-sabi* : le principe du *wabi* renvoie à la solitude et à la nature, et celui du *sabi* aux choses altérées et vieillies par le temps.

Les hôtes franchissent le portique extérieur et attendent près d'un banc avant de franchir une seconde porte dont la faible hauteur nécessite de se voûter en signe d'humilité. Ils longent ensuite le jardin intérieur avant de parvenir à la maison de thé Fushin-an. Tout est réalisé en matériaux naturels, et seuls ont été utilisés les arbres poussant de manière sauvage sur les flancs de la colline. Les plantes aux fleurs colorées ou prétentieuses sont bannies, comme celles fortement odorantes, et le sol est tapissé de mousse ou de fougères. Dans cet écrin qui semble inchangé depuis des siècles, vous aurez le sentiment que chaque panorama a été conçu pour créer une atmosphère paisible et sensible. CH

Shugaku-in Rikyu

Japon

CRÉATEUR : Go-Mizuno-O
PROPRIÉTAIRE : Maison impériale
STYLE : jardin promenade (XVIIe siècle)
SUPERFICIE : 54,3 ha
CLIMAT : subtropical humide
SITUATION : Kyoto
TRADUCTION : Villa impériale de Shugaku-in

Située sur les flancs nord du mont Hiei, Shugaku-in fut construite comme résidence estivale pour l'empereur Go-Mizuno-O, une fois à la retraite. On pratiquait l'art, la calligraphie, les cérémonies du thé et l'écriture de haïkus dans les petites villas et les maisons de thé.

Après avoir déplacé vers un autre site un monastère, les ouvriers de l'empereur érigèrent un barrage afin de créer un lac de navigation et des îles. Le jardin fut divisé en trois parties, chacune dotée de bâtiments et d'un caractère spécifiques. Depuis l'entrée inférieure de la villa, un sentier bordé de pins mène à la villa du Milieu, la résidence de la princesse Akenomiya. Des dessins de carpes ornent les portes coulissantes des pièces ; l'on peignit par-dessus des filets de pêche car, d'après la légende, les carpes s'échappaient la nuit et leur bruit empêchait la princesse de dormir.

Le sentier poursuit son ascension sur la colline, bordé de hautes haies obstruant la vue et ménageant ainsi le suspense à chaque pas. Parvenus en haut, les visiteurs peuvent observer la petite maison de thé depuis laquelle l'empereur pouvait admirer son lac, ainsi que les collines boisées et les montagnes au loin.

Le sentier descend ensuite jusqu'au lac de navigation, le bassin du Dragon qui se baigne, où des musiciens jouaient autrefois sur des bateaux-dragons. Un élégant pont traditionnel reliant deux îles se reflète dans l'eau calme. À l'automne, le lac se pare des reflets de centaines d'érables aux couleurs éclatantes. SG

Shoden-ji

Japon

CRÉATEUR : probablement Kobori Enshu
PROPRIÉTAIRE : État japonais
STYLE : jardin de temple japonais (XVIIe siècle tardif)
SUPERFICIE : 0,2 ha
CLIMAT : subtropical humide
SITUATION : Kyoto
TRADUCTION : temple des Enseignements divins

Construit à flanc de colline, ce jardin de temple zen d'une extrême simplicité, accessible par un long escalier, s'inscrit dans la tradition du jardin paysagé sec, ou *karesansui*, dans lequel l'eau et le *shakkei*, ou paysage emprunté, sont des éléments essentiels.

Le parterre rectangulaire de gravier blanc jouxte le Hō-jō, soit les quartiers du prêtre ; il est émaillé d'une série de bosquets d'azalées et de camélias taillés, appelés *karikomi*, disposés par groupes de trois, cinq et sept. Ces derniers sont mis en valeur par un mur blanc recouvert de tuiles en argile. Dans le *karesansui*, le gravier est en principe tapissé de roches tandis qu'ici, le créateur a utilisé des plantes taillées à la place des roches, ce qui ajoute encore au symbolisme. On compare souvent Shoden-ji au jardin de Ryōan-ji (voir p. 792) puisque tous deux sont des jardins zen de type *karesansui* et sont conçus pour être admirés d'un point d'observation fixe ; mais l'utilisation de plantes taillées fait ici toute la différence.

Le principe paysagé japonais du *shakkei*, où la vue est élargie à un élément situé à l'extérieur du jardin et intégré à sa composition, est ici facilité par le mur, qui fait à la fois office de séparateur et de lien avec le paysage du second plan, tout en dissimulant la ville située en contrebas. Le couronnement en tuiles du mur forme ainsi le cadre inférieur du panorama donnant sur les arbres et le mont Hiei.

Ce jardin des débuts de l'ère Edo doit sa spécificité aux éléments expérimentaux qui le distinguent des jardins japonais secs plus tardifs. PCa

Shinshinan

Japon

CRÉATEUR : Ogawa Jihei
PROPRIÉTAIRE : Matsushita Konosuke
STYLE : jardins sec et promenade (XIXe siècle)
SUPERFICIE : 0,4 ha
CLIMAT : subtropical humide
SITUATION : Kyoto
TRADUCTION : jardin de la Double Vérité

Ce jardin, conçu en 1890 pour Someya, président de l'entreprise de filature Kanegafuchi, doit son appellation Shinshinan à son propriétaire actuel. *Shin* signifie « vérité » donc *Shin Shin* signifie « vérité double ». La perfection du jardin traduit ce profond respect. Rien ne vient rompre l'harmonie. Les feuilles mortes sont ramassées chaque jour avec des baguettes, et le sable blanc est intégralement changé, lavé et épandu chaque printemps. Chaque tâche est considérée comme un plaisir et non comme une corvée ; rien ne doit distraire l'œil de la beauté ou de la vérité.

Le visiteur entre dans Shinshinan par une porte de cérémonie reconstituée à une petite échelle et dont le toit tapissé d'herbe adopte la forme d'un casque de guerrier samouraï. En signe de bienvenue, l'entrée est arrosée d'eau afin de fixer la poussière et de rafraîchir l'air. Un sentier étroit mène au jardin et à un large bassin rempli de carpes koï orange et dorées, et émaillé de pierres de gué disséminées dans l'eau. Une petite île abrite un stupa bouddhiste vieux de mille ans, entouré de pins tortueux taillés en forme de nuage et inclinés sur les berges comme s'ils se trouvaient sur une falaise balayée par le vent. Le sentier conduit ensuite le promeneur parmi les aiguilles de pin tombées au sol puis à travers les arbres jusqu'à l'angle nord-est du jardin où un petit temple de famille protège le site des esprits mauvais. Le seul bruit provient d'un ruisseau caché. Le dernier panorama est celui d'un bosquet de cèdres s'élançant vers le ciel depuis l'étendue immaculée de sable blanc ratissé. SG

Saiho-ji

Japon

CRÉATEURS : Gyoki, Muso Kokushi
PROPRIÉTAIRE : Koinzan Saiho-ji
STYLE : étang et paysage sec (XIVe siècle)
SUPERFICIE : 1,8 ha
CLIMAT : subtropical humide
SITUATION : Kyoto
TRADUCTION : Koke-dera, ou le temple de Mousse

Le temps est le véritable créateur de cet antique jardin de mousse, Saiho-ji. Parmi les plus anciens jardins encore existants du Japon, ce site paradisiaque du XIIe siècle aurait été fondé par le prêtre Gyoki, au VIIIe siècle. Au XIVe siècle, un moine et jardinier zen appelé Muso Kokushi réaménagea le jardin inférieur autour d'un étang en forme du caractère chinois *kokoro*, signifiant « cœur », et construisit le premier *karesansui*, ou jardin paysagé sec. Deux pavillons furent érigés, tous deux disparus depuis, qui inspirèrent Kinkaku-ji (voir p. 790) et Ginkaku-ji (voir p. 785).

Aujourd'hui, l'allée inférieure sillonne à travers des tapis de mousse luxuriante au pied d'arbres à feuilles persistantes, enjambe des ponts et conduit à des îles plus fraîches et touffues. La lumière filtre à travers le feuillage, scintillant sur les mousses et se réfléchissant dans l'eau. À l'automne, les érables aux couleurs incandescentes se reflètent dans le lac.

Le jardin paysagé sec supérieur est séparé du jardin naturel par une grille marquant ainsi le passage dans un monde fait par l'homme. Des roches dressées vers le ciel suggèrent les montagnes, tandis que du gravier symbolise un ruisseau menant à deux étangs. La composition est si réaliste et l'image du ruisseau si forte que des visiteurs assis sur une pierre bien particulière ont affirmé en fermant les yeux avoir eu l'impression que l'eau coulait devant eux. SG

À DROITE À Saiho-ji, même les ponts sont recouverts par la mousse luxuriante poussant au pied des arbres.

Tenryu-ji

Japon

CRÉATEUR : Muso Soseki
PROPRIÉTAIRE : préfecture de Kyoto
STYLE : jardin promenade avec étangs (XIVe siècle)
SUPERFICIE : 0,4 ha
CLIMAT : subtropical humide
SITUATION : Kyoto
TRADUCTION : temple du Dragon céleste

Connu au Japon comme le « jardin d'entre les jardins », Tenryu-ji fut aménagé sur un site qu'occupait la villa du prince impérial Kaneaki, fils de l'empereur Daigo qui régna au Xe siècle. En réalité, il devrait être appelé « jardin Tortue » (au Japon, la tortue est symbole de stabilité et de longévité).

En raison de sa silhouette en forme de carapace de tortue, la colline située derrière le temple a été baptisée montagne Tortue, les déclivités derrière la colline symbolisant la queue de l'animal. Considéré comme l'un des plus anciens de son genre, ce jardin a été pourvu d'un lac en forme de tortue afin de refléter la montagne Tortue. Le jardin doit en outre sa célébrité à ses roches et ses cascades. Ornée d'une pierre en forme de carpe, la cascade de la porte du Dragon fait partie des amas rocheux les plus spectaculaires du site. Un autre conglomérat rocheux appelé l'île des Bienheureux rassemble sept pierres verticales symbolisant les îles Mystiques des Immortels. D'aucuns affirment qu'il s'agit de la composition rocheuse la plus extraordinaire encore visible de nos jours. Ce jardin inspiré par les peintures chinoises et le bouddhisme zen compte parmi les meilleurs exemples de fusion entre les arts paysagers chinois et japonais.

La villa du prince impérial Kaneaki fut transformée en temple en 1339 par Muso Soseki, qui en devint le premier prêtre. Le temple fut ravagé par des incendies et ce n'est qu'en 1900 que fut édifié le bâtiment actuel. Tenryu-ji est désormais le temple principal de la branche Tenryu-ji du bouddhisme zen Rinzai. Le jardin fut inscrit au Patrimoine mondial en 1995. SY

> Ce jardin [est] inspiré par les peintures chinoises et le bouddhisme zen…

Daichi-ji

Japon

CRÉATEUR : attribué à Kobori Enshu ou à son petit-fils
PROPRIÉTAIRE : temple de Daichi-ji
STYLE : paysage sec (XVIIe siècle)
SUPERFICIE : 0,4 ha
CLIMAT : subtropical humide
SITUATION : Mizuguchi-cho, Shiga
TRADUCTION : jardin de Paradis de Daichi-ji

Les jardins du bouddhisme zen regorgent de symboles : les pierres et les azalées taillées représentent les montagnes tandis que le gravier ratissé suggère l'eau. L'Horai, ou jardin de Paradis du temple Daichi-ji, n'est pas en reste dans ce domaine.

Le visiteur accède à la plate-forme d'observation par des allées de cyprès odorants évoquant les clairières boisées qui recouvraient le site au XVIIe siècle. Le bruit provoqué par les gouttes d'eau tombant dans un *suikinkutsu*, un grand pot enfoui dans la terre, résonne alentour.

L'élément principal demeure cependant le jardin paysagé sec situé près du *shoin*, ou salle d'écriture. Il est composé d'ondulants bosquets d'azalées persistantes disposées sur du gravier blanc face à des collines naturelles. Au centre, une large haie taillée évoque la coque bombée d'un ancien bateau japonais. Il représente le vaisseau des Sept Divinités du Bonheur, tandis que les cubes et les sphères à l'intérieur du monticule symbolisent sa cargaison de trésors ballottée par les flots houleux. Les divinités sont elles-mêmes représentées par sept pierres quasiment invisibles autour du bateau. Sous les avant-toits du temple, une azalée a été taillée en forme d'île Tortue, symbole de longévité, avec sa tête en pierre. En bordure, la ligne droite de cyprès contraste avec le chaos des vagues. Sous la plate-forme, une roche plate flanquée de deux azalées invite le visiteur à descendre pour admirer le jardin. SG

Parc Suizenji Joju-en

Japon

CRÉATEUR : Hosokawa Tadatosi
PROPRIÉTAIRE : gouvernement préfectoral de Kumamoto
STYLE : jardin promenade avec étang du XVIIe siècle
SUPERFICIE : 6,1 ha
CLIMAT : subtropical humide
SITUATION : Kumamoto
TRADUCTION : parc du temple

L'accès au parc Suizenji est balisé par deux des plus grandes lanternes en pierre que recèle le Japon. Créé en 1632 par la famille Hosokawa, Joju-en est l'un des six plus beaux jardins paysagés du Japon.

Le jardin est aménagé à l'image des jardins promenade japonais traditionnels ; il comporte des scènes miniatures représentant différents paysages du Japon. En se promenant de scène en scène, le visiteur découvre rapidement que le jardin reproduit le dessin de l'ancienne voie reliant Tokyo à Kyoto, ainsi que le mont Fuji et le lac Biwa, comme c'est le cas dans les principaux jardins japonais. La maison de thé offre l'un des meilleurs panoramas sur le jardin ; elle fut construite lors de la période Edo spécialement à cet effet. Sur place, le promeneur peut savourer un thé vert et observer la vue par la porte de la véranda. Comme tout ici, l'endroit fait l'objet d'un soin méticuleux très impressionnant.

À certaines époques de l'année sont données des représentations de danse traditionnelle nō, exécutées à la lueur du feu au pied du temple Izumi, un temple pourvu en eau de source et situé au nord du parc Suizenji. SY

Comme tout ici, l'endroit fait l'objet d'un soin méticuleux très impressionnant.

Cheshmeh-Ali

Iran

CRÉATEUR : Fath Ali Shah
PROPRIÉTAIRE : province de Semnān
STYLE : persan traditionnel (XIXe siècle)
SUPERFICIE : inconnue
CLIMAT : semi-aride
SITUATION : Damghan, Semnān
TRADUCTION : Printemps d'Ali

Avec les frênes, les peupliers et les saules se reflétant dans un grand bassin et le bruit de l'eau jaillissant d'une source, ces jardins correspondent à la description faite par Vita Sackville-West dans *Une Anglaise en Orient* du jardin persan comme « une grotte verte remplie d'ombre ». « Dans un pays si aride, ce n'est pas de fleurs aux couleurs éclatantes que vos yeux sont avides », mais « de bassins peuplés de poissons dorés et du clapotis de petits ruisseaux. », écrit-elle.

Les jardins de Cheshmeh-Ali se nichent au cœur d'une vallée bien irriguée, à 27 km au nord de Damghan et au pied des montagnes Elbourz au sud. La fonte des neiges des montagnes et une source abondante pourvoient le grand bassin en eau. L'eau de source limpide jaillissant des roches à l'extrémité ouest du jardin est également recueillie par les Iraniens qui s'en servent pour préparer le *chai*, ou thé, sur les berges.

Au début du XIXe siècle, Fath Ali Shah (1771-1834) transforma un bassin de Cheshmeh-Ali en réservoir en renforçant ses parois. Il encercla le jardin d'un mur de brique et d'argile cuite en référence aux couleurs des montagnes arides environnant le jardin. Il fit également construire un pavillon de chasse sur une île au milieu de l'eau.

Ce bâtiment, et un autre édifié à l'est du jardin, ceinturés de peupliers blancs pyramidaux *(Populus alba pyramidalis)*, sont aujourd'hui en ruine, même si les shahs continuèrent à utiliser le jardin comme résidence estivale jusqu'à la fin du XIXe siècle. EH

Bagh-e Fin

Iran

CRÉATEUR : Abbas Ier le Grand
PROPRIÉTAIRE : province d'Ispahan
STYLE : *chahar bagh* persan (XVIe siècle), avec bâtiments (XIXe siècle)
SUPERFICIE : 2,6 ha
CLIMAT : semi-aride
SITUATION : Fin, Ispahan

L'eau a préservé ce jardin et sa beauté naturelle pendant plus de quatre siècles. Cet endroit exquis se situe à Fin, une banlieue de la ville de Kāshān. Une fois la grille monumentale franchie, le visiteur est immédiatement saisi par les reflets dansants du soleil et des grands cyprès bordant l'allée centrale du jardin dans l'eau. L'allée mène à un pavillon à deux étages dont le toit en arc se détache sur le ciel bleu et rappelle la chaleur intense qui s'abat sur les malchanceux n'ayant pas franchi les grilles du paradis.

Des murs massifs de 7 m de haut, assez épais pour abriter des pavillons offrant un havre de fraîcheur, protègent le jardin des vents chargés de sable qui balaient le grand désert de sel. La première évocation d'un jardin clos de mur à Fin remonte au début du XVIe siècle même si le shah Abbas Ier le Grand (1571-1629) fit ajouter des bâtiments afin de loger sa cour. La plupart furent remplacés par les gouvernants suivants mais la disposition du jardin avec ses parterres rectangulaires divisés par des cours d'eau est proche du *chahar bagh* originel, ou jardin quadripartite. L'herbe remplace aujourd'hui les grenadiers, le jasmin et les rosiers qui coloraient et embaumaient autrefois le jardin, mais le travail d'embellissement se poursuit.

L'eau est acheminée depuis les montagnes par un *qanat* souterrain, ou tunnel, et provient également d'une source, le Soleimaniyeh, dont la légende attribue la découverte au roi Salomon. Stockée dans une grande citerne, elle pénètre dans le jardin géométrique par le nord, le point le plus haut, avant d'être acheminée par des canaux carrelés couleur turquoise qui sillonnent le site et les terrasses. À l'ombre du pavillon central, l'eau, immobile et silencieuse, scintille dans quatre bassins carrés semblables à des miroirs donnant sur le firmament comme pour recevoir le ciel dans un acte d'union entre le terrestre et le divin. EH

Jardins du palais Chehel Sotun

Iran

CRÉATEUR : Shah Abbas II
PROPRIÉTAIRE : province d'Ispahan
STYLE : *chahar bagh* persan (XVIIe siècle)
SUPERFICIE : 2,7 ha
CLIMAT : semi-aride
SITUATION : Ispahan

C'est à ses vingt colonnes de bois élancées et à leurs reflets dans l'eau d'un vaste bassin que ce jardin royal de promenade doit son appellation de jardin aux Quarante Colonnes. Chaque colonne supportant le plafond en bois peint de l'élégant *talar*, ou porche, du pavillon, est constituée d'un seul et même pan de platane, un fait rarissime dans un pays où les arbres manquent. Leurs contours effilés sont magnifiques, même si les colonnes étaient autrefois davantage ornées et recouvertes de morceaux colorés de glaces et de miroirs. Elles donnaient alors une impression de légèreté telle que le toit semblait flotter en l'air.

Les peintures du hall public principal illustrent des scènes festives qui nous aident à imaginer le jardin avec des arbres bourgeonnants et des parterres herbés semés de fleurs. Les bâtiments étaient tapissés de rideaux somptueux pour se préserver de la chaleur et, lors des réceptions nocturnes, des lampes en cascade diffusaient la lumière qui se reflétait dans les miroirs des murs, les fontaines et les bassins.

Les conduites d'eau en pierre entourant le pavillon sont aujourd'hui asséchées ; quant au bassin anciennement situé à l'est du jardin, il n'existe plus. En dépit de cela, le jardin a conservé toute son élégance, avec son long réservoir situé à l'ouest, flanqué de pins et platanes élancés et bordé de roses colorées. Des ormes champêtres bordent les allées et des brassées de giroflées *(Matthiola incana)* exhalent un doux parfum tandis que les roses de Banks créent des fontaines de fleurs jaunes. Des vasques de plantes annuelles colorées démontrent le talent des jardiniers. EH

Bagh-e Shahzadeh

Iran

CRÉATEUR : Naser ad-Douleh
PROPRIÉTAIRE : province de Kermān
STYLE : *chahar bagh* persan (XIXe siècle)
SUPERFICIE : 3,5 ha
CLIMAT : semi-aride
SITUATION : Māhān, Kermān

Dominé par d'inquiétantes montagnes sur ses versants nord et sud et entouré d'une vaste étendue de terre brune aride, Bagh-e Shahzadeh (qui signifie « jardin du prince ») est l'un des exemples les plus impressionnants de jardin-promenade créés en Iran au XIXe siècle. Il fut conçu par le gouverneur de la province de Kermān dans les années 1880, près de Māhān. L'agencement est celui d'un *chahar bagh* quadripartite, avec un axe central plus long, des allées transversales et des bâtiments à chaque extrémité.

Une grille d'entrée intégrée dans un large mur à l'extrémité sud du jardin sépare le désert chaud et pierreux du jardin semblable à une oasis. L'impression d'avoir pénétré dans le paradis s'accentue dans le pavillon d'été en ruine. Cette structure ouverte à deux étages permet d'observer le large canal d'eau bordé de terrasses et d'arbres, long de quelque 250 m, qui scinde le jardin et forme d'incroyables cascades à intervalles réguliers. Entr'aperçue à l'entrée à travers un rideau de hauts jets d'eau, la résidence du gouverneur trône au sommet de la pente. Elle a été depuis transformée en restaurant et se découpe sur un arrière-plan de ciel bleu et de montagnes enneigées.

L'eau des montagnes, source de vie du jardin, est stockée à l'extérieur du jardin, dans une citerne. Calme et réfléchissante, l'eau du bassin rectangulaire situé devant le pavillon principal agit comme un miroir avant d'entamer sa cascade d'un niveau du canal à l'autre. Elle s'arrête dans les bassins afin de faire descendre le ciel sur la terre, créant ainsi une impression d'ouverture dans un espace en réalité ceint de murs épais et dominé par de grands arbres. Les platanes et cyprès sont légion et couvrent de leur ombre les parterres de fleurs composés de roses modernes. De part et d'autre des marches bordant le canal se trouvent des allées ombragées bordées de vergers de poiriers et grenadiers où des groupes de visiteurs étalent leur nappe sur l'herbe et savourent leur thé à l'ombre. EH

Bagh-e Doulat Abad

Iran

CRÉATEUR : Mohammad Taqi Khan
PROPRIÉTAIRE : province de Yazd
STYLE : persan traditionnel (XVIIIe siècle)
SUPERFICIE : 5 ha
CLIMAT : semi-aride
SITUATION : Yazd

Telle une oasis dans le désert, ce jardin offre un calme des plus appréciables dans une ville réputée pour endurer des étés plus chauds que n'importe quel autre site sur le plateau iranien. Ici, pour citer la poètesse, romancière et paysagiste Vita Sackville-West, qui visita la Perse dans les années 1920, « tout est sec, croulant et décrépit ; une pauvreté de poussière exposée pendant huit mois de l'année à un soleil brûlant. En dépit de cela, il existe des jardins en Perse, ajoute-t-elle, mais des jardins peuplés d'arbres et non de fleurs : une nature verdoyante ».

Les cyprès, vignes, grenadiers et cerisiers qui poussent dans les parcelles jouxtant le pavillon d'été suffisent à rendre compte de la gloire passée de Bagh-e Doulat Abad. Le palais fut créé au milieu du XVIIIe siècle par Mohammad Taqi Khan, un gouverneur de Yazd. Reliés par de longues avenues de pins, le palais d'été rénové et le pavillon d'hiver en ruine encadrent une prairie semée de trèfles.

Depuis plus de deux siècles, l'eau, « symbole de la compassion divine », est acheminée au jardin depuis Mehriz, une ville située à 35 km de là. Elle est convoyée par le *qanat*, un ancien système souterrain d'aqueducs conçu pour récolter la neige fondue des montagnes et permettre de cultiver les champs et jardins. En raison de la rareté de l'eau et de son évaporation ultrarapide due à la chaleur intense, le jardin est dépourvu de conduites d'eau ornementales et ne possède qu'un seul bassin.

L'intérieur du pavillon d'été, ombragé et orienté vers le nord-ouest, abrite cinq bassins dont l'eau ondule sous la brise amenée par l'élégant *badgir*, ou capteur de vent, réputé pour être le plus élevé du monde avec ses 33 m de haut. Depuis cet intérieur préservé du soleil, à travers de petites ouvertures et des vitraux, le visiteur peut admirer le jardin et son manteau de verdure dont la présence sous cette chaleur accablante relève quasiment du miracle. EH

Jardin du Paradis

Iran

CRÉATEUR : Ilkhan de la tribu Qashqai
PROPRIÉTAIRE : université de Shirāz
STYLE : *chahar bagh* persan (XIXe siècle)
SUPERFICIE : 23 ha
CLIMAT : semi-aride
SITUATION : Shiraz, Fārs

Le jardin du Paradis (Bagh-e Eram), également connu sous le nom de jardins botaniques Eram de l'université de Shiraz, abrite un vaste bassin. L'aménagement du canal d'eau central et des ruisseaux transversaux date du milieu du XIXe siècle, tandis que l'extension du *chahar bagh* et l'installation en contrebas de parterres latéraux couverts d'arbres fruitiers remonte probablement au XVIIIe siècle.

L'eau, issue d'une cascade située dans la partie nord-ouest du jardin, circule entre les parterres géométriques en contrebas avant de pénétrer dans le grand bassin rectangulaire du pavillon. Depuis cette pièce d'eau aux mosaïques turquoise, elle dévale ensuite le long d'une série de terrasses et se répand dans les ruisseaux de traverse.

Près de l'entrée, fleurs et soucis odorants en pots forment des parterres semblables à des tapis persans. La partie supérieure du jardin regorge de plantes annuelles chatoyantes et d'iris disséminés parmi les arbustes. Au bas du jardin, une avenue de cyprès élancés procure de l'ombre aux orangeraies. Un espace spécifique accueille une grande variété de plantes, au nom latin pour la plupart. Les arbres de Judée *(Cercis siliquastrum)* prédominent au printemps et au début de l'été, au milieu des palmiers, lilas, savonniers *(Koelreuteria paniculata)* et photinias. Parmi les plantes exotiques, l'on trouve des variétés de sauges, des zinnias et des belles-de-nuit *(Mirabilis jalapa)* originaires du Nouveau Monde. Il vaut la peine de flâner parmi les orangers, les mûriers blancs et les rosiers pour entendre chanter les rossignols. EH

Bagh-e Naranjestan

Iran

CRÉATEUR : Qavam al-Mulk
PROPRIÉTAIRE : province de Fārs
STYLE : persan traditionnel (XIXe siècle)
SUPERFICIE : 0,6 ha
CLIMAT : semi-aride
SITUATION : Shiraz, Fārs

Ce magnifique jardin de la ville de Shiraz est dénommé Naranjestan – qui signifie orange – à cause de… ses orangers. Également appelé Bagh-i-Qavam, il révèle la manière dont les jardins persans classiques, ceints de hauts murs et d'arbres élancés, pouvaient servir les besoins d'une famille puissante au XIXe siècle.

L'ensemble fut érigé par Qavam al-Mulk, chef des tribus Khamseh, en 1870. Le visiteur pénètre dans le bâtiment par le *biruni*, ou bureau. De là, il peut observer le jardin et, au fond, le grand *talar*, ou salle de réception. À mi-parcours se situe un jardin aquatique merveilleusement agencé. Long de 80 m, un cours d'eau étroit au revêtement de carreaux bleus converge vers le centre et se divise pour former des bassins profonds, elliptiques et circulaires, autrefois ornés de fontaines. Les allées transversales permettent d'admirer les parterres de fleurs disséminés dans l'herbe et garnis de pensées, coquelicots et giroflées des jardins *(Matthiola incana)*. Les sentiers sont bordés d'orangers et l'arrière des parterres est émaillé de roses et de plantes persistantes.

À l'extrémité du jardin, des arcades recouvertes de vigne vierge conduisent au pied de la salle de réception, soit au bassin alimentant le ruisseau qui serpente au centre du site. Lorsque les stores de la salle sont fermés, l'eau scintille et capte la lumière grâce aux miroirs ornant le plafond de la pièce. Cela rappelle une scène magique du jardin à son heure de gloire, lorsque la lumière dansante des chandeliers se reflétait dans les miroirs et le bassin tandis que les invités se dirigeaient vers la salle. EH

Bagh-e-Babour

Kaboul, Afghanistan

CRÉATEUR : Babour
PROPRIÉTAIRE : Trust Aga Khan pour la culture
STYLE : moghol traditionnel (du XVIe au XIXe siècle)
SUPERFICIE : 11 ha
CLIMAT : été chaud continental
SITUATION : Kaboul

Situé sur la montagne Sher-e-Darwaza à l'extrémité de Kaboul, Bagh-e-Babour fut l'un des premiers « jardins de paradis » moghols. L'empereur Babour le fit aménager avant de fonder l'Empire moghol. Le mot paradis renvoie à *pairi* qui signifie « autour » et à *diz* qui signifie « forme ». Pour les Moghols, le jardin représentait l'idée du ciel sur la terre ; le savant équilibre de murs, d'arbres, de fleurs, d'espace, de symétrie et d'eau réalisé par Babour en est la démonstration. En réalité, ce dernier créa un jardin au calme et à l'harmonie tels qu'il décida de s'y faire enterrer, inaugurant ainsi le premier jardin-mausolée de cette période.

Bagh-e-Babour fit l'objet de soins sporadiques par les dirigeants suivants comme l'empereur Shah Jahan, le constructeur du Taj Mahal. Des siècles d'abandon et de guerres, sans parler des années de sécheresse et du séisme de 1842, sont à l'origine du délabrement et de la décrépitude des jardins et de leurs bâtiments. D'une certaine manière, les restes de Bagh-e-Babour, sont une métaphore de l'Afghanistan. Depuis 2002, des organisations telles que l'AKDN, l'Unesco ainsi que des associations locales ont participé à la reconstruction du jardin selon les plans originaux ; le travail est aujourd'hui sur le point d'être achevé. Dès que ses jeunes plants et semis auront poussé, Bagh-e-Babour deviendra un lieu public paisible et vaste, avec son amphithéâtre et ses terrasses mogholes en pierre sculptée autrefois recouvertes d'érables, de jasmins, de violettes et de roses sauvages, sans oublier le cours d'eau élaboré descendant des terrasses vers le centre du jardin. MBr

Jardin-mausolée de Jahangir

Pakistan

CRÉATEUR : Nur Jahan
PROPRIÉTAIRE : gouvernement du Pakistan
STYLE : islamique-moghol (XVIIe siècle)
SUPERFICIE : 27,1 ha
CLIMAT : semi-aride
SITUATION : Lahore, Pendjab

Le mausolée de Jahangir, quatrième empereur moghol qui régna de 1605 à 1627, est érigé dans l'un des plus admirables jardins-mausolées de l'Inde du Nord. Il illustre la tendance à faire des lieux de repos éternels des sites à la fois beaux et récréatifs. Avec son épouse Nur Jahan, dont la tombe moins bien préservée se situe de l'autre côté de la voie ferrée, Jahangir conçut certains des plus somptueux jardins d'Inde, comme ceux de Shalimar au Cachemire. On attribue à Nur Jahan la conception de ce jardin, bien que le bâtiment ait été commandé par leur fils Shah Jahan. La construction débuta probablement en 1637.

Comme dans les autres jardins-mausolées moghols, le visiteur est particulièrement frappé par l'imposante et constante géométrie, bien que de multiples éléments nécessitent d'être restaurés. Le mausolée lui-même adopte la forme d'une table renversée ; il est constitué de grès rouge et blanc crème et habillé d'un minaret à chaque angle. À l'intérieur, les tombes sont ornées de marbre et de pierres semi-précieuses, aux nombreux motifs floraux.

Des axes, autrefois constitués d'un canal et bordés d'arbres taillés disposés à intervalles réguliers, partent de la tombe vers quatre imposants bâtiments. À l'image des autres jardins-mausolées moghols, chaque carré du motif est subdivisé et centré autour d'un réservoir, duquel partent d'autres axes flanqués d'arbres et de canaux.

Aujourd'hui, le jardin est un parc public où les visiteurs peuvent jouer au cricket, pique-niquer et assister à des enseignements religieux en plein air. NK

Shalimar Bagh

Pakistan

CRÉATEUR : inconnu
PROPRIÉTAIRE : gouvernement du Pakistan
STYLE : islamique-moghol (XVIIe siècle)
SUPERFICIE : 16,2 ha
CLIMAT : semi-aride
SITUATION : Lahore, Pendjab

Aménagés entre 1633 et 1642, ces jardins de promenade furent créés pour l'empereur Shah Jahan et sa cour pour célébrer l'achèvement d'un canal acheminant l'eau jusqu'à Lahore. L'immensité du site en fait l'un des complexes paysagers moghols majeurs. Les jardins sont agencés en trois parties, disposées en pente ascendante depuis l'ancienne entrée. Le premier niveau est dominé par un large canal dont les fontaines fonctionnent toujours, et le second, par un pavillon et un important bassin richement décoré.

Les nombreux vestiges d'éléments décoratifs et la richesse d'attributs propres aux jardins moghols ne peuvent qu'émerveiller le visiteur. En dépit de leur érosion, les allées en briques provoquent l'admiration pour leurs motifs. Le bassin central et les pavillons attenants possèdent un charme exquis. Les promeneurs sont d'emblée séduits par les fines décorations de marbre entourant le pavillon principal, ainsi que par les cours d'eau aux contours délicats et les rangées de niches sculptées ornées de luminaires. À l'origine, l'eau dévalait une série de pentes, rafraîchissant ainsi le pavillon et reflétant la lumière de milliers de lampes à huile. Le bassin dispose d'allées qui traversent l'eau jusqu'à une plate-forme centrale ; une frise de coquilles Saint-Jacques tapisse ses rebords.

La banlieue de Lahore est séparée du jardin par un grand mur de briques rouges décoré d'alcôves et de dômes par endroits. Les arbres, à la fois naturels et taillés, sont une constante du jardin, et les vestiges de ce qui constituait autrefois des parterres de fleurs sont toujours visibles ici et là dans l'herbe. NK

Shalamar Bagh

Inde

CRÉATEURS : Jahangir, Shah Jahan
PROPRIÉTAIRE : État indien
STYLE : *chahar bagh* persan (XVIIe siècle)
SUPERFICIE : 9,8 ha
CLIMAT : subtropical humide
SITUATION : Srinagar, Jammu-et-Cachemire

Une atmosphère officielle enveloppe Shalamar Bagh, ou Demeure de l'Amour, le plus célèbre des jardins royaux. Niché entre les collines et les eaux languides du lac Dal, il fut construit comme résidence estivale par l'empereur moghol Jahangir en 1619 pour son épouse Nur Jahan. Il fut achevé par son fils Shah Jahan.

Le plan des sols est celui d'un *chahar bagh*, ou jardin quadripartite, avec quatre terrasses et, à l'origine, un pavillon dans un bassin rectangulaire à l'intersection des canaux. Le pavillon de marbre noir érigé par Shah Jahan a été restauré et l'eau, issue d'une source alimentée par la fonte des neiges, court toujours dans le jardin. Elle inonde un bassin au sommet du site, cascade le long de terrasses, jaillit dans les fontaines du jardin des femmes, le *zenana*, continue sa course dans le canal central du jardin de l'empereur puis se jette dans le lac.

Il était autrefois possible d'arriver ici par bateau, via un long canal qui serpente toujours parmi les futaies de saules et les rizières, mais une route en barre aujourd'hui l'accès. Depuis l'entrée, le visiteur admire des platanes surplombant les pelouses, des haies taillées et des parterres de fleurs situés de part et d'autre d'un canal bordé de pierres et de roses. Au-dessus de la cascade se tient le trône de l'empereur, une plate-forme de marbre noir accessible par des pierres de gué ; il ne reste de la salle des Audiences publiques que de rares vestiges de pierre. Plus haut, des kiosques bordent l'entrée du jardin des femmes. À l'époque, on allumait les lampes placées dans les niches derrière les cascades. EH

Nishat Bagh

Inde

CRÉATEUR : Asaf Khan
PROPRIÉTAIRE : État indien
STYLE : *chahar bagh* persan (XVIIe siècle)
SUPERFICIE : 17,8 ha
CLIMAT : subtropical humide
SITUATION : Srinagar, Jammu-et-Cachemire

Campé sur une colline abrupte, avec les montagnes Zabarwan en toile de fond et une vue sur le serein lac Dal, voici le plus impressionnant des jardins moghols du Cachemire. L'on raconte que, peu après la construction de Nishat Bagh en 1633, l'empereur Shah Jahan décida qu'il était bien trop beau pour être la propriété d'un sujet, même si le sujet en question était Asaf Khan, son Premier ministre et beau-père. Sans doute jaloux de l'éclat du jardin comparé à celui de Shalimar situé non loin de là, l'empereur ordonna de dévier l'eau, qui approvisionnait également le jardin royal. Ses fontaines asséchées, Nishat perdait sa raison d'être jusqu'à ce qu'un serviteur risquât sa vie pour rétablir l'eau. Au lieu d'être puni, son maître reçut l'autorisation de pomper l'eau du ruisseau approvisionnant Shalimar.

Des érables massifs habillent les terrasses, qui suivent la pente de la montagne, les unes au-dessus des autres. À l'origine, il y en avait douze, une par signe du zodiaque, même si la dernière est aujourd'hui coupée du quai par une route. De l'eau dévale les terrasses dans de larges canaux sillonnant le jardin, se déverse le long des rambardes de pierre appelées *chadar* puis finit sa course dans les bassins rectangulaires aux multiples fontaines. Des trônes en pierre ou en marbre ornent la tête de presque chaque cascade.

Présents à tous les niveaux, des parterres de fleurs ajoutent des touches de couleurs savamment orchestrées dans le jardin. On y admire des gerbes de soucis dorés, des parterres de coquelicots, des massifs de pensées, des clarkias, des cosmos ainsi que des parterres de roses et de lis disséminés parmi les plantes à feuilles persistantes. D'une hauteur de 5,5 m, le mur de soutènement de la dernière terrasse longe toute la largeur du jardin, jusqu'aux tours octogonales où des escaliers intérieurs mènent au *zenana*, le jardin des femmes, situé en retrait sur les hauteurs de la colline. Le panorama sur le lac y est exceptionnel. EH

Achabal

Inde

CRÉATEUR : Nur Jahan
PROPRIÉTAIRE : État indien
STYLE : persan (XVIIe siècle)
SUPERFICIE : 4,4 ha
CLIMAT : subtropical humide
SITUATION : Achabal, Jammu-et-Cachemire

Enfants et adultes patientent gaiement en attendant de traverser le sommet de la grande cascade d'Achabal, également connu comme le Begumabad ou jardin de la Reine, en marchant sur les pierres de gué disposées près du rebord. Ils sautent de pierre en pierre ou s'accroupissent pour toucher l'eau glacée.

Cette immense cascade est la fierté d'un jardin moghol riche en eau, construit dans les montagnes à 49,6 km au sud de Srinagar. Jaillissant du flanc de la colline, l'ancienne source d'Achabal est sans doute la plus importante du Cachemire. Elle alimente un canal qui divise l'espace en deux, s'échappe d'un réservoir situé en amont du jardin, poursuit sa course dans la grande cascade et se déverse dans un large bassin doté de plusieurs rangées de jets d'eau et d'un pavillon en son centre. L'eau s'engouffre dans un pavillon central en aval avant de dévaler une nouvelle fois le long des parterres de roses traditionnelles et des plates-bandes de saison, jusqu'à l'entrée, pour se déverser dans une rivière au-delà des grilles.

Caractéristique inhabituelle dans les jardins moghols, le site d'Achabal comprend deux canaux latéraux en pierre parallèles au conduit principal. L'eau dévale le long des *chadar*, rampes de pierre sculptées reliant les terrasses, et se répand dans de vastes pelouses ombragées par de grands platanes. À côté de ces cours d'eau, des plates-formes en pierre permettent aux visiteurs de s'asseoir. À l'origine, elles étaient protégées par des verrières et recouvertes de tapis ; aujourd'hui, elles sont appréciées telles quelles par les groupes de touristes d'Achabal. EH

Pari Mahal

Inde

CRÉATEUR : Dara Shikoh
PROPRIÉTAIRE : État indien
STYLE : traditionnel (XVIIe siècle)
SUPERFICIE : 5,2 ha
CLIMAT : subtropical humide
SITUATION : Srinagar, Jammu-et-Cachemire

Depuis les rives du lac Dal, le promeneur peut apercevoir Pari Mahal, perché à 190 m de hauteur sur un éperon de la montagne. La nuit, le site dit du Palais Merveilleux, qui surplombe les autres jardins, est illuminé et dévoile son caractère romantique. Il fut construit en 1640 par le fils préféré de l'empereur Shah Jahan, le prince moghol Dara Shikoh, décapité en 1659 sur l'ordre de son frère cadet, Aurangzeb.

Outre le fait d'avoir été le jardin de promenade du prince et de sa suite, Pari Mahal a sans doute abrité une école d'astrologie pour le guide spirituel et conseiller du prince, Akhund Mullah Shah. Le jardin comptait à l'origine sept terrasses qui représentaient les planètes connues à l'époque. Soutenue par des murs à arcades, la cinquième d'entre elles abritait un pigeonnier et la septième un bâtiment carré, probablement un observatoire. On relève des traces de cours d'eau, de fontaines et de réservoirs, également celles d'un large bassin rectangulaire bordé en pierre, même si Pari Mahal ne comporte pas de chutes d'eau, à l'inverse des autres jardins du Cachemire. L'eau était semble-t-il acheminée par des conduites de terre souterraines.

Fichés aux deux extrémités de la terrasse inférieure, les bastions octogonaux offrent des vues panoramiques sur les sommets enneigés du Pir Panjal, sur le lac paisible et, à mi-parcours, sur le Char Chenar, ou île des Platanes, une île artificielle de 0,2 ha sur laquelle les Moghols aimaient pique-niquer. Surplombant le panorama, les arbres plantés à chaque angle par Shah Jahan semblent flotter sur l'eau. EH

Verinag

Inde

CRÉATEUR : Jahangir
PROPRIÉTAIRE : État indien
STYLE : jardin aquatique traditionnel (XVIIe siècle)
SUPERFICIE : 4 ha
CLIMAT : subtropical humide
SITUATION : Srinagar, Jammu-et-Cachemire

Jahangir aimait tant Verinag qu'il demanda, à son dernier souffle, à ce qu'on l'y enterre. Malheureusement, le défunt empereur fut transporté à Lahore. Aujourd'hui, Verinag n'est plus qu'un pâle reflet de ce qu'il était mais l'on comprend aisément pourquoi Jahangir et son épouse Nur Jahan l'appréciaient à ce point. Le voyage vaut le détour, ne serait-ce que pour admirer le bassin octogonal qui se dessine sur un fond de collines boisées de pins.

D'après la légende, la source de Verinag aurait jailli de la fontaine du ciel. Le site fut longtemps un lieu de culte ; mais, en 1609, l'empereur ordonna la construction autour du bassin « de halls surmontés de dômes et entourés de maisons », ainsi que celle d'un jardin pourvu d'un canal tel « qu'il susciterait l'admiration des voyageurs du monde entier ». Avec une allée en pierre entourée d'arcades, les bâtiments, encore existants, formaient probablement la cour des fontaines du palais de Jahangir.

L'eau calme du bassin se transforme en un torrent fougueux tandis qu'elle dévale entre deux énormes platanes. Elle passe dans un canal bordé de pierre de presque 350 m de long, puis se jette dans un bassin sur ce qui était autrefois une terrasse inférieure (aujourd'hui un centre de pisciculture). De part et d'autre de ce canal large de 3,5 m, des allées sillonnent des parterres de fleurs chatoyantes, comme les œillets de poète *(Dianthus barbatus)*, les pensées, les soucis et les *Platystemon californicus*. Derrière les haies s'étendent des pelouses d'un vert émeraude, émaillées d'érables et d'arbustes en fleurs. EH

Rock Garden

Inde

CRÉATEUR : Nek Chand
PROPRIÉTAIRE : Nek Chand
STYLE : idiosyncratique et sculptural (XXe siècle)
SUPERFICIE : 10,1 ha
CLIMAT : subtropical humide
SITUATION : Chandigarh, Pendjab/Haryana

Le Rock Garden (Jardin de Pierres) de Chandigarh a eu l'honneur de figurer sur un timbre-poste indien ; certains le considèrent comme la plus grande réalisation artistique depuis le Taj Mahal.

Situé au nord-est de la ville, le Rock Garden, avec ses sentiers tortueux et son caractère informel (il s'agit en réalité plus d'un jardin de sculptures que d'un jardin de pierres), contraste avec l'aménagement régulier de la ville réalisé par Le Corbusier. Ce jardin des plus éclectiques prit forme il y a quelque trente-trois ans grâce au créateur Nek Chand, alors en charge des transports, et qui passait ses soirées une fois rentré du travail à débroussailler un coin de jungle afin d'en faire un jardinet à l'aide de matériaux recyclés. Le jardin prit depuis de l'ampleur et Nek acquit une réputation internationale bien méritée.

Le Rock Garden, paysage imaginaire représentant un royaume perdu, forme aujourd'hui un ensemble de quatorze cours reliées par des allées, de grands bâtiments, une multitude de cascades et ruisseaux, et des milliers de sculptures, recouvertes pour la plupart de mosaïques et dépeignant divers aspects de la société et de la vie indienne ainsi que la vie sauvage du sous-continent.

Ce site compte parmi les jardins les plus insolites et idiosyncratiques ; il est l'œuvre d'un homme visionnaire doté d'une intégrité artistique et d'un sens développé de la joie et du devoir social. Sa beauté tient dans ses détails. Le contraste avec le Taj Mahal, dont les jardins nécessitent d'être restaurés, est des plus saisissants. TM

Jardin du Fort Rouge

New Delhi, Inde

CRÉATEUR : Shah Jahan
PROPRIÉTAIRE : État indien
STYLE : *chahar bagh* moghol (XVIIe siècle)
SUPERFICIE : 0,01 ha
CLIMAT : semi-aride
SITUATION : Fort Rouge, New Delhi

Édifié par l'empereur moghol Shah Jahan entre 1639 et 1648, le palais-forteresse de Fort Rouge, également appelé Shahjahanabad, devait symboliser le bon gouvernement et incarner une image terrestre du paradis décrit dans le Coran comme « les jardins sous lesquels les rivières coulent ». L'ensemble est superbe mais il faut faire preuve de beaucoup d'imagination pour se représenter la fraîcheur qui émanait du canal d'eau appelé le Nahr-i Bihisht (rivière du Paradis) aujourd'hui à sec et qui reliait les pavillons spacieux bordant la terrasse. Il subsiste peu de chose de ce paysage paradisiaque excepté les *jali* (écrans de pierre sculptés et ajourés), d'une finesse exquise, et la *pietra dura*, ou mosaïque de pierres semi-précieuses, qui tapisse les murs à la façon de parterres de fleurs.

Les vraies plantes sont rares et les brumes de poussière et de chaleur obstruent facilement la vue. Le jardin le plus vaste et le plus impressionnant, le Bagh-i Hayat Bakhsh, ou jardin de Vie, est un *chahar bagh*, ou disposition quadripartite, pourvu de larges allées de grès et quadrillé de canaux confluant vers un réservoir central surplombé d'un pavillon d'été. Imaginez la scène avec ses fontaines en argent, quarante-neuf sur la plate-forme, cent dix-neuf autour du réservoir et trente dans chaque canal, et ses jets d'eau projetés en l'air. Remplacez l'herbe par des arbres fruitiers, des fleurs jaunes, pourpres et violettes et des plantes persistantes, ombragées par des rangées de cyprès. Alors, la vision d'un jardin d'Éden à la « fraîcheur et au cadre parfaits », tel que le décrivait l'historien de l'empereur, sera complète. EH

Jardins du mausolée de Humayun

New Delhi, Inde

CRÉATEURS: Sayyid Muhammad, Mirak Sayyid Ghiyath
PROPRIÉTAIRE : État indien
STYLE : *chahar bagh* persan (XVIe siècle)
SUPERFICIE : 12,2 ha
CLIMAT : semi-aride
SITUATION : New Delhi

Les arbres sacrés ashoka *(Saraca indica)* bordent l'enceinte menant au jardin de la tombe de l'empereur Humayun. Une fois l'entrée franchie, le visiteur découvre le mausolée établi au centre d'une immense étendue plate de pelouses, bordées de haies basses, de chaussées de graviers et d'étroits cours d'eau.

La tombe de grès est posée sur une plate-forme de grès à arcades haute de 6,4 m. Elle fut construite par la première veuve du deuxième empereur moghol, Haji Begum, d'origine persane, sous la direction de son fils Akbar, et fut achevée en 1570. Elle est nichée au cœur du plus ancien jardin moghol encore existant en Inde, préservé dans sa forme originale, l'ensemble étant divisé en quatre par de larges allées de gravier et chaque partie étant à nouveau quadrillée d'allées plus étroites pour constituer trente-deux parcelles carrées de terrain.

L'eau pénètre dans le jardin par la loge d'entrée située au nord-est, ruisselle le long d'un *chadar*, ou cascade d'eau en forme de chevron, et alimente les petits ruisseaux. Larges d'environ 35 cm, ces derniers contournent le jardin, jusqu'au centre des allées principales, et encerclent le mausolée. Les canaux qui quadrillent le jardin sont entrecoupés de bassins carrés tandis que ceux qui encerclent la tombe se rejoignent dans des bassins octogonaux présents à chaque angle. Le site compte quelques magnifiques spécimens d'arbres comme le margousier *(Azadirachta indica)* et le figuier des pagodes *(Ficus religiosa)*. Rien ne vient altérer la vocation du jardin qui se veut un reflet du paradis sur terre. EH

Rashtrapati Bhavan

Inde

CRÉATEUR : Edwin Lutyens
PROPRIÉTAIRE : État indien
STYLE : islamique-moghol, anglais (XXe siècle)
SUPERFICIE : 5,3 ha
CLIMAT : semi-aride
SITUATION : New Delhi, Delhi

Ce site compte parmi les jardins les plus exceptionnels du XXe siècle, c'était du moins le sentiment du créateur et écrivain David Hicks. Il s'agit ici d'une version moderne d'un jardin moghol, avec quelques touches des années 1930, créée par Edwin Lutyens pour le vice-roi de l'Empire britannique en Inde. Il abrite aujourd'hui la résidence officielle du président indien. Les travaux du jardin débutèrent selon le style traditionnel moghol, en 1918, dans le cadre de la construction de New Delhi ; ils furent en partie inspirés des intérêts de lady Hardinge, vice-reine de 1910 à 1916, et d'autres membres de son cercle.

Lutyens allia la géométrie du jardin islamique classique au monumentalisme contemporain pour réaliser un tour de force tant au niveau de l'axe central du palais qu'au niveau de l'architecture du bâtiment. L'alternance entre les couches rouges et chaudes du grès et celles couleur crème se retrouve dans de nombreux édifices moghols de l'Inde du Nord.

L'eau est une composante majeure du jardin ; un canal en forme de quadrilatère délimite une étendue de pelouse et certaines fontaines ressemblent à des feuilles de lotus. Le site abrite des essences d'arbres classiques, tels que le *Mimusops elengi*, un arbre en forme de parapluie fréquent dans les jardins moghols, ainsi que des roses. L'attraction majeure provient cependant de la floraison des plantes annuelles au printemps, qui grandissent dans une serre adjacente et sont replantées à l'extérieur à la fin de l'hiver. Les soucis et les pensées côtoient les espèces subtropicales aux couleurs vibrantes. NK

Jardins du fort d'Amber

Inde

CRÉATEURS: Raja Man Singh, Rajah Jai Singh, Sawai Jai Singh
PROPRIÉTAIRE : gouvernement du Rajasthan
STYLE : influences indiennes (du XVIe au XVIIIe siècle)
SUPERFICIE : 0,2 ha
CLIMAT : semi-aride
SITUATION : Amber, Rajasthan

Jaipur fut la capitale du puissant État rajput de 1037 à 1728. La ville parvint au faîte de sa gloire lors du mariage de la princesse rajput Jodh Bai avec Akbar, le troisième empereur moghol. La naissance en 1569 de leur fils et héritier Jahangir consolida encore l'assise moghole et l'influence rajput. Akbar fit construire pour son épouse favorite un palais dans sa nouvelle capitale Fatehpur Sikri ; le fait qu'il ait permis à cette dernière de continuer à pratiquer les rites hindous témoigne de sa tolérance religieuse.

Situé à flanc de colline, le fort d'Amber domine le lac Maotha, à quelque 11 km de Jaipur. Sa construction commença en 1592, sous la coupe de Rajah Man Singh, commandant de l'armée d'Akbar. Elle fut achevée deux cents ans plus tard par Mirza Rajah Jai Singh et Sawai Jai Singh. Comme le palais de grès rouge et de marbre blanc, les jardins – deux principaux, un jardin clos plus petit et le vaste jardin du lac – reflètent à la fois les croyances islamiques d'Akbar et l'hindouisme de Jodh Bai. Les jardins sont basés sur le concept islamique d'un jardin *chahar bagh*, caractérisé par sa source d'eau centrale et son dessin quadripartite, chaque section étant encore subdivisée en une série de parterres géométriques.

Aménagé sur le lac, le plus grand jardin semble flotter à la surface. Ses terrasses se composent de parterres travaillés aux motifs reconnaissables en pierre. Le motif récurrent est l'étoile, qui relève d'une importance particulière pour les Turcs Seldjoukides (qui s'étaient établis dans la région) puisqu'elle symbolise les forces intellectuelles et la vie même. TM

Sahelion-ki-Bari

Inde

CRÉATEUR : Maharana Sangram Singh II
PROPRIÉTAIRE : gouvernement du Rajasthan
STYLE : hindou (XVIIIe siècle)
SUPERFICIE : 1,2 ha
CLIMAT : semi-aride
SITUATION : Udaipur, Rajasthan

L'eau est source de vie et d'amusement dans ce jardin considéré comme l'un des exemples les plus raffinés de jardin « de pluie » hindou. Bâti par Maharana Sangram Singh II, ce jardin, dont le nom signifie « jardin des Demoiselles », aurait été conçu comme un lieu de retraite estival pour les quarante-huit dames d'honneur qui accompagnaient l'épouse de Maharana. Plus tard, Maharana Bhopal Singhji fit édifier un pavillon de « fontaines de pluie » afin de créer l'illusion de la pluie dansant au rythme des pas des dames. Maharana Fateh Singh reconstruisit les jardins à la fin du XIXe siècle après leur destruction massive par les inondations.

Au centre du bassin principal se dresse un *chhatri* de marbre blanc, ou pavillon en forme de parapluie, visible à travers un rideau d'eau. Il contraste avec les *chhatri* de marbre noir disposés aux quatre coins du bassin aux toits ornés d'oiseaux qui rejetaient autrefois de l'eau par leurs becs.

Des allées de marbre flanquées de palmiers débouchent sur de vastes pelouses et des sentiers ombragés ; elles guident le promeneur vers des arbres fruitiers, vers une roseraie, ainsi que vers des fontaines et bassins exotiques dont l'un est couronné d'un trône en pierre ouvragé. Là, quatre éléphants en marbre dominent un bassin circulaire planté de cannas fleurissant en octobre. Un rideau de « pluie » formé par les jets d'eau entoure le bassin dont le centre est occupé par une fontaine à plusieurs plateaux et ornée de lions en marbre. Autrefois, le jardin était réservé aux ébats des dames d'honneur royales pendant les plus chaudes périodes de l'année. EH

Jardins de l'hôtel Udaivilas

Inde

CRÉATEUR : Bill Bensley
PROPRIÉTAIRE : Oberoi Hotel Group
STYLE : contemporain
SUPERFICIE : 12,1 ha
CLIMAT : semi-aride
SITUATION : Udaipur, Rajasthan

Établis sur les rives du lac Pichola, l'un des plus pittoresques du Rajasthan, les jardins Udaivilas reflètent une interprétation originale et moderne de styles traditionnels sur un site chargé de références historiques. Au sud s'étendent les collines Aravalli avec, sur l'un de leurs sommets, le palais Monsoon, construit par Maharana Sajjan Singh en 1884. À l'est se dessine le splendide City Palace d'Udaipur, dont la construction débuta en 1559 sous la direction de Maharana Udai Singh II, fondateur de la ville. Sur le lac même ont été édifiés en 1754 le palais de Jag Niwas, où fut filmé le James Bond *Octopussy*, et celui de Jag Mandir.

Depuis le lac, l'hôtel ressemble à un palais de grès jaune dans un paysage composé de pelouses verdoyantes et d'arbustes en fleurs, émaillé des longues hampes des agaves en fleur. Des bassins chargés de lotus mauves et roses jouxtent le ponton d'amarrage ; de là s'étendent des pelouses entretenues ornées d'affleurements rocheux naturels ou artificiels, plantés d'herbes ornementales comme les *Pennisetum setaceum* 'Rubrum', plantes vivaces au feuillage pourpre.

En arrivant par la terre, une avenue bordée d'arbres mène à une entrée où des éléphants en pierre, des édifices et des arbres taillés se reflètent dans de sombres bassins miroitants. Le jardin de la première cour intérieure abrite un bassin de lotus en marbre, des étendues de pelouses et des compositions végétales dans des parterres en pierre surélevés. Une enfilade de cours en labyrinthe relie les bâtiments et mène à un jardin aquatique de style moghol orné d'un parterre taillé en forme d'étoile. EH

Samode Bagh

Inde

CRÉATEUR : Rawal Sheo Singhji
PROPRIÉTAIRE : Nathawat Singhs of the Samode Hotel Group
STYLE : *chahar bagh* moghol traditionnel (XVIIIe siècle)
SUPERFICIE : 8 ha
CLIMAT : semi-aride
SITUATION : Alwar, Rajasthan

Après la route chaotique et poussiéreuse qui traverse les collines arides d'Aravalli, le visiteur apprécie de pénétrer dans le site paisible de Samode Bagh, aujourd'hui restauré et transformé en hôtel de luxe agrémenté de fontaines et de bassins alimentés par des sources et des puits naturels. Abrité des regards curieux par des murs de pierre de 4,5 m de haut, ce vaste paradis de verdure de style moghol fut construit comme jardin de détente privé par le fils du célèbre Pritviraj Singh Ji d'Amber au milieu du XVIIIe siècle.

L'entrée ouvre la perspective sur un long canal rempli de fontaines dansant dans la lumière du soir. De larges allées partent de chaque côté ; l'eau est bordée d'une végétation dense, de setcreasées pâles *(Tradescantia pallida)*, de massifs vert émeraude arrangés dans des parterres surélevés et bordés de pierre. Des allées transversales divisent le jardin selon le style moghol du *chahar bagh*, ou jardin quadripartite. Dans les parcelles situées en contrebas, des arbres projettent une ombre appréciée sur les pelouses irriguées.

Un pavillon de marbre permet d'observer des fontaines à arcades dans une réserve d'eau surélevée et de distinguer le pavillon principal. D'autres réservoirs d'eau parsèment le site, dont l'un foisonne de lotus. À l'origine, Samode Bagh constituait un lieu de retraite estival et une réserve de chasse. Le pavillon principal est un observatoire idéal pour admirer les derniers rayons du soleil sur l'eau des fontaines. Arrêtez-vous devant le bassin de baignade aux pentes de marbre abruptes et ceint de murs à arcades ; pour un peu, vous entendrez les rires joyeux d'autrefois… EH

Dhobi Mahal

Inde

CRÉATEUR : empereur Shah Jahan
PROPRIÉTAIRE : inconnu
STYLE : *chahar bagh* (XVIIe siècle)
SUPERFICIE : 0,2 ha
CLIMAT : semi-aride
SITUATION : Bari, Rajasthan

Étalés le long des rives du lac Talab Shahi, des *chhatri* en ruines et au toit débordant de végétation, balisent la route menant au petit jardin isolé appelé aujourd'hui Dhobi Mahal, ou « palais du blanchisseur ou de la blanchisseuse ». Le jardin est aujourd'hui recouvert d'herbes folles, de gravats et peuplé de singes ; les canaux d'eau sont asséchés et à peine visibles. Néanmoins, le jardin et ce complexe délabré offrent un fascinant aperçu de la grandeur moghole associée à la chasse royale.

Ce jardin en ruines constitue l'un des ensembles clos de mur formant le Lal Mahal, un gigantesque palais de chasse entièrement construit en grès rouge par l'empereur Shah Jahan. Le Dhobi Mahal, situé face au lac Talab Shahi où font escale des milliers d'oiseaux migrateurs, se compose d'un pavillon flanqué d'ailes en pilastres et surplombé d'une terrasse dominant le lac. De l'autre côté, la terrasse du pavillon abrite un bassin encaissé et domine un *chahar bagh*, en contrebas. Les étendues autrefois recouvertes de fleurs et envahies aujourd'hui par les mauvaises herbes sont encadrées par des allées circulaires et des chemins rayonnant depuis un bassin surélevé central et rempli d'eau. Les vestiges de petites cascades et de niches qui abritaient des lampes à huile ou des fleurs indiquent que le bassin central alimentait en eau les étroits canaux convergeant vers le centre des allées.

Ce jardin est incontournable dans la mesure où l'histoire qui l'habite, l'imagination qu'il suscite et l'abondante vie sauvage qui y règne compensent son manque d'intérêt en matière d'horticulture. EH

Neemrana

Inde

CRÉATEUR : Aman Nath
PROPRIÉTAIRE : Neemrana Hotels Group
STYLE : varié
SUPERFICIE : 10,1 ha
CLIMAT : semi-aride
SITUATION : Neemrana, Alwar, Rajasthan

Perché sur un plateau des collines d'Aravalli, à 105 km au sud-ouest de Delhi, ce palais-forteresse fut édifié après 1464. Il s'agit d'un immense édifice de onze étages accroché à flanc de collines, doté d'innombrables terrasses s'étalant sur différents niveaux et offrant de somptueux panoramas sur la plaine environnante et ses collines vallonnées. D'énormes portes de bois encadrent l'entrée principale. Chaque once de terrain et d'espace libre est occupée par un pot de fleurs ou du feuillage. Au printemps, des plantes annuelles forment des parterres colorés en bordure des allées, des rosiers jalonnent le jardin tandis que des effluves délicats de frangipaniers flottent dans l'air. Les bougainvillées aux nuances de blanc et de magenta forment d'impressionnantes cascades colorées le long des murs.

Le palais-forteresse de Neemrana, devenu un hôtel, et ses jardins font l'objet de travaux de rénovation et d'aménagement depuis 1986. Des jardins suspendus ont été plantés sur les terrasses existantes, s'intégrant parfaitement au paysage. Les reines-de-la-nuit *(Selenicereus grandiflorus)* embaument l'air au coucher du soleil. Le Mukut Bagh, ou jardin de la Couronne, couronne littéralement la totalité du complexe de palmiers. Comme l'écrivit l'ancien haut commissaire britannique en Inde, sir Nicholas Fenn, dans le livre du visiteur : « Voyager en Inde est bénéfique pour l'esprit, Neemrana est bénéfique pour l'âme. » EH

À DROITE Construit au XVe siècle, le palais-forteresse de Neemrana domine les plantations exubérantes, en pot.

Jardins du palais de Deeg

Inde

CRÉATEUR : Suraj Mal, Rajah de Bharatpur
PROPRIÉTAIRE : État indien
STYLE : *chahar bagh* persan (XVIIIe siècle)
SUPERFICIE : 0,01 ha
CLIMAT : semi-aride
SITUATION : Bharatpur, Rajasthan

Les fontaines des jardins du palais de Deeg ont beau être silencieuses, les pavillons, les allées et la balancelle finement sculptée en marbre blanc vous transposent immédiatement dans l'univers de ces jardins à leur apogée, au XVIIIe siècle, lorsqu'on faisait rouler sur le toit de lourdes boules pour imiter le bruit du tonnerre.

Rapportée à Deeg depuis la cour moghole de Delhi par le Rajah Suraj Mal comme trophée de guerre, la balancelle en marbre est installée sur une plate-forme sous les arbres, à l'extrémité d'un cours d'eau irriguant le jardin. Des taureaux harnachés à de grands seaux de cuir reliés à un système de poulie complexe travaillèrent soixante jours durant pour extraire l'eau et remplir l'énorme réservoir qui alimentait la balancelle et les fontaines au centre du jardin. Aujourd'hui, à l'occasion du festival de Holi qui marque la fin de l'hiver, les pompes motorisées remplissent la réserve d'une eau aux couleurs de l'arc-en-ciel en seulement vingt-quatre heures.

Une large terrasse sillonnée par un cours d'eau central relie l'entrée principale aux palais et pavillons entourant un vaste jardin donnant sur un bassin de baignade. Le jardin est ordonné à la manière d'un *chahar bagh* ; il est d'abord divisé en quatre par des allées en grès surélevées, avec des canaux et des jets d'eau de fontaines en forme de boutons de lotus convergeant vers un bassin octogonal central, puis subdivisé en seize sections. Les chutes verticales font descendre l'eau (quand il y en a) vers l'aval du jardin, également quadrillé d'allées. Des pelouses et parterres de fleurs recouvrent aujourd'hui ces parcelles autrefois plantées d'arbres fruitiers.

Des motifs floraux, dont la beauté rivalise avec ceux du Fort Rouge d'Agra, ornent les murs en marbre du *zenana*, ou quartier des femmes, qui donne sur un magnifique jardin quadripartite dissimulé dans un recoin du site. EH

Jardin du mausolée d'Itimâd-ud-Daulâ

Inde

CRÉATEUR : Nur Jahan
PROPRIÉTAIRE : Archeological Survey of India
STYLE : *chahar bagh* persan (XVIIe siècle)
SUPERFICIE : 2,3 ha
CLIMAT : semi-aride
SITUATION : Agra, Uttar Pradesh

Cette tombe gît au centre d'un *chahar bagh* telle une précieuse cassette posée sur des rubans de rubis, dans un parterre d'émeraudes. L'édifice, connu sous le nom de « mini-Taj », est exquis ; quant au jardin, il compte parmi les mieux préservés de ceux qui bordaient la rivière Jumna dans la cité moghole d'Agra. La tombe de marbre blanc fut construite en 1628 par Nur Jahan, épouse de l'empereur Jahangir, pour son père. Elle repose sur une plate-forme de grès rouge et est incrustée de lapis, onyx, topazes, jaspes et cornalines disposés selon des motifs géométriques et floraux complexes, comme le cyprès (symbole de longévité) enchevêtré avec le bourgeon du rajeunissement. À l'intérieur, la tombe est baignée de lumière filtrant à travers les *jail*, ou grillage en filigrane.

L'eau pénétrait dans le jardin par une goulotte, était stockée dans un réservoir octogonal encore visible aujourd'hui dans un coin de la rivière, avant d'alimenter les canaux délimitant le périmètre et les parcelles quadripartites du *chahar bagh*. Des allées en pierre, chacune parcourue par un étroit cours d'eau se déversant dans une réserve carrée ou fontaine, divisent le jardin en quartiers et, sur le flanc ouest, mènent à un pavillon en grès rouge et incrusté de formes en marbre représentant des vases et des bouteilles. Des marches flanquées de parterres de fleurs descendent vers la rivière. Entre les allées fleurissent des plates-bandes de plantes annuelles aux couleurs chatoyantes, là où des fruitiers poussaient autrefois. EH

Jardin de Diwan-i Amm

Inde

CRÉATEUR : Akbar le Grand
PROPRIÉTAIRE : Archaeological Survey of India
STYLE : *chahar bagh* moghol (XVIe siècle)
SUPERFICIE : 0,2 ha
CLIMAT : semi-aride
SITUATION : Fatehpur Sikri, Uttar Pradesh

Dans le palais moghol déserté de Fatehpur Sikri, de petits ruisseaux quadrillent de vastes cours pavées ; l'une d'elles figure un gigantesque tablier de jeu de *pachisi* sur lequel, dit-on, l'empereur Akbar le Grand jouait avec ses gens de cour en utilisant seize jeunes esclaves de son harem comme pièces vivantes. L'énorme réserve qui alimentait le jardin en eau ne contient plus aujourd'hui qu'un mince filet verdâtre et les petits canaux sont asséchés depuis des siècles. La pénurie en eau constitua en effet l'une des raisons pour lesquelles Akbar fit transporter sa cour à Lahore en 1585, soit à peine quinze ans après la construction du complexe de palais de grès et de ses cours.

Même sans eau, le jardin niché à l'ouest de Diwan-i Amm, ou chambre des Audiences publiques, ressemble à un coin de paradis. C'est là, à l'ombre de la véranda, qu'Akbar gérait les affaires de l'État, du haut de son trône posé sur une estrade. Le jardin adopte un ordonnancement moghol, excepté qu'il est de forme oblongue plutôt que carrée et qu'il est divisé en six rectangles inégaux par trois allées au lieu d'être quadripartite. De minces ruisseaux étaient autrefois alimentés via d'élégants *chadar*, ou chutes d'eau, près des canaux entourant la cour du Pachisi. Le pavillon central forme un rectangle aux coins tronqués ; il est aligné avec le pavillon vers lequel convergent quatre allées. Des parterres de plantes annuelles telles que les impatiences au printemps et les célosies à la fin de l'été forment des rubans colorés autour du gazon. EH

Anguri Bagh

Inde

CRÉATEUR : Shah Jahan
PROPRIÉTAIRE : État indien
STYLE : *chahar bagh* moghol (XVIe siècle)
SUPERFICIE : 0,2 ha
CLIMAT : semi-aride
SITUATION : Fort Rouge, Agra, Uttar Pradesh

Le palais royal du Fort Rouge, l'immense forteresse construite par l'empereur moghol Akbar et achevée en 1565, abrite plusieurs jardins pourvus de parterres de fleurs géométriques, de canaux irrigués et de réservoirs d'eau. Le mieux préservé d'entre eux est celui d'Anguri Bagh, dit le « jardin des Grappes de raisin », probablement en raison des peintures murales du pavillon représentant des vignes.

Le jardin privé du *zenana*, ou quartier des femmes, est ceint sur un côté par le Khas Mahal, ou palais privé, et entouré de deux édifices à deux étages sur ses trois autres flancs. Les anneaux de grès rouge sur les murs à arcades de l'étage inférieur servaient à maintenir les auvents déployés sur le jardin pour y ménager de l'ombre et un peu d'intimité.

En face du Khas Mahal, se trouve un somptueux bassin moghol dont les angles sont façonnés en pétales de lotus rendus davantage visibles par le manque d'eau. Le bassin était relié à une cascade en marbre pourvue de niches en arcades qui abritaient des lampes à huile la nuit, et des vases de fleurs le jour ; la cascade se déversait dans le jardin situé en aval. Ce dernier adopte une disposition quadripartite, typique des *chahar bagh*, avec quatre allées de pierre reliées en leur centre par un réservoir en marbre surélevé. Les plates-bandes de fleurs forment des motifs géométriques délimités par des pierres ; elles étaient autrefois remplies de fleurs de différentes hauteurs. La plate-bande étroite comprenait sans doute des plantes uniflores qui venaient égayer encore davantage ce tapis coloré tant admiré des visiteurs. EH

Jardin du mausolée d'Akbar

Inde

CRÉATEUR : Akbar
PROPRIÉTAIRE : État indien
STYLE : *chahar bagh* persan (XVIIe siècle)
SUPERFICIE : 37,2 ha
CLIMAT : semi-aride
SITUATION : Sikandra, Uttar Pradesh

L'entrée monumentale du mausolée d'Akbar, à Sikandra, est recouverte de décorations florales et calligraphiques en marbre blanc et coloré, et couronnée de quatre minarets en marbre blanc. De chaque côté, les murs sont dotés de *jali*, réalisés en grès et comptant parmi les plus beaux d'Inde. Le mausolée forme une pyramide étagée établie sur une plate-forme et accessible par une large chaussée en pierres.

Akbar, petit-fils de Babour et fils de Humayun, régna sur l'Empire moghol entre 1556 et 1605. La construction de sa tombe démarra sous son règne et fut achevée par son fils Jahangir. À l'intérieur, les parois de la sépulture sont ornées de peintures représentant les arbres dorés de la vie, des vases remplis de fleurs ainsi que des arabesques florales bleues et vertes. Le jardin entourant la tombe est d'une extrême simplicité : il s'agit d'un *chahar bagh* ou composition quadripartite, de style classique.

L'agencement du jardin frise l'austérité et ses proportions parfaites mettent en valeur le bâtiment du centre. Quatre chaussées surélevées partant de la tombe mènent à quatre « portes ». Lorsque les taureaux actionnent la roue servant à puiser l'eau du puits, les petits ruisseaux convergeant vers le centre des allées alimentent quatre réserves de la plate-forme centrale et quatre autres identiques situées plus loin. L'eau dévale le long des chutes bordées d'escaliers en pierre et irrigue les parcelles isolées entre les portes. De vastes étendues gazonnées accueillent aujourd'hui des cerfs et des entelles jouant au milieu des palmiers, pins, platanes et cyprès. EH

Mahtab Bagh

Inde

CRÉATEUR : Shah Jahan
PROPRIÉTAIRE : Agra Monument Board
STYLE : *chahar bagh* persan (XVIIe siècle)
SUPERFICIE : 0,03 ha
CLIMAT : semi-aride
SITUATION : Agra, Uttar Pradesh

Le jardin du Clair de Lune de l'empereur moghol Shah Jahan faisait partie du complexe Taj originel construit au début du XVIIe siècle, mais, à la différence du jardin du Taj Mahal, sacré et symbole du paradis céleste, le Mahtab Bagh avait pour principale vocation de permettre d'admirer le mausolée de marbre réfléchi dans l'eau au clair de lune.

En Inde, la tradition des jardins de clair de lune – où l'on se promène sur des passerelles pour savourer la fraîcheur du soir – précède la dynastie moghole. Outre des fleurs blanches parfumées et des arbres fruitiers, Shah Jahan fit ajouter des bassins, des fontaines et une cascade. Pendant plus de trois siècles, les visiteurs qui observaient la rivière depuis le Taj n'ont plus vu que des dunes et des herbes sauvages, mais les documents historiques de l'époque montrent que la tour octogonale, encore debout, dans l'angle sud-est, faisait autrefois partie d'un complexe clos de mur, identique au jardin du Taj situé à l'opposé.

Le jardin est en harmonie avec le Taj, tant par ses dimensions que son orientation ; la terrasse et le bassin octogonal possèdent un style proche de celui de la tombe. L'eau de la rivière était stockée dans des citernes de Mahtab Bagh, avant d'être acheminée vers la fontaine et de tomber en cascade dans un bassin rempli de lotus. Ces canaux ressemblent aujourd'hui à des rubans colorés de plantes annuelles. Observer le Taj depuis cet endroit constitue une expérience magique et le visiteur se plaît à imaginer la noblesse moghole l'admirant au clair de lune, à travers les jets d'eau des vingt-cinq fontaines alentour. EH

Taj Mahal

Inde

CRÉATEUR : Shah Jahan
PROPRIÉTAIRE : Archaeological Survey of India
STYLE : *chahar bagh* persan (XVIIe siècle)
SUPERFICIE : 17 ha
CLIMAT : semi-aride
SITUATION : Chandigarh, Uttar Pradesh

Le chef-d'œuvre de la dynastie moghole, le tombeau de Mumtaz Mahal édifié par Shah Jahan entre 1632 et 1654, repose dans un somptueux jardin. Lorsque la fontaine est activée, le bâtiment semble émerger des jets en forme de bourgeons de lotus. Le mausolée est encadré par des arcades ou les feuillages d'arbres tels que le filao à feuilles de prêle *(Casuarina equisetifolia)* et l'imposant *Heterophragma adenophyllum* à gauche de l'entrée. La tombe repose sur une vaste plate-forme blanche surplombant la rivière Jumna. Sur la rive opposée, le Mahtab Bagh accentue la symétrie des plans au sol.

Le jardin du Taj est ceint, sur ses flancs est et ouest, de remparts massifs agrémentés d'arcades ornementales et de créneaux incrustés de marbre. Il se compose d'un *chahar bagh* classique divisé en quartiers par de larges canaux peu profonds. Un pavillon de grès rouge occupe l'extrémité de chaque axe transversal tandis qu'un réservoir en marbre surélevé se tient au centre du jardin. Les larges allées sillonnant entre les arbres et les buissons en fleurs méritent le détour. Les décorations florales en marbre de la tombe ainsi que les incrustations de pierres semi-précieuses sont célèbres. À l'extérieur, une allée descendant vers la rivière offre un panorama sur les murs de soutènement ornés de panneaux de grès représentant des palmiers-dattiers et des couronnes impériales. EH

À DROITE Le Taj Mahal se reflète dans le long canal, bordé de cyprès élancés.

Ram Bagh

Inde

CRÉATEUR : Nur Jahan
PROPRIÉTAIRE : Agra Monument Board
STYLE : *chahar bagh* persan (XVIe siècle)
SUPERFICIE : 0,02 ha
CLIMAT : semi-aride
SITUATION : Agra, Uttar Pradesh

Les pavillons de Ram Bagh, également appelés Aram Bagh (jardin du Repos) et Bagh-i Nurafshan, sont aujourd'hui délabrés et les cours d'eau, asséchés. Subsistent cependant terrasses, allées parcourant les parterres de fleurs, cours d'eau bordés de pierres et cascades rocheuses, qui délimitent un plan au sol spectaculaire de simplicité. Ram Bagh, aménagé tel un *chahar bagh*, compte parmi les plus anciens jardins encore existants de la période moghole.

Même si une pelouse ordinaire, émaillée de bosquets taillés de plantes persistantes, recouvre aujourd'hui le jardin, Ram Bagh n'en demeure pas moins fascinant, et pas seulement à cause de sa composition quadripartite. Depuis la terrasse orientée du côté de la rivière, les panoramas sur les balustrades de grès ajourées balaient la rivière Jumna. Le long de la rive est, des murs en ruine et des tours de grès rouge couronnées de *chhatri* forment les vestiges d'anciens jardins moghols vieux de plus de quatre cents ans. D'aucuns prétendent que Ram Bagh date du règne de Babour et que c'est ici que ce dernier fut enterré avant d'être transporté au jardin de Kaboul. D'autres affirment que le jardin a été restauré en 1621.

Entre les pavillons oblongs dominant la rivière se niche une plate-forme en pierre établie au centre d'un réservoir carré. Assis sur ce plateau, par une chaude journée de printemps, le visiteur s'imagine aisément membre de la cour moghole, savourant la brise venant de la rivière et rafraîchie par l'eau entourant la plate-forme, avec un riche tapis de fleurs à ses pieds et respirant les doux effluves parfumant l'air. EH

Ban Qiao

Taïwan

CRÉATEURS: Lin Guo-hua, Lin Guo-fang
PROPRIÉTAIRE : gouvernement de la ville de Taipei
STYLE : chinois classique (XIXe siècle)
SUPERFICIE : 1,1 ha
CLIMAT : subtropical humide
SITUATION : Panchiao, Taïwan

À la fin du XVIIIe siècle, un ancien marchand et administrateur du gouvernement de Chine, Lin Ping-hou, acheta une parcelle de terrain sur les rives nord de la rivière Tamshui et ordonna la construction de Bi-Yi Hall. En 1851, deux de ses cinq fils, Lin Guo-hua et Lin Guo-fang, aménagèrent un espace dédié au jardin et firent édifier une seconde maison. D'autres aménagements suivirent en 1893, avec l'ajout d'une autre maison, et les jardins furent également agrandis. Connu aussi sous le nom de Lin Family Mansion and Garden, le site est un exemple des plus raffinés de l'architecture résidentielle de la dynastie Ching.

Le complexe constitue le plus grand jardin historique de Taïwan. Un simple regard sur ses bassins paisibles et ses pavillons exquis suffit pour comprendre pourquoi ce jardin coûta deux fois plus que la construction de la ville de Taipei. Le jardin est réputé pour sa beauté. Ses caractéristiques de style zen, ses étangs remplis de carpes koï et ombragés par les banians apportent une touche contemplative. La sérénité émane des cours d'eau, des ponts, des bonsaïs et d'une architecture, symétrique et technique, particulièrement réussie.

Bien que les paysages chinois manquent parfois de verdure, ces jardins possèdent suffisamment de plantes grasses, de nénuphars géants et de massifs d'arbustes colorés pour que chacun y trouve son compte. Les jardins sont une oasis, un témoignage inestimable d'une époque révolue. La propriété fut léguée au gouvernement taïwanais en 1987 et subit d'importantes restaurations en 2000. GW

Jardin botanique de la reine Sirikit

Thaïlande

CRÉATEUR : Thai Botanic Garden Organization
PROPRIÉTAIRE : État thaïlandais
STYLE : botanique tropical, surtout naturaliste (XXe siècle)
SUPERFICIE : 960 ha
CLIMAT : tropical humide
SITUATION : Mae Rim, Chiang Mai

Situé au nord-ouest de Chiang Mai, ce jardin est situé dans une zone de partage des eaux et de conservation protégée. Déclaré entreprise d'État en 1993, le jardin botanique de la reine Sirikit devint le premier centre d'études botaniques du pays, travaillant et respectant les normes internationales, et ayant la possibilité de conserver des plantes indigènes à l'état sauvage.

De nombreux chemins sillonnent les jardins, dont l'un traverse un vaste arboretum niché au cœur du site et abritant des figuiers, bananiers, palmiers, gingembres, pins, ainsi que des fougères et des lianes. Un espace consacré aux parterres et plates-bandes ornementales forme une aire de pique-nique appréciée des promeneurs. C'est également là que se situent le ruisseau principal et les chutes. L'allée du Rock Garden dévoile de nombreuses plantes sur le chemin menant à la pépinière d'orchidées. Cette zone abrite la plupart des six cents espèces d'orchidées thaïlandaises existant dans la nature. Ici, les plantes en voie d'extinction sont micro-propagées afin d'augmenter leur nombre.

En 2001, un nouveau complexe de serres fut inauguré, avec cinq lieux d'exposition et huit serres. Le bâtiment le plus important est celui de la Maison de la forêt humide tropicale, qui abrite la collection de palmiers, cycas, fougères aborigènes et autres espèces tropicales d'Asie du Sud-Est. Le site recoupe divers environnements allant du désert aride à une zone aquatique. Les maisons ombragées accueillent d'autres espèces d'orchidées, ainsi que des cactus et nénuphars. Le paysage a rapidement évolué et demeure un site incontournable pour les passionnés de botanique et de jardins. JHe

Bang Pa-in

Thaïlande

CRÉATEUR : Rama V
PROPRIÉTAIRE : famille royale thaïlandaise
STYLE : mélange de style oriental (XIXe siècle) et complexe palatial de style occidental
SUPERFICIE : inconnue
CLIMAT : tropical humide
SITUATION : Ayutthaya

L'histoire de ces jardins spectaculaires, de leurs temples « flottants » et de leurs bâtiments royaux remonte au XVIIe siècle. D'après les chroniques, le roi Prasat Thong fonda un monastère sur une île du fleuve Chao Phraya et y fit ériger une résidence estivale en 1632, l'année de la naissance de son fils.

Le site fut réhabilité de nombreuses années après par Rama IV (ou roi Mongkut), qui fit construire son propre palais. Ce dernier fut plus tard remplacé par un monastère bouddhiste aux allures d'église gothique pourvue d'un clocher et de vitraux. Pour ajouter encore à la bizarrerie du bâtiment, l'édifice n'est accessible que par une sorte de téléphérique installé au-dessus de l'eau. La plupart des bâtiments que l'on peut admirer aujourd'hui furent érigés au cours des dernières années du XIXe siècle. Les mélanges éclectiques d'influences mêlent des bâtiments de style thaï et chinois aux décorations somptueuses et d'autres ornés de façades néoclassiques majestueuses. La tour d'observation, un amalgame de phare et de minaret mauresque offre d'excellents panoramas sur le palais et ses environs.

En pénétrant dans Bang Pa-in, le promeneur pourrait presque se croire sur les terres d'un ancestral manoir anglais conçu par Capability Brown et agrémenté de lacs, de folies et d'allées bordées de rideaux d'arbres. Les édifices, reliés par d'élégants ponts et allées, se reflètent dans l'eau calme. Bien que ses jardins ne soient pas aussi travaillés que d'autres, Bang Pa-in n'en impressionne pas moins les visiteurs. JHe

Jardin de Jim Thompson

Bangkok, Thaïlande

CRÉATEUR : Jim Thompson
PROPRIÉTAIRE : fondation James H. W. Thompson
STYLE : oasis urbaine de verdure (XXe siècle)
SUPERFICIE : 0,4 ha
CLIMAT : tropical humide
SITUATION : Bangkok

Autrefois théâtre de soirées fastueuses rassemblant les membres de la haute société, l'ancienne demeure de Jim Thompson est aujourd'hui convertie en musée. Construites face à un canal, la maison principale et ses annexes, avec leurs toits fortement incurvés, forment une série d'enclos paisibles au milieu de palmiers et d'arbres tropicaux. Architecte américain, Jim Thompson fut envoyé à Bangkok en 1945 par l'armée américaine. Il tomba amoureux de la Thaïlande et de ses habitants et s'installa dans la capitale. Véritable entrepreneur, le personnage était aussi un collectionneur passionné d'œuvres d'art et un jardinier féru de plantes tropicales. Achevée en 1959, la maison combine les styles de six demeures traditionnelles thaïes, comptant parmi les plus belles du pays. Un *Samanea saman* ombrage le jardin garni de flamboyants aux fleurs écarlates *(Delonix regia)* et de nombreux arbustes et plantes grimpantes exotiques.

En 1967, Thompson partit randonner sur les îles Cameron en Malaisie. On n'entendit alors plus jamais parler de lui. À l'époque de sa mystérieuse disparition, le jardin était déjà bien aménagé et entretenu, mais il fut rapidement envahi par les figuiers sauvages.

Vingt-cinq ans après, la plupart des bâtiments et des constructions originelles étaient enfouis sous une jungle impénétrable. En 1994-1995 fut entrepris un immense travail de défrichage. Des entreprises locales de paysagistes débroussaillèrent les parcelles en conservant quelques arbrisseaux et palmiers. De nouveaux sentiers et terrasses furent aménagés et les parterres replantés de diverses plantes et fleurs enchanteresses afin de redonner au jardin son lustre de jadis. En parcourant les allées sinueuses, le visiteur découvre des bassins poissonneux ainsi que des sculptures de pierre et des jarres d'eau antiques nichées au creux de la verdure. Étouffé par la végétation, le vacarme de la ville n'a pas de prise sur ce lieu pourtant situé en plein centre-ville. JHe

Jardin tropical de Nong Nooch

Thaïlande

CRÉATEUR : Nong Nooch Tansacha
PROPRIÉTAIRES : Nong Nooch Tansacha, Kampon Tansacha
STYLE : formel et tropical informel (XXe siècle)
SUPERFICIE : 81 ha
CLIMAT : tropical humide
SITUATION : Pattaya, Chonburi

Imaginez un paysage fantastique digne d'*Alice au pays des merveilles*, empreint de différentes cultures, et vous aurez peut-être une vision de ce qu'est ce site extraordinaire. Les jardins furent aménagés par Nong Nooch Tansacha et ouverts au public en 1980. Ayant acheté 243 ha en vue d'y planter des arbres fruitiers, celle-ci bouleversa intégralement ses plans à son retour de voyage en Europe.

Se côtoient ici pêle-mêle des éléments d'origine occidentale et orientale. On y trouve une adaptation de Stonehenge, ensemble mégalithique de Grande-Bretagne. Une cascade traditionnelle dont les proportions imposantes rappellent celles des villas de la Renaissance italienne. Le site comprend un jardin européen orné de statues classiques et de hautes haies en colonnade ainsi qu'un jardin de topiaires thaï dont les bosquets taillés parent les rives d'un lac. Outre les formes traditionnelles habituellement présentes sur le site d'une belle demeure de campagne, les jardins abritent d'innombrables topiaires abstraites et témoignent d'un art paysager virevoltant et psychédélique. Vous ne trouverez ici ni ifs ni buis, mais une myriade de plantes tropicales et de parterres chamarrés. La colline aux Papillons accueille à elle seule cinquante mille fleurs et plantes ornementales.

Les palmiers et cycas sont légion, sans compter les collections de broméliacées, cactus, cannas, fougères et bonsaïs. Les pépinières qui approvisionnent le jardin s'étendent sur pratiquement deux fois sa superficie. Si vous êtes féru de botanique, accordez-vous une journée complète, vous en aurez besoin. JHe

Anuradhapura

Sri Lanka

CRÉATEUR : roi Pandukabhaya
PROPRIÉTAIRE : État sri lankais
STYLE : bouddhiste (IIIe siècle av. J.-C.)
SUPERFICIE : 160 ha
CLIMAT : tropical sec
SITUATION : Anuradhapura, province du Centre-Nord

En 543 av. J.-C., des moines bouddhistes réalisèrent avec succès une bouture de l'arbre sacré Bo *(Ficus religiosa)* qui continue de grandir au cœur de la ville d'Anuradhapura. Cet arbre, appelé Sri Maha Bodhi, ne peut être qu'aperçu mais il imprègne son environnement d'une atmosphère antique ; la forme de ses feuilles retournées a inspiré les six formes du *dagoba*, ou édifice reliquaire bouddhiste en forme de dôme. Au IIIe siècle av. J.-C., le roi Pandukabhaya fit aménager quelque 4 000 ha de paysage urbain, ainsi que des jardins de fleurs et de fruits, bien que le site soit aujourd'hui surtout archéologique et architectural.

L'eau était présente et visible presque partout. Les somptueux *kuttam poluna*, ou bassins jumeaux, furent aménagés pour que les moines bouddhistes puissent s'y baigner ; ils sont parfaitement conservés et ornés de décorations. L'entrée en forme de pierre lunaire est en parfait état ; les flammes extérieures représentent le désir ; les chevaux, la mort ; les lions, la maladie ; et les taureaux et éléphants, la vitalité. La force vitale et la prospérité sont incarnées par un entrelacs de plantes grimpantes et de vigne vierge encerclant les oies qui entourent la fleur de lotus, ou nirvana. Trois autres imposants réservoirs d'eau reflètent le ciel ; l'un d'entre eux approvisionne les jardins des Plaisirs Royaux.

D'après la légende, un prince royal tomba amoureux d'une jeune fille de caste inférieure qui se promenait sur place ; il renonça à son trône pour l'épouser. Ils sont depuis connus comme les amoureux d'Isurumuniya. CH

Jardins Brief

Sri Lanka

CRÉATEUR : Bevis Bawa

PROPRIÉTAIRE : Bevis Bawa Trust

STYLE : tropical oriental , européen (XXe siècle)

SUPERFICIE : 10 ha

CLIMAT : tropical humide

SITUATION : Kalawila, province du Nord-Ouest

Les Burghers étaient des métis descendants d'Européens et de Cingalais, qui côtoyaient Britanniques et Cingalais au Sri Lanka au début du XXe siècle. Bevis Bawa, artiste paysagiste et sculpteur, était l'un d'entre eux. Son père acheta ces terres en traitant un dossier juridique (*brief* en anglais), ce qui valut aux jardins leur appellation. En 1920, Bawa commença le défrichage de ce qui était autrefois une plantation de coton pour y aménager les jardins. Aujourd'hui, de grands arbustes en fleurs bordent l'allée menant aux jardins, qui rayonnent depuis un bungalow entouré d'une véranda recouverte de plantes grimpantes. Le bungalow et les jardins semblent ne former qu'une seule et même entité ; les panoramas sont délimités par des entrées et sorties en pierre ou fer forgé, dans un labyrinthe de cours et de terrasses.

Bawa, aidé de son épouse et d'une équipe de jardiniers, façonna un monde regroupant divers styles paysagers et plantations. La curiosité principale est la cascade d'eau en escalier de style italien. Bordée de végétation exotique, elle attire le visiteur vers la tombe de Bawa, un peu à l'écart. Attardez-vous quelques instants dans le paisible jardin japonais, ombragé et moussu, aux lanternes et figurines de pierre érodées, ainsi que dans le jardin des « comestibles ». La profusion de végétation tropicale est mise en valeur par la présence de haies taillées à faible hauteur et de pelouses tondues encadrant ce fabuleux panorama jusqu'à la côte. Bawa mourut en 1922, léguant le jardin à ses jardiniers, chacun obtenant une part proportionnelle à la durée de son travail sur le site. CH

Peradiniya

Sri Lanka

CRÉATEUR : inconnu

PROPRIÉTAIRE : État sri lankais

STYLE : botanique (XIXe siècle)

SUPERFICIE : 59,5 ha

CLIMAT : tropical humide

SITUATION : Kandy, province du Centre

Kandy était l'ancienne capitale des rois de Kandy qui régnèrent sur le centre du pays – le royaume caché – jusqu'à l'arrivée des Britanniques en 1802. En 1821, sur le site d'un ancien palais de Kandy, les Britanniques aménagèrent les jardins botaniques de Peradeniya afin d'étudier et de développer la flore locale. Nichés dans un coude étroit de la rivière Mahaweli-Ganga, les jardins jouent un rôle majeur dans le réseau mondial des jardins botaniques.

La somptueuse avenue de palmiers royaux (genre *Roystonea*) fut plantée en trois fois, en 1885, 1905 et 1950. Quant aux arbres, leur nombre excède les dix mille. L'énorme banian *(Ficus benghalensis)* domine le site ; ses branches s'étendent inexorablement sur le sol et sont recouvertes de plantes épiphytes. Ne manquez pas le jardin des épices et ses cultures de quatre-épices, de cannelle, de clous de girofle et de muscade, ainsi que les magnifiques plates-bandes de plantes médicinales très appréciées compte tenu du regain d'intérêt pour l'Ayurveda et les médecines alternatives. Le site abrite d'extraordinaires collections d'orchidées, de palmiers, de bambous, de fougères, ainsi qu'un assortiment de fleurs chamarrées éparpillées autour d'un petit lac en forme de Sri Lanka et pourvu d'îles représentant, entre autres, les villes de Kandy et Colombo. De nombreux arbres du jardin ont été plantés à l'occasion de visites importantes, comme lors de la nomination de Kandy en tant que quartier général d'Asie du Sud-Est lors de la Seconde Guerre mondiale, sous le commandement de lord Mountbatten. CH

Cimetière de guerre de Kranji

Singapour

CRÉATEURS : Reginald Blomfield, Edwin Lutyens
PROPRIÉTAIRE : Commonwealth War Graves Commission
STYLE : mémorial (xxe siècle)
SUPERFICIE : 708,8 ha
CLIMAT : tropical humide
SITUATION : Kranji, Singapour

Dans son sonnet *The Soldier* (« Le soldat »), le poète anglais Rupert Brooke écrivait : « […] il est un coin dans un champ étranger qui demeure à jamais l'Angleterre. » C'est le sentiment qui est à l'origine de la création de la Commonwealth War Graves Commission instaurée en Grande-Bretagne en 1917. Elle commémore le souvenir des forces du Commonwealth tombées lors des deux guerres mondiales : 1,7 million d'hommes et de femmes reposant dans quelque deux mille cinq cents cimetières de guerre, dans cent cinquante pays.

Selon le souhait de la Commission, ces cimetières ont été conçus comme des jardins avec des normes horticoles précises ; leurs architectes, Reginald Blomfield et Edwin Lutyens, s'employèrent à les intégrer dans le paysage environnant. Tout en honorant la mémoire des défunts, ces lieux offrent aux visiteurs un espace paisible et réconfortant. De la Normandie à Chypre et de la Tanzanie à Madras, les fleurs présentes dans les jardins des cottages anglais – la lavande, les lis et les roses floribunda – ornent les longues allées de pierres tombales blanches.

Lors de l'invasion japonaise de Singapour en 1942, la région de Kranji fut le théâtre de combats sanglants ; après la défaite des Alliés, les Japonais y établirent un camp de prisonniers de guerre. Le cimetière de guerre actuel de Kranji était à l'origine un petit cimetière aménagé par les prisonniers dudit camp. Il commémore les noms de vingt-quatre mille défenseurs du Commonwealth qui offrirent leur vie en Malaisie, et dont la plupart ne purent bénéficier d'un enterrement décent. Kranji est identique aux cimetières de la Commonwealth War Graves Commission érigés à travers le monde. Même si en matière d'horticulture, les détails varient parfois selon la nationalité des soldats, l'impression demeure la même, celle de jardins immaculés, emprunts de dignité, de calme et d'une gaieté inattendue. AE

Jardins botaniques de Singapour

Singapour

CRÉATEUR : Singapore Agri-Horticultural Society
PROPRIÉTAIRE : Singapore National Parks Board
STYLE : paysage tropical (XIXe siècle)
SUPERFICIE : 52 ha
CLIMAT : tropical humide
SITUATION : Singapour

Aménagés à l'origine par la Singapore Agri-Horticultural Society, les jardins botaniques de Singapour furent légués au gouvernement en 1874. Des directeurs formés à Kew furent recrutés pour entretenir et développer les jardins.

Les jardins d'agrément et le parc ornemental furent créés, sur le site, en 1859. Le parc jouit d'une grande popularité parmi les locaux qui aiment y faire leur footing ou pratiquer le tai-chi. L'on y trouve des plates-bandes traditionnelles, de nombreux spécimens d'arbres séculaires, diverses sortes de gingembres et d'épices, ainsi que de ravissants parterres d'orchidées 'Miss Joaquim' de l'espèce *Vanda*, la fleur nationale de Singapour. Récemment aménagé, le Jardin national d'orchidées abrite la plus grande collection d'orchidées tropicales au monde, avec plus de trois mille espèces et hybrides différents. Ce même jardin accueille également l'extraordinaire collection de broméliacées de Yuen-Peng McNeice, avec plus de cinq cent vingt cultivars, variétés et hybrides, ainsi que la serre de Tan Soon Siang qui abrite une sélection d'orchidées rarissimes.

En descendant l'élégante Palm Valley (vallée des Palmiers), vous pourrez admirer d'antiques spécimens végétaux ainsi que les anciens bâtiments abritant les herbiers. Vous apercevrez aussi Burkill Hall, ancienne demeure du directeur du jardin, occupée par Henry Ridley qui introduisit le coton en Malaisie et mit au point la technique de la saignée et par le professeur Eric Holttum, connu pour ses expériences en matière de reproduction et d'hybridation d'orchidées. MB

Zoo de Singapour

Singapour

CRÉATEUR : Lyn de Alwis
PROPRIÉTAIRE : Tamasek Holdings/Singapore Tourist Board
STYLE : zoologique (XXe siècle)
SUPERFICIE : 27,9 ha
CLIMAT : tropical humide
SITUATION : Mandai Lake Road, Singapour

La meilleure chose à faire à Singapour est de visiter le zoo, à la fois pour ses occupants et davantage encore pour les incroyables jardins qui l'entourent et qui abritent eux-mêmes les animaux. Les rives du lac artificiel se partagent en deux zones (l'une pour les animaux diurnes, l'autre pour les nocturnes). Ces dernières sont entourées d'une ceinture de forêt pluviale. Les animaux sont maintenus dans des enclos de verdure et séparés des visiteurs par des fosses et des clôtures. Des antilopes aux cornes vrillées broutent les bosquets de gingembre et les bambous, des chacals traversent un jardin de roches xérophytes et des singes gambadent dans un luxuriant habitat d'arbres, de palmiers et de végétation spectaculaire. L'eau est omniprésente, sous la forme de bassins, de ruisseaux, de cascades, et les fosses, aménagées comme des berges naturelles, grouillent de poissons.

Dans la Forêt fragile, vous pouvez explorer les interconnexions entre la faune et la flore de la forêt pluviale. Sont aménagés une immense zone pour les papillons, un campement d'éléphants *(Elephant Camp)*, un jardin d'héliconias *(Heliconia Garden)* et une allée des parfums *(Fragrant Walk)*. L'enclos des babouins est l'endroit le plus étonnant du site. Il reproduit les impressionnants paysages de l'Éthiopie, avec sa forêt impénétrable, son désert brûlant et la merveilleuse Great Rift Valley. Une hutte de village occupe le centre du terrain ; le visiteur y accède par une enfilade de jardins composés d'artefacts de style éthiopien, tels que les grandes compositions rocheuses ou en pots et les figures sculptées. AE

Batujimbar

Indonésie

CRÉATEURS: Geoffrey Bawa, Made Wijawa
PROPRIÉTAIRE : Donald Friend
STYLE : indigène (XXe siècle)
SUPERFICIE : 6 ha
CLIMAT : tropical sec
SITUATION : Bali, Indonésie

Geoffrey Bawa fut l'architecte du Sri Lanka le plus influent du XXe siècle. Son style se caractérise en particulier par la relation savamment étudiée entre les bâtiments et leur environnement. Dans de nombreux sites, comme c'est le cas à Batujimbar, le climat permit à Bawa de brouiller les frontières entre les espaces intérieurs et extérieurs, opérant ainsi une fusion entre le jardin et les édifices. Bawa utilisait des matériaux locaux, travaillés par des ouvriers de la région au moyen de techniques et styles traditionnels. L'idée de la construction de Batujimbar est redevable au peintre australien Donald Friend, une connaissance du frère de Bawa. En 1971, après son installation dans le sud-est de Bali, près de la mer, à Batujimbar, Friend demanda à Bawa d'être son architecte et de construire des villas de plage sur le site, ainsi qu'un musée qui abriterait sa collection de sculptures de Bali et un amphithéâtre accolé à sa maison.

Bawa dessina un plan délimitant quinze parcelles de 0,4 ha chacune, avec une étendue de plage sur 30 m. Malheureusement, seuls le musée de Friend, avec son fossé et son terrassement en pierre, et deux maisons furent réalisés d'après les plans originaux de Bawa. Friend perdit le contrôle du projet et les plans de Bawa ne furent jamais réalisés. En 1985, la propre parcelle de Friend fut réaménagée et le paysagiste australien Made Wijaya remania la plupart des jardins au cours de la décennie qui suivit. Il subsiste peu de chose du projet de Friend et de l'architecture de Bawa, mais leurs magnifiques musée et jardin demeurent intacts. TM

AMÉRIQUE DU SUD ET CENTRALE

L'Amérique Centrale a depuis longtemps affirmé son style en matière de jardins. Au milieu du XIXe siècle, le célèbre créateur Roberto Burle Marx impose son style au design très contemporain et aux lignes fortes ponctuées de plantes tropicales par masses. Les jardins d'Uruguay et du Mexique sont, eux, de remarquables exemples du mariage des influences européennes et hispano-mauresques, sous un souffle purement latin.

Las Pozas

Mexique

CRÉATEURS : Edward James, Plutarco Gastelum, Ivan Hicks
PROPRIÉTAIRE : famille Gastelum
STYLE : jardin surréaliste à sculptures (xxe siècle)
SUPERFICIE : 39,7 ha
CLIMAT : tropical sec
SITUATION : Xilitla, San Luis Potosí

Edward James, richissime mécène des artistes surréalistes Salvador Dalí et René Magritte, créa dans la jungle mexicaine un jardin tropical touffu et délirant portant le nom de Las Pozas. Il grouille d'énormes sculptures dissimulées et de folies architecturales peintes en rouge, bleu et or disséminées au milieu de papillons gros comme des crabes. Son nom est dû à la série de bassins reliés par des chutes d'eau tout au long des méandres d'une rivière tropicale.

James travailla à son jardin dès 1949, aidé par son ami, Plutarco Gastelum. Ivan Hicks, designer britannique engagé par James, poursuivit son œuvre jusqu'à sa mort, survenue en 1984. Las Pozas n'est pourtant connu que depuis peu. Les magazines consacrés à l'art des jardins s'arrachent les photos des lieux et des pleines pages montrent comment la jungle reprend peu à peu le dessus sur les sculptures et la brique. Parfois, on ne peut y entrer ou en sortir qu'à grands coups de machette.

L'étrange entrée de Las Pozas fut conçue comme une immense volière doublée d'une cage à singes. Le niveau supérieur devait abriter un cinéma. On trouve à l'intérieur d'immenses structures de béton – feuilles, calebasses ou dauphins – ainsi que des escaliers. Les autres structures fantastiques ont pour nom la Maison au toit comme une baleine, la Voûte des chauves-souris, la Maison aux trois étages qui pourraient en faire cinq ou encore le Temple des canards. John Lennon et Pablo Picasso notamment sont venus ici. RR

L'étrange entrée de Las Pozas fut conçue comme une immense volière doublée d'une cage à singes.

Jardin botanique de l'Unam

Mexico, Mexique

CRÉATEURS : Faustino Miranda, Efren del Pozo
PROPRIÉTAIRE : Université nationale autonome du Mexique
STYLE : botanique, collection de plantes indigènes (XXe s.)
SUPERFICIE : 100 ha
CLIMAT : tropical sec
SITUATION : Mexico

Derrière le stade olympique de Mexico, le jardin botanique de l'Université nationale autonome du Mexique, ou Unam – également appelé jardin botanique de Pedregal –, bénéficie d'un emplacement abrité et présente bien des attraits.

Quelque trois quarts du paysage mexicain possèdent des habitats écologiques combinant temps rigoureux et faibles précipitations pour donner en abondance une végétation aride et semi-aride. Le jardin possède une splendide collection de plantes correspondant à ces microclimats, regroupées selon le type d'habitat et la température : il y a là de nombreux yuccas et agaves ainsi qu'un ensemble exceptionnel de cactus des zones désertiques. Le tout occupe un site marqué par des affleurements volcaniques et la lave solidifiée emplit de mystère cet « autre monde ».

Le réseau sinueux de chemins révèle les différentes parties du jardin, bordées de roches sombres et noueuses, tandis que les teintes plus rouges de la pierre écrasée font mieux ressortir le feuillage. Des agaves géants sont plus hauts qu'un homme. Dans une zone consacrée aux plantes des régions tempérées, un arboretum présente toutes sortes d'arbres indigènes. Des pins et diverses essences de chênes dominent le paysage, avec des sapins, bibaces (nèfles du Japon), aubépines du Mexique et gommiers poussant dans les forêts plus humides couvertes de nuages.

Une section est consacrée aux plantes médicinales et comestibles ; de nombreux plats et boissons mexicains recourent en effet aux plantes et aux principes actifs de la végétation locale. RChi

Jardin de la maison de Luis Barragán

Mexique

CRÉATEUR : Luis Barragán
PROPRIÉTAIRE : Casa Museo Luis Barragán
STYLE : moderniste mexicain (XXe siècle)
SUPERFICIE : 0,04 ha
CLIMAT : tropical sec
SITUATION : Mexico

L'ancienne demeure de l'architecte mexicain Luis Barragán, lauréat du prix Pritzker, se fond avec discrétion dans le paysage environnant. En levant les yeux, on entrevoit les murs colorés de la terrasse supérieure pour deviner ce qui se dissimule derrière cette façade plutôt austère. À l'intérieur, on découvre un décor mettant en valeur la philosophie de Barragán, qui se dénommait lui-même architecte paysagiste et croyait le jardin aussi important que la bâtisse. Son architecture reposait sur l'utilisation de murs plats, colorés et granités et la façon dont le soleil jouait dessus, mais aussi la nécessité de tout voir depuis une maison, jardin y compris. Sa propre demeure est la matérialisation de cette pensée. Projet de toute une vie, maison et jardin montrent aux visiteurs en quoi la vie de Barragán correspondait à son idéal. Conçus en 1947 avec simplicité et minimalisme, ils ont un attrait résolument contemporain.

Le rez-de-chaussée ouvre sur un jardin et fait de l'extérieur une extension de l'intérieur. Un mur du séjour consiste en une grande fenêtre divisée en quatre donnant sur le jardin ouest pour former un « paysage encadré » où la végétation luxuriante est précédée d'un pavage carré. Telles des lianes, des plantes retombent et créent des ombres aux formes étranges. De hauts murs ceignent des arbres encore plus hauts et un escalier, composition spatiale de murs verticaux et horizontaux, cache entièrement les rues en contrebas. La peinture des murs emprunte à la richesse de la palette mexicaine – rose, rouille et blanc. De petits pavés carrés recouvrent le sol.

On a l'impression de baigner dans une peinture abstraite. Comme le disait Barragán, « les jardins doivent devenir des maisons et les maisons des jardins. Intimité et maison doivent se retrouver dans des jardins clos. On ne peut faire confiance à un jardin qui se dévoile de prime abord. » RChi

Jardins flottants de Xochimilco

Mexique

CRÉATEURS : Indiens Xochimilco, Aztèques
PROPRIÉTAIRE : district fédéral de Mexico
STYLE : jardins maraîchers sur îles avec canaux
SUPERFICIE : 810 ha
CLIMAT : tropical sec
SITUATION : Mexico

Connus sous le nom de Venise mexicaine pour leurs canaux et leurs gondoles, ces jardins flottants rappellent les hortillonnages d'Amiens (voir p. 550). Couleurs, musique et atmosphère de carnaval en donnent une version typiquement mexicaine. Empruntez un bachot, ou *trajinera*, et passez devant les maisons et les jardins maraîchers tandis que les mariachis vous donnent la sérénade et que des vendeurs de fleurs ou de plats cuisinés vous accostent dans leurs canots à fond plat. En fait, tout se déplace hormis les jardins. Ils flottaient jadis, il y a un peu plus de mille ans, du temps des Indiens vivant à Xochimilco, « le lieu fleuri » en langue aztèque, et rendaient très productifs les marais bordant les lacs.

De grandes zones délimitées par des pieux et des branchages et quadrillées par des roseaux étaient remplies de rochers et de végétation aquatique. Maïs, haricots et calebasses poussaient sur la couche supérieure très fertile. Au bord de l'eau, des saules s'enracinaient pour ancrer les marais dans le lit du lac, après quoi ils se changèrent petit à petit en îles minuscules. Grâce à l'eau abondante et des vents rafraîchissants, ces champs surélevés appelés *chinampas* (clôtures de roseaux) furent très appréciés des Aztèques vivant au XIIIe siècle puis des conquistadores espagnols arrivés deux siècles plus tard. Aujourd'hui encore, de grands jardins maraîchers alimentent en fruits, fleurs et légumes une partie importante des marchés de la capitale. En 1987, ce site fut inscrit au patrimoine mondial de l'Unesco. VR

Maison Folke Egerstrom

Mexico, Mexique

CRÉATEUR : Luis Barragán
PROPRIÉTAIRE : famille Egerstrom
STYLE : moderniste mexicain (XXe siècle)
SUPERFICIE : environ 0,5 ha
CLIMAT : tropical sec
SITUATION : Mexico

Luis Barragán, grand architecte du XXe siècle, ne faisait pas de distinction entre espaces intérieur et extérieur. Un jardin était « une architecture sans toit ». Son architecture se devait de faire tampon avec le monde, de constituer un lieu de sérénité et de méditation.

Barragán naquit en 1920 dans une riche famille de propriétaires terriens de Guadalajara, capitale d'une province mexicaine. Pour créer sa « basse-cour de luxe », la Casa Folke Egerstrom et ses écuries, en périphérie de Mexico, il repensa au monde de son enfance. Enclos et bassins du ranch familial, formes simples et couleurs vives des maisons villageoises sous le soleil mexicain, tuyaux de descente en bois à l'écoulement paresseux, tout cela fut réinterprété dans la maison Folke Egerstrom en mettant en valeur les couleurs et les formes les plus simples et les plus pures. On a ici un espace concret ayant l'aspect d'une œuvre abstraite, une composition sculpturale faite d'eau, de murs et d'arbres.

Les effets voulus par Barragán n'ont rien de compliqué, comme une tache de peinture ou un jeu de lumières et d'ombres, et il n'emploie pour matériaux que pisé, bois de construction et chaux. Il privilégie les masses et les formes toutes simples mais, chez lui, la simplicité se fait transcendante. En 1980, il parla du désir de toute une vie de créer le jardin parfait et décrivit cette perfection insaisissable comme « une joie sereine et silencieuse ». Comment mieux définir le pouvoir envoûtant de la maison Folke Egerstrom ? AE

… pas de distinction entre espace intérieur et espace extérieur… un jardin était "une architecture sans toit"…

Jardin Ortega

Mexico, Mexique

CRÉATEUR : Luis Barragán

PROPRIÉTAIRE : Casa Museo Luis Barragán

STYLE : moderniste mexicain (XXe siècle)

SUPERFICIE : 0,06 ha

CLIMAT : tropical sec

SITUATION : Mexico

La maison Ortega fut de 1943 à 1948 la demeure de l'architecte Luis Barragán et constitue aujourd'hui une partie du complexe de musées dédié à son œuvre. Le jardin montre tous les concepts ayant influencé son architecture et sa vision du design paysager, deux notions liées de manière inextricable.

Parmi ses influences, il faut citer le Français Ferdinand Bac pour qui un jardin devait constituer un lieu enchanté propice à la méditation ou susceptible d'envoûter le visiteur. Il s'inspira aussi des demeures marocaines. L'entrée ne révèle pas tout au premier abord, mais les bâtiments se déploient au gré de l'exploration et de larges fenêtres ouvrent sur des jardins. Parmi les éléments propres à Barragán, citons les murs constituant des plans abstraits, les escaliers en cantilever dessinant des zigzags sur les murs et des enceintes de jardin basses attirant le regard vers le sol et les alentours. Il conçut aussi des toits-terrasses et des balcons dont on peut apprécier les formes et les espaces superposés aux jardins ainsi que les ombres projetées par les arbres.

Ce jardin présente un noyau de structures que Barragán avait intégrées à son plan. Des fragments de constructions antérieures incluent de hauts murs d'enceinte pourvus d'épais contreforts et des rochers noueux ou grêlés parfois posés sur des plinthes en pierre. C'est un espace parfaitement clos d'esprit quasi monacal. Comme le disait Barragán, « toute œuvre d'architecture n'exprimant pas la sérénité est une erreur ». Ce jardin se visite sur rendez-vous auprès de la Casa Museo Luis Barragán. RChi

Jardin ethnobotanique

Mexique

CRÉATEURS : Francisco Toledo, Luis Zarate

PROPRIÉTAIRE : État d'Oaxaca

STYLE : botanique indigène (XXe siècle)

SUPERFICIE : 2,3 ha

CLIMAT : tropical sec

SITUATION : Oaxaca

À Oaxaca, la vaste place qui s'étend devant le centre culturel Santo Domingo de Guzmán surprend le visiteur en présentant un vif contraste entre les strictes rangées de cactées et de plantes grasses et les anciens bâtiments érigés derrière. C'est là que l'on peut voir le superbe jardin ethnobotanique de la ville.

Inscrit au patrimoine mondial, le complexe architectural a quelque chose d'époustouflant. Le monastère situé derrière l'église de Santo Domingo abrite un musée présentant des articles anthropologiques, des bijoux et des objets courants datant de la période mixtèque. Jusqu'en 1994, l'armée mexicaine avait installé son champ de tir dans les jardins du monastère, mais l'artiste Francisco Toledo lança une pétition pour la préservation des lieux.

Le directeur du jardin, Alejandro de Avila, collabora avec Toledo pour créer un jardin représentant la grande diversité florale de l'État d'Oaxaca. Des ruisseaux d'ornement serpentent parmi le gravier bleu serré des chemins du jardin. Leur conception s'inspire des motifs géométriques à base de hiéroglyphes de l'art zapotèque. Une étonnante « haie » de hauts cactus forme une allée d'aspect inhabituel : ils se reflètent dans un rectangle d'eau peu profonde en prenant l'allure d'immenses tuyaux d'orgue de couleur verte. Ce jardin est en fait plus une série de collections de plantes : il démontre la relation entre la végétation et les traditions d'Oaxaca. Il témoigne de l'art des jardins dans toutes ses expressions et c'est une source d'inspiration esthétique tout autant que de stimulation intellectuelle. RChi

Jardin botanique Lankester

Costa Rica

CRÉATEUR : Charles H. Lankester
PROPRIÉTAIRE : université du Costa Rica
STYLE : forêt tropicale semi-formelle
SUPERFICIE : 11 ha
CLIMAT : tropical sec/tropical humide
SITUATION : Paraiso, Cartago

Situé dans la Vallée centrale, le jardin botanique Lankester jouit d'un printemps perpétuel avec des températures douces et des pluies d'après-midi régulières. Il abrite un millier d'espèces d'orchidées indigènes ou exotiques mais aussi des palmiers, bambous, héliconies, broméliacées et conifères. Dans ce site dense et verdoyant, on entend le claquement des bambous hauts comme des arbres et le bruissement des feuilles des palmiers.

Les cactées et autres plantes grasses se plaisent dans les grands arbres où les vents secs et le soleil brûlant créent un environnement aride. À terre, toutefois, le taux d'humidité est élevé : gingembres et orchidées dégagent leurs riches senteurs. Des chemins en pavés ronds serpentent à travers les bouquets de bambous indigènes et des clairières boisées où broméliacées, philodendrons, dieffenbachias et anthuriums poussent à leur gré dans les arbres. D'autres chemins traversent des clairières d'héliconies, avec leurs feuilles en forme de bananes et leurs fleurs pareilles à des pinces de homard.

Le jardin fut fondé dans les années 1940 par le naturaliste britannique Charles H. Lankester. Après sa mort, il s'avéra capital de préserver le site et il fut donné à l'université du Costa Rica à condition de conserver son caractère botanique. C'est aujourd'hui l'une des plus importantes institutions de la région.

Selon une tradition costaricaine, l'orchidée rose violacé *Cattleya skinneri*, emblème du pays, procure chance et bonheur. Elle fleurit ici en grand nombre en mars et avril. CW

Jardin botanique Wilson

Costa Rica

CRÉATEURS : Robert et Catherine Wilson
PROPRIÉTAIRE : Organisation pour les études tropicales
STYLE : botanique (XXe siècle) et forêt pluviale
SUPERFICIE : 12,2 ha
CLIMAT : tropical sec
SITUATION : San Vito, Puntarenas

Tout près de la frontière du Panamá, dans la forêt pluviale des monts Talamanca, voici l'un des plus importants jardins botaniques d'Amérique centrale. Fondé en 1963 par Robert et Catherine Wilson, il présente diverses plantations d'espèces tropicales et subtropicales : aroïdées, broméliacées, fougères, gingembres, héliconies, marantas et palmiers. La collection de palmiers est l'une des plus belles au monde.

Des chemins parcourent les flancs de colline recouverts de palmiers, traversent des clairières de bananiers et d'héliconies ou passent sous la canopée de la forêt pluviale. Des pancartes guident à travers les plantations, que ce soit sur le circuit du jardin d'orchidées, la promenade des broméliacées, la piste des fougères arborescentes ou la forêt de bambous. Les motmots houtoucs *(Momotus momota)* – gros oiseaux à la longue queue et à la couronne noire – abondent dans les zones boisées tandis que de bruyants groupes de toucans de Swainson *(Ramphastos swainsonii)* perchent dans les grands cécropias.

Ce jardin participe à un réseau de sites destinés à la recherche sur la préservation, l'horticulture et le développement durable. Il fait partie de l'Amistad Biosphere Reserve, ensemble de plusieurs milliers d'hectares d'espaces verts et de zones tampons. Même si l'Amistad n'est qu'à 39 km du jardin, c'est le parc le plus grand et le moins exploré d'Amérique centrale. Le jardin et l'Amistad constituent une merveille biologique qu'il ne faut rater à aucun prix. CW

Jardin du palais Itamaraty

Brasilia, Brésil

CRÉATEURS : Roberto Burle Marx, Oscar Niemeyer
PROPRIÉTAIRE : ministère des Affaires étrangères
STYLE : paysager moderniste (XXe siècle)
SUPERFICIE : 1,6 ha
CLIMAT : tropical sec
SITUATION : Brasilia

Concepteur de jardins, Roberto Burle Marx était aussi un phénomène. Il défia les poncifs des jardins européens en créant un style personnel typiquement brésilien. Il imagina le premier style paysager approprié à une architecture moderne et à des bâtiments publics de grandes dimensions.

C'est particulièrement évident à Brasília, nouvelle capitale du Brésil créée dans les années 1950 par l'urbaniste Lucio Costa, l'architecte Oscar Niemeyer et le paysagiste Burle Marx. Démesure, hardiesse et flamboyance caractérisaient cette nouvelle architecture monumentale. Burle Marx témoigna d'une même bravoure et le plus bel exemple de son art est le ministère des Affaires étrangères, ou Itamaraty. Au milieu d'un lac artificiel, il est relié à la terre ferme par d'étroits ponts de béton et est entouré d'« îles » flottantes de verdure – de grandes jardinières peuplées de plantes aquatiques. Burle Marx récolta et fit pousser la plupart des plantes qu'il utilisa.

À Itamaraty, l'eau semble pénétrer dans le bâtiment : elle passe sous de hautes voûtes pour déboucher sur un jardin intérieur où des broméliacées grimpent le long de poteaux fichés dans un bassin. Un deuxième jardin présente des fougères, une sculpture organique et la plante fétiche de Burle Marx, *Vriesea imperialis*, placée sous une colossale pergola de béton. Dans cette cité symbolique née de la jungle, Itamaraty propose une synthèse fascinante de l'artificiel et du naturel. AE

Promenade de Copacabana

Brésil

CRÉATEUR : Roberto Burle Marx
PROPRIÉTAIRE : district de Rio de Janeiro
STYLE : paysager urbain moderniste (XXe siècle)
SUPERFICIE : 4 km
CLIMAT : tropical sec
SITUATION : Rio de Janeiro

Parfois, un architecte paysagiste crée un espace iconique en ce qu'il vient à matérialiser l'esprit d'une ville. Roberto Burle Marx a excellé en créant le parc linéaire disposé le long du littoral de Rio de Janeiro. Deux ensembles se distinguent particulièrement : la pelouse Op'art du musée d'Art moderne et les trottoirs de Copacabana.

La promenade de Copacabana consiste pour l'essentiel en trois trottoirs parallèles de 4 km de long, séparés par des artères embouteillées et brisés par des rues latérales et des entrées de parkings souterrains. Avec ces ingrédients peu attrayants, Burle Marx créa l'une des perspectives les plus exubérantes de Rio de Janeiro.

L'architecte considérait que les jardins étaient avant tout des œuvres d'art – ses plans ressemblent à des peintures abstraites, avec leurs volutes et leurs grosses taches de couleur. Peintre lui-même, il subit l'influence de Pablo Picasso. À Copacabana, il imagina des motifs ondulés, irréguliers, en mosaïque de pierres portugaises blanches, noires et rouges, et plaça entre les entrées des garages des bouquets de cocotiers et d'autres arbres ne craignant pas la salinité. Le long de la plage, il ajouta un motif rythmé de paraboles noires et blanches faisant écho aux vagues venues mourir sur le sable. C'est de haut que l'on apprécie le mieux le projet global et le restaurant situé au trente-septième étage de l'hôtel Méridien est en cela idéal. AE

Jardin de Luiz Cézar Fernándes

Brésil

CRÉATEUR : Roberto Burle Marx
PROPRIÉTAIRE : Luiz Cézar Fernándes
STYLE : paysager moderniste (XXe siècle)
SUPERFICIE : 4 ha
CLIMAT : tropical sec
SITUATION : Petrópolis, État de Rio de Janeiro

Dans le sud du Brésil, la Serra dos Órgãos (montagne des Tuyaux d'orgue) est la toile de fond idéale des plantations tropicales qui font de ce jardin (aussi appelé Jardin de Marambaia) l'un des plus représentatifs de ces cinquante dernières années. C'est une des premières réalisations de Roberto Burle Marx, une des plus informelles aussi, où l'on ne retrouve pas le détail architectural de ses projets urbains. L'impact vient de l'eau qu'entoure une masse végétale destinée à équilibrer le splendide paysage montagneux tandis que des arbres aident le jardin à se fondre dans le paysage.

Créé en 1948 pour Odette Monteiro, il fut acheté après sa mort, en 1984, par Luiz Cézar Fernándes, lequel demanda à Burle Marx de le restaurer. Des chemins courbes attirent le regard vers le paysage, disparaissant derrière la végétation ou des talus herbeux pour que le visiteur soit incapable de déterminer où finit le jardin et où commence son environnement. Comme souvent dans l'œuvre de Burle Max, de vastes parterres de plantes aux couleurs vives sillonnent les jardins. Le site est superbe : Burle Marx sut en tirer le maximum tout en imaginant un plan qui ne lui était en aucun cas inférieur. Avec ce jardin, il inspira un grand nombre de paysagistes . NK

À DROITE Des nénuphars géants d'Amazonie renforcent encore le caractère spectaculaire de la réalisation de Roberto Burle Marx à Petrópolis.

Jardin botanique de Rio de Janeiro

Rio de Janeiro, Brésil

CRÉATEUR : Jean VI du Portugal
PROPRIÉTAIRE : district de Rio de Janeiro
STYLE : botanique (XIXe siècle)
SUPERFICIE : 140 ha
CLIMAT : tropical sec
SITUATION : Rio de Janeiro

Rio de Janeiro possède un grand jardin botanique tropical situé près d'une vaste forêt et à faible distance des plages légendaires de Copacabana et d'Ipanema. Fondé en 1808 par le prince régent Jean du Brésil et du Portugal, le but premier de ce jardin était d'acclimater des plantes des Caraïbes comme la noix muscade, le poivrier et la cannelle. Les colons portugais considéraient en effet leur production à la fois rentable et essentielle à leur mode de vie.

Une des caractéristiques les plus étonnantes du jardin, c'est l'avenue de 731 m de long bordée de palmiers royaux *(Roystonea oleracea)*, pièces maîtresses de la grande collection de palmiers. Planté par le roi Jean VI, l'arbre d'origine fut bientôt connu sous le nom de Palma Mater : seule la famille royale pourrait avoir accès à ses graines. L'arbre fleurit pour la première fois en 1829 et les graines auraient dû être brûlées pour ne pas tomber aux mains des gens du peuple. Apparemment, des esclaves jardiniers en volèrent pour les revendre, gagnant ainsi l'argent leur permettant de racheter leur liberté. La foudre détruisit le Palma Mater, mais ses restes sont toujours visibles. Les autres arbres, hauts de 30 m, en sont les descendants.

Le jardin botanique de Rio de Janeiro est un mélange charmant de formel et d'informel, avec une disposition à l'européenne et une riche biodiversité de plantes brésiliennes, le tout orné de nombreuses sculptures et fontaines. Il faut également voir l'étang San Leandro : ses magnifiques îles flottantes ne sont autres que les feuilles immenses du victoria d'Amazonie *(Victoria amazonica)*. On trouve aussi des cacaotiers, des hévéas et des abricó-de-macaco à l'odeur âcre. Avec pour toile de fond le Corcovado, le jardin botanique de Rio de Janeiro est des plus attrayants. RChi

Site Roberto Burle Marx

Rio de Janeiro, Brésil

CRÉATEUR : Roberto Burle Marx
PROPRIÉTAIRE : Institut national pour l'héritage culturel
STYLE : moderne, abstrait
SUPERFICIE : 40,5 ha
CLIMAT : tropical sec
SITUATION : Rio de Janeiro

Roberto Burle Marx, l'un des meilleurs architectes paysagistes du XXe siècle, acheta ce site en 1949 pour y installer son impressionnante collection de plantes. Il y vécut de 1973 à sa mort, en 1994, restaurant au passage la superbe demeure et la chapelle XVIe siècle.

Burle Marx était un jardinier remarquable. Dans son jardin, plus de trois mille cinq cents espèces formaient des ensembles hétéroclites autour d'une série d'espaces. La maison se dresse au milieu d'une clairière et l'équilibre entre vide et végétation est toujours remis en cause par le climat tropical. Une belle véranda tient à l'écart le feuillage dense et coloré.

Des marches de pierre relient les différentes parties et de vieilles colonnes en pierre apparaissent au sein de la végétation. Dans les percées, des nuées de plantes couvrantes de couleur forment des volutes typiques du style de Burle Marx. Les broméliacées se collent aux troncs d'arbres, les héliconies se détachent sur fond de feuillage et des rochers aussi gros qu'une baleine se couvrent de toutes sortes de mousses.

Burle Marx étudia et explora la forêt brésilienne, ce qui lui permit d'apporter sa contribution à la connaissance des plantes : elles sont d'ailleurs plus de trente à porter son nom. Son œuvre a quelque chose d'intemporel avec sa façon de planter d'immenses groupes du même spécimen, de séparer les couleurs et de recourir aux plantes indigènes. Burle Marx comprenait le caractère des plantes et les disposait en riches couches pour façonner des jardins aussi beaux qu'apaisants. RChi

Cimetière de Tulcán

Équateur

CRÉATEUR : José María Azael Franco Guerrero
PROPRIÉTAIRE : ville de Tulcán
STYLE : topiaire (XXe siècle)
SUPERFICIE : 5 ha
CLIMAT : tropical humide
SITUATION : Tulcán, Carchi

« À Tulcán, un cimetière si beau qu'il donne envie de mourir… » La description lyrique de ce jardin extraordinaire résume parfaitement son aspect séduisant et son style unique en son genre. La ville andine de Tulcán, à la frontière nord de l'Équateur et de la Colombie, n'a rien de passionnant à première vue pour le touriste ou l'amateur de jardins, mais son cimetière est si étonnant qu'il a été déclaré monument national.

En 1936, José María Azael Franco Guerrero entreprit de donner un aspect paysager au cimetière municipal de Tulcán. Son approche visionnaire était des plus simples. Il planta des centaines de cyprès *(Cupressus arizonica)* pour relier les sentiers et les promenades. Guerrero et son équipe de jardiniers se mirent à tailler, couper et étêter pour faire de ce cimetière un des plus beaux jardins topiaires du monde.

Le style des topiaires est intrinsèquement latino-américain en ce qu'il s'inspire de la culture et de la statuaire précolombiennes. Les formes actuelles de ce style sont toutefois éclectiques, parfois même bizarres, mais toujours surprenantes du point de vue visuel. Arches, ouvrages de maçonnerie, figures animales ou humaines ainsi que visages sont superbement représentés. La qualité de l'art topiaire est remarquable : un grand nombre de détails complexes apparaissent en relief. Le nom local du jardin, Escultura en Verde del Campo Santo, signifie « sculpture de verdure du lieu saint ». C'est un jardin tout en précision, habileté dans le geste, vision, imagination et éclat. AM

Jardin botanique de Buenos Aires

Buenos Aires, Argentine

CRÉATEUR : Carlos Thays
PROPRIÉTAIRE : État argentin
STYLE : botanique (XIXe siècle)
SUPERFICIE : 8,1 ha
CLIMAT : subtropical humide
SITUATION : Buenos Aires

L'architecte paysagiste français Carlos Thays créa en 1892 ce jardin botanique auquel son nom est parfois associé. La diversité de plantes d'origine était très grande, avec plus de sept cent vingt espèces argentines, mais celles venues du Nord tropical et du Sud froid ne survécurent pas. Jusqu'aux années 1990, la pollution augmenta encore les pertes. Des efforts furent alors faits pour améliorer les conditions et Nigel Taylor, conservateur des jardins botaniques de Kew, en Angleterre, fut consulté en 1997.

Le jardin botanique est parfaitement intégré dans un espace ouvert du parc. Des centaines d'arbres furent plantés ; ils ont aujourd'hui un fort impact grâce à leur intérêt botanique, leur beauté et la façon dont ils créent de l'ombre en été tout en dissimulant les immeubles d'habitation ou de bureaux parfois hauts de vingt étages. Parmi les plus beaux spécimens, on trouve des flamboyants bleus *(Jacaranda mimosifolia)* avec leurs énormes touffes de fleurs ainsi que *Tabebuia impetiginosa* dont les branches dépourvues de feuilles s'ornent de milliers de cornets rose-mauve. On trouve aussi un arbre local de taille moyenne, l'érythrine crête-de-coq *(Erythrina crista-galli)* avec ses racèmes écarlates aux fleurons rouges, ainsi que le jacaranda jaune *(Tipuana tipu)*. Parmi les plus beaux arbustes, se trouvent les calliandras aux feuilles délicates et aux fleurs comme des pompons rouges ou les oiseaux de paradis *(Caesalpinia gilliesii)* dont les fleurs jaunes grandes ouvertes présentent des étamines rouge vif.

Les jardins sont de style anglais, avec de vastes pelouses et des chemins sinueux. On sent aussi l'influence française, avec ses bassins formels et ses statues. Une nymphe se dresse au milieu d'un bassin de marbre en forme de coquille Saint-Jacques, une autre dans un parterre de pensées bordé de fétuque bleue *(Festuca glauca)*. RChe

Paso Correntino

Uruguay

CRÉATEURS : Rosemarie Symonds Chilibroste, Roy Cheek
PROPRIÉTAIRE : Rosemarie Symonds Chilibroste
STYLE : cottage et « robinsonian » (XXe siècle)
SUPERFICIE : 2,8 ha
CLIMAT : subtropical humide
SITUATION : Mercedes, Soriano

Pour visiter ce jardin, il faut traverser une campagne perdue où l'on voit des gauchos mener leurs troupeaux, des cygnes à col noir flotter sur les lacs, des lantaniers mauves ou des *Acacia cavens* dans les haies. Une vieille maison de plain-pied ayant jadis servi de boutique marque l'entrée d'une propriété à laquelle on n'accède que sur rendez-vous.

Le jardin central clos est rafraîchi par des vérandas ombragées où sont présentés des instruments anciens, en particulier des fers à marquer le bétail. Un grand palmier dattier des Canaries *(Phoenix canariensis)* domine le paysage. La porte de la maison est encadrée par des rosiers de Banks « Lutea » et des buissons de *Pittosporum tobira* « Variegatum ». Une voûte gothique découpée dans une haie de cotonéasters donne sur une statue de saint Fiacre, saint patron des jardiniers.

À cet endroit, l'arboretum cède peu à peu la place à un jardin privé. Un *Melianthus major* aux fleurs écarlates se fond avec les gros rince-bouteilles écarlates dont le nectar est si apprécié des oiseaux-mouches. Toutes sortes de plantes grimpantes envahissent les troncs de vieux arbres fruitiers chargés de pommes, poires, abricots et figues. Des parterres débordent de fleurs, du pied-d'alouette au dahlia. Il est alors temps de passer à côté d'un vieux faux-poivrier *(Schinus molle)* tout rabougri, de pittosporums odorants et de buissons aux formes étranges menant à la rivière. Les haies sont remplies de *Lantana montevidensis* ou d'étoiles de Bethléem *(Solanum jasminoides)* et peuplées de papillons bleus. RChe

Mantua

Montevideo, Uruguay

CRÉATEURS : Carol Brown, Roy Cheek
PROPRIÉTAIRE : Carol Brown
STYLE : cottage (XXe siècle) et formel
SUPERFICIE : approximativement 0,6 ha
CLIMAT : subtropical humide
SITUATION : Montevideo

Carrasco est le quartier fleuri de Montevideo, la capitale de l'Uruguay. Au sud, ce sont des plages de sable et au nord, la campagne. La maison de Mantua, spacieuse et en grande partie de plain-pied, se dresse au milieu d'un grand jardin rectangulaire.

La pelouse centrale offre la vision d'un mûrier pleureur et d'un large bassin. Un belvédère ouvert est décoré à sa base de roses et de népétas bleus et en tout lieu, c'est une pléthore de plantes étonnantes. Il y a un rare pin australien à feuillage violet, un lierre enroulé autour d'une statue de chérubin dont la base s'orne de *Saxifraga stolonifera* et, tout au bout du jardin, des arbustes et des plantes d'ombre venus créer une luxuriance subtropicale. *Pseudopanax lessonii* « Gold Splash » a des feuilles pareilles à des mains et des fleurs bleues tandis que *Farfugium japonicum* « Aureomaculatum » présente de grandes feuilles rondes tachetées de jaune.

À l'écart, une pelouse plus modeste avec bassin central et fontaine occupe la terrasse surélevée proche de la maison. Tout au bout, un chemin mène à une bordure multicolore et à une partie plus informelle, quasi à l'anglaise, qu'enjambent trois arcades couvertes de roses. Ce spectacle inattendu est tout à fait délicieux. RChe

… en tout lieu, c'est une pléthore de plantes étonnantes…

Jardin Esquina Ventosa

Uruguay

CRÉATEURS : Mercedes Drever Villar, Roy Cheek
PROPRIÉTAIRE : Mercedes Drever Villar
STYLE : cottage (XXe siècle)
SUPERFICIE : 1,6 ha
CLIMAT : subtropical humide
SITUATION : Solis, Maldonado

Esquina Ventosa, le « coin éventé », est un jardin privé appartenant à la vice-présidente de la Société internationale de la rose. Le chemin paré de roses anciennes est un avant-goût de ce qui attend le visiteur. Il est suivi d'une cheminée de maisonnette couverte des fleurs bleu violacé de l'ipomée *(Ipomoea indica)*. Le thème coloré est repris par un tibouchina, à la base de la cheminée, et un bassin voisin. Une voûte de feuillage découpée dans un mûrier blanc *(Morus alba)* attire le regard vers un belvédère. Cet élément constitue la pièce centrale d'un petit jardin carré contenant quatre parterres d'herbacées bordés de santolines « petits cyprès » *(Santolina chamaecyparissus)* bien taillées.

À l'entrée, des haies se dressent pour soutenir les voûtes, ornées de roses blanches et roses poussant en tout sens pour se découper sur la haute et sombre haie de cyprès de Provence (*Cupressus sempervirens*). De l'autre côté de la pelouse, un joli bouquet de cèdres et un cyprès chauve vert clair constituent la toile de fond d'une pergola voûtée où des roses de Banks retombent en cascade.

En périmètre, la haie mêlée et les grands arbres situés au-delà dirigent le regard vers un bassin incurvé et une fontaine au jet tout simple. Tous ces éléments n'empêchent pas l'omniprésence des roses. Une pergola à voûte semi-circulaire offre couleurs, senteurs, calme et ombrage tout en dissimulant les poteaux téléphoniques plantés non loin derrière. RChe

… une voûte de feuillage découpée dans un mûrier pleureur attire le regard vers un belvédère.

AFRIQUE

Si la beauté des jardins de Marrakech (La Mamounia, Majorelle, Menara…) n'est plus à découvrir, ceux du Caire sont peut-être moins connus, mais ce sont ceux d'Afrique du Sud qui créent la surprise et en particulier la beauté sauvage de Namaqualand, parc national semi-désertique qui se couvre de nouvelles fleurs au printemps.

Jardins du palais de la Bahia

Marrakech, Maroc

CRÉATEUR : Muhammad el-Mekki
PROPRIÉTAIRE : ville de Marrakech
STYLE : hispano-islamique formel (XXe siècle)
SUPERFICIE : 8,1 ha
CLIMAT : méditerranéen
SITUATION : Marrakech

Le palais de la Bahia, qui signifie « Radieuse » (ou « Éclatante »), se compose d'une série de bâtiments dont une mosquée entourée de cours pavées et des vastes jardins garnis de feuillages et de fleurs rappelant ceux de l'Andalousie. Construit au XIXe siècle, le palais fut conçu par l'architecte Muhammad el-Mekki pour le régent Ahmed ben Moussa, ou Ba Hmad. La construction de ce complexe, qui abritait plus de cent quarante chambres pour Ba Hmed, sa famille, ses serviteurs et ses gardes, nécessita près de quinze ans.

Le palais inclut une cour des concubines, soit un espace réservé aux quatre épouses et quatre-vingts concubines, décoré d'un bassin central et entouré de pièces destinées aux concubines. L'écrivain américain Edith Wharton se rendit au Maroc en 1917 et resta dans le harem en tant qu'invitée à l'époque où le palais servait encore de résidence. Elle relate son expérience dans son ouvrage *Voyage au Maroc* (1920).

Toutes les surfaces sont ornées de riches motifs, floraux pour la plupart, que l'on retrouve aussi bien sur les portes en bois peintes et dorées que sur les plafonds de cèdre et les zelliges, ou carreaux de mosaïque aux dessins géométriques, qui tapissent les murs et les sols. Les petites cours intérieures abritent des jardins *chahar bagh* quadripartites dont les allées en marbre et carreaux vernissés convergent vers un bassin central circulaire. En contrebas des allées, chaque section de jardin déborde de plantes luxuriantes – palmiers-dattiers, orangers, bananiers –, tandis que le jasmin embaume le grand jardin jouxtant la cour des concubines. EH

Les jardins débordent de plantes luxuriantes, comme palmiers-dattiers, orangers et bananiers.

Jardins de La Mamounia

Marrakech, Maroc

CRÉATEUR : Moulay Mamoun
PROPRIÉTAIRE : hôtel La Mamounia
STYLE : arabo-islamique formel (XVIIIe siècle)
SUPERFICIE : 8,1 ha
CLIMAT : méditerranéen
SITUATION : Marrakech

Des oliviers noueux plantés il y a deux siècles bordent toujours l'avenue principale de La Mamounia conduisant au petit pavillon, divinement proportionné, du prince Moulay Mamoun. Nommés originellement Arset el-Mamoun, les somptueux jardins furent offerts en cadeau de mariage par le sultan Sidi Mohamed ben Abdellah, gouverneur de Marrakech au XVIIIe siècle, au prince son fils. L'hôtel date de la période coloniale française.

Les jardins adjacents à l'hôtel adoptent un style formel et les parterres bordés de vivaces au pied des palmiers regorgent de roses et de plantes annuelles. L'eau des fontaines dévale par-dessus les rebords de vasques élégantes pour se déverser dans des bassins carrelés ceints de bambous et de bananiers. Au-delà de ces parterres intimes et impeccablement entretenus s'étend une vaste oasis, un jardin *chahar bagh* quadripartite ceint de murs de 300 m de long et débordant de bougainvillées. Entre les larges allées bordées d'oliviers s'étendent des pelouses abondamment irriguées et plantées d'arbustes en fleurs et de fruitiers.

L'hôtel a accueilli au fil des ans de nombreux hôtes de marque qui ont pu apprécier les jardins. L'un des plus célèbres fut l'ancien Premier ministre britannique Winston Churchill qui aimait résider ici car il adorait peindre le panorama qu'il apercevait depuis le toit. Le décor de La Mamounia a en outre attiré l'attention des cinéastes, parmi lesquels Alfred Hitchcock qui le met en scène dans *L'homme qui en savait trop* (1956). EH

Jardins du palais El-Badi

Marrakech, Maroc

CRÉATEUR : Ahmed el-Mansour Saadi
PROPRIÉTAIRE : ville de Marrakech
STYLE : hispano-islamique formel (XVIe siècle)
SUPERFICIE : 1,5 ha
CLIMAT : méditerranéen
SITUATION : Marrakech

D'imposants murs décrépits, aujourd'hui truffés de nids de cigognes, entourent le palais El-Badi (qui signifie « Incomparable »), construit entre 1578 et 1603 par le plus puissant dirigeant de la dynastie saadienne, Ahmed el-Mansour, afin de commémorer la victoire marocaine sur les Portugais à Ksar-el-Kebir en 1578. L'importante rançon obtenue des captifs portugais contribua à construire ce qui fut, alors, un somptueux et impressionnant palais. Ses pièces étaient autrefois ornées de marbre et d'onyx que l'on retira en 1696 afin de décorer les palais royaux de Meknès ; au XVIIIe siècle, El-Badi était une coquille vide.

L'immense *chahar bagh* intérieur, ou jardin quadripartite, abrite un bassin de 90 m de long, dont le centre est constitué d'une île verdoyante, entouré d'allées surélevées en marbre blanc. Les jardins sont situés 3 m au-dessous du bassin central et les conduites utilisées pour l'irrigation périodique de ces surfaces plantées demeurent visibles. Les arbres fruitiers soigneusement alignés tels que les *Citrus*, myrtilles et jasmins rappellent la grandeur passée du jardin, lorsque ces parterres renfoncés et luxuriants ressemblaient à des tapis colorés vus d'en haut. Les pavillons situés à chaque extrémité du jardin sont flanqués de bassins rectangulaires et de fontaines.

Le point d'observation aménagé dans les murs du palais offre une vue sublime sur le site et son ordonnancement formel. EH

Jardin Majorelle

Marrakech, Maroc

CRÉATEUR : Jacques Majorelle
PROPRIÉTAIRE : Association Jardin Majorelle
STYLE : Art déco islamique (XXe siècle)
SUPERFICIE : 0,4 ha
CLIMAT : méditerranéen
SITUATION : Marrakech

Ce jardin à la végétation luxuriante, émaillé de teintes jaunes, pourpres et orangées, est imprégné du célèbre bleu de Majorelle. Il fut créé par le peintre français Jacques Majorelle dans les années 1920 et 1930.

Entourés de hauts murs, les longs et étroits cours d'eau convergent vers un bassin carré. Légèrement surélevées, les chaussées permettent de retenir l'eau dans les espaces plantés lors des rares ondées. En venant de la rue étouffante et baignée de soleil, vous pénétrez dans un monde de fontaines chantantes et de végétation luxuriante. Des espaces sombres s'incisent d'éclats lumineux, dans un jeu constant d'ombre et de lumière. D'impressionnantes plantations de palmiers et dragonniers projettent leur ombre sur les frondes des bananiers et bambous ; les agaves aux feuilles gladiolées alternent avec les cactus tandis que de gigantesques euphorbes côtoient les aloès épineux. Les bougainvillées grimpent le long des arbres et des structures, formant des cascades couleur magenta.

Majorelle fit importer des variétés rares telles que des palmiers du Pacifique Sud, des nénuphars et lotus d'Asie, et des plantes grasses d'Afrique du Sud. En 1980, Yves Saint Laurent et Pierre Bergé rachetèrent la propriété et firent restaurer le jardin et l'atelier. EH

À DROITE Jacques Majorelle finança des expéditions botaniques et fit importer des cactus de l'Amérique du Sud-Ouest.

Jardins de l'Agdal

Marrakech, Maroc

CRÉATEUR : Moulay Abderrahmane
PROPRIÉTAIRES : famille royale marocaine
STYLE : hispano-islamique (XIIe et XIXe siècles)
SUPERFICIE : 16,1 ha
CLIMAT : méditerranéen
SITUATION : Marrakech

Ces vastes jardins royaux étaient autrefois une propriété agricole privée et rentable. L'ombre du verger de fruitiers, planté au milieu du paysage torride, en faisait un havre apprécié des sultans qui venaient s'y délasser et pique-niquer.

Le site abrite des orangeraies, des vergers d'abricotiers, de figuiers, de *Citrus* et de grenadiers, des plantations d'oliviers et des vignes, tous irrigués par des bassins alimentés via un ancien système de canaux souterrains de la vallée de l'Ourika, dans le Haut Atlas. La plus importante réserve d'eau est un réservoir de 4 ha situé près d'un pavillon de plain-pied, le Dar el-Hana. En 1873, le sultan Mohammed IV se noya dans cet immense lagon alors qu'il faisait du bateau avec son fils.

Les jardins furent créés au XIIe siècle par le sultan Abd el-Moumen, puis agrandis au fil des siècles. Au XVIIIe siècle, les hauts murs constitués de mortier et d'argile avaient été démolis par les locaux dont les troupeaux passaient dans les vergers. Le sultan Moulay Abderrahmane redessina les jardins au milieu du XIXe siècle, époque depuis laquelle la propriété appartient à la famille royale. EH

Ces vastes jardins royaux étaient autrefois une propriété agricole privée et rentable

Jardins de Ménara

Marrakech, Maroc

CRÉATEUR : Moulay Abderrahmane
PROPRIÉTAIRE : ville de Marrakech
STYLE : arabo-islamique formel (XIIe et XIXe siècles)
SUPERFICIE : 96 ha
CLIMAT : méditerranéen
SITUATION : Marrakech

L'ordonnancement de ces jardins paisibles situés à l'ouest de Marrakech ne pouvait être plus simple. Ils abritent un grand réservoir surélevé de 3 ha, des oliveraies, des plantations de palmiers-dattiers et des vergers, qu'entourent de hauts murs de brique et mortier. Même si, en matière d'horticulture, le site ne présente rien d'exceptionnel, la lumière enveloppe les jardins d'une atmosphère magique et unique, en particulier au lever et au coucher du soleil. Les jeunes Marocains aiment également s'y retrouver entre amis pour discuter et écouter de la musique à l'abri du brouhaha de la ville.

Dans la lumière du jour naissant, le pavillon au toit pyramidal recouvert de tuiles vertes se reflète dans l'eau tranquille. Loin de paraître disproportionné par rapport au grand lac, l'élégant bâtiment, aux ouvertures en arche, semble dominer la scène, comme s'il flottait sur le bord de l'eau, au-dessus des sombres cyprès et palmiers poussant en contrebas, avec les montagnes enneigées à l'arrière-plan.

Les jardins furent aménagés au XIIe siècle, lors de la période almohade. Ils permettaient aux sultans d'échapper à la chaleur étouffante de l'été, de se reposer et de profiter de l'ombre. Ils furent redessinés au milieu du XIXe siècle par le sultan Moulay Abderrahmane. Ce dernier fit également reconstruire le pavillon ; d'après la légende, il avait l'habitude de jeter sa compagne de la nuit dans le lac à l'aube. Les jardins et vergers sont irrigués grâce à un système de canaux. EH

Jardins du palais Al-Montazah

Égypte

CRÉATEUR : inconnu
PROPRIÉTAIRE : État égyptien
STYLE : influence italienne, formel (XIXe et XXe siècles)
SUPERFICIE : 46,5 ha
CLIMAT : semi-aride
SITUATION : Alexandrie

C'est dans le port d'Alexandrie que les Égyptiens fortunés venaient échapper aux chaleurs estivales torrides du Caire et profiter des brises marines de la côte méditerranéenne. Al-Montazah faisait partie de ces havres dont bénéficiait la famille royale égyptienne.

La construction du site d'Al-Montazah débuta en 1892 à l'initiative du roi Abbas II, le dernier khédive, ou vice-roi d'Égypte, qui fit édifier un vaste palais nommé le Salamlek. De style à la fois turc et florentin, la tour centrale crénelée du palais est une réplique de celle du Palazzo Vecchio de Florence, et domine l'ensemble du bâtiment. En 1932, le roi Fouad Ier ordonna la construction d'un palais encore plus grand qu'il appela Haramlik. Son fils, le roi Farouk Ier, fit bâtir un pont jusqu'à la mer. Les palais et jardins sont ceints de murs au sud, à l'est et à l'ouest, et d'une plage sur le flanc nord. Le plus grand des palais fut restauré par le président Anouar el-Sadate ; il est aujourd'hui la résidence estivale du président Hosni Moubarak. Les jardins sont accessibles au public moyennant un coût d'entrée raisonnable et les locaux aiment venir se reposer, regarder la mer, écouter de la musique et pique-niquer au milieu des pelouses verdoyantes, des palmiers, des pins et des daims. CK

> […] vues sur la mer, pelouses verdoyantes, palmiers, pins, daims et accès à la plage […]

Parc Al-Azhar

Le Caire, Égypte

CRÉATEUR : Sites International, Le Caire
PROPRIÉTAIRES : Trust pour la culture Aga Khan, gouvernorat du Caire
STYLE : parc public islamique (XXe siècle)
SUPERFICIE : 30 ha
CLIMAT : aride
SITUATION : Le Caire

Jusqu'à la création de ce parc public ouvert en 2005, Le Caire pouvait se prévaloir d'une moyenne de 19 cm^2 d'espace vert pour chacun de ses dix-sept millions d'habitants ! Surplombant le mur de la ville d'Ayyubid d'un côté et la Ville des Morts de l'autre, le parc Al-Azhar est une oasis de verdure dans un désert de béton et de briques. Ce nouveau jardin a été aménagé sur le site d'un ancien jardin élaboré pendant la reconstruction fatimide du Caire à la fin du Xe siècle. Le site est néanmoins demeuré une décharge publique ces cinq cents dernières années.

Le parc dispose de vues panoramiques imprenables et fut élaboré comme une version islamique du « Mixed Style » (« style mixte »). Son centre est rectiligne et son environnement curviligne. Du centre partent des allées menant à des jardins paradisiaques disposés autour d'un axe central principal. L'allée traverse le site dans toute sa longueur, depuis le restaurant situé sur les hauteurs jusqu'au *chahar bagh* ou jardin quadripartite et au lac. Elle est agrémentée d'éléments aquatiques tels que des fontaines, des ruisseaux, des canaux et *chadar* (chutes d'eau), inspirés des jardins islamiques traditionnels. Des pelouses et parterres informels entourent cet espace central. Le site abrite plus de trois cent vingt-cinq espèces florales différentes, dont la plupart proviennent d'Égypte. Il comporte également un *bustan* ou verger. Au sommet des cascades, des arbres plantés dans des barriques surélevées ceignent le bassin circulaire, créant ainsi un auvent ombreux. TM

Karnak

Louxor, Égypte

CRÉATEUR : inconnu
PROPRIÉTAIRE : État égyptien
STYLE : Égypte antique
SUPERFICIE : 100 ha
CLIMAT : aride
SITUATION : Louxor

Situé sur la rive est du Nil, à proximité de Louxor, Karnak constituait un centre religieux majeur. À l'intérieur de l'enceinte se trouvaient des temples et des résidences dédiées aux religieux ainsi que des espaces ouverts aménagés en jardins. Les jardins antiques égyptiens sont les ancêtres des jardins formels contemporains qui utilisent la végétation dans leur architecture. En effet, les jardins créés par les Égyptiens étaient basés sur les lignes droites et la symétrie. Prisés pour leur ombre et leurs fruits, les palmiers-dattiers, palmiers doum et vignes, ordonnés symétriquement, étaient légion. Étaient cultivées dans les jardins des herbes utilisées en cuisine, en cosmétique ou à des fins médicinales ainsi que des plantes aromatiques. Les archéologues ne peuvent affirmer précisément quelles plantes étaient cultivées ici, mais il est probable que des concombres, des oignons, des laitues, de l'ail, des radis, des melons et autres légumes garnissaient les parterres du site.

Le centre du complexe de Karnak était occupé par un lac sacré dans lequel les prêtres d'Amon se purifiaient lors des rituels religieux. Les espaces aquatiques comprenaient généralement des nénuphars, des lotus *(Nymphaea lotus et N. caerulea)* ainsi que des des papyrus *(Cyperus papyrus)* et de petits arbustes plantés dans des pots en terre cuite.

Derrière le sixième pylône se cache l'œuvre majeure de Thoutmosis III (v. 1504-1450 av. J.-C.) qui régna lors de la XVIIIe dynastie. Ses exploits militaires sont commémorés sur les parois intérieures du sanctuaire de Karnak. Il fit construire l'Akh-Menou, ou temple de la fête Sed, dans lequel se trouve le « Jardin botanique » : le visiteur peut y admirer des décorations murales de plantes, d'animaux et d'oiseaux importés de Syrie par le pharaon qui s'employa à créer ce qui fut sans doute le tout premier jardin botanique. Les végétaux représentés incluent entre autres des iris, des palmiers et des grenadiers. TM

Jardins de Brenthurst

Afrique du Sud

CRÉATEURS : Herbert Baker, Sid Rogers, Joane Pim
PROPRIÉTAIRE : ville de Johannesburg
STYLE : parc naturaliste (XXe siècle)
SUPERFICIE : 17 ha
CLIMAT : subtropical humide
SITUATION : Johannesburg, Gauteng

La propriété de Brenthurst et la maison édifiée en 1906 par Herbert Baker furent achetées par la famille Oppenheimer en 1922. D'après Baker, la maison mettait en valeur « un beau jardin doté de terrasses, de pergolas, de bassins aquatiques et d'une rocaille naturelle entourée de lichens ».

Le caractère du jardin commença à se dessiner après la Seconde Guerre mondiale lorsque le jardinier en chef, Sid Rogers, retravailla les terrasses aménagées par Baker, et fit construire les premières cascades à côté de la maison. Harry Oppenheimer et son épouse Bridget héritèrent de Brenthurst à la fin des années 1950. Impatients d'arranger le jardin, ils engagèrent la paysagiste Joane Pim.

Pim suggéra de construire une nouvelle terrasse face à la propriété, reliée aux pelouses en contrebas, et d'adoucir la raideur des marches en édifiant deux ponts arqués. Depuis la terrasse, le promeneur jouit d'une vue sur le bassin circulaire agrémenté de deux cigognes chinoises et, à l'extrémité, d'un moulage de la *Vénus Vitrix* de Pierre-Auguste Renoir datant de 1914. Pim transforma la colline située en amont en un jardin sauvage peuplé de plantes indigènes comme les protéas, les fleurs du Cap, les buissons épineux du Transvaal et les marguerites du Namaqualand. Après le décès de Pim en 1972, différents jardiniers développèrent le jardin sauvage pour en faire l'une des attractions majeures de Brenthurst. JHa

À GAUCHE Les cascades et les bassins contribuent à l'atmosphère harmonieuse de Brenthurst.

Namaqualand

Afrique du Sud

PROPRIÉTAIRE. : terrain détenu par l'État et terres agricoles privées
STYLE : espace naturel
SUPERFICIE : 4 000 000 ha
CLIMAT : semi-aride
SITUATION : Namaqualand, Cap-du-Nord

Bien que n'étant pas un jardin au sens traditionnel du terme, le Namaqualand est un véritable feu d'artifice floral au printemps. Les fleurs sauvages aux camaïeux de mauve, jaune et blanc qui tapissent le sol métamorphosent alors ce semi-désert aride. La plupart des végétaux appartiennent aux diverses espèces d'astéracées, ou marguerites, comme les *Osteospermum*, les *Arctotis* et les *Dimorphotheca*. L'on y trouve également des aloès, des glaïeuls et des lis. Au total, ce sont quelque quatre mille espèces différentes qui fleurissent d'août à octobre dans la région.

Cette région est inscrite dans la liste mondiale des vingt-cinq endroits les plus rares du point de vue écologique. Le paysage coloré de la réserve naturelle de Skilpad, désormais incluse dans le Parc national de Namaqua, est préservé grâce à l'éloignement des animaux herbivores et au labourage après le printemps.

La région compte environ mille espèces de plantes succulentes, soit au moins un tiers de la flore désertique et un dixième de la totalité des plantes grasses dans le monde. La région abrite en outre de nombreuses plantes comestibles et médicinales prisées des tribus indigènes Khoï et Nama.

Le Parc national de Namaqua est incontestablement le fleuron de la région ; il est ouvert de 8 heures à 17 heures en période de floraison printanière. Les fleurs n'atteignent le zénith de leur beauté qu'au soleil. Entre 10h30 et 16 heures, les visites sont généralement réservées bien à l'avance, mais les visiteurs individuels peuvent appeler les opérateurs régionaux et nationaux pour plus de renseignements. BS

Jardin botanique de Durban

Afrique du Sud

CRÉATEUR : John Medley Wood
PROPRIÉTAIRE : municipalité d'eThekwini
STYLE : botanique (XIXe siècle)
SUPERFICIE : 14,9 ha
CLIMAT : tropical sec
SITUATION : Durban, Kwazulu-Natal

Créé en 1849, le Durban Botanic Garden est le plus ancien jardin botanique d'Afrique encore existant. Il est situé au centre du port animé de Durban, au bord de l'océan Indien, et il n'était pas rare, à ses débuts, de croiser sur ses sentiers des éléphants, des hippopotames et même des lions.

Le jardin fut conçu comme un terrain d'expérimentation destiné à tester le potentiel commercial des plantes. Il servit donc, au début, à fournir des récoltes que commercialisaient les colons du Natal. En réalité, la majeure partie de la richesse qui allait alimenter l'économie locale sucrière et forestière fut constituée sur ce site même. Y étaient cultivées des plantes du monde entier, y compris des spécimens d'eucalyptus, d'*Agathis* et de jaquiers. Plus de cent trente espèces de palmiers fleurissent sur le site, outre les plantes plus petites et colorées du jardin des broméliacées et des orchidées.

Le visiteur aurait tort de considérer le jardin comme un site purement exotique. L'emblème du jardin est l'*Encephalartos woodii*, une des plantes les plus rares au monde. Il fut nommé d'après la personne qui le découvrit, le docteur John Medley Wood, administrateur du jardin entre 1882 et 1913. Le spécimen de ce fossile vivant vaut à lui seul une visite et constitue le joyau de l'une des plus belles collections de cycadées au monde. Le Dr Wood eut une influence prépondérante sur le jardin. Il demeure l'un des plus grands botanistes d'Afrique du Sud et supervisa le développement des jardins au fil des ans, contribuant ainsi à ce qu'ils sont aujourd'hui : un mélange d'exotisme, d'arbres indigènes et de cycas qui émerveillent à la fois les amateurs et les passionnés. AM

Jardin botanique national du Natal

Afrique du Sud

CRÉATEURS : Pietermaritzburg Botanical Society, G. W. Mitchell, W. E. Marriot
PROPRIÉTAIRE : South African National Biodiversity Institute
STYLE : botanique (XIXe, XXe et XXIe siècles)
SUPERFICIE : 12 ha, à l'intérieur de 52 ha
CLIMAT : tropical sec
SITUATION : Pietermaritzburg, Kwazulu-Natal

Créé au début des années 1870 comme plate-forme expérimentale destinée à tester les arbres exotiques en matière de foresterie, le jardin abrite aujourd'hui la flore indigène de la région, disparue des autres régions pour la majeure partie. L'ancien et le nouveau sont mêlés depuis le début, comme en témoigne le mélange d'arbres exotiques originaires d'Asie, d'Europe et de Nouvelle-Zélande, dont les pieds sont tapissés de végétaux aborigènes locaux comme les kniphofias et *Dierama*.

Une avenue de platanes accueille le visiteur à l'entrée ; elle caractérise la conception du jardin botanique qui prévalait au XIXe siècle. Jonchant le sol, de ravissants *Crinum* et *Clivia* ondulent sous le vent. Derrière les plus anciennes plantations du jardin se cache une aire boisée plantée d'arbres indigènes, de *Combretum*, de *Calodendron* et de *Turraea* bordant une petite rivière et un lac. Au-delà du lac s'étend le Midlands Meadow, une zone de plantes grasses indigènes et composante majeure du programme de conservation. Le jardin Muthi, un jardin d'herbes zoulou, abrite une panoplie de plantes médicinales, de l'aloès à l'agapanthe.

Le Jardin botanique national du Natal est le reflet de la période coloniale sous laquelle il vit le jour. Il est aujourd'hui mû par un esprit de conservation et concentre ses efforts sur l'extraordinaire richesse florale de la région. AM

Jardin de cactus de Sheilam

Afrique du Sud

CRÉATEUR : Maarten Malherbe
PROPRIÉTAIRES : Garth Schwegmann, Minette Schwegmann
STYLE : pépinière et collection de cactus désertiques (XXe siècle)
SUPERFICIE : 2,4 ha
CLIMAT : méditerranéen
SITUATION : Robertson, Cap-Ouest

Quel endroit du monde abrite des parterres de cactus tapis à l'ombre d'abricotiers croulants sous les fruits ? Sheilam naturellement. Situé dans la Breede River Valley, le jardin ressemble à un décor de western, aves ses montagnes pourpres à l'arrière-plan.

Sheilam vit le jour en 1954 lorsque le pépiniériste Maarten Malherbe acheta la propriété. Avec sa femme Molly, ils constituèrent le nom de « Sheilam » en utilisant la première lettre des prénoms de leurs cinq enfants. Bien que l'élevage d'autruches et la culture d'abricotiers constituent l'activité initiale de la propriété, Maarten et Molly y ajoutèrent leur collection de cactus. Les demandes en semences et boutures ne cessant d'augmenter, la pépinière et le jardin évoluèrent rapidement. Depuis 1967, le site est la propriété de la famille Schwegmann (Garth et Minette).

Plus de deux mille espèces florales y sont recensées, parmi lesquelles les impressionnants cactus *Cephalocereus* et *Echinocactus grusonii* (dit « coussin-de-belle-mère »). Certaines plantes possèdent des noms étonnants, comme les « pieds-d'éléphant ». Quoique austère dans sa composition, le jardin est cependant remarquable tant par le style de ses plantations que par la taille, forme et couleur de ces dernières. En examinant plus attentivement les plantes, le visiteur découvrira leur manière de se camoufler, leurs mécanismes d'autodéfense et de survie, ainsi que leur remarquable diversité de textures et de formes. SY

Jardins de la ferme de Rustenberg

Afrique du Sud

CRÉATEUR : Rozanne Barlow
PROPRIÉTAIRES : Simon Barlow, Rozanne Barlow
STYLE : formel (XXIe siècle)
SUPERFICIE : 1 ha
CLIMAT : méditerranéen
SITUATION : Stellenbosch, Cap-Ouest

Le domaine viticole de Rustenberg est surtout réputé pour ses vins de Stellenbosch ; il abrite ses propres vignobles depuis 1682. Les propriétaires actuels, la famille Barlow, dirigent la propriété depuis plus de soixante ans. Le plus ancien jardin – un jardin de ferme avec une pelouse, des arbres fruitiers, un terrain de tennis en terre battue et une piscine transformée en bassin de carpes – fut nettoyé et aménagé par Rozanne Barlow en 2001. Le nouveau jardin est ceint de sentiers traditionnels et clos de mur.

La disposition formelle des subtiles plantations de rosiers, de digitales pourprées, d'iris, d'agapanthes et d'espèces de *Nicotiana* entourées de vieux chênes pédonculés *(Quercus robur)* attire l'œil du visiteur. Derrière s'étendent le mont Simonsberg et les pâtures peuplées de vaches Jersey. La petite roseraie traditionnelle plantée de lavandes au centre charme le promeneur. N'oubliez pas de déambuler dans le labyrinthe constitué d'un dallage en briques et d'une haie de pierres de gué que vous pouvez parcourir en une dizaine de minutes. De là, la vinerie et les salles de dégustation ne sont plus loin. BS

De subtiles plantations de rosiers, de digitales pourprées, d'iris, d'agapanthes et de « Nicotiana »...

Jardin botanique de Kirstenbosch

Afrique du Sud

CRÉATEUR : professeur Harold Pearson
PROPRIÉTAIRE : South African National Biodiversity Institute
STYLE: jardin botanique (XXe siècle)
SUPERFICIE : jardin 36 ha, parc 528 ha
CLIMAT : méditerranéen
SITUATION : Le Cap, Cap-Ouest

Le Kirstenbosch National Botanical Garden est devenu un symbole de l'Afrique du Sud aussi emblématique que Table Mountain à l'ombre duquel le jardin se tapit. Aménagé en 1913 sur les terres léguées au pays par Cecil Rhodes, Kirstenbosch fut le premier jardin botanique au monde à préserver sa flore nationale. La plupart des plantes du jardin sont originaires d'Afrique du Sud. Parmi les rares espèces étrangères, on trouve une avenue de camphriers *(Cinnamomum camphora)*. Sous la voûte des arbres prospèrent des plantations de bulbes sciaphiles ainsi que des vivaces herbacées. Sur les abords extérieurs du site, les promeneurs pourront voir les vestiges d'une haie d'amandiers plantés dans les années 1660 pour délimiter le périmètre de la colonie du Cap créée à cette époque.

Kirstenbosch abrite de multiples « collections de fossiles vivants » ; le visiteur peut ainsi admirer, dans l'enceinte d'un amphithéâtre naturel, un imposant groupe de cycadées *Encephalartos*, véritables fossiles vivants. Au milieu du groupe, un *Encephalartos woodii*, végétal aujourd'hui disparu, est protégé des voleurs par une cage.

Même au cœur de l'hiver, les jardins ne se déparent ni de leurs couleurs ni de leur intérêt. La *Strelitzia reginae*, ou oiseau-de-paradis, demeure l'emblème du jardin et dévoile ses teintes jaunes l'hiver. JHo

À DROITE À l'ombre des versants orientaux de Table Mountain s'étend le jardin botanique national de Kirstenbosch.

Jardin de Vergelegen

Afrique du Sud

CRÉATEUR : Ian Ford & Associates
PROPRIÉTAIRE : Anglo-American Farms
STYLE : formel (XXe siècle)
SUPERFICIE : jardin 60,7 ha, propriété 3 000 ha
CLIMAT : méditerranéen
SITUATION : Somerset West, Cap-Ouest

Vergelegen, qui signifie « situé dans des terres lointaines », acquit sa réputation de paradis botanique juste après l'acquisition de la propriété par le gouverneur du Cap, Willem Adriaan van der Stel, en 1700. À la fois fermier, botaniste, sylviculteur et horticulteur, ce dernier planta cinq camphriers *Cinnamomum camphora* qui bordent toujours la propriété.

Six ans plus tard, Van Der Stel était propriétaire d'un demi-million de vignes, de vergers et d'orangeraies, d'un millier de bêtes et de mille huit cents moutons. Mais son succès déplut aux colons hollandais qui firent pression auprès de la Dutch East India Company pour le renvoyer aux Pays-Bas.

Vergelegen changea maintes fois de propriétaires. Charles et Cynthia Barlow rachetèrent le domaine en 1941 et c'est à cette époque que l'aide de camp Peter Townsend évoqua cet « endroit à la beauté magique » devant le roi George VI et la reine Elizabeth. En 1947, lors de leur voyage en Afrique du Sud, ces derniers furent « subjugués par le charme de Vergelegen ».

Les jardins furent restaurés en 1987 ; ils comprennent aujourd'hui un jardin Blanc, une roseraie, un jardin octogonal, et, ouvrant la perspective sur la propriété, une longue allée de 400 m bordée de chaque côté de plantes herbacées. Large chacune de 3 m, les deux plates-bandes font l'objet de plantations deux fois par an. Au printemps, huit mille bulbes de jonquilles et tulipes sont plantés parmi les plantes vivaces qui fleurissent l'été (des delphiniums, gauras, anémones et roses trémières) ; les cléomes et *Nicotiana* sont en revanche plantés en septembre. Un projet de réintégration de végétation naturelle de *fynbos* dans la région est également à l'étude. JHa

Jardins Stellenberg

Afrique du Sud

CRÉATEURS : Sandy Ovenstone, David Hicks
PROPRIÉTAIRES : Andrew Ovenstone, Sandy Ovenstone
STYLE : formel (XXe siècle)
SUPERFICIE : 2,6 ha
CLIMAT : méditerranéen
SITUATION : Kenilworth, Cap-Ouest

Andrew et Sandy Ovenstone héritèrent du manoir de Stellenberg en 1974 et Sandy s'inspira principalement de trois jardins anglais – Hidcote, Sissinghurst et Hatfield House (voir p. 305, 370 et 332) – ainsi que de plusieurs jardins de Provence. La propriété abrite la collection familiale d'art moderne européen et sud-africain, y compris des œuvres de Maud Sumner et Cecil Higgs. La salle du petit déjeuner offre une vue de choix sur le jardin Blanc qui s'étend au-delà d'une terrasse en pierre et d'une pelouse, à l'opposé de la façade est de la maison. Chacune de ses extrémités est ornée de deux colonnes blanches décorées. En lisière, des brassées de roses immaculées côtoient d'innombrables vivaces blanches, tandis qu'à l'autre extrémité de la maison, une piscine peinte en gris se fond dans le décor de la pelouse, ceinte de murs et de parterres de fleurs bigarrés. Des mandevillas parfumés, des daturas roses et blancs fleurissent ici parmi les roses 'Albertine', les bougainvillées et les hibiscus.

Le portail de ce jardin donne sur des marches descendant de part et d'autre d'un bassin en pierre surélevé, jusqu'à un jardin formel clos de mur conçu par David Hicks en guise de cadeau pour les vingt-cinq ans de mariage d'Andrew. Se découpant sur le paysage de Table Mountain, des haies de pervenches forment des parterres de part et d'autre d'un long tunnel constitué de sept arches de rosiers grimpants 'New Dawn'. Ces parterres sont agrémentés de roses de David Austin et de vivaces d'un côté, et de plantations unicolores de l'autre. Des tonnelles de roses 'Iceberg' sont disposées de façon géométrique sur le gravier séparant les deux parterres.. JHa

Old Nectar

Afrique du Sud

CRÉATEUR : Una Van Der Spuy
PROPRIÉTAIRE : Una Van Der Spuy
STYLE : jardin de campagne formel (XXe siècle)
SUPERFICIE : 1,5 ha
CLIMAT : méditerranéen
SITUATION : Stellenbosch, Cap-Ouest

La jolie ville de Stellenbosch, située en amont de la vallée de la rivière Eerste, est réputée pour ses vignobles et certains de ses jardins, parmi les plus raffinés d'Afrique du Sud. L'un d'entre eux, Old Nectar, est devenu monument national ; il est le seul jardin privé d'Afrique du Sud à avoir reçu cette distinction. Il appartient toujours à sa créatrice, Una Van Der Spuy, née en 1912.

Avec son époux, le général K. R. van der Spuy, cette dernière acquit une demeure de style « Cape Dutch » en 1941, qui était alors une propriété délabrée sans beaucoup de terres. Le couple envisagea aussitôt le potentiel que représentait ce site niché dans la vallée de Jonkershoek, entouré de hautes montagnes. Son époux étant parti à la guerre, Una eut tout le loisir de restaurer la propriété et d'entreprendre l'aménagement du jardin en 1942. Elle conserva plusieurs des chênes imposants qui bordaient l'avenue et jouent aujourd'hui le rôle de toile de fond au reste du jardin. Elle commença par aplanir le terrain pentu d'alors pour y aménager sept jardinets entourant la maison accessible par une enfilade de marches en pierre tapissées de vergerettes.

La roseraie établie à l'opposé comporte trois plates-bandes triangulaires contenant chacune une variété de roses et convergeant vers un élément décoratif en fer forgé. De là, le visiteur jouit d'une vue sur de vastes terrasses gazonnées en contrebas d'un bassin circulaire rempli de nénuphars. Plus bas, une longue piscine de style classique et aux rebords en pierre attire l'œil du visiteur. Tout en bas, une longue et large allée sinueuse est émaillée de pergolas supportant près de cent cinquante rosiers anciens entrelacés avec de la vigne blanche. Ce paradis paisible incite à la contemplation et à la relaxation. JHa

Jardin botanique du désert du Karoo

Afrique du Sud

CRÉATEUR : Jacques Thudichum

PROPRIÉTAIRE : South African National Biodiversity Institute

STYLE : botanique (XXe siècle)

SUPERFICIE : jardin 11 ha, parc 144 ha

CLIMAT : méditerranéen

SITUATION : Worcester, Cap-Ouest

Le jardin botanique du Karoo est probablement le jardin le plus aride du monde (*karoo* signifie « région sèche »). Ce paysage désolé possède un décor lunaire qui convient à merveille aux étranges et magnifiques végétaux prospérant dans cet environnement hostile. La plupart d'entre eux sont présents dans cette région uniquement ; l'on recense également plus de trois cents espèces rares ou en danger.

Au printemps, sous un soleil de plomb, le jardin se pare de tapis multicolores constitués de gazanies orange, jaunes et couleur crème. Des brassées d'ursinias, d'*Heliophila* bleu foncé et de *Felicia* bleu clair complètent l'ensemble, ainsi que des mésembryanthèmes iridescents et pourpres plus tardivement dans la saison. L'hiver, les aloès déploient leurs fleurs orange et pourpres, sur un fond de montagnes aux sommets enneigés.

Les plantes succulentes fleurissent toute l'année dans ce jardin réputé être le plus grand site de plantes grasses de l'hémisphère Sud. Dans la chaleur étouffante de l'été, là où la plupart des plantes seraient réduites en poussière, les tiges et racines spécialement adaptées de ces plantes favorisent leur croissance et leur floraison. Avec leurs tiges gonflées, leur feuillage clairsemé et épineux et leurs fleurs fantastiques, ces végétaux étonnants et méconnus semblent tout droit sortis d'un autre monde. Ne manquez pas d'emprunter les sentiers de marche balisés de panneaux explicatifs et informatifs. JHo

Route des jardins

Afrique du Sud

STYLE : paysages naturels

LONGUEUR : 208 km

CLIMAT : méditerranéen

SITUATION : Cap-Oriental/Cap-Ouest

Cette longue bande de plaine côtière qui s'étend entre Mossel Bay et Storms River Mouth est émaillée de zones forestières traversées par des rivières descendant jusqu'aux rives rocheuses. On y admire des étendues de forêts indigènes, des lacs d'eau douce, des marais, des criques isolées et de longues plages.

L'étroite plaine côtière est en grande partie bordée de vastes lagunes s'étirant derrière une barrière de dunes sablonneuses et de plages de sable blanc. La région possède quelques-unes des plus grandes parcelles de forêt indigène du pays, en particulier de gigantesques spécimens de bois jaunes, des fleurs sauvages ainsi que des plantations commerciales d'eucalyptus et de pins. L'actuelle zone forestière est un vestige de la forêt de feuillus originelle, remplacée en partie par des plantations commerciales.

L'un des lieux phares de la route des Jardins est Knysna, niché au cœur de la zone forestière. Des arbres encerclent une lagune et le site abrite la seule forêt peuplée d'éléphants du pays. Knysna et ses environs sont en outre réputés pour leur richesse en *fynbos*, terme afrikaans désignant le bush fin qui recouvre la province du Cap. Les fleurs du Cap, en particulier les protéas, atteignent leur zénith entre juillet et octobre, selon le niveau de la pluviosité hivernale. Dans la forêt de Knysna, des sentiers conduisent aux arbres notables ; le sentier de l'Arboretum mène ainsi au « Big Tree » (Grand Arbre), un spécimen de bois jaune qu'on dit vieux de six cents ans. BS

AUSTRALIE ET NOUVELLE-ZÉLANDE

Dans l'immensité du territoire d'Australie, la variété des climats permet des styles de jardins très divers. Il en est de même en Nouvelle-Zélande. Dans ces deux pays, le style paysager traditionnel s'inspire des jardins d'Europe ou d'Asie en les détournant à leur façon.

Kings Park

Australie

CRÉATEURS : membres du Perth Park Board
PROPRIÉTAIRE : ville de Perth
STYLE : parc urbain (XIXe, XXe et XXIe siècles)
SUPERFICIE : 400 ha
CLIMAT : méditerranéen
SITUATION : Perth, Australie-Occidentale

Kings Park est certainement le pôle touristique de Perth le plus célèbre. Ce vaste parc public est accessible à pied depuis le centre-ville et son point culminant, le mont Eliza, offre un panorama fabuleux sur la rivière Swan et les gratte-ciel en verre de la ville.

Le parc est réputé pour son héritage culturel aborigène (le mont Eliza, appelé *Kaarta gar-up*, est un lieu de rencontre traditionnel des locaux Nyoongar), ses vastes étendues de bush couvrent plus des deux tiers du site et ses paysages datent de la fin XIXe, début XXe, à commencer par un pin des îles Norfolk *(Araucaria heterophylla)*, planté symboliquement par John Forrest en 1895. Les premiers travaux du parc inclurent l'aménagement de balades en voiture, des aires de stationnement le long de la crête dominant la ville, ainsi que des jardins et des allées terrassées longeant Mounts Bay Road. Le parc abrite également de nombreux monuments comptant parmi les plus importants de la ville, comme le State War Memorial, édifice majeur du site inauguré en 1929. Les avenues et allées routières sont particulièrement attrayantes, spécialement l'avenue bordée d'*Eucalyptus cladocalyx* formant une arche d'entrée.

Tout ou presque de la flore unique et passionnante de l'Australie-Occidentale est représenté dans le jardin botanique de Kings Park et y prospère depuis les trois dernières décennies. Ses vastes étendues de bush, ses nouveaux jardins ornementaux garnis de fleurs sauvages, ses nombreuses aires de pique-nique et de jeux pour enfants font de ce parc une attraction particulièrement prisée. CR

Jardin botanique Flecker

Australie

CRÉATEUR : Eugene Fitzalan
PROPRIÉTAIRE : conseil municipal de Cairns
STYLE : botanique (XIXe siècle)
SUPERFICIE : 36,8 ha, bush indigène inclus
CLIMAT : tropical humide
SITUATION : Cairns, Queensland

Cet écrin de verdure situé à proximité de Cairns vit le jour en 1886 sous la forme initiale d'une réserve récréative. Subtile alternance de pelouses, de bordures ombragées, de plantes ornementales colorées et d'arbres fruitiers, le site regorge d'une variété impressionnante de plantes tropicales provenant du monde entier, formant une forêt pluviale au style informel. Le lieu est idéal pour une promenade idyllique.

Le site a plusieurs parties : la Gondwanan Heritage Trail, la section consacrée aux plantes aborigènes ainsi qu'une parcelle de forêt pluviale tropicale abritant des végétaux tels que des *Johannesteijsmannia magnifica* de Malaisie dont les larges feuilles ressemblent à du carton ondulé. Prenez le temps d'admirer les plants autogames et les champignons rares, et laissez-vous surprendre par les fleurs chauves-souris *(Tacca chantrieri)*, plantes herbacées aux teintes sinistres. Le lieu doit cependant sa popularité à la liane de jade *(Strongylodon macrobotrys)* et ses grappes pendantes de fleurs couleur vert jade en forme de griffe ainsi qu'à l'un des deux seuls spécimens d'arum titan *(Amorphophallus titanum)* présents dans les jardins australiens et dont les fleurs mesurent jusqu'à 2 m.

Les beaux arbres sont légion ici ; ils sont entourés de fougères tropicales, de lianes et de somptueuses broméliacées. L'immense teck *(Tectona grandis)* dominant le jardin est éblouissant lorsque d'énormes grappes de fleurs blanches commencent à émerger de ses larges feuilles. La forêt humide environnante est accessible mais un conseil : n'oubliez pas votre crème anti-insectes lors de votre visite. MB

Palmeraie de Townsville

Australie

CRÉATEURS : Jim Darley, Robert Tucker
PROPRIÉTAIRE : Townsville City Council Parks Services
STYLE : botanique (XXe siècle), collection de palmiers
SUPERFICIE : 17,4 ha
CLIMAT : tropical humide
SITUATION : Townsville, Queensland

C'est un cultivateur local, Jim Darley, qui eut l'idée de mettre en valeur les palmiers en les plantant dans une palmeraie. Sur le site qui abritait autrefois une crémerie et un verger de mangues sont aujourd'hui regroupées plus de trois cent vingt espèces de palmiers issues à la fois de tropiques arides, de terres humides ou de forêt pluviale. L'objectif est de montrer les palmiers, seuls ou en groupes, de façon qu'ils puissent être admirés en toute liberté.

Le site abrite des palmiers de toutes formes et tailles, des espèces naines et à plusieurs tiges aux espèces géantes comme le *Roystonea oleracea*, haut de 30 m et à la croissance continue. Le point d'orgue du lieu est sans doute l'avenue de *Carpoxylon macrospermum*, une variété rare de palmier provenant des îles Vanuatu, et de cocotiers de mer *(Lodoicea maldivica)*, palmiers légendaires dont le fruit en forme de fessier mesure environ 50 x 35 cm et peut peser plus de 20 kg. La ville japonaise jumelée à Townsville, Tokuyama, procura les fonds nécessaires au développement de la Licuala Walk qui possède certains des plus beaux palmiers du monde, des spécimens uniques en général. Ne partez pas sans avoir vu le jardin de Tokuyama achevé en 1996, symbole d'amitié entre les deux peuples. Davantage ornemental que botanique, ce dernier possède une magnifique pièce d'eau centrale et des plantations de cycas, gingembres, crotons, frangipaniers et palmiers. Au centre, la gloriette est régulièrement utilisée pour des mariages.

Le plan de développement des jardins s'étendant sur quinze ans, la visite n'en est que plus palpitante. MB

Carrick Hill

Australie

CRÉATEUR : Ursula Hayward
PROPRIÉTAIRE : État australien
STYLE : anglais édouardien (XXe siècle)
SUPERFICIE : 39,6 ha
CLIMAT : méditerranéen
SITUATION : Adélaïde, Australie-Méridionale

Carrick Hill est l'une des rares maisons australiennes d'époque à l'intérieur pratiquement intact et aux terres conservées dans leur quasi-intégralité. La propriété est centrée sur une demeure particulière de style jacobéen construite à la fin des années 1930 par Edward Hayward et son épouse, Ursula, fille d'un éleveur d'Australie-Méridionale.

Sur le versant aval des collines d'Adélaïde, la propriété jouit d'une vue panoramique sur Adélaïde et le golf Saint-Vincent. L'ordonnancement du jardin révèle la connaissance que possédait Ursula des jardins traditionnels anglais et son goût prononcé pour les arbres rares, les buissons en fleur et les roses. Elle avait un faible pour les tubéreuses *(Polianthes tuberosa)*, les lis, les orchidées et les aubépines. Le site est constitué d'un jardin intérieur clos divisé en deux par une superbe tonnelle de poiriers, un jardin de boutures et des terrasses reliées par des chemins d'ardoise. Un ruisseau, des bassins, un verger et une plantation de noisetiers ornent les terrains extérieurs au parc et la totalité du complexe est ceinte de grands espaces de bush vierge, végétation rarissime aux abords d'Adélaïde.

Le jardin subit des aménagements sous la coupe des Hayward et fut modifié lorsque la propriété passa aux mains du gouvernement d'Australie-Méridionale en 1983. Collectionneurs passionnés d'art britannique, les Hayward ont légué une magnifique collection de peintures et d'antiquités aussi appréciée que leur maison qui témoigne d'un art de vivre raffiné. Le jardin subit actuellement de grands travaux de restauration visant à rétablir son aura d'autrefois. CR

Jardin botanique d'Adélaïde

Australie

CRÉATEURS : George Francis, Dr. Richard Schomburgk
PROPRIÉTAIRE : État australien
STYLE : botanique (XIXe siècle)
SUPERFICIE : 40,9 ha
CLIMAT : méditerranéen
SITUATION : Adélaïde, Australie-Méridionale

Ouvert au public en 1857, ce jardin compte parmi les plus exquis au monde. Les promeneurs anglais et français l'apprécieront particulièrement et pour cause : le créateur du jardin aurait été influencé par les jardins botaniques royaux de Kew (voir p. 386) et le chef-d'œuvre baroque de Le Nôtre, à Versailles (voir p. 570).

Les visiteurs peuvent facilement passer une journée entière à déambuler au milieu des arbres, en particulier dans l'avenue des platanes plantée en 1874, parmi les figuiers de la baie de Moreton *(Ficus macrophylla)*, vieux de plus de cent ans. C'est ici que l'Armée du Salut tint son premier meeting australien en 1880, comme en témoigne la présence d'un arbre planté à cette occasion. N'oubliez pas de visiter la Palm House (maison des Palmiers), somptueuse serre de l'époque victorienne abritant des spécimens de la flore aride malgache. La maison des Palmiers fut importée d'Allemagne en 1875 et magnifiquement restaurée dans les années 1990. En contraste total avec l'ensemble, le Bicentennial Conservatory célèbre le bicentenaire de l'Australie en 1988. Cette étonnante structure d'acier de 100 m de long et 27 m de haut est réputée être la plus grande serre de l'hémisphère Sud ; elle abrite une collection de plantes de la forêt pluviale tropicale. Le site accueille en outre le Museum of Economic Botany, un monument pittoresque de style grec érigé en 1881. Le National Rose Trial Garden, créé en 1996, vaut également le détour. C'est là que les spécialistes testent la résistance des roses aux conditions climatiques et terricoles australiennes ; les meilleures d'entre elles reçoivent un prix. LA

Jardins Everglades

Australie

CRÉATEUR : Paul Sorensen
PROPRIÉTAIRE : National Trust of Australia (Nouvelle-Galles du Sud)
STYLE : classique, informel (XXe siècle)
SUPERFICIE : 5,2 ha
CLIMAT : tempéré
SITUATION : Leura, Nouvelle-Galles du Sud

Grâce à la collaboration de deux Australo-Européens, ce site historique niché au cœur des montagnes Bleues marqua un tournant dans l'histoire de la création paysagiste australienne. L'architecte belge Henry Van De Velde acquit le terrain en 1932 et demanda au paysagiste danois Paul Sorensen de créer un paysage extraordinaire. Il en résulta ce jardin enchanteur, alliant à la fois la technique européenne, une touche de romantisme et la magie envoûtante du bush australien.

Des kilomètres de murs de pierre sèche et de sentiers de pierres bleues forment l'ensemble et relient les différentes terrasses. La plus spectaculaire d'entre elles est la Studio Terrace, avec son bassin, sa colonnade italianisante, ses urnes italiennes et sa scène extérieure encadrée par une arche. Après avoir longé la maison, le visiteur parvient à la Cherry Terrace, une pelouse bordée de cerisiers, puis à la Rhododendron Walk (allée des Rhododendrons). Suivez ensuite le Lookout (Observatoire) palissé de grilles de style Art déco en fer forgé ; de là, vous obtiendrez une vue sur l'immense étendue de paysage vierge. Des marches guideront votre descente vers la cascade enchanteresse du Grotto Pool (bassin creusé dans une grotte).

Ce jardin au caractère unique parvient à concilier le passé et le présent et révèle, dans sa conception, une grande intelligence et générosité ainsi qu'un sens développé de la beauté. MO

Jardin chinois de l'Amitié

Sydney, Australie

CRÉATEUR : Guangzhou (ville jumelée à Sydney), Guangdong, Chine
PROPRIÉTAIRE : ville de Sydney
STYLE : traditionnel chinois (XXe siècle)
SUPERFICIE : 1 ha
CLIMAT : subtropical humide
SITUATION : Sydney, Nouvelle-Galles du Sud

Coincé entre le Darling Harbour et les rues animées de la Chinatown de Sydney se trouve un magnifique jardin qui célèbre l'amitié entre Sydney et la ville chinoise de Guangzhou (Canton). Créé en 1988 afin de fêter le bicentenaire de l'Australie, ce jardin est une manière pour les Chinois de partager leur culture.

Appréciez cette exquise composition de bassins et de pavillons, d'arbres et de pierres. L'eau est présente sous la forme de ruisseaux, cascades et d'étangs lisses où des rochers aux formes étranges dressent leurs « têtes », tels des monstres parmi les fleurs de lotus. Des allées serpentent parmi les fourrés de bambous et donnent sur des cours ornées de calligraphies et de sculptures. D'immenses saules pleureurs trempent leurs branches dans le lac, des dragons se tordent sur une toile peinte tandis qu'une grande pagode campée sur un rocher surplombe le lac.

La maîtrise de l'espace traduit un réel talent ; le jardin est ainsi révélé pas à pas et les vues sont parfaitement délimitées par le contour d'une porte-lune, d'une fenêtre délicatement ciselée ou encore par la courbure d'un rameau. Le jardin est un lieu prisé pour les mariages et les sorties de week-end avec les enfants, mais visitez-le lorsqu'il est plus calme pour en goûter tout le charme. AE

À DROITE Riche en symboles, le Jardin chinois de l'amitié de Sydney se veut un espace propice à la contemplation.

Mount Wilson

Australie

CRÉATEURS : multiples
PROPRIÉTAIRES : Rodger Davidson, Wai Davidson et autres
STYLE : mélange (XIXe et XXe siècles)
SUPERFICIE : variée
CLIMAT : tempéré
SITUATION : Mount Wilson, Nouvelle-Galles du Sud

Le village de Mount Wilson situé à à l'ouest de Sydney abrite des jardins à chaque coin de rue. Cette abondance de jardins spectaculaires est en grande partie liée au site : situé à 914 m au-dessus du niveau de la mer et entouré de la forêt pluviale, Mount Wilson bénéficie d'un climat exceptionnellement frais (pour l'Australie) et d'un sol volcanique riche.

L'un des jardins les plus pittoresques du village est celui de Nooroo, aménagé en 1880. Il abrite une collection de glycines, particulièrement éclatantes entre fin octobre et début novembre, ainsi qu'un val de campanules fleurissant au cours des deux premières semaines d'octobre. Windyridge compte parmi les jardins les plus récents du village. Les propriétaires, Rodger et Wai Davidson, ont reconstitué un cadre idéal pour leur collection d'azalées Kurume taillées selon le style japonais, créant ainsi une illusion de vagues colorées. Le jardin se compose en outre de sculptures, de jardins aquatiques, d'un bassin de nénuphars et d'une terrasse gazonnée.

D'une superficie de 8 ha, les jardins de sculptures Yengo furent aménagés en 1889 puis restaurés dans les années 1960 et 1970. Les sculptures de Judith Holmes Drewry et Lloyd Le Blanc sont disposées au milieu des hêtres, des chênes séculaires, des buissons et des plantes bulbeuses.

Si le temps vous est compté, déambulez simplement dans les avenues du village bordées de platanes, de citronniers, d'ormes, de liquidambars et de cerisiers. C'est là un véritable paradis pour les passionnés de botanique. LA

Jardin d'Eryldene

Sydney, Australie

CRÉATEURS : professeur Ebden Waterhouse, Hardy Wilson
PROPRIÉTAIRE : The Eryldene Trust
STYLE : jardin thématique (XXe siècle)
SUPERFICIE : 0,4 ha
CLIMAT : subtropical humide
SITUATION : Sydney, Nouvelle-Galles du Sud

Eryldene est un mémorial dédié à la passion du professeur Ebden Waterhouse pour les camélias. La collection qu'abrite le site est d'ailleurs considérée comme la plus importante d'Australie. Waterhouse, linguiste, devint l'un des plus éminents spécialistes en matière de camélias et planta ses six premiers spécimens à Eryldene en 1914. Il cultiva et donna leur nom à de nombreuses variétés populaires, fonda la célèbre Camellia Grove Nursery (pépinière de camélias) et présida l'International Camellia Society. Figure de référence en matière d'histoire et de nomenclature des premiers cultivars de camélias, il mit au point des centaines de semis. Les hybrides 'E. G. Waterhouse', 'Margaret Waterhouse' et 'Lady Gowrie' comptent parmi ses succès et sont toujours aussi appréciés des jardiniers australiens depuis leur introduction en 1954.

La maison d'Eryldene mérite que l'on s'y arrête. Construite sur la côte nord de Sydney, dans un style colonial teint d'une influence géorgienne, elle est considérée comme l'exemple architectural le plus accompli et préservé des travaux intérieurs de Hardy Wilson. Dessiné par Waterhouse, le jardin fut conçu comme une extension de la maison et comporte une enfilade de « pièces » paysagères garnie d'arbres, de buissons et de fleurs. Des bâtiments aux proportions parfaites conçus par Wilson ornent l'intérieur des « pièces » et renforcent l'atmosphère paisible d'Eryldene.

Eryldene est restée quasiment inchangée depuis sa construction en 1913, ce qui lui confère une place de choix dans l'histoire de l'architecture et de l'horticulture australienne. CR

Jardin botanique du mont Tomah

Australie

CRÉATEURS : Alfred Brunet, Effie Brunet
PROPRIÉTAIRE : Sydney Botanic Gardens Trust
STYLE : botanique (XXe siècle)
SUPERFICIE : 217 ha
CLIMAT : tempéré
SITUATION : montagnes Bleues, Nouvelle-Galles du Sud

Ce jardin spectaculaire est situé dans les montagnes Bleues, à 160 km à l'ouest de Sydney. La nuée bleutée, magique, planant sur les forêts d'eucalyptus, les extraordinaires formations de basaltes (créant des réserves naturelles d'eau de pluie) et le climat favorable lié à l'altitude – 1 005 m au-dessus du niveau de la mer – contribuent au succès de ce jardin. Celui-ci vise à informer sur les espèces florales en voie de disparition et à aider à une meilleure compréhension des plantes, le tout dans un cadre hors du commun.

Le site servait autrefois de pâturage et abritait une scierie. En 1934, il fut racheté par un couple de Français ; Alfred et Effie Brunet y plantèrent des conifères et en firent un jardin destiné à approvisionner les fleuristes de Sydney en fleurs coupées. Dans les années 1960, ils offrirent leur terrain aux Jardins botaniques royaux de Sydney et, en 1987, Mount Tomah Botanical Garden ouvrit ses portes au public. De multiples petites allées ont été tracées pour les visiteurs et une journée ne sera pas de trop pour explorer ce site vallonné. Ne manquez pas l'étonnant jardin de roches dont les plantes sont disposées selon un plan géographique parmi les colonnes de basalte, les bassins et les cascades ; l'époustouflante collection de rhododendrons en fleur ; les plantes de l'hémisphère Sud, de l'Afrique du Sud à la Papouasie-Nouvelle-Guinée ; le jardin traditionnel avec sa robuste pergola supportée par des eucalyptus géants ; ainsi que le jardin Brunet qui accueille une collection d'arbres et d'arbustes plantés par les Brunet lorsque le jardin leur appartenait encore. MO

[…] l'étonnant jardin de roches dont les plantes sont disposées parmi les colonnes de basalte…

Vaucluse House

Sydney, Australie

CRÉATEUR : William Charles Wentworth
PROPRIÉTAIRE : Historic Houses Trust
STYLE : pittoresque (XIXe siècle)
SUPERFICIE : 10 ha
CLIMAT : subtropical humide
SITUATION : Sydney, Nouvelle-Galles du Sud

Construite en 1803 dans une prestigieuse banlieue côtière de Sydney, Vaucluse House est l'une des rares demeures du XIXe siècle de cette région à avoir conservé une grande partie de son cadre originel. La mode du pittoresque s'empara relativement tôt de Sydney, et Vaucluse demeure l'un des rares exemples survivants du style dit « baronial » ou seigneurial.

La maison était autrefois habitée par William Charles Wentworth, père de la Constitution australienne, son épouse Sarah et leurs dix enfants, entre 1827 et 1853 puis de nouveau entre 1861 et 1862. Ils entreprirent de nombreux aménagements tels que la construction de la véranda gothique en fer et la fontaine située au centre de la pelouse en face de la maison. À cette époque, la propriété abritait en outre d'importants vergers, potagers et vignes.

À la mort des Wentworth, le site se transforma peu à peu en parc municipal et, en 1981, la propriété fut léguée à l'Historic Houses Trust of New South Wales qui entreprit alors des travaux de restauration. À l'origine, la maison était nichée au cœur d'un bush vierge de plusieurs centaines d'hectares. Un plan de sauvegarde du bush a été mis en place afin d'encourager la conservation des spécimens survivants de plantes indigènes qui entourent la maison.

Grâce aux recherches et travaux, les frontières originelles du jardin d'agrément ont été rétablies et les détails comme les sentiers de gravier bordés de drains en briques ont été restaurés. Une reconstruction partielle du jardin potager, intégrants les fruits et légumes cultivés autrefois, est actuellement en cours. CR

Kennerton Green

Australie

CRÉATEUR : Marylyn Abbott
PROPRIÉTAIRE : Marylyn Abbott
STYLE : arbustes, bois et potager du XIXe siècle
SUPERFICIE : 3,2 ha
CLIMAT : subtropical humide
SITUATION : Mittagong, Nouvelle-Galles du Sud

Kennerton Green est l'un des grands jardins des Southern Highlands, situés à une heure de route au sud de Sydney. Dans les années 1950, le jardin fut intégré à un charmant cottage du XIXe siècle et garni de parterres de camélias et de rhododendrons, d'une allée de cerisiers en fleur, d'arbres à feuilles caduques ainsi que d'un jardin clos traditionnel orné de roses thé hybrides communes. Une magnifique glycine du Japon *(Wisteria floribunda)*, offerte par le célèbre botaniste australien, le docteur Peter Valder, émerveille le visiteur au printemps.

Depuis 1988, plusieurs espaces thématiques ont été ajoutés au jardin, sous la conduite de Marylyn Abbott, créatrice de renommée internationale. Parmi eux, Una's Wood (un bois dense de bouleaux aux troncs blancs, tapissé de jacinthes des bois en souvenir de la mère de la paysagiste), un jardin potager ornemental, un lac bordé d'iris, une allée de cytises et un parterre de lauriers. Les arbres, les vastes pelouses, les haies de cyprès et de buis forment un arrière-plan superbe aux plantations de bulbes. Les roses, les plantes vivaces et annuelles sont à leur apogée au printemps et au début de l'été ; une cour aux allures de paradis a récemment été aménagée.

Ne passez pas à côté de la petite roseraie et de ses roses 'Yvonne Kenny' nommées d'après l'une des chanteuses d'opéra les plus célèbres d'Australie. CR

À DROITE Kennerton Green allie le formel et l'informel dans sa succession de chambres de verdure à thème.

Jardins de Government House

Sydney, Australie

CRÉATEUR : Mortimer Lewis
PROPRIÉTAIRE : État australien
STYLE : pittoresque, traditionnel italianisant (XVIIIe et XIXe s.)
SUPERFICIE : 4,5 ha
CLIMAT : subtropical humide
SITUATION : Sydney, Nouvelle-Galles du Sud

Rares sont les jardins qui jouissent d'une vue aussi spectaculaire que celle de Government House. Aménagées à la fin du XVIIIe siècle lorsque la mode des jardins était au pittoresque, les terres sont situées sur un promontoire dominant le port de Sydney. Le site abrite une collection d'arbres et de buissons exotiques dont il est en majeure partie redevable au jardin botanique attenant qui gère la quasi-totalité de la propriété.

Les terres, qui s'étendaient autrefois sur 14 ha, adoptèrent le style formel italianisant à la fin du XIXe siècle. Elles sont divisées en deux terrasses principales, l'une côté ouest, l'autre côté est. Cette dernière date de 1845 ; elle fut construite en même temps que la maison et fut transformée en arboretum planté d'arbres provenant de forêts pluviales du Queensland et du nord de la Nouvelle-Galles du Sud. Les murs de grès originaux sont toujours debout, ainsi qu'un magnifique magnolia à grandes fleurs et de somptueux oliviers. En suivant le chemin contournant l'angle sud-est de la maison, vous apercevrez un superbe figuier de la baie de Moreton *(Ficus macrophylla)*.

La partie la plus impressionnante du jardin est de loin la terrasse orientée à l'est. Elle fut aménagée par John Young qui y établit sa résidence de gouverneur en 1860. Cette partie offrait un panorama exceptionnel, balayant à la fois le port de Sydney et Bradley's Head. Des murs symétriques en pierre et de faible hauteur encadrent un sentier tandis qu'un bassin circulaire, une fontaine, des allées de gravier et un jardin ornemental participent du caractère formel typiquement anglais. LA

Jardins botaniques royaux de Sydney

Sydney, Australie

CRÉATEUR : Charles Moore
PROPRIÉTAIRE : Sydney Botanic Gardens Trust
STYLE : parc (XIXe et XXe s.), espaces paysagers à thèmes
SUPERFICIE : 29,9 ha
CLIMAT : subtropical humide
SITUATION : Sydney, Nouvelle-Galles du Sud

Les jardins botaniques royaux de Sydney, créés en 1816, forment une barrière de verdure séparant les tours de Sydney et son opéra et sont bordés par la mer des deux côtés. Directeur du site entre 1848 et 1896, Charles Moore donna aux jardins leur forme moderne, fit construire la palmeraie et acquit de nouveaux terrains pour accroître la superficie du site.

Un dédale de sentiers serpentent parmi les jardins soigneusement entretenus et les serres, dont la palmeraie, le jardin des plantes grasses et le jardin oriental ; le site compte de nombreuses plantes rares et insolites. Le joyau de la collection est sans doute le pin de Wollemi *(Wollemia nobilis)*, un conifère découvert récemment dans un canyon isolé en 1994, à seulement 240 km de Sydney. Le premier plant de ce spécimen fut mis en terre en 1998 dans le jardin des végétaux rares et menacés ; comble de l'ironie, cet arbre qui vécut en liberté pendant des millénaires est désormais protégé par une cage.

Des sculptures, dont l'une fut réalisée par Henry Moore, émaillent le jardin qui abrite également des œuvres d'art aborigène ainsi que le fauteuil de Mrs Macquarie, sculpté dans un affleurement rocheux en 1816 afin que l'épouse du gouverneur puisse s'asseoir et observer l'arrivée des bateaux.

Ce site paisible vaut le détour pour ses végétaux, son histoire et sa situation exceptionnelle. Et un jardin qui stipule dans son code à l'intention des visiteurs : « Nous vous invitons à sentir les roses, caresser les arbres, parler aux oiseaux et pique-niquer sur les pelouses » mérite bien que l'on s'y arrête. MB

Jardin de sculptures du Musée national d'Australie

Canberra, Australie

CRÉATEURS : Harry Howard et associés
PROPRIÉTAIRE : État australien
STYLE : jardin de sculptures (XXe siècle), espèces végétales indigènes australiennes
SUPERFICIE : 2,8 ha
CLIMAT : tempéré
SITUATION : Canberra, Territoire de la capitale australienne

Le Musée national d'Australie de Canberra, abrite une impressionnante collection d'œuvres d'art mais aussi l'un des plus beaux jardins du pays. Inscrit à la Commonwealth Heritage List (registre du patrimoine détenu par le gouvernement australien), le jardin de sculptures accueille d'innombrables espèces de végétaux endémiques ainsi que vingt-six sculptures comptant parmi les plus célèbres du monde, disséminées parmi les eucalyptus, les acacias et les *Banksia*.

Conçu dans les années 1980 par Harry Howard, le jardin est divisé en différents espaces selon la saison ; les plantes sont sélectionnées selon leur feuillage, leurs fleurs, parfum, hauteur et port. Le jardin d'hiver comprend une cour paisible ornée d'*Acacia iteaphylla*, de *Banksia*, de *Correa* et de sculptures datant de la fin du XIXe et du début du XXe siècle, comme *Les Bourgeois de Calais* de Rodin. De là, une avenue bordée d'eucalyptus, d'acacias et de pins australiens plantés en groupes informels mène au lac Burley Griffin. Adjacent au lac, le jardin de printemps est divisé en quatre espaces distincts et garni d'eucalyptus, de *Banksia* et de grévilléas. Dans le jardin d'été, une sculpture en bronze de Henry Moore se reflète dans un bassin rempli de nénuphars et de joncs tandis que des bronzes de Robert Klippel se découpent sur un fond composé d'un bosquet de *Casuarina cunninghamiana*. LA

Jardin botanique national d'Australie

Australie

CRÉATEUR : inconnu
PROPRIÉTAIRE : État australien
STYLE : botanique (xxe siècle)
SUPERFICIE : 39,6 ha, site 81 ha
CLIMAT : tempéré
SITUATION : Black Mountain, Canberra

Magnifiquement installés sur les pentes de Black Mountain, ces jardins exclusivement consacrés à la flore australienne furent ouverts au public en 1964. Plusieurs décennies d'aménagement ont fait de l'Australia National Botanic Garden le premier lieu de collection de plantes indigènes australiennes.

Dans les années 1970, l'on mit en place un système de brumisation dans une ravine asséchée près du parc de stationnement. Cette même décennie, la culture de plantes triées sur le volet conjuguée à l'apport d'humidité artificielle contribuèrent à l'émergence du Rain Forest Gully (couloir de la Forêt pluviale) comme attraction majeure du jardin. Belle réussite en matière d'horticulture, ce projet eut le mérite de promouvoir l'intérêt pour les forêts pluviales.

Quatre-vingt-dix mille plantes représentant plus de cinq mille espèces y sont regroupées selon des ensembles écologiques ou taxinomiques. Admirez la réalisation des jardins de rocaille constitués de granite et de grès de Hawkesbury ainsi que les zones marécageuses, plantées de *mallees* (eucalyptus).

Bien que l'histoire de ces jardins soit assez courte, le site compte de nombreux monuments, noms de bâtiments commémoratifs et plaques. L'on y trouve plusieurs œuvres d'art et sculptures, comme la Friends Cascade, cascade d'eau visant à montrer aux visiteurs que le recyclage et le renouvellement de l'eau peuvent être traités de manière fonctionnelle tout en restant esthétique. CR

Jardins Fulling

Australie

CRÉATEUR : Gordon Ford
PROPRIÉTAIRE : Gwen Ford
STYLE : bush australien avec verger (xxe siècle)
SUPERFICIE : 0,6 ha
CLIMAT : tempéré
SITUATION : Eltham, Victoria

Gordon Ford fut l'un des pionniers de ce qu'on appelle aujourd'hui le jardin « naturel », ou jardin de bush en Australie. À la place d'un ancien verger d'Eltham qu'il acheta à la fin de la Seconde Guerre mondiale, Gordon Ford créa un jardin naturel composé de plantes aborigènes australiennes. Le site abrite une maison en briques de terre, des bassins et des cascades. Le bassin supérieur permet d'accéder à la partie habitable par des marches enjambant l'eau.

La philosophie paysagiste de Ford était basée sur deux principes fondamentaux. Le premier fut formulé par Brenda Colvin, auteur de *Land and Landscape* paru en 1947 et dans lequel elle évoque la « juxtaposition asymétrique des pleins et des vides », les « pleins » se référant aux arbres, arbustes et rochers, et les « vides », aux surfaces herbeuses, sentiers et bassins. Le second principe phare, d'après Ford, visait à dissimuler les frontières du jardin. Ce qu'il fit en plantant de nombreux arbres australiens choisis en fonction de la texture et de la forme de leur feuillage plutôt que de leur couleur. Le jardin compte ainsi des *Melaleuca styphelioides*, des *Eucalyptus maculata*, et des *Angophora cordifolia* au tronc rose saumon. La végétation de sous-étage composée de petits buissons tels que les *Correa* et grévilléas se mêle aux parterres de feuilles pour former un tapis de bush.

Ce sont cependant les roches soigneusement disséminées dans le jardin qui contribuent en majeure partie au charme de cet endroit. CR

Jardin botanique royal de Melbourne

Australie

CRÉATEURS : Ferdinand von Mueller, William Guilfoyle
PROPRIÉTAIRE : ville de Victoria
STYLE : pittoresque (XIXe siècle)
SUPERFICIE : 35,2 ha
CLIMAT : tempéré
SITUATION : Melbourne, Victoria

C'est en 1846 que Charles La Trobe décida d'établir sur ce site humide et marécageux les Royal Botanic Gardens Melbourne. En 1857, Ferdinand von Mueller, premier directeur du site, fonda le National Herbarium de Victoria et y introduisit de nombreuses plantes. En 1873, William Guilfoyle prit la direction des jardins, y ajouta des plantes de milieux tempérés et tropicaux et donna aux jardins leur configuration actuelle.

Autrefois décrits comme « une oasis de paix dans un désert de désordres terrestres », les jardins dégagent un charme et une sérénité inaltérés depuis. Le site comprend 5 ha de pelouses, avec parterres de fleurs, sentiers sinueux, lacs, arbres splendides et haies. Le visiteur se promènera dans une forêt pluviale australienne (Australian Rain Forest Walk) et dans les jardins d'Alexandra (Alexandra Gardens), ornés d'une horloge florale finement ouvragée.

Le doux climat de Melbourne permet la culture de plantes à la fois tropicales et tempérées, et le développement de quelque douze mille espèces végétales. Les *Banksia* et mimosas côtoient les plantes traditionnelles des milieux tempérés comme les jonquilles, les tulipes ou les azalées. L'élégant Fitzroy Conservatory déborde de cinéraires et de cyclamens. Parmi les collections scientifiques, l'on compte des plantes des îles Canaries, de Nouvelle-Zélande et de Nouvelle-Calédonie, ainsi que des cycas et arbres de neige.

Ouvert en 2006, le jardin des enfants de la Fondation Ian Potter est un lieu idéal pour l'étude des plantes. Il se compose d'une forêt de bambous et d'un jardin potager conçu pour les enfants. MB

Jardin de Heronswood

Australie

CRÉATEURS : Edward La Trobe Bateman, Clive Blazey
PROPRIÉTAIRE : The Digger's Club
STYLE : cottage (XIXe siècle)
SUPERFICIE : 1,8 ha
CLIMAT : tempéré
SITUATION : La Trobe Parade, Dromana, Victoria

Propriété de l'entreprise de vente de semences par correspondance The Digger's Club, le spectaculaire jardin de Heronswood se situe sur la péninsule Morington de Victoria, faisant face, au nord, à Port Philip Bay, mais protégée des vents dominants du sud. Les fondateurs de la société, Clive et Penny Blazey, ont joué un rôle crucial dans la promotion des jardins de cottage ainsi que dans la sauvegarde et la diffusion de variétés anciennes de légumes.

Jusqu'à peu, Heronswood était principalement un jardin de vivaces distribué en espaces garnis de fleurs de cottage, de légumes et de vivaces de climat sec. Le jardin se spécialise aujourd'hui dans les plantes nutritives, et surtout dans les légumes et les arbres fruitiers subtropicaux qui recouvrent l'Australie en été.

Heronswood abrite en outre une maison en pierre de style gothique conçue par Edward La Trobe Bateman. Les murs extérieurs de la maison proviennent de blocs de granite extraits d'une carrière d'Arthur's Seat et les angles sont composés de grès local. L'édifice est surmonté d'un toit original en forme de cloche et composé de tuiles importées du pays de Galles.

L'on doit également à Bateman les plans paysagers initiaux du jardin. La plupart des spécimens d'arbres datent du XIXe siècle, comme les figuiers de la baie de Moreton *(Ficus macrophylla)*, les cyprès, les chênes et un *Araucaria cookii* ; ces arbres aujourd'hui adultes délimitent le cadre de la baie, rappelant fortement au visiteur le paysage caractéristique de la Côte d'Azur. CR

Ces arbres aujourd'hui adultes délimitent […] la baie, rappelant le paysage caractéristique de la Côte d'Azur.

Mawallok

Australie

CRÉATEUR : William Guilfoyle

PROPRIÉTAIRES : Peter Mitchell, Jocelyn Mitchell

STYLE : paysager anglais (XVIIIe siècle)

SUPERFICIE : 3,2 ha

CLIMAT : tempéré

SITUATION : Beaufort, Victoria

Mawallok fut aménagé en 1909 pour la famille Russell, pionnière en matière d'aménagement pastoral en Australie, par le paysagiste William Guilfoyle l'année où il quitta la direction du Jardin botanique royal de Melbourne.

À l'instar de nombreuses propriétés du XIXe siècle établies sur les plaines venteuses de la partie ouest de Victoria, la demeure et le jardin de Mawallok sont entourés de rideaux d'arbres, principalement conifères tels que les pins de Monterey *(Pinus radiata)* et cyprès. Dans ce cadre végétal ménageant beaucoup d'ombre, Guilfoyle résolut de compléter la maison tout juste achevée. Son style est reconnaissable aux vastes pelouses s'étendant jusqu'aux plantations boisées et denses situées en lisière. Il ajouta également sur les pelouses des palmiers aux allures de sentinelles afin de délimiter le panorama nord dans un cadre paysager centré sur la maison. Les palmiers furent cependant enlevés dans les années 1930 et le jardin modifié. Un golf à neuf trous et un lac s'étendent désormais au-delà de la pelouse, jusqu'au mont Cole.

Ces dernières années, les sentiers et parterres ont été rétablis selon les plans initiaux de Guilfoyle. Des allées sinueuses serpentent au milieu des massifs d'arbustes et sous les arbres à feuilles caduques, comme le marronnier d'Inde, le hêtre pourpre (*Fagus sylvatica* 'Atropurpurea'), le platane, le chêne et le tilleul. Rénové, Mawallok s'avère une élégante imitation du style paysager anglais du XVIIIe siècle à l'australienne. La visite vaut le déplacement, quelle que soit la saison. CR

Rippon Lea

Australie

CRÉATEUR : Frederick Sargood

PROPRIÉTAIRE : National Trust of Australia

STYLE : paysager (XIXe siècle)

SUPERFICIE : 11 ha

CLIMAT : tempéré

SITUATION : Elsternwick, Victoria

Rippon Lea est un bon exemple de paysages du XIXe siècle tardif entourant une demeure épargnée par les outrages du temps. Construite et aménagée entre 1868 et 1903, la propriété est l'œuvre de l'éminent homme politique victorien Frederick Sargood. La maison de style romanesque fut dessinée par Joseph Reed, l'un des plus grands architectes de Melbourne.

Bien que plus petit que l'initial, le jardin n'en conserve pas moins des éléments de l'ère victorienne comme un lac, une petite colline, une grotte, une plantation de fougères, un jardin d'hiver, une chaussée sinueuse et de vastes pelouses. Dominée par d'immenses figuiers de la baie de Moreton *(Ficus macrophylla)*, l'allée centrale serpente à travers les massifs d'arbustes, laissant entrevoir des parcelles de pelouses, la maison, une tour et, enfin, la grille d'entrée. Depuis la façade ouest de la demeure, une grande pelouse s'étend jusqu'aux plantations d'arbustes en fleurs jouxtant les conifères et les arbres à feuilles caduques qui prolifèrent sur le site.

À l'extrémité du jardin se dessine un grand lac. Ses rives courbes sont bordées de saules et de peupliers tandis que des ponts en fonte imitant la texture du bois relient au jardin. Protégée par une structure en acier, la vaste plantation de fougères de Rippon Lea a été restaurée et abrite plus de deux cent trente espèces de fougères, comme les *Dicksonia antarctica*, dont certaines atteignent 10 m de haut. CR

À DROITE Aujourd'hui, la plantation de fougères de Rippon Lea, abrite plus de deux cent trente espèces de fougères.

Jardin de St Erth

Australie

CRÉATEURS : Tommy Garnett, Penny Garnett, Digger's Club
PROPRIÉTAIRE : The Digger's Club
STYLE : cottage (XXe siècle)
SUPERFICIE : 2,6 ha
CLIMAT : tempéré
SITUATION : Blackwood, Victoria

Le point de mire du jardin de St Erth est un simple cottage de grès construit par un tailleur de pierre cornouaillais, Matthew Rogers, qui nomma sa demeure australienne établie sur des terrains aurifères d'après sa ville de naissance. La maison jouxte l'axe central du jardin qui suit exactement la route de la ville de Simmonds Reef, autrefois prisée pour ses mines d'or, peuplée de dix mille habitants dans les années 1850.

L'on doit le jardin initial à un passionné d'horticulture, Tommy Garnett, et à son épouse, Penny. Aujourd'hui, le site appartient à l'entreprise spécialisée dans les semences du Digger's Club de Victoria.

Au printemps, des milliers de bulbes envahissent le jardin tandis qu'en été fleurissent d'exquises plantes provenant de climats plus frais. Le pavot bleu de l'Himalaya *(Meconopsis betonicifolia)* ne pousse que dans certaines régions d'Australie, et St Erth est l'une d'entre elles. À l'automne, d'innombrables variétés de vivaces, comme les dahlias ou sauges sclarées, contrastent avec les gerbes élancées de *Miscanthus* et d'herbes *Panicum*. L'ancien verger est de nouveau garni de variétés de pommiers, poiriers, cerisiers, pruniers et cognassiers en espalier. Une « forêt de comestibles » tapissée de fruits a été plantée afin de présenter aux visiteurs le concept de « paradis chez soi ».

Réputé pour ses festivals bisannuels – le premier au printemps, avec les jonquilles et des arbres fruitiers, le second à l'automne, avec les vivaces –, ce site perdu dans un coin paisible du bush australien est devenu l'un des jardins les plus appréciés du Victoria. CR

Wigandia

Australie

CRÉATEUR : William Martin
PROPRIÉTAIRE : William Martin
STYLE : jardin de campagne sec, moderne (XXe et XXIe siècles)
SUPERFICIE : 0,4 ha
CLIMAT : méditerranéen
SITUATION : Noorat, Victoria

Le concept défendu par William Martin selon lequel le feuillage et la forme sont plus importants que les fleurs aura guidé la création de ce jardin australien. L'homme a ainsi divisé ses plantations en trois groupes : les plantes structurelles quasi permanentes, les plantes de remplissage qui sont parfois renouvelées et les végétaux autogames. Autre caractéristique majeure, le jardin se fond dans le paysage environnant du mont Noorat, l'un des nombreux volcans éteints que recèlent les vastes plaines de la partie occidentale du Victoria.

Pour ce faire, il a évincé les plantes forestières utilisées dans l'hémisphère Nord pour se concentrer sur ce qu'il nomme « les buissons de deuxième classe parmi les massifs du XIXe siècle », soit les genêts, cistes, *Cestrum*, germandrées et *Rhaphiolepis*. De la juxtaposition des feuillages et des formes émane une harmonie des couleurs ; les armoises aux teintes argentées côtoient l'acanthe vert foncé, les fleurs roses des *Bergenia* se mêlent aux *Echeveria* tandis que les *Doryanthes palmeri* jouxtent les *Butia capitata*.

Martin sait quelles plantes survivent à la sécheresse, aux vents et aux températures élevées d'un été australien. Il a rassemblé une collection exceptionnelle et éclectique de plantes, créant ainsi un jardin reflet de son habitat. La propriété tire son nom du *Wigandia caracasana*, un buisson insolite pourvu de larges feuilles en forme de cœur et d'étonnantes fleurs bleu violacé. Il est l'illustration parfaite du type de végétaux que l'on trouve dans ce fabuleux jardin de campagne. CR

Panshanger

Australie

CRÉATEUR : Joseph Archer
PROPRIÉTAIRE : famille Mills
STYLE : jardin anglais (XIXe siècle), bois dans un cadre naturel
SUPERFICIE : 3,3 ha
CLIMAT : tempéré
SITUATION : Longford, Tasmanie

Panshanger fut construite par le Britannique Joseph Archer dans les années 1830. La propriété visait à refléter la position sociale du propriétaire. Les premières lithographies de Panshanger montrent la maison surplombant le lac River avec la chaîne des Great Western Tiers à l'arrière-plan. Ces reproductions réalisées vers 1835 font directement allusion aux paysages romantiques évoqués par William Wordsworth. La maison est aujourd'hui reconnue comme l'un des exemples coloniaux les plus accomplis de l'architecture de style Greek Revival en Australie.

L'impression d'ensemble que produit aujourd'hui Panshanger est cependant davantage celle d'un espace clos plutôt qu'ouvert. La longue avenue d'entrée et les espaces verts environnants sont largement boisés. Des arbres séculaires – conifères, bouleaux verruqueux, chênes et ormes – ainsi que d'épaisses broussailles protègent la maison, occultant la vue sur la rivière en dépit de la pelouse conservée devant la demeure. Des grilles en fer forgé finement ouvragées et datant du XIXe siècle donnent sur un jardin rempli de roses, aménagé dans le prolongement des ailes latérales de la maison. L'attraction principale du site demeure cependant le pigeonnier, une folie cylindrique et crénelée du XVIIIe siècle, visible depuis la terrasse de la maison. Une tour d'eau, également crénelée, jouxte la demeure. Elle fut édifiée pour rendre hommage aux talents d'Archer en matière d'ingénierie, comme en témoigne le système de pompage et de distribution qui approvisionne la maison et le jardin en eau de la rivière. CR

Woolmers

Australie

CRÉATEUR : Thomas Archer (jardin clos de mur)
PROPRIÉTAIRE : Woolmers Foundation Inc.
STYLE : roseraie (XIXe siècle)
SUPERFICIE : roseraie de 2 ha, jardin originel 0,4 ha
CLIMAT : tempéré
SITUATION : Longford, Tasmanie

Woolmers est l'un des rares jardins tasmaniens du XIXe siècle dont l'ordonnancement et les détails sont à peu de chose près demeurés intacts. Thomas Archer acquit le terrain en 1817 ; sa première maison, achevée deux ans plus tard, était certainement entourée d'un simple jardin de cottage planté de fruitiers. William, second fils d'Archer et architecte, quitta Londres pour retourner en Tasmanie en 1842 et réalisa une extension de la maison selon le style italien alors à la mode. L'on aménagea un nouveau jardin clos de mur et fermé par d'impressionnants portails.

Situé sur les hauteurs dominant Macquarie River, ce jardin est une magnifique pièce d'époque offrant un panorama sur Longford et les montagnes environnantes. Ceinte d'une allée de gravier, la pelouse, avec son bassin et sa fontaine en fer forgé, attire immanquablement l'œil du visiteur. Le jardin se structure autour de deux axes transversaux : le premier est formé par l'allée, le second par les sentiers, porches et arcades reliant la maison, les écuries et le verger. Des chemins bordés de briques sillonnent les massifs d'arbustes et les parterres fleuris ; ils conduisent à un fumoir et à une résidence estivale octogonale.

C'est à Woolmers que se trouve la Roseraie nationale d'Australie (National Rose Garden of Australia). Des milliers de roses y sont exposées dans des parterres, selon leurs origines, des premières roses européennes jusqu'aux espèces actuelles. À la fois formel et symétrique, le site témoigne de l'histoire de la propriété, considérée comme un exemple unique de demeure rurale du XIXe siècle. CR

Butler Point

Nouvelle-Zélande

CRÉATEURS : Lindo Ferguson, Laetitia Ferguson
PROPRIÉTAIRES : famille Ferguson
STYLE : cottage (XIXe siècle)
SUPERFICIE : 4 ha
CLIMAT : tempéré
SITUATION : Mangonui, Northland

En 1828, un garçon de quatorze ans originaire de Dorset prit la fuite par la mer. Dix ans plus tard, William Butler était capitaine d'un baleinier amarré au port de Mangonui. Réalisant sa chance, il monta son affaire en prêtant main-forte aux pêcheurs de baleines. La demeure du capitaine est aujourd'hui un musée établi dans un magnifique jardin. Le cadre est somptueux, à 150 m du front de mer de Mangonui. Un fort de montagne maori s'élève derrière le jardin et des *Metrosideros excelsa* recouvrent la péninsule, comme ce spécimen réputé être le plus grand de Nouvelle-Zélande et dont la circonférence dépasse 11 m.

En 1970, la famille Ferguson sauva la propriété de l'abandon, fit restaurer l'ancienne maison et le jardin, et aménager des vergers de manguiers, figuiers, avocatiers et noix de macadamia. Le site abrite un jardin de cottage protégé des vents de la mer par un rideau de pongas, fougère arborée d'origine néo-zélandaise *(Cyathea dealbata)*, et une ceinture d'arbres aborigènes. Derrière se dessine un somptueux *Magnolia grandiflora*, l'une des plantes les plus atypiques de Butler.

Une arcade conduit à une enfilade de pelouses et de parterres garnis d'un méli-mélo confus de lis-araignées *(Hymenocallis)*, de *Kniphofia uvaria*, de vipérines élancées bousculant les hibiscus et cordylines, tanfis que des fougères corne-de-cerf *(Platycerium bifurcatum)* et broméliacées émergent des arbres. À la fin de l'été, le jardin vire au rose tandis que les brassées d'*Amaryllis belladonna* fleurissent parmi les pohutukawas. Les tombes du capitaine Butler et de sa famille reposent à l'ombre des arbres massifs. AE

Ayrlies

Nouvelle-Zélande

CRÉATEUR : Beverley McConnell
PROPRIÉTAIRE : Beverley McConnell
STYLE : jardin d'un passionné de botanique (XXe siècle)
SUPERFICIE : 4,8 ha
CLIMAT : tempéré
SITUATION : Whitford, Auckland

En 1967, Beverley et Malcolm McConnell entamèrent la reconstruction de leur maison avec vue sur les terres agricoles, le golf d'Hauraki et le volcan Rangitoto.

Après que Malcolm eut clôturé 1 ha de terrain, le couple s'attela à la plantation des arbres : « Cinq cents en l'espace d'un seul week-end. » Conscients des contraintes liées au terrain local, ils œuvrèrent très progressivement pendant dix ans puis firent creuser quatre grands bassins en 1977. Il est aujourd'hui possible, à Ayrlies, de voir et d'entendre l'eau se précipiter le long d'une série de rochers, passer sous des ponts et se déverser dans les bassins.

Ici poussent des végétaux néo-zélandais tels que l'immense fougère *Cyathea dealbata*, les phormiums et rhubarbes qui se mêlent aux plantes exotiques. Les bougainvillées pourpres, la pétrée mauve, le jasmin blanc et les *Pandorea pandorana* couleur crème succèdent aux magnolias, azalées et camélias.

Des sentiers s'enroulent autour des bassins à la végétation dense situés au bas du jardin, et les couleurs rouges, orange et dorées des dahlias, crocosmias et hémérocalles se conjuguent harmonieusement dans le parterre de Beverley. La partie la plus atypique du jardin se situe cependant près de la maison, où un bassin a été remanié en lac de cratère volcanique, d'après un modèle du jardin botanique Huntington, en Californie (voir p. 89). Des roches de basalte émergent de l'eau pour former de hautes berges. JHa

À DROITE Ayrlies se caractérise par des plantations informelles mais travaillées et par ses pièces d'eau.

Parc d'Hamilton

Nouvelle-Zélande

CRÉATEUR : inconnu
PROPRIÉTAIRE : ville de Hamilton
STYLE : jardins à thèmes (XXe siècle)
SUPERFICIE : 58 ha
CLIMAT : tempéré
SITUATION : Hamilton, Waikato

C'est un projet hautement ambitieux que de vouloir transformer un vaste parc public en une histoire vivante des jardins ; le défi fut pourtant relevé avec brio. Le point d'orgue est une série de jardins de paradis illustrant « les six principales traditions de petits jardins historiques ». L'on compte un jardin d'érudit chinois de la dynastie Song, un jardin de contemplation japonais et un jardin anglais de style Arts and Crafts. Les plus célèbres sont le jardin moderne américain qui se base sur le jardin Dewey Donnell de Thomas Church en Californie, et le jardin Renaissance italienne à la symétrie parfaite. Pour couronner le tout, le site abrite un *chahar bagh* moghol, inspiré d'un petit palais de chasse situé près d'Agra, en Inde.

Les parterres de rhododendrons, les bosquets de camélias, le jardin fleuri de style victorien et la roseraie composée de deux cent trente cultivars forment un contraste surprenant. Les visiteurs se laisseront charmer par le jardin de Nouvelle-Zélande qui contient des plantes endémiques ainsi que de magnifiques espaces de paysages naturels à la fois vierges et recomposés qui font pendant aux espaces fleuris.

Bien que les aménagements du jardin aient été commencés dans les années 1960, la plupart ont été réalisés depuis 1982. Les ajouts récents incluent un pavillon chinois rappelant la maison chinoise de William Kent basée à Stowe, en Angleterre (voir p. 319). L'aménagement d'un jardin maori sur la berge de la rivière est également prévu ; y seraient à l'honneur les plantes, techniques et le savoir-faire de l'horticulture préeuropéenne maori. AE

Jardins Pukeiti

Nouvelle-Zélande

CRÉATEUR : John Goodwin
PROPRIÉTAIRE : Pukeiti Rhododendron Trust
STYLE : collection de rhododendrons (XXe siècle)
SUPERFICIE : 360 ha
CLIMAT : tempéré
SITUATION : New Plymouth, Taranaki

Également connu sous le nom de Pukeiti Rhododendron Trust, ce site est l'un des plus grands jardins de rhododendrons au monde (dont le rare *Rhododendron prostitum)*. Il est taillé dans la luxuriante forêt pluviale tempérée à l'ombre du mont Egmont, dans l'île du Nord de la Nouvelle-Zélande. Aménagé depuis 1951, il comprend une vaste pelouse, des parterres débordant de rhododendrons, dont les plus beaux spécimens se trouvent dans la forêt pluviale tempérée. Les quelque deux mille espèces différentes produisent des fleurs toute l'année, en alternance, tandis que d'autres merveilles, comme les camélias, magnolias, primevères, orchidées et plantes cobras, prolifèrent à l'ombre, dans un environnement climatique doux et très pluvieux (3 000 à 4 000 mm d'eau par an).

Un splendide *R. nuttallii* (rhododendron de Nuttall) originaire des régions chaudes du nord-est de l'Asie déploie ses élégantes feuilles, à côté d'un tronc d'acajou et de grandes et magnifiques fleurs blanches parfumées. Une serre abrite une collection de quatre cents espèces et hybrides de rhododendrons 'Vireya'. Ces espèces sensibles au froid sont pour la plupart originaires des forêts montagneuses et nuageuses du sud-est de l'Asie ; elles possèdent de ravissantes et délicates fleurs. Les rayons du soleil inondent les parterres de plantes tandis que la pluie transforme les gouttelettes des feuillages et fleurs de la forêt en diamants scintillants ; une expérience unique pour les visiteurs qui pénètrent dans le monde des rhododendrons. MB

Jardin botanique indigène de l'Otari

Nouvelle-Zélande

CRÉATEURS : Leonard Cockayne, J. G. McKenzie,
PROPRIÉTAIRE : ville de Wellington
STYLE : botanique dans forêt indigène du XXe siècle
SUPERFICIE : collection 5 ha ; forêt 100 ha
CLIMAT : tempéré
SITUATION : Wilton, Wellington

Dans les années 1860, un fermier de Wellington, Job Wilton, récupéra 7 ha de la forêt vierge que ses voisins étaient en train d'abattre. Ce fut la base, en 1926, du musée botanique en plein air de l'Otari (Otari Open-Air Plant Museum), projet soutenu par l'écologiste et botaniste Leonard Cockayne et par J. G. McKenzie, directeur des parcs et réserves de la ville de Wellington. Ces derniers contribuèrent à la protection des plantes indigènes en voie d'extinction.

Le jardin botanique indigène de l'Otari abrite une collection non négligeable de mille deux cents espèces issues de la flore néo-zélandaise, comprenant des plantes des anciennes îles subantarctiques du Sud et des zones subtropicales du Nord. Les espèces de lins, de *Pittosporum*, de *Coprosma* et d'*Olearia* sont légion tout comme celles des *Hebe*, des herbes et des fougères qui recensent à elles seules plus de soixante espèces. Des myosotis *(Myosotidium hortensia)* tapissent une clairière de *Dracophyllum* tandis que de jeunes *Pseudopanax crassifolius* bousculent leurs aînés. Un jardin de rocaille abrite de nombreuses espèces de flore alpine rares et en voie d'extinction.

Un passage aménagé dans les cimes des arbres offre un panorama sur la forêt et sur les gigantesques *Prumnopitys taxifolia* et *Dacrydium cupressinum* dont un spécimen daterait d'il y a huit cents ans. D'autres survivants de la forêt vierge de podocarpacées sont entremêlés aux vignes et recouverts d'épiphytes flamboyants. Autour du jardin, de nouveaux espaces forestiers se régénèrent continuellement dans des zones autrefois victimes de déforestation. AE

Gardens of the World

Nouvelle-Zélande

CRÉATEUR : Geoff Etherington
PROPRIÉTAIRES : Geoff Etherington, Gillian Etherington
STYLE : jardins à thèmes (XXe siècle)
SUPERFICIE : 2,7 ha
CLIMAT : tempéré
SITUATION : Hope, Nelson, Tasman

Oubliez le tour du monde en quatre-vingts jours ; dans ce petit coin de Nouvelle-Zélande, vous pouvez le faire en quatre-vingts minutes grâce à Geoff Etherington qui, en 1990, s'attaqua à son verger avec un excavateur. Il déterra les arbres, édifia une série de petites collines autour d'un lac central et aménagea plusieurs jardins, chacun doté de la flore d'un continent particulier, transformant ainsi une simple promenade en une visite botanique autour du monde. L'ensemble est agencé avec délicatesse et goût, et les plantations conjuguent harmonieusement forme et texture. L'Asie, la Nouvelle-Zélande et les Amériques sont dotées de belles vivaces ; l'Europe est davantage fleurie ; la forêt de caoutchouc australienne miniature est balisée de panneaux mettant en garde contre les koalas maraudeurs ; et de gigantesques protéas et arbres rarissimes émaillent l'Afrique.

Le jardin traditionnel comprend une roseraie, un jardin aromatique, des plates-bandes d'herbacées et une fontaine menant à un simple quinconce de frênes commun à feuilles dorées (*Fraxinus excelsior* 'Aurea'), formant un espace charmant, à la fois austère et ombragé. Contrastant avec l'ensemble, un bateau chargé de plantes à repiquer colorées tangue sur le lac central et un captivant jardin sec abrite un lot de sculptures tribales, des cactus terrifiants, des vivaces et de chatoyantes fleurs africaines.

Pour Geoff et son épouse Gillian, leur jardin est « un rêve devenu réalité »; ils aspirent tous deux à « préserver les plantes rares dans un monde où la destruction est omniprésente ». AE

Ohinetahi

Nouvelle-Zélande

CRÉATEUR : Miles Warren
PROPRIÉTAIRE : Miles Warren
STYLE : formel (XXe siècle)
SUPERFICIE : 1,2 ha
CLIMAT : tempéré
SITUATION : Governor's Bay, Lyttelton, Canterbury

C'est avec un franc succès que Miles Warren, l'un des plus éminents architectes néo-zélandais, s'est initié à l'art du paysagisme. Ce jardin formel et parfaitement proportionné démontre un souci remarquable du détail, un usage raffiné des plantes et un goût prononcé pour la sculpture contemporaine.

Une série de petites chambres de verdure, divisées par des haies protégeant le jardin des fortes brises marines, structure l'ensemble. La simplicité règne dans la plupart des compositions, comme celle où deux *Robinia pseudoacacia* 'Frisia' déportent leur ombre sur une table et des chaises avec à l'arrière-plan une haie de buissons persistants impeccablement taillée et entourée de deux cyprès italiens *(Cupressus sempervirens)*. Derrière se trouve une double bordure traditionnelle de plantes herbacées garnie de roses et de delphiniums reliée à une gloriette tout droit sortie d'*Alice au pays des merveilles*. Dans un jardin traditionnel rougeoyant, un belvédère offre une vue plongeante sur la pelouse, la maison et la roseraie avec son cadre de haies et topiaires, jusqu'à la baie. Le site abrite une grille de style gothique ainsi qu'un pont suspendu au-dessus d'un ravin où des hostas et autres plantes sciaphiles prospèrent sous les arbres. Même la plantation de légumes colorée affiche des motifs géométriques. Les détails – la haie effilée –, la créativité manifestée et l'ordonnancement pensé des plantes laissent un souvenir durable au visiteur. MB

À DROITE Ohinetahi compte parmi les plus beaux jardins traditionnels de Nouvelle-Zélande.

Iles anglo-normandes, espagnoles (Majorque, Canaries), portugaises (Madère), françaises (Martinique, Réunion), îles indépendantes d'Asie ou d'Afrique (Maurice, Seychelles, Hawaï, Barbade) : sous des climats atlantiques, méditerranéens ou tropicaux, ces jardins indigènes ou exotiques montrent les ressources impressionnantes de la nature.

LES ÎLES

Jardin du manoir de Sausmarez

Guernesey, Grande-Bretagne

CRÉATEUR : Peter de Sausmarez
PROPRIÉTAIRE : Peter de Sausmarez
STYLE : parc boisé subtropical (XXe siècle)
SUPERFICIE : 2 ha
CLIMAT : tempéré
SITUATION : Saint-Martin, îles Anglo-Normandes

Le manoir de Sausmarez abrite depuis près d'un millénaire les seigneurs de Sausmarez. Le propriétaire actuel, Peter de Sausmarez, s'est consacré à la préservation de sa demeure, qui incorpore des fragments de bâtiments XIIe siècle. La maison telle qu'elle se présente aujourd'hui fut bâtie au début du XVIIIe siècle : les rapports familiaux avec le Nouveau Monde lui ont fait subir l'influence de la Nouvelle-Angleterre. La façade en granite gris aux proportions élégantes domine une vaste pelouse bordée de hautes herbes.

Au cours de ces vingt dernières années, Peter a développé et agrandi le jardin boisé exotique où l'on peut admirer plus de cinquante variétés de camélias dont le feuillage vert persiste toute l'année.

Le jardin peut être visité à tout moment, dès le mois de décembre où fleurissent les premiers camélias. Au-delà d'une arcade recouverte de *Solanum jasmoides* 'Album' blancs, on plonge dans des bouquets de plantes exotiques, dont des bambous sud-américains à la tige robuste. De grands bosquets de *Gunnera manicata* bordent un ruisseau tandis que des sentiers jonchés de feuilles s'enfoncent dans des tunnels de bambous ou passent devant des fougères arborescentes, des palmiers et des bananiers de Chine ou d'Abyssinie et d'énormes massifs de fuchsias. Les vipérines se plaisent ici, de même que les escallonias et les agapanthes. De nombreuses variétés d'hortensias embellissent la fin de saison. Les arbres sont également assez particuliers, avec des noyers et un mûrier blanc perdus dans la canopée des platanes, érables, hêtres et marronniers d'Inde (*Aesculus hippocastanum*). VB

Jardins de La Seigneurie

Sercq, Grande-Bretagne

CRÉATRICE : Dame Sibyl Hathaway
PROPRIÉTAIRE : Michael Beaumont, seigneur de Sercq
STYLE : formel (XXᵉ siècle)
SUPERFICIE : 2 ha
CLIMAT : tempéré
SITUATION : Sercq, îles Anglo-Normandes

La Seigneurie est la demeure du seigneur de l'île de Sercq, dernier bastion du féodalisme britannique. Sercq a une superficie de 545 ha et mesure 3 km de long sur 2,4 km de large au maximum. Cette île minuscule ne compte que six cents habitants et présente la particularité de n'accueillir aucune voiture.

La demeure (fermée au public) fut édifiée en 1675 et agrandie au fil des siècles. De hauts murs mettent les jardins à l'abri du vent qui souffle sur l'île, créant ainsi un microclimat favorable à de nombreuses plantes subtropicales pourtant très délicates. Les portes menant au jardin clos s'ornent de clématites et une serre victorienne s'adosse au mur sud, planté de pêchers. Le jardin se divise en plusieurs parties, avec de longs parterres à la plantation hybride, mais il y a aussi une roseraie et un carré méditerranéen planté de santolines, immortelles et lavande. Il est toujours fleuri en automne grâce aux cléomes, asters, sauges, cannas et mauves, ainsi qu'à cette plante à bulbe omniprésente dans les îles Anglo-Normandes, la nérine rose (appelée lis de Jersey ou de Guernesey). Ces parterres sont embellis par les gracieuses volutes de *Verbena bonariensis*. Il y a aussi des murets recouverts de vergerette et, au-delà d'un potager qui mérite vraiment son nom, un labyrinthe d'*Olearia*, ou houx de Nouvelle-Zélande.

Au pied de la colline s'étendent d'anciens bassins à carpes dépendant du monastère de Saint-Magloire (VIᵉ siècle) qui occupait jadis le site de la demeure. Ils sont entourés de saules, de chênes (*Quercus robur*) et de fuchsias. VB

Jardin du cottage Creux Baillot

Jersey, Grande-Bretagne

CRÉATRICE : Judith Queree
PROPRIÉTAIRES : Nigel et Judith Queree
STYLE : jardin privé (XXe siècle)
SUPERFICIE : 0,1 ha
CLIMAT : tempéré
SITUATION : Leoville, Saint-Ouen, îles Anglo-Normandes

Sur une île renommée pour ses pommes de terre et ses plants à repiquer, il est agréable de découvrir une jardinière férue de botanique sachant tirer profit du climat tempéré. Collectionneuse et artiste inspirée, Judith Queree a meublé son jardin de plantes inhabituelles et d'éléments élégants conçus par son mari, Nigel.

Au flanc d'une vallée peu profonde, le jardin entoure un cottage de granite vieux de trois cents ans. Un sentier unique mène à une collection de mille cinq cents plantes différentes, dont deux cent cinquante clématites fleurissant toute l'année et quarante primevères. La partie supérieure descend doucement vers l'avant du cottage et ce microclimat orienté au sud est un réel paradis pour des plantes telles que *Heterocentron elegans* d'Amérique centrale et *Pelargonium endlicherianum* qui passe toute l'année à l'extérieur. Non loin, un parterre surélevé regroupe la majeure partie de la collection de sauges de Judith ainsi que des plantes normalement réservées aux conservatoires britanniques. Après la maison, un jardin boisé riche en pièces rares est abrité du soleil par une pergola à lattes conduisant à un jardin sauvage que l'on admire depuis une élégante passerelle. La mer voisine a inspiré la vieille barque amarrée à l'ombre de fougères arborescentes et les filets de pêcheur drapés autour du jardin permettent aux roses grimpantes de s'y accrocher.

Le goût du détail et la passion des plantes de Judith donnent au jardin une structure certaine tout en garantissant d'innombrables effets de surprise : elle est arrivée seconde au concours du meilleur jardinier de l'année 2002 organisé par la BBC. MB

… des filets de pêcheur drapés autour du jardin permettent aux roses grimpantes de s'y accrocher.

Jardin botanique de Sóller

Îles Baléares, Espagne

CRÉATEUR : fondation jardin botanique de Sóller
PROPRIÉTAIRE : université de Majorque
STYLE : écologique (XXe siècle), botanique
SUPERFICIE : 1,6 ha
CLIMAT : méditerranéen
SITUATION : Sóller, Majorque

En 1992 s'est ouvert au public ce modeste jardin botanique destiné à la conservation et à l'étude de la flore méditerranéenne. Il se divise en plusieurs sections écologiques. Les principales ont pour nom ruisseaux et flancs de montagne, bord de mer, forêt de chênes, ombre, montagnes, endroits humides et ombragés ou encore dunes de sable.

Le jardin montagneux regorge de plantes indigènes colorées ; les rochers sont habilement disposés pour former falaises, crevasses, pavages ou graviers. Le pin endémique *Pinus halepensis* var. *ceciliae* pousse ici aux côtés de *Hypericum balearicum*, tout en fleurs jaunes et en minuscules feuilles ondulées à bords argentés. La sauge des Baléares (*Phlomis italica*), avec ses verticilles de fleurs mauve clair, pousse auprès de la lavande dentée (*Lavandula dentata*) et de la lavande stéchade (*L. stoechas*). Remarquez aussi les roses de roches jaunes à feuilles grises et un romarin rampant local à fleurs bleues qui se reproduit par marcottage.

La forêt de chênes inclut la pivoine de Majorque (*Paeonia cambessedesii*), aux grandes feuilles allant du rose clair au rouge foncé, aux étamines blanc crème et au feuillage vert-de-gris. La section des plantes d'ornement renferme une collection de cactées, de plumbagos bleu ciel, rince-bouteilles aux fleurs écarlates, mélianthes couleur noisette et lauriers-roses de diverses couleurs. Il ne faut pas oublier les polygales à feuilles de myrte (*Polygala myrtifolia*) roses et magenta dont les fleurs s'épanouissent tout l'année. RChe

Jardin Heidi Gildemeister

Îles Baléares, Espagne

CRÉATRICE : Heidi Gildemeister
PROPRIÉTAIRE : Heidi Gildemeister
STYLE : écologique (XXe siècle)
SUPERFICIE 2,8 ha
CLIMAT : méditerranéen
SITUATION : Majorque

Il faut être déterminé pour visiter ce jardin privé. Vue de la route, son entrée se perd parmi une centaine d'autres. Le chemin de 2,4 km de long suit la courbe des montagnes et il n'y a pas de panneau indicateur.

Après une vallée verdoyante, on traverse une zone boisée de moins en moins dense et l'on passe à côté de buissons rabougris, de romarin bleu et d'épervière jaune jusqu'à ce que la roche soit presque nue et que l'on entrevoie parfois la mer au-delà des montagnes. On découvre alors des chênes adultes, de vieux oliviers et des caroubiers. Dans le paysage se fond une ancienne ferme, perdue parmi les pins et les palmiers. Montons quatre marches, et la prairie se change en pelouse aux arbrisseaux taillés avec soin. La maison est en partie drapée par les glycines mauves qui retombent aussi des branches des arbres voisins. Remarquez les palmiers, les gazanies bronze et jaunes disposés autour des rochers et les feuilles de *Pittosporum tobira* qui se mêlent aux oliviers. On trouve ici iris, yuccas, santolines et cistes à fleurs blanches ; un bassin est encadré de pins et d'arbustes et des marches conduisent à un petit vallon, juste en dessous d'un chêne. Le calme et l'humidité du lieu sont propices aux fougères arborescentes, *Aquilegia* et *Hedychium*.

On peut presque partout admirer des montagnes rappelant étrangement la montagne de la Table, en Afrique du Sud, pays qu'évoque aussi la présence d'aloès, de pélargoniums ou d'*Osteospermum*. RChe

Jardins d'Alfabia

Îles Baléares, Espagne

CRÉATEUR : Benhabet
PROPRIÉTAIRE : José Zaforteza Calvet
STYLE : formel (XVe-XVIIe siècle)
SUPERFICIE : 4 ha
CLIMAT : méditerranéen
SITUATION : Buñola, Majorque

Dans la sierra Tramuntana, sur le littoral nord-ouest de Majorque, les luxuriants jardins en terrasses d'Alfabia constituent une oasis de fraîcheur au sein de la chaleur estivale majorquine. Une visite vous permettra de remonter le cours de l'histoire.

Les origines d'Alfabia nous ramènent à la domination du pays par les Maures, aux XIVe et XVe siècles. Peu après la Reconquête, le roi Jaume Ier récompensa son allié, Benhabet, en lui offrant une grande propriété. Pour irriguer ses jardins, Benhabet fit venir l'eau des montagnes voisines puis conçut une série de jardins à thème ombragés à la mode arabe. Surtout, il donna au lieu une allure telle qu'il semble se fondre dans le paysage.

Les contrastes sont omniprésents, longues avenues de haies basses bien taillées ou véritable jungle de palmiers, bambous et joncs. Le ruissellement de l'eau est le bienvenu tandis que des treilles de jasmin et de glycine apportent leur ombre aux allées. De jeunes palmiers de Chine *(Trachycarpus fortunei)* poussent à côté d'arbres plus massifs et plus vieux. Il y a des pergolas couvertes de bougainvilliers, des escaliers perdus au sein de branchages sinueux, des troncs abattus. Tout au fond se cache un jardin tropical, exotique, avec son étang aux nénuphars. Au-delà, on aperçoit des oliviers, et les fleurs retombant en cascades ou poussant dans de grosses poteries apportent une diversité des couleurs. Le visiteur appréciera d'emblée ces jardins qui, en dépit de coûteuses extensions modernes, sont conformes aux souhaits de Benhabet. VB

Jardin de la chartreuse de Valldemossa

Îles Baléares, Espagne

CRÉATEUR : inconnu
PROPRIÉTAIRE : ville de Valldemossa
STYLE : formel (XVe siècle)
SUPERFICIE : 2 ha
CLIMAT : méditerranéen
SITUATION : littoral nord-ouest, Majorque

Frédéric Chopin passa l'hiver 1838-1839 en compagnie de sa maîtresse, George Sand, dans la chartreuse de Valldemossa, sur la côte nord-ouest de l'île de Majorque, aux Baléares. Le temps était exceptionnellement froid et humide. Chopin était malade, le couple n'avait que peu de contact avec les habitants du cru et George Sand écrivit une chronique peu conforme à la réalité de leur séjour, *Un hiver à Majorque*. De toute évidence, le site exceptionnel de la chartreuse et la vision du littoral depuis la sierra Tramuntana ne leur mirent pas de baume au cœur. L'élément dominant de la chartreuse est le clocher vert décoré, visible de loin, dont la forme rappelle celle d'un minaret. Il règne toujours une atmosphère monacale dans les jardins : des cloîtres paisibles ceignent de hauts cyprès, et de longs chemins passent entre des buissons taillés de lauriers et d'ifs.

Remarquez le balcon couvert de bougainvilliers qui offre une vue sublime sur la vallée, les bouquets d'oliviers et d'amandiers. Délimitée par des haies, la roseraie est entourée de grands ifs souvent ornés de capucines grimpantes rouge vif *(Tropaeolum speciosum)*. En dépit des taches de couleur, les jardins sont surtout gris et verts à cause des eucalyptus qui enjambent les allées de pierre partant de la chartreuse.

Le site est très fréquenté en été par les admirateurs du compositeur et de l'écrivain, mais cela n'empêche pas la chartreuse de préserver sa sérénité et son caractère intemporel. VB

Jardin de S'Avall

Îles Baléares, Espagne

CRÉATEUR : Juan Panella

PROPRIÉTAIRE : Carmen Delgado de March

STYLE : formel avec cactées et plantes grasses

SUPERFICIE : 8,1 ha

CLIMAT : méditerranéen

SITUATION : Colonia de Sant Jordi, Majorque

Cette propriété privée se situe dans la zone plate et sèche du sud-est de Majorque. La première chose que l'on remarque en entrant, c'est le grand bougainvillier couleur cerise qui recouvre une partie des hauts murs de la demeure, puis l'avenue de grêles cyprès menant au parterre principal, peuplé de balisiers écarlates et, dans les coins, de massifs de buis symétriques.

Au-delà de ce parterre, une serre abrite la plus belle collection européenne de cactus. Une partie ombragée présente fougères et autres plantes amatrices d'ombre et d'humidité. Des chemins mènent à travers des massifs d'arbustes où les fleurs d'un bleu intense des vipérines contrastent avec les daturas blancs sous lesquels se regroupent des *Rhaphiolepis* blancs et roses. Les germandrées arbustives *(Teucrium fruticans)* à feuilles grises servent de repoussoir aux grandes feuilles vertes et aux fleurs mauves et duveteuses d'*Eupatorium sordidum*. Des bégonias constituent le parterre central. Viennent ensuite une collection de palmiers, une île et un pont menant à une section dévolue aux cactus et autres plantes grasses.

Un bassin, une plate-forme d'observation et un amphithéâtre ponctuent ce terrain. Des chemins de pierre en font le tour pour accentuer l'unité du lieu. Cactus et plantes grasses sont regroupés avec soin et leurs formes si diversifiées sont surprenantes. On trouve ainsi de grosses colonnes cannelées et de hautes sphères de dimensions et de textures très différentes. Au printemps, les aloès se parent de fleurs orange, rouges et jaunes. C'est là l'un des plus beaux ensembles de cactus et de plantes grasses au monde. RChe

Parisio

Malte

CRÉATEUR : inconnu

PROPRIÉTAIRES : famille Scicluna

STYLE : baroque italo-maltais (XIXe siècle)

SUPERFICIE : 2,4 ha

CLIMAT : méditerranéen

SITUATION : Naxxar

Le marquis Giuseppe Scicluna acheta cette propriété en 1898 pour en faire une demeure palatiale où la famille vit encore aujourd'hui. Les jardins baroques clos de murs s'intègrent parfaitement au palais. Du balcon, on peut admirer deux énormes pins de Norfolk (*Araucaria heterophylla*) encadrant un parterre constitué de quatre sections orthogonales d'herbacées, chacune pourvue en son centre d'un bassin et d'une fontaine et entourée d'une haie de buis nain. Une élégante orangerie s'étire sur toute une longueur.

Au rez-de-chaussée, la perspective principale donne sur un arc de triomphe en pierre puis sur un jardin bien plus vaste doté d'un bassin central, d'un haut jet d'eau et de sentiers lui procurant une structure géométrique. Les plantations sont diversifiées. Les hauts arbres – palmiers, conifères ou encore figuiers tropicaux – sont bien espacés pour permettre l'éclairage des parterres situés à leur base. Au printemps, ce jardin est embaumé par les freesias, iris, renoncules, anémones et autres pensées hivernales.

Le sentier principal est bordé de *Citrus* odorants alors que, d'un côté, un autre chemin mène à un bassin associé à une grande voûte baroque. Le choix des plantes est subtil et les cornets blancs des arums contrastent avec le vert brillant de leurs feuilles. Non loin de là, une section restaurée abrite surtout des arbres fruitiers subtropicaux, palmiers, bibaces, goyaviers et plusieurs *Citrus*.

Après être passé sous une belle voûte en pierre, on découvre une longue avenue bordée de vieux oliviers et, en été, de grands hibiscus multicolores. RChe

Ras Rihana

Malte

CRÉATEUR : Maurice Mizzi
PROPRIÉTAIRE : Maurice Mizzi
STYLE : éclectique expérimental (XXe siècle)
SUPERFICIE : 0,8 ha
CLIMAT : méditerranéen
SITUATION : Bidnija

En lisière d'un village perdu dans les collines, la maison n'est accessible que par un sentier étroit. Elle fut construite en 1969 par John et Diana Charlmers ; Maurice Mizzi l'acheta en 1978. Le panorama est merveilleux mais les vents brûlants posent problème et la protection des lieux est capitale.

Un escalier mène de la loggia à la piscine. Le mur de protection est recouvert de plantes grimpantes, dont *Kennedia nigricans* et la griffe-de-chat *(Macfadyena unguis-cati)* avec ses vrilles pareilles à des hameçons et ses fleurs jaune vif, ainsi que par des jasmins odorants à fleurs blanches.

Le bord de la terrasse bénéficie d'un amoncellement de lantaniers à floraison durable (*Lantana montevidensis*) et, en été, d'hibiscus de plusieurs couleurs. De l'autre côté de la pelouse, un pin d'Alep (*Pinus halepensis*) encadre le panorama tandis que plusieurs caroubiers apportent leur protection. Au printemps fleurissent amandiers blancs, abricotiers, pêchers rose pâle et cerisiers blancs. En été et à l'automne, les arbres fruitiers arborent toutes sortes de couleurs tandis que les légumes plantés en dessous attirent le regard : fèves, bettes, céleris raves ou encore artichauts aux grandes rosettes grises et duveteuses.

Il faut enfin citer un bassin creusé sous un remblai dissimulé sous des cascades d'*Osteospermum* violets. On revient par un chemin rectiligne pour trouver un jardin de cactus et de plantes grasses, puis ce sont d'autres arbustes dont un superbe cassia à fleurs jaunes et une vipérine de Madère *(Echium candicans)* aux épis bleu vif. RChe

Villa Barbaro

Malte

CRÉATEURS : famille Cremona-St. George
PROPRIÉTAIRE : Anthony Cremona-Barbaro-St. George
STYLE : à la maltaise
SUPERFICIE : 0,8 ha
CLIMAT : méditerranéen
SITUATION : Tarxien

Au cœur de la ville de Tarxien, les hauts murs de la villa Barbaro ne laissent rien voir de l'espace de verdure privé qui s'est constitué tout au long des siècles. Dès l'entrée, on remarque la basse-cour : un coq nain au plumage rouge, jaune, orange et noir, et les poules blanches, qui se nourrissent des insectes nuisibles.

Les plantes correspondant le mieux au climat local constituent l'ossature du jardin. Il n'y a ici nulle contrainte : ainsi le parterre est fait de romarin rose et bleu dont les feuilles sombres contrastent avec les armoises argentées. Ailleurs, lavandes, germandrées arbustives *(Teucrium fruticans)* à fleurs bleues et feuillage gris, ou encore pélargoniums occupent une place centrale. Pour le contraste, on trouve des roses odorantes, principalement roses, violettes et blanches, dans des poteries en terre cuite le plus souvent. Les murs sont adoucis par des arbrisseaux et des plantes grimpantes. L'un d'eux sert de contrefort à un banc de couleur blanche qu'entoure une grosse *Solandra* : ses bourgeons en forme de ballons révèlent des fleurs jaunes, et ses grandes feuilles sombres tranchent avec celles plus petites et plus claires du pittospore et de la germandrée. De l'autre côté, un gros buisson d'anthémis semble ne jamais s'arrêter de donner des fleurs blanches rappelant la pâquerette. Il existe même une variété rose, la 'Vancouver'.

Le jardin de *Citrus* et sa magnifique collection de cultivars, parfois très anciens, est un des points forts de ce jardin. Il faudrait des heures pour comparer leurs formes, couleurs, feuillages et nuances orange, rouges ou jaunes ! RChe

Le jardin de « Citrus »
et sa collection de cultivars…
est un des points forts de ce jardin.

Villa Bologna

Malte

CRÉATEURS : Margaret Strickland, comte Casteletti
PROPRIÉTAIRE : Gerald de Trafford
STYLE : baroque (XVIIIe siècle)
SUPERFICIE : 3,2 ha
CLIMAT : méditerranéen
SITUATION : Attard

Le comte Gerald Strickland, Premier ministre de Malte de 1927 à 1932, reçut en héritage cette superbe villa, édifiée en 1745, qu'il fit restaurer. Après avoir franchi l'immense portail, on est saisi par les bougainvilliers colorés qui revêtent les murs d'enceinte de plus de 7 m de haut. Des arbres bien espacés, plantés pour la plupart en 1930, dont un *Araucaria*, un arbre de soie *(Grevillea robusta)* à fleurs jaune soufre et un lilas des Indes *(Melia azedarach)* à fruits jaunes, équilibrent les dimensions du bâtiment. Viennent ensuite des haies et une pergola recouverte d'un rosier grimpant 'Albéric Barbier', une belle fontaine murale et une porte triomphale ornée de statues de Bacchus et de Pan qui ouvre sur l'impressionnant jardin clos de murs. L'œil est attiré par l'imposante fontaine de pierre et son bassin, ses quatre piliers étant surmontés d'élégantes statues. De chaque côté, des urnes et des niches débordant de géraniums aux couleurs flamboyantes viennent parachever le décor.

Un beau portail en fer forgé s'ouvre sur les grands jardins situés à l'arrière : on y trouve un bassin surplombé de quatre colonnes décorées de dauphins. Le bassin est bordé de pervenches à fleurs bleues dont les teintes rappellent celles des jacarandas, des volets de la villa et du romarin taillé ceignant la pelouse. La touche finale est apaisante : une paire de faux-poivriers pleureurs à feuillage argenté crée un site ombragé permettant d'admirer le bassin en contrebas et un colombier blanc et bleu. Il y a également des vignes anciennes, une oliveraie, un caroubier historique, de jeunes pêchers… RChe

… une belle fontaine murale et une porte triomphale ornée de statues de Bacchus et de Pan…

Parc du palais Sant'Ana

Açores, Portugal

CRÉATEURS : George Brown, jardiniers en chef successifs
PROPRIÉTAIRE : gouvernement régional des Açores
STYLE : éclectique pittoresque (XIXe siècle)
SUPERFICIE : 8,1 ha
CLIMAT : méditerranéen
SITUATION : Ponta Delgada, São Miguel

En 1845, le jardinier paysagiste George Brown quitta sa pépinière londonienne de Fulham pour dessiner le jardin de Sant'Ana, propriété de Jacome Correia. Un peu plus tard, il importa des plantes et fit venir sa famille. Ce palais est aujourd'hui le siège de la présidence du gouvernement régional.

On découvre tout d'abord un arboretum riche en arbres parvenus à maturité : chênes, ormes, *Grevillea*, tulipiers, arbres de fer à fleurs écarlates, palmiers, manguiers ou encore avocatiers. Entre ces arbres, on entrevoit, au-delà des vastes pelouses, le grand palais néoclassique blanc et rose bâti en 1846. Plus loin encore se trouve un grand jardin productif doté d'un bassin et d'une fontaine à la croisée des chemins.

Les parterres bordés de buis présentent lors des manifestations officielles une grande diversité de fleurs, dahlias, watsonias, zinnias et *Strelitzia*. D'anciennes serres s'adossent au mur supérieur ainsi qu'un jardin d'hiver octogonal. La promenade surélevée et sa pergola couverte de glycines mauves, chèvrefeuille, *Campsis* orange et bougainvilliers encadrent la vue sur les serres et le jardin fleuri. On voit de nombreux arbres, dont d'immenses tulipiers originaires de Nouvelle-Zélande. Agapanthes bleues et blanches, crinoles géantes roses et blanches, azalées et fuchsias multicolores s'épanouissent à leur ombre.

On trouve devant le palais des parterres de fleurs formels, une roseraie et, dans la partie inférieure, un vaste étang sinueux bordé de pins de Norfolk *(Araucaria heterophylla)*, cordylines, cannas et agapanthes bleues et blanches. RChe

Parc de Terra Nostra

Açores, Portugal

CRÉATEURS : vicomte da Praia et ses descendants
PROPRIÉTAIRE : Bensaude Turismo
STYLE : pittoresque et parc boisé (XIXe siècle)
SUPERFICIE : 12,1 ha
CLIMAT : méditerranéen
SITUATION : São Miguel

En 1770, l'Américain Thomas Hickling construisit ici un pavillon d'été en bois et planta 0,8 ha d'arbres originaires de son pays natal. En 1848, le vicomte da Praia et son épouse remplacèrent le pavillon par la demeure actuelle et dessinèrent un jardin avec pièces d'eau, parterres et parc boisé. En 1872, le second vicomte ajouta un canal sinueux, des grottes et des allées. La dernière transformation majeure date de 1990, avec l'arrivée de trois mille nouveaux arbres.

La demeure se dresse sur une butte encadrée de beaux *Araucaria* anciens. Le chemin sinueux passe devant des érables du Japon et des camélias de Chine pour conduire au buste de Thomas Hickling installé près de la maison. Derrière, on découvre en contrebas le lac aux formes arrondies dont les eaux sombres reflètent les cannas pourpres de l'île et les hortensias bleus. Ce sont ensuite plusieurs jardins ceints de haies de pittospores ; l'un d'eux fut planté en 2000 avec des parterres surélevés de cycadées et un autre de plantes telles que l'airelle des montagnes (*Vaccinium cylindraceum*). Un dédale de sentiers conduit à une avenue bordée de palmiers, azalées et fougères.

Près de l'étang, on peut voir des canards, des cygnes et des oies. Au printemps, il y a des rhododendrons rouges, orange et jaunes et, en automne, des gingembres d'ornement. Une fougeraie comprend des aspidistras, des ophiopogons et des fougères arborescentes. RChe

À GAUCHE Une promenade à Terra Nostra révèle de superbes fougères arborescentes s'épanouissant au-dessus d'un étang.

Quinta da Boa Vista

Madère, Portugal

CRÉATEURS : famille Garton
PROPRIÉTAIRE : Betty Garton
STYLE : anglo-portugais (XXe et XXIe siècles)
SUPERFICIE : 4,8 ha
CLIMAT : méditerranéen
SITUATION : Funchal

À la *quinta* (domaine) da Boa Vista, l'entrée se fait par une pergola recouverte de vignes dont la liane de Mysore *(Thunbergia mysorensis)* aux longs racèmes jaunes et rouges. Au-delà, ce sont des zones ombragées où, sous un grand jacaranda, on emprunte un chemin pavé. De part et d'autre, le terrain abonde en *Strelitzia* (d'autres sont cultivés dans un but commercial). Ici, le tronc rugueux d'un énorme et vieux faux-poivrier *(Schinus molle)* offre un vif contraste avec son feuillage tombant vert-de-gris. Les visiteurs apprécient également les bougainvilliers de diverses couleurs et les aloès plantés au sommet d'une butte. En face se dresse un gros cassia *(Cassia japonica)* aux grappes de fleurs roses.

Près du pavillon d'été, voici un trio de frangipaniers à l'odeur puissante de plus de 1,8 m de haut, l'un d'eux étant paré des fleurs orange vif d'un streptosolen. Plus loin, c'est une longue série d'agapanthes, dont les fleurs bleues de leurs têtes rondes se détachent sur les tiges plus grandes des queues-de-lion avec leurs verticilles de fleurs orange. Plus loin, un grand *Eucalyptus ficifolia* se pare à chaque automne de fleurs rouge écarlate. Pour finir en beauté, des appentis ombragés abritent des dizaines de milliers d'orchidées de toutes les couleurs, dont des hybrides primés et leurs descendants. RChe

… des dizaines de milliers d'orchidées…

Quinta da Torrinha

Madère, Portugal

CRÉATEUR : Russell Bode

PROPRIÉTAIRE : Russell Bode

STYLE : tropical, formel et informel (XVIIIe siècle)

SUPERFICIE : 0,4 ha

CLIMAT : méditerranéen

SITUATION : Funchal

Cette maison doit son nom à sa tour d'observation du XVIIIe siècle. Elle possède sa terrasse d'origine et des chemins caillouteux abrités par un faux-poivrier centenaire *(Schinus molle)* contrastant avec des palmiers et des cycadées anciens. Un bassin, point de convergence du jardin, est entouré d'une grande variété de broméliacées, fougères et plantes riches en feuillage dont la queue-de-chat et le figuier d'Inde moucheté (*Ficus indica*). D'autres parterres accueillent des arums blancs et verts, des impatiences aux couleurs multiples et des *Strelitzia*. Des chemins entraînent le visiteur à travers des bouquets d'arbres adultes pour le conduire vers un ensemble foisonnant de plantes tropicales, dont des ananas roses, des héliconies violet vif et des spécimens de *Dracaena marginata* 'Variegata' aux étroites feuilles rayées de blanc et de rose.

Cette jungle colorée et informelle, avec ses papyrus *(Cyperus papyrus)* dressés aux côtés de nénuphars blancs, son petit ruisseau et son bassin, mène à un jardin plus classique dont de grands conifères accentuent le caractère assez strict. Tout autour, voici des fuchsias écarlates, des gingembres coquilles *(Alpinia zerumbet)* et de grands *Hebe* roses. Une sortie entraîne vers la roseraie, avec sa pergola et ses sentiers herbeux traversant des parterres bordés d'irésine rouge. Depuis le jardin formel, des escaliers permettent d'accéder à une pergola couverte de roses. Enfin, depuis la terrasse supérieure, on découvre la mer et la flèche de la cathédrale de Funchal. RChe

Quinta do Palheiro Ferreiro

Madère, Portugal

CRÉATEURS : famille Blandy

PROPRIÉTAIRES : famille Blandy

STYLE : formel (XIXe et XXe siècles)

SUPERFICIE : 12,1 ha

CLIMAT : méditerranéen

SITUATION : Palheiro Ferreiro

Dans les collines dominant Funchal, la *quinta* do Palheiro Ferreiro, également appelée jardins Blandy, peut se vanter de posséder une gamme éclectique de plantes vivant sous des climats chauds ou tempérés. Son premier propriétaire, le comte de Carvalho, planta nombre de ces arbres et se lança dans une collection de camélias comptant plus de dix mille pieds fleurissant de novembre à avril. La famille Blandy acheta la *quinta* en 1850 et reprit le flambeau en donnant la priorité aux plantes d'Afrique du Sud.

On trouve autour de la maison des protées royales *(Protea cynaroides)* et, sur la terrasse en contrebas, un fabuleux spécimen de variété de magnolia *(Michelia doltsopa)* aux fleurs parfumées. Il y a de nombreux arbres remarquables, dont le pin du Paraná *(Araucaria angustifolia)* originaire du Brésil, l'arbre d'argent sud-africain (*Leucadendron argenteum*) et le waratah d'Australie *(Telopea speciosissima)*. Un des plus beaux spécimens est le rata de Nouvelle-Zélande (*Metrosideros robusta*).

Il faut aussi mentionner le jardin des Dames (Jardim da Senhora), avec ses parterres bordés de buis et ses topiaires aux formes amusantes, ainsi que l'Enfer, une jungle riche en plantes grimpantes et en aralies à papier de Chine *(Tetrapanax papyrifer)* capables de s'autoféconder. MB

À DROITE Une collection d'arbres rares profite des conditions climatiques exceptionnelles de la quinta do Palheiro Ferreiro.

Jardin tropical de Quinta do Monte Palácio

Madère, Portugal

CRÉATEURS : José Berardo, Eleuterio Soares
PROPRIÉTAIRE : fondation José Berardo
STYLE : lusitano-oriental
SUPERFICIE : 8,5 ha
CLIMAT : méditerranéen
SITUATION : Funchal

Dès l'entrée principale du jardin, située sur sa partie supérieure, on est frappé par sa verdure rafraîchissante quand les chemins pavés et les marches vous entraînent parmi des arbres parvenus à maturité plantés aux côtés de fougères arborescentes et de woodwardies. L'aspect verdoyant du jardin est rehaussé par les fleurs écarlates et retombantes des fuchsias mais aussi, parfois, par le bleu ou le blanc des hortensias.

Le chemin s'incurve et descend et l'on découvre un bassin creusé dans la roche et une cascade avant d'atteindre le portail chinois rouge gardé par des lions. Au-delà, c'est une galerie de céramiques consacrées à l'histoire des découvreurs portugais : elle est adoucie par les fougères arborescentes qui la recouvrent et l'ophiopogon servant de couvre-sol. Descendez quelques marches, passez devant les lanternes japonaises et un pont oriental rouge qui enjambe la vallée puis franchissez un autre portail chinois. En été, les hortensias poussant de l'autre côté du chemin complètent habilement la couleur des carreaux. Remarquez le mur incurvé et son canon pouvant projeter de l'eau ainsi que la cascade déversant son eau dans le lac.

La route continue vers le palais en présentant des porcelaines historiques puis vers les petits canaux, les pierres de gué, le pont et le bassin aux carpes. La partie la plus fleurie du jardin se trouve au-delà, avec ses orchidées et ses protées. Dans sa partie la plus basse se trouve la plus belle collection de cycadées au monde. RChe

Ces jardins font le bonheur
de milliers de personnes,
venues de tous les continents.

Jardin des Cactus de Lanzarote

Îles Canaries, Espagne

CRÉATEUR : César Manrique
PROPRIÉTAIRE : île de Lanzarote
STYLE : contemporain (XXe siècle)
SUPERFICIE : 24 ha
CLIMAT : méditerranéen
SITUATION : Guatiza, Lanzarote

Avec ses coulées de lave et ses cendres, le paysage aride de Lanzarote est le cadre idéal pour les œuvres de l'artiste contemporain César Manrique (1919-1992). Peintre et sculpteur, protégé de Nelson Rockefeller, il naquit dans la capitale de l'île, Arrecife. Après des études d'arts plastiques à Madrid et à New York, il revint à Lanzarote pour jouer un rôle déterminant dans l'activité touristique de l'île.

À Guatiza, à la lisière de collines volcaniques appelées Las Calderas, l'extraction de la pierre ponce a créé une grande dépression ovale. C'est là que Manrique a imaginé une sculpture vivante du nom de jardin des Cactus. À 5 m de profondeur et entouré de hauts murs, ce vaste amphithéâtre est peuplé de plantes résistant à la sécheresse mais aussi dominé par un moulin à vent restauré que protège une sculpture en forme de cactus géant. Ouvert en 1990, le jardin contient près de dix mille cactées et plantes grasses relevant de mille quatre cents espèces, dont certaines ne poussent qu'aux îles Canaries. Les cactus sont regroupés par genre et plantés sur des terrasses escarpées entourant des parterres noirs et paillés peuplés de « monolithes » larvaires, de fontaines et de bassins, et sillonnés de chemins sinueux en basalte. Cet environnement surréaliste est encore plus extraordinaire quand il a plu et que les cactus dégoulinants sont éclairés par le soleil.

Il faut également admirer les paysages de Jameos del Agua et de Mirador del Río. Des « mobiles éoliens » de Manrique sont disposés dans plusieurs endroits de l'île. MB

Jardin de Sitio Litre

Îles Canaries, Espagne

CRÉATEUR : inconnu
PROPRIÉTAIRE : John Lucas
STYLE : anglo-espagnol classique (XVIIIe siècle)
SUPERFICIE : 2 ha
CLIMAT : méditerranéen
SITUATION : Puerto de la Cruz, Ténérife

On ignore qui sont les premiers concepteurs de ce jardin mais il fut acheté en 1774 par un négociant britannique, Archibald Little. Le nom « Sitio Litre » est la partie d'une transcription phonétique de l'anglais *situation of the Littles*, « le site des Little ».

Assez formelle, la structure la plus ancienne du jardin possède pergolas, bassins, terrasses et pelouse destinée au jeu de croquet : son style anglo-espagnol unique est attribué aux Little. Ensuite, Charles Smith et sa famille furent propriétaires des lieux entre 1856 et 1996, après quoi John Lucas acquit la propriété. En six mois, les vieux arbres et palmiers furent débarrassés de leurs branches mortes, les enchevêtrements de plantes et arbustes tropicaux taillés et raccourcis et le sol préparé pour accueillir de nouvelles plantations. Des sentiers furent tracés, des canalisations et des câbles enterrés pour l'irrigation et l'éclairage ; pergolas, bassins et sièges furent réparés. Le plan de cette restauration reposait sur vingt-sept toiles (désormais exposées dans la galerie nord de Kew, en Angleterre) dues à Marianne North, qui passa deux mois ici en 1875.

C'est un plaisir de déambuler dans ce paisible jardin installé au cœur même de Puerto de la Cruz et d'admirer la pergola et ses superbes orchidées. Remarquez tout particulièrement le grand dragonnier *(Dracaena draco)* en parfait état malgré ses quatre cents ans et le pin de Norfolk *(Araucaria heterophylla)*, le plus grand des Canaries, probablement planté en 1730. RChe

Jardin d'acclimatation de la Orotava

Îles Canaries, Espagne

CRÉATEUR : Nicolas Eduardo
PROPRIÉTAIRE : Institut national pour la recherche agricole
STYLE : hispano-français formel (XIXe siècle)
SUPERFICIE : 2,8 ha
CLIMAT : méditerranéen
SITUATION : Puerto de la Cruz, Ténérife

Ce jardin fut créé en 1878 par le marquis Villanueva del Prado. Encore visible aujourd'hui, le plan géométrique fut imaginé par Nicolas Eduardo. À l'entrée de ce site pentu, un grand pavage est abrité par des arbres sur lesquels s'accrochent orchidées et broméliacées. D'un côté, des orchidées poussent à l'ombre ; plus loin, de délicats arbres aux houppettes aux étamines blancs et rouges surplombent un chemin élégamment bordé de diverses phalangères, ou plantes-araignées (*Chlorophytum comosum* 'Variegatum').

Plus loin, des campanules grimpantes endémiques (*Canarina canariensis*) aux clochettes orange et jaune sont dominées par les troncs épineux des bombax aux fleurs rappelant l'orchidée et aux cosses dotées de poils soyeux. Regardez les tulipes d'Afrique orange et écarlates et l'arbuste *Senna didymobotrya* dont les fleurs forment des colonnes blanches et dont les bourgeons bruns sentent la cacahuète. Il y a de nombreux palmiers, dont le palmier nain d'Europe (*Chamaerops humilis*) au feuillage gris bleuté. Tout en haut du jardin, un réservoir accueille des nénuphars tropicaux de diverses couleurs, des pontédéries à fleurs bleues et des papyrus duveteux, ainsi que poissons et tortues.

Un bassin arrondi et une fontaine aux arcades de bambou occupent le centre du jardin. D'énormes fruits s'accrochent au tronc de l'arbre à pain situé de l'autre côté et, plus loin, un grand parterre est consacré aux bananiers, dont certains présentent des feuilles à côtes rouges et d'autres des fleurs blanches. RChe

Hijuela del Botánico

Îles Canaries, Espagne

CRÉATEUR : inconnu
PROPRIÉTAIRE : ville de La Orotava
STYLE : botanique (XVIIIe siècle)
SUPERFICIE : 0,4 ha
CLIMAT : méditerranéen
SITUATION : La Orotava, Ténérife

Ce jardin, dont le nom signifie « fille du jardin botanique », est bien plus petit et plus informel que le jardin d'acclimatation (voir ci-contre).

Ses murs sont surmontés de belles grilles métalliques alors que, dans l'entrée et son impressionnant portail, un espace ouvert comporte des bancs anciens et un grand dragonnier *(Dracaena draco)*. Du buis taillé et des buissons de myrrhe bordent les sentiers sinueux et toutes sortes de plantes occupent les parterres informels : cannas, *Crinum*, fuchsias, trompettes des anges, clivias d'Afrique du Sud *(Clivia miniata)* dont les feuilles en lanière forment un arrière-plan idéal pour ses fleurs écarlates, ou encore clivias nobles *(Clivia nobilis)*. Partout ailleurs, des *Asclepia* orange attirent d'énormes papillons, des monarques aux ailes tachetées d'orange.

La vieille bâtisse semble faite de bois rustique mais il ne s'agit en fait que de béton précontraint. Son mur de soutènement s'orne de l'endémique *Lotus maculatus* aux belles feuilles argentées et aux fleurs jaunes et orange. Il y a également beaucoup de palmiers, fougères arborescentes, cèdres, genévriers, figuiers tropicaux, grands yuccas à fleurs blanches, jacarandas ou tulipiers de Virginie *(Liriodendron tulipifera)* aux fleurs orange écarlate. On trouve même plusieurs variétés de bananiers, dont le splendide bananier d'Abyssinie *(Ensete ventricosum)*. RChe

Jardin botanique Viera y Clavijo

Îles Canaries, Espagne

CRÉATEURS : divers directeurs du jardin
PROPRIÉTAIRE : gouvernement des Canaries orientales
STYLE : botanique, écologique (XXe siècle)
SUPERFICIE : 27,1 ha
CLIMAT : méditerranéen
SITUATION : Tafira Alta, Grande Canarie

Ainsi nommé en l'honneur du naturaliste du XVIIIe siècle José de Viera y Clavijo, ce jardin botanique – le plus grand d'Espagne – fut créé en 1952 par le botaniste suédois, Eric Sventenius. Son directeur actuel, David Bramwell, lui a apporté plusieurs améliorations. Depuis 1983, une banque de semences regroupe quelque quatre cents espèces endémiques. Les plantes locales sont regroupées en fonction de leur site géographique d'origine.

Même sur le parking, une rangée de palmiers surplombe des plantes indigènes, dont des vipérines mauves et blanches ou des statices. Soudain, on se retrouve au sommet d'une haute falaise d'où l'on découvre l'intégralité du jardin botanique. Le chemin zigzague entre des parterres de plantes locales, des lotus envahissants, des buissons toujours verdoyants de statices et des rosettes d'orpins des Canaries. Viennent ensuite un couple de dragonniers (*Dracaena draco*), une fontaine dédiée aux botanistes célèbres puis une oliveraie et une chênaie unique aux Canaries. Sur la falaise se dressent les pointes à fleurs blanches de 2 m de haut des vipérines (*Echium simplex*) et les tuyaux d'orgue gris de l'euphorbe des Canaries (*Euphorbia canariensis*).

Le jardin de cactus et de plantes grasses est tout simplement superbe avec ses agaves américains à bandes blanches (*Agave americana*), ses innombrables cactées formant des colonnes, ses tapis sinueux, ses sphères hérissées ou encore ses coussins ovales. Il y a également des aloès de toutes tailles dont les pointes fleuries jaunes, orange ou rouges contrastent avec les agaves à cou de cygne (*Agave attenuata*). RChe

> Le jardin de cactus et de plantes grasses est superbe…

Jardin de la marquise d'Arucas

Îles Canaries, Espagne

CRÉATEURS : Ramón Madam y Uriondo, Vicente Ramos
PROPRIÉTAIRE : marquise d'Arucas
STYLE : pittoresque (XIXe siècle)
SUPERFICIE : 4,9 ha
CLIMAT : méditerranéen
SITUATION : Arucas, Grande Canarie

La demeure palatiale fut construite en 1880 pour le compte de Ramón Madam y Uriondo, premier marquis d'Arucas, et son épouse, Maria. Les jardins luxuriants auraient été dessinés par un Français ; toujours est-il que l'ombre et la lumière s'y équilibrent parfaitement.

Tout autour de vous, ce ne sont que palmiers, *Araucaria*, *Strelitzia* géants, pandanus aux racines aériennes, dragonnier *(Dracaena draco)* vieux de cinq cents ans, bombax au tronc épineux et aux fleurs pareilles à des orchidées et belles fleurs écarlates de l'érythrine africaine. Il y aussi des éléments d'architecture, dont une grotte en pierre volcanique à la base de laquelle pousse un *Phyllanthus* feuillu à pointes roses et blanches et un pavillon d'été de style chinois relié à un pont voûté tout simple enjambant un bassin irrégulier doté de nénuphars et de poissons. Des paons se promènent librement ou se perchent dans les arbres tandis que des plumbagos bleus, des cannas rouges et des plantes léopards jaunes créent des taches de couleur. De gros buissons de *Brunfelsia*, avec leurs fleurs mauve foncé qui virent au blanc, et des hibiscus rouges forment un superbe arrière-plan.

De nombreux chemins partent dans toutes les directions pour laisser voir, une fois de plus, de belles plantations : une bignone couleur mandarine se mêle à une thunbergie à grandes fleurs *(Thunbergia grandiflora)*. Surtout, les palmiers à tronc lisse créent de superbes allées ; le sol de l'une d'elles est recouvert de bégonias roses. RChe

Jardin botanique de Miriam C. Schmidt

Saint-Eustache, Pays-Bas

CRÉATEUR : Miriam C. Schmidt
PROPRIÉTAIRE : gouvernement de St Eustache
STYLE : botanique caribéen (XXIe siècle)
SUPERFICIE : 5,3 ha
CLIMAT : tropical sec
SITUATION : Saint-Eustache

L'île de St Eustache, dans les Caraïbes, est d'une grande importance historique. En 1776, Statia – le nom qu'on lui donne le plus souvent – fut la première nation étrangère à reconnaître l'existence officielle des États-Unis d'Amérique. Quand des marchands hollandais achetèrent l'île de Manhattan aux Indiens, ils utilisèrent comme monnaie d'échange trente haricots bleus originaires de Statia.

L'île est aussi colorée que ses haricots et la direction du Parc national de St Eustache s'emploie à préserver la biodiversité du site. Une insulaire, Miriam C. Schmidt, s'inquiéta de la disparition des plantes et des arbres endémiques comme la belle-de-jour des Antilles (*Ipomoea sphenophylla*). Le projet débuta dans les années 1980 quand le gouvernement local fit don de 5 ha de terres. D'innombrables volontaires vont permettre la réalisation des cinq phases du projet.

La première phase, consacrée à la plantation des arbres, fut achevée en 2005 après quatre ans de travail. Les visiteurs peuvent aujourd'hui jouir du jardin des Sens, de la palmeraie, du potager, du jardin d'observation et de la piste aux oiseaux. En dépit d'une bataille ininterrompue avec la liane corail (*Antigonon leptopus*), la deuxième phase a débuté en 2006 avec de nouvelles plantations. Une grande importance est accordée à la faune et à la flore locales. Il s'agit là d'un jardin en devenir, un superbe projet à l'aube de ce XXIe siècle. AW

Plantation Wingfield

Saint-Christophe-et-Névis

CRÉATEUR : inconnu
PROPRIÉTAIRE : Morris Widdowson
STYLE : caribéen (XVIIe siècle)
SUPERFICIE : 4 ha
CLIMAT : tropical humide
SITUATION : Saint-Kitts

Non loin de la rivière Noire, cette ancienne plantation sucrière, appelée domaine Romney, est la plus vieille de l'île ; créée au début du XVIIe siècle, elle est aussi la plus ancienne des Caraïbes. Au début du XXe siècle, après la centralisation de l'industrie de la canne à sucre dans l'île, le moulin à eau fut fermé. En 2001, on cessa définitivement de cultiver la canne à sucre après trois cent cinquante années d'exploitation.

Apparemment, Sam Jefferson II, arrière-arrière-arrière-petit-fils de Thomas Jefferson, fut à une époque propriétaire des lieux. Même si le domaine Romney fut la première propriété caribéenne à libérer ses esclaves, on se doute que ce sont eux qui ont travaillé la terre et jeté les bases du jardin actuel, où le sol volcanique et la proximité de la forêt pluviale favorisent la croissance des fleurs et des arbres fruitiers. Au centre du jardin se dresse un arbre de pluie (*Samanea saman*) haut de 7,3 m et vieux de trois cent cinquante ans ; au-delà, une pelouse immaculée est bordée de buissons et d'orchidées à foison. On peut également voir une fontaine et les ruines du moulin à eau, désormais en restauration, ainsi que de nombreux autres éléments de cette plantation aux parfums entêtants. GW

… une pelouse immaculée est bordée de buissons et d'orchidées…

Morne L'Étoile

Martinique, France

CRÉATEURS : frères Littée
PROPRIÉTAIRE : inconnu
STYLE : créole français (XIXe siècle)
SUPERFICIE : 1 ha
CLIMAT : tropical humide
SITUATION : Saint-Pierre

Les Indiens Arawaks et Caraïbes donnaient à la Martinique le nom de Madinina, « l'île aux fleurs ». Les deux tiers de l'île constituent un parc naturel régional protégé. Cette maison fut construite en 1870 au cœur d'une bananeraie par les frères Littée. À l'ombre de la montagne Pelée, célèbre pour son éruption de 1902, la terre fertile est bénéfique à la canne et à l'avocat, et les douces senteurs des bananes et des ananas sont portées par le vent.

La plantation est d'une exceptionnelle beauté au point qu'on se laisse envahir par l'atmosphère d'autrefois. La restauration fidèle de la maison et des jardins a pris plus de trois ans : les nouveaux propriétaires ont conservé, voire renforcé l'architecture et le style de l'époque.

Dans le proche voisinage des jardins de Morne L'Étoile, la plantation Macintosh bénéficie d'une abondance de fleurs et plantes tropicales. Elle porte le nom du célèbre cultivateur de l'anthurium, fleur symbole de la Martinique. Après une extraordinaire promenade à travers les fougères et le feuillage de la forêt des pluies, on arrive près de La Trace. On peut admirer d'autres beautés naturelles à la cascade du Saut du Gendarme et aux jardins de la Pelée.

Morne L'Étoile promet aux visiteurs tous les délices d'un jardin tropical. Avec pour toile de fond le volcan toujours actif de la montagne Pelée et à quelque 350 m d'altitude, la propriété de Morne L'Étoile domine la ville de Saint-Pierre et sa baie d'un bleu étincelant. AW

Plantation Fond Doux

Sainte-Lucie

CRÉATEUR : inconnu

PROPRIÉTAIRES : Lyton et Eoline Lamontagne

STYLE : caraïbe (XVIIIe siècle)

SUPERFICIE : 54,6 ha

CLIMAT : tropical humide

SITUATION : Soufrière

Le visiteur se doit absolument de se rendre au volcan mais il ne faudrait pas qu'il rate la plantation Fond Doux située près du Piton, sur le littoral occidental de l'île et non loin de la ville de Soufrière. Ce domaine vieux de deux cent cinquante ans, bien abrité au cœur d'une forêt tropicale, fut l'une des premières plantations créées par les Français au milieu du XVIIIe siècle. Sa production de cacao, agrumes, bananes, noix de coco et légumes est impressionnante et bien des techniques d'origine sont toujours employées.

Du porche de la vieille demeure, la propriété déroule son tapis magique riche en végétation tropicale. Sur les pistes, on est immédiatement frappé par l'incroyable beauté des lieux, les oiseaux exotiques, les arbres épanouis et la diversité des cultures. Trois itinéraires bien distincts – celui de la plantation Fond Doux, de la colline Chateaubelair et des ruines – présentent aux randonneurs une étonnante diversité et de merveilleuses surprises. Il y a là abondance de ruines militaires, de petits édifices religieux et de panoramas sur les Pitons. Le fond sonore est dû aux ramiers à cou rouge et aux orioles. AW

… la propriété déroule son tapis magique riche en végétation tropicale.

Parc Flower Forest

Barbade

CRÉATEURS : Richard Coghlan, Fritz Lundi

PROPRIÉTAIRE : Flower Forest Ltd.

STYLE : tropical semi-formel (XXe siècle)

SUPERFICIE : 20,2 ha

CLIMAT : tropical humide

SITUATION : Saint-Joseph

Cette ancienne plantation sucrière est aujourd'hui un mélange de jardin botanique et de sentiers de randonnée : ses fleurs et ses plantes vous étonneront. La luxuriance sauvage, le caractère formel, mais aussi la beauté et la diversité des plantes font de ce site l'un des plus beaux de la Barbade. À Saint-Joseph, jouissant d'un paysage extraordinaire et d'une vue superbe sur la côte est accidentée, ce jardin réunit des plantes tropicales d'ornement ou destinées au commerce, souvent très prisées, des bananiers et des arbres à pain ainsi que des exemples de la flore caraïbe.

Des figuiers étrangleurs *(Ficus citrifolia)* dominent le jardin, également planté d'acérolas, ou cerisiers des Antilles *(Malpighia punicifolia)*, aux larges branches et aux fruits rouge vif très juteux. Des bégonias se massent le long des haies sous lesquelles s'ébattent des colombes couleur cannelle. Le bois-diable *(Hura crepitans)* est l'un des arbres les plus intéressants avec ses épines sombres et acérées et son tronc lisse et brun. Les épines en question lui ont valu d'être qualifié d'« interdit aux singes », même si « arbre pistolet » serait plus approprié à cause des véritables détonations que produisent ses fruits en s'ouvrant. Cela n'empêche pas les singes de courir en tout lieu.

Tournez le dos au jardin et installez-vous confortablement pour profiter d'un des grands plaisirs du parc Flower Forest : une boisson fraîche et une vue sur les collines environnantes. Remarquez les cocotiers plantés sur une crête, les bananeraies installées sur les versants et les nombreux arbres à pain de la vallée. CW

Jardin botanique d'Andromède

Barbade

CRÉATRICE : Iris Bannochie
PROPRIÉTAIRE : The Barbados National Trust
STYLE : botanique tropical (xxe siècle)
SUPERFICIE : 20,4 ha
CLIMAT : tropical humide
SITUATION : Saint-Joseph

Iris Bannochie, créatrice du jardin d'Andromède, est une légende de l'horticulture caribéenne et ce jardin témoigne de son style et de son expérience. C'est en 1954 qu'elle entreprit de le créer sur un terrain calcaire riche en fossiles. Il présente aujourd'hui la gamme la plus riche de plantes tropicales de toutes les Caraïbes et en incarne l'exubérance végétale.

Le jardin suit l'axe d'un ruisseau formant plusieurs étangs. D'étroits sentiers entraînent à travers le gingembre, les balisiers ou les hibiscus prisés des oiseaux-mouches. Cactus et orchidées poussent dans des cabanes abritées, mais aussi sur un compost de coques de noix de coco dans un des plus beaux sites du monde. Notons aussi une belle collection d'arbres, dont un bouquet de palmiers. Au centre du jardin supérieur se dresse un majestueux figuier étrangleur *(Ficus citrifolia)* aux branches ornées de rideaux de racines. Ce sont ces figuiers « barbus » qui auraient inspiré aux Portugais le nom de l'île, Los Barbados, ou « les barbus ».

Iris Bannochie concevait cette merveille comme un jardin botanique et notait dans son journal l'arrivée de chaque plante. « Les vrais jardiniers aiment tout ce qui est différent », disait-elle. Il ne faut donc pas s'étonner de trouver des curiosités comme le groseillier des Barbades *(Pereskia aculeata)*, plante grasse rare dont les « feuilles » sont sur les fruits. En sortant du jardin, vous passerez sous une pergola chargée d'une magnifique liane de jade *(Strongylodon macrobotrys)* dont les fleurs turquoise retombent en cascade. Ce genre de spectacle démontre qu'on se trouve bien dans l'un des plus jardins au monde. MB

Le Prieuré

Grenade

CRÉATEURS : Patrizia et Pietro Banus
PROPRIÉTAIRE : Patrizia et Pietro Banus
STYLE : tropical (XXe siècle)
SUPERFICIE : 0,1 ha
CLIMAT : tropical humide
SITUATION : Saint-Georges

Au centre de Saint-George, petite et séduisante capitale de l'île de la Grenade, une maison appelée le Prieuré se dresse sur une colline parmi des églises anglicanes et catholiques. Elle a plus de deux cents ans et faisait jadis office de chapelle.

Avant de pénétrer dans le jardin, on peut voir des bougainvilliers et des lantanas passer à travers le grillage orné de jasmin. Le choix des couleurs est ici évident : les bougainvilliers pourpres se marient à la bruyère du Mexique mauve *(Cuphea hyssopifolia)* et contrastent avec le feuillage rose et blanc d'un gros arbre à neige *(Breynia nivosa)*. On passe ensuite au rouge avec l'acalyphe *(Acalypha wilkesiana)*, à l'orange avec la bignone du Cap (*Tecoma capensis*), enfin au jaune avec la plante corail *(Russelia equisetiformis)*.

Non loin de la maison, un frangipanier apporte son odeur exquise à un croton aux feuilles orange et rouge, un médicinier à fleurs rouges *(Jatropha podagrica)* et un kalanchoé à fleurs jaunes. Il y aussi le lis glorieux *(Gloriosa superba)*, dont les fleurs écarlates se bordent de jaune. Parmi les autres plantes grimpantes, on trouve le pois des tropiques bleu vif, les quisqualiers dont les fleurs virent du rouge au blanc et les trompettes mauve rosé de l'arbre de Noël.

Un petit bassin et une fontaine marquent le centre du jardin ; il y a aussi quatre parterres de fleurs triangulaires. Le sol de deux d'entre eux est recouvert de cailloux broyés, celui des autres planté de *Stenotaphrum* couvre-sol. Les terrasses sont équilibrées par un élégant pavillon et le jardin arrière ressemble à un balcon de verdure avec une belle vue sur la ville. RChe

Bay Gardens

Grenade

CRÉATEUR : Keith Hugh St Bernard
PROPRIÉTAIRE : Albert St Bernard
STYLE : jungle tropicale
SUPERFICIE : 2,8 ha
CLIMAT : tropical humide
SITUATION : Morne Délice

Ces jardins font partie de la forêt pluviale ; ils furent créés en une trentaine d'années par feu Keith Hugh St Bernard sur le site d'une ancienne sucrerie. Son frère, Albert, en est aujourd'hui le responsable.

L'accès à cette jungle se fait par des pistes étroites recouvertes de cosses de noix muscade. Parfois un tronc d'arbre tombé à terre ou des branches ont été laissés sur place. Les méandres des sentiers révèlent des scènes très différentes chaque fois qu'on passe de l'ombre à la lumière et inversement. Les plantes peuvent être violemment éclairées, mais on peut aussi voir un étang plein de poissons et de tortues. Ici, l'arrière-plan vert sombre est constitué d'arbres et de palmiers ; une lumière tamisée tombe sur les feuilles rouges et translucides d'un acalyphe *(Acalypha wilkesiana* 'Variegata') alors qu'un dragonnier de Madagascar (*Dracaena marginata* 'Tricolor') est en plein soleil et que ses feuilles bordées de rose et de blanc éclatent comme un feu d'artifice. Là, les feuilles hérissées de *Pandanus baptistii* forment la toile de fond ; devant, voici un étonnant *Codiaeum* 'Sookhdeo' orange et cramoisi, un manioc varié à feuilles jaune (*Manihot esculenta* 'Variegata') et un bougainvillier rouge orangé. Dans d'autres zones ensoleillées, des taros à feuilles noires *(Colocasia antiquorum)* semblent jaillir des grosses feuilles vertes, pareilles à des rames, des héliconias pinces de homard *(Heliconia rostrata)*.

On trouve aussi des bananiers aux fruits bleus et roses et aux feuilles écarlates, des cochlospermums aux énormes fleurs dorées, des tibouchinas pourpres, des balisiers et des masses d'orchidées. RChe

… les méandres des sentiers révèlent des scènes différentes.

Sunnyside

Grenade

CRÉATEURS : Jean et Robin Renwick
PROPRIÉTAIRE : Jean et Robin Renwick
STYLE : formel et informel (XXe siècle)
SUPERFICIE : 2 ha
CLIMAT : tropical humide
SITUATION : Saint-Paul

Le jardin de Jean et Robin Renwick s'étire sur une colline dominant à la fois l'Atlantique et les Caraïbes. Parmi ses arbres superbes, on trouve des palmiers, des acajous, un grand figuier pleureur aux racines aériennes *(Ficus benjamina)* et le seul baobab africain *(Adansonia digitata)* de la Grenade, avec son énorme tronc gris. Il y a également des palmiers bouteilles, dont la base du tronc est pareille à un bulbe : ces arbres sont endémiques de Round Island, île volcanique en partie submergée à 24 km au nord de Maurice.

Le jardin possède plusieurs bassins; dans l'un d'eux, la statue d'une jeune fille voluptueuse se dresse parmi les jacinthes d'eau bleu ciel et mauve, les carpes rouges et jaunes et les petites rosettes vertes de la laitue d'eau. Dans un autre bassin, une statue d'homme a pour toile de fond de grandes feuilles de bananiers, des jacinthes et, au bord de l'eau, des pontédériacées aux piquants bleu vif. Enfin, un petit Bouddha souriant est entouré de broméliacées aux feuilles de toutes sortes de couleurs, dont le jaune et le rouge, avec un centre violet, rouge ou rose.

Mais il faut aussi lever les yeux. Un palmier présente des feuilles sombres disposées en un fantastique éventail alors que les noix d'un anacardier rond (*Anacardium occidentale*) émergent d'une grosse base ressemblant à une perle. Partout ailleurs, ce sont d'autres palmiers et un sol couvert de *Tradescantia*, *Hemigraphis* et autres broméliacées.

Jean Renwick vous guidera personnellement dans son jardin mais il vous faudra pour cela prendre rendez-vous à l'avance. RChe

Jardin de La Tour

Grenade

CRÉATEURS : inconnu
PROPRIÉTAIRES : famille Slinger
STYLE : colonial caribéen (XIXe siècle)
SUPERFICIE : 0,8 ha
CLIMAT : tropical humide
SITUATION : Saint-Paul

La famille Slinger vit depuis plus de cinquante-cinq ans dans cette demeure appelée la Tour, une des rares maisons coloniales victoriennes ayant encore un propriétaire privé. Le jardin en terrasse se situe à 250 m au-dessus du niveau de la mer. Ses doubles parterres mixtes sont de style Gertrude Jekyll avec un petit air tropical toutefois. Les couleurs les plus présentes sont le vert, le jaune, l'orange et le rouge et l'on voit des plantes comme la cordyline, ou « ti plant » de Hawaii *(Cordyline terminalis)*, les philodendrons et le médecinier, avec ses fleurs rouges et ses tiges à la base gonflée. Derrière la maison s'étend une grande pelouse réservée aux jeux ; d'un côté, un belvédère est recouvert de liane de jade *(Strongylodon macrobotrys)*, dont les racèmes pendants pouvant mesurer 1 m de long s'ornent de fleurs crochues vert turquoise. Les parterres adjacents regroupent bégonias, fougères, anthuriums et lis d'Amazonie, des plantes tropicales bulbeuses dont chaque tige se dote de nombreuses fleurs blanches et odorantes.

Ailleurs, la végétation est vraiment étonnante : feuillage tropical aux couleurs vives et cordyline écarlate, acalyphes rouge foncé et jaunes ou encore érythrines variées à feuilles vertes, veines jaune vif et fleurs rouge orangé. Notons aussi le gingembre rouge *(Alpinia purpurata)* et une forme naine de balisier bec de perroquet *(Heliconia psittacorum)* aux fleurs rouge orangé.

Enfin, de nombreux arbres sont cultivés pour leurs fruits. Noix de cajou, avocats, mangues, jamboses et caramboles sont là pour rappeler que cette propriété fait toujours partie d'une plantation. RChe

Jardin aromatique de Laura

Grenade

CRÉATEUR : inconnu
PROPRIÉTAIRE : coopérative
STYLE : caribéen
SUPERFICIE : 3,2 ha
CLIMAT : tropical humide
SITUATION : Saint-David

La Grenade est considérée comme l'île aux épices des Caraïbes. La noix muscade y fut amenée d'Indonésie en 1843 par Frank Gurney et la Grenade en est aujourd'hui le troisième producteur mondial. Toutefois, une visite au Laura's Herb and Spice Garden montre que de nombreuses autres épices et plantes aromatiques poussent ici ; le parcours éducatif permet de découvrir les parfums les plus inattendus.

Le visiteur ne peut être qu'émerveillé. Sous les anacardiers et les lauriers-sauce, la citronnelle et le gingembre embaument l'air. Le parfum des piments et de la cannelle se marie à celui plus suave de la mangue et de la banane. Grâce au sol volcanique riche et arable, cannelle, thym, basilic et autres plantes aromatiques sont cultivés pour être exportés dans des restaurants prestigieux. D'autres variétés participant à cet écosystème contrôlé serviront à la recherche médicale ou seront exportées dans le monde entier pour fabriquer des médicaments.

Le Laura's Herb and Spice Garden fait commerce de produits organiques de sorte que son apparence se modifie tout le temps. À chaque saison, les plantes parcourent leur cycle vital pour être remplacées par d'autres. Malgré tout, des pancartes indiquent toujours aux visiteurs de façon précise lesquelles sont actuellement cultivées. Ce jardin est un peu à l'écart des circuits classiques de Perdmontemps, à Saint-David, mais c'est la meilleure façon de découvrir la richesse horticole de la Grenade. GW

Pépinière et jardin de Sainte-Rose

Grenade

CRÉATEUR : John Criswick
PROPRIÉTAIRE : John Criswick
STYLE : tropical, naturaliste, éclectique (XXe siècle)
SUPERFICIE : 2 ha
CLIMAT : tropical humide
SITUATION : Saint-Georges

Il s'agit là d'une des plus belles pépinières de plantes d'ornement des Caraïbes. Elle se situe près de Saint-Georges, dans une vallée en lisière de la forêt pluviale, à quelque 200 m au-dessus du niveau de la mer.

Ce qui frappe d'abord, c'est la clôture couverte de *Odontadenia macrantha* aux fleurs abricot et au parfum rappelant le trèfle. Il y a un rare *Saraca thaipingensis* aux jeunes feuilles roses et aux grandes fleurs jaunes ; des bananiers aux fruits rouges et bleus ; des trompettes des anges aux fleurs rouges, jaunes, blanches, roses et orange ; enfin toute une gamme de balisiers, d'hibiscus et de bougainvilliers ainsi que des roses et des rhododendrons originaires de Chine et du Sud-Est asiatique. La partie la plus fascinante est certainement le jardin de la Vallée et sa série de bassins : on y voit des nénuphars tropicaux aux fleurs bleues et jaunes et un lotus sacré aux feuilles circulaires vert-de-gris et aux fleurs d'un blanc pur ou d'un rose délicat.

Des broméliacées de toutes couleurs servent de couvre-sol. Les plantes les plus étonnantes possèdent des rosettes aux feuilles roses translucides. Il y a de nombreux palmiers au tronc lisse et gris pâle pour certains, aux fleurs mauves pour d'autres. Le palmier rouge à lèvres *(Cyrtostachys renda)* au tronc rouge vif est certainement le plus surprenant. RChe

À DROITE Le jardin et la pépinière de Sainte-Rose offrent le spectacle des plus belles plantes tropicales dont les spécimens aquatiques du jardin de la Vallée.

Jardins de Westerhall Point

Grenade

CRÉATEUR : Dodo Helgerson
PROPRIÉTAIRE : Dodo Helgerson
STYLE : contemporain (XXe siècle)
SUPERFICIE : 0,8 ha
CLIMAT : tropical humide
SITUATION : Saint-Georges

Westerhall Point est une résidence privée comportant des maisons et de spacieux jardins ; elle se situe sur un petit promontoire du littoral sud, dans l'une des parties les plus sèches et les plus éventées de la Grenade. La maison et le jardin de Dodo Helgerson sont situés sur une crête balayée par les vents où poussent palmiers et flamboyants *(Delonix regia)* aux feuilles minuscules et aux fleurs orange écarlate.

Le site abrite des parterres surélevés et un mur sur lequel retombent en cascade des bougainvilliers lilas, mauves, blancs et violets. Cette dernière couleur est reprise par une herbacée appelée *Pennisetum alopecuroides* 'Burgundy Giant'. Il y a d'autres bougainvilliers blancs ou magenta ; les aloès épineux forment un contraste avec les ixoras buissonneux peuplés de papillons. Le chemin qui entoure la maison se pare à gauche de magenta et de blanc, à droite d'orange et de jaune, puis quand il s'élargit d'un pin de Norfolk *(Araucaria heterophylla)*. Les branches raides, horizontales et symétriques de ce pin sont le complément idéal des troncs élancés et des frondes des cocotiers.

Par-delà le bassin, on jouit d'une vue superbe sur la jetée et les collines dressées de l'autre côté de la baie. RChe

… on jouit d'une vue superbe sur la jetée et les collines dressées de l'autre côté de la baie.

Jardin botanique tropical d'Hawaii

Hawaii, États-Unis

CRÉATEUR : Dan Lutkenhouse
PROPRIÉTAIRE : Jardin botanique tropical d'Hawaii
STYLE : forêt pluviale (XXe siècle)
SUPERFICIE : 7 ha
CLIMAT : subtropical humide
SITUATION : Onomea Bay

En 1977, Dan et Pauline Lutkenhouse achetèrent 7 ha de la superbe vallée d'Onomea pour y établir un jardin botanique. Pendant huit ans, Dan débroussailla la jungle tout en préservant l'environnement, les plantes et les arbres. Peu après, il devait découvrir la magnifique cascade à trois niveaux constituant désormais l'élément central des lieux.

Des sentiers taillés à la machette permettent de pénétrer dans la luxuriante forêt où les précipitations atteignent 400 cm par an. Elle constitue un décor idéal pour les collections de plantes et d'arbres exotiques. La piste des balisiers présente quatre-vingt-deux espèces et variétés de cette plante. Hibiscus et croton introduisent un kaléidoscope de couleurs dans différentes parties, alors que l'orthosiphon *(Orthosiphon stamineus)* aux fines délicates fleurs blanches pourvues de longues étamines contraste avec les terribles épines du palmier Nibong *(Oncosperma tigillarium)*. Le jardin des orchidées est d'une beauté époustouflante avec sa belle collection de plantes, grandes ou petites, dont la minuscule *Pleuranthium*.

Le canyon a quelque chose de préhistorique avec ses banians *(Ficus benghalensis)* et sa forêt de bambous, sans parler de sa collection de broméliacées et de hautes fougères arborescentes. Des pistes entraînent vers de superbes points de vue sur l'océan, où les vagues viennent frapper les roches volcaniques. Le tout est dominé par un majestueux pin colonnaire *(Araucaria columnaris)* de près de 50 m de haut. RL

Jardin du Géant endormi

Îles Fidji

CRÉATEUR : Raymond Burr
PROPRIÉTAIRE : inconnu
STYLE : paysage tropical (XXe siècle)
SUPERFICIE : 19,8 ha
CLIMAT : tropical humide
SITUATION : Nausori, Viti Levu

Raymond Burr (décédé en 1993), acteur américain et interprète du célèbre *Homme de fer*, était un passionné d'orchidées. En 1977, il créa son propre jardin tropical et choisit pour cela une vallée luxuriante de l'île de Viti Levu, dans les Fidji : à l'arrière-plan, la montagne du Géant endormi dresse sa silhouette austère au-dessus de la forêt. Cette collection privée constitue le plus bel ensemble d'orchidées des Fidji avec quelque deux mille variétés différentes.

Alors que les rangées de spécimens mouchetés et dentelés poussant dans des tunnels ombragés ravissent les amateurs, la plus belle découverte est celle des orchidées indigènes prospérant parmi la flore exubérante fidjienne. Presque chaque plante des Fidji est censée avoir un usage domestique ou médicinal, des fougères locales appelées « balabala » et jadis utilisées pour la construction des huttes, jusqu'au légendaire noni *(Morinda citrifolia)* que l'on croit capable de guérir toutes sortes de maladies.

Des promenades en planches conduisent à travers des bosquets denses et parfumés, passent sous des cascades de bougainvilliers et de palmiers drapés de mousse d'Espagne et conduisent à un lac secret et poissonneux riche en nénuphars. On traverse ensuite la forêt primitive, où orchidées et broméliacées ceignent les troncs des arbres tandis que d'innombrables variétés de fougères croissent à l'ombre. Le voyage est long pour parvenir jusqu'ici mais cela en vaut réellement la peine. AE

Jardin botanique national

Seychelles

CRÉATEUR : Paul Rivalz Dupont
PROPRIÉTAIRE : État des Seychelles
STYLE : botanique (XXe siècle)
SUPERFICIE : 6 ha
CLIMAT : tropical humide
SITUATION : Victoria, Mahé

Ce jardin a été créé en 1901 par l'agronome mauricien Paul Rivalz Dupont. Les pelouses pentues, le ruisseau, les bassins, l'arrière-plan constitué de montagnes boisées et les arbres parvenus à maturité constituent un extraordinaire environnement. On peut voir l'oiseau des Seychelles perché au sommet de vignes-lierres, le balbul, le faucon crécerelle ou encore le renard volant, grande chauve-souris rousse et frugivore. Il y a plusieurs sortes de palmiers endémiques: *Roscheria melanochaetes* dont les feuilles peuvent atteindre 3 m de long ; *Nephrosperma vanhoutteanum* aux feuilles légèrement plus longues ; le palmier à échasses *(Verschaffeltia splendida)*, géant de près de 30 m aux fortes racines aériennes ; le palmiste *(Deckenia nobilis)* dont le cœur sert à fabriquer la « salade du millionnaire » ; enfin l'étonnant coco-de-mer *(Lodoicea maldivica)* qui atteint 30 m. Ses graines mettent sept années pour mûrir : elles pèsent jusqu'à 20 kg et sont les plus grosses du monde.

On peut y trouver des palmiers rouge à lèvres *(Cyrtostachys renda)* de Bornéo qui mesurent 15 m. Cet arbre possède des feuilles vertes et un étonnant tronc rouge vif. On y aperçoit également l'arbre à pain *(Artocarpus altilis)*, le pommier-éléphant *(Dillenia indica)* et le durion *(Durio dulcis)* au goût délicieux mais à l'odeur épouvantable. Parmi les épices, on trouve de la cannelle et des noix muscade aux fruits couleur abricot. Vous serez comblé par les poinsettias écarlates, les gingembres jaunes ou rouges et les cannas ainsi que par les bougainvilliers éclatants. RChe

Jardin botanique écologique

Seychelles

CRÉATEUR : inconnu
PROPRIÉTAIRE : État des Seychelles
STYLE : naturaliste (XXe siècle)
SUPERFICIE : 2,4 ha
CLIMAT : tropical humide
SITUATION : Barbarons, Mahé

Le nouveau jardin botanique écologique s'est ouvert à la fin des années 1990 dans une région sous-développée de la partie sud de Mahé. Une pépinière modèle a été construite après des travaux de défrichage. Ce jardin vise à propager de nombreuses espèces végétales endémiques menacées en les repiquant bien souvent dans des réserves naturelles des Seychelles. Les superbes palmiers sont souvent plantés non pas isolément mais par petits groupes. D'autres plantes endémiques ont été intégrées à cette structure pour tirer parti de la diversité du terrain et recréer la flore telle qu'elle était avant l'arrivée des colons. C'est seulement près de l'entrée que l'on a recouru dans un but esthétique à des plantes non locales.

On peut voir des dizaines de milliers de jeunes plantes pousser à l'état sauvage. Il y a entre autres des pandanus comme le vacoa de rivyer *(Pandanus multispicatus)*, gros buisson aux feuilles épineuses longues de 2 m ; le vacoa montany *(P. balfourii)* de 10 m de haut, à la couronne constituée de feuilles en lanière à bord blanc ; et le vacoa parasol (*P. hornei*) avec son immense ombrelle de feuilles rougeâtres.

Il y a d'autres plantes endémiques tout aussi superbes. *Dillenia ferruginea* a de grandes feuilles couleur cuivre et des veines parallèles rouges. La base de la feuille s'accroche à la tige en formant un entonnoir qui dirige l'eau de pluie vers les racines. Ses fleurs blanches semblables à des magnolias sont très jolies. Le bonnet d'évêque *(Barringtonia asiatica)* fleurit la nuit et son fruit peut flotter sur la mer. Le bois citron *(Rothmannia annae)* est un arbuste rare aux fleurs magenta tachetées de blanc. RChe

On peut voir des milliers de plantes pousser à l'état sauvage.

Jardin Clothilde Anthelme

Île Maurice

CRÉATEURS : famille Anthelme, Jean-Marie Sauzier
PROPRIÉTAIRE : famille Anthelme
STYLE : tropical (XXe siècle)
SUPERFICIE : 0,4 ha
CLIMAT : tropical humide
SITUATION : Peyrebere

Comme dans la plupart des jardins de cette zone résidentielle, les cocotiers sont la caractéristique principale d'Anthelme. La première chose qu'on remarque, c'est la longue plate-bande rectiligne rehaussée par un mur de pierre et plantée d'arbustes tropicaux selon un plan reflétant les principes de Gertrude Jekyll. Les plus beaux sont certainement un ixora à fleurs orangées, un lantana jaune or et un russelia écarlate.

De l'autre côté de cette plate-bande se dresse la maison blanche à deux niveaux qu'encadrent des palmiers. Un parterre d'ixoras orange d'un côté, des fougères et des balisiers de l'autre, plus ombragé, et, de part et d'autre des marches, des cycadées pareils à des ombrelles duveteuses.

Derrière la maison, le jardin est très différent. Dans un coin se dresse un immense figuier tropical à feuillage persistant. Il n'a que vingt ans mais ses longues racines aériennes et barbues touchent déjà le sol pour donner naissance à plus de quarante tiges grisâtres. Non loin de là, la collection de frangipaniers, ou plumerias, de couleur blanche, rose pâle, cramoisi, rose ou encore jaune. Notez également une forme intéressante de *Chorisia*, appelé souvent en anglais arbre à kapok parce que ses graines sont emplies d'une matière fibreuse. Ses délicates fleurs mauve rosé ressemblent à des orchidées et son tronc noueux est couvert de gros piquants. De là, un chemin ramène à la maison en faisant traverser un jardin aux arbustes tropicaux toujours verts. RChe

Jardin Devi Veerasamy

Île Maurice

CRÉATEUR : Devi Veerasamy
PROPRIÉTAIRE : Devi Veerasamy
STYLE : botanique éclectique (XXe siècle)
SUPERFICIE : 0,4 ha
CLIMAT : tropical humide
SITUATION : Beau-Bassin

Devi Veerasamy fait pousser des plantes mauriciennes endémiques rares et menacées mais aussi des plantes rares venues du monde entier. Son jardin primé, ouvert au public sur rendez-vous, se trouve à Beau-Bassin, au bord d'un ravin. Sa maison blanche de plain-pied se dresse entre les troncs d'un latanier de Chine *(Livistona chinensis)* aux fruits bleu turquoise sombre et celui d'un palmier bouteille *(Hyophorbe lagenicaulis)* à la base enflée comme une flasque.

La pelouse présente un parterre central dont les bougainvilliers, contraints pour pousser à l'horizontale, forment un tapis blanc, cerise, rose et cramoisi. Non loin, des bacs abritent d'autres bougainvilliers de toutes les couleurs possibles. Une deuxième pelouse s'orne de crotons dont les feuilles ont des aspects très divers, larges et mouchetées pour certaines, étroites et tordues pour d'autres. La gamme de couleurs de ces feuilles est étonnante puisqu'elle passe par le vert, le cuivré, le jaune, le rouge et l'orange. Les jatrophas voisins sont tout aussi spectaculaires. Les plantes endémiques poussent près de la route : il y a là la boucle d'oreille *(Trochetia boutoniana)*, emblème national, dont les clochettes des fleurs ont un cœur blanc. On trouve aussi une élégante mandrinette *(Hibiscus genevii)* que l'on croyait perdue à tout jamais.

La maison est flanquée d'un parterre riche en plantes exotiques plus inhabituelles dont *Holmskioldia sanguinea* 'Aurea', forme jaune et peu commune du chapeau chinois. RChe

Jardin botanique de Seewoosagur Ramgoolam

Île Maurice

CRÉATEURS : Pierre Poivre, James Duncan
PROPRIÉTAIRE : État mauricien
STYLE : botanique, allée de palmiers (XIXe siècle)
SUPERFICIE : 37,5 ha
CLIMAT : tropical humide
SITUATION : Pamplemousses

Les origines de ce jardin remontent à 1735 quand le gouverneur Mahé de La Bourdonnais acheta la maison Mon Plaisir. L'humble potager se transforma en une importante source de ravitaillement pour les navires venus mouiller à Port-Louis. En 1768, Mon Plaisir devint la demeure de l'horticulteur français Pierre Poivre, qui fit venir des plantes du monde entier et éleva des espèces indigènes. En 1849, l'horticulteur britannique James Duncan reprit les choses en main.

On franchit l'entrée principale pour découvrir une allée courbe de palmiers bouteilles à la base gonflée qui mène à un baobab (*Adansonia digitata*) originaire d'Afrique centrale. Il ne faut pas manquer l'imposante série de palmiers et d'arbres, dont des palmiers royaux de Cuba, un thévétia du Pérou (*Thevetia peruviana*) dont les graines servent de porte-bonheur et la pétrée (*Petrea volubilis*) aux racèmes riches en fleurs pourpres et feuilles mauves. Le chemin de droite franchit le pont des Soupirs lancé au-dessus de la petite vallée de la rivière Citron. Regardez les cornets de la thunbergie grimpante (*Thunbergia grandiflora*), les canneliers et les amandiers, enfin le groupe de cycadées d'allure préhistorique.

Sur les centaines de palmiers vivant ici, le talipot (*Corypha umbraculifera*) est peut-être le plus surprenant. Il ne fleurit pas pendant des dizaines d'années puis produit une immense fontaine de fleurs blanches de 8 m de haut. Plus loin, c'est une allée d'ébéniers. Les plantes les plus photographiées du jardin sont les victorias d'Amazonie géantes (*Victoria amazonica*) du grand canal aux belles jeunes feuilles doublées de rouge. Leurs grandes fleurs s'ouvrent en blanc pour attirer des insectes pollinisateurs et les garder prisonniers. Le lendemain, les fleurs virent au rose et se rouvrent pour les libérer. RChe

Vallée du Paradis

Île Maurice

CRÉATEURS : James Wilson, famille Rountree
PROPRIÉTAIRES : famille Rountree
STYLE : forêt et naturaliste, allée de palmiers (XIXe siècle)
SUPERFICIE : 15 ha
CLIMAT : tropical humide
SITUATION : Rivière des Anguilles

Ancienne plantation de vanille, c'est aujourd'hui une partie de l'immense exploitation sucrière de la famille Rountree. Bel Air est constitué de 850 ha de champs de canne à sucre, de 40 ha de pâtures d'altitude et de 15 ha de forêt subtropicale connus sous le nom de Paradise Valley.

Dès l'entrée, la première partie de la vallée est ombragée et fraîche à cause des nombreux arbres, palmiers et bambous géants. C'est un lieu magique. La queue-de-chat *(Acalypha hispida)* y dépasse les 3 m de haut. Ses fleurs roses retombantes pouvant atteindre les 60 cm de long pendent au-dessus de la piste parée de crotons à fleurs pourpres. Le soleil brille à travers les feuilles rosées de la cordyline *(Cordyline terminalis)*. Il faut aussi noter la présence des feuilles vertes à taches blanches de *Dieffenbachia seguine* 'Maculata', celles décorées des marantas et les iris tropicaux *(Neomarica northiana)* pourvus de trois grands pétales blancs et de trois autres pétales bleus veiné de blanc. Peu après, la vallée s'ouvre au soleil. Il y a là un petit lac avec de gros arbres du voyageur dont les fleurs sont fécondées par les lémuriens. La formation en éventail de leurs feuilles emprisonne l'eau dans leurs bases ressemblant à des tuyaux : il suffit au promeneur assoiffé d'en fendre un pour faire couler l'eau. Une série de bassins reliés les uns aux autres et bordés de pandanus mène à un pavillon d'été en pierre au toit de chaume. Au-delà, c'est la mer, avec ses vagues géantes qui se fracassent contre les rochers. RChe

La vallée du Paradis
est émaillée d'une série de bassins
et d'un petit lac.

Parc Exotica

Réunion, France

CRÉATEURS : M. Prugnière, Georges Ango
PROPRIÉTAIRE : domaine des Pierres
STYLE : collection endémique et exotique (XXe siècle)
SUPERFICIE : 4 ha
CLIMAT : tropical humide
SITUATION : Saint-Pierre

Le parc Exotica est un endroit surprenant. On y pénètre par une impressionnante allée de palmiers qui conduit à une sorte de tunnel peuplé de chouettes et de lézards et mène en un lieu riche en palmiers et bassins. Au loin, on peut voir des daims.

Il y a là beaucoup d'arbres intéressants dont le ylang-ylang *(Cananga odorata)* aux belles fleurs pendantes de couleur verte. Le flamboyant *(Delonix regia)* a de minuscules feuilles duveteuses et des masses de fleurs écarlates tandis qu'à l'ouest s'étire un massif de chocas. Les tunnels ombragés sont tout aussi originaux. Le premier recèle des centaines d'anthuriums adultes en bacs. Ils ont de curieuses branches gonflées et noueuses ainsi que de superbes fleurs blanches ou roses.

La serre aux orchidées mérite une visite, tout comme les bonsaïs ou les haies de topiaires. Le grand bassin rectangulaire s'orne en son milieu d'une maquette de la Réunion. Le jardin de cactus est d'une forme paysagère exquise, avec ses terrasses rocheuses surmontées des troncs décolorés et tordus de pins originaires du désert de l'Arizona. Les plantes sont nombreuses et variées : échinops aux gros coussins sphériques, mélocactus aux piquants denses et crochus, *Euphorbia pugniformis cristata* avec sa masse de tiges ondulées et ses crêtes surmontées de rouge, enfin plantes grasses épineuses présentant toutes sortes de formes et de couleurs. RChe

Conservatoire de Mascarin

Réunion, France

CRÉATEUR : inconnu
PROPRIÉTAIRE : État français
STYLE : botanique (XXe siècle)
SUPERFICIE : 4 ha
CLIMAT : tropical humide
SITUATION : Saint-Leu

Le Conservatoire botanique national de Mascarin se trouve sur le littoral occidental de la Réunion. C'était jadis le cœur d'un domaine agricole fondé en 1857. Né en 1986, ce jardin botanique est spectaculaire.

À l'entrée, de larges marches permettent de grimper à flanc de colline en traversant un couloir de palmiers, de cycadées et d'autres arbres sous lesquels poussent abutilons rouges et jaunes, bégonias et chlorophytums. La terrasse supérieure présente quatre parterres rectangulaires entourés de bambous nains. Les haies latérales incluent un superbe bouquet de pinces de homard *(Heliconia rostrata)*. Les tiges ploient sous le poids de grandes fleurs rouge vif. On arrive alors à une villa derrière laquelle se cachent d'autres haies et pelouses ainsi qu'un bassin riche en nénuphars et *Cyperus*. Un petit jardin formel a été dessiné entre les arbres. Ses six parterres sont constitués de sauges écarlates, d'impatiences et de chlorophytums rayés de jaune. Viennent ensuite une partie boisée d'eucalyptus et une zone consacrée aux plantes locales dont la saliette *(Psiadia retusa)*, arbuste à feuillage persistant de la famille des marguerites, aux grappes de fleurs ressemblant à des pompons blancs.

Dans le grand jardin de plantes grasses, les chemins serpentent à travers une large vallée emplie d'agaves menaçants : leurs feuilles épaisses sont bordées de dents recourbées comme des crochets. Il y a enfin de superbes euphorbes aux fleurs roses, cramoisies ou jaune primevère. RChe

Carnet d'adresses

Classement par continent, et par ordre alphabétique des pays à l'intérieur des continents

Europe

ALLEMAGNE

Belvédère 473
Weimar-Belvedere, Weimar
Branitz 465
Robinienweg 5, Cottbus
Château Fantaisie 478
Bamberger Strasse 3, Eckersdorf/Donndorf
Englischer Garten 488
Munich
Eremitage 480
Ludwig Strasse 21, Bayreuth
Fürst-Pückler Park 477
Bad Muskau
Gönneranlage 492
Ludwig Wilhelm Strasse 26, Baden-Baden
Göttingen 461
Grisebach Strasse 1a, Göttingen
Grossedlitz 477
Park Strasse 85, 01809 Heidenau
Hanovre, Grand Jardin 460
Hanovre
Hanovre, Jardin de montagne 461
Herrenhäuser Strasse 4 a, Hanovre
Hermannshof 470
Babostrasse 5, Weinheim
Herrenchiemsee 490
Herrenchiemsee, Île de Chiemsee
Île aux Paons 466
Pfaueninselchaussee, Berlin
Île de Mainau 491
Insel Mainau
Ilm 474
Weimar
Jardin des Plantes 469
Palmengarten Strasse, Francfort-sur-le-Main
Karl-Foerster 463
Am Raubfang 6, Potsdam-Bornim
Karlsruhe, Parc du château 497
Hans Thorma Strasse 6, Karlsruhe
Karlsruhe, Parc municipal 497
Ettlinger Strasse 6, Karlsruhe
Klein-Glienicke 467
Königstrasse, Berlin
Linderhof 484
Linderhof 12, Ettal
Munich, Jardin botanique 479
München-Nymphenburg Menzinger Strasse 61-65, Munich
Munich, Westpark 488
Eduard Schmid Strasse 36, Munich
Nymphenburg 486
Eingang 19, Munich
Oranienbaum 467
Oranienbaum
Pillnitz 475
Dresde
Rheinsberg 464
Rheinsberg
Sanspareil 487
Haus 29, Wonsees
Sanssouci 466
Potsdam
Schleissheim 489
Max Emanuel Platz 1, Oberschleissheim
Schönbusch 478
Kleine Schönbuschallee 1, Aschaffenburg
Schwetzingen 493
Schwetzingen
Veitshöchheim 483
Echterstrasse 10, Veitshöchheim
WALA 494
WALA Heilmittel GmbH, Bosslerweg 2, Bad Boll/Eckwälden
Weihenstephan 482
Am Staudengarten 8, Freising
Weikersheim 494
Weikersheim
Wilhelmsbad 469
Hanau
Wilhelmshöhe 473
Kassel
Wörlitz 468
Wörlitz
Zwinger 476
Theaterplatz 1, Dresde

AUTRICHE

Belvédère 639
Schloss Belvedere, Prinz Eugen Strasse 27, Vienne
Hellbrunn 642
Fürstenweg 37, Salzbourg
Laxenburg 639
Schlossplatz 1, Laxenburg
Mirabell 642
Schloss Mirabell, Salzbourg
Musée en plein air de Salzbourg 641
Hasenweg, Grossgmain, Salzbourg
Schönbrunn 640
Prälat-Steininger Strasse 1, Schönbrunn, Vienne

BELGIQUE

Annevoie 549
37a Rue des Jardins, Annevoie
Arboretum de Kalmthout 545
Heuvel 2, Kalmthout
Beloeil 548
Rue du Château, Beloeil
Enghien 548
Enghien
Hex 546
Kasteel Hex, Heers
Laeken 547
Palais Royal, Rue Bréderode 16, Bruxelles

BULGARIE

Ayazmo 698
Stara Zagora

CROATIE

Gucetic 696
Trsteno, Dubrovnik
Skocibuha 697
Sudurad, Sipan, Dubrovnik

DANEMARK

Århus 210
Møllevejen 10, Århus
Copenhague, Jardin botanique 216
Gothersgade 128, Øster Farimagsgade 2B Copenhague K
Egeskov 217
Château d'Egeskov, Egeskovgade 18, Fyn, Kværndrup
Fredensborg 211
Østrupvej 3, Frederiksborg, Fredensborg
Frederiksborg 213
Hillerød
Gisselfeld 213
Manoir de Gisselfeld, Gisselfeldvej 12 A, Haslev
Glorup 217
Glorupvej 34, Fyn, Ørbæk
Liselund 218
Langebjergvej 6, Storstrøm, Borre-Møn
Tivoli 214
Vesterbrogade 3, Postboks 233, Copenhague

Europe

FRANCE MARTINIQUE

FRANCE RÉUNION

GRANDE-BRETAGNE ANGLETERRE

Europe

Europe

GRANDE-BRETAGNE ÉCOSSE

Pour République d'Irlande, voir p. 953

Europe

Amérique

Marie Selby 134
811 South Palm Avenue, Sarasota
Mémorial britannique 52
Hanover Square, New York
Mémorial Lincoln 78
2301 East Lake Shore Drive, Springfield
Middleton Place 128
4300 Ashley River Road, Charleston
Millennium Park 77
55 North Michigan Avenue, Chicago
Missouri, Jardin botanique 105
4344 Shaw Boulevard, St. Louis
Monticello 107
931 Thomas Jefferson Parkway,
Charlottesville
Mount Cuba 116
Barley Mill road, Greenville
Mount Vernon 108
3200 Mount Vernon Memorial Highway,
Mount Vernon
Musée d'Art moderne 54
11 West 53rd Street, New York
Musée d'Oakland 99
1000 Oak Street, Oakland
Musée Noguchi 56
9-01 33rd Road (Vernon Boulevard),
Long Island City, New York
Musée Isabella Gardner 66
280 The Fenway, Boston
Musée J. Paul Getty 96
1200 Getty Center Drive, Los Angeles
Musée Vizcaya 135
3251 South Miami Ave, Miami
Naumkeag 68
Prospect Hill Road, Stockbridge
Nemours 119
Rockland Rd., Wilmington
New York, Jardin botanique 52
Bronx River Parkway at Fordham Road,
Bronx, New York
Northwest 74
86813 Central Road, Eugene
Ohme 40
3327 Ohme Road, Wenatchee
Old Westbury 55
71 Old Westbury Road, PO Box 430,
Old Westbury
Peckerwood 123
20571 F.M. 359, Hempstead
Phoenix, Jardin botanique 120
1201 North Galvin Parkway, Phoenix
Portland, Jardin chinois 74
Northwest 3rd and Everett Portland
Portland, Jardin japonais 72
127 Northwest 3rd Ave, Portland
Quarryhill, Jardin botanique 96
Sonoma Highway, Glen Ellen
Réserve Bloedel 38
7571 Northeast Dolphin Drive,
île de Bainbridge
Réserve de Longhouse 51
133 Hands Creek Road, East Hampton
Réserve fédérale américaine 112
20th and C Street Northwest,
Washington
Ruth Bancroft 101
1500 Bancroft Road, Walnut Creek
San Francisco,
Jardin botanique 100
Strybing Arboretum,
9th Avenue at Lincoln Way, San Francisco
San Juan Capistrano 90
26801 Ortega Hwy, San Juan Capistrano
Stan Hywet 79
714 North Portage Path, Akron
***Sunset* 92**
80 Willow Road, Menlo Park
Taliesin 42
5607 County Highway C, Spring Green
Taliesin West 121
Scottsdale
The Fells 69
Route 103A, Newbury
The Mount 62
2 Plunkett Street, Lennox
Tohono Chul 123
7366 N Paseo Del Norte, Tucson
Tucson, Jardin botanique 122
2150, North Alvernon Way, Tucson
Van Vleck 86
21 Van Vleck Street, Montclair
Vanderbilt 60
4097 Albany Post Road,
Hyde Park, New York
Villa Getty 95
17985 Pacific Coast Highway,
Pacific Palisades
Wallace 43
Medina
Wave Hill 58
West 249th St and Independence Ave,
Bronx, New York
William Paca 112
186 Pinkney St, Annapolis
Winterthur 118
Route 52 (Kennett Pike), Winterthur
Yew Dell 106
6220 Old LaGrange Road, Crestwood

GRENADE

Bay Gardens 932
Morne Delice, Saint-Georges
La Tour 933
Maison de la Tour, Saint Paul
Laura, Jardin aromatique 934
Perdmontemps, Saint David
Le Prieuré 931
Eglise St Georges, Saint-Georges
Sainte-Rose 934
PO Box 21 La Mode, Saint-Georges
Sunnyside 933
Saint Paul, La Grenade
Westerhall Point 936
(Dod Helgarson) PO Box 26, Saint-Georges

HAWAII

Hawaii, Jardin botanique tropical 937
27-717 Old Mamalahoa Highway, Papaikou

MEXIQUE

Folke Egerstrom 846
Los Clubes, Atizapán de Zaragoza
Jardin ethnobotanique 847
Centre culturel Santo Domingo,
Constitución, Centre Oaxaca
Las Pozas 842
Xilitla, San Luis Potosí
Luis Barragán 844
General Francisco Ramírez 14, Tacubaya, Mexico
Ortega 847
General Francisco Ramírez 20-22, Tacubaya
UNAM, Jardin botanique 843
Parques del Pedregal, Mexico
Xochimilco 845
Xochimilco, Mexico

SAINT-CHRISTOPHE-ET-NÉVIS

Wingfield 928
Off Old Road, Basseterre

SAINTE-LUCIE

Fond Doux 929
Soufrière

URUGUAY

Esquina Ventosa 857
Solis Maldonado
Mantua 856
Carrasco, Montevideo

Paso Correntino 856
Mercedes Soriano Uruguay, Soriano, Mercedes

Asie

AFGHANISTAN

Bagh-e Babour 808
Kaboul

CHINE

Beihai 757
Jing Shan Qianjie, Pékin
Bishu Shanzhuang 758
Chengde
Canglangting 762
Suzhou
Ge Yuan 761
Dong Guan St., Yangzhou
Guo Zhuang 774
Hangzhou
Huanxiu Shanzhuang 763
262 Jingde Rd, Suzhou
Huqiu Shan 764
8 Huqiu Shan, Suzhou
Ji Chang Yuan 763
Wuxi
Jingshan 756
Pékin
Liu Yuan 765
Changmen Gate, Suzhou
Shi Zi Lin 766
23 Yuanlin Rd, Suzhou
Wang Shi Yuan 767
Suzhou
Xianggang Gong Yuan 774
19 Cotton Tree Drive, Hong Kong
Xie Qu Yuan 758
Yi He Yuan, Haidian, Pékin
Xihu 772
Hangzhou
Yi He Yuan 759
Haidian, Pékin
Yu Hua Yuan 760
Pékin
Yu Yuan 770
32 Anren Rd, Shanghai
Yuan Ming Yuan 761
28 Qinghua West Rd, Pékin
Zhan Yuan 768
128 Zhan Yuan Rd, Nanjing
Zhuo Zheng Yuan 768
178 Dongbei St, Suzhou

CORÉE DU SUD

Arboretum de Chollipo 776
Ch'ungch'ŏng-Namdo
Changdeokgung 775
Séoul

INDE

Achabal 813
Jammu and Kashmir
Anguri Bagh 826
Fort Rouge, Agra
Dhobi Mahal 822
Rupbas
Diwan-i Amm 825
Fatehpur Sikri
Fort d'Amber 818
Jaipur
Fort Rouge 815
Fort Rouge, Delhi
Mahtab Bagh 828
Agra, Uttar Pradesh Neemrana Alwar
Mausolée d'Akbar 827
Agra
Mausolée d'Humayum 816
Mathura Rd, Dehli
Mausolée d'Itimâd-ud-Daulâ 825
Agra
Neemrana 822
Neemrana, Alwar
Nishat Bagh 812
Srinagar
Palais de Deeg 824
Bharatpur
Pari Mahal 814
Lac Dal
Ram Bagh 830
Agra
Rashtrapati Bhavan 817
Rajpath, Delhi
Rock Garden 815
Chandigarh
Sahelion-ki-Bari 819
près de Bharatiya Lok Kala Mandal, Udaipur
Samode Bagh 821
Alwar
Shalamar Bagh 811
Srinagar
Taj Mahal 828
Agra
Udaivilas 820
Udaipur
Verinag 814
Anantnag

INDONÉSIE

Batujimbar 839
Pavilions Jl. Danau Tamblingan 76 Sanur, Bali

IRAN

Bagh-e Doulat Abad 805
Yazd
Bagh-e Fin 802
Kashân
Bagh-e Naranjestan 807
Narenjestan-e Qavam, Shiraz
Bagh-e Shahzadeh 804
Mâhân
Chehel Sotun 803
Ispahan
Cheshmeh-Ali 801
Shahr-e Rey, sud de Tehéran, Semnan
Jardin du Paradis 806
Shiraz

JAPON

Adachi Bijutsukan 780
320 Furukawa-cho, Yasugi-shi, Shimane-ken
Ambassade du Canada 778
3–38, Akasaka 7-chome, Minato-ku Tokyo
Byōdō-in 782
Rengecho, Uji, Kyoto
Daichi-ji 799
Meisaka, Minakuchi-cho, Koga-gun, Shiga-ken 528, Minakuchi
Daisen-in 781
Daitokujicho Temple, Murasakino, Kita-ku, Kyoto
Entsu-ji 782
Entsuji, Iwakura, Hataeda-cho, Sakyo-ku, Kyoto
Ginkaku-ji 785
2 Ginkakuji-cho, Sakyou-ku, Kyoto
Jojakko-ji 788
Kyoto
Kōdai-ji 791
Simogawara-cho, Higasiyama-ku, Kyoto
Kairaku-en 778
Mito, Ibaraki
Katsura Rikyu 787
Ukyo-ku, Katsura, Shimizu-cho, Kyoto
Kenroku-en 776
1-4 Kenroku-machi, Kanazawa-shi, Ishikawa-ken

Kinkaku-ji 790
1 Kinkaku-ji-cho Kita-ku, Kyoto
Kokyo Higashi Gyoen 779
1–1 Chiyoda, Chiyoda-ku, Tokyo
Konchi-in, Nanzen-ji 784
86-12 Nanzenjifukuchi-cho,
Sakyo-ku, Kyoto
Koraku-en 780
1–5 Korakuen, Okayama-shi, Okayama
Nunobiki Habu-en 781
Kobe, Hyogo
Omotesenke Fushin-an 794
Teranouchi-agaru, Ogawa,
Kamigyo-ku, Kyoto
Ryōan-ji 792
13, Goryonoshita-cho,
Ryoanji, Ukyo-ku, Kyoto
Saiho-ji 796
Nishigyo-ku, Matsuo,
Kamigatani-cho, Kyoto
Sanbo-in 788
alais Daigo Sanbo-in, Garancho, Daigo,
Fushimi-ku, Kyoto
Sanzen-in 793
540 Ohara, Raigoin-cho, Kyoto
Shinshinan 796
Kyoto
Shoden-ji 795
Chinjuan-cho, Nishigamo,
Kita-ku, Kyoto
Shugaku-in Rikyu 794
Sakyo-ku, Shugakuin, Kyoto
Suizenji Joju-en 800
862 Kumamoto-Shi,
Suizenji Koen 8-1, Kumamoto
Tōfuku-ji Temple 786
15 Hon-machi, Higashiyama-ku, Kyoto
Tōhan Meiga no Niwa 784
Hangi-cho Shimogamo, Sakyo-ku, Kyoto
Tenryu-ji 798
Ukyo-ku, Saga Tenryuji, Susuki no
Banba-cho, Kyoto

PAKISTAN

Jahangir 809
Lahore
Shalimar Bagh 810
Lahore

Singapour

Cimetière de guerre de Kranji 837
9 Woodlands Road, Singapour
Singapour, Jardins botaniques 838
1 Cluny Road, Singapour
Singapour, Zoo 839
80 Mandai Lake Road, Singapour

SRI LANKA

Anuradhapura 835
Anuradhapura
Brief 836
Kalawila
Peradiniya 836
Kandy

TAIWAN

Ban Qiao 830
9 XiMen St., Banqiao City, Taipei

THAÏLANDE

Bang Pa-in p 832
Ayutthaya
Jim Thompson 833
6 Soi Kasemsan 2, Rama 1 Road, Bangkok
Nong Nooch 834
Pattaya, Chonburi
Reine Sirikit 831
Mae Rim, Chiang Mai

Océanie

AUSTRALIE

Adélaïde 883
Adelaide
Carrick Hill 882
46 Carrick Hill Drive Springfield
Eryldene 886
17 Mcintosh St., East Gordon Sydney
Everglades 884
37 Everglades Avenue, Leura
Flecker 881
Collins Avenue, Cairns
Fulling 893
141 Pitt Street, Eltham
Government House 890
Macquarie St., Sydney
Heronswood 895
105 La Trobe Parade, Dromana
Jardin botanique national 893
Gardens Clunies Ross Street,
Black Mountain
Jardin chinois de l'Amitié 884
The Harbour St, Darling Harbour, Sydney
Musée national d'Australie 892
Canberra
Kennerton Green 888
Bong Bong Rd, Mittagong
Kings Park 880
Fraser Avenue, Perth
Mawallok 896
Beaufort
Melbourne 894
Birdwood Avenue, South Yarra
Mont Tomah 887
Bells Line of Rd. via Bilpin 2758,
Montagnes Bleues
Mount Wilson 886
Off Bells Line of Rd., Mount Wilson
Palmeraie de Townsville 882
Nathan St., Douglas
Panshanger 899
366 Panshanger Rd., Longford
Rippon Lea 896
192 Hotham St., Elsternwick
St Erth 898
Simmons Reef Rd., Blackwood
**Sydney, Jardins
botaniques royaux 891**
Mrs. Macquaries Rd., Sydney
Vaucluse House 888
Wentworth Rd., Vaucluse
Wigandia 898
Noorat
Woolmers 899
Woolmers Lane, Longford

FIDJI (ÎLES)

Géant endormi 937
The Nausori, Viti Levu

NOUVELLE-ZÉLANDE

Ayrlies 900
Potts Road, Whitford, Howick
Butler Point 900
Hihi Rd, Mangonui, Bay of Islands
Gardens of the World 904
Clover Rd., East Hope, Richmond
Hamilton 902
Cobham Drive, Hamilton
Ohinetahi 904
Governers Bay, Christchurch
Otari 903
Wellington
Pukeiti 902
2290 Carrington Road, New Plymouth

Crédits photographiques

Nous nous sommes efforcés d'attribuer correctement les copyright des photographies utilisées à leurs ayant-droits. Toutefois, si malgré toute notre attention, une erreur ou omission s'était produite, nous tenons à nous en excuser d'ores et déjà et serons heureux d'apporter la (es) correction (s) nécessaire (s) lors d'une prochaine réédition.

AA Travel Library 44, 64, 126, 133, 790, 816, 885, 891, 894
Aalto Foundation 152
Alamy OJ Photos 216
Art Archive/Nicolas Sapieha 468
Art Directors and TRIP Photo Library 21, 22, 34, 57, 76, 78, 91, 95, 104, 112, 121, 147, 148, 151, 196, 204, 212, 214, 215, 460, 472, 479, 480, 487, 498, 500, 501. 537, 550, 551, 564, 572, 576, 582, 591, 632, 640, 644, 687, 696, 707, 711, 718, 726, 735, 736, 756, 757, 759, 760, 762, 766, 767, 785, 786, 787, 791, 793, 798, 803, 806, 809, 810, 833, 834, 846, 883, 887, 938, 939
David Austen Roses/Howard Rice 260
©2006 Fondation Barragan, Birsfelden, Suisse/ProLitteris, Zürich, Suisse, pour l'œuvre de Luis Barragán.
Photo Armando Salas Portugal 844
Nicola Browne 309, 534, 602, 603, 708
Roy Cheek 915, 917, 923, 925, 931, 932, 935, 936, 942
Corbis 777, 806; Paul Almasy 643; Bernard Annebicque/SYGMA 109; Art on File 98; Yann Arthus-Bertrand 211, 575; Craig Aurness/Hearst Castle/ CA Park Service 94; Jonathan Blaire 922; Mark Bolton 18-19; Nic Bothmaepa 858-859; Michael Boys 908; Gary Braasch 878-879; B.S.P.I. 754-755; Pablo Corral 855; Eric Crichton 375; Richard Cummins 84, 122; Eye Ubiquitous 863; Ric Ergenbright 125, 721; Macduff Everton 829; Kevin Fleming 66, 113; Franz-Marc Frei 373, 483, 930; Free Agents Ltd 610; Michael Freeman 832; Chich Gryniewicz/Ecoscene 518; Farrell Grehan 851; Jason Hawkes 135, 287, Karl Heinz Haenel 721; Robert Holmes 37, 67, 99; Dave G Houser 75, 120, 132, 502, 831; Wolfgang Kaehler 783; Catherine Karnow 800; Layne Kennedy 42; Richard Klune 473, 507; Bob Krist 129; Robert Landau 97; Lester Lefkowitz 136-137; Chris Lisle 153, 218, 775; Massimo Listri 681; Lawrence Manning 45; Kelly Moonaj Photography; Gail Mooney 619; Michael Nicholson 489; Richard T Nowitz 25, 81; Christine Osborne 835; Douglas Peebles 906-907; Clay Perry 221; Sergio Pitamitz/zefa 654; Jose Fuste Ragg 77, 866; Steve Raymer 139; Anders Ryman 154; Christiam Sarramon 522; Skyscan 509; Nicolas Sapieha 533; Kevin Schafer 840-841; Peter Smithers 652, 653; Lee Snider/Photo Images 749; Paul A Souders 903/Roman Soumar 627; Hubert Stadler 918; Arthur Therenart 805; Andrew Cowin/Travel Ink 494; Penny Tweedle 892; Craig Tuttle 71; Adam Woolfitt 650; Michael S Yamashita 29, 658, 797; Inge Yspeert 539; Fridmar Damm/zefa 141; Svenja-Foto/zefa 156; Guenter Rossenbach/zefa 462, 476; Manfred Mehlig/zefa 464; Jim Zuckerman 484
Ray Cox 165, 167, 170, 173, 177, 179, 181, 182, 184, 185, 187, 192, 194, 195, 198, 200, 209, 413
Pat Crocker 27, 41, 114, 127
Danish Tourist Board 210
Deborah Dunham 808
Collection du jardin/Gary Rogers 748, 921
Garden Picture Library Tracy Aiguier 679; Mark Bolton 515; Philippe Bonduel 621; Clive Boursnell 366; Jennifer Broadus 583; Bob Burch 47; Brian Carter 423; Christi Carter 26; Tommy Clander 368, Joe Cornish 455; Erci Crichton 377; Digital Vision 150, David Dixon 285; Nigel Francis 355; John Ferro 673, 675; Christopher Gallagher 743; Suzie Gibbons 860; Will Giles 870; John Glover 909; Georgia Glynn-Smith 445, 453, 455; David Hastilow 440; Jean-Claude Hurni 593; Henryk T Kaiser 503; Japack Photo Library 867; Adam Jones 73; Amanda Knapp 360; Joe Malone 142, 536; David Messent 880; Martine Mouchy 580; Richard Nebesky 628; Clive Nichols 407; Michael Paul 385; Brigitte & Philippe Perdereau 174; Clay Perry 251, 265, 323, 403; John Riley 255; Stephen Robson 446, 448; Ellen Rooney 655; JS Sira 298, 324, 388; Brigitte Thomas 271, 369; Bibikow Walter 505; Mel Watson 514
John Glover 49, 93, 258, 259, 346, 387, 422, 424, 727
Jardins Greenwood 87
Robert Harding Picture Library/Upperhall Ltd 638
Harpur Garden Library 33, 36, 46, 50, 51, 53, 55, 59, 65, 68, 79, 83, 85, 89, 101, 102, 103, 115, 116, 117, 124, 134, 168, 230, 232, 233, 244, 249, 262, 276, 278, 286, 291, 301, 305, 307, 314, 316, 318, 329, 331, 333, 334, 335, 336, 338, 340, 349, 353, 357, 358, 364, 365, 371, 378, 379, 395, 400, 401, 405, 408, 421, 437, 442, 443, 541, 547, 562, 569, 579, 595, 682, 690, 693, 792, 802, 807, 817, 853, 861, 868, 874, 875, 876, 895, 901, 905
Charles Hawes 516
Marijke Heuff 521, 526, 527, 528, 532, 542, 592, 699
Erica Hunningher 804, 810, 811, 813, 818, 819, 820, 821, 823, 824, 826, 827
Jardin Lankester 848
Andrew Lawson Photography 118, 172, 178, 180, 203, 222, 224, 226, 227, 229, 234, 239, 242, 249, 266, 267, 268, 272, 274, 277, 279, 297, 299, 302, 303, 306, 310, 311, 313, 315, 317, 320, 326, 327, 332, 343, 345, 347, 350, 356, 382, 391, 392, 394, 398, 399, 427, 431, 438, 439, 441, 456, 556, 557, 669, 678, 789, 889, 897
Rosemary Le Grand 622
Marianne Majerus 284, 470, 549
Joelle & Gils Mayer Le Scanff 524, 545, 558, 581, 590, 606, 612, 613, 614, 725, 733, 734
The Mount/Kevin Sprague 63
Toby Musgrove 865
The National Trust Photolibrary/Alamy (4e de couverture)
Clive Nichols 100, 105, 145, 155, 517, 926
Parkwood Estate 28
Brigitte & Philippe Perdereau 555, 561, 596, 598, 599, 601, 608, 616, 910, 914
Photoshot 54, 72, 131, 157, 158, 159, 160, 219, 465, 466, 475, 481, 485, 486, 491, 525, 544, 568, 570, 571, 626, 629, 630, 632, 633, 636, 637, 641, 647, 648, 799
Preservation Delaware Inc./Gibraltar 409
Alex Ramsay 269, 449, 605, 657, 660, 663, 665, 666, 670, 671, 677, 676, 683, 686, 688, 689, 691, 692, 694, 795
Rhododendron Species Foundation Gardens 39
Gary Rogers 463, 764, 769, 772, 773, 812, 838
Jardins botaniques royaux, Ontario, Canada 30, 69
Vivien Russell 111, 166, 169, 175, 176, 183, 188, 189, 190, 193, 197, 199, 201, 205, 206, 207, 222, 231, 261, 281, 294, 344, 363, 372, 374, 396, 414, 418, 434, 512, 540, 546, 556, 559, 586, 587, 609, 615, 618, 623, 625, 661, 667, 685, couverture (dos)
Barbara Segall 700, 705, 709, 713, 714, 717, 729, 730, 731, 739, 740, 742, 744, 745, 753
Singapore Tourist Board 837
Gordon Sinclair/Alamay 728
South American Pictures 842, 843, 845, 852, 854
Spanish Tourist Board 703, 712
Patrick Taylor 191, 225, 236, 240, 241, 246, 250, 254, 256, 273, 280, 283, 288, 312, 325, 330, 339, 351, 352, 361, 374, 389, 390, 393, 397, 411, 416, 428, 429, 430, 447, 451, 452, 457, 553, 584, 747
Travel Ink Barry Hughes 881; Andrew Watson 941
Christine Walkden 765
Jardins Yew Dell 106

1002 et plus… Vos plus beaux jardins